REAL
REAL ORIGINAL

수능기출학력평가
7개년 모의고사

생활과 윤리

KB213646

Contents

※ 6월·9월 모의평가와 수능은 표기 명칭과 시행
연도가 다릅니다. 예 2025학년도 6월 모의평가는?
➡ 2024년도 6월에 시행!

수능 모의고사 전문 출판
입시플라이

실전은 연습처럼! 연습은 실전처럼! 「리얼 오리지널」

수능 시험장에 가면 낯선 환경과 긴장감 때문에 실력을 제대로 발휘 못하는 경우가 많습니다. 실전 연습은 여러분의 실력이 됩니다.

01

실제 시험지와 똑같은 문제지

수능기출 [7개년] 모의고사는 총 50회분의 문제가 수록되어 있으며, 실전과 동일하게 학습할 수 있습니다.

❶ 리얼 오리지널 모의고사는 실제 시험지의 크기와 느낌을 그대로 살려 실전과 동일한 조건 속에서 문제를 풀어 볼 수 있습니다.

❷ 문제를 풀기 전에 먼저 학습 체크표에 학습 날짜와 시간을 기록 하고, [30분] 타이머를 작동해 실전처럼 풀어 보십시오.

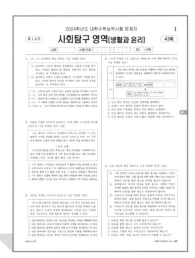

02

기출 문제집 [최다 회분] 50회

2015 교육과정에 맞는 기출 우수 문항을 선별해 수록했고 기출 문제집 중 최다 회분을 수록했습니다.

❶ 2015 교육과정에 맞는 수능기출 우수 문항을 선별 수록했으며 최신 5개년 기출 문제도 모두 수록했습니다.

❷ 수능 기출 문제집 중 가장 많은 총 50회분의 문제를 풀어 보면 상대적 우위와 함께 수능대비 실전 마무리가 충분합니다.

03

수능 시험 + 학력평가 대비

수능 시험 및 6월·9월 평가원 모의고사와 교육청에서 시행 하는 전국연합 학력평가를 대비할 수 있습니다.

❶ 평가원 [6월, 9월] 모의평가와 수능시험을 대비해 총 50회분 모의 고사를 풀어 보면 실전에서 실력을 마음껏 발휘할 수 있습니다.

❷ 1년에 4회 [3월, 5월, 7월, 10월] 시행되는 전국연합 학력평가를 대비할 수 있으며, 내신도 동시에 대비가 됩니다.

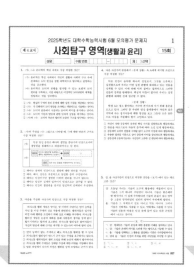

★ 모의고사를 실전과 똑같이 풀어보면
내 실력과 점수는 반드시 올라갈 수밖에 없습니다.

04

등급 컷 & 명쾌한 해설 제공

자신의 등급을 바로 확인할 수 있는 등급 컷과 혼자서도 학습이 가능한 명쾌한 해설을 수록했습니다.

❶ 회차별로 등급 컷을 제공하므로 문제를 풀고 바로 자신의 실력을 확인할 수 있습니다.
❷ 혼자서도 학습이 충분하도록 왜 정답인지? 왜 오답인지? 명쾌한 해설을 수록해 답답함이 없습니다.

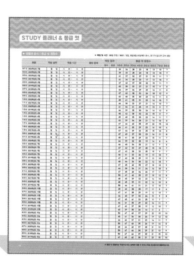

05

STUDY 플래너 & 정답률

학습 계획에 따라 날짜와 시간 등을 기록할 수 있는 STUDY 플래너와 전 회분 [문항별] 정답률을 제공합니다.

❶ 문제를 풀기 전 먼저 STUDY 플래너에 학습 날짜, 시간, 등급을 표기하고 성적 변화를 체크하면서 학습할 수 있습니다.
❷ 문항별로 정답률을 제공하므로 문제의 난이도까지 파악할 수 있어 문제 풀이에 답답함 없는 학습이 가능합니다.

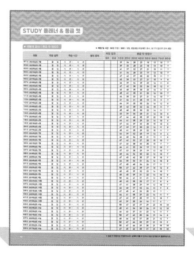

06

SPEED 정답 체크 표

문제를 푼 후 빠르게 정답을 확인할 수 있는 [SPEED 정답] 체크표를 별지로 제공합니다.

❶ 회차별로 문제를 푼 후 빠르게 정답을 체크할 수 있는 SPEED 정답 체크표를 별지로 제공합니다.
❷ SPEED 정답 체크표는 [별지와 해설편]에 모두 수록되어 있고 정답 체크표는 오려서 책갈피로도 활용할 수 있습니다.

STUDY 플래너 & 등급 컷

● 생활과 윤리 | 등급 컷 원점수

※ 배점 및 시간 : 50점 만점 / 30분 / 2점, 3점(3점 문항에만 표시, 표기가 없으면 모두 2점)

회분	학습 날짜	학습 시간	틀린 문제	채점 결과		등급 컷 원점수							
				점수	등급	1등급	2등급	3등급	4등급	5등급	6등급	7등급	8등급
01회 2024학년도 3월	월 일	시 분 ~ 시 분				39	34	28	23	18	13	10	7
02회 2023학년도 3월	월 일	시 분 ~ 시 분				39	33	28	23	18	13	10	7
03회 2022학년도 3월	월 일	시 분 ~ 시 분				41	37	32	27	21	15	11	7
04회 2021학년도 3월	월 일	시 분 ~ 시 분				41	34	28	23	17	13	10	7
05회 2020학년도 3월	월 일	시 분 ~ 시 분				47	42	37	30	22	15	11	7
06회 2019학년도 3월	월 일	시 분 ~ 시 분				43	38	33	27	21	15	9	8
07회 2018학년도 3월	월 일	시 분 ~ 시 분				44	39	34	29	23	16	11	8
08회 2024학년도 5월	월 일	시 분 ~ 시 분				47	42	38	33	26	18	12	9
09회 2023학년도 4월	월 일	시 분 ~ 시 분				43	40	35	30	23	16	11	8
10회 2022학년도 4월	월 일	시 분 ~ 시 분				45	41	35	31	23	14	10	7
11회 2021학년도 4월	월 일	시 분 ~ 시 분				44	38	33	27	21	14	10	7
12회 2020학년도 4월	월 일	시 분 ~ 시 분				41	36	31	25	19	13	9	7
13회 2019학년도 4월	월 일	시 분 ~ 시 분				44	39	35	30	24	16	12	8
14회 2018학년도 4월	월 일	시 분 ~ 시 분				45	42	38	32	24	15	11	7
15회 2025학년도 6월	월 일	시 분 ~ 시 분				45	40	35	30	22	14	11	7
16회 2024학년도 6월	월 일	시 분 ~ 시 분				43	39	34	28	21	14	10	8
17회 2023학년도 6월	월 일	시 분 ~ 시 분				47	46	40	35	29	22	15	10
18회 2022학년도 6월	월 일	시 분 ~ 시 분				44	41	35	29	23	16	10	6
19회 2021학년도 6월	월 일	시 분 ~ 시 분				47	44	39	33	25	15	10	8
20회 2020학년도 6월	월 일	시 분 ~ 시 분				47	43	37	30	23	16	11	8
21회 2019학년도 6월	월 일	시 분 ~ 시 분				45	41	35	29	22	15	11	7
22회 2024학년도 7월	월 일	시 분 ~ 시 분				44	39	32	25	19	14	8	6
23회 2023학년도 7월	월 일	시 분 ~ 시 분				46	40	34	28	21	13	9	8
24회 2022학년도 7월	월 일	시 분 ~ 시 분				47	42	33	27	20	15	10	7
25회 2021학년도 7월	월 일	시 분 ~ 시 분				47	43	38	33	25	15	9	7
26회 2020학년도 7월	월 일	시 분 ~ 시 분				46	41	33	26	19	13	10	7
27회 2019학년도 7월	월 일	시 분 ~ 시 분				47	43	38	29	19	13	10	7
28회 2018학년도 7월	월 일	시 분 ~ 시 분				48	44	36	30	22	12	10	7
29회 2025학년도 9월	월 일	시 분 ~ 시 분				47	45	42	35	27	18	10	9
30회 2024학년도 9월	월 일	시 분 ~ 시 분				44	38	36	31	24	16	10	8
31회 2023학년도 9월	월 일	시 분 ~ 시 분				47	45	40	34	26	17	11	7
32회 2022학년도 9월	월 일	시 분 ~ 시 분				50	47	42	35	27	18	12	8
33회 2021학년도 9월	월 일	시 분 ~ 시 분				48	45	39	32	23	14	10	7
34회 2020학년도 9월	월 일	시 분 ~ 시 분				48	45	39	31	22	14	10	8
35회 2019학년도 9월	월 일	시 분 ~ 시 분				50	46	41	31	21	13	10	7
36회 2024학년도 10월	월 일	시 분 ~ 시 분				48	43	38	28	17	11	8	6
37회 2023학년도 10월	월 일	시 분 ~ 시 분				47	41	38	29	19	12	10	7
38회 2022학년도 10월	월 일	시 분 ~ 시 분				44	40	37	32	24	13	9	8
39회 2021학년도 10월	월 일	시 분 ~ 시 분				47	45	41	33	25	13	7	-
40회 2020학년도 10월	월 일	시 분 ~ 시 분				44	41	35	29	22	16	11	7
41회 2019학년도 10월	월 일	시 분 ~ 시 분				47	43	37	28	19	12	10	7
42회 2018학년도 10월	월 일	시 분 ~ 시 분				43	39	35	26	16	11	6	-
43회 2024학년도 수능	월 일	시 분 ~ 시 분				50	47	43	37	29	22	15	10
44회 2023학년도 수능	월 일	시 분 ~ 시 분				45	41	36	30	24	19	12	10
45회 2022학년도 수능	월 일	시 분 ~ 시 분				46	43	37	31	23	16	11	7
46회 2021학년도 수능	월 일	시 분 ~ 시 분				50	47	43	35	26	19	14	8
47회 2020학년도 수능	월 일	시 분 ~ 시 분				48	46	42	37	28	21	12	7
48회 2019학년도 수능	월 일	시 분 ~ 시 분				50	47	44	38	29	21	13	9
49회 2018학년도 수능	월 일	시 분 ~ 시 분				50	47	44	39	30	21	15	10
50회 2017학년도 수능	월 일	시 분 ~ 시 분				47	45	42	38	31	23	15	10

※ 등급 컷 원점수는 추정치입니다. 실제와 다를 수 있으니 학습 참고용으로 활용하십시오.

1. (가), (나) 윤리학의 핵심 과제로 가장 적절한 것은?

> (가) 윤리학은 개인의 생활 및 사회 구조 속에 존재하는 도덕 현상의 인과 관계에 대한 경험적 지식을 가치 중립적으로 기술하는 데 주력해야 한다.
> (나) 윤리학은 타당한 도덕 원리를 바탕으로 생명, 정보, 환경 등 다양한 영역의 도덕 문제에 적용 가능한 실천적 대안을 모색하는 데 주력해야 한다.

① (가) : 삶의 방향 정립을 위한 도덕 원리를 탐구하는 것이다.
② (가) : 윤리학이 학문으로서 성립 가능한지를 검토하는 것이다.
③ (나) : 도덕 명제를 구성하는 개념의 의미를 분석하는 것이다.
④ (나) : 도덕 문제 해결을 위한 구체적 지침을 제공하는 것이다.
⑤ (가)와 (나) : 도덕 추론의 과정이 타당한지를 논증하는 것이다.

2. 갑, 을 사상가들의 입장으로 적절한 것만을 <보기>에서 고른 것은?

> 갑 : 모든 좋고 나쁨은 감각에 달려 있다. 우리가 존재하는 동안 죽음은 우리와 함께 있지 않으며, 죽음이 오면 이미 우리는 존재하지 않기에 죽음은 우리에게 아무것도 아니다.
> 을 : 중생은 탐욕, 성냄, 어리석음으로 인해 생로병사의 고통에서 벗어날 수 없다. 그러므로 수행을 통해 삼독(三毒)을 끊어내면 해탈의 경지에 이르게 된다.

< 보 기 >
ㄱ. 갑 : 자신의 죽음을 경험할 수 있다고 생각해서는 안 된다.
ㄴ. 을 : 중생은 열반에 이르러야 다음 생의 행복을 보장받는다.
ㄷ. 을 : 불멸(不滅)을 갈망하는 인간에게는 생사가 반복된다.
ㄹ. 갑과 을 : 인간의 영혼은 죽음 이후에도 사라지지 않는다.

① ㄱ, ㄴ　② ㄱ, ㄷ　③ ㄴ, ㄷ　④ ㄴ, ㄹ　⑤ ㄷ, ㄹ

3. 다음을 주장한 사상가의 입장으로 가장 적절한 것은? [3점]

> 국가는 국가 자신을 제외하고는 어느 누구에 의해서도 명령이나 지배를 받지 않는다. 한 국가를 다른 국가에 병합시킨다면, 그것은 도덕적 인격체로서의 국가의 지위를 파괴하는 것이며 국가를 물건으로 간주하는 것이다. 평화 연맹은 국가의 권력에 대한 어떤 지배를 목표로 하지 않는다. 이 연맹은 국가 자체의 자유를 지속시키고 보호하며, 별다른 이유가 없는 한 다른 국가들의 자유를 보호하고 지속시킬 뿐이다.

① 모든 국가는 이방인에 대한 환대권을 무조건 보장해야 한다.
② 국가 간 평화 조약으로 국제 사회의 영원한 평화가 보장된다.
③ 영구 평화 실현을 위해서는 어떠한 전쟁도 허용되면 안 된다.
④ 국가 간 평화 보장을 위해서는 법적 근거가 마련되어야 한다.
⑤ 국가의 주권은 평화를 지향하는 국제 연맹에 양도되어야 한다.

4. 다음을 주장한 사상가의 입장으로 적절한 것만을 <보기>에서 있는 대로 고른 것은? [3점]

> 시민 불복종을 통해서 우리는 공동 사회의 다수자가 갖는 정의감을 나타내게 되고, 자유롭고 평등한 사람들 사이에서 사회 협동체의 원칙이 존중되지 않고 있음을 선언하게 된다. 시민 불복종은 신중하고 양심적인 정치적 신념의 표현인 청원의 한 형태이기에 은밀히 혹은 비밀리에 행해지는 것이 아니라 공개 석상에서 이루어진다.

─ < 보 기 > ─
ㄱ. 시민 불복종은 항의의 대상이 되는 법을 위반할 때만 정당화된다.
ㄴ. 정치 체제의 효율성을 위해 시민 불복종에 대한 제약이 있을 수 있다.
ㄷ. 정의의 원칙과 일치하는 종교적 신념은 시민 불복종의 근거가 될 수 있다.
ㄹ. 시민의 평등한 기본적 자유를 현저하게 침해한 정책은 시민 불복종의 대상이 된다.

① ㄱ, ㄴ　　② ㄱ, ㄷ　　③ ㄴ, ㄹ
④ ㄱ, ㄷ, ㄹ　　⑤ ㄴ, ㄷ, ㄹ

5. (가)의 입장에 비해 (나)의 입장이 갖는 상대적 특징을 그림의 ㉠~㉤ 중에서 고른 것은?

> (가) 한반도에서 전쟁 위험이 해소되어야 하는 가장 주요한 이유는 경제적 이익의 증진이다. 분단으로 인한 전쟁 위험은 남북한 주민의 정치적 자유를 제한할 수도 있다. 하지만 소모적인 군사비 지출과 같은 문제가 분단의 더욱 큰 폐해다. 따라서 통일의 궁극적 목표는 한반도의 경제적 번영이다.
> (나) 한반도에서 전쟁 위험이 해소되어야 하는 가장 주요한 이유는 적극적 평화의 실현이다. 분단으로 인한 전쟁 위험은 남북한의 경제에 부정적 영향을 끼칠 수도 있다. 하지만 남북한 주민의 정치적 자유를 억압하는 구조적 폭력이 지속되는 것이 분단의 더욱 큰 폐해다. 따라서 통일의 궁극적 목표는 한반도 내 모든 폭력의 제거다.

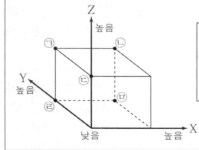

· X : 통일의 필요로 경제적 측면의 이익을 강조하는 정도
· Y : 통일의 이유로 정치적 기본권 보장을 강조하는 정도
· Z : 통일의 최종 목표로 한반도 평화 실현을 강조하는 정도

① ㉠　　② ㉡　　③ ㉢　　④ ㉣　　⑤ ㉤

6. 갑, 을 사상가들 모두가 긍정의 대답을 할 질문으로 가장 적절한 것은?

> 갑 : 옳음으로 말미암아 그릇됨이 있고, 그릇됨으로 말미암아 옳음이 있다. 성인(聖人)은 이쪽과 저쪽의 구분에 의거하지 않고 하늘[天]에 비추어 생각한다.
> 을 : 군자(君子)가 인(仁)을 떠나면 어찌 군자라는 이름을 이룰 수 있겠는가. 군자는 밥을 먹는 동안에도 인을 떠남이 없으니, 다급한 상황에서도 반드시 인에 머문다.

① 마음의 수양을 통해 도(道)를 따르며 살아가야 하는가?
② 인위적인 규범에서 벗어나 무위의 삶을 추구해야 하는가?
③ 차별 없는 사랑[兼愛]을 인의 출발점으로 삼아야 하는가?
④ 시비선악을 분별하고 자연의 질서에 순응하며 살아야 하는가?
⑤ 성인이 제정한 예를 바탕으로 만물을 평등하게 대해야 하는가?

7. 갑, 을 사상가들의 입장으로 적절한 것만을 <보기>에서 고른 것은? [3점]

> 갑 : 이익 평등 고려의 원칙에 따르면 어떤 공동체의 구성원이 나가 원조의 의무에 결정적인 차이점을 만들어 낸다는 견해는 도덕적으로 정당화되기 어렵다.
> 을 : 고통받는 사회가 질서 정연한 사회의 구성원이 되어 원조의 목적이 달성되면, 정의로운 제도들을 지속하는 데 필요한 것을 넘어서는 요구는 정당화되기 어렵다.

> ─────── < 보 기 > ───────
> ㄱ. 갑 : 국내 부조가 해외 원조보다 우선되어야 하는 경우는 존재하지 않는다.
> ㄴ. 을 : 해외 원조의 목적 달성은 원조 대상국의 기근 해소에 도움이 될 수 있다.
> ㄷ. 을 : 질서 정연한 사회를 규제하는 모든 정의 원칙을 해외 원조에 적용해야 한다.
> ㄹ. 갑과 을 : 해외 원조는 원조 대상국의 정치적 상황에 따라 중단될 수 있다.

① ㄱ, ㄴ ② ㄱ, ㄷ ③ ㄴ, ㄷ ④ ㄴ, ㄹ ⑤ ㄷ, ㄹ

8. 다음을 주장한 사상가의 입장으로 가장 적절한 것은?

> 담론 윤리의 중요한 특징은 다음과 같다. 담론 과정에 적절하게 기여하는 한 아무도 배제되지 않는다. 그리고 모든 참여자는 담론 과정에 기여할 수 있는 똑같은 기회를 부여받는다. 또한, 의사소통은 외적 강제와 내적 강제로부터 자유로워야 한다.

① 담론을 거쳐 도출된 결론에 대해서는 재논의가 허용될 수 없다.
② 담론의 과정에서 참여자는 사적인 욕구를 표현해서는 안 된다.
③ 담론 참여자는 다수결의 원칙을 통해 타당한 규범에 도달한다.
④ 담론을 통해 합의를 이루지 못한 경우에만 강제력이 요청된다.
⑤ 담론 참여자는 상호 주관적 합의를 통해 갈등을 해결해야 한다.

9. ㉠에 들어갈 진술로 가장 적절한 것은? [3점]

> 나는 성적 쾌락 추구 그 자체가 성적 관계의 목적이 될 수 있다고 생각한다. 따라서 성숙한 성인(成人)들이 상호 동의하고, 타인에게 해를 끼치지 않는다면 그러한 성적 관계는 도덕적으로 정당화될 수 있다. 그런데 어떤 사람들은 사랑으로 결합된 부부 사이에서 출산과 양육을 목적으로 한 성적 관계만이 도덕적으로 정당화된다고 주장한다. 나는 이러한 주장이 [㉠]고 생각한다.

① 쾌락을 위한 성적 관계는 도덕적 평가 대상이 아님을 간과한다
② 자발적 성적 관계에는 어떤 책임도 부과되지 않음을 간과한다
③ 생식적 가치 존중 없이 성적 관계 정당화가 가능함을 간과한다
④ 성적 관계의 정당화에 인격적 가치 존중이 필요함을 간과한다
⑤ 사랑하는 사이의 성적 관계도 비도덕적일 수 있음을 간과한다

10. (가)의 갑, 을, 병 사상가들의 입장을 (나) 그림으로 표현할 때, A ~ D에 해당하는 적절한 진술만을 <보기>에서 있는 대로 고른 것은? [3점]

> (가)
> 갑 : 동물에 관한 한, 우리는 직접적 의무가 없다. 동물과 관련한 우리의 의무는 단지 인간에 대한 간접적인 의무일 따름이다.
> 을 : 목적론적 삶의 중심이라면 어떤 존재도 다른 존재보다 더 가치 있다고 간주되지 않는다. 동식물의 선의 실현도 그 자체로 가치 있다고 간주된다.
> 병 : 삶의 주체에는 단순히 의식을 갖는다는 것 이상이 포함된다. 삶의 주체는 동등한 본래적 가치를 지니며 존중의 태도로 처우받을 권리를 공유한다.

> (나)
> <범 례>
> A : 갑만의 입장
> B : 갑과 을만의 공통 입장
> C : 을과 병만의 공통 입장
> D : 갑, 을, 병의 공통 입장

> ─────── < 보 기 > ───────
> ㄱ. A : 목적 그 자체가 될 수 있는 존재라면 도덕 행위자로 간주해야 한다.
> ㄴ. B : 쾌고 감수 능력은 도덕적 지위 여부를 결정하는 기준에 해당하지 않는다.
> ㄷ. C : 인간의 가치 평가에서 독립하여 가치를 지닌 존재의 이용은 해악보다 이익이 크다면 정당화된다.
> ㄹ. D : 생명을 지니고 있는 개체만이 의무의 대상이 될 수 있다.

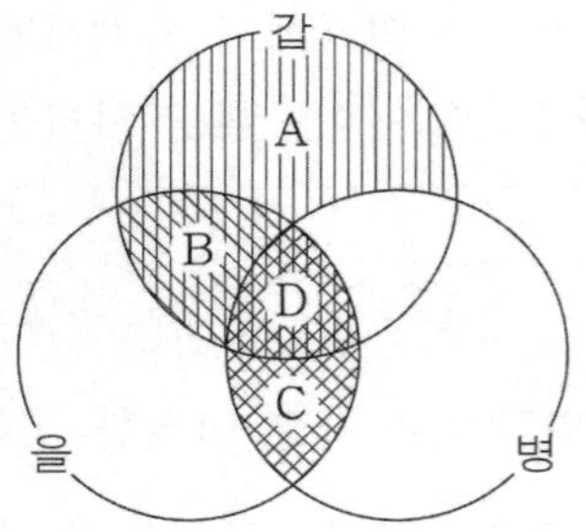

① ㄱ, ㄴ   ② ㄱ, ㄷ   ③ ㄷ, ㄹ
④ ㄱ, ㄴ, ㄹ   ⑤ ㄴ, ㄷ, ㄹ

11. 다음을 주장한 사상가의 입장으로 적절하지 <u>않은</u> 것은? [3점]

> 전통 윤리학의 모든 도덕적 명령은 행위의 직접적인 영역에 제한되어 있었다. 그러나 현대 기술이 산출한 행위들의 규모와 대상 및 결과는 너무 새로운 것이기에 전통 윤리의 틀로는 더 이상 파악할 수 없다. 우리의 행위가 가지는 새로운 종류의 본성은 새로운 책임 윤리를 요청한다.

① 현세대는 인류가 미래에도 존속할 수 있도록 노력해야 한다.
② 과학 기술에 대한 공포는 윤리적 책임의 범위를 축소시킨다.
③ 현세대에게는 미래 세대에 대한 일방적인 윤리적 책임이 있다.
④ 인간이 책임져야 할 대상에는 비이성적 존재가 포함될 수 있다.
⑤ 인간의 책임질 수 있는 능력에서 책임져야 할 의무가 비롯된다.

12. 다음을 주장한 사상가의 입장에서 <문제 상황> 속 A에게 제시할 조언으로 가장 적절한 것은?

> 이성적인 존재는 자기 자신뿐만 아니라 다른 모든 이성적인 존재를 결코 단순히 수단으로만 대우해서는 안 되고, 언제나 동시에 목적 그 자체로 대우해야 한다.

<문제 상황>
> 고등학생 A는 세뱃돈으로 무선 이어폰을 동생에게 사주기로 한 약속을 지킬지, 평소 후원하는 단체로부터 받은 감사 편지에 감동하여 추가로 기부할지 고민 중이다.

① 인간이 마땅히 따라야 할 의무를 동기로 삼아 행위하세요.
② 어떤 대안이 최선의 결과를 낳을지를 계산하여 행위하세요.
③ 자신의 주변 사람들로부터 인정받을 수 있도록 행위하세요.
④ 지적인 덕과 품성적 덕을 갖춘 사람을 본받아서 행위하세요.
⑤ 자신의 선택에 따른 쾌락의 질적 차이를 고려하여 행위하세요.

13. 갑, 을 사상가들의 입장으로 적절한 것만을 <보기>에서 있는 대로 고른 것은?

> 갑 : 우리 각자는 공동으로 자신의 인격과 모든 힘을 일반 의지의 최고 지도 아래 둔다. 그리고 우리는 단체로서 각 구성원을 전체의 분리 불가능한 부분으로 받아들인다.
> 을 : 자연 상태는 비교적 평화로우나 공평무사한 재판관이 없는 상태다. 이 상태에서 각자가 모두 자연법의 집행권을 포기하고 그것을 공동체에게 신탁하는 곳에서만 정치 사회가 존재하게 된다.

< 보 기 >
ㄱ. 갑 : 일반 의지는 언제나 올바르며 공공의 선을 지향한다.
ㄴ. 을 : 재산에 대한 권리는 사회 계약에 의해서만 형성된다.
ㄷ. 갑과 을 : 계약 참여자들의 만장일치의 동의로 사회 계약이 성립한다.

① ㄱ ② ㄴ ③ ㄱ, ㄷ ④ ㄴ, ㄷ ⑤ ㄱ, ㄴ, ㄷ

14. 갑, 을 사상가들의 입장으로 가장 적절한 것은?

> 갑 : 대인(大人)의 일이 있고 소인(小人)의 일이 있습니다. 남에게 다스려지는 자는 남을 먹여주고 남을 다스리는 자는 남에게 얻어먹는 것이 천하의 공통된 의리[義]입니다.
> 을 : 사람마다 국가 안에서 자신의 천성에 가장 어울리는 한 가지 일을 해야 합니다. 국가의 세 계층이 자신의 일을 하고 남의 일에 간섭하지 않는 것이 정의(正義)입니다.

① 갑 : 대인과 소인은 모두 생산을 위한 육체노동에 힘써야 한다.
② 갑 : 통치자와 백성의 직분은 구분이 되면서도 상호 보완적이다.
③ 을 : 정의로운 국가에서는 수호자의 재산 축적을 허용해야 한다.
④ 을 : 계층 간 역할 교환을 바탕으로 사회 질서를 유지해야 한다.
⑤ 갑과 을 : 모든 구성원에게 동일한 직무가 주어질 때 정의로운 국가가 완성된다.

15. (가)의 사상가 갑, 을의 입장을 (나) 그림으로 탐구하고자 할 때, A~C에 들어갈 적절한 질문만을 <보기>에서 있는 대로 고른 것은? [3점]

(가)	갑 : 공정으로서의 정의에 있어서 평등한 원초적 입장의 당사자들은 자신이 선이라고 생각하는 것을 증진시킨다. 이들은 모든 당사자들이 받아들일 수 있는 원칙에 합의하게 된다. 을 : 소유권적 정의론에서 한 사람의 소유물은 취득, 이전, 시정의 원리에 의해 권리를 부여받았으면 정당한 것이다. 각 개인의 소유물이 정당하다면 소유물의 전체 집합도 정당하다.

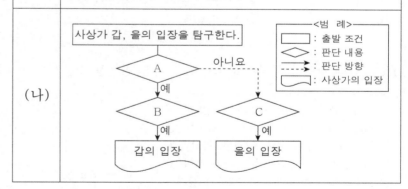

(나)

< 보 기 >
ㄱ. A : 사회 전체의 이익을 최대화하는 것이 최우선의 분배 원칙이 되어야 하는가?
ㄴ. B : 정의로운 사회의 시민은 타인의 복리에 관심을 가져야 하는가?
ㄷ. B : 정의의 원칙을 채택할 때 공정한 분배 결과에 대한 독립적 기준이 필수적으로 요구되는가?
ㄹ. C : 자유롭게 이전받은 배타적 소유권도 제한될 수 있는가?

① ㄱ, ㄴ ② ㄱ, ㄷ ③ ㄴ, ㄹ
④ ㄱ, ㄷ, ㄹ ⑤ ㄴ, ㄷ, ㄹ

16. 갑, 을 사상가들의 입장으로 가장 적절한 것은? [3점]

> 갑 : 좋은 리듬은 좋은 품성을 갖게 한다. 반면에 나쁜 리듬은 나쁜 성격을 닮게 한다. 쾌락을 담아낸 예술 작품 속에서 자란 젊은이들은 자신도 모르게 나쁜 것을 형성한다.
> 을 : 예술가는 아름다운 것을 창조하는 사람이다. 예술가는 윤리적 동정심을 갖지 않는다. 예술가에게 윤리적 동정심은 용서받을 수 없는 매너리즘이다.

① 갑 : 미를 추구하는 예술 활동은 선의 추구를 지양해야 한다.
② 갑 : 예술가의 자유를 보장할수록 예술을 통해 선이 증진된다.
③ 을 : 도덕적 삶은 예술가가 다루는 소재에서 제외되어야 한다.
④ 을 : 예술 활동에서의 도덕성 추구는 작품의 독창성을 저해한다.
⑤ 갑과 을 : 예술은 작품을 통해 도덕적 본보기를 제공해야 한다.

17. 갑, 을 사상가들의 입장으로 적절한 것만을 <보기>에서 있는 대로 고른 것은? [3점]

> 갑 : 사회 계약의 산물인 법은 오로지 '최대 다수가 공유하는 최대 행복'을 목표로 해야 한다. 사형은 잔혹한 형벌로 공공의 선에 유용하지 않으므로 부당하다.
> 을 : 사회 계약에 사형이 포함될 수 없다는 것은 법의 왜곡이다. 살인했거나 살인에 참여했던 자는 사형에 처해야 한다. 응보법만이 형벌의 질과 양을 정할 수 있다.

< 보 기 >
ㄱ. 갑 : 형벌의 목적은 시민의 유사한 범죄를 예방하는 것이다.
ㄴ. 갑 : 종신 노역형은 시민뿐만 아니라 범죄자의 이익을 위해서도 집행되어야 한다.
ㄷ. 을 : 사형은 살인범의 범죄 행위에 대해 보복하는 것이다.
ㄹ. 갑과 을 : 형벌로 인한 공익이 형벌의 해악보다 커야 한다.

① ㄱ, ㄷ   ② ㄱ, ㄹ   ③ ㄴ, ㄹ
④ ㄱ, ㄴ, ㄷ   ⑤ ㄴ, ㄷ, ㄹ

18. 그림의 강연자가 지지할 입장으로 가장 적절한 것은?

> 여가는 문화 산업이 제공하는 획일적 생산물로 채워집니다. 소비자의 욕구는 문화 산업에 의해 이미 결정된 것입니다. 문화 산업은 무미건조한 행복을 흥미 있는 것으로 보이게 만들며, 대중이 즐긴다는 것은 무엇인가에 대해 더 이상 생각하지 않는다는 것이 됩니다. 자본주의적 생산은 소비자가 자신들에게 제공된 것을 받아들이도록 묶어 놓습니다. 오늘날 문화 산업은 규격품을 만들듯이 인간을 재생산하려 듭니다.

① 문화 산업은 대중이 주체적으로 사유할 수 있도록 도와준다.
② 문화 산업은 현실의 모습을 있는 그대로 반영하려 노력한다.
③ 문화 산업은 고유성을 지닌 상품 생산을 주된 목표로 삼는다.
④ 문화 산업은 생산자가 아닌 소비자의 욕구에 기반해 확산된다.
⑤ 문화 산업은 체제의 지배 이념을 정당화하는 도구로 기능한다.

19. (가)의 주장을 (나) 그림으로 나타낼 때, ㉠에 대한 반론의 근거로 가장 적절한 것은? [3점]

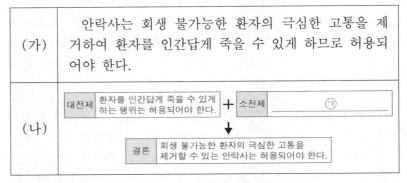

(가)	안락사는 회생 불가능한 환자의 극심한 고통을 제거하여 환자를 인간답게 죽을 수 있게 하므로 허용되어야 한다.
(나)	대전제 환자를 인간답게 죽을 수 있게 하는 행위는 허용되어야 한다. + 소전제 ㉠ → 결론 회생 불가능한 환자의 극심한 고통을 제거할 수 있는 안락사는 허용되어야 한다.

① 안락사는 환자의 삶의 질을 고려하여 허용될 수 있다.
② 안락사는 환자가 지닌 자기 결정권을 존중하는 행위이다.
③ 안락사는 환자의 인간 존엄성을 유지하기 위한 방법이다.
④ 안락사는 환자의 고통 없이 죽을 수 있는 권리를 보장한다.
⑤ 안락사는 환자가 가진 생명권을 침해하는 인위적 죽음이다.

20. 다음 토론의 핵심 쟁점으로 가장 적절한 것은?

> 갑 : 글쓰기 수행 평가를 채점하는 인공 지능 교사(AI 교사) 도입에 대해 찬성합니다. 왜냐하면 자동화된 채점으로 업무의 효율성이 높아지기 때문입니다.
> 을 : 효율성 차원에서는 AI 교사 도입을 찬성하지만, 채점의 공정성 문제가 먼저 해결되어야 합니다. 왜냐하면 어떤 알고리즘으로 채점하느냐에 따라 채점 결과가 달라지기 때문입니다.
> 갑 : 아닙니다. AI 교사는 일률적으로 평가할 수 있는 채점 알고리즘을 채택해 적용하므로 채점의 공정성 문제는 발생하지 않습니다. 오히려 다양한 채점 알고리즘 적용으로 글쓰기가 다양해지는 효과를 얻을 수 있습니다.
> 을 : AI 교사의 도입으로 평가 기준이 일률적으로 적용될 수 있지만 평가 기준 자체가 편향적이어서 공정성 문제는 해결되지 않습니다. 더욱이 특정 알고리즘에 대비하다 보면 글쓰기가 정형화되면서 다양한 글쓰기가 위축됩니다.

① AI 교사는 일률적인 평가 기준을 적용할 수 있는가?
② AI 교사 도입은 채점의 공정성을 담보할 수 있는가?
③ AI 교사 도입은 학생들의 글쓰기에 영향을 끼치는가?
④ AI 교사 도입으로 수행 평가 채점 시간이 줄어드는가?
⑤ AI 교사 도입에 있어 효율성은 고려되어야 할 조건인가?

★ 확인 사항
○ 답안지의 해당란에 필요한 내용을 정확히 기입(표기)했는지 확인하시오.

1. ㉠에 들어갈 진술로 가장 적절한 것은?

> 나는 윤리학이 환경, 생명, 정보 등의 분야에서 발생하는 윤리 문제에 대해 실천적인 해결 방안을 모색하는 것에 중점을 두어야 한다고 생각한다. 그런데 어떤 사람은 윤리학이 도덕적 언어의 의미를 분석하고, 도덕 판단의 논리적 타당성을 입증하는 것에 중점을 두어야 한다고 주장한다. 나는 이러한 주장이 윤리학의 주요 과제가 [㉠]고 생각한다.

① 도덕적 논의의 인식론적 구조에 대한 분석임을 간과한다
② 도덕 추론의 정당성 검증을 위한 논리 분석임을 간과한다
③ 도덕 판단을 위한 보편적 도덕 법칙의 정립임을 강조한다
④ 도덕 현상에 대한 경험적 조사와 객관적 서술임을 강조한다
⑤ 도덕 문제 해결을 위한 구체적 행위 지침의 제시임을 간과한다

2. 다음을 주장한 사상가의 입장으로 적절한 것만을 <보기>에서 있는 대로 고른 것은? [3점]

> 의사소통의 합리성을 실현하기 위한 이상적 담론은 다음 조건들을 충족해야 한다. 의사소통 과정에 참여한 사람들은 참된 진술을 해야 하고, 서로 이해할 수 있는 말을 해야 한다. 또한 누구나 평등하게 담론에 참여하고, 어떤 주장이든 자유롭게 표현할 수 있어야 한다. 이러한 조건들을 통해 의사소통의 합리성을 실현해야 보편타당한 규범을 도출할 수 있다.

— < 보 기 > —
ㄱ. 담론 참여자는 다수가 지지하는 주장을 비판할 수 있다.
ㄴ. 담론 참여자 다수가 동의한 모든 규범은 타당성을 지닌다.
ㄷ. 담론 참여자는 자신의 이익을 위한 선호를 표현할 수 있다.
ㄹ. 담론 참여자는 합의한 결과로 인한 부작용도 수용해야 한다.

① ㄱ, ㄴ   ② ㄱ, ㄷ   ③ ㄴ, ㄹ
④ ㄱ, ㄷ, ㄹ   ⑤ ㄴ, ㄷ, ㄹ

3. 갑, 을 사상가들의 입장으로 가장 적절한 것은?

> 갑 : 죽음은 감각의 상실이므로 우리에게 아무것도 아니다. 이를 제대로 알게 되면 가사성(可死性)도 즐겁게 된다. 그러한 앎이 불멸에 대한 갈망을 제거해 주기 때문이다.
> 을 : 고통의 소멸로 이끄는 길을 알지 못하는 사람들은 결코 윤회(輪廻)를 끝낼 수가 없다. 그들은 태어남과 죽음을 끊임없이 반복하여 겪는다.

① 갑 : 죽음은 고통이므로 죽음을 최고의 악으로 인식해야 한다.
② 갑 : 죽음을 두려움의 대상으로 여기는 인식에서 벗어나야 한다.
③ 을 : 연기의 법칙을 깨달아 고정불변의 자아를 확립해야 한다.
④ 을 : 윤회를 통해 모든 고통이 저절로 소멸됨을 깨달아야 한다.
⑤ 갑과 을 : 내세의 영원한 삶을 위해 현실의 삶에 충실해야 한다.

4. (가)의 갑, 을, 병 사상가들의 입장에서 서로에게 제기할 수 있는 비판을 (나) 그림으로 표현할 때, A ~ F에 해당하는 내용으로 가장 적절한 것은? [3점]

| (가) | 갑 : 법은 강제 권한과 결합되어 있다. 오직 법정의 심판대 앞에서 이루어지는 보복법만이 형벌의 질과 양을 명확하게 제시할 수 있다.
을 : 법은 개개인의 특수 의사의 총체인 일반 의사를 대표한다. 그런데 자신의 생명을 빼앗을 권능을 타인에게 양도할 자는 없다. 사형은 권리일 수 없다.
병 : 법은 일반 의지의 반영이다. 법이 규정한 사회적 권리를 침해하는 악인은 모두 조국의 반역자가 되며, 그의 보존은 국가의 보존과 양립할 수 없다. |

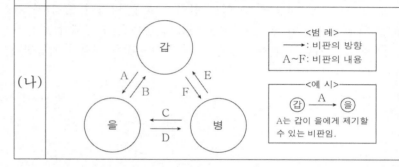

| (나) | (그림: 갑 - 을 - 병 삼각형, A/B(갑↔을), E/F(갑↔병), C/D(을↔병)) <범례> → : 비판의 방향, A~F : 비판의 내용 / <예시> 갑 —A→ 을, A는 갑이 을에게 제기할 수 있는 비판임. |

① A, F : 사형은 살인범의 인간 존엄성을 훼손하는 형벌임을 간과한다.
② B : 범죄자는 형벌을 받아야 할 행위를 원했기 때문에 형벌을 받는 것임을 간과한다.
③ C : 사형은 사회 계약을 통해 성립될 수 없지만 정당한 형벌임을 간과한다.
④ D : 형벌의 지속도보다 강도가 범죄 예방에 효과적임을 간과한다.
⑤ E : 형벌은 시민 사회의 선을 위한 수단으로서 가해질 수 있음을 간과한다.

5. 갑, 을 사상가들의 입장으로 적절하지 <u>않은</u> 것은?

> 예술의 사명은 행복이 인간 상호 간의 결합에 있다는 진리를 이성에서 감정의 영역으로 옮겨 신(神)의 세계, 즉 사랑의 세계를 건설하는 것입니다.

> 예술의 영역과 도덕의 영역은 서로 분리되어 있습니다. 예술은 예술 안에서 완벽함을 추구할 뿐 예술 밖에서 완벽함을 찾지 않습니다.

 갑

 을

① 갑 : 예술은 공감을 통해 사람들을 하나의 감정으로 결합한다.
② 갑 : 예술은 종교적 자각에 입각한 사랑을 불러일으켜야 한다.
③ 을 : 예술은 인격 함양을 위한 삶의 본보기를 제공해야 한다.
④ 을 : 예술은 예술 자체의 아름다움을 자율적으로 추구해야 한다.
⑤ 갑과 을 : 예술은 미적 가치를 추구하는 활동으로 볼 수 있다.

6. 다음 토론의 핵심 쟁점으로 가장 적절한 것은?

> 갑 : 회생 불가능한 환자가 고통스러운 삶을 살아가는 것은 무의미합니다. 환자가 요청한다면 연명 치료의 중단으로 죽음을 맞이할 수 있도록 허용해야 합니다.
> 을 : 동의합니다. 연명 치료의 중단과 같은 소극적 안락사뿐만 아니라 약물 주입과 같은 적극적 안락사로도 환자가 죽음에 이를 수 있도록 허용해야 합니다.
> 갑 : 아닙니다. 소극적 안락사는 도덕적인 행위이지만 적극적 안락사는 환자를 살인하는 행위와 같으므로 비도덕적입니다.
> 을 : 그렇지 않습니다. 두 가지 모두 환자를 죽음에 이르게 하지만 고통을 제거한다는 점에서 도덕적입니다. 적극적 안락사도 죽음을 앞당겨 환자의 불필요한 고통을 제거한다는 점에서 도덕적인 행위입니다.

① 연명 치료를 중단하려면 환자의 동의가 반드시 요구되는가?
② 적극적 안락사는 소극적 안락사와 달리 비도덕적 행위인가?
③ 도덕적으로 허용될 수 있는 안락사 시행 방법이 존재하는가?
④ 회생 불가능한 환자는 연명 치료의 중단을 요청해야 하는가?
⑤ 회생 불가능한 환자의 고통을 제거하는 것은 정당화 가능한가?

7. (가)의 갑, 을 사상가들의 입장을 (나) 그림으로 표현할 때, A ~C에 해당하는 적절한 진술만을 <보기>에서 있는 대로 고른 것은? [3점]

(가)	갑 : 원조의 의무는 절대 빈곤에 처한 사람들을 돕는 것이다. 이익 평등 고려의 원칙에 따라 빈곤으로 고통받는 사람들에게 원조를 해야 한다. 을 : 원조의 의무는 고통받는 사회가 질서 정연한 사회가 될 수 있도록 돕는 것이다. 질서 정연한 사회의 만민은 고통받는 사회들을 원조해야 한다.
(나)	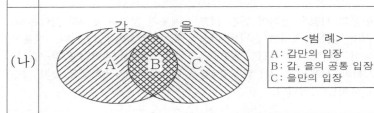<범 례> A : 갑만의 입장 B : 갑, 을의 공통 입장 C : 을만의 입장

―――――――< 보 기 >―――――――
ㄱ. A : 원조는 원조 대상뿐만 아니라 원조 주체의 이익도 증진해야 한다.
ㄴ. B : 자원 빈곤국을 모두 원조 대상국으로 삼을 필요는 없다.
ㄷ. B : 원조 대상국의 정치적 상황을 고려하여 원조해야 한다.
ㄹ. C : 절대빈곤층의 처지 개선이 원조의 주된 목표는 아니다.

① ㄱ, ㄴ   ② ㄱ, ㄷ   ③ ㄴ, ㄹ
④ ㄱ, ㄷ, ㄹ   ⑤ ㄴ, ㄷ, ㄹ

8. (가), (나)의 입장으로 가장 적절한 것은?

> (가) 성적 행위는 출산과 양육의 책임을 수행할 수 있는 관계에서 이루어져야 한다. 그러므로 부부간의 성적 행위만이 도덕적으로 정당화된다.
> (나) 성적 행위는 인격 존중의 의무만 다한다면 도덕적으로 정당화된다. 인격 존중의 의무는 당사자 간 자발적 합의와 해악 금지의 원칙을 준수함으로써 이행된다.

① (가) : 성적 행위는 사적인 행위이므로 사회적 책임과 무관하다.
② (가) : 성적 행위는 혼인 관계 안에서만 도덕적으로 정당화된다.
③ (나) : 성적 행위가 합의로 이루어지면 모든 책임에서 자유롭다.
④ (나) : 성적 행위에 대한 자유와 인격 존중의 의무는 상충한다.
⑤ (가)와 (나) : 성적 행위에서 인격 존중의 의무는 사랑이 동반된 관계에서만 요구된다.

9. 갑, 을 사상가들의 입장으로 적절한 것만을 <보기>에서 있는 대로 고른 것은? [3점]

> 갑 : 모든 사람은 취득과 이전, 교정의 원칙에 의해 자신의 소유물에 대한 소유 권리를 가져야 한다. 소유 권리는 과거의 상황이나 과거의 행위에 근거하므로 분배적 정의는 역사적 원리에 따라야 한다.
> 을 : 모든 사람은 원초적 입장에서 선택되는 정의의 원칙에 따라 기본적 자유에 대하여 동등한 권리를 가져야 한다. 재산과 소득의 분배가 균등해야 할 필요는 없으나 모든 사람에게 이익이 되도록 이루어져야 한다.

―――――――< 보 기 >―――――――
ㄱ. 갑 : 도덕적 공과에 따른 분배는 분배적 정의에 위배된다.
ㄴ. 갑 : 취득과 이전의 원칙을 통해서만 재화가 양도되는 것은 아니다.
ㄷ. 을 : 공정한 절차를 따르면 부의 균등한 분배가 보장된다.
ㄹ. 갑과 을 : 국가는 불의한 분배를 교정하기 위해 개입할 수 있다.

① ㄱ, ㄴ   ② ㄴ, ㄷ   ③ ㄷ, ㄹ
④ ㄱ, ㄴ, ㄹ   ⑤ ㄱ, ㄷ, ㄹ

10. 갑, 을 사상가들의 입장으로 가장 적절한 것은? [3점]

> 갑 : 사람들은 자연 상태에서 자유를 누리지만 이 자유 때문에 싸움을 피할 수 없다. 비참한 자연 상태에서 벗어나기 위해 서로 계약을 맺음으로써 리바이어던이 탄생한다.
> 을 : 사람들은 자연 상태에서 가졌던 평등, 자유 및 집행권을 사회의 선이 요구하는 바에 따라 최고 권력인 입법부가 처리할 수 있도록 사회에 양도한다.

① 갑 : 공통 권력이 없는 곳에는 정의나 불의가 존재하지 않는다.
② 갑 : 군주는 사법권과 분쟁의 해결권을 갖지만 입법자는 아니다.
③ 을 : 개인의 재산 보존은 시민 사회의 주된 목적이 될 수 없다.
④ 을 : 권력 분립에 의한 통치는 사회 계약에 부합하지 않는다.
⑤ 갑과 을 : 군주의 자의적인 권력 행사는 정권 교체로 이어진다.

11. 다음을 주장한 사상가의 입장에서 <사례> 속 A에게 제시할 조언으로 가장 적절한 것은?

> 쾌락의 산출과 고통의 회피는 개인은 물론이고 입법자가 살펴보아야 할 목적이다. 어떤 행위가 공동체의 이익을 증가시킨다는 것은 공동체를 구성하는 이해 당사자들의 쾌락의 합계를 증가시키는 것이다.

―――― < 사 례 > ――――
> 국회의원 A는 딥페이크(deepfake)* 활용을 금지하는 법안 발의에 참여해야 하는지 고민하고 있다. 딥페이크가 가짜 뉴스나 음란물 제작 등에 악용되는 경우가 있지만, 다양한 창작 활동에 활용되는 경우도 있기 때문이다.
>
> * 딥페이크(deepfake) : 인공 지능 기술을 이용하여 원본 이미지 위에 다른 이미지를 결합하여 새로운 이미지를 생성하는 기술

① 도덕과 입법의 근거인 유용성의 원리에 따라 결정하세요.
② 법안의 효용을 고려하기보다 의무 의식에 따라 결정하세요.
③ 기술이 가져올 해악이 아닌 이익만을 고려하여 결정하세요.
④ 기술의 활용 결과가 아닌 개발 동기를 고려하여 결정하세요.
⑤ 개인의 이익을 배제하고 사회의 이익만을 고려하여 결정하세요.

12. 다음을 주장한 사상가의 입장으로 적절하지 <u>않은</u> 것은?

> ○ 훌륭한 목민관이 되려는 자는 어질어야 하고, 어질고 싶은 자는 청렴해야 하며, 청렴하고 싶은 자는 검소해야 하니 절용(節用)은 목민관의 첫 번째 의무이다.
> ○ 벼슬살이의 요체는 '두려워할 외(畏)' 한 자뿐이다. 의(義)를 두려워하고 법(法)을 두려워하며 백성을 두려워해야 한다. 마음에 두려움을 간직해야 방자하지 않게 된다.

① 공직자는 청렴이 본연의 덕이며 의무임을 알아야 한다.
② 공직자는 절용을 실천하기 위해 자기 절제에 힘써야 한다.
③ 공직자는 법을 지키며 백성을 편안하고 이롭게 해야 한다.
④ 공직자는 공무를 처리할 때 사욕을 개입시켜서는 안 된다.
⑤ 공직자는 백성이 자신을 두려워하도록 위세를 앞세워야 한다.

13. 갑, 을 사상가들의 입장으로 가장 적절한 것은? [3점]

> 갑 : 영구 평화를 달성하기 위해서 모든 국가의 시민적 정치 체제는 공화 정체이어야 하며, 국제법은 자유로운 국가들의 연방 체제에 기초해야 한다.
> 을 : 진정한 평화는 모든 종류의 폭력이 없는 상태이다. 직접적 폭력과 구조적 폭력은 물론이고, 문화적 폭력까지 사라진 적극적 평화 상태를 추구해야 한다.

① 갑 : 각 국가는 매매를 통해 다른 국가의 소유가 될 수 있다.
② 갑 : 어떤 경우에도 타국인을 적대적으로 대우해서는 안 된다.
③ 을 : 직접적 폭력의 제거는 진정한 평화 실현의 전제 조건이다.
④ 을 : 물리적 폭력의 제거는 구조적 폭력이 제거되어야 실현된다.
⑤ 갑과 을 : 폭력이나 전쟁은 어떤 상황에서도 정당화될 수 없다.

14. 그림의 강연자의 입장으로 적절한 것만을 <보기>에서 있는 대로 고른 것은?

> 문화 산업의 위치가 확고해지면 확고해질수록 문화 산업은 소비자의 욕구를 더욱더 능란하게 다룰 수 있게 됩니다. 문화 산업은 소비자의 욕구를 만들어내고 조종하며 심지어는 소비자로부터 재미를 몰수할 수도 있습니다. 문화 산업의 생산물은 모든 사람을 일하는 시간과 마찬가지로 휴식 시간에도 잡아 놓는 거대한 경제 체계의 일부입니다.

―――― < 보 기 > ――――
ㄱ. 문화 산업은 소비자에게 능동적인 체험 활동을 보장한다.
ㄴ. 문화 산업은 규격품을 만들듯이 인간을 재생산하려 한다.
ㄷ. 문화 산업의 대중매체는 소비자의 의식을 지배하려 한다.
ㄹ. 문화 산업의 생산물은 대중이 활발하게 소비하도록 만든다.

① ㄱ, ㄴ ② ㄱ, ㄷ ③ ㄴ, ㄹ
④ ㄱ, ㄷ, ㄹ ⑤ ㄴ, ㄷ, ㄹ

15. (가)의 갑, 을, 병 사상가들의 입장을 (나) 그림으로 탐구하고자 할 때, A ~ D에 들어갈 적절한 질문만을 <보기>에서 있는 대로 고른 것은? [3점]

(가)	갑 : 우리는 동물에 대한 직접적 의무를 지지 않는다. 동물은 단지 수단일 뿐이다. 동물과 관련한 우리의 의무는 인간에 대한 간접적 의무에 불과하다. 을 : 우리가 해야 할 일은 종(種) 차별주의를 피하면서 쾌고 감수 능력이 있는 동물을 도덕적 관심의 영역 안으로 끌어들이는 것이다. 병 : 우리는 유기체가 자신을 보존하고 자신만의 독특한 방식으로 고유의 선을 실현하려고 애쓰는 목적론적 삶의 중심이라고 생각한다.

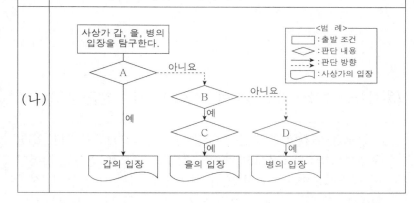

―――― < 보 기 > ――――
ㄱ. A : 생명체 중에서 오직 인간만이 가치를 지닌 존재인가?
ㄴ. B : 인간이 생명을 가진 존재를 차별하는 것은 잘못인가?
ㄷ. C : 동물을 이용하는 인간의 행위가 정당화될 수 있는가?
ㄹ. D : 개체가 고유의 선을 지녀야만 의무의 대상이 될 수 있는가?

① ㄱ, ㄴ ② ㄴ, ㄷ ③ ㄷ, ㄹ
④ ㄱ, ㄴ, ㄹ ⑤ ㄱ, ㄷ, ㄹ

16. 갑, 을 사상가들의 입장으로 가장 적절한 것은? [3점]

> 갑 : 품성적 덕은 본성적으로 생겨나는 것도 아니요, 본성에 반하여 생겨나는 것도 아니다. 우리는 그것을 본성적으로 받아들일 수 있으며 습관을 통해 완성시킨다.
> 을 : 정언 명령은 어떤 행위를 그 자체로서, 다른 목적과 관계없이 필연적인 것으로 표상한다. 정언 명령만이 도덕 법칙으로서의 필연성을 가진다.

① 갑 : 덕에 따르는 삶을 위해 공동체의 전통에서 벗어나야 한다.
② 갑 : 인간은 선천적으로 지니고 있는 품성적 덕을 길러야 한다.
③ 을 : 의무에 맞는 모든 행위를 도덕적 행위로 간주해야 한다.
④ 을 : 이성적 존재는 스스로 도덕 법칙의 수립자가 되어야 한다.
⑤ 갑과 을 : 도덕적 행위를 하려면 자연적 경향성을 따라야 한다.

17. 다음을 주장한 사상가의 입장으로 적절한 것만을 <보기>에서 있는 대로 고른 것은? [3점]

> 우리는 시민 불복종 행위를 통해서 공동 사회의 다수자가 갖는 정의감을 나타내게 된다. 그리고 우리의 신중한 견지에서 볼 때 자유롭고 평등한 사람들 사이에서 사회 협동체의 원칙이 존중되지 않고 있음을 선언하게 된다.

< 보 기 >
ㄱ. 부정의의 정도가 심각하지 않은 법은 준수되어야 한다.
ㄴ. 시민 불복종은 비합법적인 정부에 대한 정당한 항거이다.
ㄷ. 시민 불복종으로 인해 준법의 의무와 부정의에 저항할 의무가 상충할 수 있다.
ㄹ. 시민 불복종은 민주 사회의 시민들이 갖는 양심적인 신념들 간의 불일치를 줄일 수 있다.

① ㄱ, ㄴ ② ㄱ, ㄹ ③ ㄴ, ㄷ
④ ㄱ, ㄷ, ㄹ ⑤ ㄴ, ㄷ, ㄹ

18. 다음을 주장한 사상가의 입장으로 적절하지 않은 것은? [3점]

> 종교적 인간에게 자연은 항상 종교적 의미로 충만해 있다. 우주는 신의 창조물이고 세계는 신들의 손으로 완성된 것이어서 성스러움으로 가득차 있기 때문이다. 이는 예를 들면, 신의 현존에 의해서 정화된 장소나 사물에 머무르는 경우와 같이 직접 신들과 교류하는 신성성만의 것은 아니다. 신들은 그보다 더 많은 것을 행했다. 그들은 세계와 우주적 현상의 구조 그 자체 안에서 다양한 성(聖)의 양태를 현현(顯現)한다.

① 성스러운 공간에는 성스러운 것의 출현이 결부되어 있다.
② 성스러움이 드러난 사물을 신 그 자체와 동일시해야 한다.
③ 성스러움을 가시적인 형태로 구현하는 것은 자연의 대상들이다.
④ 성스러운 세계에서만 종교적 인간은 참된 실존을 가질 수 있다.
⑤ 성스러운 세계와 세속은 분리되어 있거나 단절되어 있지 않다.

19. 다음 칼럼의 입장에서 지지할 내용으로 적절하지 않은 것은?

> ○○신문 ○○○○년 ○○월 ○○일
> 칼럼
> 뉴 미디어 사회에서는 정보 통신 기술의 발전으로 근로자가 시공간의 제약에서 벗어나 일을 할 수 있는 환경이 조성되었다. 하지만 이로 인해 근무 시간 외 업무 연락으로 근로자의 사생활 침해 문제가 대두되고 있다. 이러한 부작용을 방지하기 위해 근무 시간 외 업무와 관련한 연락을 받지 않을 '연결되지 않을 권리'의 도입이 필요하다. 이러한 '연결되지 않을 권리'는 직장 동료 간의 원치 않는 온라인 친구 신청, 동의 없는 단체 대화방 초대 등에 대해서도 적용되어 근로자의 사생활을 보호할 수 있다. 근로자의 근로 조건과 삶의 질 향상을 위해서는 '연결되지 않을 권리'가 보장되어야 한다. 이를 위해서는 고용주의 윤리 의식 함양과 함께 관련 법률의 재정비가 필요하다.

① 연결되지 않을 권리는 직장에서의 의사소통 단절을 야기한다.
② 연결되지 않을 권리는 근로자의 처우 개선에 기여할 수 있다.
③ 연결되지 않을 권리는 근로자의 업무 부담을 줄여줄 수 있다.
④ 근로자의 사생활 보호를 위해 연결되지 않을 권리가 필요하다.
⑤ 고용주는 연결되지 않을 권리를 보장하기 위해 노력해야 한다.

20. (가)의 입장에 비해 (나)의 입장이 갖는 상대적 특징을 그림의 ㉠~㉤ 중에서 고른 것은?

> (가) 과학자는 연구 윤리를 준수하면서 자신의 연구가 참인지 거짓인지 밝혀야 한다. 과학자는 자신의 연구가 활용되는 과정에서 아무런 힘도 발휘하지 못하므로 활용 결과에 대한 책임으로부터 자유롭다.
> (나) 과학자는 연구 윤리를 준수하면서도 자신의 연구 결과가 사회에 미칠 영향에 대해 책임을 져야 한다. 과학자는 자신의 연구 활동이 인간 존엄성 구현과 삶의 질 향상을 위한 것인지 검토해야 한다.

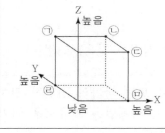

• X : 과학자가 인류의 복지 증진에 기여해야 함을 강조하는 정도
• Y : 과학자의 연구 활동이 사회적 책임과 무관함을 강조하는 정도
• Z : 과학 기술 활용에 대한 과학자의 윤리적 성찰을 강조하는 정도

① ㉠ ② ㉡ ③ ㉢ ④ ㉣ ⑤ ㉤

* 확인 사항
o 답안지의 해당란에 필요한 내용을 정확히 기입(표기)했는지 확인하시오.

1. ㉠에 들어갈 진술로 가장 적절한 것은?

> 나는 윤리학이 '옳은 행위란 무엇인가?'라는 문제를 탐구하는 학문으로 도덕적 행위를 정당화하는 규범적 근거를 제시해야 한다고 본다. 그런데 어떤 사람들은 윤리학이 '옳다'와 같은 도덕적 언어의 의미를 분석하는 것을 주로 해야 한다고 주장한다. 내가 보기에 이들은 윤리학이 ㉠ 는 점을 간과하고 있다.

① 도덕적 탐구가 학문으로 성립 가능한가를 검토해야 한다
② 도덕규범을 당위가 아닌 사실의 형식으로 제시해야 한다
③ 도덕 현상의 가치 중립적 기술을 핵심 과제로 삼아야 한다
④ 도덕적 실천을 위해서 보편적인 도덕 원리를 정립해야 한다
⑤ 도덕적 추론의 형식적 타당성 검증을 주된 과제로 삼아야 한다

2. 갑, 을 사상가들의 입장으로 가장 적절한 것은?

> 갑 : 세상 안에서뿐만 아니라 세상 밖에서조차도 제한 없이 선하다고 여길 수 있는 것은 선의지뿐이다. 이성의 최고의 실천적 사명은 선의지의 토대를 마련하는 것이다.
> 을 : 덕은 하나의 습득된 인간의 자질로서, 그것의 소유와 실행은 우리로 하여금 어떤 실천에 내재하고 있는 선들을 성취할 수 있도록 해 준다.

① 갑 : 공동체가 추구하는 선을 따르려는 의지만이 도덕적이다.
② 갑 : 행위의 준칙은 보편적으로 따라야 할 법칙이 될 수 있다.
③ 을 : 도덕적 선악은 공동체의 역사와 무관하게 판단되어야 한다.
④ 을 : 덕은 관행에 내재한 선을 성취하게 하는 타고난 성품이다.
⑤ 갑, 을 : 맥락적 사고가 아닌 도덕 법칙에 따라 행위해야 한다.

3. 다음 가상 편지를 쓴 사상가가 지지할 입장만을 <보기>에서 고른 것은?

> ○○에게
> 사랑에 대해 고민이 많은 너에게 조언을 해 주고 싶구나. 요즘 사람들은 사랑할 줄 아는 능력을 기르려고 하기보다는 사랑을 받으려고만 하는 것 같구나. 하지만 사랑은 수동적 감정이 아니라 능동적 활동이란다. 사랑은 상대방의 생명과 성장에 적극적인 관심을 가지고, 자발적으로 책임지는 것이며, 착취 없이 존경하는 것이란다. 가장 일반적인 방식으로 사랑의 능동적 성격을 말한다면 사랑은 본래 '주는 것'이지 받는 것이 아니란다.

< 보 기 >
ㄱ. 사랑은 상대방의 요구에 책임 있게 반응하는 것이다.
ㄴ. 사랑은 보호와 존경을 기본적 요소로 내포하고 있다.
ㄷ. 사랑은 자신의 의지대로 상대방을 변화시키려는 활동이다.
ㄹ. 사랑은 주는 행위로서 자신의 생명을 희생해야 하는 것이다.

① ㄱ, ㄴ   ② ㄱ, ㄷ   ③ ㄴ, ㄷ   ④ ㄴ, ㄹ   ⑤ ㄷ, ㄹ

4. 갑, 을 사상가들의 입장으로 가장 적절한 것은? [3점]

> 갑 : 우리는 영원한 평화를 확립하기 위해 그리고 전쟁 수행을 종식시키기 위해, 모든 국가의 시민적 정치 체제가 공화 정체가 되도록 노력해야 한다.
> 을 : 평화를 알기 위해서는 먼저 폭력에 대해 알아야 한다. 폭력에는 직접적 폭력과 구조적 폭력 그리고 이 두 가지 폭력을 정당화하는 문화적 폭력이 있다.

① 갑 : 개별 국가의 자유를 보호하는 국제 연맹이 필요하다.
② 갑 : 다른 국가의 체제 변화를 위한 강제력 사용은 허용된다.
③ 을 : 비의도적으로 발생하는 폭력은 문화적 폭력에 국한된다.
④ 을 : 직접적 폭력과 구조적 폭력은 서로 영향을 주지 않는다.
⑤ 갑, 을 : 평화 조약의 체결은 영원한 평화의 실현을 보장한다.

5. (가)의 갑, 을, 병 사상가들의 입장을 (나) 그림으로 탐구하고자 할 때, A ~ D에 들어갈 적절한 질문만을 <보기>에서 있는 대로 고른 것은? [3점]

(가)	갑 : 이성은 없지만 생명이 있는 피조물인 동물을 폭력적이고 잔인한 방식으로 다루는 것은 자기 자신에 대한 인간의 의무와 대립한다. 을 : 유기체는 고유의 방식으로 자신의 선을 추구하는 목적론적 삶의 중심이다. 어떤 종을 다른 종보다 선호하는 편견은 받아들일 수 없다. 병 : 동물이 인간과 다른 종에 속한다고 해서 그들의 이익을 희생시키는 것은 종 차별주의이며, 종 차별주의는 인종 차별과 다를 바 없이 부도덕하다.

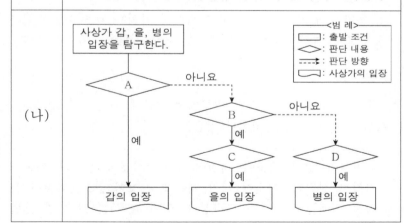

< 보 기 >
ㄱ. A : 동물에 대한 폭력적 행위는 인간의 의무에 어긋나는가?
ㄴ. B : 생명체는 종에 상관없이 도덕적 지위를 지니는가?
ㄷ. C : 생명체 고유의 선을 보호하기 위한 간섭이 허용될 수 있는가?
ㄹ. D : 인간과 동물의 동일한 양의 고통은 동일하게 고려되어야 하는가?

① ㄱ, ㄴ   ② ㄱ, ㄷ   ③ ㄴ, ㄹ
④ ㄱ, ㄷ, ㄹ   ⑤ ㄴ, ㄷ, ㄹ

6. 갑의 입장에 비해 을의 입장이 갖는 상대적 특징을 그림의 ㉠~㉤ 중에서 고른 것은?

> 갑 : 원자 폭탄을 전쟁에 이용한 사람은 정치인들이므로 과학적 연구의 결과 활용에 대한 책임은 그들이 져야 한다. 과학자는 연구로 발견한 진리를 공표할 책임만 지닌다.
> 을 : 핵무기 개발이 가져올 희망보다 공포를 먼저 생각해야 한다. 과학자는 과학 기술이 가져올 결과의 모호성과 가늠할 수 없는 파급력이 초래할 위험에 주목해야 한다.

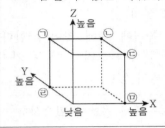

> • X : 과학 기술의 활용 결과를 과학자가 책임져야 한다고 보는 정도
> • Y : 과학 기술 연구와 관련된 과학자의 책임을 축소해야 한다고 보는 정도
> • Z : 과학자가 과학 기술의 사회적인 영향력을 성찰해야 한다고 보는 정도

① ㉠　　② ㉡　　③ ㉢　　④ ㉣　　⑤ ㉤

7. 다음을 주장한 사상가의 입장으로 가장 적절한 것은? [3점]

> 문화 산업의 독점하에서 대중문화는 획일적인 모습을 하고 있다. 대중문화의 조종자들은 독점을 숨기려 하지도 않는다. 독점의 힘이 강화될수록 그 힘의 행사도 점점 노골화된다. 영화나 라디오는 더 이상 예술인 척할 필요가 없다. 대중 매체는 그들이 고의로 만들어 낸 것들을 정당화하는 이데올로기로 사용되며, 대중은 문화 산업의 객체가 된다. 대중에게 다양한 질의 대량 생산물이 제공되지만 그것은 이윤 창출을 위한 문화 산업 체계의 일부일 뿐이다.

① 문화 산업이 확산될수록 인간의 몰개성화 경향은 감소한다.
② 문화 산업은 예술을 상품화하려는 시도를 예방하고자 한다.
③ 문화 산업은 대중에게 규격화된 예술과 가치관을 전달한다.
④ 문화 산업의 목표는 예술의 심미적 가치를 보존하는 것이다.
⑤ 문화 산업은 대중이 각자 고유한 예술 체험을 하도록 장려한다.

8. 다음을 주장한 사상가의 입장에서 <문제 상황> 속 A에게 제시할 조언으로 가장 적절한 것은?

> 이것이 있기 때문에 저것이 있고, 이것이 생기기 때문에 저것이 생긴다. 이것이 없기 때문에 저것이 없고, 이것이 사라지기 때문에 저것이 사라진다. 연기(緣起)를 보는 자는 법(法)을 보고, 법을 보는 자는 연기를 본다.

> ─────── < 문제 상황 > ───────
> 기업가 A는 경영난이 지속되자 폐기물 처리 비용을 줄이기 위해 공장의 폐수를 무단으로 방류할지 고민하고 있다.

① 자연과 인간의 상호 의존적인 관계를 고려하여 결정하세요.
② 인간에 내재된 불성을 극복하려는 의지에 따라 결정하세요.
③ 자연의 모든 구성원이 영원히 존재할 수 있도록 결정하세요.
④ 인간이 우월한 존재로서의 지위를 지킬 수 있도록 결정하세요.
⑤ 인간 외의 존재도 독립된 실체를 유지할 수 있도록 결정하세요.

9. 갑, 을 사상가들의 입장으로 적절한 것만을 <보기>에서 있는 대로 고른 것은? [3점]

> 갑 : 지능에 따른 분배 원리는 정형적 원리이다. 이러한 원리는 차별적인 소유 권리를 창출하는 과거의 행위를 전혀 고려하지 않는다는 점에서 비역사적이다.
> 을 : 지능과 같은 천부적 재능의 분포를 공동의 자산으로 생각하고, 이러한 분포로 인한 이익을 함께 나누어 가질 수 있는 정의의 원칙이 필요하다.

> ─────── < 보 기 > ───────
> ㄱ. 갑 : 개인은 천부적 자산과 그것을 이용하여 얻은 정당한 소유물에 대해 배타적 권리를 갖는다.
> ㄴ. 을 : 천부적으로 타고나는 것은 부정의하다고 할 수 없다.
> ㄷ. 을 : 개인은 사회적 협동의 공정한 체제의 규칙에 따라 얻은 모든 것에 대한 권한을 갖는다.
> ㄹ. 갑, 을 : 사회적 약자를 위한 분배 원리가 정의의 원리에 포함되어야 한다.

① ㄱ, ㄴ　　② ㄱ, ㄹ　　③ ㄷ, ㄹ
④ ㄱ, ㄴ, ㄷ　　⑤ ㄴ, ㄷ, ㄹ

10. 갑, 을 사상가들의 입장으로 가장 적절한 것은? [3점]

> 갑 : 참으로 지혜를 사랑하는 사람들이 통치자들이 되어야 한다. 상인이 전사 계층으로 옮기려 하거나 전사가 통치자 계층으로 옮기려고 하면 국가는 파멸할 것이다.
> 을 : 어질고 능력이 있으면 순서를 기다리지 않고 등용한다. 서인(庶人)의 자식도 학문에 힘쓰고 행실이 바르며 예(禮)를 쌓아 본성을 극복하면 관리가 될 수 있다.

① 갑 : 통치자들만 공동생활을 통해서 공익을 추구해야 한다.
② 갑 : 각자 자신의 성향에 맞는 한 가지 직분에 충실해야 한다.
③ 을 : 직업에 충실하면 본성을 회복하고 인격을 닦을 수 있다.
④ 을 : 예에 정통한 사람은 모든 일을 이해하고 잘하는 사람이다.
⑤ 갑, 을 : 개인의 희망에 따라 사회적 역할이 부여되어야 한다.

11. 다음을 주장한 사상가가 긍정의 대답을 할 질문으로 가장 적절한 것은?

> 고도로 조직화된 산업사회에서는 재력이 없으면 평판도 얻을 수 없다. 재력을 과시하여 평판을 얻기 위한 수단은 여가와 재화의 과시적 소비이다. 사람들의 평판을 효과적으로 얻으려면 불필요한 사치품에 돈을 써야 한다. 오로지 필수품을 소비하는 것만으로는 아무런 의미가 없다. 이러한 과시적 소비는 하층계급에서도 나타난다.

① 과시적 소비는 하층계급에서 상층계급으로 확산되는가?
② 사회 전체의 부가 늘어날수록 과시적 소비는 감소하는가?
③ 모든 계층에서 평판을 높이려는 과시적 소비가 나타나는가?
④ 자기 보존 본능은 과시적 소비의 주된 경제적 동기가 되는가?
⑤ 필수품 소비는 유한계급이 재력을 과시하는 유용한 방법인가?

12. 그림은 서양 사상가 갑, 을의 가상 대화이다. 갑, 을의 입장으로 가장 적절한 것은?

> 예술 작품은 좋은 곳에서 불어오는 미풍처럼 젊은이들에게 좋은 영향을 주어야 합니다. 예술 작품은 젊은이들이 어릴 때부터 자기도 모르는 사이에 아름다운 말을 닮고 사랑하고 공감하도록 이끌어야 합니다.

> 예술 작품에 도덕적인 작품, 비도덕적인 작품이라는 것은 없습니다. 예술은 예술 안에서 완벽함을 추구할 뿐, 예술 밖에서 완벽함을 찾지 않습니다. 예술이란 아름답고 섬세한 형태, 고상한 색채로 사람들을 즐겁게 해 주는 것입니다.

갑   을

① 갑 : 예술 작품은 인간의 품성 함양에 중요한 역할을 해야 한다.
② 갑 : 예술 작품 검열은 예술의 도덕적 교화 기능을 약화시킨다.
③ 을 : 예술 작품은 사회의 발전에 이바지할 때 가치를 지닌다.
④ 을 : 예술 작품에 대한 평가는 도덕에 근거해서 이뤄져야 한다.
⑤ 갑, 을 : 예술 작품은 예술 그 자체를 목적으로 추구해야 한다.

13. (가)의 갑, 을 사상가들의 입장을 (나) 그림으로 표현할 때, A ~ C에 해당하는 적절한 진술만을 <보기>에서 있는 대로 고른 것은? [3점]

(가)	갑 : 원조의 의무는 이익 평등 고려의 원칙에 따라 행해져야 한다. 얼마나 떨어져 있고 어떤 공동체에 속하느냐는 원조를 결정하는 기준이 아니다. 을 : 원조의 의무는 합당하게 정의로운 자유적 만민과 적정 수준의 만민이 불리한 여건에 의해 고통 받고 있는 사회에 대해 부담해야 할 의무이다.
(나)	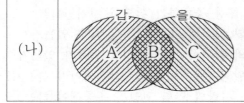 <범 례> A: 갑만의 입장 B: 갑, 을의 공통 입장 C: 을만의 입장

―――――< 보 기 >―――――
ㄱ. A : 빈곤에 처한 모든 사람들을 균등하게 원조해야 한다.
ㄴ. B : 원조할 때 원조 대상국의 정치적 상황을 고려해야 한다.
ㄷ. B : 원조 주체는 원조 대상국에 강제력을 행사하면 안 된다.
ㄹ. C : 질서 정연한 사회는 지구적 분배 정의의 원칙에 따라 원조해야 한다.

① ㄱ, ㄴ   ② ㄱ, ㄹ   ③ ㄴ, ㄷ
④ ㄱ, ㄷ, ㄹ   ⑤ ㄴ, ㄷ, ㄹ

14. 갑, 을의 입장으로 가장 적절한 것은?

> 갑 : 남북의 분단 비용 중 국방비가 큰 비중을 차지한다. 남북은 모두 경제 규모 대비 적정 수준 이상의 국방비를 지출하고 있다. 남북이 통일이 된다면 국방비를 줄일 수 있으므로 통일 비용에 대한 부담도 줄어들 것이다.
> 을 : 남북이 통일이 된다면 통일 이전과 달리 세계적인 강대국들과 국경을 접하게 되기 때문에 국방비가 늘어나게 될 것이다. 통일에 따른 국방비 증가는 통일 비용에 대한 부담을 더 크게 할 것이다.

① 갑 : 통일 편익은 북한이 아닌 남한 지역에서만 발생할 것이다.
② 갑 : 통일 이후의 국방비 감소는 통일 편익을 증대시킬 수 있다.
③ 을 : 통일된 이후에도 분단 비용은 지속적으로 발생할 것이다.
④ 을 : 통일 국가의 영토는 남북한을 합친 것보다 확장될 것이다.
⑤ 갑, 을 : 통일 이전 대비 통일 이후의 국방비는 증가할 것이다.

15. 갑, 을 사상가들의 입장으로 적절하지 <u>않은</u> 것은? [3점]

> 갑 : 국가는 자연의 산물이며 개인보다 앞서 있다. 국가는 전체이며, 개인은 그 부분으로서 혼자서는 자급자족하지 못한다. 국가에서 살 필요가 없는 자는 동물이거나 신이다.
> 을 : 국가는 사람들이 비교적 평화로운 자연 상태를 벗어나 생명, 자유, 재산을 보존하기 위해 만들었다. 최고 권력인 입법권은 이러한 목적으로 신탁된 권력이다.

① 갑 : 국가는 행복을 실현하게 하는 가장 포괄적인 공동체이다.
② 갑 : 국가는 완전한 자급자족 단계에 도달한 최상의 공동체이다.
③ 을 : 국가는 공정한 재판관과 집행관의 역할을 수행해야 한다.
④ 을 : 국가는 국민의 생명과 재산을 자의적으로 다루면 안 된다.
⑤ 갑, 을 : 국가 질서는 통치자가 절대 권력을 가져야 유지된다.

16. 갑, 을 사상가들의 입장만을 <보기>에서 있는 대로 고른 것은? [3점]

> 갑 : 사람도 잘 섬기지 못하면서 어떻게 귀신을 섬길 수 있겠는가? 삶에 대해 잘 알지도 못하면서 어떻게 죽음에 대해 알겠는가?
> 을 : 진인은 삶을 기뻐할 줄도 모르고 죽음을 싫어할 줄도 모른다. 삶의 시작을 꺼리지도 않고 삶의 끝을 바라지도 않는다. 의연히 가고 의연히 올 따름이다.

―――――< 보 기 >―――――
ㄱ. 갑 : 도덕적 삶보다는 사후 세계에 관심을 가져야 한다.
ㄴ. 갑 : 죽은 사람에 대한 애도는 예에 맞게 표현해야 한다.
ㄷ. 을 : 생사를 분별하는 태도에서 벗어나 도에 따라야 한다.
ㄹ. 갑, 을 : 내세의 행복을 위해 선한 행위를 반복해야 한다.

① ㄱ, ㄴ   ② ㄱ, ㄹ   ③ ㄴ, ㄷ
④ ㄱ, ㄷ, ㄹ   ⑤ ㄴ, ㄷ, ㄹ

17. (가)의 갑, 을, 병 사상가들의 입장에서 서로에게 제기할 수 있는 비판을 (나) 그림으로 표현할 때, A~F에 해당하는 내용으로 적절한 것만을 <보기>에서 있는 대로 고른 것은? [3점]

(가)	갑 : 형벌의 남용은 인간을 개선시키지 못한다. 종신 노역형만으로도 가장 완강한 자의 마음을 억제시키기에 충분한 엄격성을 지닌다. 을 : 형벌은 본질적으로 해악이다. 공리의 원리에 의할 때 형벌이 근거나 실효성이 없는 경우, 유익하지 않거나 불필요한 경우 형벌은 부적합하다. 병 : 형벌은 사법권의 이념으로서 도덕 법칙에 따라 의욕되는 바이다. 범죄와 보복은 동등해야 하며 형벌의 질과 양은 보복법에 따라 결정되어야 한다.
(나)	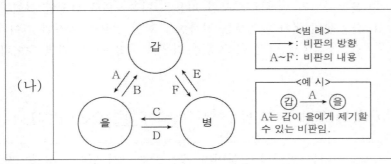

─── < 보 기 > ───
ㄱ. A, F : 사형은 사회 계약에 어긋나는 부적절한 형벌임을 간과한다.
ㄴ. B, D : 형벌은 최대 다수의 최대 행복을 지향해야 함을 간과한다.
ㄷ. C, E : 사형은 범죄자의 인간의 존엄성을 보호하기 위한 형벌임을 간과한다.
ㄹ. D, F : 형벌이 방지할 해악이 형벌의 해악보다 작아야 함을 간과한다.

① ㄱ, ㄴ ② ㄱ, ㄷ ③ ㄴ, ㄹ
④ ㄱ, ㄷ, ㄹ ⑤ ㄴ, ㄷ, ㄹ

18. (가)의 입장에 대해 (나)의 입장에서 제기할 수 있는 비판으로 가장 적절한 것은?

> (가) 뇌사가 죽음의 기준이 되어야 한다. 뇌사자는 인간으로서의 고유한 활동을 할 수 없고, 뇌사자의 장기 이식은 더 많은 생명을 살릴 수 있다.
> (나) 뇌사가 죽음의 기준이 될 수 없다. 뇌사자라도 심폐 기능이 유지되면 죽은 것이 아니다. 뇌사자를 죽은 사람으로 보고 장기 이식을 하면 생명의 존엄성을 해치게 된다.

① 유용성 극대화를 위해서 뇌사의 인정이 필요함을 간과한다.
② 뇌사를 죽음으로 인정할 때 사회적 선이 실현됨을 간과한다.
③ 뇌 기능 상실이 죽음을 판단하는 유일한 기준임을 간과한다.
④ 심폐사를 죽음으로 인정해야 장기 이식이 확대됨을 간과한다.
⑤ 뇌사를 죽음으로 보면 인간의 가치를 해칠 수 있음을 간과한다.

19. 갑은 부정, 을은 긍정의 대답을 할 질문으로 가장 적절한 것은? [3점]

> 갑 : 시민 불복종은 평등한 자유의 원칙과 공정한 기회 균등의 원칙에 현저하게 위배되는 법과 정책을 대상으로 해야 하며, 그 행위가 보다 효과적인 호소가 되도록 적절하게 계획되는 것이 중요하다.
> 을 : 시민 불복종이 중단하려는 악의 크기와 불복종이 초래할 법과 민주주의에 대한 존중의 감소 가능성을 계산해야 한다. 한편 야생의 파괴를 가져올 댐 건설과 동물 학대 실험을 반대하는 시민 불복종도 정당화될 수 있다.

① 시민 불복종은 다수를 위협하고 강제하려는 위법 행위인가?
② 시민 불복종은 민주주의 원칙에 대한 거부를 전제로 하는가?
③ 시민 불복종의 대상에서 제외되는 정의롭지 못한 법도 있는가?
④ 시민 불복종은 합법적 노력 실패 후 사용할 수 있는 수단인가?
⑤ 시민 불복종의 목표에 동물의 이익 옹호가 포함될 수 있는가?

20. 다음 토론의 핵심 쟁점으로 가장 적절한 것은?

> 갑 : 개인의 인터넷 활동이 증가하면서 사용자가 사망했을 때 남겨진 디지털 유산*의 상속 문제가 사회적 쟁점이 되고 있습니다. 그러므로 이에 대한 논의가 필요합니다.
> 을 : 동의합니다. 유족의 알 권리를 존중하고 디지털 유산이 유익하게 활용될 수 있도록 모든 디지털 유산을 유족에게 상속해야 합니다.
> 갑 : 아닙니다. 모든 디지털 유산을 상속하는 것은 사망자의 사생활과 잊힐 권리를 침해하게 됩니다. 사망자가 공개한 디지털 유산만 제한적으로 유족에게 상속해야 합니다.
> 을 : 그렇지 않습니다. 사생활 보호와 잊힐 권리는 살아 있는 사람에게만 해당하는 권리이므로 비공개 디지털 유산도 공개된 디지털 유산과 함께 유족에게 상속해야 합니다.
>
> *디지털 유산 : 사망한 사람이 남긴 디지털 콘텐츠. SNS 게시물, 게임 아이템이나 사이버 머니 등이 포함됨.

① 디지털 유산 상속에 대한 공론화가 필요한 시기인가?
② 온라인 공간에 공개된 디지털 유산은 상속될 수 있는가?
③ 디지털 유산 상속인의 자격 요건을 설정할 필요가 있는가?
④ 사망자의 모든 디지털 유산은 유족에게 상속되어야 하는가?
⑤ 온라인에서 활동하는 사람의 잊힐 권리를 존중해야 하는가?

─────────────
★ **확인 사항**
○ 답안지의 해당란에 필요한 내용을 정확히 기입(표기)했는지 확인하시오.

1. 갑, 을의 입장만을 <보기>에서 있는 대로 고른 것은?

> 갑 : 윤리학은 보편적으로 적용되는 도덕 원리를 정당화하기 위한 근거를 제시하고 도덕규범의 체계를 합리적으로 구성하는 것을 핵심 과제로 탐구해야 한다.
> 을 : 윤리학은 도덕적 담화에 사용되는 단어와 문장의 의미를 분석하고 도덕 판단이 참 또는 거짓으로 확증될 수 있는 방법을 모색하는 것을 핵심 과제로 탐구해야 한다.

――― < 보 기 > ―――

ㄱ. 갑 : 윤리학은 선과 악이 무엇인지에 관해 탐구해야 한다.
ㄴ. 갑 : 윤리학은 도덕 문제를 가치 중립적으로 해결해야 한다.
ㄷ. 을 : 윤리학은 도덕적 추론의 타당성을 검증해야 한다.
ㄹ. 갑, 을 : 윤리학은 도덕 현상의 객관적 진술을 주된 목표로 삼아야 한다.

① ㄱ, ㄴ   ② ㄱ, ㄷ   ③ ㄴ, ㄹ
④ ㄱ, ㄷ, ㄹ   ⑤ ㄴ, ㄷ, ㄹ

2. (가)의 갑, 을, 병 사상가들의 입장에서 서로에게 제기할 수 있는 비판을 (나) 그림으로 표현할 때, A ~ F에 해당하는 내용으로 적절하지 <u>않은</u> 것은? [3점]

(가)	갑 : 사회가 전적으로 정의롭다면 소유물에 대한 소유 권리는 취득과 이전에서의 정의의 원리에 따라 얻게 된 경우에만 정당하다. 을 : 사회적·경제적 불평등은 그것이 모든 사람, 특히 사회의 최소 수혜자에게 그 불평등을 보상할 만한 이득을 가져오는 경우에만 정당하다. 병 : 사회적 가치들은 각각 고유한 분배 영역을 가진다. 상이한 사회적 가치들은 상이한 근거, 절차, 주체에 의해 분배되는 것이 정당하다.

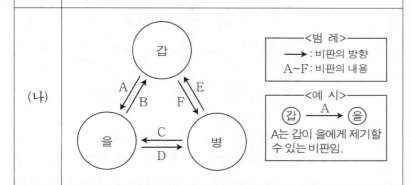

<범 례>
→ : 비판의 방향
A~F : 비판의 내용

<예 시>
갑 ―A→ 을
A는 갑이 을에게 제기할 수 있는 비판임.

① A : 차등의 원칙은 개인의 소유권 침해를 초래함을 간과한다.
② A, F : 도덕적 정당화가 가능한 국가는 최소 국가임을 간과한다.
③ B : 천부적 재능의 분포를 공동 자산으로 보아야 함을 간과한다.
④ B, D : 정의의 원칙은 가상 상황에서 도출해야 함을 간과한다.
⑤ C, E : 분배의 공정성은 절차적 정의를 통해 실현됨을 간과한다.

3. 다음을 주장한 사상가의 입장으로 가장 적절한 것은?

> 백성은 일정한 생업이 없으면 일정한 마음도 없어진다. 현명한 군주는 백성의 생업을 마련해 주는데, 반드시 위로는 부모를 섬기기에 충분하게 하고 아래로는 처자를 먹여 살릴 만하게 하여, 풍년에는 언제나 배부르고 흉년에는 죽음을 면하게 한다. 그렇게 한 후에 백성을 선한 데로 유도하므로 백성이 따르기 쉽다.

① 통치자는 예(禮)를 통해 인간의 악한 본성을 교화해야 한다.
② 통치자는 백성[民]에 의한 통치를 위해 온 힘을 다해야 한다.
③ 통치자가 인의(仁義)를 해치더라도 백성은 항상 복종해야 한다.
④ 통치자는 덕치가 아니라 법치로써 왕도(王道)를 실현해야 한다.
⑤ 통치자는 백성의 선한 삶을 위해 항산(恒産)을 보장해야 한다.

4. 갑, 을 사상가들의 입장만을 <보기>에서 있는 대로 고른 것은? [3점]

> 갑 : 사람들은 자신의 직무가 비속하거나 신과 무관한 것이 아니라, 신의 부르심[召命]에 따라 봉사하고 있는 신성한 것이라는 사실을 깊이 생각해야 한다.
> 을 : 자본주의 체제에서는 노동자가 더 많이 생산할수록 그는 더 가난해지고 무력해진다. 결국 노동은 노동자의 본질에 속하지 않게 되고 노동자는 노동으로부터 소외된다.

――― < 보 기 > ―――

ㄱ. 갑 : 노동은 신성하며 노동으로 얻은 것은 신의 선물이다.
ㄴ. 을 : 소외된 노동은 인간에 의한 인간의 소외를 일으킨다.
ㄷ. 을 : 노동자는 자본가에게 경제적으로 예속될 수밖에 없다.
ㄹ. 갑, 을 : 노동의 본질은 자신의 잠재력을 계발하는 데 있다.

① ㄱ, ㄴ   ② ㄱ, ㄹ   ③ ㄷ, ㄹ
④ ㄱ, ㄴ, ㄷ   ⑤ ㄴ, ㄷ, ㄹ

5. 갑, 을의 입장으로 적절하지 <u>않은</u> 것은?

> 갑 : 성의 자연적 목적은 출산이다. 사랑하는 남녀가 결혼이라는 사회적 승인을 거쳐서 출산과 관련하여 행하는 성적 관계만이 도덕적으로 정당하다.
> 을 : 성을 도덕적으로 만드는 것은 사랑이다. 사랑은 인간적 성의 고유한 가치이고 사랑이 동반된 성적 관계만이 도덕적으로 정당하다.

① 갑 : 성적 관계의 결과에 대한 책임은 도덕적으로 중요하다.
② 갑 : 성은 사적 영역에 속하면서도 사회 질서 유지와 관계된다.
③ 을 : 성은 사랑이 전제될 때 서로의 정신적 교감을 고양한다.
④ 을 : 성적 자기 결정권의 존중은 성적 관계의 필요충분조건이다.
⑤ 갑, 을 : 성적 관계에서 상호 간의 존중과 배려는 필수적이다.

6. 다음을 주장한 사상가의 입장으로 적절하지 <u>않은</u> 것은? [3점]

> 현대 기술이 산출한 행위들의 규모와 대상, 그리고 그 결과는 너무나 새로운 것이기 때문에 전통 윤리의 틀로써는 이 행위들을 더 이상 파악할 수 없는 윤리적 공백이 발생한다. 인간이 갖게 된 새로운 종류의 행위 능력은 윤리의 새로운 규칙을 요구하며, 또한 새로운 종류의 윤리를 요구한다.

① 기술은 생태계의 수용 범위 안에서 행사되어야 한다.
② 기술에 내포된 위협적 요소는 윤리적 숙고의 대상이 된다.
③ 인간에 대한 의무는 자연에 대한 의무로 대체되어야 한다.
④ 새로운 윤리학은 무조건적으로 준수해야 할 명령을 제시한다.
⑤ 기술이 초래할 공포를 발견하고 행위의 의무를 도출해야 한다.

7. 다음을 주장한 사상가의 입장만을 <보기>에서 있는 대로 고른 것은? [3점]

> 거의 정의로운 사회에서는 대체로 정의의 원칙들이 자유롭고 평등한 사람들 사이의 자발적인 협동의 기본 조항으로 인정되고 있다. 그래서 이와 같은 사회에서 우리는 시민 불복종을 통해 사회의 다수자가 갖는 정의감을 나타내고 자유롭고 평등한 사람들 사이에서 사회 협동체의 원칙이 존중되지 않고 있음을 선언한다.

──────── < 보 기 > ────────
ㄱ. 시민 불복종은 법을 어기지만 도덕적으로는 옳은 행위이다.
ㄴ. 부정의한 사회라면 시민 불복종은 반드시 전개되어야 한다.
ㄷ. 시민 불복종은 입헌 체제를 유지하는 데 기여하는 행위이다.
ㄹ. 소수자 투표권 제한 정책은 시민 불복종 대상이 될 수 있다.

① ㄱ, ㄴ   ② ㄱ, ㄷ   ③ ㄴ, ㄹ
④ ㄱ, ㄷ, ㄹ   ⑤ ㄴ, ㄷ, ㄹ

8. 다음을 주장한 사상가의 입장에서 <사례> 속 A에게 제시할 조언으로 가장 적절한 것은?

> 언어 능력과 행위 능력을 지닌 모든 주체는 담론에 참여할 수 있고, 어떤 주장도 문제시할 수 있으며, 모든 주장을 담론에 끌어들일 수 있고, 자신의 희망이나 욕구를 표현할 수 있어야 한다. 어떤 담론 참여자도 이러한 권리를 행사함에 있어 담론의 내부나 외부로부터의 강제에 의해 방해받아서는 안 된다.

──────── < 사 례 > ────────
> 고등학교 학급 회장 A는 북한 이탈 주민 지원 센터에 후원금을 보낼 것인가에 대한 회의를 진행하고 있다. A는 다양한 의견이 제시되는 상황에서 어떻게 해야 할지 고민하고 있다.

① 합리적인 의사소통을 거쳐 합의된 결론을 따르세요.
② 학급 학생들의 바람이나 욕구들은 고려하지 마세요.
③ 회의가 길어질수록 결론은 불확실해짐을 깨달으세요.
④ 소수보다 다수 학생의 의견이 항상 옳다고 생각하세요.
⑤ 다양한 입장을 균등하게 반영한 주장만을 받아들이세요.

9. 갑, 을의 입장으로 가장 적절한 것은?

> 갑: 문화 공존을 위해 타 문화에 대해 알고 상호 교류를 확대해야 한다. 다양성은 문화 교류의 전제이며, 관용은 문화 공존과 진정한 사회 통합을 위한 훌륭한 방법이다. 교육도 타 문화의 내용을 교양 과목으로 다루어야 한다.
> 을: 사회 통합을 위해 소수 문화가 주류 문화에 동화되어야 한다. 시민들 간에 동일한 문화적 정체성이 형성되면 상호 이해 및 신뢰, 유대감이 증진된다. 교육도 모두를 단일한 문화로 통합하는 것을 목표로 해야 한다.

① 갑: 자신의 문화 정체성을 유지하며 타 문화를 존중해야 한다.
② 갑: 차이 인정보다 동화의 관점에서 타 문화를 인식해야 한다.
③ 을: 문화적 풍요로움을 위해 이질적 문화들이 공존해야 한다.
④ 을: 문화들 간의 갈등을 막기 위해 소수 문화를 인정해야 한다.
⑤ 갑, 을: 주류 문화와 소수 문화가 융합을 이루도록 해야 한다.

10. (가)의 갑, 을, 병 사상가들의 입장을 (나) 그림으로 탐구하고자 할 때, A ~ D에 들어갈 적절한 질문만을 <보기>에서 있는 대로 고른 것은? [3점]

(가)	갑: 동물도 인간처럼 고통을 느낄 수 있으며 이해관계를 갖는다. 인간 종이 아니라는 이유로 동물의 이익 관심을 무시하는 것은 종 차별주의이다. 을: 인간은 대지를 상품으로 보기 때문에 남용하고 있다. 대지를 우리가 속한 생명 공동체로 바라보면 대지를 사랑과 존중으로 대하게 될 것이다. 병: 유기체를 목적론적 삶의 중심으로 생각하는 것은 자신의 방식으로 고유의 선을 추구하는 유일한 개체로서 그 존재의 실체를 인식하는 것이다.

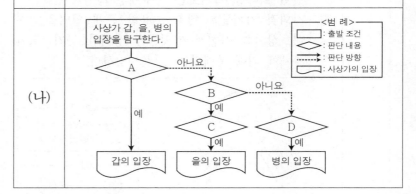

──────── < 보 기 > ────────
ㄱ. A: 쾌고 감수 능력은 도덕적 고려를 위한 유일한 기준인가?
ㄴ. B: 생명이 없으면서 도덕적 지위를 지닌 개체가 있는가?
ㄷ. C: 자연에 대한 의무는 인간 간의 의무에서 비롯되는가?
ㄹ. D: 생태계의 모든 생명체가 지닌 본래적 가치는 동일한가?

① ㄱ, ㄴ   ② ㄱ, ㄷ   ③ ㄷ, ㄹ
④ ㄱ, ㄴ, ㄹ   ⑤ ㄴ, ㄷ, ㄹ

11. (가)의 갑, 을 사상가들의 입장을 (나) 그림으로 표현할 때, A ~ C에 해당하는 적절한 진술만을 <보기>에서 고른 것은? [3점]

(가)	갑 : 고통받는 사회가 빈곤에 처한 결정적 요소는 정치 문화의 결함이다. 원조를 통해 고통받는 사회가 질서 정연한 사회로 편입하도록 도와야 한다. 을 : 세계를 지금 이대로 방치한다면 질서 정연한 사회가 되기도 전에 많은 생명이 희생될 것이다. 이익 평등 고려의 원칙에 따라 원조를 해야 한다.
(나)	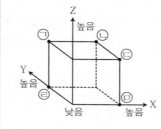 갑　　을 A　B　C <범 례> A : 갑만의 입장 B : 갑, 을의 공통 입장 C : 을만의 입장

――― < 보 기 > ―――
ㄱ. A : 원조의 목적은 대상국이 자유롭거나 적정 수준의 사회가 되게 하는 것이다.
ㄴ. B : 원조는 공리의 원리에 따라 마땅히 실천해야 할 윤리적 의무이다.
ㄷ. B : 어떤 사회가 경제적으로 풍요롭지 않더라도 원조의 주체가 될 수 있다.
ㄹ. C : 국가 간 부의 재분배를 통해 원조의 목표를 달성하려는 것은 잘못이다.

① ㄱ, ㄴ　② ㄱ, ㄷ　③ ㄴ, ㄷ　④ ㄴ, ㄹ　⑤ ㄷ, ㄹ

12. 다음 신문 칼럼의 입장에서 지지할 견해만을 <보기>에서 있는 대로 고른 것은?

○○신문　　　　　　　　　　○○○○년 ○○월 ○○일
칼럼
　시장을 주도하는 주축이 기업에서 소비자로 변화하고 있다. 상표를 보고 제품을 선택했던 과거와 달리 건강한 원료, 환경 친화적인 생산 과정, 소비를 통한 사회적 가치 실현까지 고려한 윤리적 소비가 새로운 흐름을 형성하고 있다. 이른바 소비의 '미닝 아웃(Meaning out)'이라고 할 수 있다. 미닝 아웃은 이전에는 잘 드러내지 않았던 정치적·사회적 신념 등을 소비 행위를 통해 적극적으로 표출하는 것을 뜻한다. 이제 소비자는 새로운 소비의 흐름에 적극 동참해야 하고, 기업도 생산 및 유통 과정을 변화시켜 나가야 한다.

――― < 보 기 > ―――
ㄱ. 기업은 이윤 추구와 더불어 사회적 책임에 힘써야 한다.
ㄴ. 기업은 생산 활동이 생태계에 미칠 영향을 고려해야 한다.
ㄷ. 소비자는 경제적 효용성만을 소비의 기준으로 삼아야 한다.
ㄹ. 소비자는 경제적 부를 과시하기 위한 소비를 지양해야 한다.

① ㄱ, ㄴ　　　② ㄱ, ㄷ　　　③ ㄷ, ㄹ
④ ㄱ, ㄴ, ㄹ　　⑤ ㄴ, ㄷ, ㄹ

13. 다음 사상의 입장으로 적절하지 <u>않은</u> 것은?

　사람에게는 도(道)가 있다. 배불리 먹고, 따뜻하게 입으며, 편안히 살면서 교육이 없으면 금수에 가깝다. 성인(聖人)은 이를 근심하여 인륜(人倫)을 가르치게 하니, 아버지와 아들은 친애가 있고, 임금과 신하는 의리가 있으며, 남편과 아내는 분별이 있고, 어른과 어린이는 차례가 있으며, 벗 사이에는 믿음이 있는 것이다.

① 자식이 자신의 몸을 온전히 보전함으로써 효가 완성된다.
② 자식은 언제나 부모의 의중을 살펴서 언행을 삼가야 한다.
③ 형제는 상하 관계 속에서 장유유서의 도리를 깨달을 수 있다.
④ 부부는 친밀한 관계이면서도 서로를 손님처럼 공경해야 한다.
⑤ 부부는 인륜의 시초가 되기 때문에 서로 간에 조심해야 한다.

14. (가)의 입장에 비해 (나)의 입장이 갖는 상대적 특징을 그림의 ㉠ ~ ㉢ 중에서 고른 것은?

(가)	종 차별주의는 인종 차별주의와 달리 정당한 것이다. 도덕적 능력의 차이에 따라 동물보다 인간을 더 고려하는 차별은 정당하다.
(나)	일부 동물은 자신의 삶을 영위할 수 있는 능력, 즉 믿음, 욕구, 지각, 기억, 감정 등을 가진 삶의 주체가 될 수 있으므로 내재적 가치를 지닌다.

•X : 동물을 수단이 아닌 목적으로 대우해야 함을 강조하는 정도
•Y : 의학의 발전을 위해서 동물 실험이 필요함을 강조하는 정도
•Z : 동물과 인간이 모두 도덕적 권리를 지닐 수 있음을 강조하는 정도

① ㉠　　　② ㉡　　　③ ㉢　　　④ ㉣　　　⑤ ㉤

15. 갑, 을, 병 사상가들의 입장으로 가장 적절한 것은? [3점]

　갑 : 범죄에 대한 가장 강력한 억제력은 사형 장면이 아니라 오래도록 자유를 박탈당한 채 짐승처럼 취급받으며 노동으로 속죄하는 인간의 모습을 보게 하는 데서 생겨난다.
　을 : 살인을 했거나, 그것을 명했거나 그것에 협력했던 사람은 사형에 처해져야 한다. 살인자에게 법적으로 집행되는 사형 외에 범죄와 보복이 동등해지는 것은 있을 수 없다.
　병 : 처벌은 그 자체로는 악이지만 그것이 더 큰 악을 없애는 것을 보장하는 한 인정되어야 한다. 처벌이 확실한 실효성이 없는 경우라면 처벌을 가해서는 안 된다.

① 갑 : 범죄 예방을 위해 각자의 생명권을 사회에 양도해야 한다.
② 을 : 살인자가 물권의 대상이 아님은 타고난 인격성 때문이다.
③ 병 : 처벌이 초래할 해악이 처벌이 예방할 해악보다 커야 한다.
④ 갑, 병 : 사형은 실효성과는 무관하게 폐지되어야 할 해악이다.
⑤ 을, 병 : 처벌은 시민 사회의 선을 늘리기 위해 행해져야 한다.

16. 다음을 주장한 사상가의 입장으로 적절하지 <u>않은</u> 것은? [3점]

> 우리가 어떤 것의 진리를 있는 그대로 보고자 한다면, 육체로부터 벗어나서 오로지 영혼만으로 그것을 바라보아야 한다. 영혼이 육체로부터 분리되어 홀로 있게 되는 것은 살아서는 불가능하다. 다만 살아 있는 동안에 진리에 가장 가까이 다가갈 수 있는 길은 우리 자신을 육체의 본성으로부터 순수하게 지켜서 영혼을 더럽히지 않는 것이다.

① 죽음은 영혼이 순수한 인식을 할 수 없는 상태로 만든다.
② 죽음을 통해 영혼은 참된 실재의 세계로 들어갈 수 있다.
③ 현실 세계에서 영혼의 순수성을 지키는 노력이 필요하다.
④ 불멸하는 영혼은 죽음 이후에 육체로부터 자유로울 수 있다.
⑤ 죽음은 영혼이 참된 지혜를 얻을 수 있는 계기가 될 수 있다.

17. 다음 토론의 핵심 쟁점으로 가장 적절한 것은?

> 갑 : 감염병 확산을 방지하기 위해 확진자는 역학 조사에 성실히 응해야 하고, 확진자에 대한 역학 조사 결과를 공개해야 합니다.
> 을 : 동의합니다. 다만 확진자에 대한 역학 조사 결과 공개는 사생활을 침해하지 않는 범위 내에서 이루어져야 합니다.
> 갑 : 아닙니다. 확진자의 사생활을 보호하려고 한다면 정보 공개가 제한적으로 이루어질 수밖에 없고 감염병 확산을 방지하는 데 어려움이 있습니다.
> 을 : 그렇지 않습니다. 감염병 확산을 막는다는 명분으로 확진자의 사생활을 침해하는 것은 기본권을 침해하는 것입니다.

① 확진자는 역학 조사에 참여해야 하는가?
② 확진자에 대한 역학 조사를 실시해야 하는가?
③ 확진자 역학 조사 결과를 일체 공개하지 말아야 하는가?
④ 확진자 역학 조사 결과 공개는 감염병 확산 방지에 필요한가?
⑤ 확진자의 사생활을 보호하기 어려운 정보도 공개할 수 있는가?

18. (가), (나) 사상의 입장으로 가장 적절한 것은? [3점]

> (가) 이것이 있으므로 저것이 있고, 이것이 생기므로 저것이 생겨난다. 이것이 없으므로 저것이 없고, 이것이 사라지므로 저것이 사라진다. 이렇게 무명(無明)을 조건으로 의도적 행위들이 생기므로 무명을 없애면 고통이 사라진다.
> (나) 저것은 이것에서 나오고, 이것 역시 저것에서 말미암게 된다. 옳음으로 말미암아 그릇됨이 있고, 그릇됨으로 말미암아 옳음이 있다. 그러므로 성인은 자연(自然)에 비추어 생각한다.

① (가) : 지속적인 수행을 통해 불성(佛性)을 형성해야 한다.
② (가) : 원인[因]과 조건[緣]이 없는 존재는 없음을 알아야 한다.
③ (나) : 시비선악을 분별하면서 도덕적 가치를 실현해야 한다.
④ (나) : 본성에서 벗어나 절대적 자유의 경지를 추구해야 한다.
⑤ (가), (나) : 세상 만물의 가치에는 위계가 있음을 알아야 한다.

19. 그림은 서양 사상가 갑, 을의 가상 대화이다. 갑, 을의 입장으로 가장 적절한 것은? [3점]

> 영구 평화를 실현하기 위해서는 모든 전쟁의 종식을 추구하는 평화 연맹이 필요합니다. 이를 위해 개별 국가는 공화 정체이어야 하고 국제법은 자유로운 국가들의 연방 체제에 기초해야 합니다.

> 전쟁의 종식만으로는 진정한 평화라고 할 수 없습니다. 진정한 평화를 위해서는 직접적 폭력, 사회 구조 속의 폭력, 폭력을 정당화하는 문화를 제거해야 합니다.

갑

을

① 갑 : 국가 간에는 국제법이 아닌 세계 시민법을 따라야 한다.
② 갑 : 개인은 세계 국가의 국적을 갖는 구성원이 되어야 한다.
③ 을 : 문화는 평화 또는 폭력을 정당화하는 수단이 될 수 있다.
④ 을 : 평화적 수단이나 과정을 통해서는 평화가 달성될 수 없다.
⑤ 갑, 을 : 개별 국가의 정치 제도 개선은 평화 실현과 무관하다.

20. 갑, 을의 입장으로 가장 적절한 것은?

> 갑 : 가장 상업적인 것이 가장 예술적이고, 가장 예술적인 것이 가장 상업적이다. 돈을 번다는 것은 예술이고, 일하는 것도 예술이며, 잘되는 사업이 최상의 예술이다. 나는 사업 미술가이고 나의 작업실은 공장이다.
> 을 : 문화 산업이 만든 문화 상품의 속성은 문화 소비자들의 적극적인 사유를 불가능하게 만드는 데 있다. 문화 산업은 하자 없는 규격품을 만들 듯이 인간의 정신을 단순히 재생산하려 한다.

① 갑 : 예술 작품은 대중화에서 벗어나 미적 가치를 지녀야 한다.
② 갑 : 예술의 상업화에 따른 이윤 창출은 예술 발전을 방해한다.
③ 을 : 문화 산업은 대중의 자발성과 상상력의 발달을 저해한다.
④ 을 : 문화 산업은 대중의 비판적인 의식을 바탕으로 형성된다.
⑤ 갑, 을 : 예술 작품을 교환 가치로 평가하려고 해서는 안 된다.

---

* 확인 사항

o 답안지의 해당란에 필요한 내용을 정확히 기입(표기)했는지 확인하시오.

2020학년도 3월 고3 전국연합학력평가 문제지 1

제 4 교시

사회탐구 영역[생활과 윤리]

05회

성명   수험 번호   —   제 〔 〕 선택

05회

1. ㉠에 들어갈 진술로 가장 적절한 것은?

> 윤리학은 선과 악이 무엇이고 어떻게 사는 것이 도덕적으로 바람직한가에 대한 탐구를 바탕으로, 도덕 원리를 제시하는 것을 목표로 삼아야 한다. 그런데 어떤 사람들은 윤리학이 '선'과 '악'이라는 개념의 의미를 분석하고, 도덕적 논증의 타당성을 분석하는 것을 목표로 삼아야 한다고 주장한다. 나는 이러한 윤리학이 [㉠]고 생각한다.

① 도덕적 명제는 진위 판단의 대상이 아님을 간과한다
② 윤리 문제를 가치 중립적으로 접근해야 함을 간과한다
③ 가치 판단을 위한 도덕규범의 정립이 필요함을 간과한다
④ 도덕 현상에 대한 객관적 기술이 학문의 목표임을 강조한다
⑤ 현실에서 일어나는 도덕 문제 해결에 주력해야 함을 강조한다

2. 갑, 을 사상가들의 입장으로 가장 적절한 것은? [3점]

> 갑 : 존재를 조건으로 태어남이, 태어남을 조건으로 늙음·죽음과 근심·탄식·육체적 고통·정신적 고통·절망이 발생한다. 이와 같이 전체 괴로움의 무더기가 발생한다.
> 을 : 죽고 사는 것은 밤낮이 이어지는 것과 같은 자연의 이치이다. 진인은 태어남을 기뻐하지도, 죽음을 거역하지도 않는다. 의연하게 갔다가 의연하게 돌아올 뿐이다.

① 갑 : 죽음은 삶과 달리 인간이 겪을 수밖에 없는 고통이다.
② 갑 : 인간은 자신의 업(業)과 무관하게 삶과 죽음을 반복한다.
③ 을 : 자연적 본성에서 벗어나 삶과 죽음에 대해 초연해야 한다.
④ 을 : 도(道)를 해치지 않는 사람은 삶과 죽음에 집착하지 않는다.
⑤ 갑, 을 : 삶과 죽음은 분별해야 하는 자연적인 순환 과정이다.

3. 다음 토론의 핵심 쟁점으로 가장 적절한 것은?

> 갑 : 의학 발전을 위해 동물 실험이 필요합니다. 동물은 생물학적으로 인간과 유사하기 때문에 동물 실험의 결과는 인간에게 적용될 수 있습니다.
> 을 : 동물이 인간과 생물학적으로 유사하지만, 그것이 동물 실험을 정당화하는 근거가 될 수 없습니다. 동물 실험은 인간을 위해 동물을 의도적으로 희생시키는 것입니다.
> 갑 : 그렇지 않습니다. 동물 실험을 대신할 믿을 만한 대안이 없고, 인간과 동물의 도덕적 지위는 차이가 있으므로 동물은 인간의 이익을 위한 수단으로 이용될 수 있습니다.
> 을 : 아직 동물 실험의 확실한 대안이 마련된 것은 아닙니다. 그리고 인간과 동물이 도덕적 지위에서 차이가 있다고 하더라도 동물을 인간을 위한 도구로 삼아서는 안 됩니다.

① 동물과 인간은 생물학적으로 유사한 개체인가?
② 동물의 도덕적 지위를 판단할 수 있는 기준이 있는가?
③ 동물은 인간의 이익을 위한 실험 대상이 될 수 있는가?
④ 동물 실험보다 신뢰할 수 있는 대안적 방법이 존재하는가?
⑤ 동물 실험은 인간을 위한 수단으로 동물을 사용하는 것인가?

4. (가), (나)의 입장만을 <보기>에서 있는 대로 고른 것은?

> (가) 남북통일을 위해서는 사회 문화적 통합이 선행되어야 한다. 비정치적 분야에서 교류와 신뢰를 확산한 후 정치적 통일로 나아가야 한다. 통일은 민족 동질성을 회복하여 새로운 민족 공동체를 건설하는 것이다.
> (나) 남북통일은 정치적 통일을 의미한다. 통일은 남북한에 세워진 두 개의 정치 체제를 통합해 하나의 국가로 만드는 것이다. 정치 체제 단일화는 사회 문화적 통합으로 나아가게 할 수 있다.

< 보 기 >
ㄱ. (가) : 통일은 군사적 통합으로부터 출발해야 한다.
ㄴ. (가) : 통일은 남북 간의 상호 이해가 전제되어야 한다.
ㄷ. (나) : 통일을 위해서는 단일 헌법을 제정해야 한다.
ㄹ. (가), (나) : 통일 이전에 문화의 이질성을 제거해야 한다.

① ㄱ, ㄷ   ② ㄱ, ㄹ   ③ ㄴ, ㄷ
④ ㄱ, ㄴ, ㄹ   ⑤ ㄴ, ㄷ, ㄹ

5. (가)의 갑, 을, 병 사상가들의 입장에서 서로에게 제기할 수 있는 비판을 (나) 그림으로 표현할 때, A ~ F에 해당하는 내용으로 가장 적절한 것은? [3점]

(가)	갑 : 어떤 사회적 가치 X도 X의 의미와 상관없이 단지 누군가가 다른 가치 Y를 가지고 있다는 이유만으로 Y를 가진 사람에게 분배해서는 안 된다. 을 : 어떤 사람의 재화에 취득과 이전에서의 정의의 원리 또는 불의의 교정의 원리에 의해 소유권이 부여되었다면 그 소유는 정당하다. 병 : 재산 및 소득의 분배가 균등해야 할 필요는 없다. 분배는 차등의 원칙에 따라 최소 수혜자의 이익이 최대가 되도록 이루어져야 한다.
(나)	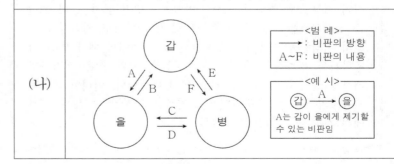

① A, C: 복지 국가에서 분배 정의가 완전히 실현됨을 간과한다.
② A, F: 정의의 다양한 영역들 간 경계가 사라져야 함을 간과한다.
③ B, D: 국가가 부의 분배 과정에 개입할 수 있음을 간과한다.
④ B, E: 공동체의 특수성에 맞는 분배 기준이 필요함을 간과한다.
⑤ C, E: 가상 상황에서 정의의 원칙을 도출해야 함을 간과한다.

6. 다음을 주장한 사상가의 관점에서 <사례> 속 A에게 제시할 조언으로 가장 적절한 것은? [3점]

> 사람에게 사단(四端)이 있는 것은 사지[四體]를 가지고 있는 것과 같다. 사단이 있는데도 스스로 인의(仁義)를 행할 수 없다고 말하는 사람은 자기 스스로를 해치는 사람이다.

> <사례>
> 고등학생 A는 등교 시간에 늦었지만, 길을 잃고 울고 있는 아이를 보고 도와주어야 할지 고민하고 있다.

① 자신과 남을 분별하지 않는 사랑[兼愛]을 실천하세요.
② 인간이 선천적으로 지닌 본성[性]에 따라 행동하세요.
③ 순선(純善)한 본성을 형성하여 도덕적인 선택을 하세요.
④ 인위적 규범을 버리고 자연의 도(道)에 따라 행동하세요.
⑤ 타고난 본성을 극복하여 측은지심(惻隱之心)을 발휘하세요.

7. 갑, 을의 입장으로 가장 적절한 것은?

> 갑: 성은 본질적으로 결혼과 출산을 전제로 하는 안정감 속에서 이루어지는 것이다. 이럴 경우에 사랑하는 부부를 중심으로 가정이 지속될 수 있다.
> 을: 성은 본질적으로 즐거움 그 자체를 추구하는 것이다. 성은 자발적 동의를 바탕으로 해악 금지의 원칙을 준수하는 한에서 이루어지는 즐거운 경험이다.

① 갑: 성에 대한 책임보다는 성적인 자유를 중시해야 한다.
② 갑: 성의 생식적 가치보다 쾌락적 가치를 중시해야 한다.
③ 을: 성은 서로의 사랑을 바탕으로 한 행위로 제한되어야 한다.
④ 을: 성은 자유로운 활동으로 도덕적 제약 없이 이뤄져야 한다.
⑤ 갑, 을: 성은 상대 의사를 존중하지 않으면 정당화될 수 없다.

8. 다음 칼럼의 입장에서 지지할 내용으로 가장 적절한 것은?

> ○○신문 ○○○○년 ○○월 ○○일
> **칼럼**
> 최근 여러 나라에서 저작자의 저작권을 침해하지 않으면서도 저작물을 사람들이 무료로 이용할 수 있도록, 저작자가 자신의 저작물에 '저작자 표시', '비영리', '변경 금지' 등의 조건을 표시하자는 운동이 일어나고 있다. 왜냐하면 저작자가 자신의 저작물을 이용자들이 제한된 조건 내에서 대가 없이 이용하기를 원하는 경우에도 이용자들은 이와 같은 저작자의 의사를 알지 못해 불편을 겪고 있기 때문이다. 이러한 운동은 저작자의 권리를 존중하면서도 정보를 확산할 수 있다는 점에서 계속 활성화되어야 한다.

① 저작권 보호는 새로운 창작 활동의 기회를 박탈한다.
② 저작자의 저작권 보호와 정보의 공유는 양립 가능하다.
③ 모든 저작물은 인류가 생산한 공유 자산으로 보아야 한다.
④ 이용 허락 조건 표시가 없는 저작물은 공공재로 보아야 한다.
⑤ 저작권을 사유재산으로 인정해야 정보의 교류가 활성화된다.

9. 갑, 을, 병 사상가들 모두가 질문에 옳게 대답한 것은? [3점]

> 갑: 형벌이 지속적 효과를 가질 때 범죄를 더 잘 예방할 수 있다. 종신 노역형이 사형보다 범죄 억제에 효과적이다.
> 을: 형벌은 정언 명령이다. 살인자는 사형에 처해져야 한다. 사형의 불법성을 주장하는 것은 법의 왜곡이다.
> 병: 형벌의 목적은 공리의 원칙에 따른 모든 위법 행위 방지, 최악의 위법 행위 방지, 해악 감소, 비용 최소화이다.

	질문	갑	을	병
①	형벌은 범죄자의 인격을 존중하며 실시되어야 하는가?	예	아니요	예
②	형벌은 사회적 선을 위하여 범죄자에게 부과되어야 하는가?	예	아니요	예
③	사형은 시민의 생명을 보존하기 위해 허용되어야 하는가?	아니요	예	예
④	형벌의 목적은 시민들의 범죄 예방으로 제한되어야 하는가?	아니요	예	아니요
⑤	형벌의 정도는 위법 행위에서 얻는 이득의 가치를 능가하지 말아야 하는가?	아니요	아니요	예

10. (가)를 주장한 사상가의 입장에서 (나)의 갑, 을, 병에게 제기할 수 있는 적절한 비판만을 <보기>에서 있는 대로 고른 것은? [3점]

(가)	우리는 세계가 하나라는 생각에 기초하여 이익 평등 고려의 원칙에 따라 국가적인 경계를 넘어서 원조를 의무적으로 실천해야 한다.
(나)	갑: 우리는 모든 사람을 배려할 수 없다. 우리는 배려자로서 우리 앞의 타자를 먼저 만나야 한다. 을: 원조는 질서 정연한 사회체제를 설립하려는 만민들을 돕는 큰 기획의 한 방편이다. 병: 개인은 정당하게 얻은 소유물에 대해 타인의 고통과 무관하게 절대적 소유 권리를 지닌다.

> < 보 기 >
> ㄱ. 갑은 친소 관계를 고려하지 않고 원조해야 함을 간과한다.
> ㄴ. 을은 공리의 원칙을 해외 원조에 적용해야 함을 간과한다.
> ㄷ. 병은 원조를 위해 재산의 일부를 기부해야 함을 간과한다.
> ㄹ. 갑, 을은 원조 주체가 개인으로 한정되어야 함을 간과한다.

① ㄱ, ㄴ ② ㄱ, ㄹ ③ ㄷ, ㄹ
④ ㄱ, ㄴ, ㄷ ⑤ ㄴ, ㄷ, ㄹ

05회

11. (가)의 사상가 갑, 을, 병의 입장을 (나) 그림으로 탐구할 때, A ~ D에 들어갈 질문으로 옳은 것은? [3점]

(가)	갑 : 어떤 생명이 지각과 기억이 있고, 쾌고를 느낄 수 있다면 삶의 주체로서 도덕적 권리를 지닌다. 을 : 모든 생명을 상호 연결된 전체의 평등한 구성원으로 보는 '생명 중심적 평등'을 지향해야 한다. 병 : 모든 생명은 목적론적 삶의 중심이기 때문에 인간의 필요와 관계없이 고유한 가치를 지닌다.

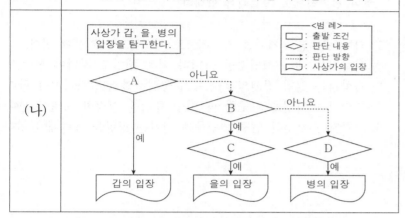

① A : 인간의 이익을 위해 동물을 학대하는 것은 잘못인가?
② B : 자연에 존재하는 모든 생명은 내재적 가치를 지니는가?
③ B : 쾌고 감수 능력이 있는 생명은 도덕적 지위를 지니는가?
④ C : 생태계를 도덕적 고려 대상으로 여기지 말아야 하는가?
⑤ D : 생태계를 통제하려는 시도를 하지 말아야 하는가?

12. 다음을 주장한 사상가가 긍정의 대답을 할 질문만을 <보기>에서 있는 대로 고른 것은? [3점]

> 우리는 시민 불복종을 통해 우리 입장을 호소할 권리를 갖는다. 우리가 저항하는 부정의는 시민의 평등한 자유와 공정한 기회 균등을 분명히 위반한 것이다. 거의 정의로운 국가에서는 합당한 저항에 대한 보복적 억압은 없지만 우리 행위가 효과적인 호소가 되도록 계획해야 한다. 그리고 그 행위는 목적을 달성할 수 있게 합리적으로 이루어져야 한다.

——— < 보 기 > ———
ㄱ. 시민 불복종은 거의 정의로운 사회에서 정당화될 수 있는 합당한 행위인가?
ㄴ. 시민 불복종은 평등한 자유의 원칙에 어긋나는 법만을 대상으로 해야 하는가?
ㄷ. 시민 불복종은 민주 사회를 특징짓는 공공의 정의관을 바탕으로 생겨나는 것인가?
ㄹ. 시민 불복종은 입헌 체제를 유지함에 있어 합법적이며 도덕적으로 옳은 방식인가?

① ㄱ, ㄷ　　② ㄱ, ㄹ　　③ ㄴ, ㄹ
④ ㄱ, ㄴ, ㄷ　　⑤ ㄴ, ㄷ, ㄹ

13. 다음을 주장한 사상가의 입장만을 <보기>에서 있는 대로 고른 것은?

> ○ 선왕은 예의를 제정함으로써 분별하여 가난하고 부유하고 천하고 귀한 부류가 있게 하였으니 이것이 천하를 기르는 근본이다.
> ○ 사람이 김매고 밭 가는 일을 쌓아 농부가 되고, 깎고 다듬는 일을 쌓아 공인이 되며, 재화를 매매하는 일을 쌓아 상인이 되듯이, 예절과 의리를 쌓으면 군자가 된다.

——— < 보 기 > ———
ㄱ. 예를 바탕으로 사람들의 직분을 나누어야 질서가 유지된다.
ㄴ. 각 분야에 능한 사람이 그 분야를 이끌어 가는 것이 좋다.
ㄷ. 사물에 정통한 사람은 누구나 통치하는 일을 할 수 있다.
ㄹ. 서민의 자손이라도 재능과 덕을 갖추면 관리가 될 수 있다.

① ㄱ, ㄷ　　② ㄱ, ㄹ　　③ ㄴ, ㄷ
④ ㄱ, ㄴ, ㄹ　　⑤ ㄴ, ㄷ, ㄹ

14. 다음을 주장한 사상가의 입장으로 가장 적절한 것은?

> 종교 간 화해를 위해서는 비공식 대화와 공식 대화, 학문적 대화, 일상적 대화 등 모든 차원의 대화가 요청된다. 이러한 종교 간 대화는 상호 이해 증진을 위해 선한 의지와 개방된 자세뿐만 아니라 연대적 인식이 요구된다는 점을 보여준다. 우리를 이끌어 갈 세 가지 기본 명제는 다음과 같다.
> ○ 국가 간 세계 윤리 없이 인간의 공생·공존은 불가능하다.
> ○ 종교 간 평화 없이 국가 간 평화는 있을 수 없다.
> ○ 종교 간 대화 없이 종교 간 평화는 있을 수 없다.

① 대화 역량은 종교 간 평화를 실현하는 데 필요한 것이다.
② 참된 하나의 종교를 통해서만 종교 간 평화가 보장된다.
③ 종교 간 평화는 여러 종교의 통합을 통해 가장 잘 실현된다.
④ 각자 자신의 종교적 정체성을 포기할 때 세계 평화가 실현된다.
⑤ 각 종교가 자신의 종교에 대해 반성적 성찰을 할 필요는 없다.

15. 갑, 을, 병 사상가들의 입장으로 가장 적절한 것은?

> 갑 : 미적인 것은 윤리적인 것의 상징이며, 이러한 관점에서만 미적인 것은 다른 모든 사람들의 동의를 요구한다.
> 을 : 예술에서 선한 의도는 아무런 가치가 없다. 형편없는 예술은 모두 선한 의도에서 비롯된 것이다.
> 병 : 우아함과 좋은 리듬은 좋은 말씨와 좋은 성품을 닮고, 추함과 나쁜 리듬은 나쁜 말씨와 나쁜 성품을 닮는다.

① 갑 : 인간의 미적 체험은 도덕성을 실현하는 데 기여할 수 있다.
② 을 : 진정한 감상자는 아름다운 것에서 도덕적 의미를 찾는다.
③ 병 : 미적 가치와 도덕적 가치는 서로 독립된 별개의 가치이다.
④ 갑, 을 : 윤리적인 공감 능력은 예술 작품 창작에 필수적이다.
⑤ 갑, 병 : 미는 순수하게 이성적인 것으로 감성과는 무관하다.

16. (가) 사상의 입장에서 볼 때, (나)의 ㉠에 대한 설명으로 가장 적절한 것은?

(가)	공손하되 예(禮)가 없으면 힘이 들고, 신중하되 예가 없으면 두렵게 되고, 용맹하되 예가 없으면 난을 일으키고, 정직하되 예가 없으면 각박하게 된다.
(나)	남녀의 구별이 있어야 ⬚㉠⬚ 의 의(義)가 있고, ⬚㉠⬚ 의 의가 있어야 부자의 친함이 있고, 부자의 친함이 있어야 군신의 의가 있다. 그러므로 혼례는 예의 근본이다.

① 서로에게 자애와 효도를 실천해야 하는 호혜적 관계이다.
② 삶의 동반자로서 서로 정조를 지켜야 하는 천륜 관계이다.
③ 가장을 중심으로 각자의 역할을 수행하는 수직적 관계이다.
④ 장유의 서열과 친애를 근본으로 하는 상호 존중의 관계이다.
⑤ 서로의 역할을 구분하면서도 상호 보완하는 협력적 관계이다.

17. 다음을 주장한 사상가가 지지할 견해만을 <보기>에서 있는 대로 고른 것은? [3점]

○ 사회 정의를 실현하기 위해서 사람들의 이기심을 억제해야 한다면 사회는 이기심에 대한 제재로 갈등과 폭력까지도 승인하지 않을 수 없을 것이다.
○ 가장 친밀한 개인들 간의 관계에서는 필요치 않은 강제적 수단이 집단 간의 조화와 정의의 확립을 위해서는 반드시 필요하다. 강제력의 요소는 윤리적으로 정당한 범주에 귀속시킬 수 있다.

── < 보 기 > ──
ㄱ. 집단 이기주의는 집단 구성원의 이성적 판단을 방해한다.
ㄴ. 개인의 합리성이 제고되면 집단의 갈등을 해소할 수 있다.
ㄷ. 집단 간의 갈등은 개인의 도덕적인 문제로 환원될 수 있다.
ㄹ. 폭력을 수반하는 강제력도 도덕적으로 정당화될 수 있다.

① ㄱ, ㄷ　　　　② ㄱ, ㄹ　　　　③ ㄴ, ㄷ
④ ㄱ, ㄴ, ㄹ　　　⑤ ㄴ, ㄷ, ㄹ

18. 다음을 주장한 사상가의 입장으로 가장 적절한 것은? [3점]

언어, 예술, 종교, 이념, 도덕, 가치 등 인간 존재의 상징적 차원에서 작동하는 문화적 폭력은 살인, 빈곤, 억압, 소외, 착취 등 직접적·구조적 폭력의 모든 유형을 관통하며 이들에 정당성과 합법성을 부여함으로써 폭력을 은폐한다. 따라서 진정한 평화는 직접적 폭력의 부재뿐만 아니라, 구조적 폭력과 문화적 폭력의 부재를 지향할 때에만 가능하다.

① 직접적 폭력과 달리 문화적 폭력은 제거할 수 없다.
② 의도되지 않은 폭력은 직접적인 피해를 입힐 수 없다.
③ 진정한 평화는 직접적 폭력의 제거로 완전히 실현된다.
④ 문화적 폭력은 직접적·구조적 폭력의 발현을 조장한다.
⑤ 직접적·구조적·문화적 폭력들은 항상 동시에 나타난다.

19. 그림의 강연자가 지지할 주장으로 옳지 않은 것은?

과학 분야에서의 이론적 관심과 실천적 관심은 불가분의 관계에 있습니다. 이런 의미에서 과학자는 진리의 발견이라는 자신의 일이 바깥세상에 끼치는 영향에 대해서도 책임을 져야 합니다. 과학자에게는 자연을 연구하는 과정에서 가치 중립적인 엄밀성을 추구할 내적 의무가 있습니다. 동시에 과학자는 자신의 연구 결과가 인류의 미래에 끼치는 영향력과 책임에 대하여 철학적으로 숙고해야 합니다.

① 과학자는 연구 결과를 자의적으로 검토하고 평가해야 한다.
② 과학자는 내적 책임뿐만 아니라 외적 책임도 지녀야 한다.
③ 과학자는 실험 진행의 과정에서 중립적인 관찰자이어야 한다.
④ 과학자는 자연을 탐구할 때 연구 윤리를 엄격히 지켜야 한다.
⑤ 과학자는 자신의 연구가 인류에 미치는 영향을 예측해야 한다.

20. 다음을 주장한 사상가의 입장만을 <보기>에서 있는 대로 고른 것은? [3점]

어떤 준칙이 보편적 규범으로 승인되기 위해서는 담론이 필요하다. 나는 담론에 참여한 자들이 합의를 지향하며 그들의 행위 계획을 조정하는 상호 작용을 의사소통이라 부른다. 이때 도달한 합의는 타당성 주장에 대한 상호 인정에 따라 평가된다. 담론의 과정에서 참여자들은 서로 의견을 주고받으며, 각자의 개별 상황에 따른 타당성 주장들, 즉 진리 주장, 정당성 주장 및 진실성 주장을 제기해야 한다.

── < 보 기 > ──
ㄱ. 담론의 모든 참여자는 서로를 동등한 인격의 소유자로 대우해야 한다.
ㄴ. 규범의 타당성 여부를 판단할 때는 결과에 대한 고려를 해서는 안 된다.
ㄷ. 담론의 참여자들은 논의에서 합의된 보편적 규범의 실천을 추구해야 한다.
ㄹ. 어떤 준칙이 보편적 규범이 되기 위해서는 모든 대화 당사자들이 동의해야 한다.

① ㄱ, ㄴ　　　　② ㄱ, ㄹ　　　　③ ㄴ, ㄷ
④ ㄱ, ㄷ, ㄹ　　　⑤ ㄴ, ㄷ, ㄹ

＊ 확인 사항
○ 답안지의 해당란에 필요한 내용을 정확히 기입(표기)했는지 확인하시오.

1. ㉠에 들어갈 진술로 가장 적절한 것은?

> 윤리학의 목표는 보편적 도덕 원리를 구체적인 문제 상황에 적용하여 해결 방안을 탐구하는 데 있다. 그런데 어떤 사람들은 윤리학의 목표가 도덕적 언어의 의미 분석과 도덕적 추론의 타당성 검토에 있다고 주장한다. 내가 보기에 이들은 윤리학이 ㉠ 는 점을 간과하고 있다.

① 도덕적 진술의 의미를 명료하게 밝혀야 한다
② 도덕 명제에 대한 검증 가능성을 검토해야 한다
③ 학문으로서 성립 가능한지의 여부를 탐구해야 한다
④ 도덕 현상의 객관적 기술을 핵심 과제로 삼아야 한다
⑤ 현실적 도덕 문제의 해결을 위한 지침을 제공해야 한다

2. 다음을 주장한 사상가의 입장으로 적절하지 않은 것은?

> 거주란 낯선 공간 안에 낯선 자로서 던져진 것을 의미하지 않는다. 오히려 거주는 그 공간에 친숙해지며, 그 공간에서 삶의 확고하고 지속적인 근거를 발견하는 것을 의미한다. 인간은 외부 공간에 존재하는 위협을 막아 주는 집에서 안정감을 느끼면서, 이를 바탕으로 인간다움을 찾고 실현해 나갈 수 있다.

① 거주는 공간 속에서 친근함과 익숙함을 느끼는 것이다.
② 거주는 인간 삶의 바탕으로서 정서적 안정을 제공한다.
③ 인간은 거주를 통해 인간다운 삶을 영위해 나갈 수 있다.
④ 집은 외부로부터 인간을 보호하는 것 이상의 의미를 지닌다.
⑤ 거주는 낯선 공간 안에 내던져진 존재로서 살아가는 것이다.

3. 갑, 을의 입장에 대한 설명으로 가장 적절한 것은? [3점]

> 갑: 원치 않는 임신을 한 여성들의 낙태는 허용되어야 한다. 태아는 잠재적 인간에 불과하므로 임신부와 달리 태아가 지니는 생명의 가치는 절대적이지 않다.
> 을: 무고한 인간인 태아를 죽이는 낙태는 금지되어야 한다. 인간 생명은 그 자체로 절대적 가치를 지닌다는 점을 명심해야 한다.

① 갑은 태아와 임신부의 생명은 동등한 가치를 갖지 않는다고 본다.
② 을은 임신 중단에 대한 여성의 선택권을 보장해야 한다고 본다.
③ 갑은 을과 달리 태아를 존엄성을 지닌 인간으로 본다.
④ 을은 갑과 달리 낙태가 법적으로 허용되어야 한다고 본다.
⑤ 갑, 을은 무고한 태아의 생명권이 제한될 수 없다고 본다.

4. (가)의 갑, 을, 병 사상가들의 입장을 (나) 그림으로 표현할 때, A ~ D에 해당하는 옳은 진술만을 <보기>에서 있는 대로 고른 것은? [3점]

(가)	갑: 모든 생명체는 내재적 가치를 지니며, 자기 보존을 위해 고유한 방식으로 각자의 선(善)을 추구한다는 점에서 목적론적 삶의 중심이다. 을: 지각, 믿음, 기억, 쾌고 감수 능력 등을 지닌 삶의 주체가 갖는 권리를 존중해야 한다. 삶의 주체인 개체들은 내재적 가치를 지닌다. 병: 쾌고 감수 능력은 이익 관심을 갖기 위한 필요충분조건이다. 어떤 종(種)에 속해 있다는 이유로 차별하는 것은 정당하지 않다.

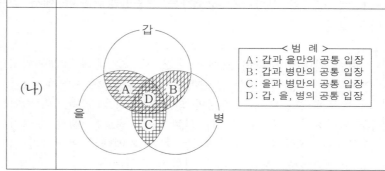

(나) 범례
- A: 갑과 을만의 공통 입장
- B: 갑과 병만의 공통 입장
- C: 을과 병만의 공통 입장
- D: 갑, 을, 병의 공통 입장

< 보 기 >
ㄱ. A: 쾌고 감수 능력이 동물의 이익 고려를 위한 유일한 조건은 아니다.
ㄴ. B: 모든 유기체가 지닌 목적을 존중하는 것은 인간의 의무이다.
ㄷ. C: 고등 능력을 가진 동물은 내재적 가치를 지닌 존재이다.
ㄹ. D: 도덕적 행위 능력이 없는 존재도 도덕적 지위를 지닐 수 있다.

① ㄱ, ㄴ　　　② ㄱ, ㄹ　　　③ ㄴ, ㄷ
④ ㄱ, ㄷ, ㄹ　　　⑤ ㄴ, ㄷ, ㄹ

5. 갑, 을 사상가들의 입장에 대한 설명으로 가장 적절한 것은?

> 갑: 죽음이란 삶의 시작이며 삶이란 죽음을 뒤따르는 것[徒]이다. 사람의 삶이란 기(氣)가 모인 것이다. 기가 모이면 삶이 되고 기가 흩어지면 죽게 된다.
> 을: 태어남으로 인하여 늙음, 죽음과 같은 고통이 있다. 태어남과 죽음의 반복은 마치 쉬지 않고 도는 수레바퀴와 같다.

① 갑은 분별적 지혜를 발휘하여 죽음에 초연해야 한다고 본다.
② 을은 인간은 죽음 이후에 비로소 고통에서 벗어난다고 본다.
③ 갑은 을과 달리 삶과 죽음은 반복될 수 있다고 본다.
④ 을은 갑과 달리 업(業)은 사후의 삶에 영향을 준다고 본다.
⑤ 갑, 을은 죽음을 피할 수 없으므로 두려워해야 한다고 본다.

6. 갑, 을 사상가들의 입장으로 옳지 <u>않은</u> 것은?

> 갑 : 진정한 평화는 모든 종류의 폭력이 없는 상태이다. 폭력에는 테러와 전쟁과 같은 직접적 폭력, 억압과 착취와 같은 간접적 폭력, 그리고 이러한 폭력들을 정당화하는 문화적 폭력이 있다.
>
> 을 : 평화 상태가 정초되려면 모든 국가의 시민적 정치 체제는 공화 정체이어야 하고, 국제법은 자유로운 국가들의 연방 체제에 기초해야 하며, 세계 시민법은 보편적 우호의 조건들에 국한되어야 한다.

① 갑 : 평화를 실현하기 위한 수단은 평화적이어야 한다.
② 갑 : 문화적 폭력이 존재하면 진정한 평화가 실현될 수 없다.
③ 을 : 비민주적 국가에 대한 무력 개입은 정당하다.
④ 을 : 공화 정체가 수립되어야 영원한 평화의 기틀이 마련된다.
⑤ 갑, 을 : 진정한 평화 실현을 위해 전쟁은 종식되어야 한다.

7. 다음을 주장한 사상가가 강조하는 내용만을 <보기>에서 있는 대로 고른 것은?

> 현대 기술은 상당히 오랫동안 전 지구와 미래 세대에까지 영향력을 미칠 수 있는 위협적인 요소를 가지고 있다. 그렇기 때문에 오늘날에는 행위의 의도와 목적을 기준으로 선악을 판단하던 전통 윤리학과 전혀 다른 새로운 책임 윤리가 요구된다. 또한 현대 사회에서는 기술 지배에서 벗어나기 위해 현대 기술에 대한 윤리적 성찰이 요청된다.

────── < 보 기 > ──────
ㄱ. 현대 기술에 대한 가치 판단과 반성이 필요하다.
ㄴ. 현대 기술은 미래 세대의 생존권을 침해할 수 있다.
ㄷ. 현대 기술이 자연에 미치는 영향만이 책임의 대상이 된다.
ㄹ. 현대 기술의 영향을 받는 시공간적 범위가 확대되고 있다.

① ㄱ, ㄴ　　　② ㄱ, ㄷ　　　③ ㄷ, ㄹ
④ ㄱ, ㄴ, ㄹ　　　⑤ ㄴ, ㄷ, ㄹ

8. 갑, 을 사상가들의 입장으로 옳지 <u>않은</u> 것은? [3점]

> 갑 : 원조의 목적은 고통받는 사회가 질서 정연한 국제 사회의 성원이 되도록 하는 데 있다. 원조를 제공하는 질서 정연한 사회들은 온정적 간섭주의를 발휘해서는 안 되고, 세심하게 계획된 방법으로 행동해야 한다.
>
> 을 : 원조의 의무는 원조 대상이 얼마나 떨어져 있느냐에 의해 정해지지 않는다. 우리는 도덕적으로 중요한 다른 것을 희생시키지 않으면서 어떤 나쁜 일이 발생하는 것을 막을 수 있다면 의무적으로 그렇게 해야 한다.

① 갑 : 원조 대상 국가에 강제력을 행사하는 것은 옳지 않다.
② 갑 : 고통받는 사회가 아닌 사회들은 원조의 대상이 아니다.
③ 을 : 원조 대상의 경제력에 관계없이 원조가 수행되어야 한다.
④ 을 : 세계에 존재하는 해악의 감소 차원에서 원조가 필요하다.
⑤ 갑, 을 : 원조가 인류의 경제적 평등 실현을 위한 것은 아니다.

9. (가)의 갑, 을, 병 사상가들의 입장을 (나) 그림으로 탐구할 때, A ～ D에 들어갈 질문으로 가장 적절한 것은? [3점]

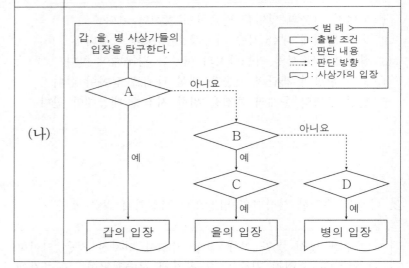

	갑 : 소유 자격의 여부는 소유에 이르는 과정에 비추어 판단해야 한다. 소유 자격이 있는 소유물에 대해서는 불가침의 권리가 부여된다.
(가)	을 : 원초적 입장에 있는 사람은 자신이 최악의 상황에 놓일 가능성을 고려하여 최소 수혜자의 상황을 개선하는 정의의 원칙들에 합의할 것이다.
	병 : 개개인의 행복은 사회 전체의 행복으로 연결된다. 더 많은 사람에게 더 많은 행복을 가져다주는 행위가 옳은 행위이다.

① A : 공정한 절차에 의한 재화 분배는 정의로운가?
② B : 개인은 자신의 이익 증진에 관심을 가지는가?
③ B : 빈민의 처지 개선을 위한 정책은 정당화될 수 있는가?
④ C : 정의의 원칙들 간에 서열을 두는 것이 필요한가?
⑤ D : 사회적·경제적 불평등이 없어져야 정의로운 사회인가?

● 2015학년도 3월(고3)

10. 갑, 을이 공통으로 지지할 수 있는 견해를 <보기>에서 고른 것은? [3점]

> 갑 : 인간이 진정으로 영리하다면 자원으로서의 자연을 가능한 장기간 이용할 수 있도록 노력할 것이고, 자연을 파괴하기보다는 환경을 보호하려고 노력할 것입니다.
>
> 을 : 한 세대가 자기 세대만을 위하여 이기적 욕망을 무분별하게 추구하는 것은 바람직하지 않습니다. 미래 세대에 대해 책임질 줄 아는 사람은 미래 세대의 생존 근거인 환경을 보호하려고 할 것입니다.

────── < 보 기 > ──────
ㄱ. 인간에게는 자연을 보호해야 할 책임이 있다.
ㄴ. 환경 보존을 위해 인류 차원의 협력이 필요하다.
ㄷ. 자연의 모든 존재는 내재적 가치를 지니고 있다.
ㄹ. 인간을 위한 자연보호는 환경 문제의 해결책이 아니다.

① ㄱ, ㄴ　　② ㄱ, ㄷ　　③ ㄴ, ㄷ　　④ ㄴ, ㄹ　　⑤ ㄷ, ㄹ

11. 갑, 을의 입장에 대한 설명으로 가장 적절한 것은?

> 갑 : 우리가 따라야 할 정언 명령은 이렇게 말할 수 있다. "그 준칙이 보편적 법칙이 될 것을, 그 준칙을 통해 내가 동시에 의욕할 수 있는, 오직 그런 준칙에 따라서만 행위하라."
>
> 을 : 우리는 최선의 결과를 가져다 줄 행위보다 최선의 결과를 가져다 줄 규칙을 찾아야 한다. 효용의 원리를 적용하여 대안이 되는 규칙들 중에 최대의 기대 효용을 갖는 규칙을 찾고 그것에 따라 행위해야 한다.

① 갑은 개인의 준칙은 보편적 도덕 법칙이 될 수 없다고 본다.
② 갑은 자연적 경향성이 동기가 되는 행위를 도덕적이라고 본다.
③ 을은 최대 행복을 가져오는 규칙을 행위의 기준으로 삼는다.
④ 을은 행위의 결과와 무관한 보편적인 도덕 규칙을 강조한다.
⑤ 갑, 을은 행위가 아니라 행위자의 성품에 비추어 도덕성을 평가해야 한다고 본다.

12. 갑, 을의 입장을 <보기>에서 고른 것은?

> 갑 : 지적 창작물은 어느 누구의 소유물이 될 수 없다. 정보는 창의적인 아이디어가 끊임없이 부가되어 발전하는 것이다. 인류의 공동 자산인 정보는 모든 사람들이 자유롭게 사용할 수 있어야 한다.
>
> 을 : 지식 생산에 대한 경제적 보상을 통해 창작 의욕을 높일 필요가 있다. 저작자는 지식 재산권을 소유하면서도, 다른 사람과 함께 사용하기를 원하는 창작물에 대하여 저작자 표시 등의 조건 하에 누구나 활용하게 할 수 있다.

——————— < 보 기 > ———————
ㄱ. 갑 : 정보를 공유할수록 정보의 질이 하락하는 것은 아니다.
ㄴ. 을 : 모든 정보는 공공재이며 대가 없이 공유되어야 한다.
ㄷ. 을 : 정보 창작자의 지식 재산권을 침해하지 말아야 한다.
ㄹ. 갑, 을 : 저작자는 지적 창작물에 대한 소유권을 지닐 수 있다.

① ㄱ, ㄴ ② ㄱ, ㄷ ③ ㄴ, ㄷ ④ ㄴ, ㄹ ⑤ ㄷ, ㄹ

13. 갑, 을 사상가들의 입장으로 옳지 <u>않은</u> 것은? [3점]

> 갑 : 법에 대한 존경심보다 먼저 정의에 대한 존경심을 기르는 것이 바람직하다. 나의 유일한 책무는 나의 양심에 비추어 언제나 옳다고 생각하는 일을 행하는 것이다.
>
> 을 : 시민 불복종은 법에 대한 충실성의 한계 내에서 이루어져야 한다. 시민 불복종은 정치적으로 양심적인 행위이고, 공중의 정의감에 호소하려고 의도된 것이다.

① 갑 : 법률의 헌법 위배 여부 판단이 불복종의 최종 목적이다.
② 갑 : 개인은 양심을 지키기 위해 국가 권력에 불복종할 수 있다.
③ 을 : 시민 불복종은 정치 체제의 변혁을 의도하지 않는다.
④ 을 : 부정의한 법에 대해 불복종할 때에도 처벌을 감수해야 한다.
⑤ 갑, 을 : 시민 불복종은 불의를 교정하는 역할을 수행할 수 있다.

14. ㉠에 들어갈 적절한 내용만을 <보기>에서 있는 대로 고른 것은? [3점]

> 고대의 어느 사상가는 "정의는 일종의 비례이며, 비례는 비율의 동등성이다. 사람들이 나누어야 하는 몫은 그들의 관계에 비례할 때 정의롭다."라고 주장하였다. 이에 의하면 A와 B가 맺는 관계가 C와 D가 맺는 관계와 같다고 할 때, 이를 치환하면 A와 C가 맺는 관계는 B와 D가 맺는 관계와 같다. 그래서 A와 C의 합과 B와 D의 합은 그 관계가 같다. 나는 분배적 정의에 관한 이 사상가의 입장을 지지한다. 그런데 재화를 나눔에 있어 어떤 사람들은 응분의 몫보다 더 많이 취하고 어떤 사람들은 더 적게 취하는 경우가 있다. 이러한 경우는 [　　　㉠　　　] 옳지 않다.

——————— < 보 기 > ———————
ㄱ. 기하학적 비례에 따라 몫을 분배하지 않으므로
ㄴ. 사람들에게 재화를 동일하게 분배하지 않으므로
ㄷ. 산술적 비례에 따라 모두가 중간의 몫을 갖지 못하므로
ㄹ. 가치에 비례하는 몫을 누리지 못하는 사람이 발생하므로

① ㄱ, ㄷ ② ㄱ, ㄹ ③ ㄴ, ㄹ
④ ㄱ, ㄴ, ㄷ ⑤ ㄴ, ㄷ, ㄹ

15. 갑, 을, 병 사상가들 모두가 질문에 바르게 대답한 것은? [3점]

> 갑 : 어떤 행위는 사회의 행복을 저해하는 경향에 비례하여 형벌에 대한 요구를 창출할 것이다.
>
> 을 : 누군가 타인을 살해하면 그것은 자신을 살해하는 것이다. 보복법만이 형벌의 질과 양을 명확히 제시할 수 있다.
>
> 병 : 형벌은 인간의 정신에 가장 효과적이고 지속적인 인상을 주면서 수형자에게는 가장 작은 고통을 주어야 한다.

	질문	대답		
		갑	을	병
①	형벌은 사회적 선을 촉진하기 위한 수단인가?	예	아니요	예
②	형벌의 방법은 효용성을 고려하여 결정해야 하는가?	예	아니요	아니요
③	형벌은 범죄자에게 고통을 유발하는 악인가?	아니요	예	예
④	범죄자에 대한 형벌은 법률을 통해서 집행되어야 하는가?	아니요	예	아니요
⑤	형벌의 크기는 범죄로 인해 발생하는 해악에 비례해야 하는가?	아니요	예	아니요

16. 다음을 주장한 사상가의 입장으로 가장 적절한 것은? [3점]

> 지나친 정치적 현실주의에서 제시하는 권력 간의 균형은 잠정적 평화만을 가져올 뿐이다. 한편 도덕주의에서 강조하는 이익과 권리의 합리적 조정은 역사와 전통으로 정당화되는 사회적 불의나 은밀한 강제력을 조정하기 어렵게 한다. 올바른 정치적 도덕성은 합리적이고 도덕적인 요소들에 부합되는 강제력을 권고함으로써, 그리고 강제력이 사용되는 목적을 밝혀줌으로써 갈등의 악순환에 빠져 있는 사회를 구원할 수 있다.

① 정의 실현을 목적으로 한 강제력은 도덕적으로 정당화될 수 있다.
② 올바른 정치적 도덕성은 어떠한 형태의 폭력도 포함할 수 없다.
③ 구성원들의 도덕적인 양심이 사회 구조의 정의로움을 결정한다.
④ 집단 간의 힘이 균형적인 상태에 도달하면 영구 평화가 달성된다.
⑤ 합리적 개인들의 자발적인 조정으로만 불의를 극복할 수 있다.

17. 다음 토론의 핵심 쟁점으로 가장 적절한 것은?

> 갑 : 소비의 목적은 소비를 통한 만족감의 극대화에 있습니다. 소비자는 최소 비용으로 최대 만족을 얻을 수 있는 소비만을 추구해야 합니다.
> 을 : 저는 그렇게 생각하지 않습니다. 환경 문제로 대두하고 있는 자원 남용 문제를 해결하기 위해서는 사회 정의와 환경 등을 고려하는 소비가 필요합니다.
> 갑 : 아닙니다. 비용과 편익을 고려하여 소비를 하면 자원이 효율적으로 분배되어 자원 남용 문제를 해결할 수 있다고 봅니다.
> 을 : 그러한 주장은 시장 경제 논리만을 강조하는 것이므로 자원 남용 문제를 해결할 수 없습니다.

① 시장 경제 논리는 비용 대비 최대 편익을 강조하는가?
② 합리적 소비만으로 자원 남용 문제를 해결할 수 있는가?
③ 소비 활동을 통해서 자원 남용 문제를 방지할 수 있는가?
④ 소비자는 상품에 관한 정보를 바탕으로 소비해야 하는가?
⑤ 자원 남용 문제의 해결을 위해 최대 비용의 지출이 필요한가?

18. 갑, 을 사상가들의 입장으로 적절하지 <u>않은</u> 것은?

> 갑 : 음악이 화평해야 백성이 화합하며 방종하지 않게 된다. 그래서 옛 성왕은 "음란한 노래와 사악한 음악이 좋은 음악을 어지럽히지 못하게 하라."라고 하였다.
> 을 : 시가(詩歌) 교육은 영혼 안에 있는 지혜를 사랑하는 것과 관련된 감각들을 일깨워야 한다. 시인들은 좋은 성품의 상(象)을 작품 속에 새겨 놓도록 해야 하며, 그렇게 하지 않는 사람의 작품 활동은 금지되어야 한다.

① 갑 : 음악은 백성을 교화하는 수단이 될 수 있다.
② 갑 : 음악은 정치사회적 요구로부터 자유로워야 한다.
③ 을 : 덕성을 함양하기 위해 시가 교육이 필요하다.
④ 을 : 미적 가치의 추구가 진리 탐구에 도움이 된다.
⑤ 갑, 을 : 예술 활동에 대한 외적 규제가 필요하다.

19. 갑, 을 사상가들의 입장을 <보기>에서 고른 것은? [3점]

> 갑 : 신은 각 사람에게 독특한 생활 양식에 따라 의무를 부여하고 다양한 생활들을 소명(召命)으로 주셨다. 아무리 힘든 일이라도 이것을 소명으로 알고 순종하면 모든 일은 신 앞에서 빛날 것이다.
> 을 : 자본주의적 생산 방식은 자유롭고 의식적인 활동인 노동을 왜곡함으로써 인간의 자질이 온전하게 실현되는 것을 가로막는다. 자본주의에서는 생산성 향상을 위해 작업 과정을 세분화함에 따라 노동의 소외가 심화된다.

> ── < 보 기 > ──
> ㄱ. 갑 : 노동의 궁극적 목적은 부의 축적에 있다.
> ㄴ. 갑 : 신의 소명으로서 주어진 직업에는 귀천이 없다.
> ㄷ. 을 : 노동자는 자아실현을 위해 분업에 참여해야 한다.
> ㄹ. 을 : 자본주의 사회에서 노동자는 소외를 피할 수 없다.

① ㄱ, ㄴ　② ㄱ, ㄷ　③ ㄴ, ㄷ　④ ㄴ, ㄹ　⑤ ㄷ, ㄹ

20. 그림은 서술형 평가 문제와 학생 답안이다. 학생 답안의 ㉠~㉤ 중 옳지 <u>않은</u> 것은?

> **서술형 평가**
>
> ◎ 문제 : 갑, 을, 병의 입장을 비교하여 서술하시오.
>
> > 갑 : 성의 유일한 전제 조건은 사랑이므로, 사랑이 동반된 성적 관계는 언제나 허용될 수 있다.
> > 을 : 성은 쾌락을 위한 것이며, 책임 의식을 지닌 성인이 자발적으로 합의한 성적 관계는 용인되어야 한다.
> > 병 : 성은 결혼 이후에 자녀 출산과 관련을 가질 경우에만 도덕적이고 온전한 것이 된다.
>
> ◎ 학생 답안
> 　갑은 ㉠성적 쾌락만을 추구하는 성을 부정적으로 보고, 을은 ㉡사랑이 없는 성도 허용될 수 있다고 보며, 병은 ㉢사랑을 성이 도덕적이기 위한 필요충분조건이라고 본다. 한편 ㉣갑, 을은 병과 달리 결혼과 무관한 성도 허용될 수 있다고 보고, ㉤병은 갑, 을과 달리 혼전 순결을 지켜야 한다고 본다.

① ㉠　② ㉡　③ ㉢　④ ㉣　⑤ ㉤

> ※ 확인 사항
> ◦ 답안지의 해당란에 필요한 내용을 정확히 기입(표기)했는지 확인하시오.

성명 □   수험 번호 □□□□□ - □□□□□   제〔 〕선택

07회

1. ㉠에 들어갈 진술로 가장 적절한 것은?

> 나는 윤리학의 목적을 도덕적 논의의 의미론적, 논리적, 인식론적 구조를 분명하게 이해하는 데 두어야 한다고 본다. 그런데 어떤 이들은 윤리학의 목적을 보편적인 도덕 원리를 탐구하여 실제 삶의 다양한 윤리 문제를 해결하는 데 두어야 한다고 주장한다. 내가 보기에 이러한 입장은 윤리학이 ┃   ㉠   ┃

① 윤리적 삶의 가치와 방향을 제시해야 함을 간과하고 있다.
② 도덕적 행위를 위한 도덕 원리를 세워야 함을 간과하고 있다.
③ 도덕 법칙을 정립하여 만인에게 적용해야 함을 간과하고 있다.
④ 도덕 언어의 분석을 핵심 과제로 삼아야 함을 간과하고 있다.
⑤ 현실 도덕 문제에 대한 해결책을 모색해야 함을 간과하고 있다.

2. 동양 사상가 갑, 을의 입장으로 가장 적절한 것은?

> 갑 : 선비는 일정한 생업이 없더라도 일정한 마음[恒心]을 가질 수 있다. 그러나 백성은 일정한 생업이 없으면 이로 인해 일정한 마음을 가질 수 없다.
> 을 : 농부는 밭일에, 상인은 장사에, 목수는 그릇 만드는 일에 정통하지만 수장(首長)은 될 수 없다. 오직 예(禮)에 정통한 사람만이 수장이 될 수 있다.

① 갑 : 군주는 백성의 생업 보장보다 법적 규제에 힘써야 한다.
② 갑 : 직업 종사자는 누구도 일정한 마음[恒心]을 지닐 수 없다.
③ 을 : 정신을 쓰는 노동보다 육체를 쓰는 노동이 우위에 있다.
④ 을 : 무위자연의 도(道)를 본받아 직업을 차별하지 말아야 한다.
⑤ 갑, 을 : 생산과 통치에 대한 역할의 분담이 이루어져야 한다.

3. 다음은 어느 사상가의 주장이다. ㉠에 대한 이 사상가의 입장으로 가장 적절한 것은? [3점]

> 정의로운 사회는 자유롭고 평등한 사람들 사이에서 사회 협동체의 원칙이 존중되는 사회이다. ┃   ㉠   ┃ 은/는 이러한 원칙을 심각하게 위반한 법이나 정책을 변화시킬 목적으로 행해지는 것이다. 이는 법에 대한 충실성의 한계 내에서 이루어지는 공공적이고 양심적이기는 하지만 법에 반하는 정치적 행위이다.

① 불합리한 모든 법률과 정책을 대상으로 삼아야 한다.
② 불의한 국가 체제의 변혁을 목적으로 행해져야 한다.
③ 사회의 다수자가 갖는 정의관에 근거를 두어야 한다.
④ 비폭력적이고 비공개적인 방식으로 전개되어야 한다.
⑤ 개인의 종교적 신념을 추구하는 행위를 포함해야 한다.

4. 그림의 강연자가 강조하는 내용만을 <보기>에서 있는 대로 고른 것은? [3점]

> 기술은 기술을 실현시키는 존재와는 독립된 것으로서 단지 도구에 불과한 것이며, 그 자체는 선도 아니고 악도 아닙니다. 기술이 스스로 인간에게 광기를 부릴 수 있다든가, 기술에 의해 인간이 부품화될 수 있다는 말은 터무니없는 주장입니다. 중요한 것은 인간이 기술을 어떻게 사용하고, 인간이 기술을 어떤 조건 아래 놓는가 하는 것입니다.

─────── < 보 기 > ───────
ㄱ. 기술의 부정적 결과는 인간에 의해 생겨날 수 있다.
ㄴ. 기술은 인간과 사회를 지배하려는 속성을 지닌 악이다.
ㄷ. 기술 자체를 도덕 판단의 대상으로 보아서는 안 된다.
ㄹ. 인간은 기술로부터 어떠한 좋은 것도 만들어 낼 수 없다.

① ㄱ, ㄷ   ② ㄱ, ㄹ   ③ ㄴ, ㄷ
④ ㄱ, ㄴ, ㄹ   ⑤ ㄴ, ㄷ, ㄹ

5. 갑, 을 사상가들의 입장을 <보기>에서 고른 것은?

> 갑 : 여성의 운명은 법률, 제도, 풍습, 여론 등에 의해 주도 면밀하게 형성되어 왔다. 남성들이 여성으로 하여금 타자(他者)로서 살도록 강제하는 사회에서 여성은 자신이 자주적이고 자유로운 존재임을 발견해야 한다.
> 을 : 여성이 지닌 도덕적 관심의 본질은 남성과 다르다. 여성은 인간관계에서 자신의 목소리를 내야 한다. 여성이 자신의 목소리를 내지 않고 이타적으로만 행동하는 것은 인간관계에서 지녀야 할 책임을 회피하는 것이다.

─────── < 보 기 > ───────
ㄱ. 갑 : 여성은 주체적 존재라는 점에서 남성과 다르지 않다.
ㄴ. 갑 : 남녀의 성역할을 전통과 관습에 따라 규정해야 한다.
ㄷ. 을 : 여성의 도덕적 특성인 배려와 공감을 중시해야 한다.
ㄹ. 갑, 을 : 여성과 남성의 도덕적 지향성은 양립불가능하다.

① ㄱ, ㄴ   ② ㄱ, ㄷ   ③ ㄴ, ㄷ   ④ ㄴ, ㄹ   ⑤ ㄷ, ㄹ

6. ⊙의 인간관계에 대한 설명으로 가장 적절한 것은?

○ ⊙ 은/는 인류의 시작이므로 지극히 친밀한 사이지만 지극히 조심해야 할 관계이다.
○ ⊙ 은/는 두 성씨의 결합이니, 사람이 태어나게 되는 시초이고 만 가지 복록의 근원이다.

① 예(禮)로써 서로를 공경해야 하는 보완적 관계이다.
② 자연적 친애에 기초하는 상호 대등한 혈연관계이다.
③ 효도와 자애를 서로에게 실천해야 하는 관계이다.
④ 상호 간 항렬(行列)을 따져 법도를 지키는 관계이다.
⑤ 동기간(同氣間)으로서 상하의 질서가 적용되는 관계이다.

7. 갑, 을 사상가들의 입장으로 가장 적절한 것은? [3점]

갑 : 필요 이상의 잔혹한 형벌은 사회 계약의 본질과 상반된다. 사회에 끼친 손해를 노동으로 속죄하는 것을 오래 보여 주는 형벌이 사형보다 효과적인 범죄 억제책이다.
을 : 살인범에게 법적으로 집행되는 사형 외에는 범죄와 보복의 동등성은 없다. 시민 사회가 모든 구성원들의 동의로 해체될 때에도 감옥에 있는 살인범은 처형되어야 한다.

① 갑 : 종신형은 사형보다 형벌의 실효성이 적고 비인간적이다.
② 갑 : 살인범에게는 생명 박탈의 처벌 이외의 다른 대안은 없다.
③ 을 : 사형은 살인범의 인격을 수단으로 대우하는 것일 뿐이다.
④ 을 : 평형의 원리에 입각하여 처벌의 양과 질을 결정해야 한다.
⑤ 갑, 을 : 처벌의 최종 목적을 범죄 예방과 교화에 두어야 한다.

8. ⊙에 들어갈 적절한 진술을 <보기>에서 고른 것은?

○○신문	○○○○년 ○월 ○○일

우리는 인간과 인간 이외의 존재에 대한 책임의 문제를 숙고해야 한다. 그런데 어떤 지역에서는 맛있는 푸아그라를 얻기 위해 거위의 위에 관을 꽂아 강제로 사료를 주입하는 고통을 준다. 또한 우유 생산을 늘리기 위해 성장 호르몬을 소에게 투입하기도 하는데, 이렇게 생산된 유제품은 인류에게 심각한 질병을 일으킬 가능성이 높다. 이러한 문제들을 해결하기 위해서는 ⊙

― <보기> ―
ㄱ. 생명에 대한 인위적인 개입 행위를 자제해야 한다.
ㄴ. 동물에게 과도한 고통을 주는 행위를 삼가야 한다.
ㄷ. 생태적 지속성보다 경제적 효율성을 고려해야 한다.
ㄹ. 식량 증산을 위해 공장식 동물 사육을 확대해야 한다.

① ㄱ, ㄴ ② ㄱ, ㄷ ③ ㄴ, ㄷ ④ ㄴ, ㄹ ⑤ ㄷ, ㄹ

9. 갑, 을, 병 사상가들의 입장에 대한 설명으로 옳은 것은? [3점]

갑 : 죽음은 영혼이 육체의 속박으로부터 벗어나는 것이다. 영혼은 육체를 떠나 될 수 있는 대로 그것과 상관하지 않을 때 가장 잘 사유하게 된다.
을 : 죽음은 우리에게 아무것도 아니라는 것에 익숙해져야 한다. 좋고 나쁨은 감각에 달려 있는데 죽음은 바로 모든 감각의 상실을 의미하기 때문이다.
병 : 죽음은 현존재에게 던져진 끝으로서 반드시 찾아오는 것이며 타인이 대신할 수 없는 것이다. 죽음으로 미리 달려가 봄으로써 참된 실존을 깨달을 수 있다.

① 갑은 현실 세계와 죽음 이후의 세계를 구분할 수 없다고 본다.
② 을은 죽음 이후의 삶을 위해 선행을 습관화해야 한다고 본다.
③ 병은 현존재의 유한성 때문에 죽음을 자각할 수 없다고 본다.
④ 갑은 을과 달리 죽음 이후에 참된 진리에 이를 수 있다고 본다.
⑤ 을은 병과 달리 죽음을 인간이 회피해야 할 고통이라고 본다.

10. (가)의 사상가 갑, 을, 병의 입장을 (나) 그림으로 탐구할 때, A~D에 해당하는 적절한 질문만을 <보기>에서 있는 대로 고른 것은? [3점]

(가)	갑 : 정의란 준법적인 것과 공정한 것을 포함한다. 사회적 재화의 분배는 기하학적 비례에, 시민들 간의 분쟁 해결은 산술적 비례에 합치해야 한다. 을 : 정의의 원칙은 원초적 합의의 대상이다. 이 원칙은 자유롭고 합리적인 사람들이 평등한 최초 입장에서 공동체의 기본 조건을 규정한 것이다. 병 : 정의론의 핵심은 소유 권리에 관한 정의이다. 정의의 원리에 따라 취득한 소유물에 대한 권리가 자신에게 있다면, 그 분배는 정의로운 것이다.
(나)	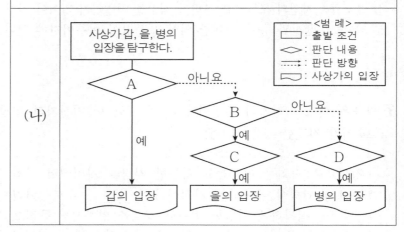

― < 보 기 > ―
ㄱ. A : 기하학적 비례로써 시정적 정의를 실현할 수 있는가?
ㄴ. B : 최소 수혜자를 위한 재분배 정책을 정당화할 수 있는가?
ㄷ. C : 공리의 원리보다 기회 균등의 원리를 추구해야 하는가?
ㄹ. D : 최소 국가에서 분배적 정의가 실현될 수 있는가?

① ㄱ, ㄴ ② ㄱ, ㄹ ③ ㄷ, ㄹ
④ ㄱ, ㄴ, ㄷ ⑤ ㄴ, ㄷ, ㄹ

11. 다음 토론의 핵심 쟁점으로 가장 적절한 것은?

> 갑 : 우리 사회의 차별을 종식시키기 위해서는 과거의 차별로 인해 고통받는 사람들을 우대해야 합니다.
> 을 : 우리 사회의 차별은 사라져야 합니다. 그러나 과거의 차별을 근거로 특정 집단을 우대하는 것은 역차별입니다.
> 갑 : 과거의 차별에 대한 보상은 역차별이 아니라 출발선을 같게 하려는 것입니다. 차별받아 온 집단에 대한 배려 없이는 공정한 사회를 기대할 수 없습니다.
> 을 : 과거의 차별에 대해 잘못이 없는 현세대에게 부담을 주는 것은 부당합니다. 이것은 잘못이 없는 사람에게 벌을 주는 것과 같습니다.

① 업적과 성과를 기준으로 한 사회적 차별은 정당한가?
② 소수자 집단을 사회적으로 차별하는 것은 불공정한가?
③ 과거의 차별 때문에 고통받는 집단을 우대해야 하는가?
④ 사회적 차별을 철폐해야 공정한 사회를 이룰 수 있는가?
⑤ 특정 집단에 대한 보상은 능력을 기준으로 해야 하는가?

12. (가)의 갑, 을, 병 사상가들의 입장을 (나) 그림으로 표현할 때, A~D에 해당하는 적절한 진술만을 <보기>에서 있는 대로 고른 것은? [3점]

> (가)
> 갑 : 평등의 원리는 어떤 존재의 고통을 다른 존재의 고통과 동등하게 취급하는 것이다. 어떤 존재가 고통을 느낄 수 없다면 고려해야 할 바는 없다.
> 을 : 무생물일지라도 아름다운 것을 파괴하는 행위는 인간이 지닌 자기 자신에 대한 의무에 위반되며, 도덕성을 촉진하는 자연적 감정을 약화시킨다.
> 병 : 생명체를 목적론적 활동의 중심이 되게 하는 것은 자신의 선을 실현하도록 방향 지워진 유기체의 작용이 갖는 일관성과 통일성이다.

(나)

<범례>
A : 갑만의 입장
B : 을만의 입장
C : 병만의 입장
D : 갑, 을, 병의 공통 입장

< 보 기 >
ㄱ. A : 인간과 동물이 선호하는 이익 관심의 대상은 동일하다.
ㄴ. B : 이성적 존재만이 도덕적 행위의 주체가 될 수 있다.
ㄷ. C : 모든 생명체는 의식 유무와 상관없이 내재적 가치를 지닌다.
ㄹ. D : 고통을 느낄 수 있는 존재를 잔혹하게 다루는 행위는 잘못이다.

① ㄱ, ㄴ ② ㄱ, ㄷ ③ ㄷ, ㄹ
④ ㄱ, ㄴ, ㄹ ⑤ ㄴ, ㄷ, ㄹ

13. 갑의 입장에서 을에게 제기할 수 있는 반론으로 가장 적절한 것은?

> 갑 : 예술은 사람의 마음에 감흥을 불러일으킨다. 또한 정치의 득실을 살피고, 사람들을 어울리게 하며, 윗사람의 잘못을 풍자한다.
> 을 : 예술은 인생을 위한 예술이 아니라 예술을 위한 예술이 되어야 한다. 예술가를 숨기고 예술 그 자체를 드러내는 것이 예술의 목표이다.

① 예술의 영역과 도덕의 영역은 분리된 것임을 간과하고 있다.
② 예술이 도덕적 사회 실현에 기여할 수 있음을 간과하고 있다.
③ 예술의 미적 가치와 도덕적 가치가 무관함을 간과하고 있다.
④ 예술이 공동체의 규범으로부터 자유로워야 함을 간과하고 있다.
⑤ 예술이 그 자체로 독립적인 아름다움을 지님을 간과하고 있다.

● 2014학년도 3월(고3)
14. 갑, 을의 입장에 대한 적절한 설명만을 <보기>에서 있는 대로 고른 것은? [3점]

> 갑 : 용광로에 들어간 여러 광석은 녹고 섞여 하나의 덩어리로 새롭게 탄생합니다. 이처럼 다양한 문화를 한 데 녹여 새로운 문화를 탄생시킬 수 있습니다.
> 을 : 하나의 샐러드 그릇에 여러 재료를 담더라도 각 재료 고유의 특성은 살아 있습니다. 이처럼 다양한 문화가 각각의 정체성을 유지하면서 함께한다면 사회 통합을 이룰 수 있습니다.

< 보 기 >
ㄱ. 갑은 다양한 문화가 하나로 용해되는 상태를 추구한다.
ㄴ. 을은 서로 다른 문화 사이의 우열을 가리지 않는다.
ㄷ. 갑은 을보다 성격이 다른 문화들의 공존을 지향한다.
ㄹ. 갑, 을은 비주류 문화를 주류 문화에 편입시켜야 한다고 본다.

① ㄱ, ㄴ ② ㄴ, ㄷ ③ ㄷ, ㄹ
④ ㄱ, ㄴ, ㄹ ⑤ ㄱ, ㄷ, ㄹ

15. 다음을 주장한 사상가의 입장에 대한 설명으로 가장 적절한 것은?

> 모든 이성적 논의를 거부하는 것과 엘리트주의적 태도는 불가분의 관계이다. 소수만이 진리를 파악할 수 있다는 사람의 주장은 상호 주관적으로 검토하는 공적 담론의 장(場)을 통해 자신을 입증해야 할 의무로부터 벗어난 것이다. 또한 모든 사람들을 동등하게 존중해야 한다는 원칙에도 어긋난다.

① 신이 인간 본성에 부여한 절대적인 도덕 법칙을 강조한다.
② 다수에 의한 합의보다 개개인의 주관적인 결정을 중시한다.
③ 도덕 판단의 정당화 근거로 의사소통의 합리성을 중시한다.
④ 의사 결정 과정에서 전문가의 견해에 의존할 것을 강조한다.
⑤ 공론의 장에서 상호 비판하는 행위를 삼가야 함을 강조한다.

16. 다음 글에서 강조하는 내용으로 가장 적절한 것은?

> 우리는 개인을 존중하듯이 개인의 정보를 자아의 연장으로 간주하고 그것을 존중하는 법을 배워야 한다. 각 개인은 자신의 민감한 정보에 대해 공개를 원하지 않을 경우 포털 사이트 운영자에게 그 정보의 삭제를 요구할 수 있어야 한다. 또한 포털 사이트 운영자에게 데이터베이스에 있는 자신의 정보가 어떤 목적으로 사용되고 있는지 확인을 요청할 수 있어야 한다.

① 공공 이익을 위해 개인의 정보를 최대한 공개해야 한다.
② 정보에 대한 자기 결정권과 잊힐 권리가 보장되어야 한다.
③ 포털 사이트는 개인의 정보에 관한 독점권을 가져야 한다.
④ 알 권리 보장을 위해 개인의 사생활을 일부 제한해야 한다.
⑤ 개인의 모든 정보를 인류 공동의 자산으로 간주해야 한다.

17. 갑, 을의 입장에 대한 설명으로 옳은 것은? [3점]

> 갑 : 도덕적으로 중요한 일들을 희생시키지 않고 절대 빈곤을 감소시킬 수 있는 사람들은 절대 빈곤에 빠진 사람들을 도울 의무가 있다. 이익 평등 고려의 원칙에 따라 빈곤으로 고통받는 모든 사람들에게 원조를 해야 한다.
> 을 : 우리는 국제 관계가 질서 정연한 국가들의 자유롭고 평등한 상호 관계가 되도록 노력해야 한다. 원조는 고통받는 국가들이 질서 정연한 사회로 나아가지 못하게 하는 제반 여건에서 벗어나도록 하는 것에 그쳐야 한다.

① 갑은 빈곤국의 구성원은 원조의 주체가 될 수 없다고 본다.
② 을은 가난한 국가들이 모두 원조의 대상은 아니라고 본다.
③ 갑은 을과 달리 원조를 모든 국가의 도덕적 의무라고 본다.
④ 을은 갑과 달리 차등의 원칙에 따라 원조해야 한다고 본다.
⑤ 갑, 을은 원조의 목적을 인류 전체의 평등 실현이라고 본다.

18. (가) 사상의 입장에서 (나) 상황 속 A에게 제시할 조언으로 가장 적절한 것은?

(가)	모든 이해(利害) 당사자의 최대 행복은 보편적으로 바람직한 인간 행동의 목적이다.
(나)	고등학생 A는 선생님과의 상담 약속을 지키기 위해 학교로 가던 중 다리를 다쳐 쓰러져 있는 아이를 목격하였다. A는 약속을 지켜야 할지 아이를 도와주어야 할지 고민하고 있다.

① 유덕한 성품을 갖춘 위인이라면 어떻게 행동할지 따져보렴.
② 언제 어디서나 적용될 수 있는 정언 명령에 따라 행동하렴.
③ 타인의 쾌락보다는 자신의 쾌락 증진이 중요함을 고려하렴.
④ 더 많은 유용성을 산출할 수 있는 행위가 무엇인지 따져보렴.
⑤ 행위 결과를 고려하지 말고 오직 의무 의식에 따라 행동하렴.

19. 그림은 서술형 평가 문제와 학생 답안이다. 학생 답안의 ㉠~㉤ 중 옳지 않은 것은? [3점]

> **서술형 평가**
>
> ◎ 문제 : 갑, 을의 입장을 비교하여 서술하시오.
>
> > 갑 : 인간 배아는 인간의 신체 기관이 형성되지 않은 상태이므로 단순한 세포에 불과합니다. 따라서 불치병 치료 등을 통해 많은 사람들에게 이익을 주는 경우라면 인간 배아 복제 연구는 자유롭게 허용되어야 합니다.
> > 을 : 인간 배아는 난자와 정자가 결합된 형성체로 잠재적 인간으로 보아야 합니다. 단, 온전한 인간은 아니기 때문에 더 많은 사람들에게 더 많은 행복을 주는 경우에 한하여 인간 배아 복제 연구는 허용될 수 있습니다.
>
> ◎ 학생 답안
>
> 갑은 ㉠인간 배아가 온전한 인격체로 존중받을 수 없다고 보며, ㉡사회에 유용성을 가져다준다면 인간 배아 복제 연구는 허용될 수 있다고 주장한다. 을은 ㉢인간 배아가 성인과 동등한 대우를 받을 만한 존재는 아니라고 보며, ㉣제한된 범위 내에서 인간 배아 복제 연구가 허용될 수 있다고 주장한다. 한편 갑, 을은 ㉤의무론의 측면에서 인간 배아 복제 연구의 허용 여부를 논해야 한다고 본다.

① ㉠   ② ㉡   ③ ㉢   ④ ㉣   ⑤ ㉤

20. (가), (나)의 입장만을 <보기>에서 있는 대로 고른 것은? [3점]

(가)	불확실하고 멀리 있는 쾌락보다 확실하고 가까이 있는 쾌락이 중요하므로 미래 세대를 위해 현세대가 고통을 겪는 것은 옳지 않다. 또한 현세대와 미래 세대 사이에는 도움을 주고받는 관계가 성립될 수 없으므로 미래 세대의 도덕적 권리를 고려할 필요는 없다.
(나)	인간은 결코 수단으로 취급되어서는 안 된다. 따라서 현세대와 동일한 인간인 미래 세대에게도 도덕적 권리를 부여해야 한다. 또한 과거 세대가 현세대에게 도움을 주었듯이, 현세대 역시 미래 세대에게 도움을 주는 것이 당연하다.

< 보 기 >

ㄱ. (가) : 현세대와 달리 미래 세대는 도덕적 권리를 갖는다.
ㄴ. (가) : 미래 세대를 위해 현세대가 희생되어서는 안 된다.
ㄷ. (나) : 세대 간 연속성을 근거로 현세대는 미래 세대를 책임져야 한다.
ㄹ. (가), (나) : 현세대에게 도움을 주고 있는 대상만을 도덕적으로 고려해야 한다.

① ㄱ, ㄷ   ② ㄱ, ㄹ   ③ ㄴ, ㄷ
④ ㄱ, ㄴ, ㄹ   ⑤ ㄴ, ㄷ, ㄹ

※ 확인 사항

○ 답안지의 해당란에 필요한 내용을 정확히 기입(표기) 했는지 확인하시오.

성명 [   ] 수험 번호 [| | | | | − | | | |] 제 〔 〕선택

1. (가), (나) 윤리학의 핵심 과제로 가장 적절한 것은?

> (가) 윤리학은 우리가 일상에서 마주치는 구체적인 도덕적 문제들을 다루어야 하며, 그 문제들에 도덕 원리를 적용하여 실천적 해결 방안을 모색하는 데 주력해야 한다.
> (나) 윤리학은 우리가 일상에서 사용하는 도덕적 용어의 의미를 분석하고, 도덕적 명제에 대한 추론이나 판단이 논리적으로 타당한지 입증하는 데 주력해야 한다.

① (가): 현실의 도덕 문제에 대한 구체적인 해결책을 제시하는 것이다.
② (가): 도덕 현상들 간의 인과 관계를 객관적으로 설명하는 것이다.
③ (나): 올바른 삶의 지침이 될 보편적 도덕 원리를 정립하는 것이다.
④ (나): 각 공동체의 다양한 도덕 관행을 비교하여 기술하는 것이다.
⑤ (가)와 (나): 윤리학이 학문적으로 성립 가능한지 탐구하는 것이다.

2. 갑, 을 사상가들의 입장으로 가장 적절한 것은? [3점]

> 갑: 폭력은 주로 문화적 폭력으로부터 구조적 폭력을 경유하여 직접적 폭력으로 번진다. 진정한 평화는 직접적 폭력뿐만 아니라 구조적·문화적 폭력의 부재를 지향할 때에만 가능하다.
> 을: 국가 간의 제약이 없이는 어떠한 평화도 정착될 수 없다. 영원한 평화를 위해서는 특별한 종류의 연맹이 있어야 한다. 그것은 바로 평화 연맹이며, 이는 평화 조약과 구별된다.

① 갑: 구조적 폭력은 항상 문화적 폭력에서 비롯된다.
② 갑: 비의도적 폭력은 평화 실현을 방해하지 않는다.
③ 을: 평화 연맹은 모든 전쟁의 영원한 종식을 추구한다.
④ 을: 영원한 평화는 국가 간 평화 조약 체결만으로 실현된다.
⑤ 갑과 을: 물리적 폭력의 소멸은 진정한 평화의 실현을 보장한다.

3. 다음을 주장한 사상가의 입장으로 적절한 것만을 <보기>에서 있는 대로 고른 것은?

> 인간은 공간에서 참된 거주를 실현함으로써 자신의 본질을 실현한다. 참된 거주를 실현하기 위해서는 집이라는 내부 공간에만 머무르려는 집착을 극복해야 한다. 비록 세계라는 외부 공간은 예기치 않은 일이 발생할 수 있는 위험한 공간이지만 인간은 외부 공간으로 나가 자기의 일을 수행해야 한다. 집이라는 내부 공간에서의 휴식과 세계라는 외부 공간에서의 노동이 서로 균형을 이룰 때 인간은 내적으로 건강해질 수 있다.

< 보 기 >
ㄱ. 집의 소유는 인간의 본질을 실현하기 위한 유일한 조건이다.
ㄴ. 인간 내면의 건강은 휴식과 노동이 조화를 이룰 때 가능하다.
ㄷ. 참된 거주를 위해 외부 공간과 단절하고 집에 머물러야 한다.

① ㄱ   ② ㄴ   ③ ㄱ, ㄷ   ④ ㄴ, ㄷ   ⑤ ㄱ, ㄴ, ㄷ

4. 다음 가상 대담의 사상가가 지지할 주장으로 가장 적절한 것은?

① 문화 산업은 대중이 비판적으로 사유하는 것을 방해한다.
② 문화 산업의 구조에서 자본가는 표준화된 생산 방식을 거부한다.
③ 문화 산업에서의 궁극적인 생산 주체는 자본가가 아닌 대중이다.
④ 문화 산업에서 문화의 가치를 평가할 때 경제적 관점은 배제된다.
⑤ 문화 산업에서 생산된 상품에는 대중의 진정한 욕구가 반영되어 있다.

5. (가)의 갑, 을 사상가들의 입장을 (나) 그림으로 표현할 때, A~C에 해당하는 적절한 진술만을 <보기>에서 고른 것은? [3점]

(가)	갑: 사형보다 종신 노역형은 범죄를 의도하는 자를 제지하는 데에 충분한 정도의 엄격성을 지닌 형벌이다. 필요 이상의 가혹한 형벌은 사회적 합의에 반한다. 을: 살인자에 대한 판결은 그가 더 이상 국가의 일원이 아니라는 것에 대한 선언이다. 살인자는 계약 위반자로서 추방당하거나 죽음을 통해 제거되어야 한다.
(나)	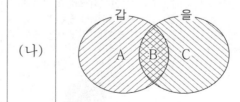

< 범 례 >
A: 갑만의 입장
B: 갑과 을의 공통 입장
C: 을만의 입장

< 보 기 >
ㄱ. A: 사형은 사회 계약의 목적에 부합하지 않는 형벌이다.
ㄴ. B: 국가의 형벌 집행권은 시민의 동의에 근거하여 성립된다.
ㄷ. B: 형벌의 경중은 범죄를 저지른 의도에 따라 결정되어야 한다.
ㄹ. C: 살인자는 공공의 적이 아닌 도덕적 인격으로서 처벌되어야 한다.

① ㄱ, ㄴ   ② ㄱ, ㄷ   ③ ㄴ, ㄷ   ④ ㄴ, ㄹ   ⑤ ㄷ, ㄹ

6. 다음 신문 칼럼의 입장에서 지지할 내용으로 가장 적절한 것은?

○○신문   ○○○○년 ○○월 ○○일

칼 럼

  과학 기술자의 책임 문제는 고객을 어떻게 규정하느냐에 달려 있다. 고객이란 노동자에게 노동에 대한 대가를 지급하고, 그 노동에 의해 영향을 받는 사람을 의미한다. 일반적으로는 자신을 직접 고용한 사람만이 고객이 되지만, 과학 기술자는 고용주뿐만 아니라 일반 대중도 고객으로 규정해야 한다. 그 이유는 먼저 상당수의 연구가 세금에 의해 직·간접적으로 추진되므로 일반 대중이 과학 기술자에게 노동에 대한 대가를 지급한다고 볼 수 있기 때문이다. 또한 과학 기술자의 연구는 공공성이 지대하여 고용주는 물론 일반 대중에게까지 영향을 미치기 때문이다. 그러므로 과학 기술자에게는 자신의 연구 결과가 고용주뿐만 아니라 일반 대중에게까지 미칠 부정적 영향은 없는지 검토해야 할 책임이 있다.

① 과학 기술자는 공익보다 자신의 사적 이익을 우선해야 한다.
② 과학 기술자의 연구 결과는 윤리적 평가로부터 자유로워야 한다.
③ 과학 기술자는 연구 결과가 고용주에게 미칠 영향을 배제해야 한다.
④ 과학 기술자는 자신을 직접 고용한 사람만을 고객으로 여겨야 한다.
⑤ 과학 기술자는 연구 결과로 인한 사회적 파급 효과를 숙고해야 한다.

7. 갑, 을 사상가들의 입장으로 가장 적절한 것은?

> 갑: 죄가 없는 사람을 죽이는 것은 인(仁)이 아니며, 자신의 것이 아닌 것을 취하는 것은 의(義)가 아니다. 인에 머물고 의를 따른다면 대인(大人)으로서 할 일이 갖추어진 것이다.
> 을: 천지가 장구(長久)할 수 있는 까닭은 억지로 그 자신을 살리려고 하지 않기 때문이다. 성인(聖人)은 무위(無爲)의 이치를 본받아 자기를 내세우지 않기에 오히려 앞서게 된다.

① 갑: 예법[禮]이 아닌 형벌로 백성을 다스려야 한다.
② 갑: 이로운 것[利]이 곧 의로운 것[義]임을 알아야 한다.
③ 을: 도(道)에 따라 매사에 겸허(謙虛)하게 행동해야 한다.
④ 을: 시비선악(是非善惡)을 엄격히 분별하는 삶을 살아야 한다.
⑤ 갑과 을: 이상적 인간은 인륜(人倫)의 규범에서 벗어나야 한다.

8. 갑, 을의 입장으로 적절하지 <u>않은</u> 것은?

 인간 배아는 고통을 느끼지 못하는 단순한 세포 덩어리에 불과하므로 도덕적 지위를 가질 수 없습니다. 따라서 인간 배아를 활용하여 난치병 치료 연구가 진행될 수 있도록 인간 배아 복제를 허용해야 합니다.

 인간 배아는 고통을 느끼지 못하지만, 잠재적 인간이므로 도덕적 지위를 가집니다. 따라서 인간 배아를 활용한 난치병 치료 연구가 사회적 행복을 증진하더라도, 인간 배아 복제를 결코 허용해서는 안 됩니다.

갑   을

① 갑: 인간 배아는 인간을 위한 수단으로 사용될 수 있다.
② 갑: 인간 배아는 잠재적 인간이므로 도덕적 지위를 가진다.
③ 을: 인간 배아를 단순한 세포 덩어리로 간주해서는 안 된다.
④ 을: 사회적 유용성을 근거로 인간 배아 복제를 허용해서는 안 된다.
⑤ 갑과 을: 인간 배아 복제는 난치병 치료 연구를 가능하게 한다.

9. 갑, 을 사상가들의 입장으로 가장 적절한 것은? [3점]

> 갑: 무지의 베일은 원초적 입장에서 합의의 당사자들이 인간 사회에 대한 일반적 사실을 제외한 특정 사실을 모르게 만든다. 원초적 입장에서 채택되는 정의의 두 원칙에 따라 권리와 의무가 할당되고 사회적 이득이 분배되어야 한다.
> 을: 무지의 베일하에서는 분배적 정의에 관한 소유 권리적 개념이 산출될 수 없다. 한 분배가 정의로울 충분 조건은 그 분배하에서 모든 사람들이 취득과 이전에서의 정의의 원리에 의해 자신들이 소유하고 있는 것에 대한 소유 권리를 소유함이다.

① 갑: 차등의 원칙에 따른 분배는 모두에게 이익이 되지 않는다.
② 갑: 원초적 입장의 당사자는 자신과 타인의 이익에 무관심하다.
③ 을: 역사적이고 정형적인 원리에 따른 분배의 결과는 정의롭다.
④ 을: 과거의 상황은 사물에 대한 응분의 자격을 만드는 요인이다.
⑤ 갑과 을: 무지의 베일을 통해서만 정의로운 분배 원리가 산출된다.

10. (가)의 사상가 갑, 을, 병의 입장을 (나) 그림으로 탐구하고자 할 때, A ~ D에 들어갈 적절한 질문만을 <보기>에서 고른 것은? [3점]

> (가)
> 갑: 늙은 말이 오랫동안 수행한 봉사에 대한 감사마저도 간접적으로는 인간의 의무에 속한다. 동물에 관련한 감사의 정은 직접적으로 볼 때는 언제나 인간의 자기 자신에 대한 의무일 따름이다.
> 을: 기계는 목표 지향적 활동을 보이지만 독립적 존재로서 고유의 선을 지니지 않는다. 그러나 생명체는 고유의 선을 지니며, 우주의 다른 어떤 것과도 독립적으로 그들 자체가 목표 지향적 활동의 중심이다.
> 병: 동물도 고통의 상황에서 혈압이 오르고 동공이 팽창하는 등 인간의 신경계와 유사한 반응을 일으킨다. 이익 평등 고려의 원칙에 따라 동물이 느끼는 고통을 인간이 느끼는 고통과 동등하게 고려해야 한다.

(나)
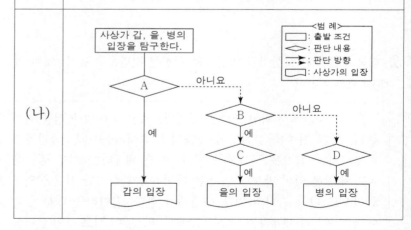

────< 보 기 >────
ㄱ. A: 비이성적 개체를 해치는 행위가 정당화되는 경우가 있는가?
ㄴ. B: 쾌고 감수 능력이 없는 생명체도 도덕적 지위를 가지는가?
ㄷ. C: 목표 지향적 활동의 여부는 도덕적 고려의 유일한 기준인가?
ㄹ. D: 유정적 존재의 특성에 따라 도덕적 배려의 방법은 달라질 수 있는가?

① ㄱ, ㄴ   ② ㄱ, ㄷ   ③ ㄴ, ㄷ   ④ ㄴ, ㄹ   ⑤ ㄷ, ㄹ

11. 갑, 을 사상가들의 입장으로 적절한 것만을 <보기>에서 있는 대로 고른 것은? [3점]

> 갑: 백성은 안정된 생업[恒產]이 없으면 변함없는 마음[恒心]도 없다. 변함없는 마음이 없으면 방탕하게 된다. 현명한 군주는 백성의 생업을 마련해 줌으로써 백성은 흉년에 죽음을 면한다.
> 을: 선왕(先王)은 예의(禮義)를 제정해 백성의 분계(分界)를 정함으로써 그들의 원함을 충족해 주고 필요했던 것을 공급해 주었다. 현명한 군주는 공평한 정치로 백성을 바로잡는다.

〈 보 기 〉
ㄱ. 갑: 통치자는 백성이 선한 마음을 발휘하도록 해야 한다.
ㄴ. 을: 사회적 직분은 백성의 선택에 의해 결정되어야 한다.
ㄷ. 을: 백성의 욕구는 예에 따라 제한적으로 충족되어야 한다.
ㄹ. 갑과 을: 통치자는 민생을 안정시키기 위해 노력해야 한다.

① ㄱ, ㄴ   ② ㄱ, ㄹ   ③ ㄴ, ㄷ
④ ㄱ, ㄷ, ㄹ   ⑤ ㄴ, ㄷ, ㄹ

12. (가), (나)의 입장으로 적절한 것만을 <보기>에서 고른 것은?

> (가) 인간이 본성적으로 이성적인 것처럼 국가도 이성적이다. 하지만 잘못된 제도 등으로 인해 국제 분쟁이 발생한다. 이를 해결하려면 국제법이나 국제 규범을 통한 제도 개선이 필요하다.
> (나) 인간이 본성적으로 이기적인 것처럼 국가도 이기적이다. 힘의 논리에 따르는 국가 간 권력 투쟁으로 인해 국제 분쟁이 발생한다. 이를 해결하려면 국가 간 세력 균형이 필요하다.

〈 보 기 〉
ㄱ. (가): 국제 분쟁의 해결 주체는 개별 국가에 한정되어야 한다.
ㄴ. (나): 다른 국가는 자국의 이익을 위협하는 잠재적 요소이다.
ㄷ. (가)와 (나): 국제 분쟁을 억지하기 위한 해결 방안은 존재한다.
ㄹ. (가)와 (나): 국제 분쟁은 제도적 결함보다 인간의 본성에서 유래한다.

① ㄱ, ㄴ   ② ㄱ, ㄷ   ③ ㄴ, ㄷ   ④ ㄴ, ㄹ   ⑤ ㄷ, ㄹ

13. 다음을 주장한 사상가의 입장으로 가장 적절한 것은? [3점]

> 시민 불복종은 거의 정의로운 사회에서 공동체의 정의감에 호소하는 정치적 행위로서 정의로운 체제를 유지하고 강화하는 데 도움이 된다. 그러나 똑같은 사정을 가진 많은 집단이 동일하게 시민 불복종을 행할 시 정의로운 체제의 효율성을 침해하게 될 극심한 무질서가 발생할 수 있다. 따라서 모든 사람들에게 불행한 결과를 가져오지 않기 위해 시민 불복종에 가담할 수 있는 범위에 한계가 있어야 한다.

① 시민 불복종의 목적은 부정의한 정치 체제를 변혁하는 것이다.
② 시민 불복종의 대상이 되는 법을 위반해야 할 의무는 절대적이다.
③ 시민 불복종을 시행하는 의도가 왜곡되는 상황이 초래될 수 있다.
④ 시민 불복종은 심각한 부정의가 있는 민주 사회에서 발생할 수 없다.
⑤ 시민 불복종은 다수가 믿는 종교적 교리를 근거로 이루어져야 한다.

14. 갑, 을 사상가들의 입장에서 <문제 상황> 속 A에게 제시할 조언으로 가장 적절한 것은?

> 갑: 의무는 인간의 실천 이성으로부터 도출된다. 어떤 행동이 진정한 도덕적 가치를 갖기 위해서는 아무런 경향성 없이, 오로지 의무로부터 비롯되어야 한다.
> 을: 도덕의 토대를 이성 위에 세우려는 시도는 실패할 것이다. 도덕적으로 행동하기 위해 인간은 덕을 발휘해야 한다. 덕은 삶의 서사적 통일성과 사회적 전통 내에서 획득될 수 있다.

<문제 상황>
고등학생 A는 인근에서 일어난 산불로 인해 많은 이재민이 발생했다는 뉴스를 보았다. 이에 A는 한정판 운동화 구매를 위해 모아 두었던 용돈을 도움이 절실한 이재민에게 기부할지 고민하고 있다.

① 갑: 쾌락 총량의 극대화 원칙을 토대로 기부 여부를 결정하세요.
② 갑: 이재민을 도와야 한다는 순수한 도덕적 동기에 따라 행동하세요.
③ 을: 공동체의 어려운 상황과 관계없이 보편적 도덕 원리를 따르세요.
④ 을: 기부 행위가 자신의 유덕한 품성 형성과 무관함을 명심하세요.
⑤ 갑과 을: 이성적 판단을 위해 이재민에 대한 동정심을 배제하세요.

15. (가)의 갑, 을 사상가들의 입장에서 서로에게 제기할 수 있는 비판을 (나) 그림으로 표현할 때, A, B에 해당하는 내용으로 가장 적절한 것은? [3점]

(가)	갑: 자연 상태는 전쟁 상태이므로 내 것과 네 것의 구별이 없다. 자연 상태에서 벗어나려면 우리가 지닌 모든 권력을 한 사람 혹은 하나의 합의체에 양도해야 한다. 을: 자연 상태에서는 공통된 재판관이 부재한다. 개인의 재산을 더욱 잘 보존하기 위해 각자는 자연법의 집행권을 포기하여 이것을 공동체의 수중에 양도해야 한다.
(나)	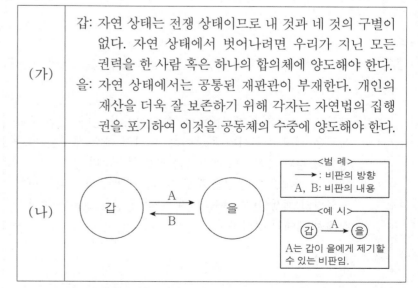

① A: 자연 상태에서는 공통의 권력이 존재하지 않음을 간과한다.
② A: 자연 상태에서 개인의 소유권이 존재하지 않음을 간과한다.
③ A: 시민의 안전 보장을 위해 국가 권력이 분립되어야 함을 간과한다.
④ B: 사회 계약에 참여한 당사자는 주권을 가질 수 없음을 간과한다.
⑤ B: 개인이 가진 모든 권리를 국가에 양도하는 것이 아님을 간과한다.

16. 그림의 강연자가 지지할 입장으로 적절한 것만을 <보기>에서 고른 것은? [3점]

> 유행은 일종의 모방이므로 변화 속에서도 지속적인 것을 강조하는 인간의 성향에 부합하며, 사회에 대한 의존 욕구를 충족시킵니다. 동시에 유행은 지속적인 것 안에서 변화를 찾으려는 인간의 성향에도 부합하며, 차별화 욕구를 만족시킵니다. 이러한 유행은 계층적으로 분화하는데, 언제나 상류층에서만 발생하며 하류층은 그 유행을 자신의 것으로 동화시키려고 합니다. 그리고 어떤 유행이 사회 전체를 지배하게 되면, 상류층은 그것을 버리고 대중과 자신을 구분하기 위한 새로운 유행을 추구합니다.

〈 보 기 〉
ㄱ. 어떤 계층이든 새로운 유행을 직접 창출할 수 있다.
ㄴ. 상류층에서 시작된 유행은 사회 전체로 확산될 수 없다.
ㄷ. 인간은 모방하려는 성향과 변화를 찾으려는 성향을 함께 지닌다.
ㄹ. 상류층은 유행을 통해 다른 계층과의 차별성을 드러내려고 한다.

① ㄱ, ㄴ 　　② ㄱ, ㄷ 　　③ ㄴ, ㄷ 　　④ ㄴ, ㄹ 　　⑤ ㄷ, ㄹ

17. 갑, 을 사상가들의 입장으로 가장 적절한 것은? [3점]

> 갑: 우리는 고통받는 사회가 질서 정연한 국제 사회의 구성원이 되도록 도와야 한다. 고통받는 사회의 정치적 부정의를 교정하기 위해서는 인권에 대한 강조가 필요하다.
> 을: 우리는 공리의 원리에 따라 절대 빈곤에 처한 사람을 도와야 한다. 단, 우리가 막으려는 절대 빈곤에 상당하는 도덕적으로 중요한 다른 일을 희생해서는 안 된다.

① 갑: 원조 주체는 원조 대상국에게 인권의 존중을 요구할 수 있다.
② 갑: 인권이 보장되지 않는 모든 국가는 원조의 대상이 되어야 한다.
③ 을: 원조 여부를 결정할 때 원조 주체의 이익을 고려해서는 안 된다.
④ 을: 원조의 우선순위는 원조 주체와의 인종적 친화성에 달려 있다.
⑤ 갑과 을: 고통받는 사람들의 복지 향상이 원조의 직접적 목표이다.

18. (가)의 입장에 비해 (나)의 입장이 갖는 상대적 특징을 그림의 ㉠~㉤ 중에서 고른 것은?

> (가) 쾌락 그 자체를 위한 성(性)은 부도덕하지 않다. 성의 주된 목적은 쾌락 추구이기 때문이다. 따라서 쾌락 추구를 위한 성을 결혼과 출산으로 제약하는 것은 부당하다.
> (나) 쾌락 그 자체를 위한 성은 부도덕하다. 성의 주된 목적은 사회 구성원의 재생산이기 때문이다. 따라서 성은 결혼과 출산이 전제될 때에만 정당하다.

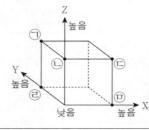

- X: 성의 쾌락적 가치를 강조하는 정도
- Y: 종족 보존이 성의 목적임을 강조하는 정도
- Z: 혼전(婚前) 성이 정당함을 강조하는 정도

① ㉠ 　　② ㉡ 　　③ ㉢ 　　④ ㉣ 　　⑤ ㉤

19. 갑, 을 사상가들의 입장으로 적절한 것만을 <보기>에서 있는 대로 고른 것은? [3점]

> 갑: 성인(聖人)은 모두가 그대로 존재하는 곳에서 자유롭게 노닌다[逍遙遊]. 그러므로 성인은 일찍 죽어도 좋고, 늙어 죽어도 좋고, 태어나도 좋고, 죽어도 좋다고 생각한다.
> 을: 죽음은 우리에게 아무것도 아니다. 해체된 것은 감각이 없고, 감각이 없는 것은 아무것도 아니기 때문이다. 이를 깨닫게 될 때, 불멸에 대한 갈망이 제거되어 즐거운 삶을 살 수 있다.

〈 보 기 〉
ㄱ. 갑: 삶은 좋아함으로 죽음은 싫어함으로 분별된다.
ㄴ. 을: 죽음 이후에 소멸하는 것은 영혼이 아닌 육체이다.
ㄷ. 을: 죽을 것을 예상하여 미리 고통스러워할 필요는 없다.
ㄹ. 갑과 을: 죽음을 올바르게 인식하면 불멸에 대한 욕구에 얽매이지 않게 된다.

① ㄱ, ㄴ 　　　② ㄱ, ㄷ 　　　③ ㄷ, ㄹ
④ ㄱ, ㄴ, ㄹ 　　　⑤ ㄴ, ㄷ, ㄹ

20. 다음 토론의 핵심 쟁점으로 가장 적절한 것은?

> 갑: 최근 1분 내외의 짧은 영상을 일컫는 숏폼 콘텐츠가 유행하고 있습니다. 그런데 일부 숏폼 콘텐츠는 청소년들에게 유해하여 사회적인 문제가 되고 있습니다.
> 을: 동의합니다. 이러한 문제를 해결하기 위해서는 유해한 숏폼 콘텐츠 제작자에 대한 벌금 부과나 영상 제작 제한 등의 법적 규제가 이루어져야 합니다.
> 갑: 아닙니다. 법적 규제는 다양한 숏폼 콘텐츠 제작을 위축시키므로 시행하면 안 됩니다. 숏폼 콘텐츠의 유해성 문제는 제작자의 양심에 따라 자율적으로 규제되어야 합니다.
> 을: 자율적 규제만으로는 강제력이 없어서 실효성이 약합니다. 다양한 숏폼 콘텐츠 제작이 위축될 수 있겠지만, 효과적인 문제 해결을 위해서는 법적 규제도 반드시 병행되어야 합니다.

① 유해한 숏폼 콘텐츠는 자율적 규제의 대상인가?
② 모든 숏폼 콘텐츠는 청소년들에게 해를 끼치는가?
③ 숏폼 콘텐츠의 유해성 문제에 대한 자율적 규제는 실효성이 있는가?
④ 영상 제작의 법적 제한은 숏폼 콘텐츠 제작을 위축시킬 수 있는가?
⑤ 유해한 숏폼 콘텐츠 제작자에 대한 법적 규제를 시행해야 하는가?

※ 확인 사항

○ 답안지의 해당란에 필요한 내용을 정확히 기입(표기)했는지 확인하시오.

09회

1. ㉠에 들어갈 진술로 가장 적절한 것은?

> 윤리학은 도덕적인 논의에 사용되는 도덕적 언어의 의미를 분석하고, 도덕적 추론의 타당성을 검증하는 데 주력해야 한다. 그런데 어떤 윤리학자는 윤리학이 실제 삶에서 제기되는 도덕 문제의 해결을 위해 도덕 원리를 응용하여 구체적인 행위의 지침을 제공하는 데 주력해야 한다고 주장한다. 내가 보기에 이러한 주장은 윤리학이 [㉠]고 생각한다.

① 진화의 측면에서 도덕성을 설명하는 데 주력해야 함을 간과한다
② 도덕 현상의 객관적인 서술을 주된 과제로 삼아야 함을 간과한다
③ 현실에 적용할 수 있는 실천적 도덕규범을 연구해야 함을 간과한다
④ 도덕적 행위를 위한 보편적인 도덕 원리를 제시해야 함을 간과한다
⑤ 도덕 명제에 대한 분석적 접근을 핵심 과제로 삼아야 함을 간과한다

2. 갑, 을의 입장으로 가장 적절한 것은?

> 갑: 성(性)은 본질적으로 즐거움 그 자체를 추구하는 것이다. 성은 자발적 동의를 바탕으로 해악 금지의 원칙을 준수하는 한에서 이루어지는 즐거운 경험이다.
> 을: 성의 자연적 목적은 출산이다. 사랑하는 남녀가 결혼이라는 사회적 제도의 승인을 거쳐서 출산을 의도하여 행하는 성만이 도덕적으로 정당하다.

① 갑: 성의 쾌락적인 욕구보다 생식적인 욕구가 중시되어야 한다.
② 갑: 성은 어떠한 도덕적 제약 없이 자유 의지에 따라 행해져야 한다.
③ 을: 사랑을 확인하기 위한 남녀 사이의 성은 언제나 도덕적이다.
④ 을: 혼전 성은 출산이 전제되더라도 도덕적으로 정당화될 수 없다.
⑤ 갑과 을: 서로 사랑하는 것은 성이 도덕적이기 위한 필수 조건이다.

3. 다음을 주장한 사상가의 입장만을 <보기>에서 있는 대로 고른 것은? [3점]

> 시민 불복종은 헌법과 사회 제도 일반을 규제하는 정의의 원칙들에 의해 지도되는 행위이다. 시민 불복종의 근거는 개인이나 집단의 이익에만 기초할 수 없다. 그 대신 시민 불복종은 정치적인 질서의 바탕에 깔려 있는, 공유하고 있는 정의관에 의거하게 된다.

────< 보 기 >────
ㄱ. 시민 불복종은 다수자의 정의감에 호소하는 행위이다.
ㄴ. 시민 불복종은 그 자체로 입헌 체제를 위협하는 행위이다.
ㄷ. 헌법을 규제하는 원칙은 시민 불복종의 대상에서 제외된다.
ㄹ. 종교적 교설은 시민 불복종을 정당화하는 근거가 될 수 있다.

① ㄱ, ㄴ　　　② ㄱ, ㄷ　　　③ ㄴ, ㄹ
④ ㄱ, ㄷ, ㄹ　　　⑤ ㄴ, ㄷ, ㄹ

4. 다음 가상 대담의 사상가가 지지할 주장으로 적절하지 않은 것은?

① 윤리 문제를 해결하기 위해 의사소통의 합리성을 발휘해야 한다.
② 담론의 과정에서 상대방을 자신과 동등한 주체로 인정해야 한다.
③ 사실에 부합하는 내용을 진술하고 상대방을 기만하지 말아야 한다.
④ 논증적인 토론 과정에서 자신의 주장에 대한 근거를 제시해야 한다.
⑤ 합의를 위해 상대방이 거부할 수 있는 내용은 말하지 않아야 한다.

5. (가)의 갑, 을, 병 사상가들의 입장에서 서로에게 제기할 수 있는 비판을 (나) 그림으로 표현할 때, A ~ F에 해당하는 내용으로 가장 적절한 것은? [3점]

| (가) | 갑: 국가는 자연적이고, 개인에 앞선다. 각 개인은 국가 없이는 자신의 본성을 실현할 수 없다. 공동의 일을 함께 나눌 수 없는 자는 인간 이하의 존재이다.
을: 국가는 일반 의지의 지도에 따라 형성된다. 각자는 자신의 모든 힘을 국가에 양도하며, 국가는 완전한 공동의 힘으로 구성원의 신체와 재산을 보호한다.
병: 국가는 전쟁 상태인 자연 상태에서 벗어나기 위해 다수 간의 상호 계약을 통해 형성된다. 통치자는 공공의 평화와 안전 유지를 위해 절대적 권력을 지닌다. |

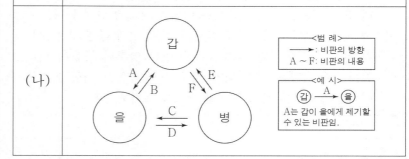

① A: 국가는 모든 구성원의 동의에 의해 형성된다는 점을 간과한다.
② B, E: 국가 안에서만 구성원들은 행복을 실현할 수 있음을 간과한다.
③ C: 자연 상태에서의 인간도 자기 보존의 욕구를 가짐을 간과한다.
④ D: 입법권은 통치자만이 아닌 모든 구성원에게 있음을 간과한다.
⑤ F: 국가 권위에 복종할 의무는 자연적으로 발생되지 않음을 간과한다.

6. 다음을 주장한 사상가가 긍정의 대답을 할 질문으로 적절한 것만을 <보기>에서 있는 대로 고른 것은? [3점]

> 탈은폐의 방식에 완전히 제압된 현대 기술은 자연에게 에너지를 내놓으라고 무리하게 닦달한다. 그리하여 자연은 현대 기술에 의해 쓸모 있는 부품으로 환원된다. 인간은 현대 기술로부터 자연에 숨겨져 있는 에너지를 채굴하여 변형시키고 저장하라는 도발적 요청을 받고 있으며, 그렇게 주문받는 대로 행동하여 현대 기술의 근원적인 부품으로 전락한다. 인간이 현대 기술의 종속에서 벗어나려면 기술에 대해 숙고해야 한다.

〈 보 기 〉
ㄱ. 인간은 현대 기술의 부품으로 환원될 수 있는가?
ㄴ. 인간은 현대 기술의 영향력으로부터 자유로운가?
ㄷ. 현대 기술은 인간이 성찰해야 할 가치판단의 대상인가?
ㄹ. 현대 기술은 에너지를 얻기 위해 자연을 은폐시키는가?

① ㄱ, ㄴ   ② ㄱ, ㄷ   ③ ㄴ, ㄹ
④ ㄱ, ㄷ, ㄹ   ⑤ ㄴ, ㄷ, ㄹ

7. 갑, 을 사상가들의 입장으로 가장 적절한 것은?

> 갑: 군자(君子)가 남들과 다른 까닭은 인(仁)과 예(禮)로써 타고난 선한 마음을 보존하기 때문이다. 이 마음을 기르는 방법으로 욕망을 적게 하는 것[寡欲]보다 더 좋은 것은 없다.
> 을: 가장 훌륭한 덕은 물과 같다[上善若水]. 물은 만물을 이롭게만 하지 다투지 않고, 주로 사람들이 싫어하는 곳에 처한다. 물과 같은 이런 덕(德)을 가진 사람을 성인(聖人)이라고 한다.

① 갑: 사단(四端)을 확충하여 본성을 변화시켜야 한다.
② 갑: 군자가 되기 위해서 사욕(私欲)을 극복해야 한다.
③ 을: 다수의 관점에 따라서 시비(是非)를 가려야 한다.
④ 을: 분별적 지식을 쌓아 부쟁(不爭)의 덕을 길러야 한다.
⑤ 갑과 을: 이상적 인간이 되려면 예법(禮法)을 익혀야 한다.

8. 갑, 을 사상가들의 공통된 입장만을 <보기>에서 고른 것은? [3점]

> 갑: 죽음은 중생들이 되풀이하며 받은 몸에 온기가 없어지고 오온(五蘊)이 흩어지는 것이다. 누구든 죽고 나면 나쁜 업(業)을 지은 존재는 지옥에 떨어지고 선을 행한 존재는 천상에 오르며 도(道)를 닦아 익힌 존재는 번뇌가 다해 열반에 든다.
> 을: 죽음은 우리에게 아무것도 아니다. 좋은 것과 나쁜 것은 모두 감각에 달려 있지만, 원자들로 구성된 영혼이 죽음에 의해 흩어지면 감각을 잃게 되기 때문이다. 죽음에 대한 올바른 인식은 우리에게 불멸에 대한 갈망을 제거해 준다.

〈 보 기 〉
ㄱ. 죽음이 영원히 오지 않기를 바라는 집착을 버려야 한다.
ㄴ. 죽음으로 인해 인간을 구성하고 있던 요소들이 해체된다.
ㄷ. 죽음은 경험 가능한 고통이므로 죽음을 두려워해야 한다.
ㄹ. 죽음 이후에 모든 존재가 다시 태어나는 것은 필연적 현상이다.

① ㄱ, ㄴ   ② ㄱ, ㄷ   ③ ㄴ, ㄷ   ④ ㄴ, ㄹ   ⑤ ㄷ, ㄹ

9. 갑, 을의 입장으로 적절한 것만을 <보기>에서 고른 것은?

> 합리적인 존재는 도덕적 지위를 지니므로 죽임을 당하지 않을 권리를 갖습니다. 그리고 잠재적으로 합리적인 존재를 실제적으로 합리적인 존재와 동등하게 대우해야 합니다. 태아는 잠재적으로 합리적인 존재이므로 인공 임신 중절은 허용될 수 없습니다.

> 실제적으로 합리적인 존재가 도덕적 지위를 지니므로 죽임을 당하지 않을 권리를 갖는다는 점에는 동의합니다. 하지만 잠재적으로 합리적인 존재를 실제적으로 합리적인 존재로 보아서는 안 됩니다. 태아는 잠재적으로 합리적인 존재에 불과하므로 인공 임신 중절은 허용될 수 있습니다.

 갑    을

〈 보 기 〉
ㄱ. 갑: 여성의 인공 임신 중절 권리는 태아의 생명권보다 우선한다.
ㄴ. 갑: 태아의 생명권과 성인의 생명권을 동등하게 고려해야 한다.
ㄷ. 을: 잠재적으로 합리적인 존재인 태아는 도덕적 지위를 지닌다.
ㄹ. 갑과 을: 도덕적 지위를 지닌 존재의 생명을 해쳐서는 안 된다.

① ㄱ, ㄴ   ② ㄱ, ㄷ   ③ ㄴ, ㄷ   ④ ㄴ, ㄹ   ⑤ ㄷ, ㄹ

10. (가)의 갑, 을, 병 사상가들의 입장을 (나) 그림으로 탐구하고자 할 때, A ~ D에 들어갈 적절한 질문만을 <보기>에서 있는 대로 고른 것은? [3점]

(가)	갑: 인간은 장기간 반복되는 지루함과 비참함을 이겨낼 만한 탄력성을 갖고 있지 않다. 그러므로 사형보다 종신 노역형이 구경꾼에게 더 큰 공포를 안겨 준다. 을: 사형을 당하는 자는 시민이 아니라 적으로서 죽는다. 그는 스스로 사회 계약을 파기했으므로 국가 구성원이 아니라는 사실이 소송과 재판으로 입증되고 선고된다. 병: 재판관의 사형 선고는 엄격한 보복법에 따라 내려진다. 살인을 했거나 그것을 명했거나 그에 협력했던 살인자는 누구든 사형에 처해지지 않으면 안 된다.
(나)	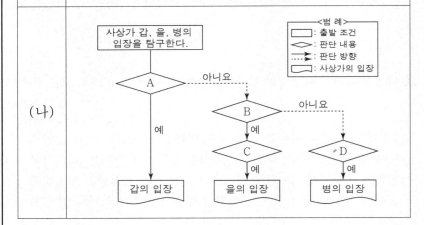

〈 보 기 〉
ㄱ. A: 국가가 사형제를 채택하는 것은 공적 정의에 부합하는가?
ㄴ. B: 사형은 시민의 생명을 보존하는 수단로 행해져야 하는가?
ㄷ. C: 살인범은 국가에서 추방되거나 사형에 처해져야 하는가?
ㄹ. D: 살인을 직접 저지른 사람만이 사형 선고의 대상이 되는가?

① ㄱ, ㄴ   ② ㄱ, ㄹ   ③ ㄴ, ㄷ
④ ㄱ, ㄷ, ㄹ   ⑤ ㄴ, ㄷ, ㄹ

11. 그림의 강연자의 입장으로 적절하지 <u>않은</u> 것은?

> 승려가 '발우'라는 그릇에 음식을 담아 식사하는 행위를 '발우공양'이라고 하는데, 이는 단지 허기를 달래고 몸을 살리는 수단만은 아닙니다. '발우공양'에 참여하면 나이와 상관없이 같은 장소에서 같은 음식을 공평하게 나누어 먹고, 남기지 않아야 하기 때문에 환경까지 고려하게 됩니다. 그리고 해와 바람, 흙과 물 등 자연의 은혜와 수많은 사람의 노고 없이는 우리 입에 들어올 수 있는 음식은 아무것도 없다는 것을 깨닫게 됩니다. 또한 식사를 매개로 소유에 대한 탐욕을 버리는 연습도 하게 됩니다.

① 음식을 먹는 행위를 통해 평등함을 실천할 수 있다.
② 음식을 먹으며 생존에 대한 욕구를 충족할 수 있다.
③ 음식을 통해 만물이 상호 독립적이라는 것을 깨달을 수 있다.
④ 음식을 남기지 않는 행위를 함으로써 환경 오염을 줄일 수 있다.
⑤ 음식을 먹는 행위로 소유에 대한 집착을 버리는 수행을 할 수 있다.

12. 갑, 을 사상가들의 입장으로 적절하지 <u>않은</u> 것은? [3점]

> 갑: 재산 소유 민주주의가 실현된 국가는 부(富) 및 자본 소유의 분산을 시도한다. 이것은 원초적 입장에서 채택된 정의의 두 원칙을 배경으로 이루어진다.
> 을: 최소 국가는 정당화될 수 있는 가장 포괄적인 국가이다. 이보다 더 포괄적인 국가는 개인들의 권리를 침해한다. 따라서 국가는 시민들에게 특정한 선(善)을 강요해서는 안 된다.

① 갑: 재능과 동기가 유사하다면 성공의 전망도 유사해야 한다.
② 갑: 원초적 입장의 당사자는 모두에게 이익이 되는 원칙에 합의한다.
③ 을: 부정의 교정을 위한 국가의 개입은 개인의 소유 권리를 침해한다.
④ 을: 사회에 유용한 정도를 기준으로 이루어지는 분배는 부정의하다.
⑤ 갑과 을: 국가는 재산에 대한 사적 소유권을 평등하게 보장해야 한다.

13. 다음을 주장한 사상가의 입장에만 모두 '√'를 표시한 학생은? [3점]

> 종교적 인간은 그가 처해 있는 역사적 맥락이 어떠하든지 간에 항상 이 세계를 초월한다. 동시에 이 세계 안에는 성스러운 것, 즉 절대적 실재가 있다고 항상 믿는다. 반면에 비종교적 인간은 자신만이 유일한 역사의 주체이며 행위자라고 간주하며, 초월적인 모든 것을 거부한다. 그럼에도 비종교적 인간의 대부분은 비록 의식하지는 못하더라도 여전히 종교적으로 행동하고 있다.

입장＼학생	갑	을	병	정	무
종교적 인간은 세계 그 자체를 성(聖)으로 간주한다.	√	√		√	
종교적 인간에게 어떤 사물은 성현(聖顯)이 될 수 있다.	√		√		√
비종교적 인간은 종교의 속박에서 벗어날 때 자유롭다고 믿는다.			√	√	√
비종교적 인간이라도 종교적 의례나 신화에 영향을 받을 수 있다.		√		√	√

① 갑　　② 을　　③ 병　　④ 정　　⑤ 무

14. 갑, 을 사상가들 모두가 긍정의 대답을 할 질문만을 <보기>에서 있는 대로 고른 것은?

> 갑: 성향상 장인(匠人)인 사람이 우쭐해져서 전사의 부류로 이행하려 들거나, 혹은 전사들 중의 어떤 이들이 그럴 자격도 없으면서, 숙의 결정하며 수호하는 부류로 이행하려 든다면 이들의 참견은 나라에 파멸을 가져다 준다.
> 을: 한 사람의 몸으로 여러 장인이 하는 일을 고루 갖추어 반드시 자신이 모든 물건을 스스로 만든 다음에야 이를 사용한다면, 이것은 천하의 사람들을 모두 길바닥으로 내앉게 만드는 일이다. 대인(大人)의 일이 있고 소인(小人)의 일이 있다.

> ─── < 보 기 > ───
> ㄱ. 나라가 올바르게 다스려지려면 통치자에게 덕이 요구되는가?
> ㄴ. 계층 간의 자유로운 역할 교환은 공동체 발전을 저해하는가?
> ㄷ. 장인의 재산 소유가 금지될 때 정치에서의 이상이 실현되는가?
> ㄹ. 사회적 직분은 개인의 능력과 선택을 존중해 정해져야 하는가?

① ㄱ, ㄴ　　② ㄱ, ㄷ　　③ ㄷ, ㄹ
④ ㄱ, ㄴ, ㄹ　　⑤ ㄴ, ㄷ, ㄹ

15. (가)의 갑, 을, 병 사상가들의 입장을 (나) 그림으로 표현할 때, A∼E에 해당하는 진술로 가장 적절한 것은? [3점]

(가)	갑: 무생물이나 동물에 대한 파괴는 인간의 의무와 대립한다. 그런 행위는 도덕성을 촉진하는 인간 안의 감정을 약화시키기 때문이다. 을: 인간은 고통과 즐거움을 느낄 수 있는 존재의 이익을 고려해야 한다. 타자의 이익을 고려할 때 감각이 유일하게 옹호 가능한 경계선이다. 병: 모든 생명체는 각각 자신의 방식으로 고유의 선을 추구하는 유일한 개체이다. 인간은 다른 생명체보다 본질적으로 우월하지 않다.
(나)	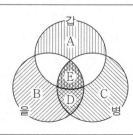 ＜범 례＞ A: 갑만의 입장 B: 을만의 입장 C: 병만의 입장 D: 을과 병만의 공통 입장 E: 갑, 을, 병의 공통 입장

① A: 인간은 인간에 대한 의무 외에 어떤 존재에 대한 의무도 가질 수 없다.
② B: 도덕적 행위 주체가 아닌 존재도 도덕적 지위를 지닐 수 있다.
③ C: 감각 능력이 없는 개체들은 도덕적으로 고려될 필요가 없다.
④ D: 인간을 위한 자원으로 동물을 활용하는 것은 금지되어야 한다.
⑤ E: 도덕적 고려의 대상이 아닌 존재는 어떠한 가치도 지닐 수 없다.

16. 다음 학급 게시 자료의 ㉠에 들어갈 내용으로 가장 적절한 것은?

학급 게시 자료   정보 윤리 교육

추천 알고리즘의 두 얼굴, 편리와 편향

최근 SNS나 동영상 플랫폼 등에서 추천 알고리즘이 널리 쓰이고 있다. 추천 알고리즘은 데이터에 근거해 개인의 성향을 반영한 정보를 위주로 다양한 정보들을 추천해 준다. 이러한 추천 알고리즘은 검색의 수고를 덜어 주고 생활에 편리를 더해 준다. 하지만 추천 알고리즘은 개인의 성향에 부합하는 정보를 주로 접하게 하여 정보 수용자를 편향된 정보 속에 갇히게 만들 수 있다. 따라서 정보 수용자가 편향된 정보 속에 갇히지 않기 위해서는 　　　　　　㉠　　　　　　

① 자신의 성향과 관련이 없는 정보를 배제해야 한다.
② 추천된 모든 정보가 객관적이라는 믿음을 가져야 한다.
③ 자신에게 편리를 주지 않는 정보를 전적으로 무시해야 한다.
④ 매체 이용을 금지하여 정보에 대한 접근 기회를 차단해야 한다.
⑤ 비판적 사고능력을 길러 다양한 정보를 올바르게 평가해야 한다.

17. 갑, 을 사상가들의 입장으로 가장 적절한 것은? [3점]

갑: 영구 평화를 위해 침략 전쟁의 유발 요인을 없애야 한다. 이성이 평화 상태를 직접적 의무로 만든다 해도 국가 간 계약 없이는 어떤 평화도 보장될 수 없으므로 평화 연맹이 필요하다.
을: 소극적 평화는 직접적 폭력이 없는 상태이며, 적극적 평화는 구조적·문화적 폭력까지 없는 상태이다. 우리는 모든 종류의 폭력을 비폭력적인 방법을 통해 예방하고 제거해야 한다.

① 갑: 상비군의 점진적인 확대는 영구 평화를 위해 필수적이다.
② 갑: 개별 국가가 평화 연맹에 소속되려면 주권을 포기해야 한다.
③ 을: 진정한 평화의 구축을 위해 폭력적인 수단도 허용되어야 한다.
④ 을: 의도적인 폭력을 제거해도 비의도적인 폭력이 존재할 수 있다.
⑤ 갑과 을: 모든 전쟁이 종식되는 순간부터 진정한 평화가 보장된다.

18. 갑, 을 사상가들의 입장으로 적절한 것만을 <보기>에서 고른 것은? [3점]

갑: 질서 정연한 만민은 고통받는 사회들을 원조해야 한다. 만민법의 사회에서 원조의 의무는 고통받는 사회들이 자유적이거나 또는 적정 수준의 기본 제도들을 가질 때까지 유효하다.
을: 우리는 절대 빈곤에 빠져 있는 사람들을 원조해야 한다. 공리의 관점에서 우리의 자원을 가장 효과적일 수 있는 곳에 제공함으로써 보다 많은 빈민들을 도와야 한다.

〈 보 기 〉

ㄱ. 갑: 인권 침해가 심각한 모든 국가는 원조의 대상이 된다.
ㄴ. 갑: 원조의 차단점을 설정하여 원조 대상국의 정치적 자율성을 보장해야 한다.
ㄷ. 을: 원조가 산출할 결과를 고려하여 원조의 대상을 정해야 한다.
ㄹ. 갑과 을: 원조는 국가 간 부의 차이를 줄이기 위해 행해지는 윤리적 의무이다.

① ㄱ, ㄴ   ② ㄱ, ㄷ   ③ ㄴ, ㄷ   ④ ㄴ, ㄹ   ⑤ ㄷ, ㄹ

19. 다음 토론의 핵심 쟁점으로 가장 적절한 것은?

갑: 예술은 아름다움을 표현하고 창조하는 인간의 활동과 그 산물을 의미합니다. 예술가와 감상자는 예술 작품을 매개로 정서적으로 교류할 수 있습니다.
을: 맞습니다. 이러한 교류의 과정에서 감상자는 예술에 영향을 받습니다. 따라서 예술이 감상자의 성품에 선한 영향을 미치려면 윤리에 의해 평가되어야 합니다.
갑: 아닙니다. 예술이 윤리에 의해 평가되면 예술가의 자율성과 독창성이 침해받을 것입니다. 예술은 예술가의 자율성과 독창성을 바탕으로 예술 본연의 아름다움을 추구해야 합니다.
을: 그렇지 않습니다. 예술가의 자율성과 독창성도 중요하지만, 윤리로 예술을 평가하지 않는다면 인간의 도덕적 성숙을 방해하는 예술 작품이 양산될 수 있습니다.

① 예술은 미적 가치를 표현하고 형상화한 것인가?
② 예술은 윤리적인 평가로부터 자유로워야 하는가?
③ 예술은 감상자에게 정서적 영향을 미치지 못하는가?
④ 예술은 예술가와 감상자를 연결할 수 있는 매개체인가?
⑤ 예술은 예술가의 자율성과 독창성으로부터 창조되는가?

20. 다음을 주장한 사상가의 입장에서 <문제 상황> 속 A에게 제시할 조언으로 가장 적절한 것은?

공동체의 이익이란 공동체를 구성하는 여러 구성원들의 이익의 총합이다. 어떤 행위가 공동체의 행복을 증가시키는 경향이 감소시키는 경향보다 더 클 경우, 그 행위는 공리의 원리에 일치한다. 공리의 원리에 일치하는 행위는 항상 우리가 해야 할 행위이다.

〈 문제 상황 〉

① 고통받는 환자의 행복만을 실현할 수 있는 법안인지 고려하세요.
② 법안이 누구나 파악할 수 있는 자연법에 부합되는지 고려하세요.
③ 공동체 내에 유덕한 시민이 법안을 수용할 수 있을지 고려하세요.
④ 법안이 사회 구성원들의 행복의 총량을 최대화하는지 고려하세요.
⑤ 고통받는 환자의 인격을 목적으로 대우하는 법안인지 고려하세요.

※ 확인 사항

○ 답안지의 해당란에 필요한 내용을 정확히 기입(표기)했는지 확인하시오.

1. ㉠에 들어갈 진술로 가장 적절한 것은?

> 나는 윤리학이 도덕 판단의 기준과 도덕적 행위의 이론적 근거를 탐구하고 도덕규범의 체계를 합리적으로 제시하는 학문이어야 한다고 생각한다. 그런데 일부 윤리학자들은 도덕적 언어의 의미를 탐구하고 도덕적 추론의 타당성을 입증하는 것을 윤리학의 본질이라고 주장한다. 내가 보기에 이러한 주장은 윤리학이 ┌─────── ㉠ ───────┐는 점을 간과하고 있다.

① 도덕 판단의 논리적인 구조를 분석하는 데 주력해야 한다
② 도덕적 명제의 진위에 대한 검증 가능성을 탐구해야 한다
③ 선악 판단의 지침이 될 수 있는 도덕 원리를 정립해야 한다
④ 도덕적 관습에 대한 인과적 서술을 핵심 목표로 삼아야 한다
⑤ 도덕규범을 가치 판단이 배제된 경험적 사실로 간주해야 한다

2. 다음을 주장한 사상가의 입장으로 가장 적절한 것은? [3점]

> 인간이 상대방의 성(性)을 향유하기 위해 자신을 내어 주는 행위는 자신을 사물로 만드는 것이지만, 오직 혼인이라는 조건 하에서 남녀는 서로의 인격성을 상실하지 않고 성을 향유할 수 있다. 혼인은 출산을 위한 것만은 아니며, 남녀가 쾌락을 전제로 성을 향유하고자 하더라도 반드시 혼인해야 한다.

① 사랑이 전제된 혼인 전의 성관계는 도덕적으로 정당하다.
② 부부 사이라도 성관계를 통해 쾌락을 추구해서는 안 된다.
③ 인격성을 훼손하지 않는 성관계는 부부 사이에서만 가능하다.
④ 성관계를 통한 생식적 가치의 추구는 혼인의 유일한 목적이다.
⑤ 모든 성관계는 상대방을 대상화하므로 허용되어서는 안 된다.

3. 다음 신문 칼럼에서 강조하는 내용으로 가장 적절한 것은?

> ○○신문   □□□□년 △△월 △△일
>
> **칼 럼**
>
> 최근 비대면 서비스에 대한 수요가 확대되면서 3차원적 가상 공간인 메타버스(Metaverse)가 각광받고 있다. 메타버스는 기존의 SNS 및 블로그와 같은 온라인 생태계를 대체하며 많은 경제적 가치를 창출하고 있지만 이와 동시에 메타버스에서는 사이버 폭력, 사생활 침해와 같은 윤리적 문제도 발생하고 있다. 이를 해결하기 위해서는 제도적 장치도 필요하지만 무엇보다 이용자들이 양심과 도덕성에 따라 자신의 행위를 스스로 통제하는 것이 중요하다. 따라서 메타버스를 윤리적 공간으로 조성하기 위해 이용자들은 메타버스에서 자신의 행동을 성찰하고 책임감 있는 자세를 지녀야 한다.

① 메타버스를 통해 얻게 될 경제적 효용에만 초점을 맞춰야 한다.
② 메타버스에서는 현실과 달리 모든 개인 정보가 공개되어야 한다.
③ 메타버스의 등장은 기존 온라인 생태계에 영향을 미치지 않는다.
④ 메타버스에서 이용자들은 자신의 행위를 자율적으로 규제해야 한다.
⑤ 메타버스를 윤리적 공간으로 만들기 위한 정부의 개입은 불필요하다.

4. 그림은 갑, 을 사상가들의 가상 대화이다. 갑, 을의 입장으로 적절한 것만을 <보기>에서 있는 대로 고른 것은? [3점]

> 정치와 도덕의 영역은 분리되며, 외교 정책은 도덕 원리가 아닌 정치적 이해 관계에 기초해야 합니다. 국제 사회는 자국의 이익을 극대화하려는 국가들 간의 권력 투쟁이 일어나는 곳으로, 국제법의 지배란 비효율적 허구에 지나지 않습니다.

> 정치와 도덕은 합치되어야 하며, 이는 오직 전쟁을 멀리할 의도를 지닌 국가들의 연방 상태에서만 가능합니다. 국제법은 자유로운 국가들의 연방에 기초해 있어야만 하며, 영구 평화는 국가들 상호 간의 계약 없이는 구축될 수 없습니다.

갑   을

< 보 기 >

ㄱ. 갑: 외교 정책의 성패는 국익 증진 여부를 기준으로 판단된다.
ㄴ. 을: 영구 평화의 확립을 인류의 보편적 의무로 수용해야 한다.
ㄷ. 을: 국제 연맹은 주권적 권력을 지닌 세계 정부로 기능해야 한다.
ㄹ. 갑, 을: 국가 간 세력 균형을 통해 영구 평화를 실현해야 한다.

① ㄱ, ㄴ   ② ㄴ, ㄹ   ③ ㄷ, ㄹ
④ ㄱ, ㄴ, ㄷ   ⑤ ㄱ, ㄷ, ㄹ

5. 다음을 주장한 사상가의 입장에서 <사례> 속 A에게 해 줄 수 있는 조언으로 가장 적절한 것은?

> 도(道)의 입장에서 보면 사물에는 귀천(貴賤)의 구별이 없다. 그러나 세속적인 입장에서 보면 귀천의 구별은 자기가 아니라 남에 의해 정해진다. 귀천을 구별해야겠다는 생각에 구속되지 말아야 하며, 만약 구속된다면 도에 크게 어긋나고 말 것이다.

< 사 례 >

> 취업을 준비하는 A는 면접에서 여러 번 떨어지게 되었다. 취업하는 데 외모도 중요하다는 생각이 들어 A는 성형 수술을 해야 할지 말아야 할지 고민하고 있다.

① 다수의 사람들이 생각하는 미(美)의 기준에 따라 살아가세요.
② 연기(緣起)의 깨달음을 통해 외모에 대한 집착에서 벗어나세요.
③ 외모를 가꾸기보다 인의(仁義)의 덕을 갖추기 위해 노력하세요.
④ 외모의 우열을 가리는 것이 자연의 순리에 부합함을 명심하세요.
⑤ 미에 대한 선입견에서 벗어나 자신의 모습 그대로를 인정하세요.

6. (가)의 갑, 을, 병 사상가들의 입장에서 서로에게 제기할 수 있는 비판을 (나) 그림으로 표현할 때, A~F에 해당하는 내용으로 가장 적절한 것은? [3점]

(가)	갑: 형벌의 법칙은 하나의 정언 명령이며, 오직 보복법만이 형벌의 질과 양을 명확하게 제시할 수 있다. 살인을 저지른 사람은 누구든 사형에 처해져야 한다. 을: 형벌은 타인들의 범죄를 억제시키기에 충분한 정도의 강도만을 가져야 한다. 사형을 대체한 종신 노역형은 가장 완강한 자의 마음을 억제시키기에 충분하다. 병: 형벌은 그 자체로 악이다. 그러나 형벌은 공리의 원리에 의해 정당화될 수 있으며, 형벌의 가치를 평가할 때에는 확실성, 근접성 등의 측면을 고려해야 한다.
(나)	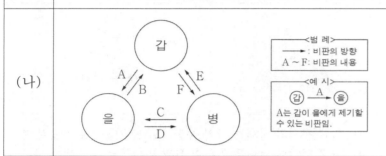

① A: 형벌은 응보가 아닌 다른 선을 촉진하는 수단임을 간과한다.
② B, E: 인간은 자신의 생명권을 국가에게 양도할 수 있음을 간과한다.
③ C: 범죄 억제력은 형벌의 강도보다 지속성에서 발생함을 간과한다.
④ D: 형벌의 크기는 범죄로 이끄는 유혹에 비례해야 함을 간과한다.
⑤ F: 모든 위법 행위자에 대하여 형벌이 부과되어야 함을 간과한다.

7. 다음 토론의 핵심 쟁점으로 가장 적절한 것은?

> 갑: 유전자 편집 기술의 발달로 인간 배아 유전자 편집이 가능해졌습니다. 치료 목적의 인간 배아 유전자 편집을 통해 유전 질환을 치료하여 인류의 행복을 증진해야 합니다.
> 을: 동의합니다. 다만 치료가 아닌 강화 목적의 인간 배아 유전자 편집은 미래 세대에게 부모가 원하는 유전 형질에 따라 살도록 강요하는 것이므로 이를 금지해야 합니다.
> 갑: 아닙니다. 미래 세대는 살아가는 동안 강화된 유전 형질로 인해 더 많은 선택의 기회를 얻게 될 것입니다. 이를 통해 미래 세대는 자신의 능력을 발휘하여 풍요로운 삶을 살 것입니다.
> 을: 강화된 유전 형질로 미래 세대가 풍요로운 삶을 살 수 있을지라도 이러한 삶은 부모에 의해 계획된 삶일 뿐입니다. 이는 미래 세대가 자신의 삶을 온전히 계획하고 결정할 수 있는 자율성을 침해하므로 옳지 않습니다.

① 인간 배아 유전자 편집은 유전 형질의 변화를 초래하는가?
② 강화 목적의 인간 배아 유전자 편집은 허용되어야 하는가?
③ 유전자 편집 기술을 활용하여 유전 질환을 치료할 수 있는가?
④ 인간 배아 유전자 편집은 어떤 경우에도 정당화될 수 없는가?
⑤ 인류의 행복을 증진하는 인간 배아 유전자 편집이 존재하는가?

8. 갑, 을 사상가들의 입장으로 가장 적절한 것은? [3점]

> 갑: 원조의 목적은 고통받는 사회가 정치 문화를 변경하여 질서 정연한 사회가 되도록 하는 것이다. 한 사회가 질서 정연한 사회가 되기 위한 결정적 요소는 그 사회의 자원 수준이 아닌 정치 문화이다.
> 을: 원조의 목적은 민족, 국가, 인종을 초월하여 기아에 허덕이는 사람들의 고통을 줄여 주는 것이다. 중요한 다른 일을 희생시키지 않고 절대 빈곤을 감소시킬 수 있다면 우리는 절대 빈곤에 처해 있는 사람들을 도울 의무가 있다.

① 갑: 원조 대상국의 인권 개선을 위한 강제력의 사용은 정의롭다.
② 갑: 천연자원이 부족한 빈곤국이라도 원조 대상에서 제외될 수 있다.
③ 을: 원조는 원조 결과와 무관하게 실천해야 할 윤리적 의무이다.
④ 을: 지리적 근접성을 우선적으로 고려해 원조 대상을 결정해야 한다.
⑤ 갑, 을: 원조를 통해 모든 국가의 복지 수준을 일치시켜야 한다.

9. 다음을 주장한 사상가의 입장으로 적절한 것만을 <보기>에서 고른 것은?

> 이상적 담화 상황은 담론장에 외적인 우연적 요소들이 개입되거나 담론 참여자가 어떤 유형의 강요도 받지 않으며 자유롭고 평등한 담론이 이루어지는 상황을 말한다. 이러한 담화 상황을 위해서는 출입의 공공성, 평등한 권한, 표현 행위의 진실성, 입장 표명의 비강제성 등이 보장되어야 한다. 또한 담론 참여자는 오직 보다 나은 논증을 통해서만 자신의 입장을 결정해야 한다.

─〈 보 기 〉─
ㄱ. 담론 참여자 중 대다수가 동의한 규범이 타당성을 지닌다.
ㄴ. 담론 주제에 대한 전문가가 아니라도 담론에 참여할 수 있다.
ㄷ. 담론 참여자는 자신의 이익이나 욕구를 표현해서는 안 된다.
ㄹ. 담론 과정에서 타인의 주장에 대해 자유로운 비판이 가능하다.

① ㄱ, ㄴ　② ㄱ, ㄷ　③ ㄴ, ㄷ　④ ㄴ, ㄹ　⑤ ㄷ, ㄹ

10. 갑, 을 사상가들의 입장으로 적절한 것만을 <보기>에서 고른 것은? [3점]

> 갑: 기술의 본질은 기술적인 어떤 것이 아니다. 기술을 중립적인 것으로 보는 사고는 우리를 기술의 본질에 대해 맹목적이게 만들고, 이 경우 우리는 무방비 상태로 기술에 내맡겨진다.
> 을: 기술은 수단으로 그 자체는 선도 악도 아니다. 기술은 일종의 공허한 힘이며, 중요한 것은 인간이 기술을 어떻게 활용하고 기술을 통해 인간이 어떤 존재로 드러나는가이다.

─〈 보 기 〉─
ㄱ. 갑: 기술의 본질을 삶에 유용한 도구로만 규정해야 한다.
ㄴ. 갑: 기술의 가치 중립성을 강조할 때 인간은 기술에 종속된다.
ㄷ. 을: 기술 자체를 윤리적 평가의 대상으로 간주해야 한다.
ㄹ. 갑, 을: 기술의 활용이 가져올 영향을 반성적으로 검토해야 한다.

① ㄱ, ㄴ　② ㄱ, ㄷ　③ ㄴ, ㄷ　④ ㄴ, ㄹ　⑤ ㄷ, ㄹ

11. (가)의 갑, 을, 병 사상가들의 입장을 (나) 그림으로 표현할 때, A~D에 해당하는 적절한 진술만을 <보기>에서 있는 대로 고른 것은? [3점]

(가)	갑: 대지는 토양과 식물, 동물을 통해 흐르는 에너지가 솟아나는 샘이다. 대지 윤리는 인간과 대지 그리고 그 위에서 살아가는 동식물과의 관계를 다룬다. 을: 모든 유기체는 자신의 존재를 지키고 유지하는 지속적인 경향이 있으며 목표 지향적으로 활동한다는 의미에서 목적론적 삶의 중심이다. 병: 생명이 없는 아름다운 것을 파괴하는 것은 인간 자신에 대한 의무에 반한다. 왜냐하면 그것은 도덕성을 촉진하는 인간의 감정을 약화시키기 때문이다.
(나)	갑 A B　D C 을　병 <범 례> A: 갑만의 입장 B: 갑과 을만의 공통 입장 C: 을과 병만의 공통 입장 D: 갑, 을, 병의 공통 입장

< 보 기 >
ㄱ. A: 인간은 생명 공동체를 구성하는 하나의 요소이다.
ㄴ. B: 이성의 유무는 도덕적 지위를 결정하는 기준이 아니다.
ㄷ. C: 인간은 무생물과 관련해서는 의무를 지니지 않는다.
ㄹ. D: 도덕적으로 무능력한 존재라도 가치가 부여될 수 있다.

① ㄱ, ㄴ　　② ㄱ, ㄷ　　③ ㄴ, ㄹ
④ ㄱ, ㄷ, ㄹ　　⑤ ㄴ, ㄷ, ㄹ

12. (가)의 입장에 비해 (나)의 입장이 갖는 상대적 특징을 그림의 ㉠~㉤ 중에서 고른 것은?

(가) 다양한 문화의 존중은 사회 결속으로 이어진다. 소수 집단의 문화 존중을 위해서는 소수 집단에 차별화된 권리를 부여해 기존의 사회 집단과 소수 집단 간의 비대칭성을 해소하고 구성원 간 평등한 관계 형성 및 협력을 도모해야 한다.
(나) 단일한 문화의 형성은 사회 결속을 강화한다. 소수 집단의 문화 존중을 이유로 소수 집단에 차별화된 권리를 부여하는 정책은 사회 갈등을 유발한다. 따라서 소수 집단은 그들의 문화를 포기하고 기존 사회의 문화로 편입되어야 한다.

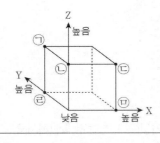

X: 소수 집단에 대한 우대 정책이 필요함을 강조하는 정도
Y: 소수 집단의 문화가 기존 사회의 문화로 동화되어야 함을 강조하는 정도
Z: 소수 집단의 문화를 존중하는 것이 사회 결속 강화에 기여함을 강조하는 정도

① ㉠　　② ㉡　　③ ㉢　　④ ㉣　　⑤ ㉤

13. 다음을 주장한 사상가의 입장에만 모두 '√'를 표시한 학생은? [3점]

인간은 자유롭고 평등한 존재이므로, 어떤 인간도 자신의 동의 없이 자연 상태를 떠나서 다른 사람의 정치권력에 복종할 수 없다. 어떤 사람이 자신의 자연법의 집행권을 포기하고 시민 사회의 구속을 받아들이는 유일한 방도는 재산을 안전하게 향유하고 공동체에 속하지 않는 자들로부터 더 많은 안전을 확보하기 위해 다른 사람들과 함께 공동체를 결성하기로 합의하는 것이다.

입장　　　　　　　　　　학생	갑	을	병	정	무
국가는 구성원의 자발적 동의에 기반해야 평화적으로 수립된다.	√			√	√
국가는 자연권의 일부를 양도받아 구성원 간의 분쟁을 조정해야 한다.		√		√	√
국가는 구성원의 생명과 재산을 자의적으로 처분할 수 있는 권력을 지닌다.		√	√	√	
국가는 외부인이 그 구성원에게 가한 침해를 처벌할 수 있는 권력을 가지고 있다.	√		√		√

① 갑　　② 을　　③ 병　　④ 정　　⑤ 무

14. 갑, 을 사상가들의 입장으로 가장 적절한 것은?

갑: 삶과 죽음의 번뇌에 머물러 있는 사람은 무명(無明)에 덮여 윤회하면서도 괴로움의 근거를 알지 못한다. 그러나 바른 지혜를 얻은 사람은 다시 태어나지 않을 것을 스스로 안다.
을: 기(氣)가 모이면 태어나고 기가 흩어지면 죽는다. 자연은 삶을 주어 우리를 수고롭게 만들고 죽음으로써 쉬게 하니, 자연의 변화에 순응하면 슬픔이나 즐거움이 끼어들 수 없다.

① 갑: 삶과 죽음에 대한 집착을 버리고 무명에 도달해야 한다.
② 갑: 고통 없는 삶으로 윤회하기 위해 만물의 실상을 자각해야 한다.
③ 을: 삶과 죽음은 분별할 수 없는 자연적 과정임을 깨달아야 한다.
④ 을: 기의 변화로 끊임없이 순환하는 삶과 죽음을 두려워해야 한다.
⑤ 갑, 을: 인간이라면 누구나 겪을 수밖에 없는 죽음을 애도해야 한다.

15. 갑, 을 사상가들의 입장으로 적절하지 <u>않은</u> 것은? [3점]

갑: 원초적 입장에서 무지의 베일을 쓴 당사자들이 합의한 정의의 원칙 중 차등의 원칙은 호혜성 관념을 포함한다. 개인 간의 차이, 재능의 다양성, 주어진 재능 성취 수준의 차이는 상호 이익을 위해 사용되어야 할 공동의 자산으로 간주해야 한다.
을: 현재의 모든 분배 상황이 취득, 이전의 정의 원리에 의해 생성된 것은 아니다. 만약 과거의 불의(不義)가 현재의 소유 상태를 여러 방식으로 형성했다면 우리는 소유물에서의 불의를 교정해야 한다.

① 갑: 자연적 재능의 불평등한 분포는 그 자체로 부정의하다.
② 갑: 소득의 불평등한 분배는 모든 사람에게 이익이 될 때 정당하다.
③ 을: 노동을 통해 획득한 소유물이라도 교정의 대상이 될 수 있다.
④ 을: 개인의 소유권 보호를 위한 국가의 개입은 정당화될 수 있다.
⑤ 갑, 을: 공정한 절차를 따름으로써 정의로운 분배가 실현될 수 있다.

16. 갑, 을 사상가들의 입장으로 가장 적절한 것은? [3점]

> 갑: 공리성의 원리는 자기 이익이 걸려 있는 당사자들의 행복을 증가시키거나 감소시키는 경향에 따라서 각각의 행위를 승인하거나 부인하는 원리이다. 이러한 각각의 행위란 개인의 모든 행위뿐만 아니라 정부의 모든 정책까지 포함한다.
> 을: 도덕 법칙은 가장 완전한 존재자의 의지에 대해서는 신성의 법칙이지만, 모든 이성적 존재자의 의지에 대해서는 의무의 법칙이자 도덕적 강요의 법칙이다. 도덕 법칙은 법칙에 대한 존경을 통해 이성적 존재자의 행위를 규정한다.

① 갑: 공동체의 이익은 그 공동체 구성원들의 이익과 무관하다.
② 갑: 행위의 옳고 그름은 결과보다 동기에 의해 평가되어야 한다.
③ 을: 행위자의 성품을 기준으로 행위의 도덕성을 판단해야 한다.
④ 을: 의무 의식에서 비롯되지 않은 행위도 도덕적 행위일 수 있다.
⑤ 갑, 을: 윤리적 의사 결정에 적용되는 보편적 도덕 원리가 존재한다.

17. 갑 사상가는 부정, 을 사상가는 긍정의 대답을 할 질문으로 가장 적절한 것은?

> 갑: 어떤 예술가도 윤리적 동정심을 지니지 않는다. 예술가가 윤리적 동정심을 갖고 있다는 것은 용납할 수 없는 것이다. 또한 예술가는 무엇이든 표현할 수 있다. 예술가에게 사고와 언어는 예술의 도구이며, 악덕과 미덕은 예술의 재료이다.
> 을: 훌륭한 예술 작품은 몸에 건강을 안겨 주는 바람처럼 사람들에게 선한 영향을 준다. 또한 훌륭한 예술 작품은 젊은이들이 어릴 적부터 그것을 대하며 자신들도 모르는 사이에 아름다운 것과 친해지고 선한 것과 닮아가도록 이끌어 준다.

① 예술은 미적 가치를 추구하는 인간의 정신 활동인가?
② 예술은 오직 예술 그 자체를 목적으로 삼아야 하는가?
③ 예술은 도덕적 가치 판단으로부터 자유로워야 하는가?
④ 예술은 사회 구성원의 도덕성 함양에 기여해야 하는가?
⑤ 예술은 인간의 도덕적 삶을 작품의 소재로 삼을 수 있는가?

18. 갑, 을 사상가들의 입장으로 적절하지 <u>않은</u> 것은? [3점]

> 갑: 시민 불복종은 부정의한 법이나 정부의 정책에 변혁을 가져올 목적으로 행해지는 정치적 행위이다. 이러한 행위를 통해서 우리는 사회의 다수가 갖는 정의감을 나타내게 되고, 사회 협동체의 원칙이 존중되지 않고 있음을 선언하게 된다.
> 을: 시민 불복종은 부정의를 해결하기 위한 합법적 수단이 실패했을 때 행할 수 있는 적합한 수단이다. 하지만 시민 불복종을 결정할 때 우리가 중단시키려고 하는 악의 크기와 우리의 행위가 법과 민주주의에 가할 해악 정도를 저울질해야 한다.

① 갑: 시민 불복종은 사회 정의 실현을 위한 정치적 청원 행위이다.
② 갑: 시민 불복종은 개인의 도덕 원칙에 근거한 정의로운 행위이다.
③ 을: 시민 불복종의 결과가 가져올 이익과 손해를 계산해야 한다.
④ 을: 시민 불복종은 부정의를 시정하기 위한 효과적 행위일 수 있다.
⑤ 갑, 을: 시민 불복종은 민주 사회의 원칙을 존중하며 시행되어야 한다.

19. 그림의 강연자가 지지할 입장만을 <보기>에서 있는 대로 고른 것은?

> 인간에게 먹는 행위는 생존을 위해 필수적이며, "자기가 먹은 음식이 곧 자기가 된다."라는 말처럼 먹는 행위는 자기 본질을 규정하는 데 영향을 미칩니다. 또한 먹는 행위는 음식의 생산 및 소비 과정에서 사회의 다른 영역들과 밀접한 관련을 맺습니다. 예를 들어 우리가 생산하고 소비하는 음식에 따라 산업 구조가 달라질 수 있고, 이는 환경의 변화를 초래할 수도 있습니다. 이처럼 먹는 행위는 개인적 차원의 문제인 동시에 사회적 차원의 문제입니다. 따라서 우리는 자신의 식습관을 점검하고 먹는 행위의 사회적 의미에 대해 성찰하는 태도를 지녀야 합니다.

〈 보 기 〉
ㄱ. 먹는 행위는 도덕적인 판단의 대상이 될 수 있다.
ㄴ. 먹는 행위를 생존을 위한 수단으로만 여겨야 한다.
ㄷ. 먹는 행위가 미치는 사회적 영향을 고려해야 한다.
ㄹ. 먹는 행위는 인간의 자아 정체성 형성에 영향을 준다.

① ㄱ, ㄴ 　　　② ㄴ, ㄷ 　　　③ ㄷ, ㄹ
④ ㄱ, ㄴ, ㄹ 　　　⑤ ㄱ, ㄷ, ㄹ

20. 갑, 을 사상가들의 공통된 입장만을 <보기>에서 고른 것은?

> 갑: 대인(大人)의 일이 따로 있고, 소인(小人)의 일이 따로 있는 법이다. 군주는 백성들에게 일정한 생업[恒産]을 마련해 주어 반드시 위로 부모를 충분히 봉양할 수 있도록 하고, 아래로 처자식을 충분히 먹여 살릴 수 있도록 해야 한다.
> 을: 선왕(先王)은 혼란을 싫어해 예의(禮義)를 만듦으로써 등급을 나누어 천자(天子)부터 서인(庶人)에 이르기까지 각자의 재능을 발휘하게 하였다. 군주는 바른 정치를 위해 현명한 사람을 등용하고, 가난하고 궁핍한 사람을 도와야 한다.

〈 보 기 〉
ㄱ. 사회적 역할의 분담은 사회 질서 유지에 기여한다.
ㄴ. 백성의 경제적 안정에 힘쓰는 것이 통치자의 역할이다.
ㄷ. 정신노동을 담당하는 사람은 육체노동에도 탁월해야 한다.
ㄹ. 사회적 역할은 능력보다는 개인의 선택에 따라 정해져야 한다.

① ㄱ, ㄴ　② ㄱ, ㄷ　③ ㄴ, ㄷ　④ ㄴ, ㄹ　⑤ ㄷ, ㄹ

※ 확인 사항

답안지의 해당란에 필요한 내용을 정확히 기입(표기)했는지 확인하시오.

2021학년도 4월 고3 전국연합학력평가 문제지

1

제 4 교시

사회탐구 영역(생활과 윤리)

11회

성명 | 수험 번호 | 제〔 〕선택

11회

1. (가), (나)의 입장으로 가장 적절한 것은?

(가) 윤리학은 모든 도덕 행위자들에게 타당하게 적용할 수 있는 도덕규범의 일관된 체계를 구축하여 이를 정당화하는 것에 주력해야 한다.

(나) 윤리학은 한 문화권에서 나타나는 도덕규범이 개인의 도덕 판단과 사회 제도의 유지에 미치는 영향을 관찰하고, 이를 객관적으로 기술하는 것에 주력해야 한다.

① (가): 도덕 명제에 대한 가치 판단보다 사실 판단을 강조해야 한다.
② (가): 도덕적 삶의 지침이 될 수 있는 규범적 원리를 정립해야 한다.
③ (나): 도덕 관습에 대한 서술보다 도덕 문제 해결을 우선해야 한다.
④ (나): 도덕 현상을 관찰할 때 해당 사회의 문화적 특성을 배제해야 한다.
⑤ (가), (나): 도덕규범의 제시보다 도덕 언어의 의미 분석을 중시해야 한다.

2. 갑, 을 사상가들의 입장으로 가장 적절한 것은? [3점]

갑: 어떤 행동이 아무런 경향성 없이 오로지 의무로부터 비롯될 때, 그 행위는 도덕적 가치를 갖는다. 행위의 도덕적 가치는 행위 결과가 아닌 이성적 존재자의 의지에 달려 있다.

을: 어떤 행동이 공동체의 쾌락을 감소시키는 경향보다 증가시키는 경향이 크다면 이는 공리의 원칙에 일치한다. 모든 쾌락은 강도, 지속성, 확실성 등 일곱 가지 기준으로 그 양을 측정할 수 있다.

① 갑: 의무와 일치하는 모든 행위는 도덕적 가치를 지닐 수 있다.
② 갑: 도덕 법칙은 이성적 존재의 행복 실현을 위한 조건적 명령이다.
③ 을: 행위가 가져올 양적 쾌락보다 질적 쾌락을 중시해야 한다.
④ 을: 사회적 유용성의 산출을 도덕과 입법의 원리로 삼아야 한다.
⑤ 갑, 을: 행위의 도덕성을 평가하는 기준은 결과가 아닌 동기이다.

3. ㉠에 들어갈 내용으로 가장 적절한 것은?

예술의 목적은 모든 인간에게 타인에 대한 사랑을 갖게 하여 인류를 하나 되게 만드는 것이다. 따라서 예술가는 인류가 예술 작품을 통해 사랑이라는 보편적 감정을 교류하며 이에 공감할 수 있도록 이바지해야 한다. 그러나 어떤 사상가는 예술의 목적은 예술을 위한 예술을 추구하는 것이며, 예술가에게 윤리적 공감은 용납될 수 없는 구태의연한 양식에 불과하다고 주장한다. 나는 이러한 주장이 [㉠]고 생각한다.

① 예술은 인류애의 증진을 목적으로 삼아야 함을 간과한다
② 예술은 사랑의 감정을 교류하기 위한 수단이 아님을 간과한다
③ 예술가는 예술 그 자체만을 목적으로 추구해야 함을 간과한다
④ 예술은 도덕적 가치보다 심미적 가치를 지향해야 함을 간과한다
⑤ 예술가의 사명은 인간의 이타적 품성 함양과 무관해야 함을 간과한다

4. 갑, 을의 입장으로 적절한 것만을 <보기>에서 있는 대로 고른 것은?

생식 세포 유전자 치료는 유전병 퇴치에 의학적으로 유용하므로 허용되어야 합니다. 이러한 치료는 새로운 치료법의 개발을 통해 경제적 가치를 창출할 수 있고, 자신의 유전 질환을 자녀에게 물려주지 않으려는 부모의 자율성을 보장해 줄 수 있습니다.

생식 세포 유전자 치료를 허용해서는 안 됩니다. 이러한 치료는 의학적으로 불완전하여 후세대에 부정적 결과를 초래할 수 있습니다. 또한 치료의 영향을 받는 후세대의 동의를 얻지 않은 채 그들의 유전자를 개량하는 데 악용될 수 있습니다.

갑

을

< 보 기 >
ㄱ. 갑: 자녀의 유전병을 예방하려는 부모의 선택을 존중해야 한다.
ㄴ. 갑: 생식 세포 유전자 치료는 경제적 효용 증진에 기여하지 못한다.
ㄷ. 을: 생식 세포 유전자 치료는 후세대의 자율성을 침해할 수 있다.
ㄹ. 갑, 을: 생식 세포 유전자 치료로 인해 발생할 의학적 결과를 고려해야 한다.

① ㄱ, ㄴ
② ㄱ, ㄷ
③ ㄴ, ㄹ
④ ㄱ, ㄷ, ㄹ
⑤ ㄴ, ㄷ, ㄹ

5. 갑은 부정, 을은 긍정의 대답을 할 질문으로 가장 적절한 것은? [3점]

갑: 정보 사회에서 정보의 질은 인류의 삶의 질에 영향을 미칩니다. 따라서 양질의 정보를 생산할 수 있는 환경을 만들어 인류의 발전을 도모해야 합니다.

을: 동의합니다. 정보에 대한 배타적 소유권을 보장하면 정보 생산자는 정보를 생산하는 데 들어간 노력에 대한 정당한 보상을 받을 수 있고, 이는 양질의 정보 생산으로 이어질 것입니다.

갑: 그렇지 않습니다. 정보에 대한 배타적 소유권을 인정하게 되면 정보 사용에 제약이 생겨 양질의 정보 생산을 방해할 것입니다. 정보는 인류의 집단적 경험과 지식이 축적된 공동의 자산이므로 정보에 대한 배타적 소유권을 인정할 수 없습니다.

을: 아닙니다. 정보에 대한 배타적 소유권이 보장되지 않는다면, 정보 생산자의 경제적 이익이 보장되지 않아 창작 의욕이 감소할 것입니다. 이는 양질의 정보 생산을 방해하여 인류의 발전을 저해할 것입니다.

① 양질의 정보는 인류의 발전을 도모하는 데 이바지하는가?
② 정보는 모두가 자유롭게 이용할 수 있는 공동의 자산인가?
③ 양질의 정보를 생산할 수 있는 환경이 조성되어야 하는가?
④ 경제적 보상이 없어도 정보 생산자의 창작 의욕은 증진되는가?
⑤ 정보에 대한 배타적 소유권 보장은 양질의 정보 생산에 기여하는가?

6. (가)의 갑, 을, 병 사상가들의 입장을 (나) 그림으로 표현할 때, A ~ D에 해당하는 적절한 진술만을 <보기>에서 있는 대로 고른 것은? [3점]

(가)	갑: 사람들은 동물의 권리를 믿는다고 공언하면서도 동물을 상업적인 목적이나 실험의 용도로 사용하는 것을 전면적으로 금지하지는 않는다. 이는 삶의 주체인 동물의 권리를 침해하는 행위이다. 을: 벼락에 쓰러진 참나무는 땔감으로 사용되지만, 대지 공동체의 구성원으로 존중되어야 한다. 한 그루의 나무가 죽고 다른 종들은 그것을 소비하며 혜택을 본다. 이처럼 대지 공동체는 무한히 상호 의존적이다. 병: 인간이 설계한 기계는 목표 지향적인 활동을 보이지만, 독립적인 존재로서 고유의 선을 지니지 않는다. 그러나 모든 유기체는 고유의 선을 지니며, 그들 자체가 목표 지향적 활동의 중심이다.
(나)	갑 (벤다이어그램: A, B, D, C 영역 표시) 을　　　병 <범 례> A: 갑과 을만의 공통 입장 B: 갑과 병만의 공통 입장 C: 을과 병만의 공통 입장 D: 갑, 을, 병의 공통 입장

───────────〈 보 기 〉───────────
ㄱ. A: 인간은 자신의 생존을 위해 식물을 이용할 수 있다.
ㄴ. B: 생명 공동체 그 자체의 도덕적 지위를 인정할 수 없다.
ㄷ. C: 모든 동물은 도덕적으로 무능력해도 내재적 가치를 지닌다.
ㄹ. D: 비이성적 존재도 도덕적 고려의 대상에 포함될 수 있다.

① ㄱ, ㄷ　　　　② ㄱ, ㄹ　　　　③ ㄴ, ㄹ
④ ㄱ, ㄴ, ㄷ　　　⑤ ㄴ, ㄷ, ㄹ

7. 갑, 을 사상가들의 입장으로 적절한 것만을 <보기>에서 있는 대로 고른 것은?

> 갑: 수호자가 세상의 금은을 소유하게 된다면 이들과 더불어 나머지 사회 구성원 모두는 파멸하게 될 것이다. 또한 군인 계층 중 자격이 없는 자가 통치자 계층으로 이행하려 든다면 나라에 파멸을 가져올 것이다.
> 을: 목민관이 탐욕을 부리면 백성을 착취하게 되지만 절약하면 능히 베풀 수 있다. 베푸는 것은 덕을 심는 근본이니, 녹봉을 절약하거나 자기 농토에서 거둔 수확물로 어려운 백성을 돕는 것은 이치에 맞는 일이다.

───────────〈 보 기 〉───────────
ㄱ. 갑: 다스리는 자의 임무는 다른 계층의 구성원이 대행할 수 없다.
ㄴ. 을: 다스리는 자의 청렴한 자세는 애민(愛民)의 기반이 된다.
ㄷ. 갑, 을: 다스리는 자는 사유 재산을 나누며 공익을 추구해야 한다.
ㄹ. 갑, 을: 다스리는 자는 절제의 덕을 갖추고 직분을 다해야 한다.

① ㄱ, ㄴ　　　　② ㄱ, ㄷ　　　　③ ㄷ, ㄹ
④ ㄱ, ㄴ, ㄹ　　　⑤ ㄴ, ㄷ, ㄹ

8. 다음을 주장한 사상가가 부정의 대답을 할 질문으로 가장 적절한 것은? [3점]

> 최선의 국가 체제는 인간이 아니라 이성의 법칙이 지배하는 공화적 체제이다. 국가들은 사회 계약의 이념에 따라 하나의 국제 연맹을 결성함으로써 국제법을 통해 영원한 평화에 들어설 수 있다. 또한 세계 시민법은 보편적 우호의 조건들에 국한되어 있어야 한다.

① 모든 사람은 다른 나라를 방문할 권리를 가지고 있는가?
② 세계 평화를 실현하기 위한 노력은 인간의 도덕적 의무인가?
③ 세계 평화의 실현을 위해 정치와 도덕은 합치되어야 하는가?
④ 개별 국가들의 정치 체제는 세계 평화 실현에 영향을 주는가?
⑤ 국제법에 따라 국가들은 하나의 세계 공화국을 수립해야 하는가?

9. 갑, 을 사상가들의 입장으로 가장 적절한 것은? [3점]

> 갑: 천부적 재능의 분포를 공동의 자산으로 생각해야 한다. 천부적으로 보다 유리한 처지에 있는 사람들은 아주 불리한 처지에 있는 사람들의 여건을 향상시켜 준다는 조건하에서만 그들의 행운에 의해 이익을 볼 수 있다.
> 을: 자연적 능력의 분배를 공동의 자산으로 간주하는 것은 개인의 소유 권리를 침해한다. 장기적인 안목에서 볼 때, 삶은 뛰어난 능력 때문에 일부 사람들이 많은 것을 얻게 되어도 다른 사람들이 그만큼 잃게 되는 총액 불변의 게임이 아니다.

① 갑: 천부적 재능에 비례하여 사회적 지위가 결정되어야 한다.
② 갑: 천부적 재능으로 얻은 이익은 공정한 사회에서 정당화될 수 있다.
③ 을: 자연적 능력을 사회의 복지 향상을 위한 수단으로 여겨야 한다.
④ 을: 자연적 능력으로 얻은 이익을 정형적 원리에 따라 분배해야 한다.
⑤ 갑, 을: 천부적 재능의 분포가 임의적이라는 사실은 정의롭지 않다.

10. 다음 사상의 입장에서 <문제 상황> 속 A에게 제시할 조언으로 가장 적절한 것은?

> 세 개의 갈대가 땅 위에 서려면 서로 의지해야 한다. 만일 그 가운데 한 개를 제거해 버리면 두 개의 갈대는 서지 못하고, 그 가운데 두 개의 갈대를 제거해 버리면 나머지 한 개도 역시 서지 못한다. 이처럼 이것이 있기 때문에 저것이 있고, 이것이 없기 때문에 저것이 없다.

───────────〈문제 상황〉───────────
> 고등학생 A는 지진으로 인해 삶의 터전을 잃은 이재민들의 소식을 듣게 되었다. 안타까운 마음이 든 A는 얼굴도 모르는 그들을 위해 모아 놓은 용돈을 기부해야 할지 고민하고 있다.

① 자신과 이재민은 상호 독립적 존재라는 점을 명심하세요.
② 재난은 이재민들 스스로 감당해야 할 문제임을 인식하세요.
③ 자타불이(自他不二)를 깨달아 이재민들에게 선행을 베푸세요.
④ 고정된 자아를 확립하기 위해 자비심(慈悲心)을 발휘하세요.
⑤ 기부에 대한 집착에서 벗어나 자신의 경제적 이익을 추구하세요.

11. (가)의 갑, 을, 병 사상가들의 입장을 (나) 그림으로 탐구할 때, A ~ D에 들어갈 적절한 질문만을 〈보기〉에서 있는 대로 고른 것은? [3점]

(가)	갑: 법적으로 집행되는 사형 외에 살인자에게 범죄와 보복의 동등성은 없다. 사형은 고통받는 인격 안의 인간성을 끔찍하게 만들 수도 있을 모든 가혹 행위에서 그를 벗어나게 해주는 것이기도 하다. 을: 법을 집행할 때 살인자는 시민이라기보다는 적으로 간주해야 한다. 사회적 권리를 침해하는 자는 국가의 배신자이며, 국가의 보존은 살인자의 보존과 양립할 수 없다. 병: 종신 노역형은 사형 이상의 확실한 범죄 억제력을 발휘할 수 있다. 인간 행동의 규제는 필요 이상의 잔혹하고 일시적인 고통보다는, 효과가 확실하고 지속적인 고통이 반복될 때 가능하다.
(나)	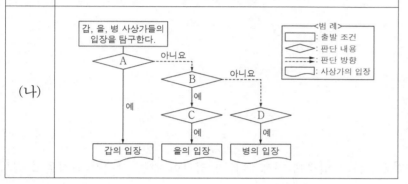

〈 보 기 〉
ㄱ. A: 사형은 살인자의 인간 존엄성을 존중하는 형벌인가?
ㄴ. B: 범죄자에 대한 형벌 부과는 사회 계약에 근거해야 하는가?
ㄷ. C: 사형은 시민들의 생명을 보호하기 위한 수단적 형벌인가?
ㄹ. D: 형벌의 목적은 범죄로 인한 사회적 해악을 방지하는 것인가?

① ㄱ, ㄴ   ② ㄴ, ㄷ   ③ ㄷ, ㄹ
④ ㄱ, ㄴ, ㄹ   ⑤ ㄱ, ㄷ, ㄹ

12. 다음을 주장한 사상가의 입장으로 가장 적절한 것은?

> 종교적 인간은 자연에서 세속적인 것과는 전적으로 다르게 드러난 성스러움[聖顯]을 체험하며, 이를 숭배한다. 거룩한 돌이나 나무는 단순한 돌이나 나무여서가 아니라, 성스러움이 드러난 존재이기 때문에 숭배의 대상이 된다. 한편 비종교적 인간은 탈신성화된 세계에서 살기를 바라며 이러한 성스러움을 거부한다. 하지만 결국 그들은 자신이 의식하지 못하고 있을 때조차도 여전히 종교적 행동에서 해방되지 못한다.

① 비종교적 인간은 자연물에 드러난 성스러움을 인정한다.
② 종교적 인간은 자연물 그 자체를 성스러움으로 간주한다.
③ 종교적 인간은 삶 속에서 성스러움과 세속적인 것의 공존을 경험한다.
④ 종교적 인간은 현실이 아닌 상상 속에서만 초월적 존재를 만난다.
⑤ 비종교적 인간은 자신이 종교적 행동에서 벗어날 수 없다고 믿는다.

13. 그림의 강연자가 지지할 입장으로 가장 적절한 것은?

> 사람들은 사랑을 '사랑받는' 문제로 여겨 돈을 모으고 외모를 가꾸며 사랑스러워지기 위해 노력하거나, 사랑을 '대상'의 문제로 여겨 자신에게 잘 어울리는 대상을 찾으려고만 애씁니다. 그러나 이러한 방식으로는 사랑을 경험할 수는 있어도 지속할 수는 없습니다. 사랑에 실패하지 않기 위해서는 사랑의 참된 의미를 깨닫고 사랑의 기술을 배워야 합니다. 사랑은 본래 '주는 것'이지 '받는 것'이 아니며, 받기 위해 주는 것도 아닙니다. 사랑은 상대방의 성장에 대해 적극적인 관심을 가지고 자신이 가진 내면의 모든 능력을 그에게 주는 활동입니다.

① 사랑의 실패 원인을 자신에게서 찾으면 안 된다.
② 외적인 조건을 갖추면 누구나 사랑을 지속하게 된다.
③ 사랑은 상대방의 성장과 발전에 참여하는 능동적 활동이다.
④ 자신의 이상형을 발견한 사람은 노력 없이도 사랑을 유지한다.
⑤ 사랑을 받으리란 기대가 있을 때만 사랑의 기술을 배워야 한다.

14. 다음을 주장한 사상가의 입장만을 〈보기〉에서 있는 대로 고른 것은? [3점]

> 시민 불복종은 공개적으로 공정한 주목을 받으며 참여하는 것으로 공공 연설에 비유할 수 있다. 이는 신중하고 양심적인 정치적 신념의 표현인 청원의 한 형태로 공개 석상에서 이루어진다. 또한 시민 불복종은 헌법과 사회 제도 일반을 규제하는 정의의 원칙들에 의해 지도되고 정당화된다.

〈 보 기 〉
ㄱ. 시민 불복종은 그 자체로 사회를 위협하는 위법 행위이다.
ㄴ. 시민 불복종은 완전히 공개적이고 비폭력적인 정치 행위이다.
ㄷ. 시민 불복종은 공공적 정의관의 부당함을 제기하는 청원이다.
ㄹ. 정치적 자유를 침해하는 법은 시민 불복종의 대상이 될 수 있다.

① ㄱ, ㄷ   ② ㄱ, ㄹ   ③ ㄴ, ㄹ
④ ㄱ, ㄴ, ㄷ   ⑤ ㄴ, ㄷ, ㄹ

15. 갑, 을 사상가들의 입장으로 적절하지 <u>않은</u> 것은? [3점]

> 갑: 문상(問喪)하러 가서 대성통곡하는 것은 자연[天]의 도(道)에서 벗어나는 것이고, 사물의 본성을 배반하는 것이다. 지인(至人)은 편안한 마음으로 때를 받아들여 슬픔이니 기쁨이니 하는 것들로부터 자유롭다.
> 을: 선비에게 주어진 임무는 무겁고 가야 할 길은 멀다. 그에게는 인(仁)을 실현해야 하는 막중한 책임이 있으니, 도덕적 신념은 굳건하고 의지가 강인해야 한다. 죽음으로써 선한 도를 사수해야 하니, 이는 죽고 나서야 그만둘 뿐이다.

① 갑: 삶과 죽음은 사계절의 변화와 같은 필연적인 과정이다.
② 갑: 죽음을 지나치게 슬퍼하는 것은 자연의 순리에 어긋난다.
③ 을: 죽음이 아쉽지 않도록 자신의 본분을 다하며 살아야 한다.
④ 을: 죽은 자에 대한 애도(哀悼)는 선비가 행해야 할 도리이다.
⑤ 갑, 을: 인의 실현을 위해 죽음을 택하는 것은 도를 거스르는 것이다.

16. 다음은 신문 칼럼이다. ㉠에 들어갈 내용으로 가장 적절한 것은? [3점]

> ○○신문   칼 럼   ○○○○년 ○월 ○일
>
> 오늘날 인류는 과학 기술의 발달로 물질적 풍요를 누리고 있지만, 생태계 파괴나 기술 지배 현상 등의 문제에 직면하게 되었다. 이를 두고 어떤 사상가는 인류의 존속이 위협받고 있다고 진단하였다. 그는 현세대만을 고려하는 전통의 윤리학으로는 이러한 문제를 해결할 수 없다고 보고 새로운 윤리를 제시하였다. "미리 사유된 공포 자체가 윤리의 나침반으로 기능할 수 있으며, 공포는 행위의 포기가 아니라 행위를 의무로 받아들이게 하는 책임의 직접적 동인이 된다."라는 그의 주장은 과학 기술의 부정적 현상 앞에서 현세대는   ㉠   는 점을 시사하고 있다.

① 아직 존재하지 않는 대상에 대한 책임으로부터 자유로워야 한다
② 미래 세대의 실존에 대한 책임을 무조건적 의무로 수용해야 한다
③ 책임의 범위를 설정할 때 불확실한 결과를 고려하지 말아야 한다
④ 전통의 윤리학을 근거로 책임의 범위를 자연 전체로 확대해야 한다
⑤ 인류의 존속을 위해 모든 존재와의 호혜적 책임을 받아들여야 한다

17. 다음을 주장한 사상가의 입장으로 가장 적절한 것은?

> 산업화가 이루어진 사회에서는 재력을 과시하고 명성을 획득하기 위한 과시 소비가 나타난다. 이러한 소비는 개인 간 접촉이 광범위하고 인구 이동이 많은 사회에서 체면 유지에 효과적이기 때문에 최선의 소비로 여겨진다. 과시 소비에 익숙해진 사람들은 서로를 능가하기 위해 경쟁을 벌이고 소비 기준을 높여 가며 더 많은 비용을 지출하게 된다. 이러한 행위는 사회의 모든 계층, 심지어 빈곤한 사람들에게서도 발견된다.

① 과시 소비는 부(富)를 축적하지 못한 계층에서도 관찰된다.
② 과시 소비는 명성 획득을 위한 경쟁이 증가함에 따라 위축된다.
③ 과시 소비는 개인의 경제력을 드러내기 위한 수단이 될 수 없다.
④ 과시 소비 습관을 지닌 사람들은 자신과 타인을 비교하지 않는다.
⑤ 과시 소비 경향은 인구 이동이 활발한 사회에서는 나타나지 않는다.

18. 갑, 을 사상가들의 공통된 입장만을 <보기>에서 고른 것은?

> 갑: 자기 보존을 위해 전쟁 상태인 자연 상태에서 벗어나야 한다. 이를 위해 각자는 그들이 지닌 자연권을 한 사람 혹은 하나의 합의체에 양도해야 한다.
> 을: 각자가 가진 자연법의 집행권을 포기하여 그것을 공동체에게 양도하는 곳에서만 정치 사회가 존재하게 된다. 정치 사회에서 각자는 그 자신의 생명, 자유, 재산을 보존하게 된다.

< 보 기 >
ㄱ. 국가 권력은 한 사람에게 독점되는 절대적인 권한이다.
ㄴ. 국가의 역할은 시민들의 안전한 삶을 보장하는 것이다.
ㄷ. 국가 권위는 시민들의 자발적인 합의에 의해 정당화된다.
ㄹ. 국가의 명령에 복종할 시민의 의무는 자연적으로 발생된다.

① ㄱ, ㄴ   ② ㄱ, ㄷ   ③ ㄴ, ㄷ   ④ ㄴ, ㄹ   ⑤ ㄷ, ㄹ

19. 갑, 을 사상가들의 입장으로 적절한 것만을 <보기>에서 있는 대로 고른 것은? [3점]

> 갑: 원조는 이익 평등 고려의 원칙에 따라 행해져야 한다. 우리가 중요한 어떤 일들을 희생하지 않고도 극단적인 빈곤을 방지하거나 생명을 구할 수 있다면, 그렇게 해야 한다.
> 을: 원조의 목표는 고통받는 사회가 질서 정연한 국제 사회의 완전한 성원이 되고, 그들 스스로 자신의 미래의 경로를 결정할 수 있도록 돕는 것이다.

< 보 기 >
ㄱ. 갑: 인류 전체의 고통을 감소시키기 위해 원조를 해야 한다.
ㄴ. 갑: 원조의 효율성에 따라 원조의 우선순위를 정할 수 있다.
ㄷ. 을: 원조 대상국이 정의로운 체제를 갖추면 원조를 중단해야 한다.
ㄹ. 갑, 을: 원조의 목적은 국가 간 평균적 부의 차이를 줄이는 것이다.

① ㄱ, ㄷ   ② ㄴ, ㄹ   ③ ㄷ, ㄹ
④ ㄱ, ㄴ, ㄷ   ⑤ ㄱ, ㄴ, ㄹ

20. (가)의 입장에 비해 (나)의 입장이 갖는 상대적 특징을 그림의 ㉠ ~ ㉤ 중에서 고른 것은?

> (가) 통일의 최대 이점은 북한 주민의 인권 문제 해결이다. 인권은 인간다운 삶을 위한 기본 조건이므로 북한 인권 문제 해결은 더 이상 미룰 수 없는 과제이다. 따라서 남북 간 정치적 일괄 타결을 통해 하루라도 빨리 통일을 이루어야 한다.
> (나) 통일의 최대 이점은 시장의 확대로 인한 이익의 증대이다. 그러나 준비 없는 통일은 통일 비용의 부담을 증가시킨다. 따라서 남북 경제 협력이나 예술 및 체육 분야 등의 교류에서 시작해 점진적인 방법으로 통일을 이루어야 한다.

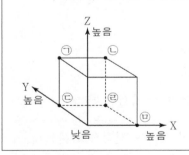

> ·X: 통일 달성의 시급함을 강조하는 정도
> ·Y: 통일 편익의 인도적 측면보다 경제적 측면을 강조하는 정도
> ·Z: 통일을 위해 비정치적 분야의 교류가 우선되어야 함을 강조하는 정도

① ㉠   ② ㉡   ③ ㉢   ④ ㉣   ⑤ ㉤

※ 확인 사항
답안지의 해당란에 필요한 내용을 정확히 기입(표기)했는지 확인하시오.

성명 □□□ 수험 번호 □□□□□□ - □□□□ 제 〔 〕 선택

---

1. 갑, 을의 입장으로 가장 적절한 것은?

> 갑: 윤리학은 '옳다', '그르다' 등의 도덕적 언어의 의미를 명확하게 밝히고, 도덕 추론 과정의 논리적인 타당성을 입증하는 것을 핵심 과제로 삼아야 한다.
> 을: 윤리학은 과학 기술이 발전함에 따라 환경, 생명, 정보 등 다양한 영역에서 발생하고 있는 윤리적 쟁점들에 대한 구체적이고 실제적인 해결책 탐구를 핵심 과제로 삼아야 한다.

① 갑: 윤리학은 보편적 도덕 원리의 정립을 주된 목표로 삼아야 한다.
② 갑: 윤리학은 도덕 현상의 객관적 기술을 주된 목표로 삼아야 한다.
③ 을: 윤리학은 현실의 도덕 문제 해결 방안 모색에 주력해야 한다.
④ 을: 윤리학은 윤리학의 학문적 성립 가능성 탐구에 주력해야 한다.
⑤ 갑, 을: 윤리학은 도덕 명제의 논리적 구조 분석에 주력해야 한다.

---

2. (가)의 갑, 을 사상가들의 입장을 (나) 그림으로 표현할 때, A ~ C에 해당하는 적절한 진술만을 <보기>에서 있는 대로 고른 것은? [3점]

(가)	갑: 원조의 목적은 불리한 여건으로 고통받는 사회가 질서 정연한 국제 사회의 구성원이 되도록 하는 것이다. 질서 정연한 만민은 고통받는 사회가 자신의 문제들을 합리적으로 관리할 수 있도록 도와야 한다. 을: 원조의 목적은 고통받는 사람들을 도와 인류 전체의 행복을 증진시키는 것이다. 원조의 대상이 어떤 공동체의 구성원인지에 관계없이 고통받는 사람들을 도와야 한다.

(나)

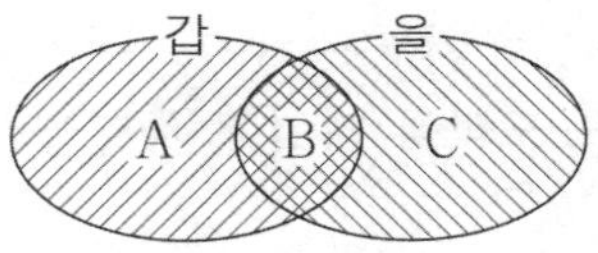

갑 ── 을

A — B — C

<범 례>
A: 갑만의 입장
B: 갑, 을의 공통 입장
C: 을만의 입장

─ <보 기> ─
ㄱ. A: 빈곤하지만 질서 정연한 사회는 원조 대상에서 제외된다.
ㄴ. B: 자선의 차원을 넘어 의무의 차원에서 원조를 시행해야 한다.
ㄷ. B: 원조의 궁극적인 목적은 빈곤국의 복지 수준 향상에 있다.
ㄹ. C: 공리의 원리에 따라 인류의 부를 균등하게 분배해야 한다.

① ㄱ, ㄴ   ② ㄱ, ㄷ   ③ ㄷ, ㄹ
④ ㄱ, ㄴ, ㄹ   ⑤ ㄴ, ㄷ, ㄹ

---

3. 갑, 을 사상가들의 입장만을 <보기>에서 있는 대로 고른 것은?

> 음악이란 즐기는 것입니다. 음악으로 군자(君子)는 올바른 도(道)를 터득함을 즐기고, 소인(小人)은 그의 욕망을 예(禮)에 맞게 채우게 됨을 즐깁니다. 음악으로 올바른 도를 터득하여 욕망을 통제하면 백성들은 올바른 길로 향하게 됩니다.

갑

> 음악이 즐겁지 않은 것은 아닙니다. 그러나 음악은 성왕(聖王)의 일과 맞지 않으며, 백성의 이로움[利]과도 맞지 않으므로 음악을 즐기는 것은 옳지 않습니다. 음악으로 천하의 이로움을 일으키고자 하여도 이는 아무런 도움이 되지 않습니다.

을

─ <보 기> ─
ㄱ. 갑: 음악은 사회의 질서를 유지시키는 데 기여할 수 있다.
ㄴ. 갑: 음악은 백성의 욕망을 절제하는 데 도움을 줄 수 있다.
ㄷ. 을: 음악은 백성의 이익을 증진시키는 유용한 수단이다.
ㄹ. 갑, 을: 통치자는 음악이 백성의 삶에 미치는 영향을 고려해야 한다.

① ㄱ, ㄴ   ② ㄴ, ㄷ   ③ ㄷ, ㄹ
④ ㄱ, ㄴ, ㄹ   ⑤ ㄱ, ㄷ, ㄹ

---

4. 갑, 을 사상가들의 입장으로 가장 적절한 것은? [3점]

> 갑: 영구 평화를 달성하기 위해서는 모든 국가의 시민적 정치 체제가 공화 정체이어야 하며, 국제법은 자유로운 국가들의 연방 체제에 기초해야 한다.
> 을: 진정한 평화를 창조하기 위해서는 언어적 폭력과 신체적 폭력 등의 직접적 폭력은 물론, 직접적 폭력과 구조적 폭력을 정당화하는 문화적 폭력도 제거해야 한다.

① 갑: 영구 평화를 위해서는 상비군의 개입을 확대해야 한다.
② 갑: 국제 평화 유지를 위해 단일한 세계 정부를 구성해야 한다.
③ 을: 범죄와 전쟁이 사라지게 되면 모든 문화적 폭력도 없어진다.
④ 을: 진정한 평화 실현을 위해 억압 및 착취 구조의 개선이 필요하다.
⑤ 갑, 을: 평화를 실현하기 위한 수단으로 사용된 폭력은 정당하다.

---

5. (가), (나) 사상의 입장으로 가장 적절한 것은?

> (가) 도(道)는 자연(自然)을 본받아 어긋나지 않는다. 성인(聖人)은 무위(無爲)에 몸을 두고 무언(無言)의 가르침을 행한다. 만물은 스스로 자라나는 법이며 간섭할 필요가 없다.
> (나) 인(仁)이란 사람을 사랑하는 것이다. 성인은 진실된 마음으로 다른 사람을 대하며, 자신이 원하는 것을 미루어 다른 사람이 원하는 것을 이해한다.

① (가): 도를 실현하기 위해 사회 규범을 확립해야 한다.
② (가): 성인은 옳고 그름을 분별하는 지식을 갖추어야 한다.
③ (나): 도덕적인 사람이 되기 위해 충서(忠恕)를 실천해야 한다.
④ (나): 무욕(無欲)과 무지(無知)의 삶을 통해 인을 실현해야 한다.
⑤ (가), (나): 성인은 도덕과 예의(禮義)로써 백성을 교화해야 한다.

6. 그림의 강연자가 지지할 입장만을 <보기>에서 있는 대로 고른 것은?

이민자들에게 주류 집단의 문화를 채택하도록 강제해서는 안 되며, 이들을 주변인으로 취급해서도 안 됩니다. 오히려 이민자들의 정체성을 인정하고 이들과의 차이를 수용하여, 다양한 문화가 서로 대등하게 조화를 이룰 수 있도록 해야 합니다. 이러한 태도는 이민자들로 하여금 현재 소속된 국가의 정치 제도를 거부하는 것이 아니라 받아들이게 함으로써, 사회 구성원 간의 연대를 강화하여 소속된 국가의 정치적 안정성을 증진시킬 수 있습니다.

─< 보 기 >─

ㄱ. 이민자들의 고유한 전통과 관습을 인정해야 한다.
ㄴ. 이질적인 문화를 주류 집단의 문화에 동화시켜야 한다.
ㄷ. 사회 통합의 과정에서 이민자들의 정체성을 존중해야 한다.
ㄹ. 사회 내 다양한 문화를 존중하면 시민 간 결속이 강화될 것이다.

① ㄱ, ㄴ   ② ㄱ, ㄷ   ③ ㄴ, ㄹ
④ ㄱ, ㄷ, ㄹ   ⑤ ㄴ, ㄷ, ㄹ

7. 다음 사상가의 입장으로 가장 적절한 것은? [3점]

　　시민 불복종을 통해 우리는 공동 사회의 다수자가 갖는 정의감을 나타내게 되고, 신중한 견지에서 볼 때 자유롭고 평등한 사람들 사이에서 사회 협동체의 원칙이 존중되지 않고 있음을 선언하게 된다. 시민 불복종은 비록 법의 바깥 경계선에 있더라도 법에 대한 충실성의 한계 내에서 이루어져야 한다. 이는 시민 불복종이 정치적으로도 양심적이고 다수자가 갖는 정의감에 호소하려고 의도된 것이라는 사실을 보여 준다.

① 평등한 자유의 원칙은 시민 불복종의 대상에서 제외된다.
② 시민 불복종은 신중한 신념을 표현하는 비공개적인 행위이다.
③ 시민 불복종은 그 행위로 인한 법적 처벌의 거부까지 포함한다.
④ 시민 불복종은 체제의 합법성을 부정하는 의도적인 위법 행위이다.
⑤ 개인의 양심에 어긋나는 모든 법에 대해 시민 불복종을 할 수 있다.

8. (가), (나) 사상의 입장으로 옳지 않은 것은? [3점]

(가) 삶은 잠시 빌려 사는 것으로 먼지나 티끌 같은 것이고, 죽음과 삶의 이치는 낮과 밤의 변화와 같다. 만물에는 삶도 있고 죽음도 있다. 근본에서 보자면 삶이란 기(氣)의 모임이고, 죽음이란 기의 흩어짐이다.

(나) 죽음 이후의 삶이 어떻게 전개되는가에 대한 관심보다 현실의 삶에서 마음을 다스려 고요한 열반(涅槃)의 경지를 유지하는 것이 중요하다. 윤회(輪迴)한다는 것은 결국 괴로움[苦]이므로 이것에서 벗어나는 열반이 중요하다.

① (가): 삶과 죽음을 기의 자연스러운 변화 과정으로 보아야 한다.
② (가): 삶과 죽음은 좋아함과 싫어함으로 차별되는 대상이 아니다.
③ (나): 윤회의 과정에서 자신의 업(業)이 죽음 이후의 삶을 결정한다.
④ (나): 윤회에서 벗어나려면 자신의 본래 모습[自性]을 깨달아야 한다.
⑤ (가), (나): 죽음 이후에야 비로소 모든 괴로움에서 벗어나게 된다.

9. 다음 가상 편지의 입장으로 가장 적절한 것은?

○○에게
　　요즘 정보 탐색과 의견 공유를 위해 다양한 뉴 미디어를 이용하고 있더구나. 하지만 뉴 미디어 이용의 증가로 거짓 정보의 생산도 더불어 증가하고 있으니 뉴 미디어 내 정보를 제대로 판단하여 이용해야 한단다. 물론 거짓 정보를 줄이기 위한 기술적·제도적 장치도 마련되어 있으나, 정보를 소비하고 생산하는 주체인 뉴 미디어 이용자들이 비판적 이해력을 지니지 않는다면 거짓 정보의 생산을 막는 데에는 한계가 있단다. 따라서 너도 뉴 미디어 내 정보를 무조건 수용하기보다는 관련 정보를 올바르게 판단하여 이용할 수 있는 능력을 지니기 위해 노력하기를 바란다.

① 뉴 미디어 기술의 발달로 거짓 정보의 생산이 불가능해졌다.
② 뉴 미디어의 확산으로 정보 생산자와 소비자의 구분이 명확해졌다.
③ 뉴 미디어 내 거짓 정보는 타율적 제재를 통해서만 제거해야 한다.
④ 뉴 미디어의 이용자 수가 늘어나면서 거짓 정보는 줄어들고 있다.
⑤ 뉴 미디어의 올바른 이용을 위해 비판적 사고 능력을 갖춰야 한다.

10. (가)의 갑, 을, 병 사상가들의 입장에서 서로에게 제기할 수 있는 비판을 (나) 그림으로 표현할 때, A~E에 해당하는 적절한 내용만을 <보기>에서 있는 대로 고른 것은? [3점]

| (가) | 갑: 어떤 존재의 고통을 고려하지 않는 도덕적 논증은 있을 수 없다. 이익 평등 고려의 원리는 존재들 간의 동일한 고통을 동일하게 고려할 것을 요구한다.
을: 생명 공동체의 구성원으로서 자신의 성장, 발전, 번식을 지향하는 존재는 고유한 선을 지니며 이들은 목적론적 삶의 중심이다.
병: 인간과 인간이 아닌 삶의 주체는 도덕적 권리를 갖는다. 최소한 몇몇 포유류를 포함한 이들은 목적적 존재로 대우받아야 한다. |

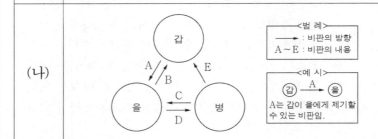

─< 보 기 >─

ㄱ. A: 종(種) 차이에 따라 도덕적 지위에 차별을 두지 말아야 함을 간과한다.
ㄴ. E: 성장한 포유동물은 결코 인간을 위한 자원으로 대우받아서는 안 됨을 간과한다.
ㄷ. B, D: 인간이 생명체에 해를 끼쳤을 경우 이에 대한 보상적 정의의 의무를 지님을 간과한다.
ㄹ. C, E: 유정(有情)적 존재라도 도덕적 지위를 갖지 못할 수 있음을 간과한다.

① ㄱ, ㄴ   ② ㄱ, ㄹ   ③ ㄷ, ㄹ
④ ㄱ, ㄴ, ㄷ   ⑤ ㄴ, ㄷ, ㄹ

11. 갑 사상가는 긍정, 을 사상가는 부정의 대답을 할 질문으로 가장 적절한 것은? [3점]

> 갑: 형벌은 동등성의 원리에 따라 집행되어야 한다. 만약 어떤 사람이 살인을 저질렀다면, 이 경우 범죄자에게 법적으로 집행되는 사형 외에 범죄와 보복의 동등성은 없다.
> 을: 형벌은 범죄자가 아닌 시민의 이익을 위해 집행되어야 한다. 범죄자가 자신의 노력으로 사회에 끼친 손해에 속죄하는 모습을 오래 보여 주는 것이 사형보다 범죄 억제에 더 효과적이다.

① 사형 집행의 정당성 여부는 사회 계약에 근거해 판단해야 하는가?
② 형벌은 공적 정의 실현을 위해 보복법에 따라 부과되어야 하는가?
③ 형벌과 범죄와의 비례 관계를 고려하여 형벌을 집행해야 하는가?
④ 사형은 살인범의 인격 안의 인간성을 가혹하게 다루는 형벌인가?
⑤ 형벌은 사적 보복이 아닌 공공복리를 목적으로 시행되어야 하는가?

12. 다음 사상가의 관점에만 모두 '√'를 표시한 학생은?

> 사람들은 그들이 자연 상태에서 가졌던 평등, 자유 및 집행권을 사회의 선이 요구하는 바에 따라 입법부가 처리할 수 있도록 사회의 수중에 양도한다. 입법부의 권력은 자연 상태를 불안하게 하는 결함을 제거함으로써 시민들의 기본권을 보호해야 하며, 시민들의 안전 및 공공선이 아닌 다른 목적을 위해 행사되어서는 안 된다.

관점＼학생	갑	을	병	정	무
국가에 대한 정치적 의무는 시민들의 동의에 의해 발생한다.	√	√		√	
국가는 시민들의 생명과 재산을 보호해야 할 의무를 지닌다.	√			√	√
국가 권력에 대해 시민들은 어떤 경우에도 저항할 수 없다.		√	√		√
국가는 인간의 정치적 본성에 의해 형성된 자연적 산물이다.			√	√	√

① 갑　　② 을　　③ 병　　④ 정　　⑤ 무

13. (가)의 입장에 비해 (나)의 입장이 갖는 상대적 특징을 그림의 ㉠ ~ ㉭ 중에서 고른 것은?

> (가) 과학 기술 자체는 가치 중립적이다. 따라서 과학 기술자는 과학 기술의 발견 및 활용의 과정에서 자신의 연구 결과가 사회에 미칠 영향에 대해 책임질 필요가 없으며, 과학 기술자의 연구는 윤리적 규제에서 벗어나야 한다.
> (나) 과학 기술의 발견 및 활용의 과정은 가치 중립적이지 않다. 따라서 과학 기술자는 과학 기술의 발견 및 활용의 과정에서 자신의 연구 결과가 사회에 미칠 영향에 대해 책임져야 하며, 과학 기술자의 연구는 윤리적 규제를 받아야 한다.

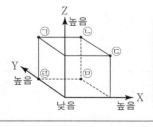

- X: 과학 기술의 활용 결과에 대한 과학 기술자의 책임을 강조하는 정도
- Y: 과학 기술자의 연구에 대한 윤리적 규제의 필요성을 강조하는 정도
- Z: 과학 기술의 발견 및 활용의 과정에서 가치 판단의 배제를 강조하는 정도

① ㉠　　② ㉡　　③ ㉢　　④ ㉣　　⑤ ㉤

14. (가)의 갑, 을, 병 사상가들의 입장을 (나) 그림으로 탐구할 때, A ~ D에 들어갈 적절한 질문만을 <보기>에서 고른 것은? [3점]

(가)	갑: 정의의 원칙들은 다원적이다. 상이한 사회적 가치들은 상이한 근거들에 따라 상이한 절차에 맞게 상이한 주체에 의해 분배되어야 한다. 을: 정의의 원칙들이 공정한 합의나 약정의 결과가 되는 것은 원초적 입장에서 무지의 베일을 쓴 당사자들 모두가 유사한 상황 속에 처하게 되기 때문이다. 병: 정의로운 사회는 개인의 소유권이 최우선적으로 보장되는 사회이다. 재화의 취득과 이전의 과정이 부당한 것이 아니라면 그 재화의 보유 상태는 정의롭다.
(나)	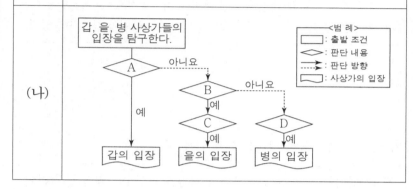

〈 보 기 〉

ㄱ. A: 서로 다른 사회적 가치들은 동일한 기준에 따라 분배되어야 하는가?
ㄴ. B: 자신의 경제적 형편을 모르는 상황에서 정의의 원칙이 도출되는가?
ㄷ. C: 합의된 정의의 원칙은 당사자들의 만장일치로 선택된 것인가?
ㄹ. D: 소유권은 오직 취득과 이전의 정의 원리에 의해 부여되는가?

① ㄱ, ㄴ　　② ㄱ, ㄷ　　③ ㄴ, ㄷ　　④ ㄴ, ㄹ　　⑤ ㄷ, ㄹ

15. 다음 글의 입장만을 <보기>에서 있는 대로 고른 것은?

> 인간은 자연으로부터 영양분을 흡수하는 신진대사작용을 통해 자연과 소통하게 된다. 즉 인간은 먹는 행위를 통해 자연의 순환에 참여한다. 이러한 먹는 행위는 '먹는다'와 '식사한다'로 구분될 필요가 있다. '먹는다'는 것은 단지 허기를 채우는 수단만을 전제하기에 '먹는다'에서 비롯된 즐거움은 인간과 동물에게 공통적이다. 반면 '식사한다'는 것은 회식에 참석하는 사람들의 즐거움을 위해 누구를 초대할지, 어떤 음식을 먹을지, 어떤 식사 예절을 지켜야 할지에 대한 다양한 사전적 준비가 전제되므로 '식사한다'에서 비롯된 즐거움은 인간에게만 특유한 것이다. 따라서 '먹는다'는 것은 생물학적 성격을 갖는 행위이지만, '식사한다'는 것은 이성적인 행위이면서도 도덕적 판단의 대상이 되는 행위이다.

〈 보 기 〉

ㄱ. 먹는 행위를 통해 인간은 자연과 유기적 관계를 맺는다.
ㄴ. '먹는다'는 것은 인간의 본능적인 행위에 포함될 수 없다.
ㄷ. '먹는다'는 '식사한다'와 달리 정신적인 작용이 포함된 행위이다.
ㄹ. '먹는다'와 '식사한다'에서 비롯된 즐거움을 동일하게 볼 수 없다.

① ㄱ, ㄴ　　　② ㄱ, ㄹ　　　③ ㄷ, ㄹ
④ ㄱ, ㄴ, ㄷ　　⑤ ㄴ, ㄷ, ㄹ

16. 다음 사상가의 입장만을 <보기>에서 있는 대로 고른 것은? [3점]

애국심이란 저급한 충성심이나 지역적 충성과 비교해볼 때, 높은 형태의 이타주의이다. 하지만 그것은 절대적 전망에서 보면 한갓 이기주의의 또 다른 형태에 지나지 않는다. 집단이 크면 클수록 그 집단은 전체적인 인간 집단에서 스스로를 이기적으로 표현한다. 이런 집단은 더욱 효율적이고 강력해지며, 사회적 제재도 물리칠 수 있게 된다.

─── 〈 보 기 〉 ───
ㄱ. 집단 내 개인 간의 문제는 합리적인 조정을 통해 해결 가능하다.
ㄴ. 집단에 대한 개인의 헌신을 이기주의의 표현으로 간주할 수 있다.
ㄷ. 애국심은 도덕적 개인이 모인 사회를 비도덕적으로 만들 수 있다.
ㄹ. 개인은 집단에 비해 이기적 충동을 억제하는 능력이 결여되어 있다.

① ㄱ, ㄷ   ② ㄱ, ㄹ   ③ ㄴ, ㄹ
④ ㄱ, ㄴ, ㄷ   ⑤ ㄴ, ㄷ, ㄹ

17. 갑, 을 사상가들의 입장으로 가장 적절한 것은?

갑: 기업이 가지는 유일한 사회적 책임은 속임수나 부정행위 없이 공개적이고 자유로운 경쟁에 전념하는 것이다. 주주들을 위해 되도록 돈을 많이 버는 것 말고 다른 사회적 책임을 받아들이는 현상은 자유 사회의 근간을 근본적으로 허무는 것이다.
을: 기업은 법의 테두리 안에서 경영을 해야 할 뿐만 아니라 자선 사업, 환경 보호 활동 등 사회 구성원으로서의 사회적 책임도 이행해야 한다. 이럴 때 기업은 소비자의 신뢰를 얻게 될 것이고, 이로 인해 장기적으로 기업의 이익도 증진될 것이다.

① 갑: 기업은 주주들과 소비자의 이익을 동등하게 고려해야 한다.
② 갑: 기업의 자선 활동은 기업이 지니는 사회적 책임에 포함된다.
③ 을: 기업의 환경 보호 활동은 기업의 이미지 제고와 무관하다.
④ 을: 기업의 본질은 사회 구성원들의 복지를 향상시키는 것이다.
⑤ 갑, 을: 기업은 합법적으로 이윤을 창출해야 할 사회적 책임을 지닌다.

18. 다음 사상가의 입장에서 <문제 상황> 속 A에게 제시할 조언으로 가장 적절한 것은? [3점]

인간은 인간에 대한 의무 외에는 어떤 존재자에 대한 의무도 지닐 수 없다. 인간의 다른 존재자들에 대한 의무는 한낱 자기 자신에 대한 의무에 지나지 않으며, 동물을 잔학하게 다루는 것은 인간의 자기 자신에 대한 의무와 내면에서 더욱 배치된다.

〈문제 상황〉
고등학생 A는 자신의 SNS 조회 수를 높이기 위해 동물을 괴롭히는 장면을 촬영하여 SNS에 게시하였다. A는 동물을 괴롭히면서도 자신의 잘못을 느끼지 못하고 있다.

① 동물을 수단이 아닌 목적적 존재로 대우해야 함을 유념하세요.
② 동물 학대는 도덕성에 유익한 자연적 소질을 약화시킴을 명심하세요.
③ 동물 학대는 동물의 내재적 가치를 무시하는 행동임을 인식하세요.
④ 동물의 권리를 존중하는 것은 인간의 도덕적 의무임을 깨달으세요.
⑤ 동물은 도덕적 행위 주체로서 배려받아야 할 대상임을 기억하세요.

19. 다음 토론의 핵심 쟁점으로 가장 적절한 것은? [3점]

갑: 인간은 누구나 자신에 관한 일을 스스로 결정하고 행동할 권리를 지니며, 성(性)과 관련된 부분에도 이러한 자기 결정권을 행사할 수 있습니다.
을: 동의합니다. 다만 경제적 이익을 얻기 위해 자신의 성적 이미지를 상품화하는 행위는 성을 도구화하는 것으로 올바른 성의 자기 결정권을 행사했다고 볼 수 없습니다.
갑: 아닙니다. 성적 이미지를 이용해 경제적 이익을 추구하는 과정에서 타인의 권리를 침해하지 않았다면, 이는 성의 자기 결정권을 올바르게 행사한 것으로 볼 수 있습니다.
을: 하지만 타인의 권리를 침해하지 않더라도 인간의 존엄성을 훼손하는 행위는 윤리적으로 문제가 됩니다. 성을 도구화하는 것은 성의 인격적 가치를 왜곡하여 인간의 존엄성을 훼손하므로 올바른 성의 자기 결정권의 행사로 볼 수 없습니다.

① 성의 자기 결정권은 누구나 보장받아야 할 기본적 권리인가?
② 올바른 성의 자기 결정권을 행사하기 위해 노력해야 하는가?
③ 성의 자기 결정권 행사를 제한할 수 있는 조건이 존재하는가?
④ 성적 이미지의 상업적 이용은 도덕적으로 정당화될 수 있는가?
⑤ 인간은 자신의 성과 관련된 행동을 자율적으로 결정할 수 있는가?

20. (가)를 주장한 사상가의 입장에서 볼 때, (나)의 A에 들어갈 적절한 내용만을 <보기>에서 있는 대로 고른 것은?

(가)	현대 민주주의 위기의 본질은 시민의 의사가 공적 영역의 결정에 올바르게 반영되지 못하는 데 있다. 정치, 경제 등 다양한 공적 영역의 결정에 시민의 의사가 올바르게 반영되기 위해서는 합리적 의사소통의 과정을 거쳐야만 한다. 이 과정에서 모든 사람이 자신의 목소리를 내기 위해서는 이상적 담화 상황이 실현되어야 한다.
(나)	공적 의사 결정 과정에서 합리적 의사소통이 이루어지려면 어떤 태도를 지녀야 하나요? A

─── 〈 보 기 〉 ───
ㄱ. 상대방을 기만하려는 말은 하지 않아야 합니다.
ㄴ. 어떠한 개인적 욕구나 희망 사항도 표현하지 말아야 합니다.
ㄷ. 사회적으로 정당한 규범에 근거해 의견을 제시해야 합니다.
ㄹ. 상대방의 주장에 자유롭게 의문을 제기할 수 있어야 합니다.

① ㄱ, ㄴ   ② ㄴ, ㄹ   ③ ㄷ, ㄹ
④ ㄱ, ㄴ, ㄷ   ⑤ ㄱ, ㄷ, ㄹ

※ 확인 사항
답안지의 해당란에 필요한 내용을 정확히 기입(표기)했는지 확인하시오.

1. 갑, 을의 입장에 대한 설명으로 가장 적절한 것은?

> 갑: 윤리학은 어떤 원리가 도덕적 행위를 위한 근본 원리로 성립될 수 있는지를 탐구하여 도덕 문제 해결의 이론적 토대를 제공하는 것을 주요 과제로 삼아야 한다.
> 을: 윤리학은 도덕적 논의에 사용되는 도덕적 용어의 의미를 분석하고, 도덕적 신념이 참 또는 거짓인가를 확증할 수 있는 추론의 규칙을 검토하는 것을 주요 과제로 삼아야 한다.

① 갑: 도덕 판단의 근거가 되는 도덕 원리를 제시해야 한다.
② 갑: 도덕적 추론의 논리적 분석을 핵심 과제로 삼아야 한다.
③ 을: 도덕적 관습을 객관적으로 기술하는 데에 주력해야 한다.
④ 을: 도덕 문제를 해결하기 위해 보편적 규범을 제시해야 한다.
⑤ 갑, 을: 도덕 논증의 타당성 입증을 탐구의 본질로 삼아야 한다.

2. 다음 사상가의 입장을 <보기>에서 고른 것은? [3점]

> 죽음은 현존재 자신의 가장 고유한 가능성으로, 이는 몰교섭적인 가능성이다. 현존재는 이 가능성을 자기 자신이 능동적으로 떠맡아야 한다는 점을 깨달아야 한다. 또한 죽음은 현존재를 단순히 '속해 있기만' 하는 존재가 아니라 '개별적' 현존재로 만든다. 죽음의 몰교섭적인 특성은 현존재 자신을 고독하게 만들며 현존재가 '본래적 자기 자신'으로서 존재할 수 있게 한다.

〈 보기 〉
ㄱ. 죽음을 직시함으로써 보다 의미 있는 삶을 살 수 있다.
ㄴ. 죽음 이후에야 인간은 자신의 고유성을 회복할 수 있다.
ㄷ. 죽음에 대한 참된 인식은 실존에 대한 자각으로 이어진다.
ㄹ. 죽음은 인간의 개별성을 해치므로 두려움의 대상이어야 한다.

① ㄱ, ㄴ　② ㄱ, ㄷ　③ ㄴ, ㄷ　④ ㄴ, ㄹ　⑤ ㄷ, ㄹ

3. 다음 칼럼의 입장에서 지지할 주장으로 적절하지 <u>않은</u> 것은?

> ○○신문　　　칼 럼　　　○○○○년 ○월 ○일
>
> 최근 새로운 소비 패러다임이 등장하고 있다. 새로운 소비 패러다임은 절제하는 소비, 타인의 권리를 존중하는 소비, 기업의 윤리적 경영을 촉구하는 소비, 동물 복지를 고려하는 소비, 지속가능한 소비 등을 지향한다. 이러한 지향을 따르는 소비자는 소비 행위에서 바람직한 가치를 실현하고자 함으로써 인권 향상 및 환경 문제 해결에 기여할 수 있다. 따라서 우리는 자신만을 위한 소비에서 벗어나 공동체를 고려하는 윤리적 소비를 실천해야 한다.

① 동물의 고통을 최소화하여 생산한 제품을 구매해야 한다.
② 노동에 대한 정당한 대가가 지불된 제품을 구매해야 한다.
③ 환경에 유해한 원료를 사용하지 않은 제품을 구매해야 한다.
④ 재사용 가능한 자원을 활용하여 생산한 제품을 구매해야 한다.
⑤ 또래 집단과의 유대를 위해 친구가 소비하는 제품을 구매해야 한다.

4. 갑, 을의 입장으로 적절한 내용을 <보기>에서 고른 것은?

>
> 과학자의 연구는 사회에 영향을 미치므로 과학자는 과학 기술 활용에 대해 관심을 가져야 합니다. 따라서 과학 기술이 환경에 악영향을 끼친다면, 과학자는 과학 기술이 환경에 끼칠 위험성을 경고하고 기술적 조언을 제공해야 합니다.
>
>
> 환경의 훼손은 과학 기술 활용의 결과이지 과학 기술 그 자체의 문제는 아닙니다. 과학 기술 활용의 결과는 과학자의 몫이 아니므로 과학자가 지켜야 할 의무는 연구 과정에서 과학적 지식의 진위를 객관적으로 판단하는 것에 국한되어야 합니다.
>
> 갑　　　　　　　을

〈 보 기 〉
ㄱ. 갑: 과학자는 과학 기술의 부작용을 사회에 알려야 한다.
ㄴ. 을: 과학적 지식을 검증할 때 주관적 가치를 배제해야 한다.
ㄷ. 갑, 을: 과학자에게는 인류의 복지를 향상시킬 외적 책임이 있다.
ㄹ. 갑, 을: 과학 연구 결과는 윤리적 평가로부터 자유로워야 한다.

① ㄱ, ㄴ　② ㄱ, ㄷ　③ ㄴ, ㄷ　④ ㄴ, ㄹ　⑤ ㄷ, ㄹ

5. 갑, 을 사상가들의 입장만을 <보기>에서 있는 대로 고른 것은? [3점]

> 갑: 형벌은 동등성의 원리에 따른 것이다. 따라서 형벌은 범죄자 자신이나 시민 사회를 위해서 어떤 다른 선을 촉진하기 위한 한낱 수단으로서 가해질 수 없고, 그가 범죄를 저질렀기 때문에 가해져야 한다.
> 을: 형벌은 강도보다 지속성을 중시해야 한다. 우리의 감수성은 강력하지만 일시적 충동보다는 반복된 인상에 의해 훨씬 쉽게, 영속적으로 자극받기 때문이다. 종신 노역형이 인간의 정신에 미치는 효과가 사형에 비해 크다.

〈 보 기 〉
ㄱ. 갑: 보복법만이 형벌의 질과 양을 명확히 제시할 수 있다.
ㄴ. 을: 범죄자에 대한 형벌 집행은 공리의 증진에 기여해야 한다.
ㄷ. 갑, 을: 살인범에 대한 사형은 언제나 공적 정의에 부합된다.
ㄹ. 갑, 을: 범죄와 형벌 사이에는 비례 관계가 유지되어야 한다.

① ㄱ, ㄴ　　　　② ㄴ, ㄷ　　　　③ ㄷ, ㄹ
④ ㄱ, ㄴ, ㄹ　　⑤ ㄱ, ㄷ, ㄹ

6. 그림의 강연자의 입장을 <보기>에서 고른 것은?

종교적 인간은 이 세계를 초월하면서도 이 세계 안에 현현(顯現)하며, 그럼으로써 이 세계를 성(聖)스럽게 하고, 또 그것을 실재적인 것으로 만드는 거룩한 실재가 있다는 사실을 믿습니다. 그러나 비종교적 인간은 초월을 거절하며, 심지어 거룩한 실재의 존재 의미를 의심하기까지 합니다. 그럼에도 불구하고 비종교적 인간은 종교적 인간의 후예입니다. 비록 비종교적 인간이 그 사실을 깨닫지 못할 때조차도 그들은 여전히 종교적으로 행동하고 있습니다.

─── 〈 보 기 〉 ───
ㄱ. 종교적 인간은 일상생활 속에서 성스러움을 발견한다.
ㄴ. 종교적 인간은 세계 안에 자신을 드러내는 절대적 실재를 믿는다.
ㄷ. 종교적 인간은 초월적인 것과 자연적인 것의 분리를 지향한다.
ㄹ. 비종교적 인간은 자신의 삶이 종교와 무관함을 인정해야 한다.

① ㄱ, ㄴ   ② ㄱ, ㄷ   ③ ㄴ, ㄷ   ④ ㄴ, ㄹ   ⑤ ㄷ, ㄹ

7. 다음 글의 입장에서 지지할 주장으로 가장 적절한 것은?

다문화 사회에서는 이민자들의 관습을 존중하여 그들의 정체성을 보호하고, 더 나아가 그들에게 차별화된 권리를 인정하는 정책을 시행해야 한다. 이러한 정책을 통해 이민자들은 자신들이 속한 현 국가에서 각자의 전통과 정치적 자유를 누릴 수 있게 된다. 또한 지배적 집단에 대한 그들의 취약성이 보완되어 집단 간 관계의 형평성이 제고될 뿐만 아니라 사회 통합의 기반인 민주적 연대 역시 촉진된다.

① 이민자 집단의 문화를 인정하면 사회 분열이 초래될 것이다.
② 단일한 문화 정체성 형성을 위한 문화적 표준을 제시해야 한다.
③ 이민자 집단의 전통적 삶의 방식을 제도적으로 보호해야 한다.
④ 소수의 이질적 문화는 한 사회의 지배적 문화에 동화되어야 한다.
⑤ 이민자 집단의 문화 보존과 민주적 질서 유지는 상호 대립적이다.

8. 다음 가상 편지에서 강조하는 입장으로 가장 적절한 것은?

사랑하는 아들에게
요즘 네가 친구 관계로 고민이 많아 보이는구나. 예나 지금이나 친구를 사귀는 것은 중요한 일이지. 그래서 네가 친구를 사귈 때에는 옛 성현(聖賢)의 말에 귀 기울일 필요가 있어. 맹자는 선행을 하도록 권하는 것이 친구 간의 도리이며, 자기를 바르게 하여[修身] 선한 선비가 되어야 선한 선비와 벗할 수 있다고 하였어. 또한 자신의 나이가 많음[長]을 내세우지 않고, 자신의 지위가 높음[貴]을 내세우지 않으며, 자기 가문의 부유함을 내세우지 않고 벗해야 한다고 보았지. 친구와의 사귐에 있어 늘 이러한 가르침을 염두에 두렴.

① 친구 관계의 확장을 위해 자신의 외적 조건을 갖춰야 한다.
② 친구와의 사귐은 경제적 이해(利害)를 기반으로 해야 한다.
③ 친구의 잘못에 대해 권면(勸勉)하지 말고 감싸 주어야 한다.
④ 친구 관계는 가변적이므로 신중한 선택이 필요한 것은 아니다.
⑤ 친구 관계에서는 자신의 덕을 함양하여 상호 도리를 다해야 한다.

9. 그림은 서술형 평가 문제와 학생 답안이다. 학생 답안의 ㉠ ~ ㉤ 중 옳지 *않은* 것은? [3점]

──── 서술형 평가 ────

◎ 문제: 서양 사상가 갑, 을의 해외 원조에 대한 입장을 비교하여 서술하시오.

갑: 이익 평등 고려의 관점에서 볼 때, 고통을 감소시켜야 할 도덕적 이유는 고통 그 자체의 바람직하지 못함 때문이다. 우리가 도덕적으로 중요한 것을 희생하지 않고도 빈곤에 처한 누군가를 도울 수 있다면, 우리는 그를 도와야 한다.
을: 고통받는 사회는 종종 질서 정연한 사회가 되는 데 필요한 정치 문화 및 과학 기술 자원이 결핍되어 있다. 질서 정연한 사회의 만민은 고통받는 사회가 정의롭거나 또는 적정 수준의 기본 제도들을 가질 수 있도록 그 사회를 도와야 한다.

◎ 학생 답안

갑, 을의 입장을 비교해 보면, 갑은 ㉠인류 전체의 복지 수준을 향상시키는 것을 해외 원조의 목적으로 보았으며, ㉡원조를 통해 얻는 이익이 비용보다 클 경우 원조가 이루어져야 한다고 주장하였다. 이에 비해 을은 ㉢고통받는 사회에 자유와 평등이 확립되도록 돕는 것을 해외 원조의 목적으로 보았으며, ㉣원조를 통해 질서 정연한 사회와 고통받는 사회들 간의 복지 수준이 평등하게 조정되어야 한다고 주장하였다. 한편 갑, 을은 공통적으로 ㉤타국의 고통스러운 상황을 개선하기 위한 원조가 인류의 도덕적 의무라고 보았다.

① ㉠   ② ㉡   ③ ㉢   ④ ㉣   ⑤ ㉤

10. 갑은 부정, 을은 긍정의 대답을 할 질문으로 가장 적절한 것은? [3점]

갑: 정보 사회에서 사람들이 얻을 수 있는 정보의 양과 질에 차이가 발생하고 있습니다. 이는 정보 통신 기술에 대한 접근과 이용의 차이, 즉 정보 격차에 기인합니다.
을: 그렇습니다. 정보 격차는 장기적으로 정보 불평등을 초래하므로, 이를 해결하기 위해 누구나 정보 통신 기술에 대한 접근과 이용이 가능하도록 국가의 정책적 노력이 필요합니다.
갑: 아닙니다. 어떤 정보 통신 기술이든 등장 초기에는 소수만이 이를 누리지만, 시간이 지나면서 자연스럽게 다수가 기술을 이용할 수 있게 되어 정보 격차는 완화될 것입니다.
을: 그렇지 않습니다. 정보 통신 기술은 자연스럽게 확산되지 않으므로, 새로운 기술의 등장은 이에 대한 접근과 이용 능력의 차이에 따라 또 다른 정보 격차를 야기합니다. 따라서 정보 소외 계층을 지원하는 제도적 방안을 마련해야 합니다.

① 정보 사회에서는 정보 격차가 발생하는가?
② 정보 격차 해소를 위해서는 정부의 개입이 요구되는가?
③ 정보 소외 계층에게 정보 접근의 기회를 제한해야 하는가?
④ 정보 통신 기술은 시간이 경과하면 자연스럽게 확산되는가?
⑤ 정보 사회에서는 모든 사람에게 동일한 정보가 제공되는가?

11. 다음 가상 대담의 ㉠에 들어갈 말로 가장 적절한 것은?

① 인간관계에서 감정이 아닌 이성적 측면을 중시합니다.
② 맥락에 대한 고려 없이 도덕 판단을 내려야 한다고 봅니다.
③ 도덕적 행위에서 정의가 아닌 배려의 실천만을 강조합니다.
④ 타인과의 유대보다 도덕 법칙을 따르려는 의무 의식을 강조합니다.
⑤ 공감을 통한 정서적 돌봄을 도덕성의 중요한 요소로 생각합니다.

12. 갑, 을 사상가들의 입장으로 가장 적절한 것은? [3점]

> 갑: 현명한 사람은 정의를 운명에 맡기려 하지 않는다. 나의 유일한 책무는 어떤 때이고 간에 내가 옳다고 생각하는 일을 행하는 것이다. 불의한 정부에 복종하느니 불복종의 처벌을 택하는 편이 모든 면에서 잃는 것이 적다.
>
> 을: 호전적인 사람은 법질서에 대한 보다 철저한 반대를 나타내며 전투적 행위를 추구한다. 시민 불복종은 전투적 행위와는 구분되며, 법에 대한 충실성의 한계 내에서 법에 대한 불복종을 나타내는 것이다.

① 갑: 시민은 국가가 정한 모든 법을 지키면서 불의에 저항해야 한다.
② 갑: 개인의 양심은 시민 불복종을 정당화하는 근거가 될 수 없다.
③ 을: 시민 불복종은 공동체의 정의감에 호소하는 정치적 행위이다.
④ 을: 시민 불복종은 위법 행위이므로 비공개적으로 이루어져야 한다.
⑤ 갑, 을: 시민 불복종은 기존의 정치 체제를 변혁하려는 행위이다.

13. 갑, 을의 입장에 대한 옳은 설명만을 <보기>에서 있는 대로 고른 것은?

> 갑: 음악이 바르면 백성은 빗나가지 않게 되고, 음악이 엄숙하면 백성은 질서가 있어 어지럽지 않게 된다. 그러므로 군자는 음악을 통해 백성을 교화하고 풍속을 변화시켜야 한다.
>
> 을: 음악은 그 자체로 독립적인 아름다움이며 스스로가 목적이 된다. 그러므로 음악가는 음악을 도덕적 감정이나 사고를 표현하기 위한 도구로 여겨서는 안 된다.

─────〈 보 기 〉─────
ㄱ. 갑은 음악이 도덕적 사회의 실현에 기여할 수 있다고 본다.
ㄴ. 갑은 음악이 올바른 품성 함양에 도움이 될 수 있다고 본다.
ㄷ. 을은 음악이 도덕을 위한 수단이 되어서는 안 된다고 본다.
ㄹ. 갑, 을은 음악이 미적 가치로만 평가받아야 한다고 본다.

① ㄱ, ㄴ   ② ㄱ, ㄹ   ③ ㄷ, ㄹ
④ ㄱ, ㄴ, ㄷ   ⑤ ㄴ, ㄷ, ㄹ

● 2013학년도 4월(고3)

14. 그림의 수업 장면에서 갑, 을의 입장에 대한 설명으로 가장 적절한 것은? [3점]

① 갑은 여성의 자율적 선택권보다 태아의 생명권을 강조한다.
② 갑은 낙태 결정의 우선적 기준으로 태아의 존엄성을 중시한다.
③ 을은 태아의 생명이 수단적 가치를 지닌다고 본다.
④ 을은 태아가 출산 이후부터 인간으로서의 지위를 지닌다고 본다.
⑤ 갑은 을보다 태아에 대한 소유권이 여성에게 있음을 강조한다.

15. (가)의 갑, 을, 병 사상가들의 입장을 (나) 그림으로 탐구할 때, A~D에 해당하는 적절한 질문만을 <보기>에서 있는 대로 고른 것은? [3점]

(가)	갑: 식물은 동물을 위해 생겨났고, 동물은 인간을 위해 만들어졌다. 야생 동물의 대부분은 식량을 위해서 혹은 그 밖의 것을 얻기 위한 대상으로 존재한다. 을: 대지 윤리는 호모 사피엔스를 대지 공동체의 구성원으로 변화시킨다. 공동체의 구성원은 동료뿐만 아니라 전체 공동체에 대해 존경심을 가져야 한다. 병: 고통과 즐거움을 느낄 수 있는 능력은 어떤 존재가 이익을 갖는다고 할 때의 필요충분조건이다. 돌멩이는 고통을 느낄 수 없기 때문에 이익을 갖지 않는다.
(나)	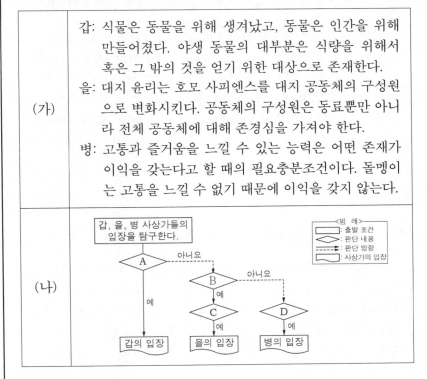

─────〈 보 기 〉─────
ㄱ. A: 인간은 동식물을 삶에 필요한 자원으로 이용할 수 있는가?
ㄴ. B: 유정(有情)적 존재의 특징에 따라 배려 방법은 달라질 수 있는가?
ㄷ. C: 대지의 온전함을 위해 인간이 져야 할 의무가 존재하는가?
ㄹ. D: 인간과 포유류의 복리(福利)를 동등하게 고려해야 하는가?

① ㄱ, ㄴ   ② ㄱ, ㄷ   ③ ㄷ, ㄹ
④ ㄱ, ㄴ, ㄹ   ⑤ ㄴ, ㄷ, ㄹ

16. 갑, 을 사상가들의 입장으로 가장 적절한 것은?

> 갑: 신은 모든 사람이 모든 행동에서 각각 자기의 소명(召命)에 관심을 둘 것을 요구한다. 각 개인에게는 신이 예정한 생활 방식이 있다.
>
> 을: 매뉴팩처*에서 이루어지는 작업장 안의 분업은 독립적이었던 노동자를 부분 노동자로 전락시켜 기형적 불구자로 만들며, 노동자를 자본의 지휘와 규율에 복종시킨다.
>
> * 매뉴팩처: 자본가가 노동자를 고용해 그들의 기술을 이용하여 생산을 하게 하는 공장제 수공업

① 갑: 직업 생활을 통한 부의 축적은 신의 뜻에 어긋난다.
② 갑: 직업 생활에 충실함으로써 누구나 구원에 이를 수 있다.
③ 을: 직업 생활에서 매뉴팩처 안의 분업은 노동 소외의 원인이 된다.
④ 을: 직업에서 노동자는 자아실현을 위해 자본가의 통제를 받아야 한다.
⑤ 갑, 을: 모든 직업 생활의 경제적 대가는 동일하게 주어져야 한다.

17. 다음 사상가가 긍정의 대답을 할 질문으로 가장 적절한 것은? [3점]

> 전통 윤리학에서 인간의 의무 대상은 지구상의 다른 어떤 것도 아닌 인간 자신이었다. 그러나 인간 자신에 대한 의무가 계속해서 절대적인 것으로 여겨진다 하더라도, 그 의무는 이제 인류의 지속과 온전함을 유지하기 위한 조건으로서 자연에 대한 의무를 포함하지 않을 수 없다. 인간 행위의 새로운 유형에 적합하고 새로운 유형의 행위 주체를 지향하는 명법은 다음과 같다. "지상에서 인류의 무한한 존속을 가능하게 하는 제 조건을 위협하지 마라."

① 인간은 미래에 발생할 위협보다 진보에 주목해야 하는가?
② 인간은 사후적 책임뿐 아니라 예견적 책임까지 져야 하는가?
③ 인간과 자연은 공존을 위해 서로를 책임의 대상으로 삼는가?
④ 인간의 책임 범위는 인간 상호간의 관계로 한정되어야 하는가?
⑤ 인간 이외의 생명은 목적이 아닌 수단으로서만 가치를 지니는가?

18. 다음 사상가의 입장에만 모두 '√'를 표시한 학생은? [3점]

> 개인들은 이성적 능력을 통해 정의감을 키워 나갈 수 있고 이기주의적 성향을 정화시킬 수 있다. 그러나 이 모든 것들이 인간 사회와 사회 집단들에서는 전혀 불가능한 것은 아니지만, 개인 차원과 비교해 볼 때, 훨씬 획득되기 어렵다. 집단이 클수록 그 집단은 전체적인 인간 집단에서 스스로를 이기적으로 표현한다.

입장 \ 학생	갑	을	병	정	무
집단의 도덕성은 개인의 도덕성에 비해서 우월하다.	√	√		√	
집단의 요구와 개인의 양심 간에 지속적 갈등이 존재한다.			√	√	√
집단에 대한 헌신이 집단 이기주의의 형태로 나타날 수 있다.	√			√	√
집단 간 힘의 불균등한 분배가 부정의가 지속되는 원인이 된다.		√	√		√

① 갑   ② 을   ③ 병   ④ 정   ⑤ 무

19. (가)의 갑, 을 사상가들의 입장을 (나) 그림으로 표현할 때, A~C에 들어갈 적절한 진술만을 <보기>에서 있는 대로 고른 것은? [3점]

(가)	갑: 분배가 정의로울 충분조건은 그 분배하에서 모든 사람들이 자신들이 소유하고 있는 것에 대한 소유 권리를 소유함이다. 을: 민주주의적 평등의 입장은 공정한 기회 균등의 원칙과 차등의 원칙의 결합에 의해 이루어진다. 이 원칙은 사회적·경제적 불평등을 판정할 입장을 선정한다.
(나)	갑 을 A B C <범례> A: 갑만의 입장 B: 갑, 을의 공통 입장 C: 을만의 입장

> ─── < 보 기 > ───
>
> ㄱ. A: 재산을 소유할 권리의 자유는 평등하게 보장되어야 한다.
> ㄴ. B: 분배의 공정함은 결과보다는 절차의 공정함에 기인한다.
> ㄷ. C: 경제적 불평등은 모두에게 이익이 될 때에만 정당화된다.
> ㄹ. C: 천부적 우연성이 배제된 상황에서 정의의 원칙에 합의해야 한다.

① ㄱ, ㄴ   ② ㄱ, ㄷ   ③ ㄴ, ㄹ
④ ㄱ, ㄷ, ㄹ   ⑤ ㄴ, ㄷ, ㄹ

20. 다음 사상가의 입장에서 <문제 상황> 속 A에게 제시할 조언으로 가장 적절한 것은?

> 세상 안에서뿐만 아니라 세상 밖에서조차도 제한 없이 선하다고 여길 수 있는 것은 오직 선의지뿐이다. 선의지는 자신의 의도를 끝까지 성취할 수 없다 하더라도, 자신의 가치를 자기 안에 갖고 있기 때문에 그 자체로도 빛날 것이다.

<문제 상황>

PC방에 갈 돈을 받기 위해 참고서를 사야 한다고 부모님께 거짓말을 할까?

① 거짓말이 들통날 경우 부모님이 느낄 실망을 헤아려 보세요.
② 거짓말을 했을 때 생겨날 쾌락과 고통의 양을 비교해 보세요.
③ 거짓말을 해도 된다는 준칙은 보편화될 수 없음을 명심하세요.
④ 거짓말을 하지 말라는 규칙이 모두에게 유용한지 고려하세요.
⑤ 거짓말이 유덕한 품성 함양에 방해가 될 수 있음을 명심하세요.

※ 확인 사항

답안지의 해당란에 필요한 내용을 정확히 기입(표기)했는지 확인하시오.

2018학년도 4월 고3 전국연합학력평가 문제지 1

제 4 교시

사회탐구 영역[생활과 윤리]

14회

성명 □□□ 수험 번호 □□□□□ — □□□□□ 제 〔 〕 선택

14회

---

1. 그림의 강연자가 지지할 입장만을 <보기>에서 있는 대로 고른 것은?

> 부모를 위해 수고로움을 다하고, 부모에게 음식을 먼저 드시게 한다고 해서 효를 다한 것은 아닙니다. 늘 밝은 안색으로 부모를 대해야 합니다. 또한 부모를 섬길 때는 조심스럽게 간언[諫]해야 합니다. 설령 부모가 듣지 않아도 더욱 공경하며 원망하지 말아야 합니다. 효를 행하면서 윗사람 해치기를 좋아하는 사람은 드물며, 윗사람 해치기를 좋아하지 않으면서 질서를 어지럽히기를 좋아하는 사람은 없습니다.

─〈 보 기 〉─
ㄱ. 효는 부자(父子) 간을 넘어 사회적 관계로 확장될 수 있다.
ㄴ. 자식은 자기 자신의 이해(利害)에 따라 효를 실천해야 한다.
ㄷ. 간언을 할 때는 친애(親愛)의 마음을 신중하게 표현해야 한다.
ㄹ. 부모에 대한 물질적 봉양과 함께 공대(恭待)를 실천해야 한다.

① ㄱ, ㄴ   ② ㄱ, ㄹ   ③ ㄴ, ㄷ
④ ㄱ, ㄷ, ㄹ   ⑤ ㄴ, ㄷ, ㄹ

---

2. (가)를 주장한 사상가의 입장에서 볼 때, (나)의 ㉠에 대한 적절한 설명만을 <보기>에서 있는 대로 고른 것은?

(가)	신은 여러 가지 삶의 계층과 삶의 양식들을 구분함으로써 각 사람이 해야 할 일의 순서를 정하였다. 신은 그 같은 삶의 양식들을 소명(召命)이라 하였다. 따라서 자기 자신의 위치를 신이 정해 주신 초소로 여겨야 한다.
(나)	"사람들이 각자 잘하는 일을 얻는다면 천하의 일은 합당하게 되고, 그 직분이 고르게 나누어지면 천하의 일은 이루어진다."라는 어느 고대 중국 사상가의 말처럼, ㉠ 은/는 생계유지와 자아실현을 위한 노동 활동일 뿐만 아니라 사회에 이바지하는 수단이 될 수 있다.

─〈 보 기 〉─
ㄱ. 신으로부터 부름 받은 자기 몫의 일이다.
ㄴ. 노동을 통해 신의 영광을 드러내기 위한 수단이다.
ㄷ. 부의 획득을 궁극적인 목적으로 추구하는 활동이다.
ㄹ. 절제와 금욕을 바탕으로 사람들이 행해야 할 직분이다.

① ㄱ, ㄷ   ② ㄱ, ㄹ   ③ ㄴ, ㄷ
④ ㄱ, ㄴ, ㄷ   ⑤ ㄴ, ㄷ, ㄹ

---

3. (가)의 입장에 비해 (나)의 입장이 갖는 상대적인 특징을 그림의 ㉠~㉤ 중에서 고른 것은? [3점]

(가)	정보 창작자가 산출한 정보는 독창성과 노력의 산물이다. 이러한 산물에 대해서는 보호 조치를 취함으로써 정당한 보상을 해야 하며 새로운 정보 창출의 터전이 되는 지식의 샘물이 고갈되지 않도록 창작자의 의욕을 북돋아야 한다.
(나)	정보 창작자의 소유권을 인정하는 것은 공적 영역에 남아 있어야 할 지적 창작물을 배타적 영역에 머물도록 한다. 또한 새로운 정보 창출의 터전이 되는 지식의 샘물을 사유화하여 정보 격차를 심화시키므로 정보는 공유되어야 한다.

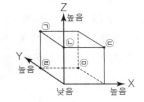

- X: 정보 접근의 불평등 해소를 중시하는 정도
- Y: 정보 창작자의 권리 보장을 강조하는 정도
- Z: 정보가 갖는 공공재적 성격을 인정하는 정도

① ㉠   ② ㉡   ③ ㉢   ④ ㉣   ⑤ ㉤

---

4. ㉠에 들어갈 내용으로 가장 적절한 것은? [3점]

> 나와 같은 입장을 지닌 어떤 서양 사상가는 개인 생활에서 집단 생활로 진행할 경우, 충동을 제어할 이성의 비중이 줄어든다고 주장한다. 왜냐하면 집단 간 공동의 지성은 항상 불완전하고 일시적이며, 그것을 맹목적이게 하는 공동의 충동에 의지한다고 보기 때문이다. 그런데 어떤 학자는 "인간은 합리적 존재이므로 인간이 지닌 이성만으로 모든 이기적 충동을 극복할 수 있다."라고 주장한다. 나는 이 주장이 '㉠ '는 점을 간과한다고 본다.

① 이성의 발휘를 통해서 사회적 갈등을 해결할 수 있다.
② 개인의 합리성과 집단의 합리성은 조화를 이룰 수 있다.
③ 사회 정의를 위해 집단은 기꺼이 자기이익을 포기할 수 있다.
④ 집단 간 권력 투쟁을 통해서만 집단의 이기심은 억제될 수 있다.
⑤ 이성에 대한 무조건적 신뢰는 집단 간 갈등 해결을 어렵게 할 수 있다.

---

5. 다음 가상 편지에서 강조하는 내용으로 가장 적절한 것은?

> 친애하는 ○○에게
> 오늘날과 같은 다종교 시대에는 자신의 종교만 옳다는 독선에 빠져 종교 간 오해나 갈등이 생길 수 있다네. 이를 막기 위해 '다른 종교들이 내 종교를 중심으로 돌아야 한다고 믿는 프톨레마이오스적 시각을 버리고, 내 종교를 포함한 모든 종교가 궁극적 실재에 대한 믿음을 중심으로 돌고 있다고 보는 코페르니쿠스적 시각을 채택해야 한다.'는 어느 종교학자의 말에 주목해야 하네. 코페르니쿠스적 시각은 각 종교가 아집에서 벗어나 상호 이해할 수 있는 근거를 마련한다는 점에서 의의가 있다네. …(후략)…

① 과학이 종교보다 우월한 위치에 있음을 인정해야 한다.
② 종교 간 배타적 태도를 지양하여 공존을 모색해야 한다.
③ 스스로가 믿는 종교적 진리가 절대적임을 깨달아야 한다.
④ 종교 교리의 단일화를 통해 종교 간 분쟁을 해결해야 한다.
⑤ 초월적 존재로부터 벗어나 인간의 주체성을 회복해야 한다.

6. (가)를 주장한 사상가의 입장에서 (나)의 내용에 대해 제기할 수 있는 비판적 견해로 가장 적절한 것은?

(가)	유전자를 조작해 종(種)의 개선을 시도하는 것은 인간 현존재의 '무지에 대한 권리'를 박탈하는 것이다. 인간은 자신의 미래에 대해 '모를 권리'를 존중받아야 하며 그럼으로써 자기 고유의 길을 찾아가고 자기 자신에 대해 놀라워할 수 있는 인간적 삶의 권리를 갖게 된다.
(나)	유전자 조작을 통해 유전 형질이 사회적으로 적합한 자를 키우고 부적합한 자를 줄여 사회 발전을 도모해야 한다. 이를 위해 인간은 필요에 맞춤 제작되어야 하며, 체격, 성격과 같은 자연적 운명만이 아니라 직업, 취미와 같은 사회적 운명까지 인위적으로 결정되어야 한다.

① 사회 발전을 위해 인간 삶에서의 우연성을 통제해야 한다.
② 인간의 유전적 완벽함을 위해 인간의 권리를 제한해야 한다.
③ 인간은 자율적이며 자기 목적적 존재로서의 삶을 살아야 한다.
④ 인간 생명의 도구적 사용이 가치 있는 행위임을 깨달아야 한다.
⑤ 인간의 유전자를 획일화시키는 데 생명 공학의 목표를 두어야 한다.

7. 갑 사상가는 긍정, 을 사상가는 부정의 대답을 할 질문으로 가장 적절한 것은? [3점]

> 갑: 불의한 정부에 복종하는 것보다 불복종의 처벌을 받는 것이 모든 면에서 잃는 것이 적다. 소수가 무력한 것은 다수에게 다소곳이 순응하고 있을 때이다. 한 사람이라도 부당하게 가두는 정부 밑에서 의로운 사람이 진정 있을 곳은 감옥이다.
> 을: 거의 정의로운 정부의 합법성을 인정하는 시민들에게서만 시민 불복종은 생겨난다. 시민 불복종의 근거는 개인이나 집단의 이익이 아닌 다수가 공유하는 정의관에 의거해야 한다.

① 시민 불복종은 사회 정의를 실현하기 위한 위법적 행위인가?
② 시민 불복종은 공공적 행위로 폭력적 수단을 배제해야 하는가?
③ 시민 불복종의 근거는 공동체의 정의감이 아닌 개인의 양심인가?
④ 시민 불복종은 그로 인한 법적 결과까지 기꺼이 감수해야 하는가?
⑤ 시민 불복종은 모든 합법적 행위가 실패한 후에 이루어져야 하는가?

8. 다음은 신문 칼럼이다. ㉠에 들어갈 내용으로 가장 적절한 것은?

○○신문	칼 럼	○○○○년 ○월 ○일

> 요즘에도 일부 국가에는 여전히 경제적 이득을 위한 강제적 조혼이나 생명을 위협하는 성인식과 같은 비인간적 문화가 존재한다. 그런데 어떤 이들은 서로 다른 문화 간 공존을 위해서는 문화의 상대성을 인정해야 하므로 이러한 문화에 대해서까지 관용해야 한다고 주장한다. 하지만 이는 인간의 자유와 인권을 박탈한 것이므로 관용하면 안 된다. 관용은 문화적 다양성을 인정하는 것이지만 무제한적 관용은 오히려 인간 존엄성의 실현을 방해하는 장애물이 된다. 따라서 ㉠

① 주관적 선호에 따라 관용의 한계를 결정해야 한다.
② 보편적 가치를 바탕으로 하여 관용을 실천해야 한다.
③ 경제적 이익을 기준으로 관용 여부를 판단해야 한다.
④ 관용 자체를 부정하는 사상이나 태도도 인정해야 한다.
⑤ 모든 문화에 대해 무제한적 관용의 자세를 지녀야 한다.

9. 그림에서 학생들이 모두 옳은 대답을 했다고 할 때, A~C에 대한 설명으로 가장 적절한 것은? [3점]

① A는 경험적 사실 기술보다 도덕적 가치 판단을 중시한다.
② B는 도덕적 관습이 가치와 무관한 문화적 사실임을 강조한다.
③ C는 윤리학의 학문적 성립 가능성에 대한 탐구를 중시한다.
④ A는 B에 비해 보편적 도덕 원리에 대한 탐구를 중시한다.
⑤ B는 C와 달리 도덕 명제에 대한 논리적 명료화를 강조한다.

10. (가)의 갑, 을, 병 사상가들의 입장을 (나) 그림으로 탐구할 때, A~D에 해당하는 적절한 질문만을 〈보기〉에서 있는 대로 고른 것은? [3점]

(가)	갑: 대지에 기울인 정성, 믿음 등에 의해 인간과 대지의 관계가 좌우된다. 이 관계에서는 대지에 대한 경제적 타산과 함께 윤리적 · 심미적 측면까지 고려된다. 을: 쾌고 감수 능력은 어떤 존재의 이익에 관심을 가질지 여부를 판가름하는 유일한 경계가 된다. 다른 특징으로 경계를 나누는 것은 임의적이라 할 수 있다. 병: 믿음과 욕구, 지각과 기억, 미래에 대한 의식이 있고, 쾌락과 고통 등의 감정을 느낄 수 있다면, 그 개체는 삶의 주체로서 도덕적 권리를 지닌다.

(나)

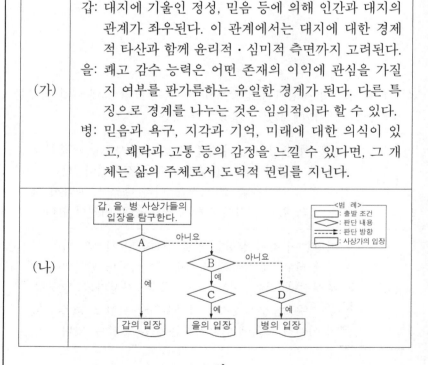

〈 보 기 〉
ㄱ. A: 전체론적 관점에서 생명 공동체의 안정을 추구해야 하는가?
ㄴ. B: 동물에 대한 도덕적 배려는 인간의 이익관심에 따른 의무인가?
ㄷ. C: 고통을 느끼는 모든 종(種)은 도덕적 지위에 있어 동등한가?
ㄹ. D: 도덕적 권리를 갖기 위해서 도덕적 행위 능력이 필요한가?

① ㄱ, ㄷ   ② ㄱ, ㄹ   ③ ㄴ, ㄹ
④ ㄱ, ㄴ, ㄷ   ⑤ ㄴ, ㄷ, ㄹ

11. 갑, 을 사상가들의 입장으로 가장 적절한 것은? [3점]

> 갑: 현대의 예술 작품은 문화 산업으로 포장되어 싼값에 제공됨으로써 대중의 의식을 포섭해 대중과 예술 모두를 소외시킨다. 그래서 문화 산업에서는 비평이 사라진 것처럼 존경도 사라진다.
> 을: 현대의 예술 작품은 기술적 복제가 가능하게 되어 그 '아우라'가 위축된다. 복제 기술은 대중이 예술 작품을 보다 쉽게 접하게 하여 개별화된 미적 체험을 가능하게 한다.

① 갑: 문화 산업은 개성의 표현을 장려해 대중의 의식을 다양화한다.
② 갑: 대중의 창작 욕구는 예술 작품의 반복적 소비를 통해 강화된다.
③ 을: 예술 작품의 복제가 대중에게서 미적 체험의 기회를 박탈한다.
④ 을: 복제 기술의 발달로 인해 기존 예술 작품의 신비감이 감소된다.
⑤ 갑, 을: 대중문화를 향유하면서 대중은 주체적 문화 생산자가 된다.

12. 다음 글의 입장에서 지지할 내용에만 모두 '√'를 표시한 학생은?

> 우리의 음식 소비가 공정한 식량 생산 시스템을 만드는 데 기여한다면 우리는 단순한 소비자가 아니라 좋은 먹거리를 만드는 공동의 생산자로서, 믿을 수 있는 공동체를 만드는 참여자로서 존재할 수 있다. 하지만 산업화되고 세계화된 지금의 식량 생산 시스템은 식량 생산을 독점해, 소규모 생산자가 소외되며 먹거리의 안전이 위협받고 환경이 파괴된다. 따라서 우리는 공동의 생산자이자 공동체의 참여자로서 음식의 윤리적 소비에 힘써야 한다.

내용　　　　　　　　　　　　　　학생	갑	을	병	정	무
인간의 건강한 삶에 기여하는 소비가 요구된다.	√			√	√
음식 소비는 개인뿐 아니라 공동체에도 영향을 미친다.		√		√	√
공정한 식량 생산 시스템 구축에 소비자의 참여가 필요하다.	√		√	√	
식량 정의 실현을 위해 대규모 식량 생산 시스템이 요청된다.		√	√		√

① 갑　　② 을　　③ 병　　④ 정　　⑤ 무

13. (가)를 주장한 사상가의 입장에서 볼 때, (나)의 A에 들어갈 내용으로 적절하지 않은 것은?

(가)	지금까지 도덕 교육은 합리적 추론과 정의의 원칙에 대한 존중을 강조했다. 하지만 도덕적 삶은 관계에서 비롯되므로 도덕 교육의 목표는 배려의 확산이 되어야 한다. 배려는 타자에 공감하는 것으로 관계를 통해 완성된다.
(나)	올바른 도덕 교육은 어떠한 점을 중시해야 할까요?　　　A

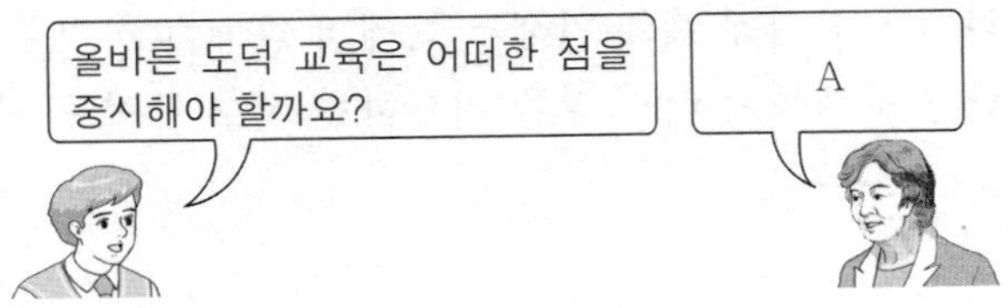

① 배려 받는 사람에 대한 인정과 격려를 중시해야 합니다.
② 대화를 통한 상호 교류와 신뢰의 형성을 중시해야 합니다.
③ 배려의 실천보다 배려에 대한 이론 학습을 중시해야 합니다.
④ 배려의 본보기가 될 수 있는 모범의 제시를 중시해야 합니다.
⑤ 배려를 직접 체험할 수 있는 기회의 제공을 중시해야 합니다.

14. 그림은 형성 평가이다. 학생의 답이 옳게 표시된 것만을 ㉠~㉣ 중에서 있는 대로 고른 것은? [3점]

> **형 성 평 가**
> 3학년 □반 이름 : ○○○
>
> ※ 갑, 을 사상가들에게 공통적으로 해당하는 주장으로 옳으면 '예', 틀리면 '아니요'에 √표를 하시오.
>
> 갑: 법은 각 사람의 개인적 자유 중 최소한의 몫을 모은 것이다. 따라서 자신의 생명을 빼앗을 권리를 타인에게 양도할 자는 없다. 사형은 한 사람의 시민에 대한 국가의 전쟁이며, 사형을 대체한 종신 노역형만으로도 범죄를 억제시키기에 충분하다.
> 을: 법을 위반함으로써 살인자는 시민으로서의 자격을 상실하고 나아가 국가에 대한 전쟁을 하게 된다. 그는 사회 계약을 파기했으므로 국가로부터 추방되거나, 공공의 적으로 사형에 처해져야 한다.
>
> ○ 주장1: 사형은 시민에 대해 국가가 벌이는 전쟁이므로 정당하지 않다.
> 　　　　　예☑ 아니요□ ················· ㉠
> ○ 주장2: 사형은 사회 계약에 근거한 구성원들의 생명 보호의 수단이다.
> 　　　　　예□ 아니요☑ ················· ㉡
> ○ 주장3: 형벌은 범죄자가 시민에게 입힐 피해를 방지하기 위한 제도이다.
> 　　　　　예□ 아니요☑ ················· ㉢
> ○ 주장4: 형벌은 범죄자가 법을 어겼다는 이유만으로 행해지는 응보의 실현이다.
> 　　　　　예□ 아니요☑ ················· ㉣

① ㉠, ㉡　　　　② ㉠, ㉢　　　　③ ㉡, ㉣
④ ㉠, ㉢, ㉣　　⑤ ㉡, ㉢, ㉣

15. 갑, 을, 병 사상가들의 입장에서 서로에 대해 비판할 수 있는 내용으로 가장 적절한 것은? [3점]

> 갑: 분배 정의에서 옳음은 서로 균등한 사람들이 균등한 사물을 가져야 한다는 점이다. 만약 균등하지 않은 사람들이 균등한 몫을 차지할 경우에 분쟁과 불평등이 생긴다.
> 을: 분배 정의의 원칙은 자유롭고 평등한 시민들에 의해서 합의된다. 과거의 우연적 영향과 이득들이 정의의 원칙에 관한 합의에 영향을 끼쳐서는 안 된다.
> 병: 분배 정의의 원리에 따르면 과거의 상황이나 행위는 소유 권리를 창조한다. 따라서 재분배는 개인들의 소유 권리를 심각하게 침해하기 때문에 옳지 않다.

	~이	~에게	비판 내용
①	갑	을	공정한 절차를 따를 때 정의로운 분배가 성립됨을 간과한다.
②	을	갑	분배에서 옳음이 기하학적 비례에 의해서 생겨남을 간과한다.
③	을	병	부정의를 바로잡기 위한 국가의 재분배가 허용될 수 있음을 간과한다.
④	병	갑	각자에게 각자의 몫을 줄 때 공정한 분배가 실현됨을 간과한다.
⑤	병	을	개인들의 소유 권리가 역사적인 과정을 거쳐 형성됨을 간과한다.

16. 갑, 을 사상가들의 입장으로 가장 적절한 것은? [3점]

> 부에 관한 전 지구적 분배 상황은 인류의 공동 자원을 소수가 부당하게 착취한 결과입니다. 인류 전체의 이익 증진을 위해 빈곤으로 고통받는 사람들에게 자신의 소득 중 일부를 원조함으로써 원조의 의무를 다해야 합니다.

> 한 나라의 부와 복지 수준을 결정하는 주된 요인은 그 나라의 정치 문화이지 자원 수준이 아닙니다. 따라서 질서정연한 사회의 사람들은 고통받는 사회들의 자유와 평등을 확립하기 위해 원조의 의무를 지닙니다.

갑   을

① 갑: 풍족한 사회에서 원조는 의무가 아닌 자선으로만 행해진다.
② 갑: 원조의 대상은 빈곤한 사회의 개인이 아닌 사회 그 자체이다.
③ 을: 지구적 평등주의에 입각해서 모든 빈곤국을 원조해야 한다.
④ 을: 국가 간 천연자원 분포의 우연성은 원조의 고려 대상이 아니다.
⑤ 갑, 을: 원조의 목적은 인류 간 평균적 부의 차이를 좁히는 것이다.

● 2014학년도 3월(고3)

17. (가), (나)의 입장에서 모두 긍정의 대답을 할 질문을 <보기>에서 고른 것은?

> (가) 인류의 존속과 장기적 이익을 위해 자연에 대한 세심한 관리가 이루어져야 한다.
> (나) 자연의 본래적 가치를 인정하고 자연 질서에 부합하는 문화적 활동을 해야 하며, 인간의 욕구를 조절함으로써 자연을 보전해야 한다.

< 보 기 >
ㄱ. 자연의 일부인 인간은 자연 개발을 중지해야 하는가?
ㄴ. 자연의 자정 능력을 넘어서는 개발을 자제해야 하는가?
ㄷ. 환경친화적 삶을 통해 생태계 문제를 해결할 수 있는가?
ㄹ. 풍족함을 누리기 위해 자연을 정복하고 다스려야만 하는가?

① ㄱ, ㄴ   ② ㄱ, ㄷ   ③ ㄴ, ㄷ   ④ ㄴ, ㄹ   ⑤ ㄷ, ㄹ

18. (가)의 주장을 (나) 그림으로 나타낼 때, ㉠에 대한 반론의 근거로 가장 적절한 것은?

(가)	자연에 대한 객관적 사실을 관찰하고 탐구하는 과학 연구는 가치중립적이기 때문에 윤리가 개입해서는 안 된다.

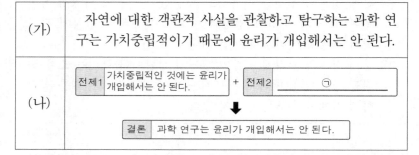

| (나) | 전제1: 가치중립적인 것에는 윤리가 개입해서는 안 된다. + 전제2: ㉠ → 결론: 과학 연구는 윤리가 개입해서는 안 된다. |

① 윤리의 개입으로 과학 연구의 객관성이 위협받을 수 있다.
② 과학 연구는 사실 그 자체에 대한 기술과 설명이 되어야 한다.
③ 과학은 객관적 사실이므로 관련 연구에는 가치가 개입될 수 없다.
④ 과학 연구가 윤리적 평가 대상일 때 과학적 진리는 왜곡될 수 있다.
⑤ 과학 연구는 상황과 맥락을 반영하며 사회적 필요에 의해 이루어진다.

19. (가)의 갑, 을, 병 사상가들의 입장을 (나) 그림으로 표현할 때, A ~ D에 해당하는 적절한 진술만을 <보기>에서 있는 대로 고른 것은? [3점]

(가)	갑: 어떤 행위가 옳은 것은 그 행위가 문제 상황에서 가능한 다른 대안들보다 더 큰 쾌락을 산출할 때이다. 을: 어떤 행위가 옳은 것은 그 행위가 가능한 다른 대안보다 사회에 더 큰 쾌락을 산출하는 규칙들의 집합에 속한 규칙에 부합할 때이다. 병: 어떤 행위가 옳은 것은 중용의 덕을 가진 유덕한 사람들이 항상 행하는 것과 같은 행위를 할 때이다.
(나)	<범 례> A: 갑만의 입장 B: 갑과 을만의 공통 입장 C: 을과 병만의 공통 입장 D: 갑, 을, 병의 공통 입장

< 보 기 >
ㄱ. A: 공리의 원리를 규칙이 아닌 개별 행위에 적용해야 한다.
ㄴ. B: 공익 증진을 위해서 개인의 이익은 고려하지 말아야 한다.
ㄷ. C: 도덕적 행위 그 자체보다 행위자의 성품을 중시해야 한다.
ㄹ. D: 도덕적 행위는 행복을 실현하는 것을 목적으로 해야 한다.

① ㄱ, ㄷ   ② ㄱ, ㄹ   ③ ㄴ, ㄷ
④ ㄱ, ㄴ, ㄹ   ⑤ ㄴ, ㄷ, ㄹ

20. 다음 토론의 핵심 쟁점으로 가장 적절한 것은?

> 갑: 오늘날 환경 문제가 우리의 삶을 위협하고 있으므로 건강하고 쾌적한 환경에서 살 권리인 환경권이 강조되고 있습니다.
> 을: 그렇습니다. 그런데 환경권은 현세대는 물론 미래 세대도 갖는 권리입니다. 따라서 현세대는 미래 세대가 환경적으로 위험에 빠지지 않도록 할 의무가 있습니다.
> 갑: 그렇지 않습니다. 지금 존재하지 않는 세대의 권리는 인정할 수 없습니다. 권리는 존재와 함께 시작되므로 현세대는 미래 세대에게 아무런 의무도 갖지 않습니다.
> 을: 아닙니다. 권리의 소유는 존재 여부와 무관합니다. 현세대의 행위로 극심한 피해를 겪게 될 미래 세대를 도덕적으로 배려하기 위해 미래 세대의 환경권을 인정해야 합니다.

① 환경권의 귀속을 현존하는 인간으로 한정해야 하는가?
② 환경을 보호하려는 의무는 미래 세대만을 위한 것인가?
③ 환경권은 건강하고 쾌적한 삶의 영위를 위해 필요한가?
④ 현세대와 미래 세대 간에는 호혜적 관계가 성립되는가?
⑤ 환경 문제는 우리의 삶을 위협하는 전 지구적 문제인가?

※ 확인 사항

답안지의 해당란에 필요한 내용을 정확히 기입(표기)했는지 확인하시오.

15회

1. (가), (나) 윤리학의 핵심 과제로 가장 적절한 것은?

> (가) 윤리학은 특정 사회에서 개인의 생활과 사회의 구조 속에 존재하는 도덕 현상을 경험 과학적으로 탐구하고 설명하는 것을 강조한다.
> (나) 윤리학은 도덕적 관행을 평가할 수 있는 보편적 도덕 원리를 구축하고, 이를 바탕으로 이상적인 도덕규범의 체계를 정립하는 것을 강조한다.

① (가): 현실의 구체적 윤리 문제에 대한 실천 지침을 제공하는 것이다.
② (가): 각 문화권의 도덕 현상을 조사하고 객관적으로 기술하는 것이다.
③ (나): 도덕적 담론에서 사용되는 용어의 의미를 분석하는 것이다.
④ (나): 도덕의 기원과 발달에 관한 인과적 설명을 제시하는 것이다.
⑤ (가)와 (나): 도덕적 추론과 합리적 논증의 구조를 탐구하는 것이다.

2. (가)의 주장을 (나) 그림으로 나타낼 때, ㉠에 대한 반론의 근거로 가장 적절한 것은?

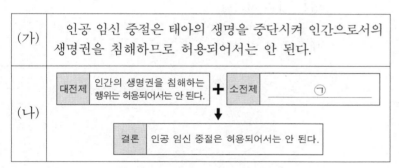

(가)	인공 임신 중절은 태아의 생명을 중단시켜 인간으로서의 생명권을 침해하므로 허용되어서는 안 된다.

(나)
대전제: 인간의 생명권을 침해하는 행위는 허용되어서는 안 된다. + 소전제: ㉠
↓
결론: 인공 임신 중절은 허용되어서는 안 된다.

① 태아는 잠재적 인간이므로 생명에 대한 권리를 지닌다.
② 배아, 태아, 성인은 유전적으로 동일한 종의 구성원이다.
③ 태아는 인간이지만 생명권 이외의 권리를 지니지 않는다.
④ 태아는 임신부 신체의 일부이지 인간으로는 간주될 수 없다.
⑤ 태아는 인간의 생명권을 갖지만 임신부의 선택권이 우선한다.

3. 다음을 주장한 사상가의 입장으로 가장 적절한 것은?

> 의사소통 행위 개념은 말이든, 말 이외의 수단이든 언어 능력을 지닌 둘 이상 주체의 상호 작용에 관련된다. 행위자들은 일치된 의견 아래 행위를 조정하기 위해 상호 이해를 추구한다. 의사소통 합리성 개념은 논증적 대화를 통해 사람들의 생각을 강제 없이 합치시키려는 합의에 호소한다. 의사소통 합리성은 참여자들이 자신의 발언에 대해 근거를 제시할 수 있는가의 여부에 달려 있다.

① 언어 능력이 없는 주체라고 해도 의사소통 행위를 할 수 있다.
② 의사소통의 합리성이 반드시 근거 있는 주장을 요구하지는 않는다.
③ 의사소통 행위자들의 행위 조정을 위해 논증적 대화가 필수적이다.
④ 의사소통 행위 주체들은 상대방 주장에 대한 비판을 지양해야 한다.
⑤ 담론 과정에서 다수의 의견은 행위를 강제 조정하는 근거가 된다.

4. 다음 사상가의 관점에서 <문제 상황> 속 A에게 제시할 조언으로 가장 적절한 것은?

> 덕은 인간이 습득한 하나의 성질로서, 그것을 소유하고 실천함으로써 우리는 어떤 실천 관행에 내재하고 있는 선들을 성취할 수 있다. 이에 반해 덕의 결여는 결과적으로 그러한 선들의 성취를 방해한다. 핵심적 덕들이 없다면 우리는 실천 관행에 내재된 선에 접근할 수 없다.
>
> <문제 상황>
> 학생 A는 평소 좋아하는 가수의 콘서트에 가기 위해 용돈을 모으고 있다. 그러던 중 우연히 영상 플랫폼에서 자신과 같은 지역에 사는 결식아동에 대한 영상을 보고 그동안 모은 용돈으로 아동을 후원해야 할지 고민하고 있다.

① 자신이 속한 공동체의 공유된 핵심 가치를 실현하도록 행동하세요.
② 관습을 따르기보다 자율적 준칙에 따라 소신 있게 행동하세요.
③ 공동체의 도덕적 전통에 구애됨 없이 도구적 이성에 따라 행동하세요.
④ 유용한 결과를 기준으로 삼아 공동체 이익을 증진하도록 행동하세요.
⑤ 공동선에 순응하기보다는 자신만의 고유한 선 관념에 따라 행동하세요.

5. 갑, 을 사상가들의 입장으로 적절한 것만을 <보기>에서 있는 대로 고른 것은?

> 갑: 오늘날 우리는 기술의 도구적 활용에만 매몰되어 있다. 기술은 그저 하나의 수단만이 아니다. 기술은 탈은폐의 한 방식이다. 이 점에 주목한다면 기술의 본질이 갖는 영역 중 그동안 망각되었던 진리의 영역이 우리에게 열린다.
> 을: 기술은 그 자체로서 선도 아니고 악도 아니다. 그러나 기술은 선하게도 사용될 수 있고, 악하게도 사용될 수 있다. 기술의 선용과 악용은 인간 속에 들어 있는 다른 근원들에서 나오는 것이다.

―――――<보 기>―――――
ㄱ. 갑: 현대인은 기술의 본질에 대한 충분한 이해를 결여하고 있다.
ㄴ. 갑: 기술은 존재의 의미를 드러내 주는 방식으로 기능할 수 있다.
ㄷ. 을: 기술을 선택하고 그 활용을 결정하는 기준은 가치중립적이다.
ㄹ. 갑과 을: 기술은 인간의 목적을 위한 수단임을 부인할 수 없다.

① ㄱ, ㄴ   ② ㄱ, ㄷ   ③ ㄷ, ㄹ
④ ㄱ, ㄴ, ㄹ   ⑤ ㄴ, ㄷ, ㄹ

6. 그림의 강연자가 부정의 대답을 할 질문으로 가장 적절한 것은?

사람들은 금전적 능력으로 명성을 얻으려 하지만 금전적 능력만으로는 명성을 얻기에 충분하지 않습니다. 그래서 좋은 명성을 얻고 유지하기 위한 수단으로 과시적 소비를 합니다. 이 수단은 사회 계층의 밑바닥까지 위력을 발휘합니다. 소비의 근본 동기는 차별적 비교에 따른 경쟁입니다. 그래서 각 계층은 자신의 상위 계층을 동경하고 소비 행위를 모방하며, 이를 통해 같은 계층 사람들과의 경쟁에서 앞서 나가려고 합니다. 심지어는 물질적으로 결핍 상태에 있는 계층에서도 이러한 욕구 충족을 위해 마지막까지 허세를 부립니다.

① 과시적 소비는 명성을 얻기 위한 수단으로 행해지는가?
② 과시적 소비의 욕구는 사회의 최하위 계층에서도 나타나는가?
③ 동일 계층 내에서의 경쟁심은 과시적 소비의 동기가 될 수 있는가?
④ 상위 계층의 소비 행위는 하위 계층의 소비 행위에 영향을 주는가?
⑤ 명성의 욕망을 추구하기 위해서는 물질적 풍요가 전제되어야만 하는가?

7. 갑, 을 사상가들의 입장으로 적절한 것만을 <보기>에서 고른 것은?

> 갑 : 지금 천하의 군자들이 진심으로 천하가 부유해지기를 바라고 가난해지는 것을 싫어하며, 천하가 다스려지기를 바라고 어지러워지는 것을 싫어한다면 마땅히 아울러 서로 사랑하고[兼愛] 서로 이롭게 해야만[交利] 한다.
> 을 : 백성의 삶에 있어서 일정한 생업[恒産]이 있는 사람은 일정한 마음[恒心]을 지니지만, 일정한 생업이 없는 사람은 일정한 마음을 지니지 못한다. 일정한 마음이 없으면 방탕, 편벽, 사악, 사치 등 못하는 짓이 없게 된다.

<보 기>
ㄱ. 갑 : 군주는 친분에 얽매이지 않는 사랑의 질서를 확립해야 한다.
ㄴ. 갑 : 군주는 전쟁을 일으켜서라도 천하의 평화를 이루어야 한다.
ㄷ. 을 : 궁핍한 백성의 도덕적 일탈은 군주의 책임으로 귀속될 수 있다.
ㄹ. 갑과 을 : 군주는 의로움보다 백성의 이로움을 중시해야 한다.

① ㄱ, ㄴ ② ㄱ, ㄷ ③ ㄴ, ㄷ ④ ㄴ, ㄹ ⑤ ㄷ, ㄹ

8. 다음을 주장한 사상가의 입장으로 가장 적절한 것은? [3점]

> 　오늘날 문화 산업은 개인과 사회 전체를 획일화시키고 있다. 문화 산업은 인간 주체로부터 인식 대상을 구성하는 능력을 빼앗아 간다. 고객에 대한 문화 산업의 가장 큰 봉사는 빼앗긴 인간의 그러한 능력을 대신해 주는 것이다. 은밀하게 작동하는 문화 산업은 인간의 의식을 언제든지 조작할 수 있다. 문화 산업이 문화 상품의 소비 촉진과 이윤 증대를 위해 소비자들의 선택지를 이미 다 분류해 놓았기 때문에, 소비자가 주체적으로 분류할 수 있는 문화 상품은 더 이상 남아 있지 않다. 오늘날 모든 사람의 문화 활동은 문화 산업이 구축한 거대한 경제 메커니즘에 붙들려 있을 수밖에 없다.

① 문화 산업은 소비 주체의 능동적 인식 능력을 무력화한다.
② 오늘날 문화 산업은 사회의 다양성을 증진하는 데 기여한다.
③ 현대인의 문화 활동은 문화 산업의 영향으로부터 벗어나 있다.
④ 소비자의 주체성은 문화 산업의 은밀한 작동 방식에 의해 강화된다.
⑤ 문화 산업은 상업적 이윤과 무관하게 소비자를 위해 상품을 분류한다.

9. (가)의 갑, 을, 병 사상가들의 입장을 (나) 그림으로 표현할 때, A~D에 해당하는 적절한 진술만을 <보기>에서 고른 것은? [3점]

| (가) | 갑 : 삶의 주체에는 단순히 살아 있음 이상이 포함된다. 삶의 주체는 지각과 기억, 쾌고 감수성, 미래에 대한 관심을 갖고 자신의 목적 실현을 추구한다.
을 : 모든 유기체는 목적론적 삶의 중심이다. 개별 유기체는 목표 지향적으로 활동하는 질서 정연한 하나의 시스템으로서 고유한 선을 지닌다.
병 : 비록 이성을 지니지 못했지만 생명이 있는 동물을 폭력적으로, 잔인한 방식으로 다루는 것은 자기 자신에 대한 인간의 의무와 진정으로 대립한다. |

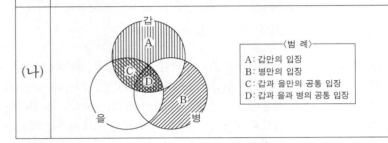

<범 례>
A : 갑만의 입장
B : 병만의 입장
C : 갑과 을만의 공통 입장
D : 갑과 을과 병의 공통 입장

<보 기>
ㄱ. A : 도덕적 행위 능력이 있어야만 도덕적 존중의 대상이 되는 것은 아니다.
ㄴ. B : 인간 존엄성을 훼손할 가능성이 동물 학대 금지의 근거이다.
ㄷ. C : 생태계의 구성원만이 도덕적 지위를 지닌 존재가 될 수 있는 것은 아니다.
ㄹ. D : 수단으로만 이용되어선 안 되는 존재는 도덕적 의무의 대상이 될 수 있다.

① ㄱ, ㄴ ② ㄱ, ㄷ ③ ㄴ, ㄷ ④ ㄴ, ㄹ ⑤ ㄷ, ㄹ

10. 갑, 을 사상가들의 입장으로 적절한 것만을 <보기>에서 있는 대로 고른 것은? [3점]

> 갑 : 어떤 종류의 폭력이라도 또 다른 폭력을 낳는다. 직접적 폭력은 구조적 폭력을 형성하고, 문화적 폭력은 이러한 모든 폭력을 합법화시킬 수 있다. 반면, 어떤 종류의 평화라도 또 다른 평화를 낳는다.
> 을 : 평화 상태는 국가 상호 간의 계약 없이는 구축될 수 없고 보장될 수도 없다. 국제법은 자유로운 국가들의 연방에 기초해야 한다. 국가 간 평등한 관계에 기반을 둔 세계 시민법은 보편적 우호의 조건들에 국한되어야 한다.

<보 기>
ㄱ. 갑 : 평화적이지 않은 수단으로는 결코 평화를 실현할 수 없다.
ㄴ. 갑 : 구조적 착취를 정당화하는 수단으로 활용되는 예술도 있다.
ㄷ. 을 : 강제력을 갖춘 평화 조약은 영구적 평화를 보장할 수 있다.
ㄹ. 갑과 을 : 정치 체제의 개선 없이는 진정한 평화가 보장될 수 없다.

① ㄱ, ㄴ ② ㄱ, ㄷ ③ ㄷ, ㄹ
④ ㄱ, ㄴ, ㄹ ⑤ ㄴ, ㄷ, ㄹ

11. 갑, 을 사상가들의 입장으로 가장 적절한 것은? [3점]

> 옛 진인(眞人)은 삶을 기뻐할 줄도 죽음을 미워할 줄도 몰랐습니다. 혼돈 상태에 있다가 변하여 기(氣)가 되고 기가 변해 형체가 되고 형체가 변해 삶이 되었으며 이제 또 변해서 죽은 것입니다. 이것은 춘하추동의 사계절이 번갈아 운행하는 것과 같은 것입니다.

갑

> 죽음은 영혼과 몸을 구성하는 원자(原子)들이 흩어지는 것입니다. 모든 좋고 나쁨은 감각에 달려 있는데, 죽으면 감각이 없어집니다. 죽음이 두려운 일이 아니라는 사실을 진정으로 깨달은 사람은 삶에서 두려워할 것이 없습니다.

을

① 갑: 죽음은 자연스러운 과정이므로 지나친 슬픔에서 벗어나야 한다.
② 갑: 삶의 단절인 죽음은 생사의 순환에서 벗어나는 필연적인 과정이다.
③ 을: 죽음은 육체의 고통을 낳지만 죽음에 대한 이해는 평온을 낳는다.
④ 을: 죽음은 영원한 삶으로 이행하는 과정이므로 두려워해서는 안 된다.
⑤ 갑과 을: 죽음 이후에는 인간을 구성하는 요소들이 완전히 사라진다.

12. 갑, 을 사상가들의 입장으로 적절한 것만을 <보기>에서 있는 대로 고른 것은? [3점]

> 갑: 사람이 음식을 필요로 하는 것은 인종과 아무런 상관이 없다. 고통받는 사람들은 누구나 이익 평등 고려의 원칙에 따라 도움을 받아야 한다.
> 을: 정치적 전통과 법이 합당하고 합리적인 사회는 천연자원이 부족해도 질서 정연해질 수 있다. 해외 원조의 목적은 고통받는 사회를 적정 수준의 사회가 되도록 하는 데 있다.

───────< 보 기 >───────
ㄱ. 갑: 해외 원조의 목적은 국가 간 평균적 부의 격차를 줄이는 것이다.
ㄴ. 갑: 해외 원조와 국내 부조를 정당화하는 최종 근거는 다르지 않다.
ㄷ. 을: 인권 개선을 위한 해외 원조는 수혜국의 정의로운 기본 제도 수립 이후에도 계속되어야 한다.
ㄹ. 갑과 을: 기아 상태의 사람들을 구제하는 해외 원조는 보편적 의무로 간주될 수 있다.

① ㄱ, ㄴ 　　② ㄱ, ㄷ 　　③ ㄴ, ㄹ
④ ㄱ, ㄷ, ㄹ 　　⑤ ㄴ, ㄷ, ㄹ

13. (가)의 입장에 비해 (나)의 입장이 갖는 상대적 특징을 그림의 ㉠~㉤ 중에서 고른 것은?

> (가) 용광로에 여러 금속을 넣어 하나의 금속을 만들어 내듯이 주류 문화에 이민자 문화를 융합하여 새로운 문화를 만들어야 한다.
> (나) 서로 다른 특성을 가진 재료들이 각자 고유한 맛을 유지하면서 하나로 어우러지는 샐러드처럼 다양한 문화가 조화를 이루도록 해야 한다.

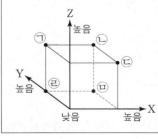

- X: 이질적 문화를 관용하는 정도
- Y: 다양한 문화의 공존을 추구하는 정도
- Z: 여러 문화의 고유한 정체성을 존중하는 정도

① ㉠ 　　② ㉡ 　　③ ㉢ 　　④ ㉣ 　　⑤ ㉤

14. (가)의 사상가 갑, 을, 병의 입장을 (나) 그림으로 탐구하고자 할 때, A~D에 들어갈 적절한 질문만을 <보기>에서 고른 것은? [3점]

(가)
> 갑: 시민 불복종의 대상은 평등한 자유의 원칙에 대한 심대한 위반이나 공정한 기회 균등의 원칙에 대한 현저한 위반에 국한되어야 한다.
> 을: 공리의 관점에서 시민 불복종이 중단시키려는 악의 크기와 그것이 가져올 법과 민주주의에 대한 존중심의 감소 가능성을 저울질해 보아야 한다.
> 병: 우리는 법에 대한 존경심보다는 먼저 정의에 대한 존경심을 가져야 한다. 법이 독단에 치우쳐 있다면 양심에 따라 저항해야 한다.

(나)
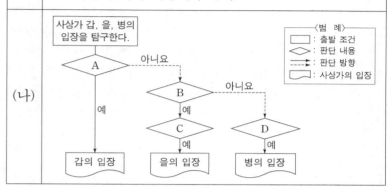

───────< 보 기 >───────
ㄱ. A: 다수 의사를 반영한 법은 시민 불복종 대상에서 제외되어야 하는가?
ㄴ. B: 양심에서 비롯된 시민불복종도 실패 가능성이 크면 정당성을 상실할 수 있는가?
ㄷ. C: 법에 대한 존중이 강한 민주 사회일수록 시민 불복종이 옹호될 가능성이 높은가?
ㄹ. D: 시민 불복종은 개인적 양심과 사회적 승인에 근거해야 하는가?

① ㄱ, ㄴ 　② ㄱ, ㄷ 　③ ㄴ, ㄷ 　④ ㄴ, ㄹ 　⑤ ㄷ, ㄹ

15. 갑, 을 사상가들의 입장으로 적절한 것만을 <보기>에서 있는 대로 고른 것은? [3점]

> 갑: 무지의 베일 속에 있는 당사자들은 어떤 종류의 특정 사실을 알지 못한다고 가정된다. 각자는 사회에서 자기의 지위나 계층을 모르며, 천부적 자산, 능력, 지능, 체력 등을 어떻게 타고나는지 자신의 운수를 모른다.
> 을: 소유물에서의 정의 이론의 일반적 개요를 말하자면, 한 사람의 소유물은 취득과 이전에서의 정의의 원리 또는 불의의 교정의 원리에 의해 그 소유물에 대한 권리를 부여받았으면 정당한 것이다.

───────< 보 기 >───────
ㄱ. 갑: 정의로운 분배 결과로 생긴 불평등은 조정의 대상이 아니다.
ㄴ. 갑: 사회 구성원 모두의 협력을 가능하게 하는 분배만이 정당하다.
ㄷ. 을: 부정의한 분배의 교정 외에 국가의 역할을 허용해선 안 된다.
ㄹ. 갑과 을: 분배 정의의 목표는 개인의 자유와 기본적 필요 보장에 있다.

① ㄱ, ㄴ 　　② ㄱ, ㄷ 　　③ ㄷ, ㄹ
④ ㄱ, ㄴ, ㄹ 　　⑤ ㄴ, ㄷ, ㄹ

16. 갑, 을 사상가들의 입장으로 적절한 것만을 <보기>에서 고른 것은? [3점]

> 갑: 선왕(先王)은 예의를 제정하고 분별했는데 존귀함과 비천함, 어른과 아이, 지혜로운 자와 어리석은 자, 능력 있고 능력 없는 자를 구분했다. 그리고 그들에게 각자 일을 맡겨 자신에게 합당한 일을 갖게 하였다.
>
> 을: 신은 우리 각자가 인생의 온갖 활동을 하는 가운데 우리 각자의 소명(召命)을 기억하고 존중할 것을 명한다. 신은 각자 자기에게 주어진 삶 속에서 실행할 분명한 의무를 지정해 주었다.

―――――<보 기>―――――
ㄱ. 갑: 직업의 배분에서 개인의 자질을 분별하는 것은 필수적이다.
ㄴ. 갑: 자신의 직분을 다하는 것이 곧 예의를 실천하는 일이다.
ㄷ. 을: 신이 각자에게 부여한 소명에 따라 직업에 귀천이 생긴다.
ㄹ. 갑과 을: 적성에 맞는 직업을 스스로 선택하여 부를 쌓아야 한다.

① ㄱ, ㄴ ② ㄱ, ㄷ ③ ㄴ, ㄷ ④ ㄴ, ㄹ ⑤ ㄷ, ㄹ

17. 다음 신문 칼럼에서 강조하는 내용으로 가장 적절한 것은?

> ○○신문   ○○○○년 ○○월 ○○일
>
> **칼럼**
>
> 생성형 인공 지능의 학습에 이용되는 데이터 중 많은 것들이 원저작자의 동의 없이 무단으로 수집, 이용되고 있다. 이는 원저작자의 저작권을 침해할 소지가 있으므로 원저작자의 저작권 보호 대책이 마련되어야 한다. 어떤 사람들은 원저작자의 저작권을 인정할 경우 인공 지능 관련 산업이 위축될 것을 우려한다. 그래서 그들은 인공 지능 학습용 데이터를 공공재로 보아야 한다고 주장한다. 하지만 이러한 주장은 데이터 원저작자의 노력과 정당한 권리를 간과하는 것이다. 또한 저작권을 보호하는 것이 오히려 인공 지능 관련 산업의 장기적 발전에 도움을 줄 수 있다. 저작권을 보호함으로써 원저작자는 데이터를 제공하려는 더 많은 유인을 가질 것이며, 이를 통해 관련 산업은 양질의 데이터를 지속적으로 확보할 수 있다.

① 인공 지능 학습용 데이터는 공공재로서 보호되어야 한다.
② 저작권에 대한 보호는 인공 지능 관련 산업을 위축시킨다.
③ 저작권 보호와 양질의 학습용 데이터 확보는 양립할 수 없다.
④ 인공 지능 학습용 데이터 원저작자의 정당한 권리를 보호해야 한다.
⑤ 인공 지능 학습용 데이터 수집은 원저작자 동의 없이 가능해야 한다.

18. (가), (나)의 입장으로 가장 적절한 것은? [3점]

> (가) 성은 사회 안정과 관련되고, 출산과 양육의 책임을 발생시킨다. 따라서 부부 간의 성관계만이 도덕적으로 정당하다. 성과 관련된 그 밖의 가치는 가족의 안정성과 출산 목적에 기여하는 것에서 파생된다.
>
> (나) 결혼과 출산이 전제된 성관계만이 도덕적으로 정당한 것은 아니다. 심지어 사랑마저도 정당한 성관계의 필수 요건은 아니다. 성인들 간의 자발적 동의가 이루어지고, 상호 피해를 주지 않는다면 도덕적으로 정당화될 수 있다.

① (가): 성관계는 종족 보존의 측면에서만 정당화될 수 있다.
② (가): 성의 쾌락적 가치 추구와 생식적 가치 추구는 양립할 수 없다.
③ (나): 상호 존중의 원리에 부합하는 성관계는 정당화될 수 있다.
④ (나): 사랑이 전제된 성관계에는 해악 금지의 원리가 적용되지 않는다.
⑤ (가)와 (나): 사회적 책임은 도덕적으로 정당한 성관계의 조건이 아니다.

19. (가)의 갑, 을, 병 사상가들의 입장에서 서로에게 제기할 수 있는 비판을 (나) 그림으로 표현할 때, A~F에 해당하는 내용으로 가장 적절한 것은? [3점]

> (가)
> 갑: 형벌의 법칙은 하나의 정언 명령이다. 그러므로 살인을 했거나 그에 협력했던 살인자는 누구든 사형에 처해지지 않으면 안 된다.
> 을: 시민은 계약을 통해 자기 생명을 처분하기보다 보존하려고 궁리한다. 그러므로 살인자는 시민이 아닌 국가의 적으로 간주되어 사형에 처해져야 한다.
> 병: 사형은 한 사람의 시민에 대한 국가의 전쟁이다. 사형이 유용하지도 않고 필요하지도 않음을 드러냄으로써 나는 인도주의의 대의를 선취하고자 한다.

(나)
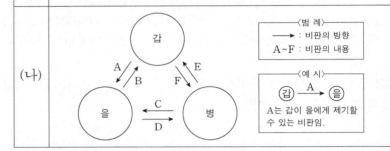

① A와 F: 살인자는 시민 사회에서 제거될 수밖에 없음을 간과한다.
② B: 사형은 국가 존립이 아니라 정의 실현을 위해 집행됨을 간과한다.
③ C: 사회 계약에 근거해 모든 종류의 형벌이 집행될 수 있음을 간과한다.
④ D: 사형의 선고와 집행은 살인자의 동의를 전제하지 않음을 간과한다.
⑤ E: 동해 보복 원리에 어긋나는 형벌도 정당화될 수 있음을 간과한다.

20. 그림은 서술형 평가 문제와 학생 답안이다. 학생 답안의 ㉠~㉤ 중 옳지 **않은** 것은?

> **서술형 평가**
>
> ◎ 문제: 다음 사상의 입장과 특징을 서술하시오.
>
> > 이것이 있기 때문에 저것이 있고, 이것이 생(生)하기 때문에 저것이 생(生)한다. 이것이 없기 때문에 저것이 없고, 이것이 멸(滅)하기 때문에 저것이 멸(滅)한다. 비유하면 세 단의 갈대가 땅 위에 서려고 할 때 서로 의지해야 설 수 있는 것과 같다.
>
> ◎ 학생 답안
>
> 위 사상은 ㉠ 세상 모든 존재의 생멸을 연기(緣起)에 의한 것으로 보고, ㉡ 만물이 서로 관련되고 상호 의존한다고 주장한다. 또한 ㉢ 자아에 대한 집착이 괴로움의 원인임을 파악하고, ㉣ 개별 사물이 본질적으로 독립적 실체임을 자각하여, ㉤ 팔정도(八正道)의 수행을 통해 열반에 이를 것을 강조한다.

① ㉠ ② ㉡ ③ ㉢ ④ ㉣ ⑤ ㉤

> ＊ 확인 사항
>
> ○ 답안지의 해당란에 필요한 내용을 정확히 기입(표기)했는지 확인하시오.

성명 [   ] 수험 번호 [| | | | | – | | | |] 제 [ ] 선택

---

1. ㉠에 들어갈 진술로 가장 적절한 것은?

> 나는 윤리학이 인간의 올바른 삶을 위하여 모든 행위자들에게 적용되는 도덕적 표준이나 규칙을 제시하고 정당화하는 학문이라고 생각한다. 그런데 어떤 사람은 윤리학이 사회의 도덕적 현상을 객관적으로 기술하는 학문이라고 주장한다. 나는 이러한 주장이 [㉠   ]고 생각한다.

① 도덕적 담론에서 논리적 추론의 타당성 검증을 강조한다
② 도덕적 진술을 구성하는 도덕적 언어의 의미 분석을 강조한다
③ 올바른 행위 지침을 제공하는 규범적 탐구의 중요성을 간과한다
④ 윤리학의 학문적 성립 가능성에 대한 비판적 검토를 강조한다
⑤ 도덕적 문제의 발생에 대한 인과적 설명의 중요성을 간과한다

2. 갑, 을 사상가들의 입장으로 가장 적절한 것은?

> 갑 : 인의예지(仁義禮智)는 바깥에서부터 나에게 녹아들어 온 것이 아니라 내가 본래부터 지니고 있는 것이다. 다만 생각하지 않았을 뿐이다.
> 을 : 항상 백성들로 하여금 꾀와 욕심이 없게 해야 하고, 꾀가 있는 자가 있다고 하더라도 감히 무언가 하지 못하게 해야 한다. 무위(無爲)하면 다스리지 못할 것이 없다.

① 갑 : 서(恕)의 실천을 통해 진정한 인간다움[仁]을 이룰 수 있다.
② 갑 : 군자는 항산(恒産)이 있어야만 항심(恒心)을 유지할 수 있다.
③ 을 : 백성의 수를 늘리면 자연스럽게 무위의 다스림을 이룰 수 있다.
④ 을 : 진정한 자유를 위해 만물의 근원인 도(道)에서 벗어나야 한다.
⑤ 갑과 을 : 옳고 그름을 가릴 줄 아는 마음으로 사욕을 제거해야 한다.

3. 다음을 주장한 사상가의 입장으로 적절한 것만을 <보기>에서 고른 것은? [3점]

> 덕은 인간이 습득한 성질로, 인간의 선을 성취할 수 있도록 하는 데 필수적이다. 이것은 개인이 삶의 서사적 통일성 속에서 좋은 삶의 목적을 이해하는 능력이며, 도덕적 전통의 보존과 관련된다.

──────< 보 기 >──────
ㄱ. 공동체의 선보다 보편적인 도덕 원칙을 더 중시해야 한다.
ㄴ. 개인은 공동체를 벗어나면 덕을 실천하는 방법을 배울 수 없다.
ㄷ. 도덕 판단을 할 때 행위자보다 행위 자체를 중시해야 한다.
ㄹ. 개인의 도덕적 정체성은 사회적·역사적 맥락 속에서 형성되어야 한다.

① ㄱ, ㄴ   ② ㄱ, ㄷ   ③ ㄴ, ㄷ   ④ ㄴ, ㄹ   ⑤ ㄷ, ㄹ

---

4. 갑, 을 사상가들의 입장으로 가장 적절한 것은? [3점]

> 갑 : 오온(五蘊)에 대해서 제대로 알지 못하여 해탈하지 못하면, 태어남·늙음·병듦·죽음[生老病死]에 대한 두려움을 넘을 수 없다.
> 을 : 삶과 죽음은 명(命)이다. 대자연은 육체를 주어 나를 이 세상에 살게 하며, 삶을 주어 나를 수고롭게 하며, 늙음으로 나를 편안하게 해주며, 죽음으로 나를 쉬게 한다.

① 갑 : 죽음은 오온의 해체이기 때문에 괴로움[苦]이 아니다.
② 갑 : 죽음은 원인과 조건에 의한 관계의 법칙에서 벗어난 것이다.
③ 을 : 죽음으로 인해 흩어진 기(氣)는 더 이상 순환하지 않는다.
④ 을 : 죽음은 천명(天命)에 따른 결과이므로 태연해서는 안 된다.
⑤ 갑과 을 : 죽음의 두려움은 참된 진리의 자각으로 극복될 수 있다.

5. (가)의 갑, 을 사상가들의 입장을 (나) 그림으로 탐구하고자 할 때, A~C에 들어갈 적절한 질문만을 <보기>에서 있는 대로 고른 것은? [3점]

(가)	갑 : 시민 불복종은 그 결과의 좋음에 의해 정당화된다. 따라서 우리는 시민 불복종으로 인해 발생하는 법과 민주주의에 대한 존중심의 감소 정도마저 고려해야 한다. 을 : 시민 불복종은 시민들의 정의관에 의해 정당화된다. 따라서 시민 불복종은 헌법과 사회 제도 일반을 규제하는 정의의 원칙들에 의해 지도되어야 한다.

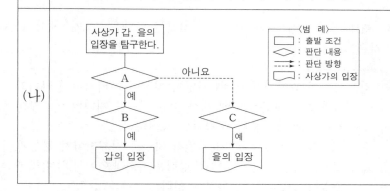

──────< 보 기 >──────
ㄱ. A: 시민 불복종은 법의 부당함을 다수에게 강요하는 행위인가?
ㄴ. B: 시민 불복종은 민주주의적 결정을 복원하려는 시도인가?
ㄷ. C: 시민 불복종은 정의로운 법을 제정할 절차가 불완전하여 발생할 수 있는가?
ㄹ. C: 이익 집단의 시민 불복종은 공공의 정의관에 근거해야 허용될 수 있는가?

① ㄱ, ㄴ   ② ㄱ, ㄷ   ③ ㄴ, ㄹ
④ ㄱ, ㄷ, ㄹ   ⑤ ㄴ, ㄷ, ㄹ

6. 다음을 주장한 사상가의 입장으로 적절한 것만을 <보기>에서 있는 대로 고른 것은?

> 자연 상태는 전쟁 상태이며, 소유도 지배도 내 것과 네 것의 구별도 없다. 이러한 자연 상태로부터 빠져나올 수 있는 가능성은 죽음의 공포라는 정념과 평화 추구의 이성에 있다.

---<보 기>---
ㄱ. 국민의 자유와 주권자의 절대 권력은 양립할 수 있다.
ㄴ. 자연 상태에는 생명과 자유를 빼앗길 수 있는 불의가 존재한다.
ㄷ. 주권자는 평화와 공동 방위를 위해 국민의 힘과 수단을 임의로 사용할 수 있다.

① ㄴ   ② ㄷ   ③ ㄱ, ㄴ   ④ ㄱ, ㄷ   ⑤ ㄱ, ㄴ, ㄷ

7. 다음을 주장한 사상가가 강조하는 공직자의 자세로 옳지 <u>않은</u> 것은?

> ○ 사사로운 씀씀이를 절약하는 것은 보통 사람도 할 수 있지만, 나라 곳간을 절약할 수 있는 사람은 드물다. 공공의 것을 마치 내 것처럼 소중하게 여겨야 어진 목민관이다.
> ○ 목민관은 자신의 생일에 관청 사람들이 성찬을 바치더라도 받아서는 안 된다. 받지 않고 오히려 내어놓는 바가 있더라도, 공공연히 말하지 말고 자랑하는 기색을 나타내지도 말라.

① 근검절약하면서도 인색하지 않도록 노력해야 한다.
② 절약의 대상을 사적인 영역으로 국한해서는 안 된다.
③ 절용(節用)을 통해 애민(愛民) 정신을 구현해야 한다.
④ 국민의 모범이 되기 위해 자신의 청렴을 과시해야 한다.
⑤ 작은 선물이라도 정당한 것이 아니면 받지 말아야 한다.

8. 현대 사상가 갑, 을의 입장으로 적절한 것만을 <보기>에서 고른 것은?

> 갑 : 도덕적 관점에서 볼 때 자연적 자산이 자의적이건 아니건 상관없이, 개인은 이에 대한 소유 권리를 지니며 이로부터 창출되는 결과물에 대해서도 그러하다.
> 을 : 도덕적 관점에서 볼 때 자연적 자산은 자의적이기 때문에, 개인은 자신의 더 큰 천부적 능력을 사회에 있어서 더 유리한 출발점으로 이용할 자격은 없다.

---<보 기>---
ㄱ. 갑 : 지능 지수에 따른 분배 원리는 역사적이고 정형적이다.
ㄴ. 을 : 사유 재산을 소유할 권리는 제1원칙에 의해 평등해야 한다.
ㄷ. 을 : 천부적 능력이 분배 몫의 결정에 미치는 영향을 경감시킬 필요는 없다.
ㄹ. 갑과 을 : 자연적·사회적 우연성의 이용에 따른 경제적 불평등은 허용될 수 있다.

① ㄱ, ㄴ   ② ㄱ, ㄷ   ③ ㄴ, ㄷ   ④ ㄴ, ㄹ   ⑤ ㄷ, ㄹ

9. (가)의 갑, 을, 병 사상가들의 입장에서 서로에게 제기할 수 있는 비판을 (나) 그림으로 표현할 때, A~F에 해당하는 내용으로 가장 적절한 것은? [3점]

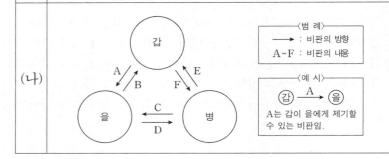

(가)	갑 : 자연 상태로부터 법적 상태로의 이행은 형벌을 요청한다. 살인과 달리 사형은 고통받는 인격 안에 있는 인간성을 추악하게 만드는 것으로부터 벗어나 있어야 한다. 을 : 살인자는 사회의 법을 위반했으므로 그 행위로 인해 조국에 대한 반역자가 되어 버린다. 그는 국가의 구성원이 아니므로 국가로부터 분리되어야 한다. 병 : 인간은 자신을 죽일 권리가 없으므로 그 권리를 양도하는 것은 불가능하다. 사형은 권리의 문제가 아니며, 한 사람의 시민에 대한 국가의 전쟁이다.

(나)

> 갑
> A   E
> B   F
> 을   C   병
>   D

<범 례>
→ : 비판의 방향
A~F : 비판의 내용

<예 시>
갑 —A→ 을
A는 갑이 을에게 제기할 수 있는 비판임.

① A : 범죄 사실 자체를 근거로 형벌을 부과해서는 안 됨을 간과한다.
② B : 살인자에 대한 사형은 그의 인격성을 존중하는 것임을 간과한다.
③ C와 E : 살인자에게 사형 이외의 형벌이 부과될 수 있음을 간과한다.
④ D : 사회 전체를 대표하는 입법자에게만 형벌권이 있음을 간과한다.
⑤ F : 살인자에 대한 사형이 사회 계약에 포함될 수 있음을 간과한다.

10. 그림의 강연자가 지지할 입장으로 가장 적절한 것은? [3점]

> 문화 산업은 소비자의 욕구가 실현될 수 있는 것처럼 선전하지만 그 욕구는 문화 산업에 의해 사전 기획된 것입니다. 문화 산업의 공식 목표는 하자 없는 완전한 규격품을 만들듯이 인간을 재생산하는 것입니다. 세상에 나타나고 있는 모든 것에는 문화 산업의 인장이 찍힙니다. 문화 산업의 기획자들은 소비자들을 기만하며 그들을 소비를 위한 단순한 객체로 만듭니다. 문화 상품의 수용 과정에서도 예술 작품의 사용 가치는 교환 가치에 의해 대체됩니다. 하지만 정신은 예술의 잘못된 보편성으로부터 벗어나 진정한 보편성에 충실하고자 합니다. 정신의 진정한 속성은 사물화에 대한 부정입니다. 정신이 문화 상품으로 고정되고 소비를 위한 목적으로 팔아 넘겨지면 정신은 소멸할 수밖에 없습니다.

① 문화 산업은 문화 상품의 표준화 가능성을 약화한다.
② 문화 산업은 사물화를 거부하는 정신의 속성을 강화한다.
③ 문화 산업은 대중문화에 대한 소비자의 주체성을 훼손한다.
④ 문화 산업의 대중적 확산은 예술의 고유한 보편성을 고양한다.
⑤ 문화 산업은 예술 작품이 지닌 경제적 효용 가치를 약화한다.

11. 다음 신문 칼럼에서 강조하는 내용으로 가장 적절한 것은?

> ○○신문 　　　　　　　　　　 ○○○○년 ○○월 ○○일
> ### 칼럼
> 　정보 기술의 발달로 정보가 새로운 자산으로 자리매김하고 있다. 정보는 물질적 재산과 달리 소유할 수 없고 네트워크를 통해 접속된다. 그 결과 우리는 접속의 시대를 살아가고 있다. 접속의 시대에는 정보가 곧 돈이 된다. 누구든지 정보를 창조적으로 생산할 자유를 지니지만 현실에서는 정보 부자와 정보 빈자 간의 격차가 상존할 수밖에 없다. 물론 정보의 창조적 생산에는 지적 능력이 필요하고 또 이 능력의 평준화는 불가능하지만, 이보다 더 중요한 요소는 정보 활용 능력이다. 특히 정보를 활용할 수 있으려면 정보에 대한 접근권이 누구에게라도 똑같이 보장되어야 한다. 따라서 정보 불평등을 해소하려면 정보 기술의 발달만으로는 부족하고 무엇보다도 정보 접속의 사회적 인프라 구축이 선행되어야 한다.

① 정보 기술이 발달하면 개인 간 정보의 빈부 격차가 사라진다.
② 정보에 대한 평등한 접근권이 보장되어야 정보 평등이 가능하다.
③ 네트워크 시대에는 물질적 재화가 더 이상 자산이 되지 못한다.
④ 정보를 창조하는 지적 능력이 정보 활용 능력보다 더 중요하다.
⑤ 정보를 생산하는 능력이 평등해야 정보의 불평등이 극복된다.

12. (가), (나)의 입장으로 가장 적절한 것은?

> (가) 좋은 음식은 탐을 내고, 맛없는 음식은 찡그리고, 종일 먹어도 음식이 생겨난 바를 모르는 것은 어리석은 일이다. 덕 있는 선비는 배불리 먹을 타령을 금해야 한다.
> (나) 음식에 들어간 공(功)을 생각하고 자기의 덕행이 공양을 받을 만한지 생각하라. 탐욕을 버리고 식사를 약으로 알아 몸의 여윔을 방지하라. 깨달음을 이루기 위해 이 음식을 받는다.

① (가): 음식의 탐닉을 위해 음식이 생겨난 과정을 알아야 한다.
② (가): 몸의 건강과 마음의 다스림을 위해서는 금식이 필수적이다.
③ (나): 음식이 지닌 윤리적 가치보다 영양적 가치를 중시해야 한다.
④ (나): 음식을 먹는 태도가 아니라 음식에 들어간 노력이 중요하다.
⑤ (가)와 (나): 음식을 먹는 행위는 수양을 통해 조절되어야 한다.

13. 다음을 주장한 사상가의 입장에서 <문제 상황> 속 A에게 제시할 조언으로 가장 적절한 것은? [3점]

> 　인류의 존속은 부정적 방식으로 강력해진 기술 문명의 시대에 있어서 우리 모두의 일차적 책임이다. 현재 우리 손에 달려 있는 지구의 생명은 그 자체로 우리의 보호를 요청할 권리를 가지고 있다. 이 요청은 미래 세대에게도 해당된다.
>
> <문제 상황>
> 　A는 핵분열을 유도할 수 있는 지식과 기술의 권위자인데, 정부로부터 핵무기 개발을 요청받았다. A는 핵무기를 개발할 것인지 고민하고 있다.

① 인류의 존속을 위해 과학 기술의 힘을 억제해야 함을 생각하라.
② 과학 기술의 장기적 결과의 위험성보다 단기적 효과를 생각하라.
③ 객관적 사실을 다루는 과학 기술이 윤리의 나침반임을 생각하라.
④ 환경 파괴는 과학 기술의 발전을 위한 불가피한 대가임을 생각하라.
⑤ 도구적 이성이 과학 기술의 개발과 활용을 주도해야 함을 생각하라.

14. 갑, 을 사상가들의 입장으로 적절한 것만을 <보기>에서 고른 것은? [3점]

> 갑: 고통받는 사회들만 원조가 필요하다. 원조의 목표는 고통받는 사회들이 질서 정연한 국제 사회의 구성원이 되게 하는 것이다. 이러한 목표나 차단점을 넘어서면 원조는 필요 없다.
> 을: 절대 빈곤은 매우 나쁜 것이다. 우리에게 그에 상응하는 도덕적으로 중요한 일을 희생시키지 않고 절대 빈곤을 감소시킬 힘이 있다면, 인류 복지의 최대화를 위해 우리는 마땅히 그렇게 해야 한다.

> <보 기>
> ㄱ. 갑: 공격적인 사회는 자원이 매우 부족해도 원조 대상이 아니다.
> ㄴ. 을: 절대 빈곤의 감소를 위한 원조는 예외 없는 도덕적 의무이다.
> ㄷ. 을: 원조는 이익 평등 고려의 원칙에 따른 전 지구적 의무이다.
> ㄹ. 갑과 을: 원조 대상의 경제력은 원조 결정의 고려 사항이 아니다.

① ㄱ, ㄴ　② ㄱ, ㄷ　③ ㄴ, ㄷ　④ ㄴ, ㄹ　⑤ ㄷ, ㄹ

15. (가)의 갑, 을, 병 사상가들의 입장을 (나) 그림으로 표현할 때, A~D에 해당하는 적절한 진술만을 <보기>에서 고른 것은? [3점]

(가)	갑: 목적론적 삶의 중심으로서 유기체는 의식이 있든 없든 자신을 보존하고 자신만의 독특한 방식으로 고유한 선을 실현하려고 애쓰는 지속적인 경향이 있다. 을: 비록 무생물이라 할지라도 자연 안에 있는 아름다운 대상을 파괴해 버리는 인간의 성향, 즉 파괴적 정신은 인간의 자기 자신에 대한 의무와 대립한다. 병: 어떤 것이 생명 공동체의 통합성과 안정성 그리고 아름다움의 보전에 이바지한다면, 그것은 옳다. 인간은 생명 공동체의 한 구성원일 뿐이다.
(나)	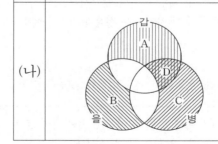 〈범 례〉 A: 갑만의 입장 B: 을만의 입장 C: 병만의 입장 D: 갑과 병만의 공통 입장

> <보 기>
> ㄱ. A: 인간이 아닌 생명체에 대한 해악 금지 의무는 그 생명체의 내재적 선에 근거한다.
> ㄴ. B: 이성적 삶의 주체만이 생명체에 대한 도덕적 의무를 지닌다.
> ㄷ. C: 생명체들의 가치보다 생명 공동체의 가치가 더 중요하다.
> ㄹ. D: 어떤 생명체의 존속은 그 생명체의 본래적 가치에 의해 정당화된다.

① ㄱ, ㄴ　② ㄱ, ㄷ　③ ㄴ, ㄷ　④ ㄴ, ㄹ　⑤ ㄷ, ㄹ

16. 다음 토론의 핵심 쟁점으로 가장 적절한 것은?

> 갑: 동물 실험은 인간을 위한 신약 개발이나 제품의 안전성 검증 등을 위해 수행되고 있습니다. 그런데 동물 실험 과정에서 수많은 동물이 큰 고통을 받고 있습니다. 동물에게도 고통받지 않을 권리가 있습니다.
>
> 을: 동의합니다. 하지만 모든 동물 실험이 부당한 것은 아닙니다. 동물이 겪는 고통에도 불구하고 인간의 생명과 건강을 위해 큰 이익을 주는 경우에는 동물 실험이 정당성을 확보할 수 있습니다.
>
> 갑: 동물 실험이 인간에게 큰 이익을 줄 수 있지만, 인간의 이익이 동물 실험을 정당화할 수는 없습니다. 동물도 인간과 동등한 권리를 가집니다. 모든 동물 실험은 동물의 권리를 침해하는 것이기 때문에 금지되어야 합니다.
>
> 을: 아닙니다. 동물의 권리와 이익보다 인간의 권리와 이익을 중시해야 합니다. 다만 인간에게 큰 이익을 주지 못하면서 동물에게 큰 고통을 줄 경우에는 동물 실험이 금지되어야 합니다.

① 동물 실험이 허용되어서는 안 되는 경우가 있는가?
② 인간은 동물 실험을 통해 큰 이익을 얻을 수 있는가?
③ 동물은 동물 실험 과정에서 고통받지 않을 권리가 있는가?
④ 동물 실험에서 인간의 권리보다 동물의 권리를 중시해야 하는가?
⑤ 인간의 이익은 동물 실험을 정당화하기 위한 근거가 될 수 있는가?

17. (가), (나)의 입장으로 가장 적절한 것은?

> (가) 사회를 통합하기 위해 비주류 문화를 주류 사회의 문화에 편입시키고 융합하여 국가 구성원 전체가 공유하는 통일된 정체성을 확보해야 한다.
> (나) 이민자의 고유한 문화와 자율성을 존중하고 유지하는 것이 진정한 사회 통합의 방법이다. 문화적 다양성을 대등하게 수용하고 다양한 문화의 평화적 공존을 모색해야 한다.

① (가): 문화의 통합성과 집단 간 결속력의 관계는 상호 배타적이다.
② (가): 사회 제도와 질서의 유지는 문화들의 평화적 공존으로부터 온다.
③ (나): 자문화 중심주의를 고집하는 태도는 사회 갈등의 원인이 된다.
④ (나): 주류 문화로 통일된 문화 정체성은 사회 발전의 원동력이 된다.
⑤ (가)와 (나): 사회 통합을 위해 문화 간 차별 없는 정책과 관용이 필요하다.

18. 다음을 주장한 사상가의 입장으로 가장 적절한 것은? [3점]

> 의사소통적 실천은 생활 세계에서 합의를 이루고 유지하며 또한 새롭게 하는 것에 관심을 둔다. 의사소통적 실천의 합리성은 달성된 합의가 최종적으로 근거에 의지해야만 한다는 점에서 드러난다. 참여자의 합리성 역시 자신의 발언에 대해 적절한 상황에서 근거를 제시할 수 있는가의 여부에 달려 있다.

① 담론 참여자는 토론에서 근거 없는 주장을 지양해야 한다.
② 담론 참여자는 타인의 의견을 자의적으로 조정할 수 있다.
③ 담론 참여자는 주관적 견해를 극복한 후에 대화에 참여해야 한다.
④ 담론 참여자의 심의를 통해 합의된 주장은 절대적으로 참이다.
⑤ 담론에서 발언 기회는 합리적 근거 제시 능력에 따라 주어져야 한다.

19. 갑, 을 사상가들의 입장으로 적절한 것만을 <보기>에서 고른 것은? [3점]

> 갑: 이기적 본성을 지닌 인간처럼 국가도 권력의 극대화를 추구한다. 국제 정치에서 세력 균형은 주권 국가로 구성된 국제 사회의 중요한 안정 요소이다.
>
> 을: 국제 정치에서 국가들은 서로를 하나의 인격체로 대하고, 무력과 기만을 근절해 평화를 예비해야 한다. 세계 시민법은 영원한 평화의 실현을 위해 필수 불가결한 것이다.

<보 기>

ㄱ. 갑: 파괴된 세력 균형을 복원하는 방법은 전쟁뿐이다.
ㄴ. 갑: 국내 정치와 같이 국제 정치도 그 본질은 권력 투쟁이다.
ㄷ. 을: 국가들의 자유 보장이라는 연맹의 이념이 확산되어야 한다.
ㄹ. 갑과 을: 평화 실현을 위해서는 국가 간 협력이 유일한 방도이다.

① ㄱ, ㄴ ② ㄱ, ㄷ ③ ㄴ, ㄷ ④ ㄴ, ㄹ ⑤ ㄷ, ㄹ

20. (가)의 입장에 비해 (나)의 입장이 갖는 상대적 특징을 그림의 ㉠~㉤ 중에서 고른 것은?

> (가) 성적 관계에 관한 결정은 해악 금지의 원칙과 자율성 존중의 원칙에 근거해야 한다. 성적 쾌락의 추구를 혼인과 출산 및 사랑으로 제약하는 것은 성적 자유에 대한 부당한 침해이다.
> (나) 성적 관계는 출산과 양육의 책임을 발생시킬 수 있기 때문에 사랑하는 남녀의 결혼을 통해서만 이루어져야 한다. 결혼은 성의 사회적 책임을 위한 제도적 장치이다.

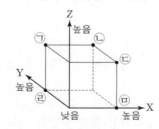

- X: 성적 관계에서 쾌락적 가치보다 생식적 가치를 강조하는 정도
- Y: 사랑과 무관한 성적 관계가 정당함을 강조하는 정도
- Z: 혼전(婚前) 성적 관계의 도덕적 허용을 강조하는 정도

① ㉠ ② ㉡ ③ ㉢ ④ ㉣ ⑤ ㉤

---

* 확인 사항

○ 답안지의 해당란에 필요한 내용을 정확히 기입(표기)했는지 확인하시오.

제 4 교시

사회탐구 영역[생활과 윤리]

17회

성명 [   ]   수험 번호 [ ][ ][ ][ ][ ] — [ ][ ][ ][ ]   제 〔 〕선택

---

1. (가), (나) 윤리학의 주된 목표로 가장 적절한 것은?

> (가) 윤리학은 도덕적 논의에서 사용되는 용어의 의미를 분석하고 도덕적 추론의 타당성을 검토하는 것을 근본 과제로 삼는다.
> (나) 윤리학은 도덕 원칙을 실제적인 삶의 문제에 적용하여 구체적인 행위 지침을 제공하는 것을 근본 과제로 삼는다.

① (가) : 인간의 바람직한 삶의 방향을 제시하는 것이다.
② (가) : 도덕적 현상에 대해 객관적으로 기술하는 것이다.
③ (나) : 윤리학이 학문으로 성립할 수 있는지 연구하는 것이다.
④ (나) : 현실의 윤리 문제에 대한 실천적 해결 방안을 모색하는 것이다.
⑤ (가), (나) : 보편적인 도덕 원칙을 정립하는 것이다.

2. 갑, 을의 입장으로 가장 적절한 것은? [3점]

> 갑 : 세 개의 갈대가 빈 땅에 서려고 할 때에 서로서로 의지하여야 설 수 있는 것과 같이, 식(識)도 정신과 물질을 인연(因緣)하여 생긴다.
> 을 : 옳다는 것으로 인해 그른 것이 있고, 그르다는 것으로 인해 옳은 것이 있다. 진인(眞人)은 대립적인 말에 사로잡히지 않고, 모든 대립을 넘어선 자연에 비추어 사유한다.

① 갑 : 자아의식은 변하지 않는 실체임을 알아야 한다.
② 갑 : 정신에는 집착해도 물질에는 집착해서는 안 된다.
③ 을 : 자기중심적 고정 관념과 선입견에서 벗어나야 한다.
④ 을 : 인(仁)을 실천하기 위해 사욕을 극복하고자 노력해야 한다.
⑤ 갑, 을 : 내세를 위해 현세에서 도덕적 삶을 추구해야 한다.

3. 다음을 주장한 사상가의 입장에서 <사례> 속 A에게 제시할 조언으로 가장 적절한 것은? [3점]

> 너의 행위의 준칙이 보편적 법칙이 되기를 바랄 수 있도록 그렇게 행위하라.

> ─────<사 례>─────
> 사장 A가 돈을 빌리지 않으면 회사는 부도가 나고 직원도 실직하게 된다. A는 친구에게 돈을 빌리기 위해 갚지 못할 것을 알면서도, 돈을 반드시 갚겠다는 거짓 약속을 할지 고민하고 있다.

① 정직한 행위에 따르는 보상을 기대하고 행동하세요.
② 직원의 처지를 보고 느끼는 동정심에 따라 행동하세요.
③ 당신의 고통보다 친구의 고통이 크게 되지 않도록 행동하세요.
④ 거짓 약속을 해서라도 당신의 경제적 피해를 최소화하도록 행동하세요.
⑤ 모두가 거짓 약속을 시도한다면 과연 약속이란 것이 가능할지 판단하여 행동하세요.

4. 다음의 가상 대화에서 ㉠에 들어갈 주장으로 가장 적절한 것은?

① 죽은 후에 감각 능력이 없으므로 죽음을 두려워해야 합니다.
② 죽은 후에 고통을 겪지 않도록 죽음을 두려워하지 말아야 합니다.
③ 죽은 후에 고통을 겪을 수도 있으므로 죽음을 두려워해야 합니다.
④ 죽은 후에 고통을 겪을 수 없으므로 죽음을 두려워할 필요가 없습니다.
⑤ 죽은 후에 쾌락을 얻을 수도 있으므로 죽음을 두려워할 필요가 없습니다.

5. 다음 토론의 핵심 쟁점으로 가장 적절한 것은? [3점]

> 갑 : 성관계가 사랑하는 사람 사이에 서로의 인격을 존중하면서 이루어진다면 도덕적으로 정당화됩니다. 이때 인격 존중이란 서로의 자율성을 보장하는 것입니다.
> 을 : 물론 사랑과 상호 인격 존중은 성관계에서 필수적입니다. 그러나 성관계는 출산과 양육에 대해 책임을 져야 하는 문제를 발생시킬 수 있기 때문에 부부간의 성관계만이 도덕적으로 정당화됩니다.
> 갑 : 성관계는 그와 같은 책임의 문제를 낳을 수도 있습니다. 하지만 그러한 문제를 낳지 않는 성관계도 얼마든지 가능합니다. 또한 결혼하지 않아도 그러한 책임을 충분히 감당할 수 있습니다.
> 을 : 아닙니다. 결혼하지 않은 상태에서는 그러한 책임을 지기 어려워 사회의 안정성이 위협받습니다. 부부 사이의 성관계는 안정된 가족 관계를 유지하는 데 도움이 됩니다.

① 자발적이지 않은 성관계는 정당화될 수 있는가?
② 성관계는 도덕적 가치 판단의 대상이 될 수 있는가?
③ 성관계가 정당화되기 위해서는 결혼이 반드시 요구되는가?
④ 자율성과 사랑은 성관계가 정당화되기 위한 전제 조건인가?
⑤ 성관계는 출산과 양육에 대한 책임 문제를 발생시킬 수 있는가?

6. 갑, 을의 입장에 대한 적절한 설명만을 <보기>에서 고른 것은?

> 갑 : 잠재적인 것은 현실적인 것과 동일한 가치를 갖는다. 인간 배아는 연속적인 발달 과정을 거쳐 성인이 될 잠재성을 갖기에 성인과 같은 도덕적 지위를 갖는다. 따라서 배아의 파괴를 수반하는 배아 복제는 유용하더라도 허용될 수 없다.
> 을 : 잠재적인 것은 현실적인 것과 다르다. 신체 기관이 형성되지 않은 인간 배아는 도덕적 지위를 전혀 갖지 않는다. 배아 복제는 인류에게 의료적 혜택을 줄 수 있기 때문에 이를 금지하는 것은 사회적 손실이다.

<보 기>
ㄱ. 갑 : 인간 배아는 발달 단계에 따라 도덕적 지위가 달라진다.
ㄴ. 을 : 인간 배아는 단순한 세포 덩어리에 불과하다.
ㄷ. 을 : 인간 배아를 수단으로 대할 수 있는 경우가 있다.
ㄹ. 갑, 을 : 배아 복제 여부는 공리적 관점에서 결정해야 한다.

① ㄱ, ㄴ   ② ㄱ, ㄷ   ③ ㄴ, ㄷ   ④ ㄴ, ㄹ   ⑤ ㄷ, ㄹ

7. 다음을 주장한 사상가의 입장으로 적절하지 <u>않은</u> 것은? [3점]

> 부모님이 노쇠하고 집안이 가난하다는 것은 진실로 딱한 일이다. 그렇다고 자신의 딱한 처지를 벗어나고자 목민관이 되고자 하는 것은 올바른 일이 아니다. 천지의 공적 이치[公理]로 보면, 벼슬을 위해서 사람을 선발하는 것이지, 사람을 위해서 벼슬을 선택하는 경우는 없다. 만약 목민관에 임명되어 부임지에 갈 때에는 부유하더라도 검소한 차림이어야 하며, 관청의 재물이나 자산이 여유롭다 하더라도 절약할 수 있는 검소함을 지녀야 한다. 또한 고을의 선비들에게 학문을 권장하기 위해 한 수레의 책을 가져가는 것이 청렴한 관리의 자세이다.

① 목민관은 관할하는 관청의 재물을 절약해서 사용해야 한다.
② 가족의 생계를 위해 목민관의 관직을 맡는 것은 바람직하다.
③ 비싼 옷을 살 여유가 있더라도 목민관은 소비를 절제해야 한다.
④ 공과 사를 분명하게 구분하는 것은 목민관의 올바른 태도이다.
⑤ 목민관은 관할 지역의 학문 풍토를 조성하기 위해 노력해야 한다.

8. 다음을 주장한 사상가의 입장으로 적절한 것만을 <보기>에서 고른 것은?

> 한 곡의 음악은 시작할 때 여러 소리가 합해졌다가 각각의 소리가 풀려 나오며 조화를 이루고, 음이 분명하면서도 끊임없이 이어져 완성된다. 이렇듯 음악은 여러 소리가 자기 소리를 내면서도 조화를 이루는 것이기에 배워 둘 만하다. 시가 순수한 마음을 불러일으키고 예의는 사람들을 인륜에 맞게 살아가게 하며 음악은 궁극적으로 인격을 완성시킨다.

<보 기>
ㄱ. 음악은 개인의 도덕적 성품을 함양하기 위해 필요하다.
ㄴ. 음악은 예의와 무관하게 심미적 가치만을 담아야 한다.
ㄷ. 음악은 사람들이 서로 조화를 이루는 데 기여해야 한다.
ㄹ. 음악은 사람들의 경제적 이득 여부에 따라 활용되어야 한다.

① ㄱ, ㄴ   ② ㄱ, ㄷ   ③ ㄴ, ㄷ   ④ ㄴ, ㄹ   ⑤ ㄷ, ㄹ

9. 갑, 을 사상가들의 입장으로 적절한 것만을 <보기>에서 있는 대로 고른 것은?

> 갑 : 사람이 천부적으로 타고난 것이나 사회의 어떤 특정한 지위에 태어나는 것은 정의롭다거나 부정의하다고 할 수 없다. 이것은 단지 자연적 사실에 불과하다. 정의 여부가 문제되는 것은 제도가 그러한 사실들을 처리하는 방식이다.
> 을 : 정형적 분배 원리는 생산과 분배를 독립된 주제로 취급한다. 하지만 소유 권리론에 따르면 이들은 분리된 것이 아니다. 생산과 관련된 사람들의 과거 행위는 사물들에 대한 차별적인 소유 권리를 창조한다.

<보 기>
ㄱ. 갑 : 차등의 원칙은 자연적 운의 도덕적 임의성을 처리하는 공정한 분배의 원칙이다.
ㄴ. 갑 : 최소 수혜자에게 이득이 된다면 천부적 재능으로 인한 소득 격차도 허용될 수 있다.
ㄷ. 을 : 역사적 원리에 따른 부의 불평등은 정당화될 수 있다.
ㄹ. 갑, 을 : 개인은 사회적 운의 결과물에 대해 정당한 자격을 갖지 않는다.

① ㄱ, ㄴ   ② ㄱ, ㄹ   ③ ㄷ, ㄹ
④ ㄱ, ㄴ, ㄷ   ⑤ ㄴ, ㄷ, ㄹ

10. (가)의 갑, 을, 병 사상가들의 입장에서 서로에게 제기할 수 있는 비판을 (나) 그림으로 표현할 때, A~F에 해당하는 내용으로 가장 적절한 것은?

(가)	갑 : 처벌 그 자체는 고통을 주므로 악이다. 하지만 처벌이 더 큰 악을 제거한다면 양적 공리의 원칙에 의해 허용된다. 을 : 형벌은 강도보다 지속성을 중시해야 한다. 사형은 한 시민에 대한 국가의 전쟁이므로 허용되어서는 안 된다. 병 : 살인자는 사형에 처해져야 한다. 누구든지 그가 형벌을 받아야 할 행위를 의욕했기 때문에 형벌을 받는 것이다.

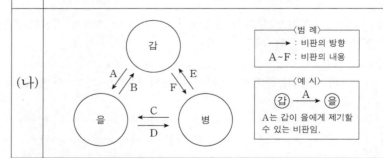

(나)

① A : 형벌을 통해 행위를 통제하고자 하는 대상은 범죄자에 국한되어야 함을 간과한다.
② B : 형벌의 종류와 크기는 사회적 파급 효과를 고려하여 정해야 함을 간과한다.
③ C, E : 형벌은 사회적 선을 촉진하기 위한 수단으로 가해질 수 없음을 간과한다.
④ D : 사형을 통해 지속적으로 공포 인상을 주어 범죄를 예방해야 함을 간과한다.
⑤ F : 형벌로부터 초래되는 해악은 형벌을 부과할 때 고려해야 할 사항이 아님을 간과한다.

11. 갑, 을 사상가들 중 적어도 한 사람이 부정의 대답을 할 질문으로 적절한 것만을 <보기>에서 고른 것은? [3점]

> 갑 : 자연 상태에서 인간의 경쟁, 불신, 공명심 때문에 분쟁이 발생한다. 이러한 전쟁 상태로부터 벗어나서 자연권을 보호하기 위해 개인들은 사회적 동의로 절대 권력을 수립한다.
> 을 : 자연 상태에서 개인들은 생명, 자유, 재산의 권리를 보호하기 위해 입법부를 구성하기로 합의한다. 그러나 입법부가 자연권을 보호하지 못하면 시민들은 신탁을 철회할 수 있다.

<보 기>
ㄱ. 공권력이 형성된 이후에 자연권 보호는 개인만의 책임인가?
ㄴ. 정부에 의한 시민의 재산권 침해는 정부 해체의 근거가 되는가?
ㄷ. 국가의 권위에 복종해야 할 의무는 계약에 토대를 두는가?
ㄹ. 인간은 자연 상태에서 이성의 능력을 발휘하여 계약을 하는가?

① ㄱ, ㄴ　② ㄱ, ㄷ　③ ㄴ, ㄷ　④ ㄴ, ㄹ　⑤ ㄷ, ㄹ

12. 갑, 을 사상가들의 입장으로 적절한 것만을 <보기>에서 있는 대로 고른 것은? [3점]

> 갑 : 시민 불복종을 결심함에 있어서 우리는 결과론적 관점에서 불복종을 통해 중단시키고자 하는 악의 크기와 우리의 행위가 가져올 법에 대한 존중의 감소 가능성을 저울질해 봐야 한다.
> 을 : 시민 불복종은 공동체의 정의감에 호소하기에, 평등한 자유의 원칙에 대한 심한 위반이나 공정한 기회 균등의 원칙에 대한 현저한 위배에 국한되어야 한다.

<보 기>
ㄱ. 갑 : 시민 불복종은 불법 행위이지만 법치를 존중하는 행위이다.
ㄴ. 을 : 종교의 자유를 부정하는 법은 시민 불복종의 대상이 된다.
ㄷ. 을 : 부정의한 법을 변혁하고자 불가피하게 다른 법을 위반하는 시민 불복종은 정당화될 수 있다.
ㄹ. 갑, 을 : 다수결 원칙에 따라 민주적으로 제정된 법은 시민 불복종의 대상이 아니다.

① ㄱ, ㄴ　　　② ㄱ, ㄹ　　　③ ㄷ, ㄹ
④ ㄱ, ㄴ, ㄷ　　⑤ ㄴ, ㄷ, ㄹ

13. 다음 글의 입장으로 적절하지 <u>않은</u> 것은?

> 산업 사회에서 유한계급은 사회적 명성의 측면에서 사회 구조의 정점에 위치하고 그들의 생활 양식은 사회의 평가 기준이 된다. 이 기준은 사회 구조의 가장 낮은 계층에 이르기까지 영향을 미친다. 각 계층에 속하는 사람들은 바로 위 계층에서 유행하는 생활 양식에 가까워지고자 온갖 노력을 기울이기 때문이다. 어떤 계급도, 즉 아무리 빈곤한 계급이라도 관례적인 과시적 소비를 전혀 하지 않을 수는 없다. 명성을 얻기 위해서는 과시적 소비를 할 수밖에 없으며, 과시적 소비를 하기 위해서는 부(富)가 있어야 한다.

① 과시적 소비로부터 완전히 자유로운 계층은 없다.
② 빈곤한 계층의 소비 행위는 사회적 명성과는 관련이 없다.
③ 산업 사회에서 명성을 얻기 위해서는 부를 필요로 한다.
④ 유한계급에게 과시적 소비는 명성을 획득하는 수단이다.
⑤ 사회에서 유행하는 생활 양식은 유한계급에 의해 주도된다.

14. 다음 글의 입장에서 ㉠에 대한 해결 방안으로 가장 적절한 것은?

> 우리가 효율성이 높은 인공지능 개발에만 주로 관심을 기울인 나머지, 인공지능이 행하는 혐오와 차별의 표현은 용인될 수 없는 사회적 문제로 대두되었다. 이 문제는 인공지능이 학습하는 데이터 자체의 비윤리성에 기인한다. 인공지능이 인간 수준의 윤리적 판단력을 갖추는 것은 불가능하므로 적절한 여과 과정을 거친 데이터를 인공지능에 제공해야 한다. 주목할 것은 그것의 비윤리적인 표현들이 우리의 일상 언어에 근거한다는 사실이다. 이 언어들은 인공지능에게는 숫자로 변환되는 전산 언어에 불과하지만, 그것들이 우리에게 다시 돌아올 때에는 ㉠윤리적 문제를 일으킬 수 있다.

① 인공지능의 데이터 처리 속도를 높이기 위한 기술을 개발해야 한다.
② 인공지능의 표현을 수용할 수 있는 관용적인 태도를 함양해야 한다.
③ 인간의 도덕적 검증을 거친 학습 데이터를 인공지능에 입력해야 한다.
④ 인간보다 뛰어난 도덕적 판단력을 지닌 인공지능을 개발해야 한다.
⑤ 인간 친화적인 인공지능 개발을 위해 일상 언어를 인공지능에 그대로 입력해야 한다.

15. (가)의 갑, 을 사상가들의 입장을 (나) 그림으로 탐구하고자 할 때, A~C에 들어갈 적절한 질문만을 <보기>에서 있는 대로 고른 것은? [3점]

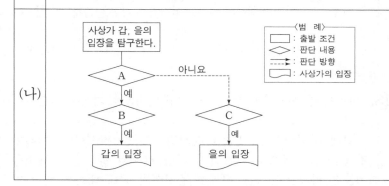

(가)	갑 : 질서 정연한 사회들은 고통받는 사회의 구성원들이 자신들의 문제를 합당하게 관리할 수 있도록 도와야 한다. 즉, 그 사회가 제도와 문화를 개선하여 질서 정연한 사회가 되도록 도와야 한다. 을 : 풍요로운 사회의 부유한 사람들은 고통받는 전 세계 사람들을 위해 소득의 일부를 기부해야 한다. 고통을 감소시키고 쾌락을 증진하는 것은 인류의 의무이다.

<보 기>
ㄱ. A : 원조의 목적은 인류 전체의 복지 증진이 아니라 정치 체제의 개선이어야 하는가?
ㄴ. B : 원조의 목표를 달성하기 위해서는 국가 간 부의 재분배가 필수적인가?
ㄷ. B : 원조 대상 국가에게 인권을 강조하는 것은 원조의 목적 실현을 저해하는가?
ㄹ. C : 원조를 통해 방지할 해악보다 더 큰 희생이 발생한다면 원조는 중단될 수 있는가?

① ㄱ, ㄷ　　　② ㄱ, ㄹ　　　③ ㄴ, ㄷ
④ ㄱ, ㄴ, ㄹ　　⑤ ㄴ, ㄷ, ㄹ

16. 다음 신문 칼럼의 입장으로 적절하지 <u>않은</u> 것은? [3점]

○○신문   ○○○○년 ○○월 ○○일

칼럼

정보 기술의 발달은 우리에게 인터넷과 사이버 공간을 선물로 안겨 주었다. 이에 대해 일부에서는 정부가 빅 데이터 기술을 활용하여 시민들을 감시하는 '판옵티콘' 사회를 우려하고 있다. 다른 한편에서는 사이버 공간이 현실 정치권력으로부터 완전히 독립된 '디지털 에덴동산'이 될 수 있다고 낙관한다. 하지만 사이버 공간은 인간 기술이 만든 또 하나의 현실 공간이다. 정부가 빅 데이터 기술을 활용하듯이, 시민들도 정보 기술을 통해 정부의 정책이나 행정을 감시할 수 있다. 또한 시·공간적 제약에서 해방되어 정치적으로 활동할 수 있는 시민의 힘도 증가한다. 이처럼 사이버 공간이 아테네의 아크로폴리스 역할을 담당함으로써 전자 민주주의의 꽃은 활짝 필 것이다. 이러한 민주주의는 시민들의 높은 정치의식과 민주적 토론 문화가 뒷받침되어야만 열매를 맺을 것이다.

① 전자 민주주의는 시민들의 적극적인 참여를 필요로 한다.
② 정보 기술의 발전은 직접 민주주의의 가능성을 높여 준다.
③ 사이버 공간은 새로운 소통의 장으로 정치 참여의 폭을 넓혀 준다.
④ 정보 기술은 정부와 시민이 상호 견제할 수 있는 힘을 제공한다.
⑤ 사이버 공간은 익명성으로 인해 법치로부터 벗어난 공간이다.

17. 다음을 주장한 사상가의 관점에서 볼 때 문화에 대해 취할 입장으로 적절한 것만을 <보기>에서 고른 것은? [3점]

o 이상적인 사회가 당장 가능할 것이라는 가정은 합리적이지 않다. 사회적 문제들을 점진적으로 개선하면서 더 좋은 사회로 나아가려는 태도가 중요하다.
o 인간 이성의 한계는 관용을 요청한다. 하지만 우리가 관용적이지 않은 사람들에게까지 무제한의 관용을 베푼다면, 관용적인 사람들은 파멸할 것이고 관용도 소멸할 것이다.

────────〈보 기〉────────
ㄱ. 모든 문화는 고유성을 지니기에 용인되어야 한다.
ㄴ. 자기 문화를 비판하는 것에 대해 열린 태도가 필요하다.
ㄷ. 불관용적인 문화에 대해서는 관용하지 않을 권리가 있다.
ㄹ. 어떤 문화가 바람직한지 여부를 판단하는 기준은 존재하지 않는다.

① ㄱ, ㄴ   ② ㄱ, ㄷ   ③ ㄴ, ㄷ   ④ ㄴ, ㄹ   ⑤ ㄷ, ㄹ

18. 다음을 주장한 사상가의 ㉠에 대한 입장으로 가장 적절한 것은?

현대 사회에서는 다양한 사회적 갈등이 발생한다. 이러한 갈등을 합리적으로 해결하기 위한 하나의 방안은 의사소통 이론을 바탕으로 상호 이해를 증진하기 위해 대화를 하는 것이다. 어떤 주장이 정당성을 갖기 위해서는 논증적인 대화인 ㉠ 에 참여한 당사자들이 합의에 도달해야 한다. 어떤 사안에 대해 당사자들이 합리적 근거를 제시하는 토론의 과정을 거치면서 주장의 정당성이 확보된다. 보편적인 합의에 도달하기 위해서는 시민들의 적극적인 참여에 의한 공론장이 활성화되어야 한다.

① 오류 가능성을 내포한 주장을 제시해서는 안 된다.
② 개인적 선호나 욕구는 최대한 숨기고 발언해야 한다.
③ 참여자 다수의 동의로 규범의 정당성을 확보해야 한다.
④ 합의에 이른 주장에 대해서는 재논의를 허용해서는 안 된다.
⑤ 발언 기회는 합리적 논증 능력에 따라 차등 부여되어서는 안 된다.

19. (가)의 갑, 을, 병 사상가들의 입장을 (나) 그림으로 표현할 때, A~D에 해당하는 적절한 진술만을 <보기>에서 있는 대로 고른 것은?

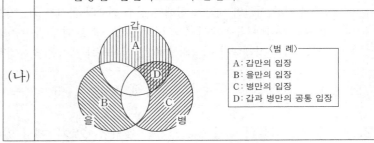

(가)	갑 : 어떤 존재가 고통과 즐거움을 경험할 수 있는 능력이 있는지 없는지는 우리가 그 존재들의 이익에 관심을 가질지 여부를 판가름하는 유일한 경계가 된다. 을 : 동물은 비록 이성은 없을지라도 살아 있는 피조물임을 고려할 때, 동물을 폭력적으로 잔인하게 다루는 것은 인간 자신에 대한 의무를 거스르는 것이다. 병 : 대지 윤리는 인류의 역할을 토지 공동체의 정복자에서 평범한 구성원으로 변화시키며, 동료 구성원에 대한 존중을 필연적으로 수반한다.
(나)	(갑, 을, 병 벤 다이어그램) 〈범 례〉 A: 갑만의 입장 B: 을만의 입장 C: 병만의 입장 D: 갑과 병만의 공통 입장

────────〈보 기〉────────
ㄱ. A: 동물에 대한 인간의 행위는 공리의 원리에 근거해야 한다.
ㄴ. B: 모든 동물에게 인간과 동등한 도덕적 지위를 부여하는 것은 옳지 않다.
ㄷ. C: 어떤 존재가 생명을 지닌 개체가 아니어도 도덕적 지위를 가질 수 있다.
ㄹ. D: 쾌고 감수 능력의 보유 여부에 의해 개체의 도덕적 지위가 결정된다.

① ㄱ, ㄷ   ② ㄱ, ㄹ   ③ ㄴ, ㄹ
④ ㄱ, ㄴ, ㄷ   ⑤ ㄴ, ㄷ, ㄹ

20. (가)의 입장에 비해 (나)의 입장이 갖는 상대적 특징을 그림의 ㉠~㉢ 중에서 고른 것은? [3점]

(가) 오직 국익에 도움이 되는지 여부를 기준으로 국가의 대외 정책의 좋고 나쁨이 결정된다. 힘의 논리를 바탕으로 한 국익 추구로 인하여 국제 분쟁이 발생하며, 평화는 힘의 균형을 통해 전쟁을 예방 또는 억지함으로써 달성될 수 있다.
(나) 국제 사회의 부정의는 국가들의 행동을 규제하는 국제기구나 국제적 규범을 통해 해결할 수 있다. 국제법은 국제 사회에서 매우 중요하며, 평화는 국가 간의 이성적 대화와 협력, 국제기구 등의 노력을 통해 달성될 수 있다.

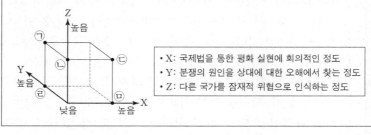

• X: 국제법을 통한 평화 실현에 회의적인 정도
• Y: 분쟁의 원인을 상대에 대한 오해에서 찾는 정도
• Z: 다른 국가를 잠재적 위협으로 인식하는 정도

① ㉠   ② ㉡   ③ ㉢   ④ ㉣   ⑤ ㉤

* 확인 사항

o 답안지의 해당란에 필요한 내용을 정확히 기입(표기)했는지 확인 하시오.

성명 [   ]   수험 번호 [   ][   ][   ][   ]—[   ][   ][   ]   제 [ ] 선택

1. ㉠에 들어갈 진술로 가장 적절한 것은?

> 나는 윤리학이 행위에 대한 규범적 판단을 체계화하고 그 근거를 제시하는 학문이어야 한다고 생각한다. 그런데 어떤 사람은 윤리학이 도덕적 현상들을 있는 그대로 기술하는 학문이어야 한다고 주장한다. 내가 보기에 이러한 주장은 윤리학이 ㉠ 는 점을 간과하고 있다.

① 도덕적 관습을 실증적으로 연구해야 한다
② 가치 판단을 위해 도덕 이론을 정립해야 한다
③ 하나의 학문으로서 성립 가능한지 검토해야 한다
④ 도덕 언어의 의미 분석을 핵심 과제로 삼아야 한다
⑤ 도덕 추론의 논리적 구조를 밝히는 데 주력해야 한다

2. 갑, 을 사상가들의 입장으로 적절하지 않은 것은?

> 갑 : 자연 상태에서는 사람들 간의 분쟁을 해결하는 공통된 법률이 없고, 무사 공평한 재판관도 없다. 그래서 인간은 자신의 생명, 자유, 재산을 보호하기 위해 공동체를 결성하고 스스로를 정부의 지배하에 두고자 한다.
> 을 : 모든 공동체는 어떤 종류의 좋음을 목표로 하는 것이지만, 국가는 그 모든 공동체들 중에서 최고의 것이면서 다른 모든 공동체들을 포괄한다. 그리고 국가는 모든 좋음들 중에서 최고의 좋음을 목표로 한다.

① 갑 : 국가는 공통된 법률에 따라 시민들 간의 분쟁을 조정해야 한다.
② 갑 : 국가는 자국민을 침해한 외부인들을 처벌할 권력을 지닌다.
③ 을 : 국가는 정치적 동물인 인간들의 상호 동의를 통해 발생한다.
④ 을 : 인간은 국가 속에서 훌륭하고 행복한 삶을 영위할 수 있다.
⑤ 갑, 을 : 시민은 자신이 속한 국가에 대해 정치적 의무를 지닌다.

3. 다음을 주장한 사상가의 입장만을 <보기>에서 고른 것은? [3점]

> 화자의 의사소통의 의도에는 다음 사항들이 포함되어야 한다. 첫째, 화자가 자신과 청자 사이에 정당한 것으로 인정된 상호 관계가 성립하도록 규범적 맥락에 따라 올바른 의사소통 행위를 수행하는 것이다. 둘째, 화자가 자신의 지식을 청자가 받아들이며 공유하도록 참된 진술을 하는 것이다. 셋째, 화자가 자신이 말한 것을 청자가 믿도록 생각, 의도, 감정, 소망 등을 진실하게 표현하는 것이다.

— <보 기> —
ㄱ. 의사소통 행위는 상호 이해를 지향해야 한다.
ㄴ. 오류 가능성이 있는 주장도 담론에 부칠 수 있다.
ㄷ. 발화(發話) 내용이 참되다면 어떠한 발화 자세도 허용된다.
ㄹ. 규범의 타당성은 참여자 대다수의 동의를 얻어야 확보된다.

① ㄱ, ㄴ ② ㄱ, ㄷ ③ ㄴ, ㄷ ④ ㄴ, ㄹ ⑤ ㄷ, ㄹ

4. 다음을 주장한 사상가의 입장에서 <사례> 속 A에게 해 줄 수 있는 조언으로 가장 적절한 것은? [3점]

> 어떤 행위가 의무에 맞을지라도 반드시 도덕적 가치를 갖는다고 할 수는 없다. 비록 그 행위가 의무가 명령한 것에 맞게 일어난다 할지라도 의무로부터 일어난 것이 아니라면 도덕적 가치를 갖지 않기 때문이다.

— <사 례> —
> 상인 A는 정직하게 손님을 대하여 많은 단골손님을 갖게 되었다. 그러던 어느 날 정직한 행동이 이익으로 돌아온다는 생각이 들었다. 하지만 시간이 갈수록 그는 이익을 위해 정직하게 행동하는 것이 진정으로 도덕적인 것인지 고민하게 되었다.

① 꾸준한 도덕적 실천으로 얻어진 덕에 따라 행동하세요.
② 당신의 자연적 성향에 따라 손님들을 정직하게 대하세요.
③ 모두의 이익을 증진시킬 수 있도록 정직하게 행동하세요.
④ 당신의 정직한 행위가 도덕적 의무에 맞기만 하면 됩니다.
⑤ 경향성이 섞이지 않은 순수한 도덕적 동기에 따라 행동하세요.

5. 그림은 서술형 평가 문제와 학생 답안이다. 학생 답안의 ㉠~㉤ 중 옳지 않은 것은?

> **서술형 평가**
> ⊙ (가), (나)의 입장을 비교하여 서술하시오.
> (가) 자신의 성(性)적 이미지를 제품과 연결하여 구매를 유도하는 행위가 성적 자기 결정권을 행사한 것이라면 허용될 수 있다. 다만, 그러한 권리 행사는 타인에게 해를 끼치지 않을 경우에만 정당하다.
> (나) 성적 자기 결정권은 인격을 훼손하지 않는 범위 내에서 행사되어야 한다. 따라서 성적 이미지를 이용한 이윤 추구 행위는 성을 도구화하는 것으로서 허용될 수 없다.

> ⊙ 학생 답안
> (가), (나)의 입장을 비교해 보면, (가)는 ㉠성을 수단으로 이용하는 행위가 타인에게 반드시 해를 끼치는 것은 아니기 때문에, ㉡성적 매력을 표현하여 제품의 구매를 유도하는 행위는 정당화될 수 있다고 주장한다. 반면에 (나)는 ㉢성을 수단으로 이용하는 성 상품화가 인간의 존엄성을 침해하기 때문에, ㉣성적 이미지를 이용한 이윤 추구 행위는 정당화될 수 없다고 주장한다. 한편 (가), (나)는 모두 ㉤자신의 성적 행동을 자유롭게 결정할 권리가 제한되어서는 안 된다고 본다.

① ㉠ ② ㉡ ③ ㉢ ④ ㉣ ⑤ ㉤

6. 갑, 을 사상가들의 입장으로 적절한 것만을 <보기>에서 고른 것은?

> 갑 : 대도(大道)가 행해진 세상에서는 어진[賢] 사람과 능력 있는 사람을 선발하며, 자기 부모만을 부모로 자기 자식만을 자식으로 여기지는 않는다. 재물이 버려지는 것을 싫어하지만 반드시 그것을 자기만의 소유물로 삼으려 하지는 않는다. 그래서 도둑질이 일어나지 않아 바깥문을 닫는 일이 없다.
> 을 : 나라는 작아야 하고 백성은 적어야 한다. 많은 도구가 있더라도 사용하지 않도록 하고, 백성으로 하여금 죽음을 중히 여겨 멀리 옮겨 다니지 않도록 한다. 비록 배나 수레가 있어도 타는 일이 없고, 갑옷과 무기가 있어도 꺼내서 늘어놓는 일이 없다.

―――――<보 기>―――――
ㄱ. 갑 : 인(仁)의 출발점인 무차별적 사랑[兼愛]을 행해야 한다.
ㄴ. 갑 : 유능한 인재가 선발되는 도덕 공동체를 지향해야 한다.
ㄷ. 을 : 인위적인 통치가 없는 소박한 사회를 지향해야 한다.
ㄹ. 갑, 을 : 예법을 통해 본래의 자연스러운 삶으로 돌아가야 한다.

① ㄱ, ㄴ ② ㄱ, ㄷ ③ ㄴ, ㄷ ④ ㄴ, ㄹ ⑤ ㄷ, ㄹ

7. 갑, 을 사상가들의 입장으로 적절하지 않은 것은? [3점]

> 갑 : 정의의 일차적 주제는 사회의 주요 제도가 권리와 의무를 배분하고 사회 협동체로부터 생긴 이익의 분배를 정하는 방식이다. 이를 정하는 정의의 원칙은 당사자들의 원초적 합의의 대상이다.
> 을 : 분배가 정의로운가는 그 분배가 어떻게 이루어졌는가에 달려 있다. 최종 결과에 중점을 둔 원리와 달리 역사성을 고려한 원리에 따르면, 사람들의 과거 행위나 상황은 사물에 대한 차별적인 소유 권리나 응분의 자격을 만들어낸다.

① 갑 : 천부적 자산에 대한 개인의 소유 권리는 제한될 수 없다.
② 갑 : 기본적 자유가 개인들에게 불평등하게 분배되어서는 안 된다.
③ 을 : 개인이 노동을 통해 취득한 소유물도 교정의 대상이 될 수 있다.
④ 을 : 정형적 원리에 따른 재분배는 이전(移轉)에서의 정의에 어긋난다.
⑤ 갑, 을 : 정의의 원칙은 정당화될 수 있는 불평등을 규정해 준다.

8. 다음을 주장한 사상가의 입장으로 가장 적절한 것은? [3점]

> 백성은 윗사람을 섬기는 자이고, 수령은 백성을 다스리는 자이다. 수령 노릇을 잘하려면 반드시 청렴해야 하며, 청렴하려면 반드시 절약해야 한다. 청렴은 천하의 큰 장사이므로 백성을 위해 크게 탐하는[大貪] 자는 반드시 청렴하려 한다. 수령이 치밀하지 못하여 재물을 쓰는 방법을 몰라 실효(實效)가 없으면 안 된다. 수령이 경비를 남용하면 재정이 부족해져 백성의 재물을 약탈하게 된다.

① 수령은 공무 수행 시 재정 지출의 효과를 고려해서는 안 된다.
② 수령은 공공의 복리 증진이 아니라 재정 확보에 주력해야 한다.
③ 수령은 백성과 자신이 직분상 동등한 관계임을 자각해야 한다.
④ 수령은 검소하지 않을 경우 자신의 직무를 올바로 수행할 수 없다.
⑤ 수령은 공무 수행에서 인(仁)을 실현하려는 마음을 억제해야 한다.

9. (가)를 주장한 사상가의 입장에서 (나)의 ㉠에 들어갈 진술로 가장 적절한 것은?

(가)	문화 산업은 획일적인 상품만을 생산할 뿐이다. 문화 산업의 기술은 대량 생산을 가능하게 한다. 문화 산업은 어떠한 문화 상품을 제공하든 소비자는 그것에 만족해야 한다는 것을 소비자에게 주입시킨다. 이로 인해 문화 상품은 소비자로 하여금 적극적으로 사유하는 것을 불가능하게 한다.
(나)	문화 산업은 '스타'를 제조한다. 대부분의 기획사는 스타를 철저한 전략에 따라 기획한 뒤 최대한 많은 매체에 출연시켜 돈을 번다. 그리고 대중이 싫증을 느끼면 유사한 새로운 스타를 내놓는다. 수많은 반짝 스타들이 소모품처럼 사라진다. 이러한 문제의 원인은 ㉠

① 문화 산업이 대중문화를 규격화된 상품으로 간주하기 때문이다.
② 문화 상품이 작품 창작자의 독창적 견해에 따라 제작되기 때문이다.
③ 문화 산업이 이윤보다는 지속적 창작 활동을 추구하기 때문이다.
④ 문화 산업의 생산자가 소비자의 고유한 체험을 중시하기 때문이다.
⑤ 문화 상품이 표준화된 양식에 맞추어 생산되지 않기 때문이다.

10. (가)의 갑, 을, 병 사상가들의 입장을 (나) 그림으로 표현할 때, A~D에 해당하는 적절한 진술만을 <보기>에서 고른 것은? [3점]

(가)	갑 : 인간은 통상 인간에 대한 의무 외에 다른 의무는 갖지 않는다. 늙은 말이 수행한 봉사에 대한 감사마저도 직접적으로 볼 때는 인간 자신에 대한 의무이다. 을 : 인간만이 아니라 일부 동물도 삶의 주체이다. 왜냐하면 그들도 다른 존재의 이익과는 독립적으로 개별적 복지를 갖는 것과 같은 특징을 지니기 때문이다. 병 : 인간은 생명 공동체의 한 구성원에 지나지 않는다. 인간의 활동으로만 설명되어 온 많은 역사적 사건들은 실제로는 인간과 대지의 생명적 상호 작용이었다.
(나)	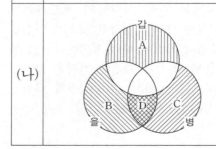 <범 례> A : 갑만의 입장 B : 을만의 입장 C : 병만의 입장 D : 을과 병만의 공통 입장

―――――<보 기>―――――
ㄱ. A : 인간 이외의 존재에게는 어떠한 가치도 부여되지 않는다.
ㄴ. B : 인간은 동물 종(種)에 대한 직접적 의무를 실천해야 한다.
ㄷ. C : 인간은 살아 있는 모든 존재를 도덕적으로 존중해야 한다.
ㄹ. D : 인간만이 아니라 동물도 권리를 지닌 존재일 수 있다.

① ㄱ, ㄴ ② ㄱ, ㄷ ③ ㄴ, ㄷ ④ ㄴ, ㄹ ⑤ ㄷ, ㄹ

11. (가), (나)의 입장으로 적절한 것만을 <보기>에서 고른 것은? [3점]

> (가) 인간의 행복을 위해서는 질병을 극복할 수 있는 신약이 개발되어야 한다. 개발 과정에서 인간에게 미칠 수 있는 신약의 부작용을 최소화하기 위해서는, 설령 동물에게 고통을 준다 해도 동물 실험은 불가피하다. 다만, 고통은 악(惡)이므로 연구자는 동물에게 가하는 고통을 최소화해야 한다.
>
> (나) 질병은 극복되어야 할 인류의 과제이다. 하지만 인간과 동물은 질병의 종류와 증상이 매우 다르기 때문에, 동물 실험은 그 효과가 의심스러우며 신약 개발에 도움이 되지 않는다. 특히 인간처럼 쾌고 감수 능력을 지닌 동물에게 고통을 주는 동물 실험을 금지하고 그 대안을 강구해야 한다.

———————————<보 기>———————————
ㄱ. (가): 동물 실험은 그 목적이 선해도 허용될 수 없다.
ㄴ. (가): 인간의 복지가 동물들의 이익 관심보다 우선한다.
ㄷ. (나): 인간은 생물학적으로 대부분의 질병을 동물과 공유한다.
ㄹ. (가), (나): 동물에게 고통을 가하는 것은 도덕적으로 악하다.

① ㄱ, ㄴ　② ㄱ, ㄷ　③ ㄴ, ㄷ　④ ㄴ, ㄹ　⑤ ㄷ, ㄹ

12. (가)의 갑, 을, 병 사상가들의 입장을 (나) 그림으로 탐구하고자 할 때, A~D에 들어갈 적절한 질문만을 <보기>에서 있는 대로 고른 것은? [3점]

> (가) 갑: 국가는 개인의 권리를 침해하지 않는 최소 국가이어야 한다. 국가는 시민들에게 다른 사람들을 돕도록 강제적 수단을 사용해서는 안 된다.
> 을: 원조의 의무는 고통받는 사회가 질서 정연한 사회가 될 수 있도록 돕는 것이다. 그러나 국내 사회에 적용되는 정의의 원칙이 국제 사회에 적용될 이유는 없다.
> 병: 자국민을 돕는 것이 원조하는 것보다 더 효율적인 경우도 있다. 그러나 이것이 다른 나라 사람의 이익을 평등하게 고려하지 않아도 된다는 것을 의미하지는 않는다.

(나)
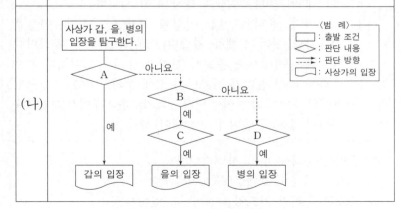

———————————<보 기>———————————
ㄱ. A: 모든 원조는 원조 주체의 사적 소유권을 침해하는가?
ㄴ. B: 원조는 자원 분포의 우연성의 결과를 조정하려는 것인가?
ㄷ. C: 원조를 중단할 수 있는 명확한 목표를 규정해야 하는가?
ㄹ. D: 원조는 비용 대비 편익을 계산하여 이루어져야 하는가?

① ㄱ, ㄴ　　　② ㄴ, ㄷ　　　③ ㄷ, ㄹ
④ ㄱ, ㄴ, ㄹ　　⑤ ㄱ, ㄷ, ㄹ

13. 다음 신문 칼럼의 입장으로 가장 적절한 것은?

> ○○ 신문　　　　　　　　　　○○○○년 ○○월 ○○일
> **칼 럼**
> 오늘날 정보 사회에서는 누구든지 타인의 정보를 조사하고 그 정보를 불특정 다수에게 전달할 수 있어 개인 정보가 침해되는 경우가 증가하고 있다. 타인에게 알려지고 싶지 않은 개인의 민감한 정보가 당사자의 의사에 반해 인터넷에서 검색되거나, 기업이 적법하게 수집한 개인 정보를 기업의 이익을 위해 활용하는 과정에서 유출하는 경우가 대표적이다. 언론 역시 국민의 알 권리를 위한다는 명분하에 본인의 동의 없이 개인 정보를 수집하고 이를 보도함으로써 사생활을 침해하기도 한다. 이러한 문제를 해결하기 위해서는 개인이 자신의 개인 정보를 누구에게, 어떤 범위까지, 얼마 동안, 어떤 형식으로 공개할 것인지에 대해 정당한 처리를 요구할 수 있어야 한다.

① 사이버 공간에서 표현의 자유가 제한되어서는 안 된다.
② 적법하게 수집된 개인 정보의 활용을 제한해서는 안 된다.
③ 잊힐 권리보다 알 권리를 중시하여 공익을 증진해야 한다.
④ 모든 정보에 누구나 자유롭게 접근할 수 있도록 허용해야 한다.
⑤ 인권 보호를 위해 개인 정보에 대한 자기 결정권을 보장해야 한다.

14. (가)의 입장에서 (나)의 입장에 대해 제기할 수 있는 비판으로 가장 적절한 것은? [3점]

> (가) 심장 박동과 호흡이 비가역적으로 정지된 심폐사만을 죽음으로 인정해야 한다. 심폐사는 죽음에 대한 전통적인 판정 기준으로, 죽음의 시점을 확실하게 적시할 수 있어서 누가 보더라도 죽음을 판정할 수 있다는 장점이 있다.
>
> (나) 뇌의 모든 기능을 상실한 사람은 결국 수일 내에 심폐사에 이르게 된다. 뇌사자에게 불필요한 치료를 억지로 지속하는 것은 뇌사자를 비인간적으로 대우하는 것일 뿐만 아니라, 한정된 의료 자원을 소모하면서 장기를 기증할 기회도 잃게 하므로 뇌사를 죽음으로 인정해야 한다.

① 의료 자원의 효율적 이용이 필요하다는 것을 간과한다.
② 뇌사가 죽음에 이르는 과도기적 상태라는 것을 간과한다.
③ 뇌사 인정은 뇌사자의 생명권을 존중하는 것임을 간과한다.
④ 장기 이식을 위해 뇌사를 죽음의 기준으로 삼아야 함을 간과한다.
⑤ 무의미한 연명 치료는 인간 존엄성을 훼손한다는 것을 간과한다.

15. 그림은 서양 사상가 갑, 을의 가상 대화이다. 갑, 을의 입장으로 적절한 것만을 <보기>에서 고른 것은?

> 기술은 단지 수단일 뿐이며 기술 그 자체는 선도 아니고 악도 아닙니다. 기술이 선한지 악한지는 인간이 기술로부터 무엇을 만들어 내는지, 기술을 어떻게 활용하는지에 달려 있습니다. 기술은 공허한 힘일 뿐입니다.

 갑

> 기술은 우리가 어디에 있든지 우리를 속박하고 있습니다. 우리가 이러한 기술을 중립적인 것으로 여길 때, 우리는 기술에 무방비 상태로 내맡겨지는 최악의 상태에 놓이게 됩니다.

 을

———————————<보 기>———————————
ㄱ. 갑: 기술의 활용 결과는 가치 평가의 대상이 아니다.
ㄴ. 을: 기술에 대해 가치 중립적 태도를 가져서는 안 된다.
ㄷ. 을: 기술에 대해 무관심할 때 기술로부터 자유로워진다.
ㄹ. 갑, 을: 기술의 활용 방향에 대한 윤리적 성찰이 필요하다.

① ㄱ, ㄴ　② ㄱ, ㄷ　③ ㄴ, ㄷ　④ ㄴ, ㄹ　⑤ ㄷ, ㄹ

16. 다음을 주장한 사상가의 입장으로 가장 적절한 것은? [3점]

> 나는 시민 불복종을 흔히 법이나 정부의 정책에 변혁을 가져올 목적으로 행해지는 공공적이고 비폭력적이며 법에 반하는 정치적 행위라 정의하고자 한다. 이러한 행위는 법에 대한 충실성의 한계 내에서 부정의에 항거함으로써 정의로부터의 이탈을 방지하고, 부정의를 교정하는 데 도움이 된다. 정당한 시민 불복종에 참여하고자 하는 일반적 성향은 질서 정연한 사회 속에 안정을 가져다준다.

① 시민 불복종은 개인의 이익이 아닌 집단의 이익에 근거해야 한다.
② 시민 불복종은 사회의 기본 구조가 아주 부정의하면 성립할 수 없다.
③ 시민 불복종은 헌법의 정당성에 이의를 제기하는 정치적 행위이다.
④ 시민 불복종은 비민주적 체제의 변혁을 목적으로 이루어져야 한다.
⑤ 시민 불복종의 근거인 다수의 정의감은 개인의 양심과 양립할 수 없다.

17. 갑, 을 사상가들의 입장으로 가장 적절한 것은?

> 갑 : 국제 정치의 궁극 목표가 무엇이든 권력 획득이 항상 일차적 목표이다. 정치가나 국민이 궁극적으로 추구하는 것이 자유, 안전 보장, 번영 등으로 다양해도, 그들이 국제 정치적으로 자신들의 목표를 달성하기 위해 권력을 수단으로 삼고자 한다는 점에서는 같다.
> 을 : 이성은 도덕적으로 법칙을 수립하는 최고 권력의 왕좌를 차지한다. 이성이 전쟁을 탄핵하고 평화 상태를 직접적인 의무로 규정한다 하더라도, 평화 연맹이 존재하지 않으면 안 된다. 이 연맹은 모든 전쟁을 영구히 종식시키고자 한다.

① 갑 : 권력 투쟁 현상은 국내 정치뿐 아니라 국제 정치에서도 나타난다.
② 갑 : 국제적인 도덕적 합의를 통해 국가 간 분쟁을 해결해야 한다.
③ 을 : 영구 평화를 위해 정치 체제의 변화가 수반될 필요는 없다.
④ 을 : 영구 평화는 공고한 평화 조약에 의해서만 실현될 수 있다.
⑤ 갑, 을 : 세계 공화국을 수립하여 영구적 평화 유지에 기여해야 한다.

18. 다음을 주장한 사상가의 입장으로 적절한 것만을 <보기>에서 있는 대로 고른 것은? [3점]

> ○ 집의 담장은 체험 공간을 내부와 외부로 분리하며 두 영역은 인간 삶의 기본이 된다. 인간은 안정의 영역인 집에 거주함으로써만 자신의 참된 본질을 실현할 수 있다.
> ○ 거주는 공동의 삶을 통해서만 가능하므로 진정한 집에는 가족이 필요하다. 집과 가족은 인간의 안전과 편안함을 조성하는 과제에 있어서 불가분의 관계로 묶여 있다.

<보 기>
ㄱ. 인간은 거주 공간에서 유대감을 형성한다.
ㄴ. 집은 인간의 본질을 실현할 수 있는 공간이다.
ㄷ. 집은 외부 세계와 구분될 수 없는 열린 공간이다.
ㄹ. 인간은 거주함으로써만 본래적 의미의 인간이 될 수 있다.

① ㄱ, ㄴ   ② ㄱ, ㄷ   ③ ㄷ, ㄹ
④ ㄱ, ㄴ, ㄹ   ⑤ ㄴ, ㄷ, ㄹ

19. (가)의 갑, 을, 병 사상가들의 입장에서 서로에게 제기할 수 있는 비판을 (나) 그림으로 표현할 때, A~F에 해당하는 내용으로 가장 적절한 것은?

(가)	갑 : 법은 사회적 결합의 계약 조건이기 때문에, 법에 복종하는 시민들이 법의 제정자가 되어야 한다. 법은 일반 의지에 의해 행사되어야 한다. 을 : 법은 공적 정의를 실현하기 위해 동등성의 원리에 따라 형벌을 규정해야 한다. 오직 보복법만이 형벌의 질과 양을 명확하게 제시할 수 있다. 병 : 법은 공익을 증진하기 위해 제정되어야 한다. 그러므로 법은 범죄자가 아닌 시민의 이익을 위해 사형을 대체할 종신 노역형을 규정해야 한다.
(나)	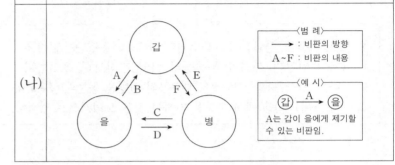

① A, F : 범죄와 형벌 간에 비례 관계가 성립해야 함을 간과한다.
② B : 살인자는 더 이상 국가 구성원이 아니라는 사실을 간과한다.
③ C : 사형은 범죄 억제력이 전혀 없는 잔혹한 형벌일 뿐임을 간과한다.
④ D : 형벌에 대한 범인의 동의가 형벌권의 기초가 아님을 간과한다.
⑤ E : 사형제 존폐를 계약자의 생명 보존을 위해 정해야 함을 간과한다.

20. 다음 토론의 핵심 쟁점으로 가장 적절한 것은?

> 갑 : 종교는 윤리를 수용하지만 절대자에 대한 믿음을 통한 영원한 삶을 본질로 합니다. 영원한 삶이 더 중요하기 때문에, 윤리와 상충하는 종교적 진리도 받아들여야 합니다.
> 을 : 물론 종교는 절대자의 힘을 빌려 영원을 추구하지만, 인간의 종교이기에 윤리적 삶을 강조해야 합니다. 따라서 종교는 윤리에 어긋나는 주장을 해서는 안 됩니다.
> 갑 : 아닙니다. 윤리는 인간 이성에 토대를 두는데, 이성은 절대자와 달리 한계를 갖습니다. 또한 윤리가 문화마다 다르다는 점에서도 종교적 진리가 윤리를 넘어섭니다.
> 을 : 문화에 따라 윤리가 다르다는 점에 동의합니다. 그렇지만 윤리의 토대가 되는 이성 역시 절대자로부터 주어진 것입니다. 따라서 종교는 윤리를 존중해야 합니다.

① 윤리는 문화에 따라 상대적인가?
② 윤리는 이성에 토대를 두고 있는가?
③ 종교는 윤리적 가르침을 지닐 수 있는가?
④ 종교는 절대자를 믿음의 대상으로 받아들이는가?
⑤ 윤리와 상충하는 종교적 진리는 허용될 수 있는가?

> **＊ 확인 사항**
> ○ 답안지의 해당란에 필요한 내용을 정확히 기입(표기)했는지 확인하시오.

성명 [   ]   수험 번호 [   ] — [   ]   제〔 〕선택

1. (가), (나)의 입장으로 가장 적절한 것은?

> (가) 윤리학은 일상생활 속에서 제기되는 생명, 환경 등과 관련된 다양한 도덕적 문제에 도덕 원리를 적용하여 실천적인 지침을 제공하는 것을 주된 목표로 삼아야 한다.
> (나) 윤리학은 도덕적 언어, 즉 '좋다', '옳다'와 같은 단어들의 쓰임을 명확하게 규명하고, 도덕적 언어들로 구성된 문장의 의미에 대한 철학적 분석을 주된 목표로 삼아야 한다.

① (가) : 윤리학의 핵심 과제는 삶의 구체적인 도덕 문제의 해결이다.
② (가) : 윤리학의 핵심 과제는 도덕적 추리와 논증 방법의 연구이다.
③ (나) : 윤리학의 핵심 과제는 도덕적 관행에 대한 인과적 서술이다.
④ (나) : 윤리학의 핵심 과제는 경험적 연구를 통한 도덕성의 검증이다.
⑤ (가), (나) : 윤리학의 핵심 과제는 보편적인 도덕 법칙의 정립이다.

2. (가) 사상의 입장에서는 긍정, (나) 사상의 입장에서는 부정의 대답을 할 질문으로 가장 적절한 것은? [3점]

> (가) 자신의 수양을 경(敬)으로써 하며, 자신을 수양하여 다른 이를 편안하게 한다. 요순(堯舜)도 자신을 수양하여 백성을 편안하게 하는 일은 항상 부족하다 여기고 노력하였다.
> (나) 배우면 날마다 쌓이고, 도에 따르면 날마다 덜어진다. 덜고 또 덜면 무위(無爲)에 이른다. 무언가 일삼으려 하면 오히려 부족하며, 일삼지 않아야 천하를 취할 수 있다.

① 만물을 차별하지 말고 평등하게 보아야 하는가?
② 명예와 욕심을 버리고 소박한 삶을 살아야 하는가?
③ 사회적 지위에 따른 예의와 규범을 중시해야 하는가?
④ 연기의 법칙을 깨달아 자비의 정신을 실천해야 하는가?
⑤ 예법에 집착하지 말고 자연의 흐름에 따라 살아야 하는가?

3. 그림의 강연자가 긍정의 대답을 할 질문으로 가장 적절한 것은?

> 인간에게 정해진 본성은 없습니다. 그럼에도 남성은 운명적인 여성성이라는 속임수로 여성을 지배하고 강제했습니다. 여성의 자연스러운 출산마저 사회는 모성의 의무로 강요했습니다. 그러나 실존적인 인간은 타인으로부터 하찮은 존재로 취급되면 반드시 자기의 주권을 회복하려 합니다. 이때 여성은 남성의 지배에서 벗어나려 하고 남성은 계속 지배하려 하므로 갈등이 발생합니다. 이 갈등은 남성과 여성이 자율적 존재로서 동등한 관계임을 인정하고, 이것이 사회적 성과로 이어져 새로운 여성이 탄생해야 끝이 납니다.

① 여성은 남성에게 헌신하려는 성향을 가지고 태어나는가?
② 여성의 의무는 생물학적 특성에 의해 규정되어야 하는가?
③ 여성성은 남성 중심의 가치관이 반영된 사회적 산물인가?
④ 여성은 수동적인 삶을 통해 실존적 자유를 회복해야 하는가?
⑤ 여성의 남성에 대한 우월성이 여성을 속박에서 해방시킬 수 있는가?

4. 다음 토론의 핵심 쟁점으로 가장 적절한 것은? [3점]

> 갑 : 생태계를 파괴하지 않는 한 동물 복제는 허용되어야 합니다. 동물 복제는 멸종 동물의 복원과 희귀 동물의 보존뿐만 아니라 식량난 해결에도 도움이 되기 때문입니다.
> 을 : 전적으로 동의합니다. 하지만 인간 복제는 허용되어서는 안 됩니다. 인간 복제는 '인간이 인간을 만드는 일'로 인간 존엄성에 어긋나기 때문입니다.
> 갑 : 인간 개체 복제는 인간 존엄성에 위배되지만, 질병 치료를 위한 인간 배아 복제는 그렇지 않습니다. 배아는 도덕적 지위를 지닌 인간으로 볼 수 없습니다.
> 을 : 인간 배아는 성인으로서의 도덕적 지위를 갖지는 않지만, 인간으로 발달할 잠재성을 지닌 존재입니다. 따라서 인간 배아 복제 역시 허용될 수 없습니다.

① 동물 복제는 허용될 수 있는가?
② 인간 개체 복제는 인간 존엄성을 훼손하는가?
③ 동물 복제는 사회적 유용성 증진에 기여하는가?
④ 치료 목적의 인간 배아 복제는 허용될 수 있는가?
⑤ 인간 배아는 성인과 같은 도덕적 지위를 지니는가?

5. 다음을 주장한 서양 사상가의 입장만을 <보기>에서 고른 것은?

> 과학자들은 과학이 일정한 규칙하에 인과적 필연성을 검증하는 순수 이론의 영역에 속한다고 보았다. 과학은 인식 대상을 가치중립적으로 관찰해야 하고, 자연은 오직 인과적 필연성의 지배를 받는다고 보았다. 그러나 오늘날에는 기술적 응용이 과학 연구의 방향을 결정하고 있다. 거대한 권력으로 작용하는 과학 기술은 자연을 파괴하고 인류의 생존마저 위협하고 있다. 이제 우리는 공포의 발견술을 통해 의심스러울 때는 좋은 말보다 나쁜 말에 귀 기울여 책임을 새롭게 정립해야 한다.

─── <보 기> ───

ㄱ. 과학 기술 연구의 자유는 무제한으로 허용되어서는 안 된다.
ㄴ. 과학 기술자는 연구의 장기적 결과에 대해 숙고해야 한다.
ㄷ. 과학 기술자는 기술적 응용에서 가치중립적이어야 한다.
ㄹ. 과학 기술자는 사회적 책임보다 내적 책임을 중시해야 한다.

① ㄱ, ㄴ   ② ㄱ, ㄷ   ③ ㄴ, ㄷ   ④ ㄴ, ㄹ   ⑤ ㄷ, ㄹ

6. 갑, 을 사상가들의 입장으로 가장 적절한 것은?

> 갑 : 목민관은 책객(冊客)*을 두어 회계를 맡겨서는 안 된다. 관부의 회계는 공적 사용과 사적 사용이 모두 기입되기 때문이다. 그리고 관내의 친척과 친구를 단속하여 의심과 비방이 생기지 않도록 하되, 서로의 정(情)을 잘 유지해야 한다.
>
> 을 : 나라가 올바르게 되려면 그 구성원들이 각자의 덕을 발휘해야 한다. 이들 중 통치자들은 그 어떤 사유 자산도 가져서는 안 된다. 통치자들은 공동생활을 하며, 공동체를 위해 유익한 것에 대한 지식을 가지고 다른 시민들을 보살펴야 한다.
>
> * 책객 : 고을 원에 의해 사사로이 채용되어 비서 일을 맡아보는 사람

① 갑 : 공직자는 공적 업무와 사적 업무의 경계를 정하지 말아야 한다.
② 갑 : 공직자의 청렴은 공무를 수행하는 데 있어서 필수적 덕목은 아니다.
③ 을 : 통치자는 지혜의 덕을 발휘하여 정의로운 국가를 추구해야 한다.
④ 을 : 통치자는 시민들이 통치에 직접 참여할 수 있도록 허용해야 한다.
⑤ 갑, 을 : 올바른 통치를 위해 다스리는 자의 사유 재산을 금지해야 한다.

7. 갑, 을 사상가들의 입장으로 옳지 <u>않은</u> 것은? [3점]

> 갑 : 정의로운 사회는 평등한 자유와 공정한 기회 균등을 보장하는 제도를 가진다. 이 제도의 체계에서 처지가 나은 자들의 보다 높은 기대치가 정당화되는 유일한 조건은 그 사회의 최소 수혜자들의 기대치를 향상시키는 것이다.
>
> 을 : 취득에서의 정의의 원리에 의해 소유물을 취득한 자는 그에 대한 소유 권리를 가진다. 자연적 자산의 경우에도 개인들은 그것에 대한 소유 권리를 가지며 이로부터 나오는 것에 대해서도 그러하다.

① 갑 : 능력과 재능이 유사하다면 성공의 기회도 유사해야 한다.
② 갑 : 최소 수혜자의 처지를 개선하는 사회적 불평등은 정당화될 수 있다.
③ 을 : 사회적 유용도나 도덕적 공과에 따른 분배의 원리는 정형적이다.
④ 을 : 분배의 정당성은 분배된 결과보다는 분배의 역사적 과정에 달려있다.
⑤ 갑, 을 : 정당한 분배는 선천적 재능에 비례하는 보상을 제공하는 것이다.

8. 다음을 주장한 사상가의 입장으로 가장 적절한 것은? [3점]

> 인간이 자기 집에서 사는 것을 거주라고 한다. 그러나 거주는 우리가 단순히 어떤 낯선 공간에 존재하거나 머무르는 것 이상의 의미를 지닌다. 거주는 특정 장소를 집으로 삼아 그 안에서 뿌리를 내리고 거기에 속해 있는 것이다. 또한 거주는 마음 내키는 대로 저지르는 행위가 아니라 자기 삶의 의미를 찾고 인간과 세계의 관계 전체를 규정하는 행위이다. 이런 거주는 본래부터 타고난 능력으로 주어지는 것이 아니라 자신의 존재를 쏟아 붓는 각별한 노력을 통해 획득된다.

① 거주는 행위나 능력이 아니라 장소에 속해 있는 방식이다.
② 삶의 의미가 담겨 있는 거주는 인간에게 선천적으로 주어져 있다.
③ 거주는 인간이 집에 머무르는 것 이외에 어떤 의미도 지니지 않는다.
④ 거주는 친숙한 공간에서 편안함을 얻고 삶의 기초를 발견하는 것이다.
⑤ 거주는 인간이 세계로부터 영원히 격리되어 삶의 의미를 찾는 것이다.

9. 그림은 서양 사상가 갑, 을의 가상 대화이다. 갑, 을의 입장으로 가장 적절한 것은? [3점]

> 원조의 목표는 고통받는 사회가 만민의 사회의 완전한 성원이 되고, 그들 스스로 자신의 미래를 결정할 수 있게 돕는 데 있습니다. 원조의 의무는 고통받는 사회가 적정 수준의 기본 제도들을 갖출 때까지 유효합니다.

> 원조의 목표는 사람들의 고통을 줄이고 기본 욕구를 충족시키는 데 있습니다. 극단적 빈곤을 겪는 사람들은 적정 체제가 갖추어지기도 전에 고통스럽게 죽어갈 것입니다. 빈민을 돕는 것은 세계 시민으로서 우리의 의무입니다.

① 갑 : 원조 대상국의 정치 문화의 개선이 강제되어서는 안 된다.
② 갑 : 원조는 원조 대상국의 빈곤 해소 시점까지만 행해져야 한다.
③ 을 : 원조의 대상은 지리적 근접성을 기준으로 결정되어야 한다.
④ 을 : 부유한 국가의 모든 시민들은 원조 대상에 포함되지 않는다.
⑤ 갑, 을 : 원조 목표는 국가 간 부의 재분배를 통한 경제적 평등의 실현이다.

10. (가)의 갑, 을, 병 사상가들의 입장에서 서로에게 제기할 수 있는 비판을 (나) 그림으로 표현할 때, A~F에 해당하는 내용으로 가장 적절한 것은?

| (가) | 갑 : 형벌은 사람들이 유사한 범죄 행위를 못 하도록 억제하는 것이다. 범죄에 대한 억제력의 측면에서 사형보다 종신 노역형이 더 효과적이다.
을 : 형벌은 해악이다. 하지만 공리의 원리에 따르면 더 큰 악을 제거하리라고 보장하는 한에서는 형벌이 허용되어야 한다.
병 : 형벌은 범죄자나 시민 사회의 어떤 다른 선을 촉진하기 위한 수단으로 가해질 수는 없다. 오직 보복법만이 형벌의 질과 양을 정확히 제시할 수 있다. |

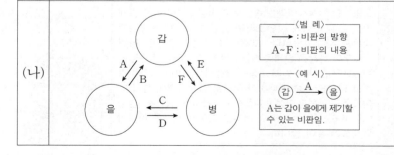

① A : 형벌은 반드시 법률을 통해서만 집행되어야 함을 간과한다.
② B : 형벌은 범죄의 사회적 해악에 비례해 부과해야 함을 간과한다.
③ D : 범죄 피해자의 보복 의지가 형벌의 근거임을 간과한다.
④ F : 범죄자 처벌보다 범죄 예방이 형벌의 목적임을 간과한다.
⑤ C, E : 형벌이 보편적 도덕 원리에 근거해야 함을 간과한다.

11. 갑, 을 사상가들의 입장으로 적절하지 <u>않은</u> 것은? [3점]

> 갑 : 시민 불복종은 법에 대한 충실성의 한계 내에서 부정의에 대해 항거하는 위법한 행위이다. 이는 공동 사회의 다수가 갖는 정의감을 나타내고, 자유롭고 평등한 사람들 사이에서 정의의 원칙이 존중되고 있지 않음을 선언하는 것이다.
> 을 : 시민 불복종은 합법적인 수단이 실패했을 때 사용될 수 있는 적합한 수단이다. 우리는 중단시키려고 하는 악의 크기와 우리의 행위가 가져올 법과 민주주의에 대한 존중의 심각한 감소 정도를 저울질해 봐야 한다.

① 갑 : 시민 불복종은 민주적 체제의 합법성을 인정하는 시민의 행위이다.
② 갑 : 거의 정의로운 사회에서 부정의한 모든 법은 시민 불복종의 대상이다.
③ 을 : 시민 불복종이 산출할 사회적 이익과 해악이 고려되어야 한다.
④ 을 : 부정의를 해결할 수 있는 합법적 방법이 우선적으로 고려되어야 한다.
⑤ 갑, 을 : 시민 불복종 참여자는 위법 행위에 대한 처벌을 감수해야 한다.

12. 갑, 을 사상가들의 입장으로 가장 적절한 것은?

> 갑 : 덕은 하나의 습득된 인간의 특성이다. 우리가 덕을 소유하고 실천하면 사회적 관행에 내재하는 선을 성취할 수 있고, 우리가 덕을 습득하지 못하면 그러한 선을 성취하지 못하게 된다.
> 을 : 도덕 법칙은 이성적 존재자에게 의무의 법칙이다. 이것은 도덕적 강요의 법칙이며, 법칙에 대한 존경을 통해 그리고 의무에 대한 외경에 의해 행위를 규정하는 것이다.

① 갑 : 인간은 타고난 덕을 실천해야 도덕적 행위를 할 수 있다.
② 갑 : 덕은 사회적 실천을 통해 선을 이루는 데 필요한 성품이다.
③ 을 : 최대 다수의 최대 행복의 원리가 도덕적 행위의 기준이다.
④ 을 : 도덕적 행위자는 도덕 법칙보다 상황과 맥락을 중시해야 한다.
⑤ 갑, 을 : 행위의 도덕성 평가에서 동기와 감정은 배제되어야 한다.

13. (가), (나) 사상의 입장으로 가장 적절한 것은?

> (가) 군자는 밥이 완성되기까지 기울인 노력과 식재료의 출처를 알아야 하고, 마음을 절제하여 탐욕을 없애야 한다. 밥 먹을 때에도 인(仁)을 떠나지 말아야 한다.
> (나) 지혜롭게 숙고하면서 공양(供養)을 받는다. 밥 먹는 것은 즐기거나 과시하려는 것이 아니다. 몸을 지탱하고 존속하는 것, 청정(淸淨)한 수행을 계속하는 것이다.

① (가) : 중생의 불성(佛性)에 유념하며 음식을 먹어야 한다.
② (가) : 충분한 영양 섭취를 위해 음식의 양은 많을수록 좋다.
③ (나) : 음식은 타인과의 관계에서 명예를 드높이는 수단이다.
④ (나) : 음식을 먹는 것이 수행의 연장으로 여겨질 필요가 없다.
⑤ (가), (나) : 도리에 어긋남이 없는지 성찰하며 음식을 먹어야 한다.

14. 다음은 신문 칼럼이다. ㉠에 들어갈 내용으로 가장 적절한 것은?

> ○○신문   ○○○○년 ○○월 ○○일
> ### 칼 럼
> 인터넷에서 익명성에 기대어 악성 댓글을 다는 것은 심각한 문제이지만, 표현의 자유를 강제적으로 제한해서는 안 된다. 이러한 제한은 인터넷 이용자의 표현의 자유와 사회 문제에 대한 비판을 위축시킬 수 있으므로 바람직하지 않다. 따라서 각 개인이 양심과 도덕성에 따라 표현을 스스로 규제할 수 있도록 하면 이러한 문제는 해결될 수 있다. 그런데 어떤 사람들은 악성 댓글이 표현의 자유를 남용한 일탈 행위로서 해당 개인과 집단에 심각한 해악을 끼치므로, 이를 규제할 수 있는 제도적 장치만이 이 문제를 바람직하게 해결할 수 있다고 주장한다. 나는 이러한 주장이 ㉠ 고 생각한다.

① 익명성으로 인해 비도덕적으로 행동할 수 있음을 간과한다
② 제도적 규제보다 자율적 규제가 적절한 해결책임을 간과한다
③ 표현의 자유보다 해악 금지 원칙이 우선되어야 함을 간과한다
④ 타인의 피해를 방지하기 위한 법적 규제가 필요함을 간과한다
⑤ 표현의 자유를 강제적으로 제한하여 악성 댓글이 예방될 수 있음을 간과한다

15. (가)의 갑, 을, 병의 입장을 (나) 그림으로 표현할 때, A~D에 해당하는 적절한 진술만을 <보기>에서 있는 대로 고른 것은? [3점]

> (가)
> 갑 : 도덕 판단은 보편화 가능해야 한다. 어떤 이익이 단지 인간에게 유용하다는 이유만으로, 이익 관심을 가진 동물의 이익보다 중요하다고 간주해서는 안 된다.
> 을 : 도덕적 존중의 대상에는 도덕적 권리를 가질 수 있는 삶의 주체인 동물도 포함된다. 그들 각각은 다른 존재의 이익과 독립해 개별적 복지를 추구한다.
> 병 : 도덕적 의무를 질 수 있는 인간에 대한 의무 외에 다른 존재에 대한 의무는 없다. 물론 동물이 수행한 봉사에 대한 감사는 간접적으로 인간의 의무에 속한다.

> (나)
>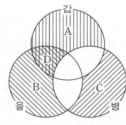
>
> 〈범 례〉
> A : 갑만의 입장
> B : 을만의 입장
> C : 병만의 입장
> D : 갑과 을만의 공통 입장

〈보 기〉
ㄱ. A : 이익 관심을 지닌 모든 개체는 동일한 대우를 받아야 한다.
ㄴ. B : 목적 그 자체로서 가치를 지닌 존재는 도덕적 존중의 대상이다.
ㄷ. C : 동물 학대가 그릇된 근본 이유는 인간성 실현을 저해함에 있다.
ㄹ. D : 자율적 행위 능력과 무관하게 도덕적 지위는 부여되어야 한다.

① ㄱ, ㄴ   ② ㄱ, ㄷ   ③ ㄷ, ㄹ
④ ㄱ, ㄴ, ㄹ   ⑤ ㄴ, ㄷ, ㄹ

16. 갑, 을 사상가들의 입장으로 가장 적절한 것은? [3점]

> 갑 : 모든 좋고 나쁨은 감각에 달려 있는데 죽으면 감각을 잃는다. 따라서 죽음은 우리에게 아무것도 아니다. 현자는 사려 깊음을 통해 죽음을 무서워하지 않고 마음의 평안을 추구한다.
>
> 을 : 죽음은 진리 추구를 방해하는 육체에서 영혼이 분리되는 것이다. 평생에 걸쳐 최대한 죽음과 가장 가까운 상태로 영혼을 정화하며 살고자 했던 사람이 그토록 열망하는 지혜를 얻을 수 있는 곳으로 가는 것이 죽음이다.

① 갑 : 죽음 이후에 비로소 선의 본질이 드러난다.
② 갑 : 현세의 삶은 사후의 영혼의 삶에 영향을 준다.
③ 을 : 죽음의 순간에 육체의 소멸과 함께 영혼도 소멸한다.
④ 을 : 죽음의 두려움은 감각적 쾌락을 통해 해소되어야 한다.
⑤ 갑, 을 : 지혜로운 사람에게 죽음은 두려움의 대상이 아니다.

17. 다음을 주장한 사상가의 입장으로 적절하지 <u>않은</u> 것은? [3점]

> 오늘날 대중문화는 얼마나 인기를 끌고 많은 수익을 올렸는지에 의해 평가되는 경향이 지배적이다. 이제 대중문화는 변화 없는 반복적인 오락물을 생산하는 장사가 되었고, 문화의 소비자는 문화 산업의 객체가 되었다. 이처럼 산업화된 대중문화 속에서 사람들의 여가 시간은 문화 산업이 제공하는 획일적 생산물로 채워질 수밖에 없다. 문화 상품의 속성은 문화 소비자의 자발성과 상상력을 제거해 버림으로써 적극적인 사유를 불가능하게 만드는 데 있다. 문화 산업은 규격품을 만들듯이 인간을 재생산하려 한다.

① 산업화된 대중문화는 독창적 예술로 발전하기 어렵다.
② 문화 산업은 획일화된 문화를 체험할 기회를 증가시킨다.
③ 문화 산업의 표준화된 양식은 문화 소비자의 주체성을 약화시킨다.
④ 산업화된 대중문화는 소비자의 자발성과 창의적 사고를 위축시킨다.
⑤ 문화 산업은 예술을 경제적 가치가 아니라 미적 가치로만 평가한다.

18. (가), (나)의 입장으로 가장 적절한 것은? [3점]

> (가) 국제 평화를 실현하기 위해서는 이성적 존재인 국가들이 합리적인 대화와 협력을 하고, 세력 균형, 동맹, 비밀외교 등을 영원히 제거해야 한다. 왜냐하면 이러한 잘못된 정책이나 제도에 의해 국제 분쟁이 발생하기 때문이다.
>
> (나) 국제 분쟁을 억지하기 위해서는 국가 간 힘의 균형이 이루어져야 한다. 왜냐하면 한 국가나 국가들의 동맹이 우월한 힘을 갖게 되면 다른 국가들에 대해 패권적인 의지를 강요하게 될 위험이 커지기 때문이다.

① (가) : 국제 관계에서는 국가가 유일한 행위자로 간주된다.
② (가) : 국가 간 동맹과 힘의 균형을 통해서만 군비 경쟁은 종식된다.
③ (나) : 국제 관계에서 세력 균형은 평화를 영구적으로 보장한다.
④ (나) : 전쟁 수행의 최종 목표와 외교 정책의 최종 목표는 국익이다.
⑤ (가), (나) : 자국의 이익 추구보다 세계 평화가 우선되어야 한다.

19. (가)의 입장에 비해 (나)의 입장이 갖는 상대적 특징을 그림의 ㉠~㉤ 중에서 고른 것은?

> (가) 남북한의 통일을 위해서는 신속한 정치적, 법적 결단이 이루어져야 한다. 정치적 영역에서 일괄 타결이 이루어질 때, 통일에 이르는 시간이 단축될 뿐만 아니라 다른 분야의 문제도 빠르게 해결되어 통일이 실현될 것이다.
>
> (나) 남북한의 통일을 위해서는 이산가족 상봉, 스포츠 교류 등 비정치적 영역부터 교류 협력을 시작하여 단계적으로 확대해 나가야 한다. 이러한 노력이 지속되어야 남북한의 불신이 해소되어 정치 통합의 기반이 조성될 것이다.

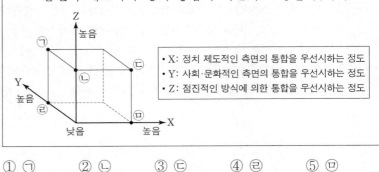

- X : 정치 제도적인 측면의 통합을 우선시하는 정도
- Y : 사회·문화적인 측면의 통합을 우선시하는 정도
- Z : 점진적인 방식에 의한 통합을 우선시하는 정도

① ㉠   ② ㉡   ③ ㉢   ④ ㉣   ⑤ ㉤

20. 갑, 을 사상가들의 입장으로 적절한 것만을 <보기>에서 있는 대로 고른 것은?

> 갑 : 일정한 생업[恒産]이 없는 백성은 변함없는 마음[恒心]을 잃게 된다. 그러므로 군주는 백성이 부모를 봉양하고 처자식을 부양하기에 부족함이 없게 해 주어야 한다. 그런 후에 백성을 선한 데로 나아가게 인도해야 한다.
>
> 을 : 완전한 공동체인 국가는 자연의 산물이며, 인간은 본성적으로 국가 공동체를 구성하는 동물이다. 국가 없이 살아가는 자는 인간보다 하등하거나 인간을 뛰어넘는 존재이다.

<보 기>

ㄱ. 갑 : 국가의 통치자는 덕으로써 백성을 감화시켜야 한다.
ㄴ. 갑 : 백성들의 도덕성을 유지하는 데 경제적 안정이 중요하다.
ㄷ. 을 : 정치 공동체인 국가에서 인간은 선을 실현할 수 있다.
ㄹ. 갑, 을 : 국가는 자연 상태에서 벗어나려는 인간들의 계약으로 수립된다.

① ㄱ, ㄷ   ② ㄱ, ㄹ   ③ ㄴ, ㄹ
④ ㄱ, ㄴ, ㄷ   ⑤ ㄴ, ㄷ, ㄹ

---

* 확인 사항

○ 답안지의 해당란에 필요한 내용을 정확히 기입(표기)했는지 확인 하시오.

성명 ☐   수험 번호 ☐☐☐☐☐ — ☐☐☐☐   제 〔 〕 선택

1. (가), (나)의 입장으로 가장 적절한 것은?

> (가) 윤리학은 의무론, 공리주의, 덕 윤리와 같이 인간이 준수해야 할 근본적인 도덕 원리에 대한 이론적 탐구를 주요한 과제로 삼아야 한다.
> (나) 윤리학은 생명 윤리, 환경 윤리, 정보 윤리와 같이 시대의 변화에 따라 다양한 영역에서 나타나는 윤리 문제 해결에 우선적으로 관심을 두고 연구해야 한다.

① (가): 윤리학은 도덕 관습에 대한 객관적 기술을 주된 목적으로 한다.
② (가): 윤리학의 학문적 성립 가능성의 탐구가 윤리학의 핵심 목표이다.
③ (나): 윤리적 문제를 해결하기 위해서는 학제적 연구가 필요하다.
④ (나): 윤리적 문제의 해결은 가치를 분별하는 과정과 무관하다.
⑤ (가), (나): 윤리학은 도덕 언어의 의미 분석을 중점 과제로 삼는다.

2. 갑 사상가가 을 사상가에게 제기할 반론으로 가장 적절한 것은? [3점]

> 갑 : 인간에 대한 배려는 윤리적 행위의 결과물이기도 하지만 오히려 그 토대이다. 배려했던 기억과 배려받았던 기억이 윤리적 행위의 초석이다.
> 을 : 인류는 고통과 쾌락의 두 주권자의 지배하에 있다. 마땅히 해야만 하는 것으로 인도하며 의무를 결정짓는 것은 오로지 고통과 쾌락뿐이다.

① 최대 행복의 원리보다 인간관계의 맥락을 우선해야 함을 간과한다.
② 유용성의 계산은 보편적 도덕 원리에 의거해야 함을 간과한다.
③ 고통의 회피와 쾌락의 추구가 인간 고유의 성향임을 간과한다.
④ 나의 행복과 타인의 행복이 동등하게 고려되어야 함을 간과한다.
⑤ 윤리적 행위를 위해서는 동기보다 결과가 더 중요함을 간과한다.

3. 갑, 을 사상가들의 입장으로 가장 적절한 것은?

> 갑 : 아침에 도(道)를 들으면 저녁에 죽어도 괜찮다. 뜻이 있는 선비와 인(仁)을 갖춘 사람은 삶에 집착하다가 인을 해치는 경우는 없지만, 자신을 희생하여 인을 이루는 경우는 있다.
> 을 : 성인(聖人)의 삶은 자연의 운행과 같고, 죽음은 만물의 변화와 같다. 그는 행복을 추구하지 않으며, 불행을 자초하지 않는다. 그의 삶은 물 위에 떠 있는 것과 같고, 죽음은 휴식과 같다.

① 갑 : 죽음은 반복되는 윤회에서 벗어날 수 있는 방법이다.
② 갑 : 죽음은 내세(來世)에서의 도덕적 완성을 위한 과정이다.
③ 을 : 죽음은 모든 만물의 근원인 도(道)와 연관된 현상이다.
④ 을 : 죽음은 상례(喪禮)를 통해 애도해야만 하는 슬픈 일이다.
⑤ 갑, 을 : 죽음이 아쉽지 않도록 도덕적으로 충실하게 살아야만 한다.

4. 다음 가상 대담의 사상가가 지지할 입장으로 적절하지 않은 것은? [3점]

① 자녀의 능력 강화를 위한 유전자 조작은 인간을 도구화한다.
② 유전학적 치료에 대해서는 담론을 통한 보편적 합의가 가능하다.
③ 인간에 대한 모든 형태의 유전학적 개입을 거부하는 것은 아니다.
④ 유전학적 강화를 통해 태어난 사람은 온전한 자율성을 지닐 수 없다.
⑤ 자질 강화를 위한 배아 유전자 조작은 세대 간의 균형을 회복시킨다.

5. (가)를 주장한 사상가의 입장에서 (나)의 A, B, C의 행위에 대해 제기할 수 있는 적절한 비판만을 <보기>에서 있는 대로 고른 것은? [3점]

(가)	이성적 능력의 향상을 통해 사회 문제를 해결할 수 있다고 믿는 사람들도 있다. 그러나 집단의 이기적 충동의 힘이 이성보다 강력하기 때문에 이성의 힘만으로는 사회 집단 간의 갈등을 해결하기 어렵다. 그러한 갈등을 극복하기 위해서는 정치적인 힘이 필요하다.
(나)	○ A는 전제 정치에 비폭력으로 대응하면서 사랑과 평화라는 종교적 이상을 바탕으로 전제 군주의 자비심에 호소하였다. ○ B는 봉건 체제를 타파하기 위해서 개인의 양심과 결단에 근거하여 독자적으로 테러를 감행하였다. ○ C는 식민 지배에 반대하면서 자국민들과 단결하여 비폭력적으로 지배국의 상품 불매 운동을 전개하였다.

―――――<보 기>―――――
ㄱ. A는 정치적인 힘 대신에 양심에만 호소하는 잘못을 범했다.
ㄴ. B는 자신의 의도를 조직적인 정치적 저항과 연결시키지 못했다.
ㄷ. C는 비폭력적으로 대응하여 정치적인 힘을 활용하지 못했다.
ㄹ. A와 B는 집단적 저항이 필요함을 제대로 파악하지 못했다.

① ㄱ, ㄷ   ② ㄴ, ㄹ   ③ ㄷ, ㄹ
④ ㄱ, ㄴ, ㄷ   ⑤ ㄱ, ㄴ, ㄹ

6. (가)의 갑, 을, 병 사상가들의 입장에서 서로에게 제기할 수 있는 비판을 (나) 그림으로 표현할 때, A~F에 해당하는 내용으로 가장 적절한 것은? [3점]

(가)	갑 : 우리는 인간에 대해서만 직접적인 의무를 지니며, 다른 존재들에 대해서는 그러한 의무를 지니지 않는다. 인간만이 실천 이성을 지닌 자율적 존재이기 때문이다. 을 : 목적론적 삶의 중심인 생명체는 내재적 가치를 지닌다. 그러한 생명체는 자신의 고유한 선을 추구하며 일관성과 통일성을 지향하는 존재이다. 병 : 흙, 물, 식물, 동물, 인간을 포함하는 생명 공동체는 생명적 성질을 지닌다. 인간은 생명 공동체의 지배자가 아니며, 대지 위의 모든 존재는 평등한 구성원이다.
(나)	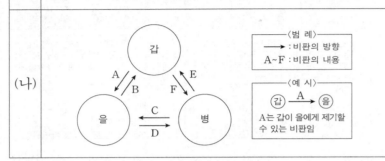

① B : 쾌고 감수 능력을 지닌 존재는 도덕적 지위가 없음을 간과한다.
② C : 생태계 안정을 위해 생명체를 해치는 행위 모두는 잘못임을 간과한다.
③ A, F : 도덕적인 행위의 주체는 오직 인간뿐이라는 점을 간과한다.
④ B, E : 인간은 다른 생명체보다 우월한 지위를 지니지 않음을 간과한다.
⑤ D, F : 모든 생명체가 내재적 가치를 지니는 것은 아님을 간과한다.

7. 다음 가상 편지에서 강조하는 입장만을 <보기>에서 있는 대로 고른 것은? [3점]

○○에게
　자네가 벗들과 잘 지내려고 노력하는 모습이 보기가 좋네. 이이(李珥) 선생은 학문과 선(善)을 좋아하며 성실한 이를 벗으로 선택해 그가 하는 조언을 받아들여 나의 부족함을 고치되, 게으르고 놀기 좋아하며 바르지 못한 이와는 사귀지 말라고 하였네. 이처럼 벗과 함께 있을 때에는 도의(道義)를 통해 공부하고 격려하면서 서로 자세를 낮추어야지, 비루한 말들이나 남의 허물 등은 입에 담지 말아야 할 것이네. 요즘은 부드럽게 아첨하는 이를 친한 벗으로 여기면서, 어깨를 치고 소매를 붙잡는 것을 의기가 투합했다고 생각하네. 그러다가 한마디 말이라도 어긋나면 화가 오고 가니, 이런 이와는 진정한 우정을 쌓기가 어렵다네. …(후략).

<보 기>
ㄱ. 가까운 벗 사이에도 지켜야만 하는 예의가 있다.
ㄴ. 벗의 잘못은 신의(信義)를 고려하여 묵인해야 한다.
ㄷ. 참된 우정은 도덕적 기준에 의한 벗의 선택을 전제하지 않는다.
ㄹ. 참된 벗의 권면(勸勉)을 받아들여 자신을 성찰할 줄 알아야 한다.

① ㄱ, ㄷ　　　② ㄱ, ㄹ　　　③ ㄴ, ㄹ
④ ㄱ, ㄴ, ㄷ　　　⑤ ㄴ, ㄷ, ㄹ

8. 갑, 을의 입장으로 적절한 것만을 <보기>에서 있는 대로 고른 것은? [3점]

 태아는 인간 생명체이지만 완전한 인격체는 아니기에 부분적인 도덕적 지위만을 가집니다. 따라서 태아를 함부로 죽이는 것은 안 되지만, 임신부의 질병 등으로 현재 상황이 좋지 않고 나중에 더 좋은 상황에서 임신하려는 경우라면 임신 중절은 허용됩니다.

 태아가 잠재적인 인간이라는 사실은 부정될 수 없습니다. 잠재성이 중요한 이유는 태아를 죽이는 것이 미래의 합리적이고 자의식적인 존재를 죽이는 것이기 때문입니다. 따라서 인간으로서의 잠재성을 지닌 태아를 해치는 것은 옳지 않습니다.

갑　　　　을

<보 기>
ㄱ. 갑 : 태아의 권리와 임신부의 권리를 동등하게 대우해야 한다.
ㄴ. 을 : 태아는 특별한 방해가 없는 한 하나의 인격체로 자랄 것이다.
ㄷ. 을 : 태아는 합리적ㆍ자의식적인 존재이기에 해쳐서는 안 된다.
ㄹ. 갑, 을 : 태아를 단순한 세포 조직처럼 함부로 대우해서는 안 된다.

① ㄱ, ㄷ　　　② ㄱ, ㄹ　　　③ ㄴ, ㄹ
④ ㄱ, ㄴ, ㄷ　　　⑤ ㄴ, ㄷ, ㄹ

9. 다음 글을 바탕으로 이끌어 낼 수 있는 내용으로 적절하지 않은 것은?

　우리나라의 통일 방안은 '민족 공동체 통일 방안'이다. 분단에서 통일에 이르는 과정에서는 여러 비용이 발생하지만, 통일이 된다면 점차 이를 상쇄하고 남을 정도의 편익도 생긴다. 분단 비용은 분단에 따른 대립과 갈등으로 인해 지불하는 유무형의 비용으로 편익을 기대하기 어렵다. 평화 비용은 인도적 지원, 사회 문화 교류 사업 등과 같이 통일 이전에 한반도의 평화를 정착시키기 위해 지불하는 투자 성격의 비용이다. 통일 비용은 통일 이후에 제도의 통합, 화폐의 통합 등을 위해 통일 한국이 지불하는 비용으로 통일의 시기와 방법에 따라 달라진다.

① 이산가족의 고통과 외국인 투자 감소는 분단 비용에 포함된다.
② 남한 정부가 추진하는 스포츠 교류 사업은 통일 비용에 포함된다.
③ 분단 비용은 소모적 비용으로 민족 경쟁력 약화를 초래할 수 있다.
④ 평화 비용은 군사적 긴장을 완화시켜 분단 비용을 감소시킬 수 있다.
⑤ 경제 협력의 확대를 통해 통일이 되면 통일 비용은 절감될 수 있다.

10. 갑, 을 사상가들의 입장으로 적절한 것만을 <보기>에서 있는 대로 고른 것은?

갑 : 원조는 빈곤으로 고통을 받고 있는 전 세계 사람들을 위해 자신의 소득의 일부를 나누어 주는 것이다. 우리는 모든 존재의 이익을 평등하게 고려하여 원조를 해야 한다.
을 : 원조의 목적은 불리한 여건으로 인해 고통을 받고 있는 사회를 질서 정연한 만민들의 사회로 편입시켜 자유와 평등을 확립하도록 도와주는 것이다.

<보 기>
ㄱ. 갑 : 공리의 원리에 따라 인류의 부가 균등할 때까지 원조해야 한다.
ㄴ. 갑 : 원조의 결과로 모든 사람이 경제적 이익을 얻어야만 한다.
ㄷ. 을 : 자립적인 정의 사회는 빈곤해도 원조 대상에서 제외될 수 있다.
ㄹ. 갑, 을 : 해외 원조는 자선의 차원을 넘어 윤리적 의무가 된다.

① ㄱ, ㄴ　　　② ㄱ, ㄷ　　　③ ㄷ, ㄹ
④ ㄱ, ㄴ, ㄹ　　　⑤ ㄴ, ㄷ, ㄹ

11. 다음 토론의 핵심 쟁점으로 가장 적절한 것은?

> 갑 : 자동차 사고의 대부분이 운전자의 과실로 발생하는데, 자율 주행 자동차는 인공 지능을 통해 사고를 획기적으로 줄일 수 있을 것입니다.
>
> 을 : 동의합니다. 다만 생명이 위협받는 위급한 상황에서는 사람이 직접 운전하면서 스스로 판단하여 어떻게 할지를 결정할 수 있어야 합니다.
>
> 갑 : 아닙니다. 그런 방식은 오히려 사고를 증가시킬 수 있습니다. 사고를 줄이는 것이 사회 전체에 이익이 되므로 모든 상황에서 인공 지능에게 운전을 맡겨야 합니다.
>
> 을 : 생명과 관련된 문제에서는 단순히 이익을 기준으로 판단해서는 안 되며 자율성을 존중하여 개인의 선택에 맡겨야 합니다.

① 인공 지능의 사용은 인간의 자율성을 증진시키는가?
② 자율 주행 자동차는 사회 전체의 이익을 증진시키는가?
③ 자동차 사고의 주요 원인은 운전자의 과실로 인한 것인가?
④ 위급 상황에서 어떤 주체가 자율 주행 자동차를 운전해야 하는가?
⑤ 인공 지능의 사용은 자동차 사고를 줄이는 데 기여할 수 있는가?

12. 다음 사상가의 입장만을 <보기>에서 고른 것은?

> 시민 불복종은 법이나 정부의 정책에 변혁을 가져올 목적으로 행해지는, 공공적이고 비폭력적이며 양심적이기는 하지만 법에 반하는 정치적 행위이다. 시민 불복종은 거의 정의로운 국가 내에서 그 체제의 합법성을 인정하고 받아들이는 시민들에게만 생겨나는 문제이다. 시민 불복종 행위가 그 권리를 인정받으려면 대상과 수단이 적절해야 한다.

───〈보 기〉───

ㄱ. 의회가 합법적으로 제정한 법은 시민 불복종의 대상이 아니다.
ㄴ. 시민 불복종은 그 행위에 대한 법적 처분의 수용을 전제한다.
ㄷ. 개인의 양심에 근거하더라도 정당한 시민 불복종이 아닐 수 있다.
ㄹ. 시민 불복종은 정치 체제를 변혁하기 위한 공개적인 행위이다.

① ㄱ, ㄴ   ② ㄱ, ㄷ   ③ ㄴ, ㄷ   ④ ㄴ, ㄹ   ⑤ ㄷ, ㄹ

13. 갑, 을 사상가들의 입장으로 적절하지 <u>않은</u> 것은? [3점]

> 갑 : 복제 기술의 발달로 예술 작품의 '아우라'는 사라지지만 누구든 예술 작품에 대해 자신의 의견을 표현할 수 있게 된다. 또 대중 예술의 발달은 대중의 각성을 불러일으킴으로써 대중을 집단적 주체로 형성시키는 데 기여한다.
>
> 을 : 현대 자본주의 사회에서 대중문화의 가치에 대한 평가 기준은 돈으로 일원화된다. 이러한 사회에서 대중문화는 문화 산업으로 전락하게 되며, 규격품을 만들어 내듯이 인간을 획일화시켜 능동적으로 사유하는 것을 불가능하게 만든다.

① 갑 : 복제 기술의 발달은 대중들의 예술에 대한 접근성을 높인다.
② 갑 : 예술 작품의 아우라 소멸은 대중의 예술 비평 활동을 위축시킨다.
③ 을 : 문화 산업의 확산은 인간의 상품화와 몰개성화를 조장한다.
④ 을 : 문화의 가치는 경제적 효율성에 의해 결정되어서는 안 된다.
⑤ 갑, 을 : 문화의 대중화는 대중의 비판적 사고에 영향을 미친다.

14. 다음 사상가의 입장에서 지지할 주장만을 <보기>에서 있는 대로 고른 것은?

> ○ 양로(養老)의 예법 중에는 노인에게 교훈이나 길잡이가 되는 가르침을 달라고 부탁드리는 절차가 있다. 그러므로 목민관 (牧民官)은 노인에게 백성들이 겪는 괴로움과 질병이 무엇인지를 물어서 그 절차에 부합하도록 해야 한다.
>
> ○ "윗사람이 어른을 어른으로 섬기면 백성들에게는 어른을 공경하는 마음이 생겨난다."라고 하였다. 목민관이 가난하고 의지할 데 없는 고령의 노인을 위해 혜택을 베풀고, 양로의 예법을 제도화하는 데 힘쓰면, 백성들은 노인을 공경할 줄 알게 될 것이다.

───〈보 기〉───

ㄱ. 국가는 모든 노인에게 동일한 복지 혜택을 지원해야 한다.
ㄴ. 윗사람의 모범을 통해 장유유서(長幼有序)를 구현할 수 있다.
ㄷ. 사회 문제 해결을 위해 노인의 경험과 지혜를 활용할 수 있다.
ㄹ. 노인 부양 문제의 해결은 정신적·물질적 측면 모두와 관련된다.

① ㄱ, ㄴ   ② ㄱ, ㄷ   ③ ㄴ, ㄹ
④ ㄱ, ㄷ, ㄹ   ⑤ ㄴ, ㄷ, ㄹ

15. (가)의 갑, 을, 병 사상가들의 입장을 (나) 그림으로 탐구할 때, A~D에 해당하는 적절한 질문만을 <보기>에서 있는 대로 고른 것은?

(가)	갑 : 개인들의 소유 권리를 보장하는 것이 정의이다. 포괄적 국가는 개인의 권리를 침해할 것이므로 좁은 기능으로 제한된 최소 국가만이 정당화된다. 을 : 개인들이 공정한 조건에서 합의한 것이 정의의 원칙이다. 개인의 기본적 자유를 보장하고 최소 수혜자에게 최대 이익이 돌아가도록 해야 한다. 병 : 개인들의 노동량에 따라 재화를 분배하는 것은 정의롭지 않다. 노동 소외가 극복되고 생산력이 고도화된 공산주의 사회에서는 새로운 분배 원칙이 요구된다.

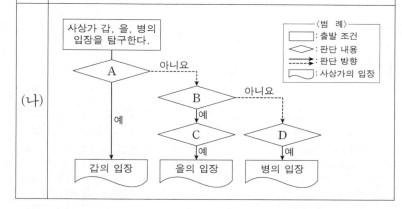

───〈보 기〉───

ㄱ. A : 정형화된 재화 분배 원칙은 분배적 정의에 위배되는가?
ㄴ. B : 경제적 불평등의 극복을 위해 기본적 자유를 제약할 수 있는가?
ㄷ. C : 분배 절차의 공정성으로 분배 결과의 정의가 보장되는가?
ㄹ. D : 업적에 따른 분배 원칙은 부당한 경제적 불평등을 초래하는가?

① ㄱ, ㄴ   ② ㄴ, ㄹ   ③ ㄷ, ㄹ
④ ㄱ, ㄴ, ㄷ   ⑤ ㄱ, ㄷ, ㄹ

16. 갑, 을의 입장으로 적절하지 <u>않은</u> 것은?

> 갑 : 주류 문화와의 통합 여부는 소수 문화의 구성원이 결정해야 한다. 주류 문화 구성원이 소수 문화의 통합을 강제하는 것은 부정의하다.
> 을 : 단일한 언어, 문화 전통, 교육 정책을 추구하여 소수 문화가 주류 문화에 동화되도록 도와야 한다. 통일된 문화의 부재 때문에 집단 간 결속력이 훼손되는 것은 바람직하지 않다.

① 갑 : 사회 통합을 위해 소수 문화가 억압받아서는 안 된다.
② 갑 : 소수 문화 구성원에게 문화적 자치권을 부여해야 한다.
③ 을 : 사회적 유대의 강화를 위해 단일 문화를 형성해야 한다.
④ 을 : 사회 발전을 위해 주류 문화가 문화 통합의 중심이 되어야 한다.
⑤ 갑, 을 : 국가의 교육 정책으로 통일된 문화를 형성해야 한다.

● 2016학년도 6월(고3)

17. 현대 서양 사상가 갑, 을의 입장에 대한 설명으로 가장 적절한 것은?

> 갑 : 인종이나 성(性)을 근거로 하여 평등한 도덕적 지위를 부정하는 것이 그른 것처럼, 우리 종(種)의 구성원이 아니라는 것을 근거로 하여 평등한 도덕적 지위를 부정하는 것은 옳지 않다. 고통과 쾌락의 감수 능력이 이익 관심을 갖는 전제 조건이다.
> 을 : 모든 생명은 '목적론적 삶의 중심'에 서 있기 때문에 자기 고유의 선(善)을 가지고 있다고 할 수 있다. 그래서 모든 생명은 변화하는 환경에 성공적으로 적응하여 자신의 생존을 유지하고, 종(種)을 재생산하려는 경향성을 갖는다.

① 갑은 도덕 공동체의 범위를 생태계까지 확대해야 한다고 본다.
② 갑은 고통을 느낄 수 있는 동물을 도덕적 고려의 대상으로 본다.
③ 을은 자연의 모든 존재는 그 자체로 존중의 대상이라고 본다.
④ 을은 생명을 인간의 선한 목적을 위한 도구적 대상으로 본다.
⑤ 갑, 을은 인간이 자연 전체에 대한 직접적 의무를 가진다고 본다.

18. 다음 신문 칼럼의 입장으로 적절하지 <u>않은</u> 것은? [3점]

> ○○신문   ○○○○년 ○○월 ○○일
> **칼 럼**
>   남성과 여성 간 지적 능력의 차이는 사회적이고 환경적인 요인에 의한 것이다. 여성으로 태어난 것이 사회적 지위를 결정하거나 다양한 직업으로의 진출을 방해하는 이유가 되어서는 안 된다. 가정 속에서 여성이 평등한 권리를 누리고 남성이 여성을 존중하게 되면 인간 본성에도 유익한 영향을 줄 것이다. 여성이 자신의 생각을 피력할 수 있게 되면 사회 전체의 생각과 감정을 발전시킬 것이다. 인간으로서의 기본권을 누리지 못하고 있는 여성에 대해 차별이 지속되는 것은 사회 전체의 손실이 아닐 수 없다. …(후략).

① 여성들을 존중하는 태도를 통해 도덕성을 함양시킬 수 있다.
② 차별적인 관습과 제도로부터 여성을 해방시키는 것이 필요하다.
③ 여성의 자유권 확대와 사회 전체의 이익 증진은 양립 가능하다.
④ 남녀의 지적 능력의 차이는 선천적이지만 성차별을 해서는 안 된다.
⑤ 여성에게 표현의 자유를 보장하면 사상의 발전에 기여할 수 있다.

19. (가)의 갑, 을, 병 사상가들의 입장을 (나) 그림으로 표현할 때, A~C에 해당하는 적절한 진술만을 <보기>에서 있는 대로 고른 것은? [3점]

> (가)
> 갑 : 범법자에 대한 처벌은 정언명령으로 주어진다. 사법적 처벌은 범죄자 자신을 위해서든 시민사회를 위해서든 다른 어떤 선을 촉진하기 위한 수단으로 시행될 수 없다.
> 을 : 모든 형벌 자체는 해악이지만 공리의 원칙에 따르면 형벌이 주는 해악보다 더 큰 해악을 제거하여 사회의 행복을 증진시킬 수 있는 경우에는 형벌이 허용될 수 있다.
> 병 : 사형은 범죄자를 교정하기보다는 죽여서 고통을 느낄 수 없게 한다. 범죄자의 지속적인 불행을 본보기로 보여 주는 것이 사람들에게 사형보다 강력한 인상을 준다.

> (나)
>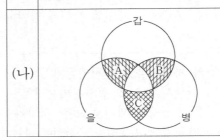
> 〈범 례〉
> A : 갑과 을만의 공통 입장
> B : 갑과 병만의 공통 입장
> C : 을과 병만의 공통 입장

〈보 기〉
ㄱ. A : 사형은 살인범의 인격을 존중하기 위해 실시해야 한다.
ㄴ. B : 살인죄에 대하여 사형을 대체할 다른 처벌이 존재한다.
ㄷ. C : 형벌이 방지할 해악이 형벌의 해악보다 크다면 형벌은 정당하다.
ㄹ. C : 범죄자 처벌을 통해 범죄를 예방하는 것은 형벌의 목적이다.

① ㄱ, ㄴ   ② ㄴ, ㄷ   ③ ㄷ, ㄹ
④ ㄱ, ㄴ, ㄹ   ⑤ ㄱ, ㄷ, ㄹ

20. 갑, 을의 입장에서 <문제 상황> 속 A에게 제시할 조언으로 적절하지 <u>않은</u> 것은? [3점]

> 갑 : 자신의 욕구를 정확하게 파악하고 상품 정보를 충분히 알아본 뒤 계획을 세워 주어진 예산의 범위 안에서 자신에게 가장 효용이 큰 제품을 선택하여 소비해야 한다.
> 을 : 자신의 소비 생활이 개인에게 미치는 영향만이 아니라 사회, 자연 등에 미치는 영향을 고려하여 윤리적인 가치 판단에 따라 올바른 선택을 하는 소비를 해야 한다.

> <문제 상황>
>   A는 아보카도가 슈퍼 푸드라는 이야기를 듣고 관심을 가지게 되었다. 그런데 아보카도의 생산 및 유통 과정은 많은 이산화탄소를 발생시켜 지구 온난화의 원인이 된다. 또한 재배에 많은 물이 소모되어 동식물은 물론 지역 주민의 삶에 피해를 준다. A는 그 사실을 알고 아보카도를 구매해야 할지 고민하고 있다.

① 갑 : 자신의 처지에 맞는 가장 효율적인 소비인지를 고려하세요.
② 갑 : 충동적 소비나 과시적 소비가 되지 않는지를 고려하세요.
③ 을 : 생산 지역의 주민의 삶에 해악을 주지 않도록 결정하세요.
④ 을 : 인간을 포함한 생태계에 악영향을 주지 않도록 결정하세요.
⑤ 갑, 을 : 다른 가치보다 경제적 효용을 먼저 고려하여 결정하세요.

> * 확인 사항
> ○ 답안지의 해당란에 필요한 내용을 정확히 기입(표기)했는지 확인하시오.

성명 [   ]   수험 번호 [   ] — [   ]   제 [   ] 선택

---

1. 갑, 을의 입장으로 가장 적절한 것은?

> 갑 : 윤리학은 어떻게 살아야 하는가라는 문제보다 개인의 생활, 사회의 구조와 기능 속에 존재해 온 도덕적 관행들을 역사적, 문화적, 인류학적으로 접근하여 서술해야 한다.
> 을 : 윤리학은 도덕적 관행 조사와 도덕적 개념 분석에 집중하기보다 윤리적 삶을 살고자 하는 사람들이 옳고 그름을 판단할 수 있도록 도덕 규칙의 근거인 도덕 원리를 정립해야 한다.

① 갑 : 도덕 현상을 기술할 때 문화적 특성을 고려하지 말아야 한다.
② 갑 : 도덕적 관습 비교보다 윤리적 개념 분석을 중시해야 한다.
③ 을 : 어떻게 행동해야 하는가에 대한 규범적 원리를 정립해야 한다.
④ 을 : 도덕적 명제의 논리 구조와 의미 분석이 탐구 목적이어야 한다.
⑤ 갑, 을 : 인간의 가치 판단을 배제하여 객관성을 확보해야 한다.

2. 그림의 강연자가 지지할 입장만을 <보기>에서 있는 대로 고른 것은? [3점]

> 종교란 궁극적 관심에 붙잡힌 상태입니다. 종교는 궁극적 관심으로 '죽느냐 또는 사느냐'를 물으며 그 대답을 찾습니다. 진정한 종교는 유한하지 않은 궁극성에 대해 관심을 가지며 순수하고 진지한 관심으로 존재 그 자체로서의 존재를 대면합니다. 이때 궁극적 관심은 절대성을 띠지만, 그 관심의 개별적 표현은 다양한 종교에서 서로 다른 방식으로 드러납니다. 종교는 유한한 실재를 하나의 신으로 만들면 안 됩니다. 그렇게 만든 신은 우상이 되기 때문입니다.

<보 기>
ㄱ. 종교는 삶과 죽음의 의미를 묻고 답하는 것이다.
ㄴ. 진정한 종교는 유한한 실재를 무한한 존재로 만든다.
ㄷ. 종교는 모든 존재의 근원으로서의 존재와의 만남이다.
ㄹ. 종교적 관심은 절대성을 갖지만 종교적 표현은 다양하다.

① ㄱ, ㄴ   ② ㄱ, ㄷ   ③ ㄴ, ㄹ
④ ㄱ, ㄷ, ㄹ   ⑤ ㄴ, ㄷ, ㄹ

---

3. 다음 사상가가 부정의 대답을 할 질문으로 가장 적절한 것은? [3점]

> 프로테스탄트는 자신의 구원의 여부가 예정되어 있다고 보았으며, 직업 노동을 신에게 선택받았다는 확신에 이르기 위한 가장 훌륭한 수단이라고 여겼다. 이들의 금욕주의가 세속의 윤리를 지배하게 되면서 근대적 경제 질서를 구축하는 데 일조하였다. 직업이 정신적 가치와 직접 관련을 맺지 않거나 경제적 강제로 느껴질 경우 인간은 영혼 없는 전문가, 열정 없는 향락주의자로 전락할 것이다.

① 프로테스탄트는 직업적 성공이 구원의 징표라고 보는가?
② 프로테스탄트는 직업이 정신적 가치와 무관하지 않다고 보는가?
③ 금욕주의 직업윤리는 자본주의 정신 형성에 기여할 수 있는가?
④ 프로테스탄트는 직업을 신으로부터 부름 받은 것으로 보는가?
⑤ 프로테스탄트는 노동을 통한 부의 추구를 영혼의 타락으로 보는가?

4. 다음 사상의 입장으로 적절하지 않은 것은?

> ○ 군자는 벗을 사귐에 나이도, 신분도, 재물도 내세우지 않는다. 벗을 사귐은 그 덕을 벗하는 것이어서 무엇을 내세워서는 안 된다. 덕으로 벗을 사귀는 것은 어진 이를 존경하는 것과 같고, 또한 귀한 이를 귀하게 대하는 것과 같다.
> ○ 군자는 글로써 벗들을 모아 사귀고, 그 벗들을 통해 사람의 도리가 더 밝아지며, 선(善)으로 인(仁)을 보완하게 되어 덕이 점차 더 높아질 것이다. 벗은 서로 진심을 다해 충고하고 선으로 이끌어야 한다.

① 참된 벗은 자신뿐만 아니라 상대의 인격도 수양하게 한다.
② 참된 우정은 사람들로 하여금 이상적 인간상을 지향하도록 한다.
③ 벗의 덕이 높으면 그의 조건과 처지를 불문하고 존경할 수 있다.
④ 참된 우정은 사람을 덕과 도리로도 구별하지 않고 사귀는 것이다.
⑤ 참된 벗을 사귀는 것 또한 학문을 닦는 하나의 공부 방식이다.

5. 갑, 을 사상가들의 입장에 대한 설명으로 가장 적절한 것은? [3점]

> 갑 : '해야 하기 때문에 할 수 있다.'는 것은 의무를 의식하기 때문에 정언명령을 따라 행위할 수 있음을 의미한다. 이러한 정언명령은 보편화 정식으로 표현된다.
> 을 : '할 수 있기 때문에 해야만 한다.'는 것은 책임질 수 있는 능력을 지녔다는 것, 그 자체로 책임져야 한다는 의미이다. 이는 인간이 미래의 위험을 예견하고 책임져야 한다는 명령으로 표현된다.

① 갑은 자연적 경향성에 근거한 행위를 도덕적 행위로 본다.
② 갑은 도덕 법칙의 형식으로 행위를 판단해서는 안 된다고 본다.
③ 을은 책임의 주체와 대상은 이성을 가진 존재로 한정된다고 본다.
④ 을은 의도하지 않은 결과까지 책임져야 하는 것은 아니라고 본다.
⑤ 갑, 을은 인간이 준수해야 할 무조건적인 도덕적 의무가 있다고 본다.

6. 갑, 을 사상가들 모두가 부정의 대답을 할 질문으로 옳은 것은? [3점]

> 갑 : 형벌은 보편 법칙을 입법하려는 의지의 형태로 범죄자의 자유의지를 범죄자 자신에게 실현시켜 주는 것이다. 형벌은 스스로가 한 행위에 응분의 책임을 부과하는 것이다.
> 을 : 공공 의사의 표현인 법은 살인을 증오하고 그 행위를 처벌한다. 살인범에게 지속적인 고통을 주는 형벌이 범죄 억제에 가장 확실한 효과를 가져온다.

① 형벌은 범죄와의 응보적 관계에 따라 부과해야 하는가?
② 사형은 사적 차원의 보복이 아닌 공적 차원의 형벌인가?
③ 사형은 살인범의 인간으로서의 존엄을 지켜주는 형벌인가?
④ 형벌로 얻는 공공 이익은 형벌이 초래할 해악보다 커야 하는가?
⑤ 형벌의 목적은 범죄자 교화가 아닌 타인의 범죄 예방에 국한되는가?

7. 갑, 을의 입장으로 가장 적절한 것은?

> 갑 : 기존 시민들이 공유하는 문화에 동화될 때에만 이민자에게 시민권을 부여해야 한다. 주류 사회 시민들과 동일한 언어로 함께 교육을 받게 하고 동일한 사회 복지를 제공하며 국민 정체성을 고취시켜 이민자 집단을 동화시켜야 한다.
> 을 : 기존 시민들이 공유하는 문화에 동화되지 않아도 이민자에게 시민권을 부여해야 한다. 이민자의 언어로 운용되는 자체의 법적 제도를 보장하면서 이민자 집단과 주류 사회의 결속과 통합을 도모해야 한다.

① 갑 : 주류 문화와의 융합을 위해 소수 문화의 가치를 존중해야 한다.
② 갑 : 사회권 보장으로 소수 집단의 문화적 정체성을 유지시켜야 한다.
③ 을 : 소수 문화에 대한 불관용을 통해 국민 통합을 지향해야 한다.
④ 을 : 소수 집단의 자치를 승인하면서 사회적 연대를 추구해야 한다.
⑤ 갑, 을 : 문화적 동일성에 대한 요구 없이 시민권을 보장해야 한다.

8. 다음 사상의 입장으로 가장 적절한 것은? [3점]

> 천지가 화합해야 만물이 생성된다. 이와 마찬가지로 남녀가 결혼해야 자손이 태어나고 번영해서 만세에까지 이어진다. … (중략) … 남자가 친히 아내를 맞이할 때 선물을 가지고 상견(相見)하는 것은 공경을 통해 부부유별을 밝히려는 것이다. 이처럼 남녀가 유별한 뒤라야 부자가 친하게 되고, 그런 다음에야 도의가 성립되며, 도의에 의해 예의가 제정되고, 그런 다음에야 만사가 안정된다. 만일 남녀의 구별이 분명하지 않고 도의가 성립하지 않는다면, 그것은 금수(禽獸)의 도(道)이다.

① 부부의 예절은 성 역할의 차이를 해소하는 데서 시작한다.
② 금수에게도 사람의 남녀에게 볼 수 있는 분별적 도리가 있다.
③ 남녀가 부부의 연을 맺을 때 일정한 절차가 필요한 것은 아니다.
④ 부부의 도리는 두 사람의 관계보다 각자의 개별성을 중시해야 한다.
⑤ 부부 간에도 공경하는 마음을 담아 예절의 형식을 따라야 한다.

9. (가)의 갑, 을, 병 사상가들의 입장을 (나) 그림으로 표현할 때, A~D에 해당하는 적절한 진술만을 <보기>에서 있는 대로 고른 것은? [3점]

> (가)
> 갑 : 자연 체계 내에서의 인간은 다른 동물들과 같이 대지의 산물로서 평범한 가치를 가진다. 그러나 도덕적, 실천적 이성의 주체로서 인간은 자연 안에 존엄하며 절대적 가치를 지닌 존재이다.
> 을 : 새로운 윤리는 도덕적, 심미적 관점을 담아 옳고 그름의 기준을 마련해야 하며, 생명 공동체의 온전함에 기여해야 한다. 그러므로 대지의 사용을 이익의 문제로만 생각하지 말아야 한다.
> 병 : 도덕적 기준은 어떤 행위에 의해 영향을 받는 모든 존재들의 이익과 고통을 동등하게 고려하는 데 있다. 그러므로 어떤 행위가 누군가에게 피해를 입히게 된다면, 그 행위는 하지 말아야 한다.

(나)

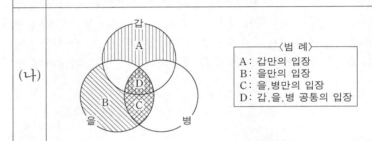

> 〈범 례〉
> A : 갑만의 입장
> B : 을만의 입장
> C : 을, 병만의 입장
> D : 갑, 을, 병 공통의 입장

<보 기>
ㄱ. A : 대지의 모든 산물을 목적 그 자체로 대우해야 한다.
ㄴ. B : 대지 공동체 자체가 지닌 도덕적 지위를 인정해야 한다.
ㄷ. C : 고통을 느낄 수 있는 모든 생명체를 동일하게 대우해야 한다.
ㄹ. D : 동물 학대가 인간의 의무에 위배될 수 있음을 인정해야 한다.

① ㄱ, ㄴ   ② ㄱ, ㄷ   ③ ㄴ, ㄹ
④ ㄱ, ㄷ, ㄹ   ⑤ ㄴ, ㄷ, ㄹ

10. 다음 사상가의 입장을 <보기>에서 고른 것은?

> 추한 것과 나쁜 리듬 그리고 부조화는 나쁜 성품을 닮은 반면, 그 반대되는 것들은 좋은 성품을 닮았으며 또한 그것을 모방한 것이다. 건강에 좋은 곳에 거주함으로써 건강해지듯, 젊은이들은 아름다운 작품을 만나 자신도 모르는 사이에 아름다운 말과의 닮음과 친근함, 그리고 조화로 이끌리게 된다. 복잡 미묘한 리듬도 온갖 종류의 운율도 추구하지 말고, 예절 바르고 용감한 삶을 나타내는 리듬이 무엇인지 알도록 해야 한다.

<보 기>
ㄱ. 예술은 독창성 구현을 목적으로 하는 심미 활동이어야 한다.
ㄴ. 예술은 올바른 품성 함양을 위한 삶의 모범을 제공해야 한다.
ㄷ. 예술가는 미(美)를 추구하므로 사회적 책임에서 자유로워야 한다.
ㄹ. 예술가는 도덕적 이상을 모방하여 영혼의 조화를 추구해야 한다.

① ㄱ, ㄴ   ② ㄱ, ㄷ   ③ ㄴ, ㄷ   ④ ㄴ, ㄹ   ⑤ ㄷ, ㄹ

11. 동양 사상 (가), (나)의 입장으로 가장 적절한 것은? [3점]

> (가) 삶도 내가 원하고 의로움 또한 내가 원한다. 이 둘을 함께 얻을 수 없다면, 의로움을 취하지 어찌 구차하게 살겠는가. 죽음도 내가 싫어하는 것이지만 죽음보다 더 싫어하는 것이 있다. 그래서 죽음조차 피하지 않는 경우가 있다.
>
> (나) 사랑하는 이의 죽음이 슬픈 일인가? 생명이란 본래 자연에서 빌린 것이니 마치 티끌과 같고, 삶과 죽음의 이치는 밤낮의 변화와 같다. 이제 우리는 그 자연스런 변화를 바라보노니, 그것이 내게 왔다고 해서 어찌 싫어하겠는가.

① (가) : 생(生) 그 자체가 어떤 가치보다도 더 소중하다.
② (가) : 도덕적 가치가 삶과 죽음의 선택 기준이 될 수 있다.
③ (나) : 삶과 죽음은 자연의 과정이 아니라 응보의 과정이다.
④ (나) : 삶과 죽음의 악순환을 끊는 것이 이상적 인간의 경지이다.
⑤ (가), (나) : 죽음 이후를 대비하여 도덕적 이치를 탐구해야 한다.

12. 다음 사상가의 입장으로 가장 적절한 것은? [3점]

> 도덕적 딜레마를 설명하는 여성들의 방식을 살펴보면 남성과는 다른 도덕 언어를 사용한다는 것을 알 수 있다. 이러한 도덕 언어가 존재한다는 것은 남성의 도덕 발달 과정과는 다른 또 하나의 도덕 발달 과정이 있다는 것을 암시한다. 여성들에게 도덕적으로 가장 중요하다고 규정되는 것은 남을 해하지 말고 보살펴야 한다는 윤리 의식이다.

① 남녀의 도덕적 사고의 차이에 대한 편향적 이해를 극복해야 한다.
② 감정을 배제한 선행일수록 도덕적 가치가 높다고 봐야 한다.
③ 배려는 보편적 의무 의식에 따라 무조건적으로 행해져야 한다.
④ 성차는 존중해야 하나 남녀의 도덕 판단 기준은 같다고 봐야 한다.
⑤ 도덕 판단은 상황적 맥락보다 합리적 추론에 따라 이뤄져야 한다.

13. 다음 사상가의 입장으로 적절하지 <u>않은</u> 것은?

> 개인으로서 각 사람들은 그들이 서로 사랑하고 봉사해야 할 것과 서로 간의 정의를 확립해야 한다는 사실을 믿고 있다. 그런데 집단으로서의 개인들은 스스로 집단의 힘이 명하는 것이면 무엇이든 따른다. 가장 높은 수준의 종교적 선의지를 지닌 개인들로 이루어진 국가도 사랑을 실천하지 못한다. 그들의 선의지는 조국에 대한 충성이라는 여과를 거쳐 국가 이기주의를 확대하는 경향까지 생겨나게 한다.

① 사회 정의 실현에 정치적 강제 수단의 활용은 필수 요소이다.
② 개인의 이타심과 애국심은 국가 간 정의로운 행동을 보장한다.
③ 국가 간 이해 관계는 설득만으로는 합리적으로 조정되지 않는다.
④ 국가의 이기심은 도덕적 개인이 모인 사회를 비도덕적으로 만든다.
⑤ 집단 간 대립 상황에서도 개인은 비이기적 태도를 취할 수 있다.

14. (가)의 사상가 갑, 을, 병의 입장을 (나) 그림으로 탐구할 때, A~D에 해당하는 적절한 질문만을 <보기>에서 있는 대로 고른 것은?

> (가)
> 갑 : 정의는 자신이 선택하는 바에 따라 소유권이 행사되는 것이다. 취득과 이전에서의 정의의 원칙을 따라 소유물을 취득한 자는 그것에 대한 소유권이 있다.
>
> 을 : 정의의 원칙은 원초적 상황에서 합의로 도출된다. 정의로운 사회에서는 시민들에게 공통된 정의감이 존재하며 시민적 유대와 체제의 안정성이 보장된다.
>
> 병 : 정의는 동등한 사람에게 동등한 몫을 분배하는 것이다. 분배에서의 옳음은 일종의 비례인데 그것은 비율과 비율의 균등성을 의미한다.

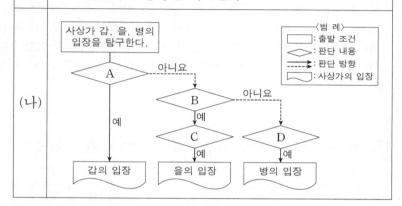

(나)

<보 기>
ㄱ. A : 재화는 개인의 자유로운 선택에 의해서만 이전되는가?
ㄴ. B : 정의로운 사회의 시민은 타인의 처지와 이익에 무관심한가?
ㄷ. C : 공정한 기회균등 원칙은 경제적 불평등을 허용하는가?
ㄹ. D : 분배와 교환의 정의는 모두 비례의 동등함을 따라야 하는가?

① ㄱ, ㄴ   ② ㄴ, ㄹ   ③ ㄷ, ㄹ
④ ㄱ, ㄴ, ㄷ   ⑤ ㄱ, ㄷ, ㄹ

15. 다음 사상가의 입장에서 <문제 상황> 속 A에게 제시할 조언으로 가장 적절한 것은?

> 우리는 다른 사람과 어울리며 하는 행위들에 의해 올바른 사람이 되거나 옳지 못한 사람이 된다. 또한 위험에 당면해 무서워하거나 태연한 마음을 지니는 태도에 따라 비겁한 사람이나 용감한 사람이 되는 것이다. 결국 도덕적 덕은 본성적으로 타고나는 것이 아니라 지속된 습관의 결과로 생긴다.

> <문제 상황>
> A는 온라인 쇼핑몰 회사에서 홈페이지 보안 시스템 책임자이다. 어느 날 직장 상사가 A에게 고객 B의 부당 거래가 의심이 된다며 B의 개인 정보를 요구하였다. 그러나 회사는 어떤 경우에도 고객의 개인 정보를 최우선으로 보호하겠다고 고객들과 약속한 상태이다. 이에 A는 어떻게 처신해야 할지 고민하고 있다.

① 사회 구성원으로서 갖추어야 할 훌륭한 인품에 비추어 판단하세요.
② 개인의 권익이 회사와 공동체의 이익보다 중요함을 고려하세요.
③ 선의지에서 비롯된 의무 의식에 의해 상사의 요구에 응하세요.
④ 개인 정보를 공개할 때 발생할 결과의 유용성을 측정해 판단하세요.
⑤ 어떤 상황에서도 예외 없이 고객과의 약속을 지키도록 하세요.

16. 갑, 을 사상가들의 입장으로 가장 적절한 것은? [3점]

> 갑 : 법에 대한 존경심보다 먼저 정의에 대한 존경심을 기르는
> 것이 바람직하다. 내가 떠맡을 권리가 있는 나의 유일한 책무는
> 내가 옳다고 생각하는 일을 행하는 것이다. 법에 대한 존경심
> 때문에 선량한 사람조차 불의의 하수인이 되고 있다.
> 을 : 사회의 기본 구조가 합당하게 정의로운 것인 경우, 그
> 부정의가 지나치지만 않으면 부정의한 법도 구속력이
> 있음을 인정해야 한다. 시민 불복종은 법에 대한 충실성의
> 한계 내에서 법에 대한 불복종을 나타내는 것이어야 한다.

① 갑 : 시민 불복종은 다수 국민이 공유한 정의관에 근거해야 한다.
② 갑 : 법률과 양심을 시민 불복종의 정당성 판별 근거로 삼아야 한다.
③ 을 : 양심에 충실한 거부라도 정당한 시민 불복종이 아닌 경우가 있다.
④ 을 : 시민 불복종은 체제의 정당성에 대한 비폭력적·공개적 저항이다.
⑤ 갑, 을 : 시민 불복종은 공권력에 의한 처벌을 거부하는 수단이다.

17. 갑, 을, 병 사상가들의 입장에 대한 설명으로 옳은 것은? [3점]

> 갑 : 경제적 여유가 있는 사람이라면 고통에 빠진 사람들을 위해
> 소득 중 일부는 기부해야 한다. 원조함으로써 우리 자신에게
> 다른 더 큰 피해가 생기지 않는 한 마땅히 원조해야 한다.
> 을 : 개인이 정당하게 취득한 재산의 배타적 소유권을 타인의
> 삶과 행복을 명목으로 침해해서는 안 된다. 원조는 개인의
> 자유로운 선택의 영역이다.
> 병 : 인권이 보장되고 민주적 의사 결정이 제도화된 사회의 구성원
> 이라면 해외 원조를 반대할 이유가 없다. 원조는 고통받는
> 사회의 자유와 평등 확립을 목적으로 삼아야 한다.

① 갑은 모든 개인의 원조 의무를 규정하는 보편 원리는 없다고 본다.
② 을은 해외 원조를 최소 국가가 강제해야 하는 의무라고 본다.
③ 병은 정의의 원칙이 확립된 자원 빈곤국은 원조 대상이 아니라고 본다.
④ 갑, 병은 국제 기구를 통한 원조만이 정당화될 수 있다고 본다.
⑤ 을, 병은 국가 간 부의 격차 해소 후에는 원조 의무가 없다고 본다.

18. 그림은 서양 사상가 갑, 을의 가상 대화이다. 갑, 을의 입장으로
옳지 <u>않은</u> 것은?

> 전쟁의 완전 종식과 영구 평화는 도덕적
> 입법의 최고 자리에 위치한 이성이
> 명령하는 의무입니다. 영구 평화를 실현
> 하기 위해 모든 전쟁 수단의 금지와 국가
> 간 연맹의 확장이 필요합니다.

> 전쟁 종식만으로 평화가 보장되지
> 않습니다. 진정한 평화는 직접적,
> 구조적, 문화적 폭력을 예방함으로써
> 가능합니다. 이를 위해 억압과 착취의
> 구조를 시급히 개선해야 합니다.

갑

을

① 갑 : 개별 국가의 주권을 인정하면서 영원한 평화를 실현해야 한다.
② 갑 : 국제법을 통해 국가 간 우호와 시민의 자유를 증진해야 한다.
③ 을 : 편견 극복을 위한 교육은 적극적 평화를 실현하는 방법이다.
④ 을 : 직접적 폭력을 제거함으로써 인간 존엄 실현의 조건이 완비된다.
⑤ 갑, 을 : 평화의 실현을 위해서는 정치 제도의 개선이 필수적이다.

19. (가)의 입장에서 (나)의 입장에 대해 제시할 적절한 반론을
<보기>에서 고른 것은?

(가)	*패스트 패션 산업은 경제적 측면에만 몰두하여 노동 조건과 자연 생태계를 위협하는 부작용을 초래한다. 그 결과 패스트 패션을 추구하는 현상에 대한 반성이 확산되고 있다. 패션 산업 종사자와 소비자도 인간다운 삶의 권리와 조건에 기여해야 할 책임을 다해야 한다. *패스트 패션(fast fashion) : 비교적 저렴한 가격대에 최신 유행 상품을 빠르게 공급해 상품 회전율이 빠른 패션
(나)	패스트 패션 산업은 생산 비용을 절감하고 이윤을 창출함으로써 기업의 사회적 역할과 책임을 다하고 있다. 또한 소비자들은 부담 없는 가격으로 패스트 패션을 즐기면서 다양한 미적 욕구를 충족하고 있다. 이처럼 패스트 패션은 기업과 소비자 모두에게 유용하다.

< 보 기 >

ㄱ. 환경과 인권에 대한 기업의 역할과 책임을 간과하고 있다.
ㄴ. 패션에 대한 개인들의 차별화된 욕구와 기호를 간과하고 있다.
ㄷ. 욕구 충족만이 소비의 도덕 판단 기준이 아님을 간과하고 있다.
ㄹ. 경제적 효율을 추구하는 합리적 소비 성향을 간과하고 있다.

① ㄱ, ㄴ ② ㄱ, ㄷ ③ ㄴ, ㄷ ④ ㄴ, ㄹ ⑤ ㄷ, ㄹ

20. 다음 신문 칼럼의 입장에서 볼 때, ㉠에 대한 설명으로 적절하지
<u>않은</u> 것은?

> ○○신문　　　　　　　　　　　　○○○○년 ○월 ○일
>
> ### 칼 럼
>
> 고위 공직자들은 법률 제도와 별도로 권한에 상응하는 책무 의식을 스스로 내면화해야 한다. 귀족의 책무를 뜻하는 ㉠ 은/는 서양의 전통에서 유래하였지만 고위 공직을 담당한 지도자에게 여전히 요청되는 덕목이다. 이 덕목은 더 강한 책임 의식, 더 높은 도덕성, 더 많은 희생을 요구한다. 이 덕목의 실현으로 사회 구성원 상호간의 신뢰와 연대는 강화되고 준법과 참여가 원활해진다. 나아가 국가가 내우외환에 봉착할 경우 구성원 모두 위기 극복을 위한 공동의 노력에 기꺼이 나서게 된다. …(후략)….

① 공직자의 권한 남용과 부패 방지를 위한 법적 규제를 의미한다.
② 시민들의 자율적 질서 유지와 사회 계층 간 화합에 기여한다.
③ 정치권력의 사익 추구를 방지하여 국가 전반의 청렴성을 고양한다.
④ 전통 사회와 현대 사회 모두에 공통으로 강조되어야 하는 덕목이다.
⑤ 국가가 위기를 맞을 경우 일반 시민들의 솔선과 협력을 유도한다.

> * 확인 사항
>
> ○ 답안지의 해당란에 필요한 내용을 정확히 기입(표기)했는지 확인
> 하시오.

1. ㉠에 들어갈 진술로 가장 적절한 것은?

> 나는 윤리학이 보편적으로 타당한 도덕원리의 체계를 구성하여 모든 사람에게 적용되는 삶의 지침을 제공하는 데 주력해야 한다고 생각한다. 그런데 어떤 사람들은 윤리학이 도덕적 언어의 의미를 분석하고, 도덕적 신념의 진위를 검증하기 위한 추론의 규칙을 검토하는 데 주력해야 한다고 주장한다. 나는 이러한 주장이 [　㉠　]고 생각한다.

① 도덕적 관행을 경험 과학적으로 기술해야 함을 강조한다
② 도덕 추론의 논리적 구조를 분석하는 것이 중요함을 간과한다
③ 도덕적 딜레마 해결을 위한 규범의 정립이 필요함을 간과한다
④ 윤리학이 학문적으로 성립 가능한지 검토해야 함을 간과한다
⑤ 가치 판단을 통해 행위의 옳고 그름을 밝혀야 함을 강조한다

2. 다음을 주장한 사상가의 입장에서 <문제 상황> 속 A에게 제시할 조언으로 가장 적절한 것은?

> 도덕 법칙은 모든 유한한 이성적 존재자에게 의무의 법칙이며, 이 법칙에 대한 존경심에 의해서 그리고 자신의 의무에 대한 외경에서 행위를 규정하는 도덕적 강제의 법칙이다.
>
> <문제 상황>
> A는 집에서 동생의 무선 이어폰을 실수로 떨어뜨렸다. 귀가한 동생이 자신의 이어폰이 망가진 것을 확인하고 속상해하자, A는 자신이 행한 일을 사실대로 말해야 할지 고민 중이다.

① 고통을 겪고 있는 동생의 자연적 경향성을 고려하세요.
② 사실을 알리는 행위가 유용성을 극대화하는지 고려하세요.
③ 유덕한 품성을 지닌 사람이라면 어떻게 행동할지 고려하세요.
④ 물건을 망가뜨린 행위로 발생할 자기 손해를 먼저 고려하세요.
⑤ 정직하게 말하는 것이 선의지에서 비롯된 행위인지 고려하세요.

3. 다음을 주장한 사상가의 입장으로 적절한 것만을 <보기>에서 고른 것은? [3점]

> 담론 참여자들이 합의를 지향하여 그들의 행위 계획을 조정하는 상호 작용을 의사소통이라고 부른다. 이를 통해 도달한 합의는 타당성 주장에 대한 상호 인정에 따라 평가된다. 담론 과정에서 참여자들은 의견을 주고받으면서 각자의 개별 상황에 따른 정당성 및 진실성에 관한 주장을 제기해야 한다.

<보 기>
ㄱ. 담론 참여자 모두가 승인할 때 규범의 타당성이 확보된다.
ㄴ. 담론 참여자들은 담론을 통해 이해관계를 조정할 수 있다.
ㄷ. 담론의 주제로 오류 가능성이 있는 주장을 채택하면 안 된다.
ㄹ. 담론 참여자들은 항상 사실만을 말하려고 할 필요는 없다.

① ㄱ, ㄴ　② ㄱ, ㄷ　③ ㄴ, ㄷ　④ ㄴ, ㄹ　⑤ ㄷ, ㄹ

4. 다음 토론의 핵심 쟁점으로 가장 적절한 것은? [3점]

> 갑: 의료 기술의 발달로 뇌사자의 생명 연장이 가능해지면서 인간의 죽음에 관한 사회적 갈등이 커지고 있습니다. 이런 혼란을 최소화하기 위해 죽음의 시점을 정해야 합니다.
> 을: 동의합니다. 죽음은 심폐 정지를 거쳐 모든 활동이 멈추는 과정입니다. 이를 고려하여 심장과 폐의 비가역적 정지만을 죽음으로 인정해야 합니다.
> 갑: 인간다움은 뇌의 활동에서 기인하므로 뇌의 정지는 곧 죽음을 의미합니다. 의료 자원을 아끼고 뇌사자의 장기 이식을 통해 다른 생명을 살릴 수 있으므로 뇌사도 인정해야 합니다.
> 을: 그렇지 않습니다. 뇌사를 인정하면 인간의 죽음을 경제적 측면에서 접근하게 되므로 인간 생명이 경시될 수 있습니다. 호흡이 멈추는 순간까지 죽음에 관한 판단은 신중해야 합니다.

① 뇌 활동의 영구적인 정지만을 죽음으로 인정해야 하는가?
② 의료 기술을 이용하여 뇌사자의 장기를 이식할 수 있는가?
③ 죽음의 시점을 고려하여 죽음에 관한 사회적 합의가 필요한가?
④ 심폐사를 인정하여 의료 자원의 비효율적 사용을 줄여야 하는가?
⑤ 인간의 죽음에 사회적 효용을 적용하여 판단하는 것은 정당한가?

5. 그림의 강연자가 지지할 입장으로 적절하지 <u>않은</u> 것은?

> 사랑은 수동적인 감정이 아니라 활동입니다. 사랑은 원래 '주는 것'이지 받는 것이 아니라고 말함으로써 사랑의 능동적 성격을 설명할 수 있습니다. 그런데 시장형 성격의 사람들은 '준다'라는 행위를 오해하고 있습니다. 그들은 자신들이 받는 사랑과 교환의 의미로 사랑을 줄 뿐입니다. 반면 생산적인 사람들은 '준다'라는 행위 자체에서 생명력을 경험하며, 사랑을 받는 것보다 주는 것을 더 즐거워합니다. 그들에게 사랑은 자신의 생명, 즉 기쁨, 관심, 이해 등 자신 속에 살아 있는 것을 주는 것입니다.

① 진정한 사랑은 생산적 성격이 발달할 때 가능하다.
② 진정한 사랑은 사랑을 주는 사람의 생동감을 고양한다.
③ 진정한 사랑은 자신이 받은 만큼만 상대방에게 베푸는 것이다.
④ 진정한 사랑은 자신의 활동성을 상대방에게 표현하는 행위이다.
⑤ 진정한 사랑은 고립감에서 벗어나 상대방과 교류하는 것이다.

6. 갑, 을 사상가들의 입장으로 적절하지 <u>않은</u> 것은?

> 갑: 인(仁)은 사람의 마음이고 의(義)는 사람의 길이다. 그 길을 버리고 따르지 않으며, 그 마음을 놓아버리고 찾지 않으니 슬픈 일이다. 학문의 길은 놓아버린 마음을 찾는 것이다.
> 을: 학문을 하면 날로 지식이 늘어나지만, 도를 닦으면 날로 지식이 줄어든다. 지식이 줄고 또 줄어들면 무위(無爲)에 이르게 되는데, 무위하게 되면 하지 않는 일이 없게 된다.

① 갑: 인의는 하늘이 부여한 것으로서 사람을 사람답게 하는 덕이다.
② 갑: 인간의 욕구 중 본성의 발현을 가로막는 욕구를 극복해야 한다.
③ 을: 도는 인간의 감각으로 인식할 수 없지만 우주 만물을 낳는다.
④ 을: 인위에 얽매이지 않고 자연에 따르는 삶을 살아야 한다.
⑤ 갑과 을: 학문의 완성된 경지에 이르러 자신의 명성을 높여야 한다.

7. 갑, 을 사상가들의 입장으로 적절한 것만을 <보기>에서 있는 대로 고른 것은? [3점]

> 갑: 시민 불복종은 공리의 원리에 의해 정당화되어야 한다. 우리는 시민 불복종이 중단하려는 악의 크기와 불복종이 초래할 법에 대한 존중의 감소 가능성을 계산해야 한다.
> 을: 시민 불복종 이론은 거의 정의로운 사회를 위해 마련된 것이다. 그 사회는 대체로 질서 정연하면서도 정의에 대한 다소 심각한 위반이 일어나는 사회이다.

> ─────── <보 기> ───────
> ㄱ. 갑: 시민 불복종은 법 자체의 권위에 저항하는 행위이다.
> ㄴ. 을: 시민 불복종은 정당한 법에 대한 위반을 수반할 수 있다.
> ㄷ. 갑과 을: 다수에 의해 공유된 정의관은 시민 불복종의 대상이다.

① ㄴ   ② ㄷ   ③ ㄱ, ㄴ   ④ ㄱ, ㄷ   ⑤ ㄱ, ㄴ, ㄷ

8. 다음을 주장한 사상가의 입장으로 적절하지 <u>않은</u> 것은?

> 문화 산업은 소비자의 욕구가 실현될 수 있는 것처럼 제시하지만 그 욕구는 문화 산업에 의해서 사전 결정된 것이다. 소비자가 자신을 영원한 소비자로 느끼게 되는 것이 문화 산업 체계의 원리이다. 문화 산업은 그 위치가 확고해질수록 소비자의 욕구를 더 능란하게 다루게 된다. 문화 산업은 소비자의 욕구를 만들어 내고 심지어 소비자의 재미를 몰수할 수도 있다. 문화 산업의 생산물은 소비자를 휴식 시간에도 잡아 놓는 거대한 경제 체계의 일부이다.

① 문화 산업은 생산물을 통해 소비자의 욕구를 조종한다.
② 문화 산업은 소비자의 문화 체험 양식에 영향을 미친다.
③ 문화 산업은 소비자를 주체적인 문화 수용자로 변화시킨다.
④ 문화 산업은 규격품을 만들 듯이 소비자를 재생산하려고 한다.
⑤ 문화 산업은 여가 시간에 활발한 소비가 일어나도록 유도한다.

9. 갑, 을의 입장으로 적절한 것만을 <보기>에서 있는 대로 고른 것은?

> 갑: 배아는 인간 생명체로 성장할 가능성이 있지만 배아가 곧 인간은 아니다. 배아는 단순한 세포 덩어리에 불과하므로 성인과 같은 도덕적 지위를 갖지 못한다. 따라서 배아 복제는 허용되어야 한다.
> 을: 배아는 인간 생명의 초기 단계이다. 인간의 발달 과정은 선명한 경계선이 없는 연속적인 과정이므로 배아도 성인과 동등한 도덕적 지위를 지닌다. 따라서 배아 복제는 금지되어야 한다.

> ─────── <보 기> ───────
> ㄱ. 갑: 배아는 인간이 될 잠재성을 지닌 존재이다.
> ㄴ. 을: 인간과 유전적으로 같은 배아의 활용을 권장해야 한다.
> ㄷ. 을: 인간은 발달 단계에 따라 도덕적 지위가 달라질 수 있다.
> ㄹ. 갑과 을: 배아 복제는 배아를 수단으로 다루는 행위이다.

① ㄱ, ㄷ   ② ㄱ, ㄹ   ③ ㄴ, ㄷ
④ ㄱ, ㄴ, ㄹ   ⑤ ㄴ, ㄷ, ㄹ

10. (가)의 갑, 을, 병 사상가들의 입장을 (나) 그림으로 탐구하고자 할 때, A ~ D에 들어갈 적절한 질문만을 <보기>에서 고른 것은? [3점]

> | (가) | 갑: 사회 계약은 계약자들의 생명 보존을 목적으로 한다. 남을 희생하고 자기 목숨을 보전하길 원하는 사람은 마찬가지로 남을 위해 자기 목숨을 내놓아야 한다.
을: 형벌은 범법 행위를 억제하기에 충분한 정도의 가혹성만 갖춰야 한다. 종신 노역형은 사형보다 범죄 의도를 제지하는 데 필요한 엄격함을 더 많이 갖고 있다.
병: 살인을 한 사람에게 법적으로 집행되는 사형 외에 범죄와 보복의 동등성은 없다. 오직 보복법만이 형벌의 질과 양을 명확하게 제시할 수 있다. |
> |---|---|

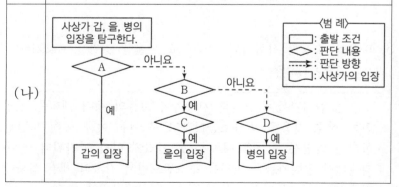

> ─────── <보 기> ───────
> ㄱ. A: 사형 집행은 시민의 이익 증진에 기여할 수 있는가?
> ㄴ. B: 형벌 집행 시 범죄자의 고통을 최소화할 필요가 있는가?
> ㄷ. C: 형벌이 강력한 범죄 억제책이 되려면 최고의 가혹성을 갖춰야 하는가?
> ㄹ. D: 살인자의 생득적 인격성은 상실될 수 없는 가치를 지니는가?

① ㄱ, ㄴ   ② ㄱ, ㄷ   ③ ㄴ, ㄷ   ④ ㄴ, ㄹ   ⑤ ㄷ, ㄹ

11. 다음을 주장한 사상가의 입장으로 적절하지 <u>않은</u> 것은?

> ○ 수령 노릇을 잘하려는 자는 반드시 자애로워야 하고, 자애로워지려는 자는 반드시 청렴해야 하며, 청렴해지려는 자는 반드시 검약해야 한다. 씀씀이를 절약하는 것은 수령의 으뜸가는 임무이다.
> ○ 천지의 공리(公理)에 벼슬을 위해 사람을 택하는 법은 있으나, 사람을 위해 벼슬을 고르는 법은 없다. 한 집안의 봉양을 위해서 만백성을 다스리는 수령의 자리를 구하고자 하는 것은 옳지 않다.

① 수령은 공직을 수행할 때 염치(廉恥)를 발휘해야 한다.
② 수령은 사치하지 않음으로써 백성에게 모범을 보여야 한다.
③ 수령은 관할하는 관청에 불필요한 지출이 없는지 살펴야 한다.
④ 백성을 위한 수령의 통치는 애민(愛民)을 기초로 실현될 수 있다.
⑤ 자기 가족의 생계를 위해 수령의 자리에 오르는 것이 바람직하다.

12. 갑, 을 사상가들의 입장으로 적절한 것만을 <보기>에서 있는 대로 고른 것은? [3점]

> 갑: 영구 평화를 위해 세계 시민법은 보편적 우호의 조건들에 국한되어야 한다. 세계 시민법의 논의는 박애가 아니라 권리에 관한 것이다. 우호란 한 이방인이 낯선 땅에 도착했을 때 적으로 간주되지 않을 권리를 뜻한다.
> 을: 국제 정치는 권력을 얻기 위한 투쟁이다. 국제 정치의 궁극적 목표가 무엇이든 간에 권력이 항상 일차적 목표이다. 국제 사회에서 정치적 정책은 권력을 유지하거나 확장하거나 과시하기 위한 목적으로 추진된다.

> ─── <보 기> ───
> ㄱ. 갑: 우호의 권리는 조건부로 보장받을 수 있는 권리이다.
> ㄴ. 을: 자국의 이익 증진을 위해 국가 간의 동맹이 수립된다.
> ㄷ. 을: 주권 국가보다 상위의 권위를 가진 기관이 있을 수 있다.
> ㄹ. 갑과 을: 국제 정치의 영역은 도덕 법칙의 지배를 받는다.

① ㄱ, ㄴ　　　② ㄱ, ㄷ　　　③ ㄷ, ㄹ
④ ㄱ, ㄴ, ㄹ　　　⑤ ㄴ, ㄷ, ㄹ

13. 서양 사상가 갑, 동양 사상가 을의 입장으로 가장 적절한 것은? [3점]

> 갑: 현자(賢者)는 삶에서 도피하려고 하지 않으며, 삶의 중단을 두려워하지 않는다. 그래서 그는 가장 긴 시간이 아니라 가장 즐거운 삶을 누리려고 노력한다.
> 을: 진인(眞人)은 삶에 집착하지 않고 죽음을 피하지 않는다. 세상에 태어났다고 기뻐하지 않고 세상을 떠난다고 슬퍼하지 않는다. 무심히 왔다가 무심히 갈 뿐이다.

① 갑: 죽음은 영혼이 육체에서 분리되는 물리적인 현상이다.
② 갑: 죽음이 인생의 악들을 중지시켜 준다는 믿음을 버려야 한다.
③ 을: 죽은 자에 대한 애도는 예(禮)에 따라서 마땅히 해야 한다.
④ 을: 죽음은 자연의 순리에 따라 기(氣)가 완전히 소멸하는 것이다.
⑤ 갑과 을: 죽음 자체는 이상적인 인간도 피할 수 없는 불행이다.

14. 다음은 어느 서양 사상가의 가상 편지이다. ㉠에 들어갈 진술로 가장 적절한 것은?

> ○○○○ 선생님께
> 　보내주신 편지 잘 받았습니다. 선생님께서는 기술이 단지 수단일 뿐이며 선도 아니고 악도 아니라고 말씀하셨습니다. 그러면서 기술 그 자체를 중립적이라고 주장하셨습니다. 하지만 저는 그렇게 생각하지 않습니다. 현대 사회에서 기술은 자연에 에너지를 내놓으라고 강요합니다. 기술은 자연을 몰아세워서 인간과 자연 그리고 이 양자의 관계를 근본적으로 변화시킵니다. 기술에 숨어 있는 힘은 존재하는 것과 인간의 관계를 규정하며 온 세상을 지배하고 있습니다. 우리가 기술을 중립적인 것으로 고찰할 때 우리는 무방비 상태로 기술에 내맡겨질 것입니다. 따라서 제가 볼 때 선생님의 견해는 [　㉠　]고 생각합니다. … (후략).

① 기술이 인간과 무관하게 횡포를 부릴 수 없음을 간과한다
② 기술 그 자체를 윤리적 평가의 대상으로 여겨야 함을 간과한다
③ 기술이 인간을 지배하려는 속성을 지닐 수 없음을 간과한다
④ 기술 활용이 인간의 삶에 부정적 영향을 줄 수 있음을 간과한다
⑤ 기술이 인간의 목적에 따라 유용한 수단이 될 수 있음을 간과한다

15. (가)의 갑, 을, 병 사상가들의 입장에서 서로에게 제기할 수 있는 비판을 (나) 그림으로 표현할 때, A ~ F에 해당하는 내용으로 가장 적절한 것은? [3점]

> (가)
> 갑: 정의의 원칙에 따라 모든 사람은 기본적 자유에 대하여 동등한 권리를 가져야 한다. 그리고 재산과 소득의 분배는 모든 사람에게 이익이 되도록 해야 한다.
> 을: 정의의 원칙들은 다원적이다. 상이한 사회적 가치들은 상이한 근거들에 따라 상이한 절차에 맞게 상이한 주체들에 의해 분배되어야 한다.
> 병: 정의의 원리에 따르면 과거의 상황이 사물에 대한 응분의 자격을 창조한다. 취득과 이전, 교정의 원리에 의해 소유물에 대한 권리를 부여받았다면 정당하다.

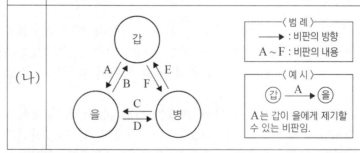

(나)

< 범례 >
→ : 비판의 방향
A~F : 비판의 내용

< 예시 >
갑 ─A→ 을
A는 갑이 을에게 제기할 수 있는 비판임.

① A와 C: 사회적 가치를 역사적 맥락에 따라 분배해야 함을 간과한다.
② B: 사회적 약자의 기본적 자유가 제한될 수 있음을 간과한다.
③ D: 특정 영역의 가치를 한 개인이 독점할 수 없음을 간과한다.
④ E: 자연적 사실을 조정하는 차등의 원칙은 개인의 소유권을 침해함을 간과한다.
⑤ F: 정의의 원칙이 모든 구성원에게 의무를 부여하는 것은 아님을 간과한다.

16. 갑, 을 사상가들의 입장으로 적절한 것만을 <보기>에서 있는 대로 고른 것은? [3점]

> 갑: 원조의 목적은 극단적인 빈곤을 줄여 인류 전체의 복리를 증진하는 데 있다. 우리는 이익 평등 고려의 원칙에 따라 절대 빈곤에 처한 사람들을 도와야 한다.
> 을: 원조의 궁극적 목적은 고통받는 사회들의 자유와 평등을 확립하는 것이다. 원조를 제공하는 질서 정연한 사회들은 부정(父情)주의적으로 행위 해서는 안 된다.

> ─── <보 기> ───
> ㄱ. 갑: 원조 주체는 자기희생에 따른 고통을 고려해야 한다.
> ㄴ. 을: 고통받는 사회를 위한 온정적 간섭은 바람직하지 않다.
> ㄷ. 을: 자유가 확립되지 않은 사회가 모두 원조 대상은 아니다.
> ㄹ. 갑과 을: 원조는 인류의 행복 증진을 위한 무조건적 의무이다.

① ㄱ, ㄷ ② ㄱ, ㄹ ③ ㄴ, ㄹ
④ ㄱ, ㄴ, ㄷ ⑤ ㄴ, ㄷ, ㄹ

17. (가), (나) 사상의 입장으로 적절하지 않은 것은?

> (가) 좋은 음식을 탐내고, 맛없는 음식을 찡그리며, 온종일 먹으면서도 음식이 생겨난 바를 모르는 것은 어리석은 일이다. 덕 있는 선비는 배불리 먹을 타령을 하지 않아서 허물이 없도록 해야 한다.
> (나) 공양할 때는 마시거나 씹는 소리를 내지 말아야 한다. 음식을 가려서 맛있는 것을 좋아하거나 맛없는 것을 싫어하지 말아야 한다. 밥을 받는 것이 단지 몸을 지탱하여 도업(道業)을 이루기 위한 것임을 알아야 한다.

① (가): 음식 재료의 출처에 대한 도덕적 판단을 삼가야 한다.
② (가): 음식 섭취에 관한 예절을 익히는 것은 수양의 일환이다.
③ (나): 음식이 맛을 탐닉하기 위한 대상이 아님을 알아야 한다.
④ (나): 음식의 의미를 성찰하는 것은 깨달음을 위해 필요하다.
⑤ (가)와 (나): 음식을 먹을 때 과도한 욕심을 버리고 절제해야 한다.

18. 갑, 을 사상가들의 입장으로 가장 적절한 것은? [3점]

> 갑: 자연 상태는 모든 인간을 떨게 하는 공통의 힘이 없으므로 인간은 만인의 만인에 대한 전쟁 상태에 처하게 된다. 인간은 이 비참함에서 벗어나기 위해 국가 속에서 자신을 스스로 구속한다.
> 을: 자연 상태는 사람들 간의 분쟁을 해결하는 공통된 법률이 없고, 공평무사한 재판관도 없다. 그래서 인간은 자신의 생명, 자유, 재산을 보호하기 위해서 공동체를 결성하고 자신을 정부의 지배하에 두고자 한다.

① 갑: 자연 상태에서 인간은 불의에 맞서 자연권을 행사한다.
② 갑: 국가에 대한 시민의 의무는 시민의 동의 여부와 무관하다.
③ 을: 시민은 국가와 맺은 사회 계약을 철회할 수 있는 권리가 있다.
④ 을: 입법권은 최고 권력이지만 사회의 공공선에 의해 제한될 수 있다.
⑤ 갑과 을: 평화와 안전 보장을 위해 정치권력은 분립되어야 한다.

19. (가)의 갑, 을, 병 사상가들의 입장을 (나) 그림으로 표현할 때, A~D에 해당하는 적절한 진술만을 <보기>에서 있는 대로 고른 것은? [3점]

> (가)
> 갑: 동물도 인간처럼 고통을 느낄 수 있으며 이해관계를 갖는다. 인간 종이 아니라는 이유로 동물의 이익을 희생시키는 것은 종 차별주의이다.
> 을: 동물을 잔학하게 다루는 것은 인간 자신에 대한 의무에 어긋난다. 왜냐하면 타인과 관계 맺을 때 도덕성에 도움이 되는 자연적 소질을 약화시키기 때문이다.
> 병: 지금껏 인간의 활동으로 설명되어 온 많은 역사적 사건은 실제로는 사람과 땅의 생명적 상호 작용이었다. 인간은 사실상 생명 공동체의 구성원에 지나지 않는다.

> (나)
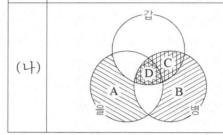
> 〈범 례〉
> A: 을만의 입장
> B: 병만의 입장
> C: 갑과 병만의 공통 입장
> D: 갑, 을, 병의 공통 입장

> ─── <보 기> ───
> ㄱ. A: 목적 그 자체로 간주되는 개체만이 도덕적 존중의 대상이다.
> ㄴ. B: 자연 그 자체는 인간의 이익과 무관하게 내재적 가치를 지닌다.
> ㄷ. C: 인간이 유정적 존재를 함부로 대하는 것은 의무에 어긋난다.
> ㄹ. D: 욕구를 지닌 비이성적 존재가 수단으로 사용되는 것이 허용될 수 있다.

① ㄱ, ㄷ ② ㄱ, ㄹ ③ ㄴ, ㄷ
④ ㄱ, ㄴ, ㄹ ⑤ ㄴ, ㄷ, ㄹ

20. 다음 신문 칼럼에서 강조하는 내용으로 가장 적절한 것은?

> ○○신문   ○○○○년 ○○월 ○○일
> **칼럼**
> 사이버 공간에 아동과 청소년의 개인 정보가 오랜 시간 누적되면서 다양한 문제가 발생하고 있다. 인터넷 사이트를 이미 탈퇴했거나 비밀번호를 잊어버렸다면 본인이 게시한 정보를 삭제하는 일은 쉽지 않다. 또한 삭제된 게시물이 여러 사람에게 이미 공유되어 원치 않는 개인 정보가 사이버 공간에 여전히 남아 있게 된다. 이에 개인정보보호위원회는 '아동·청소년 디지털 잊힐 권리 시범 사업'을 시행하고 있다. 해당 사업은 정보 주체가 지우고 싶은 게시물 삭제를 정부에 요청하면 정부가 그 작업을 수행하는 것이다. 만 24세 이하 국민 누구나 만 18세 미만 시기의 정보 삭제를 요청하면 가능하다. 이를 통해 자기 정보 관리에 대한 경각심이 높아졌다고 한다. 앞으로 이 시범 사업이 성공적으로 시행되어 삭제 지원 대상과 범위가 확대되기를 기대한다.

① 개인 정보가 악용되는 경우에만 정보 삭제를 요청해야 한다.
② 사회 구성원은 개인 정보에 대한 정부의 개입을 경계해야 한다.
③ 사이버 공간에서 자기 정보에 대한 개인의 통제권을 보장해야 한다.
④ 사이버 공간에 존재하는 모든 정보는 자유롭게 공유되어야 한다.
⑤ 정보를 재생산한 창작자의 법적 권리를 무조건 보호해야 한다.

> ＊ 확인 사항
> ○ 답안지의 해당란에 필요한 내용을 정확히 기입(표기)했는지 확인하시오.

성명 ___ 수험 번호 ___ ― ___ 제 [ ] 선택

1. (가), (나) 윤리학의 입장으로 가장 적절한 것은?

> (가) 윤리학은 도덕 판단에서 사용된 도덕적 용어의 의미를 분석하여 명료화하고, 도덕적 추론의 타당성을 검증하는 것을 핵심 과제로 삼아야 한다.
>
> (나) 윤리학은 도덕 원리를 근거로 하여 현실의 삶에서 발생하는 도덕 문제에 관한 해결책을 제시하는 것을 핵심 과제로 삼아야 한다.

① (가): 도덕 현상에 대한 객관적 서술을 최종 목적으로 삼아야 한다.
② (가): 행위의 정당화를 위한 보편적 도덕 법칙을 수립해야 한다.
③ (나): 이론 윤리를 응용하여 도덕적 문제 상황을 해결해야 한다.
④ (나): 윤리학의 학문적 성립 가능성에 대한 탐구에 주력해야 한다.
⑤ (가)와 (나): 도덕 명제의 논리적 구조 분석을 주된 목표로 해야 한다.

2. 갑, 을 사상가들의 입장으로 적절하지 <u>않은</u> 것은? [3점]

> 갑: 지인(至人)은 신묘하게도 구름을 타고 해와 달을 부리며 이 세상 밖에서 노닌다. 삶과 죽음도 그를 변하게 할 수 없거늘 어찌 이롭거나 해로운 것에 얽매이겠는가?
>
> 을: 사람을 섬길 줄 모르면서 어찌 귀신을 섬기며, 삶을 모르면서 어찌 죽음을 알겠는가? 어진 자는 살고자 인(仁)을 해치지 않고, 자신을 희생해서라도 인을 이루고자 한다.

① 갑: 이상적인 경지에 이르려면 생사의 분별을 초월해야 한다.
② 갑: 죽음은 모여 있던 기(氣)가 흩어지는 필연적인 현상이다.
③ 을: 죽은 자를 예(禮)에 따라 애도하는 것은 도리에 어긋난다.
④ 을: 선비는 인간다움을 실현하고자 자기 죽음도 감수할 수 있다.
⑤ 갑과 을: 죽음은 자연스러운 것이므로 그것에 얽매이지 말아야 한다.

3. 다음을 주장한 사상가의 입장으로 적절한 것만을 <보기>에서 있는 대로 고른 것은? [3점]

> 담론 참여자가 대화를 통해 규범의 도덕적 타당성을 결정할 때 다음의 윤리적 전제가 필요하다. 첫째, 갈등을 폭력으로 해결해서는 안 되며, 모든 관련 당사자 간의 공동 협의로 해결해야 한다. 둘째, 담론 참여자들은 자신의 이익을 방해받지 않고 주장할 권리를 보장받아야 한다. 셋째, 담론 참여자들은 초주관성의 원리에 따라 자신의 이익을 수정할 수 있어야 한다.

― <보 기> ―

ㄱ. 담론 참여자는 외적 강제 없이 발언권을 보장받아야 한다.
ㄴ. 담론 참여의 자격은 이성적 논의 능력의 유무에 달려 있다.
ㄷ. 담론 참여자 다수가 동의한 규범은 항상 타당성이 확보된다.
ㄹ. 담론 참여자가 주관적 견해를 지니면 타당한 규범을 도출할 수 없다.

① ㄱ, ㄴ   ② ㄱ, ㄷ   ③ ㄷ, ㄹ
④ ㄱ, ㄴ, ㄷ   ⑤ ㄴ, ㄷ, ㄹ

4. 다음 토론의 핵심 쟁점으로 가장 적절한 것은?

> 갑: 오늘날 생명공학이 발달함에 따라 유전자를 이용하여 많은 질병을 치료할 수 있게 되었습니다. 환자들의 고통을 덜어 주기 위해 이에 관한 활발한 연구가 필요합니다.
>
> 을: 동의합니다. 다만 개인의 신체에만 적용되는 체세포 유전자 치료로 한정되어야 합니다. 생식 세포 유전자 치료는 다음 세대의 유전자에 영향을 미치므로 허용해서는 안 됩니다.
>
> 갑: 아닙니다. 생식 세포 유전자 치료는 유전병의 대물림을 예방하여 오히려 다음 세대가 더 나은 삶을 살게 합니다. 체세포 유전자 치료와 생식 세포 유전자 치료 모두 허용해야 합니다.
>
> 을: 그렇지 않습니다. 생식 세포 유전자 치료는 다음 세대의 동의를 얻지 않은 행위이므로 그들의 신체에 관한 자기 결정권을 침해합니다. 따라서 윤리적으로 바람직하지 않습니다.

① 체세포 유전자 치료를 위해 환자의 동의가 필요한가?
② 질병 치료를 위해 생명공학 연구는 권장되어야 하는가?
③ 인간에 대한 모든 형태의 유전자 치료는 금지되어야 하는가?
④ 환자의 고통을 덜어 주기 위한 체세포 유전자 치료는 바람직한가?
⑤ 다음 세대에 영향을 미칠 수 있는 생식 세포 유전자 치료는 정당한가?

23회

5. 그림은 서술형 평가 문제와 학생 답안이다. 학생 답안의 ㉠~㉤ 중 적절하지 <u>않은</u> 것은?

> **서술형 평가**
>
> ◎ 문제: 성과 사랑의 관계에 대한 갑, 을의 입장을 비교하여 서술하시오.
>
> > 갑: 성의 목적은 출산을 통한 사회 구성원의 재생산이다. 사랑하는 남녀가 결혼이라는 사회적 승인을 거쳐서 행하는 성적 관계만이 도덕적으로 정당하다.
> >
> > 을: 성은 사랑을 전제로 해야 한다. 감각적 욕구만을 충족하는 것이 아니라 사랑하는 사람 간에 서로 존중하면서 교감을 나누는 성적 관계만이 도덕적으로 정당하다.
>
> ◎ 학생 답안
>
> 갑, 을의 입장을 비교하면, 갑은 ㉠<u>부부만이 바람직한 성적 관계의 주체가 된다고 보고</u>, 을은 ㉡<u>결혼 여부와 무관하게 사랑을 동반한다면 성적 관계가 도덕적으로 허용될 수 있다고 본다</u>. 또한 갑은 ㉢<u>성의 생식적 가치를 실현하여 인류 존속에 공헌해야 한다고 주장하며</u>, 을은 ㉣<u>성이 인격적 가치를 실현한다면 종족 보존을 목적으로 삼지 않아도 진정한 가치를 지닌다고 주장한다</u>. 한편, 갑, 을은 모두 ㉤<u>서로 간의 자발적 동의가 성적 관계를 정당화하기 위한 조건으로 충분하다고 본다</u>.

① ㉠   ② ㉡   ③ ㉢   ④ ㉣   ⑤ ㉤

6. 갑, 을 사상가들의 입장으로 적절하지 <u>않은</u> 것은?

갑: 사람은 시(詩)에서 일으키고, 예(禮)에서 서며, 악(樂)에서 완성된다. 도에 뜻을 두고 덕에 의거하며, 인(仁)에 의지하고 예(藝)에서 노닐어야 한다. 사람이 인하면 예와 악을 다할 수 있다.
을: 어진 사람은 일을 할 때 천하의 이익을 일으키고 천하의 폐해를 제거하는 데 힘쓴다. 또한 백성의 의복과 음식을 축내고 빼앗는 짓을 행하지 않는다. 음악을 즐기는 것이 잘못인 이유는 백성의 이익과 부합하지 않기 때문이다.

① 갑: 바르지 않은 음악이 성행하면 사회에 혼란을 가져온다.
② 갑: 군자(君子)가 되기 위해서는 예와 악을 갖추어야 한다.
③ 을: 악기 제작을 위한 노동은 백성의 삶에 이롭지[利] 않다.
④ 을: 음악은 감정적인 즐거움을 주지 못하므로 금지해야 한다.
⑤ 갑과 을: 위정자는 좋은 정치를 위해 음악의 가치를 따져야 한다.

7. 갑, 을 사상가들의 입장으로 적절한 것만을 <보기>에서 있는 대로 고른 것은? [3점]

갑: 국제 연맹은 모든 전쟁의 영원한 종식을 추구하며 개별 국가들의 자유를 보호하고 지속시키는 데에 관여한다. 국제 사회의 평화는 국제 연맹을 통해서 달성될 수 있다.
을: 폭력을 줄이는 것도 중요하지만 폭력을 예방하는 것이 더 중요하다. 전자는 소극적 평화를 목표로 하지만 후자는 적극적 평화를 지향한다.

─── <보 기> ───

ㄱ. 갑: 평화 조약은 어떠한 전쟁도 종식시킬 수 없다.
ㄴ. 갑: 국제 연맹은 국가권력을 지배하는 것을 목표로 하지 않는다.
ㄷ. 을: 경제적 착취의 제거는 적극적 평화를 위한 필수 조건이다.
ㄹ. 갑과 을: 정치 체제의 개선은 평화 실현에 기여할 수 있다.

① ㄱ, ㄴ   ② ㄱ, ㄷ   ③ ㄴ, ㄹ
④ ㄱ, ㄷ, ㄹ   ⑤ ㄴ, ㄷ, ㄹ

8. 갑, 을의 입장으로 적절한 것만을 <보기>에서 고른 것은?

갑: 다문화 사회의 특성을 반영하여 이민자의 문화를 동등하게 인정해야 한다. 정부는 모든 문화가 정체성을 유지하면서도 조화를 이루도록 이민자 정책을 시행해야 한다.
을: 다문화 사회에서는 문화적 차이로 인한 사회 혼란을 예방할 필요가 있다. 정부는 이민자가 출신국의 문화적 특성을 포기하고 주류 사회에 흡수되도록 정책을 시행해야 한다.

─── <보 기> ───

ㄱ. 갑: 문화 간의 우열을 두는 것은 사회 통합을 저해한다.
ㄴ. 을: 주류 문화와 이민자 문화 간의 공존을 보장해야 한다.
ㄷ. 을: 문화를 단일화하기 위한 이민자 정책을 추진해야 한다.
ㄹ. 갑과 을: 모든 문화를 융합해서 새로운 문화를 형성해야 한다.

① ㄱ, ㄴ ② ㄱ, ㄷ ③ ㄴ, ㄷ ④ ㄴ, ㄹ ⑤ ㄷ, ㄹ

9. 갑 사상가가 을 사상가에게 제기할 수 있는 비판으로 가장 적절한 것은?

행위의 도덕성은 의무로부터 나오는 행위의 필연성에 따라서 정해집니다. 행위의 결과로 나타나는 객관에 대해서는 경향성을 가질 수 있지만 결코 존경심을 가질 수는 없습니다.

행위에 대한 도덕 판단은 쾌락을 산출하고 고통을 줄이는 공리의 원리에 따라야 합니다. 쾌락에는 질적인 차이가 있으므로 어떤 쾌락이 다른 쾌락보다 더 바람직하다고 인정할 수 있습니다.

갑   을

① 행복을 추구하는 것은 인간의 자연적 성향임을 간과한다.
② 행복 추구와 도덕적 의무 이행은 양립할 수 없음을 간과한다.
③ 보편타당한 원리보다 상황에 따라서 행위해야 함을 간과한다.
④ 감각적 쾌락보다 정신적 쾌락이 더 바람직한 쾌락임을 간과한다.
⑤ 선의지에서 비롯된 행위만이 도덕적인 가치가 있음을 간과한다.

10. (가)의 갑, 을, 병 사상가들의 입장을 (나) 그림으로 탐구하고자 할 때, A~D에 들어갈 적절한 질문만을 <보기>에서 있는 대로 고른 것은? [3점]

(가)
갑: 정의로운 분배는 계급과 계급이 대립하는 사회가 아닌 각자의 자유로운 발전이 모두의 자유로운 발전의 조건이 되는 공산 사회에서 실현될 수 있다.
을: 분배가 정의로울 조건은 모든 사람이 각자 소유하고 있는 것에 대해서 소유 권리를 갖는 것이다. 소유물의 분배 정의는 역사적이다.
병: 정의의 일차 주제는 사회 제도가 권리를 배분하고 사회 협동체의 이익을 분배하는 방식과 관련된다. 정의가 실현된 질서 정연한 사회는 공적 정의관으로 규제된다.

(나)
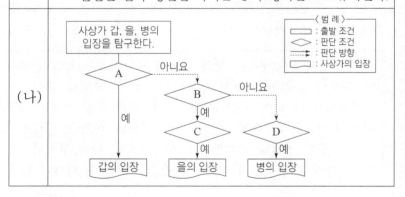

─── <보 기> ───

ㄱ. A: 경제적 불평등을 허용하는 분배 원칙은 부당한가?
ㄴ. B: 개인은 자신의 타고난 사회적 지위에 대한 소유 권리를 지니는가?
ㄷ. C: 부정의한 이전 과정을 바로잡는 국가의 개입은 정당한가?
ㄹ. D: 원초적 입장에서 당사자는 타인의 이익에 관심을 가지는가?

① ㄱ, ㄷ   ② ㄱ, ㄹ   ③ ㄴ, ㄹ
④ ㄱ, ㄴ, ㄷ   ⑤ ㄴ, ㄷ, ㄹ

11. 갑, 을 사상가들의 입장으로 적절하지 <u>않은</u> 것은?

> 갑: 사람은 태어날 때부터 욕망을 지니고 있어서 일정한 기준과 한계가 없으면 다투게 된다. 그래서 선왕은 예의[禮]를 제정하여 분수를 정하고, 지혜 있는 자와 어리석은 자 사이에 구분을 두었다.
>
> 을: 백성은 안정된 생업[恒産]이 없으면 안정된 마음[恒心]도 없다. 그러므로 현명한 군주는 백성들의 생업을 마련하여 생활에 부족함이 없게 한다. 그렇게 한 후에 백성들을 선한 데로 나아가게 인도한다.

① 갑: 사람의 사회적 신분은 덕과 능력에 따라 정해져야 한다.
② 갑: 올바른 직분 수행을 위해 예에 따라 욕망을 절제해야 한다.
③ 을: 경제적 안정은 백성의 도덕성 유지에 중요한 요인이 된다.
④ 을: 군주는 모든 노동에 능통하여 백성의 본보기가 되어야 한다.
⑤ 갑과 을: 사회 구성원 각자가 역할을 다할 때 질서가 유지된다.

12. 갑, 을 사상가들의 입장으로 가장 적절한 것은? [3점]

> 갑: 시민 불복종은 다수의 정의감에 호소하여 자유로운 협동의 조건이 침해되었다는 것을 정당하게 알리는 것이다. 이는 공공적이고 양심적이긴 하지만 법적인 결과를 감수하겠다는 의지로 표현된 정치적 행위이다.
>
> 을: 시민 불복종의 정당성은 결과주의적 접근법에 따라 판단할 수 있다. 우리가 중단시키려고 하는 악의 크기와 우리의 행위가 가져올 법과 민주주의에 대한 존중심의 감소 정도를 저울질해 보아야 한다.

① 갑: 정책 개선을 위해 폭력을 수반한 시민 불복종도 허용된다.
② 갑: 소수자의 재산 소유권이 침해되면 시민 불복종이 전개될 수 있다.
③ 을: 시민 불복종은 보편적인 법치 원리를 위반하는 행위이다.
④ 을: 시민 불복종은 다수를 설득하기보다 강제하기 위한 시도이다.
⑤ 갑과 을: 시민 불복종은 부정의에 즉각 대응하는 행위여야 한다.

13. 갑의 입장에 비해 을의 입장이 갖는 상대적 특징을 그림의 ㉠~㉤ 중에서 고른 것은?

> 갑: 정보는 사회에서 생산된 공공재이자 인류가 누려야 할 산물이다. 따라서 누구나 정보에 자유롭게 접근하고 사용할 때 새로운 창작과 지적 산물의 발전이 촉진된다.
>
> 을: 정보는 창작자가 노력하여 만든 상품이므로 사적 재산으로 인정하고 보호해야 한다. 정보 이용을 위한 대가를 지불할 때 창작 의욕이 높아지고 양질의 정보 생산이 가능해진다.

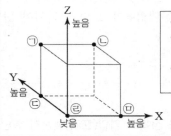

- X: 정보를 공유 자산으로 여기는 정도
- Y: 정보에 대한 배타적 소유권을 중시하는 정도
- Z: 정보 창작자의 경제적 이익 보장을 강조하는 정도

① ㉠   ② ㉡   ③ ㉢   ④ ㉣   ⑤ ㉤

14. 갑, 을 사상가들의 입장으로 적절한 것만을 <보기>에서 있는 대로 고른 것은? [3점]

> 갑: 기술은 우리가 그것을 긍정하건 부정하건 관계없이 우리를 속박하고 있다. 기술을 가치 중립적인 것으로 여길 때, 우리는 무방비 상태로 기술에 내맡겨져 종속된다.
>
> 을: 기술은 그것을 실현하게 하는 것과 독립해 있는 자립적인 존재이다. 또한 일종의 공허한 힘이며 목적에 대한 수단일 뿐이다. 기술은 인간과 전혀 무관하게 광기를 부릴 수 없다.

— <보 기> —

ㄱ. 갑: 기술의 이용 결과는 윤리적 가치 평가의 대상이다.
ㄴ. 을: 기술의 활용에 대한 인간의 도덕적 성찰은 불필요하다.
ㄷ. 을: 기술은 인간의 개입이 없다면 인간에게 해를 끼칠 수 없다.
ㄹ. 갑과 을: 인간은 기술 자체에 대해 비판적 관점을 지녀야 한다.

① ㄱ, ㄴ   ② ㄱ, ㄷ   ③ ㄴ, ㄹ
④ ㄱ, ㄷ, ㄹ   ⑤ ㄴ, ㄷ, ㄹ

15. (가)의 갑, 을, 병 사상가들의 입장에서 서로에게 제기할 수 있는 비판을 (나) 그림으로 표현할 때, A~F에 해당하는 내용으로 가장 적절한 것은? [3점]

<table>
<tr><td>(가)</td><td>갑: 형벌은 그 자체로는 악이다. 하지만 공리의 원리에 따르면 더 큰 악의 제거를 보장하는 한에서 형벌은 허용되어야 한다.

을: 형벌은 범죄를 억제하기에 충분한 정도의 강도만을 가져야 한다. 종신 노역형만으로도 가장 완강한 자의 마음을 억제하기에 충분한 정도의 엄격성을 지닌다.

병: 형벌은 동등성의 원리에 따라 집행되어야 한다. 만약 어떤 자가 살인을 했다면 이 범죄자에게 법적으로 집행되는 사형 외에 범죄와 보복의 동등성은 없다.</td></tr>
<tr><td>(나)</td><td>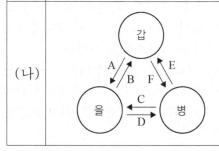</td></tr>
</table>

① A: 보편적 원리에 따라서 형벌을 부과해야 함을 간과한다.
② B: 사형은 사회 계약에 근거해서 집행되어야 함을 간과한다.
③ C: 타인의 생명을 빼앗은 자는 생득적 인격성이 상실됨을 간과한다.
④ D, F: 형벌은 사회적 선을 위해 범죄자에게 행해져야 함을 간과한다.
⑤ E: 형벌은 범죄자가 처벌을 의욕했으므로 시행해야 함을 간과한다.

16. 갑, 을 사상가들의 입장으로 적절하지 <u>않은</u> 것은? [3점]

> 갑: 기아를 예방할 수 있는데도 정부가 국민의 굶주림을 방치하는 것은 인권에 관한 관심이 부족하기 때문이다. 질서 정연한 정체들은 이런 일이 일어나지 않게 할 것이다. 질서 정연한 만민은 고통을 겪는 사회가 인권을 보장하도록 도와야 한다.
>
> 을: 기아의 원인을 인구 과잉으로 보는 사람들은 최빈국에 대한 원조 중단으로 인구 조절이 가능하다고 주장한다. 이는 불확실한 이득을 위해 악의 명백한 방지를 거부하는 것이다. 이익 평등 고려 원칙에 따른 원조로 악을 방지할 수 있다.

① 갑: 원조 대상국의 인권이 보장된다면 원조를 중단할 수 있다.
② 갑: 원조는 국가 간의 정치 문화 격차를 줄이는 데 도움이 된다.
③ 을: 원조는 절대 빈곤의 감소 전망과 무관한 도덕적 의무이다.
④ 을: 원조로 발생하는 악이 원조 결과로 인한 선보다 작아야 한다.
⑤ 갑과 을: 빈곤국일지라도 원조 대상에 포함되지 않을 수 있다.

17. 다음을 주장한 사상가의 입장에서 <문제 상황> 속 A에게 제시할 조언으로 가장 적절한 것은?

> 자기를 이기고 예(禮)로 돌아가는 것이 인(仁)이다. 어진 사람은 자신이 서고 싶은 대로 주위 사람을 세워 주고, 자신이 이루고 싶은 대로 주위 사람을 이루게 한다.
>
> <문제 상황>
> A는 뉴스에서 태풍으로 피해를 본 ○○ 지역의 이재민을 돕기 위한 모금 활동 소식을 들었다. A는 여행을 가기 위해 모은 용돈 중 일부를 기부해야 할지 고민하고 있다.

① 모든 사람을 차별하지 않는 사랑[兼愛]을 실천하세요.
② 역지사지의 자세로 이재민의 마음을 헤아려 행동하세요.
③ 연기(緣起)의 법칙을 깨달아 이재민에게 자비를 실천하세요.
④ 의로움보다 자신의 이익을 최우선으로 고려하여 행동하세요.
⑤ 기부에 관한 옳고 그름을 초월하여 무위(無爲)를 실천하세요.

18. 갑, 을 사상가들의 입장으로 적절하지 <u>않은</u> 것은? [3점]

> 갑: 모든 국가는 일종의 공동체이며, 모든 공동체는 어떤 좋음[善]을 실현하기 위해 구성된다. 국가는 인간의 생존을 위해 형성되지만 좋은 삶을 위해 존속하며, 이전 공동체들이 자연스러운 것이라면 국가도 자연스러운 것이다.
>
> 을: 모든 사람을 떨게 하는 공공의 힘이 없는 상태에서 사는 한 인간은 누구나 전쟁 상태에 놓이게 된다. 국가 속에서 인간이 스스로 구속을 부과하는 궁극적 원인과 목적은 자기 보존과 그에 따른 만족한 삶에 있다.

① 갑: 인간은 국가 안에서만 최고선인 행복을 이룰 수 있다.
② 갑: 국가는 인간의 물질적 생활을 충족시키는 기능을 수행한다.
③ 을: 사회 계약의 산물인 국가는 시민에게 강제력을 행사할 수 있다.
④ 을: 시민은 안전과 평화를 위해 자기 생명권을 국가에 양도한다.
⑤ 갑과 을: 시민은 자신이 속한 국가 공동체에 정치적 의무를 지닌다.

19. (가)의 갑, 을, 병 사상가들의 입장을 (나) 그림으로 표현할 때, A ~ D에 해당하는 적절한 진술만을 <보기>에서 있는 대로 고른 것은? [3점]

(가)	갑: 인간은 인간에 대한 의무 이외에 다른 의무를 갖지 않는다. 늙은 말이 수행한 봉사에 대한 감사마저도 직접적으로 볼 때는 인간 자신에 대한 의무이다. 을: 인간에게 도덕적 관심을 두게 하는 것은 생명체가 지닌 목적 추구 능력 때문이다. 모든 생명체는 고유의 선을 실현하기 위해 움직인다. 병: 인간은 대지를 상품으로 보기 때문에 남용하고 있다. 대지를 우리가 속한 생명 공동체로 바라보면 사랑과 존중으로 대하게 될 것이다.
(나)	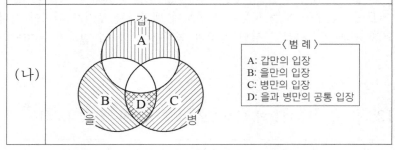 〈 범 례 〉 A: 갑만의 입장 B: 을만의 입장 C: 병만의 입장 D: 을과 병만의 공통 입장

<보 기>
ㄱ. A: 인간이 식물을 이용하는 행위는 정당화될 수 있다.
ㄴ. B: 모든 생명체와 달리 생명 공동체 그 자체는 내재적 가치를 지니지 못한다.
ㄷ. C: 유기체가 아닌 존재도 도덕적 존중의 대상이 될 수 있다.
ㄹ. D: 동물은 도덕적으로 무능력해도 도덕적 지위를 지닌다.

① ㄱ, ㄴ ② ㄱ, ㄷ ③ ㄷ, ㄹ
④ ㄱ, ㄴ, ㄹ ⑤ ㄴ, ㄷ, ㄹ

20. 다음을 주장한 사상가의 입장으로 적절하지 <u>않은</u> 것은?

> ○ 목민관은 자애로워야 한다. 자애롭고자 하는 자는 반드시 청렴해야 하고 청렴하고자 하는 자는 반드시 절용(節用)해야 한다. 절용은 목민관의 가장 중요한 임무이며 백성을 사랑하는 데 있어 가장 먼저 해야 할 일이다.
>
> ○ 목민관은 예부터 내려오는 잘못된 관례를 과감히 고쳐야 한다. 잘못된 관례는 백성의 고혈을 착취하고 아전과 관원을 살찌게 하기 때문이다. 만일 고치기가 어렵다면 여기에 손대지 말아야 한다.

① 목민관은 절용을 실천하기 위해 염치(廉恥)를 버려야 한다.
② 목민관은 백성에게 이익이 되지 않는 관습을 바꾸어야 한다.
③ 목민관은 애민(愛民)의 마음으로 백성의 삶을 돌보아야 한다.
④ 목민관은 공(公)과 사(私)를 구별하여 직무를 수행해야 한다.
⑤ 목민관은 검소한 삶을 실천하여 백성에게 모범이 되어야 한다.

> * 확인 사항
>
> ○ 답안지의 해당란에 필요한 내용을 정확히 기입(표기)했는지 확인하시오.

1. ㉠에 들어갈 진술로 가장 적절한 것은?

> 나는 윤리학의 본질이 도덕적 행위를 이론적으로 분석하여 모든 행위자에게 타당한 도덕 규칙의 체계를 구축하고 이를 정당화하는 데 있다고 본다. 그런데 어떤 윤리학자들은 윤리학의 본질이 도덕적 언어의 의미를 분석하고 도덕 추론의 타당성을 입증하는 것이라고 주장한다. 나는 이러한 주장이 ㉠ 고 생각한다.

① 도덕 명제에 대한 검증 가능성과 분석적 접근을 간과한다
② 보편적 도덕규범의 정립이 윤리학의 핵심 과제임을 간과한다
③ 현실의 도덕 문제 해결을 위해 인접 학문과의 연계를 강조한다
④ 도덕 이론을 적용하여 구체적 실천 방안을 제공할 것을 강조한다
⑤ 도덕 현상을 가치중립적으로 기술하는 것이 중요함을 간과한다

2. 갑, 을 사상가들의 입장으로 적절하지 않은 것은? [3점]

> 갑: 자기 자신을 이기고 예(禮)로 돌아가는 것이 인(仁)이다. 자기를 이기고 예로 돌아가게 되면 온 천하가 이 사람을 어질다고 할 것이다.
> 을: 대도(大道)가 무너지니 인(仁)과 의(義)가 생겨났고 지혜가 나타나니 큰 거짓이 생겨났다. 육친(六親)이 화목하지 못하니 효와 자애가 생겨났다.

① 갑: 존비친소(尊卑親疏)의 구별을 전제로 사랑을 실천해야 한다.
② 갑: 자신의 마음을 미루어 타인을 헤아리는 서(恕)를 행해야 한다.
③ 을: 도(道)를 실현하기 위해 인의의 도덕규범을 확립해야 한다.
④ 을: 자연의 질서에 순응하고 무위(無爲)의 삶을 추구해야 한다.
⑤ 갑, 을: 성인(聖人)이 되기 위해서는 수양을 통해 덕을 실현해야 한다.

3. 갑, 을, 병 사상가들의 입장으로 가장 적절한 것은? [3점]

> 갑: 빈곤으로 고통받는 사람에게 자신의 소유물을 자발적으로 나누는 것은 도덕적 행위이다. 그러나 이러한 행위를 강요하는 것은 개인의 배타적이고 절대적인 소유권을 침해하는 것이다.
> 을: 고통을 덜어 주어야 할 궁극적인 이유는 고통이 그 자체로 바람직하지 않기 때문이다. 이익 평등 고려의 원칙에 따라 빈곤으로 고통받는 사람들에게 원조를 해야 한다.
> 병: 원조의 목적은 고통받는 사회가 자신의 문제들을 합당하게 합리적으로 관리할 수 있도록 도움으로써 결과적으로 질서 정연한 국제 사회의 구성원이 되도록 하는 것이다.

① 갑: 약소국에 대한 원조는 최소 국가가 이행해야 할 도덕적 의무이다.
② 을: 원조를 행할 때 자신에게 미칠 손해를 계산할 필요는 없다.
③ 병: 원조 대상 선정 시 빈곤의 원인에 대한 고려는 배제되어야 한다.
④ 갑, 을: 원조의 의무를 실행하기 위해 과세를 강제해야 한다.
⑤ 을, 병: 빈곤으로 고통에 처한 국가를 원조할 필요가 없는 경우가 있다.

4. 다음을 주장한 사상가의 입장에서 <문제 상황> 속 A에게 제시할 조언으로 가장 적절한 것은?

> 공동체의 이익이란 공동체 구성원들의 이익의 총합이다. 어떤 일이 개인의 이익을 증진시킨다는 것은 그 개인의 쾌락의 합계를 증가시키는 것을 의미한다. 개인들의 행위를 통해 산출할 수 있는 쾌락의 양이 옳음을 평가하는 유일한 요소이다.

> <문제 상황>
> A는 한정판 운동화를 구입하고자 용돈을 모으고 있다. 그러던 중 코로나바이러스감염증-19에 따른 경기 침체로 후원이 끊긴 자선 단체에 도움의 손길이 필요하다는 광고를 보고 모은 용돈을 기부해야 할지 고민하고 있다.

① 질적으로 고상한 쾌락을 산출할 수 있도록 행위 하세요.
② 행위의 결과를 고려하기보다 선의지에 따라 행위 하세요.
③ 보편적 도덕 원리를 배제하고 상황과 맥락에 맞게 행위 하세요.
④ 구체적 상황을 고려하기보다 공동체의 전통에 맞게 행위 하세요.
⑤ 행위와 관련된 사람들의 쾌락의 총합이 극대화되도록 행위 하세요.

5. 그림은 서술형 평가 문제와 학생 답안이다. 학생 답안의 ㉠~㉤ 중 옳지 않은 것은? [3점]

> 서술형 평가
>
> ◎ 문제 : 갑, 을 사상가들의 입장을 비교하여 서술하시오.
>
> 갑: 국가는 자연적으로 존재하는 결사체의 최후 형태이며 인간은 본성적으로 국가 공동체를 구성하는 동물이다. 본성에 의해서 국가 없이 살아가는 존재는 인간 이하이거나 인간 이상인 존재이다.
> 을: 국가의 구성원이 된 사람들은 자연법 위반 행위에 대한 처벌권을 입법부에 양도한다. 이러한 권한은 사람들의 합의에 기초하며 국가의 지배 아래에 들어간 모든 이의 생명, 자유, 재산의 보존에 기여한다.
>
> ◎ 학생 답안
> 갑, 을의 입장을 비교하면, 갑은 ㉠공동체를 지향하는 인간의 본성에 따라서 국가가 형성된다고 보고, ㉡인간의 최선의 삶은 정치 공동체 속에서만 가능하다고 주장한다. 반면 을은 ㉢개인들이 자신의 재산에 대한 권리를 생성하기 위해 국가를 수립한다고 보고, ㉣시민은 자신의 안전을 위협하는 정부에 대해 저항할 권리가 있다고 주장한다. 한편 갑, 을은 모두 ㉤시민은 자신이 속한 국가에 대해 정치적 의무를 지닌다고 본다.

① ㉠   ② ㉡   ③ ㉢   ④ ㉣   ⑤ ㉤

6. 다음은 신문 칼럼이다. ㉠에 들어갈 진술로 적절하지 <u>않은</u> 것은?

> **○○신문**　　　　　　　　　　　○○○○년 ○월 ○○일
>
> **칼 럼**
>
> 　6·25 전쟁과 분단은 남북 간 적대적인 경쟁 체제를 형성했을 뿐만 아니라 우리 일상생활에서 이념 대립의 형태로 갈등을 야기하는 요소로 작용하고 있다. 한국 사회는 분단 상황 속에서 이념과 가치를 중심으로 이분법적 대립 구조가 형성되어 다양한 의견을 나눌 수 있는 대화와 타협의 지형이 제대로 형성되지 못했다. 이러한 이분법적이고 극단적으로 이루어지는 이념 대립은 소모적일 뿐만 아니라 사회 발전을 방해할 수 있다. 따라서 우리는 ＿＿＿＿＿㉠＿＿＿＿＿

① 상대방의 견해와 입장을 존중하고 합리적 의견은 수용해야 한다.
② 정책을 평가할 때 각자 자신의 이념에만 근거하여 판단해야 한다.
③ 상호 건전한 대화와 타협을 통해 극단적인 대립을 해소해야 한다.
④ 사회 통합을 위해 상호 소통하는 동반자 관계를 형성해야 한다.
⑤ 가치관의 이분법적 구분에서 벗어나 서로를 적대시하지 말아야 한다.

7. (가)의 갑, 을, 병 사상가들의 입장을 (나) 그림으로 탐구하고자 할 때, A ~ D에 들어갈 적절한 질문만을 <보기>에서 있는 대로 고른 것은? [3점]

(가)	갑: 정의로운 분배는 각자의 필요에 따라 이루어지는 것이다. 개인의 타고난 능력은 불평등하며, 생산 능력을 타고난 특권으로 승인하는 것은 부당하다. 을: 정의의 원리에 따르면 과거의 상황은 사물에 대한 응분의 자격을 창조한다. 취득과 이전, 교정의 원리에 근거해 그의 것이 되었다면 정당한 것이다. 병: 정의로운 분배는 모든 사람에게 이익이 되도록 이루어져야 하며, 동시에 권한을 갖는 직위, 명령을 내릴 수 있는 직책은 누구나 접근 가능한 것이야 한다.

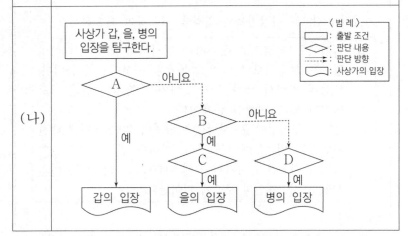

―――〈 보 기 〉―――

ㄱ. A: 계급 간 협력을 통해 필요에 따른 분배를 실현해야 하는가?
ㄴ. B: 개인은 정당하게 취득한 재산에 대한 소유 권리를 가지는가?
ㄷ. C: 정형적 원리에 따른 분배는 개인의 소유권을 침해하는 것인가?
ㄹ. D: 원초적 입장에서 모두의 동의로 정의의 원칙이 도출되는가?

① ㄱ, ㄴ　　　　② ㄱ, ㄹ　　　　③ ㄷ, ㄹ
④ ㄱ, ㄴ, ㄷ　　　　⑤ ㄴ, ㄷ, ㄹ

8. 갑, 을 사상가들의 입장으로 적절한 것만을 <보기>에서 있는 대로 고른 것은?

> 갑: 기술을 긍정하건 부정하건 관계없이 우리는 어디서나 부자유스럽게 기술에 붙들려 있다. 그러나 최악의 경우는 기술을 중립적인 것으로 고찰할 때이며, 이 경우 우리는 무방비 상태로 기술에 내맡겨진다.
> 을: 기술이란 수단일 뿐이지 그 자체는 선도 아니고 악도 아니다. 기술은 그러한 기술을 실현시키는 것과는 독립해 있는 일종의 공허한 힘이며 결국은 목적에 대한 수단이다. 기술은 스스로 인간에게 광기를 부릴 수 없다.

―――〈 보 기 〉―――

ㄱ. 갑: 기술 그 자체를 윤리적 평가의 대상으로 보아야 한다.
ㄴ. 을: 기술의 활용은 인간의 삶에 부정적 영향을 끼칠 수 있다.
ㄷ. 을: 기술은 인간과 사회를 지배하려는 본질적 속성을 지닌다.
ㄹ. 갑, 을: 기술을 적용할 때 인간의 가치 판단은 배제되어야 한다.

① ㄱ, ㄴ　　　　② ㄱ, ㄷ　　　　③ ㄷ, ㄹ
④ ㄱ, ㄴ, ㄹ　　　　⑤ ㄴ, ㄷ, ㄹ

9. 갑, 을의 입장으로 가장 적절한 것은?

성의 진정한 가치는 종족 보존에서 찾을 수 있습니다. 부부간의 신뢰와 사랑을 전제로 출산과 양육을 책임질 수 있는 성적 관계만이 정당화될 수 있습니다.

성의 진정한 가치는 사랑의 실현에 있습니다. 사랑이 동반된 성은 인격적 교감을 가능하게 하므로 혼인 여부와 상관없이 성적 관계는 정당화될 수 있습니다.

갑　　　　　　　　　　　을

① 갑: 성적 관계에서 쾌락의 추구가 주된 목적이 되어야 한다.
② 갑: 타인에게 해악을 주지 않는 모든 성적 관계는 허용된다.
③ 을: 성적 관계는 사적 영역으로서 도덕 판단의 대상이 아니다.
④ 을: 상호 동의가 성적 관계를 정당화하는 충분조건이 된다.
⑤ 갑, 을: 성적 관계는 서로의 인격 존중에 바탕을 두어야 한다.

10. 갑, 을 사상가들의 입장으로 적절한 것만을 <보기>에서 있는 대로 고른 것은? [3점]

> 갑: 죽음은 영혼이 육체의 감옥에서 분리되어 자유로워지는 것이다. 영혼이 육체와 함께 있는 동안은 순수하게 인식할 수 없으므로 죽음 이후에야 우리가 간절히 바라는 지혜를 발견할 수 있다.
> 을: 죽음이 우리에게 아무것도 아니라는 믿음에 익숙해져야 한다. 모든 좋고 나쁨은 감각에 달려 있는데 죽으면 감각을 잃기 때문이다. 이러한 앎은 불멸에 대한 갈망이 주는 고통을 제거한다.

―――〈 보 기 〉―――

ㄱ. 갑: 인간의 영혼과 육체는 죽음과 동시에 완전히 소멸된다.
ㄴ. 을: 현세의 도덕적인 삶은 내세에서의 행복한 삶을 보장해 준다.
ㄷ. 을: 죽음은 원자가 흩어지는 것으로서 감각의 상실을 의미한다.
ㄹ. 갑, 을: 죽음은 지혜로운 인간에게 두려움의 대상이 아니다.

① ㄱ, ㄴ　　　　② ㄱ, ㄷ　　　　③ ㄷ, ㄹ
④ ㄱ, ㄴ, ㄹ　　　　⑤ ㄴ, ㄷ, ㄹ

11. (가)의 갑, 을, 병 사상가들의 입장에서 서로에게 제기할 수 있는 비판을 (나) 그림으로 표현할 때, A ~ F에 해당하는 내용으로 가장 적절한 것은? [3점]

(가)	갑: 형벌은 범죄자 자신이나 사회의 다른 선을 촉진하기 위한 수단으로 집행되어서는 안 된다. 오직 보복법만이 형벌의 질과 양을 명확하게 제시할 수 있다. 을: 사형은 범죄자가 사회의 이익을 침해하는 것을 막지 못함을 입증할 뿐이다. 강제 노동의 고통으로 일생에 걸쳐 분산되는 형벌이 사형보다 더 강력한 본보기가 된다. 병: 사형은 사회 계약을 어기고 국가의 적이 된 사람이 죽음에 의해 국가로부터 분리되는 것이다. 일반 의지에 복종하기를 거부하는 자는 복종을 강제당해야 한다.
(나)	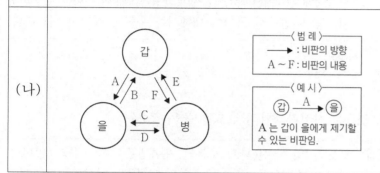

① A: 사형은 범죄 예방과 질서 유지를 위한 수단적 형벌임을 간과한다.
② B: 사형은 범죄 억제력이 전혀 없는 잔혹한 형벌일 뿐임을 간과한다.
③ C, E: 형벌의 정당성은 시민의 동의에서 비롯된 것임을 간과한다.
④ D: 자신의 생명권 양도를 사회 계약에 포함시킬 수 없음을 간과한다.
⑤ F: 형벌은 범죄자가 형벌을 의욕했기 때문에 가해지는 것임을 간과한다.

12. 다음 토론의 핵심 쟁점으로 가장 적절한 것은?

갑: 인간과 동물 사이의 생물학적 유사성으로 인해 동물 실험의 결과를 인간에게 일반화할 수 있습니다. 따라서 신약이나 새로운 치료법의 개발을 위해서 동물 실험은 필요합니다.
을: 동물 실험이 인간의 질병 치료에 기여할 수 있습니다. 하지만 동물은 인간과 마찬가지로 고통을 느끼는 존재이므로 동물에게 고통을 주거나 죽이는 것을 정당화할 수는 없습니다.
갑: 동물이 고통을 느끼는 존재라는 것은 동의합니다. 그러나 동물 실험은 인간이 겪는 심각한 질병의 치료법을 개발하기 위한 최선이자 불가피한 선택입니다.
을: 그렇지 않습니다. 동물 실험을 대체할 수 있는 방안이 존재하며 이를 통해 동물 실험에서 얻어지는 것만큼의 충분한 정보를 얻을 수 있습니다. 따라서 동물을 희생시키는 실험은 정당화될 수 없습니다.

① 동물과 인간은 생물학적 유사성을 지니는가?
② 동물 실험의 결과를 인간에게 적용할 수 있는가?
③ 동물 실험은 인간의 건강 증진에 기여할 수 있는가?
④ 인간과 마찬가지로 동물은 고통을 느끼는 존재인가?
⑤ 인간의 질병을 치료하기 위한 동물 실험은 정당한가?

13. 그림의 강연자가 지지할 입장으로 적절하지 않은 것은?

종교적 인간에게 세계란 늘 초자연적 가치를 드러내고 있으며, 신성성은 존재의 완전한 현현(顯現)이라는 사실을 잊어서는 안됩니다. 성스러움이 현현함으로써 사물은 어떤 전혀 다른 것이 되는데, 그러나 그 후에도 여전히 그 사물임은 변하지 않습니다. 성스러운 돌도 한 개의 돌이지만 돌이 성스러운 것으로서 계시되는 사람들에게는 눈앞의 돌의 현실이 초자연적인 실재로 변합니다.

① 세계를 성스럽게 만드는 신은 종교적 인간에게만 성스러움을 드러낸다.
② 신은 자연적인 대상을 통해서 성스러움을 다양한 양태로 보여준다.
③ 초자연적인 것과 자연적인 것은 불가분의 관계로 연결되어 있다.
④ 세속적인 것과 성스러움은 질적으로 다르지만 조화를 이룰 수 있다.
⑤ 자연물 그 자체가 아닌 자연물을 통해 드러나는 성스러움이 숭배의 대상이다.

14. 다음을 주장한 사상가의 입장으로 적절한 것만을 <보기>에서 있는 대로 고른 것은? [3점]

시민 불복종은 법에 분명히 반하는 것이긴 하지만 법에의 충실성과 민주 체제의 기본적인 정치적 원리들에 호소하는 것이다. 이러한 불복종은 거의 정의로운 사회에서 그 체제의 합법성을 인정하는 시민들에 의해서 생겨나는 것으로 법의 힘에 저항하지 않는다. 따라서 그들은 자신의 행위에 대한 법적인 처벌을 수용해야 한다.

― <보 기> ―

ㄱ. 시민 불복종은 헌법의 근거가 되는 원칙에 위배되는 행위이다.
ㄴ. 시민 불복종의 대상에 모든 부정의한 법이 포함되는 것은 아니다.
ㄷ. 시민 불복종은 다수의 정의감에 근거한 양심적 신념의 표현이다.
ㄹ. 시민 불복종은 정치 체제의 변혁을 의도하는 공개적인 행위이다.

① ㄱ, ㄴ   ② ㄱ, ㄹ   ③ ㄴ, ㄷ
④ ㄱ, ㄷ, ㄹ   ⑤ ㄴ, ㄷ, ㄹ

15. 갑의 입장에 비해 을의 입장이 갖는 상대적 특징을 그림의 ㉠ ~ ㉤ 중에서 고른 것은?

갑: 정보 사회에서 개인 정보를 비롯하여 자신이 원하지 않는 정보들은 어떤 이유로도 사이버 공간을 통해 공개되지 않도록 삭제를 요구할 수 있는 권리가 보장되어야 한다.
을: 정보 사회에서 누구나 자유롭게 정보에 접근할 수 있어야 하며, 개인 정보라 할지라도 공익을 위해 사람들이 알아야 할 정보라면 삭제 금지를 요구할 수 있는 권리가 보장되어야 한다.

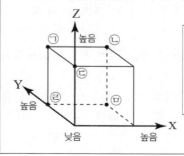

- X: 정보 공개로 얻는 공익보다 사생활 보호를 중시하는 정도
- Y: 알 권리 실현을 위해 개인 정보 공개의 필요성을 강조하는 정도
- Z: 정보에 대한 알 권리보다 잊힐 권리를 중시하는 정도

① ㉠   ② ㉡   ③ ㉢   ④ ㉣   ⑤ ㉤

16. 갑, 을 사상가들의 입장으로 가장 적절한 것은?

> 갑: 사악한 음악으로부터 벗어나고, 감정의 표출이 바르게 되기 위해서는 선왕(先王)이 제정한 예(禮)와 음악을 배우고 익혀야 한다. 여기서 성정(性情)의 변화로 마음과 행동을 올바르게 할 수 있으며 백성의 욕망을 절제하는 데 도움을 줄 수 있다.
> 을: 악기를 만드는 일은 단지 땅에 고인 물을 손으로 뜨는 것처럼 쉬운 것이 아니다. 반드시 모든 백성들로부터 세금을 거두어야 하는데 이는 위로는 성왕(聖王)들의 일과 부합되지 않고 아래로는 백성들의 이익과 부합되지 않는다.

① 갑: 음악은 어떤 제한도 없는 자유로운 감정의 표출이어야 한다.
② 갑: 음악을 통해 본성을 함양하여 사회 질서 유지에 기여해야 한다.
③ 을: 음악은 감정적 즐거움을 제공하지 못하므로 금지해야 한다.
④ 을: 음악이 주는 미적 체험보다 백성의 이익 증진을 우선해야 한다.
⑤ 갑, 을: 음악과 예의의 장려를 통해 천하의 혼란을 바로잡아야 한다.

17. (가)의 갑, 을, 병 사상가들의 입장을 (나) 그림으로 표현할 때, A ~ D에 해당하는 적절한 진술만을 <보기>에서 있는 대로 고른 것은? [3점]

<table>
<tr><td rowspan="3">(가)</td><td>갑: 자연 체계 내에서 인간은 다른 동물들과 같이 미미한 가치를 지닌다. 그러나 도덕적 실천 이성의 주체로서 인간은 자연 안에서 물건으로서의 가치를 뛰어넘는다.</td></tr>
<tr><td>을: 인간과 인간이 아닌 삶의 주체는 도덕적으로 존중받을 권리를 갖는다. 삶의 주체들은 고유한 가치를 지닌 존재로 다른 존재들을 위한 자원처럼 대우받아서는 안 된다.</td></tr>
<tr><td>병: 개인은 상호 의존적인 부분들로 이루어진 공동체의 한 구성원이다. 대지 윤리는 공동체의 범위를 물, 식물과 동물, 곧 포괄하여 대지를 포함하도록 확장하는 것이다.</td></tr>
<tr><td>(나)</td><td>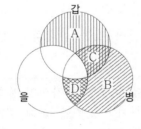
〈 범 례 〉
A : 갑만의 입장
B : 병만의 입장
C : 갑과 병만의 공통 입장
D : 을과 병만의 공통 입장</td></tr>
</table>

―― <보 기> ――
ㄱ. A: 단지 수단으로만 취급되어서는 안 될 존재는 이성적 존재뿐이다.
ㄴ. B: 집합적 유기체로서의 대지는 효용 창출을 위한 자원으로 사용될 수 없다.
ㄷ. C: 도덕적 행위 능력이 없는 존재들도 인간의 이해관계와 상관없이 내재적 가치를 지닐 수 있다.
ㄹ. D: 동물을 함부로 대하지 말아야 하는 이유가 인간에 대한 인간의 의무에서 도출되는 것은 아니다.

① ㄱ, ㄷ   ② ㄱ, ㄹ   ③ ㄴ, ㄷ
④ ㄱ, ㄴ, ㄹ   ⑤ ㄴ, ㄷ, ㄹ

18. 갑, 을 사상가들의 입장으로 적절한 것만을 <보기>에서 있는 대로 고른 것은? [3점]

> 갑: 모든 국가의 시민 정치 체제는 공화 정체이어야 한다. 국제 사회의 영구 평화를 달성하기 위해서는 이 국가들 간에 보편적 우호 관계에 기반한 국제 연맹을 창설해야 한다.
> 을: 국제 정치는 본질적으로 지속적인 권력 투쟁의 연속이다. 모든 정치가들은 국가 이익이라고 정의될 수 있는 권력을 극대화하기 위한 목적으로 정책을 추진하고 투쟁한다.

―― <보 기> ――
ㄱ. 갑: 연맹 체제의 단계에서도 개별 국가의 주권은 인정된다.
ㄴ. 을: 국제 정치에서 분쟁은 인간의 본성에서 기인할 수 있다.
ㄷ. 을: 국제 관계에서 국가 간 세력 균형은 영구적 평화를 보장한다.
ㄹ. 갑, 을: 비민주적 국가에 대해서는 폭력적 개입이 허용된다.

① ㄱ, ㄴ   ② ㄱ, ㄷ   ③ ㄷ, ㄹ
④ ㄱ, ㄴ, ㄹ   ⑤ ㄴ, ㄷ, ㄹ

19. 갑, 을 사상가들의 입장으로 옳은 것은?

> 갑: 모든 직업은 신(神)으로부터 부름받은 자기 몫의 일이다. 이것이 소명임을 알고 순종하면, 아무리 천한 것으로 여겨지는 일이라도 신 앞에서는 귀한 것으로 인정받을 것이다.
> 을: 백성은 항산(恒産)이 있어야 항심(恒心)을 지닐 수 있다. 어떤 사람은 마음을 수고롭게[勞心] 하고, 어떤 사람은 몸을 수고롭게[勞力] 하여 각자의 수고로움으로 서로 기여한다.

① 갑: 노동은 신이 내린 형벌로서 인간의 예속 상태를 나타낸다.
② 갑: 노동을 통한 부의 축적은 인간이 구원받기 위한 유일한 수단이다.
③ 을: 도덕 공동체를 실현하기 위해 직분의 구별은 없어져야 한다.
④ 을: 직업을 통한 일반 백성의 생계유지는 도덕적 삶의 기반이 된다.
⑤ 갑, 을: 노동의 궁극 목적은 생산성 향상을 통한 생활의 개선에 있다.

20. 다음을 주장한 사상가의 입장으로 적절한 것만을 <보기>에서 있는 대로 고른 것은? [3점]

> 현재에 대한 책무는 미래의 관점에서 출발하며 동시대적 세계의 복지와 고통의 관점에서 시작하지 않는다. 도덕 철학은 우리의 희망보다는 공포를 논의의 상대로 삼아야 한다. 비록 가장 두려워하는 것의 반대가 필연적으로 최고선은 아니며, 선(善)의 탐구에 있어 마지막 수단은 아니지만 상당히 유익한 것은 틀림없다.

―― <보 기> ――
ㄱ. 선을 탐구할 때 인류에게 닥칠 위험을 발견하고자 노력해야 한다.
ㄴ. 자연과 인간은 공존하기 위해 상호 간의 책임을 이행해야 한다.
ㄷ. 현세대는 미래 세대의 실존에 대한 책임을 의무로 수용해야 한다.
ㄹ. 인간은 행해진 것뿐만 아니라 행위 해야 할 것에 대한 책임도 있다.

① ㄱ, ㄴ   ② ㄱ, ㄷ   ③ ㄴ, ㄹ
④ ㄱ, ㄷ, ㄹ   ⑤ ㄴ, ㄷ, ㄹ

★ 확인 사항
o 답안지의 해당란에 필요한 내용을 정확히 기입(표기)했는지 확인하시오.

1. (가), (나) 윤리학의 입장으로 가장 적절한 것은?

> (가) 윤리학은 다양한 도덕 현상을 문화·인류학적으로 접근하여 도덕 현상들 간의 인과관계를 사실적으로 서술하는 것을 핵심 과제로 삼아야 한다.
> (나) 윤리학은 과학 기술의 발전과 사회·문화적 변화로 인해 생겨나는 도덕 문제에 대해 구체적인 실천 지침을 제공하는 것을 핵심 과제로 삼아야 한다.

① (가): 도덕적 추론의 타당성 분석을 주요 과제로 삼아야 한다.
② (가): 도덕 행위를 위한 윤리 이론의 수립을 목적으로 해야 한다.
③ (나): 도덕규범을 적용하여 현실의 윤리 문제를 해결해야 한다.
④ (나): 도덕 현상에 관한 객관적 기술을 주요 과제로 삼아야 한다.
⑤ (가), (나): 윤리학의 학문적 성립 가능성 모색을 우선시해야 한다.

2. 갑, 을의 입장으로 옳은 것만을 <보기>에서 있는 대로 고른 것은?

> 갑: 불치병으로 고통받는 환자가 자신의 죽음을 맞이할 수 있도록 생명 연장을 위한 의료 행위의 중지를 요청한다면 이를 허용해야 한다. 하지만 약물을 주입하여 환자의 죽음을 앞당기는 행위는 허용해서는 안 된다.
> 을: 불치병으로 고통받는 환자일지라도 죽음을 선택할 권리는 없으며, 의료인은 환자의 생명을 살리기 위해 끝까지 책임을 다해야 한다. 인간의 생명은 어떠한 명분으로도 훼손될 수 없는 절대적이며 존엄한 가치를 지니기 때문이다.

—————— <보 기> ——————

ㄱ. 갑: 불치병 환자는 연명 치료 중단을 요청할 권리가 있다.
ㄴ. 갑: 불치병 환자를 위해 안락사를 제한 없이 허용해야 한다.
ㄷ. 을: 안락사 시행으로 인간 생명의 존엄성을 침해할 수 있다.
ㄹ. 갑, 을: 인간은 자신의 인위적인 죽음을 선택할 수 있어야 한다.

① ㄱ, ㄷ   ② ㄴ, ㄷ   ③ ㄴ, ㄹ
④ ㄱ, ㄴ, ㄹ   ⑤ ㄱ, ㄷ, ㄹ

3. 동양 사상가 갑, 서양 사상가 을의 입장으로 옳지 않은 것은?

> 갑: 사람들은 나면서부터 이익을 좋아하는데, 이를 따르기 때문에 쟁탈이 일어난다. 선왕(先王)의 예(禮)로써 분별하고 법도를 제정하여 사람들 각자에게 합당한 일을 맡겨야 한다.
> 을: 사람들이 직분을 서로 교환한다면 국가는 파멸로 가게 될 것이다. 정의(正義)는 서로 다른 세 계층이 저마다 자신의 성향에 맞는 일을 할 때 실현된다.

① 갑: 인위적인 규범으로 일을 나누어야 백성들의 다툼이 사라진다.
② 갑: 통치자는 백성의 덕과 능력에 따라 사회적 역할을 맡겨야 한다.
③ 을: 공익 실현을 위해 모든 계층의 사적 소유를 금지해야 한다.
④ 을: 각자가 본분에 맞는 탁월성을 발휘할 때 정의가 실현된다.
⑤ 갑, 을: 구성원 각자가 직분에 충실할 때 사회의 조화가 가능하다.

4. 그림은 서양 사상가 갑, 을의 가상 대화이다. 갑이 을에게 제기할 수 있는 비판으로 가장 적절한 것은? [3점]

> 도덕적 행위는 인간이 습득할 수 있는 자질인 덕을 소유하고 발휘할 때 가능합니다. 우리의 삶은 공동체 속 이야기의 일부이며, 경험을 공유하는 사람들의 이야기를 통해 이해될 수 있습니다.

> 도덕적 행위는 도덕 법칙에 대한 자발적 존중에서 비롯됩니다. 도덕 법칙은 이성적 존재에게 있어서는 의무의 법칙이며, 이 법칙에 대한 존경심에서 행위를 규정하는 법칙입니다.

갑   을

① 선의지의 지배를 받는 행위가 도덕적인 행위임을 간과한다.
② 공동체의 관행보다 절대적 도덕 원리에 따라야 함을 간과한다.
③ 의무 의식에서 비롯된 행위가 도덕적 가치를 지님을 간과한다.
④ 도덕 법칙은 예외 없이 따라야 할 무조건적 명령임을 간과한다.
⑤ 도덕적 행위는 행위자의 유덕한 성품을 바탕으로 한 행위임을 간과한다.

5. 다음은 신문 칼럼이다. ㉠에 들어갈 진술로 가장 적절한 것은? [3점]

> ○○신문   ○○○○년 ○월 ○일
>
> **칼 럼**
>
> 요즘 학교에서는 학생들을 대상으로 어떤 소비 행위가 올바른 소비 행위인지를 교육하는 시간을 운영하고 있다. 이 시간이 형식적인 운영에 그치지 않기 위해서는 제품의 기본 정보뿐만 아니라 제품이 어떤 방식으로 만들어졌는지도 꼼꼼하게 살피는 태도를 교육해야 한다. 예를 들면, 제품 생산 과정에서 발생한 쓰레기를 무단으로 버리지 않았는지, 제품을 생산하는 노동자들을 함부로 대하지 않았는지, 무분별한 동물 실험으로 불필요하게 생명을 희생시키지 않았는지 등등 말이다. 그런데 어떤 사람들은 올바른 소비 행위를 자신의 경제력 안에서 최소한의 비용으로 최대한의 자기만족을 얻을 수 있도록 하는 것이라고 주장한다. 필자는 이러한 주장이 [㉠] 고 생각한다. …(후략).

① 노동자의 인권 개선보다 경제적 효율성이 중요함을 간과한다
② 자신의 욕구와 소득 수준을 우선적으로 고려해야 함을 간과한다
③ 공공선보다 개인적 선호를 바탕으로 소비해야 함을 간과한다
④ 제품 생산이 사회에 미치는 윤리적 영향력을 따져야 함을 간과한다
⑤ 자신의 경제력을 과시하기 위한 제품을 구매해야 함을 간과한다

25회

6. 동양 사상가 갑, 서양 사상가 을의 입장으로 옳은 것은?

> 갑: 진인(眞人)은 삶과 죽음을 차별하지 않는다. 삶과 죽음은 밤낮의 변화와 같으니, 삶이 왔다고 기뻐하지 않으며 죽음이 왔다고 슬퍼하지 않는다.
> 을: 현자(賢者)는 죽음을 두려워하지 않는다. 모든 좋고 나쁨은 감각에서 발생하는데, 죽음은 감각의 상실이다. 따라서 죽음은 우리에게 아무것도 아님을 깨달아야 한다.

① 갑: 죽음은 자연적이고 필연적인 과정이므로 초연해야 한다.
② 갑: 죽음은 죽음 이후의 다른 삶으로 윤회하는 계기가 된다.
③ 을: 죽음을 통해 영혼은 육체에서 해방되어 진리를 얻게 된다.
④ 을: 죽음의 고통을 수용할 때 불멸의 열망을 실현할 수 있다.
⑤ 갑, 을: 죽음은 내세에서 영원한 행복에 이를 수 있는 시작이다.

7. 갑, 을의 입장으로 적절한 것만을 <보기>에서 있는 대로 고른 것은?

> 갑: 이민자 집단의 문화를 기존의 문화와 차별하지 않고 대등하게 인정하는 정책을 시행해야 한다. 이 정책으로 이민자들은 문화적 고립에서 벗어나고, 국가적인 통합을 이룰 수 있다.
> 을: 이민자 집단이 자신들의 문화를 포기하고 주류 사회의 문화에 편입될 수 있게 하는 정책을 시행해야 한다. 이 정책으로 사회적 갈등을 줄이고 공동체의 결속을 강화할 수 있다.

<보 기>
ㄱ. 갑: 문화 간의 다양성을 존중하고 그 차이를 수용해야 한다.
ㄴ. 갑: 주류와 비주류 사이의 문화적 위계를 인정해야 한다.
ㄷ. 을: 이민자의 문화 정체성을 주류 문화에 동화시켜야 한다.
ㄹ. 갑, 을: 사회의 통합성을 높이는 문화 정책을 추진해야 한다.

① ㄱ, ㄴ   ② ㄱ, ㄷ   ③ ㄴ, ㄹ
④ ㄱ, ㄷ, ㄹ   ⑤ ㄴ, ㄷ, ㄹ

8. 다음 토론의 핵심 쟁점으로 가장 적절한 것은? [3점]

> 갑: 인간의 유전자 지도가 완성된 이후 유전자를 이용한 질병 치료가 활발해졌습니다. 유전자 치료로 인해 불치병에 걸린 환자가 건강한 삶을 살게 될 것입니다.
> 을: 동의합니다. 하지만 치료를 위해 주입된 유전자가 환자 개인에게만 영향을 끼치는 체세포 유전자 치료로 한정해서 허용되어야 합니다.
> 갑: 아닙니다. 생식 세포 유전자 치료도 허용해야 합니다. 유전에 의해 생기는 후세대의 질병을 예방함으로써 후세대 스스로가 더 나은 삶을 설계하는 데 기여할 수 있습니다.
> 을: 그렇지 않습니다. 후세대에 직접 영향을 미치는 생식 세포 유전자 치료는 후세대의 동의 없이 그들의 삶을 현재 세대가 조작하게 되는 윤리적 문제를 유발할 수 있습니다.

① 생식 세포 유전자 치료로 유전병 예방이 가능한가?
② 유전자 치료는 인간의 수명 연장에 기여할 수 있는가?
③ 환자 개인의 질병 치료를 위한 유전자 치료는 정당한가?
④ 후세대를 위해 생식 세포 유전자 치료를 허용해야 하는가?
⑤ 체세포 유전자 치료는 후세대에게 직접적인 영향을 미치는가?

9. 동양 사상가 갑, 한국 사상가 을의 입장으로 옳은 것만을 <보기>에서 있는 대로 고른 것은? [3점]

> 갑: 어진 사람은 천하에 이익이 생겨나게 하고 해로움을 없애기 위해 힘쓴다. 또한 귀로 듣기에 즐거운 것을 추구하지 않는다. 그것을 추구하면 백성들의 먹을 것과 입을 것을 축내고 빼앗기 때문이다. 임금과 대신이 음악을 좋아해서 즐기려 한다면 국가는 어지러워질 것이다.
> 을: 지금 세속의 음악은 바르지 못한 소리이다. 그러나 음악을 앞에서 한창 연주할 때는, 관장(官長)이 그의 하급 관리를 용서해 주고, 가장(家長)이 자신의 어린 하인을 용서해 준다. 그러므로 성인은 "잠깐이라도 예악(禮樂)을 몸에서 떠나게 할 수 없다."라고 말한 것이다.

<보 기>
ㄱ. 갑: 백성에게 이익이 되지 않는 음악을 멀리해야 한다.
ㄴ. 을: 음악을 즐기더라도 덕성 함양을 위해 노력해야 한다.
ㄷ. 을: 성인이 완성한 음악은 사회에 어떤 영향도 끼치지 않는다.
ㄹ. 갑, 을: 음악은 사람들에게 감정적인 즐거움을 부여한다.

① ㄱ, ㄴ   ② ㄱ, ㄷ   ③ ㄷ, ㄹ
④ ㄱ, ㄴ, ㄹ   ⑤ ㄴ, ㄷ, ㄹ

10. (가)의 갑, 을, 병 사상가들의 입장을 (나) 그림으로 탐구할 때, A~D에 들어갈 옳은 질문만을 <보기>에서 있는 대로 고른 것은? [3점]

> (가)
> 갑: 상이한 사회적 가치들은 상이한 기준과 절차에 따라 분배되어야 한다. 한 영역의 가치가 다른 영역의 가치를 지배해서는 안 된다.
> 을: 모든 사람은 다른 사람들의 유사한 자유와 양립할 수 있는 기본적 자유에 대한 권리를 가진다. 한편, 사회적 부의 분배는 모든 사람에게 이익이 되도록 해야 한다.
> 병: 어떤 것에 대한 개인의 소유 권리가 정당하다면, 이로부터 유출된 것에 대해서도 소유 권리를 갖는다. 분배 정의에서 소유 권리는 역사적이다.

(나)

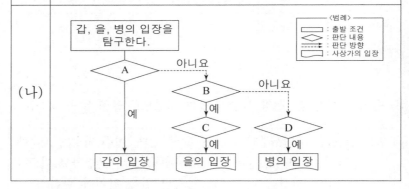

<보 기>
ㄱ. A: 모든 사회적 가치를 분배 원리에 따라 배분해야 하는가?
ㄴ. B: 자연적 재능의 분포를 공동의 자산으로 간주해야 하는가?
ㄷ. C: 명령할 수 있는 직책에 접근할 수 있는 기회를 누구에게나 부여해야 하는가?
ㄹ. D: 자유롭게 이전한 소유물도 교정의 대상이 될 수 있는가?

① ㄱ, ㄴ   ② ㄱ, ㄷ   ③ ㄷ, ㄹ
④ ㄱ, ㄴ, ㄹ   ⑤ ㄴ, ㄷ, ㄹ

11. 그림의 강연자가 지지할 입장으로 적절하지 <u>않은</u> 것은?

> 어떤 규범이 타당성을 갖기 위해서는 그 규범에 영향을 받는 사람들이 공정한 담론 절차를 거쳐 자유롭게 동의할 수 있어야 합니다. 서로 다른 의견과 갈등을 극복하기 위한 합리적인 의사소통을 위해서는 첫째, 언어와 행위 능력을 지닌 모든 주체가 담론에 참여할 수 있어야 합니다. 둘째, 어떤 주장이라도 누구나 담론에 부칠 수 있어야 합니다. 그리고 어떤 담론의 참여자도 위의 첫째, 둘째에 명시한 권리를 행사하는 데 방해받아서는 안 됩니다.

① 공론장에서는 타인의 주장에 대한 이의 제기를 제한해야 한다.
② 이성적 논의 능력을 지닌 모든 주체는 담론에 참여할 수 있다.
③ 담론 과정에서 참여자는 개인적 욕구를 표현할 수 있어야 한다.
④ 담론 참여자는 자신의 오류 가능성을 전제하고 토론에 임해야 한다.
⑤ 담론을 통해 주관적 견해를 극복하고 합리적으로 합의할 수 있다.

12. (가), (나)의 입장으로 가장 적절한 것은? [3점]

> (가) 국가는 이기적인 본성을 지닌 인간들의 집합체이다. 따라서 무정부 상태인 국제 사회에서 국가는 자기 이익을 추구하며 스스로 안보를 지켜야 한다.
> (나) 국가는 합리적이고 선한 인간들의 집합체이다. 따라서 국제기구 등을 통한 국가 간 상호 협력으로 분쟁을 해결하고 평화를 달성할 수 있다.

① (가): 국가 간 대화와 협력만으로 국제 평화를 실현할 수 있다.
② (가): 자국의 이익 추구보다 국제법의 준수를 우선시해야 한다.
③ (나): 상대 국가에 대한 무지나 오해 때문에 분쟁이 발생한다.
④ (나): 국가 간 세력 균형을 통해 영구 평화를 실현해야 한다.
⑤ (가), (나): 국가 간의 갈등을 해소할 세계 정부를 세워야 한다.

13. 갑, 을의 입장으로 적절하지 <u>않은</u> 것은? [3점]

> 갑: 범죄의 대상이 되지 않도록 개인 정보를 보호해야 하지만 사회에 해악을 끼친 범죄자에 대한 온라인상의 정보는 삭제하지 않도록 해야 한다. 누구나 범죄자의 정보에 접근할 수 있어야 하고, 범죄자의 정보를 언론이 공개할 수 있도록 보장한다면 사회 안정에 기여할 수 있다.
> 을: 범죄자가 응당한 대가를 치른 후에 온라인상에 존재하는 자신의 과거에 대한 정보 삭제를 요구한다면 이를 수용해야 한다. 범죄자의 신원 공개로 얻는 이익은 시간이 갈수록 줄어들고, 죗값을 치른 사람이라면 인간다운 삶을 보장받아야 하기 때문이다.

① 갑: 언론의 자유를 보장하여 범죄 예방 효과를 높일 수 있다.
② 갑: 범죄자의 정보 보호보다 공공의 알 권리가 우선되어야 한다.
③ 을: 잊힐 권리는 인격권을 보장하기 위한 수단이 될 수 있다.
④ 을: 범죄자의 정보 공유로 얻는 공익의 실제 효과에 한계는 없다.
⑤ 갑, 을: 온라인상에서 개인 정보가 악용되지 않도록 해야 한다.

14. 그림은 서술형 평가 문제와 학생 답안이다. 학생 답안의 ㉠~㉤ 중 옳지 <u>않은</u> 것은?

> ### 서술형 평가
>
> ◎ 문제: 해외 원조에 대한 갑, 을 사상가들의 입장을 비교하여 서술하시오.
>
> > 갑: 자신에게 도덕적으로 중요한 일들을 희생시키지 않는다면, 모든 사람의 이익을 평등하게 고려하여 절대 빈곤으로 고통받는 사람들을 도와야 한다.
> > 을: 고통받는 사회가 자신들의 문제를 합당하고 합리적으로 관리할 수 있도록 도와서, 결과적으로 질서 정연한 사회의 구성원이 되도록 원조해야 한다.
>
> ◎ 학생 답안
> 　갑, 을의 입장을 비교하면, 갑은 ㉠ <u>원조를 실행할 때 원조를 받는 사람들의 국적은 도덕적 고려 대상이 아니라고 보며, ㉡ 인권이 보장된 국가의 빈민에게도 원조할 수 있다고 주장하였다. 을은 ㉢ 질서 정연한 사회의 빈민도 원조 대상에 포함시켜야 한다고 보며, ㉣ 원조를 받는 국가가 민주적 가치를 중시하는 제도와 규범을 갖춘다면 원조는 중단될 수 있다고 주장하였다. 한편, 갑, 을은 모두 ㉤ 원조는 자선의 차원이 아니라 윤리적 의무임을</u> 강조하였다.

① ㉠　　② ㉡　　③ ㉢　　④ ㉣　　⑤ ㉤

15. (가)의 갑, 을, 병 사상가들의 입장에서 서로에게 제기할 수 있는 비판을 (나) 그림으로 표현할 때, A~F에 해당하는 내용으로 가장 적절한 것은? [3점]

> | (가) | 갑: 도덕적 의무를 질 수 있는 인간에 대한 의무 외에 다른 존재에 대한 의무는 없다. 동물이 인간에게 수행한 봉사에 대한 감사는 인간의 간접적 의무이다.
을: 도덕적, 심미적 관점을 담아 옳고 그름의 새로운 윤리 기준을 마련해야 한다. 생명 공동체의 구성원인 인간은 대지의 사용을 이익의 문제로만 간주하지 않아야 한다.
병: 도덕적 행위 능력과 무관하게 인간과 일부 동물은 존중받아야 할 도덕적 권리를 갖는다. 그들 각자는 고유한 삶을 살아가는 삶의 주체이기 때문이다. |
> |---|---|

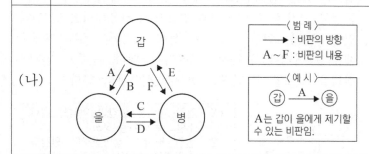

① A, C: 생물종의 서식지가 안정적으로 유지되어야 함을 간과한다.
② B: 생명 공동체 구성원 간에 도덕적 책무가 있음을 간과한다.
③ D: 인간뿐 아니라 다른 구성원도 도덕적 지위를 지님을 간과한다.
④ E: 목적 그 자체인 개체의 권리를 존중해야 함을 간과한다.
⑤ F: 동물에 관한 의무는 인간에 대한 의무에서 도출됨을 간과한다.

16. 갑, 을의 입장으로 적절하지 <u>않은</u> 것은?

> 갑: 사랑을 전제로 한 성적 자유를 인정해야 하며, 이러한 성적 관계만이 도덕적이다. 사랑을 동반한 성은 인간의 품격을 유지시키고 상대방에 대한 책임감을 고양한다.
> 을: 사랑하는 남녀가 만나 결혼이라는 제도를 통해 이루어지는 성적 관계만이 도덕적이다. 성(性)은 부부간의 신뢰를 바탕으로 사회 구성원을 재생산하는 데 기여해야 한다.

① 갑: 사랑이 결여된 성적 관계는 인간의 존엄성을 훼손할 수 있다.
② 갑: 자발적인 동의가 전제된 모든 성적 관계는 정당화될 수 있다.
③ 을: 성적 관계는 새로운 생명을 탄생시키는 원천이 되어야 한다.
④ 을: 성의 쾌락적 가치만을 중시하는 성적 관계는 허용될 수 없다.
⑤ 갑, 을: 성적 관계는 상호 간의 인격적 교감을 바탕으로 해야 한다.

17. 사회사상가 갑, 을의 입장으로 옳은 것은? [3점]

> 갑: 시민 불복종은 거의 정의로운 국가에서 행해지며, 다수에 의해 제정된 법에 따라야 할 의무와 각자의 자유를 방어할 권리 사이의 충돌로 발생한다.
> 을: 시민 불복종은 중단하고자 하는 악의 크기와 행위가 가져올 법과 민주주의에 대한 존중의 심각한 감소 가능성을 저울질 해서, 그 행위가 산출할 사회적 손익을 계산해야 한다.

① 갑: 시민 불복종은 양심에 기반을 둔 모든 행위를 포함한다.
② 갑: 시민 불복종은 성공에 대한 합당한 전망에 근거해야 한다.
③ 을: 시민 불복종은 사회 제도와 법 전체에 항거하는 행위이다.
④ 을: 시민 불복종은 민주주의 원칙을 존중하는 합법적 수단이다.
⑤ 갑, 을: 시민 불복종에서 다수에 의한 폭력은 목적 달성을 위해 허용될 수 있다.

18. (가)의 입장에 비해 (나)의 입장이 갖는 상대적 특징을 그림의 ㉠ ~ ㉤ 중에서 고른 것은?

> (가) 인간 배아는 인간과 유전자가 동일하며, 착상 후에 인간이 될 수 있는 잠재성을 가지고 있다. 따라서 배아 복제는 존엄한 인간을 죽이는 것과 같으므로 허용해서는 안 된다.
> (나) 인간 배아는 인간이 될 가능성이 확정되지 않은 단순한 세포 덩어리에 불과하다. 따라서 배아 복제는 인간의 질병을 치료할 수 있다는 점에서 허용해야 한다.

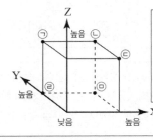

- X: 인간 배아를 인간의 이익을 위한 수단으로 여기는 정도
- Y: 인간 배아의 생명권보다 인간의 건강권을 중시하는 정도
- Z: 인간 배아가 도덕적 지위를 지니고 있음을 강조하는 정도

① ㉠   ② ㉡   ③ ㉢   ④ ㉣   ⑤ ㉤

19. (가)의 갑, 을, 병 사상가들의 입장을 (나) 그림으로 표현할 때, A ~ D에 해당하는 적절한 진술만을 <보기>에서 고른 것은?
[3점]

> (가)
> 갑: 국가의 보존과 범죄자의 보존은 양립할 수 없다. 살인을 저질러서 계약을 파기한 자는 스스로를 국가의 구성원이 아니라고 선언한 것이다.
> 을: 형벌은 어느 한쪽이 다른 한쪽보다 기울지 않는 동등성의 원리에 따른 것이다. 그러므로 살인에 대한 정당한 형벌은 사형 이외에는 없다.
> 병: 형벌은 타인의 범죄를 억제시키기에 충분한 정도의 강도만을 가져야 한다. 종신 노역형은 가장 완강한 자의 마음을 억제시킬 수 있는 엄격성을 지니고 있다.

(나)
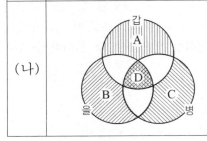

〈 범 례 〉
A: 갑만의 입장
B: 을만의 입장
C: 병만의 입장
D: 갑, 을, 병의 공통 입장

―――― <보 기> ――――
ㄱ. A: 국가가 살인자의 생명을 빼앗는 것은 정당화될 수 있다.
ㄴ. B: 형벌은 공적 정의를 실현하기 위해 가해지는 수단이다.
ㄷ. C: 공익 실현이라는 공리주의적 관점에서 사형은 유용하지 않다.
ㄹ. D: 위법 행위의 경중에 비례해서 형벌을 부과해야 한다.

① ㄱ, ㄴ   ② ㄱ, ㄷ   ③ ㄴ, ㄷ   ④ ㄴ, ㄹ   ⑤ ㄷ, ㄹ

20. 다음을 주장한 사상가의 입장으로 옳은 것만을 <보기>에서 고른 것은?

> 전통적인 윤리학은 '여기', '지금'과 관련된 것이며, 인간들 사이에 생겨나는 용무와 연관되어 있다. 그러나 새로운 윤리학은 행위의 '좋음'과 '나쁨'을 결정할 때, 인간적 삶의 전 지구적 조건과 종(種)의 미래, 실존을 고려해야 한다. 따라서 인간이 지향해야 할 새로운 명법은 "너의 행위의 효과가 인간 생명의 미래 가능성에 대해 파괴적이지 않도록 행위 하라."와 같다.

―――― <보 기> ――――
ㄱ. 다른 생명체에 대한 인간의 책임은 당위적이어야 한다.
ㄴ. 현재 세대와 미래 세대는 호혜적인 책임을 다해야 한다.
ㄷ. 인류 존속을 위해 인간은 자연에 예견적 책임을 져야 한다.
ㄹ. 이성을 지니지 않은 존재도 책임의 주체와 대상이 되어야 한다.

① ㄱ, ㄴ   ② ㄱ, ㄷ   ③ ㄴ, ㄷ   ④ ㄴ, ㄹ   ⑤ ㄷ, ㄹ

＊ 확인 사항
◦ 답안지의 해당란에 필요한 내용을 정확히 기입(표기)했는지 확인 하시오.

성명 ◻◻◻   수험 번호 ◻◻◻◻◻◻ — ◻◻◻◻   제 〔 〕 선택

1. 갑, 을의 입장으로 가장 적절한 것은?

> 윤리학은 '옳음', '그름' 등과 같은 도덕적 용어의 의미를 밝히고 도덕 추론의 타당성을 검증하기 위한 논리적 분석을 탐구 목표로 삼아야 합니다.

> 윤리학은 '마땅히 해야 할 것'과 '하지 말아야 할 것'을 구분하고 인간의 윤리적인 행위를 위한 도덕 원칙의 제시를 탐구 목표로 삼아야 합니다.

 갑    을

① 갑: 윤리학은 사회의 관습을 경험 과학적으로 서술해야 한다.
② 갑: 윤리학은 도덕 명제의 분석보다 도덕 원리를 정립해야 한다.
③ 을: 윤리학의 학문적 성립 가능성을 핵심 과제로 삼아야 한다.
④ 을: 윤리학은 도덕 판단의 근거가 되는 보편 규범을 제시해야 한다.
⑤ 갑, 을: 윤리학은 가치 중립적 입장에서 도덕 문제를 해결해야 한다.

2. 다음 서양 사상가의 입장으로 가장 적절한 것은?

> 사회의 갈등을 해결하고 행정 및 경제 체계와 생활 세계가 균형을 이루기 위해서는 공론장에서 이성적인 담론과 소통을 활성화해야 한다. 이를 위해 누구나 자유롭게 대화에 참여할 수 있어야 하며, 자신의 주장은 물론 개인적 바람이나 욕구도 자유롭게 표현할 수 있어야 한다. 또한 타인의 주장이나 공적인 문제에 대해서 의문을 제기할 권리가 보장되어야 하고, 이러한 권리를 행사할 때 어떤 강요도 존재하지 않아야 한다.

① 담론을 통한 합의 과정보다 담론의 결과를 중시해야 한다.
② 각자의 오류 가능성을 배제할 때 이상적인 담론이 가능하다.
③ 담론의 결론은 토론보다 다수결의 원리에 따라 도출해야 한다.
④ 공적 현안에 대한 시민의 문제 제기는 사회 발전을 저해한다.
⑤ 담론에 참여하는 모든 사람은 반드시 담론 절차를 지켜야 한다.

3. 갑, 을 사상가들의 입장으로 옳은 것은?

> 갑: 인간은 방탕하기에 신은 모든 인간에게 자신의 소명(召命)에 관심을 둘 것을 요구한다. 신은 인간에게 고유한 생활 양식에 따라 각자의 의무를 지정하고, 인간 자신의 한계를 벗어나지 않도록 그 다양한 생활들을 소명이라고 하였다.
> 을: 인간은 노동으로 자연을 변화시키고 자신의 잠재력을 개발한다. 그런데 자본주의적 생산에서는 노동자가 생산 수단을 사용하는 것이 아니라 생산 수단이 노동자를 사용한다. 즉 살아 있는 노동을 죽은 노동이 지배하는 왜곡이 발생한다.

① 갑: 부(富)의 축적을 직업의 궁극적인 목적으로 추구해야 한다.
② 갑: 직업은 신이 내린 명령이므로 귀천의 구별이 없어야 한다.
③ 을: 건전한 경쟁을 통한 생산 수단의 사유화를 보장해야 한다.
④ 을: 자본가와 노동자가 협력하여 노동 소외를 극복해야 한다.
⑤ 갑, 을: 인간의 자아실현을 위해 노동 분업을 확대해야 한다.

4. 다음 토론의 핵심 쟁점으로 가장 적절한 것은? [3점]

> 갑: 극심한 고통을 겪고 있는 불치병 환자가 의사의 도움을 받아 고통에서 벗어나기를 원한다면 안락사를 허용해야 합니다.
> 을: 동의합니다. 하지만 환자가 원해도 적극적인 안락사는 금지되어야 합니다. 단지 연명 치료 중단으로 한정하여 환자와 그 가족이 죽음을 자연스럽게 받아들이도록 해야 합니다.
> 갑: 아닙니다. 불치병 환자에게는 품위 있는 죽음을 맞이할 권리가 있습니다. 자신이 스스로 선택했다면 연명 치료 중단 이외의 것도 인정해야 합니다.
> 을: 품위 있는 죽음을 맞이할 권리를 보장하는 것은 동의합니다. 하지만 약물 주입과 같은 방법으로 환자를 죽음에 이르게 하는 것은 살인 행위와 같으므로 허용해서는 안 됩니다.

① 환자는 존엄한 존재이므로 안락사의 시행을 금지해야 하는가?
② 소극적 안락사는 인간의 생명을 경시하는 행위로 간주해야 하는가?
③ 회복 불가능한 환자에게 인간답게 죽을 권리를 보장해야 하는가?
④ 안락사를 위한 연명 치료 중단은 도덕적으로 정당화될 수 있는가?
⑤ 환자가 동의한다면 인위적인 생명 단축 행위는 허용 가능한가?

5. 갑, 을의 입장으로 적절한 것만을 <보기>에서 있는 대로 고른 것은? [3점]

> 갑: 예술의 목적은 예술을 나타내고 예술가를 숨기는 것이다. 아름다운 것에서 추악한 의미를 찾는 사람은 타락한 사람이고 아름다운 것에서 아름다운 의미를 찾는 사람은 교양 있는 사람이다. 책이란 잘 썼거나 못 썼거나, 단지 그뿐이다.
> 을: 예술은 작가의 비판 정신이 작품에 반영된 것이고, 이것이 청중에게 정서적으로 전달되는 체계이다. 미각의 만족감이 결코 음식의 가치를 판단하는 근거가 될 수 없듯이 예술의 진정한 가치는 인류 최고의 사랑을 완성하는 데 있다.

< 보 기 >
ㄱ. 갑: 예술은 오직 예술 자체의 아름다움을 추구해야 한다.
ㄴ. 을: 예술의 사회적 영향력보다는 자율성을 중시해야 한다.
ㄷ. 을: 예술은 이성적 의식을 타인과 감정으로 교류하는 것이다.
ㄹ. 갑, 을: 예술가는 윤리적 공감을 발휘하여 미적 표현을 해야 한다.

① ㄱ, ㄷ   ② ㄴ, ㄷ   ③ ㄴ, ㄹ
④ ㄱ, ㄴ, ㄹ   ⑤ ㄱ, ㄷ, ㄹ

6. 갑, 을의 입장으로 적절한 것만을 <보기>에서 있는 대로 고른 것은?

갑: 배아는 인간이 될 가능성을 지녔으므로 인간과 동등한 존재로 대우해야 한다. 배아 복제는 잠재적 인간을 물건으로 취급하는 행위이다. 따라서 배아 복제를 금지해야 한다.
을: 남녀의 자연스러운 결합으로 생긴 배아는 존엄한 생명체이다. 하지만 복제된 배아는 인공물에 불과하므로 난치병 치료에 활용할 수 있다. 따라서 배아 복제를 허용해야 한다.

— <보 기> —
ㄱ. 갑: 미래의 인격체가 될 배아를 수단으로 취급하면 안 된다.
ㄴ. 갑: 배아와 인간은 모두 도덕적 지위를 동등하게 지닌다.
ㄷ. 을: 과학 기술을 활용한 생물학적 조작을 금지해야 한다.
ㄹ. 갑, 을: 자연적으로 형성된 배아를 단순한 세포 덩어리로 볼 수 없다.

① ㄱ, ㄴ   ② ㄴ, ㄷ   ③ ㄷ, ㄹ
④ ㄱ, ㄴ, ㄹ   ⑤ ㄱ, ㄷ, ㄹ

7. 갑, 을 사상가들의 입장으로 옳은 것만을 <보기>에서 고른 것은? [3점]

갑: 사람을 섬길 줄 모르면서 어찌 귀신을 섬기며, 삶을 모르면서 어찌 죽음을 알겠는가? 어진 자가 삶을 구하고자 인(仁)을 해치는 경우는 없으며, 죽음으로써 인을 이루는 경우는 있다.
을: 지인(至人)은 신묘하게도 구름을 타고 해와 달을 부리면서 이 세상 밖에서 노닌다. 삶과 죽음도 그를 변하게 할 수 없거늘 어찌 이롭거나 해로운 것에 얽매이겠는가?

— <보 기> —
ㄱ. 갑: 현세의 삶보다 죽음 이후의 삶에 더 관심을 가져야 한다.
ㄴ. 을: 생사에 대한 분별심으로 삶의 변화를 받아들여야 한다.
ㄷ. 을: 외물의 구속에서 벗어나 도(道)와 하나가 되어야 한다.
ㄹ. 갑, 을: 과도한 욕심을 버리고 자연스러운 흐름에 따라야 한다.

① ㄱ, ㄴ ② ㄱ, ㄷ ③ ㄴ, ㄷ ④ ㄴ, ㄹ ⑤ ㄷ, ㄹ

8. 갑, 을 사상가들의 입장으로 옳은 것은? [3점]

갑: 직접적 폭력은 언어적·신체적인 폭력이고, 구조적 폭력은 정치와 경제에서 일어나는 억압과 착취이다. 문화적 폭력은 이러한 모든 폭력을 정당화시킬 수 있다. 우리는 모든 폭력이 사라진 적극적 평화 상태를 추구해야 한다.
을: 국가 간 영구 평화를 위해 모든 국가의 시민적 정치 체제는 공화 정체여야 한다. 국제법은 자유로운 국가들의 연방 체제에 기초해야 하며, 세계 시민법은 보편적 우호의 조건들에 국한되어야 한다.

① 갑: 물리적인 폭력의 종식은 적극적 평화의 실현을 보장한다.
② 갑: 인간 안보에서 국가 안보 차원으로 평화를 이루어야 한다.
③ 을: 자발적인 합병 절차를 거쳐 범국가적 정부를 구성해야 한다.
④ 을: 각국은 상비군을 폐지하고 국제 연맹의 법질서를 따라야 한다.
⑤ 갑, 을: 내전 중인 국가에 대한 무조건적 외부 개입은 정당하다.

9. 그림의 강연자가 지지할 입장으로 적절하지 <u>않은</u> 것은?

사랑은 주는 것입니다. 주는 것에 대한 오해는 그것이 무엇인가를 포기하는 것이라는 생각입니다. 주는 행위 자체에서 자신의 힘과 능력을 경험하며 생동감이 생깁니다. 또한 사랑은 상대방을 알고자 하며 그에게 몰입하고, 상대방의 요구에 응답할 준비가 되어 있는 것입니다. 누군가를 지배하고자 하는 것은 미숙한 사랑입니다. 사랑하는 존재를 있는 그대로 받아들여 하나가 되면서도 여전히 둘로 남는 것이 성숙한 사랑입니다.

① 사랑은 상대방의 관점에서 그를 이해하고 배려하는 것이다.
② 사랑은 상대방의 정신적 요구를 수용할 준비가 되어있는 것이다.
③ 사랑은 상대방을 위해서 자기 자신을 전적으로 희생하는 것이다.
④ 사랑은 상대방을 구속이 아니라 존중의 대상으로 대하는 것이다.
⑤ 사랑은 상대방과 하나가 되면서도 자신의 독립성을 유지하는 것이다.

10. (가)의 갑, 을, 병 사상가들의 입장을 (나) 그림으로 탐구할 때, A~D에 들어갈 적절한 질문만을 <보기>에서 있는 대로 고른 것은? [3점]

(가)
갑: 분배는 각자의 가치에 따라 동등한 사람들 간에 동등한 몫을, 동등하지 않은 사람들 간에 동등하지 않은 몫을 받을 때 정의롭다. 비례적인 것이 곧 정의로운 것이다.
을: 분배는 개인들이 공정한 조건에서 합의한 원칙에 따를 때 정의롭다. 이러한 원칙 중에서 차등의 원칙은 최소 수혜자에게 최대 이익이 돌아가도록 하는 것이다.
병: 분배가 정의로울 조건은 그 분배 하에서 모든 사람이 자신들이 소유하고 있는 것에 대한 소유 권리를 갖는 것이다. 소유물의 분배 정의는 역사적이다.

(나)
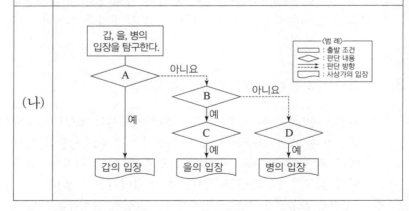

— <보 기> —
ㄱ. A: 분배 정의는 산술적 비례를 따를 때 실현될 수 있는가?
ㄴ. B: 모두에게 이익이 될 경우에만 경제적 불평등은 허용되는가?
ㄷ. C: 최소 수혜자의 복지를 위해 재산 소유의 자유를 제한하는 것은 정의로운가?
ㄹ. D: 취득의 과정이 부당한 사적 소유는 교정의 대상이 되는가?

① ㄱ, ㄷ   ② ㄱ, ㄹ   ③ ㄴ, ㄹ
④ ㄱ, ㄴ, ㄷ   ⑤ ㄴ, ㄷ, ㄹ

11. 갑, 을 사상가들의 입장으로 옳지 <u>않은</u> 것은? [3점]

> 갑: 절대 빈곤으로 고통을 겪는 사람이 있다면 도덕적으로 상응하는 어떤 것이 희생되지 않는 한 그를 도와야 한다. 그 행위는 인종에 상관없이 비용 대비 가장 큰 성과를 가져온다.
> 을: 불리한 조건으로 고통을 겪는 사회가 있다면 자신들의 문제를 합당하게 관리할 수 있도록 도와야 한다. 결과적으로 질서 정연한 만민 사회의 구성원이 되도록 하는 것이다.

① 갑: 원조는 인류의 쾌락을 증진하기 위한 도덕적 의무이다.
② 갑: 원조의 대상을 최대 선의 산출에 근거하여 결정해야 한다.
③ 을: 원조는 수혜국이 정치적 자율성을 이룰 때까지만 지속된다.
④ 을: 원조의 목표는 국가 간 복지 수준의 차이를 조정하는 것이다.
⑤ 갑, 을: 원조를 자선이 아니라 당위적 차원에서 이행해야 한다.

12. 갑, 을의 입장으로 적절하지 <u>않은</u> 것은? [3점]

> 갑: 과학자는 자신의 연구 결과가 사회에 미치는 영향을 정확하게 예측할 수 없다. 과학자의 책임은 윤리적인 연구 과정을 거쳐 객관적인 지식을 얻어내는 것에 있으며, 연구 결과의 활용에 따른 사회적 책임은 실제 사용자에게 있다.
> 을: 과학자는 연구 대상의 선정부터 그 결과의 응용까지 자신의 가치관을 반영할 수밖에 없다. 과학자의 책임은 연구 과정에서 날조 또는 변조를 하지 않는 것뿐만 아니라 그 결과가 인류에게 미칠 영향도 고려하는 것에 있다.

① 갑: 과학자는 연구 결과 활용에 대한 책임에서 자유로워야 한다.
② 갑: 과학자는 연구 과정에서 도덕규범의 제약으로부터 벗어나야 한다.
③ 을: 과학자는 가치 판단을 토대로 연구 주제를 선정해야 한다.
④ 을: 과학자는 기술의 응용 결과에 대한 윤리적 성찰을 해야 한다.
⑤ 갑, 을: 과학자는 이론을 검증할 때 주관적 판단을 배제해야 한다.

13. (가)의 입장에 비해 (나)의 입장이 갖는 상대적 특징을 그림의 ㉠~㉤ 중에서 고른 것은?

> (가) 통일 비용은 막대한 사회적·경제적 손실을 발생시킨다. 통일로 인해 이질화된 남북 주민 간의 심각한 갈등이 나타날 수 있으며, 지속적인 조세 부담 증가에 따라 경제 상황이 악화되어 국가의 경쟁력이 하락할 수 있다.
> (나) 통일 비용으로 인한 손실은 한시적인 현상에 불과하다. 통일로 인해 민족의 일체감이 드높아져 문화적 번영을 이룰 수 있으며, 내수 시장 확대에 따라 경제가 발전하여 국가의 경쟁력이 강화될 수 있다.

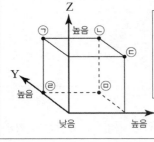

> • X: 통일이 민족의 동질성 회복에 기여함을 긍정하는 정도
> • Y: 통일로 인한 국가의 경제적 실익 증가를 강조하는 정도
> • Z: 통일 비용의 투자적 성격보다 소모적 성격을 강조하는 정도

① ㉠　　② ㉡　　③ ㉢　　④ ㉣　　⑤ ㉤

14. 다음 동양 사상의 관점에서 <문제 상황> 속 A에게 제시할 조언으로 적절하지 <u>않은</u> 것은?

> ○ 존재가 조건[緣]이 되어 태어남이 생겨나고, 태어남이 조건이 되어 늙음과 죽음, 근심과 탄식, 육체적 고통과 정신적 고통, 절망이 생겨난다.
> ○ 무수한 원인[因]과 조건이 서로 연결되어 관계를 맺음으로써 세상의 모든 존재와 현상이 생겨난다. 원인과 조건이 없으면 결과도 없다.

> <문제 상황>
> A는 평소 음료를 사서 마실 때마다 일회용 플라스틱 컵을 사용하였다. 그런데 TV에서 플라스틱을 먹고 죽은 해양 동물의 모습을 보고 친환경 컵을 사용해야 할지 고민하고 있다.

① 지구상의 모든 생명체가 평등함을 인식하여 판단하세요.
② 만물은 상호 간에 영향을 주고받는 관계임을 고려하세요.
③ 인간과 동물은 모두 불변의 실체임을 자각하여 행동하세요.
④ 자비심을 발휘하여 자신만 편리하려는 태도에서 벗어나세요.
⑤ 인간으로 인해 동물이 받을 수 있는 고통을 생각하여 결정하세요.

15. (가)의 갑, 을, 병 사상가들의 입장을 (나) 그림으로 표현할 때, A~D에 해당하는 적절한 진술만을 <보기>에서 있는 대로 고른 것은? [3점]

> (가)
> 갑: 사형은 엄격한 보복법에 따라 살인범의 내적인 해악성에 비례하여 가하는 형벌이다. 형벌은 다른 선(善)의 촉진을 위한 수단으로 가해질 수 없다.
> 을: 사형은 사회 계약에 참여한 당사자들의 자기 보존에 이바지한다. 사회 구성원들의 신체와 모든 힘은 공동의 것이며, 이것은 일반 의지의 최고 감독 아래에 있다.
> 병: 사형은 범죄 억제를 위한 유일한 대책이 될 때 정당화될 수 있다. 사형은 한순간에 강렬한 인상을 줄 뿐이다. 범죄 억제의 효과는 형벌의 강도보다 지속성에 있다.

> (나)
>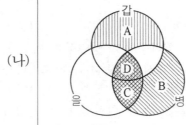
> ┌─── < 범 례 > ───
> │ A: 갑만의 입장
> │ B: 병만의 입장
> │ C: 을과 병만의 공통 입장
> │ D: 갑, 을, 병의 공통 입장

> ── <보 기> ──
> ㄱ. A: 사형은 살인을 저지른 자의 인간성을 존중하는 형벌이다.
> ㄴ. B: 국가는 살인범의 생명을 박탈할 수 있는 권리가 없다.
> ㄷ. C: 형벌이 범죄자에게 고통을 유발할지라도 정당화 가능하다.
> ㄹ. D: 형벌의 목적은 범죄 피해로부터 구성원을 보호하는 것이다.

① ㄱ, ㄴ　　② ㄱ, ㄷ　　③ ㄷ, ㄹ
④ ㄱ, ㄴ, ㄹ　　⑤ ㄴ, ㄷ, ㄹ

16. 갑, 을 사상가들의 입장으로 적절한 것만을 <보기>에서 있는 대로 고른 것은? [3점]

> 갑: 시민 불복종은 전체 유권자에게 다수의 정의감을 근거로 법이나 정부 정책이 부정의함을 호소하는 것이다. 이것은 거의 정의로운 사회의 구성원에게 요구되는 의무이다.
> 을: 시민은 한순간도 자신의 양심을 입법자에게 맡길 수 없다. 법에 대한 존경심보다 정의에 대한 존경심을 길러야 한다. 부당한 정부 밑에서 의로운 사람이 있을 곳은 감옥뿐이다.

─── <보 기> ───
ㄱ. 갑: 시민 불복종 여부는 법의 부정의한 정도를 고려해야 한다.
ㄴ. 갑: 시민 불복종으로 정의롭지 않은 정치 체제를 변혁해야 한다.
ㄷ. 을: 모든 법의 준수가 불의를 행하는 결과를 초래할 수 있다.
ㄹ. 갑, 을: 시민 불복종은 합법적 방법이 실패했을 때만 행해야 한다.

① ㄱ, ㄷ   ② ㄴ, ㄷ   ③ ㄴ, ㄹ
④ ㄱ, ㄴ, ㄹ   ⑤ ㄱ, ㄷ, ㄹ

17. ㉠에 들어갈 진술로 가장 적절한 것은?

> 인간의 삶은 좋은 정보가 많이 생산될수록 풍요로워진다. 정보의 생산력을 향상하기 위해서는 창작자의 소유권을 인정하고 보호해야 한다. 왜냐하면 정보는 창작자의 노동이 투입된 지적 결과물이기 때문이다. 그런데 어떤 사람은 사회가 쌓아온 기반 위에 정보가 생산된 것이기 때문에 누구나 제한 없이 접근할 수 있는 기회를 보장해야 유용한 정보가 증가한다고 주장한다. 나는 이러한 입장이 [㉠]고 생각한다.

① 정보를 공공재로 간주하여 활용해야 함을 무시한다
② 정보의 공유로 인해 창작물의 생산량이 증가함을 간과한다
③ 정보 창작자의 배타적 소유권이 보장되어야 함을 무시한다
④ 정보 생산 과정에서 사회적 유산이 축적되었음을 무시한다
⑤ 양질의 정보를 생산하기 위한 환경 조성이 필요함을 간과한다

18. 다음 사회사상가의 입장으로 적절하지 <u>않은</u> 것은?

> 문명화된 사회에서 유한계급의 생활 예절과 가치 기준은 사회적 명성의 기준을 제공하고 최하층까지 영향력을 미친다. 명성을 획득하고 유지하는 방편은 과시적으로 재화를 소비하는 것인데 어떤 계급도 이 유혹을 떨쳐버리지 못한다. 왜냐하면 계급 분류 기준을 능가하도록 부추기는 차별적인 비교 관행이 소비 경쟁을 자극하기 때문이다. 인간은 자신을 차별화하여 타인의 부러움을 사려는 목적을 달성하기 위해 이러한 경쟁에 노력을 쏟아부으면서 갈수록 이기적으로 행동하고 편협해진다.

① 유한계급은 자신들의 사회적 지위를 드러내기 위해 소비한다.
② 사회 전체의 부가 증가하면 과시적 소비 행태는 사라지게 된다.
③ 경쟁적 소비 현상으로 인해 그릇된 소비문화가 형성될 수 있다.
④ 물건의 가격이 오를지라도 수요량의 증가 현상이 나타날 수 있다.
⑤ 특정 계급에 국한되어 과시적 소비 욕구가 드러나는 것은 아니다.

19. (가)의 갑, 을, 병 사상가들의 입장에서 서로에게 제기할 수 있는 비판을 (나) 그림으로 표현할 때, A∼F에 해당하는 내용으로 가장 적절한 것은? [3점]

(가)	갑: 평등의 원리는 한 존재의 고통과 다른 존재의 동일한 고통을 똑같이 취급할 것을 요구한다. 쾌고 감수 능력은 이익 관심을 갖기 위한 유일한 기준이다. 을: 일부 동물들은 삶의 주체로서 도덕적 권리를 갖는다. 이러한 권리를 가진 개체들은 다른 것들의 이익을 위해 의도적으로 해를 입어서는 안 된다. 병: 동물에 대한 감사는 직접적으로 볼 때 인간 자신에 대한 의무이다. 동물 학대는 타인과의 관계에서 도덕성에 이로운 자연적 소질을 약화시킬 수 있다.
(나)	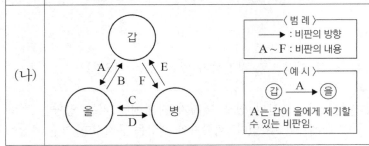

① A: 모든 생명체의 이익을 평등하게 고려해야 함을 간과한다.
② B: 동물은 인간과 마찬가지로 기본적 욕구를 지녔음을 간과한다.
③ C, E: 인간만이 도덕적 의무를 따를 수 있는 존재임을 무시한다.
④ D: 인간 외의 일부 유정물도 목적으로 대우해야 함을 무시한다.
⑤ F: 동물은 인간과 똑같이 대우받아야 하는 존재임을 간과한다.

20. 다음은 어느 동양 사상가의 가상 편지이다. ㉠에 대한 이 사상가의 입장으로 옳은 것만을 <보기>에서 고른 것은?

> ○○에게
> 그동안 잘 지냈는가. 자네가 부모님께 정성을 다하는 모습을 보니 스승의 입장에서 무척 자랑스럽네. 일전에 내가 강조했듯이 [㉠]은/는 제(悌)와 함께 인(仁)의 근본이라네. [㉠]은/는 개나 말을 기르는 것과 달리 부모님의 속마음까지 살펴서 공경으로 모시는 것이지. 또한 형제자매 간에 서로 우애 있게 지내는 것도 좋은 방법이라고 할 수 있다네. [㉠]와/과 제(悌)를 제대로 행하는 사람이 윗사람을 무시하는 일은 드물다네. 부디 [㉠]의 실천을 통해 군자가 될 수 있도록 부단히 힘써 주길 바라네. …(후략).

─── <보 기> ───
ㄱ. 자기 자신의 이해(利害) 관계에 따라 공경하는 것이다.
ㄴ. 보은(報恩)의 마음을 적절한 형식으로 표현하는 것이다.
ㄷ. 자신의 근원으로부터 물려받은 몸을 온전하게 하는 것이다.
ㄹ. 상경여빈(相敬如賓)의 예(禮)를 다하여 완성되는 것이다.

① ㄱ, ㄴ   ② ㄱ, ㄷ   ③ ㄴ, ㄷ   ④ ㄴ, ㄹ   ⑤ ㄷ, ㄹ

* 확인 사항
○ 답안지의 해당란에 필요한 내용을 정확히 기입(표기)했는지 확인하시오.

성명 [ ]   수험번호 [ ][ ][ ][ ] ― [ ][ ][ ][ ]   제 [ ] 선택

---

1. (가), (나) 윤리학의 입장에 대한 설명으로 옳은 것은?

> (가) 윤리학의 본질은 도덕적 행위를 이론적으로 분석하여 모든 행위자들에게 타당한 도덕 규칙의 체계를 구축하고 이를 정당화하는 것이다.
> (나) 윤리학의 본질은 도덕 언어를 분석하고 도덕 추론을 검토 하여 도덕적 논의에서 등장하는 용어의 의미와 논리적 구조 의 타당성을 밝히는 것이다.

① (가)는 도덕 문제를 가치중립적으로 분석해야 한다고 본다.
② (가)는 도덕적 행위를 위한 근본 원리를 제시해야 한다고 본다.
③ (나)는 도덕적 관습의 인과관계에 대한 기술이 중요하다고 본다.
④ (나)는 학제적 접근을 통해 현실 도덕 문제를 해결해야 한다고 본다.
⑤ (가), (나)는 보편적 도덕 법칙의 정립을 본질로 삼아야 한다고 본다.

2. 다음 사상가가 부정의 대답을 할 질문으로 옳은 것은? [3점]

> 윤리의 토대에 대한 우리의 사고 전환이 필요하다. 아직 존재 하지 않지만 실존할 것으로 기대되는 미래 세대의 권리는 우리 에게 응답의 의무를 부과한다는 점을 수용해야 한다. 이런 의무 는 우리에게 그들에 대한 정언적 책임을 요청한다. 또한 우리 는 목적 자체로 인정하는 영역을 인간을 넘어서까지 확장해야 하며, 이들에 대한 염려를 인간이 가지고 있는 선(善) 개념에 포함시켜야 한다.

① 책임질 수 있는 능력은 책임져야 하는 당위로 연결되는가?
② 인간에 대한 책임은 다른 존재에 대한 책임과 양립 불가능한가?
③ 미리 사유된 위험으로부터 새로운 윤리의 토대를 마련해야 하는가?
④ 현세대는 책임의 대상과 범위를 미래 세대까지 확장해야 하는가?
⑤ 인간은 인류의 지속적인 존속을 무조건적 명령으로 인식해야 하는가?

3. 그림의 강연자가 지지할 입장으로 옳은 것은? [3점]

> 어느 정도 정의로운 민주 체제에서는 시민들이 그들의 정치적 문제를 처리하고 헌법을 해석하는 기준이 되는 공공적 정의관이 있다고 생각합니다. 이러한 정의관 의 기본 원칙을 오래도록 끈질기게 의도적으로 위반 하는 것, 특히 기본적인 평등한 자유의 침해는 굴종 아니면 반항을 일으킵니다.

① 시민 불복종은 성공에 대한 합당한 전망을 갖고 시작해야 한다.
② 시민 불복종은 입헌 체제를 안정화시키는 합법적인 행위이다.
③ 시민 불복종은 체제의 합법성을 부정하는 시민들에 의해 발생한다.
④ 평등한 자유의 원칙이 침해될 때 폭력적 시민 불복종은 정당하다.
⑤ 공동체의 정의감에 호소하는 시민 불복종은 처벌 대상에서 제외된다.

4. 갑, 을 사상가의 입장으로 적절하지 않은 것은?

> 갑: 종교적 인간에게 세계는 초자연적 가치로 충만해 있다. 신의 현존에 의해서 직접 신들과 교류하는 것만이 전부는 아니다. 신들은 세계와 우주적 현상의 구조 그 자체 안에서 다양한 성(聖)의 양태를 현현(顯現)한다.
> 을: 초자연적 현상이라는 것도 아직 이해하지 못한 자연 현상일 뿐이다. 물리적 세계 너머에는 아무 것도 없으며 초자연적 지성도 없다. 자연은 물리학으로 설명이 가능하고 인간의 윤리적 행위 역시 자연 선택의 결과로 설명할 수 있다.

① 갑: 인간은 종교적 존재로서 성스러움을 체험할 수 있다.
② 갑: 성(聖)과 속(俗)은 단절되지 않으며 공존할 수 있다.
③ 을: 초자연적 지성의 전제 없이 자연 현상을 설명할 수 있다.
④ 을: 인간의 윤리적 행위의 원인은 과학으로 설명 가능하다.
⑤ 갑, 을: 초월적 신은 자연에서 자신의 존재와 가치를 드러낸다.

5. (가) 사상의 입장에서 볼 때, (나)의 퍼즐 속 세로 낱말 (A)에 대한 설명으로 가장 적절한 것은?

(가)	사람들에게는 모두 차마 하지 못하는 마음이 있는데 그것을 거리낌 없이 하는 일에까지 확충해서 적용하는 것이 인(仁)이다.

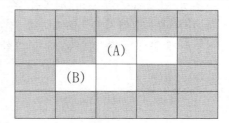

| (나) | [가로 열쇠]
(A): 촌수가 가까운 일가. 8촌 이내의 혈족 및 4촌 이내의 인척과 배우자를 일컬음.
(B): 손실 이전의 상태를 회복함. 예) 피해를 원상○○ 하다.

[세로 열쇠]
(A): …… 개념 |

① 신의(信義)를 바탕으로 서로 권면하는 관계이다.
② 혼인을 통해 맺어진 상호보완적이며 대등한 관계이다.
③ 혈연을 바탕으로 사랑을 실천하는 호혜적인 관계이다.
④ 세대와 항렬(行列)에 따라 서로 예절을 지키는 관계이다.
⑤ 한 부모에게서 태어나 우애를 실천하는 동기간(同氣間)이다.

6. 고대 서양 사상가 갑, 고대 동양 사상가 을의 입장만을 <보기>
에서 있는 대로 고른 것은?

> 갑: 영혼 자체만이 사물 그 자체를 볼 수 있다. 영혼이 육신으
> 로부터 떠나서 육신과 관계하지 않을 때, 다시 말해 영혼이
> 육체적 감각이나 욕망을 갖지 않고 오직 참된 진리만을 갈망
> 할 때 사유(思惟)는 최상의 것이 된다.
> 을: 삶이 있으면 죽음이 있고, 죽음이 있으면 삶이 있다. 사물이
> 가득 차고 텅빔, 멀고 가까움이라는 흐름 속에 있는 것처럼
> 진인(眞人)은 삶과 죽음 또한 하나의 흐름 속에 있음을
> 깨닫는다.

> ─────── <보 기> ───────
> ㄱ. 갑: 죽음은 영혼이 육체에서 벗어나 참된 진리를 얻는 계기이다.
> ㄴ. 을: 죽음은 필연적인 과정이며 좋아하거나 싫어할 대상이 아니다.
> ㄷ. 을: 죽음의 두려움에서 벗어나기 위해 분별적 지혜가 필요하다.
> ㄹ. 갑, 을: 죽음은 자연의 섭리로서 애도(哀悼)하는 것이 마땅하다.

① ㄱ, ㄴ 　　　　② ㄱ, ㄷ 　　　　③ ㄷ, ㄹ
④ ㄱ, ㄴ, ㄹ 　　　⑤ ㄴ, ㄷ, ㄹ

7. (가)의 갑, 을, 병 사상가들의 입장을 (나) 그림으로 탐구할 때,
A ~ D에 들어갈 옳은 질문만을 <보기>에서 있는 대로 고른 것은?
　　　　　　　　　　　　　　　　　　　　　　　　　[3점]

> (가)
> 갑: 분배 정의는 어떤 의미에서든 각자의 가치에 따라야
> 실현 가능하다. 동등한 사람들이 동등하지 않은 몫을
> 받는 것은 정의롭지 못하다.
> 을: 취득과 양도의 원리는 독립적인 근거를 갖는 정의의
> 원리이다. 이것에 의해 어떤 사람이 소유 권리를 부여
> 받았다면 그것은 정당한 것이다.
> 병: 원초적 입장에서 무지의 베일을 쓴 계약 당사자들은
> 사회적 약자의 처지가 개선된다는 전제하에 재화가 불
> 평등하게 분배될 수 있다는 데 합의할 것이다.

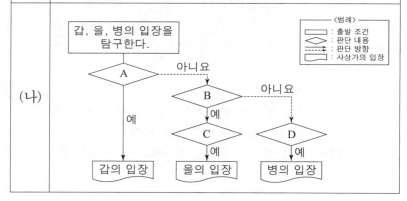

(나)

> ─────── <보 기> ───────
> ㄱ. A: 분배 정의는 산술적 비례의 동등함을 추구하는 것인가?
> ㄴ. B: 최소 국가만이 도덕적으로 정당화 가능한 유일한 국가인가?
> ㄷ. C: 개인의 소유 권리는 정형적 원리에 따른 분배로 보장되는가?
> ㄹ. D: 자연적 우연성의 영향을 최소화하려는 국가 개입은 정당한가?

① ㄱ, ㄴ 　　　　② ㄱ, ㄷ 　　　　③ ㄴ, ㄹ
④ ㄱ, ㄷ, ㄹ 　　　⑤ ㄴ, ㄷ, ㄹ

● 2016학년도 9월(고2)

8. ㉠에 들어갈 진술로 가장 적절한 것은? [3점]

> 인체 실험을 하려면 올바른 판단 능력을 지닌 실험 대상자
> 에게 사전에 실험과 관련된 충분한 정보를 제공하고, 이를 바
> 탕으로 자발적인 동의를 받아야만 한다. 그런데 어떤 학자는
> "인류 전체의 공익 증진과 의료 기술의 발전을 위해 실험 대
> 상자의 동의 없이도 인체 실험을 진행할 수 있다."라고 주장
> 한다. 나는 이 학자의 견해가 ＿＿＿＿㉠＿＿＿＿고 생각한다.

① 피험자에게 충분한 보상이 필요함을 강조하고 있다
② 피험자가 의학 발전에 기여할 수 있음을 간과하고 있다
③ 피험자의 동의 없이 인체 실험이 가능함을 모르고 있다
④ 피험자에게 자율성을 확보해 주어야 함을 간과하고 있다
⑤ 피험자를 유인할 수 있는 경제적 유인책을 간과하고 있다

9. 갑, 을의 입장에서 볼 때, 질문에 모두 바르게 대답한 것은?

> 갑: 태아는 인격체가 아니므로 인격체와 동등한 생명의 가치를
> 갖지 못한다. 또한 여성은 자기 신체에 대한 소유권이 있으
> 므로 낙태 여부는 여성의 자유로운 선택에 맡겨야 한다.
> 을: 태아는 수정된 순간부터 인간과 동일한 지위를 지닌다.
> 모든 인간 생명은 존엄하며 태아 역시 생명이 있는 인간
> 이므로 낙태는 금지되어야 한다.

	질문	대답	
		갑	을
①	임신부와 태아가 지닌 생명의 가치가 동등한가?	예	예
②	낙태는 인격체인 태아의 생명권을 침해하는가?	아니요	예
③	잠재적 인간인 태아는 성인과 동일한 권리가 있는가?	예	아니요
④	태아의 존엄성이 낙태 여부 결정의 우선적 기준인가?	예	아니요
⑤	임신부의 낙태에 대한 자기 결정권을 보장해야 하는가?	아니요	아니요

10. 갑 사상가는 긍정, 을 사상가는 부정의 대답을 할 질문만을
<보기>에서 있는 대로 고른 것은? [3점]

> 갑: 우리에게 도덕적 동기를 주는 것은 배려이다. 배려는 특수한
> 관계 속에 있으려는 우리의 열망으로, 배려를 하는 사람과
> 배려를 받는 사람의 상호 교감 속에서 발휘되어야 한다.
> 을: 어떤 목적을 욕구의 대상으로 삼아 다른 사람들을 돕는
> 것은 결코 도덕적인 행위가 아니다. 어떤 행위가 도덕적
> 이기 위해서는 오직 의무 의식에서 비롯되어야 한다.

> ─────── <보 기> ───────
> ㄱ. 타인에 대한 공감보다 도덕 법칙의 준수가 우선인가?
> ㄴ. 자연적 감정을 윤리적인 행위의 원천으로 보아야 하는가?
> ㄷ. 모든 이에게 적용 가능한 보편적 도덕 원리가 존재하는가?
> ㄹ. 동정심에서 유발된 행위는 도덕적인 행위가 될 수 있는가?

① ㄱ, ㄴ 　　　　② ㄱ, ㄷ 　　　　③ ㄴ, ㄹ
④ ㄱ, ㄷ, ㄹ 　　　⑤ ㄴ, ㄷ, ㄹ

11. ㉠에 들어갈 진술로 가장 적절한 것은?

　나는 과거부터 차별을 받아 온 사회적 약자를 위한 소수 집단 우대 정책이 사회적 통합에 기여하고 정의 사회를 구현하기 위해 필요하다고 생각한다. 그런데 어떤 사람들은 이러한 정책이 사회적 약자라는 이유만으로 우대하는 것이기 때문에 정당하지 못하다고 주장한다. 나는 이러한 주장이 [　㉠　]는 점을 간과하고 있다고 생각한다.

① 사회적 약자에 대한 배려가 또 다른 차별을 낳을 수 있다
② 여건이 불리한 집단에 대한 우대가 사회적 분열을 초래한다
③ 소외 계층의 이익을 보장하여 실질적 평등을 실현해야 한다
④ 사회적 가치는 개개인의 업적과 성취에 따라 분배되어야 한다
⑤ 과거의 차별에 대해 잘못이 없는 현 세대는 보상의 책임이 없다

12. (가)의 입장에 비해 (나)의 입장이 갖는 상대적 특징을 그림의 ㉠~㉢ 중에서 고른 것은?

　(가) 과학 기술은 그 자체로 가치중립적인 것이다. 또한 과학 기술자들은 과학 기술의 활용에 따른 책임에서 자유로우며 아직 도래하지 않은 미래의 문제를 걱정할 필요가 없다.
　(나) 과학 기술은 가치중립적인 것이 아니다. 또한 과학 기술자들은 자신의 연구 성과가 미치는 사회적 영향을 고려하고 미래 세대에 대한 책임 의식을 제고해야 한다.

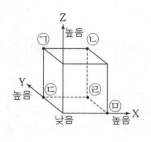

- X: 연구 결과 활용에 대한 과학 기술자의 사회적 책임을 강조하는 정도
- Y: 과학 기술 연구 과정에서 미래의 위험성을 고려하는 정도
- Z: 과학 기술 자체에 대한 가치 판단의 배제를 강조하는 정도

① ㉠　　② ㉡　　③ ㉢　　④ ㉣　　⑤ ㉤

13. 다음 사상가의 입장만을 <보기>에서 있는 대로 고른 것은?
[3점]

　한 집단에 속하는 개인들 간의 관계를 순전히 도덕적이고 합리적인 조정과 설득에 의해 확립하는 일은 불가능한 일이 아니다. 하지만 이러한 개인들로 구성된 집단들 간의 관계는 윤리적이기보다는 지극히 정치적이기 때문에 이런 일은 불가능하다. 집단들 간의 관계는 각 집단이 갖고 있는 힘의 비율에 따라 결정된다.

─── <보 기> ───
ㄱ. 집단의 구조와 제도가 개인 행위의 도덕성을 결정할 수 있다.
ㄴ. 집단 간 힘의 불균형으로 인해 사회적 갈등이 초래될 수 있다.
ㄷ. 선의지의 함양만으로도 집단 간의 갈등 자체를 제거할 수 있다.
ㄹ. 이성은 개인의 도덕성 함양과 사회 정의 실현에 기여할 수 있다.

① ㄱ, ㄴ　　② ㄴ, ㄷ　　③ ㄷ, ㄹ
④ ㄱ, ㄴ, ㄹ　　⑤ ㄱ, ㄷ, ㄹ

14. (가)의 갑, 을, 병 사상가들의 입장을 (나) 그림으로 표현할 때, A~D에 해당하는 적절한 진술만을 <보기>에서 있는 대로 고른 것은? [3점]

(가)	갑: 동물에 대한 잔인한 학대는 인간 자신의 의무에 반한다. 동물의 고통에 대한 공감이 둔화되어 타인과의 관계에서의 도덕성에 이로운 자연소질이 사라지기 때문이다. 을: 인간은 자신을 공격하는 동물을 죽일 수 있다. 그러나 모든 생명체는 목적론적 삶의 중심이므로 이러한 행동은 정당방위처럼 최후의 수단이어야 한다. 병: 생명 공동체가 살아남으려면 대지 윤리 외에는 다른 길이 없다. 대지는 토양, 식물 및 동물이라는 회로를 통해 흐르는 에너지가 솟아나는 샘이다.
(나)	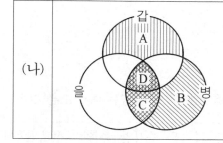 〈범례〉 A : 갑만의 입장 B : 병만의 입장 C : 을과 병만의 공통 입장 D : 갑, 을, 병의 공통 입장

─── <보 기> ───
ㄱ. A: 모든 이성적 존재는 도덕적으로 고려해야 할 대상이다.
ㄴ. B: 개체의 번영보다는 생명 공동체의 온전함이 우선이다.
ㄷ. C: 도덕적 존중의 대상을 인간 개체로 한정해서는 안 된다.
ㄹ. D: 인간이 비이성적 생명체를 함부로 대하는 것은 옳지 않다.

① ㄱ, ㄴ　　② ㄱ, ㄷ　　③ ㄴ, ㄹ
④ ㄱ, ㄷ, ㄹ　　⑤ ㄴ, ㄷ, ㄹ

15. 다음 토론의 핵심 쟁점으로 가장 적절한 것은?

　갑: 성(性)은 가족 관계의 존속이나 사회의 안정적 질서 유지에 기여해야 하기 때문에 결혼을 바탕으로 하지 않은 성은 도덕적이지 않습니다.
　을: 아닙니다. 성은 서로의 인격 존중이 중요하므로 자발적 동의와 사랑에 바탕을 두었다면 그것만으로도 도덕적으로 정당화 될 수 있습니다.
　갑: 그것만으로는 부족합니다. 성은 인격적 교감과 함께 결혼과 출산을 통한 사회 안정성 확보가 중요합니다. 따라서 서로의 자발적 동의와 사랑만으로 성이 정당화 될 수는 없습니다.
　을: 성을 결혼과 결부시키지 않더라도 사랑하는 사람 사이에 육체적·정서적 교감을 나눌 수 있다면 성은 도덕적으로 허용될 수 있습니다.

① 성은 아무런 제약 없이 자유롭게 추구되어야 하는가?
② 성은 서로의 인격적 가치 존중에 바탕을 두어야 하는가?
③ 성은 혼인 관계 내에서만 도덕적으로 허용될 수 있는가?
④ 성은 서로 간의 자발적 동의와 사랑이 전제되어야 하는가?
⑤ 성은 사랑이 없어도 당사자들의 합의만 있다면 정당화 가능한가?

16. 갑, 을 사상가들의 입장으로 옳은 것은? [3점]

> 갑: 정부의 원조 확대는 원조의 총량을 증가시켜 인류 전체의 이익을 증진할 수 있는 확실한 길이다. 그러나 개인도 절대 빈곤에 처한 인류의 고통을 감소시켜야 할 도덕적 의무가 있다.
> 을: 정부가 국민이 굶주리도록 방치하는 상황은 질서 정연한 사회에서는 벌어지지 않는다. 원조의 목적은 고통을 겪는 사회의 정치 문화를 개선하여 자유와 평등을 확립하는 것이다.

① 갑: 원조는 결과에 대한 고려 없이 순수한 동기로 행해져야 한다.
② 갑: 원조의 목적을 원조 대상국의 제도 개선으로 한정해야 한다.
③ 을: 원조를 통해 전 지구적 차원의 부의 재분배를 실현해야 한다.
④ 을: 원조 대상을 선정할 때 빈곤국의 정치 여건을 고려해야 한다.
⑤ 갑, 을: 원조 여부는 최대 효용의 원리에 따라 결정해야 한다.

17. 갑, 을 사상가들의 입장만을 <보기>에서 있는 대로 고른 것은?

> 갑: 자연은 인간에게 동일한 혜택을 주지만 은총은 선택받은 사람에게만 임한다. 직업은 신이 인간에게 내린 소명이며, 직업에서의 성공이 신에 의해 선택받았다는 증거가 될 수 있다.
> 을: 소수가 사회의 생산 수단을 독점하고 있는 곳에서는 노동의 소외가 발생한다. 노동자는 여분의 노동 시간을 투입하여 생산 수단의 소유자를 위해 생활 수단을 생산해야 하기 때문이다.

―――――――― <보 기> ――――――――
ㄱ. 갑: 직업 노동은 신의 영광을 드러내기 위한 수단이다.
ㄴ. 갑: 직업은 원죄에 대한 속죄의 의미로만 수행되어야 한다.
ㄷ. 을: 노동의 본질 실현을 위해 생산 수단의 사유를 철폐해야 한다.
ㄹ. 갑, 을: 노동 분업을 통해 생산의 효율성을 향상시켜야 한다.

① ㄱ, ㄷ   ② ㄱ, ㄹ   ③ ㄴ, ㄹ
④ ㄱ, ㄴ, ㄷ   ⑤ ㄴ, ㄷ, ㄹ

18. 갑, 을 사상가들의 입장으로 옳지 않은 것은? [3점]

형벌은 동등성의 원리에 따라야 합니다. 삶과 죽음 사이에 동종성은 없기 때문에, 사람을 죽인 자에게는 사형이 집행되어야 합니다.

형벌은 범죄를 억제시키기에 충분한 정도의 강도만을 가져야 합니다. 종신 노역형으로도 충분한 정도의 억제력을 지니고 있습니다.

갑   을

① 갑: 사형은 살인범의 인간 존엄성을 훼손하지 않는 형벌이다.
② 갑: 사형제는 보복법에 따라 공적 정의를 실현하기 위한 수단이다.
③ 을: 형벌의 목적은 범죄자에게 고통을 주는 것으로 한정해야 한다.
④ 을: 형벌의 유용성은 범죄로 얻는 이익보다 작아서는 안 된다.
⑤ 갑, 을: 형벌은 범죄에 대한 비례관계에 따라 부과되어야 한다.

19. 그림은 서술형 평가 문제와 학생 답안이다. 학생 답안의 ㉠~㉤ 중 옳지 않은 것은?

> ### 서술형 평가
>
> ◎ 문제: (가), (나)의 입장을 비교하여 서술하시오.
>
> > (가) 문화적 이질성을 제거하고 통합성을 높이는 것이 사회 발전에 도움이 된다. 따라서 이주민들이 거주국의 문화와 사회적 가치 등을 받아들여 기존 주류 문화의 질서에 편입되도록 해야 한다.
> > (나) 서로 다른 다양한 문화가 동등한 자격으로 조화를 이루는 것이 사회 발전에 이롭다. 따라서 이주민들이 그들만의 문화적 정체성을 보존하여 거주국의 문화와 조화를 이루도록 해야 한다.
>
> ◎ 학생 답안
> (가), (나)의 입장을 비교하면, (가)는 ㉠한 사회 내의 문화적 동질성 유지를 중시하며, ㉡사회 안정을 위해 비주류 문화의 주류 문화로의 편입과 통합을 강조한다. 반면 (나)는 ㉢각각의 문화에 대한 정체성과 가치를 중시하며, ㉣한 사회 내의 다양한 문화를 평등하게 인정할 것을 강조한다. 한편, (가), (나)는 모두 ㉤한 사회의 발전을 위해 다양한 문화의 공존을 도모해야 한다고 본다.

① ㉠   ② ㉡   ③ ㉢   ④ ㉣   ⑤ ㉤

20. 갑, 을 사상가들의 입장에서 <문제 상황> 속 A에게 제시할 조언으로 가장 적절한 것은? [3점]

> 갑: 공리의 원리는 이해관계가 걸려 있는 행위 당사자들의 행복을 증가시키거나 감소시키는 경향에 따라 각각의 행위를 승인하거나 부인하는 원리를 의미한다. 이 원리는 개인의 행위뿐만 아니라, 정부의 시책에 대해서도 적용된다.
> 을: 덕은 습득된 인간의 자질로서 그것의 소유와 실천이 우리로 하여금 실천에 내재된 선들을 성취할 수 있게 해준다. 따라서 우리는 전통의 관행에 내재되어 있는 선을 실천할 필요가 있다.

<문제 상황>
A는 굶주림으로 고통 받는 아이들에 대한 방송을 보게 되었다. A는 안타까운 마음이 들어 새로운 게임 아이템을 사려고 모아두었던 용돈을 기부해야 할지 고민하고 있다.

① 갑: 사회적 이익보다는 공동체의 전통에 따라 결정하세요.
② 갑: 행위의 결과보다 동기가 중요함을 인식하여 행동하세요.
③ 을: 더 많은 사회적 유용성의 산출 여부를 고려해 선택하세요.
④ 을: 사회 구성원에게 요구되는 바람직한 품성에 따라서 행동하세요.
⑤ 갑, 을: 자연적 경향성으로부터 벗어나 이성적으로 판단하세요.

> * 확인 사항
> ○ 답안지의 해당란에 필요한 내용을 정확히 기입(표기)했는지 확인하시오.

성명 [ ] 수험 번호 [ ] [ ] [ ] - [ ] [ ] [ ] 제 [ ] 선택

1. ㉠에 들어갈 진술로 가장 적절한 것은?

> 나는 윤리학이 생명 윤리 문제, 정보 윤리 문제 등과 같은 다양한 삶의 영역에서 제기되는 구체적 문제에 대해 도덕적인 해결책을 제시해야 한다고 본다. 이러한 측면에서 윤리학은 이론 지향적이 아니라 실천 지향적이어야 한다. 그런데 어떤 윤리학자는 윤리학이 '옳다', '그르다'와 같은 도덕적 언어의 의미를 분석해야 한다고 주장한다. 나는 이러한 윤리학자의 입장이 ㉠ 고 생각한다.

① 도덕적 논증의 타당성 검토에 전념해야 함을 간과한다
② 윤리학의 학문적 성립가능성을 탐구해야 함을 간과한다
③ 실천적 규범을 통해 현실의 도덕 문제를 해결해야 함을 간과한다
④ 도덕 문제의 해결보다는 도덕 관행을 기술해야 함을 강조한다
⑤ 도덕 원리를 적용해 구체적 삶의 문제를 해결해야 함을 강조한다

2. 다음 글의 입장에서 긍정의 대답을 할 질문을 <보기>에서 고른 것은?

> 식품의 생산 및 소비와 관련하여 다음과 같은 윤리적 원칙이 적용되어야 한다. 첫째, 소비자들은 자신이 먹는 식품이 어떻게 만들어졌는지 알아야 한다. 둘째, 식품 생산과 소비 과정에서 동물의 고통을 최소화해야 한다. 셋째, 식품 관련 노동자에게 적정 수준의 임금과 작업 조건을 보장해야 한다.

— < 보 기 > —
ㄱ. 식품을 선택하는 유일한 기준은 개인의 기호인가?
ㄴ. 식품 생산 과정에서 동물 복지를 고려해야 하는가?
ㄷ. 식품 관련 기업은 노동자의 권리를 보장해야 하는가?
ㄹ. 윤리적인 성찰이 배제된 식품의 소비는 바람직한가?

① ㄱ, ㄴ ② ㄱ, ㄷ ③ ㄴ, ㄷ ④ ㄴ, ㄹ ⑤ ㄷ, ㄹ

3. 갑, 을의 입장에 대한 설명으로 적절하지 <u>않은</u> 것은?

> 갑: 음악은 성현이 즐기는 바로서, 이것으로 민심을 선하게 인도할 수 있다. 또한 사람을 감동시킬 수 있으며, 풍속을 변화시킬 수 있다. 그러므로 선왕이 예악(禮樂)으로 인도하면 백성이 화목해진다.
> 을: 어떠한 예술가도 윤리적인 동정심을 갖지 않는다. 예술가에게 윤리적인 동정심이란 용서할 수 없는 매너리즘이다. 예술의 완벽함은 그 자체에서 찾아야지 밖에서 찾아서는 안 된다.

① 갑은 예술이 사회적 책임으로부터 자유로워야 한다고 본다.
② 갑은 예술이 감정을 순화하여 인격 함양에 기여해야 한다고 본다.
③ 을은 예술이 예술 그 자체를 목적으로 지향해야 한다고 본다.
④ 을은 예술이 도덕적 평가의 대상이 되어서는 안 된다고 본다.
⑤ 갑, 을은 예술에 미적인 가치가 담겨 있어야 한다고 본다.

4. 갑, 을 사상가들 모두가 부정의 대답을 할 질문으로 가장 적절한 것은? [3점]

> 갑: 범죄에 대한 가장 강력한 억제력은 범죄자가 사형 당하는 장면을 목격하는 데에서 생겨나지 않는다. 오히려 자유를 박탈당한 채 그가 사회에 끼친 손해를 노동으로 속죄하는 모습을 오래 보게 하는 것이 더 효과적이다.
> 을: 사형은 결코 범법자 자신이나 사회의 선을 촉진하기 위한 수단으로서 행해져서는 안 된다. 언제나 살인범이 살인을 저질렀다는 바로 그 이유만으로 살인범에 대한 사형이 집행되어야 한다.

① 사형은 동등성의 원리에 따라야 하는 형벌인가?
② 사형은 살인범의 존엄성을 훼손하지 않는 형벌인가?
③ 형벌은 공리성의 원리에 근거하여 집행되어야 하는가?
④ 형벌의 강도보다 지속성이 범죄 억제에 더 효과적인가?
⑤ 사형은 범죄 예방을 목적으로 존치해야 하는 형벌인가?

5. 표는 어느 고대 서양 사상가를 상대로 한 가상 설문 조사 결과이다. A, B에 들어갈 옳은 질문만을 <보기>에서 있는 대로 고른 것은? [3점]

질문	응답	
	예	아니요
죽음은 감각이 상실된 것이므로 경험할 수 없는 것인가?	√	
죽음은 우리에게 아무것도 아니라는 사실을 인식해야 하는가?	√	
A		√
B	√	

— < 보 기 > —
ㄱ. A: 죽음을 인간이 피해야 할 고통으로 보아야 하는가?
ㄴ. A: 죽음 이후에 인간은 참된 진리를 인식할 수 있는가?
ㄷ. B: 죽음에 대한 공포에서 벗어나 행복을 추구해야 하는가?
ㄹ. B: 죽음은 내세로 이어지는 과정이므로 두려워할 필요가 없는가?

① ㄱ, ㄴ ② ㄱ, ㄹ ③ ㄷ, ㄹ
④ ㄱ, ㄴ, ㄷ ⑤ ㄴ, ㄷ, ㄹ

6. 다음 사상가의 입장으로 가장 적절한 것은? [3점]

> 사회 통합을 위해서는 행정 및 경제 체계와 생활 세계가 균형을 이루어야 한다. 그런데 시민이 공적 의사 결정에서 배제되면 이러한 균형이 무너지게 된다. 이 문제를 해결하기 위해서는 공론장에서 시민이 이성적으로 보편화 가능한 합의에 도달할 수 있도록 의사소통의 합리성이 실현되어야 한다.

① 담론의 절차가 아니라 담론의 결과를 중시해야 한다.
② 자기 주장이 강한 사람은 공론장에서 배제되어야 한다.
③ 공론장에서는 타인의 주장에 의문을 제기해서는 안 된다.
④ 담론 상황에서는 누구나 개인적 욕구를 표현할 수 있어야 한다.
⑤ 합의된 규범은 개인의 이익에 부합될 때에만 정당성을 갖는다.

7. 다음 서양 사상가의 입장으로 옳지 않은 것은? [3점]

> 시민 불복종은 신중하고 양심적인 정치적 신념의 표현이며, 공동체의 정의감에 호소하여 자유로운 협동이 침해되었다는 것을 정당하게 알리는 행위이다. 이를 통해 우리는 타인에게 호소함으로써 그들이 우리 입장에서 다시 생각해보도록 할 수 있다. 이러한 호소가 갖는 힘은 사회를 평등한 개인들 간의 협동 체제로 보는 민주주의적 관점에서 비롯된다. 시민 불복종에 참여하고자 하는 성향은 거의 정의로운 사회에 안정을 가져다 준다.

① 시민 불복종은 법에 대한 충실성의 한계 내에서 이루어진다.
② 시민 불복종은 양심에 어긋나는 법에 즉시 불복종하는 행위이다.
③ 시민 불복종은 부정의한 법이나 정책을 바로잡는 데 기여한다.
④ 시민 불복종은 불공정한 법에 저항할 수 있는 시민의 권리이다.
⑤ 시민 불복종 자체는 위법이므로 처벌을 감수해야 하는 행위이다.

8. 다음 토론의 핵심 쟁점으로 가장 적절한 것은?

> 갑: 우리는 사회적 약자를 배려해야 합니다. 특히 여성은 채용과 승진 등에 있어 여전히 차별받는 사회적 약자입니다. 양성평등 실현을 위해 여성 우대 정책이 필요합니다.
> 을: 여성을 포함한 사회적 약자에 대한 배려와 양성평등의 필요성은 인정합니다. 하지만 양성평등의 실현은 남녀에게 동등한 기회를 주는 현재의 정책만으로도 충분합니다.
> 갑: 그것만으로는 충분하지 않습니다. 양성평등을 실현하기 위해서는 동등한 기회를 주는 정책과 더불어 여성고용할당제와 같은 우대 정책이 필요합니다.
> 을: 아닙니다. 여성고용할당제는 성별이라는 선천적인 요인으로 부당하게 특혜를 주는 것입니다. 그것은 오히려 남성에 대한 역차별을 초래하여 양성평등을 방해할 수 있습니다.

① 양성평등은 반드시 실현되어야 하는가?
② 여성을 사회적 약자로 인식해야 하는가?
③ 남녀에게 동등한 기회를 주는 정책은 필요한가?
④ 사회적 약자에 대한 배려는 사회 정의를 위해 필요한가?
⑤ 양성평등의 실현은 동등한 기회의 제공만으로 가능한가?

9. (가)의 갑, 을, 병 사상가들의 입장을 (나) 그림으로 표현할 때, A~D에 해당하는 적절한 진술만을 <보기>에서 있는 대로 고른 것은? [3점]

(가)	갑: 고통과 즐거움을 느끼는 능력은 다른 존재들의 이익에 관심을 가질지의 여부를 결정짓는 유일한 경계이다. 따라서 고통을 느끼는 존재의 이익 관심을 동등하게 고려해야 한다. 을: 모든 생명은 목적론적 삶의 중심에 있기 때문에 자기 고유의 선을 갖는다. 이러한 관점을 지닌 합리적 인격체는 자연에 대한 존중의 태도를 가지고, 생명을 내재적 존엄성을 지니는 것으로 간주한다. 병: 대지는 토양, 식물, 동물의 회로를 거쳐 흐르는 에너지의 원천이다. 어떤 것이 생명 공동체의 온전성, 안정성, 아름다움을 유지시키는 경향이 있다면 옳고, 그 반대라면 그르다.
(나)	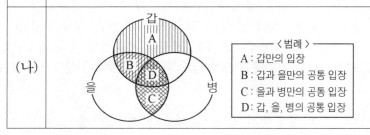 〈범례〉 A : 갑만의 입장 B : 갑과 을만의 공통 입장 C : 을과 병만의 공통 입장 D : 갑, 을, 병의 공통 입장

<보 기>
ㄱ. A: 고통을 느낄 수 있는 동물은 도덕적 고려의 대상이다.
ㄴ. B: 생명이 없는 존재는 도덕적 지위를 갖지 않는다.
ㄷ. C: 인간뿐만 아니라 자연의 모든 존재는 내재적 가치를 갖는다.
ㄹ. D: 인간은 도덕적 책임을 질 수 있는 유일한 존재이다.

① ㄱ, ㄷ   ② ㄴ, ㄷ   ③ ㄴ, ㄹ
④ ㄱ, ㄴ, ㄹ   ⑤ ㄱ, ㄷ, ㄹ

10. 가상 편지의 ㉠에 대한 옳은 설명만을 <보기>에서 있는 대로 고른 것은?

> ○○에게
> 지난 번 편지에서 자네가 궁금해 했던 것에 대해 나는 이렇게 생각하네. 옛 성현의 가르침에 따르면 우리의 몸은 모두 부모로부터 받은 것이니 이를 상하지 않게 하는 것이 ㉠ 의 시작이네. 만일 자네가 인(仁)을 바탕으로 ㉠ 을/를 다하면 부모가 기뻐하고, 부모와 자식의 올바른 관계가 정립되어 천하가 교화될 것이니 어찌 이를 행하지 않을 수 있겠는가!

<보 기>
ㄱ. 부모가 돌아가신 이후에는 도리가 끝나는 것이다.
ㄴ. 부모에게 사랑과 보은의 마음을 표현하는 것이다.
ㄷ. 덕행으로 세상에 이름을 떨칠 때 완성되는 것이다.
ㄹ. 물질적 봉양과 함께 정신적 공경을 실천하는 것이다.

① ㄱ, ㄴ   ② ㄱ, ㄷ   ③ ㄴ, ㄹ
④ ㄱ, ㄷ, ㄹ   ⑤ ㄴ, ㄷ, ㄹ

[해설편 p.083]

28회

11. 그림의 ㉠에 들어갈 제목으로 가장 적절한 것은?

○○신문 ○○○○년 ○월 ○일

칼 럼

㉠

최근 들어 인간의 사고력, 판단력, 다양한 경험 등을 습득한 인공지능이 속속 등장하고 있다. 일각에서는 이러한 변화로 인해 인공지능이 인간을 지배하는 상황이 올 수 있다고 우려한다. 그러나 우리는 이러한 변화에 대해 막연한 두려움이나 거부감을 갖기보다는 인공지능을 인간에게 도움을 주는 존재로 이해해야 한다. 인공지능이 인간이 할 수 없었던 일이나 하기 힘들었던 일을 대신하는 동안 우리는 인간의 고유한 일을 함으로써 삶을 더욱 윤택하게 할 수 있기 때문이다.

① 인간과 인공지능이 경쟁적 관계임을 인식해야 한다
② 인간의 고유한 일까지 담당할 인공지능을 개발해야 한다
③ 인간다움의 실현을 위해 인공지능 개발을 제한해야 한다
④ 인공지능의 발전이 가져올 긍정적 결과에 주목해야 한다
⑤ 인간의 도덕성을 대체할 수 있는 인공지능을 도입해야 한다

12. (가)의 갑, 을, 병 사상가들의 입장을 (나) 그림으로 탐구할 때, A~D에 들어갈 적절한 질문만을 <보기>에서 있는 대로 고른 것은? [3점]

(가)
갑: 분배는 각자가 지닌 가치에 따라 마땅한 상이 주어질 때 정의롭다. 균등하지 않은 사람들이 균등한 몫을 가질 때 분쟁과 불평이 생겨난다.
을: 분배는 합리적 개인이 유불리를 배제한 채 도출한 원칙에 의거할 때 정의롭다. 사회적·자연적 우연성은 부의 획득에서 유리하게 작용하지 않아야 한다.
병: 분배는 모든 사람에게 소유 권리가 확립될 때 정의롭다. 정형화된 원리에 따른 분배는 개인들의 권리를 침해하므로 바람직하지 않다.

(나)
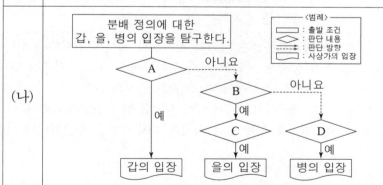

<범례>
▱ 출발 조건
◇ 판단 내용
┈▶ 판단 방향
▭ 사상가의 입장

분배 정의에 대한 갑, 을, 병의 입장을 탐구한다.

A → 아니요
예 ↓
B → 아니요
예 ↓
C   D
예 ↓   예 ↓
갑의 입장 을의 입장 병의 입장

―――< 보 기 >―――
ㄱ. A: 산술적 비례에 따를 때 분배적 정의가 실현되는가?
ㄴ. B: 절차의 공정성으로 결과의 공정성을 확보할 수 있는가?
ㄷ. C: 정의로운 사회에서도 경제적 불평등은 존재할 수 있는가?
ㄹ. D: 부정의를 교정하기 위한 국가의 개입은 필요한가?

① ㄱ, ㄴ   ② ㄱ, ㄹ   ③ ㄷ, ㄹ
④ ㄱ, ㄴ, ㄷ   ⑤ ㄴ, ㄷ, ㄹ

13. 서양 사상가 갑, 을의 입장에 대한 설명으로 가장 적절한 것은? [3점]

갑: 선의지는 어떤 목적을 달성하는 데 쓸모가 있기 때문에 선한 것이 아니라 오로지 그 자체로 선하다. 지성, 용기, 결단성과 같은 것이 일반적으로 바람직하더라도 이를 사용하는 의지가 선하지 못하면 악하고 해가 될 수도 있다.
을: 선의지만으로는 사회적 갈등 자체를 제거할 수 없다. 집단들 간의 관계는 윤리적이기보다는 정치적이다. 그 관계는 도덕적이고 합리적인 판단에 의해 형성되는 것이 아니라 각 집단이 갖고 있는 힘의 비율에 따라 형성된다.

① 갑은 좋은 결과를 의도한 행위만이 도덕적이라고 본다.
② 을은 사회 정의 실현을 위해 개인의 선의지가 필요하다고 본다.
③ 갑은 을과 달리 동정심에 따른 행위를 도덕적 행위라고 본다.
④ 을은 갑과 달리 개인보다 사회집단의 도덕성이 우월하다고 본다.
⑤ 갑, 을은 이타성을 사회가 지향할 최고의 도덕적 이상으로 본다.

14. 다음 사상가의 입장으로 가장 적절한 것은?

적극적 평화는 직접적·물리적 폭력이 없는 소극적 평화와 달리 구조적 폭력과 문화적 폭력까지 제거된 상태를 말한다. 구조적 폭력은 사회 구조적 차원에서 발생하는 것으로 인간의 잠재 능력을 충분히 실현할 수 없게 한다. 문화적 폭력은 언어, 예술, 종교, 도덕 등 인간 존재의 상징적 차원에서 발생한다. 특히 문화적 폭력은 모든 유형의 폭력에 정당성과 합법성을 부여함으로써 폭력을 은폐한다. 우리는 모든 폭력이 제거된 진정한 평화를 실현해야 한다.

① 적극적 평화는 국가 간 전쟁이 없는 상태로 국한된다.
② 진정한 평화는 적극적 평화를 실현함으로써 가능하다.
③ 직접적 폭력이 제거되면 구조적 폭력도 저절로 제거된다.
④ 소극적 평화 실현을 위한 물리적 폭력의 사용은 정당하다.
⑤ 문화적 폭력은 물리적 폭력을 정당화하는 역할을 하지 못한다.

15. 갑, 을의 입장에 대한 적절한 설명을 <보기>에서 고른 것은?

갑: 종교적 인간에게 자연은 단순한 자연이 아니다. 그것은 종교적 의미로 충만해 있다. 우주는 신의 창조물이고, 세속적 세계는 신의 손으로 완성된 것이어서 성스러움[聖]으로 가득 차 있기 때문이다.
을: 자연은 단순히 과학의 연구 대상일 뿐, 종교적 의미는 찾을 수 없다. 자연은 과학으로 설명이 가능하며 자연적이고 물리적인 세계 너머에는 아무것도 없다. 우주의 배후에 있는 초자연적인 창조적 지성은 없으며, 종교는 필요하지 않다.

―――< 보 기 >―――
ㄱ. 갑은 성스러움과 세속적인 것은 분리되어야 한다고 본다.
ㄴ. 갑은 종교적 인간이 자연에서 성스러움을 찾을 수 있다고 본다.
ㄷ. 을은 신을 전제하지 않아도 자연을 설명할 수 있다고 본다.
ㄹ. 갑, 을은 과학으로 초자연적 진리를 찾을 수 있다고 본다.

① ㄱ, ㄴ   ② ㄱ, ㄷ   ③ ㄴ, ㄷ   ④ ㄴ, ㄹ   ⑤ ㄷ, ㄹ

16. (가)를 주장한 사상가의 입장에서 (나)의 주장에 대해 제기할 비판으로 가장 적절한 것은?

(가)	너의 인격에서나 다른 모든 사람의 인격에서나 인간성을 한낱 수단으로만 대우하지 말고 언제나 동시에 목적으로서 대우하도록 행위 하라.
(나)	장기 매매는 허용되어야 한다. 자신의 생명에 결정적 위협이 되지 않는다면, 경제적으로 매우 어려운 사람들에게는 장기를 파는 것이 경제적 고통에서 벗어날 수 있는 하나의 방법이 될 수 있다. 또한 장기가 필요한 환자에게는 장기 획득의 기회가 확대되고, 환자의 가족들에게는 환자의 질병으로 인해 받았던 고통을 줄일 수 있다.

① 장기 매매 여부는 최선의 결과를 고려하여 결정해야 한다.
② 장기 매매는 사회적 유용성이 낮으므로 허용해서는 안 된다.
③ 환자 가족의 고통을 감소시키는 장기 매매만 허용해야 한다.
④ 사회적 공감을 토대로 장기 매매 허용 여부를 판단해야 한다.
⑤ 인간의 신체를 수단화하는 장기 매매를 허용해서는 안 된다.

17. 그림의 강연자가 지지할 입장으로 가장 적절한 것은? [3점]

기술은 자연뿐만 아니라 인간을 대상으로 전락시켜 스스로 권력이 되었습니다. 이러한 상황은 새로운 윤리적 사유를 요청합니다. 새로운 윤리는 알려지지 않은 미래의 위협에 대해 숙고해야 하므로 희망보다는 공포를 발견하는 것에서 논의를 시작해야 합니다. 이것이 인간이 갖추어야 할 책임에 대한 논의의 시작점입니다.

① 책임의 범위를 현세대의 인간과 자연으로 한정해야 한다.
② 새로운 윤리는 예견할 수 있는 위험을 고려하여 도출해야 한다.
③ 행위의 의도만이 행위자에게 책임을 부과하는 기준이 되어야 한다.
④ 인류의 생존과 기술의 발전은 양립 불가능함을 인식해야 한다.
⑤ 기술로 인한 미래의 혜택을 과감히 포기하는 결단이 필요하다.

18. 다음 서양 사상가의 입장으로 적절하지 않은 것은?

거주함이란 인간이 위협적인 외부 세계로부터 되돌아 갈 수 있는 고유 공간을 가짐을 의미한다. 내적 공간에서 인간은 경계심을 내려놓고 안정과 평화를 느끼며 다시 자신으로 돌아올 수 있게 된다. 이러한 아늑한 공간의 기본 형태는 보호하는 벽과 안전하게 해주는 지붕이 있는 집이다. 이렇듯 인간은 특정한 공간 안에 자신의 존재를 정착시키며, 그 공간에 우리의 몸과 마음과 삶 전체를 깃들인다. 인간은 집 안에 거주하기 때문에 오로지 세상에서 거주할 수 있다. 거주 공간은 인간에게 나아감과 들어감의 중심이자 세계의 중심이다.

① 거주 공간은 세상에 거주할 수 있는 기초가 되어야 한다.
② 거주 공간은 심신의 평온함을 보장하는 공간이 되어야 한다.
③ 거주 공간은 참된 자신을 되찾는 내적 공간이 되어야 한다.
④ 거주 공간은 외부 세계에 열려 있지 않은 폐쇄적 공간이어야 한다.
⑤ 거주 공간은 위협적인 외부 세계와 구분되는 안식처가 되어야 한다.

● 2015학년도 7월(고3)

19. (가), (나)의 입장에 대한 적절한 설명만을 <보기>에서 있는 대로 고른 것은? [3점]

(가)	커다란 그릇 안에서 각기 다른 맛, 향, 색을 가진 다양한 채소와 과일들이 섞여 각자 고유의 맛을 지키면서도 하나의 샐러드가 되듯이 여러 문화가 각각의 고유한 특성을 대등하게 유지하면서 조화를 이루어야 한다.
(나)	용광로에 들어간 여러 광석은 녹아 섞여 한 덩어리가 되어 새로운 모습으로 탄생한다. 이처럼 사회 안에 존재하는 다양한 문화도 용광로에서 함께 녹아들고 섞여 만들어진 쇠붙이처럼 새로운 모습으로 탄생해야 한다.

─── <보 기> ───

ㄱ. (가)는 이질적인 문화들 간의 우열을 부정한다.
ㄴ. (나)는 각 문화가 지닌 특수성의 유지를 강조한다.
ㄷ. (가)는 (나)보다 각각의 문화가 지닌 정체성을 존중한다.
ㄹ. (나)는 (가)보다 문화 통합을 통한 새로운 문화의 창출을 강조한다.

① ㄱ, ㄴ　　　　② ㄱ, ㄷ　　　　③ ㄴ, ㄹ
④ ㄱ, ㄷ, ㄹ　　　⑤ ㄴ, ㄷ, ㄹ

20. 갑, 을 사상가들의 입장으로 가장 적절한 것은? [3점]

갑: 원조의 목적은 고통받는 사회의 자유와 평등을 확립하여 질서 정연한 사회가 되도록 돕는 데 있다. 한 사회가 합당하게 합리적으로 조직되고 통치된다면, 자원이 부족해도 질서 정연한 사회가 될 수 있다.
을: 원조의 목적은 기아로 고통받는 사람들을 도와 인류 전체의 행복을 증진시키는 것이다. 누군가를 도움으로써 얻어지는 행복감은 원조의 중요한 동기이다. 원조의 실천은 인류 전체의 공리를 증진하는 데 기여한다.

① 갑: 원조는 고통받는 사회의 정치문화 개선에 기여해야 한다.
② 갑: 원조는 국제 사회의 최소 수혜자에게 가장 유리해야 한다.
③ 을: 개인에게 큰 희생이 따르더라도 원조의 의무를 다해야 한다.
④ 을: 원조 대상에서 민주주의가 확립된 빈곤국을 제외해야 한다.
⑤ 갑, 을: 원조를 통해 모든 사회의 복지 수준을 평준화해야 한다.

* 확인 사항

○ 답안지의 해당란에 필요한 내용을 정확히 기입(표기)했는지 확인하시오.

1. (가), (나) 윤리학의 핵심 과제로 가장 적절한 것은?

> (가) 윤리학은 '옳다', '그르다'와 같은 규범적 판단의 근거를 마련하고 바람직한 삶의 이상과 마땅히 해야 할 의무를 규정하는 도덕 이론을 제시해야 한다.
> (나) 윤리학은 '옳다', '그르다'와 같은 도덕적 언어의 의미와 용법을 분석하고 도덕적 논증에 적용되는 추론의 규칙과 인식의 방법을 검토해야 한다.

① (가) : 도덕 명제의 추론 가능성과 논증의 타당성을 분석하는 것이다.
② (가) : 도덕 규범과 의무의 근거가 되는 보편적 원리를 정립하는 것이다.
③ (나) : 사회의 관습과 규범을 관찰하여 객관적으로 기술하는 것이다.
④ (나) : 현실의 도덕 문제 해결을 위한 구체적 방안을 제시하는 것이다.
⑤ (가)와 (나) : 도덕 현상의 인과 관계를 경험과학적으로 설명하는 것이다.

2. 갑, 을 사상가들의 입장으로 가장 적절한 것은? [3점]

> 갑 : 나는 무엇으로 말미암아 늙음과 죽음이 있게 되었는가를 깨달았다. 태어남으로 말미암아 늙음과 죽음이 있음을 나는 바르게 생각하고[正思惟] 지혜로써 통찰했다.
> 을 : 진인(眞人)은 삶을 기뻐할 줄 모르고 죽음을 미워할 줄도 모른다. 태어남을 피하지도 않고 죽음을 거역하지도 않는다. 무심히 자연을 따라가고 무심히 자연을 따라올 뿐이다.

① 갑 : 삶과 죽음의 순환인 윤회(輪廻)는 인간에게만 적용된다.
② 갑 : 삶과 죽음의 영원한 반복은 연기법의 지배를 받지 않는다.
③ 을 : 삶과 죽음은 기(氣)로 연결되어 있을 뿐 순환하지는 않는다.
④ 을 : 도(道)의 관점에서 삶과 죽음의 변화 원리는 서로 다르지 않다.
⑤ 갑과 을 : 현세의 삶에서 죽음의 이치를 깨닫는 것은 불가능하다.

3. 다음을 주장한 사상가의 입장으로 가장 적절한 것은?

> 종교 간 대화 없이 종교 간 평화는 불가능하고, 종교 간 평화 없이 국가 간 평화도 불가능하며, 다른 종교에 대한 연구 없이 종교 간 대화는 불가능하다. 대화의 중단은 전쟁을 초래했다. 대화가 실패하면 억압이 시작되었고 권력자들의 힘이 지배했다. 대화를 지지하는 사람은 자기 종교의 교리에 얽매이지 않으며 이단자에 대한 배척을 혐오한다.

① 종교 간 대화가 국가 간 평화의 선결 과제가 되는 것은 아니다.
② 종교 간 차이가 종교 간 대화를 언제나 차단하는 것은 아니다.
③ 종교 간 소통에 다른 종교에 대한 이해까지 요청되지는 않는다.
④ 종교 간 교리를 통합하지 않으면 결코 관용을 실천할 수 없다.
⑤ 종교 간 대화의 실패가 정치적 폭력으로 이어지는 경우는 없다.

4. 다음 토론의 핵심 쟁점으로 가장 적절한 것은? [3점]

> 갑 : 최신 유행을 반영하여 빠르게 옷을 제작하고 유통하는 소비 양식인 패스트패션은 소비자의 기호를 충족해 줄 수 있지만 심각한 환경 오염 문제를 야기하고 있습니다.
> 을 : 동의합니다. 물론 패스트패션이 소비자의 욕구를 충족해 주기는 합니다. 그럼에도 환경을 생각하면 패스트패션 제품 생산을 막을 수밖에 없습니다.
> 갑 : 아닙니다. 패스트패션 기업에 환경 부담금을 부과하는 정도의 규제는 필수적이지만 제품 생산까지 막는 것은 소비자의 선택권을 침해하는 과도한 규제입니다.
> 을 : 소비자 선택권이 침해되는 것은 사실이지만 환경 문제를 해결하기 위해서는 환경 부담금을 부과하는 것뿐 아니라 패스트패션 제품 생산 자체를 못 하도록 해야 합니다.

① 패스트패션 제품 생산을 전면적으로 금지해야 하는가?
② 패스트패션은 심각한 환경 오염 문제를 야기할 수 있는가?
③ 패스트패션 제품을 생산하는 기업에 대한 규제가 필요한가?
④ 패스트패션은 유행에 민감한 소비자의 욕구를 충족해 주는가?
⑤ 패스트패션 제품 생산을 막는 것은 소비자의 선택권을 침해하는가?

5. 그림의 강연자가 지지할 입장으로 가장 적절한 것은?

> 인류는 그동안 수많은 동물 실험을 자행하면서, 이를 인간의 복지 증진이라는 명목으로 합리화해 왔습니다. 이러한 동물 실험을 통해 인간이 이익을 얻은 것은 사실입니다. 그러나 어떤 동물 실험이든 궁극적으로는 정의에 어긋나는 일이기에 도덕적으로 허용될 수 없습니다. 인간 생체 실험이 인간의 권리를 부당하게 침해하는 것처럼 동물 실험도 동물의 권리를 부당하게 침해하기 때문입니다. 인간과 마찬가지로 동물도 다른 존재의 복지를 위한 단순한 도구로 이용되지 않을 권리가 있습니다.

① 동물 실험은 인간의 이익에 기여하지 못하므로 폐지해야 한다.
② 동물 실험은 그 효과를 입증하는 경험적 근거로 합리화해야 한다.
③ 동물의 고통을 최소화할 수 있는 동물 실험은 정의에 부합한다.
④ 동물 실험이 도덕적으로 부당함을 주장할 수 있는 근거는 없다.
⑤ 동물 실험과 인간 생체 실험을 금지해야 하는 근거는 동일하다.

6. 갑, 을 사상가들 중 적어도 한 사람이 긍정할 진술로 적절한 것만을 <보기>에서 있는 대로 고른 것은? [3점]

> 갑 : 인간은 생명 공동체의 한 구성원에 지나지 않는다. 대지 윤리는 인간의 역할을 생명 공동체의 정복자에서 평범한 구성원으로 변화시킨다.
> 을 : 인간은 생명이 있는 일부 피조물을 폭력적으로 다루어서는 안 된다. 왜냐하면 그것은 인간의 자기 자신에 대한 의무에 배치되기 때문이다.

> ─────<보 기>─────
> ㄱ. 인간은 토지를 단지 자원으로만 이용해서는 안 된다.
> ㄴ. 생명 없는 존재의 파괴가 도덕적으로 정당한 경우는 없다.
> ㄷ. 자연에 속하면서 권리를 가질 수 있는 개별 존재가 있다.
> ㄹ. 자신 이외의 존재에 대한 도덕적 의무는 성립 불가능하다.

① ㄱ, ㄴ   ② ㄱ, ㄷ   ③ ㄴ, ㄹ
④ ㄱ, ㄷ, ㄹ   ⑤ ㄴ, ㄷ, ㄹ

7. (가)의 주장을 (나) 그림으로 나타낼 때, ㉠에 대한 반론의 근거로 가장 적절한 것은? [3점]

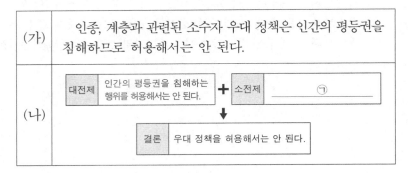

(가)	인종, 계층과 관련된 소수자 우대 정책은 인간의 평등권을 침해하므로 허용해서는 안 된다.

① 우대 정책은 소수자에 대한 차별을 심화시킨다.
② 우대 정책은 실질적 기회 균등 실현에 기여한다.
③ 우대 정책은 사회 전체의 이익을 증진하지 못한다.
④ 우대 정책은 수혜자가 아닌 사람들의 권리를 침해한다.
⑤ 우대 정책은 인종과 계층 간 화합을 저해하는 제도이다.

8. 다음을 주장한 사상가의 입장으로 가장 적절한 것은? [3점]

> 새로운 명법은 다음과 같다. "너의 행위의 효과가 지상에서의 진정한 인간적 삶의 지속과 조화될 수 있도록 행위하라." 또는 다음과 같다. "미래 인간의 불가침성을 너의 의욕의 동반 대상으로서 현재의 선택에 포함하라." 그리고 다음과 같이 서술할 수도 있다. "지상에서 인류의 무한한 존속을 가능하게 하는 조건을 위협하지 말라." 따라서 우리에게는 현 세대의 존재를 위해 미래 세대를 감히 위태롭게 할 권리가 없다.

① 새로운 윤리에 따른 책임의 범위는 전 지구적으로 확장된다.
② 미래 세대에 대한 현 세대의 책임은 총체적이고 호혜적이다.
③ 발생하지 않은 사태는 윤리적 고려와 예측의 대상이 아니다.
④ 책임 윤리는 행위되어야 할 것에 대한 책임을 요청하지는 않는다.
⑤ 행위의 결과에 대한 공포는 현 세대의 책임 의식을 약화시킨다.

9. 갑, 을 사상가들의 입장으로 적절한 것만을 <보기>에서 있는 대로 고른 것은?

> 갑 : 만인의 만인에 대한 전쟁 상태에서는 그 어떠한 것도 부당한 것이 될 수 없다. 리바이어던이 없는 곳에서는 법과 정의 그리고 소유도 존재하지 않는다.
> 을 : 인간이 공동체를 결성하고 스스로를 정부의 지배하에 두고자 하는 가장 주된 목적은 그들의 소유 보존이다. 그러나 자연 상태에는 이를 위한 많은 것이 결여되어 있다.

> ─────<보 기>─────
> ㄱ. 갑 : 절대 권력은 시민의 소유를 보호해야 할 의무가 있다.
> ㄴ. 갑 : 인간 본성으로 인해 자연 상태는 전쟁 상태일 수밖에 없다.
> ㄷ. 을 : 자연 상태의 인간은 자연법을 이해할 수 있는 능력이 없다.
> ㄹ. 갑과 을 : 자연 상태의 인간은 자유에 대한 평등한 권리가 있다.

① ㄱ, ㄴ   ② ㄱ, ㄷ   ③ ㄷ, ㄹ
④ ㄱ, ㄴ, ㄹ   ⑤ ㄴ, ㄷ, ㄹ

10. (가)의 갑, 을 사상가들의 입장을 (나) 그림으로 탐구하고자 할 때, A~C에 들어갈 적절한 질문만을 <보기>에서 고른 것은?

(가)	갑 : 정의의 원칙은 공정한 최초 상황에서 계약 당사자가 합의하는 원칙이다. 우연적 사실들에 관한 지식을 배제한 조건에서 합의한 원칙은 정의로운 것이다. 을 : 소유 권리론은 취득, 이전(移轉) 및 교정 과정을 주제로 삼는다. 그 역할이 개인의 소유 권리 보호에 국한된 최소 국가만이 유일하게 정당한 국가이다.

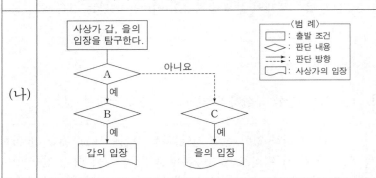

> ─────<보 기>─────
> ㄱ. A : 공정한 절차를 거친다면 그 분배는 모두 정의로운가?
> ㄴ. B : 원초적 입장에서 당사자들의 합의는 호혜적인 사회를 지향하게 되는가?
> ㄷ. C : 최소 국가는 시민들의 권리를 차별적으로 보호하는가?
> ㄹ. C : 취득 원칙과 이전 원칙을 충족했다면 그 소유는 모두 정의로운가?

① ㄱ, ㄴ   ② ㄱ, ㄷ   ③ ㄴ, ㄷ   ④ ㄴ, ㄹ   ⑤ ㄷ, ㄹ

11. 다음 사상가의 관점에서 <문제 상황> 속 A에게 제시할 조언으로 가장 적절한 것은?

> 행위의 옳고 그름은 그 행위로 인해 산출되는 쾌락과 고통의 양에 따라 평가되어야 한다. 쾌락에는 질적인 차이가 없기 때문에 모든 쾌락은 그 양의 측면에서 서로 비교할 수 있다.

<문제 상황>
한 지역에서 재해로 인해 다수의 사상자가 발생하였다. 긴급히 투입된 구조대원 A는 한정된 장비를 가지고 어떤 사람을 우선 구조해야 할지 고민하고 있다.

① 질적으로 우월한 쾌락을 산출하는 행위를 선택하세요.
② 신체의 고통은 양적으로 계산될 수 없음을 고려하세요.
③ 구조를 통해 발생하는 이익과 손해의 총량을 계산하세요.
④ 구조의 의무는 결과와 무관한 정언 명령임을 명심하세요.
⑤ 모든 상황에 적용되는 보편적 도덕 원리는 없음을 유념하세요.

12. 다음을 주장한 사상가의 입장으로 적절한 것만을 <보기>에서 고른 것은? [3점]

> 시민들의 기본적 자유가 침해될 때 시민 불복종으로 반대한다면 기본적 자유는 더 확고해질 것으로 생각된다. 시민 불복종은 다수자가 정의감을 갖고 있는 거의 정의로운 사회에서만 합당한 행위임을 인식해야 한다. 거의 정의로운 사회는 공유된 정의관이 존재하는 사회라는 것을 뜻한다.

<보 기>
ㄱ. 국가의 처벌이 시민 불복종의 대상이 되는 경우는 없다.
ㄴ. 기본적 자유를 침해한 법에 대한 항거도 정당하지 않을 수 있다.
ㄷ. 시민 불복종은 공유된 정의관에 따른 숙고를 권력자들에게 촉구한다.
ㄹ. 시민 불복종은 다수자의 정의감을 전제하므로 소수자가 주체일 수는 없다.

① ㄱ, ㄴ　② ㄱ, ㄷ　③ ㄴ, ㄷ　④ ㄴ, ㄹ　⑤ ㄷ, ㄹ

13. 갑, 을 사상가들의 입장으로 가장 적절한 것은?

> 갑 : 생산자가 자신의 소질에 맞지 않는데도 수호자의 일에 간섭하려 드는 것은 국가에 파멸을 초래하게 된다. 각자 자기 일을 잘하는 것이 올바름이므로, 각자는 자기 역할에 맞는 덕을 갖추어야 한다.
> 을 : 현명한 군주는 백성의 생업을 마련해 주어 부모 공양과 처자식 부양에 부족함이 없게 하여 풍년에 배부르고 흉년에 죽음을 면하게 한다. 그 연후에야 백성을 선하게 이끌어 갈 수 있다.

① 갑 : 시민의 사회적 지위 배정에 국가가 관여해서는 안 된다.
② 갑 : 생산자와 수호자는 서로 간섭하지 않고 자급자족해야 한다.
③ 을 : 다스림의 근본은 의로움[義]보다 이로움[利]에 두어야 한다.
④ 을 : 경제적 안정은 백성의 도덕적 인격 수양의 조건이 될 수 있다.
⑤ 갑과 을 : 통치자와 피치자의 합의에 따라 역할 교환이 가능하다.

14. 다음 신문 칼럼에서 강조하는 내용으로 가장 적절한 것은?

> ○○ 신문　　　　　　　　　　　○○○○년 ○○월 ○○일
> 　　　　　　　　　　칼럼
> 　　뉴미디어가 확산되면서 누구나 쉽게 정보를 소비하고 동시에 생산할 수 있게 되었다. 이 과정에서 1인 미디어가 등장하게 되었고 다수의 구독자를 확보한 전문 운영자도 나타나게 되었다. 이에 따라 참신하고 다채로운 소재와 유형의 정보들이 생산되었지만, 한편으로는 선정적이거나 타인의 사생활을 침해하는 정보들도 급증하고 있다. 일부에서는 이런 문제를 강력한 법적 처벌을 통해 해결할 수 있다고 주장한다. 하지만 법적 처벌만 강조하다 보면 자칫 표현의 자유가 억압될 수 있다. 법적 제재도 실효성이 있지만, 매체 이용자들이 정보를 정확하게 검증하고 합리적으로 판단하는 것이 필요하다.

① 매체 이용자들은 정보를 비판적으로 평가해야 한다.
② 전문 운영자들의 등장으로 유해 정보가 감소하고 있다.
③ 뉴미디어 확산은 창작물의 다양성 증진에 기여하지 못한다.
④ 뉴미디어에 대한 국가의 제재는 어떤 효과도 거둘 수 없다.
⑤ 뉴미디어 확산으로 정보 생산자와 소비자의 경계가 명확해지고 있다.

15. (가)의 갑, 을 사상가들의 입장을 (나) 그림으로 표현할 때, A~C에 해당하는 적절한 진술만을 <보기>에서 고른 것은? [3점]

| (가) | 갑 : 사형은 주권과 법의 원천이 되는 권능으로부터 나온 것은 아니다. 종신 노역형은 단지 한 범죄자만 있어도 지속적인 본보기를 제공할 수 있다.
을 : 사법적 형벌은 결코 범죄자 자신이나 시민 사회를 위해서 어떤 다른 선을 촉진하기 위한 한낱 수단으로서 가해질 수는 없다. |

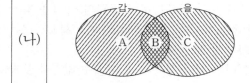

(나)
<범 례>
A : 갑만의 입장
B : 갑과 을의 공통 입장
C : 을만의 입장

<보 기>
ㄱ. A: 사형은 공포를 유발하는 효과가 없으므로 폐지해야 한다.
ㄴ. B: 형벌은 응당한 비례 원리를 준수하여 부과해야 한다.
ㄷ. B: 범죄 억제력이 있는 형벌도 정당하지 않은 경우가 있다.
ㄹ. C: 형벌은 오직 범죄자의 인격 교화가 목적인 정언 명령이다.

① ㄱ, ㄴ　② ㄱ, ㄷ　③ ㄴ, ㄷ　④ ㄴ, ㄹ　⑤ ㄷ, ㄹ

16. 갑, 을 사상가들의 입장으로 적절한 것만을 <보기>에서 고른 것은? [3점]

> 갑 : 사람이 되어서 인(仁)하지 못하면 예(禮)를 지킨들 무엇하겠는가? 사람이 되어서 인하지 못하면 음악[樂]을 한들 무엇하겠는가? 예는 사치스럽기보다 검소한 것이 낫다.
> 을 : 나라는 작고 백성은 적으니[小國寡民] 이들은 음식을 달게 먹고 옷은 꾸밈없이 입으며 편안히 살아간다. 이웃 나라에서 닭과 개의 울음소리가 들려도 평생 오고 갈 일이 없다.

> <보 기>
> ㄱ. 갑 : 충서(忠恕)를 통한 인의 확장은 천하의 도(道)를 이루게 한다.
> ㄴ. 을 : 성인(聖人)의 다스림은 백성을 저절로 소박하게 한다.
> ㄷ. 을 : 무위(無爲)의 삶을 통해 타고난 본성을 변화시켜야 한다.
> ㄹ. 갑과 을 : 분별적 지혜를 발휘하여 도덕 질서를 확립해야 한다.

① ㄱ, ㄴ ② ㄱ, ㄷ ③ ㄴ, ㄷ ④ ㄴ, ㄹ ⑤ ㄷ, ㄹ

17. 다음을 주장한 사상가의 입장으로 가장 적절한 것은? [3점]

> 추함, 나쁜 리듬, 부조화는 나쁜 말씨와 나쁜 성품을 닮은 반면, 우아함과 고상함은 절제 있고 좋은 성품을 닮은 것이다. 우리는 시인들로 하여금 좋은 성품의 상(像)을 시에 새겨 넣도록 해야 하며, 이를 따르지 않는 시인이 시를 쓰는 것은 허용하지 않아야 한다. 그리고 아름다운 것의 성질을 추적할 수 있는 시인들을 찾아 그들의 작품을 통해 젊은이들이 자신도 모르는 사이에 아름다운 말과의 닮음과 친근함 그리고 조화로 이끌리도록 해야 한다.

① 예술은 도덕의 영역 밖에 있는 예술가들의 독자적 활동이어야 한다.
② 예술 작품에 도덕적 가치가 반영되었는지는 대중이 결정해야 한다.
③ 예술은 보편적 진리의 기준과 무관한 순수한 창작 활동이어야 한다.
④ 예술에 대한 검열은 예술의 우아함을 훼손하므로 지양되어야 한다.
⑤ 예술은 젊은이들로 하여금 참된 아름다움에 동화되도록 해야 한다.

18. 갑, 을 사상가들의 입장으로 가장 적절한 것은? [3점]

> 갑 : 국제 정치는 자국의 국력을 증강하며 타국의 국력을 감소시키려는 계속적인 노력이다. 최대한의 권력을 확보하려는 욕망은 모든 국가에게 보편적이다.
> 을 : 국가 간 제약이 없이는 어떤 평화도 정착될 수 없거나 보장받을 수 없다. 이러한 이유로 인해 특별한 종류의 연맹이 있어야 한다. 그것은 평화 연맹이라고 할 수 있다.

① 갑 : 주권보다 상위의 국제적 권위가 분쟁 해결에 필수적이다.
② 갑 : 모든 국가의 궁극적 목적은 세력 균형의 보편적 실현이다.
③ 을 : 영원한 평화는 국가 간 적대 행위의 중단으로 완성된다.
④ 을 : 평화 연맹 가입국은 국제법의 적용 없이 자유를 보장받아야 한다.
⑤ 갑과 을 : 비폭력적 수단을 통해 국가 간 전쟁이 억제될 수 있다.

19. 갑, 을 사상가들의 입장으로 적절한 것만을 <보기>에서 고른 것은?

> 갑 : 부와 복지 수준을 조정하는 것은 원조 의무의 목표가 아니다. 단지 고통받는 사회들만 도움이 필요하다. 질서 정연한 사회들이 모두 부유하지는 않은 것과 마찬가지로 고통받는 사회들이 모두 빈곤한 것은 아니다.
> 을 : 우리는 자신을 위해 소비하느라 원조를 유보하여 절대 빈곤에 빠진 사람을 죽게 방치하고 있다. 이는 살인과 동일시될 수는 없으나 결과가 나쁘다는 점에서 유사하다. 윤리는 모든 사람의 이익에 대한 동등한 고려를 요청한다.

> <보 기>
> ㄱ. 갑 : 정치 제도가 수립된 사회는 원조 대상에서 제외된다.
> ㄴ. 을 : 국가 간 부의 불평등이 그 자체로 도덕적 악인 것은 아니다.
> ㄷ. 을 : 공리 증진을 의도하지 않은 원조가 정당화될 수 있다.
> ㄹ. 갑과 을 : 빈곤 국가에 대한 원조는 효과를 고려할 필요가 없다.

① ㄱ, ㄴ ② ㄱ, ㄷ ③ ㄴ, ㄷ ④ ㄴ, ㄹ ⑤ ㄷ, ㄹ

20. (가)의 입장에 비해 (나)의 입장이 갖는 상대적 특징을 그림의 ㉠~㉤ 중에서 고른 것은?

> (가) 대북 지원은 한 민족으로서 동포에 대한 당연한 의무이다. 대북 지원의 목적은 북한 주민의 인권 개선에 기여하는 것일 뿐, 분단 비용 절감은 고려할 사항이 아니다.
> (나) 대북 지원은 북한 주민의 인권 개선에 기여하는 것이 목적은 아니며, 동포로서 가져야 할 의무도 아니다. 대북 지원은 분단 비용을 절감한다는 점에서만 의의가 있을 뿐이다.

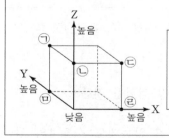

> X : 대북 지원이 한 민족으로서의 당위임을 강조하는 정도
> Y : 대북 지원을 통한 분단 비용 절감 효과를 강조하는 정도
> Z : 대북 지원이 인도주의적 동기에서 비롯되어야 함을 강조하는 정도

① ㉠ ② ㉡ ③ ㉢ ④ ㉣ ⑤ ㉤

* 확인 사항
○ 답안지의 해당란에 필요한 내용을 정확히 기입(표기)했는지 확인하시오.

성명　　　　수험 번호　　　　　— 　　　　제〔　〕선택

1. (가), (나) 윤리학의 핵심 과제로 가장 적절한 것은?

> (가) 윤리학은 '옳다', '그르다'와 같은 도덕적 용어의 의미를 분석하고 도덕 판단이 정당화될 수 있는 추론의 규칙을 검토하는 데 주력해야 한다.
>
> (나) 윤리학은 인공 임신 중절, 소수 집단 우대 정책 등과 같은 우리 삶의 다양한 문제에 윤리 이론을 적용하여 실천적인 지침을 제공하는 데 주력해야 한다.

① (가) : 도덕 현상을 가치 평가 없이 객관적으로 서술하는 것이다.
② (가) : 도덕적 행위의 근거가 되는 도덕 원리를 정립하는 것이다.
③ (나) : 윤리학의 학문적 성립 가능성을 논리적으로 탐구하는 것이다.
④ (나) : 구체적인 윤리 문제에 대한 해결 방안을 모색하는 것이다.
⑤ (가)와 (나) : 보편타당한 도덕규범의 체계를 수립하는 것이다.

2. 다음을 주장한 사상가의 입장에서 <문제 상황> 속 A에게 제시할 조언으로 가장 적절한 것은?

> 도덕성은 행위가 의지의 자율과 맺는 관계이다. 의지의 준칙이 자율성의 법칙과 필연적으로 조화를 이룰 때, 그 의지는 단적으로 선한 의지가 된다.
>
> <문제 상황>
>
> 평소 함께 식사하던 친구가 급식실에 늦게 도착한 A에게 자신의 앞에 서라고 권했다. A는 새치기를 할지 질서를 지켜야 할지 고민하고 있다.

① 친구들 사이에서 더 인정받을 수 있는 행위를 선택하세요.
② 구체적인 상황을 고려하여 중용에 따른 행위를 선택하세요.
③ 친구와 함께하고자 하는 마음이 이끄는 행위를 선택하세요.
④ 가능한 행위 중에서 의무로부터 비롯된 행위를 선택하세요.
⑤ 더 많은 쾌락을 가져올 것으로 예상되는 행위를 선택하세요.

3. 갑, 을 사상가들의 입장으로 가장 적절한 것은? [3점]

> 갑 : 사람이 이 세상에 태어나는 것은 때[時]를 만났기 때문이고 어쩌다가 세상을 떠나는 것은 순리[順]이기 때문이다. 따라서 편안한 마음으로 때를 그대로 받아들이고 순리를 따른다면 슬픔이나 기쁨이 들어올 틈이 없다.
>
> 을 : 삶은 내가 원하는 바이지만 이보다 더 원하는 것[義]이 있기에 구차하게 살고자 하지 않는다. 또한 죽음은 내가 싫어하는 바이지만 이보다 더 싫은 것[不義]이 있기에 환란으로 죽더라도 피하지 않는다.

① 갑 : 죽음을 거부하면서 도덕을 실천하는 삶을 추구해야 한다.
② 갑 : 삶과 죽음은 낮과 밤처럼 순환하므로 초연하게 대해야 한다.
③ 을 : 죽음 이후의 새로운 삶을 받지 않도록 열반에 도달해야 한다.
④ 을 : 삶과 죽음을 서로 차별하지 말고 동등하게 수용해야 한다.
⑤ 갑과 을 : 삶과 죽음은 슬퍼하거나 기뻐해야 할 대상이 아니다.

4. 다음 토론의 핵심 쟁점으로 가장 적절한 것은?

> 갑 : 얼굴을 식별하여 본인임을 인증하는 안면 인식 기술은 비밀번호나 디지털 인증서보다 본인 확인 절차가 간단하고 편리하기에 활용 범위를 확대할 필요가 있습니다.
>
> 을 : 동의합니다. 하지만 안면 인식 기술에 고도화된 인공 지능을 결합한 안면 인식 인공 지능 기술의 개발에는 반대합니다. 왜냐하면 이 기술은 안면 데이터를 대량으로 학습하고 식별하여 사생활 침해의 위험이 크기 때문입니다.
>
> 갑 : 아닙니다. 안면 인식 인공 지능 기술을 테러와 같은 범죄를 예방하기 위한 경우에만 제한적으로 활용한다면, 사생활 침해를 최소화할 수 있으므로 이 기술의 개발을 허용해야 합니다.
>
> 을 : 그렇지 않습니다. 안면 인식 인공 지능 기술을 활용하는 것은 테러 예방에 도움이 되겠지만, 결국 불특정 다수의 얼굴을 판독한다는 것을 의미하므로 이 기술을 개발해서는 안 됩니다.

① 안면 인식 기술을 전면적으로 금지해야 하는가?
② 안면 인식 인공 지능 기술은 사생활을 침해할 수 있는가?
③ 안면 인식 기술의 활용은 일상생활에 도움을 줄 수 있는가?
④ 안면 인식 인공 지능 기술은 테러 예방에 기여할 수 있는가?
⑤ 안면 인식 기술과 고도화된 인공 지능의 결합을 허용해야 하는가?

5. (가)의 주장을 (나) 그림으로 나타낼 때, ㉠에 대한 반론의 근거로 가장 적절한 것은? [3점]

(가)	생식 세포 유전자 치료는 영구적으로 변형된 유전 형질을 태어날 자녀에게 물려줌으로써 인간의 자율성을 침해하기 때문에 허용되어서는 안 된다.
(나)	대전제: 인간의 자율성을 침해하는 행위는 허용되어서는 안 된다. ＋ 소전제: ㉠ ↓ 결론: 태어날 자녀를 대상으로 한 생식 세포 유전자 치료는 허용되어서는 안 된다.

① 치료 목적으로 유전자에 개입하는 행위는 허용될 수 없다.
② 유전자 치료는 태어날 자녀를 수단으로만 취급하는 것이다.
③ 고가의 치료비로 유전자 치료 기회의 차별이 발생할 수 있다.
④ 태어날 자녀는 자신의 유전 질환을 치료하는 것에 동의할 것이다.
⑤ 부모가 결정한 유전자 치료는 태어날 자녀의 자율성을 침해한다.

6. 갑, 을 사상가들의 입장으로 가장 적절한 것은?

기술은 행복과 불행 모두에 기여할 수 있으나 그 자체로는 중립적입니다. 기술은 수단일 뿐이지 그 자체로는 선도 아니고 악도 아닙니다.

기술을 긍정하건 부정하건 우리는 기술에 붙들려 있습니다. 최악의 경우는 기술을 중립적인 것으로 고찰할 때이며, 이 경우 우리는 무방비 상태로 기술에 내맡겨집니다.

갑   을

① 갑 : 기술은 인간이 설정한 목적의 실현을 위한 공허한 힘이다.
② 갑 : 기술의 활용 방안은 인간의 결정으로부터 독립적일 수 있다.
③ 을 : 기술은 가치 판단으로부터 자유롭기 때문에 통제되어야 한다.
④ 을 : 기술은 인간이 자연과 관계 맺는 방식을 변화시킬 수 없다.
⑤ 갑과 을 : 기술은 인간의 개입이 없을 때에도 해악이 될 수 있다.

7. 다음을 주장한 사상가의 입장으로 가장 적절한 것은? [3점]

시민 불복종은 정치 체제의 합법성을 인정하고 받아들이는 시민들에 의해서만 행해진다. 이때, 시민 불복종 행위가 항의의 대상이 되고 있는 바로 그 법을 위반하라는 요구를 하지는 않는다. 그것은 사람들이 직접적인 시민 불복종이라 부르는 것뿐만 아니라 간접적인 시민 불복종이라 부르는 것까지도 고려하고 있다. 때로는 부정의하다고 간주되는 법이나 정책도 어기지 말아야 할 강력한 이유가 있다.

① 시민 불복종은 정치 체제의 효율성을 이유로 제한될 수 있다.
② 시민 불복종이 성립되지 않는 사회가 정의로운 사회일 수는 없다.
③ 안정적인 체제에서는 시민 불복종 행위에 대해 처벌하지 않는다.
④ 공적 심의를 거친 정책이 시민 불복종의 대상이 될 수는 없다.
⑤ 시민 불복종은 다수결의 원칙에 대한 반대를 표하는 정치 행위이다.

8. (가), (나) 사상의 입장으로 가장 적절한 것은?

(가) 인위적인 것[人]으로 자연적인 것[天]을 없애지 말아야 한다. 사람은 소, 양, 돼지 등의 고기를 먹지만 사슴은 풀을 먹고 지네는 뱀을 먹고 올빼미는 쥐를 좋다고 먹는다. 이 넷 중 어느 쪽도 음식 맛을 바르게 안다고 할 수 없다.

(나) 예(禮)가 아니면 말하지도 보지도 듣지도 행동하지도 말아야 한다. 군자는 음식 빛깔이 나쁜 것, 제대로 요리되지 않은 것, 제철 음식이 아닌 것은 먹지 않는다. 또한 음식을 자른 모양이 반듯하지 않거나 간이 맞지 않아도 먹지 않는다.

① (가) : 음식에 대한 욕구를 제거하여 자연과 조화를 이루어야 한다.
② (가) : 적절한 음식을 섭취하여 인간다움과 의로움을 실현해야 한다.
③ (나) : 음식의 상태를 고려하여 먹는 것은 인격 수양의 일환이다.
④ (나) : 음식을 섭취하는 목적은 육체적 생명의 보존에 국한된다.
⑤ (가)와 (나) : 사회적 규범에 따라 음식을 올바르게 먹어야 한다.

9. 갑, 을 사상가들의 입장으로 적절한 것만을 <보기>에서 있는 대로 고른 것은? [3점]

갑 : 법은 개개인의 특수 의사의 총체인 일반 의사를 대표한다. 그런데 자신의 생명을 빼앗을 권능을 타인에게 기꺼이 양도하는 자는 없다. 그러므로 사형은 사회 계약에 포함될 수 없다.

을 : 사회 계약에 사형이 포함될 수 없다는 이유로 모든 사형의 부적법성을 주장하는 것은 궤변이고 법의 왜곡이다. 형벌은 오직 범죄자가 범죄를 저질렀기 때문에 행해지는 것이며, 형벌의 법칙은 하나의 정언 명령이다.

──────<보 기>──────

ㄱ. 갑 : 범죄 억제력은 형벌의 강도가 아니라 지속도에서 나온다.
ㄴ. 갑 : 종신 노역형은 범죄자보다 시민들에게 더 큰 공포를 준다.
ㄷ. 을 : 형벌 자체는 범죄자의 존엄성을 실현하기 위한 필요악이다.
ㄹ. 갑과 을 : 사형을 오직 본보기로 집행하는 것은 부당하다.

① ㄱ, ㄴ   ② ㄱ, ㄷ   ③ ㄴ, ㄹ
④ ㄱ, ㄷ, ㄹ   ⑤ ㄴ, ㄷ, ㄹ

10. (가)의 갑, 을, 병 사상가들의 입장을 (나) 그림으로 표현할 때, A~D에 해당하는 적절한 진술만을 <보기>에서 있는 대로 고른 것은? [3점]

(가)
갑 : 살아 있는 동물이나 식물은 목적론적 삶의 중심으로서, 인간이 고유한 선을 지닌 것과 동일한 의미로 각자의 고유한 선을 지니고 있다.

을 : 대지 윤리는 인류의 역할을 대지 공동체의 정복자에서 그것의 평범한 구성원으로 변화시키며, 공동체 자체에 대한 존중을 필연적으로 수반한다.

병 : 동물 학대가 인간 학대로 이어질 수 있다는 이유로, 우리가 동물에게 친절해야 한다는 주장은 전적으로 종 차별주의적 입장을 표명한 것이다.

(나)

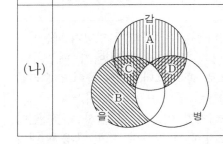

〈범 례〉
A : 갑만의 입장
B : 을만의 입장
C : 갑과 을만의 공통 입장
D : 갑과 병만의 공통 입장

──────<보 기>──────

ㄱ. A : 생명을 지닌 존재가 아니라면 도덕적 지위를 지닐 수 없다.
ㄴ. B : 개체에게 생명 공동체와 동등한 가치를 부여할 수는 없다.
ㄷ. C : 인간은 본질적으로 식물보다 우월한 존재라고 할 수 없다.
ㄹ. D : 자연 자체의 선은 개체의 희생을 정당화하는 근거가 아니다.

① ㄱ, ㄴ   ② ㄱ, ㄷ   ③ ㄷ, ㄹ
④ ㄱ, ㄴ, ㄹ   ⑤ ㄴ, ㄷ, ㄹ

11. 갑, 을 사상가들의 입장으로 적절한 것만을 <보기>에서 있는 대로 고른 것은? [3점]

> 갑 : 최상의 선은 물과 같다. 물은 만물을 이롭게 하면서도 다투지 않고, 사람들이 싫어하는 낮은 곳에 머문다. 물은 도(道)에 가깝고 무엇과도 다투지 않으므로 허물이 없다.
> 을 : 두 단의 갈대 중 하나를 치우면 다른 하나도 넘어지듯, 이것이 없으면 저것이 없고 이것이 일어나면 저것도 일어난다. 이 법(法)은 내가 만든 것도 다른 사람이 만든 것도 아니다.

> ─────────<보 기>─────────
> ㄱ. 갑 : 인의(仁義)의 강조는 사회 혼란의 원인이 될 수 있다.
> ㄴ. 을 : 끊임없이 변화하는 세계에서 영원한 실체를 찾아야 한다.
> ㄷ. 을 : 집착과 번뇌의 제거를 위한 수행이 반드시 필요하다.
> ㄹ. 갑과 을 : 차별하는 마음을 버려야 진리를 깨달을 수 있다.

① ㄱ, ㄴ   ② ㄱ, ㄷ   ③ ㄴ, ㄹ
④ ㄱ, ㄷ, ㄹ   ⑤ ㄴ, ㄷ, ㄹ

12. 다음 가상 편지를 쓴 사상가의 입장으로 가장 적절한 것은?

> ○○에게
>
>   지난 편지에서 자네는 요즘 만나는 이성 친구를 진정한 사랑의 대상으로 여겨도 되는지 물었지. 내 생각은 이러하네. 자네는 사랑이 영혼의 힘이자 활동이라는 사실을 잘 모르는 것 같더군. 사랑은 상대의 성장과 행복에 대한 갈망이고 보호, 존경, 책임, 이해를 의미한다네. 사랑은 능동적인 활동으로 인간의 고립을 극복하게 하면서도 각자의 특성을 유지할 수 있게 하는 힘이라네. 단지 적절한 사랑의 대상을 찾기만 한다고 해서 사랑이 완성되는 것은 아니라네. 그것은 그림을 그리는 방법을 배우지 않은 채 좋은 대상을 고르는 것만으로 아름다운 그림이 저절로 그려지지 않는 것과 같네. 세상에 노력 없이 얻어지는 것은 없는 법이네. 사랑도 그렇다네. 우선 제대로 사랑하는 방법을 배워야 한다네. …(후략).

① 참된 사랑은 사랑의 대상과 하나가 될 때 느끼는 영속적 감정이다.
② 참된 사랑의 궁극적 목적은 자신이 사랑할 대상을 찾아내는 일이다.
③ 참된 사랑은 자신의 관점에서 이해한 상대의 입장을 따르는 것이다.
④ 참된 사랑은 수동적 감정으로서 자신의 의지와 무관하게 다가온다.
⑤ 참된 사랑은 삶의 기술처럼 학습과 노력으로 계발되는 기술이다.

13. 다음을 주장한 사상가의 입장으로 적절한 것만을 <보기>에서 있는 대로 고른 것은? [3점]

>   사람들은 자연법 집행을 둘러싼 분쟁이 발생하는 자연 상태에서 벗어나고자, 그들이 자연 상태에서 가졌던 평등, 자유 및 집행권을 입법부가 처리할 수 있도록 사회의 수중에 양도한다. 이에 대한 명시적 동의는 그들을 공통된 법률의 지배하에 둠으로써 사회의 완전한 구성원으로 만든다.

> ─────────<보 기>─────────
> ㄱ. 국가에 양도하지 않은 시민의 권리는 보장될 수 없다.
> ㄴ. 입법부를 폐지할 수 있는 최고의 권력은 시민에게 있다.
> ㄷ. 자연 상태에서 분쟁은 공통된 자연법의 부재로 인해 발생한다.

① ㄴ   ② ㄷ   ③ ㄱ, ㄴ   ④ ㄱ, ㄷ   ⑤ ㄱ, ㄴ, ㄷ

14. 갑, 을 사상가들의 입장으로 적절한 것만을 <보기>에서 있는 대로 고른 것은? [3점]

> 갑 : 천하를 두루 이롭게 함은 직분[分]과 예의[義]로부터 나온다. 사람이 무리를 이루어 살되 역할에 따른 구분이 없으면 다투게 되고, 다투면 나라가 혼란해져 편히 살 수 없게 된다. 따라서 사람은 잠시도 예의를 버릴 수 없다.
> 을 : 사회를 이루는 세 계층은 각자 타고난 성향에 따라 한 가지 일에 배치되어야 한다. 그리고 자신이 맡은 일에서 탁월함을 발휘하여 서로 조화를 이루어야 한다. 만약 서로의 일에 간섭한다면 사회에 해악을 끼치게 된다.

> ─────────<보 기>─────────
> ㄱ. 갑 : 군주가 나라를 다스리려면 모든 직분에 통달해야 한다.
> ㄴ. 갑 : 사회 구성원의 직분을 나누는 도덕적 기준이 존재한다.
> ㄷ. 을 : 세 계층이 각자의 직분에 충실해야 정의가 실현될 수 있다.
> ㄹ. 갑과 을 : 직분의 구분은 공동체 이익 증진에 도움이 된다.

① ㄱ, ㄴ   ② ㄱ, ㄷ   ③ ㄴ, ㄹ
④ ㄱ, ㄷ, ㄹ   ⑤ ㄴ, ㄷ, ㄹ

15. (가)의 갑, 을 사상가들의 입장을 (나) 그림으로 탐구하고자 할 때, A~C에 들어갈 적절한 질문만을 <보기>에서 있는 대로 고른 것은?

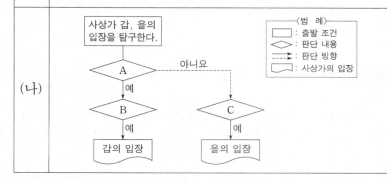

> (가) │ 갑 : 차등의 원칙은 사회적 협동을 위한 기본 원칙이다. 이 원칙은 천부적 재능을 가진 사람들이 불우한 사람들을 돕는 한에서 각자의 자질을 사용하게 한다.
> │ 을 : 차등의 원칙은 정의를 위한 공정한 기반을 제시하지 못한다. 개인의 천부적 재능과 이로부터 나오는 것에 대한 소유 권리는 그 개인에게 있다.

> ─────────<보 기>─────────
> ㄱ. A : 개인의 소유권을 침해하지 않는 과세 정책이 가능한가?
> ㄴ. B : 차등의 원칙은 더 큰 재능의 소유자에게 유익할 수 있는가?
> ㄷ. B : 재산의 평등한 분배가 정의 원칙에 의해 허용될 수 있는가?
> ㄹ. C : 국가는 자유롭게 체결된 계약의 이행을 강제할 수 있는가?

① ㄱ, ㄴ   ② ㄱ, ㄷ   ③ ㄴ, ㄹ
④ ㄱ, ㄷ, ㄹ   ⑤ ㄴ, ㄷ, ㄹ

16. 그림의 강연자가 지지할 입장으로 가장 적절한 것은? [3점]

성스러움이 세속적인 것과는 전혀 다른 그 무엇으로서 자신을 드러내어 보여 주기 때문에, 인간은 성스러움을 알 수 있습니다. 성스러움이 드러나는 것을 가리키는 말이 성현(聖顯)입니다. 성스러운 나무, 성스러운 돌은 정확히 그것이 성현이기 때문에, 그것이 더 이상 돌이나 나무가 아니라 성스러운 것을 보여 주는 존재가 되기 때문에 숭배를 받는 것입니다. 종교의 역사란 가장 원시적인 것에서부터 가장 고도로 발달된 것에 이르기까지 다수의 성현으로 이루어져 있다고 말할 수 있습니다. 종교적 인간이 성스러운 존재들에 의지하여 안정과 평화를 추구해 온 것은 자연스러운 일입니다. 심지어 비종교적 인간도 종교적 의례나 신화에 영향을 받기 때문에 자신도 모르는 사이에 종교적으로 행동합니다.

① 성스러움과 속됨은 서로 양립할 수 있지만 조화될 수는 없다.
② 종교적 인간은 성스러움을 만들어 내어 마음의 안정을 찾는다.
③ 종교의 역사는 성스러운 실재의 단 한번 드러남으로 이루어진다.
④ 돌이나 나무는 그 자체로 성스럽기 때문에 숭배의 대상이 된다.
⑤ 성스러움을 믿지 않는 인간이라도 은연중에 종교적으로 행동한다.

17. 갑, 을 사상가들의 입장으로 적절한 것만을 <보기>에서 고른 것은?

갑 : 어진 사람은 천하의 이익[利]을 일으키고 천하의 해(害)를 없앰을 법도로 삼는다. 그는 자기 눈에 아름답고 귀에 즐겁고 몸에 편안함을 위해 일하지 않는다. 옛 성왕(聖王)은 귀에 즐거워도 백성의 이익에 맞지 않아 음악을 즐기지 않았다.
을 : 군자는 도(道)를 터득함을 즐기지만 소인은 욕망[欲]의 채움을 즐긴다. 도로 욕망을 통제하면 즐거우면서도 어지럽지 않게 된다. 옛 성왕은 우아한 음악[雅頌]을 제정하고 이끌어 사람들이 즐거우면서도 어지럽지 않게 하였다.

─────<보 기>─────
ㄱ. 갑 : 분별적 사랑을 실천하기 위해 음악을 활용해야 한다.
ㄴ. 을 : 예법에 맞게 음악을 만들어 백성의 화합을 도모해야 한다.
ㄷ. 을 : 군자와 소인은 신분이 달라도 음악을 더불어 향유해야 한다.
ㄹ. 갑과 을 : 어진 사람은 인격 도야를 위해서만 음악을 즐겨야 한다.

① ㄱ, ㄴ　② ㄱ, ㄷ　③ ㄴ, ㄷ　④ ㄴ, ㄹ　⑤ ㄷ, ㄹ

18. 갑, 을 사상가들의 입장으로 가장 적절한 것은? [3점]

갑 : 원조 대상자의 이익을 고려하는 데 인종은 아무런 상관이 없다. 중요한 것은 이익 자체이다. 이익 평등 고려의 원칙에 따라 빈곤으로 고통받는 사람들에게 원조를 해야 한다.
을 : 원조의 목적은 고통받는 사회가 자신들의 문제를 합당하게 관리할 수 있을 때까지 도와, 결과적으로 그 사회가 질서 정연한 만민의 사회의 구성원이 되도록 하는 것이다.

① 갑 : 원조는 보편적인 의무이지만 조건부적으로 시행될 수 있다.
② 갑 : 원조 결정 시 원조 주체의 이익을 고려하는 것은 허용될 수 없다.
③ 을 : 원조의 차단점 설정은 원조 대상의 정치적 자율성을 침해한다.
④ 을 : 고통받는 사회의 기본 제도 개선을 위한 원조는 허용될 수 없다.
⑤ 갑과 을 : 고통받는 빈곤국의 복지 향상이 원조의 최종 목적이다.

19. 다음을 주장한 사상가의 입장에서 <문제 상황> 속 A에게 제시할 조언으로 가장 적절한 것은?

모든 경계가 무한하지만 모두 일심(一心) 안에 들어간다. 부처의 지혜는 모습을 떠나 마음의 원천으로 돌아가고, 지혜와 일심이 온전히 같아져 둘이 없다. 따라서 지극히 공정한 부처의 뜻을 토대로 여러 주장을 조화롭게 융합[和諍]해야 한다.

<문제 상황>

학급 회장인 A는 축제에서 학급 부스 운영 방안을 어떻게 결정해야 할지 고민하고 있다. 학급 친구들이 사진관, 오락실, 분식집 등 서로 다른 방안을 내세워 각자의 주장을 굽히지 않고 갈등하고 있기 때문이다.

① 옳고 그름을 가려 자신만의 입장을 정당화하도록 토론하세요.
② 각 주장이 타당할 수 있음을 인정하고 친구들과 의견을 조율하세요.
③ 모든 의견을 통합할 수 없으므로 회장의 직권으로 결정하세요.
④ 다른 학급의 사례에 따라 운영 방안을 결정하도록 유도하세요.
⑤ 모두 편협한 주장이므로 친구들 다수의 동의를 기초로 판단하세요.

20. (가)의 입장에 비해 (나)의 입장이 갖는 상대적 특징을 그림의 ㉠~㉤ 중에서 고른 것은?

(가) 북한은 우리의 안보를 위협하는 경계의 대상이다. 따라서 북한보다 우월한 군사력과 강력한 군사 동맹을 바탕으로 전쟁을 억지해야 한다. 이를 통해 국민의 생명과 재산을 보호하고 평화를 실현할 수 있을 뿐만 아니라 통일로 나아가는 기초를 마련할 수 있다.
(나) 북한은 우리와 함께 평화 통일을 실현해야 할 협력의 상대이다. 따라서 한반도 평화를 위해서는 군사적 경쟁보다는 활발한 남북 대화와 교류를 통해 상호 불신을 해소하고, 더 나아가 통일을 이룸으로써 분단으로 인한 구조적·문화적 폭력까지 제거해야 한다.

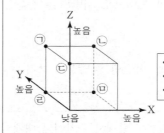

• X : 남북한 관계에서 군사적 힘의 논리를 강조하는 정도
• Y : 통일을 통한 적극적 평화의 실현을 강조하는 정도
• Z : 남북한 간 신뢰 형성의 중요성을 강조하는 정도

① ㉠　② ㉡　③ ㉢　④ ㉣　⑤ ㉤

* 확인 사항

○ 답안지의 해당란에 필요한 내용을 정확히 기입(표기)했는지 확인하시오.

성명 [ ] 수험 번호 [ ][ ][ ][ ][ ] — [ ][ ][ ][ ][ ] 제 [ ] 선택

31회

1. ㉠에 들어갈 진술로 가장 적절한 것은?

나는 윤리학이 '옳음', '좋음'의 의미를 분석하기보다 현실의 윤리 문제에 대한 실제적이고 구체적인 해결책을 모색하는 것을 핵심 과제로 삼아야 한다고 생각한다. 그런데 어떤 사람은 윤리학이 도덕 관행에 관한 사실을 과학적으로 탐구하고 설명하는 것을 핵심 과제로 삼아야 한다고 주장한다. 나는 이러한 주장이 ㉠ 고 생각한다.

① 도덕 현상을 가치중립적으로 기술하는 것이 필요함을 간과한다
② 도덕 언어에 함축된 의미 분석이 윤리학의 주된 목적임을 간과한다
③ 도덕 관행의 발생 과정을 객관적으로 설명해야 함을 간과한다
④ 도덕 추론을 위해 어떠한 사실적 지식도 필요하지 않음을 간과한다
⑤ 도덕 문제를 해결하기 위해 실천적 지침을 제공해야 함을 간과한다

2. 갑 사상가는 긍정, 을 사상가는 부정의 대답을 할 질문으로 가장 적절한 것은?

갑 : 참된 사람[眞人]은 모자란다고 억지 부리지 않고, 성공을 뽐내지 않으며, 일을 도모하지도 않는다. … (중략) … 이로움[利]과 해로움[害]을 구별하는 자는 군자(君子)가 아니다. 명예를 위해 참된 자기를 잃어버리는 자는 선비[士]가 아니다.
을 : 군자는 의로움[義]으로써 근본을 삼고, 예(禮)로써 실천하며, 공손한 몸가짐으로써 표현하고, 신의로써 일을 이룬다. … (중략) … 군자는 죽은 뒤에 세상에 자신의 이름[名]이 일컬어지지 않는 것을 싫어한다.

① 이상적 인간은 자신의 명예를 소중히 여기는 삶을 살아야 하는가?
② 이상적 인간은 시비(是非)를 판별하여 도(道)를 따라야 하는가?
③ 이상적 인간은 하늘의 명[天命]을 도덕적 실천의 근거로 삼는가?
④ 이상적 인간은 수양을 통해 백성의 편안함을 도모해야 하는가?
⑤ 이상적 인간은 모든 분별에서 벗어나 자연을 따르는 사람인가?

3. 다음을 주장한 사상가의 입장만을 <보기>에서 고른 것은?

배려 윤리는 도덕적으로 정당화될 수 있는 행동이 보편화 가능한 행동이어야 한다는 것을 거부한다. 우리가 누구인지, 누구와 어떤 관계를 맺고 있는지, 어떤 상황에 놓여 있는지를 고려해야 한다. 배려 윤리는 관계의 윤리이다. 배려의 관계는 배려자의 노력에 피배려자가 응답할 때 완성된다.

<보 기>
ㄱ. 구체적 맥락에 근거하여 도덕적 의사 결정을 내려야 한다.
ㄴ. 도덕적 의무감과 법칙이 도덕 행위의 기반이 되어야 한다.
ㄷ. 배려는 배려자와 피배려자의 상호 작용에서 이루어져야 한다.
ㄹ. 배려는 공감과 책임이 아닌 정의와 권리에 기초해야 한다.

① ㄱ, ㄴ ② ㄱ, ㄷ ③ ㄴ, ㄷ ④ ㄴ, ㄹ ⑤ ㄷ, ㄹ

4. 다음을 주장한 사상가의 입장에서 <사례> 속 A에게 제시할 조언으로 가장 적절한 것은? [3점]

공리의 원리란 모든 행위에 관해 그것이 우리의 행복을 증진하느냐 혹은 감소하느냐에 따라 좋다거나 나쁘다고 평가하는 원리이다. 쾌락과 고통은 강도, 지속성, 확실성 등을 기준으로 오직 양으로만 계산될 수 있다.

<사 례>
로봇 개발자인 A는 인공 지능 로봇 제작을 의뢰받았다. A는 인공 지능 로봇이 사람을 대신하여 유용한 일을 할 수 있지만, 범죄나 전쟁 등과 같은 유해한 일에 악용될 수 있기 때문에 이 로봇을 개발할지 고민하고 있다.

① 로봇 개발이 가져올 해악과 편익의 총합을 계산하여 결정하세요.
② 로봇 개발이 산출할 타인의 이익에 가중치를 두고 결정하세요.
③ 로봇 개발이 산출할 쾌락의 질적 차이를 고려하여 결정하세요.
④ 로봇 개발이 결과와 무관하게 선한 것인지 숙고하여 결정하세요.
⑤ 로봇 개발이 당신에게 가져올 이익만을 고려하여 결정하세요.

5. 다음 가상 편지에서 강조하는 내용으로 가장 적절한 것은? [3점]

친애하는 ○○에게
지난 편지에서 자네는 나에게 종교 간 갈등을 극복할 수 있는 방안에 대해 물었지. 그에 대한 나의 의견을 전하고자 하네. 우선, 모든 종교는 자신의 실수와 과오의 역사를 비판적 시각으로 성찰해야 하네. 다른 견해에 대한 정당한 비판은 오로지 단호한 자아비판이라는 바탕 위에서만 가능하네. 다음으로, 각 종교는 서로의 고유한 특성을 인정하고, 종교적 이해와 협력을 추구해야 하네. 그렇다고 해서 하나의 보편 종교를 요청해서는 안 되네. 마지막으로, 종교 간 대화가 필요하네. 종교 사이의 평화를 배제하고서는 국가 사이의 어떠한 평화도 불가능하고, 종교 사이의 대화를 배제하고서는 종교 사이의 어떠한 평화도 불가능하며, 내 이웃의 종교를 이해하지 않고서는 종교 사이의 어떠한 대화도 불가능하다는 것을 명심하게. …(후략).

① 세계 평화를 위해 다양한 종교를 단일 종교로 통합해야 한다.
② 종교 간 평화를 위해 자신의 종교적 정체성을 포기해야 한다.
③ 자신의 견해와 다른 종교적 견해를 결코 비판해서는 안 된다.
④ 종교 간 대화를 위해 타 종교에 대한 이해와 존중이 요청된다.
⑤ 종교 간 평화는 국가 간 평화를 실현하기 위한 전제 조건이 아니다.

6. (가), (나) 사상의 입장으로 적절하지 <u>않은</u> 것은? [3점]

> (가) 죽은 자를 위해 슬픔을 다하여 신중하게 장례를 치르고,
>   먼 조상의 제사에도 예(禮)로써 추모한다면 백성들의
>   덕(德)이 두터운 곳으로 돌아갈 것이다.
> (나) 사물에는 생멸(生滅)의 정황이 있으나, 이는 마음이 드러난
>   것일 뿐 생겨남이 없는 까닭에 소멸할 것도 없다. 이를 알면
>   생사(生死)와 열반(涅槃)이 평등하다는 경계에 이를 것이다.

① (가) : 죽음을 슬퍼하는 것은 자연의 순리를 회피하는 것이다.
② (가) : 죽음에 관심을 가지기보다는 인륜적 삶에 충실해야 한다.
③ (나) : 연기(緣起)를 깨달아 죽음의 고통[苦]에서 벗어나야 한다.
④ (나) : 삶과 죽음을 서로 다르지 않은 하나[生死一如]로 여겨야 한다.
⑤ (가)와 (나) : 죽음에 집착하지 않는 삶의 태도를 지녀야 한다.

7. 갑이 을에게 제기할 수 있는 비판으로 가장 적절한 것은?

> 갑 : 과학자 집단에 필요한 것은 자연적 사실을 규명하는 과정
>   에서의 내적 책임뿐이다. 과학자 집단에 외적 책임을 부과
>   하면 연구의 범위가 확대되기 어렵다. 과학 연구는 과학적
>   지식이 관찰과 일치하는지, 논리적 기준에 근거하는지에
>   기초해서 그 타당성을 판단하면 된다.
> 을 : 과학자 집단에는 내적 책임뿐만 아니라 외적 책임이 필요
>   하다. 과학 연구에는 연구자의 과거 경험이나 지식, 사회적
>   기대가 반영되기 때문에 가치가 개입된다. 따라서 과학자
>   집단은 자신의 과학 연구를 비판적으로 성찰하고 해로운
>   결과가 예측되는 연구에 대해 책임 있는 행동을 해야 한다.

① 연구 대상 선정과 결과 활용에 가치가 반영된다는 것을 간과한다.
② 연구 활성화를 위해 사회적 책임을 강조해서는 안 됨을 간과한다.
③ 과학자 집단이 준수해야 하는 윤리가 존재한다는 것을 간과한다.
④ 과학이 궁극적으로 삶의 질 향상을 지향한다는 것을 간과한다.
⑤ 과학 연구에 사회적 필요와 정치적 목적이 개입될 수 있음을 간과한다.

8. 갑, 을 사상가들의 입장으로 적절한 것만을 <보기>에서 고른 것은? [3점]

> 갑 : 시민 불복종은 해당 문제를 다수에게 알리려는 시도이거나
>   국가적인 관심을 촉구하는 것이다. 이때 우리는 중단시키려는
>   악의 크기와 우리의 행위가 가져올 법과 민주주의에 대한
>   존중심의 감소 정도를 저울질해 봐야 한다.
> 을 : 시민 불복종은 정치적 다수자로 하여금 공통된 정의감에
>   비추어 소수자의 합당한 요구에 대한 숙고를 강요한다. 이는
>   헌법과 사회 제도 일반을 규제하는 정의의 원칙들에 의해
>   지도되고 정당화되기에 정치적 행위가 된다.

─────< 보 기 >─────
ㄱ. 갑 : 시민 불복종의 목적은 결코 그 수단을 정당화할 수 없다.
ㄴ. 을 : 합법적인 민주적 권위에 대한 시민 불복종은 가능하다.
ㄷ. 을 : 다수의 정의감이 상실될 때 시민 불복종은 반드시 요청된다.
ㄹ. 갑과 을 : 시민 불복종이 가져올 효과를 신중히 고려해야 한다.

① ㄱ, ㄴ ② ㄱ, ㄷ ③ ㄴ, ㄷ ④ ㄴ, ㄹ ⑤ ㄷ, ㄹ

9. 다음 토론의 핵심 쟁점으로 가장 적절한 것은?

> 갑 : 복제 배아는 주로 줄기세포 추출을 위해 인공적으로 복제한
>   배아입니다. 복제 배아에서 추출한 줄기세포는 난치병
>   치료에 도움을 줄 수 있습니다.
> 을 : 줄기세포가 난치병 치료에 도움을 줄 수 있지만, 줄기세포
>   추출을 위해 배아를 복제해서는 안 됩니다. 복제 배아는
>   인간과 유전적 특성이 같아서 여성의 자궁에 착상하면
>   인간으로 성장할 수 있기 때문입니다.
> 갑 : 인간과 유전적 특성이 같은 복제 배아가 인간으로 발달하는
>   연속선상에 있다는 점은 인정합니다. 그러나 도토리를 보고
>   참나무라고 말할 수 없는 것처럼 복제 배아를 보고 인간
>   이라고 말할 수는 없습니다.
> 을 : 그렇지 않습니다. 복제 배아가 인간으로 발달하는 과정은
>   연속적이기 때문에 복제 배아와 인간을 구분할 수 있는
>   명확한 시점이 존재하지 않습니다. 따라서 복제 배아는
>   인간으로서의 지위를 지닌다고 보아야 합니다.

① 복제 배아와 인간은 유전적 특성이 동일한가?
② 복제 배아는 특정 목적을 위해 만들어지는가?
③ 줄기세포는 난치병 치료에 도움을 줄 수 있는가?
④ 복제 배아와 인간 사이에는 발달의 연속성이 존재하는가?
⑤ 복제 배아는 인간으로서의 지위를 지닌다고 간주해야 하는가?

10. (가)의 갑, 을, 병 사상가들의 입장을 (나) 그림으로 표현할 때, A~D에 해당하는 적절한 진술만을 <보기>에서 고른 것은? [3점]

> (가)
> 갑 : 생명 공동체의 온전함, 안정, 아름다움의 보존에
>   기여한다면 그 행위는 옳다. 대지의 이용을 경제적
>   관점만이 아닌 윤리적, 심미적 관점에서도 검토해야 한다.
> 을 : 생명체는 목적론적 삶의 중심으로서 그 자신의 고유한
>   선을 갖는다. 우리는 생명체의 고유한 선을 증진하거나
>   보호하는 활동을 실천해야 한다.
> 병 : 생명 공동체를 구성하는 개체들의 권리를 존중한다면
>   그 공동체는 보존될 것이다. 삶의 주체인 동물은 존중
>   받을 도덕적 권리를 지닌다.

> (나)
>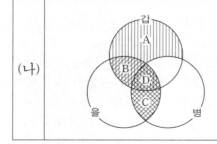
> 〈범 례〉
> A : 갑만의 입장
> B : 갑과 을만의 공통 입장
> C : 을과 병만의 공통 입장
> D : 갑, 을, 병의 공통 입장

─────< 보 기 >─────
ㄱ. A : 인간이 생명 공동체에 개입하는 것이 정당화되는 경우가 있다.
ㄴ. B : 어떤 생명체와 비교하든 인간이 본질적으로 우월하지는 않다.
ㄷ. C : 개체의 선에 우선하는 생명 공동체의 선은 존재할 수 없다.
ㄹ. D : 비도구적 가치를 지닌 비이성적 존재를 수단으로 사용하는
    것은 어떠한 경우에도 정당화될 수 없다.

① ㄱ, ㄴ ② ㄱ, ㄷ ③ ㄴ, ㄷ ④ ㄴ, ㄹ ⑤ ㄷ, ㄹ

11. 다음을 주장한 사상가의 입장으로 적절하지 <u>않은</u> 것은?

> ○ 청렴은 목민관의 본래 직무로 모든 선(善)의 원천이며 모든 덕(德)의 근본이다. 청렴하지 않고서 수령 노릇을 잘할 수 있는 자는 없었다.
> ○ 백성을 잘 다스리는 자는 반드시 자애롭다. 자애롭고자 하는 자는 반드시 청렴해야 하고, 청렴하고자 하는 자는 반드시 절약해야 한다. 그러므로 절용(節用)은 목민관의 가장 중요한 임무이다.

① 공직자의 청렴 실천은 인의예지(仁義禮智)를 구현하는 바탕이 된다.
② 공직자는 올바른 공무 수행을 위해 사치와 낭비, 탐욕을 없애야 한다.
③ 공직자는 절용을 백성 통치의 유일한 실천 방안으로 삼아야 한다.
④ 공직자의 절용 실천은 애민(愛民) 정신의 실현을 목적으로 한다.
⑤ 공직자의 청렴과 절용은 풍요롭고 안정된 사회 조성의 기반이 된다.

12. 갑, 을, 병 사상가들의 입장으로 가장 적절한 것은? [3점]

> 갑 : 형벌은 동등성의 원리에 따라서 내려져야 한다. 사형은 살인에 대한 최상의 균형자이다. 이는 정의가 선험적으로 정초된 보편적인 법칙들에 따라 의욕하는 바이다.
> 을 : 형벌은 시민의 이익을 위해 집행되어야 한다. 사형은 정말로 유용하고 정당한가? 사형은 국가가 유용하다고 판단한 경우 한 사람의 시민에 대해 벌이는 전쟁이다.
> 병 : 형벌은 사회에 해악을 끼치는 모든 위법 행위를 막는 것에 목적을 둔다. 형벌의 가치는 어떠한 경우에도 위법 행위에서 얻는 이득의 가치를 능가하기에 충분해야 한다.

① 갑 : 살인범은 살인을 의욕한 자로서 어떠한 인격성도 지닐 수 없다.
② 을 : 일반 시민이 법을 두려워하지 않도록 형벌을 집행해야 한다.
③ 병 : 공동체의 해악을 방지한다면 형벌 그 자체는 악이 아니다.
④ 갑과 을 : 공적 정의는 만인의 행복에 영향을 미치는 방식일 뿐이다.
⑤ 을과 병 : 범죄자에게 가능한 한 적은 고통을 주는 동시에 범죄 억지력을 갖는 형벌은 허용될 수 있다.

13. 그림의 강연자가 지지할 입장만을 <보기>에서 있는 대로 고른 것은?

> 유행은 모방이라는 점에서 개인을 누구나 다 가는 길로 안내합니다. 그와 동시에 유행은 차별화 욕구를 만족시킵니다. 유행은 언제나 상류 계층에서만 발생합니다. 상류 계층은 유행을 창출함으로써 그 구성원들 사이의 균질성을 유지하고 하류 계층의 구성원들과의 차별성을 부각합니다. 다른 한편, 하류 계층은 언제나 상층 지향적이기 때문에 유행을 따르는 경향이 있습니다. 이들 계층이 유행을 자신의 것으로 동화하자마자 상류 계층은 그 유행을 버리고 다시 대중과 자신을 구분할 수 있도록 새로운 유행을 추구합니다.

─────<보 기>─────
ㄱ. 상류 계층에 동화하려는 욕구는 유행을 확산하는 데 일조한다.
ㄴ. 모든 계층이 추구하는 유행의 양식은 항구적 속성을 지닌다.
ㄷ. 유행은 계층 내 동질성과 계층 간 차별성을 드러내는 수단이다.
ㄹ. 하류 계층의 모방은 새로운 유행을 창출하는 계기로 작동한다.

① ㄱ, ㄴ   ② ㄱ, ㄷ   ③ ㄴ, ㄹ
④ ㄱ, ㄷ, ㄹ   ⑤ ㄴ, ㄷ, ㄹ

14. 다음은 신문 칼럼이다. ㉠에 들어갈 내용으로 가장 적절한 것은? [3점]

○○ 신문	○○○○년 ○○월 ○○일

칼럼

최근 저작권 행사로 얻을 수 있는 경제적 이익이 커지면서 저작권을 대기업이나 이익 단체가 독점하기 시작했다. 그로 인해 저작물을 이용하는 가격이 비싸지면서 정보를 이용하는 데 부익부 빈익빈 현상이 심화되고 있다. 이러한 문제는 카피레프트라는 정보 공유 운동을 통해 해결할 수 있다. 우리가 지지하는 카피레프트는 저작자의 저작권을 부정하는 운동이 아니다. 오히려 저작자가 자신의 저작권을 기반으로 모든 사람에게 자유롭고 평등하게 정보에 접근하고 이를 이용, 배포, 수정할 수 있는 권리를 부여함으로써 정보 독점을 막고 지식의 진보를 이루고자 하는 운동이다. 이러한 카피레프트는 [㉠] …(후략).

① 저작자의 저작권을 폐기함으로써 정보 공유를 확대하고자 한다.
② 저작자가 저작물 이용에 대한 배타적 권리를 포기하는 것을 전제한다.
③ 저작권의 상업적 거래를 활성화할 수 있는 기반을 조성하고자 한다.
④ 정보의 폐쇄성을 조장함으로써 기술 진보와 문화 발전을 가로막는다.
⑤ 정보 접근 권한을 소득 수준에 따라 차등적으로 분배할 것을 지향한다.

15. (가)의 갑, 을 사상가들의 입장을 (나) 그림으로 탐구하고자 할 때, A~C에 해당하는 적절한 질문만을 <보기>에서 있는 대로 고른 것은?

(가)	갑 : 정의 이론은 사회의 기본 구조를 정하는 방식을 다룬다. 정의의 일차적 주제는 사회의 주요 제도에 의해 권리와 의무를 배분하고 사회 협동체로부터 생긴 이익의 분배를 정하는 방식에 관한 것이다. 을 : 분배 정의에 관한 정형적 원리는 재분배 행위를 반드시 불러온다. 소유 권리론의 관점에서 볼 때 재분배는 개인들의 권리를 침해한다. 소유권을 지켜 줄 최소 국가는 우리를 불가침의 개인들로 취급한다.
(나)	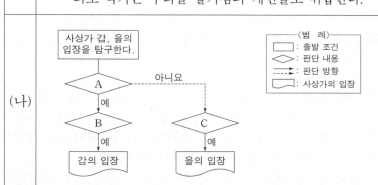

─────<보 기>─────
ㄱ. A : 공정한 분배를 위해 올바른 결과에 대한 독립적 기준이 필수적으로 요구되는가?
ㄴ. B : 더 많은 재능을 타고난 자가 자신의 재능을 활용하여 더 많은 이익을 획득하도록 장려되는 경우가 있는가?
ㄷ. B : 정의 원칙 수립 시 당사자 간 합의는 가설적이고 비역사적인가?
ㄹ. C : 과거 상황은 사물에 대한 차별적 소유권을 창출하는 요인인가?

① ㄱ, ㄴ   ② ㄱ, ㄷ   ③ ㄷ, ㄹ
④ ㄱ, ㄴ, ㄹ   ⑤ ㄴ, ㄷ, ㄹ

16. 갑, 을 사상가들의 입장으로 적절한 것만을 <보기>에서 고른 것은? [3점]

> 갑 : 영구 평화를 위해 상비군은 점차 완전히 폐지되어야 한다. 그러나 조국을 외부의 침략으로부터 방어하기 위한 시민들의 자발적이고 정기적인 무장 훈련은 사정이 다르다.
>
> 을 : 전쟁과 같은 직접적 폭력 외에도 간접적 폭력이 존재한다. 각각의 폭력은 상호 작용하며 서로 영향을 미친다. 이러한 다양한 폭력을 제거해야 진정한 평화가 달성될 수 있다.

―――――〈보 기〉―――――
> ㄱ. 갑 : 평화 연맹은 모든 전쟁의 영구적 종식을 목표로 한다.
> ㄴ. 갑 : 세계 시민법은 인권 보장이 아닌 영구 평화를 위한 것이다.
> ㄷ. 을 : 문화적 폭력은 구조적 폭력을 올바른 것으로 보이게 한다.
> ㄹ. 갑과 을 : 폭력의 사용은 어떠한 경우에도 허용될 수 없다.

① ㄱ, ㄴ ② ㄱ, ㄷ ③ ㄴ, ㄷ ④ ㄴ, ㄹ ⑤ ㄷ, ㄹ

17. 갑, 을 사상가들의 입장으로 적절하지 <u>않은</u> 것은?

> 갑 : 질서 정연한 만민은 고통을 겪는 사회들을 위해 원조해야 한다. 그런데 분배 재원만으로는 정치적·사회적 부정의를 교정하기에 충분하지 않다. 오히려 고통을 겪는 사회들의 정치 문화가 변화하는 것이 매우 중요하다.
>
> 을 : 풍요로운 국가의 사람들 대부분은 기본적 필요가 충족되지 않은 빈곤을 막기 위해 원조해야 한다. 그들이 소득의 1퍼센트 정도만 기부하면 전 세계 빈곤층을 완전히 없애는 단계에 이를 수 있다.

① 갑 : 고통을 겪는 사회가 자국민 인권에 관심을 갖게 원조해야 한다.
② 갑 : 원조의 목적은 합당하고 합리적인 제도의 실현과 보존에 있다.
③ 을 : 기아의 주된 원인은 전 세계 식량 총 생산량의 부족에 있지 않다.
④ 을 : 모든 사람은 세계 모든 이의 복지에 동일한 책임을 져야 한다.
⑤ 갑과 을 : 국가 간 부의 불평등이 그 자체로 부정의한 것은 아니다.

18. (가)의 입장에 비해 (나)의 입장이 갖는 상대적 특징을 그림의 ㉠~㉤ 중에서 고른 것은?

> (가) 통일을 통해 북한 주민의 인권 보장을 위한 밑거름을 조성하고 동북아시아의 평화에 기여할 수 있다. 그러나 통일은 남한의 기술과 북한의 자원을 결합하여 경제적 이익을 창출한다는 점에서 더 중요하다.
>
> (나) 통일을 통해 경제적 이익을 얻을 수 있다. 그러나 통일은 북한 주민의 인권 상황을 개선하고 한반도 평화 정착을 바탕으로 세계 평화에 기여한다는 점에서 더 중요하다.

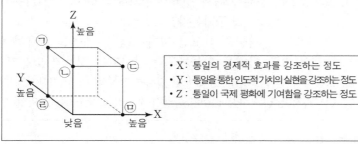

- X : 통일의 경제적 효과를 강조하는 정도
- Y : 통일을 통한 인도적 가치의 실현을 강조하는 정도
- Z : 통일이 국제 평화에 기여함을 강조하는 정도

① ㉠ ② ㉡ ③ ㉢ ④ ㉣ ⑤ ㉤

19. (가)의 갑, 을, 병 사상가들의 입장에서 서로에게 제기할 수 있는 비판을 (나) 그림으로 표현할 때, A~F에 해당하는 내용으로 가장 적절한 것은? [3점]

> (가)
> 갑 : 국가는 자기 완결적 조직으로서 최고선을 추구한다. 공동의 선을 나누어 가질 수 없거나 나누어 가질 필요가 없는 자는 국가의 일부가 아니며, 짐승 아니면 신이다.
>
> 을 : 국가가 형성될 때 개개인은 자신을 그 모든 권리와 함께 공동체 전체에 전면 양도한다. 이를 일반 의지의 지배 아래 둔 개인은 자기 자신에게만 복종한다.
>
> 병 : 국가가 없는 자연 상태에서 개개인은 모든 것에 대한 권리를 갖는다. 자기 보존과 평화를 위해 그러한 권리를 포기함으로써 주권자인 리바이어던이 탄생한다.

> (나)
>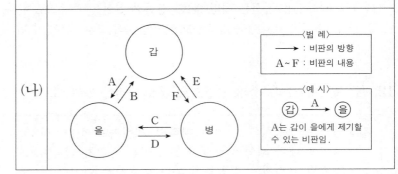
>
> 〈범 례〉
> ⟶ : 비판의 방향
> A~F : 비판의 내용
>
> 〈예 시〉
> 갑 ―A→ 을
> A는 갑이 을에게 제기할 수 있는 비판임.

① A : 공공의 이익에 입각하여 국가가 운영되어야 함을 간과한다.
② B, E : 인간은 국가 안에서만 행복한 삶을 살 수 있음을 간과한다.
③ C : 국가 구성원의 생명권 보장이 국가의 목적임을 간과한다.
④ D : 국가 구성원은 법을 따르는 동시에 제정하는 자임을 간과한다.
⑤ F : 국가 권위에 복종할 의무는 자연 발생적이지 않음을 간과한다.

20. (가)를 주장한 고대 서양 사상가의 입장에서 볼 때, (나)의 ㉠에 들어갈 진술로 가장 적절한 것은? [3점]

> (가)
> 예술가는 사물을 모방할 수 있을 뿐 이데아 자체를 만들 수는 없네. 그래도 예술가의 훌륭한 작품은 영혼의 교육에 도움을 주네. 이때 음악적 수련이 가장 가치가 있네. 왜냐하면 리듬과 화음은 영혼 안에 들어가 우아함을 심어 주기 때문이네. 그러하니 작품 속에 무절제와 야비함을 표현하지 못하게 해야 하고, 이를 따르지 않는 예술가를 추방해야 하네.

> (나)
> 제자 : 예술이 인간의 삶 속에서 의미가 있기 위해 예술가는 어떤 노력을 해야 합니까?
> 스승 : 예술가는 ――――――――㉠――――――――

① 예술을 위한 예술 활동에 전념해야 하네.
② 국가가 예술에 개입하는 것을 막아야 하네.
③ 사람의 선한 성품을 작품 속에 표현해야 하네.
④ 아름답거나 추한 모습을 사실적으로 드러내야 하네.
⑤ 사물이 나누어 가지는 아름다움의 이데아를 창조해야 하네.

---

* 확인 사항

○ 답안지의 해당란에 필요한 내용을 정확히 기입(표기)했는지 확인하시오.

성명 [　　　]　수험 번호 [　|　|　|　|　－　|　|　|　]　제 〔　〕 선택

1. (가), (나), (다)에 대한 설명으로 옳지 <u>않은</u> 것은? [3점]

> (가) 윤리학은 도덕 원리를 바탕으로 실생활의 윤리 문제에 대한 해결 방안을 제시하는 데 주력해야 한다.
> (나) 윤리학은 도덕적 언어의 의미를 분석하고 도덕적 추론의 정당성을 검증하는 데 주력해야 한다.
> (다) 윤리학은 도덕 판단의 기준을 탐구하고 도덕적 행위의 이론적 근거를 제시하는 데 주력해야 한다.

① (가)의 목적은 도덕 현상의 인과 관계를 기술하는 것이다.
② (가)는 현실의 윤리 문제 해결을 위해 (다)를 필요로 한다.
③ (나)는 윤리학이 학문적으로 성립 가능한지 검증하고자 한다.
④ (다)는 도덕적 규범들의 체계를 구축하고 정당화하고자 한다.
⑤ (다)는 윤리 이론을 정립할 때 (나)의 연구 결과를 활용할 수 있다.

2. (가), (나)의 입장으로 적절한 것만을 <보기>에서 고른 것은?

> (가) 이것이 있기 때문에 저것이 있고, 이것이 생기기 때문에 저것이 생긴다. 이것이 없기 때문에 저것이 없고, 이것이 사라지기 때문에 저것이 사라진다. 이를 연기(緣起)라 한다.
> (나) 인위적인 것을 멀리하고 분별적 지혜를 버리면 백성의 이익이 백배가 된다. 인(仁)을 끊고 의(義)를 버리면 백성이 다시 효도하고 자애로워진다.

<보 기>
ㄱ. (가) : 고정불변의 실체가 있음을 깨달아야 한다.
ㄴ. (가) : 연기의 법칙을 깨달아 자비를 실천해야 한다.
ㄷ. (나) : 인위에 얽매이지 않고 도(道)에 따라야 한다.
ㄹ. (가), (나) : 인의(仁義)를 통해 도덕적 삶을 추구해야 한다.

① ㄱ, ㄴ　② ㄱ, ㄷ　③ ㄴ, ㄷ　④ ㄴ, ㄹ　⑤ ㄷ, ㄹ

3. 갑, 을 사상가들의 입장으로 적절하지 <u>않은</u> 것은? [3점]

> 갑 : 이성적 존재자로서 인간의 행위는 도덕 법칙의 지배를 받는다. 이 법칙에 자신의 행위를 자율적으로 복종시킬 때 그 행위는 결과와는 상관없이 도덕적 가치를 갖는다.
> 을 : 모든 쾌락을 합산하고 모든 고통을 합산하여 이 둘을 비교하였을 때, 쾌락의 양이 더 크면 그 행위는 옳은 행위이다. 이것이 행위의 옳음을 판단하는 유일한 방법이다.

① 갑 : 좋은 결과를 산출한 행위도 옳지 않은 행위일 수 있다.
② 갑 : 그 자체로 선한 의지에서 비롯된 행위는 옳은 행위이다.
③ 을 : 행위의 옳고 그름을 판단하는 척도는 결과의 유용성이다.
④ 을 : 정신적 쾌락은 감각적 쾌락과 달리 양적 계산이 불가능하다.
⑤ 갑, 을 : 행위의 옳고 그름을 규정하는 보편적 원칙은 존재한다.

4. 갑 사상가가 을 사상가에게 제기할 수 있는 비판으로 가장 적절한 것은? [3점]

> 갑 : 우리는 원하는 것보다 원하지 않는 것을 더 잘 안다. 따라서 실제로 무엇을 보호해야 하는가를 알아내기 위해 우리는 희망보다 공포로부터 논의를 시작해야 한다. 왜냐하면 행위를 하도록 북돋우는 공포가 책임의 본질적 속성이기 때문이다.
> 을 : 인간은 자연의 사용자 및 자연의 해석자로서 자연에 대해서 실제로 관찰하고 고찰한 것만큼 자연을 이해할 수 있고, 무엇인가를 할 수 있다. 더 나은 지식이 만들어지면 과학 기술의 진보를 기대할 수 있다는 것이 우리가 희망을 말하는 근거이다.

① 과학 기술자는 사회적 책임으로부터 자유로워야 함을 간과한다.
② 인간의 책임 범위가 자연에 대해서까지 확대되어야 함을 간과한다.
③ 인류의 복지를 위한 과학 기술의 사용은 제한될 수 없음을 간과한다.
④ 현세대와 미래 세대 사이에 호혜적 책임이 있어야 함을 간과한다.
⑤ 과학 기술 발전에 따른 부작용도 과학 기술로 해결 가능함을 간과한다.

5. 다음 토론의 핵심 쟁점으로 가장 적절한 것은?

> 갑 : 유전 공학은 우리를 질병으로부터 해방시키고 우리가 바라는 인간의 현재와 미래의 모습을 실현시켜 줄 것입니다. 유전 공학의 발전은 행복한 미래를 위한 필수 조건입니다.
> 을 : 질병 극복은 선(善)이므로 치료를 목적으로 하는 유전 공학 연구는 진행되어야 합니다. 그러나 유전자 강화 연구는 치료를 넘어 자연적 형질의 변화를 추구하므로 지속되면 안 됩니다.
> 갑 : 치료가 소극적 선이라면 강화는 적극적 선입니다. 유전자 강화를 통해 우리의 자연적 능력은 확연히 강화될 것입니다. 이를 통해 우리는 더 높은 차원의 삶을 경험할 것입니다.
> 을 : 유전자 강화 기술이 설령 자신과 미래 세대에게 높은 차원의 삶을 보장해 줄 수 있을지라도, 이 기술은 인간의 고유성과 정체성을 훼손하기 때문에 선이라 할 수 없습니다.

① 유전 공학 연구는 선을 추구해야 하는가?
② 치료를 목적으로 하는 유전 공학은 발전해야 하는가?
③ 유전자 강화 기술의 궁극적 목적은 질병의 치료인가?
④ 유전자 강화 기술은 인간의 자연적 능력을 변화시키는가?
⑤ 유전자 강화를 목적으로 하는 유전 공학 연구는 중단되어야 하는가?

6. 갑, 을 사상가들의 입장으로 적절하지 <u>않은</u> 것은?

> 갑 : 백성은 항산(恒産)이 있어야 항심(恒心)을 지닐 수 있다.
> 성인(聖人)이 천하를 다스리면 곡식이 물이나 불과 같이
> 풍족해질 것이다. 만일 곡식이 물이나 불과 같이 풍족
> 해지면 백성에게 어찌 불인(不仁)함이 있겠는가?
> 을 : 왕공(王公)과 사대부의 자손이라도 예의(禮義)를 힘써 행할
> 수 없다면 서인(庶人)으로 귀속시킨다. 서인의 자손이라도
> 학문을 쌓아 몸을 바르게 하고 예의를 힘써 행할 수 있다면
> 사대부로 귀속시킨다.

① 갑 : 성인(聖人)은 백성의 기본적 생계유지를 중시한다.
② 갑 : 경제적 안정은 백성에게 도덕적 삶의 기반이 된다.
③ 을 : 사회적 역할은 능력보다는 선호에 따라 결정되어야 한다.
④ 을 : 예(禮)를 기준으로 하여 사회적 역할이 분담되어야 한다.
⑤ 갑, 을 : 사회적 분업은 사회 질서를 유지하는 데 기여할 수 있다.

7. 다음을 주장한 사상가의 입장으로 적절한 것만을 <보기>에서 고른 것은?

> 본래 인간은 자유롭고 평등하고 독립된 존재이므로 자신의
> 동의 없이 다른 사람의 정치권력에 복종할 수 없다. 어떤 사람이
> 자신의 자유를 포기하고 시민 사회의 구속을 받아들이는 유일한
> 방법은, 자신의 재산을 보호하고 다른 사람들과 상호간에 안전한
> 삶을 영위하기 위해서 공동체를 결성하기로 합의하는 것이다.

<보 기>
ㄱ. 국가는 가족 공동체 의식이 전제된 정치적 공동체여야 한다.
ㄴ. 국가는 개인의 기본권 보장을 목적으로 계약에 의해 수립된다.
ㄷ. 국가는 인간의 정치적 본성으로 형성되는 자연적 공동체이다.
ㄹ. 국가는 시민 모두에게 동등한 자유와 권리를 보장해야 한다.

① ㄱ, ㄴ   ② ㄱ, ㄷ   ③ ㄴ, ㄷ   ④ ㄴ, ㄹ   ⑤ ㄷ, ㄹ

8. 갑, 을 사상가들의 입장으로 적절한 것만을 <보기>에서 있는 대로 고른 것은? [3점]

> 갑 : 질서 정연한 만민은 고통받는 사회들을 원조해야 할 의무를
> 지닌다. 그러나 이 의무를 실행하게 하는 방법이 경제적
> 및 사회적 불평등을 규제하는 분배 정의의 원칙을 따르는
> 것은 아니다.
> 을 : 우리는 적은 비용으로도 가난한 사람의 복리에 중요한
> 변화를 일으킬 수 있다. 쾌락 증진과 고통 감소를 추구하는
> 공리주의 이론에 근거하여 원조 여부를 판단해야 한다.

<보 기>
ㄱ. 갑 : 정의의 원칙에 따라 운영되는 국가는 원조의 대상이 아니다.
ㄴ. 을 : 빈곤으로 고통받는 사람을 원조하지 않아도 되는 경우가 있다.
ㄷ. 을 : 원조는 도덕적 구속력이 배제된 개인적 선택의 문제이다.
ㄹ. 갑, 을 : 자원이 풍부한 국가는 원조의 대상이 될 수 없다.

① ㄱ, ㄴ   ② ㄴ, ㄹ   ③ ㄷ, ㄹ
④ ㄱ, ㄴ, ㄷ   ⑤ ㄱ, ㄷ, ㄹ

9. 그림의 강연자가 긍정의 대답을 할 질문으로 가장 적절한 것은?

> 음식을 선택할 때에는 단순히 맛뿐만 아니라 건강과
> 환경 등 여러 요소를 고려해야 합니다. 우선, 건강과
> 맛을 위해 유기농 식품을 이용해야 합니다. 질이 낮은
> 음식을 풍족하게 먹는 것보다 덜 먹더라도 질 좋은
> 재료로 만든 유기농 식품을 먹는다면 건강도 증진되고
> 맛의 즐거움도 만끽할 수 있습니다. 또한, 환경을
> 생각해서 경제적 효율성이 떨어지더라도 유기농
> 먹거리는 반드시 가까운 지역에서 얻어야 합니다.
> 다른 나라에서 생산한 산업화된 유기농 식품은 장거리
> 수송 과정에서 이산화탄소 배출 문제를 일으킵니다.
> 그리고 식품의 적정 가격에 대한 논의도 해야 합니다.
> 가난한 사람이 유기농 식품을 이용할 수 있도록 가격은
> 너무 비싸도 안 되지만, 농부들의 지속 가능한 생산을
> 위해 너무 저렴해도 안 됩니다.

① 가난한 사람들도 유기농 음식을 이용할 수 있도록 배려해야 하는가?
② 맛의 즐거움과 건강을 위해 음식의 질보다 양을 중시해야 하는가?
③ 대량 생산으로 음식 재료 가격을 낮추는 게 언제나 바람직한가?
④ 유기농 식품의 소비 과정에서 환경에 대한 고려를 배제해야 하는가?
⑤ 가까운 지역의 유기농 식품을 이용하는 것이 가장 경제적인 소비인가?

10. (가)의 갑, 을, 병 사상가들의 입장을 (나) 그림으로 표현할 때, A~D에 해당하는 질문으로 적절한 것만을 <보기>에서 있는 대로 고른 것은? [3점]

> (가)
> 갑 : 노동이 생활 수단일 뿐만 아니라 일차적인 생활
> 욕구로 된 후에, 사회는 자신의 깃발에 '각자는 능력에
> 따라, 각자에게는 필요에 따라'라고 쓸 수 있게 된다.
> 을 : 한 사람의 소유물은 취득, 이전, 불의의 교정 원리에
> 의해 권리를 부여받았으면 정당하다. 각 개인의
> 소유물이 정당하다면 소유물의 전체 집합도 정당하다.
> 병 : 원초적 입장에서 합의된 정의 원칙들은 사회 협동체의
> 종류와 설립할 정부 형태를 명시해 준다. 정의 원칙들을
> 이렇게 보는 방식을 공정으로서의 정의라 부른다.

(나)

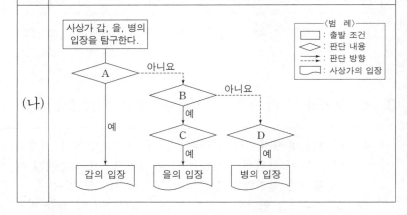

<보 기>
ㄱ. A : 가장 바람직한 분배는 국가가 없는 상태에서 가능한가?
ㄴ. B : 자기 노동의 결과에 대해서만 정당한 소유권을 갖는가?
ㄷ. C : 최소 국가는 정의 실현을 위해 분배 과정에 개입할 수 있는가?
ㄹ. D : 재산에 대한 사적 소유권은 차등적으로 분배되어야 하는가?

① ㄱ, ㄴ   ② ㄱ, ㄷ   ③ ㄴ, ㄹ
④ ㄱ, ㄷ, ㄹ   ⑤ ㄴ, ㄷ, ㄹ

11. 갑, 을 사상가들의 입장으로 가장 적절한 것은? [3점]

> 갑 : 사람을 섬길 줄도 모르면서 어떻게 귀신을 섬길 수 있겠
> 는가? 삶도 아직 모르면서 어떻게 죽음을 알 수 있겠는가?
> 뜻있는 선비와 어진 사람은 살기 위해 인(仁)을 해치지
> 않고, 자신을 희생해서라도 인을 이루려 한다.
> 을 : 혼돈 속에 뒤섞여 있는 가운데 변화가 일어나 기(氣)가
> 드러나고, 그 기가 변화하여 형체를 이루며, 다시 이 형체가
> 변화해서 생명이 생긴다. 생명은 다시 한 번 변화해서
> 죽음으로 돌아간다.

① 갑 : 삶과 죽음은 모두 고통의 연속일 뿐이다.
② 갑 : 삶과 죽음은 기가 모이고 흩어지는 연속적 과정이다.
③ 을 : 자연스러운 과정인 죽음에 대해 슬퍼할 필요가 없다.
④ 을 : 죽음을 두려워하기보다 인(仁)을 이루는 삶을 지향해야 한다.
⑤ 갑, 을 : 현세에서의 도덕적 실천이 내세의 삶에 영향을 미친다.

12. 갑, 을 사상가들의 입장으로 가장 적절한 것은?

> 갑 : 성왕(聖王)은 사람의 본성이 악하여 사회가 어지러울 것을
> 염려하였다. 이에 예의(禮義)와 법도를 만들어 사람의 성정
> (性情)을 교화하였다. 악(樂)이란 성인이 즐겼던 바이고,
> 악(樂)으로써 백성의 마음을 선도할 수 있다.
> 을 : 사람은 시(詩)에서 감흥이 일어나고, 예(禮)에서 바로 서고,
> 악(樂)에서 완성된다. 도에 뜻을 두고, 덕에 의거하며,
> 인(仁)에 의지하고, 예(藝)에서 노닐어야 한다.

① 갑 : 음악의 유일한 목적은 즐거움을 주는 것이다.
② 갑 : 음악은 사람의 선한 본성을 이끌어 낼 수 있다.
③ 을 : 음악은 재물을 낭비하게 하여 백성에게 해가 된다.
④ 을 : 음악은 음악 자체의 아름다움을 위해서만 존재한다.
⑤ 갑, 을 : 음악은 인격을 도야하기 위한 중요한 수단이다.

13. 다음을 주장한 사상가의 입장으로 가장 적절한 것은? [3점]

> 국가들 사이의 영원한 평화를 위한 확정 조항은 다음과 같다.
> 첫째, 모든 국가의 시민적 정치 체제는 공화 정체여야 한다.
> 모든 입법은 근원적 계약의 이념에서 나오는 공화 정체에 기초
> 해야만 한다. 둘째, 국제법은 자유로운 국가들의 연방 체제에
> 기초해야 한다. 국가들은 국제법의 이념에 따라 움직이지 않기에
> 전쟁을 방지하기 위하여 지속적인 연맹이 필요하다. 셋째, 세계
> 시민법은 보편적 우호의 조건들에 국한되어야 한다. 여기서
> 우호란 외국인이 타국의 영토에 도착했다고 해서 적대적으로
> 취급받지 않을 권리를 의미한다.

① 국제 관계에서는 국가가 유일한 행위자로 간주된다.
② 국제 연맹은 국가와 같은 주권적 권력으로 기능해야 한다.
③ 평화 조약을 통해 모든 전쟁들을 영원히 종식시킬 수 있다.
④ 국가 간 분쟁의 해소가 영원한 평화 실현의 충분조건은 아니다.
⑤ 정치 체제의 개선이 평화의 실현을 위한 전제 조건은 아니다.

14. ㉠에 들어갈 진술로 가장 적절한 것은? [3점]

> 　독일의 통일 사례는 통일을 준비하는 우리에게 중요한 교훈을
> 준다. 독일은 통일 전 많은 교류와 협력을 추진해 왔음에도
> 불구하고, 통일 이후 구 동독 지역 주민들과 구 서독 지역
> 주민들이 서로를 비하하고 무시하는 등 심각한 갈등을 겪었다.
> 또한 사회·문화적인 이질성을 줄이지 못한 상황에서 통일이
> 되면서 통일 이후에 사회를 통합하는 데 막대한 비용을 지불해야
> 했다. 이처럼 오랜 기간 서로 다른 이념과 체제에서 살아온
> 사람들이 서로에 대한 이질감을 극복하고 내적인 통합을 이루는
> 것은 단기간에 달성할 수 있는 쉬운 문제가 아니다. 따라서
> 우리는 [㉠]

① 교류와 협력보다는 체제의 우위를 공고히 해야 한다.
② 사회적 갈등을 예방하기 위해 흡수 통일을 지향해야 한다.
③ 사회·문화적 통합을 이루기 위한 장기적 대책을 강구해야 한다.
④ 민족의 동질성을 회복하기 위해 급진적으로 통일을 이루어야 한다.
⑤ 이념적 통합이 선행되지 않으면 통일을 위한 노력을 중단해야 한다.

15. (가)의 갑, 을, 병 사상가들의 입장을 (나) 그림으로 표현할 때,
A~D에 해당하는 진술로 적절한 것만을 <보기>에서 있는 대로
고른 것은?

(가)	갑 : 동물을 잔학하게 다루는 것은 인간 자신에 대한 의무에 어긋난다. 왜냐하면 타인과의 관계에서 도덕성에 도움이 되는 자연적 소질을 약화시키기 때문이다. 을 : 고통과 즐거움을 느낄 수 있는 존재에 대해 우리는 이익 평등 고려 원칙을 적용해야 한다. 동물의 고통을 무시하는 행위는 일종의 종 차별주의적 태도이다. 병 : 개인은 상호 의존적으로 이루어진 공동체의 구성원이다. 우리는 대지 윤리를 통해 이 공동체의 범위를 흙, 물, 동식물을 포함하도록 확장해야 한다.
(나)	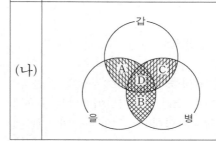 〈범 례〉 A : 갑과 을만의 공통 입장 B : 을과 병만의 공통 입장 C : 갑과 병만의 공통 입장 D : 갑, 을, 병의 공통 입장

――――――〈보 기〉――――――
ㄱ. A : 자연을 경제적 관점에서 이용하는 것이 허용될 수 있다.
ㄴ. B : 이성적 능력을 기준으로 도덕적 지위가 결정되지는 않는다.
ㄷ. C : 고통을 느끼는 모든 존재가 존속할 권리를 갖는 것은 아니다.
ㄹ. D : 동물에게 해를 끼치는 행위가 정당화되는 경우가 있다.

① ㄱ, ㄴ　　② ㄱ, ㄷ　　③ ㄴ, ㄹ
④ ㄱ, ㄷ, ㄹ　　⑤ ㄴ, ㄷ, ㄹ

16. 다음을 주장한 사상가의 입장에서 <사례> 속 학생 A에게 해 줄 수 있는 조언으로 가장 적절한 것은? [3점]

> 군자는 화합하지만[和] 주체를 잃지 않고 남들과 같아지지[同] 않으며, 소인은 주체를 잃어버리고 남들과 같아지며 화합하지 않는다. 군자는 두루 포용하고[周] 파벌을 이루지[比] 않으며, 소인은 파벌을 이루고 두루 포용하지 않는다.

<사 례>

> 학생 A는 다른 문화권에서 온 친구의 독특한 행동이 비도덕적이라고 생각하지는 않지만 왠지 낯설게 느껴진다. 그래서 학생 A는 그 친구를 어떻게 대해야 할지 고민하고 있다.

① 그 친구가 우리나라 문화에 동화되도록 설득해 보세요.
② 그 친구의 문화를 이해하는 태도로 조화롭게 지내세요.
③ 친하게 지낼 경우 얻게 되는 이익을 계산하여 행동하세요.
④ 다수가 즐기는 문화가 우월하다는 생각을 갖고 행동하세요.
⑤ 선악의 분별없이 그 친구의 행동을 모두 포용하도록 하세요.

17. 그림은 서양 사상가 갑, 을의 가상 대화이다. 갑, 을의 입장으로 적절한 것만을 <보기>에서 있는 대로 고른 것은?

> 평등한 자유의 원칙에 대한 심각한 위반은 시민 불복종의 대상이 됩니다. 시민 불복종에 참여하는 사람들은 다수자의 정의감에 호소하여 자유로운 협동의 조건이 침해되었다는 것을 정당하게 알립니다.

> 시민 불복종은 민주적 의사 결정을 좌절시킨다기보다는 복원하려는 시도입니다. 우리가 중단시키려고 하는 악의 크기와, 불복종 행위가 가져올 법과 민주주의에 대한 존중심의 감소 정도를 저울질해 봐야 합니다.

<보 기>

ㄱ. 갑: 차등의 원칙을 위반한 정책은 시민 불복종의 대상이 된다.
ㄴ. 갑: 매우 부정의한 입헌 체제에서 시민 불복종은 성립할 수 없다.
ㄷ. 을: 시민 불복종을 하는 시민은 보편적 법치 원리를 존중한다.
ㄹ. 갑, 을: 시민 불복종으로 발생할 불행한 결과를 고려해야 한다.

① ㄱ, ㄴ　　　② ㄱ, ㄹ　　　③ ㄴ, ㄷ
④ ㄱ, ㄷ, ㄹ　　　⑤ ㄴ, ㄷ, ㄹ

18. 다음을 주장한 사상가의 입장으로 가장 적절한 것은?

> 결혼은 서로에게 평등한 권리를 허용하고, 자신의 전인격을 온전히 상대방에게 양도한다는 조건을 받아들이겠다는 두 사람 사이의 계약이다. 그리하여 각자는 상대방의 전인격에 대한 완전한 권리를 갖게 되며, 이제 인간성을 추락시키지도 않고 도덕성을 위반하지 않으면서도 성관계가 가능한 방식이 이성(理性)을 통해 명확해진다.

① 자발적 동의가 없는 성관계도 도덕적으로 정당화될 수 있다.
② 결혼이라는 조건이 충족될 때 상대방의 성을 향유할 수 있다.
③ 타인에게 해를 끼치지 않는 모든 성관계는 도덕적으로 정당하다.
④ 인격적 만남을 통한 성관계는 부부 사이가 아니어도 정당하다.
⑤ 부부 사이의 성관계도 출산을 의도할 때에만 도덕적으로 정당하다.

19. (가)의 갑, 을, 병 사상가들의 입장에서 서로에게 제기할 수 있는 비판을 (나) 그림으로 표현할 때, A~F에 해당하는 내용으로 가장 적절한 것은? [3점]

(가)	갑: 사형은 살인에 상응하는 보복을 위한 것이다. 또한 사형은 인간성을 해치는 죄책감으로부터 사형수를 해방시켜 준다. 을: 사형은 한순간에 강렬한 인상만을 줄 뿐이다. 반면, 종신 노역형은 더 큰 공포를 안겨 주므로 인간 정신에 미치는 효과가 사형에 비해 크다. 병: 사형은 죄인을 적으로 간주하는 것으로서, 그에 대한 재판과 판결은 그가 더 이상 국가의 구성원이 아니라는 증명이자 선고이다.
(나)	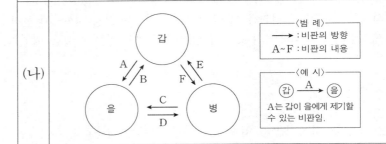

① A, C: 형벌이 주는 공포는 강도보다 지속성에서 나음을 간과한다.
② B: 종신 노역형이 범죄자를 목적으로 대우하는 형벌임을 간과한다.
③ D: 사형은 시민의 범죄 의욕을 전혀 억제할 수 없음을 간과한다.
④ E: 사형은 시민들의 생명을 지키기 위해 실행되는 형벌임을 간과한다.
⑤ F: 범죄자를 처벌하는 것은 그가 처벌을 의욕했기 때문임을 간과한다.

20. 다음은 신문 칼럼이다. ㉠에 들어갈 제목으로 가장 적절한 것은?

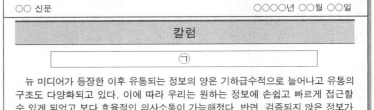

> ○○ 신문　　　○○○○년 ○○월 ○○일
>
> **칼럼**
>
> ㉠
>
> 　뉴 미디어가 등장한 이후 유통되는 정보의 양은 기하급수적으로 늘어나고 유통의 구조도 다양화되고 있다. 이에 따라 우리는 원하는 정보에 손쉽고 빠르게 접근할 수 있게 되었고 보다 효율적인 의사소통이 가능해졌다. 반면, 검증되지 않은 정보가 광범위하게 확산되거나, 다양한 정보가 임의적으로 조합되어 실체가 없는 거짓 정보가 양산되는 등 심각한 사회 문제가 생겨났다. 단순히 수용적인 태도로 미디어가 보여 주는 정보에 접근한다면 편견에 사로잡혀 세상을 객관적으로 보지 못할 수 있다. 이것이 바로 뉴 미디어 시대의 새로운 시민성으로서 미디어 리터러시(media literacy)가 요청되는 이유이다.

① 뉴 미디어 시대, 쌍방향 의사소통이 가능해진다.
② 뉴 미디어 시대, 빅 데이터 처리 기술이 요청된다.
③ 뉴 미디어 시대, 계층 간 정보 격차를 줄여야 한다.
④ 뉴 미디어 시대, 정보에 대한 접근이 더 용이해진다.
⑤ 뉴 미디어 시대, 정보에 대한 비판적 사고력이 필요하다.

＊ 확인 사항

○ 답안지의 해당란에 필요한 내용을 정확히 기입(표기)했는지 확인하시오.

1. (가), (나)의 입장으로 가장 적절한 것은?

> (가) 윤리학은 사회 변화와 기술의 발전으로 인해 발생하는 새로운 도덕 문제를 해결하기 위한 구체적 지침을 제공하는 것을 핵심 과제로 삼아야 한다.
> (나) 윤리학은 역사적, 문화적, 인류학적 관점에서 각 문화권의 다양한 도덕적 현상을 조사하고 객관적으로 기술하는 것을 핵심 과제로 삼아야 한다.

① (가): 도덕적 신념과 관습은 사실들의 집합으로 간주해야 한다.
② (가): 보편적 도덕 원리를 현실의 개별 상황에 적용해야 한다.
③ (나): 도덕 규칙이나 평가의 표준이 되는 원리를 정립해야 한다.
④ (나): 도덕 언어의 의미와 도덕 추론의 타당성을 검증해야 한다.
⑤ (가), (나): 절대적이고 객관적인 도덕 규칙의 존재를 인정해야 한다.

2. 다음 사상이 강조하는 윤리적 성찰의 방법으로 가장 적절한 것은? [3점]

> 요즘 중생은 자신에 대한 집착과 망상에 빠져 자기 본성이 참된 진리 그 자체임을 모르고, 마음 밖에서 그 진리를 찾아 여기저기 헤맨다. 만약 한 생각이 나온 곳으로 빛을 돌이켜 자기 본성을 비춰 보면, 이 본성은 원래 번뇌가 없는 완전한 지혜로, 마음에 본래부터 갖추어져 있어서 부처와 조금도 다르지 않다.

① 내 마음의 참된 진리를 깨닫기 위해 참선(參禪)해야 한다.
② 모든 분별적 생각에서 벗어나기 위해 좌망(坐忘)해야 한다.
③ 하늘이 부여한 선한 본성을 보존하기 위해 거경(居敬)해야 한다.
④ 언제 어디서나 인간의 도리에 어긋나지 않게 신독(愼獨)해야 한다.
⑤ 도(道)에 따라 만물을 평등하게 바라보기 위해 심재(心齋)해야 한다.

3. ㉠에 들어갈 진술로 가장 적절한 것은?

> 나의 삶은 항상 나의 정체성을 도출해 내는 공동체 속에 편입되어 있다. 나는 다양한 역할들을 맡은 사람으로서 공동체로부터 다양한 부채와 유산, 정당한 기대와 의무를 물려받는다. 이것들은 나의 도덕적 출발점을 구성한다. 그런데 어떤 사상가는 도덕이 개인의 외부에 있는 기준이 아니라, 오직 실천 이성에 의해 정립되어야 하고 모든 인간에게 동일해야 한다고 주장한다. 나는 이 사상가가 ☐ ㉠ ☐고 생각한다.

① 선한 성품에서 나온 행위가 곧 도덕적 행위임을 강조했다
② 인간이 보편적인 도덕 법칙을 인식할 수 없음을 강조했다
③ 이성적 행위자인 개개인이 도덕 법칙의 수립자임을 간과했다
④ 도덕 법칙이 이성적 존재인 인간에게 구속력이 있음을 간과했다
⑤ 도덕이 사회적·역사적 맥락 속에서 도출되어야 함을 간과했다

4. (가)의 입장에 비해 (나)의 입장이 갖는 상대적 특징을 그림의 ㉠~㉤ 중에서 고른 것은? [3점]

> (가) 치료를 위한 유전자 조작은 미래 자녀의 동의를 확보할 수 있다고 추정되므로 허용될 수 있다. 그러나 자질 강화를 위한 유전자 조작은 허용될 수 없다. 자녀가 동의하지 않은 자질 강화를 통해 부모가 선택한 삶을 살도록 하는 것은 그들의 자유를 침해하기 때문이다.
> (나) 치료를 위한 유전자 조작뿐만 아니라 자질 강화를 위한 유전자 조작도 허용되어야 한다. 부모는 자녀의 출산에 있어서 선택의 자유를 갖는다. 미래 자녀의 동의를 추정할 수 없더라도 부모의 선택은 자녀를 위한 것이므로 자녀의 권리를 침해할 소지는 없다.

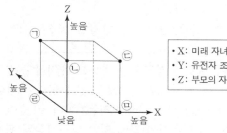

- X: 미래 자녀의 동의를 중시하는 정도
- Y: 유전자 조작의 허용 범위를 확대하는 정도
- Z: 부모의 자유로운 선택의 범위를 확대하는 정도

① ㉠　　② ㉡　　③ ㉢　　④ ㉣　　⑤ ㉤

5. 다음 사상의 입장으로 적절한 것만을 <보기>에서 있는 대로 고른 것은?

> 혼례는 서로 다른 두 성(姓)의 남녀가 사랑으로 결합하여, 위로 조상을 모시고 아래로 후세를 이어 가는 일이다. 그러므로 군자는 혼례를 중요하게 여긴다. 그 과정에서 남녀는 서로 경건하고 존중하며 정직해야 한다. 그런 연후에 친밀한 사랑이 생긴다. 이것이 예(禮)의 본질이다. 남녀의 구별[別]이 있으니 부부의 도리가 세워지고, 부부의 도리가 있으니 부자의 친근함이 있으며, 부자의 친근함이 있으니 군신의 정당함이 있다.

<보 기>
ㄱ. 부부의 도리는 모든 예의 근본이 된다.
ㄴ. 부부는 손님을 대하듯이 서로 공경해야 한다.
ㄷ. 부부의 관계는 상호 의존적이고 보완적인 관계이다.
ㄹ. 부부의 도리는 각자의 역할에 분별이 없어야 바르게 된다.

① ㄱ, ㄷ　　　② ㄴ, ㄹ　　　③ ㄷ, ㄹ
④ ㄱ, ㄴ, ㄷ　　⑤ ㄱ, ㄴ, ㄹ

6. 갑, 을 사상가들의 입장으로 옳지 <u>않은</u> 것은? [3점]

> 갑 : 미적인 것은 윤리적으로 선한 것을 상징하고, 자연의 미(美)에 대한 직접적인 관심을 갖는 것은 항상 그 영혼이 선하다는 것을 드러내 준다. 예술 작품의 가치는 감각적 즐거움이 아닌 예술 자체의 형식에서 찾을 수 있다.
> 을 : 예술 작품은 좋은 곳에서 불어오는 미풍처럼 인간에게 좋은 영향을 주며, 어릴 때부터 자기도 모르는 사이에 아름다운 말을 닮고 사랑하고 공감하도록 이끌어 준다. 예술은 아름답고 우아한 것을 담고 있어야 한다.

① 갑 : 예술 작품에서 아름다움의 판단 근거는 순수한 형식이다.
② 갑 : 미적인 것에 대한 판단은 일체의 이해관심 없이 내려진다.
③ 을 : 예술 작품은 아름다움과 추함을 있는 그대로 표현해야 한다.
④ 을 : 미적 가치는 무질서한 리듬과 운율 안에서는 존재할 수 없다.
⑤ 갑, 을 : 미를 추구하는 행위는 도덕성 촉진에 기여할 수 있다.

7. 다음을 주장한 사상가의 입장으로 가장 적절한 것은? [3점]

> 질서 정연한 사회에서 개인은 정의로운 제도를 유지하고 발전시켜야 하는 자연적 의무를 지니므로 정의로운 법에 따라야 한다. 문제는 부정의한 법을 어느 정도까지 따라야 하는가이다. 이 문제와 관련된 시민 불복종 이론은 원초적 입장에 있는 당사자들의 관점에서 바라볼 필요가 있다. 당사자들은 정의로운 체제의 안정성을 유지하기 위한 방법을 찾고자 정당한 시민 불복종을 규정하는 조건들을 채택하게 될 것이다.

① 시민 불복종은 다수의 이익을 증진할 목적으로 행해져야 한다.
② 공직을 맡을 권리를 침해하는 정책은 시민 불복종의 대상이 된다.
③ 시민 불복종은 양심적 행위이지만 그 자체가 사회에 위협이 된다.
④ 시민 불복종은 헌법의 근거에 이의를 제기하는 정치적 행위이다.
⑤ 원초적 입장의 당사자들은 어떠한 부정의에도 저항할 것을 합의한다.

8. 갑 사상가는 긍정, 을 사상가는 부정의 대답을 할 질문으로 가장 적절한 것은?

> 갑 : 기술은 그것을 실현시키는 것과는 독립해 있는 자립적인 존재로서, 일종의 공허한 힘이며 결국은 목적에 대한 수단일 뿐이다. 기술은 인간과 전혀 무관하게 광기를 부릴 수 없다.
> 을 : 우리는 기술을 긍정하건 부정하건 관계없이 어디서나 부자유스럽게 기술에 붙들려 있다. 기술을 가치 중립적인 것으로 고찰하여 우리와 무관한 것으로 볼 때, 우리는 무방비 상태로 기술에 내맡겨진다.

① 기술 그 자체는 가치와 무관한 사실의 영역인가?
② 기술은 그 자체로 지향하는 목적을 가지고 있는가?
③ 기술은 인간의 삶에 부정적인 영향을 줄 수 있는가?
④ 기술 그 자체는 규범적 기준에 의해 평가되어야 하는가?
⑤ 기술의 사용을 결정할 때 가치 판단이 개입될 수 있는가?

9. 다음은 신문 칼럼이다. ㉠에 들어갈 내용으로 적절하지 <u>않은</u> 것은?

> ○○신문   ○○○○년 ○○월 ○○일
> ___칼 럼___
>   최근 들어 개인적 취향만이 아니라 여행자의 윤리 의식을 강조하는 공정 여행에 관심을 갖는 사람들이 늘고 있다. 이들은 개인적 만족과 여행 비용의 효율성만을 추구하던 기존 여행의 관행에서 벗어나 여행지에 도움을 주고 현지 주민들과 함께할 수 있는 여행을 지향한다. 공정 여행을 통해 여행자들은 현지 주민이 제공하는 숙소와 음식을 접하고 특산품, 기념품 등을 구입하며, 현지 서비스 노동자들의 기본권을 존중한다. 나아가 여행지의 동식물을 보호할 뿐만 아니라 온실가스 배출량을 줄이기 위해 항공 여행을 자제하는 결정까지 내린다. 이처럼 공정 여행은 ___㉠___

① 동식물을 포함한 생태계 전체를 고려하는 여행이다.
② 여행 지역의 지속 가능한 발전을 도모하는 여행이다.
③ 사회적 책임보다 비용의 최소화를 지향하는 여행이다.
④ 개인적 선호만이 아니라 공공의 가치도 중시하는 여행이다.
⑤ 여행자의 즐거움뿐만 아니라 현지 주민도 배려하는 여행이다.

10. (가)의 갑, 을, 병 사상가들의 입장을 (나) 그림으로 표현할 때, A~D에 해당하는 적절한 진술만을 <보기>에서 있는 대로 고른 것은? [3점]

<table>
<tr><td rowspan="3">(가)</td><td>갑 : 이 세상에는 육체와 영혼이라는 두 가지 실체가 있다. 물질적 육체와 비물질적 영혼의 혼합체인 인간과 달리, 동물은 의식이 없는 기계일 뿐이다.</td></tr>
<tr><td>을 : 일부 포유동물은 삶의 주체가 될 수 있다. 그들은 자신의 미래에 대한 감각 등을 바탕으로 자신의 욕망과 목적을 추구하기 위해 행위할 능력을 갖추었기 때문이다.</td></tr>
<tr><td>병 : 대지의 이용을 경제적 관점만이 아니라 윤리적 관점에서도 고찰해야 한다. 어떤 것이 생명 공동체의 온전성, 안정성, 아름다움의 보전에 기여한다면 그것은 옳고, 그렇지 않다면 그르다.</td></tr>
</table>

(나)

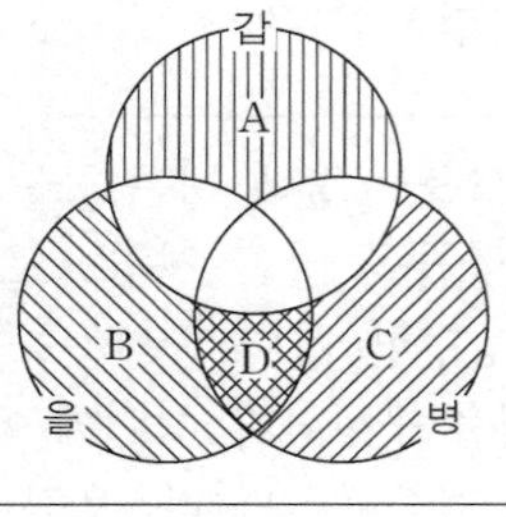

〈범 례〉
A : 갑만의 입장
B : 을만의 입장
C : 병만의 입장
D : 을과 병만의 공통 입장

─〈보 기〉─
ㄱ. A : 동물을 자원으로 사용하는 것이 금지되지는 않는다.
ㄴ. B : 사유 능력 여부로 어떤 존재의 도덕적 지위가 결정되지 않는다.
ㄷ. C : 살아 있는 모든 개체는 도덕적 고려 대상인 공동체의 일원이다.
ㄹ. D : 생명에 대한 권리는 인간에게 한정된 특수한 권리가 아니다.

① ㄱ, ㄴ   ② ㄱ, ㄷ   ③ ㄷ, ㄹ
④ ㄱ, ㄴ, ㄹ   ⑤ ㄴ, ㄷ, ㄹ

11. 갑, 을의 입장으로 적절한 것만을 〈보기〉에서 있는 대로 고른 것은?

각기 다른 재료들이 섞여 각자 고유의 맛을 지키면서 하나의 샐러드가 되듯이, 한 국가나 사회 안에서 다양한 문화를 인정하여 각자 자신들의 생활 방식을 독자적으로 추구하며 조화를 이룰 수 있습니다.
갑

국수가 주된 내용물이지만 다양한 고명들이 첨가됨으로써 맛이 풍부해지듯이, 한 국가나 사회 안에서 다양한 이질적인 문화를 허용함으로써 문화적 역동성을 증진할 수 있습니다.
을

〈보 기〉
ㄱ. 갑: 다양한 문화가 서로 대등하게 조화를 이루어야 한다.
ㄴ. 을: 각 문화가 정체성을 유지하면서 조화를 이루어야 한다.
ㄷ. 갑, 을: 주류 문화를 중심으로 문화 간 공존을 추구해야 한다.
ㄹ. 갑, 을: 서로 다른 문화에 대해 관용의 자세를 견지해야 한다.

① ㄱ, ㄴ 　　② ㄱ, ㄷ 　　③ ㄷ, ㄹ
④ ㄱ, ㄴ, ㄹ 　　⑤ ㄴ, ㄷ, ㄹ

12. 갑, 을 사상가들의 입장으로 적절하지 않은 것은?

갑: 군자는 근본을 추구하기 때문에 작은 일을 잘 못해도 큰 일은 맡을 수 있으며, 소인은 생계를 추구하기 때문에 큰 일을 잘 못해도 작은 일은 맡을 수 있다. 임금·신하·부모·자식이 각자 맡은 바 직분[名]을 올바르게 하면 나라가 잘 다스려진다.
을: 성왕(聖王)은 예(禮)를 제정하여 인간의 본성을 교화하고자 하였다. 아울러 사람의 덕(德)을 논하여 각자의 위치를 정하고 그 능력을 헤아려 관직을 부여하였다. 그런 연후에 사람들이 예에 따라 각자 직무를 수행하여 그 마땅한 바를 얻게 하였다.

① 갑: 각자 자신이 맡은 직분 외에도 모든 분야에 능통해야 한다.
② 갑: 자기 본분을 올바르게 행하여 공동체의 질서를 유지해야 한다.
③ 을: 사람들의 사회적 직분은 덕과 능력에 따라 정해져야 한다.
④ 을: 올바른 직분 수행을 위해 예법에 따라 욕망을 절제해야 한다.
⑤ 갑, 을: 자신의 사회적 역할에 부합하는 도리를 실천해야 한다.

13. 갑, 을, 병 사상가들의 입장으로 적절하지 않은 것은? [3점]

갑: 누구나 일반 의지에 복종하기를 거부하는 자는 국가에 의해 강제를 당하게 된다. 국가는 모든 구성원의 생명 보존을 위해 존재하며, 사형도 같은 관점에서 다뤄진다.
을: 누구도 자신의 생명을 양도할 수 없다. 사형은 결코 권리의 문제가 아니며, 국가가 유용하다고 판단한 경우에 시민 한 사람과 벌이는 전쟁이다.
병: 누구나 형벌받을 행위를 의욕하여 범죄를 저질렀다는 그 이유만으로 형벌을 받는 것이다. 범죄자와의 계약을 근거로 사형이 적법하지 않다고 주장하는 것은 법의 왜곡이다.

① 갑: 살인범은 자신이 사회 구성원이 아님을 스스로 입증한 자이다.
② 을: 사형은 시민에게 지속적으로 가장 큰 공포감을 주는 형벌이다.
③ 병: 사형은 살인범을 목적 그 자체로 존중하는 정당한 형벌이다.
④ 갑, 을: 범죄에 상응하는 형벌의 부과는 사회 계약에 근거해야 한다.
⑤ 을, 병: 형벌은 정의의 기초가 되는 원리에 따라 부과되어야 한다.

14. 갑 사상가의 입장에서 〈사례〉 속 A에게 해 줄 수 있는 조언으로 적절하지 않은 것은? [3점]

갑: 최대 행복의 원리는 모든 윤리적 문제에 적용되어야 한다. 타인에게 해악을 끼쳐 타인의 행복을 빼앗는 행위를 막기 위해서라면, 당사자의 의지에 반해 권력이 사용되는 것은 정당하다. 이 유일한 경우를 제외하고는 시민의 자유를 침해하는 그 어떤 정치권력의 행사도 정당화될 수 없다.

〈사례〉
A는 금전적 이익을 얻기 위해 직장 동료들의 일상을 담은 영상을 그들의 동의 없이 인터넷에 게시할지를 고민하고 있다.

① 가상 공간에서도 타인의 자유가 존중되어야 함을 명심하세요.
② 가상 공간에서도 유용성의 원리가 적용되어야 함을 명심하세요.
③ 가상 공간에서 자신의 행동이 초래하게 될 결과를 고려하세요.
④ 가상 공간에서도 개인의 자유가 제한될 수 있음을 고려하세요.
⑤ 가상 공간에서는 쾌락 증진을 위한 행동이 금지됨을 명심하세요.

15. (가)의 갑, 을 사상가들의 입장을 (나) 그림으로 탐구하고자 할 때, A~C에 들어갈 적절한 질문만을 〈보기〉에서 있는 대로 고른 것은? [3점]

(가)	갑: 불리한 여건으로 고통받는 사회를 돕지 않는 것은 정당화될 수 없다. 그 사회가 스스로 미래의 경로를 결정할 수 있도록 원조의 의무를 실천해야 한다. 을: 절대 빈곤으로 고통받는 사람들을 방치하는 것은 정당화될 수 없다. 전 지구적 차원에서 이익의 평등성을 고려하여 원조의 의무를 실천해야 한다.

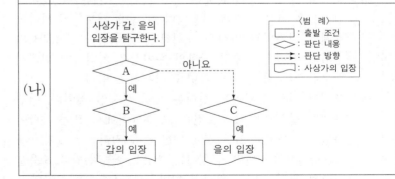

〈보 기〉
ㄱ. A: 경제적 불평등을 규제하는 원칙은 원조의 근거인가?
ㄴ. B: 천연자원이 부족한 빈곤국도 원조 대상에서 제외 가능한가?
ㄷ. B: 원조의 목적은 고통받는 사회에 자유를 확립하는 것인가?
ㄹ. C: 원조 주체는 원조 결정 시 자기 이익을 고려해야 하는가?

① ㄱ, ㄴ 　　② ㄱ, ㄹ 　　③ ㄴ, ㄷ
④ ㄱ, ㄷ, ㄹ 　　⑤ ㄴ, ㄷ, ㄹ

16. (가), (나) 사상의 입장으로 가장 적절한 것은? [3점]

> (가) 요즘 사람들은 조문할 때, 자기 부모나 자식이 죽은 것과 마찬가지로 애통해 한다. 그러나 죽음을 애통해 하는 행위는 자연스러운 도(道)의 본성을 배반하는 것으로, 자신이 받은 본성을 망각한 것이다.
> (나) 세상 사람들의 생사(生死)는 중대한 일인데, 그대들은 하루 종일 공양(供養)하면서 다음 생의 복(福)만을 구하려 하고, 생사의 굴레를 끊으려고 하지 않는다. 그대들은 자신의 본성[自性]에 대해 여전히 미혹하다.

① (가) : 죽음은 다음 생으로 이어지는 윤회(輪廻)의 과정이다.
② (가) : 죽음은 자연의 과정이지만 마땅히 애도해야 하는 일이다.
③ (나) : 죽음은 기(氣)가 모였다가 흩어진 자연스러운 현상이다.
④ (나) : 죽음은 깨달음을 통해 벗어나야 할 고통들 중 하나이다.
⑤ (가), (나) : 죽음은 괴로운 인간 삶에서 벗어난 지극한 경지이다.

17. 그림의 강연자가 지지할 주장으로 가장 적절한 것은?

> 모든 사유의 출발점은 홀로 사유하는 '나'가 아니라 서로 대화를 주고받는 '우리'가 되어야 합니다. 언어적·사회적 존재인 인간에게는 타자를 단지 도구화하지 않고, 타자의 고유성을 인정하는 의사소통 행위의 가능성이 존재합니다. 의사소통 행위는 사회적 행위자들이 상호 이해를 목적으로 서로의 행위 계획을 조정하는 데에서 성립합니다. 모든 당사자들이 어떠한 강제도 없이 자유롭고 평등한 담론을 통해 동의할 수 있는 행위 규범들만이 정당화가 가능합니다.

① 행위 규범으로서의 올바름은 비판과 논증을 통해 정당화될 수 있다.
② 이상적 담화에서 담론 참여자는 타인의 의견을 거부할 수 없다.
③ 주관적 견해를 극복한 후에 담론에 참여하는 것이 이상적이다.
④ 타당한 규범은 대화에 참여한 다수에 의해 동의를 얻은 규범이다.
⑤ 상호 인정의 자세는 타자를 나와 완전히 동일화하기 위해 요구된다.

18. 갑, 을 사상가들의 입장으로 적절한 것만을 <보기>에서 고른 것은?

> 갑 : 분배적 정의의 중심 문제는 사회 체제의 선택이다. 정의의 원칙들은 기본 구조에 적용되며 그 주요 제도들이 하나의 체계로 결합되는 방식을 규제하는 것이다. 공정으로서의 정의의 이념은 특수한 상황의 우연성을 처리하기 위해서 순수한 절차적 정의의 관념을 이용하고 있다.
> 을 : 분배적 정의의 완결된 원리는 오직 다음일 것이다. 어떤 분배가 정의로울 충분조건은 그 분배하에서 모든 사람이 자신이 소유하고 있는 것에 대한 소유 권리를 소유함이다. 소유물에서의 정의의 세 원리는, 소유물 취득의 원리, 소유물 이전의 원리, 이 두 원리의 위반을 교정하는 원리이다.

> ───────────< 보 기 >───────────
> ㄱ. 갑 : 사유 재산권은 차등의 원칙에 의해서만 제한될 수 있다.
> ㄴ. 을 : 분배 정의의 정형적 원리는 필연적으로 재분배를 요구한다.
> ㄷ. 을 : 자신의 노동에 의한 결과에만 정당한 소유권이 부여된다.
> ㄹ. 갑, 을 : 개인은 정당한 소유물에 대한 배타적 사용권을 지닌다.

① ㄱ, ㄴ　② ㄱ, ㄷ　③ ㄴ, ㄷ　④ ㄴ, ㄹ　⑤ ㄷ, ㄹ

19. 다음 토론의 핵심 쟁점으로 가장 적절한 것은?

> 갑 : 인권은 누구나 누려야 할 보편적 가치입니다. 하지만 북한의 경우, 주민들의 인권이 제대로 보장되지 못하고 있다는 비판이 있습니다. 북한 주민들의 인권 상황 개선이 필요합니다.
> 을 : 동의합니다. 북한은 주민들의 인권 상황 개선을 위해 스스로 노력해야 합니다. 인권 문제가 개선되지 않으면 국제 사회의 여론이 악화되고, 이는 남북 관계에도 영향을 주게 됩니다.
> 갑 : 같은 의견입니다. 그러나 인권 상황 개선을 위해 북한 스스로의 노력에만 의존할 수 없습니다. 북한의 상황을 고려하면, 국제 사회가 인도적 차원에서 적극 개입해야 합니다.
> 을 : 제 생각은 다릅니다. 국제 사회의 적극적 개입은 한반도에 긴장 상태를 불러올 수 있습니다. 또한 외교와 내정에서 다른 나라로부터 간섭받지 않을 권리를 북한도 요구할 것입니다.

① 인간은 누구나 인간다운 삶을 살 권리를 지니는가?
② 북한 주민들의 인권 상황이 개선될 필요가 있는가?
③ 국제 사회가 북한의 인권 문제에 적극 개입해야 하는가?
④ 북한의 인권 문제는 남북 관계에 영향을 미칠 수 있는가?
⑤ 북한 스스로 인권 상황을 개선하기 위해 노력해야 하는가?

20. 갑, 을 사상가들의 입장으로 적절한 것만을 <보기>에서 있는 대로 고른 것은? [3점]

> 갑 : 공화 정체인 국가들은 평화를 요구하는 시민들에 의해 쉽게 전쟁을 일으킬 수 없게 된다. 그러한 국가들은 자발적으로 결성한 평화 연맹에서 자유와 평화를 보장받고자 하며, 영구 평화를 위해 세계 시민적 체제로 나아가고자 한다.
> 을 : 물리적 관점에서 협소하게 규정되던 기존의 폭력 개념은 불완전하다. 우리는 구조적, 문화적 폭력까지 없는 상태를 지향해야 한다. 이러한 상태는 소극적 평화 상태를 뛰어 넘는 그 이상의 상태라 할 수 있다.

> ───────────< 보 기 >───────────
> ㄱ. 갑 : 이방인이 평화롭게 처신하는 한 우호적으로 대우해야 한다.
> ㄴ. 갑 : 평화 연맹은 국가와 같은 주권적 권력으로 기능해야 한다.
> ㄷ. 을 : 폭력의 예방 없이는 적극적 평화를 실현할 수 없다.
> ㄹ. 갑, 을 : 모든 전쟁의 종식은 진정한 평화 실현의 필수 조건이다.

① ㄱ, ㄴ　　② ㄱ, ㄷ　　③ ㄴ, ㄹ
④ ㄱ, ㄷ, ㄹ　　⑤ ㄴ, ㄷ, ㄹ

> * 확인 사항
> ○ 답안지의 해당란에 필요한 내용을 정확히 기입(표기)했는지 확인하시오.

성명 ☐　수험 번호 ☐☐☐☐ - ☐☐☐☐☐　제 [　] 선택

1. ㉠에 들어갈 진술로 가장 적절한 것은?

> 윤리학은 실천의 학으로 도덕 이론을 응용하여 실제 삶에서 제기되는 구체적인 도덕 문제의 해결을 궁극적 목표로 삼아야 한다. 그런데 어떤 사람은 윤리학이 실제로 사람들이 따르고 있는 도덕적 관행을 객관적으로 기술하는 것을 목표로 삼아야 한다고 주장한다. 나는 이러한 윤리학이 　㉠　고 생각한다.

① 도덕 이론과 도덕 문제 간의 유기적 상관성을 강조한다
② 도덕 문제 해결을 위한 도덕 판단의 중요성을 간과한다
③ 도덕적 추론의 논리적 타당성이 갖는 중요성을 강조한다
④ 도덕 이론의 정립보다 도덕적 딜레마의 해결을 강조한다
⑤ 도덕적 관습에 관한 경험적 서술이 갖는 의의를 간과한다

2. 다음 사상가의 관점에서 <사례> 속 A에게 해 줄 수 있는 조언으로 가장 적절한 것은? [3점]

> 의무에 맞는 것이기는 하지만 의무로부터 나온 것이 아닌 행위는 도덕적 가치를 가지지 못한다. 행위는 그 자체로 선한 의지에서 비롯된 경우에만 도덕적 가치를 지닐 수 있다.
>
> <사례>
> 천성적으로 동정심이 많은 A는 평소 남을 돕는 일에 기쁨을 느끼며 봉사 활동에 참여해 왔다. 그런데 A는 최근 겪은 슬픈 일로 인해 봉사 활동에 계속 참여할지를 고민하고 있다.

① 공동체의 전통과 덕목에 부합하도록 행위해야 합니다.
② 자연적 경향성에서 비롯된 준칙에 따라 행위해야 합니다.
③ 선한 목적을 위해 조건적인 명령에 따라 행위해야 합니다.
④ 사회적으로 칭찬과 인정을 받을 수 있도록 행위해야 합니다.
⑤ 자신의 감정이 아니라 보편적 도덕 법칙에 따라 행위해야 합니다.

3. 갑, 을의 입장으로 가장 적절한 것은?

성의 자연적 목적은 출산이며, 부부 간의 신뢰와 사랑을 전제로 할 때만 성적 관계는 정당화될 수 있습니다.
갑

아닙니다. 혼인 관계 여부와 상관없이 인격적인 사랑을 전제로 한 성적 관계는 도덕적으로 허용되어야 합니다.
을

① 갑 : 성적 관계는 도덕적 가치 판단의 대상이 아니다.
② 갑 : 성의 생식적인 가치보다 쾌락적인 가치가 더 중요하다.
③ 을 : 결혼을 전제로 하지 않는 성적 관계는 모두 비도덕적이다.
④ 을 : 상호 동의만 전제되면 성적 관계는 도덕적으로 허용될 수 있다.
⑤ 갑, 을 : 사랑이 결여된 성적 관계는 도덕적으로 정당화될 수 없다.

4. (가) 사상의 입장에서 볼 때, (나)의 ㉠에 대한 설명으로 가장 적절한 것은? [3점]

(가)	소인은 한가롭게 지낼 때는 거침없이 불선(不善)을 행하다가, 군자를 보면 그런 일이 없었다는 듯이 자신의 불선함을 가리고 선함을 드러낸다. 군자는 반드시 홀로 있을 때에도 신중하게 행동한다.
(나)	몸과 마음은 부모님이 물려주신 것이다. 마음 가운데 온갖 이치[理]가 갖추어져 있으니, 만약 한 가지 이치라도 알지 못하고 실천하지 못했다면, 부모에게서 받은 것에 흠과 모자람이 있게 하는 것이다. 사람의 도리를 다하지 않고서는 　㉠　을/를 다했다고 볼 수 없다.

① 정신적 공경보다 물질적 봉양을 우선하여 이루어진다.
② 항상 동기간(同氣間)의 사랑을 실천함으로써 완성된다.
③ 인(仁)을 실천하는 출발점으로 모든 행실의 근원이 된다.
④ 도덕적 수행을 통한 입신양명(立身揚名)에서 시작된다.
⑤ 상호 관계에서 성립하기에 부모가 돌아가시면 종료된다.

5. 다음은 신문 칼럼이다. ㉠에 들어갈 내용으로 적절한 것만을 <보기>에서 있는 대로 고른 것은?

> ○○신문　　　　　　　　　　　○○○○년 ○○월 ○○일
>
> **칼 럼**
>
> 명품 소비는 한 사회의 모습을 반영한다. 이에 주목하여 우리 사회의 명품 소비 문제를 살펴볼 필요가 있다. 자신을 과시하려는 욕망에서 비롯된 일부 계층의 명품 소비 성향이 사회 전 계층으로 확산되어 나타나고 있다. 그래서 구매력이 부족한 사람들도 자신의 소득 수준을 초과하는 명품을 구매하거나 심지어 모조품을 찾으면서까지 과시욕을 충족하고자 한다. 이러한 소비 성향은 '남들과 같아지고 싶다.'라는 욕구와 연관되어 명품 소비를 하나의 유행으로 만든다. 그 결과, 명품 구매를 통해 남들과 같아지고 싶어하는 욕구는 일시적으로 충족되지만, 자신의 개성은 상실하게 된다. 이러한 명품 소비 문제를 극복하기 위해 우리는 　㉠　 …(후략).

> <보 기>
> ㄱ. 동조 욕구를 절제하고 주체적 소비를 해야 한다.
> ㄴ. 자신의 경제력을 고려하는 합리적 소비를 해야 한다.
> ㄷ. 모방 소비를 지양하여 자신의 개성을 표현해야 한다.
> ㄹ. 특정 계층에 국한된 과시 소비의 문제를 해결해야 한다.

① ㄱ, ㄷ　　　　② ㄴ, ㄹ　　　　③ ㄷ, ㄹ
④ ㄱ, ㄴ, ㄷ　　　⑤ ㄱ, ㄴ, ㄹ

6. 다음 사상가의 입장으로 옳은 것은? [3점]

> 개인은 자신의 이익이 아닌 다른 사람의 이익을 고려하기도 한다. 그러나 집단은 개인이나 다른 집단과의 관계에서 상대의 이익에 주목하기보다 자기 집단의 이익을 관철하려는 경향을 강하게 나타낸다. 왜냐하면 개인들의 이기적 충동은 개별적으로 나타날 때보다 하나의 공통된 충동으로 결합되어 나타날 때 더 강하게 표출되기 때문이다. 그 결과, 인간은 개인적으로는 도덕적이지만 집단적으로는 비도덕적인 특성을 나타낸다.

① 집단 간 힘의 차이를 정치적 방법으로 조정해서는 안 된다.
② 개인과 사회의 최고의 도덕적 이상 간의 모순은 절대적이다.
③ 집단 규모가 커질수록 충동을 제어하는 이성의 힘은 커진다.
④ 올바른 정치적 도덕성은 합리성에 부합하는 강제력을 권고한다.
⑤ 집단 간 관계는 각 집단의 요구를 합리적으로 수용하여 수립된다.

7. 갑, 을 사상가들의 입장으로 적절한 것만을 <보기>에서 있는 대로 고른 것은? [3점]

> 갑 : 시민 불복종은 거의 정의로운 사회에서 그 체제의 합법성을 인정하는 시민들에 의해서만 생겨난다. 그것은 개인이나 집단의 이익이 아니라 다수의 정의감에 근거해야 한다.
> 을 : 우리는 먼저 인간이어야 하고, 그다음 국민이어야 한다. 법이 형평성보다는 독단에 치우쳐 있다고 판단된다면, 우리는 순순히 따르지 말고 양심에 따라 저항해야 한다.

─────<보 기>─────
ㄱ. 갑 : 시민 불복종은 민주 헌법의 의도에 어긋나는 항거이다.
ㄴ. 갑 : 정의 원칙도 시민 불복종의 대상에서 제외되지 않는다.
ㄷ. 을 : 법보다 정의에 대한 존경심을 함양하는 것이 바람직하다.
ㄹ. 갑, 을 : 시민 불복종은 위법 행위이지만 하나의 권리이다.

① ㄱ, ㄴ　　　② ㄴ, ㄷ　　　③ ㄷ, ㄹ
④ ㄱ, ㄴ, ㄹ　　　⑤ ㄱ, ㄷ, ㄹ

8. 갑, 을 사상가들의 입장으로 옳지 <u>않은</u> 것은?

> 갑 : 각자의 직분을 나누는 것이 예법(禮法)의 핵심이다. 농부, 공인, 상인은 각 분야에 정통하지만, 그 분야를 지도하는 관리가 될 수 없다. 도(道)에 정통한 사람은 이 세 가지 일을 하나도 못해도 이 세 가지 일을 다스릴 수 있다.
> 을 : 마음을 쓰는 사람[勞心者]은 다스리는 사람이고, 몸을 쓰는 사람[勞力者]은 다스림을 받는 사람이다. 다스림을 받는 사람은 남을 먹여 살리고, 다스리는 사람은 남에 의해 먹고 산다. 이처럼 서로 도우며 살아가는 것이 세상 이치이다.

① 갑 : 예(禮)에 맞게 사회적 분업이 이루어져야 한다.
② 갑 : 군자는 도를 익혀야만 자신의 일을 완수할 수 있다.
③ 을 : 다양한 직업들 사이에는 상호 보완적 관계가 성립한다.
④ 을 : 몸을 쓰는 사람은 항산(恒産)에 앞서 항심(恒心)을 지녀야 한다.
⑤ 갑, 을 : 모든 사람은 각자가 맡은 직분과 역할에 충실해야 한다.

9. 다음 토론의 핵심 쟁점으로 가장 적절한 것은?

> 갑 : 의사는 질병에 관한 전문 지식을 지니지만 환자는 그렇지 못합니다. 따라서 부모가 그 자녀의 선을 위해 간섭하듯이, 의사도 환자의 선을 위해 온정적으로 간섭해야 합니다.
> 을 : 물론 전문 지식은 차이가 있고 의학적인 온정적 간섭은 도움이 됩니다. 그러나 환자는 인간으로서의 권리를 여전히 갖기 때문에, 그의 자기 결정권은 존중되어야 합니다.
> 갑 : 환자 역시 인간입니다. 하지만 환자는 치료에 있어 어린 아이와 같기 때문에, 의사는 환자의 의견이 아니라 의학적 판단에 따라야 합니다. 의사의 사명은 질병 치료이니까요.
> 을 : 질병 치료가 의사의 사명인 것은 맞습니다. 그런데 환자는 건강 이외에도 다른 여러 목적을 갖기 때문에 의학적 판단보다는 환자의 판단이 우선되어야 합니다.

① 질병 치료가 의사의 본질적 사명인가?
② 의사의 온정적 간섭은 질병 치료에 도움이 되는가?
③ 치료에 있어서 환자의 자율성이 우선되어야 하는가?
④ 의사와 환자는 의학적 전문 지식에 있어서 비대칭적인가?
⑤ 의사의 의학적 판단은 환자의 건강 회복을 목적으로 하는가?

10. (가)의 갑, 을, 병 사상가들의 입장을 (나) 그림으로 표현할 때, A~D에 해당하는 적절한 진술만을 <보기>에서 있는 대로 고른 것은? [3점]

> (가)
> 갑 : 대지 윤리는 생태 윤리를 반영한다. 생태 윤리는 각 개인이 대지의 건강을 위한 자신의 의무를 깨닫고 실천할 것을 요구한다.
> 을 : 삶의 주체라는 기준을 충족하는 동물들은 내재적 가치를 가진다. 내재적 가치는 무조건적인 개념으로, 그것을 갖거나 갖지 않는 것이지 중간은 없다.
> 병 : 생명체가 선을 갖는 이유는 그것이 목적론적 삶의 중심이기 때문이다. 생명체는 자신의 성장, 발전, 생존, 번식을 실현하려는 일관성과 통일성을 가진다.

(나)

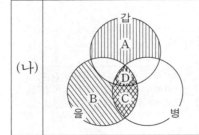

〈범 례〉
A : 갑만의 입장
B : 을만의 입장
C : 을과 병만의 공통 입장
D : 갑, 을, 병의 공통 입장

─────<보 기>─────
ㄱ. A : 인간은 생태계에 간섭해서는 안 되는 의무를 지닌다.
ㄴ. B : 한 살 이상의 정상적인 포유동물은 내재적 가치를 지닌다.
ㄷ. C : 생태계의 선이 개체의 선보다 우선하는 것은 아니다.
ㄹ. D : 인간 상호 간의 의무는 도덕적으로 정당화될 수 있다.

① ㄱ, ㄴ　　　② ㄴ, ㄷ　　　③ ㄷ, ㄹ
④ ㄱ, ㄴ, ㄹ　　　⑤ ㄱ, ㄷ, ㄹ

11. (가)의 입장에 비해 (나)의 입장이 갖는 상대적 특징을 그림의 ㉠~㉤ 중에서 고른 것은?

> (가) 통일에 따른 경제적 효과를 고려하는 것보다 남북한 언어와 문화의 이질화 문제를 해소하는 것이 더 중요하다. 또한 이산가족의 만남, 북한 주민의 보편적 삶의 권리 실현을 위해 통일이 되어야 한다.
>
> (나) 통일 문제를 문화적 동질성 회복과 인권 신장의 관점에서 고찰할 필요도 있다. 그러나 분단에 따른 각종 불안 요인을 극복하여 경제 발전의 안정적 토대를 구축하는 것이 더 중요하기 때문에 통일이 되어야 한다.

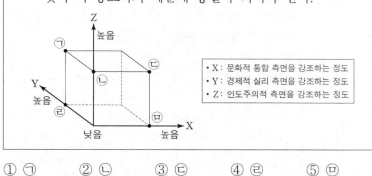

- X : 문화적 통합 측면을 강조하는 정도
- Y : 경제적 실리 측면을 강조하는 정도
- Z : 인도주의적 측면을 강조하는 정도

① ㉠   ② ㉡   ③ ㉢   ④ ㉣   ⑤ ㉤

12. (가)의 갑, 을 사상가들의 입장을 (나) 그림으로 표현할 때, A~C에 해당하는 적절한 질문만을 <보기>에서 있는 대로 고른 것은? [3점]

(가)	갑 : 고통받는 사회는 정의로운 정치 체제를 만들 수 있는 전통을 결핍하고 있다. 질서 정연한 사회의 만민은 이러한 고통받는 사회를 원조해야 할 의무를 갖는다. 을 : 절대 빈곤은 나쁘다. 어떤 절대 빈곤이 그에 상당하는 도덕적으로 중요한 다른 일을 희생하지 않고서 방지될 수 있다면, 우리는 이 절대 빈곤을 막아야만 한다.

(나)

사상가 갑, 을의 입장을 탐구한다.

＜범 례＞
▢ : 출발 조건
◇ : 판단 내용
→ : 판단 방향
┈┈ : 사상가의 입장

A → 아니요 → C
예 ↓   예 ↓
B   C
예 ↓   예 ↓
갑의 입장   을의 입장

───＜보 기＞───
ㄱ. A : 원조는 국가 간 복지 수준의 조정을 목표로 하는가?
ㄴ. B : 원조는 국가 간에 자원을 재분배하는 윤리적 의무인가?
ㄷ. C : 질서 정연한 사회의 구성원은 원조 대상이 될 수 있는가?
ㄹ. C : 원조 주체와 대상의 이익을 평등하게 고려해야 하는가?

① ㄱ, ㄴ   ② ㄱ, ㄷ   ③ ㄷ, ㄹ
④ ㄱ, ㄴ, ㄹ   ⑤ ㄴ, ㄷ, ㄹ

13. 다음 글에서 강조하는 내용으로 가장 적절한 것은?

> 사이버 공간은 실제 공간의 연장이면서도 익명성의 특징을 지닌 새로운 공간이다. 도덕적 책임을 둔감하게 만드는 익명성의 부정적 측면을 간과해서는 안 되지만, 그 긍정적 측면을 살리는 지혜가 필요하다. 사이버 공간에서 우리는 현실의 자아에서 벗어나, 여러 자아를 실험하며 자신의 모습을 자유롭게 만들고 해체하면서 새로운 자아를 형성할 수 있다. 우리는 다중 정체성의 위험에 유의한다면 사이버 자아를 통해 현실의 삶을 더 풍성하게 할 수 있다.

① 사이버 자아는 현실 자아의 반영에 불과하다.
② 사이버 자아의 익명성은 위험하기에 실명화해야 한다.
③ 사이버 자아는 현실의 자아보다 도덕적 책임에 민감하다.
④ 사이버 공간은 자아 정체성을 모색할 수 있는 열린 공간이다.
⑤ 사이버 공간의 다중 자아를 금지해 정체성 혼란을 예방해야 한다.

14. 다음 사상가의 입장만을 <보기>에서 있는 대로 고른 것은?

> 시(詩)란 사람의 마음이 세상 사물이나 풍속과 감응하여 언어로 표현된 것이다. 사람이 느끼는 대상에는 올바른 것과 사악한 것이 있으니, 시에도 옳은 것과 그른 것이 있다. 우리는 시를 통해 자신을 반성하여, 올바른 시는 모범으로 삼고 사악한 시는 자신을 고치는 계기로 삼아야 한다.

───＜보 기＞───
ㄱ. 시는 선악 판단의 대상에서 배제되어야 한다.
ㄴ. 시를 감상할 때에는 윤리적 성찰을 겸해야 한다.
ㄷ. 시는 그 사회의 도덕성을 엿볼 수 있는 거울이다.
ㄹ. 올바르지 못한 시도 교육적 기능을 수행할 수 있다.

① ㄱ, ㄴ   ② ㄱ, ㄷ   ③ ㄴ, ㄹ
④ ㄱ, ㄷ, ㄹ   ⑤ ㄴ, ㄷ, ㄹ

● 2014학년도 9월(고3)

15. 그림은 수업 장면이다. 소전제 ㉠에 대한 반론으로 가장 적절한 것은? [3점]

① 잠재적 인간인 태아도 성인과 동등한 권리를 지니고 있다.
② 태아는 완전한 인격체가 아니므로 인간 존재로 볼 수 없다.
③ 낙태는 법적으로 금지되지만 도덕적으로는 허용될 수 있다.
④ 태아는 수정과 동시에 인간의 본질적 특성을 갖는 존재이다.
⑤ 사회의 이익을 위해 때로는 인간 존재의 희생이 불가피하다.

16. 갑, 을 모두가 부정의 대답을 할 질문만을 <보기>에서 있는 대로 고른 것은?

> 갑: 기업은 시장 경쟁력 강화를 위한 경영 전략 차원에서 공익 증진이라는 사회적 책임에 힘써야 한다. 그러한 기업은 소비자 불매운동을 예방하고, 직원들의 헌신과 소비자들의 신뢰를 얻는 데 훨씬 유리하기 때문이다.
> 을: 기업의 사회적 책임은 오로지 시장의 규칙을 준수하면서 기업 이익의 극대화를 위해 자유로운 경쟁에 전념하는 것이다. 이 과정에서 기업은 보이지 않는 손에 이끌려 원래 의도하지 않았던 공익에 기여하게 된다.

> <보 기>
> ㄱ. 기업은 모든 사회적 책임으로부터 자유로워야 하는가?
> ㄴ. 기업은 자유 시장 경제 원리에 따라 경영되어야 하는가?
> ㄷ. 기업은 공익의 증진을 본질적 목적으로 삼아야 하는가?
> ㄹ. 기업은 기업 이익 증진을 위해 공익을 추구해야 하는가?

① ㄱ, ㄴ ② ㄱ, ㄷ ③ ㄴ, ㄹ
④ ㄱ, ㄷ, ㄹ ⑤ ㄴ, ㄷ, ㄹ

17. 갑, 을 사상가들의 입장으로 옳지 <u>않은</u> 것은?

> 갑: 소득과 부가 자연적 우연성이나 사회적 우연성과 같은, 도덕적으로 임의적인 요소에 의해 분배되는 것은 부정의하다. 유사한 능력과 재능을 가진 사람들은 유사한 인생의 기회를 가지도록 실질적인 공정한 기회가 보장되어야 한다.
> 을: 어떤 분배가 정의로울 충분조건은 그 분배 하에서 모든 사람들이 자신들의 소유물에 대해 소유 권리를 소유함이다. 정당한 소유권을 가진 사람들이 그 소유물을 자유롭게 이전하였다면, 그 결과가 불평등해도 이 또한 정의롭다.

① 갑: 천부적 재능의 불균등한 분포는 부정의하기에 보상되어야 한다.
② 갑: 정의의 일차적 주제는 권리와 의무를 정하는 기본 구조이다.
③ 을: 최초의 취득이 정당했던 재화도 교정의 대상이 될 수 있다.
④ 을: 결과의 평등을 강조하는 정의 원칙은 사적 소유권을 침해한다.
⑤ 갑, 을: 사회적 불평등의 시정을 위한 기본권의 제한은 부당하다.

18. 다음 사상가의 입장으로 가장 적절한 것은? [3점]

> 삶과 죽음은 기(氣)가 모였다 흩어지는 자연의 과정이다. 생명을 얻음은 때를 만나서 태어난 것이요, 생명을 잃음은 운명에 순응하는 것이다. 때에 맡겨 마음을 편안히 가지고 운명에 순응한다면 슬픔과 즐거움이 들어올 수 없으니, 이것이 옛사람이 말한 '거꾸로 매달린 고통을 풀어줌'이다.

① 연기(緣起)의 이치를 깨달아 고락에서 벗어나야 한다.
② 삶에 집착하지 않고 자연스러운 도(道)를 따라야 한다.
③ 내세의 행복을 위해 선업(善業)을 쌓는 삶을 살아야 한다.
④ 삶과 죽음의 이치를 깨달아 인의(仁義)의 삶에 힘써야 한다.
⑤ 죽음은 자연의 과정이지만 상례(喪禮)를 통해 애도해야 한다.

19. (가)의 갑, 을, 병 사상가들의 입장에서 서로에게 제기할 수 있는 비판을 (나) 그림으로 표현할 때, A~F에 해당하는 내용으로 가장 적절한 것은? [3점]

(가)	갑: 형벌은 범죄자가 처벌받아야 할 행위를 의욕했기 때문에 가해져야 한다. 사형은 살인에 상응하는 보복으로, 사형수의 인간성을 존중하는 길이다. 을: 국가의 목적은 계약 당사자들의 생명 보전에 있고, 사형 제도는 계약을 유지하기 위한 수단이다. 우리의 신체와 능력은 일반 의지의 최고 감독 하에 있다. 병: 형벌은 사회 계약에 기초하며 그 목적은 범죄의 예방과 교화에 있다. 사형을 대체한 종신 노역형만으로도 형벌은 충분한 엄격성을 지닌다.
(나)	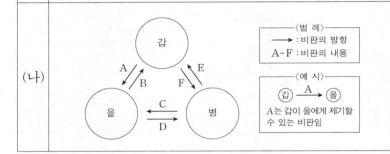

① A, C: 국가는 사형을 집행할 권한을 갖지 못한다는 것을 간과한다.
② B: 살인자도 인간으로 존중받을 자격이 있다는 것을 무시한다.
③ D: 형벌적 정의는 사회 계약에 근거해야 한다는 것을 부정한다.
④ E: 처벌의 목적은 교화가 아니라 응보에 있다는 것을 간과한다.
⑤ F: 형벌은 공리 증진을 위한 수단으로 가해질 수 없음을 간과한다.

20. 그림은 어느 사상가의 강연이다. ㉠에 들어갈 내용으로 적절하지 <u>않은</u> 것은? [3점]

> 성스러움이 세속적인 것과 전혀 다른 그 무엇으로서 자신을 드러내어 보여 주기 때문에, 인간은 성스러움을 알 수 있습니다. 돌이나 나무와 같은 일상적 대상 속에 나타나는 원시적인 성현(聖顯)에서부터 예수 안에 하느님의 신성이 부여되는 높은 수준의 성현에 이르기까지 일관되게 성스러움이 흐르고 있습니다. 어느 경우에나 우리는 이 세상 것이 아닌 하나의 실재가 자연적이고 세속적인 세계의 부분을 이루는 대상 속에서 나타나는 사건과 마주하게 됩니다. 이로 볼 때, 종교적 인간은 ㉠

① 성스러움이 드러난 돌이나 나무 자체를 신으로 받아들입니다.
② 성스러움과 세속적인 것이 단절되어 있지 않다고 생각합니다.
③ 세속의 세계 안에서 성현을 체험하며 그에 따라 살고자 합니다.
④ 세속적인 삶에서 언제든지 성스러움이 드러날 수 있다고 봅니다.
⑤ 세속의 세계를 성스럽게 만드는 거룩한 존재가 있다고 믿습니다.

> * 확인 사항
> ○ 답안지의 해당란에 필요한 내용을 정확히 기입(표기)했는지 확인하시오.

성명 [   ] 수험 번호 [   ] — [   ] 제 [ ] 선택

---

1. ㉠에 들어갈 진술로 가장 적절한 것은?

나는 윤리학이란 규범 윤리적 물음에 답하기에 앞서 "그것을 학문적으로 다룰 수 있는가?"라는 문제부터 비판적으로 탐구하는 것을 근본 과제로 삼아야 한다고 생각한다. 그런데 어떤 사람들은 "도덕 문제를 어떻게 해결할 것인가?"라는 질문에 관심을 갖고 생명 복제, 사회 불평등 등과 같은 실제적인 도덕 문제에 대한 해답을 제시하려고 노력한다. 나는 이들의 입장이 [㉠   ]고 생각한다.

① 인접 학문과의 학제적 탐구의 필요성을 간과한다
② 당위의 학문이라는 윤리학의 본질적 성격을 간과한다
③ 도덕 문제 해결을 위한 도덕 원리의 중요성을 간과한다
④ 규범 윤리학 이론과 도덕적 실천의 유기적 연관성을 간과한다
⑤ 도덕 언어의 논리적 타당성과 의미 분석의 중요성을 간과한다

2. 갑, 을의 입장으로 가장 적절한 것은? [3점]

대동강을 돈을 받고 판 김선달의 행위는 옳지 않습니다. 왜냐하면 대동강의 강물은 한 개인의 소유가 될 수 없는 공유의 대상이기 때문입니다. 이처럼 정보 또한 강물과 같은 것이므로 누구나 사용 가능해야 하며 매매의 대상이 될 수 없습니다.

북청 물장수를 아십니까? 사람들은 그냥 흐르는 강물이 아닌, 물장수가 한강에서 퍼 온 물통 속의 강물을 삽니다. 이처럼 정보 또한 물통 속의 물과 같아서 누군가의 노력이 들어갔다면 매매의 대상이 될 수 있습니다.

 갑   을

① 갑 : 정보는 누구나 향유할 수 있는 공공적 가치를 지닌다.
② 갑 : 정보의 사적 소유권은 자유롭게 이전될 수 있어야 한다.
③ 을 : 정보는 배타적인 권리를 주장할 수 없는 공유 자산이다.
④ 을 : 정보에 대한 소유권은 개인의 노력과는 무관하게 성립된다.
⑤ 갑, 을 : 정보를 생산한 자에게 경제적인 보상은 필요하지 않다.

3. 다음 사상가의 입장으로 가장 적절한 것은?

공정으로서의 정의에 의하면 질서 정연한 사회란 그 구성원들의 선을 증진하고 공적 정의관에 의해 효과적으로 규제되는 사회이다. 그런데 정의의 원칙을 자기 사회 내에 있는 사람들에게만 적용하고 세계를 지금 이대로 내버려 둔다면, 수백만 명이나 되는 사람들이 자신의 나라가 질서 정연한 사회가 되기 전에 빈곤으로 인해 죽어갈 것이다. 우리는 고통을 느끼는 모든 존재의 이익을 평등하게 고려해야 하므로 빈곤으로 인해 고통 받는 사람들을 도와야만 한다.

① 원조 대상자의 국적은 원조 여부를 결정하는 데 중요하지 않다.
② 원조는 전 지구적 차원의 윤리적인 의무로 정당화될 수 없다.
③ 원조 대상에서 질서 정연한 사회의 빈곤한 시민은 제외되어야 한다.
④ 원조는 인류의 공리 증진이 아닌 지구적 정의 실현을 지향해야 한다.
⑤ 원조의 최종 목적은 고통 받는 사회의 정치 문화를 개선하는 것이다.

4. 다음 가상 대담의 사상가가 지지할 입장으로 적절하지 <u>않은</u> 것은? [3점]

① 쾌락을 위한 우애나 완전한 우애 모두 서로에게 즐거움을 준다.
② 유덕하지 못한 사람은 다른 사람과 더불어 우애를 나눌 수 없다.
③ 좋은 벗은 서로에게 떳떳하지 못한 행위를 요구하지 않는다.
④ 쾌락을 위한 우애는 서로 즐거움을 주는 한에서만 지속될 수 있다.
⑤ 완전한 우애만이 서로의 선한 성품 때문에 서로 사랑하는 것이다.

5. 다음 사상가의 입장에서 볼 때, <가상 대담>의 ㉠에 들어갈 말로 가장 적절한 것은?

오늘날과 같은 '윤리적 공백'의 시대에는 구원의 예언보다 불행의 예언에 더 주의를 기울여야 한다. 그러므로 우리는 과학 기술 유토피아주의를 찬양하는 '희망의 원칙'이 아닌, 미리 사유된 위험 그 자체와 관련된 '공포의 원칙'에 우선성을 두어야 한다.

<가상 대담>

리포터 : 지구 온난화와 같은 기후 변화 문제를 해결하기 위해 우리는 어떠한 자세를 가져야 할까요?

사상가 : 우리는 그러한 문제를 해결하기 위해 [㉠   ]를 가져야 합니다.

① 자연과의 상호 책임성을 토대로 자연에 대해 책임지려는 자세
② 부모가 자녀에 대해 책임지는 것처럼 자연에 대해 책임지려는 자세
③ 자연에 대한 주인 의식을 토대로 자연에 대해 책임지려는 자세
④ 과학의 무한한 진보를 바탕으로 자연에 대해 책임지려는 자세
⑤ 행위의 직접적 영향의 한도 내에서만 자연에 대해 책임지려는 자세

6. 다음 사상가의 입장에서 <문제 상황> 속 A에게 제시할 조언으로 가장 적절한 것은? [3점]

> 인간에게는 자신의 고유한 본성에 따라 선으로 향하는 성향이 내재되어 있다. 그러므로 우리는 신이 인간에게 부여한 본성에서 나온 "선을 추구하고 악을 피하라."는 원리에 따라야 한다.

<문제 상황>

> A는 현대 의학으로는 치료 불가능한 병으로 3개월 이내에 사망할 것이라는 진단을 받았다. 이런 상황에서 A는 연명 의료에 대한 의향서 작성을 고민하고 있다.

① 자신의 이익과 가족의 이익을 합리적으로 계산하여 판단하세요.
② 이상적인 담화 상황에서 합의된 결과를 고려하여 판단하세요.
③ 최대 다수의 최대 행복이라는 도덕 원리를 고려하여 판단하세요.
④ 인간이 갖는 자기 보존의 자연적 성향을 고려하여 판단하세요.
⑤ 자연법의 원리가 아닌 스스로 수립한 도덕 법칙에 따라 판단하세요.

7. 갑, 을 사상가들의 입장으로 옳지 <u>않은</u> 것은? [3점]

> 갑: 선왕(先王)이 예(禮)를 제정하여 사람들에게 귀함과 천함의 등급을 분별하게 하였다. 사대부의 자손이라도 예에 합하지 않으면 서민이 되어야 하고, 서민의 자손이라도 학문을 닦고 품행이 단정하여 예에 합하면 사대부가 되어야 한다.
> 을: 왕도 정치가 구현된 사회에서 농부와 목수와 기술자는 각자 생산물이나 재능을 교환함으로써 사회에 기여한다. 힘을 쓰는 노력자(勞力者)와 마음을 쓰는 노심자(勞心者) 역시 각자의 수고로움으로 서로 기여한다.

① 갑: 예(禮)를 기준으로 삼아 사회적 역할 분담이 정해져야 한다.
② 갑: 사회적 신분은 개인의 자유로운 선택에 따라 정해져야 한다.
③ 을: 분업을 통해 사회적 직분 간의 유기적 관계를 이루어야 한다.
④ 을: 노력자(勞力者)는 생계가 안정되어야 도덕심을 유지할 수 있다.
⑤ 갑, 을: 자신의 직분에 충실할 때 사회 질서가 유지될 수 있다.

8. 갑, 을의 입장으로 가장 적절한 것은?

> 갑: 예술의 목표는 진리라는 생각 때문에 시(詩)만을 위한 시는 시적 품위가 결여된 것으로 여겨졌다. 그러나 예술이란 본래 심미적 가치만을 추구하기에 시 그 자체 외의 어떠한 다른 목적도 염두에 두지 않고 쓰인 시만이 진정한 시이다.
> 을: 예술의 사명은 신(神)의 세계, 즉 인간의 최고 목적인 사랑의 세계를 건설하는 일이다. 따라서 예술은 인류애가 모든 사람의 자연스러운 감정이 되도록 교육하는 데 기여해야 한다.

① 갑: 예술의 심미적 가치는 도덕적 가치에 의해 제어되어야 한다.
② 갑: 예술이 도덕적 진리를 추구할 때 심미적 가치가 더욱 고양된다.
③ 을: 예술은 사람들의 도덕적인 감정의 고양에 기여해야 한다.
④ 을: 예술은 그 자체가 목적으로 다른 것을 위한 수단이 아니다.
⑤ 갑, 을: 예술은 어떤 것에도 제한받지 않는 독립성을 지녀야 한다.

9. 다음 가상 편지를 쓴 사상가가 지지할 입장만을 <보기>에서 있는 대로 고른 것은? [3점]

> ○○선생님께
> 　지난 편지에서 선생님께서는 개인의 이기심이 선의지에 의해 견제되고 있어 모든 집단은 조화를 이룰 것이라 하시며, 개인의 선의지 함양을 권고하셨습니다. 하지만 제 생각은 다릅니다. 선생님께서는 집단 이기주의가 갖는 힘, 범위, 지속성을 깨닫지 못하고 있습니다. 개인 간의 관계를 순전히 합리적인 조정과 설득에 의해 확립하는 일은 불가능하지는 않을 것입니다. 그러나 집단 간의 관계는 윤리적이기보다는 정치적이기 때문에, 개인의 양심은 집단 간의 갈등을 부분적으로 억제할 수는 있겠지만 완전히 해결하지는 못합니다. …(후략)…

<보 기>

ㄱ. 집단 간 관계는 각 집단이 갖는 힘의 비율에 따라 수립된다.
ㄴ. 선의지는 정의 실현을 위한 비합리적인 수단을 통제해야 한다.
ㄷ. 사회 정의는 사회적 억제와 힘을 통해 실현되어서는 안 된다.
ㄹ. 사회적 협력이 아무리 확대되어도 사회적 분쟁은 불가피하다.

① ㄱ, ㄴ 　　　　② ㄱ, ㄷ 　　　　③ ㄷ, ㄹ
④ ㄱ, ㄴ, ㄹ 　　　　⑤ ㄴ, ㄷ, ㄹ

10. (가)의 갑, 을 사상가들의 입장을 (나) 그림으로 탐구할 때, A~C에 해당하는 적절한 질문만을 <보기>에서 있는 대로 고른 것은?

> (가)
> 갑: 형벌은 위법 행위의 경중에 비례하여 부과되어야 한다. 오직 보복법만이 형벌의 질과 양을 명확하게 제시할 수 있기에, 살인범은 사형에 처해져야 한다. 이것은 정의가 도덕 법칙에 따라 의욕하는 바이다.
> 을: 형벌과 보상으로 사회의 행복을 증대시키는 것이 정부의 직무이기 때문에, 정부는 최대 행복의 원리에 따라야 한다. 그러므로 형벌의 가치는 어떤 경우든 위법 행위에서 얻는 이득의 가치를 능가하기에 충분해야 한다.

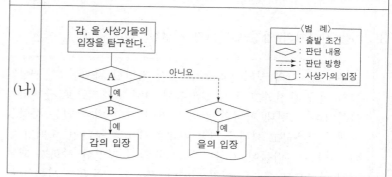

(나)

<보 기>

ㄱ. A: 형벌은 범죄자에게 고통을 유발하더라도 정당화 가능한가?
ㄴ. B: 사형은 살인범의 인격에 대한 존중을 전제하는 것인가?
ㄷ. C: 형벌은 공리를 증진하기 때문에 형벌 그 자체는 선인가?
ㄹ. C: 형벌은 범죄 의지를 억제시키려는 수단이어야 하는가?

① ㄱ, ㄴ 　　　　② ㄱ, ㄷ 　　　　③ ㄴ, ㄹ
④ ㄱ, ㄷ, ㄹ 　　　　⑤ ㄴ, ㄷ, ㄹ

11. 다음 토론의 핵심 쟁점으로 가장 적절한 것은?

> 갑 : 인간을 대상으로 하는 유전자 조작 기술은 유전적 요인으로 인한 질병을 치료할 수 있기 때문에 허용되어야 합니다. 질병 극복은 선이기 때문입니다.
> 을 : 네, 동의합니다. 하지만 치료를 넘어 우생학적 목적을 위한 국가 차원의 유전자 조작은 인간 존엄성에 대한 심각한 위협이 될 수 있으므로 치료 목적에 한정되어야 합니다.
> 갑 : 치료를 넘어선 국가 차원의 우생학은 부당하지만 개인 차원은 다릅니다. 외모에 대해 성형의 자유를 지니듯이, 우리는 유전자 조작을 통해 자질을 강화할 수 있는 자유를 지닙니다.
> 을 : 그렇지 않습니다. 자질 강화를 위한 유전자 조작은 고비용 의술로 특정 계층만이 이용 가능해 생물학적 불평등을 낳고, 이는 곧 사회적 불평등을 심화시킬 것이므로 옳지 않습니다.

① 질병 치료를 위한 유전자 조작은 허용되어야 하는가?
② 치료 목적의 유전자 조작은 선을 산출할 수 있는가?
③ 국가는 치료를 넘어선 우생학적 유전자 조작을 해도 되는가?
④ 유전자 조작 기술은 어떤 경우에도 허용되어서는 안 되는가?
⑤ 자질 강화를 위한 개인 차원의 유전자 조작은 허용되어야 하는가?

12. (가)의 갑, 을, 병 사상가들의 입장을 (나) 그림으로 표현할 때, A~D에 해당하는 적절한 진술만을 <보기>에서 있는 대로 고른 것은? [3점]

(가)	갑 : 늙은 말이나 개와 같이 오랫동안 봉사한 동물들에게 감사의 정(情)을 표현하는 것은 직접적으로는 언제나 인간의 자기 자신에 대한 의무일 따름이다. 을 : 무당벌레와 진딧물의 관계와 같이 하나의 종(種)을 위한 선은 다른 종을 위한 선이 아닐 수 있다. 모든 생명체는 그 자신의 선을 가지는 목적론적 삶의 중심이다. 병 : 식용 송아지의 비참한 모습은 애처롭고 마음 아프게 한다. 도덕적 무능력자이지만 삶의 주체인 동물들의 도덕적 권리를 침해하는 것은 옳지 않다.
(나)	<범 례> A : 갑만의 입장 B : 병만의 입장 C : 을과 병만의 공통 입장 D : 갑, 을, 병의 공통 입장

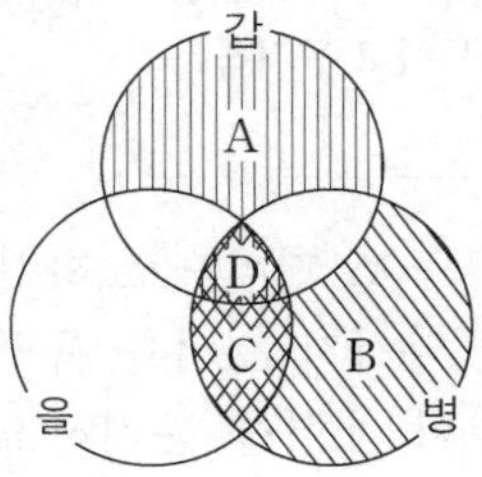

<보 기>
ㄱ. A : 인간을 목적이 아닌 수단으로만 대우해서는 안 된다.
ㄴ. B : 인간이 동물보다 본래적으로 더 우월한 것은 아니다.
ㄷ. C : 내재적 가치를 지니는 비이성적인 개체도 존재한다.
ㄹ. D : 생태계 그 자체의 도덕적 지위를 인정할 필요는 없다.

① ㄱ, ㄴ   ② ㄱ, ㄷ   ③ ㄷ, ㄹ
④ ㄱ, ㄴ, ㄹ   ⑤ ㄴ, ㄷ, ㄹ

13. 다음 글의 입장에서 긍정의 대답을 할 질문을 <보기>에서 고른 것은?

> 과학자는 연구와 실험의 결과가 인류의 운명에 긍정적 영향을 미칠지, 부정적 영향을 미칠지를 객관적으로 예측할 수 없다. 과학적 발견을 어떻게 활용할지 여부를 결정하는 것은 과학자의 몫이 아니다. 그것은 가치 판단의 문제로 과학의 영역이 아니다. 과학자는 입증된 방법으로 연구와 실험을 진행할 뿐이며, 오로지 진리 탐구를 목적으로 자신의 연구에 책임을 다할 뿐이다.

<보 기>
ㄱ. 과학자는 연구 결과의 모든 활용에 대해 책임져야 하는가?
ㄴ. 과학자는 연구의 외적 책임으로부터 자유로워야 하는가?
ㄷ. 과학자는 이론의 타당성을 객관적으로 검증해야 하는가?
ㄹ. 과학자는 연구 주제의 사회적 파급 효과를 고려해야 하는가?

① ㄱ, ㄴ   ② ㄱ, ㄷ   ③ ㄴ, ㄷ   ④ ㄴ, ㄹ   ⑤ ㄷ, ㄹ

14. 동양 사상 (가), (나)의 입장으로 가장 적절한 것은? [3점]

> (가) 이 세상에 태어난 것은 태어날 때를 만났기 때문이고, 죽음은 떠나야 할 때가 되었기 때문이다. 삶과 죽음은 운명이다. 사계절이 변하듯이 기(氣)의 변화 과정에서 삶과 죽음이 바뀌는 것일 뿐이니 죽음을 슬퍼할 필요가 없다.
> (나) 오온(五蘊)의 새로운 구성이 태어남이고 그 해체가 죽음이다. 죽음은 현세의 업보에 따라 다음 세상에서의 태어남으로 이어진다. 삶과 죽음은 생멸(生滅)의 과정에서 계속 반복되는 것이니 생사(生死)에 집착할 필요가 없다.

① (가) : 인(仁)의 구현을 위해서라면 나의 생명을 희생할 수 있다.
② (가) : 내세의 행복을 위해 현세의 욕망을 최대한 절제해야 한다.
③ (나) : 죽음은 고통이 없는 생(生)으로 이어지는 윤회의 과정이다.
④ (나) : 중생은 그의 오온이 해체되어도 생멸을 반복하게 된다.
⑤ (가), (나) : 참된 지혜는 육체의 구속에서 벗어난 사후에만 얻어진다.

15. 갑, 을 사상가들의 입장만을 <보기>에서 있는 대로 고른 것은? [3점]

> 갑 : 정의의 원칙은 가상적 상황에서 무지의 베일을 쓴 당사자들의 합의를 통해 얻어져야 한다. 이들은 이 상황에서 평등한 자유의 원칙, 공정한 기회균등의 원칙, 차등의 원칙에 합의할 것이다. 이 원칙들을 만족시키는 한에서 정의로운 분배가 가능하다.
> 을 : 어느 누구도 취득과 이전에서의 정의의 원리에 의하지 않고서는 소유물에 대한 소유 권리를 가질 수 없다. 국가는 강압·절도·사기로부터의 보호, 계약 집행 등과 같은 제한적 역할만을 수행해야 한다.

<보 기>
ㄱ. 갑 : 차등의 원칙만 충족한다면 어떠한 분배 결과도 정당화된다.
ㄴ. 갑 : 가상적 상황의 당사자는 경제학의 일반적 사실을 안다.
ㄷ. 을 : 분배 결과의 정당성은 분배 과정의 정당성에 근거한다.
ㄹ. 갑, 을 : 정의로운 사회에서도 경제적 불평등은 정당화될 수 있다.

① ㄱ, ㄴ   ② ㄱ, ㄷ   ③ ㄷ, ㄹ
④ ㄱ, ㄴ, ㄹ   ⑤ ㄴ, ㄷ, ㄹ

35회

16. 다음은 신문 칼럼이다. ㉠에 들어갈 내용으로 가장 적절한 것은?

> ○○신문　　　　　　　　　　　　　○○○○년 ○○월 ○○일
> ### 칼 럼
> 　오늘날 세계 각 지역에서는 종교 간의 갈등으로 인해 폭력과 분쟁이 심화되고 있다. 이와 관련하여 우리는 어떤 서양 사상가의 가르침에 주목할 필요가 있다. 그는 "타 종교인에 대한 관용의 정신이 참된 종교를 구별하는 가장 분명한 기준이다. 참된 종교는 영혼의 내적 확신에 기초하는데, 이러한 내적 확신을 폭력과 같은 외부적 힘으로 강제하는 것은 종교의 사명은 물론 인간 이성에도 어긋난다."라고 하였다. 이러한 가르침에 따라 종교 간의 갈등 문제를 해결하기 위해서는 ▢▢▢㉠▢▢▢ 을 인식해야 한다. …(후략)…

① 정치와 종교의 분리가 불필요하다는 것
② 영혼의 내적 확신이 구원과 무관하다는 것
③ 종교적 박해는 불합리하므로 부당하다는 것
④ 관용을 허용하지 않는 종교도 참된 종교라는 것
⑤ 종교적 불관용만이 이성에 부합할 수 있다는 것

17. (가) 사상의 입장에서 볼 때, (나)의 ㉠에 대한 설명으로 가장 적절한 것은? [3점]

(가)	부모와 자녀 간에는 친함이 있어야 하고, 임금과 신하 간에는 의리가 있어야 하고, 남편과 부인 간에는 분별이 있어야 하고, 친구 간에는 믿음이 있어야 하고, 어른과 아이 간에는 차례가 있어야 한다.
(나)	섬기는 일 중에 무엇이 가장 큰 것인가? 가장 큰 섬김에는 물질적 봉양[養口體], 정신적 공경[養志], 사회적으로 명예를 얻는 입신양명(立身揚名) 등이 있다. 그러므로 ▢▢㉠▢▢ 은/는 개나 말을 잘 먹여 기르는 것과는 다르다.

① 서로 손님처럼 공경하는 상경여빈(相敬如賓)으로 완성되는 것이다.
② 공동 이익을 추구하는 상부상조(相扶相助)로 완성되는 것이다.
③ 사랑하며 함께 늙어가는 백년해로(百年偕老)로 완성되는 것이다.
④ 몸과 마음으로 헌신하는 사군이충(事君以忠)으로 시작되는 것이다.
⑤ 몸을 온전하게 보전하는 불감훼상(不敢毁傷)으로 시작되는 것이다.

● 2015학년도 9월(고3)

18. 다음 토론의 핵심 쟁점으로 가장 적절한 것은? [3점]

> 갑: 민족은 근대화라는 특정한 사회적 조건에서 등장한 '상상된 공동체'라고 할 수 있어.
> 을: 그렇지 않아. 민족은 고대 이래 혈연, 언어를 공유하는 실체로 지금까지 존재해 왔어.
> 갑: 민족은 혈연이나 언어가 아니라 구성원의 의지에 기초한 공동체야. 그러니까 민족은 '매일 매일의 국민 투표'에 의해 결정된다는 비유도 가능해.
> 을: 민족은 대대로 이어진 원초적 유대로 결속된 집단이야. 그래서 개인이 자기 의지대로 민족을 선택하는 건 불가능해.

① 민족은 언제부터 어떤 요소에 의해 형성되어 왔는가?
② 민족이 등장한 근대 이후의 사회적 조건은 무엇인가?
③ 민족의 구성 요소는 근대화 과정에서 왜 변화하였는가?
④ 민족 구성원의 의지는 원초적 유대를 어떻게 강화하는가?
⑤ 민족 형성이 민주주의 발전과 병행했던 이유는 무엇인가?

19. 다음 사상가의 입장만을 <보기>에서 있는 대로 고른 것은?

> 　정의의 원칙을 완전히 보장해 줄 완전한 헌법을 제정하기는 어려우며 그 절차도 찾기 어렵다. 또한 헌법에 따라 제정된 법이 정의로운 것이기를 보장해 줄 완벽한 절차도 존재하지 않는다. 이러한 한계로 인해 헌법이 정의로우며 그로부터 이익을 받고 또 받을 예정이라면, 우리는 다수자가 제정한 법이 부정의하다 할지라도 그에 따라야 할 의무를 갖는다. 하지만 대체로 질서 정연한 사회 안에서, 정의의 원칙에 어긋나는 법이 심각한 정도로 부정의할 경우, 우리는 시민 불복종을 고려하게 된다.

> ─<보 기>─
> ㄱ. 정치적 절차는 완전히 정의로운 법의 제정을 보장할 수 없다.
> ㄴ. 시민 불복종의 대상이 되지 않는 부정의가 존재할 수 있다.
> ㄷ. 시민 불복종은 부정의한 정치 체제에 항거하는 것이다.
> ㄹ. 원초적 입장에서 합의한 원칙도 시민 불복종의 대상이다.

① ㄱ, ㄴ　　　② ㄱ, ㄷ　　　③ ㄷ, ㄹ
④ ㄱ, ㄴ, ㄹ　　　⑤ ㄴ, ㄷ, ㄹ

20. 그림의 강연자가 긍정의 대답을 할 질문으로 가장 적절한 것은?

> 과시적 소비는 자신의 부와 명성을 타인에게 명백하게 증명하려는 경쟁적인 소비 행위입니다. 명성의 관점에서 사회 구조의 최상부에 위치한 유한계급의 생활 예절과 가치 기준들은 사회 구조의 최하층까지 강압적인 영향력을 확장합니다. 그 결과 각 계급의 구성원들, 심지어 절대 빈곤에 시달리는 빈민조차도 모든 관습적인 과시적 소비의 유혹을 떨쳐버리지 못합니다. 하지만 사회의 전체적인 부가 아무리 증가하더라도 다른 사람들보다 더 많은 재화를 축적하고자 하는 모든 사람들의 모든 욕망은 결코 완전히 충족되지 못합니다. 그 욕망은 본질적으로 차별적인 비교에 바탕을 둔, 명성을 획득하고 유지하기 위한 경쟁이기 때문입니다.

① 유한계급의 소비 행태는 사회 구조 전반으로 확산되는가?
② 사회 구조의 최상위 계급만이 과시적 소비를 욕구하는가?
③ 유한계급은 소비를 통해 자신의 재력을 은폐하고자 하는가?
④ 사회의 각 계급은 상위 계급의 소비 행태에 대해 무관심한가?
⑤ 사회의 전체적인 부가 증대되면 과시적 소비의 욕망은 사라지는가?

> * 확인 사항
> ◦ 답안지의 해당란에 필요한 내용을 정확히 기입(표기)했는지 확인하시오.

성명 [   ] 수험 번호 [| | | | — | | | |] 제〔 〕선택

1. (가), (나) 윤리학의 핵심 과제로 가장 적절한 것은?

> (가) 윤리학은 '옳다', '그르다'와 같은 용어가 도덕 논의에서 어떻게 사용되고 있는지 그 의미를 분석하고, 윤리학의 학문적 성립 가능성을 검토하는 데 주력해야 한다.
>
> (나) 윤리학은 '옳고 그른 행위는 무엇인가?'에 대한 도덕 원리를 활용하여 생명 윤리, 정보 윤리 등에서 논의되는 문제에 대한 실천적 지침을 제시하는 데 주력해야 한다.

① (가) : 도덕 문제에 대한 구체적인 해결책을 모색하는 것이다.
② (가) : 도덕 추론에 대한 논리적인 타당성을 검토하는 것이다.
③ (나) : 사회의 도덕 관행을 가치 중립적으로 기술하는 것이다.
④ (나) : 도덕 현상의 인과 관계를 경험적으로 조사하는 것이다.
⑤ (가)와 (나) : 보편적인 도덕규범의 체계를 확립하는 것이다.

2. 갑, 을 사상가들의 입장으로 가장 적절한 것은? [3점]

> 갑 : 백성을 법령과 형벌로 다스리면 백성은 형벌을 모면하려 하고 부끄러움을 모르게 된다. 백성을 덕으로 이끌고 예(禮)로 다스리면 백성은 부끄러움을 알고 바르게 된다.
>
> 을 : 최상의 지도자는 백성이 단지 그의 존재만을 안다. 공(功)이 이루어지고 나면 백성은 자기 스스로 그렇게 했다고 말한다. 무위(無爲)하면 다스리지 못할 것이 없다.

① 갑 : 통치자는 법(法)을 배제하고 덕으로만 통치해야 한다.
② 갑 : 통치자는 백성이 편안해진 후에야 수신(修身)할 수 있다.
③ 을 : 통치자는 인의(仁義)를 갖춰야만 무위로 다스릴 수 있다.
④ 을 : 통치자는 백성이 무지(無知)의 덕을 갖도록 다스려야 한다.
⑤ 갑과 을 : 통치자는 선악(善惡)을 구별해 규범을 세워야 한다.

3. 다음을 주장한 사상가의 입장에서 <문제 상황> 속 A에게 제시할 조언으로 가장 적절한 것은?

> 의무는 법칙에 대한 존경에서 나오는 행위의 필연성이다. 내가 의도한 행위의 결과인 대상에 대해 나는 경향성을 가질 수는 있지만 결코 존경할 수는 없다.

<문제 상황>

> 고등학생 A는 유기견 봉사 활동을 가기로 친구와 약속하였다. 그런데 봉사 활동 당일에 좋아하는 가수의 콘서트 입장권이 생겨, 약속을 지켜야 할지 친구에게 거짓말을 하고 콘서트에 가야 할지 고민하고 있다.

① 동정심을 기준으로 어떠한 행위가 도덕적인지를 판단하세요.
② 약속 준수와 공연 관람 중 더욱 칭찬받을 행위를 선택하세요.
③ 쾌락을 산출하는 행위만이 도덕적 가치가 있음을 명심하세요.
④ 약속을 지킬지 말지를 경향성에 따라 자율적으로 결정하세요.
⑤ 자신의 행위가 보편화 가능한 준칙에 따른 것인지 검토하세요.

4. (가)의 주장을 (나) 그림으로 나타낼 때, ㉠에 대한 반론의 근거로 가장 적절한 것은?

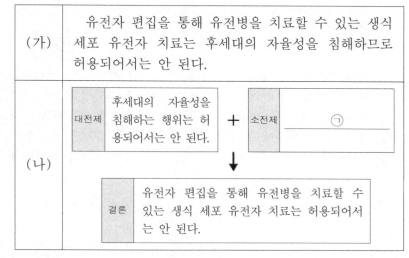

(가)	유전자 편집을 통해 유전병을 치료할 수 있는 생식 세포 유전자 치료는 후세대의 자율성을 침해하므로 허용되어서는 안 된다.
(나)	대전제 : 후세대의 자율성을 침해하는 행위는 허용되어서는 안 된다. ＋ 소전제 : ㉠ ↓ 결론 : 유전자 편집을 통해 유전병을 치료할 수 있는 생식 세포 유전자 치료는 허용되어서는 안 된다.

① 생식 세포 유전자 치료는 후세대의 삶을 특정 방향으로 결정하는 유전적인 개입이다.
② 생식 세포 유전자 치료는 유전적 다양성을 감소시켜 질병에 대한 저항력을 약화시킨다.
③ 생식 세포 유전자 치료는 인간으로서의 도덕적 지위를 지닌 배아를 단지 수단으로만 취급한다.
④ 생식 세포 유전자 치료는 부모의 의도에 따라 자녀의 자질이 설계되는 우생학으로 변질될 수 있다.
⑤ 생식 세포 유전자 치료는 유전 형질을 개선해 삶의 방향에 대한 미래 세대의 선택권을 확대할 수 있다.

5. 갑, 을 사상가들의 입장으로 가장 적절한 것은? [3점]

> 갑 : 질서 정연한 만민은 고통받는 사회들을 원조해야 한다. 고통받는 사회는 정치적이며 문화적인 전통들, 즉 인적 자본과 기술 수준, 질서 정연한 사회가 되는 데 필요한 물질적 및 과학 기술적 자원들이 결핍되어 있다.
>
> 을 : 절대 빈곤은 고통스러운 삶의 조건이다. 도덕적으로 마찬가지로 중요한 일을 희생시키지 않고 절대 빈곤을 감소시킬 수 있는 풍요로운 사람은 절대 빈곤에 빠진 사람을 마땅히 도와야 한다.

① 갑 : 고통받는 사회들만 해외 원조의 대상으로 삼는 것은 옳지 않다.
② 갑 : 서로 다른 만민 간 평균적 부의 차이를 좁히는 것은 해외 원조의 목표가 아니다.
③ 을 : 해외 원조는 칭찬받을 만한 가치가 있지만 당위가 아닌 자선 행위이다.
④ 을 : 해외 원조가 가져올 결과에 따라 원조의 이행 여부가 결정되어서는 안 된다.
⑤ 갑과 을 : 해외 원조는 경제적 불평등을 규제하는 분배 정의 원칙에 근거해야 한다.

6. 그림의 강연자가 지지할 입장으로 가장 적절한 것은?

현대 사회에서 유행이란 사회적 균등화 경향과 개인적 차별화 경향 사이에 타협을 이루려고 시도하는 삶의 형식들 중 하나입니다. 상류층의 유행은 하류층의 유행과 구분되며, 상류층의 유행이 하류층에 의해 동화되는 순간 상류층의 유행이 소멸된다는 사실이 이를 입증해 줍니다. 남과 구분되려는 욕구가 결여되는 경우, 반대로 집단에 속하고자 하는 욕구가 결여되는 경우 유행의 영역은 더 이상 존재하지 않게 됩니다.

① 현대 사회에서 유행의 생성과 소멸은 계층 간 차이의 산물이다.
② 유행은 계층 내 동질성은 감추고 계층 간 차별성은 드러낸다.
③ 상류층은 차별화 경향성을 은폐하기 위해서 유행을 선도한다.
④ 하류층은 상류층에 동화되기 위해서 새로운 유행을 창출한다.
⑤ 하류층은 타 계층을 모방하지 않는 영속적인 유행을 추구한다.

7. 갑, 을 사상가들의 입장으로 가장 적절한 것은? [3점]

갑 : 자본주의에서 노동은 상품만을 생산하는 것이 아니라 노동자를 하나의 상품으로 생산해 낸다. 노동자의 노동은 강요된 것으로서 자기 자신의 상실이다. 강제로 수행되는 노동이 멈출 때 자유의 영역은 비로소 시작된다.
을 : 각 개인에게는 신께서 지정하신 생활 방식이 있는데 그것은 우리가 인생을 방탕하게 살지 않도록 지정해 주신 초소와 같다. 이 모든 것이 신께서 지워 주신 의무임을 우리가 알고 따를 때 소명(召命)은 신 앞에서 빛날 것이다.

① 갑 : 계급이 완전히 소멸된 곳에서 노동의 본질은 실현된다.
② 갑 : 자본주의의 기술적 분업을 통해 노동 소외를 없애야 한다.
③ 을 : 노동하는 것과 독실한 신앙 생활을 병행해서는 안 된다.
④ 을 : 노동을 통한 부의 축적은 신이 부여한 소명에 위배된다.
⑤ 갑과 을 : 노동은 다른 목적을 위한 수단이 아닌 그 자체가 목적이다.

8. 다음을 주장한 사상가의 입장으로 가장 적절한 것은? [3점]

시민 불복종은 정치적 원칙, 즉 헌법과 사회 제도 일반을 규제하는 정의의 원칙들에 의해 지도되고 정당화되는 행위라는 의미에서 정치적 행위이다. 정치적 다수자에게 정상적인 호소를 해왔지만 그 호소가 성공하지 못한 경우에 최후의 대책으로 시민 불복종을 생각해 볼 수 있다.

① 유권자 다수가 공개적으로 참여해야만 시민 불복종이 정당화된다.
② 부정의한 정치 체제에서 법률은 정당한 시민 불복종의 대상이 된다.
③ 정의의 원칙에 근거하지 않은 양심적 행위도 정당한 시민 불복종이 될 수 있다.
④ 최소 수혜자에게 최대의 이익을 주지 못하는 정책에 대한 시민 불복종은 정당화된다.
⑤ 평등한 자유의 원칙을 위반한 정책은 정당한 시민 불복종의 대상이 되지 않는 경우가 있다.

9. 갑, 을 사상가들의 입장으로 적절한 것만을 <보기>에서 있는 대로 고른 것은?

갑 : 임금과 대신들이 음악을 좋아하여 즐기면 국가는 어지러워진다. 농부가 음악을 좋아하여 듣기만 한다면 콩과 조가 부족해진다. 천하의 이익을 일으키고 천하의 해를 없애려고 한다면 음악을 금지하지 않을 수 없을 것이다.
을 : 예(禮)는 사람의 본성[性]이 아니라 성인의 작위[僞]에 의해 생겨난다. 예에 맞는 음악을 귀히 여기고 사특한 음악을 천시해야 한다. 음악이 엄숙하면 백성이 혼란하지 않고 편안히 살게 된다. 이것이 왕도 정치의 시작이다.

─── < 보 기 > ───
ㄱ. 갑 : 음악은 생산 활동을 방해하지만 즐거움을 줄 수 있다.
ㄴ. 을 : 음악이 예에 알맞으면 사회를 바로잡는 규범이 된다.
ㄷ. 을 : 음악은 본성을 변화시켜 세상을 조화롭게 할 수 있다.
ㄹ. 갑과 을 : 음악 없이는 이상적 인간의 경지에 이를 수 없다.

① ㄱ, ㄴ　　　　② ㄱ, ㄹ　　　　③ ㄷ, ㄹ
④ ㄱ, ㄴ, ㄷ　　　　⑤ ㄴ, ㄷ, ㄹ

10. (가)의 갑, 을, 병 사상가들의 입장을 (나) 그림으로 표현할 때, A ~ D에 해당하는 적절한 진술만을 <보기>에서 고른 것은? [3점]

| (가) | 갑 : 동물이 이성을 지니지는 못했다 하더라도 동물을 폭력적이고 잔인한 방식으로 다루는 것은 인간 자신에 대한 의무와 진정으로 대립한다.
을 : 개별 생명체는 고유의 선을 실현하려는 목적론적 삶의 중심으로, 내재적 가치를 지닌다. 우리는 이들을 동등하게 도덕적으로 존중해야 한다.
병 : 종 차별주의를 버리고 육식을 멈추면 식량을 더 확보할 수 있다. 식량을 제대로 분배하면 기아를 없앨 수 있다. 동물 해방은 인간 해방이기도 하다. |

(나)

갑
A
D
C
B
을　　　　병

< 범 례 >
A : 갑만의 입장
B : 을만의 입장
C : 을과 병만의 공통 입장
D : 갑과 을과 병의 공통 입장

─── < 보 기 > ───
ㄱ. A : 동물은 수단으로 간주되지만 인간은 수단으로 간주될 수 없다.
ㄴ. B : 생명이 있는 비이성적 존재에게 도덕적 지위를 부여하는 것은 정당화될 수 있다.
ㄷ. C : 동물에 대한 인간의 의무는 조건부로 이행될 수 있다.
ㄹ. D : 인간 이외의 개체에 대한 차별적인 대우가 정당화되는 경우가 있다.

① ㄱ, ㄴ　② ㄱ, ㄷ　③ ㄴ, ㄷ　④ ㄴ, ㄹ　⑤ ㄷ, ㄹ

11. 갑, 을 사상가들의 입장으로 적절한 것만을 <보기>에서 있는 대로 고른 것은? [3점]

> 갑 : 인간이 자신을 죽일 권리가 없는 이상, 그 권리를 사회에 양도하는 것 역시 불가능하다. 사형은 권리의 문제가 아니다. 사형은 한 사람의 시민에 대한 국가의 전쟁이다.
> 을 : 사형은 사회 계약에 포함될 수 없다는 이유로 사형의 불법성을 주장하는 것은 법의 왜곡이다. 처벌 법칙은 하나의 정언 명령이다. 그가 살인했다면 그는 죽어야 한다.

< 보 기 >

ㄱ. 갑 : 범죄자를 처벌하는 것이 아니라 범죄를 예방하는 것이 정의롭다.
ㄴ. 갑 : 범죄자의 의도를 제외하고 사회에 끼친 해악으로 범죄의 경중을 판단하는 것은 타당하다.
ㄷ. 을 : 범죄자의 생득적 인격성을 존중하기 위해서는 사형 이외의 형벌을 부과할 수 없다.
ㄹ. 갑과 을 : 공적 정의를 실현하기 위해서는 범죄와 형벌 간의 비례 관계를 유지해야 한다.

① ㄱ, ㄴ   ② ㄴ, ㄹ   ③ ㄷ, ㄹ
④ ㄱ, ㄴ, ㄷ   ⑤ ㄱ, ㄷ, ㄹ

12. (가)의 사상가 갑, 을의 입장을 (나) 그림으로 탐구하고자 할 때, A~C에 들어갈 적절한 질문만을 <보기>에서 고른 것은? [3점]

(가)	갑 : 평등한 사람들은 평등하게 취급되어야 한다는 형식적인 평등의 원칙에 따라 원초적 입장의 합의 당사자들은 서로 동등한 입장에 처해 있다. 을 : 분배적 정의에 관한 정형적 원리들에 의하면 재분배 행위는 필연적이다. 소유 권리론의 입장에서 볼 때, 재분배는 개인들의 권리를 침해한다.
(나)	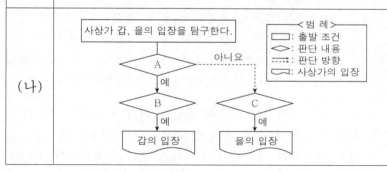

< 보 기 >

ㄱ. A : 부의 획득 과정에서 자연적 우연성 자체를 활용하지 않는 것을 지향해야 하는가?
ㄴ. B : 원초적 입장에 있는 당사자들의 모든 합의는 공정한가?
ㄷ. B : 기본적 자유들은 어떤 조건에서도 제한 없이 보장되어야 하는가?
ㄹ. C : 정당한 노동 없이도 소유권이 성립할 수 있는가?

① ㄱ, ㄴ   ② ㄱ, ㄷ   ③ ㄴ, ㄷ   ④ ㄴ, ㄹ   ⑤ ㄷ, ㄹ

13. 갑, 을의 입장으로 가장 적절한 것은? [3점]

> 갑 : 사랑하는 부부 사이의 성적 관계만이 정당화될 수 있다는 주장은 성적 자기 결정권에 대한 침해이다. 자율성의 원칙과 해악 금지의 원칙 외에 성적 관계의 정당화에 필요한 도덕적 제약은 존재하지 않는다.
> 을 : 사랑하는 부부 사이 외의 성적 관계도 정당화될 수 있다는 주장은 성적 자기 결정권에 대한 오해이다. 출산과 양육에 대한 책임을 지는 결혼은 성적 관계의 정당화에 필수적인 도덕적 제약이다.

① 갑 : 쾌락을 위한 성적 관계는 도덕적 평가 대상에서 제외된다.
② 갑 : 성적 자기 결정권 행사에 제약 조건을 부과해서는 안 된다.
③ 을 : 생식적 가치를 위한 성적 관계가 비도덕적인 경우가 있다.
④ 을 : 인격적 가치가 존중되지 않는 도덕적인 성적 관계가 있다.
⑤ 갑과 을 : 사랑의 결합 여부로 성적 관계의 정당성이 결정된다.

14. 다음 신문 칼럼의 입장으로 적절하지 <u>않은</u> 것은?

> ○○신문   ○○○○년 ○○월 ○○일
>
> **칼럼**
>
> 뉴 미디어의 발전으로 개인의 초상, 성명 등과 같은 인격적 속성을 경제적 이윤 창출의 수단으로 이용하는 것이 일상화되었다. 이로 인해 인격적 속성을 상업적으로 이용하는 것을 통제할 수 있는 배타적 권리인 퍼블리시티권(right of publicity)이 등장하였다. 유명인의 인격적 속성을 무단으로 사용하여 광고하는 행위는 퍼블리시티권 침해의 대표적 사례이다. 그런데 퍼블리시티권이 보장될수록 타인의 인격적 속성을 이용한 자유로운 표현 행위가 제한될 수 있다. 이에 퍼블리시티권과 표현의 자유가 조화될 수 있는 방안이 필요하다.

① 개인의 인격적 속성을 이용한 영리 행위는 정당화될 수 있다.
② 개인에게 속한 무형의 속성에 배타적 권리가 부여될 수 있다.
③ 개인을 식별하는 정보는 공공재이며 제한 없이 이용될 수 있다.
④ 표현의 자유가 보장될수록 타인의 권리 침해로 이어질 수 있다.
⑤ 공적 인물뿐만 아니라 일반인도 퍼블리시티권을 가질 수 있다.

15. 다음을 주장한 사상가의 입장으로 적절하지 <u>않은</u> 것은?

> 종교적 인간은 역사적 현재에서만 사는 것을 거부하고 성스러운 시간을 다시 획득하려고 노력한다. 종교적인 축제에 참여하는 것은 축제에서 현현(顯現)하는 신화적인 시간으로 되돌아가는 것이다. 한편, 비종교적 인간의 대부분은 비록 의식하지는 못하더라도 여전히 종교적으로 행동하고 있다. 탄생, 결혼, 취임, 승진을 축하하는 의식에서 종교적 현상이 관찰된다.

① 종교적 인간에게 성스러운 시간은 회복과 반복이 가능하다.
② 종교적 인간은 세속적 시간 속에서도 성스러움을 체험한다.
③ 종교적 인간은 성스러운 사물 그 자체를 신으로 받아들인다.
④ 종교를 의식할 능력을 상실해도 종교적으로 행동할 수 있다.
⑤ 비종교적 인간에게 성스러움은 다양한 양태로 드러날 수 있다.

16. 갑, 을 사상가들의 입장으로 적절하지 **않은** 것은?

> 갑 : 중용은 지나침에 따른 악덕과 모자람에 따른 악덕 사이의 덕이다. 너무 많이 먹고 마시는 것이나, 너무 적게 먹고 마시는 것 모두 건강을 해친다.
> 을 : 수행자는 원하는 대로 배불리 먹은 뒤 잠자는 즐거움에 빠지면 마음이 전념을 다하지 못한다. 음식을 먹는 것은 몸을 존속하고 청정범행(清淨梵行)을 잘하기 위한 것이다.

① 갑 : 적당한 음식의 양은 사람에 따라 차이가 없이 동일하다.
② 갑 : 음식을 절제하며 섭취하는 습관을 기르는 것이 필요하다.
③ 을 : 식생활은 신체에 대한 영양 공급 이외의 의미를 지닌다.
④ 을 : 먹는 즐거움에만 탐닉하는 것은 마음의 수양을 방해한다.
⑤ 갑과 을 : 음식을 먹는 행위는 생존에 대한 욕구와 연관된다.

17. 다음을 주장한 사상가의 입장으로 적절한 것만을 <보기>에서 있는 대로 고른 것은?

> 영혼은 육체로부터 최대한 독립했을 때 이데아에 대한 최상의 사유를 할 수 있다. 그래서 철학자들은 누구보다도 평생에 걸쳐 영혼을 정화하며 살고자 한다.

─── < 보 기 > ───
ㄱ. 철학자는 영혼과 육체의 불멸성을 깨달아야 한다.
ㄴ. 인간은 영혼을 돌보는 활동에 관심을 가져야 한다.
ㄷ. 참된 실재에 대한 인식은 인간의 감각을 통해서 가능하다.

① ㄱ ② ㄴ ③ ㄱ, ㄷ ④ ㄴ, ㄷ ⑤ ㄱ, ㄴ, ㄷ

18. 다음을 주장한 사상가의 입장으로 적절한 것만을 <보기>에서 고른 것은? [3점]

> 아프리카인에 대한 수 세기 동안의 직접적 폭력은 주인이자 사회적 강자인 백인들과 노예이자 사회적 약자인 흑인들 간의 구조적 폭력으로 확산되거나 침전되었다. 이는 인종주의적 이념과 함께 문화적 폭력을 재생산하였다. 이후, 직접적 폭력과 노예제도는 잊혔지만 구조적 폭력에 해당하는 '차별'과 문화적 폭력에 해당하는 '편견'으로 두드러지게 되었다.

─── < 보 기 > ───
ㄱ. 모든 폭력은 의도적으로 발생하는 것이며 제거해야 할 대상이다.
ㄴ. 위협에 대항하는 폭력은 평화 달성을 위한 최선의 수단으로 채택된다.
ㄷ. 이데올로기는 억압을 정상적이고 자연적인 것으로 생각하도록 할 수 있다.
ㄹ. 착취가 문화적으로 정당화되면 직접적 폭력의 발생 가능성이 높아질 수 있다.

① ㄱ, ㄴ ② ㄱ, ㄷ ③ ㄴ, ㄷ ④ ㄴ, ㄹ ⑤ ㄷ, ㄹ

19. 갑, 을 사상가들의 입장으로 옳지 **않은** 것은? [3점]

> 갑 : 경쟁, 불신, 공명심은 분쟁의 주된 원인이다. 인간은 지배자가 되기 위해, 자기방어를 위해, 자신을 얕잡아 보는 표현 때문에 폭력을 동원한다. 모두를 위압하는 공통 권력이 없을 때 만인에 대한 만인의 전쟁 상태로 들어간다.
> 을 : 자연 상태에서 인간은 모두 평등하고 독립적이다. 이 상태는 방종의 상태가 아닌 자유의 상태이다. 그런데 자연 상태에는 자연법은 있으나 무사 공평한 재판관이 없다. 그래서 인간은 스스로를 정부의 지배하에 두고자 한다.

① 갑 : 주권자의 자의적인 통치 행위는 시민의 권리를 침해할 수밖에 없다.
② 갑 : 사회 계약은 모든 자연권을 양도할 것을 누구에게도 요구할 수 없다.
③ 을 : 자연 상태의 모든 인간은 자연법 위반자를 처벌할 권리를 갖는다.
④ 을 : 개인은 자신의 생명과 재산을 보호하기 위해 최고 권력인 입법권의 지배하에 들어간다.
⑤ 갑과 을 : 자연권은 인간이 자신의 이성에 근거해 행위할 수 있는 자유를 포함한다.

20. 다음 토론의 핵심 쟁점으로 가장 적절한 것은?

> 갑 : 과학적 가설이나 이론이 정당화되는 과정에서는, 가치 중립적인 탐구 방법과 연구 윤리의 준수가 필요합니다. 이는 과학의 객관성 확보에 대한 정언 명령입니다.
> 을 : 동의합니다. 다만, 가치 중립적 태도는 이론의 정당화 과정에 국한되어야 합니다. 과학자는 연구 결과의 활용에 대해 윤리적으로 숙고해야 합니다.
> 갑 : 아닙니다. 과학은 사회와 무관한 그 자체의 발전 논리를 가지고 있습니다. 연구 결과의 활용은 정치인, 기업가와 같은 사회 구성원의 몫입니다. 과학자는 중립적 관찰자로 남아야 합니다.
> 을 : 그렇지 않습니다. 과학자의 원폭 실험이 없었다면 정치인이 원폭 투하를 결정하는 실제 사건은 일어날 수 없었습니다. 과학자가 인류에게 끼친 사회적·경제적 공로를 인정받듯이 해악에 대한 책임도 감수해야 합니다.

① 과학자는 객관적인 이론의 정립을 위해 노력해야 하는가?
② 과학 연구의 결과는 경제 발전의 도구로 활용될 수 있는가?
③ 실험 과정에서 과학자의 조작과 날조는 금지되어야 하는가?
④ 과학자는 자신의 연구 결과 활용에 대한 책임을 져야 하는가?
⑤ 과학 연구 과정에서 가치 중립적 사고가 필요한 때가 있는가?

★ 확인 사항

◦ 답안지의 해당란에 필요한 내용을 정확히 기입(표기)했는지 확인하시오.

37회

1. ㉠에 들어갈 진술로 가장 적절한 것은?

> 나는 윤리학이 도덕 원리를 탐구하여 '어떤 행위를 해야 한다' 혹은 '어떤 성품을 가져야 한다'는 도덕적 표준의 제시를 목적으로 삼아야 한다고 본다. 그런데 어떤 사람은 윤리학이 경험적 연구를 바탕으로 도덕적 신념, 태도, 현상에 대한 객관적 기술을 목적으로 삼아야 한다고 주장한다. 나는 이러한 주장이 ▢▢▢▢㉠▢▢▢▢ 고 생각한다.

① 도덕적 문제 상황의 인과 관계를 설명해야 함을 간과한다
② 도덕적 담화의 논증이 타당한지를 검증해야 함을 강조한다
③ 행위의 도덕적 근거에 대한 이론을 정립해야 함을 강조한다
④ 특정 사회의 도덕 관습에 대한 실태 조사가 필요함을 간과한다
⑤ 도덕 규칙을 적용해 행위의 정당성을 검토해야 함을 간과한다

2. 갑, 을 사상가들의 입장으로 가장 적절한 것은? [3점]

> 갑 : 국가의 목적은 개인의 안전 보장에 있다. 개인은 안전을 보장받기 위해 주권자에 복종해야 한다. 주권이 침해되면 전쟁 상태인 자연 상태보다 더 큰 재앙이 초래될 것이다.
> 을 : 국가의 주된 목적은 개인의 재산 보호에 있다. 절대 권력의 통치는 사회와 정부의 목적에 부합하지 못한다. 절대 권력을 위정자에게 넘겨주면 자연 상태보다 더 나빠진다.

① 갑 : 개인의 생명과 자유는 주권을 분할해야 온전히 보장된다.
② 갑 : 군주는 절대 권력을 지니므로 사회 계약을 파기할 수 있다.
③ 을 : 개인과 국가는 상호 간 이익을 전제로 사회 계약을 맺는다.
④ 을 : 입법권은 최고 권력이지만 공공선에 의해 제한될 수 있다.
⑤ 갑과 을 : 사회 계약으로 자연 상태에서의 재산권이 보장된다.

3. (가)의 입장에 비해 (나)의 입장이 갖는 상대적 특징을 그림의 ㉠ ~ ㉣ 중에서 고른 것은?

> (가) 통일은 남북 간 정치적 일괄 타결을 통해 조속히 이루어져야 한다. 점진적 교류를 통한 통일은 남북 간 이질감 해소에 기여할 수 있지만, 최우선 과제인 남북한 이산가족의 문제를 시급히 해결하는 데 한계가 있기 때문이다.
> (나) 통일은 남북 간 사회·문화적 협력을 통해 단계적으로 이루어져야 한다. 급진적 통일은 남북한 이산가족의 문제를 빨리 해결할 수 있지만, 최우선 과제인 남북 간 이질감 해소와 신뢰 회복에 한계가 있기 때문이다.

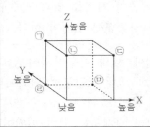

> • X : 정치적 합의를 통한 신속한 통일 달성을 강조하는 정도
> • Y : 점진적 방식에 의한 남북 간 민족 동질감 회복을 강조하는 정도
> • Z : 통일의 선결 과제로 남북한 이산가족의 인도적 문제 해결을 강조하는 정도

① ㉠　　② ㉡　　③ ㉢　　④ ㉣　　⑤ ㉤

4. 갑, 을 사상가들의 입장으로 적절한 것만을 <보기>에서 고른 것은?

> 갑 : 왕이 자기 나라의 이익을 생각하면 대부는 자기 집안의 이익을, 백성은 자기 몸의 이익을 생각한다. 위아래가 각자 자기 이익을 취하려 하면 나라는 위태로워진다. 왕은 이익이 아니라 인의(仁義)를 생각해야 한다.
> 을 : 인위적인 것을 멀리하고 분별적 지혜를 버리면 백성의 이익이 백배가 된다. 인을 끊고 의를 버리면 백성이 다시 효도하고 자애로워진다. 최상의 지도자는 백성이 단지 그의 존재만을 아는 지도자이다.

――― < 보 기 > ―――
ㄱ. 갑 : 자신과 타인을 구분하지 않고 사랑[兼愛]해야 한다.
ㄴ. 갑 : 군주는 먼저 수기(修己)하고 백성을 교화해야 한다.
ㄷ. 을 : 이상적 삶을 위해 무지(無知)의 덕을 갖추어야 한다.
ㄹ. 갑과 을 : 백성은 성인(聖人)을 좇아 선악을 구별해야 한다.

① ㄱ, ㄴ　② ㄱ, ㄷ　③ ㄴ, ㄷ　④ ㄴ, ㄹ　⑤ ㄷ, ㄹ

5. (가)의 갑, 을 사상가들의 입장을 (나) 그림으로 탐구하고자 할 때, A ~ C에 들어갈 적절한 질문만을 <보기>에서 있는 대로 고른 것은? [3점]

(가)	갑 : 소득과 부가 천부적 운에 의해 분배되는 것은 도덕적 관점에서 볼 때 자의적이다. 차등의 원칙은 천부적 운의 자의적 영향을 완화시킬 수 있다. 을 : 자유로운 사회에서 개인의 재능은 자신뿐만 아니라 타인에게도 이익이 된다. 소유 권리를 지님에 있어 자연적 자산의 영향을 배제할 이유가 없다.
(나)	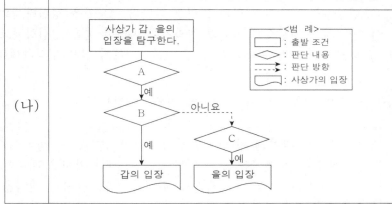

――― < 보 기 > ―――
ㄱ. A : 자유롭게 양도된 재화도 재분배 대상이 될 수 있는가?
ㄴ. B : 천부적 재능의 분포는 임의적이므로 부정의한가?
ㄷ. B : 구성원들의 모든 이익은 공정한 기회균등의 원칙에 의해 평등하게 보장되는가?
ㄹ. C : 최초 취득의 원칙이 적용되지 않아도 자연적 자산에 대한 개인의 배타적 권리는 인정되는가?

① ㄱ, ㄴ　　　② ㄱ, ㄹ　　　③ ㄴ, ㄷ
④ ㄱ, ㄷ, ㄹ　　⑤ ㄴ, ㄷ, ㄹ

6. 갑, 을 사상가들의 입장으로 가장 적절한 것은?

> 갑 : 현자는 삶으로부터 도피하려 하지도, 삶의 중단을 두려워하지도 않는다. 삶이 해를 주는 것도 아니고, 삶의 부재가 어떤 악으로 생각되지도 않기 때문이다. 현자는 단순히 긴 삶이 아니라 가장 즐거운 삶을 원한다.
>
> 을 : 영혼이 가장 잘 사유하는 때는 청각, 시각, 고통, 쾌감 등으로 주의가 산만해지지 않을 때이다. 우리가 어떤 사물에 대해 순수한 지식을 갖고자 한다면 몸에서 벗어나 영혼 자체로 사물 자체를 관찰해야 한다.

① 갑 : 죽음에 대한 인식과 무관하게 죽음은 그 자체로 악이다.
② 갑 : 죽음을 통해 고통의 부재로서의 쾌락이 비로소 실현된다.
③ 을 : 죽음 이후에 영혼의 사유로는 참된 실재를 인식할 수 없다.
④ 을 : 죽음으로 불완전한 세계에서 완전한 세계에 이를 수 있다.
⑤ 갑과 을 : 영혼의 불멸성을 파악하면 죽음이 두렵지 않게 된다.

7. 다음을 주장한 사상가의 입장에서 <문제 상황> 속 A에게 제시할 조언으로 가장 적절한 것은?

> 공동체는 가공의 조직체이며 공동체의 이익은 그 구성원들의 이익의 총합이다. 어떤 행동이 공동체의 행복을 증가시키는 경향이 감소시키는 경향보다 클 경우, 이 행동은 공리의 원칙에 의해 승인된다.
>
> <문제 상황>
> A는 난치병 치료를 위해 배아 줄기세포를 연구하고 있다. A는 연구 과정에서 배아가 폐기되고, 난자 확보 과정에서 여성의 건강권이 침해되기 때문에 연구를 계속해야 할지 고민하고 있다.

① 연구 결과로 인한 사회적 손익을 계산해야 함을 명심하세요.
② 연구자가 지켜야 할 보편적 도덕 원리는 없음을 명심하세요.
③ 연구자의 동기가 연구의 도덕성 판단의 척도임을 명심하세요.
④ 연구자는 경향성이 아니라 선의지에 따라야 함을 명심하세요.
⑤ 연구는 사익의 총합보다 큰 공익을 지향해야 함을 명심하세요.

8. 갑, 을의 입장으로 가장 적절한 것은? [3점]

> 갑 : 사랑이 결여된 성적 관계도 도덕적일 수 있다. 성적 관계를 통한 쾌락은 그 자체로 추구할 만한 가치를 지니기 때문이다. 따라서 자율성의 원칙과 해악 금지의 원칙을 전제로 한 성인들의 성적 관계는 도덕적으로 정당하다.
>
> 을 : 사랑이 결부된 성적 관계도 비도덕적일 수 있다. 성적 관계는 사회의 존속과 뗄 수 없는 관계에 놓여 있기 때문이다. 따라서 출산과 양육의 책임을 질 수 있는 혼인 관계에서 이루어지는 성적 관계만이 도덕적으로 정당하다.

① 갑 : 성적 관계의 도덕성은 사랑의 결합 여부로 판명된다.
② 갑 : 자발적 동의에 의한 성적 관계는 비도덕적일 수 없다.
③ 을 : 인격적 가치를 존중하는 모든 성적 관계는 도덕적이다.
④ 을 : 부부 사이의 성적 관계만이 도덕적 평가의 대상이 된다.
⑤ 갑과 을 : 사랑이 결부된 성적 관계가 도덕적인 경우가 있다.

9. (가)의 갑, 을, 병 사상가들의 입장에서 서로에게 제기할 수 있는 비판을 (나) 그림으로 표현할 때, A ~ F에 해당하는 내용으로 가장 적절한 것은? [3점]

<table>
<tr><td rowspan="3">(가)</td><td>갑 : 범죄에 대한 가장 강력한 억제력은 살인자의 사형 장면에서 생겨나지 않는다. 그가 노동으로 속죄하는 것을 사람들이 오래 보는 것에서 생겨난다.</td></tr>
<tr><td>을 : 오직 보복법만이 형벌의 질과 양을 명확하게 제시한다. 살인자에 대한 사형은 인간을 수단이나 물권의 대상으로 취급하는 것이 아니다.</td></tr>
<tr><td>병 : 사회 계약의 목적은 계약자들의 생명을 보존하는 것이다. 살인하면 사형을 받겠다고 동의하는 것은 살인자에게 희생되고 싶지 않기 때문이다.</td></tr>
<tr><td>(나)</td><td>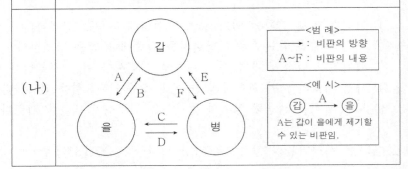</td></tr>
</table>

① A : 동등성의 원리에 따라 형벌의 종류와 정도가 결정됨을 간과한다.
② B : 사형은 살인자의 고통받는 인격을 자유롭게 해주는 형벌로 불의가 아님을 간과한다.
③ C와 E : 살인자에 대한 형벌은 시민의 공포심을 자극해야 정당화될 수 있음을 간과한다.
④ D : 형벌의 법칙은 공동체의 이익 증진을 전제로 하는 정언 명령임을 간과한다.
⑤ F : 형벌이 잔혹해질수록 범죄를 예방하는 효과가 증대됨을 간과한다.

10. 갑, 을 사상가들의 입장으로 가장 적절한 것은? [3점]

> 갑 : 시민 불복종은 비록 법의 바깥 경계선에 있지만 법에 대한 충실성의 한계 내에서 법에 대한 불복종을 나타낸다. 법에 대한 충실성은 시민 불복종이 양심적이고 진지하며 공중의 정의감에 호소하기 위한 것임을 보여준다.
>
> 을 : 시민 불복종은 합법적인 수단이 실패했을 때 사용될 수 있는 적합한 수단이다. 우리는 시민 불복종을 통해 중단시키려고 하는 악의 크기와 시민 불복종이 가져올 법과 민주주의에 대한 존중심의 감소 정도를 저울질해 보아야 한다.

① 갑 : 시민 불복종은 불의한 모든 법에 대해 이루어져야 한다.
② 갑 : 시민 불복종의 최종 목적은 사회 체제의 근본적 변화이다.
③ 을 : 시민 불복종은 헌법에 근거한 법에도 이루어질 수 있다.
④ 을 : 시민 불복종은 다수를 위협하거나 강제하는 위법 행위이다.
⑤ 갑과 을 : 시민 불복종은 원칙적으로 처벌 대상이 될 수 없다.

11. (가)의 갑, 을, 병 사상가들의 입장을 (나) 그림으로 표현할 때, A ~ D에 해당하는 적절한 진술만을 <보기>에서 있는 대로 고른 것은? [3점]

(가)	갑 : 모든 생명체는 생명 공동체의 일원이다. 모든 생명체는 자신을 보존하고 고유의 선을 추구하려는 목적론적 삶의 중심이다. 을 : 동물의 고통을 인간의 동일한 양의 고통과 동등하게 간주해야 한다. 고통을 느낄 수 있는 존재의 이익을 평등하게 고려해야 한다. 병 : 대지 윤리는 인류의 역할을 생명 공동체의 정복자에서 평범한 구성원이자 시민으로 변화시킨다. 인간은 생명 공동체 그 자체를 존중해야 한다.
(나)	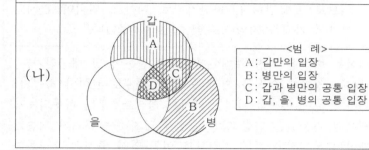 <범례> A: 갑만의 입장 B: 병만의 입장 C: 갑과 병만의 공통 입장 D: 갑, 을, 병의 공통 입장

< 보 기 >
ㄱ. A : 인간은 이성적 존재와 동식물에게만 신의의 의무를 져야 한다.
ㄴ. B : 생태계의 선과 개체의 선은 동등한 가치를 지니지 않는다.
ㄷ. C : 생명이 있는 존재라면 종에 상관없이 도덕적으로 배려되어야 한다.
ㄹ. D : 동물에 대한 인간의 의무는 호혜성에서 비롯된 것이 아니다.

① ㄱ, ㄴ   ② ㄴ, ㄹ   ③ ㄷ, ㄹ
④ ㄱ, ㄴ, ㄷ   ⑤ ㄱ, ㄷ, ㄹ

12. 다음을 주장한 사상가의 입장으로 적절한 것만을 <보기>에서 고른 것은?

○ 배우지 못해 무식한 수령은 겨우 한 고을을 얻기만 해도 자기 마음대로 행동하고 교만하며 사치해서 공금을 손 가는 대로 함부로 써 버린다.
○ 청렴한 사람은 청렴함을 편안히 여기고 지혜로운 사람은 청렴함을 이롭게 여긴다. 수령이 원하는 바가 청렴으로 도(道)를 얻는 것이라면 재물을 버리고 취하지 않아야 한다.

< 보 기 >
ㄱ. 목민관이 청렴을 실천하지 않으면 지혜롭지 못한 것이다.
ㄴ. 재정적 여유는 목민관의 자의적 공금 집행을 정당화한다.
ㄷ. 청렴은 인을 실현하려는 목민관의 욕구에서 비롯될 수 있다.
ㄹ. 목민관의 청렴은 자기 수양보다 외적 강제를 통해 실현된다.

① ㄱ, ㄴ ② ㄱ, ㄷ ③ ㄴ, ㄷ ④ ㄴ, ㄹ ⑤ ㄷ, ㄹ

13. 갑, 을 사상가들의 입장으로 가장 적절한 것은?

갑 : 음악은 사람의 즐거움을 표현한 것이다. 하지만 사람의 타고난 성정(性情)으로 인해 즐거움이 도리에 맞지 않으면 혼란이 일어난다. 이러한 혼란을 싫어하여 옛 성왕은 아(雅)와 송(頌)의 음악을 제정한 것이다.
을 : 음악을 비난하는 이유는 큰 종이나 북 같은 악기의 소리가 즐겁지 않아서가 아니다. 음악이 위로는 성왕의 일과 부합하지 아니하고, 아래로는 백성의 이익과 부합하지 않기 때문이다.

① 갑 : 음악을 활용하여 백성의 감정을 바르게 인도할 수 있다.
② 갑 : 음악이 도리에 맞으면 본성을 확충하는 데 도움이 된다.
③ 을 : 음악은 백성에게 이로움이 아니라 의로움을 가져다준다.
④ 을 : 음악은 재물을 낭비하게 하지만 생산 활동에 필수적이다.
⑤ 갑과 을 : 음악은 나라를 다스리는 데 있어 중요한 수단이다.

14. 갑, 을 사상가들의 입장으로 가장 적절한 것은? [3점]

갑 : 직접적 폭력, 구조적 폭력, 문화적 폭력에 대한 진단, 예측, 처방이 필요하다. 진정한 평화는 직접적 폭력뿐만 아니라 구조적 폭력, 문화적 폭력이 모두 사라져야 실현된다.
을 : 이성이 전쟁을 탄핵하고 평화 상태를 의무로 부과해도 국가 간의 계약 없이는 영원한 평화가 보장될 수 없다. 모든 전쟁을 영원히 종식시키는 평화 연맹이 필요하다.

① 갑 : 문화적 폭력으로 인해 비의도적 차별이 정당화될 수 있다.
② 갑 : 평화적 수단과 과정으로는 진정한 평화를 실현할 수 없다.
③ 을 : 평화를 위해 국가 간 계약을 주도할 세계 정부가 필요하다.
④ 을 : 국가 간 적대 행위의 중단은 영원한 평화 상태를 보증한다.
⑤ 갑과 을 : 국가 정치 체제는 평화 실현에 영향을 주지 않는다.

15. 그림의 강연자의 입장으로 가장 적절한 것은?

문명화된 현대 사회에서 유한계급의 생활 방식은 명성의 기준을 제공합니다. 이러한 기준은 최고 상류층 이하의 모든 계층이 따르고 싶은 기준이 됩니다. 유한계급이 명성을 획득하거나 유지하는 수단은 과시적 여가와 과시적 소비입니다. 과시적 여가와 과시적 소비의 공통적인 특징은 낭비로 볼 수 있습니다. 한편 과시적 여가와 과시적 소비는 경제 발전의 각기 다른 단계에서 편의성을 기준으로 각각 선호되었습니다.

① 유한계급은 사회적 명성과 무관하게 여가 생활을 즐긴다.
② 과시적 소비는 어떠한 기능도 하지 못하는 낭비일 뿐이다.
③ 유한계급의 경쟁적인 비교 성향은 과시적 소비로 나타난다.
④ 산업 사회가 발전하면 과시적 소비에 대한 욕망은 사라진다.
⑤ 현대 사회의 극빈층은 과시적 소비의 유혹으로부터 자유롭다.

16. 다음 신문 칼럼에서 강조하는 내용으로 가장 적절한 것은?

○○신문　　　　　　　　　　　　　　　　○○○○년 ○○월 ○○일
칼럼

　최근 뉴 미디어에서 고인이 된 유명인을 디지털 기술로 복원한 광고가 활용되었다. 그런데 디지털 기술로 고인을 복원하여 광고에 이용하는 것은 당사자의 동의를 받지 않았을 뿐만 아니라 저작권을 침해할 수 있어 문제가 될 수 있다. 고인의 행동과 목소리를 단순히 따라하는 것은 저작권 침해로 보기 어렵다. 하지만 고인의 영상이나 음성으로 만들어진 저작물을 이용하여 고인을 디지털 기술로 복원하는 것은 저작권 침해에 해당할 수 있다. 이러한 이유로 저작권 보호를 위한 새로운 차원의 노력이 요구되고 있다.

① 고인의 행위에 대한 단순한 모방도 저작권 침해에 해당한다.
② 저작권을 내세워 저작물의 상업적 이용을 제약해서는 안 된다.
③ 디지털 기술의 발달에 따라 저작물을 공공재로 간주해야 한다.
④ 고인을 복원하는 행위는 저작자의 동의가 없을지라도 허용된다.
⑤ 디지털 기술로 발생하는 저작권 침해에 대한 대책이 필요하다.

17. 다음을 주장한 사상가가 긍정의 대답을 할 질문으로 가장 적절한 것은? [3점]

○ 우리는 특정한 실험들을 금지하는 하나의 원칙을 발견하였다. 어떠한 경우에도 인간 전체의 실존과 본질이 도박 행위의 담보가 되어서는 안 된다.
○ 전쟁의 처참함을 알지 못하면서 평화를 찬양할 수 있는가? 우리가 실제로 무엇을 보호해야 하는가를 알기 위해서 희망보다는 공포를 논의의 대상으로 삼아야 한다.

① 생명을 지닌 모든 존재는 자연에 대한 책임을 져야 하는가?
② 인간은 자신이 의도한 결과에 한정하여 책임을 져야 하는가?
③ 어떠한 행위도 못하게 막는 공포가 책임의 본질적 속성인가?
④ 미래 예측의 불확실성으로 인해 책임의 윤리학이 요청되는가?
⑤ 인류 존속은 세대 간의 상호 책임에 근거한 윤리적 의무인가?

18. 다음을 주장한 사상가의 입장으로 적절한 것만을 <보기>에서 있는 대로 고른 것은? [3점]

　종교적 인간은 절대적 실재, 즉 세계 안에서 자신을 현현(顯現)하는 성스러운 존재가 있다고 항상 믿는다. 그러나 비종교적 인간은 초월성을 거부하며 실재의 상대성을 인정한다. 심지어 성스러운 존재의 의미를 의심하는 데까지 나아가기도 한다.

< 보 기 >

ㄱ. 종교적 인간에게 우주는 신성성의 여러 양태를 계시한다.
ㄴ. 종교적 인간은 자연물 그 자체를 신으로 숭배하고자 한다.
ㄷ. 비종교적 인간은 자기 자신과 세계를 탈신성화하고자 한다.

① ㄴ　　② ㄷ　　③ ㄱ, ㄴ　　④ ㄱ, ㄷ　　⑤ ㄱ, ㄴ, ㄷ

19. 다음 토론의 핵심 쟁점으로 가장 적절한 것은?

갑 : 낙태죄에 대한 헌법 불합치 판결 이후에도 인공 임신 중절에 대한 윤리적 논쟁이 계속되고 있습니다. 태아는 이익을 지니지 않으므로 인공 임신 중절은 허용되어야 합니다.
을 : 태아는 미래에 의식을 갖출 잠재적 존재이므로 이익을 지니지 않습니다. 하지만 태아는 인간 종(種)의 한 구성원으로 성인과 동등한 본래적 가치를 지니기 때문에 인공 임신 중절을 허용해서는 안 됩니다.
갑 : 그렇지 않습니다. 태아는 성인과 달리 현재 의식을 갖추고 있지 않아 본래적 가치를 지니지 않습니다. 따라서 인공 임신 중절에 대한 성인의 자율권을 존중해야 합니다.
을 : 아닙니다. 식물인간은 의식이 없지만 본래적 가치를 지니므로 보호됩니다. 마찬가지로 태아도 의식이 없지만 본래적 가치를 지니므로 보호되어야 합니다.

① 태아는 이익을 가진 존재이므로 보호받아야 할 대상인가?
② 태아는 장래에 의식을 지닐 수 있는 존재로 보아야 하는가?
③ 태아가 지닌 본래적 가치는 태아의 의식으로부터 비롯되는가?
④ 태아의 자율권은 인공 임신 중절을 금지하는 근거가 되는가?
⑤ 태아는 본래적 가치를 지니므로 인공 임신 중절은 부당한가?

20. 갑, 을 사상가들의 입장으로 적절한 것만을 <보기>에서 고른 것은? [3점]

갑 : 원조의 목적은 절대 빈곤으로 인한 고통을 줄이는 것이다. 우리는 나쁜 일을 방지할 수 있는 힘을 가지고 있고, 그 일에 상당하는 도덕적 의미를 가진 다른 일이 희생되지 않는다면 그렇게 해야만 한다.
을 : 원조의 목적은 고통받는 사회를 질서 정연한 사회가 되도록 돕는 것이다. 천연자원과 부가 빈약한 사회라도 그 사회의 정치적 전통, 법, 재산, 계급 구조가 적정 수준의 사회를 유지하게 하는 것이라면 질서 정연해질 수 있다.

< 보 기 >

ㄱ. 갑 : 국내 부조와 해외 원조를 의무로 규정하는 근거는 다르지 않다.
ㄴ. 을 : 원조 대상국의 복지 수준 향상은 원조의 결과일 수는 있어도 목적일 수는 없다.
ㄷ. 을 : 질서 정연한 사회의 기본 구조에 적용되는 모든 원칙이 해외 원조에도 적용되어야 한다.
ㄹ. 갑과 을 : 원조 주체의 자기 이익 고려는 해외 원조의 목적 달성을 저해한다.

① ㄱ, ㄴ　　② ㄱ, ㄷ　　③ ㄴ, ㄷ　　④ ㄴ, ㄹ　　⑤ ㄷ, ㄹ

★ **확인 사항**

○ 답안지의 해당란에 필요한 내용을 정확히 기입(표기)했는지 확인하시오.

성명 [　　　　] 수험 번호 [　|　|　|　—|　|　|　] 제〔　〕선택

---

1. ㉠에 들어갈 진술로 가장 적절한 것은?

> 나는 윤리학이 우리가 따라야 할 행위의 표준과 규칙의 정연한 체계를 세우고 정당화하는 것을 주요 목적으로 삼아야 한다고 생각한다. 그런데 어떤 사람들은 윤리학이 개인 생활이나 사회 구조 속에 존재하는 도덕 현상을 기술하는 것을 주요 목적으로 삼아야 한다고 주장한다. 나는 이러한 주장이 [　　㉠　　]고 생각한다.

① 도덕 현상은 설명해야 할 사실들의 집합체일 뿐임을 간과한다
② 도덕 추론의 논리적 구조 탐구가 윤리학의 본질임을 간과한다
③ 윤리학은 도덕적 행위의 근본 원리를 제시해야 함을 간과한다
④ 도덕적 관행이나 풍습이 문화 현상의 일부라는 점을 간과한다
⑤ 윤리학은 도덕적 개념의 의미 분석에 주력해야 함을 간과한다

2. 다음을 주장한 사상가의 입장으로 가장 적절한 것은? [3점]

> 악에 대한 인식이 선에 대한 인식보다 쉬우며, 악의 존재는 선의 존재보다 인간을 더 도덕적으로 행위하게 한다. 구원의 예언보다는 불행의 예언에 주의를 기울여야 한다. 우리가 실제로 무엇을 보호해야 하는가를 알기 위해 윤리학은 기술이 우리에게 주는 희망보다는 공포를 논의의 대상으로 삼아야 한다.

① 책임 있는 행위를 하도록 북돋우는 공포를 습득해야 한다.
② 비이성적 존재에 대한 기술의 영향은 숙고의 대상이 아니다.
③ 인간은 사전적 책임이 아니라 사후적 책임을 중시해야 한다.
④ 책임의 대상이 겪을 공포를 현세대의 의무로 전환시킬 수 없다.
⑤ 인간은 가치 중립적 관점에서 자연과의 관계를 정립해야 한다.

3. 갑, 을 사상가들의 입장으로 가장 적절한 것은? [3점]

> 갑 : 영혼은 그 자체로 돌아가야 사물 그 자체를 볼 수 있게 된다. 순수한 지식을 얻게 되는 것은 살아 있는 동안이 아니라 죽음 이후의 일이다. 영혼이 육체와 함께 있는 동안은 순수한 인식을 가질 수 없다.
> 을 : 영혼은 그것을 보호해 주는 몸이 분해되면, 영혼을 구성하고 있던 원자들도 흩어져 이전과 같은 능력을 가질 수 없고, 운동도 할 수 없게 된다. 따라서 죽음과 동시에 영혼은 감각할 수 없는 상태가 되고 만다.

① 갑 : 불멸의 영혼은 죽음 이후 참된 실재의 세계로 갈 수 있다.
② 갑 : 인간은 죽음 이후 감각으로 순수한 진리를 파악할 수 있다.
③ 을 : 죽음은 인간이 직면하는 최고의 악이므로 회피해야 한다.
④ 을 : 인간의 영혼은 죽음 이후에도 쾌락과 고통을 느낄 수 있다.
⑤ 갑, 을 : 죽음은 감각적 경험의 대상이나 두려워할 필요는 없다.

---

4. 다음을 주장한 사상가의 입장으로 적절하지 않은 것은?

> ○ 목민관의 직분은 백성을 교화하는 것이다. 그들의 밭과 재산을 고르게 하는 것이나 부역을 공평하게 하는 것도 그들을 가르치기 위함이다.
> ○ 청렴은 목민관 본연의 의무로서 온갖 선(善)의 원천이고 모든 덕(德)의 근본이다. 청렴한 자는 청렴을 편안하게 여기고 지혜로운 자는 청렴을 이롭게 여긴다.

① 목민관은 사익에 얽매이지 않고 공익 실현을 위해 힘써야 한다.
② 목민관은 백성과 더불어 즐거움을 나누는 사람이 되어야 한다.
③ 목민관이 청렴해도 직무에 능하지 않으면 칭송을 받기 어렵다.
④ 목민관은 백성을 편안히 할 방책을 강구하는 것에 힘써야 한다.
⑤ 목민관의 청렴은 지혜의 많고 적음에 어떤 영향도 받지 않는다.

5. (가)의 갑, 을, 병 사상가들의 입장을 (나) 그림으로 표현할 때, A~D에 해당하는 적절한 진술만을 <보기>에서 있는 대로 고른 것은? [3점]

(가)	갑 : 우리는 절대 빈곤이 나쁜 것임을 안다. 도덕적으로 중요한 일을 희생하지 않고 절대 빈곤을 감소시킬 수 있는 사람은 마땅히 원조의 의무를 갖는다. 을 : 우리는 고통받는 사회의 구성원이 자유로운 사회의 자유롭고 평등한 시민 또는 적정 수준의 사회 구성원이 되도록 원조해야 한다. 병 : 우리는 각자의 삶을 영위하는 서로 다른 개인이다. 국가는 개인에게 사회적 선을 위한 희생을 요구하면서 개인의 소유 권리를 침해하면 안 된다.

(나)	<범례> A : 갑만의 입장 B : 갑과 을만의 공통 입장 C : 을과 병만의 공통 입장 D : 갑, 을, 병의 공통 입장

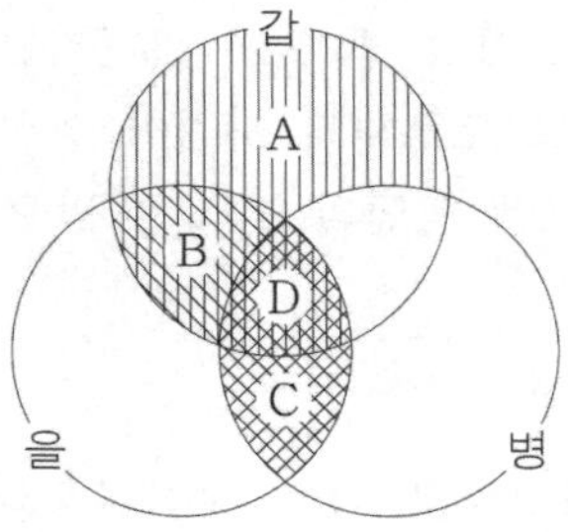

──── < 보 기 > ────

ㄱ. A : 개인뿐만 아니라 국가도 인류의 복지 증진을 목적으로 원조를 해야 한다.
ㄴ. B : 원조는 주체와 대상의 친소 관계와는 무관하게 실천해야 할 윤리적 의무이다.
ㄷ. C : 원조를 위해 세금을 부과하는 것은 소유 권리를 침해하는 것이 아니다.
ㄹ. D : 국가가 원조를 통해 부국과 빈국의 경제적 평등을 실현해야 하는 것은 아니다.

① ㄱ, ㄷ　　　　② ㄴ, ㄹ　　　　③ ㄷ, ㄹ
④ ㄱ, ㄴ, ㄷ　　　　⑤ ㄱ, ㄴ, ㄹ

6. 다음 글의 입장으로 가장 적절한 것은?

> 국가 '안에서' 구성원들은 선한 삶을 추구할 수 있다. 하지만 국가 '밖에서' 국가들은 선을 추구하는 것이 불가능하다. 왜냐하면 국가보다 상위의 주권적 권력이 국제 관계에서는 존재하지 않기 때문이다. 국가들은 국익을 위해 무정부상태에서 타국과 경쟁하기 때문에 보편적 원칙에 대한 합의가 어렵다. 평화는 힘의 논리에 의한 세력 균형을 통해 분쟁을 억지할 때 가능하다.

① 국가 간 분쟁 억지를 위한 최선의 방안은 국제법 제정이다.
② 국제기구와 비정부 기구는 국제 사회의 주된 행위자가 된다.
③ 국제 관계에서 대화를 통한 영구 평화의 실현은 불가능하다.
④ 국가는 국제 관계에서 합리적으로 행위하는 선량한 집단이다.
⑤ 국제 사회의 주권자인 세계 정부를 통해 평화를 이룰 수 있다.

7. 갑, 을, 병 사상가들의 입장으로 가장 적절한 것은? [3점]

> 갑 : 사회 계약은 자기 자신을 처벌하도록 하거나 자기 자신과 자기 생명을 처분하는 것에 관한 약속을 포함하지 못한다. 누구든 그가 형벌을 의욕했기 때문이 아니라 형벌을 받을 행위를 의욕했기 때문에 형벌을 받는 것이다.
> 을 : 사회 계약에 사형은 포함될 수 없다. 인간이 자신을 죽일 권리가 없는 이상, 그 권리를 타인이나 사회에 양도하는 것 역시 불가능한 것이다. 사형은 어떤 의미에서도 권리가 될 수 없다.
> 병 : 사회 계약은 계약 당사자들의 생명 보존을 목적으로 한다. 살인범은 사회 계약을 어긴 자로서 추방에 의해 격리되거나, 공중의 적으로서 죽음에 의해 영원히 격리되어야 한다.

① 갑 : 형벌은 범죄가 사회에 끼친 해악에 따라 부과되어야 한다.
② 을 : 종신 노역형은 살인을 방지할 수 있는 유일한 방법이다.
③ 병 : 개인은 사회 계약으로 자기 생명을 처분할 권리를 갖는다.
④ 갑, 병 : 살인범은 사회 성원으로서의 자격이 상실되어야 한다.
⑤ 을, 병 : 형벌의 목적은 일반 시민의 범죄 예방으로 국한된다.

8. 다음을 주장한 사상가의 입장으로 가장 적절한 것은?

> 유한계급이 명성을 얻기 위해 행하는 여가와 과시 소비의 공통적인 특징은 낭비이다. 여가의 경우에는 시간과 노력의 낭비이고, 과시 소비의 경우에는 재화의 낭비이다. 여가와 과시 소비는 모두 부의 소유를 자랑하기 위한 것이며, 둘 중 어느 하나를 선택하는 것은 편의성의 문제일 뿐이다. 여가와 과시 소비는 모든 사회 계층에게 위력을 발휘한다.

① 과시 소비는 사회의 최상 계층인 유한계급에서만 나타난다.
② 재력을 경쟁적으로 비교하는 성향은 과시 소비로 나타난다.
③ 유한계급은 타인과 상관없이 자족하기 위해 여가를 즐긴다.
④ 유한계급은 부나 권력의 획득만으로 사회적 명성을 유지한다.
⑤ 부를 과시할 수 있는 상품의 가격과 수요는 언제나 반비례한다.

9. 갑, 을 중 적어도 한 사람이 부정의 대답을 할 질문으로 적절한 것만을 <보기>에서 있는 대로 고른 것은?

> 성관계는 출산과 양육에 대한 책임과 불가분의 관계에 놓여 있습니다. 성관계는 부부가 상호 존중하면서 자녀 양육의 책임을 이행할 수 있을 때만 정당화됩니다.

> 성관계는 자율성에 근거한 사적 선택의 문제입니다. 성관계는 상호 인격을 존중하는 당사자들이 자발적으로 합의하면 타인에게 해를 끼치지 않는 범위 내에서 정당화됩니다.

갑   을

> ─── < 보 기 > ───
> ㄱ. 출산을 목적으로 부부가 동의한 성관계는 정당한가?
> ㄴ. 성관계는 옳고 그름을 판단하는 대상에서 제외되는가?
> ㄷ. 성의 자기 결정권 존중은 성관계 정당화의 필수 조건인가?
> ㄹ. 쾌락을 위한 성관계는 항상 상대의 인격성을 침해하는가?

① ㄱ, ㄷ   ② ㄱ, ㄹ   ③ ㄴ, ㄹ
④ ㄱ, ㄴ, ㄷ   ⑤ ㄴ, ㄷ, ㄹ

10. (가)의 갑, 을 사상가들의 입장을 (나) 그림으로 탐구하고자 할 때, A ~ C에 들어갈 적절한 질문만을 <보기>에서 있는 대로 고른 것은? [3점]

(가)	갑 : 공정한 사회란 공정한 최초의 상황에서 사람들이 선택하게 될 원칙에 의해 규제되는 구성원들의 상호 이익을 위한 협동 체제이다. 을 : 최소 국가는 개인을 존엄성과 권리를 지닌 인격으로 대우한다. 최소 국가보다 더 포괄적인 국가는 개인의 권리를 침해한다.

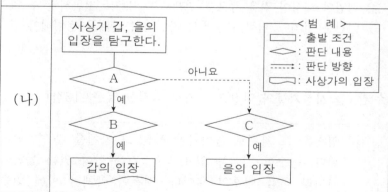

(나)

> ─── < 보 기 > ───
> ㄱ. A : 정의의 원칙은 가상 상황에서 합의를 통해 선택되는가?
> ㄴ. B : 기본적 자유는 다른 기본적 자유와 상충할 때 제한될 수 있는가?
> ㄷ. B : 차등의 원칙은 법과 정책에 적용될 뿐만 아니라 사적 거래에도 직접 적용되는가?
> ㄹ. C : 정형적 분배 원칙은 필연적으로 재분배를 초래하는가?

① ㄱ, ㄷ   ② ㄴ, ㄷ   ③ ㄴ, ㄹ
④ ㄱ, ㄴ, ㄹ   ⑤ ㄱ, ㄷ, ㄹ

11. 갑, 을 사상가들의 입장으로 가장 적절한 것은? [3점]

> 갑 : 배움을 행하면 날마다 늘어나고, 도를 행하면 날마다 줄어든다. 줄어들고 또 줄어들어 무위(無爲)에 이른다. 무위에 이르면 못하는 바가 없어진다.
>
> 을 : 배우고 생각하지 않으면 어둡게 되고, 생각하고 배우지 않으면 위태롭게 된다. 군자(君子)가 도를 배우면 사람들을 사랑하고, 소인이 도를 배우면 부리기 쉽다.

① 갑 : 배움을 통해 옳고 그름에 대한 지식을 쌓아야 한다.
② 갑 : 선과 악을 분별하지 말고 도에 따라서 살아야 한다.
③ 을 : 인의(仁義)를 실천하기보다는 실리를 추구해야 한다.
④ 을 : 존비친소(尊卑親疏)를 구별하지 않는 사랑을 해야 한다.
⑤ 갑, 을 : 사사로운 욕심을 극복하고 예(禮)를 회복해야 한다.

12. 갑, 을 사상가들의 입장으로 가장 적절한 것은? [3점]

> 갑 : 사람들이 비참한 자연 상태에서 벗어나 자기 보존과 만족스러운 삶을 위해 공통의 권력을 세우는 유일한 길은 모두의 의지를 하나의 의지로 결집하여 모든 권력과 힘을 한 사람 또는 하나의 합의체에 부여하는 것이다.
>
> 을 : 사람들이 비교적 평화로운 자연 상태의 자연적 자유를 포기하고 사회의 구속을 받아들이는 유일한 방도는 재산을 안전하게 향유하며 평화로운 삶을 영위하기 위해 다른 사람들과 공동체를 결성하기로 합의하는 것이다.

① 갑 : 절대적 군주가 있는 것보다 주권이 없는 것이 덜 해롭다.
② 갑 : 모든 국민은 주권자가 행하는 행위와 판단의 본인이 된다.
③ 을 : 입법부는 시민의 재산을 자의적으로 처분할 권력이 있다.
④ 을 : 시민은 자신의 판단에 따라 위법한 사람을 처벌할 수 있다.
⑤ 갑, 을 : 자연 상태에서는 준수해야 할 규범이 존재하지 않는다.

13. 다음 토론의 핵심 쟁점으로 가장 적절한 것은?

> 갑 : 온라인 공간에서 정보의 자유로운 유통과 영구 보관이 가능해져 사라지지 않는 정보들로 인한 개인 피해가 증가하고 있습니다. 따라서 잊힐 권리의 보장이 필요합니다.
>
> 을 : 동의합니다. 개인은 자신의 민감한 정보에 대한 자기 결정권을 가지고 있습니다. 잊힐 권리를 검색 서비스 사업자와 언론사를 대상으로 행사할 수 있어야 합니다.
>
> 갑 : 아닙니다. 검색 서비스 사업자에게는 잊힐 권리를 행사할 수 있지만, 언론사에 잊힐 권리를 행사하면 언론의 자유와 시민의 알 권리가 침해됩니다. 언론사의 경우에는 정정 보도를 요청하여 개인 피해를 막아야 합니다.
>
> 을 : 그렇지 않습니다. 정정 보도만으로는 개인에게 피해를 주는 기사가 삭제되지 않아 개인은 지속적으로 피해를 입게 됩니다. 정정 보도가 잊힐 권리를 보장하지는 않습니다.

① 언론사를 대상으로 한 잊힐 권리의 행사를 허용해야 하는가?
② 정보 사회 발전으로 인해 잊힐 권리의 필요성이 증대되는가?
③ 언론사의 오보를 수정할 수 있는 조치가 마련되어야 하는가?
④ 온라인 공간에서의 정보 공개에 따른 피해를 방지해야 하는가?
⑤ 검색 서비스 사업자에게 잊힐 권리를 행사하는 것은 정당한가?

14. 다음을 주장한 사상가의 입장에서 <사례> 속 A에게 제시할 조언으로 가장 적절한 것은?

> 의무는 도덕 법칙에 대한 존경으로부터 말미암는 행위의 필연성이다. 결과가 아니라 나의 의지와 연결되어 있는 것, 곧 순수한 법칙 그 자체만이 존경의 대상일 수 있고 명령일 수 있다.

> ─── < 사 례 > ───
> 기업가 A는 회사가 부도 위기에 처하자 수단과 방법을 가리지 않고서라도 회사의 부도를 막아야 할지 고민하고 있다.

① 기업의 회생이 목적인 모든 행위는 정당화됨을 명심하세요.
② 동기와 무관하게 결과가 좋으면 옳은 행위가 됨을 명심하세요.
③ 기업가의 의무에 맞는 행위가 곧 도덕적 행위임을 명심하세요.
④ 기업을 살리려는 맹목적 경향성에서 벗어나 선의지를 따르세요.
⑤ 경제적 유용성 유무가 도덕적 판단의 기준이 됨을 고려하세요.

15. (가)의 갑, 을, 병 사상가들의 입장에서 서로에게 제기할 수 있는 비판을 (나) 그림으로 표현할 때, A ~ F에 해당하는 내용으로 가장 적절한 것은? [3점]

| (가) | 갑 : 생명은 없지만 아름다운 것을 파괴하는 행위를 일삼는 것은 도덕성을 촉진하는 감정을 약화시키므로 인간의 자기 자신에 대한 의무와 대립한다.
을 : 쾌고 감수 능력은 이익 관심을 갖기 위한 선행 조건이다. 쾌고 감수 능력을 지닌 동물의 이익은 인간의 이익과 동등하게 고려되어야 한다.
병 : 모든 생명체는 자신의 생존 유지, 종의 재생산, 환경 적응 활동을 성공적으로 수행하게 하는 일정한 경향성을 갖고 있는 목적론적 삶의 중심이다. |

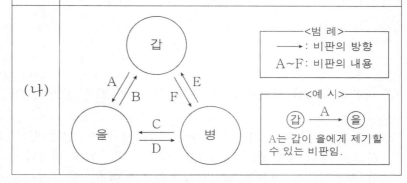

(나)

① A, F : 의식은 도덕적 행위의 주체가 되기 위한 필요충분조건임을 간과한다.
② B : 인간뿐만 아니라 동물과 관련해서도 인간의 의무가 발생함을 간과한다.
③ B, D : 인간을 위해 동물에게 친절한 것은 종 차별주의 입장이 아님을 간과한다.
④ C : 어떤 개체가 이익 관심을 갖지 않아도 도덕적 지위를 지닐 수 있음을 간과한다.
⑤ C, E : 생태계를 조작하여 생태계 자체의 도덕적 지위를 훼손하면 안 됨을 간과한다.

16. 다음을 주장한 사상가의 입장으로 적절하지 <u>않은</u> 것은?

> 음악이란 즐기는 것[樂]으로 사람에게는 음악이 없을 수가 없다. 즐거우면 그것이 목소리에 나타나고 행동으로 표현되며 악한 본성의 변화를 일으킨다. 음악이 도리에 맞지 않으면 혼란이 없을 수 없다. 옛 임금은 그러한 혼란을 싫어해 우아한 음악을 만들어, 사람이 음악을 즐기면서도 어지러움으로 흐르지 않게 하였고, 소리의 가락과 장단으로 사람의 마음을 감동시켰다.

① 통치자는 백성을 교화시키는 도구로 음악을 이용할 수 있다.
② 우아한 음악으로 더럽고 악한 기운이 오는 것을 막을 수 없다.
③ 어떤 음악을 듣느냐에 따라 사람의 행동거지가 다를 수 있다.
④ 조화로운 음악은 사람에게서 즐거움의 감정을 일으킬 수 있다.
⑤ 도리에 어긋나는 음악이 유행하면 사회 질서의 유지가 어렵다.

17. 다음을 주장한 사상가의 입장으로 적절한 것만을 <보기>에서 있는 대로 고른 것은?

> 합리적인 의사소통이 이루어지기 위해서는 언어 능력과 행위 능력을 지닌 모든 사람에게 담론에 참여할 기회가 개방되어야 한다. 그리고 담론 참여자는 모두 담론 과정에서 자신의 주장을 발언할 기회를 동등하게 보장받아야 한다. 어떤 담론 참여자도 억압을 받지 않고 발언할 수 있어야 한다. 담론을 통해 합의된 내용은 보편적 규범이 될 수 있다.

─────── < 보 기 > ───────
ㄱ. 담론 참여자는 개인적인 욕구를 표출해서는 안 된다.
ㄴ. 다수가 인정한 주장도 담론 과정에서 비판받을 수 있다.
ㄷ. 담론 참여자는 상호 주관적 논증을 통해 합의할 수 있다.
ㄹ. 담론 참여자는 모두 합의의 결과와 부작용을 수용해야 한다.

① ㄱ, ㄷ   ② ㄱ, ㄹ   ③ ㄴ, ㄷ
④ ㄱ, ㄴ, ㄹ   ⑤ ㄴ, ㄷ, ㄹ

18. 다음을 주장한 사상가의 입장으로 적절하지 <u>않은</u> 것은? [3점]

> 종교적 인간에게 자연은 항상 종교적 의미로 충만해 있다. 하늘은 신의 초월성을 계시하고, 대지는 우주적인 어머니이자 양육자로서 자신을 나타낸다. 우주의 여러 가지 리듬은 질서, 조화, 항상성, 풍요를 드러낸다. 우주는 전체로서 실재적이고 살아 있으며, 성스러움을 지닌 유기체이다. 즉 우주는 존재와 신성성의 여러 양태를 계시한다. 존재의 현현(顯現)과 성현(聖顯)이 서로 만나는 것이다.

① 종교적 인간에게 모든 자연은 우주적 신성성으로 계시된다.
② 자연적인 것과 초자연적인 것은 불가분의 관계를 맺고 있다.
③ 자연은 초월적 존재 그 자체이며 스스로 성스러움을 드러낸다.
④ 종교적 인간은 자연물을 통해 현현하는 성스러움을 숭배한다.
⑤ 자연물은 성스러움이 드러나더라도 여전히 자연 안에 존재한다.

19. 갑, 을 사상가들의 입장으로 적절한 것만을 <보기>에서 있는 대로 고른 것은? [3점]

> 갑 : 시민 불복종은 평등한 자유의 원칙이나 공정한 기회균등의 원칙을 현저하게 위반하는 법이나 정책을 대상으로 해야 한다. 특히 평등한 자유의 원칙에 대한 위반은 보다 적합한 시민 불복종의 대상이 된다.
> 을 : 시민 불복종은 민주주의 원칙에 복종하는 습관이 깊을수록 그만큼 더 쉽게 정당화될 수 있다. 우리가 중단시키려고 하는 악의 크기와 우리의 행위가 가져올 법과 민주주의에 대한 존중의 감소 정도를 저울질해 봐야 한다.

─────── < 보 기 > ───────
ㄱ. 갑 : 소수자의 기본권을 박탈하는 법은 시민 불복종의 대상이 될 수 있다.
ㄴ. 갑 : 거의 정의로운 사회에서는 시민 불복종에 대한 보복적인 억압이 있을 수 없다.
ㄷ. 을 : 다수가 공유하고 있는 정의관을 대상으로 시민 불복종을 행사할 수 있다.
ㄹ. 갑, 을 : 시민 불복종은 개인의 신념을 정당화 근거로 삼는 양심적 행위이다.

① ㄱ, ㄷ   ② ㄴ, ㄹ   ③ ㄷ, ㄹ
④ ㄱ, ㄴ, ㄷ   ⑤ ㄱ, ㄴ, ㄹ

20. 다음 신문 칼럼의 입장에서 지지할 주장으로 가장 적절한 것은?

> ○○신문   ○○○○년 ○○월 ○○일
> ### 칼 럼
> 생명 공학의 발달로 유전병의 근본적인 치료가 가능해지고 있다. 실제로 체세포 유전자 치료제가 환자 본인의 동의에 따라 임상적으로 많이 사용되고 있다. 체세포 유전자 치료는 주로 환자 개인에게만 영향을 미치므로 제한적으로 허용될 수 있다. 하지만 생식 세포 유전자 치료는 인간으로 성장할 잠재성을 지닌 배아의 파기가 수반되는 연구가 필요하다는 점에서 윤리적으로 논란의 소지가 크다. 또한 치료 전에 실시하는 유전자 검사로 얻은 배아의 유전 정보가 치료가 아닌 자질 강화에 활용되어 적극적 우생학으로도 이어질 수 있다. 따라서 생식 세포 유전자 치료는 허용되어서는 안 된다.

① 모든 유전자 치료는 환자 본인의 동의 없이 실시할 수 있다.
② 생식 세포 유전자 치료를 위한 유전자 검사는 허용해야 한다.
③ 유전자 치료는 자녀의 자질 강화를 목적으로 실시되어야 한다.
④ 유전자 검사의 결과는 치료 이외 목적으로도 활용되어야 한다.
⑤ 인간 배아를 수단화하는 유전자 치료 연구는 금지되어야 한다.

─────────────────────
★ 확인 사항
○ 답안지의 해당란에 필요한 내용을 정확히 기입(표기)했는지 확인하시오.

성명 　　　　　　　수험번호 　　　　 — 　　　　　　제 〔 〕선택

1. (가), (나)의 입장으로 가장 적절한 것은?

> (가) 윤리학은 인간이 어떤 행위를 해야 하는가에 초점을 두고, 인간이 준수해야 할 보편적인 도덕규범을 정립하는 것을 목표로 삼아야 한다.
>
> (나) 윤리학은 인간이 어떻게 행위하고 있는가에 초점을 두고, 도덕 현상을 경험 과학적으로 조사하여 기술하는 것을 목표로 삼아야 한다.

① (가): 도덕적 삶으로 인도하는 행위 지침을 마련해야 한다.
② (가): 도덕 언어 분석을 윤리학의 핵심 목표로 삼아야 한다.
③ (나): 도덕적 문제 해결을 위한 도덕 이론을 정립해야 한다.
④ (나): 도덕규범의 타당성을 가치 중립적으로 검증해야 한다.
⑤ (가), (나): 도덕적 관습을 가치와 무관한 사실로 보아야 한다.

2. 그림의 강연자가 지지할 입장으로 적절하지 <u>않은</u> 것은?

> 인간은 외부 세계에서의 싸움에서 지쳤을 때 돌아와 긴장을 풀고 다시 나갈 수 있는 거주 공간을 필요로 합니다. 만약 인간에게서 그의 거주의 평화를 박탈해 버린다면 인간의 내적인 해체는 불가피합니다. 그래서 사는 곳이 바뀌더라도 거주의 질서와 집의 편안함을 새로운 장소에서 새롭게 만들어야 합니다. 인간은 거주 공간에서 진정한 자신의 존재 근거를 발견할 수 있습니다.

① 인간은 삶의 체험과는 분리된 점유물인 집에서 거주한다.
② 인간은 거주함으로써 자신의 참된 본질을 실현할 수 있다.
③ 인간은 사적인 거주 공간에서 마음의 평화를 이룰 수 있다.
④ 인간은 거주를 통해 외부의 위협으로부터 보호받을 수 있다.
⑤ 인간은 새로운 거주 공간에서도 자아를 상실하지 않을 수 있다.

3. ㉠에 들어갈 진술로 가장 적절한 것은?

> 인간이 상대의 성을 사용하는 것은 일종의 향유로서, 이러한 행위는 인간이 스스로를 사물로 만드는 것이며 인간이 갖는 고유한 인격체로서의 권리와 모순된다. 다만, 결혼이라는 조건하에서만 서로가 상대의 성을 사용하더라도 자기 자신을 사물로만 취급하는 것이 아니며 인격성을 상실하지도 않는다. 그런데 어떤 사람들은 성은 쾌락적 가치를 지니며 타인에게 해악을 주지 않는다면 서로가 동의한 성적 행위는 정당하다고 주장한다. 내가 보기에 이러한 주장은 ▢▢▢㉠▢▢▢는 점을 간과하고 있다.

① 성적 행위는 남에게 피해를 주지 않으면서 이루어져야 한다
② 성적 향유는 오직 부부라는 조건하에서만 정당화가 가능하다
③ 성은 성인들의 자발적 합의에 따라 자유롭게 추구해도 된다
④ 성적 행위는 사랑을 전제로 하지 않더라도 정당화될 수 있다
⑤ 성의 생식적인 가치보다 쾌락적인 가치를 더욱 중시해야 한다

4. 갑, 을, 병 사상가들의 입장으로 가장 적절한 것은? [3점]

> 갑: 실천 이성이 평화 상태를 직접적 의무로 부과하더라도 국가 간의 계약 없이 영원한 평화는 있을 수 없다. 모든 전쟁의 종식을 추구하는 평화 연맹이 있어야 한다.
>
> 을: 국제 관계에서 국가 간 평화를 유지하는 방법은 세력 균형이다. 한 국가가 세력 균형의 유지와 재수립을 위해 사용하는 가장 주된 방법은 군비 경쟁이다.
>
> 병: 군비 경쟁이 초래하는 전쟁이 사라져야 평화가 실현될 수 있다. 나아가 전쟁과 같은 직접적 폭력뿐만 아니라 구조적·문화적 폭력까지 제거해야 진정한 평화가 실현된다.

① 갑: 다수의 국제 연맹을 창설해야 항구적인 평화가 보장된다.
② 을: 인간의 본성에 근거하여 국제 관계를 이해해서는 안 된다.
③ 병: 구조적 폭력과 문화적 폭력은 항상 의도적으로 발생한다.
④ 갑, 을: 국가들 간의 모든 분쟁은 국제법으로 해결해야 한다.
⑤ 갑, 병: 진정한 평화의 실현을 위해 군비 경쟁을 삼가야 한다.

5. (가)의 갑, 을, 병 사상가들의 입장을 (나) 그림으로 탐구하고자 할 때, A ~ D에 들어갈 적절한 질문만을 <보기>에서 고른 것은? [3점]

(가)	갑: 대지 이용을 오직 경제적 문제로만 생각하지 말아야 한다. 대지를 경제적 관점뿐만 아니라 심미적·윤리적 관점에서도 검토해야 한다. 을: 자연 존중의 태도를 이해하는 신념 체계가 생명 중심 관점이다. 생명 중심 관점에서는 모든 유기체를 목적론적 삶의 중심으로 생각한다. 병: 동물 해방의 관점에서 우리는 종 차별주의를 벗어나 동물에게 불필요한 고통을 주지 않고 살아가야 한다.
(나)	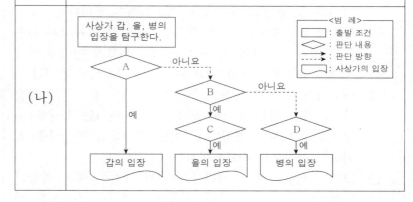

< 보 기 >

ㄱ. A: 생명체는 인간의 평가로부터 독립된 가치를 지니는가?
ㄴ. B: 유정성이 없는 생명체들은 도덕적인 지위를 지니는가?
ㄷ. C: 모든 생명체는 의식적으로 목표와 목적을 추구하는가?
ㄹ. D: 동물의 고통과 인간의 동일한 고통을 동등하게 취급해야 하는가?

① ㄱ, ㄴ   ② ㄱ, ㄷ   ③ ㄴ, ㄷ   ④ ㄴ, ㄹ   ⑤ ㄷ, ㄹ

6. (가)의 갑, 을, 병 사상가들의 입장에서 서로에게 제기할 수 있는 비판을 (나) 그림으로 표현할 때, A~F에 해당하는 내용으로 가장 적절한 것은? [3점]

(가)	갑 : 인간은 태어날 때부터 타인을 지배하기를 좋아하지만, 비참한 자연 상태에서 벗어나 자기를 보존하고 만족스런 삶을 살기 위해 국가를 구성한다. 을 : 인간이 비교적 평화로운 자연 상태를 벗어나 각자의 생명, 자유, 재산을 평온하고 안전하게 향유하기 위해서는 국가가 필요하다. 병 : 인간의 행복 실현은 국가 속에서만 가능하다. 국가는 자연적 결사체의 최후 형태이자 최고선의 실현을 목표로 하는 가장 높은 단계이다.
(나)	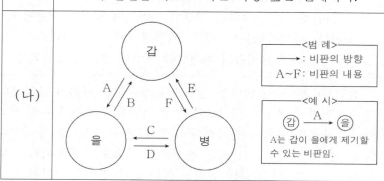

① A: 군주가 아닌 입법부가 최고 통치 권력을 가짐을 간과한다.
② B: 준법의 의무는 명시적 동의를 통해서만 발생함을 간과한다.
③ B, D: 통치 권력은 절대적이고 자의적인 권력임을 간과한다.
④ C, E: 국가는 가족과 달리 선한 목적을 추구함을 간과한다.
⑤ D, F: 국가는 합리적인 개인들의 계약의 산물임을 간과한다.

7. 다음 토론의 핵심 쟁점으로 가장 적절한 것은? [3점]

> 갑 : 유전 공학의 발전으로 개발된 유전자 치료는 유전병을 치료할 수 있는 유일한 방법입니다. 유전자 치료는 인류의 고통을 줄일 수 있으므로 허용되어야 합니다.
> 을 : 동의합니다. 인류의 복지 증진을 위해 치료 목적의 유전적 개입을 허용해야 할 뿐만 아니라 부모의 선택에 따라 자녀의 유전적 자질을 강화하는 것도 허용해야 합니다.
> 갑 : 아닙니다. 유전자 강화를 통해 체력이나 지적 능력 등을 향상시키는 것은 자녀의 삶을 부모가 원하는 특정한 방향으로 유도하는 것입니다. 이는 후세대의 자율성을 침해하는 것이므로 허용되어서는 안 됩니다.
> 을 : 그렇지 않습니다. 후세대는 유전자 강화를 통해 향상된 체력이나 지적 능력 등을 이용해서 자신이 추구하는 삶의 목적을 달성할 수 있으므로, 유전자 강화는 자녀의 삶을 특정 방향으로 유도하는 것이 아닙니다.

① 유전자 치료는 인간의 이익을 위해 허용될 수 있는가?
② 유전 질환을 치료하려면 유전자 치료가 반드시 필요한가?
③ 유전적 강화는 후세대의 체력을 향상시킬 수 있는 기술인가?
④ 유전자 강화로 후세대의 삶을 특정 방향으로 유도해야 하는가?
⑤ 유전적인 자질을 향상시키는 유전자 강화는 허용될 수 있는가?

8. 갑, 을 사상가들의 입장만을 <보기>에서 있는 대로 고른 것은?

> 갑 : 철인(哲人)들이 최고 지배자들이 되어 올바른 것을 가장 중대하고 가장 필요한 것으로 보고, 이를 받들고 증대시켜서 나라의 질서가 잡히게 해야 한다.
> 을 : 명군(明君)이 백성의 생업을 관장함에 있어 부모 공양과 처자식 부양에 부족함이 없게 해야 백성을 선한 데로 이끌 수 있다. 백성은 항산이 없으면 항심도 없어진다.

― < 보 기 > ―
ㄱ. 갑 : 통치자는 좋음 자체를 모범으로 삼아 다스려야 한다.
ㄴ. 을 : 통치자는 백성의 삶의 기반인 항산을 보장해야 한다.
ㄷ. 을 : 통치자는 손수 농사를 짓고 다스리는 일도 해야 한다.
ㄹ. 갑, 을 : 통치자를 비롯한 모든 구성원은 자신의 사회적 직분을 이행해야 한다.

① ㄱ, ㄴ   ② ㄱ, ㄷ   ③ ㄷ, ㄹ
④ ㄱ, ㄴ, ㄹ   ⑤ ㄴ, ㄷ, ㄹ

9. 다음을 주장한 사상가가 부정의 대답을 할 질문으로 옳은 것은?

> 명성을 추구하지 말고 모략을 일삼지 말아야 한다. 일의 책임자가 되지 말고 지혜의 주인이 되지 말아야 한다. 다함이 없는 도(道)를 체득하여 없음의 경지에서 노닐어야 한다. 지극한 사람[至人]의 마음 씀은 거울과 같아서 일부러 보내지도 않고 일부러 맞아들이지도 않는다. 그저 응할 뿐 간직하지 않는다.

① 자연의 섭리에 순응하고 선악을 객관적으로 분별해야 하는가?
② 천지 만물 어디에나 있는 도와 일치하는 삶을 살아야 하는가?
③ 마음을 비워 깨끗이 하고 타고난 본성에 따라 살아야 하는가?
④ 세속을 초월해 무엇에도 얽매이지 않는 삶을 추구해야 하는가?
⑤ 조용히 앉아 자신을 구속하는 일체의 것을 잊어버려야 하는가?

10. 갑, 을, 병 중에서 한 사람만이 긍정의 대답을 할 질문만을 <보기>에서 있는 대로 고른 것은? [3점]

> 갑 : 이주민은 자신의 문화 정체성을 포기하고, 이주해 온 국가의 구성원이 되어 주류 사회의 일원으로 편입되어야 한다.
> 을 : 다른 재료들이 섞여 각자 고유의 맛을 지키면서 하나의 샐러드가 되듯이 다양한 문화가 대등하게 조화되어야 한다.
> 병 : 국수가 주된 내용물이지만 고명이 첨가됨으로써 국수 맛이 풍성해지듯이 주류 문화와 비주류 문화가 공존해야 한다.

― < 보 기 > ―
ㄱ. 다양한 문화들은 사회 내에서 평등하게 공존해야 하는가?
ㄴ. 이주민들의 서로 다른 문화적 정체성을 인정해야 하는가?
ㄷ. 사회 통합은 문화 단일성을 전제로 이루어 나가야 하는가?
ㄹ. 한 사회에는 구심점이 되는 주류 문화가 존재해야 하는가?

① ㄱ, ㄴ   ② ㄱ, ㄷ   ③ ㄴ, ㄹ
④ ㄱ, ㄷ, ㄹ   ⑤ ㄴ, ㄷ, ㄹ

[해설편 p.117]

11. 다음 신문 칼럼의 입장만을 <보기>에서 있는 대로 고른 것은?

> ○○신문   ○○○○년 ○○월 ○○일
>
> **칼 럼**
>
> 오늘날에는 생사를 좌우하는 주요 신체 기능을 기계로 대체함으로써 심장 박동, 순환, 신진대사 등을 유지시키며 생명을 연장할 수 있게 되었다. 이는 죽음의 자연적 진행 과정을 기계적으로 조작할 수 있음을 의미한다. 그런데 회생 가능성이 없는 환자의 생명을 인위적으로 지속시키거나 단축시키는 것은 죽어가는 사람의 인간답게 죽을 권리를 침해하는 일이다. 인간의 존엄성에는 죽어가는 사람의 존엄성도 포함된다. 예컨대 불치병 환자에게 심폐 소생 장치를 연결하여 연명 치료를 지속하는 것보다 그 환자의 존엄성 유지를 위해 심폐 소생 장치를 연결하지 않는 것이 바람직하다.

> ─── < 보 기 > ───
> ㄱ. 회생 불가능한 환자일지라도 존엄하게 대우해야 한다.
> ㄴ. 회생 불가능한 환자에 대한 적극적 안락사가 필요하다.
> ㄷ. 회생 불가능한 환자에게는 인간답게 죽을 권리가 있다.
> ㄹ. 회생 불가능한 환자 생명을 인위적으로 연장하면 안 된다.

① ㄱ, ㄴ   ② ㄱ, ㄷ   ③ ㄴ, ㄹ
④ ㄱ, ㄷ, ㄹ   ⑤ ㄴ, ㄷ, ㄹ

12. 갑, 을 사상가들의 입장으로 적절하지 <u>않은</u> 것은? [3점]

> 갑 : 사회 계약의 목적은 계약자들의 생명 보존에 있다. 남들을 희생시킴으로써 자기 생명을 보존하려는 사람은 필요하다면 남들을 위해 자기 생명도 내놓아야 한다. 사형도 같은 관점에서 고려해야 한다.
> 을 : 사회 계약의 산물인 법은 '최대 다수에 의해 공유된 최대 행복'의 목적에 비추어 평가해야 한다. 사형은 범죄 억제력이 낮고 잔혹함의 본보기를 제공하기 때문에 유해하다. 법은 스스로 살인죄를 범해서는 안 된다.

① 갑 : 살인범은 생명권을 사회에 양도한 것으로 보아야 한다.
② 갑 : 살인범은 법률적 인격체가 아닌 공공의 적으로 간주된다.
③ 을 : 범죄 예방 효과는 형벌 타당성 평가의 기준이 될 수 없다.
④ 을 : 살인범에 대한 사형은 유용하지도 않고 필요하지도 않다.
⑤ 갑, 을 : 사형의 정당성은 사회 계약에 근거해 평가할 수 있다.

13. 다음을 주장한 사상가의 입장으로 가장 적절한 것은? [3점]

> 미는 도덕성의 상징이다. 바로 이 점에서 아름다움은 만족을 주며 모든 사람에게 동의를 요구하는 것이다. 누군가가 무엇인가를 아름답다고 한다면 이는 다른 사람들에게도 똑같은 만족을 요구하는 것이다. 이때 그는 단지 자기 자신만을 위해 판단하고 있는 것이 아니라 모든 사람을 위해 판단하고 있는 것이다.

① 미는 도덕과 달리 독립된 영역을 갖지 않는다.
② 미적 판단은 이해관계를 초월한 보편성을 지닐 수 있다.
③ 미의 판단 형식과 선의 판단 형식 간에는 유사성이 없다.
④ 미적 가치는 예술의 형식이 아닌 내용으로부터 도출된다.
⑤ 미적 즐거움은 이성에서 감성으로 나아가는 계기를 마련한다.

14. 다음을 주장한 사상가의 입장만을 <보기>에서 있는 대로 고른 것은?

> 의사소통이 이상적으로 이루어지기 위해서는 다음의 규칙들이 전제되어야 한다. 언어 능력과 행위 능력을 지닌 모든 주체가 담론에 참여할 수 있어야 하며, 참여한 모든 사람은 모든 주장을 문제시하여 담론의 내용으로 삼을 수 있어야 하고, 자신의 생각과 욕구를 표현할 수 있어야 한다. 이런 규칙들을 준수하며 실천적 담론에 참여하는 모든 당사자가 동의한 규범들만이 타당성을 가질 수 있다.

> ─── < 보 기 > ───
> ㄱ. 규범이 정당화되려면 모든 담론 참여자가 합의해야 한다.
> ㄴ. 담론 참여자는 타인의 주장에 이의를 제기해서는 안 된다.
> ㄷ. 공정한 담론을 통해 합의된 준칙은 구속력을 지닐 수 있다.
> ㄹ. 담론의 공동 결의 과정에서 자신의 희망을 표현할 수 있다.

① ㄱ, ㄴ   ② ㄱ, ㄷ   ③ ㄴ, ㄹ
④ ㄱ, ㄷ, ㄹ   ⑤ ㄴ, ㄷ, ㄹ

15. (가)의 갑, 을, 병 사상가들의 입장을 (나) 그림으로 표현할 때, A~D에 해당하는 적절한 진술만을 <보기>에서 있는 대로 고른 것은? [3점]

(가)	갑 : 재산 소유 민주주의는 원초적 입장에서 채택된 정의의 두 원칙이 표현하는 모든 주요한 정치적 가치를 실현할 수 있다. 을 : 정치 공동체에서 부(富)를 전제적으로 사용하는 것은 부당하다. 어떤 사회적 가치도 다른 가치로 전환되어 다른 영역을 침해해서는 안 된다. 병 : 최소 국가는 정당화될 수 있는 국가로는 가장 포괄적인 국가이다. 이보다 더 포괄적인 국가는 개인의 소유 권리를 침해한다.
(나)	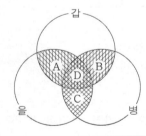 ＜범 례＞ A: 갑과 을만의 공통 입장 B: 갑과 병만의 공통 입장 C: 을과 병만의 공통 입장 D: 갑, 을, 병의 공통 입장

> ─── < 보 기 > ───
> ㄱ. A : 국가가 사회적 약자를 위한 재분배 정책을 시행하는 것은 분배 정의에 위배되지 않는다.
> ㄴ. B : 부정의한 분배를 교정하기 위해 국가가 개입하는 것은 정당화될 수 있다.
> ㄷ. C : 과거의 상황이나 행위는 사물에 대한 현재의 응분의 자격을 발생시킬 수 없다.
> ㄹ. D : 재산과 소득의 균등 분배가 분배 정의 실현의 전제 조건은 아니다.

① ㄱ, ㄴ   ② ㄱ, ㄹ   ③ ㄴ, ㄷ
④ ㄱ, ㄷ, ㄹ   ⑤ ㄴ, ㄷ, ㄹ

39회

16. 갑, 을, 병 사상가들의 입장으로 적절하지 <u>않은</u> 것은? [3점]

> 갑 : 우리는 국민이기 이전에 인간으로서 법보다 정의에 대한 존경심을 길러야 한다. 법에 대한 존경심 때문에 선량한 사람도 불의의 하수인이 되고 있다.
> 을 : 우리가 중단시키려는 악의 크기와 우리의 행위가 가져올 법과 민주주의에 대한 존중심의 감소 정도를 저울질해 보고 불복종 여부를 판단해야 한다.
> 병 : 우리는 개인적인 도덕 원칙이나 종교적 교설이 아니라 정치 질서의 바탕에 깔려 있는 공유된 정의관에 의거하여 시민 불복종을 할 수 있다.

① 갑 : 시민 불복종에 앞서 정부의 법 개정을 기다릴 필요는 없다.
② 을 : 시민 불복종을 할 때 법치와 민주주의 원칙을 존중해야 한다.
③ 병 : 시민 불복종은 효과적인 호소가 되도록 계획되어야 한다.
④ 갑, 병 : 시민 불복종은 위법 행위이지만 양심적인 행위이다.
⑤ 을, 병 : 시민 불복종은 다수결 원칙에 근거하여 행해져야 한다.

17. 갑 사상가의 입장에 비해 을 사상가의 입장이 갖는 상대적 특징을 그림의 ㉠~㉤ 중에서 고른 것은?

> 갑 : 기술은 우리를 철저하게 지배하고 있다. 오늘날 우리는 어디서나 기술에 붙들려 있다. 기술을 가치 중립적인 것으로 고찰하면 우리는 무방비 상태로 기술에 내맡겨진다.
> 을 : 기술은 수단일 뿐이며 그 자체는 선도 아니고 악도 아니다. 기술이 선한지 악한지는 인간이 기술로부터 무엇을 만들어 내고 기술을 어디에 사용하느냐에 달려 있다.

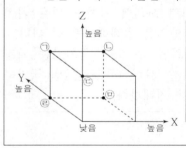

> • X : 기술은 가치 중립적인 것이 아니라고 보는 정도
> • Y : 기술에 대한 연구의 자율성 보장을 강조하는 정도
> • Z : 기술 자체에 대한 비판적 관점이 필요하다고 보는 정도

① ㉠ ② ㉡ ③ ㉢ ④ ㉣ ⑤ ㉤

18. 갑, 을 사상가들의 입장으로 가장 적절한 것은? [3점]

> 갑 : 원조의 대상을 친소 관계를 바탕으로 결정하는 것은 이익 평등 고려의 원칙에 위배된다. 원조는 국가나 인종에 상관없이 절대 빈곤에 처한 사람들을 돕는 것이다.
> 을 : 원조의 목표는 사회들 간의 부와 복지의 수준을 조정하는 것이 아니다. 원조는 고통받는 사회가 질서 정연한 국제 사회의 구성원이 되도록 하는 것이다.

① 갑 : 원조는 고통 감소 가능성에 대한 고려 없이 실시해야 한다.
② 갑 : 원조는 각국의 부의 수준이 같아질 때까지 실시해야 한다.
③ 을 : 원조 대상국은 불리한 여건으로 고통받는 사회로 국한된다.
④ 을 : 원조 목적을 달성하기 위해서는 강제력의 사용도 허용된다.
⑤ 갑, 을 : 원조의 주체는 민주적이면서 부유한 국가로 한정된다.

19. 갑, 을 사상가들의 입장에서 <사례> 속 A에게 해 줄 수 있는 조언으로 가장 적절한 것은?

> 갑 : 의무란 도덕 법칙에 대한 존경심 때문에 반드시 어떤 행위를 할 수밖에 없는 것이다. 의무로부터 비롯된 행위만이 도덕적 가치를 갖는다.
> 을 : 두 가지 쾌락을 경험한 사람들이 그중 특정한 쾌락을 선호해야 한다는 도덕적 의무감과 상관없이 어느 한 쾌락을 확실히 선호한다면 그 쾌락이 더 바람직한 쾌락이다.

> ─── < 사 례 > ───
> A는 운영하던 회사가 어려워지자 돈을 갚을 수 없다는 것을 알면서도 친구에게 돈을 갚겠다는 거짓 약속을 하고 돈을 빌릴 것인가를 고민하고 있다.

① 갑 : 거짓말해도 된다는 준칙은 보편화될 수 없음을 명심하세요.
② 갑 : 자연적인 경향성에 따라 항상 정직해야 함을 명심하세요.
③ 을 : 거짓말로 인한 결과는 고려할 필요가 없음을 명심하세요.
④ 을 : 정직함은 유용성과 무관하게 도덕적인 것임을 명심하세요.
⑤ 갑, 을 : 거짓말은 상황에 따라 허용될 수 있음을 명심하세요.

20. 다음 글의 입장에서 긍정의 대답을 할 질문만을 <보기>에서 있는 대로 고른 것은?

> 인터넷은 누구나 다양한 정보에 접근할 수 있게 함으로써 많은 사람들의 삶의 질 향상에 기여하고 있다. 하지만 정보 사회로의 변화에 적응하지 못하는 사람들이 사회적으로 소외되어 정보 격차가 발생하고 있다. 이러한 정보 격차로 인한 불평등을 완화하기 위해서는 사회적 차원에서 정보 소외 계층을 위해 정보 통신 기기를 보급하고 정보망을 구축할 필요가 있다. 그런데 이들이 인터넷 리터러시(internet literacy)가 부족하다면 온라인상에 무방비로 노출되어 사이버 범죄의 대상이 될 수 있으므로 이들의 정보 이해 및 표현 능력을 함양할 수 있는 교육 여건을 마련해야 할 것이다.

> ─── < 보 기 > ───
> ㄱ. 스마트 기기의 보급만으로 정보 격차가 해소되는가?
> ㄴ. 정보 접근성을 확대하면 부의 평준화가 실현되는가?
> ㄷ. 정보 소외 계층이 정보 이해력을 갖도록 도와야 하는가?
> ㄹ. 정보화는 사회적 약자의 처지 개선에 기여할 수 있는가?

① ㄱ, ㄴ   ② ㄱ, ㄷ   ③ ㄷ, ㄹ
④ ㄱ, ㄴ, ㄹ   ⑤ ㄴ, ㄷ, ㄹ

> ＊ 확인 사항
> ○ 답안지의 해당란에 필요한 내용을 정확히 기입(표기)했는지 확인하시오.

성명 □　수험 번호 □□□□□ ─ □□□　제〔　〕선택

1. 갑, 을의 입장으로 가장 적절한 것은?

> 갑 : 윤리학의 주된 목표는 도덕적 행위를 위한 근본 원리로 성립할 수 있는 도덕 원리를 탐구함으로써 옳고 그름의 판단 기준을 마련하는 것이다.
> 을 : 윤리학의 주된 목표는 경험적 탐구를 통해 도덕 현상을 가치중립적으로 기술하고 도덕 현상들 간의 인과 관계를 설명하는 것이다.

① 갑 : 도덕 문제 해결을 위해 도덕 언어 분석에 주력해야 한다.
② 갑 : 도덕규범을 정립하여 도덕적 삶의 지침을 제시해야 한다.
③ 을 : 도덕적 관행은 사실 판단이 아닌 가치 판단의 대상이다.
④ 을 : 도덕 현상의 경험적 탐구로 당위적 규범을 제시해야 한다.
⑤ 갑, 을 : 도덕 문제의 객관적 서술이 윤리학의 중심 목표이다.

2. 그림은 서양 사상가 갑, 을의 가상 대화이다. 갑, 을의 입장으로 가장 적절한 것은?

> 죽음은 감각이 상실되는 것으로, 산 사람이나 죽은 사람 모두와 상관이 없습니다. 산 사람에게는 아직 죽음이 오지 않았고, 죽은 사람은 이미 존재하지 않기 때문입니다.

> 죽음이란 영혼이 육체에서 분리되어 해방되는 것입니다. 우리는 죽은 후에야 비로소 사물을 올바르게 인식하여 순수한 지식을 얻을 수 있습니다.

갑　을

① 갑 : 죽음의 고통은 쾌락을 추구함으로써 극복할 수 있다.
② 갑 : 죽음은 인간이 직면하는 가장 큰 악이므로 회피해야 한다.
③ 을 : 죽음 이후의 세계에서는 참된 지혜를 발견할 수 없다.
④ 을 : 죽음은 누구에게나 찾아오지만 두려움의 대상은 아니다.
⑤ 갑, 을 : 죽음의 본질이 무엇인지 깨닫고 내세를 대비해야 한다.

3. 갑, 을 사상가들의 공통된 입장으로 가장 적절한 것은? [3점]

> 갑 : 자연법이 있어도 권력이 없다면 또는 권력이 있어도 시민의 안전을 보장할 정도로 충분히 강력하지 않으면 인간은 비참한 자연 상태에서 벗어날 수 없다.
> 을 : 자연법상의 모든 권리를 누릴 자유가 있어도 권력이 없으면 권리를 누리기 어렵다. 이에 사람들은 재산의 보존을 주된 목적으로 하는 시민 사회의 일원이 된다.

① 국가 권력에 대한 시민의 저항은 어떤 경우에도 허용 불가하다.
② 국가는 인간의 평화로운 삶을 위해 만들어진 합의의 산물이다.
③ 국가는 선한 본성을 타고난 인간을 보호하기 위한 수단이다.
④ 국가는 시민의 안전한 삶을 보장하기 위한 절대 권력체이다.
⑤ 국가는 자연의 산물로서 인간의 도덕적 삶을 목적으로 한다.

4. 갑, 을 사상가들의 입장에 대한 설명으로 옳은 것은? [3점]

> 갑 : 시민 불복종은 그것이 다수자에게 호소한다는 점에서 그리고 헌법과 사회 제도 일반을 규제하는 정의의 원칙들에 의해 지도되고 정당화되는 행위라는 점에서 정치적 행위이다. 시민 불복종을 정당화할 때에는 개인적인 도덕 원칙이나 종교적 교설에 의거해서는 안 된다.
> 을 : 시민 불복종은 다수의 의견을 반영하지 않는 결정에 대해 주로 행해지며, 불복종이 언제 정당화되는지를 알려 주는 간단한 도덕 규칙은 없다. 한편 우리는 불복종을 통해 중단시키려는 악의 크기와 불복종 행위가 가져올 법과 민주주의에 대한 존중의 감소 정도를 저울질해 봐야 한다.

① 갑은 시민 불복종의 대상에 평등한 자유의 원칙에 위배되지 않는 법과 제도도 포함될 수 있다고 본다.
② 을은 시민 불복종의 정당화는 결과와 무관하게 의도의 적절성에 의해 이루어져야 한다고 본다.
③ 갑은 을과 달리 시민 불복종을 다수의 정의관이 포괄하지 못하는 사안에 대해서도 행사할 수 있다고 본다.
④ 을은 갑과 달리 시민 불복종자들이 자신들의 합당한 항의에 대한 국가의 보복적인 억압을 감수하지 말아야 한다고 본다.
⑤ 갑, 을은 시민 불복종의 정당성은 법과 제도의 부정의한 정도에 반비례한다고 본다.

5. 다음 토론의 핵심 쟁점으로 가장 적절한 것은?

> 갑 : 인간이 입력한 데이터를 기반으로 생성물을 창출하는 약한 인공지능(Weak AI)은 다양한 창작 분야에서 저작물을 만들기도 합니다. 이러한 저작물에 한해서 법적으로 보호돼야 합니다.
> 을 : 아닙니다. 저작물은 법적으로 보호받아야 하지만 인공지능이 창출한 생성물은 데이터를 분석하여 수식화한 결과에 불과하기 때문에 저작물로 인정할 수 없습니다.
> 갑 : 그렇지 않습니다. 데이터에 근거한 인공지능의 생성물이더라도 독창성만 인정되면 저작물로 봐야 합니다. 향후 인간이 입력한 데이터를 넘어서서 독자적 사고를 하는 강한 인공지능(Strong AI)이 개발되면 더 독창적이고 새로운 생성물이 많이 창출될 것입니다.
> 을 : 강한 인공지능이 개발되어 인공지능이 독창적이고 새로운 생성물을 만든다고 하더라도 창작의 주체가 인간이 아니므로 저작물이 될 수 없습니다.

① 인공지능의 생성물은 독창성을 지닐 수 있는가?
② 강한 인공지능이 독자적 생성물을 만들 수 있는가?
③ 인공지능이 만들어 낸 생성물을 저작물로 볼 수 있는가?
④ 강한 인공지능의 생성물만을 저작물로 인정해야 하는가?
⑤ 약한 인공지능의 생성물은 모두 저작물로 보아야 하는가?

6. 그림의 강연자가 지지할 입장만을 <보기>에서 있는 대로 고른 것은?

베이컨의 명제대로 과학과 기술은 자연에 대한 인간의 권력을 증대시킵니다. 그리고 이 권력은 장차 태어날 자들에 대한 권력도 증대시킵니다. 후손들이 우리의 계획과 결정에 무방비 상태로 노출되어 있는 것입니다. 그러므로 이 권력은 극히 일방적입니다. 그리고 일단 행사된 권력은 주인의 손을 떠나 계산 불가능한 길을 걸어가며 본질적으로 맹목적입니다. 이제 우리는 이러한 권력으로 인하여 새롭게 등장하는 문제들을 책임의 원칙을 바탕으로 풀어 나가야만 합니다.

< 보 기 >

ㄱ. 기술 권력 앞에 인류는 무방비 상태로 노출되어 있다.
ㄴ. 기술 권력 행사의 결과에 대한 윤리적 검토가 필요하다.
ㄷ. 기술 권력을 인간에게 사용하는 것을 규제해서는 안 된다.
ㄹ. 기술 권력의 크기와 인간의 책임에 대한 요구는 비례한다.

① ㄱ, ㄷ   ② ㄴ, ㄷ   ③ ㄴ, ㄹ
④ ㄱ, ㄴ, ㄹ   ⑤ ㄱ, ㄷ, ㄹ

7. (가)의 사상가 갑, 을의 입장을 (나) 그림으로 탐구하고자 할 때, A ~ C에 들어갈 옳은 질문만을 <보기>에서 있는 대로 고른 것은? [3점]

(가)	갑 : 차등의 원칙은 천부적 재능의 분포를 공동의 자산으로 생각하고 이러한 분포로 얻는 이익을 함께 나누어 가지는 데 합의함을 의미한다. 을 : 차등의 원칙은 정형적 원리이며, 이 원리에 따른 분배는 개인의 권리를 침해한다. 개인의 권리를 보장하는 것은 소유 권리로서의 정의이다.
(나)	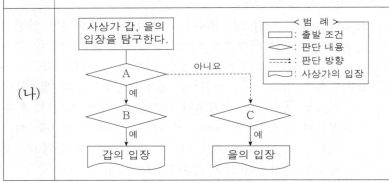

< 보 기 >

ㄱ. A : 분배 정의를 실현하여 자연적 우연성을 없애야 하는가?
ㄴ. B : 정의의 원칙에 부합하는 모든 분배는 정의로운 것인가?
ㄷ. C : 자발적으로 양도된 재화도 교정의 대상이 될 수 있는가?
ㄹ. C : 사회는 협동 체제가 아닌 개인 간 자발적 교환 체제인가?

① ㄱ, ㄴ   ② ㄱ, ㄹ   ③ ㄷ, ㄹ
④ ㄱ, ㄴ, ㄷ   ⑤ ㄴ, ㄷ, ㄹ

8. 다음을 주장한 사상가의 입장으로 가장 적절한 것은? [3점]

관계적인 윤리는 도덕에 대한 남성의 주된 관심이었던 이기심 대 이타심의 대결을 넘어선다. 이러한 이분법을 넘어서는 '다른 목소리'를 찾으려 할 때 도덕 논의에 있어 주된 문제는 어떻게 객관적인 도덕 원리를 수립할 것인가가 아니라 어떻게 보살피려는 의지를 가지고 책임감 있게 인간관계를 맺을 것인가로 전환된다.

① 여성의 도덕성 발달의 핵심 요소는 도덕적인 추론 능력이다.
② 남성과 여성의 관점을 포함하여 도덕 문제에 접근해야 한다.
③ 여성의 도덕성은 보편적인 도덕 원리에 따라 판단해야 한다.
④ 여성의 도덕성은 상호 의존성보다 이타심으로 함양해야 한다.
⑤ 남성의 도덕성과 여성의 도덕성을 구별하려고 해서는 안 된다.

9. 다음을 주장한 사상가의 입장만을 <보기>에서 있는 대로 고른 것은? [3점]

개인 간의 관계를 합리적인 조정과 설득에 의해 확립하는 것은 가능하다. 집단 간의 관계는 각 집단이 갖고 있는 힘의 비율에 따라 수립되므로 합리적인 설득으로 집단 간의 관계를 확립하는 것은 불가능하다. 그러므로 합리적인 설득 이외에 강제력에 의한 방법이 병행되어야 집단 간의 힘의 균형을 이룰 수 있다.

< 보 기 >

ㄱ. 사회 협력의 범위를 확대하면 사회 갈등은 해결될 수 있다.
ㄴ. 사회적 억제가 없으면 사회의 이기적 충동을 없앨 수 없다.
ㄷ. 사회 정의의 실현에 기여한 폭력도 본질적으로는 비도덕적이다.
ㄹ. 사회 갈등을 비폭력적으로 해결하려고 하면 해악을 초래할 수 있다.

① ㄱ, ㄷ   ② ㄱ, ㄹ   ③ ㄴ, ㄹ
④ ㄱ, ㄴ, ㄷ   ⑤ ㄴ, ㄷ, ㄹ

10. 갑, 을 사상가들의 입장으로 가장 적절한 것은?

갑 : 자본주의 사회에서는 필연적으로 인간 소외가 발생한다. 사적 소유, 분업, 계급적 사회관계는 자유로운 노동을 억압하고 인간의 본질을 실현하는 것을 가로막는다.
을 : 대인의 일이 있고 소인의 일이 있다. 마음을 쓰는 자는 다스리고, 몸을 쓰는 자는 다스림을 받는다. 다스림을 받는 자는 남을 먹이고, 다스리는 자는 남에 의해 먹는다.

① 갑 : 자본주의에서 노동자는 자신의 노동 생산물을 향유한다.
② 갑 : 자본주의에서 노동자는 자발적 노동으로 욕구를 충족한다.
③ 을 : 백성은 통치자가 인의를 상실해도 섬기지 않으면 안 된다.
④ 을 : 백성의 생산물 교환은 사익 추구로서 삼가야 할 행위이다.
⑤ 갑, 을 : 경제적인 요인은 도덕적 삶에 영향을 미칠 수 있다.

11. 갑, 을, 병 사상가들의 입장으로 옳은 것은? [3점]

> 갑 : 성인은 무위(無爲)로써 일을 처리하고, 만물을 자연에 맡겨 자라게 하되 간섭하지 않고 기르되 소유하지 않는다.
> 을 : 모든 것은 무상(無常)하고 변한다는 법(法)을 알아 집착하지 않는 사람은 깨달음을 얻어 열반에 이를 수 있다.
> 병 : 어진 사람은 자기가 서고자 하면 남부터 서게 한다. 자기를 미루어 남을 이해하는 것이 어짊[仁]의 방도이다.

① 갑 : 도(道)를 체득하기 위해 분별적인 지식을 쌓아야만 한다.
② 을 : 해탈하려면 만물이 상호 독립적인 실체임을 깨달아야 한다.
③ 병 : 도덕적인 삶을 위해 다른 이에게 서(恕)를 실천해야 한다.
④ 갑, 을 : 이상적 인간이 되려면 타고난 본성을 변화시켜야 한다.
⑤ 갑, 병 : 선(善)을 실현하기 위해서는 예(禮)를 회복해야 한다.

12. 다음을 주장한 사상가의 입장으로 가장 적절한 것은? [3점]

> 전쟁의 폭력성과 적대성이라는 악순환에서 벗어나는 것은 이성이 명령하는 의무이다. 영구 평화를 위해서 모든 국가의 시민적 정치 체제는 공화 정체이어야 하고, 국제법은 자유로운 국가들의 연방 체제에 기초해야 하며, 세계 시민법은 보편적 우호의 조건들로 국한되어야 한다.

① 비민주적 국가에 대해서는 폭력적 개입이 허용되어야 한다.
② 평화 조약 체결만으로는 항구적인 평화가 보장될 수 없다.
③ 국가는 증여에 의해 다른 국가의 소유로 전환될 수 있다.
④ 어떤 전쟁도 도덕적으로 허용되거나 정당화될 수 없다.
⑤ 국제 국가를 구성하여 국제 연맹을 형성해야 한다.

13. 다음을 주장한 사상가의 입장만을 <보기>에서 고른 것은?

> 인간은 세상으로 나아가 생업에 종사하면서 그것과 필연적으로 연관된 위험에 내던져져야 한다. 그러나 세상에서 과제를 완수하고 나면 집의 보호 속으로 돌아올 수 있는 기회도 가져야 한다. 극단적인 긴장 관계로 맺어진 이 두 측면은 똑같이 필요하며, 세계라는 외부 공간에서의 노동과 집이라는 내부 공간에서의 휴식이 균형을 이룰 때 인간은 내적으로 건강해진다. 그렇기에 인간은 집을 짓고 그 집을 방어하면서 든든한 공간을 마련해야 할 절대적인 과제를 안고 있다.

< 보 기 >
ㄱ. 집에 단지 머무는 것만으로는 진정한 거주가 될 수 없다.
ㄴ. 집이라는 내부 공간에 거주함으로써 안정감을 얻을 수 있다.
ㄷ. 집은 외부 세계와 구분되지 않는 안락한 공간이어야 한다.
ㄹ. 집은 공적인 영역으로서 타인에게 언제나 열려 있어야 한다.

① ㄱ, ㄴ ② ㄱ, ㄷ ③ ㄴ, ㄷ ④ ㄴ, ㄹ ⑤ ㄷ, ㄹ

14. (가)의 입장에 비해 (나)의 입장이 갖는 상대적 특징을 그림의 ㉠ ~ ㉤ 중에서 고른 것은?

> (가) 통일 문제는 무엇보다 경제적인 관점에서 접근해야 한다. 통일이 되면 국방비가 줄어들고 인구와 국토의 증가로 인해 경제 규모가 커지며 나아가 국가 신뢰도도 높아지기 때문이다.
> (나) 통일 문제는 무엇보다 인도주의적 관점에서 접근해야 한다. 통일이 되면 남북한 주민들이 분단으로 인한 고통과 불편을 겪지 않고 자유와 인권을 누리며 행복한 삶을 살 수 있기 때문이다.

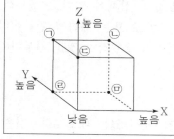

• X : 해외 기업의 투자 유치를 위해 통일이 필요하다고 보는 정도
• Y : 이산가족의 고통 해소를 위해 통일이 필요하다고 보는 정도
• Z : 내수 확대와 일자리 창출을 위해 통일이 필요하다고 보는 정도

① ㉠ ② ㉡ ③ ㉢ ④ ㉣ ⑤ ㉤

15. (가)의 갑, 을, 병 사상가들의 입장에서 서로에게 제기할 수 있는 비판을 (나) 그림으로 표현할 때, A ~ F에 해당하는 내용으로 가장 적절한 것은? [3점]

(가)	갑 : 모든 생명체는 고유의 선을 실현하기 위해 움직인다. 우리에게 도덕적 관심을 갖게 하는 것은 유기체가 지닌 목적 추구 능력이다. 을 : 자연 중에 생명은 없지만 아름다운 것을 파괴하거나 동물을 잔인하게 다루는 것은 인간의 자기 자신에 대한 의무에 어긋난다. 병 : 쾌고 감수 능력을 지닌 모든 존재는 자신의 이익 관심을 갖는다. 이러한 존재들을 차별할 수 있다고 생각하는 것은 인간의 편견에 불과하다.
(나)	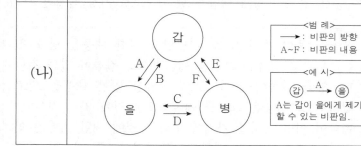

① A, C : 인간은 비이성적 존재에 대해 의무가 있음을 간과한다.
② A, F : 개별 생명체보다 생명 종(種)의 보존에 주력해야 함을 간과한다.
③ B, D : 인간의 필요를 위해 동물을 이용할 수 있음을 간과한다.
④ C, E : 유정성(有情性)이 있는 존재만이 도덕적 지위를 지님을 간과한다.
⑤ D, F : 쾌고 감수 능력이 없는 존재도 내재적 가치를 지니고 있음을 간과한다.

16. 다음을 주장한 사상가의 입장으로 적절하지 <u>않은</u> 것은?

> 　종교적 인간에게는 모든 자연이 성현(聖顯)이 된다. 종교적 인간에게 자연은 항상 그것을 초월하는 무엇인가를 표현하고 있기 때문이다. 우주는 신의 창조물이고 세계는 신들의 손으로 완성된 것이어서 성스러움으로 가득 차 있다. 반면에 비종교적 인간은 초월성을 거절하며 성스러운 것을 자유를 획득하는 데 있어서의 가장 큰 장애물로 여긴다.

① 종교적 인간은 자연물 그 자체를 숭배의 대상으로 여긴다.
② 종교적 인간에게 자연적 실재와 초자연적 실재는 공존한다.
③ 종교적 인간은 세계를 초월한 절대적 실재가 있다고 믿는다.
④ 비종교적 인간은 자신을 역사의 주체로 보는 세속적 인간이다.
⑤ 비종교적 인간은 탈신성화의 결과이며 초월적인 것을 거부한다.

17. 갑, 을 사상가들의 입장만을 <보기>에서 있는 대로 고른 것은? [3점]

> 갑: 원조를 통해 세계의 가난한 사람들을 자유로운 사회의 자유롭고 평등한 시민 또는 적정 수준의 사회 구성원이 될 수 있는 수준까지 끌어올려야 한다.
> 을: 원조는 지구적 차원에서 빈민의 복지 증진을 목표로 한다. 신발 한 켤레 값으로 개발도상국 어린이의 생명을 구할 수 있다면 세계 시민으로서 그렇게 해야만 한다.

> ─── < 보 기 > ───
> ㄱ. 갑: 원조 대상에서 정의의 원칙이 확립된 사회는 제외된다.
> ㄴ. 갑: 원조의 직접적 목표는 인권 보장과 생활수준 향상이다.
> ㄷ. 을: 원조는 부국보다 빈국의 빈민을 도울 때 더 효율적이다.
> ㄹ. 갑, 을: 원조는 빈곤이 해소될 때까지 계속되어야만 한다.

① ㄱ, ㄷ　　　② ㄴ, ㄹ　　　③ ㄷ, ㄹ
④ ㄱ, ㄴ, ㄷ　　⑤ ㄱ, ㄴ, ㄹ

18. 갑은 긍정, 을은 부정의 대답을 할 질문으로 가장 적절한 것은?

> 갑: 예술 작품이 윤리적으로 비난받을 만한 내용을 담고 있는 경우 그 작품은 그만큼 예술적으로 결함이 있는 것이며, 만약 작품이 윤리적으로 칭찬할 만한 내용을 담고 있다면 그 작품은 그만큼 예술적으로 가치 있는 것이다.
> 을: 예술이 어떤 목적을 가져야 한다는 것에 대한 저항은 언제나 예술의 도덕적 성향에 대한 저항, 즉 예술이 도덕에 복종해야 한다는 것에 대한 저항이었다. 예술은 예술을 위한 것이어야 한다.

① 예술은 미적 가치를 추구하는 인간의 창조적 활동인가?
② 예술가는 오직 미적 가치에 충실하게 헌신해야 하는가?
③ 예술은 도덕이 미칠 수 있는 영역 밖에 있어야 하는가?
④ 예술의 도덕적 성격은 작품의 감상을 방해할 수 있는가?
⑤ 예술 작품의 도덕적 내용이 예술적 장점이 될 수 있는가?

19. 다음은 신문 칼럼이다. ㉠에 들어갈 내용으로 가장 적절한 것은?

> | ○○신문 | ○○○○년 ○○월 ○○일 |
> |---|---|
> | **칼럼** | |
>
> 　최근 어느 과학자가 유전자 가위 기술을 이용해 후천성면역결핍증에 대한 면역력을 가진 아이가 태어나도록 유전자를 교정하는 실험을 한 것에 대해 우려를 금할 수 없다. 유전자 가위는 동식물의 유전자에 결합해 특정 DNA 부위를 자르는 데 사용하는 인공 효소로, 유전자 가위 기술이 각종 동식물의 형질 개량이나 질병 치료, 해충 퇴치 등에 적절하게 활용되고 있기는 하다. 하지만 인간을 대상으로 유전자 가위 기술을 이용하는 실험은 심각한 윤리적 문제를 야기할 수도 있다. 어떤 사람들은 유전자 가위 기술을 동식물뿐만 아니라 인간에게도 적용해서 각종 유전 질환의 원인이 되는 유전자를 제거할 필요가 있다고 주장한다. 하지만 유전자 가위 기술은 인간의 유전적 구성을 통제하려는 시도로 이어지는 첫걸음이 될 수 있으므로 인간을 대상으로 사용해서는 안 될 것이다. 이러한 유전자 가위 기술은 ⸻㉠⸻

① 인간뿐만 아니라 동물에게도 사용하면 안 된다.
② 인간의 유전병을 치료할 목적으로만 사용해야 한다.
③ 인간을 개량하려는 우생학으로 변질될 우려가 있다.
④ 성인을 대상으로 한 실험에 한해서만 사용해야 한다.
⑤ 부모가 자녀의 유전자를 선택할 때만 허용해야 한다.

20. (가)의 갑, 을 사상가들의 입장을 (나) 그림으로 표현할 때, A~C에 해당하는 진술로 가장 적절한 것은? [3점]

> | (가) | 갑: 사회 계약에는 생명의 희생이 포함될 수 없다. 자신의 생명을 빼앗을 권리를 일반 사회에 양도하는 것은 불가능하기 때문이다. |
> |---|---|
> | | 을: 사회 계약에 사형이 포함될 수 없다며 사형의 불법성을 주장하는 것은 법의 왜곡이다. 살인자는 보복법에 따라 동일하게 처벌받아야 한다. |
> | (나) | <범례> A: 갑만의 입장 B: 갑, 을의 공통 입장 C: 을만의 입장 |

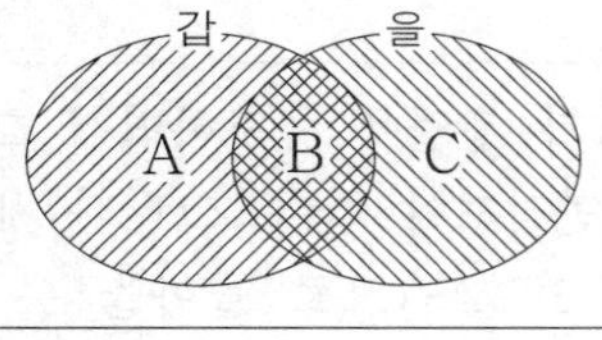

① A: 형벌의 목적은 범죄의 피해를 원상태로 회복하는 것이다.
② A: 살인자는 법정 처벌보다 가중해서 엄격하게 처벌해야 한다.
③ B: 형벌의 경중은 범죄가 공익에 반하는 정도에 따라 결정된다.
④ C: 응보적 형벌은 범죄자의 타고난 인격성을 존중하는 것이다.
⑤ C: 살인자는 생득적 인격성을 상실했기에 사형을 당해야 한다.

> ★ 확인 사항
> ○ 답안지의 해당란에 필요한 내용을 정확히 기입(표기)했는지 확인하시오.

1. ㉠에 들어갈 진술로 가장 적절한 것은?

> 윤리학은 현대인의 삶의 여러 영역에서 제기되는 다양한 윤리 문제를 해결하는 것을 핵심 과제로 삼아야 한다. 그런데 어떤 사람들은 도덕 현상의 과거나 현재를 있는 그대로 서술하는 것을 윤리학의 핵심 과제로 삼아야 한다고 주장한다. 그러나 도덕 현상을 서술하는 것에 그치는 연구는 심리학이나 사회학의 일부라고 보아야 할 것이다. 나는 이 사람들의 입장이 ┌──── ㉠ ────┐고 생각한다.

① 도덕 현상에 대한 객관적 탐구의 필요성을 간과한다
② 도덕 현상의 인과 관계에 대한 설명의 필요성을 간과한다
③ 도덕 문제 해결을 위한 구체적 지침의 필요성을 간과한다
④ 도덕 추론 과정의 논리적 타당성 검증의 중요성을 강조한다
⑤ 옳은 행위의 기준이 되는 보편적 원리의 중요성을 강조한다

2. 갑 사상가가 을 사상가에게 제기할 수 있는 비판으로 가장 적절한 것은? [3점]

> 갑 : 음악을 하는 것은 그르다. 세금으로 만든 큰 종을 치고 큰 북을 두드리며 금슬을 타고 피리를 불면서 춤을 춘다고 해서 백성이 입거나 먹을 것을 얻을 수는 없다.
> 을 : 음악이 종묘 가운데 있어 군주와 신하가 함께 들으면 화합하여 공경하게 되고, 한 가정 안에 있어 부모와 형제가 함께 들으면 화목하여 친하게 된다.

① 음악은 백성의 마음을 어질게 할 수 있는 것임을 간과한다.
② 음악을 장려하는 것은 사회적 화합에 이바지함을 간과한다.
③ 음악은 예와 더불어 백성의 도덕적 삶에 기여함을 간과한다.
④ 음악을 즐기는 것은 백성에게 이롭지 않은 허례임을 간과한다.
⑤ 음악은 의로움보다 이로움을 추구하므로 그른 것임을 간과한다.

3. 갑, 을 사상가들의 입장에 대한 설명으로 옳지 <u>않은</u> 것은?

> 갑 : 수령은 백성을 편안히 할 방책을 헤아려 지성으로 잘되기를 강구해야 한다. 또한 청렴(淸廉)하지 않으면 백성이 도둑이라고 욕할 것이니 탐욕을 경계해야 한다. 청렴은 선정(善政)의 원천이자 덕행의 근본이다.
> 을 : 군주는 백성의 생업을 마련하되 반드시 위로는 부모를 섬기기에 충분하고 아래로는 처자식을 먹이기에 풍족하게 하여야 한다. 백성은 일정한 생업[恒産]이 없으면 일정한 도덕심[恒心]을 가질 수 없다.

① 갑은 수령에게 도덕성과 직무 수행 능력이 필요하다고 본다.
② 갑은 수령이 뇌물과 사적인 정에 얽매여서는 안 된다고 본다.
③ 을은 백성에게 생활의 기반이 되는 직업이 필요하다고 본다.
④ 을은 군주가 백성과 달리 모든 일에 능통해야만 한다고 본다.
⑤ 갑, 을은 백성과 함께 즐거워하는 정치가 바람직하다고 본다.

4. (가)의 갑, 을 사상가들의 입장을 (나) 그림으로 표현할 때, A ~ C에 해당하는 적절한 진술만을 <보기>에서 있는 대로 고른 것은? [3점]

> (가)
> 갑 : 분배 정의의 원리는 분배가 진행되는 과정을 명시해야 하며, 결과를 규정하거나 그 과정이 충족시켜야 할 정형적 기준을 제시해서는 안 된다.
> 을 : 분배는 불운한 자를 포함해 모두의 협력을 이끌어 낼 수 있어야 한다. 불운한 자의 처지가 향상된다면 소수가 더 큰 이익을 취해도 정의롭다.

> (나)
>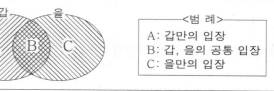
> <범 례>
> A: 갑만의 입장
> B: 갑, 을의 공통 입장
> C: 을만의 입장

< 보 기 >
ㄱ. A: 모든 재화는 취득과 이전의 원리에 의해서만 획득된다.
ㄴ. A: 최소 수혜자를 위한 재분배 정책은 소유권을 침해한다.
ㄷ. B: 분배 정의는 자유 경쟁 시장 체제에서 실현될 수 있다.
ㄹ. C: 천부적 자질을 이용하여 재화를 획득해서는 안 된다.

① ㄱ, ㄴ　　　② ㄱ, ㄹ　　　③ ㄴ, ㄷ
④ ㄱ, ㄷ, ㄹ　　　⑤ ㄴ, ㄷ, ㄹ

5. (가), (나)의 입장으로 적절하지 <u>않은</u> 것은?

> (가) 결핍으로 인한 고통이 제거된다면, 소박한 음식도 사치스런 음식과 같은 쾌락을 준다. 그러므로 우리가 소박한 음식에 길들여지면 완전한 건강을 얻게 되며, 사치스러운 것들과 마주쳤을 때 동요하지 않게 된다.
> (나) 사람들의 공(功)이 두루 쌓인 음식을 부족한 덕행으로는 감히 받기 어렵다. 음식을 먹는다는 것은 중생과 함께 탐욕을 버리고 몸의 여윔을 방지하는 것으로 족함을 깨달아, 도업(道業)을 이루고자 하는 것이다.

① (가) : 먹는 행위를 통해 모든 쾌락이 충족됨을 알아야 한다.
② (가) : 먹는 행위를 통해 허기를 면하는 것으로 만족해야 한다.
③ (나) : 먹는 행위를 통해 자기 자신의 부덕을 성찰해야 한다.
④ (나) : 먹는 행위를 통해 만물의 상호 연관성을 깨달아야 한다.
⑤ (가), (나) : 먹는 행위를 통해 절제하는 태도를 배워야 한다.

41회

6. 갑, 을 사상가들의 입장으로 가장 적절한 것은?

> 갑 : 자본주의 사회는 적대적인 두 계급으로 분열되어 있고, 프롤레타리아는 그들의 노동이 자본을 증식시키는 한에서만 일거리를 얻을 수 있다. 부르주아의 존립은 더 이상 사회와 양립할 수 없다.
>
> 을 : 자본주의 사회는 대부분의 경제 행위가 민간 기업을 통해 이루어진다. 기업의 사회적 책임은 오직 기업의 이윤 극대화를 위해 노력하는 것이고, 노동조합 지도자들의 사회적 책임은 조합원의 이익을 위해 봉사하는 것이다.

① 갑 : 인간은 노동을 통해 자신의 본질을 실현할 수 있어야 한다.
② 갑 : 노동자의 소득 증가를 위해 공장 내 분업을 촉진해야 한다.
③ 을 : 기업은 이윤 극대화를 위해서 공익 활동을 확대해야 한다.
④ 을 : 기업에 경제적 책임 이외에 법적 책임을 부과하면 안 된다.
⑤ 갑, 을 : 노동자와 자본가는 연대와 협력을 통해 상생해야 한다.

7. 갑, 을 사상가들의 입장만을 <보기>에서 있는 대로 고른 것은? [3점]

> 갑 : 전 지구적 빈곤을 구제하기 위해 충분한 소득을 가진 사람들이 기부금을 내지 않는다면, 이는 심각한 도덕적 실패로 간주되어야 한다. 이들에게는 인류 전체의 공리를 증진하기 위해 가난한 사람들을 도울 의무가 있다.
>
> 을 : 전 지구적 차원에서 가장 가난한 사람의 복지를 향상시키는 것이 원조의 목적은 아니다. 원조의 목적은 고통받는 사회가 질서 정연한 국제 사회의 구성원이 되도록 돕는 것이다.

───── < 보 기 > ─────
ㄱ. 갑 : 원조 주체는 가까운 지역의 빈민부터 도와주어야 한다.
ㄴ. 갑 : 부유한 국가의 절대 빈민도 원조의 대상이 될 수 있다.
ㄷ. 을 : 비인권적이고 공격적인 사회는 원조의 대상이 아니다.
ㄹ. 갑, 을 : 절대 빈곤층의 처지 개선이 원조의 목적이 아니다.

① ㄱ, ㄴ   ② ㄱ, ㄹ   ③ ㄴ, ㄷ
④ ㄱ, ㄷ, ㄹ   ⑤ ㄴ, ㄷ, ㄹ

8. 갑, 을 사상가들의 입장으로 가장 적절한 것은? [3점]

> 갑 : 현대 기술의 지배적인 탈은폐 방식은 일종의 닦달로, 자연에게 에너지를 내놓으라고 강요한다. 기술에 의해 인간과 사물은 기술을 위한 재료가 될 위험에 내던져진다.
>
> 을 : 현대 기술은 자연과 인간을 대상으로 전락시키고 있다. 이러한 상황에서는 공포의 발견술이 요청된다. 즉 두려워함 자체가 윤리학의 예비적 의무가 되어야 한다.

① 갑 : 기술은 자연이 지닌 내재적 가치를 중시한다.
② 갑 : 기술은 인간의 삶의 방식에 영향을 줄 수 없다.
③ 을 : 기술의 발달은 인간의 윤리적 책임을 축소시킨다.
④ 을 : 기술의 폐해에 대한 책임은 인간만이 질 수 있다.
⑤ 갑, 을 : 기술은 단순한 가치 중립적인 도구에 불과하다.

9. (가)의 사상가 갑, 을, 병의 입장을 (나) 그림으로 탐구할 때, A ~ D에 해당하는 질문으로 옳지 않은 것은? [3점]

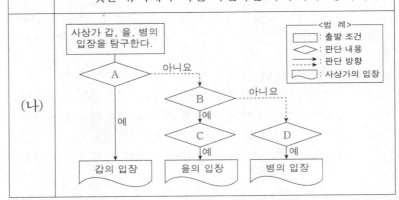

(가)
> 갑 : 유엔의 '인권 선언'이 세계인의 인권 증진에 기여했듯이, 자연의 본래적 가치를 강조한 '지구 헌장'에 근거하여 환경 보전에 힘써야 한다.
>
> 을 : 동물의 선을 위해 식물을 이용하거나 인간의 선을 위해 동물을 이용하는 것은 모두 적법하고 옳다. 이는 신의 명령과도 부합한다.
>
> 병 : 살아 있는 모든 존재는 자기 보존과 행복을 향해 움직인다. 우리에게 도덕적 관심을 갖게 만드는 것은 유기체가 지닌 자연적인 목적 추구 능력이다.

(나)

사상가 갑, 을, 병의 입장을 탐구한다.

<범 례>
▭ : 출발 조건
◇ : 판단 내용
┈┈ : 판단 방향
∿ : 사상가의 입장

① A : 생태계는 그 자체로 도덕적 지위를 지니는가?
② B : 동물은 이성적 존재의 목적을 위해서 존재하는가?
③ B : 인간을 위한 자원이 될 수 있는 비이성적 존재가 있는가?
④ C : 모든 생명을 인간과 동일하게 대우할 필요는 없는가?
⑤ D : 인간은 내재적 존엄성을 지닌 존재들을 존중해야 하는가?

10. 다음 신문 칼럼의 입장에서 지지할 주장으로 적절하지 않은 것은?

> ○○신문   ○○○○년 ○○월 ○○일
>
> ▨▨▨▨▨▨ 칼럼 ▨▨▨▨▨▨
>
> 　고도의 자율성과 우월한 지능을 가진 인공 지능이 다양한 분야에서 활용되고 있다. 하지만 자율적 학습을 통해 채팅을 할 수 있게 만든 인공 지능이 인종차별 발언을 하거나, 백화점 보안 담당 인공 지능 로봇이 어린 아이를 공격하는 등의 문제도 발생하고 있다. 이를 해결하기 위해서는 경제협력개발기구(OECD)가 중심이 되어 채택한 인공 지능 개발에 대한 권고안에 주목할 필요가 있다. 이에 따르면 인공 지능은 포용 성장, 지속 가능한 개발, 웰빙을 촉진해 사람과 지구를 이롭게 해야 한다. 그리고 인공 지능 시스템은 인권, 다양성 등을 존중하도록 설계되어야 하며, 필요한 안전장치들을 포함해야 한다. …(후략).

① 인공 지능이 공공의 이익에 부합되도록 개발되어야 한다.
② 인공 지능과 인간이 공존하기 위한 방안을 마련해야 한다.
③ 인공 지능이 인간에게 해가 되지 않도록 대책을 수립해야 한다.
④ 인공 지능의 부작용을 제어할 수 있는 장치를 고안해야 한다.
⑤ 인공 지능을 인간과는 별개의 자율적인 존재로 만들어야 한다.

11. (가)의 갑, 을, 병 사상가들의 입장에서 서로에게 제기할 수 있는 비판을 (나) 그림으로 표현할 때, A ~ F에 해당하는 적절한 내용만을 <보기>에서 있는 대로 고른 것은? [3점]

(가)	갑 : 모든 형벌은 악이다. 공리의 원리에 의하면 형벌은 그것을 통해 더 큰 악을 없애는 것을 보장하는 경우에만 인정되어야 한다. 을 : 사형이 주는 인상이 대단하더라도 망각의 힘을 이겨낼 수 없다. 형벌은 강력하지만 일시적 인상보다는 약하더라도 지속적 인상을 제공해야 한다. 병 : 살인을 한 사람은 자신이 죽임을 당해도 좋다고 동의한 것이다. 사회 계약은 일반 의지에 따라 시민의 생명 보전을 목적으로 한다.

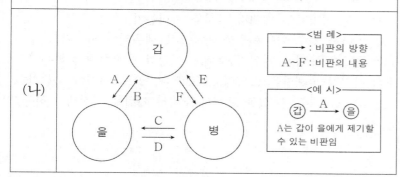

(나)

<범 례>
→ : 비판의 방향
A~F : 비판의 내용

<예 시>
갑 ─A─ 을
A는 갑이 을에게 제기할 수 있는 비판임

< 보 기 >

ㄱ. D : 시민은 자신의 생명을 빼앗을 권리를 국가에 양도할 수 없음을 간과한다.
ㄴ. A, C : 형벌은 사회 계약의 목적을 달성하기 위해 부과되어야 함을 간과한다.
ㄷ. B, E : 형벌이 범죄자의 교화에 기여하는 정도는 형벌의 양과 비례함을 간과한다.
ㄹ. D, F : 형벌은 최대 다수의 최대 행복을 위해 집행되어야 함을 간과한다.

① ㄱ, ㄴ　　　② ㄱ, ㄹ　　　③ ㄴ, ㄷ
④ ㄱ, ㄷ, ㄹ　　　⑤ ㄴ, ㄷ, ㄹ

12. 갑, 을 사상가들의 입장에서 <문제 상황> 속 A에게 제시할 수 있는 조언으로 가장 적절한 것은?

갑 : 인간은 그저 마음이 끌리는 대로 행위 해서는 안 된다. 반드시 도덕 법칙을 따르려는 의무 의식에서 비롯된 행위를 해야 한다.
을 : 인간의 의무는 배려하는 자와 배려받는 자와의 직접적인 만남 속에서 일어난다. '나는 해야 한다.'는 것은 욕구나 성향을 나타낸다.

<문제 상황>
A는 홍수로 피해를 겪고 있는 ○○ 지역 주민을 돕기 위해 봉사 활동을 하러 갈지, 여행을 갈지 고민하고 있다.

① 갑 : 자신이 지닌 경향성을 따르는 것이 바람직함을 명심하세요.
② 갑 : 의무와 일치하는 행위만이 도덕적인 행위임을 명심하세요.
③ 을 : 자신의 감정보다 보편적인 도덕 원리에 따라 행동하세요.
④ 을 : 주민의 고통에 공감하는 자연적 정서에 따라 행동하세요.
⑤ 갑, 을 : 주민에게 결과적으로 이익을 줄 수 있도록 행동하세요.

13. 다음을 주장한 사상가의 입장으로 가장 적절한 것은?

도덕의 문제가 개인적 차원에서 집단들의 관계로 옮겨 갈수록 이기적 충동이 득세하게 된다. 아무리 강한 내면적 억제도 이기적 충동을 완전히 제어할 수는 없으므로 사회적 억제가 이루어져야 한다. 이러한 사회적 억제는 사회적 투쟁을 통해서만 가능하다.

① 개인의 선의지가 없다면 정의를 실현하는 것은 불가능하다.
② 개인의 사회적 동정심이 확장되면 사회 갈등이 해소될 수 있다.
③ 올바른 정치적 도덕성은 비합리적인 수단의 사용을 배제한다.
④ 개인의 내면적 억제력은 개인이 속한 집단의 크기에 비례한다.
⑤ 정의 실현을 위해 강제력을 최대한 사용하는 것이 바람직하다.

14. 다음 토론의 핵심 쟁점으로 가장 적절한 것은? [3점]

갑 : 장기 이식을 기다리는 환자들은 증가하는 데 반해 장기 기증자는 줄어드는 불균형이 심각합니다. 뇌사자의 장기 기증 활성화를 위한 노력이 필요합니다.
을 : 동의합니다. 다만 뇌사자가 사전에 장기 기증 동의 의사를 밝힌 경우에만 장기 이식이 이루어져야 합니다.
갑 : 아닙니다. 장기 기증 활성화를 위해서는 뇌사자가 사전에 거부 의사를 밝히지 않았다면 이를 잠정적 동의로 간주하여 장기 이식이 가능하게 해야 합니다.
을 : 그렇지 않습니다. 그럴 경우에는 개인의 자율성이 침해될 가능성이 커집니다.

① 장기 기증을 활성화하기 위한 방안을 마련해야 하는가?
② 장기 기증은 명시적 동의를 한 경우에만 할 수 있는가?
③ 장기 기증 거부 의사가 있어도 장기 이식을 할 수 있는가?
④ 장기 기증은 불치병에 걸린 환자를 치료하는 데 기여하는가?
⑤ 장기 기증을 위해 뇌사를 죽음의 판정 기준으로 삼아야 하는가?

15. 다음을 주장한 사상가가 긍정의 대답을 할 질문만을 <보기>에서 있는 대로 고른 것은?

동물에게 고통을 야기하는 것을 정당화할 만큼 동물 실험이 중요하다고 주장한다면, 동일한 지적 수준에 있는 인간에게 고통을 야기하는 실험에도 동일한 주장을 할 수 있어야 한다. 한쪽은 우리 종의 구성원이고, 다른 한쪽은 아니라는 차이에 호소하는 것은 옹호될 수 없는 편견에 불과하다.

< 보 기 >

ㄱ. 동물의 이익 관심을 고려하지 않는 동물 실험은 부당한가?
ㄴ. 실험실 동물을 착취하는 것은 종 차별주의적인 행위인가?
ㄷ. 동물에게 불필요한 고통을 주는 실험을 금지해야 하는가?
ㄹ. 인간과 동일한 권리들을 지닌 동물을 실험하면 안 되는가?

① ㄱ, ㄴ　　　② ㄱ, ㄹ　　　③ ㄷ, ㄹ
④ ㄱ, ㄴ, ㄷ　　　⑤ ㄴ, ㄷ, ㄹ

16. 갑, 을 사상가들의 입장으로 가장 적절한 것은? [3점]

> 갑 : 우리는 시민 불복종을 통해 다수자가 갖는 정의감을 나타내게 되고, 자유롭고 평등한 사람들 사이에서 사회 협동체의 원칙이 존중되지 않고 있음을 선언하게 된다.
> 을 : 우리는 사사건건 다수자가 지배하는 정부를 정의롭다고 말할 수 없다. 다수자가 아니라 양심이 지배하는 정부를 만들어야 한다. 법보다 정의에 대한 존경심이 필요하다.

① 갑 : 법률과 양심을 시민 불복종의 최종 근거로 삼아야 한다.
② 갑 : 시민 불복종은 헌법을 규제하는 정의의 원칙에 위배된다.
③ 을 : 다수가 아닌 개인은 시민 불복종의 주체가 될 수 없다.
④ 을 : 정부가 불의한 법을 개정할 때까지는 법을 준수해야 한다.
⑤ 갑, 을 : 시민 불복종은 정의를 실현하기 위한 양심적 행위이다.

17. 다음 가상 편지의 입장에서 강조할 내용으로 가장 적절한 것은?

> ○○에게
>   자네가 형과 우애 있게 지내려고 노력하는 모습이 보기가 좋네. 자네가 형을 대할 때 이황 선생을 본받았으면 하네. 선생은 선생의 형이 집을 방문하면 문밖에 나가 맞이하셨고, 반드시 차례대로 자리에 앉았네. 형에게 온화하고 공손하게 삼가며 대하는 기품이 밖으로 넘쳐나 바라보는 사람으로 하여금 효제(孝悌)의 마음이 일게 하셨네. 선생의 형이 문안에 들어오시면 항상 선생에게 겸양하셨다고 하니 두 분의 모습이 참 보기 좋았을 것이네. …(후략).

① 형제는 동기이므로 사양하며 지내는 일이 있어서는 안 된다.
② 형제 간에는 공경을 실천해야 하므로 권면하지 말아야 한다.
③ 형제는 사랑하며 같이 노는 친구로 순서가 있어서는 안 된다.
④ 형은 아우를 꾸짖어도 아우는 형의 허물을 덮어 주어야 한다.
⑤ 형제는 서로 의리를 바탕으로 성의를 다해 예로써 대해야 한다.

18. 갑, 을 사상가들의 입장만을 <보기>에서 고른 것은? [3점]

> 갑 : 생명을 얻는 것은 때를 만난 것이요, 그것을 잃는 것은 자연의 변화를 따르는 것이다. 자연의 변화에 순응하면 슬픔이나 즐거움이 끼어들 수가 없다. 이것이 이른바 속박으로부터의 해방인 것이다.
> 을 : 죽음이 단지 누구도 어쩔 수 없는 불행으로서 자기 절멸이라면 죽음은 더 이상 한계 상황이 아니다. 왜냐하면 죽음이 실존의 가능한 심연을 일깨워 주는 것이 아니라 모든 것을 무의미하게 만들어 버리기 때문이다.

> ─────── < 보 기 > ───────
> ㄱ. 갑 : 삶과 죽음은 분별할 수 없는 순환의 과정이다.
> ㄴ. 갑 : 죽음은 또 다른 존재로 윤회하기 위한 과정이다.
> ㄷ. 을 : 죽음은 참된 실존을 깨달을 수 있는 한계 상황이다.
> ㄹ. 갑, 을 : 인간은 죽음에 대한 불안을 극복할 수 없다.

① ㄱ, ㄴ   ② ㄱ, ㄷ   ③ ㄴ, ㄷ   ④ ㄴ, ㄹ   ⑤ ㄷ, ㄹ

● 2014학년도 10월(고3)

19. 갑, 을은 긍정, 병은 부정의 대답을 할 질문으로 가장 적절한 것은? [3점]

> 갑 : 생존을 위해 다른 생명을 해치는 것이 불가피할 때도 있다. 그렇지만 모든 생명을 신성하게 여기고 헌신적으로 도와줄 때 인간은 비로소 윤리적이라 할 수 있다.
> 을 : 우리는 이익 평등 고려의 원칙에 따라 인간과 동물의 이익 관심을 차별해서는 안 된다. 종(種)이 다르다는 이유로 동물을 차별하는 것은 정당화될 수 없다.
> 병 : 동물을 잔인하게 다루는 것은 인간 자신에 대한 의무를 심각하게 거스르는 것이다. 이는 사람 간의 관계에서 도덕성에 이바지할 수 있는 소질을 약화시킨다.

① 모든 생명체는 내재적 가치를 지니는가?
② 어떠한 경우에도 동물을 목적으로 대우해야 하는가?
③ 동물을 도덕적 행위의 주체로 인정하고 존중해야 하는가?
④ 이성적 존재만을 도덕적 고려의 대상으로 여겨야 하는가?
⑤ 고통을 느낄 수 있는 존재의 도덕적 지위를 인정해야 하는가?

20. 그림의 강연자가 지지할 입장만을 <보기>에서 있는 대로 고른 것은?

> 사랑은 인간으로 하여금 고립감과 분리감을 극복하게 하면서도 각자의 특성을 허용하고 각자의 통합성을 유지하게 합니다. 또한 사랑은 수동적 감정이 아니라 능동적 활동입니다. 사랑의 능동적 성격을 말한다면, 사랑은 주는 것이지 받는 것이 아니라고 설명할 수 있습니다. 준다고 하는 행위는 활동성을 표현하고 있기 때문에 주는 것이 받는 것보다 더 즐겁습니다.

> ─────── < 보 기 > ───────
> ㄱ. 사랑은 서로의 개성을 긍정하는 합일을 지향한다.
> ㄴ. 사랑은 상대방을 자신의 입장에서 이해하는 것이다.
> ㄷ. 사랑은 자신뿐만 아니라 상대의 생동감도 고양시킨다.
> ㄹ. 사랑은 참여하는 것이 아니라 상대에게 빠지는 것이다.

① ㄱ, ㄷ   ② ㄴ, ㄷ   ③ ㄴ, ㄹ
④ ㄱ, ㄴ, ㄹ   ⑤ ㄱ, ㄷ, ㄹ

> ★ 확인 사항
> ○ 답안지의 해당란에 필요한 내용을 정확히 기입(표기)했는지 확인하시오.

성명 □　　수험 번호 □□□□□ - □□□□□　　제〔 〕선택

1. 갑, 을, 병의 입장에 대한 설명으로 가장 적절한 것은?

> 갑 : 윤리학의 본질은 모든 행위자들에게 타당한 도덕 규칙과 표준들의 체계를 탐구하고 제시하는 데 있다.
> 을 : 윤리학의 본질은 도덕적 용어들의 의미를 분석하고 도덕적 추론 규칙과 인식론적 방법을 탐구하는 데 있다.
> 병 : 윤리학의 본질은 개인 생활과 사회 구조 및 기능과 관련된 도덕 현상에 대해 과학적으로 기술하는 데 있다.

① 갑은 도덕적 진술의 옳고 그름에 대해 판단할 수 없다고 본다.
② 을은 윤리학이 보편적 도덕원리와 규범을 제시해야 한다고 본다.
③ 병은 문화 현상과 관행을 도덕적으로 평가해야 한다고 본다.
④ 갑은 병과 달리 도덕 현상을 객관적으로 서술해야 한다고 본다.
⑤ 을은 갑과 달리 도덕 언어의 논리적 분석을 윤리학의 핵심 과제로 본다.

2. 다음을 주장한 사상가가 강조할 내용으로 가장 적절한 것은?

> 기술이 도구라는 말은 사실이지만 기술의 본질을 드러내 주는 표현은 아니다. 기술은 기술을 사용하는 인간과 독립하여 존재하는 것도 아니다. 기술의 본질은 인간이 세계와 맺는 관계를 규정하는 데 있다. 발달된 현대 기술은 인간을 포함한 모든 것을 부품으로 보게 한다. 기술을 중립적인 것으로만 보면 우리는 무방비 상태로 기술에 내맡겨지게 된다.

① 기술을 중립적으로 볼 때 인간은 기술로부터 자유로워진다.
② 기술은 인간과 독립하여 존재하며 인간을 지배하는 힘이다.
③ 기술은 인간이 자신과 세계를 바라보는 관점에 영향을 준다.
④ 기술의 본질은 인간이 이용할 수 있는 수단이라는 데 있다.
⑤ 기술의 발달은 필연적으로 참된 인간의 모습을 회복시켜 준다.

3. 갑, 을의 입장만을 <보기>에서 있는 대로 고른 것은? [3점]

> 갑 : 인간은 본래 자유로우며 정부는 인민의 동의에 의해 세워졌다. 통치권은 오직 공공선을 목적으로 위탁된 것이며 자유인은 자신의 동의를 통해서만 복종의 의무를 진다.
> 을 : 인간은 모두 기본적 자유를 평등하게 누릴 권리가 있으며 사회 구조와 제도가 정의롭다면 그것에 따라야 한다. 불복종은 오직 시민들 간의 자발적인 사회 협동체의 원칙이 침해될 때 행사될 수 있다.

――――― < 보 기 > ―――――
ㄱ. 갑 : 모든 인간은 나면서부터 정부에 복종할 의무를 갖는다.
ㄴ. 을 : 정치 체제의 변혁은 시민 불복종의 목표가 아니다.
ㄷ. 을 : 시민 불복종은 정의로운 제도 유지와 강화에 기여한다.
ㄹ. 갑, 을 : 복종의 의무는 개인의 선택과 무관하게 발생한다.

① ㄱ, ㄴ　　② ㄱ, ㄹ　　③ ㄴ, ㄷ
④ ㄱ, ㄷ, ㄹ　　⑤ ㄴ, ㄷ, ㄹ

4. (가)의 사상가 갑, 을, 병의 입장을 (나) 그림으로 탐구할 때, A ~ E에 들어갈 질문으로 옳은 것은? [3점]

(가)	갑 : 오직 쾌고 감수 능력을 지닌 존재만이 이익 관심을 지니며 이들은 도덕적으로 동등하게 고려되어야 한다. 을 : 모든 생명은 자기 보존과 자체적 좋음을 향하여 움직이는 목적 지향적인 활동의 단일한 체계라는 점에서 동등한 목적론적 삶의 중심이다. 병 : 인류는 동료 구성원들과 전체 공동체에 대한 존경심을 가져야 한다. 대지 윤리는 공동체의 범위를 넓혀 동식물뿐만 아니라 대지를 포함한다.
(나)	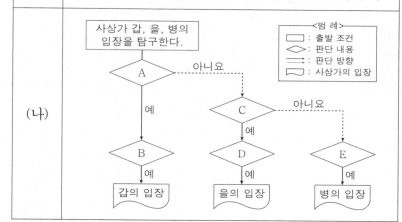

<범 례>
▭ : 출발 조건
◇ : 판단 내용
⋯⋯ : 판단 방향
▱ : 사상가의 입장

① A : 인간이 인간 이외의 종(種)을 차별하는 것은 잘못인가?
② B : 유정(有情)적 존재를 인간과 동일하게 대우해야 하는가?
③ C : 고유의 선을 지닌 존재는 인간과 독립된 가치를 갖는가?
④ D : 생태계 안정에 기여하는 생명만이 내재적 가치를 갖는가?
⑤ E : 인간은 동식물을 인간을 위한 자원으로 간주할 수 있는가?

5. 갑, 을의 입장만을 <보기>에서 있는 대로 고른 것은?

> 갑 : 미적 판단과 도덕적 판단은 각기 고유성과 독자성을 지니지만 형식에 있어서 동일하므로 상징의 관계로 연결될 수 있다. 요컨대 둘 다 이해 타산적 관심에서 벗어나고 자유의 체험을 내포하며 보편적인 타당성을 요청한다.
> 을 : 예술은 영혼의 눈에만 보이는 '아름다움의 실재'를 모방해야 한다. 그리고 예술은 영혼을 위한 것이어야 한다. 젊은이들은 예술을 통해 아름다움을 관조함으로써 영혼이 아름다움에 동화되어 훌륭한 인격을 형성하게 된다.

――――― < 보 기 > ―――――
ㄱ. 갑 : 미는 도덕성을 고취하는 데 기여할 수 있다.
ㄴ. 갑 : 미와 도덕적 선은 서로 조화를 이룰 수 있다.
ㄷ. 을 : 미의 이데아는 이성에 의해 파악되는 객관적 실재이다.
ㄹ. 갑, 을 : 예술은 도덕적 평가로부터 자유로운 영역이다.

① ㄱ, ㄴ　　② ㄱ, ㄹ　　③ ㄷ, ㄹ
④ ㄱ, ㄴ, ㄷ　　⑤ ㄴ, ㄷ, ㄹ

6. 갑, 을 사상가들의 입장만을 <보기>에서 있는 대로 고른 것은? [3점]

> 갑 : 삶과 죽음은 운명이며, 낮과 밤이 변함없이 순환하는 것은 자연의 이치이다. 자연이 나에게 몸[形]을 이루어주고 나를 삶으로써 수고롭게 하고 늙음으로써 편안하게 하며 죽음으로써 쉬게 한다.
> 을 : 사람들은 스스로 지은 업(業)으로 인해 태어나고 죽는다. 태어난 자들은 반드시 죽어야 하므로 누구나 죽음의 두려움에 떨게 된다. 그러므로 번뇌(煩惱)의 화살을 뽑아 집착 없이 마음의 평안을 얻어야 한다.

> ─── < 보 기 > ───
> ㄱ. 갑 : 삶과 죽음은 자연의 필연적인 변화 과정이다.
> ㄴ. 을 : 인간은 삶과 죽음의 순환에서 벗어날 수 있다.
> ㄷ. 을 : 인간의 삶과 죽음은 인간의 행위와 무관하게 발생한다.
> ㄹ. 갑, 을 : 인간은 죽은 뒤에야 고통에서 벗어나 참된 자유를 얻게 된다.

① ㄱ, ㄴ　　　② ㄱ, ㄷ　　　③ ㄷ, ㄹ
④ ㄱ, ㄴ, ㄹ　　　⑤ ㄴ, ㄷ, ㄹ

7. 갑, 을, 병 사상가들의 입장에 대한 설명으로 옳지 <u>않은</u> 것은? [3점]

> 갑 : 살인자는 누구든 사형에 처해지지 않으면 안 된다. 이것이 사법권의 이념으로서 정의가 선험적으로 정초된 보편적인 법칙들에 따라 의욕하는 바이다.
> 을 : 형벌의 정도는 위법 행위에서 얻는 이득의 가치를 능가하기에 충분한 것이어야 한다. 형벌과 위법 행위 간의 비례의 규칙은 공리의 원리에 근거해야 한다.
> 병 : 종신 노역형이 인간 정신에 미치는 효과가 사형에 비해 크다. 처벌이 지속적 효과를 가질 때 범죄를 더 잘 예방할 수 있다.

① 갑은 형벌의 정도가 범죄의 정도에 비례해야 한다고 본다.
② 을은 형벌이 초래할 해악이 예방할 해악보다 커야 한다고 본다.
③ 병은 사형이 범죄 억제를 위한 최선의 형벌은 아니라고 본다.
④ 을은 갑과 달리 살인자라도 사형시키지 않을 수 있다고 본다.
⑤ 갑은 을, 병과 달리 사형은 동해 보복의 차원에서 이루어져야 한다고 본다.

8. 갑, 을의 입장에 대한 설명으로 가장 적절한 것은?

> 갑 : 옷을 만드는 이유는 바람과 추위를 막아 몸을 따뜻하게 하고 몸을 가리고자 하는 것이다. 몸을 가린다는 것은 꾸미기보다는 문채(文彩)를 만들어 귀천을 표시하는 것이다. 이 두 가지를 제외하면 모두 유익함이 없다.
> 을 : 옷을 만드는 이유는 겨울에는 따뜻하게 하여 추위로부터 몸을 보호하고 여름에는 시원하게 하여 더위로부터 몸을 보호하기 위한 것일 뿐이다. 화려하기만 하고 이익을 주지 못하는 옷은 없어져야 한다.

① 갑은 사회적 지위에 맞는 의복을 입어야 한다고 본다.
② 을은 의복을 고를 때 유용성을 고려할 필요가 없다고 본다.
③ 을은 의복을 선택할 때 장식적 측면을 고려해야 한다고 본다.
④ 갑, 을은 의복이 몸을 보호하는 역할만을 해야 한다고 본다.
⑤ 갑, 을은 의복을 신체의 아름다움을 드러내는 수단으로 본다.

9. 그림은 수업 장면이다. 소전제 ㉠에 대한 반론의 근거로 가장 적절한 것은? [3점]

> 동물 실험은 동물의 도덕적 지위를 훼손하므로 바람직하지 않아.
>
> 너의 주장을 삼단 논법으로 정리하면 칠판의 내용과 같겠군.
>
> 대전제 : 동물의 도덕적 지위를 훼손하는 것은 바람직하지 않다.
> 소전제 : ㉠
> 결　론 : 동물 실험은 바람직하지 않다.

① 동물 실험을 통해서는 동물의 복지 수준을 높일 수 없다.
② 동물 실험은 엄격하게 선발된 전문가에 의해서만 시행된다.
③ 동물만이 아니라 자연의 모든 생명이 도덕적 지위를 지닌다.
④ 이성적 능력이 결여된 존재는 도덕적 지위를 지니지 않는다.
⑤ 자의식을 지닌 삶의 주체의 도덕적 지위를 훼손하면 안 된다.

10. 갑, 을의 입장으로 적절하지 <u>않은</u> 것은?

> 갑 : 창조는 성스러운 것[聖]이 세계로 침투하는 신의 작업이다. 인간이 성스러움을 아는 것은 성이 속된 것[俗]과는 다른 어떤 것으로서 스스로를 드러내기 때문이다.
> 을 : 설계된 듯한 모습을 한 생물들은 자연 선택을 통해 단순한 것에서 시작하여 진화한 것일 뿐이다. 우주 만물의 설계자로서의 신이 존재한다는 것은 유해한 망상이다.

① 갑 : 성스러운 공간은 주위 공간과는 질적으로 다른 곳이다.
② 갑 : 종교적 인간은 속의 시간과 성의 시간을 모두 체험한다.
③ 을 : 생명들의 다양성과 복잡성은 자연 선택을 통해 나타난다.
④ 을 : 우주 만물의 시원으로서의 창조적 지성은 존재하지 않는다.
⑤ 갑, 을 : 자연적인 존재와 초자연적인 존재는 양립할 수 없다.

11. (가) 사상의 입장에서 제시할 (나)의 ㉠, ㉡에 대한 옳은 설명만을 <보기>에서 있는 대로 고른 것은? [3점]

(가)	사람이 어질지[仁] 않으면 예(禮)는 해서 무엇 하며, 악(樂)은 해서 무엇 하겠는가?
(나)	○ ㉠ 은/는 두 사람이 힘을 합쳐 부모를 섬기고, 후세를 잇기 위해 노력해야 하는 관계이다. ○ ㉡ 은/는 동기간(同氣間)으로 서로 화목함으로써 효(孝)를 실천해야 하는 관계이다.

< 보 기 >
ㄱ. ㉠은 서로 사랑해야 하는 천륜(天倫)의 관계이다.
ㄴ. ㉠은 상호 공경하면서도 분별[別]이 요구되는 관계이다.
ㄷ. ㉡은 차이를 인정하고 위계를 존중해야 하는 관계이다.
ㄹ. ㉠, ㉡은 권면(勸勉)과 신의에 힘써야 하는 관계이다.

① ㄱ, ㄷ   ② ㄱ, ㄹ   ③ ㄴ, ㄷ
④ ㄱ, ㄴ, ㄹ   ⑤ ㄴ, ㄷ, ㄹ

12. 갑, 을의 입장으로 가장 적절한 것은?

갑 : 강제력은 불의를 지속시키는 데 사용될 수 있기 때문에 강제력을 통해서는 정의를 실현할 수 없다. 정의 실현은 합리성을 계발하고 도덕적 선의지를 확충하는 방법을 통해서만 가능하다.
을 : 도덕적 요인들은 사회 갈등을 완화할 수는 있어도 완전히 제거하지는 못한다. 정의를 추구하기 위해서는 강제력과 같이 도덕성이 높은 사람들로부터 도덕적 승인을 얻어낼 수 없는 방법이라도 사용해야 한다.

① 갑 : 개인의 도덕적 양심은 사회 정의 실현에 기여할 수 없다.
② 갑 : 합리적 이성이 강제력과 결합될 때 정의가 실현될 수 있다.
③ 을 : 사회 정의 실현을 위해 비합리적 수단도 사용할 수 있다.
④ 을 : 정치적인 강제력을 통해서만 사회 갈등을 완화할 수 있다.
⑤ 갑, 을 : 개인과 집단은 어떤 상황에서도 이기적으로 행동한다.

13. 다음을 주장한 사상가의 입장으로 가장 적절한 것은?

남녀가 상대의 성(性)을 사용하는 것은 일종의 향유로서, 어느 한쪽이 다른 쪽에게 자신의 성을 사용하도록 허락한 것이다. 이는 자신을 사물로 만드는 것으로 인간에게 고유한 인격체의 권리와 모순된다. 어느 한 인격체가 다른 인격체에 의해 사물처럼 사용될 수 있고, 다시 후자의 인격체가 전자의 인격체에 의해 사용될 수 있는 유일한 조건은 결혼이다. 이것이 순수 이성의 법칙에 따른 필연이고 이럴 경우에만 인간은 자기 자신을 다시 찾고 인격성을 회복할 수 있다.

① 남성과 여성이 사랑한다면 두 사람의 성적 관계는 정당화된다.
② 부부는 서로 성을 향유하면서도 인격체로서 존재할 수 있다.
③ 자발적 동의는 성적 관계를 정당화하는 충분한 조건이다.
④ 부부가 아니어도 상대방의 성을 사용하는 것이 허용된다.
⑤ 성적 욕구는 인격성을 저하시키므로 제거되어야 한다.

14. (가)의 갑, 을 사상가들의 입장을 (나) 그림으로 표현할 때, A~C에 해당하는 적절한 진술만을 <보기>에서 있는 대로 고른 것은? [3점]

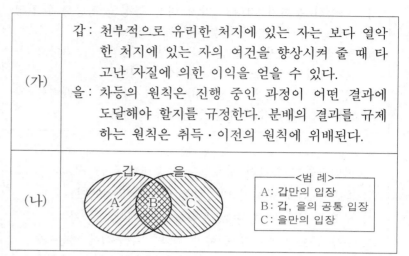

(가)	갑 : 천부적으로 유리한 처지에 있는 자는 보다 열악한 처지에 있는 자의 여건을 향상시켜 줄 때 타고난 자질에 의한 이익을 얻을 수 있다. 을 : 차등의 원칙은 진행 중인 과정이 어떤 결과에 도달해야 할지를 규정한다. 분배의 결과를 규제하는 원칙은 취득·이전의 원칙에 위배된다.

< 보 기 >
ㄱ. A : 재화는 모든 구성원에게 이익이 되게 분배되어야 한다.
ㄴ. B : 개인의 자유와 권리는 어떤 경우에도 제한될 수 없다.
ㄷ. B : 정당한 소유물의 일부에 대해서만 소유권이 인정된다.
ㄹ. C : 재분배를 강요하는 차등의 원칙은 소유권을 침해한다.

① ㄱ, ㄴ   ② ㄱ, ㄹ   ③ ㄴ, ㄷ
④ ㄱ, ㄷ, ㄹ   ⑤ ㄴ, ㄷ, ㄹ

15. 그림은 서술형 평가 문제와 학생 답안이다. 학생 답안의 ㉠~㉤ 중 옳지 않은 것은?

서술형 평가
◎ 문제 : 갑, 을의 입장을 비교하여 서술하시오.

갑 : 국가 성원들은 각자의 성향에 따라 일을 맡아야 하며 수호자는 사유 재산을 가져서는 안 된다. 그럴 때 국가 구성원 모두가 행복할 수 있게 된다.
을 : 공산 사회가 되면 분업에 예속되는 상태가 사라지고 노동 자체가 삶의 일차적인 욕구가 된다. 그럴 때 개인들의 전면적인 발전이 이루어질 것이다.

◎ 학생 답안
갑은 ㉠사회적 역할 분담이 정의 실현에 기여할 수 있다고 보며, ㉡공익 실현을 위해 통치자의 재산 공유가 요구된다고 본다. 을은 ㉢사회적 분업이 인간의 자질을 다방면으로 발휘할 수 없게 한다고 보며, ㉣생산 수단의 공유를 통해 노동의 소외를 극복할 수 있다고 본다. 한편 갑, 을은 ㉤사람들이 자유롭게 자신의 사회적 역할을 선택할 수 있다고 본다.

① ㉠   ② ㉡   ③ ㉢   ④ ㉣   ⑤ ㉤

16. 갑, 을, 병 중에서 두 명 이상이 긍정의 대답을 할 질문만을 <보기>에서 있는 대로 고른 것은? [3점]

> 갑 : 다양한 문화가 지니는 각기 다른 특성을 평등하게 인정함으로써 문화의 공존을 추구해야 합니다.
> 을 : 다양한 이민자는 출신국의 문화적 특성을 포기하고 주류 사회의 일원으로 편입되어야 합니다.
> 병 : 문화의 다양성을 인정하면서도 그 사회의 지배력을 가진 주류 문화의 존재를 인정해야 합니다.

> ── < 보 기 > ──
> ㄱ. 이민자들의 문화적 정체성을 존중해야 하는가?
> ㄴ. 공존을 위해 문화의 다양성을 인정해야 하는가?
> ㄷ. 사회 통합을 위해 주류 문화를 인정해야 하는가?
> ㄹ. 주류 문화와 비주류 문화의 조화를 추구해야 하는가?

① ㄱ, ㄴ   ② ㄴ, ㄹ   ③ ㄷ, ㄹ
④ ㄱ, ㄴ, ㄷ   ⑤ ㄱ, ㄷ, ㄹ

17. 갑은 긍정, 을과 병은 부정의 대답을 할 질문으로 옳은 것은? [3점]

> 갑 : 해외 원조는 고통받는 사회를 대상으로 하며, 차등의 원칙 실현이 아닌 정치 문화의 개선을 지향한다.
> 을 : 해외 원조를 도덕적 의무로 강제하는 이론은 개인의 재산에 대한 소유 권리를 무시하는 것이다.
> 병 : 해외 원조는 이익 평등 고려의 원칙에 근거하여 해악을 방지하거나 제거하기 위한 의무에서 행해져야 한다.

① 해외 원조는 보편적인 원칙에 따라 이루어져야 하는가?
② 해외 원조의 대상은 인권을 보장하지 않는 모든 사회인가?
③ 해외 원조는 지구적 차원의 불평등을 줄이기 위한 것인가?
④ 해외 원조의 궁극적 목적은 자유와 평등의 확립에 있는가?
⑤ 해외 원조는 절대 빈곤층의 처지 개선에 기여할 수 있는가?

18. ㉠에 들어갈 진술로 가장 적절한 것은?

> 선을 행하려면 유덕한 성품을 길러야 한다. 유덕한 성품을 통해 자연스럽게 옳은 행위를 하게 되고, 훌륭한 사람이 되기 때문이다. 그런데 어떤 사상가는 의무에 맞을 뿐만 아니라 의무이기 때문에 한 행위만이 도덕적 가치를 갖는다고 주장한다. 나는 이 사상가가 [㉠]고 생각한다.

① 자연적 감정에서 비롯된 행위도 도덕적 가치를 가질 수 있음을 간과한다
② 구체적 상황보다 보편적인 원리를 고려하여 행위해야 함을 간과한다
③ 의무 의식에서 나온 행위는 도덕적 행위가 될 수 있음을 간과한다
④ 행위의 도덕성을 판단하는 유일한 근거가 선의지임을 간과한다
⑤ 맥락에 따라 도덕적 판단이 달라질 수 없음을 간과한다

● 2013학년도 10월(고3)

19. 갑, 을은 긍정, 병은 부정의 대답을 할 질문으로 가장 적절한 것은? [3점]

> 갑 : 생물과 무생물이 어우러져 있는 대지에도 도덕적인 지위를 부여해야 한다.
> 을 : 인간은 자신에게 부여했던 생명에의 경외(敬畏)를 살려고 하는 의지를 지닌 모든 존재에게도 부여해야 한다.
> 병 : 쾌고(快苦) 감수능력을 가진 모든 존재는 이익관심을 갖는다. 우리는 이익 평등 고려의 원칙에 따라 인간과 동물의 이익관심을 차별해서는 안 된다.

① 생명체들 간의 위계질서를 인정해야 하는가?
② 개별 생명체보다 생태계를 우선시해야 하는가?
③ 오직 인간을 위해 생태계를 보존해야 하는가?
④ 감정을 지닌 존재를 도덕 공동체에 포함시켜야 하는가?
⑤ 생태계 내의 모든 생명체들을 도덕적으로 고려해야 하는가?

20. 다음 칼럼의 입장에서 강조할 내용으로 가장 적절한 것은?

> ○○신문   ○○○○년 ○○월 ○○일
> **칼럼**
>
> 어떤 사람들은 정보가 창작자의 노동에 의해 만들어진 것이므로 정보를 창작자의 사유 재산으로 인정하고 그 권리도 보장해야 한다고 주장한다. 하지만 정보에 대한 배타적 소유권을 인정하게 되면 정보의 자유로운 흐름이 차단되고 질 높은 정보의 창작도 어려워질 수 있다. 그러므로 정보 사회의 발전을 위해 우리는 생산된 정보를 사유 재산이 아닌 공유 자산으로 인정해야 한다.

① 지식재산권 보장은 정보화의 진전에 장애가 될 수 있다.
② 정보를 사유재로 인정할 경우 정보의 흐름이 활성화된다.
③ 지식재산권이 강화될수록 양질의 정보가 생산될 수 있다.
④ 지식재산권 보장으로 사회 전체의 효용이 증대될 수 있다.
⑤ 정보에 대한 사적 권리의 보장으로 공익을 증진할 수 있다.

> ※ 확인 사항
> ○ 답안지의 해당란에 필요한 내용을 정확히 기입(표기)했는지 확인하시오.

성명 [   ] 수험 번호 [   ] [ ] [ ] [ ] — [ ] [ ] [ ] [ ] 제 [ ] 선택

---

1. (가), (나) 윤리학의 핵심 과제로 가장 적절한 것은?

> (가) 윤리학은 도덕적 행위를 정당화하는 규범적 근거를 탐구하고, 마땅히 행해야 할 행위의 객관적인 도덕 원리를 제시하는 데 주력해야 한다.
> (나) 윤리학은 규범적 속성의 존재론적 · 인식론적 지위를 탐구하고, 도덕적 용어의 의미를 분석하며, 도덕 추론의 규칙을 검토하는 데 주력해야 한다.

① (가): 도덕적 삶의 지침이 되는 보편적 원리를 제시하는 것이다.
② (가): 도덕 현상 간의 인과 관계를 가치중립적으로 설명하는 것이다.
③ (나): 학제적 연구 방법으로 실생활의 도덕 문제를 해결하는 것이다.
④ (나): 각 사회의 다양한 도덕적 관습을 객관적으로 기술하는 것이다.
⑤ (가)와 (나): 도덕 언어의 의미와 도덕 추론의 구조를 분석하는 것이다.

---

2. 다음을 주장한 사상가의 입장에서 <문제 상황> 속 A에게 제시할 조언으로 가장 적절한 것은? [3점]

> 모든 쾌락은 질적으로 동일하며 양적으로 측정할 수 있다. 쾌락의 가치를 측정할 때에는 강도와 지속성 등 여섯 가지 기준 외에 쾌락과 고통에 의해 영향을 받는 사람의 수를 참작해야 한다.
>
> <문제 상황>
> 부모님께 용돈을 받은 학생 A는 게임 아이템을 구매하려 하고 있다. 이때 구호 단체에서 온 기부 권고 문자를 보고, 게임 아이템을 구매하는 대신 기부를 해야 할지 고민 중이다.

① 기부 행위가 자연법의 제1원리에 부합하는지를 판단해 보세요.
② 선의지에서 비롯된 기부 행위여야 도덕적 행위임을 명심하세요.
③ 유덕한 행위자가 행할 만한 것을 그 결과에 상관없이 행하세요.
④ 기부 행위가 산출할 쾌락의 양을 쾌락 계산법에 따라 계산해 보세요.
⑤ 쾌락의 양뿐만 아니라 질적 차이까지 고려하여 기부 여부를 정하세요.

---

3. 다음을 주장한 사상가의 입장으로 가장 적절한 것은?

> 의사소통 과정에서 발언의 합리성은 근거 제시 가능성에 있다. 또한 담론 참여자가 지닌 태도의 합리성은 자신을 비판에 노출하고, 필요시 논증에 적절히 참여하려는 자세에 있다. 이러한 비판 가능성으로 인해 합리적 발언은 개선될 수 있다.

① 담론 참여자는 자신의 오류 가능성을 인정하는 자세로 대화해야 한다.
② 담론 참여자는 타인의 의견에 비판적 이의를 제기해서는 안 된다.
③ 담론 참여자는 합의한 결론에 대해 다시 문제를 제기해서는 안 된다.
④ 담론 참여자의 전문성을 기준으로 발언의 기회를 제한해야 한다.
⑤ 담론 참여자는 자신의 개인적 이익이나 준칙을 주장해서는 안 된다.

---

4. (가)의 주장을 (나) 그림으로 나타낼 때, ㉠에 대한 반론의 근거로 가장 적절한 것은?

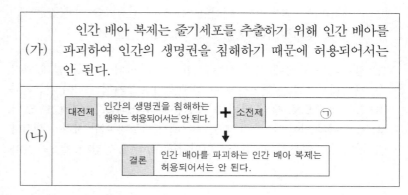

| (가) | 인간 배아 복제는 줄기세포를 추출하기 위해 인간 배아를 파괴하여 인간의 생명권을 침해하기 때문에 허용되어서는 안 된다. |

(나)
- 대전제: 인간의 생명권을 침해하는 행위는 허용되어서는 안 된다.
- 소전제: ㉠
- 결론: 인간 배아를 파괴하는 인간 배아 복제는 허용되어서는 안 된다.

① 인간 배아 복제는 인간의 생명권을 침해한다.
② 인간은 인간 배아와 유전적 특징이 다르지 않다.
③ 인간 종의 구성원들 중에는 인간 배아도 포함된다.
④ 인간 배아가 인간이 되는 과정은 끊임없이 연속적이다.
⑤ 인간 배아는 도덕적 지위가 없는 단순한 세포 덩어리이다.

---

5. 다음 토론의 핵심 쟁점으로 가장 적절한 것은? [3점]

> 갑: 사회 관계망 서비스(SNS)를 통한 광고를 이용하는 기업이 늘어나면서 허위 · 과장 광고에 의한 피해 사례가 늘고 있습니다. 따라서 SNS를 통한 광고를 규제할 필요가 있습니다.
> 을: 동의합니다. 하지만 SNS를 통한 광고는 사회적 기업이 제작한 제품에 대한 윤리적 소비로 이어지는 사례도 많습니다. 따라서 SNS를 통한 광고는 허용되어야 합니다.
> 갑: 아닙니다. SNS를 통한 광고는 윤리적 소비로 이어지기도 하지만 허위 · 과장 광고의 수단으로 악용될 소지가 큽니다. 따라서 SNS를 통한 광고는 전면 금지되어야 합니다.
> 을: 아닙니다. SNS를 통한 광고를 허용하되 적극적인 단속을 실시해 나간다면, SNS가 허위 · 과장 광고의 수단이 될 가능성을 최소화할 수 있습니다.

① SNS를 통한 광고를 규제할 필요가 있는가?
② SNS를 통한 광고는 모두 금지되어야 하는가?
③ SNS를 통한 광고는 윤리적 소비로 이어지는가?
④ SNS는 기업의 광고 수단으로만 이용되어야 하는가?
⑤ SNS는 허위 · 과장 광고의 수단으로 악용될 수 있는가?

6. 갑, 을 사상가들의 입장으로 가장 적절한 것은? [3점]

> 갑 : 사람의 본성에 어찌 인의(仁義)의 마음이 없겠는가? 그런데도 그 양심을 잃어버리는 이유는 마치 도끼로 산의 나무를 아침마다 베는 것처럼 스스로 양심의 싹을 자르기 때문이다. 양심을 보존하지 못하면 금수(禽獸)와 같아진다.
> 을 : 괴로움이 생겨나는 것은 마치 사람이 나무를 심어 물을 때맞춰 주고 온도를 유지해 주면, 이 인연(因緣)으로 나무가 자라나는 것과 같다. 이러한 얽매임에 집착하면 애욕(愛欲)과 함께 생로병사(生老病死)의 괴로움이 일어난다.

① 갑 : 나쁜 환경에 처한 사람은 반드시 자신의 본성을 잃게 된다.
② 갑 : 다른 사람을 편안하게 한 후에야 비로소 자기 수양이 가능하다.
③ 을 : 탐욕으로 생긴 번뇌는 깨달음을 얻더라도 소멸될 수 없다.
④ 을 : 나와 남이 둘이 아니라는 자각에서 만물에 대한 사랑이 생긴다.
⑤ 갑과 을 : 인류의 규범에서 벗어나야 이상적 인간이 될 수 있다.

7. (가)의 사상가 갑, 을의 입장을 (나) 그림으로 탐구하고자 할 때, A~C에 들어갈 적절한 질문만을 <보기>에서 있는 대로 고른 것은? [3점]

(가)	갑 : 만인은 서로 늑대처럼 싸우는 자연 상태에서 벗어나기 위해 상호 계약을 맺어 하나의 인격으로 결합해야 한다. 이 인격을 지닌 통치자는 모든 사람의 힘과 수단을 임의로 사용할 수 있는 권력을 지닌다.
	을 : 절대 권력에 책임을 묻지 않는 식의 합의는 여우나 스컹크를 피해 사자에게 잡아먹히는 데 만족하는 것과 같다. 통치자가 시민의 생명, 자유 및 자산을 보존하지 못할 때 시민은 통치자에 저항할 수 있다.

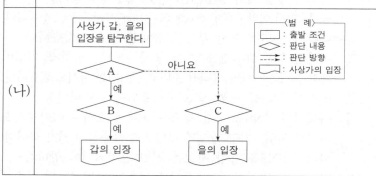

<보 기>
ㄱ. A : 국가의 통치자가 사회 계약을 위반하는 것은 가능한가?
ㄴ. B : 국가는 신의(信義) 계약으로 탄생한 자연적 인격인가?
ㄷ. B : 국가가 부재하는 곳에서는 각자의 소유권도 부재하는가?
ㄹ. C : 국가의 통치자에게는 단지 신탁된 권력만 주어지는가?

① ㄱ, ㄴ　　　② ㄱ, ㄷ　　　③ ㄷ, ㄹ
④ ㄱ, ㄴ, ㄹ　　　⑤ ㄴ, ㄷ, ㄹ

8. 다음을 주장한 사상가의 입장에서 <문제 상황> 속 A에게 제시할 조언으로 가장 적절한 것은?

> 운동을 지나치게 많이 하거나 적게 하는 것, 음식을 지나치게 많이 먹거나 적게 먹는 것은 건강을 해치지만, 적당한 운동이나 식사는 건강에 도움이 된다. 마땅한 때에, 마땅한 방식으로, 마땅하게 행동하는 것이 쉬운 일은 아니다. 그러므로 중용을 지키는 사람은 칭송받을 만하다.

<문제 상황>
학생 A는 급식에서 자신이 좋아하는 음식이 나올 때는 폭식을 하고, 좋아하지 않는 음식이 나올 때는 거의 먹지 않고 버린다. 최근 A는 자신의 건강과 올바른 생활 태도에 필요한 식습관이 무엇인지 고민하고 있다.

① 먹는 행위와 좋은 품성의 형성은 서로 무관함을 고려하세요.
② 먹는 것은 본능이므로 스스로 통제할 수 없음을 고려하세요.
③ 먹을 때 이성이 아닌 감정의 명령에 따라야 함을 고려하세요.
④ 먹는 즐거움을 느낄 때에도 절제의 덕이 필요함을 고려하세요.
⑤ 먹는 것은 육체의 욕망을 채우는 행위에 불과함을 고려하세요.

9. 다음을 주장한 사상가의 입장으로 적절한 것만을 <보기>에서 있는 대로 고른 것은?

> 시민 불복종은 법에 대한 충실성의 한계 내에서 부정의한 법에 대한 불복종을 나타낸다. 시민 불복종 행위에 가담함으로써 소수자는 다수자에게 그들의 행위가 정의의 원칙들에 대한 위반으로 해석되기를 바라는지 아니면 공통된 정의감에 비추어 소수자의 합당한 요구를 인정하고자 하는지를 숙고하도록 강요하게 된다.

<보 기>
ㄱ. 시민 불복종은 다수자의 정의감을 나타내는 양심적인 행위이다.
ㄴ. 시민 불복종은 법의 경계선 내에서 행해지는 정치적 행위이다.
ㄷ. 부정의한 법의 변혁은 시민 불복종의 목적이 아니라 결과이다.

① ㄱ　　② ㄴ　　③ ㄱ, ㄷ　　④ ㄴ, ㄷ　　⑤ ㄱ, ㄴ, ㄷ

10. 다음을 주장한 사상가의 입장으로 가장 적절한 것은? [3점]

> 미적인 것은 윤리적으로 좋은 것의 상징이다. 미적인 것은 다른 모든 사람들의 동의를 요구하며 요구해야 마땅하다. 이때 우리의 마음은 쾌락의 단순한 감각적 수용을 넘어선 순화와 고양을 의식하며, 다른 사람들의 가치도 그들이 지닌 판단력의 비슷한 준칙에 따라서 평가하게 된다.

① 미적 판단과 도덕 판단은 모두 이해 관심에 근거해야 한다.
② 미적 판단은 개인의 주관적인 판단이기에 보편화될 수 없다.
③ 미적 판단의 대상인 예술은 그 자체로 자율성을 지닐 수 없다.
④ 미적 대상에 대한 감각적 경험은 도덕성 고양에 기여할 수 있다.
⑤ 미적 판단 능력은 옳고 그름을 판단하는 도덕적 능력에 종속된다.

11. 갑, 을 사상가들의 입장으로 적절한 것만을 <보기>에서 고른 것은? [3점]

> 갑 : 법은 공공 의사의 표현이다. 법은 살인을 미워하고 처벌한다. 그런데 그런 법이 스스로 살인을 범한다니 얼마나 어리석은가. 사형은 한 시민에 대한 국가의 전쟁이다. 이 전쟁은 필요하지도 효과적이지도 않다.
> 을 : 법을 제정하는 행위는 일반 의지의 행사이다. 위법 행위와 형벌의 관계에 따라 형법이 제정된다. 국가에 맞서 전쟁을 선포한 죄인을 사형에 처할 때 우리는 그를 국가의 적으로서 처벌하는 것이다.

―――<보 기>―――
> ㄱ. 갑 : 형벌은 모든 고통을 한순간에 집중시켜야만 효과적이다.
> ㄴ. 갑 : 법은 살인을 금지하므로 법에 의해 살인하는 형벌은 부당하다.
> ㄷ. 을 : 모든 형벌은 범죄자를 시민의 일원으로서 처벌하는 것이다.
> ㄹ. 갑과 을 : 사회 계약의 목적에 반하는 형벌은 정당성이 없다.

① ㄱ, ㄴ 　② ㄱ, ㄷ 　③ ㄴ, ㄷ 　④ ㄴ, ㄹ 　⑤ ㄷ, ㄹ

12. 다음을 주장한 사상가가 강조하는 공직자의 자세로 옳지 <u>않은</u> 것은?

> ○ 관청에서 쓰는 모든 물건은 하늘에서 비처럼 내리고 땅에서 물처럼 솟는 것이 아니니, 씀씀이를 절약하면서 물건 사용의 폐해를 살펴 백성들의 힘을 덜어 주어야 한다.
> ○ 청렴한 선비는 벼슬자리에 부임하러 갈 때 가족을 데려가지 않는데, 이때의 가족이란 아내와 자식을 일컫는다. 형제 간에는 가끔 왕래해도 되지만 오래 머물러서는 안 된다.

① 사사로운 정(情)에 따른 이익보다는 청렴을 중시해야 한다.
② 자애의 덕을 지니기 위해서는 반드시 절용(節用)해야 한다.
③ 청백리가 되려면 자신에게만 관대하고 가족에게는 엄격해야 한다.
④ 세금 사용에 주의를 기울여 국민의 경제적 부담을 줄여야 한다.
⑤ 공적 재산이 국민의 노력으로 이루어진 것임을 유념해야 한다.

13. 갑, 을의 입장으로 가장 적절한 것은?

> 갑 : 성(性)은 사적 자유의 영역을 넘어 사회 안정과 질서 유지와도 관련됩니다. 결혼의 울타리 안에서 이루어지는 성만이 정당합니다. 부부 간의 사랑이야말로 성의 근거입니다.
> 을 : 성은 상대방에 대한 배려와 사랑을 필요로 합니다. 굳이 결혼과 결부시킬 필요가 없습니다. 사랑 없이 쾌락만을 추구하는 성은 도덕적으로 정당하지 않습니다.

① 갑 : 성적 관계에서 개인의 자유가 사회적 책임보다 중요하다.
② 갑 : 출산과 양육은 바람직한 성적 관계의 조건이 아니다.
③ 을 : 성적 관계는 윤리적 가치 판단의 대상이 아니다.
④ 을 : 정당한 성적 관계는 당사자 간의 동의로 충분하다.
⑤ 갑과 을 : 성적 관계는 당사자 간의 사랑을 전제해야 한다.

14. 갑, 을 사상가들의 입장으로 적절한 것만을 <보기>에서 있는 대로 고른 것은?

> 갑 : 정의의 일차적 주제는 사회의 기본 구조, 즉 사회의 주요 제도가 권리와 의무를 배분하고 사회 협동체로부터 생긴 이익의 분배를 정하는 방식이다. 사회의 기본 구조를 규제하는 원칙은 원초적 합의의 대상이다.
> 을 : 정의의 주제는 세 가지이다. 즉, 누구의 소유물도 아니던 것이 어떻게 누군가의 소유물이 될 수 있는가, 한 사람의 소유물이 어떻게 다른 사람의 소유물이 될 수 있는가, 그리고 부정의를 어떻게 바로잡을 수 있는가이다.

―――<보 기>―――
> ㄱ. 갑 : 차등의 원칙은 천부적 능력의 차등이 있어도 성립한다.
> ㄴ. 을 : 각 개인에게 소유물을 분배하는 최소 국가만이 정의롭다.
> ㄷ. 을 : 소유물 취득의 정당성은 타인의 처지 개선을 요구한다.
> ㄹ. 갑과 을 : 개인은 사유 재산을 소유할 불가침적 권리를 지닌다.

① ㄱ, ㄷ 　　② ㄱ, ㄹ 　　③ ㄴ, ㄷ
④ ㄱ, ㄴ, ㄹ 　　⑤ ㄴ, ㄷ, ㄹ

15. (가)의 갑, 을, 병 사상가들의 입장을 (나) 그림으로 표현할 때, A~D에 해당하는 적절한 진술만을 <보기>에서 고른 것은? [3점]

> (가)
> 갑 : 동물을 폭력적으로 다루면 고통에 대한 공감이 무뎌져 결국 타인과의 관계에서 인간의 도덕성에 매우 유익한 천성적 소질이 고갈될 수 있다.
> 을 : 어떤 존재가 느끼는 고통을 고려하지 않는 것은 옳지 않다. 이익 평등 고려의 원리는 그 존재의 고통을 다른 존재의 고통과 평등하게 계산하도록 한다.
> 병 : 경제적 이익 계산의 문제로만 바람직한 대지의 이용을 생각하지 말라. 생명 공동체의 통합성과 안정성 그리고 아름다움의 보전에 이바지한다면 그것은 옳다.

> (나)
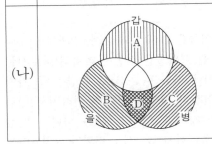
> 〈범 례〉
> A : 갑만의 입장
> B : 을만의 입장
> C : 병만의 입장
> D : 을과 병만의 공통 입장

―――<보 기>―――
> ㄱ. A : 동물을 학대하지 않는 것은 인간의 자신에 대한 의무에 부합한다.
> ㄴ. B : 쾌고 감수 능력은 도덕적 행위자임을 판별하는 결정적 기준이다.
> ㄷ. C : 생태계뿐만 아니라 개별 생명체도 도덕적 고려의 대상일 수 있다.
> ㄹ. D : 인간은 다른 모든 생명체보다 본질적으로 우월하지 않다.

① ㄱ, ㄴ 　② ㄱ, ㄷ 　③ ㄴ, ㄷ 　④ ㄴ, ㄹ 　⑤ ㄷ, ㄹ

16. 갑, 을 사상가들의 입장으로 옳지 <u>않은</u> 것은?

> 갑 : 국제 사회에서 평화 실현은 도덕적 의무이다. 국가는 세계 시민법에 따라 외국 방문객이 평화적으로 처신하는 한 적대적으로 대하면 안 된다. 세계 시민법의 이념은 공적인 인권과 영원한 평화를 위해 필요하다.
> 을 : 국제 정치에서 평화 유지는 세력 균형을 통해 가능하다. 모든 정치가 그러하듯 국제 정치도 권력을 얻기 위한 투쟁이다. 따라서 국제 정치의 본질상 평화 상태에서도 폭력 사용의 가능성은 항상 존재한다.

① 갑 : 국가는 모든 외국인에 대해 호의적으로 대할 필요는 없다.
② 갑 : 국가 간 신뢰를 불가능하게 하는 적대 행위를 해서는 안 된다.
③ 을 : 국제 정치에서 개별 국가들의 권력욕은 갈등의 원인이다.
④ 을 : 국제법에 근거한 세력 균형이 유일한 평화 유지 수단이다.
⑤ 갑과 을 : 국제 연맹은 독립된 국가처럼 주권을 행사할 수 없다.

17. 갑, 을 사상가들의 입장으로 가장 적절한 것은? [3점]

> 갑 : 사람에게 인(仁)은 물과 불보다 더 필요한 것이다. 하지만 나는 물과 불로 인해 죽은 사람은 보았지만, 인을 실천하다가 죽은 사람은 아직 보지 못하였다.
> 을 : 삶과 죽음은 사계절의 운행과 같다. 이러한 이치에 통달한 지인(至人)을 물과 불이 다치게 할 수 없고, 추위와 더위가 해칠 수 없으며, 짐승들마저도 죽이지 못한다.

① 갑 : 죽음 이후에 관한 지식이 삶에 관한 지식보다 중요하다.
② 갑 : 죽음을 맞이하는 한이 있더라도 도(道)를 추구해야 한다.
③ 을 : 죽음은 삶에서 지은 업(業)으로 말미암아 나타난 결과이다.
④ 을 : 죽음은 삶의 자연스러운 변화이지만 마땅히 슬퍼해야 한다.
⑤ 갑과 을 : 삶과 죽음은 운명[命]에 따라 주기적으로 순환한다.

18. 다음을 주장한 사상가의 입장으로 가장 적절한 것은?

> 현대의 기술이 산출한 행위들은 그 규모와 대상, 결과가 너무나 새로운 것이기 때문에 이러한 행위들은 전통 윤리학의 틀로서는 더 이상 파악할 수 없다. 이에 따라 나는 서로 관련된 두 가지 주장을 제시한다. 하나는 인간의 기술적 힘이 발전하면서 인간 행위의 본질이 변화했다는 것이다. 그리고 다른 하나는 인간 행위의 변형된 본질로 인해 윤리학에 있어서도 변화가 요청된다는 것이다.

① 인간은 호혜적 관계를 맺는 존재에 대해서만 책임이 있다.
② 현대 과학 기술의 힘은 인간 행위의 본질을 변화시키지 못한다.
③ 기술로 얻은 힘의 크기가 커질수록 인간의 책임 범위는 넓어진다.
④ 과학 기술로 인한 비의도적 결과는 인간이 책임질 필요가 없다.
⑤ 전통 윤리학은 미래 세대의 생존 문제를 모두 해결할 수 있다.

19. 갑, 을 사상가들의 입장으로 적절한 것만을 <보기>에서 있는 대로 고른 것은? [3점]

> 갑 : 질서 정연한 사회의 장기 목표는 무법 국가와 마찬가지로 고통받는 사회들을 질서 정연한 만민의 사회에 가입시키는 것이어야 한다. 고통받는 사회가 적정 수준의 사회가 되면 더 이상의 원조는 필요하지 않다.
> 을 : 우리는 인류의 고통을 감소시키고 쾌락을 증진할 의무를 지닌다. 우리에게는 얼마 되지 않는 비용으로 곤궁한 타인의 복리에 중요한 변화를 일으킬 수 있을 때 발생하는 의무보다 우선할 수 있는 것은 없다.

> ───────< 보 기 >───────
> ㄱ. 갑 : 독재나 착취로 빈곤한 사회는 원조 대상이 될 수 없다.
> ㄴ. 갑 : 고통받는 사회가 스스로 정치 문화를 개선하도록 원조해야 한다.
> ㄷ. 을 : 지구촌의 절대 빈곤 해결을 위한 원조의 의무는 정언 명령이다.
> ㄹ. 갑과 을 : 원조의 목적은 인류 복지 수준의 균등화가 아니다.

① ㄱ, ㄷ　　　　② ㄱ, ㄹ　　　　③ ㄴ, ㄹ
④ ㄱ, ㄴ, ㄷ　　　⑤ ㄴ, ㄷ, ㄹ

20. 그림의 강연자가 지지할 입장으로 가장 적절한 것은? [3점]

> 문명의 충돌을 막기 위해 우리는 무엇보다 종교 간의 관용과 적극적인 대화에 힘써야 합니다. 종교 간의 갈등은 수많은 사람을 고통스럽게 하고 사회와 국가의 발전을 가로막습니다. 이러한 갈등은 무엇보다 자신의 종교만을 맹신하고 타 종교를 인정하지 않는 배타적인 태도에 기인합니다. 종교 간의 대화 없는 국가 안의 평화는 물론이고 국가 간의 평화도 불가능합니다. 지구에 존재하는 주요 종교들에는 비폭력과 생명 존중, 관용과 진실성, 연대와 정의로운 경제 질서, 평등과 남녀 동반 관계 등의 가치가 들어 있습니다. 종교 간의 대화를 통해 이러한 가치들을 기본으로 하는 세계 윤리를 도출하여 평화로운 세계를 만들어야 합니다.

① 종교 간의 평화 실현에 타인과의 대화 역량은 불필요하다.
② 다른 종교를 관용의 눈으로 바라보는 것은 불필요한 노력이다.
③ 종교의 통일이 문명의 충돌을 막을 수 있는 유일한 해법이다.
④ 종교 간의 갈등은 사회와 국가의 발전과 어떠한 관련도 없다.
⑤ 편견 없이 타 종교를 이해하는 일이 평화로운 공존의 초석이다.

* 확인 사항
○ 답안지의 해당란에 필요한 내용을 정확히 기입(표기)했는지 확인하시오.

1. ㉠에 들어갈 진술로 가장 적절한 것은?

> 나는 윤리학이란 도덕 이론에 근거하여 우리가 당면한 실질적인 도덕 문제를 해결하는 것을 목표로 삼아야 한다고 생각한다. 그런데 어떤 사람은 사회에서 통용되고 있는 도덕 현상을 과학적으로 설명하는 것을 윤리학의 목표로 삼아야 한다고 주장한다. 나는 이러한 주장이 ⎡ ㉠ ⎤ 고 생각한다.

① 도덕적 담론의 논증 구조에 대한 논리적 분석을 강조한다
② 도덕 판단의 표준에 대한 체계적인 이론의 정립을 강조한다
③ 도덕적으로 바람직한 삶의 이상에 대한 규범적 탐구를 간과한다
④ 도덕적 딜레마 해결을 위해 타 학문과의 학제적 연구를 강조한다
⑤ 도덕규범이 형성된 인과 관계에 대한 경험적인 탐구를 간과한다

2. 갑, 을 사상가들의 입장으로 가장 적절한 것은? [3점]

> 갑 : 성인(聖人)의 은혜가 만세에 베풀어져도 사람에게 특별히 치우치지 않는다. 친함이 있으면 어진 자가 아니며, 명성을 추구하여 참된 자기를 잃으면 선비가 아니다.
> 을 : 이것이 있기 때문에 저것이 있고, 이것이 일어나기 때문에 저것이 일어난다. 이 법(法)은 내가 만든 것도 아니고 다른 사람이 만든 것도 아니다.

① 갑 : 자신을 구속하는 일체의 것을 잊어버리고 자유롭게 살아야 한다.
② 갑 : 사욕(私欲)을 극복하고 예로 돌아가는 삶을 지향해야 한다.
③ 을 : 바른 수행으로 만물이 서로 독립하여 존재함을 깨달아야 한다.
④ 을 : 연기법에 대한 자각을 통해 변하지 않는 자아를 깨달아야 한다.
⑤ 갑과 을 : 하늘이 부여한 순선한 본성을 따르는 삶을 살아가야 한다.

3. 다음 신문 칼럼에서 강조하는 내용으로 가장 적절한 것은?

> ○○ 신문   ○○○○년 ○○월 ○○일
> ### 칼럼
> 최근 자녀의 사진이나 동영상을 온라인에 게시하고 타인과 공유하는 뉴 미디어 세대의 육아 방식이 유행하고 있다. 이러한 육아 방식은 자녀의 성장 과정을 기록하고 육아 정보를 공유할 수 있다는 점에서 유익하다. 하지만 이로 인해 자녀의 사생활과 정보 자기 결정권이 침해되고 자녀가 사이버 범죄에 노출될 위험성이 증가하고 있다. 아동·청소년은 이러한 피해의 직접적 당사자가 될 수 있기 때문에 이들에게도 잊힐 권리가 보장되어야 한다. 즉, 아동·청소년도 본인이나 타인이 올린 자신의 개인 정보와 관련된 게시물을 자신의 의사만으로 삭제해 달라고 직접 요청할 수 있도록 해야 한다.

① 잊힐 권리는 게시물 작성자에게 부여되어야 할 독점적 권리이다.
② 아동·청소년은 개인 정보의 보호 대상이면서 주체가 되어야 한다.
③ 악의 없이 공유한 게시물이라면 개인의 권리를 내세워 삭제할 수 없다.
④ 자녀의 정보 자기 결정권은 부모의 동의를 통해 행사되어야 한다.
⑤ 공유 게시물의 삭제 여부는 정보의 유용성에 따라 결정되어야 한다.

4. 다음을 주장한 사상가의 입장에서 <문제 상황> 속 A에게 제시할 조언으로 적절한 것만을 <보기>에서 있는 대로 고른 것은? [3점]

> 도덕적 덕은 대상에 있어서의 중간이 아니라 우리와의 관계에서 성립하는 중용에 의존한다. 중용은 두 악덕, 즉 지나침에 따른 악덕과 모자람에 따른 악덕 사이의 중용이다.

> <문제 상황>
> 인성교육 전문가인 A는 아동을 바른 품성을 지닌 사람으로 기르고자 한다. 이를 위해 A는 인성교육 프로그램을 어떤 방향과 내용으로 개발해야 할지 고민 중이다.

> <보 기>
> ㄱ. 아동이 인간의 고유한 본성을 실현할 수 있도록 개발하세요.
> ㄴ. 아동이 습관화를 통해 도덕적 품성을 함양하도록 개발하세요.
> ㄷ. 아동이 행복은 곧 옳고 그름에 관한 앎임을 알도록 개발하세요.
> ㄹ. 아동이 어떠한 상황에서도 두려움의 감정을 갖지 않는 용기 있는 사람이 되도록 개발하세요.

① ㄱ, ㄴ   ② ㄱ, ㄷ   ③ ㄷ, ㄹ
④ ㄱ, ㄴ, ㄹ   ⑤ ㄴ, ㄷ, ㄹ

5. 다음 토론의 핵심 쟁점으로 가장 적절한 것은?

> 갑 : 과거 우생학은 국가의 특정한 목적을 위해 개인의 자유를 침해했기 때문에 금지되었습니다. 하지만 개인의 자유로운 선택을 존중하는 우생학은 허용되어야 합니다.
> 을 : 동의합니다. 개인의 자유로운 선택을 전제한다면, 개인은 자신뿐 아니라 자녀에 대한 치료 목적의 소극적 우생학은 물론 자질 강화를 위한 적극적 우생학의 권리도 지닙니다.
> 갑 : 물론 개인은 자신에 대해서는 그러한 권리 모두를 지닙니다. 하지만 자녀에 대한 소극적 우생학과 달리, 부모가 유전적 개입을 통해 자녀의 삶을 특정 방향으로 유도하려는 적극적 우생학은 자녀의 자율성을 침해하기에 금지되어야 합니다.
> 을 : 그렇지 않습니다. 인간의 삶의 방향은 유전자, 환경, 노력 등의 복합적인 상호 작용으로 결정됩니다. 자녀에 대한 적극적 우생학이 자녀의 자율성을 침해하는 것은 아닙니다.

① 유전적 개입으로 유전 질환을 치료하는 것을 허용해도 되는가?
② 개인은 자기 자신에 대한 적극적 우생학의 권리를 지닐 수 있는가?
③ 자녀의 자율성을 침해하지 않는 유전적 개입을 허용해도 되는가?
④ 자녀의 능력 향상을 위해 부모가 자녀의 유전자에 개입해도 되는가?
⑤ 유전자는 개인의 삶의 방향을 결정하는 데 영향을 미칠 수 있는가?

6. 갑, 을 사상가들의 입장으로 가장 적절한 것은? [3점]

> 갑 : 사람이 죽으면 영혼이 육체로부터 분리되어 자유를 얻는다. 죽음이 다가올 때 죽기를 주저하는 사람은 분명 지혜를 사랑하는 자가 아니며, 육신을 사랑하는 자인 동시에 부나 명예를 사랑하는 자임에 틀림이 없다.
>
> 을 : 우리가 존재하는 한 죽음은 우리와 함께 있지 않으며 죽음이 오면 우리는 존재하지 않는다. 죽음은 산 사람이나 죽은 사람 모두와 아무런 상관이 없다. 지혜로운 사람에게는 죽음이 어떠한 악으로도 생각되지 않는다.

① 갑 : 지혜로운 사람은 죽음을 두려워하면서도 의연히 받아들인다.
② 갑 : 사람들이 추구하는 가치가 달라도 죽음을 대하는 태도는 같다.
③ 을 : 죽음은 지혜로운 사람도 피할 수 없는 고통임을 깨달아야 한다.
④ 을 : 감각할 수 없는 자신의 죽음 때문에 불안을 느낄 필요가 없다.
⑤ 갑과 을 : 불멸에 대한 열망을 통해 죽음의 불안에서 벗어나야 한다.

7. 갑 사상가가 을 사상가에게 제기할 수 있는 비판으로 가장 적절한 것은?

> 갑 : 기술은 그 기술을 실현시키는 것과는 독립해 있는 자립적인 존재로서 일종의 공허한 힘이다. 결국 기술은 그 자체로 선도 아니고 악도 아니다.
>
> 을 : 기술은 은폐되어 존재하는 것을 탈은폐의 길로 이끄는 것이다. 우리가 기술을 중립적인 것으로 고찰할 때, 우리는 무방비 상태로 기술에 내맡겨져 종속되어진다.

① 인간의 개입 없이도 기술이 인간에게 해악을 끼칠 수 있음을 간과한다.
② 기술의 지배에서 벗어나도록 기술의 본질을 고찰해야 함을 간과한다.
③ 기술을 어떻게 이용할지에 대한 윤리적 성찰이 불필요함을 간과한다.
④ 기술은 인간이 설정한 목적을 달성하기 위한 것일 뿐임을 간과한다.
⑤ 기술은 사물의 참모습을 밖으로 드러내 주는 것임을 간과한다.

8. 다음 가상 편지에서 강조하는 내용으로 가장 적절한 것은?

> ○○ 국가 다문화 정책 담당자께
>
> 　지난번에 의뢰해 주신 귀국의 다문화 정책의 추진 방향에 대한 답변을 드리고자 합니다. 귀국에서는 외국인과의 혼인 및 외국인 노동자의 이주가 증가하면서 이주민 문화와 기존 문화 간에 갈등이 발생하고 있습니다. 이러한 갈등을 해소하기 위해서는 다양한 문화를 주류 문화 속에 융합하여 하나의 문화를 형성하는 정책이 아니라, 다양한 문화가 조화를 이루며 평등하게 공존할 수 있는 정책을 추진해야 합니다. 비유하자면, 샐러드처럼 양상추, 당근, 오이 등이 각각 그 고유한 맛을 유지하면서도 다채로운 맛을 낼 수 있도록 해야 한다는 것입니다. 이러한 정책이 각 문화의 특수성을 존중하면서도 자유, 평등, 정의와 같은 보편적 가치를 실현하는 데 기여할 수 있습니다.

① 이주민 문화를 주류 문화에 편입시켜 사회적 결속력을 강화해야 한다.
② 보편 윤리를 실현하기 위해 각 문화의 특수성을 배제해야 한다.
③ 문화 간 갈등이 발생하지 않도록 동화주의 정책을 추진해야 한다.
④ 주류 문화의 우위를 전제로 비주류 문화의 고유성을 존중해야 한다.
⑤ 문화의 다양성을 인정함으로써 문화적 역동성을 증진해야 한다.

9. 갑, 을 사상가들의 입장으로 적절한 것만을 <보기>에서 있는 대로 고른 것은?

> 갑 : 기본적 자유의 체제는 모든 사람에게 평등하게 보장되어야 하고, 사회적·경제적 이익의 분배는 공정한 기회균등의 원칙과 차등의 원칙에 의해 규제되어야 한다.
>
> 을 : 분배 정의에 있어서 소유 권리론은 역사적이다. 과거의 상황이나 사람의 과거 행위는 사물에 대한 차별적인 소유 권리나 응분의 자격을 낳는다.

<보 기>

ㄱ. 갑 : 최소 수혜자에게 이익이 되지 않는 한 소득은 평등하게 분배되어야 한다.
ㄴ. 갑 : 기본적 자유들이 상충하더라도 그 기본적 자유들은 서로 균등하게 보장되어야 한다.
ㄷ. 을 : 자신의 노동을 투여하지 않고 취득한 소유물에 대한 정당한 소유 권리는 성립할 수 있다.
ㄹ. 갑과 을 : 능력에 따른 분배는 정의 원칙에 어긋날 수 있다.

① ㄱ, ㄴ　　　② ㄴ, ㄷ　　　③ ㄷ, ㄹ
④ ㄱ, ㄴ, ㄹ　　　⑤ ㄱ, ㄷ, ㄹ

10. (가)의 갑, 을, 병 사상가들의 입장을 (나) 그림으로 표현할 때, A~D에 해당하는 적절한 진술만을 <보기>에서 고른 것은? [3점]

| (가) | 갑 : 인간과 마찬가지로 다른 생명체도 목적론적 삶의 중심이다. 그들 각각은 고유의 방식으로 환경 상황에 반응하고 고유의 선을 추구한다.
을 : 인간은 인간에 대한 의무 외에 다른 의무는 갖지 않는다. 인간이 갖고 있는 다른 존재와 관련된 의무를 다른 존재에 대한 의무로 혼동해서는 안 된다.
병 : 인간이 육식을 위해 동물을 죽이는 관행은 동물의 이익을 침해한다. 우리에게는 이익 평등 고려 원칙에 따라 이런 관행을 막아야 할 도덕적 의무가 있다. |

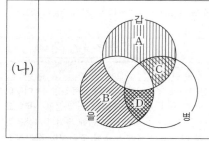

(나)

<범 례>
A : 갑만의 입장
B : 을만의 입장
C : 갑과 병만의 공통 입장
D : 을과 병만의 공통 입장

<보 기>

ㄱ. A : 인간은 생명체를 해치지 않을 절대적 의무를 실천해야 한다.
ㄴ. B : 종(種)이 다른 개체를 서로 다르게 대우하는 것이 정당화될 수 있다.
ㄷ. C : 인간에 대한 의무의 근거가 동물에 대한 의무를 정당화할 수 있다.
ㄹ. D : 인간 아닌 감각 없는 개체 중 도덕적 지위를 지닌 존재는 없다.

① ㄱ, ㄴ　② ㄱ, ㄷ　③ ㄴ, ㄷ　④ ㄴ, ㄹ　⑤ ㄷ, ㄹ

11. 갑, 을 사상가들의 입장으로 가장 적절한 것은?

> 갑 : 어진 사람은 천하의 이익과 해로움을 따져서 일을 처리했다. 지금의 대신들이 음악을 즐기느라 나랏일을 돌보지 않는다면, 나라가 위태로워질 것이다. 음악이 즐겁기는 하지만, 백성의 이익과 부합하지 않기에 음악을 즐기는 것은 잘못이다.
>
> 을 : 성왕(聖王)은 음악을 즐겼다. 더욱이 그것을 통해 백성의 마음을 감동시켜 본성을 교화하였다. 음악을 활용하여 백성이 좋아하고 싫어하는 감정을 예(禮)에 따라 절제하도록 했던 것이다.

① 갑 : 백성 모두가 차별 없이 음악을 늘 즐기도록 국가가 힘써야 한다.
② 갑 : 백성을 잘 다스리기 위해 관원은 예와 악(樂)을 함께 닦아야 한다.
③ 을 : 음악으로 백성이 서로 조화를 이루며 살 수 있게 해야 한다.
④ 을 : 백성이 예법에 구애되지 않고 음악을 향유할 수 있도록 해야 한다.
⑤ 갑과 을 : 음악의 즐거움을 활용하여 백성의 마음을 바르게 해야 한다.

12. 갑, 을 사상가들의 입장으로 적절한 것만을 <보기>에서 있는 대로 고른 것은? [3점]

> 갑 : 자연 상태에서 개인은 재산권뿐만 아니라, 타인이 자연법을 위반한 것을 판단하고 처벌하는 권력을 가진다. 이 처벌권을 공동체에 양도하는 곳에서만 정치 사회가 존재한다.
>
> 을 : 자연 상태에서, 즉 전쟁 상태에서 벗어나고자 개인은 만물에 대한 권리를 포기한다. 정의는 유효한 계약을 지키는 것이며, 계약의 유효성은 국가 수립과 함께 시작된다.

> ―――――<보 기>―――――
> ㄱ. 갑 : 자연 상태에서 분쟁 발생 시 모든 당사자는 재판관이 된다.
> ㄴ. 갑 : 정부에 신탁된 권력은 시민에 의해서 철회될 수 있다.
> ㄷ. 을 : 개인은 자연 상태에서의 불의를 피하려고 계약을 맺는다.
> ㄹ. 갑과 을 : 시민은 주권자로서 동등한 자유와 권리를 지닌다.

① ㄱ, ㄴ
② ㄱ, ㄷ
③ ㄷ, ㄹ
④ ㄱ, ㄴ, ㄹ
⑤ ㄴ, ㄷ, ㄹ

13. 갑, 을 사상가들의 입장으로 적절한 것만을 <보기>에서 고른 것은? [3점]

> 갑 : 본래 이기적인 인간과 마찬가지로 국가도 권력의 극대화를 추구한다. 권력을 얻기 위한 투쟁이 국제 정치의 본질이다. 힘을 통해 힘을 견제하는 세력 균형이 전쟁을 억지한다.
>
> 을 : 인간의 이성은 어떠한 전쟁도 있어서는 안 된다고 명령한다. 영원한 평화를 위해서는 모든 국가가 공화제를 향해 노력해야만 하며, 국가들의 평화 연맹이 필요하다.

> ―――――<보 기>―――――
> ㄱ. 갑 : 경쟁 국가의 행동의 경향성을 예측하는 것은 가능하다.
> ㄴ. 갑 : 국가 간 동맹 없이는 국가 간 세력 균형은 불가능하다.
> ㄷ. 을 : 평화 연맹의 수립 과정에서 국가 간 합병은 배제된다.
> ㄹ. 갑과 을 : 전쟁은 국제 평화를 실현하기 위한 최후의 정치적 행위로서 정당화된다.

① ㄱ, ㄴ
② ㄱ, ㄷ
③ ㄴ, ㄷ
④ ㄴ, ㄹ
⑤ ㄷ, ㄹ

14. (가)의 갑, 을 사상가들의 입장을 (나) 그림으로 탐구하고자 할 때, A~C에 들어갈 적절한 질문만을 <보기>에서 고른 것은? [3점]

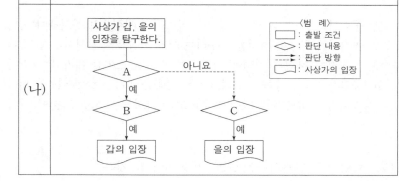

> (가)
> 갑 : 시민 불복종은 거의 정의로운 사회 내에서 그 체제의 합법성을 인정하는 시민들에게서만 일어난다. 따라서 시민 불복종은 공유된 정의관에 의해 정당화된다.
>
> 을 : 시민 불복종은 공리주의 원리에 의해 정당화되어야 한다. 따라서 우리는 시민 불복종이 사회에 미칠 전체적인 이익과 손해를 저울질해 봐야 한다.

> ―――――<보 기>―――――
> ㄱ. A : 시민 불복종은 법에 대한 존중심을 감소시킬 수 있는가?
> ㄴ. B : 시민 불복종이 정당한 법에 대한 위반을 수반할 수 있는가?
> ㄷ. B : 심각한 부정의가 존재하는 민주 체제에서는 시민 불복종이 가능한가?
> ㄹ. C : 다수의 견해를 진정으로 반영한 법에 대한 시민 불복종은 불가능한가?

① ㄱ, ㄴ
② ㄱ, ㄷ
③ ㄴ, ㄷ
④ ㄴ, ㄹ
⑤ ㄷ, ㄹ

15. 다음 가상 대담의 사상가가 지지할 입장으로 가장 적절한 것은?

① 현대 사회의 소비자는 경제적 합리성을 최우선으로 고려하여 소비한다.
② 현대인은 타인과의 차이를 드러내려는 욕구를 충족하기 위해 소비한다.
③ 현대 사회에서 경제적 상위 계층만이 사회적 위세를 표현하고자 한다.
④ 현대인은 사물의 기능을 중시하는 소비를 통해 만족을 얻고자 한다.
⑤ 현대인은 사회적 시선을 의식하지 않고 자신의 선호에 따라 소비한다.

16. 다음을 주장한 사상가의 입장으로 적절하지 <u>않은</u> 것은?

> 목민관은 검약한 생활을 통해 청렴함을 함양해야 하고, 청렴함을 바탕으로 백성을 사랑해야 한다. 만일 목민관이 되었다고 의복과 말을 새로 장만하여 부임지로 가거나 부임지에서도 함부로 행동하고 절제하지 못한다면, 사치가 심해지고 빚이 늘어가면서 탐욕스러워질 것이다. 그렇다고 아끼기만 하고 어려운 친척에게 두루 베풀지 않으면 멀어지게 될 것이다. 그러니 자신의 녹봉을 아껴 주변의 곤궁함을 보살피는 데 소홀하지 않아야 한다.

① 공직자는 애민 정신을 바탕으로 국민에게 진심으로 봉사해야 한다.
② 공직자는 곤궁한 친척을 도우려는 어진 마음조차 가져서는 안 된다.
③ 공직자는 자신의 체면을 지키려는 과도한 소비를 자제해야 한다.
④ 공직자는 공무 수행을 위해 책정된 공금을 과다 지출해서는 안 된다.
⑤ 공직자는 청렴하기 위해 검소하고 절약하는 태도를 가져야 한다.

17. 그림의 강연자의 입장으로 가장 적절한 것은?

> 사랑은 자유의 소산이지 결코 지배의 소산은 아닙니다. 사랑이 지배의 관계로 타락하지 않기 위해서는 존경이 필요합니다. 존경은 상대방에 대한 두려움이나 외경이 아닙니다. 어원적으로도 존경은 어떤 사람을 있는 그대로 보고 그의 독특한 개성을 아는 능력이라고 합니다. 사람들은 사랑할 때, 상대방이 자신에게 이바지할 것을 기대하지만 그것은 사랑하는 사람을 존경하는 것은 아닙니다. 만일 여러분이 다른 사람을 사랑하여 상대방에게 일체감을 느낀다면, '있는 그대로의 그 혹은 그녀'와 일체가 되려는 것이어야 합니다. 사랑하는 사람에 대한 존경은 자유를 바탕으로 해서 성립될 수 있습니다.

① 사랑은 일체감을 느끼는 상대방으로부터 도움을 받기 위한 것이다.
② 사랑은 미성숙한 상대방을 변화시키려는 마음에 근거해야 한다.
③ 사랑은 상대방에 대한 존경을 바탕으로 서로에게 복종하는 것이다.
④ 사랑은 상대방의 고유성을 존중하는 방식으로 표현되어야 한다.
⑤ 사랑은 상대방에 대한 외경을 통해 드러내는 존경의 감정이다.

18. 갑, 을 사상가들의 입장으로 적절한 것만을 <보기>에서 있는 대로 고른 것은? [3점]

> 갑 : 원조의 목적이 충족되고, 모든 만민이 자유주의적 정부나 적정 수준의 정부로 작동하는 상황에 이르게 되면 상이한 만민 간의 평균적 부의 차이를 다시 좁혀야 할 이유는 없다.
> 을 : 절대 빈곤에 빠져 있는 사람들을 돕지 않는 것은 그들을 죽게 내버려 두는 것과 다름이 없다. 절대 빈곤으로 인해 고통받는 사람을 돕는 것은 공리의 원리에 따른 도덕적 의무이다.

─────────〈보 기〉─────────
ㄱ. 갑 : 공적 정의관이 규제하지 않는 사회는 원조 대상이 될 수 없다.
ㄴ. 갑 : 원조는 원조 대상이 정치적 자율성을 가질 수 있도록 이루어져야 한다.
ㄷ. 을 : 원조의 의무는 절대 빈곤에 상당하는 도덕적으로 중요한 다른 일을 희생할 것을 원조 주체에게 요구할 수 있다.
ㄹ. 갑과 을 : 특정 빈곤국에 대한 원조를 중단해야 하는 경우가 있다.

① ㄱ, ㄴ   ② ㄱ, ㄷ   ③ ㄴ, ㄹ
④ ㄱ, ㄷ, ㄹ   ⑤ ㄴ, ㄷ, ㄹ

19. (가)의 갑, 을, 병 사상가들의 입장에서 서로에게 제기할 수 있는 비판을 (나) 그림으로 표현할 때, A~F에 해당하는 내용으로 가장 적절한 것은? [3점]

(가)
> 갑 : 법은 각자의 자유 중 최소한의 몫을 모은 것으로 일반 의사를 대표한다. 생명의 포기는 그 최소한의 몫에 포함되지 않는다. 사형은 한 시민에 대한 국가의 전쟁이다.
> 을 : 법은 일반 의지의 행위에 속하고, 의지의 보편성과 대상의 보편성을 결합하고 있다. 법을 위반한 살인범은 자기 보존을 목적으로 한 사회 계약을 파기한 자이다.
> 병 : 입법권은 국민의 합일된 의지에만 귀속한다. 보편적으로 합일된 의지만이 법칙 수립적일 수 있기 때문이다. 따라서 형벌의 법칙은 하나의 정언 명령이다.

(나)
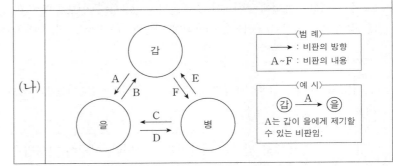

① A, F : 사형은 강렬한 인상을 줄 수 없는 비효과적 형벌임을 간과한다.
② B : 생명권 양도 여부가 사형제의 정당성을 판단하는 근거가 될 수 있음을 간과한다.
③ C : 살인범은 더 이상 도덕적 인격으로 간주될 수 없음을 간과한다.
④ D : 모든 형벌은 공공의 이익을 위해서 집행되어야 함을 간과한다.
⑤ E : 형벌의 목적은 범죄자에게 고통을 주는 데 있지 않음을 간과한다.

20. (가)의 입장에 비해 (나)의 입장이 갖는 상대적 특징을 그림의 ㉠~㉤ 중에서 고른 것은? [3점]

> (가) 통일은 남한의 기술과 북한의 자원을 결합하여 경제 성장의 동력을 확보할 수 있기 때문에 필요하다. 그러나 통일을 해야 하는 보다 중요한 이유는, 통일이 군사적 위협을 해소하여 한반도 평화를 실현하고, 사회 복지 예산을 확충하여 사회적 불평등을 완화하고 사회 안전망을 강화할 수 있다는 점이다.
> (나) 통일은 군사적 긴장을 해소하여 평화를 실현하고 분단 비용의 해소를 통해 사회 안전망의 토대를 마련할 수 있기 때문에 필요하다. 그러나 통일을 해야 하는 보다 중요한 이유는, 통일이 남북 경제권을 통합하여 경제 성장은 물론 동북아 경제 공동체 형성의 견인차 역할을 할 수 있다는 점이다.

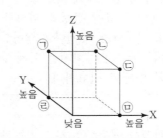

• X: 통일을 통한 경제 성장의 중요성을 강조하는 정도
• Y: 통일을 통한 한반도 평화 실현의 중요성을 강조하는 정도
• Z: 통일을 통한 사회 안전망 확대의 중요성을 강조하는 정도

① ㉠   ② ㉡   ③ ㉢   ④ ㉣   ⑤ ㉤

─────────────────────
* 확인 사항

○ 답안지의 해당란에 필요한 내용을 정확히 기입(표기)했는지 확인하시오.

1. ㉠에 들어갈 진술로 가장 적절한 것은?

> 나는 윤리학이 "도덕 문제를 어떻게 해결할 것인가?"를 탐구하는 학문이라고 생각한다. 즉, 윤리학은 과학 기술의 발달과 사회·문화적 변화로 발생하는 실질적인 도덕 문제의 해결을 궁극적인 목적으로 삼아야 한다. 그런데 일부 윤리학자들은 윤리학에서 사용되고 있는 도덕적 언어의 의미를 명확하게 해명하는 일을 윤리학의 본질이라고 주장한다. 나는 이러한 주장이 [㉠   ]고 생각한다.

① 윤리학의 학문적 성립 가능성에 대한 탐구를 간과한다
② 도덕 판단의 근거가 되는 규범 체계의 필요성을 강조한다
③ 현실의 도덕 문제에 윤리 이론을 응용해야 함을 간과한다
④ 도덕 현상에 대한 객관적 서술과 인과 관계의 설명을 강조한다
⑤ 도덕 추론의 논리적 분석이 윤리학의 핵심 과제임을 간과한다

2. 갑, 을 사상가들의 입장으로 가장 적절한 것은? [3점]

> 갑 : 이름을 바로잡는 것[正名]이 정치의 시작이다. 이름이 제대로 서지 않으니 예악이 흥성하지 않고, 예악이 흥성하지 않으니 형벌이 제멋대로 된다.
> 을 : 도(道)는 자연스러움을 본받는다. 인위적인 것을 강제해서는 안 된다. 내버려두면 백성들이 스스로 잘 살게 되고 세상도 잘 돌아간다.

① 갑 : 인간이 제정한 규범에서 벗어나 무위(無爲)를 추구해야 한다.
② 갑 : 내가 하기 싫은 일을 남에게 시키지 않는 서(恕)를 행해야 한다.
③ 을 : 자신의 직분과 지위에 걸맞는 예법을 충실히 따라야 한다.
④ 을 : 시비선악(是非善惡)을 구분하여 질서를 바로 세워야 한다.
⑤ 갑, 을 : 인(仁)의 시작은 모든 사람에 대한 차별 없는 사랑이다.

3. 다음을 주장한 사상가의 입장으로 가장 적절한 것은? [3점]

> 거의 정의로운 사회에서 정의의 원칙들은 자유롭고 평등한 인간들 간의 자발적인 협동의 기본 조항으로서 공공적으로 인정된다. 그래서 시민 불복종에 참여하는 사람들은 다수의 정의감에 호소하여 자유로운 협동의 조건이 침해되었다는 것을 정당하게 알리고자 한다.

① 시민 불복종은 헌법의 근거가 되는 원칙에 의해 지도되어야 한다.
② 시민 불복종은 양심적 개인들의 종교적 신념에 근거할 수 있다.
③ 정의로운 시민에게 부정의한 법을 준수할 의무는 성립할 수 없다.
④ 시민 불복종은 합법적인 정치적 반대와 동시에 이루어져야만 한다.
⑤ 헌법에 규정된 방식으로 제정된 법은 시민 불복종의 대상이 아니다.

4. 갑, 을 사상가들의 입장으로 적절한 것만을 <보기>에서 고른 것은?

> 갑 : 국제 정치의 본질은 권력 투쟁이다. 권력은 국제 정치에서 최상이라고 인정되는 가치이다. 정치적인 정책은 권력을 유지하거나 확장하거나 과시하기 위한 목적에서 추진된다.
> 을 : 국제 사회의 평화는 국제 연맹을 통해서 달성될 수 있다. 국제 연맹은 모든 전쟁의 영원한 종식을 추구하고, 국가들의 자유를 보호하고 지속시키는 데에만 관여한다.

<보 기>
ㄱ. 갑 : 국가 간 힘의 균형으로 국력 경쟁이 종식될 수 있다.
ㄴ. 을 : 평화 조약은 어떠한 전쟁 상태도 종식시킬 수 없다.
ㄷ. 을 : 이방인이 갖는 환대의 권리는 조건부적으로 보장된다.
ㄹ. 갑, 을 : 국제 사회의 평화를 유지할 수 있는 방법이 존재한다.

① ㄱ, ㄴ   ② ㄱ, ㄷ   ③ ㄴ, ㄷ   ④ ㄴ, ㄹ   ⑤ ㄷ, ㄹ

5. 다음을 주장한 사상가의 입장에서 <문제 상황> 속 A에게 제시할 조언으로 가장 적절한 것은?

> 행위가 옳은지 그른지를 알기 위해서는 그 행위의 결과가 어떠한지를 알아야 한다. 유용성의 원리는 선택의 상황에서 개별 행위에 직접적으로 적용된다. 옳은 행위란 다른 어떤 가능한 행위보다 더 큰 유용성을 갖는 행위이다.

<문제 상황>

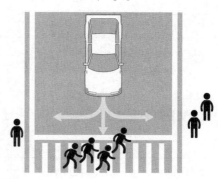

> 자율 주행 자동차를 설계하고 있는 엔지니어 A는 위 그림과 같이 자율 주행 자동차가 고속 주행 중 제동을 시도해도 보행자와의 충돌이 불가피한 경우, 어떻게 주행하도록 설계해야 할지 고민하고 있다.

① 그 자체로 선한 의지를 반영하여 주행하도록 설계하세요.
② 탑승자와 보행자의 고통의 총합을 최소화하도록 설계하세요.
③ 탑승자의 안전을 최우선으로 고려하여 주행하도록 설계하세요.
④ 보행자의 인격을 수단이 아닌 목적으로 대우하도록 설계하세요.
⑤ 사회적 관습에 내재한 선에 따라 상황에 대처하도록 설계하세요.

6. 다음을 주장한 사상가의 입장으로 적절한 것만을 <보기>에서 고른 것은? [3점]

> 삶은 죽음과 함께 걷고 죽음은 삶에서 비롯하나니 누가 그 실마리를 알겠는가. 사람의 삶은 기(氣)가 모인 것이라서 모이면 삶이 되고 흩어지면 죽음이 된다네. 따라서 만물은 하나니라. 좋아하면 멋진 것이라 하고 싫어하면 역겨운 것이라 하지만, 역겨운 것이 멋진 것이 되고 멋진 것이 다시 역겨운 것이 되네. 따라서 삶과 죽음은 하나의 기로 통할 뿐이라고 말하는 것일세. 성인(聖人)은 하나를 귀하게 여긴다네.

<보 기>

ㄱ. 삶에 얽매이지도 말고 죽음을 걱정하지도 말아야 한다.
ㄴ. 죽음을 의식하지 말고 인의예지(仁義禮智)를 행해야 한다.
ㄷ. 삶과 죽음의 변화는 계절의 변화처럼 자연스러운 것이다.
ㄹ. 죽음은 윤회의 일부이며 현생의 업보가 내생을 결정한다.

① ㄱ, ㄴ ② ㄱ, ㄷ ③ ㄴ, ㄷ ④ ㄴ, ㄹ ⑤ ㄷ, ㄹ

7. (가)의 입장에 비해 (나)의 입장이 갖는 상대적 특징을 그림의 ㉠~㉤ 중에서 고른 것은?

> (가) 성욕은 인간의 기본적인 욕구이므로 개인은 감각적인 욕구 충족만을 위해서도 성적 관계를 맺을 수 있다. 성적 자유는 타인에게 해악을 주지 않는 범위에서 허용되며, 자발적 동의와 자율성이 존중되기만 하면 정당화된다.
>
> (나) 부부만이 성적 관계에서 상호 인격 존중의 의무를 다할 수 있으며, 사회 안정과 책임 있는 성 문화 유지에 기여할 수 있다. 따라서 성행위는 부부간의 애정과 신뢰를 바탕으로 출산과 양육에 대한 책임을 질 수 있는 경우에 정당화된다.

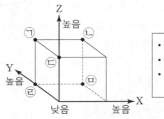

- X: 성의 가치를 감각적 쾌락에서 찾는 정도
- Y: 성행위의 전제로서 사랑을 강조하는 정도
- Z: 사회적 관점에서 성행위에 수반될 책임을 강조하는 정도

① ㉠ ② ㉡ ③ ㉢ ④ ㉣ ⑤ ㉤

8. 다음을 주장한 사상가가 강조할 공직자의 자세로 적절하지 <u>않은</u> 것은?

> 청렴은 목민관의 근본적인 의무이며 모든 덕의 근원이다. 목민관이 욕심을 부려 백성의 정당한 수익을 빼앗다 보면 민생고가 심해진다. 재물에 청렴하면서도 치밀하지 못하거나, 재물을 나누어 주면서도 실효가 없는 것도 칭송할 만한 것이 못된다. 아울러 목민관이 집안을 바로잡아야 청탁과 뇌물이 들어오지 않는다.

① 애민 정신을 실천하기 위해 절용과 청렴의 자세를 견지해야 한다.
② 국민으로부터 신뢰를 받고 지지를 얻기 위해서는 청렴해야 한다.
③ 납품을 받을 때 생산자의 정당한 이익을 고려할 필요가 없다.
④ 작은 선물이라도 사욕이 숨겨져 있을 수 있으므로 경계해야 한다.
⑤ 국민에게 미치는 실효성을 따져 국가 재정을 엄격히 집행해야 한다.

9. (가)의 갑, 을, 병 사상가들의 입장을 (나) 그림으로 탐구하고자 할 때, A~D에 들어갈 적절한 질문만을 <보기>에서 있는 대로 고른 것은? [3점]

> (가)
>
> 갑 : 살인을 했거나, 그것을 명했거나, 그에 협력했던 살인자는 누구든 사형에 처해지지 않으면 안 된다. 살인의 경우 공적 정의 앞에서 최상의 균형자는 사형이다.
>
> 을 : 형벌의 남용은 결코 인간을 개선시키지 못한다. 사형을 대체한 종신 노역형은 가장 완강한 자의 마음을 억제시키기에 충분한 엄격성을 지닌다.
>
> 병 : 사회 계약은 계약자의 생명 보존이 목적이므로, 타인의 희생으로 자기의 생명을 보존하려는 자는 타인을 위해 필요하다면 자신도 생명을 희생해야 한다.

> (나)

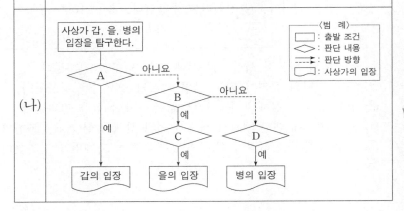

<보 기>

ㄱ. A: 정의의 기초가 되는 원리에 따라 형벌을 가해야 하는가?
ㄴ. B: 사회 계약의 당사자가 사형제에 동의하는 것은 불합리한가?
ㄷ. C: 형벌은 범죄가 공익에 반하는 정도에 비례해야 하는가?
ㄹ. D: 계약자의 생명은 국가로부터 조건부적으로 보장되는가?

① ㄱ, ㄴ ② ㄱ, ㄹ ③ ㄴ, ㄷ
④ ㄱ, ㄷ, ㄹ ⑤ ㄴ, ㄷ, ㄹ

10. 갑, 을 사상가들의 입장으로 적절한 것만을 <보기>에서 고른 것은? [3점]

> 갑 : 노동자들에게 그들이 소유 권리를 갖는 것들을 주지 않는 분배 행위는 정의롭지 못하다. 그런데 소유 권리는 과거의 상황이나 사람들의 과거 행위에 근거하기 때문에 분배적 정의는 역사적 원리에 따라야 한다.
>
> 을 : 기본적 자유들은 서로 상충할 수 있기에 조정되어야 하지만, 가능한 한 가장 광범위하게 보장되어야 한다. 하지만 최소 수혜자에게 이익이 되고 직위와 직책의 기회가 공정하다면 재산 및 소득의 분배는 균등할 필요가 없다.

<보 기>

ㄱ. 갑 : 도덕적 공과(功過)에 따른 소유 권리의 불평등은 정의롭다.
ㄴ. 을 : 차등 원칙은 모든 성원을 고려한 상호 이익의 원칙이다.
ㄷ. 을 : 기본적 자유는 절대적이기에 각 개인에게 평등해야 한다.
ㄹ. 갑, 을 : 개인은 자신의 유리한 천부적 자산을 소유할 권한을 갖는다.

① ㄱ, ㄴ ② ㄱ, ㄷ ③ ㄴ, ㄷ ④ ㄴ, ㄹ ⑤ ㄷ, ㄹ

11. 다음을 주장한 사상가의 입장으로 적절한 것만을 <보기>에서 고른 것은?

> 　배아에 대한 적극적인 유전적 간섭을 추구하는 자유주의적 우생학은 배아의 사물화를 초래한다. 이러한 유전적 간섭으로 프로그램 되어 태어난 사람은 스스로를 자기 삶의 유일한 저자이자 다른 사람들과 평등한 주체로서 인식하지 못할 것이다. 특히 인간 몸의 자연 발생성은 개개인이 자유롭고 평등한 도덕 주체가 되기 위한 근본적인 조건이지만 우생학적 접근은 바로 그런 조건을 뒤흔들고 말 것이다. 다만, 유전적 간섭은 치료라는 규제 이념에 인도될 때에만 허용될 수 있을 것이다.

<보 기>
ㄱ. 유전적 간섭이 도덕적으로 정당화되는 경우가 존재한다.
ㄴ. 자유주의적 우생학은 인간의 미래를 위해 권장되어야 한다.
ㄷ. 인간의 유전적 자연성은 평등한 도덕 주체가 되기 위한 전제이다.
ㄹ. 부모는 적극적인 유전적 간섭으로 자녀의 삶에 참여해야 한다.

① ㄱ, ㄴ　② ㄱ, ㄷ　③ ㄴ, ㄷ　④ ㄴ, ㄹ　⑤ ㄷ, ㄹ

12. 다음을 주장한 사상가가 부정의 대답을 할 질문으로 가장 적절한 것은? [3점]

> 　인간은 기술 문명의 힘으로 자신을 포함한 모든 것을 위험에 빠뜨리게 되었다. 이성과 결탁한 권력은 그 자체로 책임을 동반한다. 이것은 예전부터 인간 상호 간에는 자명한 일이었다. 인간의 책임이 종전의 범위를 넘어서서 생물계의 상태와 인간 종족의 미래의 생존까지 포괄하게 된 것은 권력의 확장과 연관되어 있다.

① 인간이 져야 할 책임은 자신이 가진 권력에 비례하는가?
② 과학 기술의 비의도적 결과는 책임의 대상에서 제외되는가?
③ 경험하지 못한 미래의 위협으로부터 책임을 도출해야 하는가?
④ 권리를 주장하는 존재 외에도 현세대가 책임져야 할 대상이 있는가?
⑤ 책임질 수 있는 능력으로부터 책임을 져야 하는 당위가 도출되는가?

13. 다음 신문 칼럼에서 강조하는 내용으로 적절하지 <u>않은</u> 것은?

> ○○ 신문　　　　　　　　　　　○○○○년 ○○월 ○○일
>
> **칼럼**
>
> 　인터넷을 활용한 뉴 미디어의 발달로 우리는 정보의 소비뿐 아니라 유통과 생산에도 적극 참여하고 있다. 그 과정에서 우리는 사이버 공간에서 자신의 정체를 숨길 수 있다는 막연한 생각을 갖고 허위 정보 내지 유해 정보를 생산하거나 전달하기도 한다. 이러한 정보의 홍수로 인해 사회 곳곳에서 선의의 피해자가 발생하고 있다. 잘못된 정보의 희생자가 되지 않으려면 우리 스스로 정보를 비판적으로 수용하는 지혜가 필요하다. 무엇보다 사이버 공간에서 실명을 숨겨도 IP 추적과 같은 방법으로 실제 사용자가 밝혀질 수 있음을 기억해야 한다. 따라서 사이버 공간에서도 우리는 책임 있는 존재로 활동해야 한다.

① 현실 세계에서처럼 사이버 공간에서도 윤리가 필요하다.
② 우리는 정보의 소비뿐 아니라 정보의 유통에서도 주체이다.
③ 표현의 자유를 위해 사이버 공간의 익명성을 강화해야 한다.
④ 거짓 정보의 생산자는 그로 인한 피해에 대해 책임져야 한다.
⑤ 정보의 올바른 이용을 위해 미디어 리터러시를 함양해야 한다.

14. (가)의 갑, 을, 병 사상가들의 입장을 (나) 그림으로 표현할 때, A~D에 해당하는 적절한 진술만을 <보기>에서 있는 대로 고른 것은? [3점]

(가)
> 갑 : 목적론적 삶의 중심으로서 유기체는 외적 활동뿐 아니라 내적 기능도 모두 목표 지향적이고, 생물의 기능을 성공적으로 수행하는 지속적인 경향을 지닌다.
>
> 을 : 인간의 도덕적 소질을 약화시키지 않도록 동물에 대한 잔인한 폭력은 삼가야 하며, 동물이 감당할 수 있는 한도 내에서 무리하지 않도록 동물을 부려야 한다.
>
> 병 : 삶의 주체는 결코 마치 다른 것들을 위한 자원인 것처럼 대우받아서는 안 된다. 특히 다른 존재의 이익을 위해서 의도적으로 해를 입어서는 안 된다.

(나)
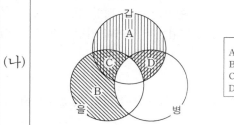

<범 례>
A: 갑만의 입장
B: 을만의 입장
C: 갑과 을만의 공통 입장
D: 갑과 병만의 공통 입장

<보 기>
ㄱ. A: 어떤 개체가 생명을 지녀야만 도덕적 지위를 지닐 수 있다.
ㄴ. B: 동물은 인간의 가치 평가에서 독립적인 가치를 지닐 수 없다.
ㄷ. C: 쾌고 감수 능력은 어떤 개체가 도덕적 지위를 갖는지 판단할 때 고려해야 할 조건이 아니다.
ㄹ. D: 인간에 대한 인간의 의무로 환원되지 않는 의무가 있다.

① ㄱ, ㄴ　　　　② ㄱ, ㄷ　　　　③ ㄷ, ㄹ
④ ㄱ, ㄴ, ㄹ　　　⑤ ㄴ, ㄷ, ㄹ

15. 그림은 서술형 평가 문제와 학생 답안이다. 학생 답안의 ㉠~㉤ 중 옳지 <u>않은</u> 것은? [3점]

> **서술형 평가**
>
> ⊙ 문제: 국가와 시민의 관계에 대한 갑, 을 사상가들의 입장을 비교하여 서술하시오.
>
> 갑: 자연 상태에서는 모든 인간을 떨게 만드는 공통의 힘이 없기 때문에 인간은 만인의 만인에 대한 전쟁 상태에 놓이게 된다. 인간은 이 비참함에서 벗어나기 위해 국가 속에서 스스로를 구속한다.
>
> 을: 모든 인간은 자기 신체와 소유물에 대한 지배권을 갖지만 자연 상태에서는 이 권리의 향유가 불확실하다. 이에 따라 인간은 공동체를 결성하고 공통의 재판관을 지상에 설정함으로써 국가 상태에 들어가게 된다.
>
> ⊙ 학생 답안
>
> 　국가와 시민의 관계에 대한 갑, 을의 입장을 비교해 보면, 갑은 ㉠ <u>인간이 두려워해야 할 공통의 권력이 없는 자연 상태의 혼란에서 벗어나기 위해 국가를 수립하게 된다</u>고 보고, ㉡ <u>국가는 공공의 평화와 안전을 위해서 절대적인 권력을 행사할 수 있다</u>고 주장한다. 반면에 을은 ㉢ <u>인간이 자연 상태에서 공동체를 구성하고자 하는 정치적 본성으로 인해 자연스럽게 국가 상태로 들어가게 된다</u>고 보고, ㉣ <u>국가는 공동선을 실현하기 위해 위임받은 권력을 자의적으로 행사해서는 안 된다</u>고 주장한다. 한편 갑, 을은 모두 ㉤ <u>국가에 대한 시민의 의무는 시민 자신의 생명권을 국가가 보호해 준다는 조건 아래에서 계속될 수 있다</u>고 본다.

① ㉠　　　② ㉡　　　③ ㉢　　　④ ㉣　　　⑤ ㉤

16. 다음을 주장한 사상가의 입장으로 적절하지 <u>않은</u> 것은?

> 집은 인간이 사는 체험 공간의 구체적인 중심이며, 이런 중심을 창조해야 하는 과제는 거주함으로써 실현된다. 거주한다는 것은 특정한 자리에 속하여 뿌리를 내리고 그곳을 집으로 삼는다는 뜻이다. 특히 거주는 분리된 안전하고 편안한 영역, 즉 인간이 위협적인 외부 세계로부터 도피할 수 있는 집이라는 개인 공간을 갖고 있음을 뜻한다. 인간의 참다운 삶을 위한 거주는 인간이 자신의 존재를 쏟아부어 온전히 노력해야만 얻을 수 있고 실현할 수 있다.

① 인간은 인간다운 삶을 살기 위해 편안함의 영역을 필요로 한다.
② 거주는 주어지는 것이 아니라 각별한 노력을 통해 이루어진다.
③ 집은 인간이 거주하는 공간이며 개인이 활동하는 세계의 중심이다.
④ 거주 공간의 소유는 참다운 인간의 삶을 위한 필요충분조건이다.
⑤ 인간은 거주를 통해 외부의 위협에서 벗어나 안정을 얻을 수 있다.

17. 다음을 주장한 사상가의 입장으로 적절하지 <u>않은</u> 것은?

> 인간이 성스러움을 아는 것은 그것이 속된 것과는 전혀 다른 어떤 것으로서 스스로를 현현(顯現)하고 보여 주기 때문이다. 성스러움이 드러나는 것을 성현(聖顯)이라 한다. 종교적 인간에게 자연은 결코 단순한 자연이 아니며, 항상 종교적 의미로 충만해 있다. 왜냐하면 우주는 신의 창조물이고, 세계는 신의 손으로 완성된 것이어서 성스러움으로 가득 차 있기 때문이다. 성스러운 돌, 성스러운 나무는 돌이나 나무로서 숭배되는 것이 아니라 성현이기 때문에 숭배된다.

① 세계는 성스러움이 드러나는 대상일 뿐 아니라 성(聖) 그 자체이다.
② 성스러움과 세속은 분리되어 있거나 단절되어 있는 것이 아니다.
③ 종교적 인간은 세속적 대상에서도 성스러움을 체험할 수 있다.
④ 종교적 인간에게 돌이나 나무는 단순한 자연물이 아니다.
⑤ 신은 자연을 통해 성스러움을 다양한 양태로 드러낸다.

18. 다음은 어느 동양 사상가의 가상 편지이다. ㉠에 들어갈 진술로 가장 적절한 것은? [3점]

> ○○ 선생에게
> 당신은 간사하고 사악한 음악으로 천하가 혼란에 빠질 수 있기 때문에 선왕(先王)이 제정한 음악으로 백성을 이끌어 주어야 함을 강조했습니다. 그리하여 음악을 즐기게 하면서도 사람의 악한 본성을 변화시켜 마음과 행동을 올바르게 해야 한다고 말했습니다. 하지만 내 생각은 다릅니다. 천하의 혼란이 생긴 이유는 모두가 자신을 사랑하면서도 아울러 서로 사랑하지[兼愛] 않아 자신과 남을 차별하기 때문입니다. 비록 악기 소리가 즐겁지 않은 것은 아니지만, 임금과 대신들이 백성에게 악기를 만들게 하고 연주를 일삼게 한다면 어떻게 되겠습니까? 분명 백성에게 많은 세금을 거두게 될 것이고, 백성은 먹고 입을 재물을 구하기가 어려워질 것입니다. 따라서 내가 볼 때 당신의 견해는 [㉠]고 생각합니다. …(후략).

① 음악과 예의의 조화를 통해 혼란을 바로잡을 수 있음을 간과한다
② 인간의 본성을 교화하여 화합하는 데 음악이 필요함을 간과한다
③ 사회적인 부작용을 일으키는 음악이 존재할 수 있음을 간과한다
④ 음악이 이상적 공동체를 구현하는 데 수단이 될 수 있음을 간과한다
⑤ 위정자가 선왕의 음악을 장려하는 것이 백성에게 무익함을 간과한다

19. (가)의 갑, 을, 병 사상가들의 입장에서 서로에게 제기할 수 있는 비판을 (나) 그림으로 표현할 때, A~F에 해당하는 내용으로 가장 적절한 것은? [3점]

(가)	갑 : 우리가 하는 원조의 역할은 고통받는 사회가 만민들의 사회의 완전한 성원이 되도록 돕는 것이다. 그리고 그들이 미래의 경로를 정할 수 있도록 하는 것이다. 을 : 우리의 풍요로움을 우리 사회의 시민에게만 나누어 주는 것은 잘못이다. 이익 평등 고려의 원칙에 따라 혜택을 가장 크게 낼 수 있는 곳에 사용해야 한다. 병 : 우리는 최소 국가 안에서 삶을 선택하고 목표를 실현할 수 있다. 이 과정에서 우리는 같은 존엄성을 지닌 다른 개인들의 자발적인 협동의 도움을 받는다.
(나)	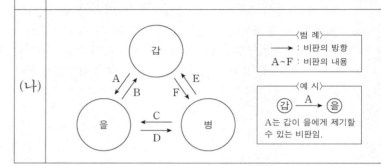

① A: 원조의 중단 지점을 두는 것은 원조 목적에 위배됨을 간과한다.
② B: 원조 대상을 선정할 때 상대적 빈곤은 고려할 필요가 없음을 간과한다.
③ C, E: 자신의 이웃을 먼저 돕는 것이 정당한 경우가 있음을 간과한다.
④ D: 자선을 행하지 않는 것이 비난의 대상이 될 수 없음을 간과한다.
⑤ F: 원조 대상국이 자국의 부정의를 교정하도록 도와야 함을 간과한다.

20. 다음 토론의 핵심 쟁점으로 가장 적절한 것은?

> 갑 : 현재의 분단 상황은 정전 상태로, 전쟁이 발생할 수 있는 불안정한 상태입니다. 따라서 이 상황이 끝나지 않는 한 한반도 평화와 지속 가능한 발전은 보장하기 어렵습니다.
> 을 : 맞습니다. 그래서 종전 선언이 필요합니다. 종전 선언은 남북한이 상호 적대 정책을 전환하는 신호탄이 될 것이며, 남북 교류의 물꼬를 트고 한반도 평화를 이끌어낼 것입니다.
> 갑 : 종전 선언으로 남북 교류가 확대될 수 있지만 북한의 대남 적대 정책은 유지될 것입니다. 따라서 종전 선언은 북한의 핵 폐기에 대한 반대급부로서 추진되어야 합니다.
> 을 : 종전 선언이 북한만을 위한 시혜는 아니므로 상호주의의 대상은 아닙니다. 오히려 종전 선언이 정전 상태를 명분으로 핵을 개발한다는 북한의 입장을 변화시킬 수 있습니다.

① 북한은 현재 대남 적대 정책을 취하고 있는가?
② 분단은 한반도의 지속 가능한 발전을 저해하는가?
③ 종전 선언을 통해 남북 교류가 활성화될 수 있는가?
④ 종전 선언은 상호주의 관점에서 이루어져야 하는가?
⑤ 현재의 한반도 상황은 전쟁이 종식되지 않은 상태인가?

> * 확인 사항
> ○ 답안지의 해당란에 필요한 내용을 정확히 기입(표기)했는지 확인하시오.

1. ㉠에 들어갈 진술로 가장 적절한 것은?

> 나는 윤리학이 행위의 근거가 되는 도덕적 원리를 탐구하기보다는 도덕적 논의에서 사용되는 용어의 의미를 밝히고 추론의 규칙을 분석해야 한다고 생각한다. 그런데 어떤 사람은 윤리학이 사회·문화적 변화와 과학 기술의 발달로 인해 발생하는 구체적 윤리 문제에 대한 해결책 탐구에 주력해야 한다고 주장한다. 나는 이러한 주장이 [㉠   ]고 생각한다.

① 도덕 문제 탐구에 사회·자연 과학적 지식이 필요함을 간과한다
② 도덕 문제 해결보다 도덕 논증의 타당성 분석이 중요함을 간과한다
③ 도덕 현상은 과학적으로 기술해야 할 사실의 집합이 아님을 간과한다
④ 도덕 문제 해결에는 행위의 선악을 판단하는 도덕 원리가 필요함을 간과한다
⑤ 도덕 이론의 연구만으로는 삶의 구체적 문제 해결에 한계가 있음을 간과한다

2. 갑, 을의 입장으로 가장 적절한 것은?

> 갑 : 도덕적 판단에서 성(性)행위를 여타 행위와 구별해야 할 이유가 존재한다. 성행위는 출산과 양육의 책임을 발생시킬 수 있기 때문에 부부의 사랑이 전제된 성행위만이 정당하다.
> 을 : 도덕적 판단에서 성행위를 여타 행위와 구별해야 할 이유는 없다. 자율성의 원칙, 해악금지의 원칙 이외에 성행위의 도덕적 정당화에 필요한 추가적 원칙은 없다.

① 갑 : 서로의 인격이 존중된 성행위도 정당하지 않을 수 있다.
② 갑 : 성의 자기결정권 존중은 성행위 정당화의 충분조건이다.
③ 을 : 성행위를 정당화하는 데 필요한 도덕적 제약은 없다.
④ 을 : 쾌락적 가치보다는 생식적 가치가 성의 목적에 부합한다.
⑤ 갑, 을 : 성행위의 본질은 사회의 안정과 종족의 보존에 있다.

3. 다음을 주장한 사상가의 입장으로 가장 적절한 것은? [3점]

> 의사소통의 합리성은 강제 없이 상호 간의 논증적 대화를 통해 보편적 합의에 도달하는 경험에 호소한다. 이를 통해 담론 참여자는 주관적 견해를 극복하고, 이성적 동기에 근거한 공동의 신념으로 인해 상호 주관성을 확인하게 된다.

① 담론 참여자는 논의 주제에 정통한 전문가들로만 구성해야 한다.
② 담론 참여자는 자신의 개인적 선호나 욕구를 발언해서는 안 된다.
③ 담론 참여자는 다른 사람의 주장에 이의를 제기해서는 안 된다.
④ 담론 참여자는 정당한 담론의 결과와 그 부작용까지 수용해야 한다.
⑤ 담론 참여자는 이해관계의 조정 수단으로만 담론을 활용해야 한다.

4. 갑, 을 사상가들의 입장으로 적절한 것만을 <보기>에서 있는 대로 고른 것은? [3점]

> 갑 : 원조의 목적은 고통 받는 사회를 질서 정연한 사회가 되도록 하는 데 있다. 어떤 사회가 합당하게 합리적으로 통치된다면, 자원이 부족해도 질서 정연한 사회가 될 수 있다.
> 을 : 원조는 극단적 빈곤을 방지하기 위해 이루어져야 한다. 이 경우 원조는 이익 평등 고려의 원칙에 따라 인종과 국적의 구분 없이 시행되어야 한다.

<보 기>
ㄱ. 갑 : 사회 제도 개선을 목표로 한 원조는 빈곤 해소에 도움이 될 수 있다.
ㄴ. 갑 : 원조하는 나라는 원조받는 나라의 인권 개선을 위해 강제력을 행사할 수 있다.
ㄷ. 을 : 원조 주체의 경제력에 대한 고려 없이 원조가 실행되어서는 안 된다.
ㄹ. 갑, 을 : 다른 나라에 빈곤한 사람들이 있다는 사실은 필연적으로 원조의 의무를 정당화한다.

① ㄱ, ㄴ   ② ㄱ, ㄷ   ③ ㄴ, ㄹ
④ ㄱ, ㄷ, ㄹ   ⑤ ㄴ, ㄷ, ㄹ

5. 그림은 서술형 평가 문제와 학생 답안이다. 학생 답안의 ㉠~㉤ 중 옳지 않은 것은?

> **서술형 평가**
>
> ⊙ 문제 : 예술에 대한 갑, 을 사상가들의 입장을 비교하여 서술하시오.
>
> 갑 : 아름다운 리듬과 화음은 영혼에 들어가 우아함을 심어 주고, 미추(美醜) 감각을 키워 준다. 품위 없는 리듬과 화음은 나쁜 말씨나 고약한 성질과 연결되니, 작품 속에 선(善)의 원형을 표현하지 않는 사람은 추방해야 한다.
> 을 : 미적인 것은 윤리적으로 선한 것의 상징이다. 이런 관점에서만 미적인 것은 다른 모든 사람들의 동의를 요구한다. 이때 우리의 마음은 감각적 쾌락을 넘어서 순화되고 고양된 고귀함을 느낀다.
>
> ⊙ 학생 답안
>
> 갑, 을의 예술에 대한 입장을 비교해 보면, 갑은 ㉠예술가의 창작 행위를 떠나서는 아름다움의 원형이 존재할 수 없고, ㉡예술가는 미적 가치를 통해 영혼의 조화를 추구해야 한다고 본다. 을은 ㉢예술을 통해 타인과 감정을 공유할 수 있고, ㉣예술은 도덕성 증진에 기여할 수 있다고 본다. 한편 갑, 을은 모두 ㉤예술은 미적 가치를 다루는 활동이라고 본다.

① ㉠   ② ㉡   ③ ㉢   ④ ㉣   ⑤ ㉤

6. 갑은 긍정, 을은 부정의 대답을 할 질문으로 가장 적절한 것은?

> 갑 : 유전적 결함이 있는 환자는 유전자 교정 기술의 혜택으로
> 자신과 타인의 부정적 평가에서 벗어나 잃어버린 존엄을
> 되찾을 수 있다. 이 기술의 활용은 개인의 유전자 선호에 달려
> 있다. 인류는 자신의 의도에 맞게 유전 정보를 활용하여
> 과학적 유토피아를 실현할 수 있다.
> 을 : 유전자 교정 기술은 인간성을 변화시킬 수 있어서 바람직하지
> 않다. 이 기술이 발전하면 인류는 생명체를 지적(知的)으로
> 설계할 수 있는 힘을 가질 수밖에 없다. 그러나 유전자의 좋고
> 나쁨을 인간이 판단해서는 안 된다. 왜냐하면 교정은 좋은 것이
> 있음을 전제하는데, 변화하는 환경에 유전자가 어떻게
> 적응할지 모르기 때문이다.

① 유전자 교정 기술은 인간의 정체성에 변화를 줄 수 있는가?
② 유전자 교정 기술에 의해 생명체의 능력이 강화될 수 있는가?
③ 유전자 교정 기술에서 개인의 유전자 선택을 금지해야 하는가?
④ 유전자 교정 기술을 활용하는 과정에서 윤리 문제가 생길 수 있는가?
⑤ 유전자 교정 기술에서 인간이 유전자의 가치를 판단하는 것은 정당한가?

7. 갑 사상가가 을 사상가에게 제기할 수 있는 비판으로 가장 적절한 것은? [3점]

> 갑 : '나는 무엇을 해야만 하는가?'라는 물음에 앞서 '나는 어떤
> 이야기 또는 이야기들의 부분인가?'라는 물음에 답해야
> 한다. 나의 삶의 역사는 공동체의 역사 속에 있고, 나의
> 도덕적 정체성은 공동체 구성원의 자격 속에서 발견된다.
> 을 : '나는 무엇을 해야만 하는가?'라는 물음에 대한 적절한 대답은
> 공리의 원리를 따르는 것이라고 하겠다. 이 원리는 고통과
> 쾌락의 양을 계산하여, 구성원들의 이익 총합으로서의
> 공동체 이익을 증진시키도록 행위할 것을 요구한다.

① 행위자의 품성보다 행위의 유용성이 중요함을 간과한다.
② 보편적 도덕 원리를 행위의 기준으로 삼아야 함을 간과한다.
③ 공동체가 개인의 단순한 집합체로 간주될 수 없음을 간과한다.
④ 개인이 다른 사람의 행복을 고려하여 행위해야 함을 간과한다.
⑤ 도덕 판단에서 역사적 특수성보다 행위 결과를 고려해야 함을 간과한다.

8. 다음 사상의 입장으로 적절하지 <u>않은</u> 것은?

> 부부는 백성을 낳는 시작이며 모든 행복의 근원이다. 남편은
> 바깥채에 거처하며 안채의 일을 말하지 않고, 아내는 안채에
> 거처하며 바깥채의 일을 말하지 않는다. 남편은 아내에게 정중하게
> 임하여 하늘의 건실한 도리를 실천하고, 아내는 부드러움으로
> 남편을 바로잡아 땅의 순응하는 도리를 실천한다면, 집안이
> 바르게 될 것이다. 부부가 서로 공경하여 집안이 화목하고
> 순조로워야 부모께서 편안하고 즐거우실 것이다.

① 화목한 부부 생활은 효도의 한 방법이다.
② 부부는 서로 의존하면서 보완하는 관계이다.
③ 부부는 서로의 고유한 영역을 인정하고 존중해야 한다.
④ 부부의 의의는 세대를 계승하고 행복을 추구하는 데 있다.
⑤ 부부의 관계는 옳고 그름이나 예절의 규제로부터 자유롭다.

9. 갑, 을 사상가들의 공통된 입장만을 <보기>에서 있는 대로 고른 것은? [3점]

> 갑 : 모든 사람에게는 주어진 본분이 있다. 군주는 군주의
> 본분을, 신하는 신하의 본분을, 부모는 부모의 본분을,
> 자식은 자식의 본분을 다하는 것을 정명(正名)이라 한다.
> 을 : 국가에서 통치자는 지혜를, 방위자는 용기를, 생산자는
> 절제를 발휘하여, 여러 구성원들이 조화롭게 살아가는 것을
> 정의(正義)라 한다.

> ─────< 보 기 >─────
> ㄱ. 사회적 직분에는 그것에 합당한 도덕적 덕목이 요구된다.
> ㄴ. 누구나 자신의 직업을 선택할 수 있는 자유를 가져야 한다.
> ㄷ. 각자는 역할 수행에 필요한 덕을 갖추도록 노력해야 한다.
> ㄹ. 구성원의 역할이 분담되면 자연스럽게 이상적 국가가 실현된다.

① ㄱ, ㄴ   ② ㄱ, ㄷ   ③ ㄴ, ㄹ
④ ㄱ, ㄷ, ㄹ   ⑤ ㄴ, ㄷ, ㄹ

10. (가)의 갑, 을 사상가들의 입장을 (나) 그림으로 탐구하고자 할 때, A~C에 들어갈 적절한 질문만을 <보기>에서 고른 것은? [3점]

(가)	갑 : 소유 권리의 정당성은 취득과 이전, 교정의 과정에 의해 결정되며, 개인의 소유 권리가 정당하다면 그 사회의 분배도 정의롭다. 그런데 공리주의는 분배 결과에만 관심을 두어 소유 권리의 역사성을 간과한다. 을 : 사회 기본 구조는 정의 원칙들의 순서에 따라 평등한 자유에 위배되지 않게 부의 불평등을 배정해야 한다. 그런데 공리주의를 사회 기본 구조의 최우선 원칙으로 삼으면 후속하는 다른 기준들은 불필요하게 된다.
(나)	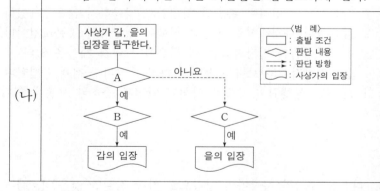

> ─────< 보 기 >─────
> ㄱ. A : 자신의 노동이 투입되지 않은 결과물에 대해서도 소유할
> 권리가 허용될 수 있는가?
> ㄴ. B : 분배받는 사람의 도덕적 공과(功過)를 기준으로 삼는
> 분배는 정의의 원리에 위배되는가?
> ㄷ. C : 공리의 원리는 구성원 일부에게만 이익이 되는 불평등을
> 정당화시킬 위험이 있는가?
> ㄹ. C : 정의로운 사회 실현을 위해 최소 수혜자의 이익 극대화는
> 조건 없이 보장되어야 하는가?

① ㄱ, ㄴ   ② ㄱ, ㄷ   ③ ㄴ, ㄷ   ④ ㄴ, ㄹ   ⑤ ㄷ, ㄹ

11. 다음을 주장한 사상가의 입장만을 <보기>에서 고른 것은? [3점]

> ○ 우리는 원하는 것보다 원하지 않는 것을 더 잘 안다. 우리가 실제로 무엇을 보호해야 하는가를 알아내기 위해서 새로운 윤리학은 희망보다는 두려움을 논의 대상으로 삼아야 한다.
> ○ 행해야 할 것과 관련된 책임 개념에 따르면, 현재의 행위로 인해 발생할 사태에 대해 책임져야 한다. 사태의 의존자인 미래 세대는 명령자가 되고, 권력자인 현세대는 의무자가 된다.

―――<보 기>―――
ㄱ. 선의 탐구에서 악의 인식보다 선의 인식이 더 효과적이다.
ㄴ. '할 수 있다'는 능력에 근거해서 '해야 한다'는 책임이 발생한다.
ㄷ. 인간의 힘이 자연으로 확장될수록 자연 파괴의 가능성도 높아진다.
ㄹ. 현세대와 미래 세대는 삶의 지속을 위해 상호 간에 의무를 가진다.

① ㄱ, ㄴ ② ㄱ, ㄷ ③ ㄴ, ㄷ ④ ㄴ, ㄹ ⑤ ㄷ, ㄹ

12. 갑, 을 사상가들의 입장으로 적절하지 <u>않은</u> 것은? [3점]

> 갑 : 특정한 법에 불복종하기 전에 효용성을 따져 보아야 한다. 불복종이 목표 달성에 실패하여 다른 수단으로 성공할 가능성을 감소시킬 위험도 고려해야 한다.
> 을 : 특정한 법이 다수의 정의관을 현저하게 위반하면 이에 대한 불복종은 정당화된다. 정의관의 기본 원칙을 오래도록 의도적으로 위반하는 법은 굴종이나 반항을 초래한다.

① 갑 : 시민 불복종은 성패에 따르는 비용과 편익을 고려해야 한다.
② 갑 : 시민 불복종이 정당하더라도 법에 대한 복종심을 감소시킬 수 있다.
③ 을 : 시민 불복종은 정의감에 의해 상당히 규제되는 사회에서만 성립한다.
④ 을 : 다수가 믿는 종교적 가르침은 시민 불복종을 정당화하는 근거이다.
⑤ 갑, 을 : 시민 불복종은 위법 행위이지만 사회 정의를 추구한다.

13. 다음 토론의 핵심 쟁점으로 가장 적절한 것은?

> 갑 : 북한 주민은 통일 한국에서 함께 살아갈 동포입니다. 이념을 떠나 고통 받는 사람을 돕는 것은 윤리적 의무입니다. 따라서 인도적 차원에서 조건 없는 대북 지원이 필요합니다.
> 을 : 고통 받는 이들을 돕는 것은 마땅한 의무이지만, 북한 사회의 특성상 대북 지원이 북한 주민들의 혜택으로 돌아가는지 확인할 방법이 없습니다.
> 갑 : 북한 사회의 투명성이 낮아 그러한 의심이 들 수 있습니다. 그러나 대북 지원은 남북 교류 증진에 마중물 역할을 할 수 있으며, 궁극적으로 북한 사회의 개방을 촉진할 수 있습니다.
> 을 : 물론 대북 지원은 남북 교류 활성화에 도움이 될 수 있습니다. 그러나 지원 물품이 군사 용도로 쓰일 수 있으므로 북한 사회의 개방이 선행된 이후에 행해져야 합니다.

① 북한 사회는 투명성이 낮은가?
② 고통 받는 북한 주민을 도와야 하는가?
③ 북한 사회의 개방이 이루어져야 하는가?
④ 대북 지원은 조건부로 행해져야 하는가?
⑤ 대북 지원은 남북 교류를 촉진시킬 수 있는가?

14. (가), (나)의 입장으로 적절한 것만을 <보기>에서 고른 것은? [3점]

> (가) 인간의 본성은 이기적이므로 국가도 이기적일 수밖에 없다. 국제 관계는 만인에 대한 만인의 투쟁 상태와 유사하다. 그러므로 권력의 극대화를 추구하는 과정에서 국제 분쟁이 발생한다.
> (나) 인간이 이성적으로 행동하듯 국가도 이성적으로 행동하는 경향이 있으므로 국가 간 상호 협력이 가능하다. 하지만 상대방에 대한 무지나 오해, 동맹이나 비밀 외교 등으로 인해 국제 분쟁이 발생한다.

―――<보 기>―――
ㄱ. (가) : 국제 관계에서 평화를 유지하기 위한 정책은 없다.
ㄴ. (가) : 국제 관계에서 국가의 권력을 견제할 수 있는 것은 다른 국가의 권력이다.
ㄷ. (나) : 국제 정치의 불완전한 제도는 전쟁의 원인이 될 수 있다.
ㄹ. (가), (나) : 국제 분쟁은 각국의 도덕성 증진으로 해결해야 한다.

① ㄱ, ㄴ ② ㄱ, ㄷ ③ ㄴ, ㄷ ④ ㄴ, ㄹ ⑤ ㄷ, ㄹ

15. (가)의 갑, 을, 병 사상가들의 입장을 (나) 그림으로 표현할 때, A~D에 해당하는 적절한 진술만을 <보기>에서 있는 대로 고른 것은?

> (가)
> 갑 : 쾌고를 느낄 수 있는 능력은 어떤 존재가 이익 관심을 갖기 위한 필요충분조건이다. 만약 한 존재가 쾌고를 겪을 수 없다면, 고려해야 할 것은 아무것도 없다.
> 을 : 자연의 아름다움을 무자비하게 파괴하려는 성향은 인간 자신에 대한 의무를 거스른다. 왜냐하면 그것은 도덕성에 기여하는 감정을 약화시키기 때문이다.
> 병 : 개인은 상호 의존적인 대지 공동체의 구성원이다. 개인의 본능은 공동체 내에서 경쟁할 것을 촉구하지만 그의 윤리는 협동도 하라고 촉구한다.

(나)
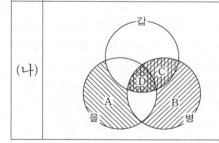

〈범 례〉
A : 을만의 입장
B : 병만의 입장
C : 갑과 병만의 공통 입장
D : 갑, 을, 병의 공통 입장

―――<보 기>―――
ㄱ. A : 공리의 원리는 동물을 도덕적으로 고려해야 할 근거가 아니다.
ㄴ. B : 인간에 대해서뿐만 아니라 자연과 관련해서도 인간의 의무가 발생한다.
ㄷ. C : 직접적인 도덕적 의무의 대상은 인간에만 한정되지 않는다.
ㄹ. D : 도덕적 지위를 지닌 존재의 범위를 모든 생명체로 설정하는 것은 부적절하다.

① ㄱ, ㄴ   ② ㄱ, ㄷ   ③ ㄷ, ㄹ
④ ㄱ, ㄴ, ㄹ   ⑤ ㄴ, ㄷ, ㄹ

16. (가)~(다) 사상의 입장으로 옳지 <u>않은</u> 것은? [3점]

> (가) 아침에 도(道)를 깨달으면 저녁에 죽어도 좋다. 뜻있는 선비는 살아남고자 하여 인(仁)을 해치는 일이 없다.
> (나) 진인(眞人)은 삶을 기뻐하지도 않고, 죽음을 싫어하지도 않는다. 착한 일을 행하여 명성을 가까이하지도 말고, 악한 짓을 행하여 형벌을 가까이하지도 말아야 한다.
> (다) 전생(前生)에 뿌려진 씨앗은 이번 생에 받는 것이고, 다음 생에 거둘 열매는 이번 생에 행하는 바로 그것이다.

① (가) : 죽음은 슬픈 일이지만 의로운 일을 위해 목숨을 버릴 수 있다.
② (나) : 인의(仁義)를 위해 목숨을 바치는 것은 어리석은 일이다.
③ (다) : 연기의 법칙을 깨달으면 윤회의 고통에서 벗어날 수 있다.
④ (가), (나) : 태어남과 죽음은 본래 자연스러운 과정일 뿐이다.
⑤ (나), (다) : 남을 도우며 선하게 살아야 내세의 행복을 기약할 수 있다.

17. 그림의 강연자가 긍정의 대답을 할 질문으로 가장 적절한 것은?

> 타인의 존경을 얻고 유지하기 위해서는 부나 권력을 획득하는 것만으로는 충분하지 않습니다. 부나 권력은 타인에게 증거로 드러나는 한에서만 존경이 부여되기 때문입니다. 극빈층을 포함한 사회의 어떤 계층도 관례적인 과시 소비를 하지 않는 경우는 없습니다. 자기 보존 본능을 제외하고는 경쟁적인 비교 성향이 가장 강력하고 지속적인 경제적 동기입니다. 그래서 겉으로 있어 보이는 체하려고 허세가 다하는 마지막 순간까지 비참할 정도의 옹색과 불편조차도 참아낼 것입니다.

① 과시 소비로부터 자유로운 사회 계층이 존재하는가?
② 타인과의 비교 성향이 인간의 허영심을 제한하는가?
③ 자본을 축적하는 것만으로도 타인의 존경을 얻을 수 있는가?
④ 과시 소비는 자신의 지위를 드러내기 위한 방편으로 행해지는가?
⑤ 경쟁적인 비교 성향은 자기 보존 본능보다 강력한 경제적 동기인가?

18. (가)의 입장에 비해 (나)의 입장이 갖는 상대적 특징을 그림의 ㉠~㉤ 중에서 고른 것은?

> (가) 국가는 이주민이 자신의 문화를 포기하고 새로운 사회의 지배적 가치관과 문화에 동화될 수 있도록 하는 정책을 시행해야 한다. 그렇게 한다면 주류 문화를 중심으로 문화 정체성이 형성되고, 이주민은 주류 문화의 일원으로 거듭날 수 있다.
> (나) 국가는 이주민의 문화를 평등하게 인정하고 각기 다른 문화가 조화를 이룰 수 있도록 하는 정책을 시행해야 한다. 그렇게 한다면 다양한 문화의 고유성이 유지되면서 이주민의 사회 통합이 이루어질 수 있다.

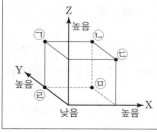

- X: 이주민 문화의 정체성 보존을 강조하는 정도
- Y: 문화 간 대등한 방식의 공존을 강조하는 정도
- Z: 단일한 문화 중심의 사회 통합을 강조하는 정도

① ㉠ ② ㉡ ③ ㉢ ④ ㉣ ⑤ ㉤

19. (가)의 갑, 을, 병 사상가들의 입장에서 서로에게 제기할 수 있는 비판을 (나) 그림으로 표현할 때, A~F에 해당하는 내용으로 적절하지 <u>않은</u> 것은? [3점]

<table>
<tr><td rowspan="3">(가)</td><td>갑 : 형벌은 범죄자가 처벌받을 행위를 의욕했기 때문에 가해져야 하며, 결코 어떤 다른 선을 촉진하기 위한 수단으로서 가해질 수 없다.</td></tr>
<tr><td>을 : 형벌은 범죄를 억제하기에 충분한 정도의 강도만을 지녀야 한다. 따라서 사형보다 고통이 길게 유지되어 오랫동안 본보기로 기능하는 형벌이 필요하다.</td></tr>
<tr><td>병 : 사형은 죄인을 시민이 아닌 적으로서 처벌하는 것이다. 그 판결은 그가 사회 계약을 파기하여 이미 국가의 구성원이 아니라는 증명이자 선언이다.</td></tr>
<tr><td>(나)</td><td>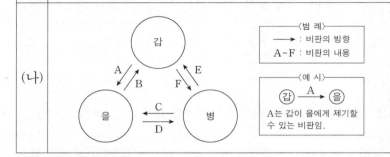</td></tr>
</table>

① A : 형벌의 질과 양은 동해(同害) 보복법에 의해서 결정되어야 함을 간과한다.
② B, D : 형벌은 국가 존립을 위한 수단으로 집행될 수 있음을 간과한다.
③ C : 사회 계약은 살인범을 사형에 처할 수 있는 근거가 됨을 간과한다.
④ E : 사형은 일반 시민들의 안전을 지키기 위해 실행되어야 함을 간과한다.
⑤ F : 사형 선고를 받은 사람도 목적적 존재로 대우받아야 함을 간과한다.

20. 다음을 주장한 사상가의 입장에서 <사례> 속 A에게 제시할 충고로 가장 적절한 것은?

> 재물이나 명성과 명예는 최대한 많아지도록 마음을 쓰면서도 지혜와 진리, 자신의 영혼이 최대한 훌륭해지도록 하는 일에 대해서는 마음을 쓰지 않는 것을 부끄러워해야 한다. 숙고하지 않는 삶은 살 가치가 없다.

> ───── <사 례> ─────
> 제2차 세계 대전 당시 유대인 학살의 실무 책임자였던 피고 A는 재판 과정에서 자신이 명령받은 일을 하지 않았다면 양심의 가책을 받았을 것이라고 말했다. 이에 많은 사람들은 그를 악마 같다고 비난했으나, 그는 맡은 일을 성실히 수행했을 뿐인데 자신이 비난받는 이유를 모르겠다고 항변했다.

① 영혼의 훌륭함보다는 명성과 명예를 추구해야 한다.
② 자신의 행동에서 지혜롭지 못한 것은 없는지 성찰해야 한다.
③ 옳음보다는 유용성을 기준으로 자신의 삶의 목적을 정해야 한다.
④ 직위와 결부된 책임을 충실히 이행하기 위해 노력해야 한다.
⑤ 자신이 속한 국가가 정한 규범을 의심 없이 받아들여야 한다.

---

* 확인 사항

○ 답안지의 해당란에 필요한 내용을 정확히 기입(표기)했는지 확인하시오.

1. 갑, 을의 입장으로 가장 적절한 것은?

> 갑 : 윤리학은 윤리 이론의 탐구보다는 실제 삶에서 만나는 도덕
> 　　문제의 해결을 목표로 삼아야 한다. 이를 위해 도덕 이론의
> 　　도움을 받을 뿐 아니라 생명공학, 법학 등의 자연과학 및
> 　　사회과학 지식을 적극 활용해야 한다.
> 을 : 윤리학은 개인의 생활 그리고 사회의 구조와 기능 속에
> 　　존재하는 도덕 현상을 과학적으로 탐구하는 것을 목표로
> 　　삼아야 한다. 즉 사람들이 따랐거나 따르고 있는 윤리가
> 　　무엇인지 기술하고 설명해야 한다.

① 갑 : 윤리학은 도덕 관행의 발생 과정을 인과적으로 서술해야 한다.
② 갑 : 윤리학은 구체적 삶의 도덕적 딜레마 해결을 중시해야 한다.
③ 을 : 윤리학은 당위의 관점에서 이상적 덕이 무엇인지 모색해야 한다.
④ 을 : 윤리학은 도덕 문제에 응용되는 보편적 도덕 원리를 정립해야 한다.
⑤ 갑, 을 : 윤리학은 도덕 언어의 의미 분석을 탐구 목적으로 삼아야 한다.

2. 다음 사상가의 입장으로 가장 적절한 것은? [3점]

> 우리가 관심을 가지는 것은 거룩한 것의 총체이다. 종교의
> 역사는 성현(聖顯)으로 구성되어 있다. 종교적 인간은 우리의
> 세상에 속하지 않은 어떤 실재가 자연의 대상 속에서 현현(顯現)되는
> 사건에 마주칠 때, 예컨대 한 그루 나무를 우주적 생명의 이미지
> 로서 접할 때 최고의 정신성에 도달하게 된다. 이와 달리 비종교적
> 인간은 초월을 거부하는 인간 실존의 탈신성화 과정의 결과이다.

① 비종교적 인간도 세계를 성(聖)의 드러남으로 인정한다.
② 성(聖)이 현현되는 이 세계는 초월적 존재 그 자체이다.
③ 인간은 체험이 아니라 상상을 통해서 성(聖)을 만나게 된다.
④ 어떤 인간도 현실의 삶 속에서 최고의 정신성에 도달할 수 없다.
⑤ 인간이 성(聖)을 알 수 있는 것은 자연물에 성이 드러나기 때문이다.

● 2015학년도 11월(고2)

3. 다음 사상가의 죽음에 대한 견해로 가장 적절한 것은?

> 기(氣)가 모이면 삶이요, 흩어지면 죽음입니다. 태어나기
> 이전에 인간은 흐릿하고 어두운 속에 섞여 있었으나 그것이
> 변화하여 기운이 있게 되었고, 기운이 변화하여 형체가 있게
> 되었고, 형체가 변화하여 삶이 있었던 것입니다. 이제 다시 변
> 화하여 죽어간 것입니다. 본래 삶과 죽음은 봄, 여름, 가을, 겨
> 울 사계절의 운행과 같습니다.

① 쾌락에서 벗어나 불안과 공포의 지배를 받는 것이다.
② 현실의 부와 명예를 잃게 되므로 피해야 하는 것이다.
③ 자연스러운 과정이므로 두려워할 필요가 없는 것이다.
④ 유일신을 통해 초월적이고 영원한 세계에 이르는 것이다.
⑤ 하늘이 부여한 선한 본성을 확충할 기회가 박탈되는 것이다.

4. (가), (나) 사상의 입장으로 적절한 것만을 <보기>에서 있는 대로 고른 것은? [3점]

> (가) 악(樂)은 '같음'을, 예(禮)는 '다름'을 위한 것이다. 같으면
> 　　서로 친하게 되고, 다르면 서로 공경하게 된다. 악이 화합을
> 　　극진하게 하고 예가 순서를 극진하게 하여, 안으로 화합
> 　　하고 밖으로 질서를 이룬다면, 백성은 그 안색을 보고 서로
> 　　다투지 않게 되며, 그 용모를 보고 업신여기지 않게 된다.
> (나) 악(樂)은 비록 눈으로 보기에 아름답고 귀로 듣기에 즐거
> 　　우나, 백성의 이익에는 부합하지 않는다. 악기를 연주하며
> 　　춤추는 것을 일삼는다면, 백성이 입고 먹을 재물은 어찌
> 　　얻을 수 있겠는가? 일찍이 여러 악기를 만들고 연주했어도
> 　　천하의 이익을 증진하는 데 도움이 되지 않았다.

> ─── <보 기> ───
> ㄱ. (가) : 예와 악은 서로 보완적인 역할을 한다.
> ㄴ. (가) : 예악은 정서의 순화와 언행의 교화 모두에 기여한다.
> ㄷ. (나) : 음악은 실용적 관점보다 심미적 관점에서 평가해야 한다.
> ㄹ. (가), (나) : 음악의 가치는 사회적 효과를 고려하여 판단해야 한다.

① ㄱ, ㄴ　　　② ㄴ, ㄷ　　　③ ㄷ, ㄹ
④ ㄱ, ㄴ, ㄹ　　⑤ ㄱ, ㄷ, ㄹ

5. 다음 사상가의 관점에서 <사례> 속 A에게 제시할 조언으로 가장 적절한 것은?

> 공동체의 행복은 공동체 구성원들의 행복의 총합이다. 어떤
> 행동이 공동체의 행복을 증가시키는 경향이 감소시키는 경향
> 보다 더 클 경우, 그 행동은 공리의 원리에 일치한다고 말할 수
> 있다. 우리는 마땅히 이 원리에 일치하는 행동을 해야 한다.

> ─── <사례> ───
> 고등학생 A는 자전거를 사기 위해 용돈을 모으고 있다.
> 그러다가 TV에서 '난민 돕기 운동' 광고를 보고 모은 용돈을
> 기부해야 할지 고민하고 있다.

① 정언명령에 따라 어려운 처지의 사람을 도우세요.
② 이해 당사자들의 쾌락을 최대화하도록 행동하세요.
③ 실천적 지혜를 발휘해 유덕한 사람이 되도록 행동하세요.
④ 기부의 결과를 따지기보다 배려심을 발휘하여 행동하세요.
⑤ 공익은 사익의 총합보다 크다는 것을 고려하여 선택하세요.

47회

6. 다음 토론의 핵심 쟁점으로 가장 적절한 것은? [3점]

> 갑 : 몸의 소유권은 자신에게 있고 장기 이식이 생명을 살릴 수 있지만, 장기 기증의 권리는 허용될 수 없습니다. 장기는 몸의 부분이고 몸은 인간 존엄성의 토대이기 때문입니다.
>
> 을 : 몸은 인간 존엄성에 있어서 중요합니다. 그러나 몸 자체와 몸의 부분은 구분돼야 합니다. 몸 자체와 달리 몸의 부분은 자발적으로 기증하면 존엄성에 아무 지장이 없습니다.
>
> 갑 : 전체도 부분으로 이루어지므로 몸 자체와 몸의 부분은 구분될 수 없습니다. 따라서 장기의 이식은 존엄성에 영향을 줍니다. 또한 기증의 허용은 존엄성을 훼손하는 장기 매매의 위험을 초래합니다.
>
> 을 : 물론 존엄성을 훼손하는 장기 매매는 허용될 수 없습니다. 하지만 우리가 가진 몸의 소유권은 장기를 기증할 자기 결정권을 당연히 함의합니다. 이러한 자기 결정권은 생명을 살릴 수 있으며, 존엄성을 훼손하지 않습니다.

① 장기 이식이 생명을 살릴 수 있는가?
② 장기 매매는 윤리적으로 허용 가능한가?
③ 개인은 자기 몸에 대한 소유권을 갖는가?
④ 몸 자체는 인간 존엄성의 중요한 토대인가?
⑤ 개인은 자신의 장기를 기증할 자유를 지니는가?

7. 다음 신문 칼럼이 강조하는 내용으로 가장 적절한 것은?

> ○○신문   ○○○○년 ○○월 ○○일
>
> **칼 럼**
>
> 기업은 고용인(雇傭人)*과 고용주의 이윤 추구를 위한 계약 관계로 유지된다. 기업의 결속력도 서로의 이윤 창출을 위한 행위에 의해 생길 뿐이다. 고용주는 고용인의 충성까지 구매할 수는 없다. 따라서 사회 정의를 해치는 기업의 행위를 알게 된 고용인이 이를 사회에 알리는 것은 정당하다. 또한 사회는 고용인에게 기업의 불법 행위나 부도덕한 행위를 외부에 적극 알려야 할 의무를 요구할 수 있다. 고용인은 특정 조직에 속한 개인인 동시에 정의롭고 행복하게 유지되어야 할 사회 공동체의 구성원이기 때문이다.
>
> *고용인(雇傭人): 고용되어 일하는 사람

① 고용주는 기업을 사익 추구의 수단으로 간주해서는 안 된다.
② 고용인과 고용주는 상호 협력과 결속 관계를 형성할 수 없다.
③ 고용인은 고용주에 대한 신의를 어떠한 경우에도 지켜야 한다.
④ 조직에 충성하기를 포기한 고용인은 그 조직에서 떠나야 한다.
⑤ 고용인은 조직에 대한 책무와 함께 시민의 의무를 다해야 한다.

8. 다음 대화에서 갑, 을의 입장으로 가장 적절한 것은? [3점]

> 국가는 사회적 갈등을 줄이고 공동체의 결속력을 강화하기 위해 이민자가 출신국의 언어, 문화, 사회적 특성을 포기하고 주류 사회의 일원이 될 수 있는 정책을 추진해야 합니다.

> 국가는 사회 구성원 간의 조화를 이루기 위해 이민자의 문화적 고유성을 인정하고 기존 사회와 대등하게 공존할 수 있는 법과 제도를 적극적으로 마련해야 합니다.

갑

을

① 갑 : 주류 문화 우위를 전제로 이민자 문화의 특수성을 보장해야 한다.
② 갑 : 주류 문화를 수용하는 이민자의 문화적 정체성을 보장해야 한다.
③ 을 : 사회 조화를 위해 주류와 비주류 간 문화 위계를 인정해야 한다.
④ 을 : 이민자의 문화적 다양성을 인정하면서 사회 통합을 모색해야 한다.
⑤ 갑, 을 : 사회적 연대를 위해 주류와 비주류 문화 간 공존과 결속을 강화해야 한다.

9. 다음 글의 입장으로 적절하지 <u>않은</u> 것은? [3점]

> 옛 성인(聖人)이 세금 제도를 만든 것은 백성으로부터 거두어 자기를 봉양하자는 것이 아니었다. 백성들이 모여 살면서 갈등과 투쟁이 생겨 서로 죽이기까지 하거니와, 통치자가 법으로 다스려 평화롭게 해 주어야만 민생이 편안해진다. 그러나 이 일은 농사를 지으면서 함께할 수 없으므로, 백성은 수확의 10분의 1을 세(稅)로 바쳐 통치자를 공양(供養)하는 것이다. 통치자가 백성으로부터 거두어들인 것이 큰 만큼, 백성에 대한 보답도 무거운 것이다. 후세의 통치자는 세금 제도를 만든 의의를 모르고 '백성이 나를 공양하는 것은 당연한 것'이라고 말하면서 가혹하게 수취하니, 백성들도 그 영향을 받아 서로 싸워 국가가 혼란해진다.

① 공직자는 별도의 생업에 종사하며 나랏일에 충실해야 한다.
② 공직자는 자신의 본분에 충실하여 민생을 안정시켜야 한다.
③ 공직의 설치는 필수적인 것으로 사회적 역할 분담의 일환이다.
④ 공직자는 세금을 납부한 국민들에게 봉사로써 보답해야 한다.
⑤ 공직자의 탐욕과 수탈은 국민의 반목과 국가의 분란을 야기한다.

10. 갑, 을 사상가들의 입장으로 가장 적절한 것은?

> 갑 : 천부적 재능의 분포를 공동의 자산으로 생각하여, 사람들은 공동의 이익을 가져오는 경우에만 자연적·사회적 우연성을 이용하기로 약속한다. 이러한 차등 원칙은 운명의 우연성을 공정하게 다루는 정의로운 방식이다.
>
> 을 : 분배가 정의로운가는 그 분배가 어떻게 이루어졌는가에 달려 있다. 이러한 역사적 원리에 따르면, 사람들의 과거 행위나 상황은 사물에 대한 차별적인 소유 권리나 응분의 자격을 만들어 낸다.

① 갑 : 정의로운 사회에서 우연성으로 취한 이득은 정당화될 수 없다.
② 갑 : 사유 재산권은 정의 원칙에 따라 평등하게 분배되어야 한다.
③ 을 : 자연물에 대한 최초 취득의 자유는 제한되어서는 안 된다.
④ 을 : 분배 결과에 초점을 둔 정의론은 소유권을 침해하지 않는다.
⑤ 갑, 을 : 천부적 운과 달리 사회적 운은 도덕적 관점에서 임의적이지 않다.

11. ㉠에 들어갈 내용으로 적절한 것만을 <보기>에서 고른 것은?

> 이제까지 우리는 자기 욕구를 정확하게 파악하고 상품 정보를 충분히 알아본 뒤, 소득 범위 내에서 가장 적은 비용으로 만족도가 높은 제품을 구매하는 것이 바람직한 소비라고 생각했다. 그러나 오늘날 더 절실히 요구되는 소비는 생산, 유통, 구매 그리고 사용 이후의 처리와 재생에 이르기까지 사회, 환경, 미래 세대 등을 배려하는 데서부터 시작한다. 이를 위해 소비할 때 우리는 ┌─── ㉠ ───┐

> ──<보 기>──
> ㄱ. 생산 노동자의 권리가 보장되는지 고려해야 한다.
> ㄴ. 공동선을 추구하는 기업의 제품을 선택해야 한다.
> ㄷ. 지속 가능한 소비보다는 현세대의 이익을 추구해야 한다.
> ㄹ. 비용 대비 편익의 극대화를 최우선적 기준으로 삼아야 한다.

① ㄱ, ㄴ　② ㄱ, ㄷ　③ ㄴ, ㄷ　④ ㄴ, ㄹ　⑤ ㄷ, ㄹ

12. 다음 사상가의 입장으로 옳지 않은 것은? [3점]

> 인간은 본성상 이기적 충동과 이타적 충동을 함께 갖고 태어난다. 그런데 도덕의 문제가 개인 차원에서 집단 간의 관계로 옮겨 갈수록 이기적 충동이 득세하게 된다. 사회의 집단 이기심은 불가피하며 이런 이기심이 비정상적으로 확장될 경우, 이에 맞서는 다른 집단들의 이기심에 의해서만 견제될 수 있다. 게다가 도덕적이거나 합리적인 설득 외에 강제력도 병행되어야 견제가 실효성을 지닐 수 있다.

① 사회 갈등을 해소하는 민주적 과정에는 강제력이 불필요하다.
② 인간의 자기 보존의 욕구는 세력 강화의 욕구로 쉽게 전환된다.
③ 도덕적 계몽으로 사회에서 집단 갈등 자체를 소멸시킬 수 없다.
④ 집단 간 정의 실현에 집단 이기심의 상호 투쟁이 개입될 수 있다.
⑤ 강제력만으로 국가를 보존하고 통합을 유지하는 것은 불가능하다.

13. 갑, 을의 입장으로 적절한 것만을 <보기>에서 고른 것은?

> 갑: 빅 브라더(Big Brother)는 소설 속 존재로, 사회를 철저히 장악한다. 정보 통신 기술의 발달로 인해 개인은 사이버 공간에서 '빅 브라더'의 감시를 벗어나지 못해, 실질적인 정치 참여 기회가 줄어들 위험성이 커지고 있다.
> 을: 아고라(agora)는 고대 아테네의 광장으로, 자유민들은 이곳에서 민회에 참여했다. 정보 통신 기술의 발달로 사이버 공간이 아고라와 같은 기능을 하면서 현실의 정책 결정에 대해서도 시민의 정치 참여를 높이고 있다.

> ──<보 기>──
> ㄱ. 갑: 사이버 공간에서는 사생활권과 익명성이 보장된다.
> ㄴ. 갑: 정보 통신 기술은 보이지 않는 방식으로 개인을 통제한다.
> ㄷ. 을: 사이버 공간은 직접 민주주의의 가능성을 높이고 있다.
> ㄹ. 갑, 을: 정보화가 진전됨에 따라 표현의 자유도 증진된다.

① ㄱ, ㄴ　② ㄱ, ㄷ　③ ㄴ, ㄷ　④ ㄴ, ㄹ　⑤ ㄷ, ㄹ

14. (가)의 사상가 갑, 을의 입장을 (나) 그림으로 탐구하고자 할 때, A~C에 들어갈 옳은 질문만을 <보기>에서 있는 대로 고른 것은?

> (가)
> 갑: 인간 행동을 규제하는 것은 그가 알고 있는 고통의 반복적 인상에서 비롯된다. 시민들에게 범죄자가 노역하는 고통스러운 모습을 지속적으로 보여 주는 것이 사형보다 더 효과적인 형벌이다.
> 을: 인간은 내적 자유를 가진 존재이며 자신의 인간성을 훼손하지 말아야 할 의무가 있다. 네가 타인에게 해악을 끼치는 것은 그것이 무엇이든 그것을 네 자신에게 가하는 것과 같다. 이것이 형벌에서의 정언명령이다.

> (나)
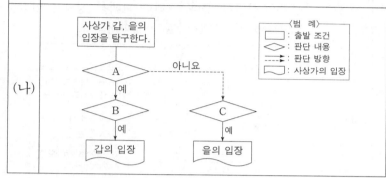

> ──<보 기>──
> ㄱ. A: 형벌에는 시민에게 공포감을 주려는 의도가 포함되어 있는가?
> ㄴ. B: 범죄 의도의 반사회성이 범죄의 경중을 판단하는 척도인가?
> ㄷ. B: 과도한 형벌은 효용 원리와 사회 계약 모두에 위배되는가?
> ㄹ. C: 인도적 동정심에서 사형의 부당성을 주장하는 것은 그른가?

① ㄱ, ㄴ　　② ㄴ, ㄷ　　③ ㄷ, ㄹ
④ ㄱ, ㄴ, ㄹ　　⑤ ㄱ, ㄷ, ㄹ

15. 갑, 을 사상가들의 입장으로 적절한 것만을 <보기>에서 있는 대로 고른 것은? [3점]

> 갑: 우리는 이익 평등 고려의 원칙에 따라 절대 빈곤에 처한 사람들을 도와야 한다. 사치품을 구입할 여유가 있는 사람들이 기부하지 않는 것은 막을 수 있는 죽음이 무한정 지속되는 현실에 무관심함을 드러내는 것일 뿐이다.
> 을: 질서 정연한 사회들의 장기 목표는 고통받는 사회들을 질서 정연한 만민 사회로 가입시키는 것이다. 이는 고통받는 사회가 자신의 문제를 합당하게 관리할 수 있게 도와 만민 사회의 구성원이 되도록 하려는 것이다.

> ──<보 기>──
> ㄱ. 갑: 자국민에 대한 우선적 원조가 도덕적으로 정당한 경우도 있다.
> ㄴ. 갑: 모든 사람은 빈곤 해소를 위한 원조에 동등한 부담을 져야 한다.
> ㄷ. 을: 적정 수준의 제도 확립에 막대한 부가 꼭 필요한 것은 아니다.
> ㄹ. 갑, 을: 인권이 보장된 민주주의 국가도 원조 대상에 포함된다.

① ㄱ, ㄷ　　② ㄱ, ㄹ　　③ ㄴ, ㄹ
④ ㄱ, ㄴ, ㄷ　　⑤ ㄴ, ㄷ, ㄹ

16. (가)의 갑, 을, 병 사상가들의 입장에서 서로에게 제기할 수 있는 비판을 (나) 그림으로 표현할 때, A~F에 해당하는 내용으로 가장 적절한 것은? [3점]

(가)	갑 : 도덕적 행위 능력과 무관하게 인간과 일부 동물은 도덕적 권리를 갖는다. 그들 각자는 고유한 삶을 살아가는 삶의 주체이다. 을 : 도덕적 행위 능력이 없어도 생명체라면 존중해야 한다. 모든 생명체는 목적론적 삶의 중심이며 내재적 가치를 지닌다. 병 : 도덕적 행위 능력이 있는 인간은 자연을 파괴하는 행위를 삼가야 한다. 그러한 파괴적 성향은 인간의 도덕성에 기여하는 감정을 약화시킨다.

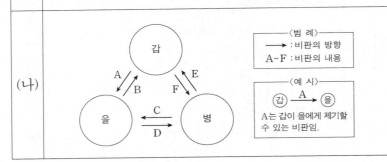

(나)

〈범 례〉
→ : 비판의 방향
A~F : 비판의 내용

〈예 시〉
갑 —A→ 을
A는 갑이 을에게 제기할 수 있는 비판임.

① A : 개체 각각이 지닌 고유한 선은 보호되고 증진되어야 함을 간과한다.
② B : 개체에 대한 도덕적 존중은 내재적 가치에 근거함을 간과한다.
③ D : 도덕적 행위 능력이 없는 존재도 모두 내재적 가치를 지님을 간과한다.
④ F : 어떤 존재를 목적 그 자체로 보는 근거가 이성이 아님을 간과한다.
⑤ C, E : 도덕적 행위 주체들의 도덕적 지위가 서로 평등함을 간과한다.

17. 다음 강연자의 입장으로 가장 적절한 것은? [3점]

통일은 분단되기 이전으로 돌아가는 것이 아니라 미래를 향한 새 역사의 창조 작업입니다. 통일은 평화와 민족의 공동 번영, 이산가족의 고통 해소, 그리고 자유와 평등 신장 등에 기여할 것입니다. 그러므로 통일은 성취해야 하지만, 어떤 형태로든 통일이 되기만 하면 된다는 통일 지상주의를 추구해서는 안 됩니다. 또한 급진적 방식의 통일은 사회적 갈등과 많은 비용을 초래할 것입니다. 따라서 통일은 국민적 합의에 기초하여 평화적 방식에 따라 단계적으로 추진되어야 합니다. 이런 방식은 급진적 방식의 통일보다 통일 비용을 줄이고 더 많은 통일 편익을 가져올 것입니다. 이러한 점에서 문화, 예술 등 비교적 합의하기 쉬운 분야로부터 교류 협력을 시작하여 궁극적으로는 체제 통합으로 나아가야 합니다.

① 점진적 평화 통일이 급진적 통일보다 더 많은 비용을 초래한다.
② 통일을 위해 비정치적 협력보다 정치적 통합을 우선해야 한다.
③ 인도적 측면이 아니라 경제적 관점에서 통일을 성취해야 한다.
④ 통일은 이유와 방식을 불문하고 성취해야 할 민족적 과업이다.
⑤ 통일은 민족의 번영과 인류의 보편적 가치 구현에 기여해야 한다.

18. 다음 사상가의 입장으로 가장 적절한 것은?

거의 정의로운 사회에서 구성원에게 요구되는 가장 중대한 자연적 의무는 체제의 안정에 기여하는 것이다. 이를 위해 구성원들은 체제의 불가피한 결함을 똑같이 분담해야 한다. 물론 사회의 부정의가 구성원에게 주는 부담이 과도해서는 안 된다.

① 공유된 정의감에 호소하는 시민 불복종이 공공적일 필요는 없다.
② 법이 부정의한 정도에 따라 시민 불복종의 정당화 여부가 달라진다.
③ 민주적 권위에 맞서는 모든 위법 행위는 체제의 안정을 해친다.
④ 정의 원칙에 기초한 헌법하에서는 부정의한 법이 제정되지 않는다.
⑤ 부정의한 법을 준수할 의무는 거의 정의로운 사회에서 존재할 수 없다.

19. 갑, 을 사상가들의 입장으로 옳은 것은? [3점]

갑 : 과학의 목적은 자연을 인간의 의도에 맞도록 변형함으로써 인간의 활동 영역을 넓히는 것이다. 인간은 자연의 사용자이자 해석자로서 자연을 경험적으로 연구해야 한다. 자연에 대한 인간의 지배권은 오직 기술과 학문에 달려 있다.
을 : 현대 기술의 본질은 기술적인 것이 아니다. 우리는 어디서나 부자유스럽게 기술에 붙들려 있다. 최악의 경우는 기술을 중립적으로 고찰할 때이며, 이 경우 우리는 무방비 상태로 기술에 내맡겨져 전적으로 기술의 본질에 대해 맹목적이게 된다.

① 갑 : 관찰과 실험으로부터 유용한 지식을 이끌어 낼 수는 없다.
② 갑 : 과학의 목적은 삶의 개선이 아니라 진리 탐구 그 자체이다.
③ 을 : 현대 기술의 본질에 대한 자각과 비판적 성찰이 필요하다.
④ 을 : 현대 기술은 인간의 자율적 의지에 전적으로 종속되어 있다.
⑤ 갑, 을 : 기술은 수단일 뿐 그 자체는 가치 판단의 대상이 아니다.

20. 다음 가상 편지의 입장으로 적절하지 <u>않은</u> 것은?

○○에게
오늘은 너에게 참된 우정에 대해 말해 주고 싶구나. 너도 잘 알겠지만, 인생길에는 뜻을 같이하고 고락을 함께하는 친구가 꼭 필요하단다. 누구나 친구를 사귀지만, 모두가 참된 우정을 나누는 것은 아니란다. 우정은 사람됨에 따라 격이 달라지는데, 옛 사람들은 이를 '군자(君子)의 우정'과 '소인(小人)의 우정'으로 구분했단다. 소인이란 이익을 좋아하고 재물을 탐내는 사람들이지. 그들은 이익이 될 때 잠시 서로 벗이 되는데, 이는 사실 속임수일 뿐이라서 이로움을 보면 앞을 다투고, 이로움이 사라지면 소원해지며, 심지어 서로 해치기도 한단다. 군자란 도의(道義)를 지키며 명예와 절개를 아끼는 사람들이지. 그들은 사귀면서 도(道)가 같아져 서로 도움이 되고, 마음이 같아져 함께 돌봐 주어 오래도록 참된 우정을 나눌 수 있단다.

① 참된 우정을 위해서는 자신의 인격 수양이 필요하다.
② 소인의 우정은 물질적 이해관계에 따라 수시로 변한다.
③ 가까워질수록 서로 뜻을 존중하고 권면을 삼가야 한다.
④ 군자의 우정은 올바른 신념을 공유하여 호혜 관계를 형성한다.
⑤ 이익에 기초한 우정은 잠시지만 도의에 기초한 우정은 지속된다.

* 확인 사항

○ 답안지의 해당란에 필요한 내용을 정확히 기입(표기)했는지 확인 하시오.

제 4 교시

사회탐구 영역[생활과 윤리]

48회

성명 [   ]   수험 번호 [   ] [ ] [   ]   제 [ ] 선택

1. (가), (나)의 입장으로 가장 적절한 것은?

> (가) 윤리학은 "인간이 지향해야 할 삶의 가치는 무엇인가?"를 탐구 주제로 삼아 바람직한 삶의 이상을 제안하고 올바른 판단과 행위의 근거인 보편적 도덕 원리를 정립해야 한다.
> (나) 윤리학은 "실생활의 도덕적 문제를 어떻게 해결할 것인가?"를 탐구 주제로 삼아 환경오염, 연명 치료 중단, 사형 제도 등과 같은 현안에 대한 규범적 해결책을 제시해야 한다.

① (가) : 윤리학은 도덕 언어의 의미 분석을 핵심 과제로 삼는다.
② (가) : 윤리학은 도덕적 관습의 실태 조사를 핵심 과제로 삼는다.
③ (나) : 윤리학은 윤리학의 학문적 성립 가능성 검증을 핵심 과제로 삼는다.
④ (나) : 윤리학은 현실 문제에 대한 도덕 원리의 적용을 핵심 과제로 삼는다.
⑤ (가), (나) : 윤리학은 가치 판단을 배제한 결론 도출을 핵심 과제로 삼는다.

2. 갑 사상가가 을 사상가에게 제기할 반론으로 가장 적절한 것은?

> 갑 : 개인은 가족, 이웃과 같은 공동체 속에서 자신의 도덕적 정체성을 찾아야 한다. 구체적 공동체를 벗어나면 덕을 실천할 기회도, 실천하는 방법을 배울 기회도 없다.
> 을 : 행복은 쾌락의 향유와 고통의 부재를 의미한다. 어떤 종류의 쾌락이 다른 종류의 쾌락보다 바람직하고 가치 있다는 사실을 인정하는 것은 유용성의 원리와 양립 가능하다.

① 인간은 고통을 피하고 쾌락을 추구하는 존재임을 무시한다.
② 자유로운 선택을 위해 구체적 맥락을 배제해야 함을 무시한다.
③ 도덕 판단의 기준이 행위의 동기가 아닌 결과임을 간과한다.
④ 사회 전체의 행복 최대화가 보편적 도덕 원리임을 간과한다.
⑤ 유용성의 합리적 계산보다 공동체의 전통이 중요함을 간과한다.

3. 다음 사상가의 입장만을 <보기>에서 있는 대로 고른 것은? [3점]

> 집단은 개인과 비교할 때 충동을 억제할 수 있는 이성과 자기 극복 능력, 그리고 다른 사람들의 욕구를 수용하는 능력이 훨씬 결여되어 있다. 그리하여 개인 간의 관계에 나타나는 것보다 심한 비도덕성이 집단 간의 관계에 나타난다. 따라서 집단 간의 평등과 사회 정의는 투쟁에 의해 실현될 수 있다.

──────<보 기>──────
ㄱ. 애국심은 개인의 이타심을 국가 이기주의로 전환시킨다.
ㄴ. 개인 간의 도덕적 관계 수립은 설득과 조정으로는 불가능하다.
ㄷ. 최소한의 강제력으로 정의를 실현하는 것이 합리적이다.
ㄹ. 개인은 타인의 이익을 존중할 수 있는 도덕성을 갖고 있다.

① ㄱ, ㄴ   ② ㄴ, ㄷ   ③ ㄷ, ㄹ
④ ㄱ, ㄴ, ㄹ   ⑤ ㄱ, ㄷ, ㄹ

4. 다음 강연자의 입장으로 가장 적절한 것은?

> 한 사람이 권력을 가지고 전 인류를 침묵시키는 것은 부당합니다. 마찬가지로 전 인류가 한 사람을 침묵시키는 것 역시 부당합니다. 침묵시키려는 의견이 오류라고 확신할 수 없고, 설령 오류라고 해도 그것을 침묵시키는 것은 해악입니다. 인간의 지적 능력은 한계가 있으므로 누구나 오류를 범할 수 있습니다. 진리로 공인된 견해도 오류 가능성으로부터 자유롭지 못합니다. 어떤 의견이든 그것을 반박하고 반증할 수 있는 완벽한 자유가 보장돼야 합니다.

① 토론에서는 다수가 받아들일 수 없는 의견은 침묵시켜야 한다.
② 토론의 전제 조건은 참이라고 검증된 진술만을 발언하는 것이다.
③ 토론에서는 진리로 공인된 견해를 비판할 자유를 제한해야 한다.
④ 토론의 자유와 인간의 완벽한 지적 능력이 진리 추구의 조건이다.
⑤ 토론에서 오류라고 합의된 소수 의견도 진리 탐구에 기여한다.

5. 갑, 을의 입장에서 <사례> 속 A에게 제시할 조언으로 가장 적절한 것은? [3점]

> 갑 : 신을 찬양하고 덕을 찬양하는 시(詩)만을 이 나라에 받아들여야 한다. 시를 통해 즐거움만 누리려 한다면 이성 대신 즐거움과 괴로움이 왕 노릇을 하게 될 것이다.
> 을 : 예술가는 도덕적 공감을 지니지 않는다. 예술가에게 도덕적 공감은 용납될 수 없는 구태의연한 양식에 불과하다. 예술가는 단지 아름다움의 창조자일 뿐이다.

──────<사례>──────
A는 웹툰 작가로 포털 사이트에 작품을 연재할 예정이다. 어떤 작품을 그려야 할지 A는 고민하고 있다.

① 갑 : 독자들이 오로지 즐거움만 느낄 수 있도록 하세요.
② 갑 : 독자들이 도덕적 이상을 추구할 수 있도록 하세요.
③ 을 : 독자들에게 권선징악의 교훈을 전달하도록 하세요.
④ 을 : 독자들에게 도덕적 공감을 얻을 수 있도록 하세요.
⑤ 갑, 을 : 독자들이 자신의 삶을 성찰할 수 있도록 하세요.

6. 다음 글의 입장에서 긍정의 대답을 할 질문을 <보기>에서 고른 것은?

> 심장과 폐가 활동한다 해도, 뇌의 기능이 불가역적으로 상실된 사람은 살아있는 존재로 볼 수 없다. 생명체의 활동에 있어서 뇌가 결정적 기능을 담당하기 때문이다. 뇌사를 죽음의 기준으로 인정하게 되면 당사자의 사전 동의를 통해 뇌사자로부터 장기 이식을 받아 보다 많은 인명을 구할 수 있으므로 공익의 실현에 기여하게 된다. 일부에서는 뇌사의 오판 가능성을 제기하지만, 뇌사판정위원회를 통해 이를 최소화할 수 있다.

<보 기>
ㄱ. 뇌사를 죽음의 기준으로 인정하는 것은 정당화될 수 있는가?
ㄴ. 뇌사 판정의 오류를 줄일 수 있는 제도적 절차가 있는가?
ㄷ. 뇌사자 장기 이식은 사회적 유용성의 증진을 저해하는가?
ㄹ. 심폐 기능의 불가역적 상실만을 죽음으로 판정해야 하는가?

① ㄱ, ㄴ ② ㄱ, ㄷ ③ ㄴ, ㄷ ④ ㄴ, ㄹ ⑤ ㄷ, ㄹ

7. 다음 사상가의 입장으로 적절하지 <u>않은</u> 것은? [3점]

> 종교적 인간은 탄생, 결혼, 죽음과 같은 사건을 겪으며 거룩한 존재가 있다는 사실을 믿게 된다. 그 존재는 이 세계 안에 스스로 현현(顯現)하여 이 세계를 성화(聖化)시킨다. 그러나 세속적 인간은 자신만을 역사의 주체로 생각하며, 초월적 존재를 향한 모든 호소를 거절한다. 그들에게 거룩한 존재는 인간의 자유에 대한 최대의 장애물일 따름이다. 그럼에도 세속적 인간은 비록 스스로 깨닫지 못하고 있을 때조차 종교적으로 행동한다. 탄생, 결혼, 죽음을 기리는 의식이 세속화되기는 했지만 여전히 그 속에서는 종교적 현상이 관찰된다.

① 종교적 인간은 스스로 성스럽게 드러나는 거룩한 존재를 믿는다.
② 종교적 인간은 성스러운 것과 세속적인 것의 분리를 지향한다.
③ 종교 의식과 무관한 세속적 일상 의례에도 신성성이 깃들어 있다.
④ 세속적 인간은 통과 의례가 갖는 종교적 의미를 자각하지 못한다.
⑤ 세속적 인간은 종교의 속박에서 벗어나야 자유로워진다고 믿는다.

8. 갑, 을 사상가들의 입장으로 옳지 <u>않은</u> 것은? [3점]

> 갑 : 죽음을 가장 큰 악이라고 두려워하는 사람도 있고, 죽음이 인생의 악을 중지시켜 준다고 생각해서 죽음을 열망하는 사람도 있다. 하지만 현자(賢者)는 죽음을 두려워하지 않는다. 죽음은 우리에게 아무것도 아니기 때문이다.
>
> 을 : 죽음은 현존재의 종말이다. 하지만 현존재의 죽음을 단순히 다른 생물의 종말에 입각해 파악해서는 안 된다. 현존재는 죽음을 향한 존재이며 자신에게 주어진 시간이 유한하다는 것과 집착해서는 안 되는 것들이 무엇인지를 깨닫는다.

① 갑 : 살아 있는 사람과 죽은 사람 모두 자신의 죽음을 경험할 수 없다.
② 갑 : 죽음이라는 실체를 수용해야 불멸에 대한 열망을 실현할 수 있다.
③ 을 : 인간은 죽음에 대한 자각을 할 수 있다는 점에서 동물과 다르다.
④ 을 : 현존재는 죽음을 의식하며 어떻게 살 것인지 고뇌하는 존재이다.
⑤ 갑, 을 : 죽음을 회피하는 태도보다 죽음에 대한 바른 인식이 필요하다.

9. (가)의 갑, 을, 병 사상가들의 입장을 (나) 그림으로 표현할 때, A~D에 해당하는 적절한 진술만을 <보기>에서 있는 대로 고른 것은? [3점]

<table>
<tr><td>(가)</td><td>갑 : 자연 안에 생명이 없는 아름다운 대상들에 대한 파괴를 일삼는 것은 도덕성을 크게 촉진하는 감정을 약화시켜 자기 자신에 대한 인간의 의무와 대립한다.

을 : 일부 동물들은 삶의 주체로서 존중받을 도덕적 권리를 갖는다. 우리가 생명 공동체를 구성하는 개체들의 권리를 존중한다면 그 공동체는 보존될 것이다.

병 : 인간은 생명 공동체인 대지의 구성원이다. 어떤 것이 생명 공동체의 온전성, 안정성, 아름다움의 보존에 이바지한다면 그것은 옳고, 그렇지 않다면 그르다.</td></tr>
<tr><td>(나)</td><td>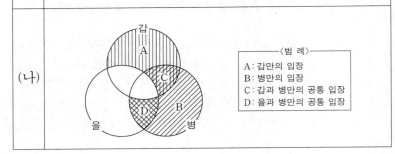</td></tr>
</table>

〈범 례〉
A : 갑만의 입장
B : 병만의 입장
C : 갑과 병만의 공통 입장
D : 을과 병만의 공통 입장

<보 기>
ㄱ. A : 수단으로만 취급해서는 안 될 존재는 이성적 존재뿐이다.
ㄴ. B : 유기체적 생명 공동체 자체의 도덕적 지위를 존중해야 한다.
ㄷ. C : 자연의 아름다움을 보존하는 데 이바지하는 행위만이 옳다.
ㄹ. D : 인간성을 해친다는 것이 동물 학대가 그른 주된 이유는 아니다.

① ㄱ, ㄴ   ② ㄱ, ㄷ   ③ ㄷ, ㄹ
④ ㄱ, ㄴ, ㄹ   ⑤ ㄴ, ㄷ, ㄹ

10. 다음 대화에서 갑, 을의 입장으로 가장 적절한 것은?

> 정보에 대한 접근은 자유로워야 하지만 생산과 유통은 국가가 규제해야 합니다. 표현의 자유는 해악 금지의 원칙에 위배되지 않는 한에서 보장되어야 합니다. 국가는 혐오표현의 유해성에 대한 법적 기준을 정해 정보의 생산과 유통을 규제할 책무가 있습니다.

> 정보에 대한 접근은 물론 생산과 유통도 개인의 자율에 맡겨야 합니다. 정보의 생산과 유통에 대한 국가의 규제는 그 자체로 표현의 자유를 침해하는 것입니다. 혐오표현의 유해성에 대한 판단은 사람에 따라 다르기 때문에 국가가 일률적 기준을 마련할 수는 없습니다.

 갑    을

① 갑 : 국가는 정보에 자유롭게 접근할 권리를 제한해야 한다.
② 갑 : 국가는 혐오표현의 유해성을 판단할 기준을 설정해야 한다.
③ 을 : 국가는 정보의 접근이 아닌 생산·유통의 자유만 보장해야 한다.
④ 을 : 국가는 해악 금지 원칙에 따라 정보 생산을 규제해야 한다.
⑤ 갑, 을 : 혐오표현에 대한 국가 규제는 표현의 자유와 양립 가능하다.

11. 다음 가상 편지에서 강조하는 입장으로 가장 적절한 것은?

○○에게
　　자네가 부모님 모시는 모습은 참으로 보기 좋네. 살림살이가 좋거나 좋지 않거나 부모님을 한결같이 섬기는 것이 말처럼 쉽지 않지. 다만 자네가 어버이를 섬길 때 증자(曾子)를 본받았으면 하네. 증자는 아버지께 끼니마다 반드시 고기와 술을 차려 드렸다네. 그리고 남은 음식을 누구에게 줄 것인지 아버지께 여쭈었고, 아버지께서 남은 음식이 있냐고 되물으시면 증자는 "있습니다."라고 답하였다네. 증자는 아버지의 마음을 살핀 것이지. 그런데 증자를 봉양한 증자의 아들은 남은 음식이 있냐는 증자의 물음에 "없습니다."라고 답하였지. 증자의 아들은 아버지께 다시 음식을 올리려 한 것이네. 증자의 아들은 입과 몸을 봉양한 것에 지나지 않고 증자는 뜻을 봉양한 것이라 할 수 있네. …(후략).

① 자식은 어버이가 가진 의중을 헤아려서 봉양해야 한다.
② 자식은 어버이의 옳지 못한 행동을 바꾸려고 해서는 안 된다.
③ 어버이를 봉양하는 까닭은 자식에게 봉양받기 위함일 뿐이다.
④ 어버이를 섬기는 방식을 경제적 형편에 따라서 달리해야 한다.
⑤ 자식된 도리를 다하기 위해 어버이보다 이웃을 더 배려해야 한다.

12. 갑, 을 사상가들의 입장으로 가장 적절한 것은? [3점]

갑 : 누구든 그가 처벌받아야 할 행동을 원했기 때문에 처벌받는 것이다. 아무리 고통이 가득한 삶이라도 삶과 죽음은 같은 종류의 것이 아니다. 법정의 심판대 앞에서 살인죄에 대한 최상의 균형자는 사형이다.
을 : 누구든 자신의 생명을 빼앗을 권한을 기꺼이 양도하지 않을 것이다. 사회 계약의 목적은 공리, 즉 최대 다수의 최대 행복이며, 이것이 인간적 정의의 기초이다. 사형보다 종신 노역형이 공리에 부합한다.

① 갑 : 범죄자는 범행이 아닌 처벌을 원했기 때문에 처벌받는 것이다.
② 갑 : 사형은 살인범을 수단으로서만 대하려는 응분의 보복 행위이다.
③ 을 : 종신 노역형은 비공개로 집행하는 것이 범죄 예방에 효과적이다.
④ 을 : 사형은 범죄 억제력이 최대이므로 사회 계약의 목적에 부합한다.
⑤ 갑, 을 : 형벌은 사적인 보복이 아니라 공적인 정의를 실현해야만 한다.

13. 갑, 을 사상가들의 입장에 대한 설명으로 옳지 <u>않은</u> 것은? [3점]

갑 : 자본주의에서 노동은 노동 주체의 의지와 무관하게 자본을 위해 수행될 뿐이다. 분업은 생산성을 대폭 향상시켰지만, 노동자는 생산에 필요한 정신적 능력 이외의 다른 모든 정신적 능력들을 잃어버렸다. 이는 예외 없는 현상이다.
을 : 노동을 은총 상태를 확신하기 위한 수단으로 파악한 청교도는 철저한 노동 의무의 수행을 통해 신의 나라에 도달하려고 시도하였다. 동시에 노동 계급에 강제된 엄격한 금욕이 자본주의의 노동생산성을 강력히 촉진시켰다.

① 갑은 자본주의에서 정신적 능력 회복으로 소외가 극복된다고 본다.
② 갑은 분업이 노동자의 정신적 능력 쇠퇴와 소외를 심화시킨다고 본다.
③ 을은 금욕과 결합된 노동 의무가 생산성을 향상시켰다고 본다.
④ 을은 청교도가 직업 노동을 종교적 실천으로 간주했다고 본다.
⑤ 갑은 분업 노동, 을은 소명 의식이 자본주의 발전에 기여했다고 본다.

14. (가)의 사상가 갑, 을, 병의 입장을 (나) 그림으로 탐구할 때, A~D에 해당하는 적절한 질문만을 <보기>에서 있는 대로 고른 것은?

(가)
갑 : 공산 사회가 도래하면 지배 계급의 이익을 대변하던 국가와 계급 착취의 역사는 끝나고 인간의 자유로운 연합체가 성립된다.
을 : 재산 소유 민주주의는 시장 체제를 구비하고 있으면서 평등한 기본적 자유와 공정한 기회 균등을 이유로 자본 소유의 분산을 시도한다.
병 : 최소 국가는 도덕적으로 용인될 수 있는 방법에 의해 발생하며, 자연 상태에서 개인이 갖고 있던 그 어떤 권리도 침해하지 않는다.

(나)
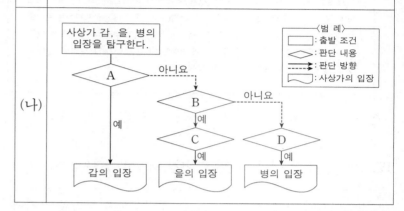

<보 기>
ㄱ. A : 능력에 따른 생산, 필요에 따른 분배를 지향해야 하는가?
ㄴ. B : 사유 재산의 불평등은 모두의 이익을 보장해야만 정당한가?
ㄷ. C : 무지의 베일 속의 사람은 자기 이익에 대해 무지하고 무관심한가?
ㄹ. D : 자유롭게 이전된 소유물은 모두 교정 대상에서 제외되는가?

① ㄱ, ㄴ　　② ㄱ, ㄷ　　③ ㄷ, ㄹ
④ ㄱ, ㄴ, ㄹ　　⑤ ㄴ, ㄷ, ㄹ

15. 다음 토론의 핵심 쟁점으로 가장 적절한 것은? [3점]

갑 : 과학은 가치 중립적이지 않습니다. 과학자는 연구 주제를 설정할 때 주관적 가치를 개입시키게 됩니다. 또한 연구 과정에서 과학자는 연구 윤리를 준수해야 합니다.
을 : 동의합니다. 또한 과학자는 연구 과정에서의 내적 책임뿐만 아니라 자신의 연구 결과가 미칠 사회적 영향을 인식하여 연구 및 개발과 그 활용에 관한 사회적 책임까지 다해야 합니다.
갑 : 아닙니다. 과학자에게 그러한 책임까지 돌리면 과학의 발전이 지체됩니다. 연구 결과가 활용되어 사회에 부정적 결과를 초래해도 그것은 연구 결과를 활용한 사람들의 책임일 뿐입니다.
을 : 과학의 발전이 지체될 수 있지만 과학자에게 사회적 책임을 부과하는 것은 정당합니다. 과학의 발전에서 더 중요한 것은 시간적 속도가 아니라 윤리적 방향입니다.

① 과학자는 연구 과정에서 연구 윤리를 준수해야 하는가?
② 과학자는 연구 주제를 설정할 때 가치 중립적 태도를 취하는가?
③ 과학자는 과학 연구에 대한 모든 책임에서 면제되어야 하는가?
④ 과학자에게 내적 책임과 더불어 사회적 책임도 부과해야 하는가?
⑤ 과학자에게 사회적 책임을 부과하면 과학 발전이 지체될 수 있는가?

● 2014학년도 수능(고3)

16. 그림은 수행 평가 문제와 학생 답안이다. 학생 답안의 ㉠~㉤ 중 옳지 <u>않은</u> 것은?

수행 평가

⊙ 문제 : 낙태에 관한 갑, 을의 입장을 비교하시오.

> 갑 : 나는 낙태가 임신한 여성의 선택에 의해 결정되어야 한다는 '선택 옹호주의'를 지지한다.
> 을 : 나는 임신한 여성의 선택보다는 태아의 생명이 도덕적으로 존중되어야 한다는 '생명 옹호주의'를 지지한다.

⊙ 학생 답안

낙태에 관한 갑, 을의 입장을 비교하면 ㉠갑은 자신의 삶에 대한 여성의 자기 결정권을 전제로 낙태를 찬성한다. 이에 비해 ㉡을은 태아의 생명의 존엄성을 전제로 낙태를 반대한다. 갑의 입장을 지지하는 논거로 ㉢여성은 남성처럼 자기 몸에 대한 소유권을 지닌다는 주장이 있으며, 을의 입장을 지지하는 논거로 ㉣태아는 출생 이후에 비로소 인간의 본질적 특성을 갖게 되어 생명권을 획득한다는 주장이 있다. 갑, 을의 입장을 정리하면 ㉤갑은 여성의 권리를 존중할 것을, 을은 태아의 권리를 존중할 것을 주장한다.

---

① ㉠   ② ㉡   ③ ㉢   ④ ㉣   ⑤ ㉤

17. 갑, 을 사상가들의 입장으로 가장 적절한 것은? [3점]

갑 : 인권에 대한 강조는 무능한 정치체제나 국민의 복지에 무감각한 통치자들의 행동을 바꾸도록 작용할 수 있으며 기근 예방에도 도움이 될 것이다. 원조의 목적은 고통받는 사회가 질서정연한 사회로 바뀌도록 돕는 데 있다.

을 : 인권 유린이 없거나 절대 빈곤 상태가 아니라 해서 개인을 돕는 일에 관계하지 않는 국제 정의의 원칙은 옳지 않다. 우리는 지구상 모든 사람의 이익을 평등하게 고려하여, 기본적 필요조차 충족되지 못한 개인들을 도와야 한다.

---

① 갑 : 원조의 목적은 국가 간 경제적 평등을 위한 분배 정의 실현이다.
② 갑 : 원조 대상국에게 인권 상황을 개선하도록 권고해서는 안 된다.
③ 을 : 원조 대상은 최대 효용의 원리에 따라 결정되어서는 안 된다.
④ 을 : 원조 주체의 과도한 희생이 없는 범위 내에서 원조해야 한다.
⑤ 갑, 을 : 원조는 고통받는 사회들 간의 부의 수준 조정을 지향해야 한다.

18. 다음 사상가의 입장만을 <보기>에서 있는 대로 고른 것은?

거의 정의로운 사회는 심각한 부정의가 존재할지도 모르지만 일종의 민주적 정부의 형태를 갖춘 사회이다. 이러한 사회에서 정의의 원칙들은 자유롭고 평등한 인간들 간의 자발적인 협동의 기본 조항으로서 공공적으로 인정된다. 그래서 시민 불복종에 참여함으로써 사람들이 의도하는 것은 다수의 정의감에 호소하여 자유로운 협동의 조건이 침해되었다는 것을 정당하게 알리는 것이다.

<보 기>

ㄱ. 시민 불복종은 정당한 폭력으로 다수의 정의감에 호소하는 행위이다.
ㄴ. 시민 불복종은 사회적 협동의 기본 원리에 근거한 양심적 항거이다.
ㄷ. 시민 불복종은 도덕적으로는 옳지 못하지만 불가피한 위법 행위이다.
ㄹ. 민주적 정부의 법도 부정의하면 시민 불복종의 대상이 될 수 있다.

① ㄱ, ㄴ   ② ㄱ, ㄷ   ③ ㄴ, ㄹ
④ ㄱ, ㄷ, ㄹ   ⑤ ㄴ, ㄷ, ㄹ

---

19. 다음 대화에서 스승의 입장으로 가장 적절한 것은? [3점]

① 학문을 통해 친구 관계를 인격적으로 발전시켜 나가야 한다.
② 행실이 바르지 못한 벗과의 교제에서는 아무것도 배울 바가 없다.
③ 자기보다 선한 사람만을 가려서 사귀는 것은 치우침이 아니다.
④ 선한 마음을 지키려는 이는 사람을 두루 사귀는 것을 삼가야 한다.
⑤ 옛 성현의 가르침을 현재의 인간관계에 적용하지 말아야 한다.

20. 다음 신문 칼럼의 입장으로 가장 적절한 것은?

○○신문   ○○○○년 ○○월 ○○일

칼 럼

공용어와 공통의 문화를 강조할 경우 오히려 국가 내 집단을 다수와 소수로 갈라놓아 소수 집단이 다수에 압도당하게 된다. 통합을 위해서는 첫째, 우리 사회의 다수가 오랫동안 공유해 온 관행과 규범을 고수하지 않으려는 태도가 필요해요. 둘째, 이주민에게 기본적 시민권은 보장하되 관습과 신앙 및 삶의 양식의 통일까지 요구해서는 안 된다. 그들의 집단적 문화를 표현할 여지를 확보해 줘야 하는 것이다. 통합은 몇 세대에 걸쳐 진행된다는 것을 유념해야 한다. 국가적 유대감을 증진시키는 통합의 실행 가능한 방법은 이주민의 정체성을 국가 전체의 정체성에 종속시키는 것이 아니라 수용하는 것이다. …(후략).

---

① 통합 과정에서 우리 사회의 전통적 관행이 변하지 않도록 해야 한다.
② 공용어 사용을 의무화해야 국가적 유대감이 증진됨을 유념해야 한다.
③ 이주민의 고유한 문화적 특수성을 유지할 기회를 보장해야 한다.
④ 동화가 신속하게 추진되어야 통합 실행이 가능함을 유념해야 한다.
⑤ 이주민의 삶의 양식 변화가 그들의 시민권 보장보다 선행되어야 한다.

＊ 확인 사항

○ 답안지의 해당란에 필요한 내용을 정확히 기입(표기)했는지 확인하시오.

성명 ☐　　수험 번호 ☐☐☐☐☐☐☐ － ☐☐☐☐　　제〔 　〕선택

1. ㉠에 들어갈 진술로 가장 적절한 것은?

> 나는 윤리학의 근본 과제가 현실에서 적용 가능한 도덕적 규범이나 원칙을 탐구하여 이를 구체적인 삶의 문제에 적용하는 것이라고 본다. 그런데 어떤 사람들은 현실적 도덕이 삶에 대한 경험의 일부이기 때문에 경험적으로 연구될 수 있다는 관점에서 윤리학의 근본 과제가 어떤 문화나 사회의 도덕적 현상을 가치 판단 없이 객관적으로 기술하는 것이라고 본다. 나는 이러한 입장이 ┌──── ㉠ ────┐고 생각한다.

① 도덕 추론에 대한 논리적 구조 분석의 필요성을 주장한다
② 도덕 현상의 인과 관계에 대한 탐구의 가능성을 부정한다
③ 실천적 규범을 통한 도덕 문제 해결의 중요성을 경시한다
④ 현실적 도덕에 대한 가치 중립적 설명의 필요성을 무시한다
⑤ 보편적 도덕규범의 이론적 체계 구성의 중요성을 강조한다

2. 다음 가상 편지의 ㉠에 대한 옳은 설명을 〈보기〉에서 고른 것은?

> ○○에게
> 　얼마 전 자네가 가정을 이루었다는 말을 듣고 몹시 기뻤다네. 공자는 "경(敬)으로써 자신을 수양하고, 자신을 수양하여 다른 사람을 편안하게 해 주어라."라고 말했다네. 이러한 가르침은 ┌─ ㉠ ─┐간의 도리에 대해서도 마찬가지라고 생각하네. ┌─ ㉠ ─┐은/는 서로 다른 환경에서 오랫동안 성장하여 만난 두 사람이지만, 자네가 상대를 아끼는 마음으로 손님을 대하듯 존중한다면 어찌 백년해로(百年偕老)할 수 없겠는가? …(후략)…

── 〈 보 기 〉──
ㄱ. 혼인(婚姻)을 통해 맺어진 가족 관계이다.
ㄴ. 상경여빈(相敬如賓)을 실천해야 하는 관계이다.
ㄷ. 항렬(行列)에 따라 서로 역할을 분담하는 관계이다.
ㄹ. 동기간(同氣間)으로서 배려해야 하는 가족 관계이다.

① ㄱ, ㄴ　② ㄱ, ㄷ　③ ㄴ, ㄷ　④ ㄴ, ㄹ　⑤ ㄷ, ㄹ

3. 다음 서양 사상가가 부정의 대답을 할 질문으로 가장 적절한 것은? [3점]

> 　거의 정의롭지만 정의에 대한 심각한 위반이 발생하기도 하는 사회에서 시민 불복종이 성립한다. 시민 불복종은 신중하고 양심적인 정치적 신념의 표현인 청원의 한 형태이므로 공개 석상에서 이루어지며, 어떤 개인적 도덕 원칙이나 종교적 교설이 아닌 공유된 정의관에 의거해야 한다. 정당한 시민 불복종이 시민 화합을 해치는 것으로 보이면, 그 책임은 불복종하는 자들이 아니라 권위와 권력을 남용한 자들에게 있는 것이다.

① 시민 불복종의 주체는 체제의 합법성을 인정하는 시민인가?
② 시민 불복종의 의도는 동료 시민들에게 공표되어야 하는가?
③ 시민 불복종은 공동체의 정의감에 호소하는 정치 행위인가?
④ 시민 불복종의 목적에서 정부 정책의 개혁은 제외되어야 하는가?
⑤ 시민 불복종은 어떠한 합법적 방법도 효과가 없을 때 행해져야 하는가?

4. 갑, 을의 사상적 입장에 대한 옳은 설명을 〈보기〉에서 고른 것은?

> 갑 : 지인(至人)은 무위(無爲)하다. 도(道)에는 시작도 끝도 없지만 만물에는 죽음도 있고 삶도 있다. 근본에서 보자면 삶이란 기(氣)가 모인 것이다.
> 을 : 이것이 있기 때문에 저것이 있다. 이를 일컬어 인연법(因緣法)이라고 한다. 삶이 있으므로 늙음과 죽음이 있고, 삶을 떠나서는 늙음과 죽음도 없다.

── 〈 보 기 〉──
ㄱ. 갑 : 죽음은 기가 모이고 흩어지는 과정의 일부임을 강조한다.
ㄴ. 갑 : 죽음에 대한 성찰과 애도(哀悼)의 의무를 강조한다.
ㄷ. 을 : 연기(緣起)에 대한 깨달음을 추구하는 삶을 강조한다.
ㄹ. 갑, 을 : 삶과 죽음을 분별하여 고통에서 벗어날 것을 강조한다.

① ㄱ, ㄴ　② ㄱ, ㄷ　③ ㄴ, ㄷ　④ ㄴ, ㄹ　⑤ ㄷ, ㄹ

5. (가), (나)의 입장으로 가장 적절한 것은? [3점]

> (가) 어떤 행위는 타당한 행위 규칙에 일치하면 옳고, 그 규칙을 위반하면 그르다. 행위 규칙의 타당성을 결정하는 척도는 유용성이다. 윤리적 의사 결정은 더 큰 유용성을 산출하는 규칙에 근거해야 한다.
> (나) 어떤 행위 규범은 관련된 모든 당사자들이 자유롭고 평등한 담론을 통해 동의할 수 있는 것이어야 정당화될 수 있다. 규범적으로 정당한 실천적 담론은 의사소통의 일반적 전제 조건들에 근거해야 한다.

① (가) : 어떤 규칙이 최대 유용성을 산출하는지는 알 수 없다.
② (가) : 유용성의 원리는 행위 규칙이 아니라 개별 행위에 적용된다.
③ (나) : 모든 당사자들은 보편화 가능한 행위 규범에 합의할 수 있다.
④ (나) : 담론의 참여자들은 서로의 주장을 비판해서는 안 된다.
⑤ (가), (나) : 결과에 대한 고려 없이 규칙이나 규범의 타당성을 판단해야 한다.

6. 다음 서양 사상가의 입장을 〈보기〉에서 고른 것은?

> ○ 만약 즐거움을 위한 시가 훌륭한 법질서를 갖는 국가 안에 존재해야 할 이유가 있다면, 우리는 기꺼이 시를 받아들일 것이다. 시가 즐거움을 줄 뿐만 아니라 국가와 인간 생활에 이로운 것임이 밝혀진다면 우리에게도 분명 이득이 될 것이기 때문이다.
> ○ 시인이나 설화 작가들이 모방을 할 경우에는, 용감하고 절제 있고 경건하며 자유인다운 사람들을 모방해야만 한다. 반면에 그 어떤 창피스러운 것도 모방하지 말아야 하며, 이런 것을 모방하는 데 능한 사람들이 되어서도 안 된다.

――――〈보기〉――――
> ㄱ. 예술은 선의 실현에 기여해야 한다.
> ㄴ. 예술은 진리를 왜곡할 경우 비판받아야 한다.
> ㄷ. 예술에서 미와 선의 내용은 유사할 필요가 없다.
> ㄹ. 예술은 사물의 실재보다 외관을 아름답게 모방해야 한다.

① ㄱ, ㄴ　② ㄱ, ㄷ　③ ㄴ, ㄷ　④ ㄴ, ㄹ　⑤ ㄷ, ㄹ

● 2014학년도 수능(고3)

7. 그림은 수업 장면이다. 소전제 ㉠에 대한 반론으로 가장 적절한 것은? [3점]

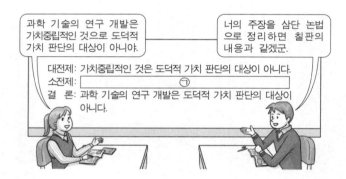

> 과학 기술의 연구 개발은 가치중립적인 것으로 도덕적 가치 판단의 대상이 아니야.
> 너의 주장을 삼단 논법으로 정리하면 칠판의 내용과 같겠군.
> 대전제: 가치중립적인 것은 도덕적 가치 판단의 대상이 아니다.
> 소전제: ㉠
> 결 론: 과학 기술의 연구 개발은 도덕적 가치 판단의 대상이 아니다.

① 과학 기술은 도덕적 가치 판단으로부터 자유로워야 한다.
② 과학 기술의 연구 목표를 설정할 때 가치 판단이 개입한다.
③ 과학 기술의 발전을 위해 가치중립적 태도를 유지해야 한다.
④ 과학적 사실 판단은 도덕적 가치 판단에 종속되어서는 안 된다.
⑤ 과학 기술의 연구 대상과 도덕의 탐구 대상은 서로 구별된다.

8. 갑, 을의 입장에 대한 설명으로 가장 적절한 것은? [3점]

> 갑: '결혼 없는 성'은 비도덕적이다. 부부만이 성적 관계에서 서로의 인격을 존중해야 할 의무를 다할 수 있으며, 출산을 통한 사회 안정과 책임 있는 성 문화 유지에 기여할 수 있다. 부부 사이의 성적 관계만이 도덕적으로 정당하다.
> 을: '사랑 없는 성'은 비도덕적이다. 결혼이 아니라 사랑이 도덕적 성의 조건이며, 사랑하는 사람들만이 성적 관계에서 서로의 인격을 존중해야 할 의무를 다할 수 있다. 사랑하는 사람들 사이의 성적 관계만이 도덕적으로 정당하다.

① 갑은 부부만이 정당한 성적 관계의 주체는 아니라고 본다.
② 갑은 성적 관계의 정당성이 사회 존속과는 무관하다고 본다.
③ 을은 자발적인 동의에 근거한 성적 관계는 항상 정당하다고 본다.
④ 을은 성적 관계가 부부 사이에서만 정당화될 수 있다고 본다.
⑤ 갑, 을은 성적 관계에서 서로의 인격적 가치를 존중해야 한다고 본다.

9. (가)의 사상가 갑, 을, 병의 입장을 (나) 그림으로 탐구할 때, A~D에 해당하는 적절한 질문만을 〈보기〉에서 있는 대로 고른 것은?

(가)	갑: 분배적 정의는 가령 사람 a와 b가 각각 물건 c와 d를 얻기 전과 후의 비율이 동등할 때 성립한다는 점에서 기하학적 비례를 추구하는 것이다. 을: 분배적 정의의 핵심 과제는 사회 체제의 선택이다. 사회 체제는 특수한 상황의 우연성을 처리하기 위해 순수 절차적 정의의 관념에 따라 기획되어야 한다. 병: 분배적 정의는 중립적인 개념이 아니다. 중립적인 개념은 '개인의 소유물'이다. 모든 개인이 자신의 소유물에 대해 소유 권리를 갖는 것이 정의이다.
(나)	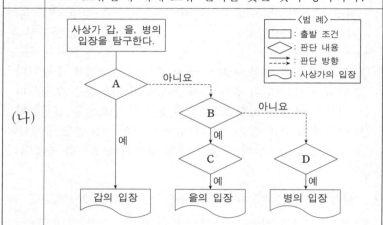

――――〈보기〉――――
> ㄱ. A: 분배적 정의만이 비례를 추구하는 특수적 정의인가?
> ㄴ. B: 경제적 불평등은 모두에게 이익이 되어야 정당한가?
> ㄷ. C: 원초적 입장에서 개인은 모두의 이익에 관심을 갖는가?
> ㄹ. D: 개인의 자연적 재능을 공동의 소유물로 여기는 것은 부당한가?

① ㄱ, ㄷ　　② ㄴ, ㄹ　　③ ㄷ, ㄹ
④ ㄱ, ㄴ, ㄷ　　⑤ ㄱ, ㄴ, ㄹ

10. (가) 사상의 입장에서 (나) 상황 속 A에게 제시할 조언으로 가장 적절한 것은? [3점]

(가)	강하다, 길다, 확실하다, 빠르다, 효과적이다, 순수하다―쾌락과 고통 속에서 이런 특징들을 지속시켜라. 만약 사적인 쾌락이 너의 목적이라면, 그런 쾌락을 추구하라. 만약 공적인 쾌락이 너의 목적이라면, 그런 쾌락을 확대하라.
(나)	고등학생인 A는 같은 반의 B와 말다툼을 했다. 집에 돌아와서도 화가 가라앉지 않은 A는 친구들에게 연락하여 학급 채팅방에서 B를 상대로 *사이버 불링을 같이 하자고 부탁해야 할지 망설이고 있다. * 사이버 불링: 정보 통신 기술을 통해 의도적이고 지속적인 괴롭힘을 가하는 것

① 사이버 불링이 공리를 극대화하는 것인지 고려하세요.
② 사이버 불링이 자연법에 부합하는 것인지 고려하세요.
③ 사이버 불링이 덕성 함양에 기여하는 것인지 고려하세요.
④ 사이버 불링이 모성적 배려를 실천하는 것인지 고려하세요.
⑤ 사이버 불링이 인간을 목적으로 대우하는 것인지 고려하세요.

11. (가)의 갑, 을, 병 사상가들의 입장을 (나) 그림으로 표현할 때, A~D에 해당하는 적절한 진술만을 〈보기〉에서 있는 대로 고른 것은? [3점]

(가)	갑: 어떤 존재의 고통을 고려하지 않는 도덕적 논증은 있을 수 없다. 이익 평등 고려의 원리는 존재들 간의 동일한 고통을 동일하게 고려할 것을 요구한다. 을: 생명체가 목적론적 삶의 중심이라는 것은 그 활동이 목표 지향적이라는 뜻으로, 생명 활동을 성공적으로 수행하는 항상적인 경향성이 있다는 말이다. 병: 인류는 대지 공동체의 평범한 구성원이 되어야 한다. 이러한 인류의 역할은 동료 구성원과 대지 공동체 자체에 대한 존중을 필연적으로 수반한다.
(나)	 〈범례〉 A: 갑만의 입장 B: 을만의 입장 C: 병만의 입장 D: 갑과 병만의 공통 입장

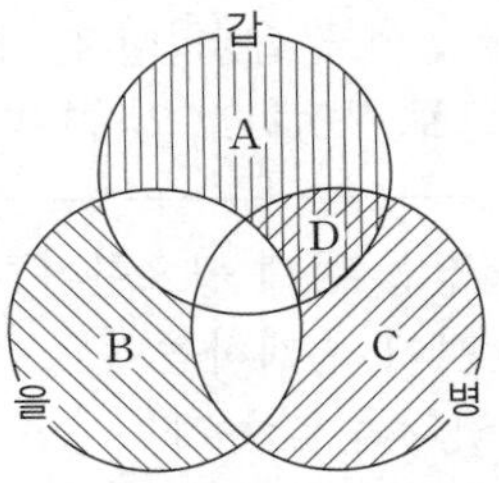

〈보 기〉
ㄱ. A: 평등의 원리에 따라 인간과 모든 동물을 동일하게 대우해야 한다.
ㄴ. B: 인간은 생명체에 끼친 해악에 대한 보상적 정의의 의무를 지닌다.
ㄷ. C: 개체주의적 관점을 지양하고 인간 중심주의에서 벗어나야 한다.
ㄹ. D: 쾌고 감수 능력을 지닌 동물은 도덕적 고려 대상에 속한다.

① ㄱ, ㄹ　　② ㄴ, ㄷ　　③ ㄴ, ㄹ
④ ㄱ, ㄴ, ㄷ　　⑤ ㄱ, ㄷ, ㄹ

12. 그림은 서술형 평가 문제와 학생 답안이다. 학생 답안의 ㉠~㉤ 중 옳지 않은 것은?

서술형 평가

⊙ 문제: 사상가 갑, 을의 직업 노동에 대한 입장을 비교하여 서술하시오.

갑: 모든 것을 손수 만들어 사용해야 한다면, 그것은 천하의 사람들을 바쁘게 만드는 것이다. 어떤 사람은 마음을 수고롭게 하고[勞心], 어떤 사람은 몸을 수고롭게 한다[勞力]. 백성은 항산(恒産)이 없다면 항심(恒心)도 없게 된다.
을: 노동이 분업에 의한 방식으로 바뀌면서 고용주는 자본가가 되어 지휘와 감독, 조절 기능을 담당한다. 분업은 특수한 기능에 적합한 부분 노동자를 양산하며, 노동자는 작업장의 부속물로서 자본의 소유물이 된다.

⊙ 학생 답안

　사상가 갑, 을의 직업 노동에 대한 입장을 비교해 보면, 갑은 ㉠직업에는 대인과 소인의 역할 분담이 있으므로 각자의 역할에 충실해야 한다고 보며, ㉡직업을 통해 백성의 생활 기반이 마련되어야 한다고 주장한다. 이에 비해 을은 ㉢노동자는 생산 수단이 없으므로 생계를 위해 자본가에게 예속된다고 보며, ㉣노동자는 노동을 통해 자아를 실현하고 행복을 누릴 수 있어야 한다고 주장한다. 한편 갑, 을은 모두 ㉤인간은 분업에 참여함으로써 인간다움을 실현해야 한다고 주장한다.

① ㉠　　② ㉡　　③ ㉢　　④ ㉣　　⑤ ㉤

13. 갑, 을 사상가들의 입장에 대한 설명으로 가장 적절한 것은? [3점]

갑: 아무런 제한 없이 선하다고 생각할 수 있는 것은 오직 선의지뿐이다. 지성, 용기, 결단성 등은 많은 의도에서 선하고 바람직하지만, 이런 천부적인 자질들을 이용하는 의지가 선하지 않다면 극도로 악하고 해가 될 수 있다.
을: 개인의 도덕적 상상력이 동료 인간의 요구와 이익을 이해하지 못한다면 진정한 정의는 달성될 수 없다. 또한 정의 달성을 위한 비합리적 수단이 도덕적 선의지의 통제를 받지 않는다면 사회에 엄청난 위험을 초래할 수 있다.

① 갑은 오직 결과를 고려한 행위만이 도덕적 행위라고 본다.
② 을은 진정한 정의는 선의지만으로 충분히 달성될 수 있다고 본다.
③ 갑은 을과 달리 사회 구조가 개인 행위의 도덕성을 좌우할 수 있다고 본다.
④ 을은 갑과 달리 선한 천부적 자질은 선의지의 통제가 필요하다고 본다.
⑤ 갑, 을은 모두 개인의 선의지가 사회생활에서 반드시 필요하다고 본다.

14. 다음 서양 사상가의 입장으로 적절하지 않은 것은?

　우리에게는 악의 인식이 선의 인식보다 무한히 쉽다. 선은 눈에 띄지 않게 존재하며 반성을 하지 않으면 인식될 수 없지만, 악의 현존은 우리에게 인식을 강요한다. 우리가 실제로 무엇을 보호해야 하는가를 알아내기 위해 새로운 윤리학은 공포를 논의 대상으로 삼아야 한다. 인간 행위의 새로운 유형에 적합하고 새로운 유형의 행위 주체를 지향하는 명법은 다음과 같다. "너의 행위의 효과가 지상에서의 진정한 인간적 삶의 지속과 조화될 수 있도록 행위하라."

① 자연이 수용할 수 있는 한에서 과학 기술의 발전을 추구해야 한다.
② 과학 기술의 긍정적인 영향보다 부정적인 영향에 주목해야 한다.
③ 새로운 윤리학은 최고악에 대한 공포에서 출발할 필요가 있다.
④ 새로운 윤리학은 "A이면 B하라."라는 형식의 명법만을 지향한다.
⑤ 사후적 책임뿐만 아니라 사전적 책임도 중시해야 한다.

15. 다음 서양 사상가의 입장으로 가장 적절한 것은? [3점]

　우리 시대의 인간은 고향을 잃고 지구상 어떤 곳에도 매여 있지 않은 영원한 망명자이다. 하지만 집은 이러한 위험과 희생의 공간인 외부 공간과 구분되는 안정과 평화의 공간이다. 인간은 자신의 중심점인 집을 스스로 만들어 그곳에 뿌리내리고 살 때 진정한 거주를 실현한다. 인간은 이러한 거주의 실현을 통해 단순히 공간을 점유하는 것이 아닌 거주자가 됨으로써 자신의 본질을 실현하고 온전한 의미에서 인간이 될 수 있다.

① 진정한 거주는 단순히 공간을 점유하는 행위로 국한된다.
② 인간은 진정한 거주를 실현하지 못하면 영원한 망명자이다.
③ 인간은 거주자가 됨으로써 자신의 본질을 실현할 수 없다.
④ 외부 공간은 위험과 희생이 아닌 안정과 평화의 공간이다.
⑤ 진정한 삶의 실현을 위해 거주 공간이 필요한 것은 아니다.

16. (가), (나)의 입장으로 옳지 <u>않은</u> 것은?

> (가) 종교는 신앙을 통해 진리로 나아갈 수 있도록 하는 매혹적이고 신비한 감정의 체험이다. 세계는 신비로 가득하므로 인간 이성이 과학적으로 인식하는 틀 속에 가둘 수 없다. 방향을 잡기 어려운 현실에서 종교를 통해 삶의 의미와 목적을 추구해야 한다.
>
> (나) 과학은 사실에 토대하며 현상이 어떻게 일어나는지 그 원인을 찾고 반증 가능성에 대해 열린 자세를 취해야 한다. 물리적인 것 외에는 실재성이 이성적으로 증명될 수 없으므로, 객관적으로 입증 가능한 사실에 근거하여 진리를 추구해야 한다.

① (가): 인간은 종교적 체험을 통해 삶의 목적과 의미를 찾아야 한다.
② (가): 신앙 없이 이성만으로는 세계의 진리를 완전히 인식할 수 없다.
③ (나): 과학적 지식을 반증 가능성이 있는 것으로 인식할 필요가 있다.
④ (나): 인간은 실험과 관찰을 통해 실증적으로 대상을 탐구해야 한다.
⑤ (가), (나): 과학적 인식의 한계 내에서만 진리를 추구해야 한다.

17. 갑, 을 사상가들 모두가 부정의 대답을 할 질문으로 가장 적절한 것은? [3점]

> 시민의 생명 보존이 사회 계약의 목적입니다. 우리의 신체와 모든 능력은 공동의 것이며, 이것은 일반 의지의 최고 감독하에 있는 것입니다. 시민 사회에서 타인의 생명을 희생시킨 사람은 자신의 생명도 포기해야 합니다.

> 시민 사회가 모든 구성원의 동의로 해체될 경우라도 감옥에 있는 마지막 살인자는 먼저 처형되어야 합니다. 이것은 사법권의 이념으로서 정의가 보편적인 도덕 법칙에 따라 의욕하는 것입니다. 공적 정의 앞에서 최상의 균형자는 사형입니다.

갑　　　　　　　　　　　　　　　　　을

① 살인범을 사형하는 것은 그를 국가의 적으로 간주하는 것인가?
② 사회 계약을 위반한 살인범을 국가 구성원에서 배제해야 하는가?
③ 사형은 살인죄에 대해 법적으로 집행되는 응당한 보복의 방법인가?
④ 살인범을 사형하지 않는 것은 공적으로 정의를 침해하는 것인가?
⑤ 사형제는 인간 존엄성의 이념에 위배되는 것이므로 부당한 제도인가?

18. 사상가 갑, 을의 입장으로 가장 적절한 것은? [3점]

> 갑: 자원은 한정되어 있기에 최대의 이익이 산출될 수 있는 곳에 사용되는 것이 적절하다. 풍요한 사회의 시민들만 풍요로움을 누리는 것은 부당하다. 인류 전체의 이익 증진을 위해 절대 빈곤으로 고통받는 사회의 사람들을 원조해야 한다.
>
> 을: 자원이 부족하다고 해서 질서 정연한 사회가 될 수 없는 경우는 거의 없다. 어떤 사회가 질서 정연한 사회가 되는 결정적 요인은 자원의 수준보다는 정치 문화이다. 불리한 여건으로 고통받는 사회가 정치 문화를 바꾸도록 원조해야 한다.

① 갑: 원조를 위해서 풍요한 사회의 자원을 활용해서는 안 된다.
② 갑: 풍요한 사회의 시민들은 원조 대상에서 모두 제외되어야 한다.
③ 을: 자원이 부족한 국가만을 원조 대상으로 간주해서는 안 된다.
④ 을: 정의의 제2원칙에 따라 국가 간 자원을 재분배해야 한다.
⑤ 갑, 을: 공리의 원리를 국제적 차원으로 확대 적용해서는 안 된다.

19. 다음 토론의 핵심 쟁점으로 가장 적절한 것은?

> 갑: 인간의 생명과 건강을 위해 동물 실험은 꼭 필요합니다. 인간과 동물은 생물학적으로 유사하며, 동물 실험의 확실한 대안은 없습니다. 따라서 동물 실험은 정당합니다.
>
> 을: 저는 당신이 제시한 논증의 모든 전제에 대해 찬성하지만 결론에는 반대합니다. 논증에 등장하는 '동물'을 모두 '인간'으로 바꿔 보세요. 당신이 제시한 논증을 이용하면 인간 실험마저 정당화할 수 있습니다.
>
> 갑: 인간 실험은 부당합니다. 하지만 인간과 달리 동물은 기본적 권리를 갖지 않습니다. 당신의 비판은 동물도 기본적 권리를 갖는다는 선결 문제를 해결해야 합니다.
>
> 을: 인간은 물론 동물도 삶의 주체이므로 기본적 권리를 갖습니다. 인간 실험과 마찬가지로 동물 실험도 부당합니다. 당신이야말로 동물의 기본적 권리를 단적으로 부정하고 있습니다.

① 동물 실험은 인간의 생명과 건강을 위해 필요한가?
② 동물 실험의 대안 중 확실한 것이 존재하는가?
③ 인간과 달리 동물은 기본적 권리를 갖는가?
④ 인간 실험과 달리 동물 실험은 정당한가?
⑤ 인간과 동물은 생물학적으로 유사한가?

20. 갑, 을 중 적어도 한 사람이 부정의 대답을 할 질문만을 〈보기〉에서 있는 대로 고른 것은?

> 갑: 인권은 개인이 국가나 타인으로부터 간섭이나 침해를 받지 않을 권리와 정치에 참여할 평등한 기회를 가질 권리로 국한되어야 한다. 국가가 사회적·경제적 평등을 실현하기 위해 개인의 자유와 권리를 침해하는 것은 부당하다.
>
> 을: 인권은 인간이 최소한의 인간다운 삶을 누리며 살 권리이다. 인권을 소극적 권리로 한정해서는 사회적 약자들의 인간다운 삶을 보장할 수 없다. 국가는 구성원 모두의 인권 보장을 위해 사회적·경제적 평등을 실현해야 한다.

〈 보 기 〉

ㄱ. 인권은 자유권과 참정권으로 국한되어야 하는가?
ㄴ. 인권은 인간으로서 마땅히 누려야 할 권리인가?
ㄷ. 인권은 자유권과 함께 복지권을 포함하는 권리인가?
ㄹ. 인권은 사회적·경제적 평등의 실현을 통해 보장되어야 하는가?

① ㄱ, ㄴ　　　　② ㄱ, ㄹ　　　　③ ㄴ, ㄷ
④ ㄱ, ㄷ, ㄹ　　　⑤ ㄴ, ㄷ, ㄹ

＊ 확인 사항
○ 답안지의 해당란에 필요한 내용을 정확히 기입(표기)했는지 확인하시오.

사회탐구 영역[생활과 윤리]

성명 [　　　]　수험 번호 [| | | | | — | | | |]　제 [　] 선택

---

1. ㉠에 들어갈 진술로 가장 적절한 것은?

> 윤리학의 근본 과제는 도덕적으로 올바른 행위를 판단하기 위한 기본 원리와 토대를 제공하고 일반화하는 데 있다. 그런데 오늘날 과학 기술의 급격한 발달은 기존의 이론 중심 윤리학만으로는 해결하기 어려운 도덕적 문제 상황들을 초래하였고, 그 결과 실제 생활과 관련하여 논쟁이 되는 윤리적 과제들이 대두되었다. 이에 따라 이러한 윤리적 과제들을 해결하기 위해 이 윤리학이 등장하게 되었다. 이 윤리학은 ㉠ .

① 도덕 명제에 대한 검증 가능성과 분석적 접근을 강조한다.
② 도덕적 탐구가 학문적으로 정립 가능한 분야임을 부정한다.
③ 도덕규범의 현실적인 적용과 구체적인 대안의 실천을 강조한다.
④ 도덕 문제 해결을 위한 규범 윤리 이론의 응용 가능성을 부정한다.
⑤ 도덕적 관행을 가치와 무관한 문화적 사실로 볼 것을 강조한다.

2. 다음 사상의 입장에서 〈문제 상황〉 속 A에게 제시할 조언으로 가장 적절한 것은? [3점]

> 윤리는 도덕적 추론이 아니라 도덕적 태도나 선에 대한 열망에서 시작되어야 한다. 남성 중심적 윤리의 문제점을 파악해야 하고, 인간관계, 책임, 헌신 등의 여성적 특성을 지닌 윤리에 주목해야 한다.

〈문제 상황〉

약속 시간에 늦었는데 도와 드려야 할까?

←A

① 도와주었을 때 당신이 얻을 수 있는 이익을 고려하여 행동하세요.
② 상대방의 어려움을 공감하여 무엇이 필요한지 살펴 행동하세요.
③ 동정심이 아닌 누구나 동의 가능한 합리적 판단에 따라 행동하세요.
④ 어떤 선택이 더 많은 사회적 효용을 낳을지 고려하여 행동하세요.
⑤ 타인을 배려하는 마음보다 도덕적 의무 의식에 따라 행동하세요.

3. (가)의 주장을 (나) 그림으로 나타낼 때, ㉠에 대한 반론의 근거로 가장 적절한 것은?

(가)	인위적으로 동일한 유전 형질을 가진 동물을 만들어 내는 동물 복제는 종의 다양성을 훼손한다. 따라서 동물 복제는 허용되어서는 안 된다.

(나)	대전제 종의 다양성을 훼손하는 행위는 허용되어서는 안 된다. + 소전제 ㉠ ↓ 결론 동물 복제는 허용되어서는 안 된다.

① 동물 복제는 동일한 유전 형질을 가진 동물을 생산한다.
② 동물 복제는 멸종 위기의 동물을 보전하는 방법을 제공한다.
③ 동물 복제는 인위적 유전자 조작으로 종의 다양성을 훼손한다.
④ 동물 복제는 인간의 존엄성을 침해하는 인간 복제로 진행된다.
⑤ 동물 복제는 인간의 권익을 위한 특정 종만으로 생태계를 재편한다.

4. 다음 동양 사상의 입장으로 가장 적절한 것은?

> ○ 그대 무리 중 정직한 사람은 자기 아버지가 양을 몰래 훔친 것을 증언했지만, 우리 무리 중 정직한 사람은 아버지는 자식을 위해 자식은 아버지를 위해 그 사실을 숨겼네. 정직은 그 속에 있다네.
> ○ 자식은 부모가 부르시면 빨리 대답하여 늦지 않도록 한다. 부모가 연세 드시면 늦게 귀가하지 않는다. 부모가 병환 중이시면 자식은 얼굴을 환하게 하지 않고, 웃되 잇몸을 보이는 데 이르지 않으며, 노하되 꾸짖는 데 이르지 않는다.

① 부자유친(父子有親)의 본질은 집단과 상황에 따라 달라져야 한다.
② 부자(父子) 간 정직은 친애[愛]보다 올바름[義]을 우선해야 한다.
③ 자식은 부모의 의중을 살펴서 언행을 삼가며 공대(恭待)해야 한다.
④ 부모를 위하여 자식은 결코 어떠한 감정도 드러내서는 안 된다.
⑤ 효의 정신은 부모와 자식 간의 관계에 국한하여 적용해야 한다.

5. 다음 서양 사상가가 긍정의 대답을 할 질문으로 옳은 것은? [3점]

> 집단과 집단 사이의 관계는 항상 윤리적이기보다는 지극히 정치적이다. 모든 도덕주의자들은 인간의 집단행동이 지닌 야수적 성격과 모든 집단적 관계들에 있는 집단적 이기주의의 힘에 대한 이해를 결여하고 있다. 그들은 사회적 갈등이 인류 역사에서 불가피한 것임을 제대로 인식하지 못한다.

① 개인 윤리적 이타성과 사회 윤리적 정의는 항상 상호 배타적인가?
② 개인들의 자발적 타협이 사회 정의를 실현하는 유일한 방법인가?
③ 개인의 도덕적 선의지 함양은 사회 정의 실현의 충분조건인가?
④ 개인 간 갈등은 도덕적이고 합리적인 방법으로 조정될 수 있는가?
⑤ 개인의 합리적 도덕성은 개인이 속한 집단의 도덕성보다 열등한가?

6. 동양 사상 (가), (나)의 입장으로 적절하지 않은 것은?

> (가) 삶을 모르는데 어찌 죽음을 알겠는가? 새가 죽을 때는 울음소리가 애처롭고, 사람이 죽을 때는 하는 말이 착한 법이라네. 지사(志士)는 삶을 영위하되 인(仁)을 해침이 없고, 자신을 희생함으로써 인을 이룬다네.
>
> (나) 삶과 죽음은 인간의 운명[命]이니, 진인(眞人)은 삶을 기뻐하지도 죽음을 미워하지도 않네. 본래 생명도 형체도 기(氣)도 없었고, 혼돈 속에서 기가 생겨 그것이 변하여 형체가 되고 생명이 되고 죽음이 된 것이라네.

① (가): 도덕적인 가치를 위해서는 자신의 생명을 희생할 수도 있다.
② (가): 사람이 죽음에 임해서는 자기 삶을 성찰하게 되는 법이다.
③ (나): 진인이라 해도 그의 삶과 죽음은 기의 변화에 의한 것이다.
④ (나): 죽음은 인간의 자연스러운 운명이므로 슬퍼할 이유가 없다.
⑤ (가), (나): 해탈하여 세속의 삶과 죽음의 고통에서 벗어나야 한다.

7. 그림의 강연자가 지지할 입장으로 적절하지 않은 것은? [3점]

> 지금까지 남성은 순종이 여성의 본성이라고 여성에게 가르쳐 왔지만 누구도 남녀의 본성을 알 수는 없습니다. 남성과 여성 간 지성의 차이는 사회 환경 요인에 의해 설명될 수 있습니다. 남성에 의한 여성의 법적 예속은 본질적으로 옳지 않을 뿐 아니라 인류의 발전을 저해하는 것입니다. 여성으로 태어난 것이 사회적 지위를 결정하고 다양한 직업으로의 진출을 방해하는 이유가 되어서는 안 됩니다. 재능 활용 기회를 가로막는 것은 개인적으로는 불공평하고 사회적으로는 손실이기 때문입니다. 다른 사람의 권리를 침해하지 않는 한, 여성이든 남성이든 개인의 선택은 전적으로 그 자신에게 맡겨야 합니다.

① 여성을 예속시키는 수단으로 교육을 이용해서는 안 된다.
② 사회적 역할은 남녀의 본성에 따라 적합하게 부여되어야 한다.
③ 여성의 분별력이 근본적으로 열등하다고 단정해서는 안 된다.
④ 양성 평등은 전 인류에게 유용하므로 완전하게 보장해야 한다.
⑤ 남성이 독점해 온 모든 직업을 여성에게 전면 개방해야 한다.

8. 갑, 을 사상가들의 입장만을 〈보기〉에서 있는 대로 고른 것은? [3점]

> 갑: 시민은 한 순간이라도 자신의 양심을 입법자에게 맡겨야 하는가? 우리는 먼저 인간이어야 하고 그다음에 국민이 어야 한다. 단 한 명의 사람이라도 부당하게 가두는 정부 밑에서 의로운 사람이 진정 있을 곳은 감옥이다.
>
> 을: 시민들의 부정의한 법에 대한 불복종은 공유된 정의관에 의해 정당화된다. 이러한 불복종은 거의 정의로운 국가에서 체제의 합법성을 인정하는 시민들에 의해서만 생긴다. 특히 평등한 기본적 자유 원칙의 침해는 굴종이 아니면 반항을 부른다.

〈 보 기 〉

ㄱ. 갑: 개인은 법에 우선하여 양심과 정의에 따라 행동해야 한다.
ㄴ. 을: 시민 불복종은 법에 대한 충실성을 거부하는 정치 행위이다.
ㄷ. 을: 시민 불복종의 대상은 일부의 부정의한 법이나 정책들에 한정된다.
ㄹ. 갑, 을: 정의감에 호소하는 시민 불복종이 비폭력적일 필요는 없다.

① ㄱ, ㄷ   ② ㄱ, ㄹ   ③ ㄴ, ㄹ
④ ㄱ, ㄴ, ㄷ   ⑤ ㄴ, ㄷ, ㄹ

9. (가), (나)의 입장을 〈보기〉에서 고른 것은?

> (가) 소비의 목적은 소비자의 만족감 충족이다. 소비자는 자신의 욕구와 상품에 대한 정보를 바탕으로 소득 범위 내에서 상품을 적절하게 선택하여 최소 비용으로 최대 만족을 얻을 수 있어야 한다.
>
> (나) 소비는 자신을 넘어 사회 및 환경에 이르기까지 영향을 미친다. 따라서 자신에게 돌아오는 직접적인 혜택만 생각하지 말고, 장기적 관점에서 사회와 자연에 미치는 영향도 고려하여 소비해야 한다.

〈 보 기 〉

ㄱ. (가): 자율적 선택권과 최적의 효용은 소비의 필수적 요소이다.
ㄴ. (가): 개인적 선호보다 공공성을 상품 선택 기준으로 삼아야 한다.
ㄷ. (나): 생태적 영향을 고려한 지속 가능한 소비는 소비자의 의무이다.
ㄹ. (가), (나): 인권과 노동의 가치는 소비자가 고려할 사항이 아니다.

① ㄱ, ㄴ   ② ㄱ, ㄷ   ③ ㄴ, ㄷ   ④ ㄴ, ㄹ   ⑤ ㄷ, ㄹ

10. (가)의 갑, 을, 병 사상가들의 입장을 (나) 그림으로 탐구할 때, A~D에 들어갈 옳은 질문만을 〈보기〉에서 있는 대로 고른 것은? [3점]

> (가)
>
> 갑: 모든 형벌은 강도, 지속성, 보편성을 근거로 과도하지 않게 집행되어야 한다. 형벌의 가장 중요한 목적은 처벌을 본보기로 삼아 전체의 효용을 증진하는 것이다.
>
> 을: 모든 인간은 목적으로 대우받아야 한다. 사형은 살인범의 인간성을 훼손할 수 있는 모든 가혹 행위 로부터 살인범의 인격을 존중하는 것이다.
>
> 병: 모든 사람들에게 살인범의 끝없는 비참한 상태를 보여 주는 것이 사형보다 범죄 예방에 더 효과적이다. 형벌의 강도보다 지속성이 사람들에게 더 큰 영향을 준다.

(나)

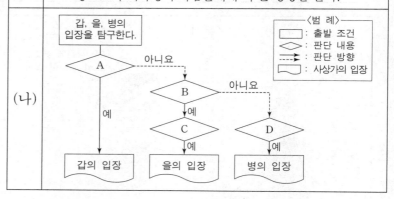

〈 보 기 〉

ㄱ. A: 사회 전체의 이익보다 살인범의 생명권을 우선해야 하는가?
ㄴ. B: 사형은 범죄 억제 목적을 달성하기 위한 응보적 처벌인가?
ㄷ. C: 사형은 살인죄에 대한 동등성 원리에 부합하는 정당한 처벌인가?
ㄹ. D: 사형은 종신형에 비해 처벌의 사회적 효용이 낮은 형벌인가?

① ㄱ, ㄴ   ② ㄱ, ㄷ   ③ ㄷ, ㄹ
④ ㄱ, ㄴ, ㄹ   ⑤ ㄴ, ㄷ, ㄹ

11. 갑, 을의 입장으로 가장 적절한 것은?

> 갑: 예술은 사회에 저항하는 힘을 가져야 한다. 그렇지 않으면 예술은 단순한 상품으로 전락한다. 고급 예술은 상품화되었다 하더라도 자율성을 주장하지만, 대중 문화는 산업을 자처하며 대중을 기만하고 그들의 의식을 속박한다.
>
> 을: 예술은 삶의 일부를 형성한다. 경험으로서 예술 작품은 우리의 삶 속에 존재한다. 오늘날 미적인 것은 모든 삶의 영역 속으로 빨려 들어가고 있다. 삶 속에서도 대중 예술에서도 미적인 것의 구현은 가능하다.

① 갑: 문화 산업은 기존 질서를 옹호하고 사회를 몰개성화한다.
② 갑: 예술 본연의 목적은 일상적 삶의 고통을 잊게 하는 것이다.
③ 을: 대중 예술은 예술과 삶을 통합시키기보다는 분리시킨다.
④ 을: 예술 작품은 삶 속에서 기능하지 않아야 미적 가치를 지닌다.
⑤ 갑, 을: 대중 예술은 감상자를 사유의 주체가 되도록 독려한다.

12. 갑이 을에게 제기할 반론으로 가장 적절한 것은?

> 디지털 익명성은 사람들이 자유롭게 자신의 삶을 계획하고 실현하는 데 매우 중요하기 때문에 일종의 선이라 할 수 있어. 사이버 공간에서 표현의 자유가 정당하게 행사되려면 익명성이 보장되어야 해.

> 디지털 익명성은 사회에 해악을 끼치기 때문에 일종의 악이라 할 수 있어. 사이버 공간에서 익명의 표현은 범죄에 이용되거나 사회적 신뢰와 질서를 해치는 무책임한 행동을 일으키므로 금지되어야 해.

갑 　　　　 을

① 익명성은 그 자체로 가치중립적 성격을 지님을 간과하고 있다.
② 사이버 폭력의 증가가 디지털 익명성에 기인함을 간과하고 있다.
③ 사이버 공간의 실명 공개가 표현의 책임성을 강화함을 간과하고 있다.
④ 사이버 공간의 익명성 규제가 인간의 기본권을 훼손함을 간과하고 있다.
⑤ 익명성 보장이 사회 구성원들 간의 불신을 조장함을 간과하고 있다.

13. 다음 한국 사상가의 입장으로 가장 적절한 것은? [3점]

> 청렴하지 않고서 수령 노릇을 제대로 한 사람은 지금까지 한 명도 없었다. 수령이 청렴하지 않으면 백성들이 그를 도적이라 욕하며 원성이 드높을 것이니, 부끄러운 일이다. 청렴은 큰 장사[賈]이다. 그래서 포부가 큰 사람은 반드시 청렴하고자 한다. 청렴하지 못한 것은 지혜가 모자라기 때문이다. 뇌물을 주고받는 일을 몰래 하지 않겠는가마는 밤에 한 일도 아침이면 드러난다. 선물이 아무리 하찮은 것이라도 신세지는 정[恩情]이 맺어지면 이미 사사로움[私]이 행해진 것이다.

① 청렴은 목민관의 어떤 과오도 면책시켜 주는 지혜로운 덕목이다.
② 청렴한 목민관에게 청백리(淸白吏) 칭호는 관직 상승의 수단이다.
③ 포부가 원대하고 지혜로운 목민관은 부패를 저지르기 마련이다.
④ 백성들의 원성을 사지 않는다면 사사로운 청탁(請託)은 가능하다.
⑤ 목민관의 청렴은 애민(愛民)과 봉공(奉公)을 위해 필요한 덕목이다.

● 2015학년도 수능(고3)

14. (가), (나)의 입장에 대한 옳은 설명만을 〈보기〉에서 있는 대로 고른 것은? [3점]

> (가) 국수의 면과 국물이 주를 이루고 여기에 갖가지 고명이 얹혀 입맛을 돋우듯이, 다른 문화는 색다른 맛을 더해 주는 고명으로 자신의 가치를 살릴 수 있다.
>
> (나) 그릇에 담긴 다양한 야채가 고유의 맛과 색을 유지하면서 전체적인 맛의 조화를 이루듯이, 다양한 인종과 민족들이 각각의 특성을 유지하면서 사회를 형성해야 한다.

　　　　〈보기〉
ㄱ. (가)는 주류 문화를 전제로 한 문화적 다양성을 중시한다.
ㄴ. (나)는 각 문화의 정체성과 가치에 대한 존중을 중시한다.
ㄷ. (가), (나)는 비주류 문화의 주류 문화로의 편입을 중시한다.
ㄹ. (가), (나)는 다양한 문화를 전제로 한 사회 통합을 중시한다.

① ㄱ, ㄷ　　　② ㄴ, ㄷ　　　③ ㄴ, ㄹ
④ ㄱ, ㄴ, ㄹ　　　⑤ ㄱ, ㄷ, ㄹ

15. (가)의 갑, 을, 병 사상가들의 입장을 (나) 그림으로 표현할 때, A~D에 해당하는 적절한 진술만을 〈보기〉에서 있는 대로 고른 것은?

(가)	갑: 우리가 어떤 존재에게 좋은 것 또는 나쁜 것이 있다고 말할 수 있다면, 그 존재는 고유의 선을 갖는다. 모든 생물은 내재적 가치를 지닌 동등한 목적론적 삶의 중심이다. 을: 우리는 지각, 기억, 믿음 등을 지닌 삶의 주체의 내재적 가치를 존중해야 한다. 그들의 가치는 도덕적 행위 능력과 무관하게 존중되어야 한다. 병: 우리는 대지를 사랑과 존중의 대상으로 보아야 한다. 대지와 인간의 윤리적 관계는 대지에 대한 사랑, 존경, 감탄 없이는 지속될 수 없다.
(나)	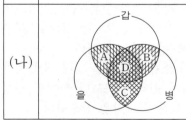 〈범례〉 A : 갑과 을만의 공통 입장 B : 갑과 병만의 공통 입장 C : 을과 병만의 공통 입장 D : 갑, 을, 병의 공통 입장

　　　　〈보기〉
ㄱ. A: 개체론적 관점에서 도덕적 고려 대상의 범주를 설정해야 한다.
ㄴ. B: 생태계 안정에 기여하더라도 무생물은 도덕적 고려 대상이 아니다.
ㄷ. C: 도덕적 행위 능력 유무가 도덕적 고려 대상의 설정 근거는 아니다.
ㄹ. D: 도덕적 고려의 대상을 인간으로 한정하지 말아야 한다.

① ㄱ, ㄴ　　　② ㄱ, ㄹ　　　③ ㄴ, ㄷ
④ ㄱ, ㄷ, ㄹ　　　⑤ ㄴ, ㄷ, ㄹ

16. 다음 글의 입장을 〈보기〉에서 고른 것은? [3점]

> 세계 평화를 위한 특별한 책임이 종교에 있다. 종교들이 일치하는 지점을 찾아가는 것으로부터 세계 평화는 시작된다. 인류는 평화보다 전쟁을, 화해보다 광신을, 대화보다 우월성을 부추기는 종교를 더 이상 용인하지 않는다. 이 세계에 차별의 윤리, 모순의 윤리, 투쟁의 윤리가 사라질 때 비로소 우리는 생존의 기회를 얻을 수 있다. 종교 간 대화 없이 종교의 평화가 있을 수 없고, 종교의 평화 없이 세계의 평화는 있을 수 없다.

> ───── 〈 보 기 〉 ─────
> ㄱ. 종교들이 공유하는 가르침의 실천은 화합과 공존의 토대이다.
> ㄴ. 종교 간의 관용은 세계 평화 실현을 위해 필요한 조건이다.
> ㄷ. 타 종교에 대한 무지와 편견은 현실 세계의 갈등과 무관하다.
> ㄹ. 보편 윤리의 실현과 종교의 단일화는 인류 생존의 조건이다.

① ㄱ, ㄴ　② ㄱ, ㄷ　③ ㄴ, ㄷ　④ ㄴ, ㄹ　⑤ ㄷ, ㄹ

17. 서양 사상가 갑, 을의 입장으로 옳은 것은?

> 갑: 심정 윤리는 소명을 받들어 희생하는 신앙인들처럼 내면의 신념을 견지하는 것을 의미한다. 그에 비해 책임 윤리는 국가의 안위를 좌우하는 지도자들처럼 행위의 결과에 대해 책임지는 것을 의미한다.
> 을: 현대 문명이 초래한 위기를 책임질 수 있는 유일한 존재는 인간이며, 인간은 책임질 수 있는 능력을 지녔다는 것 자체만으로 책임을 갖는다. 이에 우리는 책임지는 행동을 통해 '윤리적 공백'을 극복해야 한다.

① 갑: 정치 영역에서는 책임 윤리보다 심정 윤리를 우선해야 한다.
② 갑: 심정 윤리에서는 행위의 선한 의도가 아닌 결과를 중시한다.
③ 을: 인류가 존속해야 한다는 것은 무조건 따라야 할 정언 명령이다.
④ 을: 자연에 대한 인류의 책임은 예방이 아닌 보상을 위한 것이다.
⑤ 갑, 을: 행위의 의도가 선하다면 결과가 나쁘더라도 책임질 필요가 없다.

18. 갑, 을, 병 사상가들의 입장으로 적절하지 <u>않은</u> 것은? [3점]

> 갑: 정의는 합법적이며 공정한 것을 의미한다. 특수한 정의의 한 종류는 명예, 금전 등의 분배에 관련되는 것이고, 다른 종류는 사람들 간의 거래에 관련되는 것이다.
> 을: 정의는 모든 사람들이 각자 소유하고 있는 것에 대해 소유 권리를 갖는 것이다. 정의의 원리에 따르면 과거의 상황이나 행위는 사물에 대한 응분의 자격을 창조한다.
> 병: 정의는 권리와 의무를 할당하고 사회적 이익을 적절하게 분배하는 원칙들의 역할에 의해 규정된다. 정의의 원칙들은 평등한 최초의 입장에서 합의할 대상이다.

① 갑: 정의로운 분배는 비례적이고 부정의한 분배는 비례에 어긋난다.
② 을: 최소국가보다 기능이 확대된 국가의 도덕적 정당화는 불가능하다.
③ 병: 천부적 재능 분포의 우연성은 그 자체로 부정의한 사실이다.
④ 갑, 병: 정의로운 사회는 각자에게 각자의 당연한 몫을 할당해야 한다.
⑤ 을, 병: 다수의 이익을 명목으로 개인의 자유를 침해해서는 안 된다.

19. (가)의 입장에 비해 (나)의 입장이 갖는 상대적 특징을 그림의 ㉠~㉤ 중에서 고른 것은?

> (가) 과학 기술을 가치중립적인 것으로 간주해서는 안 된다. 과학 기술 연구 및 그 결과 활용에 대한 과학자의 공적인 책임 의식과 외부 규제가 없다면, 인류는 과학 기술에 종속당하여 제어할 수도 없고 돌이킬 수도 없는 불행한 미래에 봉착하게 된다.
> (나) 과학 기술 자체에 선악의 잣대를 적용할 수 없으며, 연구 성과의 활용과 초래되는 결과에 대해 과학자에게 어떠한 책임도 물어서는 안 된다. 외부 간섭에서 벗어나 연구에만 전념할 때 과학 기술은 발전 가능하며, 그 결과 인류는 지속적으로 번영하게 된다.

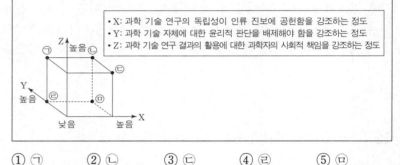

> • X: 과학 기술 연구의 독립성이 인류 진보에 공헌함을 강조하는 정도
> • Y: 과학 기술 자체에 대한 윤리적 판단을 배제해야 함을 강조하는 정도
> • Z: 과학 기술 연구 결과의 활용에 대한 과학자의 사회적 책임을 강조하는 정도

① ㉠　② ㉡　③ ㉢　④ ㉣　⑤ ㉤

20. 그림은 서술형 평가 문제와 학생 답안이다. 학생 답안의 ㉠~㉤ 중 옳지 <u>않은</u> 것은? [3점]

> ### 서술형 평가
>
> ⊙ 문제: 갑, 을의 해외 원조에 대한 입장을 비교하여 서술하시오.
>
> > 갑: 정치 문화는 한 사회의 부와 복지 수준을 결정하는 주된 요인이기 때문에 자원과 부가 빈약한 사회라 할지라도 그 사회는 질서 정연한 사회가 될 수 있다. 이를 유념하여 만민은 고통을 겪는 사회들을 원조해야 한다.
> > 을: 타인은 굶주리고 있는데 우리가 사치품에 돈을 쓰고 있다면, 확실히 우리는 더 많이 기부할 수 있다. 모든 사람의 이익을 동등하게 고려하여, 도덕적으로 상응하는 중요한 것의 희생이 없다면 우리는 마땅히 그들을 도와야 한다.
>
> ⊙ 학생 답안
>
> 　갑, 을의 해외 원조에 대한 입장을 비교해 보면, 갑은 ㉠ <u>원조의 목적을 고통을 겪는 사회가 질서 정연한 만민의 사회의 구성원이 되도록 하는 것</u>이라고 본다. 그는 ㉡ <u>상대적으로 빈곤하지만 질서 정연한 사회에 대해서는 더 이상 원조할 필요가 없다고</u> 주장한다. 이에 비해 을은 ㉢ <u>원조의 목적을 인류 전체의 행복을 증진시키는 것</u>이라고 본다. 그는 ㉣ <u>개인이 아니라 국가만이 원조의 주체가 되어야 한다고</u> 주장한다. 요컨대 해외 원조에서 ㉤ <u>갑은 사회의 정의를, 을은 개인들의 복지를 중시한다.</u>

① ㉠　② ㉡　③ ㉢　④ ㉣　⑤ ㉤

> * 확인 사항
> ○ 답안지의 해당란에 필요한 내용을 정확히 기입(표기)했는지 확인하시오.

REAL

REAL ORIGINAL

수능기출학력평가
7개년 모의고사

생활과 윤리 [해설편]

Contents

※ 수록된 정답률은 실제와 차이가 있을 수 있습니다.
문제 난도를 파악하는데 참고용으로 활용하시기
바랍니다.

01 ④	02 ②	03 ④	04 ③	05 ①
06 ①	07 ④	08 ⑤	09 ③	10 ①
11 ②	12 ①	13 ④	14 ④	15 ③
16 ④	17 ⑤	18 ⑤	19 ⑤	20 ②

채점결과	· 실제 걸린 시간 :	분	초
	· 맞은 문항수 :		개
	· 틀린 문항수 :		개
	· 헷갈린 문항 :		

01 기술 윤리학과 실천 윤리학 정답률 87% | 정답 ④

| 문제 보기 |

(가), (나) 윤리학의 핵심 과제로 가장 적절한 것은?

(가) 윤리학은 개인의 생활 및 사회 구조 속에 존재하는 도덕 현상의 인과 관계에 대한 경험적 지식을 가치 중립적으로 기술하는 데 주력해야 한다.
(나) 윤리학은 타당한 도덕 원리를 바탕으로 생명, 정보, 환경 등 다양한 영역의 도덕 문제에 적용 가능한 실천적 대안을 모색하는 데 주력해야 한다.

① (가) : 삶의 방향 정립을 위한 도덕 원리를 탐구하는 것이다.
② (가) : 윤리학이 학문으로서 성립 가능한지를 검토하는 것이다.
③ (나) : 도덕 명제를 구성하는 개념의 의미를 분석하는 것이다.
④ (나) : 도덕 문제 해결을 위한 구체적 지침을 제공하는 것이다.
⑤ (가)와 (나) : 도덕 추론의 과정이 타당한지를 논증하는 것이다.

● 왜 정답일까?

(가)는 기술 윤리학, (나)는 실천 윤리학이다. 실천 윤리학은 도덕 문제 해결을 위한 구체적인 행위 지침 제시를 핵심 과제로 삼는다.

02 삶과 죽음에 대한 입장 정답률 68% | 정답 ②

| 문제 보기 |

갑, 을 사상가들의 입장으로 적절한 것만을 〈보기〉에서 고른 것은?

갑 : 모든 좋고 나쁨은 감각에 달려 있다. 우리가 존재하는 동안 죽음은 우리와 함께 있지 않으며, 죽음이 오면 이미 우리는 존재하지 않는다. 그러므로 죽음은 우리에게 아무것도 아니다.
을 : 중생은 탐욕, 성냄, 어리석음으로 인해 생로병사의 고통에서 벗어날 수 없다. 그러므로 수행을 통해 삼독(三毒)을 끊어내면 해탈의 경지에 이르게 된다.

< 보 기 >
ㄱ. 갑 : 자신의 죽음을 경험할 수 있다고 생각해서는 안 된다.
ㄴ. 을 : 중생은 열반에 이르러야 다음 생의 행복을 보장받는다.
ㄷ. 을 : 불멸(不滅)을 갈망하는 인간에게는 생사가 반복된다.
ㄹ. 갑과 을 : 인간의 영혼은 죽음 이후에도 사라지지 않는다.

① ㄱ, ㄴ ② ㄱ, ㄷ ③ ㄴ, ㄷ ④ ㄴ, ㄹ ⑤ ㄷ, ㄹ

● 왜 정답일까?

갑은 에피쿠로스, 을은 석가모니이다. 석가모니는 불멸을 갈망하는 인간은 윤회의 굴레에서 벗어날 수 없다고 보았다.

03 평화에 대한 칸트의 입장 정답률 48% | 정답 ④

| 문제 보기 |

다음을 주장한 사상가의 입장으로 가장 적절한 것은? [3점]

국가는 국가 자신을 제외하고는 어느 누구에 의해서도 명령이나 지배를 받지 않는다. 한 국가를 다른 국가에 병합시킨다면, 그것은 도덕적 인격체로서의 국가의 지위를 파괴하는 것이며 국가를 물건으로 간주하는 것이다. 평화 연맹은 국가의 권력에 대한 어떤 지배를 목표로 하지 않는다. 이 연맹은 국가 자체의 자유를 지속시키고 보호하며, 별다른 이유가 없는 한 다른 국가들의 자유를 보호하고 지속시킬 뿐이다.

① 모든 국가는 이방인에 대한 환대권을 무조건 보장해야 한다.
② 국가 간 평화 조약으로 국제 사회의 영원한 평화가 보장된다.
③ 영구 평화 실현을 위해서는 어떠한 전쟁도 허용되면 안 된다.
④ 국가 간 평화 보장을 위해서는 법적 근거가 마련되어야 한다.
⑤ 국가의 주권은 평화를 지향하는 국제 연맹에 양도되어야 한다.

● 왜 정답일까?

제시문은 칸트의 주장이다. 칸트는 국가 간 평화 실현을 위해서는 국제법과 같은 법적 근거가 마련되어야 한다고 보았다.

04 시민 불복종에 대한 롤스의 입장 정답률 46% | 정답 ③

| 문제 보기 |

다음을 주장한 사상가의 입장으로 적절한 것만을 〈보기〉에서 있는 대로 고른 것은? [3점]

시민 불복종을 통해서 우리는 공동 사회의 다수자가 갖는 정의감을 나타내게 되고, 자유롭고 평등한 사람들 사이에서 사회 협동체의 원칙이 존중되지 않고 있음을 선언하게 된다. 시민 불복종은 신중하고 양심적인 정치적 신념의 표현인 청원의 한 형태이기에 은밀히 혹은 비밀리에 행해지는 것이 아니라 공개 석상에서 이루어진다.

< 보 기 >
ㄱ. 시민 불복종은 항의의 대상이 되는 법을 위반할 때만 정당화된다.
ㄴ. 정치 체제의 효율성을 위해 시민 불복종에 대한 제약이 있을 수 있다.
ㄷ. 정의의 원칙과 일치하는 종교적 신념은 시민 불복종의 근거가 될 수 있다.
ㄹ. 시민의 평등한 기본적 자유를 현저하게 침해한 정책은 시민 불복종의 대상이 된다.

① ㄱ, ㄴ ② ㄱ, ㄷ ③ ㄴ, ㄹ
④ ㄱ, ㄷ, ㄹ ⑤ ㄴ, ㄷ, ㄹ

● 왜 정답일까?

제시문은 롤스의 주장이다.
롤스는 시민 불복종은 정치 체제의 효율성을 고려하여 실행되어야 한다고 보았다.

05 통일에 대한 입장 정답률 80% | 정답 ①

| 문제 보기 |

(가)의 입장에 비해 (나)의 입장이 갖는 상대적 특징을 그림의 ㉠ ~ ㉤ 중에서 고른 것은?

(가) 한반도에서 전쟁 위험이 해소되어야 하는 가장 주요한 이유는 경제적 이익의 증진이다. 분단으로 인한 전쟁 위험은 남북한 주민의 정치적 자유를 제한할 수도 있다. 하지만 소모적인 군사비 지출과 같은 문제가 분단의 더욱 큰 폐해이다. 따라서 통일의 궁극적 목표는 한반도의 경제적 번영이다.
(나) 한반도에서 전쟁 위험이 해소되어야 하는 가장 주요한 이유는 적극적 평화의 실현이다. 분단으로 인한 전쟁 위험은 남북한의 경제에 부정적 영향을 끼칠 수도 있다. 하지만 북한의 주민의 정치적 자유를 억압하는 구조적 폭력이 지속되는 것이 분단의 더욱 큰 폐해이다. 따라서 통일의 궁극적 목표는 한반도 내 모든 폭력의 제거이다.

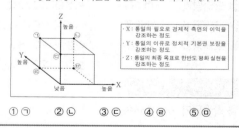

X : 통일의 필요로 경제적 측면의 이익을 강조하는 정도
Y : 통일의 이유로 정치적 기본권 보장을 강조하는 정도
Z : 통일의 최종 목표로 한반도 평화 실현을 강조하는 정도

① ㉠ ② ㉡ ③ ㉢ ④ ㉣ ⑤ ㉤

● 왜 정답일까?

(가)는 통일의 이유로 경제적 번영을 강조하는 입장이고, (나)는 평화 실현을 강조하는 입장이다.

06 장자와 공자의 사상적 입장 정답률 58% | 정답 ①

| 문제 보기 |

갑, 을 사상가들 모두가 긍정의 대답을 할 질문으로 가장 적절한 것은?

갑 : 옳음으로 말미암아 그릇됨이 있고, 그릇됨으로 말미암아 옳음이 있다. 성인(聖人)은 이쪽과 저쪽의 구분에 의거하지 않고 하늘[天]에 비추어 생각한다.
을 : 군자(君子)가 인(仁)을 떠나면 어찌 군자라는 이름을 이룰 수 있겠는가. 군자는 밥을 먹는 동안에도 인을 떠남이 없으니, 다급한 상황에서도 반드시 인에 머문다.

① 마음의 수양을 통해 도(道)를 따르며 살아가야 하는가?
② 인위적인 규범에서 벗어나 무위의 삶을 추구해야 하는가?
③ 차별 없는 사랑[兼愛]을 인의 출발점으로 삼아야 하는가?
④ 시비선악을 분별하고 자연의 질서에 순응하며 살아야 하는가?
⑤ 성인이 제정한 예를 바탕으로 만물을 평등하게 대해야 하는가?

● 왜 정답일까?

갑은 장자, 을은 공자이다.
장자와 공자는 모두 마음의 수양을 통해 도를 따르는 삶을 살아가야 한다고 보았다.

07 원조에 대한 싱어와 롤스의 입장 정답률 61% | 정답 ④

| 문제 보기 |

갑, 을 사상가들의 입장으로 적절한 것만을 〈보기〉에서 고른 것은? [3점]

갑 : 이익 평등 고려의 원칙에 따르면 어떤 공동체의 구성원이 나가 원조의 의무에 결정적인 차이점을 만들어 낸다는 견해는 도덕적으로 정당화되기 어렵다.
을 : 고통받는 사회가 질서 정연한 사회의 구성원이 되어 원조의 목적이 달성되면, 정의로운 제도들을 지속하는 데 필요한 것을 넘어서는 요구는 정당화되기 어렵다.

< 보 기 >
ㄱ. 갑 : 국내 부조가 해외 원조보다 우선되어야 하는 경우는 존재하지 않는다.
ㄴ. 을 : 해외 원조의 목적 달성은 원조 대상국의 기근 해소에 도움이 될 수 있다.
ㄷ. 을 : 질서 정연한 사회를 규제하는 모든 정의 원칙을 해외 원조에 적용해야 한다.
ㄹ. 갑과 을 : 해외 원조는 원조 대상국의 정치적 상황에 따라 중단될 수 있다.

① ㄱ, ㄴ ② ㄱ, ㄷ ③ ㄴ, ㄷ ④ ㄴ, ㄹ ⑤ ㄷ, ㄹ

● 왜 정답일까?

갑은 싱어, 을은 롤스이다.
싱어와 롤스는 원조 대상국의 정치적 상황에 따라 원조가 중단될 수 있다고 보았다.

● 왜 오답일까?

ㄷ. 롤스는 정의로운 사회를 규제하는 정의의 원칙 중 차등의 원칙은 해외 원조에 적용될 수 없다고 보았다.

08 담론 윤리에 대한 하버마스의 입장 정답률 75% | 정답 ⑤

| 문제 보기 |

다음을 주장한 사상가의 입장으로 가장 적절한 것은?

담론 윤리의 중요한 특징은 다음과 같다. 담론 과정에 적절하게 기여하는 한 아무도 배제되지 않는다. 그리고 모든 참여자는 담론 과정에 기여할 수 있는 똑같은 기회를 부여받는다. 또한, 의사소통은 외적 강제와 내적 강제로부터 자유로워야 한다.

① 담론을 거쳐 도출된 결론에 대해서는 재논의가 허용될 수 없다.
② 담론의 과정에서 참여자는 사적인 욕구를 표현해서는 안 된다.
③ 담론 참여자는 다수결의 원칙을 통해 타당한 규범에 도달한다.
④ 담론을 통해 합의를 이루지 못한 경우에만 강제력이 요청된다.
⑤ 담론 참여자는 상호 주관적 합의를 통해 갈등을 해결해야 한다.

● 왜 정답일까?

제시문은 하버마스의 주장이다.
하버마스는 담론을 통한 상호 주관적 합의에 기초하여 갈등을 해결해야 한다고 보았다.

09 성에 대한 입장
정답률 51% | 정답 ③

| 문제 보기 |

⊙에 들어갈 진술로 가장 적절한 것은? [3점]

> 나는 성적 쾌락 추구 그 자체가 성적 관계의 목적이 될 수 있다고 생각한다. 따라서 성숙한 성인(成人)들이 상호 동의하고, 타인에게 해를 끼치지 않는다면 그러한 성적 관계는 도덕적으로 정당화될 수 있다. 그런데 어떤 사람들은 사랑으로 결합된 부부 사이에서 출산과 양육을 목적으로 한 성적 관계만이 도덕적으로 정당화된다고 주장한다. 나는 이러한 주장이 ⊙ 고 생각한다.

① 쾌락을 위한 성적 관계는 도덕적 평가 대상이 아님을 간과한다
② 자발적 성적 관계에는 어떤 책임도 부과되지 않음을 간과한다
③ 생식적 가치 존중 없이 성적 관계 정당화가 가능함을 간과한다
④ 성적 관계의 정당화에 인격적 가치 존중이 필요함을 간과한다
⑤ 사랑하는 사이의 성적 관계도 비도덕적일 수 있음을 간과한다

● 왜 정답일까?
제시문의 '나'는 자유주의 입장이고, '어떤 사람들'은 보수주의 입장이다.
자유주의에서는 생식적 가치의 존중 없이도 성적 관계의 정당화가 가능하다고 본다.

10 자연에 대한 입장
정답률 27% | 정답 ①

| 문제 보기 |

(가)의 갑, 을, 병 사상가들의 입장을 (나) 그림으로 표현할 때, A~D에 해당하는 적절한 진술만을 <보기>에서 있는 대로 고른 것은? [3점]

(가)	갑 : 동물에 관한 한, 우리는 직접적 의무가 없다. 동물과 관련한 우리의 의무는 단지 인간에 대한 간접적인 의무일 따름이다. 을 : 목적론적 삶의 중심이라면 어떤 존재도 다른 존재보다 더 가치 있다고 간주되지 않는다. 동식물의 선의 실현도 그 자체로 가치로 인정된다. 병 : 삶의 주체에는 단순히 의식을 갖는다는 것 이상이 포함된다. 삶의 주체는 동등한 본래적 가치를 지니며 존중의 태도로 처우받을 권리를 공유한다.
(나)	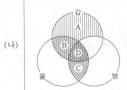 <범 례> A : 갑만의 입장 B : 갑과 을만의 공통 입장 C : 을과 병만의 공통 입장 D : 갑, 을, 병의 공통 입장

< 보 기 >
ㄱ. A : 목적 그 자체가 될 수 있는 존재라면 도덕 행위자로 간주해야 한다.
ㄴ. B : 쾌고 감수 능력은 도덕적 지위 여부를 결정하는 기준에 해당하지 않는다.
ㄷ. C : 인간의 가치 평가에서 독립하여 가치를 지닌 존재의 이용은 해악보다 이익이 크다면 정당화된다.
ㄹ. D : 생명을 지니고 있는 개체만이 의무의 대상이 될 수 있다.

① ㄱ, ㄴ   ② ㄱ, ㄷ   ③ ㄷ, ㄹ
④ ㄱ, ㄴ, ㄷ   ⑤ ㄴ, ㄷ, ㄹ

● 왜 정답일까?
(가)의 갑은 칸트, 을은 테일러, 병은 레건이다.
칸트는 이성, 테일러는 생명을 기준으로 도덕적 지위 여부를 결정할 수 있다고 보았다.
레건은 삶의 주체로서 도덕적 지위를 갖기 위해서는 쾌고 감수 능력이 필요하다고 보았다.

● 왜 오답일까?
ㄹ. 테일러가 주장한 불간섭의 의무에 따르면 개별 유기체뿐만 아니라 생태계도 의무의 대상이 된다.

11 책임 윤리에 대한 요나스의 입장
정답률 74% | 정답 ②

| 문제 보기 |

다음을 주장한 사상가의 입장으로 적절하지 않은 것은? [3점]

> 전통 윤리학의 모든 도덕적 명령은 행위의 직접적인 영역에 제한되어 있었다. 그러나 현대 기술이 산출한 행위들의 규모와 대상 및 결과는 너무 새로운 것이기에 전통 윤리의 틀로는 더 이상 파악할 수 없다. 우리의 행위가 가지는 새로운 종류의 본성은 새로운 책임 윤리를 요청한다.

① 현세대는 인류가 미래에도 존속할 수 있도록 노력해야 한다.
② 과학 기술에 대한 공포는 윤리적 책임의 범위를 축소시킨다.
③ 현세대에게는 미래 세대에 대한 일방적인 윤리적 책임이 있다.
④ 인간이 책임져야 할 대상에는 비이성적 존재가 포함될 수 있다.
⑤ 인간의 책임질 수 있는 능력에서 책임져야 할 의무가 비롯된다.

● 왜 정답일까?
제시문은 요나스의 주장이다.
요나스는 과학 기술에 대한 공포를 바탕으로 윤리적 책임의 범위가 확대되어야 한다고 보았다.

12 칸트의 사상적 입장
정답률 76% | 정답 ①

| 문제 보기 |

다음을 주장한 사상가의 입장에서 <문제 상황> 속 A에게 제시할 조언으로 가장 적절한 것은?

> 이성적인 존재는 자기 자신뿐만 아니라 다른 모든 이성적인 존재를 결코 단순히 수단으로만 대우해서는 안 되고, 언제나 동시에 목적 그 자체로 대우해야 한다.
>
> <문제 상황>
> 고등학생 A는 세뱃돈으로 무선 이어폰을 동생에게 사주기로 한 약속을 지킬지, 평소 후원하는 단체로부터 받은 감사 편지에 감동하여 추가로 기부할지 고민 중이다.

① 인간이 마땅히 따라야 할 의무를 동기로 삼아 행위하세요.
② 어떤 대안이 최선의 결과를 낳을지를 계산하여 행위하세요.
③ 자신의 주변 사람들로부터 인정받을 수 있도록 행위하세요.
④ 지적인 덕과 품성적 덕을 갖춘 사람을 본받아서 행위하세요.
⑤ 자신의 선택에 따른 쾌락의 질적 차이를 고려하여 행위하세요.

● 왜 정답일까?
제시문은 칸트의 주장이다.
칸트는 의무론의 입장에서 A에게 인간이 마땅히 따라야 할 의무를 지키라고 조언할 것이다.

13 사회 계약에 대한 루소와 로크의 입장
정답률 42% | 정답 ③

| 문제 보기 |

갑, 을 사상가들의 입장으로 적절한 것만을 <보기>에서 있는 대로 고른 것은?

> 갑 : 우리 각자는 공동으로 자신의 인격과 모든 힘을 일반 의지의 최고 지도 아래에 둔다. 그리고 우리는 단체로서 각 구성원을 전체의 분리 불가능한 부분으로 받아들인다.
> 을 : 자연 상태는 비교적 평화로우나 공평무사한 재판관이 없는 상태다. 이 상태에서 각자가 모두 자연법의 집행권을 포기하고 그것을 공동체에게 신탁하는 곳에서만 정치 사회가 존재하게 된다.

< 보 기 >
ㄱ. 갑 : 일반 의지는 언제나 올바르며 공공의 선을 지향한다.
ㄴ. 을 : 재산에 대한 권리는 사회 계약에 의해서만 형성된다.
ㄷ. 갑과 을 : 계약 참여자들의 만장일치의 동의로 사회 계약이 성립한다.

① ㄱ   ② ㄴ   ③ ㄱ, ㄷ
④ ㄴ, ㄷ   ⑤ ㄱ, ㄴ, ㄷ

● 왜 정답일까?
갑은 루소, 을은 로크이다. 루소와 로크는 사회 계약 참여자들이 만장일치로 동의할 때 사회 계약이 성립한다고 보았다.

14 직업 윤리에 대한 입장
정답률 81% | 정답 ②

| 문제 보기 |

갑, 을 사상가들의 입장으로 가장 적절한 것은?

> 대인(大人)의 일이 있고 소인(小人)의 일이 있습니다. 남에게 다스려지는 자는 남을 먹여주고 남을 다스리는 자는 남에게 얻어먹는 것이 천하의 공통된 의리[義]입니다.

> 사람마다 국가 안에서 자신의 천성에 가장 어울리는 한 가지 일에 종사합니다. 국가의 세 계층이 자신의 일을 하고 남의 일에 간섭하지 않는 것이 정의(正義)입니다.

① 갑 : 대인과 소인은 모두 생산을 위한 육체노동에 힘써야 한다.
② 갑 : 통치자와 백성의 직분은 구분이 되면서도 상호 보완적이다.
③ 을 : 정의로운 국가에서는 수호자의 재산 축적을 허용해야 한다.
④ 을 : 계층 간 역할 교환을 바탕으로 사회 질서를 유지해야 한다.
⑤ 갑과 을 : 모든 구성원에게 동일한 직무가 주어질 때 정의로운 국가가 완성된다.

● 왜 정답일까?
갑은 맹자, 을은 플라톤이다.
맹자는 통치자와 백성의 직분이 상호 보완적이라고 보았다.

15 분배적 정의에 대한 입장
정답률 32% | 정답 ③

| 문제 보기 |

(가)의 사상가 갑, 을의 입장을 (나) 그림으로 탐구하고자 할 때, A~C에 들어갈 적절한 질문만을 <보기>에서 있는 대로 고른 것은? [3점]

(가)	갑 : 공정으로서의 정의에 있어서 평등한 원초적 입장의 당사자들은 자신이 선이라고 생각하는 것을 증진시킨다. 이들은 모든 당사자들이 받아들일 수 있는 원칙에 합의하게 된다. 을 : 소유권적 정의론에서 한 사람의 소유물은 취득, 이전, 시정의 원리에 의해 권리를 부여받았으면 정당한 것이다. 각 개인의 소유물이 정당하다면 소유물의 전체 집합도 정당하다.
(나)	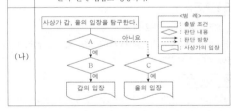

< 보 기 >
ㄱ. A : 사회 전체의 이익을 최대화하는 것이 최우선의 분배 원칙이 되어야 하는가?
ㄴ. B : 정의로운 사회의 시민은 타인의 복리에 관심을 가져야 하는가?
ㄷ. C : 정의의 원칙을 채택할 때 공정한 분배 결과에 대한 독립된 기준이 필수적으로 요구되는가?
ㄹ. C : 자유롭게 이전받은 배타적 소유권도 제한될 수 있는가?

① ㄱ, ㄴ   ② ㄱ, ㄷ   ③ ㄴ, ㄹ
④ ㄱ, ㄷ, ㄹ   ⑤ ㄴ, ㄷ, ㄹ

● 왜 정답일까?
갑은 롤스, 을은 노직이다.
노직은 최초 취득이 정당하지 못할 경우, 자유롭게 이전받은 소유물에 대한 소유권도 제한될 수 있다고 보았다.

● 왜 오답일까?
ㄷ. 롤스는 공정한 분배 결과에 대한 독립적 기준이 없다고 보았다. 그 대신에 분배 절차의 공정성으로 분배 결과의 정의가 보장된다고 보았다.

16 예술에 대한 플라톤과 와일드의 입장
정답률 63% | 정답 ④

| 문제 보기 |

갑, 을 사상가들의 입장으로 가장 적절한 것은? [3점]

갑 : 좋은 리듬은 좋은 품성을 갖게 한다. 반면에 나쁜 리듬은
　　나쁜 성격을 닮게 한다. 쾌락을 담아낸 예술 작품 속에서
　　자란 젊은이들은 자신도 모르게 나쁜 습성을 형성한다.
을 : 예술가는 아름다운 것을 창조하는 사람이다. 예술가는
　　윤리적 동정심을 갖지 않는다. 예술가에게 윤리적 동정
　　심은 용서받을 수 없는 매너리즘이다.

① 갑 : 미를 추구하는 예술 활동은 선의 추구를 지양해야 한다.
② 갑 : 예술가의 자유를 보장할수록 예술을 통해 선이 증진
　　된다.
③ 을 : 도덕적 삶은 예술가가 다루는 소재에서 제외되어야
　　한다.
④ 을 : 예술 활동에서의 도덕성 추구는 작품의 독창성을 저해
　　한다.
⑤ 갑과 을 : 예술은 작품을 통해 도덕적 본보기를 제공해야
　　한다.

● 왜 정답일까?
갑은 플라톤, 을은 와일드이다.
와일드는 예술 활동 과정에서 도덕적 가치를 추구하다 보면 작
품의 독창성이 저해된다고 보았다.

17 교정적 정의에 대한 입장　정답률 43% | 정답 ①

| 문제 보기 |
갑, 을 사상가들의 입장으로 적절한 것만을 〈보기〉에서 있는
대로 고른 것은? [3점]

> 갑 : 사회 계약의 산물인 법은 오로지 '최대 다수가 공유하는
> 　　최대 행복'을 목표로 해야 한다. 사형은 잔혹한 형벌로
> 　　공공의 선에 유용하지 않으므로 부당하다.
> 을 : 사회 계약에 사형이 포함될 수 없다는 것은 법의 왜곡이
> 　　다. 살인했거나 살인에 참여했던 자는 사형에 처해야 한
> 　　다. 응보법만이 형벌의 질과 양을 정할 수 있다.

> 〈 보 기 〉
> ㄱ. 갑 : 형벌의 목적은 시민의 유사한 범죄를 예방하는 것이다.
> ㄴ. 갑 : 종신 노역형은 시민뿐만 아니라 범죄자의 이익을 위
> 　　해서도 집행되어야 한다.
> ㄷ. 을 : 사형은 살인범의 범죄 행위에 대해 보복하는 것이다.
> ㄹ. 갑과 을 : 형벌로 인한 공익이 형벌의 해악보다 커야 한다.

① ㄱ, ㄷ　　　② ㄱ, ㄹ　　　③ ㄴ, ㄹ
④ ㄱ, ㄴ, ㄷ　　⑤ ㄴ, ㄷ, ㄹ

● 왜 정답일까?
갑은 베카리아, 을은 칸트이다.
베카리아는 공리주의 입장에서 형벌의 목적은 범죄 행위의
예방에 있다고 보았다.

● 왜 오답일까?
ㄴ. 베카리아는 형벌이 범죄자의 이익을 위해서가 아니라 시민
의 이익을 위해 집행되어야 한다고 보았다.

18 문화 산업에 대한 아도르노의 입장　정답률 66% | 정답 ⑤

| 문제 보기 |
그림의 강연자가 지지할 입장으로 가장 적절한 것은?

> 여가는 문화 산업이 제공하는 획일적 생
> 산물로 채워집니다. 소비자의 욕구는 문
> 화 산업에 의해 이미 결정된 것입니다.
> 문화 산업은 무미건조한 행복을 흥미 있
> 는 것으로 보이게 만들며, 대중이 즐긴다
> 는 것은 무엇인가에 대해 더 이상 생각하
> 지 않는다는 것이 됩니다. 자본주의적 생
> 산은 소비자가 자신들에게 제공된 것을
> 받아들이도록 묶어 놓습니다. 오늘날 문
> 화 산업은 규격품을 만들듯이 인간을 재
> 생산하려 듭니다.

① 문화 산업은 대중이 주체적으로 사유할 수 있도록 도와준다.
② 문화 산업은 현실의 모습을 있는 그대로 반영하려 노력한다.
③ 문화 산업은 고유성을 지닌 상품 생산을 주된 목표로 삼는다.
④ 문화 산업은 생산자가 아닌 소비자의 욕구에 기반해 확산
　　된다.
⑤ 문화 산업은 체제의 지배 이념을 정당화하는 도구로 기능
　　한다.

● 왜 정답일까?
그림의 강연자는 아도르노이다.

아도르노는 문화 산업이 대중의 의식을 조작함으로써 체제의 지
배 이념을 정당화하는 도구로 기능한다고 보았다.

19 안락사에 대한 윤리적 쟁점을 이해　정답률 60% | 정답 ⑤

| 문제 보기 |
(가)의 주장을 (나) 그림으로 나타낼 때, ㉠에 대한 반론의 근거
로 가장 적절한 것은? [3점]

(가)	안락사는 회생 불가능한 환자의 극심한 고통을 제거하여 환자를 인간답게 죽을 수 있게 하므로 허용되어야 한다.

(나)	대전제 환자를 인간답게 죽을 수 있게 + 소전제 ㉠
	결론 회생 불가능한 환자의 극심한 고통을 제거할 수 있는 안락사는 허용되어야 한다.

① 안락사는 환자의 삶의 질을 고려하여 허용될 수 있다.
② 안락사는 환자가 지닌 자기 결정권을 존중하는 행위이다.
③ 안락사는 환자의 인간 존엄성을 유지하기 위한 방법이다.
④ 안락사는 환자의 고통 없이 죽을 수 있는 권리를 보장한다.
⑤ 안락사는 환자가 가진 생명권을 침해하는 인위적 죽음이다.

● 왜 정답일까?
소전제 ㉠은 '회생 불가능한 환자의 극심한 고통을 제거할 수 있
는 안락사는 환자를 인간답게 죽을 수 있게 하는 행위이다.'이다.
이에 대해 '안락사는 환자가 가진 생명권을 침해하는 인위적 죽음
이다.'는 주장은 반론의 근거가 될 수 있다.

20 인공 지능 교사 도입의 윤리적 쟁점　정답률 82% | 정답 ②

| 문제 보기 |
다음 토론의 핵심 쟁점으로 가장 적절한 것은?

> 갑 : 글쓰기 수행 평가를 채점하는 인공 지능 교사(AI 교사)
> 　　도입에 대해 찬성합니다. 왜냐하면 자동화된 채점으로
> 　　업무의 효율성이 높아지기 때문입니다.
> 을 : 효율성 차원에서는 AI 교사 도입을 찬성하지만, 채점의
> 　　공정성 문제가 먼저 해결되어야 합니다. 왜냐하면 어떤
> 　　알고리즘으로 채점하느냐에 따라 채점 결과가 달라지기
> 　　때문입니다.
> 갑 : 아닙니다. AI 교사는 일률적으로 평가할 수 있는 채점
> 　　알고리즘을 채택해 적용하므로 채점의 공정성 문제는 발
> 　　생하지 않습니다. 오히려 다양한 채점 알고리즘 적용으
> 　　로 글쓰기가 다양해지는 효과를 얻을 수 있습니다.
> 을 : AI 교사의 도입으로 평가 기준이 일률적으로 적용될 수
> 　　있지만 평가 기준 자체가 편향적이어서 공정성 문제는
> 　　해결되지 않습니다. 더욱이 특정 알고리즘에 대비하다 보
> 　　면 글쓰기가 정형화되면서 다양한 글쓰기가 위축됩니다.

① AI 교사는 일률적인 평가 기준을 적용할 수 있는가?
② AI 교사 도입은 채점의 공정성을 담보할 수 있는가?
③ AI 교사 도입은 학생들의 글쓰기에 영향을 끼치는가?
④ AI 교사 도입으로 수행 평가 채점 시간이 줄어드는가?
⑤ AI 교사 도입에 있어 효율성이 고려되어야 할 조건인가?

● 왜 정답일까?
갑은 인공 지능 교사가 채점의 공정성을 담보할 수 있다는 입장
이고, 을은 인공 지능 교사가 채점의 공정성을 담보할 수 없다는
입장이다.

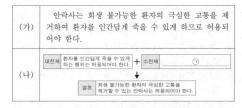

| ● 고3 생활과 윤리 ②
02 회　2023학년도 3월

01 ⑤	02 ④	03 ②	04 ⑤	05 ③
06 ②	07 ⑤	08 ⑤	09 ④	10 ①
11 ①	12 ⑤	13 ①	14 ⑤	15 ③
16 ④	17 ④	18 ⑤	19 ①	20 ③

채점결과	· 실제 걸린 시간 :	분　　초
	· 맞은 문항수 :	개
	· 틀린 문항수 :	개
	· 헷갈린 문항 :	

01 실천 윤리학과 메타 윤리학　정답률 79% | 정답 ⑤

| 문제 보기 |
㉠에 들어갈 진술로 가장 적절한 것은?

> 나는 윤리학이 환경, 생명, 정보 등의 분야에서 발생하는
> 윤리 문제에 대해 실천적인 해결 방안을 모색하는 것에 중점
> 을 두어야 한다고 생각한다. 그런데 어떤 사람은 윤리학이
> 도덕적 언어의 의미를 분석하고, 도덕 판단의 논리적 타당성
> 을 입증하는 것에 중점을 두어야 한다고 주장한다. 나는 이
> 러한 주장이 윤리학의 주요 과제가 _____ ㉠ 고 생각한다.

① 도덕적 논의의 인식론적 구조에 대한 분석임을 간과한다
② 도덕 추론의 정당성 검증을 위한 논리 분석임을 간과한다
③ 도덕 판단을 위한 보편적 도덕 법칙의 정립임을 강조한다
④ 도덕 현상에 대한 경험적 조사와 객관적 서술임을 강조한다
⑤ 도덕 문제 해결을 위한 구체적 행위 지침의 제시임을 간과
　　한다

● 왜 정답일까?
제시문의 '나'는 실천 윤리학의 입장이고, '어떤 사람'은 메타 윤리
학의 입장이다.
실천 윤리학은 도덕 문제 해결을 위한 구체적인 행위 지침을 제시
한다.

02 담론 윤리에 대한 하버마스의 입장　정답률 74% | 정답 ④

| 문제 보기 |
다음을 주장한 사상가의 입장으로 적절한 것만을 〈보기〉에서
있는 대로 고른 것은? [3점]

> 의사소통의 합리성을 실현하기 위한 이상적 담론은 다음
> 조건들을 충족해야 한다. 의사소통 과정에 참여한 사람들은
> 참된 진술을 해야 하고, 서로 이해할 수 있는 말을 해야 한
> 다. 또한 누구나 평등하게 담론에 참여하고, 어떤 주장이든
> 자유롭게 표현할 수 있어야 한다. 이러한 조건들을 통해 의
> 사소통의 합리성을 실현해야 보편타당한 규범을 도출할 수
> 있다.

> 〈 보 기 〉
> ㄱ. 담론 참여자는 다수가 지지하는 주장을 비판할 수 있다.
> ㄴ. 담론 참여자 다수가 동의한 모든 규범은 타당성을 지닌다.
> ㄷ. 담론 참여자는 자신의 이익을 위한 선호를 표현할 수 있다.
> ㄹ. 담론 참여자는 합의의 결과로 인한 부작용도 수용해야 한다.

① ㄱ, ㄴ　　　② ㄱ, ㄷ　　　③ ㄴ, ㄹ
④ ㄱ, ㄷ, ㄹ　　⑤ ㄴ, ㄷ, ㄹ

● 왜 정답일까?
제시문은 하버마스의 주장이다. 하버마스는 담론 참여자들이 어
떤 주장이든 자유롭게 표현할 수 있으며, 담론을 통해 합의한 결
과와 부작용도 수용해야 한다고 보았다.

03 삶과 죽음에 대한 입장　정답률 86% | 정답 ②

| 문제 보기 |
갑, 을 사상가들의 입장으로 가장 적절한 것은?

> 갑 : 죽음은 감각의 상실이므로 우리에게 아무것도 아니다.
> 　　이를 제대로 알게 되면 가사성(可死性)도 즐겁게 된다.
> 　　그러한 앎이 불멸에 대한 갈망을 제거해 주기 때문이다.

을 : 고통의 소멸로 이끄는 길을 알지 못하는 사람은 결코 윤회(輪廻)를 끝낼 수가 없다. 그들은 태어남과 죽음을 끊임없이 반복하여 겪는다.

① 갑 : 죽음은 고통이므로 죽음을 최고의 악으로 인식해야 한다.
② 갑 : 죽음을 두려움의 대상으로 여기는 인식에서 벗어나야 한다.
③ 을 : 연기의 법칙을 깨달아 고정불변의 자아를 확립해야 한다.
④ 을 : 윤회를 통해 모든 고통이 저절로 소멸됨을 깨달아야 한다.
⑤ 갑과 을 : 내세의 영원한 삶을 위해 현실의 삶에 충실해야 한다.

● 왜 정답일까?
갑은 에피쿠로스, 을은 석가모니이다. 에피쿠로스는 죽음에 대한 바른 인식을 통해 죽음을 두려워해서는 안 된다고 보았다.

04 교정적 정의에 대한 입장
정답률 50% | 정답 ⑤

| 문제 보기 |
(가)의 갑, 을, 병 사상가들의 입장에서 서로에게 제기할 수 있는 비판을 (나) 그림으로 표현할 때, A ~ F에 해당하는 내용으로 가장 적절한 것은? [3점]

(가)	갑 : 법은 강제 권한과 결합되어 있다. 오직 법정의 심판대 앞에서 이루어지는 보복법만이 형벌의 질과 양을 명확하게 제시할 수 있다. 을 : 법은 개개인의 특수 의사의 총체인 일반 의사를 대표한다. 그런데 자신의 생명을 빼앗을 권능을 타인에게 양도할 자는 없다. 사형은 권리일 수 없다. 병 : 법은 일반 의지의 반영이다. 법이 규정한 사회적 권리를 침해하는 악인은 모두 조국의 반역자가 되며, 그의 보존은 국가의 보존과 양립할 수 없다.
(나)	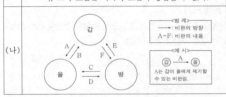

① A, F : 사형은 살인범의 인간 존엄성을 훼손하는 형벌임을 간과한다.h
② B : 범죄자는 형벌을 받아야 할 행위를 원했기 때문에 형벌을 받는 것임을 간과한다.
③ C : 사형은 사회 계약을 통해 성립될 수 없지만 정당한 형벌임을 간과한다.
④ D : 형벌의 지속도보다 강도가 범죄 예방에 효과적임을 간과 한다.
⑤ E : 형벌은 시민 사회의 선을 위한 수단으로서 가해질 수 있음을 간과한다.

● 왜 정답일까?
(가)의 갑은 칸트, 을은 베카리아, 병은 루소이다.
형벌에 대해 칸트는 응보주의적 입장, 베카리아는 사회 계약론과 공리주의적 입장, 루소는 사회 계약론적 입장이다.

● 왜 오답일까?
① 칸트는 사형이 살인범의 고통받는 인격을 해방하여 인간의 존엄성을 존중하는 형벌이라고 보았다.

05 예술에 대한 입장
정답률 81% | 정답 ③

| 문제 보기 |
갑, 을 사상가들의 입장으로 적절하지 않은 것은?

예술의 사명은 행복이 인간 상호 간의 결합에 있다는 진리를 이성에서 감정의 영역으로 옮겨 신(神)의 세계, 즉 사랑의 세계를 건설하는 것입니다.	예술의 영역과 도덕의 영역은 서로 분리되어 있습니다. 예술 안에서 완벽함을 추구할 뿐 예술 밖에서 완벽함을 찾지 않습니다.

 갑   을

① 갑 : 예술은 공감을 통해 사람들을 하나의 감정으로 결합한다.

---

② 갑 : 예술은 종교적 자각에 입각한 사랑을 불러일으켜야 한다.
③ 을 : 예술은 인격 함양을 위한 삶의 본보기를 제공해야 한다.
④ 을 : 예술은 예술 자체의 아름다움을 자율적으로 추구해야 한다.
⑤ 갑과 을 : 예술은 미적 가치를 추구하는 활동으로 볼 수 있다.

● 왜 정답일까?
갑은 톨스토이, 을은 와일드이다. 톨스토이는 예술이 공감을 통해 사랑의 세계를 건설하는 데 기여해야 한다고 보았다. 와일드는 예술이 예술 자체의 아름다움을 추구해야 한다고 보았다.

06 안락사의 윤리적 쟁점에 대한 입장
정답률 77% | 정답 ②

| 문제 보기 |
다음 토론의 핵심 쟁점으로 가장 적절한 것은?

갑 : 회생 불가능한 환자가 고통스러운 삶을 살아가는 것은 무의미합니다. 환자가 요청한다면 연명 치료의 중단으로 죽음을 맞이할 수 있도록 허용해야 합니다. 을 : 동의합니다. 연명 치료의 중단과 같은 소극적 안락사뿐만 아니라 약물 주입과 같은 적극적 안락사로도 환자가 죽음에 이를 수 있도록 허용해야 합니다. 갑 : 아닙니다. 소극적 안락사는 도덕적인 행위이지만 적극적 안락사는 환자를 살인하는 행위와 같으므로 비도덕적입니다. 을 : 그렇지 않습니다. 두 가지 모두 환자를 죽음에 이르게 하지만 고통을 제거한다는 점에서 도덕적입니다. 적극적 안락사도 죽음을 앞당겨 환자의 불필요한 고통을 제거한다는 점에서 도덕적인 행위입니다.

① 연명 치료를 중단하려면 환자의 동의가 반드시 요구되는가?
② 적극적 안락사는 소극적 안락사와 달리 비도덕적 행위인가?
③ 도덕적으로 허용될 수 있는 안락사 시행 방법이 존재하는가?
④ 회생 불가능한 환자는 연명 치료의 중단을 요청해야 하는가?
⑤ 회생 불가능한 환자의 고통을 제거하는 것은 정당화 가능한가?

● 왜 정답일까?
갑은 소극적 안락사만 도덕적인 행위라고 보고, 을은 소극적 안락사뿐만 아니라 적극적 안락사도 도덕적인 행위라고 본다.

07 원조에 대한 싱어와 롤스의 입장
정답률 28% | 정답 ⑤

| 문제 보기 |
(가)의 갑, 을 사상가들의 입장을 (나) 그림으로 표현할 때, A ~ C에 해당하는 적절한 진술만을 〈보기〉에서 있는 대로 고른 것은? [3점]

(가)	갑 : 원조의 의무는 절대 빈곤에 처한 사람들을 돕는 것이다. 이익 평등 고려의 원칙에 따라 빈곤으로 고통받는 사람들에게 원조를 해야 한다. 을 : 원조의 의무는 고통받는 사회가 질서 정연한 사회가 될 수 있도록 돕는 것이다. 질서 정연한 사회의 만민은 고통받는 사회들을 원조해야 한다.
(나)	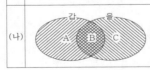

〈 보기 〉
ㄱ. A : 원조는 원조 대상뿐만 아니라 원조 주체의 이익도 증진해야 한다.
ㄴ. B : 자원 빈곤국을 모두 원조 대상국으로 삼을 필요는 없다.
ㄷ. B : 원조 대상국의 정치적 상황을 고려하여 원조해야 한다.
ㄹ. C : 절대빈곤층의 처지 개선이 원조의 주된 목표는 아니다.

① ㄱ, ㄴ   ② ㄱ, ㄷ   ③ ㄴ, ㄹ
④ ㄱ, ㄷ, ㄹ   ⑤ ㄴ, ㄷ, ㄹ

● 왜 정답일까?
(가)의 갑은 싱어, 을은 롤스이다.
싱어와 롤스는 원조 대상국의 정치적 상황을 고려하여 원조해야 하고, 모든 자원 빈곤국을 원조할 필요는 없다고 보았다.

---

08 성에 대한 입장
정답률 88% | 정답 ②

| 문제 보기 |
(가), (나)의 입장으로 가장 적절한 것은?

(가) 성적 행위는 출산과 양육의 책임을 수행할 수 있는 관계에서 이루어져야 한다. 그러므로 부부간의 성적 행위만이 도덕적으로 정당화된다. (나) 성적 행위는 인격 존중의 의무만 다한다면 도덕적으로 정당화된다. 인격 존중의 의무는 당사자 간 자발적 합의와 해악 금지의 원칙을 준수함으로써 이행된다.

① (가) : 성적 행위는 사적인 행위이므로 사회적 책임과 무관하다.
② (가) : 성적 행위는 혼인 관계 안에서만 도덕적으로 정당화된다.
③ (나) : 성적 행위가 합의로 이루어지면 모든 책임에서 자유롭다.
④ (나) : 성적 행위에 대한 자유와 인격 존중의 의무는 상충한다.
⑤ (가)와 (나) : 성적 행위에서 인격 존중의 의무는 사랑이 동반된 관계에서만 요구된다.

● 왜 정답일까?
(가)는 보수주의 입장이고, (나)는 자유주의 입장이다.
(가)는 혼인 관계인 부부간의 성적 행위만이 도덕적으로 정당화될 수 있다고 본다.

09 분배적 정의에 대한 입장
정답률 47% | 정답 ④

| 문제 보기 |
갑, 을 사상가들의 입장으로 적절한 것만을 〈보기〉에서 있는 대로 고른 것은? [3점]

갑 : 모든 사람은 취득과 이전, 교정의 원칙에 의해 자신의 소유물에 대한 소유 권리를 가져야 한다. 소유 권리는 과거의 상황이나 과거의 행위에 근거하므로 분배적 정의는 역사적 원리이다. 을 : 모든 사람은 원초적 입장에서 선택되는 정의의 원칙에 따라 기본적 자유에 대하여 동등한 권리를 가져야 한다. 재산과 소득의 분배가 균등해야 할 필요는 없으나 모든 사람에게 이익이 되도록 이루어져야 한다.

〈 보기 〉
ㄱ. 갑 : 도덕적 공과에 따른 분배는 분배적 정의에 위배된다.
ㄴ. 갑 : 취득과 이전의 원칙을 통해서만 재화가 양도되는 것은 아니다.
ㄷ. 을 : 공정한 절차를 따르면 부의 균등한 분배가 보장된다.
ㄹ. 갑과 을 : 국가는 불의한 분배를 교정하기 위해 개입할 수 있다.

① ㄱ, ㄴ   ② ㄴ, ㄷ   ③ ㄷ, ㄹ
④ ㄱ, ㄴ, ㄹ   ⑤ ㄱ, ㄷ, ㄹ

● 왜 정답일까?
갑은 노직, 을은 롤스이다.
노직은 도덕적 공과를 기준으로 삼는 분배는 정형적 원리에 따른 것으로, 분배적 정의에 위배된다고 보았다.

10 사회 계약에 대한 홉스와 로크의 입장
정답률 37% | 정답 ①

| 문제 보기 |
갑, 을 사상가들의 입장으로 가장 적절한 것은? [3점]

갑 : 사람들은 자연 상태에서 자유를 누리지만 이 자유 때문에 싸움을 피할 수 없다. 비참한 자연 상태에서 벗어나기 위해 서로 계약을 맺음으로써 리바이어던이 탄생한다. 을 : 사람들은 자연 상태에서 가졌던 평등, 자유 및 집행권을 사회의 선이 요구하는 바에 따라 최고 권력인 입법부가 처리할 수 있도록 사회에 양도한다.

① 갑 : 공통 권력이 없는 곳에는 정의나 불의가 존재하지 않는다.
② 갑 : 군주는 사법권과 분쟁의 해결권을 갖지만 입법자는 아니다.
③ 을 : 개인의 재산 보존은 시민 사회의 주된 목적이 될 수 없다.
④ 을 : 권력 분립에 의한 통치는 사회 계약에 부합하지 않는다.
⑤ 갑과 을 : 군주의 자의적인 권력 행사는 정권 교체로 이어진다.

● 왜 정답일까?

갑은 홉스, 을은 로크이다. 홉스는 공통 권력이 없는 자연 상태에서는 정의나 불의가 존재하지 않는다고 보았다.

11 벤담의 사상적 입장 정답률 63% | 정답 ①

| 문제 보기 |

다음을 주장한 사상가의 입장에서 〈사례〉 속 A에게 제시할 조언으로 가장 적절한 것은?

> 쾌락의 산출과 고통의 회피는 개인은 물론이고 입법자가 살펴보아야 할 목적이다. 어떤 행위가 공동체의 이익을 증가시킨다는 것은 공동체를 구성하는 이해 당사자들의 쾌락의 합계를 증가시키는 것이다.

< 사 례 >

국회의원 A는 딥페이크(deepfake)* 활용을 금지하는 법안 발의에 참여해야 하는지 고민하고 있다. 딥페이크가 가짜 뉴스나 음란물 제작 등에 악용되는 경우가 있지만, 다양한 창작 활동에 활용되는 경우도 있기 때문이다.

* 딥페이크(deepfake): 인공 지능 기술을 이용하여 원본 이미지 위에 다른 이미지를 결합하여 새로운 이미지를 생성하는 기술

① 도덕과 입법의 근거인 유용성의 원리에 따라 결정하세요.
② 법안의 효용을 고려하기보다 의무 의식에 따라 결정하세요.
③ 기술이 가져올 해악이 아닌 이익만을 고려하여 결정하세요.
④ 기술의 활용 결과가 아닌 개발 동기를 고려하여 결정하세요.
⑤ 개인의 이익을 배제하고 사회의 이익만을 고려하여 결정하세요.

● 왜 정답일까?

제시문은 벤담의 주장이다.
벤담은 공리주의 입장에서 A에게 도덕과 입법의 근거인 유용성의 원리를 따르라고 조언할 것이다.

12 공직자 윤리에 대한 정약용의 입장 정답률 89% | 정답 ⑤

| 문제 보기 |

다음을 주장한 사상가의 입장으로 적절하지 않은 것은?

> ○ 훌륭한 목민관이 되려는 자는 어질어야 하고, 어질고 싶은 자는 청렴해야 하며, 청렴하고 싶은 자는 검소해야 하니 절용(節用)은 목민관의 첫 번째 의무이다.
> ○ 벼슬살이의 요체는 '두려워할 외(畏)' 한 글자뿐이다. 의(義)를 두려워하고 법(法)을 두려워하며 백성을 두려워해야 한다. 마음에 두려움을 간직해야 방자하지 않게 된다.

① 공직자는 청렴이 본연의 덕이며 의무임을 알아야 한다.
② 공직자는 절용을 실천하기 위해 자기 절제에 힘써야 한다.
③ 공직자는 법을 지키며 백성을 편안하고 이롭게 해야 한다.
④ 공직자는 공무를 처리할 때 사욕을 개입시켜서는 안 된다.
⑤ 공직자는 백성이 자신을 두려워하도록 위세를 앞세워야 한다.

● 왜 정답일까?

제시문은 정약용의 주장이다.
정약용은 목민관이 백성을 편안하고 이롭게 해야 하고, 위세를 앞세워서는 안 된다고 보았다.

13 평화에 대한 칸트와 갈퉁의 입장 정답률 57% | 정답 ③

| 문제 보기 |

갑, 을 사상가들의 입장으로 가장 적절한 것은? [3점]

> 갑 : 영구 평화를 달성하기 위해서 모든 국가의 시민적 정치 체제는 공화 정체이어야 하며, 국제법은 자유로운 국가들의 연방 체제에 기초해야 한다.
> 을 : 진정한 평화는 모든 종류의 폭력이 없는 상태이다. 직접적 폭력과 구조적 폭력은 물론이고, 문화적 폭력까지 사라진 적극적 평화 상태를 추구해야 한다.

① 갑 : 각 국가는 매매를 통해 다른 국가의 소유가 될 수 있다.
② 갑 : 어떤 경우에도 타국인을 적대적으로 대우해서는 안 된다.
③ 을 : 직접적 폭력의 제거는 진정한 평화 실현의 전제 조건이다.
④ 을 : 물리적 폭력의 제거는 구조적 폭력이 제거되어야 실현된다.

⑤ 갑과 을 : 폭력이나 전쟁은 어떤 상황에서도 정당화될 수 없다.

● 왜 정답일까?

갑은 칸트, 을은 갈퉁이다.
칸트는 각 국가가 매매를 통해 다른 국가의 소유가 될 수 없다고 보았다. 갈퉁은 진정한 평화 실현을 위해 직접적 폭력, 구조적 폭력, 문화적 폭력을 모두 제거해야 한다고 보았다.

14 문화 산업에 대한 아도르노의 입장 정답률 69% | 정답 ⑤

| 문제 보기 |

그림의 강연자의 입장으로 적절한 것만을 〈보기〉에서 있는 대로 고른 것은?

> 문화 산업의 위치가 확고해지면 확고해질수록 문화 산업은 소비자의 욕구를 더욱더 능란하게 다룰 수 있게 됩니다. 문화 산업은 소비자의 욕구를 만들어내고 조종하며 심지어는 소비자로부터 재미를 몰수할 수도 있습니다. 문화 산업의 생산물은 모든 사람을 일하는 시간과 마찬가지로 휴식 시간에도 잡아 놓는 거대한 경제 체계의 일부입니다.

< 보 기 >

ㄱ. 문화 산업은 소비자에게 능동적인 체험 활동을 보장한다.
ㄴ. 문화 산업은 규격품을 만들듯이 인간을 재생산해야 한다.
ㄷ. 문화 산업의 대중매체는 소비자의 의식을 지배해야 한다.
ㄹ. 문화 산업의 생산물은 대중이 활발하게 소비하도록 만든다.

① ㄱ, ㄴ ② ㄱ, ㄷ ③ ㄴ, ㄹ
④ ㄱ, ㄷ, ㄹ ⑤ ㄴ, ㄷ, ㄹ

● 왜 정답일까?

그림의 강연자는 아도르노이다.
아도르노는 문화 산업이 대중의 의식을 조작하고 무력화함으로써 대중을 문화 산업의 객체로 만든다고 보았다.

15 자연에 대한 입장 정답률 21% | 정답 ③

| 문제 보기 |

(가)의 갑, 을, 병 사상가들의 입장을 (나) 그림으로 탐구하고자 할 때, A~D에 들어갈 적절한 질문만을 〈보기〉에서 있는 대로 고른 것은? [3점]

> (가)
> 갑 : 우리는 동물에 대한 직접적 의무를 지지 않는다. 동물은 단지 수단일 뿐이다. 동물과 관련한 우리의 의무는 인간에 대한 간접적 의무에 불과하다.
> 을 : 우리가 해야 할 일은 종(種) 차별주의를 피하면서 쾌고 감수 능력이 있는 동물을 도덕적 관심의 영역 안으로 끌어들이는 것이다.
> 병 : 우리는 유기체가 자신을 보존하고 자신만의 독특한 방식으로 고유의 선을 실현하려고 애쓰는 목적론적 삶의 중심이라고 생각한다.

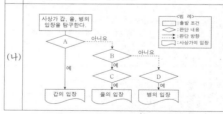

< 보 기 >

ㄱ. A : 생명체 중에서 오직 인간만이 가치를 지닌 존재인가?
ㄴ. B : 인간이 생명을 가진 존재를 차별하는 것은 잘못인가?
ㄷ. C : 동물을 이용하는 인간의 행위가 정당화될 수 있는가?
ㄹ. D : 개체가 고유의 선을 지녀야만 의무의 대상이 될 수 있는가?

① ㄱ, ㄴ ② ㄴ, ㄷ ③ ㄷ, ㄹ
④ ㄱ, ㄴ, ㄹ ⑤ ㄱ, ㄷ, ㄹ

● 왜 정답일까?

(가)의 갑은 칸트, 을은 싱어, 병은 테일러이다.
싱어는 불가피한 경우 동물을 이용하는 것이 정당화될 수 있다고 보았다. 테일러는 인간에게 생명체가 지니고 있는 고유의 선을 보호할 의무가 있다고 보았다.

● 왜 오답일까?

ㄱ. 칸트는 인간 이외의 존재가 수단적 가치를 지닐 수 있다고 보았다.

16 아리스토텔레스와 칸트의 사상적 입장 정답률 53% | 정답 ④

| 문제 보기 |

갑, 을 사상가들의 입장으로 가장 적절한 것은? [3점]

> 갑 : 품성적 덕은 본성적으로 생겨나는 것도 아니요, 본성에 반하여 생겨나는 것도 아니다. 우리는 그것을 본성적으로 받아들일 수 있으며 습관을 통해 완전하게 된다.
> 을 : 정언 명령은 어떤 행위를 그 자체로서, 다른 목적과 관계없이 필연적인 것으로 표상한다. 정언 명령만이 도덕 법칙으로서의 필연성을 가진다.

① 갑 : 덕에 따르는 삶을 위해 공동체의 전통에서 벗어나야 한다.
② 갑 : 인간은 선천적으로 지니고 있는 품성적 덕을 길러야 한다.
③ 을 : 의무에 맞는 모든 행위를 도덕적 행위로 간주해야 한다.
④ 을 : 이성적 존재는 스스로 도덕 법칙의 수립자가 되어야 한다.
⑤ 갑과 을 : 도덕적 행위를 하려면 자연적 경향성을 따라야 한다.

● 왜 정답일까?

갑은 아리스토텔레스, 을은 칸트이다. 칸트는 이성적이고 자율적인 인간은 보편적인 도덕 법칙을 수립할 수 있다고 보았다.

17 시민 불복종에 대한 롤스의 입장 정답률 37% | 정답 ④

| 문제 보기 |

다음을 주장한 사상가의 입장으로 적절한 것만을 〈보기〉에서 있는 대로 고른 것은? [3점]

> 우리는 시민 불복종 행위를 통해서 공동 사회의 다수자가 갖는 정의감을 나타내게 된다. 그리고 우리의 신중한 견지에서 볼 때 자유롭고 평등한 사람들 사이에서 사회 협동체의 원칙이 존중되지 않고 있음을 선언하게 된다.

< 보 기 >

ㄱ. 부정의의 정도가 심각하지 않은 법은 준수되어야 한다.
ㄴ. 시민 불복종은 비합법적인 정부에 대한 정당한 항거이다.
ㄷ. 시민 불복종으로 인해 준법의 의무와 부정의에 저항할 의무가 상충할 수 있다.
ㄹ. 시민 불복종은 민주 사회의 시민들이 갖는 양심적인 신념들 간의 불일치를 줄일 수 있다.

① ㄱ, ㄴ ② ㄱ, ㄹ ③ ㄴ, ㄷ
④ ㄱ, ㄷ, ㄹ ⑤ ㄴ, ㄷ, ㄹ

● 왜 정답일까?

제시문은 롤스의 주장이다. 롤스는 시민 불복종으로 인해 준법의 의무와 부정의에 저항할 의무가 서로 충돌할 수 있다고 보았다.

18 종교에 대한 엘리아데의 입장 정답률 51% | 정답 ②

| 문제 보기 |

다음을 주장한 사상가의 입장으로 적절하지 않은 것은? [3점]

> 종교적 인간에게 자연은 항상 종교적 의미로 충만해 있다. 우주는 신의 창조물이고 세계는 신들의 손으로 완성된 것이어서 성스러움으로 가득차 있다. 이는 예를 들면, 신의 현존에 의해서 정화된 장소나 사물에 머무르는 경우와 같이 직접 신들과 교류하는 신성성만의 것은 아니다. 신들은 그보다 더 많은 것을 행했다. 그들은 세계와 우주적 현상의 구조 그 자체 안에서 다양한 성(聖)의 양태를 현현(顯現)한다.

① 성스러운 공간에는 성스러운 것의 출현이 결부되어 있다.
② 성스러움이 드러난 사물을 신 그 자체와 동일시해야 한다.
③ 성스러움을 가시적인 형태로 구현하는 것은 자연의 대상들이다.
④ 성스러운 세계에서만 종교적 인간은 참된 실존을 가질 수 있다.
⑤ 성스러운 세계와 세속은 분리되어 있거나 단절되어 있지 않다.

제시문은 엘리아데의 주장이다.
엘리아데는 성스러움이 드러난 사물이라고 해도 신 그 자체와
동일한 것은 아니라고 보았다.

19 정보 사회에서의 매체 윤리   정답률 83% | 정답 ①

| 문제 보기 |

다음 칼럼의 입장에서 지지할 내용으로 적절하지 <u>않은</u> 것은?

> ○○신문   0000년 00월 00일
> ─────────── 칼 럼 ───────────
> 뉴 미디어 사회에서는 정보 통신 기술의 발전으로 근로자가 시
> 공간의 제약에서 벗어나 일을 할 수 있는 환경이 조성되었다. 하
> 지만 이로 인해 근무 시간 외 업무 연락으로 근로자의 사생활 침
> 해 문제가 대두되고 있다. 이러한 부작용을 방지하기 위해 근무
> 시간 외 업무와 관련한 연락을 받지 않을 '연결되지 않을 권리'의
> 도입이 필요하다. 이러한 '연결되지 않을 권리'는 직장 동료 간의
> 원치 않는 온라인 친구 신청, 동의 없는 단체 대화방 초대 등에 대
> 해서도 적용되어 근로자의 사생활을 보호할 수 있다. 근로자의 근
> 로 조건과 삶의 질 향상을 위해서는 '연결되지 않을 권리'가 보장
> 되어야 한다. 이를 위해서는 고용주의 윤리 의식 함양과 함께 관
> 련 법률의 재정비가 필요하다.

① 연결되지 않을 권리는 직장에서의 의사소통 단절을 야기
   한다.
② 연결되지 않을 권리는 근로자의 처우 개선에 기여할 수 있다.
③ 연결되지 않을 권리는 근로자의 업무 부담을 줄여줄 수 있다.
④ 근로자의 사생활 보호를 위해 연결되지 않을 권리가 필요
   하다.
⑤ 고용주는 연결되지 않을 권리를 보장하기 위해 노력해야
   한다.

신문 칼럼은 근로자의 근로 시간 외 사생활 보호와 업무 부담 경
감을 위해 연결되지 않을 권리를 보장해야 한다고 본다.

20 과학자의 사회적 책임에 대한 입장   정답률 77% | 정답 ③

| 문제 보기 |

(가)의 입장에 비해 (나)의 입장이 갖는 상대적 특징을 그림의
㉠ ~ ㉤ 중에서 고른 것은?

> (가) 과학자는 연구 윤리를 준수하면서 자신의 연구가 참인
>   지 거짓인지 밝혀야 한다. 과학자는 자신의 연구가 활
>   용되는 과정에서 아무런 힘도 발휘하지 못하므로 활용
>   결과에 대한 책임으로부터 자유롭다.
> (나) 과학자는 연구 윤리를 준수하면서도 자신의 연구 결과
>   가 사회에 미칠 영향에 대해 책임을 져야 한다. 과학자
>   는 자신의 연구 활동이 인간 존엄성 구현과 삶의 질 향
>   상을 위한 것인지 검토해야 한다.

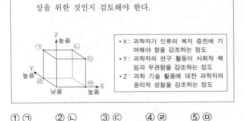

- X : 과학자가 인류의 복지 증진에 기여해야 함을 강조하는 정도
- Y : 과학자의 연구 활동이 사회적 책임과 무관함을 강조하는 정도
- Z : 과학 기술 활동에 대한 과학자의 윤리적 성찰을 강조하는 정도

① ㉠   ② ㉡   ③ ㉢   ④ ㉣   ⑤ ㉤

(가)는 과학자에게 사회적 책임이 없다고 보는 입장이고, (나)는
과학자에게 사회적 책임이 있다고 보는 입장이다.

---

01 ④	02 ②	03 ①	04 ①	05 ⑤
06 ③	07 ③	08 ①	09 ④	10 ②
11 ③	12 ①	13 ④	14 ④	15 ⑤
16 ④	17 ②	18 ⑤	19 ⑤	20 ④

채점결과	• 실제 걸린 시간 :	분	초
	• 맞은 문항수 :		개
	• 틀린 문항수 :		개
	• 헷갈린 문항 :		

01 규범 윤리학과 메타 윤리학   정답률 73% | 정답 ④

| 문제 보기 |

㉠에 들어갈 진술로 가장 적절한 것은?

> 나는 윤리학이 '옳은 행위란 무엇인가?'라는 문제를 탐구하
> 는 학문으로 도덕적 행위를 정당화하는 규범적 근거를 제시
> 해야 한다고 본다. 그런데 어떤 사람들은 윤리학이 '옳다'와
> 같은 도덕적 언어의 의미를 분석하는 것을 주로 해야 한다고
> 주장한다. 내가 보기에 이들은 윤리학이 [㉠]는 점
> 을 간과하고 있다.

① 도덕적 탐구가 학문으로 성립 가능한가를 검토해야 한다
② 도덕규범을 당위가 아닌 사실의 형식으로 제시해야 한다
③ 도덕 현상의 가치 중립적 기술을 핵심 과제로 삼아야 한다
④ 도덕적 실천을 위해서 보편적인 도덕 원리를 정립해야 한다
⑤ 도덕적 추론의 형식적 타당성 검증을 주된 과제로 삼아야
   한다

제시문의 '나'는 규범 윤리학의 입장이고, '어떤 사람들'은 메타
윤리학의 입장이다.
규범 윤리학은 메타 윤리학과 달리 도덕적 행위의 근거가 되는
도덕 원리를 제시한다.

02 칸트와 매킨타이어의 사상   정답률 57% | 정답 ②

| 문제 보기 |

갑, 을 사상가들의 입장으로 가장 적절한 것은?

> 갑 : 세상 안에서뿐만 아니라 세상 밖에서조차도 제한 없이
>   선하다고 여길 수 있는 것은 선의지뿐이다. 이성의 최고
>   의 실천적 사명은 선의지의 토대를 마련하는 것이다.
> 을 : 덕은 하나의 습득된 인간의 자질로서, 그것의 소유와 실
>   행은 우리로 하여금 어떤 실천에 내재하고 있는 선들을
>   성취할 수 있도록 해 준다.

① 갑 : 공동체가 추구하는 선을 따르려는 의지만이 도덕적이다.
② 갑 : 행위의 준칙은 보편적으로 따라야 할 법칙이 될 수 있다.
③ 을 : 도덕적 선악은 공동체의 역사와 무관하게 판단되어야
   한다.
④ 을 : 덕은 관행에 내재한 선을 성취하게 하는 타고난 성품
   이다.
⑤ 갑, 을 : 맥락적 사고가 아닌 도덕 법칙에 따라 행위해야 한다.

갑은 의무론의 입장인 칸트, 을은 덕 윤리 사상가인 매킨타이어
이다. 칸트는 개인의 행위 규칙인 준칙이 보편적인 도덕 법칙이
될 수 있다고 보았다.

03 사랑에 대한 프롬의 입장   정답률 73% | 정답 ①

| 문제 보기 |

다음 가상 편지를 쓴 사상가가 지지할 입장만을 <보기>에서
고른 것은?

> ○○에게
>   사랑에 대해 고민이 많은 너에게 조언을 해 주고 싶구나. 요
> 즘 사람들은 사랑할 줄 아는 능력을 기르려고 하기보다는 사랑
> 을 받으려고만 하는 것 같구나. 하지만 사랑은 수동적 감정이

아니라 능동적 활동이란. 사랑은 상대방의 생명과 성장에 적
극적인 관심을 가지고, 자발적으로 책임지는 것이며, 착취 없이
존경하는 것이란다. 가장 일반적인 방식으로 사랑의 능동적 성
격을 말한다면 사랑은 본래 '주는 것'이지 받는 것이 아니란다.

> ─────────── < 보 기 > ───────────
> ㄱ. 사랑은 상대방의 요구에 책임 있게 반응하는 것이다.
> ㄴ. 사랑은 보호와 존경을 기본적 요소로 내포하고 있다.
> ㄷ. 사랑은 자신의 의지대로 상대방을 변화시키려는 활동이다.
> ㄹ. 사랑은 주는 행위로서 자신의 생명을 희생해야 하는 것이다.

① ㄱ, ㄴ   ② ㄱ, ㄷ   ③ ㄴ, ㄷ   ④ ㄴ, ㄹ   ⑤ ㄷ, ㄹ

가상 편지를 쓴 사상가는 프롬이다.
프롬은 보호, 책임, 존경, 이해를 사랑의 기본적 요소로 보았다.

04 평화에 대한 칸트와 갈퉁의 입장   정답률 64% | 정답 ①

| 문제 보기 |

갑, 을 사상가들의 입장으로 가장 적절한 것은? [3점]

> 갑 : 우리는 영원한 평화를 확립하기 위해 그리고 전쟁 수행
>   을 종식시키기 위해, 모든 국가의 시민적 정치 체제가
>   공화 정체가 되도록 노력해야 한다.
> 을 : 평화를 알기 위해서는 먼저 폭력에 대해 알아야 한다.
>   폭력에는 직접적 폭력과 구조적 폭력 그리고 이 두 가지
>   폭력을 정당화하는 문화적 폭력이 있다.

① 갑 : 개별 국가의 자유를 보호하는 국제 연맹이 필요하다.
② 갑 : 다른 국가의 체제 변화를 위한 강제력 사용은 허용된다.
③ 을 : 비의도적으로 발생하는 폭력은 문화적 폭력에 국한된다.
④ 을 : 직접적 폭력과 구조적 폭력은 서로 영향을 주지 않는다.
⑤ 갑, 을 : 평화 조약의 체결은 영원한 평화의 실현을 보장한다.

갑은 칸트, 을은 갈퉁이다.
칸트는 국제 사회의 영구 평화 실현을 위해 국제 연맹이 필요하
다고 보았고, 갈퉁은 평화 실현을 위해 직접적 폭력, 구조적 폭
력, 문화적 폭력이 모두 사라져야 한다고 보았다.

05 자연에 대한 칸트, 테일러, 싱어의 입장   정답률 26% | 정답 ⑤

| 문제 보기 |

(가)의 갑, 을, 병 사상가들의 입장을 (나) 그림으로 탐구하고자
할 때, A ~ D에 들어갈 적절한 질문만을 <보기>에서 있는 대로
고른 것은? [3점]

> (가)
> 갑 : 이성은 없지만 생명이 있는 피조물인 동물을 폭
>   력적이고 잔인한 방식으로 다루는 것은 자기 자
>   신에 대한 인간의 의무와 대립한다.
> 을 : 유기체는 고유의 방식으로 자신의 선을 추구하
>   는 목적론적 삶의 중심이다. 어떤 종을 다른 종
>   보다 선호하는 편견은 받아들일 수 없다.
> 병 : 동물이 인간과 다른 종에 속한다고 해서 그들의
>   이익을 희생시키는 것은 종 차별주의이며, 종 차
>   별주의는 인종 차별과 다를 바 없이 부도덕하다.

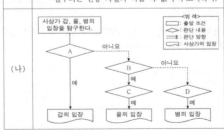

> ─────────── < 보 기 > ───────────
> ㄱ. A : 동물에 대한 폭력적 행위는 인간의 의무에 어긋나는가?
> ㄴ. B : 생명체는 종에 상관없이 도덕적 지위를 지니는가?
> ㄷ. C : 생명체 고유의 선을 보호하기 위한 간섭이 허용될 수
>   있는가?
> ㄹ. D : 인간과 동물의 동일한 양의 고통은 동일하게 고려되
>   어야 하는가?

① ㄱ, ㄴ   ② ㄱ, ㄷ   ③ ㄴ, ㄹ
④ ㄱ, ㄷ, ㄹ   ⑤ ㄴ, ㄷ, ㄹ

(가)의 갑은 칸트, 을은 테일러, 병은 싱어이다.
테일러는 모든 생명체가 고유의 선을 지닌다고 보았고, 싱어는

이익 평등 고려의 원칙에 따라 동물의 고통도 도덕적으로 고려해야 한다고 보았다.

06 과학 기술에 대한 입장　　정답률 79% | 정답 ③

| 문제 보기 |

갑의 입장에 비해 을의 입장이 갖는 상대적 특징을 그림의 ㉠~㉤ 중에서 고른 것은?

갑 : 원자 폭탄을 전쟁에 이용한 사람은 정치인들이므로 과학적 연구의 결과 활용에 대한 책임은 그들이 져야 한다. 과학자는 연구로 발견한 진리를 공표할 책임만 지닌다.
을 : 핵무기 개발이 가져올 희망보다 공포를 먼저 생각해야 한다. 과학자는 과학 기술이 가져올 결과의 모호성과 가늠할 수 없는 파급력이 초래할 위험에 주목해야 한다.

- X : 과학 기술의 활용 결과를 과학자가 책임져야 한다고 보는 정도
- Y : 과학 기술 연구와 관련된 과학자의 책임을 축소해야 한다고 보는 정도
- Z : 과학자가 과학 기술의 사회적인 영향력을 성찰해야 한다고 보는 정도

① ㉠　② ㉡　③ ㉢　④ ㉣　⑤ ㉤

● 왜 정답일까?

과학 기술과 관련하여 갑은 과학자에게 사회적 책임이 없다고 보고, 을은 과학자에게 사회적 책임이 있다고 본다.

07 대중문화에 대한 아도르노의 입장　　정답률 75% | 정답 ③

| 문제 보기 |

다음을 주장한 사상가의 입장으로 가장 적절한 것은? [3점]

문화 산업의 독점하에서 대중문화는 획일적인 모습을 하고 있다. 대중문화의 추종자들은 독점을 숨기려 하지도 않는다. 독점의 힘이 강화될수록 그 힘의 행사도 점점 노골화된다. 영화나 라디오는 더 이상 예술인 척할 필요가 없다. 대중 매체는 그들이 고의로 만들어 낸 것들을 정당화하는 이데올로기로 사용되며, 대중은 문화 산업의 객체가 된다. 대중에게 다양한 질의 대량 생산물이 제공되지만 그것은 이윤 창출을 위한 문화 산업 체계의 일부일 뿐이다.

① 문화 산업이 확산될수록 인간의 몰개성화 경향은 감소한다.
② 문화 산업은 예술을 상품화하려는 시도를 예방하고자 한다.
③ 문화 산업은 대중에게 규격화된 예술과 가치관을 전달한다.
④ 문화 산업의 목표는 예술의 심미적 가치를 보존하는 것이다.
⑤ 문화 산업은 대중이 각자 고유한 예술 체험을 하도록 장려한다.

● 왜 정답일까?

제시문은 아도르노의 주장이다. 아도르노는 대중문화가 이윤 추구의 도구가 된다고 보았고, 문화 산업이 규격화된 의식을 조장한다고 여겼다.

08 석가모니의 사상　　정답률 80% | 정답 ①

| 문제 보기 |

다음을 주장한 사상가의 입장에서 〈문제 상황〉 속 A에게 제시할 조언으로 가장 적절한 것은?

이것이 있기 때문에 저것이 있고, 이것이 생기기 때문에 저것이 생긴다. 이것이 없기 때문에 저것이 없고, 이것이 사라지기 때문에 저것이 사라진다. 연기(緣起)를 보는 자는 법(法)을 보고, 법을 보는 자는 연기를 본다.

< 문제 상황 >

기업가 A는 경영난이 지속되자 폐기물 처리 비용을 줄이기 위해 공장의 폐수를 밤에 몰래 방류하고 고민하고 있다.

① 자연과 인간의 상호 의존적인 관계를 고려하여 결정하세요.
② 인간에 내재한 불성을 극복하려는 의지에 따라 결정하세요.
③ 자연의 모든 구성원이 영원히 존재할 수 있도록 결정하세요.
④ 인간이 우월한 존재로서의 지위를 지킬 수 있도록 결정하세요.
⑤ 인간 외의 존재도 독립된 실체를 유지할 수 있도록 결정하세요.

● 왜 정답일까?

제시문은 석가모니의 주장이다.
석가모니는 만물이 상호 의존적인 관계 속에 있으므로 모든 생명을 존중해야 한다고 보았다.

09 분배적 정의에 대한 노직과 롤스의 입장　　정답률 34% | 정답 ④

| 문제 보기 |

갑, 을 사상가들의 입장으로 적절한 것만을 〈보기〉에서 있는 대로 고른 것은? [3점]

갑 : 지능에 따른 분배 원리는 정형적 원리이다. 이러한 원리는 차별적인 소유 권리를 창출하는 과거의 행위를 전혀 고려하지 않는다는 점에서 비역사적이다.
을 : 지능과 같은 천부적 재능의 분포를 공동의 자산으로 생각하고, 이러한 분포로 인한 이익을 함께 나누어 가질 수 있는 정의의 원칙이 필요하다.

< 보 기 >

ㄱ. 갑 : 개인은 천부적 자산과 그것을 이용하여 얻은 정당한 소유물에 대해 배타적 권리를 갖는다.
ㄴ. 갑 : 천부적으로 타고나는 것은 부정의하다고 할 수 없다.
ㄷ. 을 : 개인은 사회적 협동의 공정한 체계의 규칙에 따라 얻은 모든 것에 대한 권한을 갖는다.
ㄹ. 갑, 을 : 사회적 약자를 위한 분배 원리가 정의의 원리에 포함되어야 한다.

① ㄱ, ㄴ　② ㄱ, ㄹ　③ ㄷ, ㄹ
④ ㄱ, ㄴ, ㄷ　⑤ ㄴ, ㄷ, ㄹ

● 왜 정답일까?

갑은 노직, 을은 롤스이다. 노직은 천부적 자질과 그로 인해 소유하게 된 것에 대해 개인이 소유 권리를 가진다고 보았다. 롤스는 천부적 자질을 타고나는 것은 자연적 사실이며, 개인이 정의의 원칙에 따라 얻은 것에 대해 권한을 갖는다고 보았다.

10 직업에 대한 플라톤과 순자의 입장　　정답률 72% | 정답 ②

| 문제 보기 |

갑, 을 사상가들의 입장으로 가장 적절한 것은? [3점]

갑 : 참으로 지혜를 사랑하는 사람들이 통치자들이 되어야 한다. 상인이 전사 계층으로 옮기려 하거나 전사가 통치자 계층으로 옮기려고 하면 국가는 파멸할 것이다.
을 : 어질고 능력이 있으면 순서를 기다리지 않고 등용한다. 서인(庶人)의 자식도 학문에 힘쓰고 행실이 바르며 예(禮)를 쌓아 본성을 극복하면 관리가 될 수 있다.

① 갑 : 통치자들만 공동생활을 통해서 공익을 추구해야 한다.
② 갑 : 각자 자신의 성향에 맞는 한 가지 직분에 충실해야 한다.
③ 을 : 직업에 충실하면 본성을 회복하고 인격을 닦을 수 있다.
④ 을 : 예에 정통한 사람은 모든 일을 이해하고 잘하는 사람이다.
⑤ 갑, 을 : 개인의 희망에 따라 사회적 역할이 부여되어야 한다.

● 왜 정답일까?

갑은 플라톤, 을은 순자이다.
플라톤은 각자 자신의 성향에 맞는 한 가지 일을 해야 한다고 보았고, 순자는 예에 따라 직분이 정해져야 한다고 보았다.

11 소비에 대한 베블런의 입장　　정답률 81% | 정답 ③

| 문제 보기 |

다음을 주장한 사상가가 긍정의 대답을 할 질문으로 가장 적절한 것은?

고도로 조직화된 산업사회에서는 재력이 없으면 평판도 얻을 수 없다. 재력을 과시하여 평판을 얻기 위한 수단은 여가와 재화의 과시적 소비이다. 사람들의 평판을 효과적으로 얻으려면 불필요한 사치품에 돈을 써야 한다. 오로지 필수품을 소비하는 것만으로는 아무런 의미가 없다. 이러한 과시적 소비는 하층계급에서도 나타난다.

① 과시적 소비는 하층계급에서 상층계급으로 확산되는가?
② 사회 전체의 부가 늘어날수록 과시적 소비는 감소하는가?
③ 모든 계층에서 평판을 높이려는 과시적 소비가 나타나는가?
④ 자기 보존 본능은 과시적 소비의 주된 경제적 동기가 되는가?
⑤ 필수품 소비는 유한계급이 재력을 과시하는 유용한 방법인가?

● 왜 정답일까?

제시문은 베블런의 주장이다.
베블런은 자본주의 사회에서는 유한계급에서 시작된 과시적 소비가 모든 계층에서 나타난다고 보았다.

12 예술에 대한 플라톤과 와일드의 입장　　정답률 87% | 정답 ①

| 문제 보기 |

그림은 서양 사상가 갑, 을의 가상 대화이다. 갑, 을의 입장으로 가장 적절한 것은?

예술 작품은 좋은 곳에서 불어오는 미풍처럼 젊은이들에게 좋은 영향을 주어야 합니다. 예술 작품은 젊은이들이 어릴 때부터 자기도 모르는 사이에 아름다운 말을 닮고 사랑하고 공감하도록 이끌어야 합니다.

예술 작품에 도덕적인 작품, 비도덕적인 작품이라는 것은 없습니다. 예술은 예술 안에서 완벽함을 추구할 뿐, 예술 밖에서 완벽함을 찾지 않습니다. 예술이란 아름다운 형태, 고상한 색채로 사람들을 즐겁게 해 주는 것입니다.

갑　　을

① 갑 : 예술 작품은 인간의 품성 함양에 중요한 역할을 해야 한다.
② 갑 : 예술 작품 검열은 예술의 도덕적 교화 기능을 약화시킨다.
③ 을 : 예술 작품은 사회의 발전에 이바지할 때 가치를 지닌다.
④ 을 : 예술 작품에 대한 평가는 도덕에 근거해서 이뤄져야 한다.
⑤ 갑, 을 : 예술 작품은 예술 그 자체를 목적으로 추구해야 한다.

● 왜 정답일까?

갑은 플라톤, 을은 와일드이다. 플라톤은 예술 작품이 올바른 품성 함양을 위한 도덕적 교훈을 제공해야 한다고 보았고, 와일드는 예술이 미적 가치 구현만을 목적으로 해야 한다고 보았다.

13 원조에 대한 싱어와 롤스의 입장　　정답률 21% | 정답 ③

| 문제 보기 |

(가)의 갑, 을 사상가들의 입장을 (나) 그림으로 표현할 때, A~C에 해당하는 적절한 진술만을 〈보기〉에서 있는 대로 고른 것은? [3점]

| (가) | 갑 : 원조의 의무는 이익 평등 고려의 원칙에 따라 행해져야 한다. 얼마나 떨어져 있고 어떤 공동체에 속하느냐는 원조를 결정하는 기준이 아니다. |
| | 을 : 원조의 의무는 합당하게 정의로운 자유적 만민과 적정 수준의 만민이 불리한 여건에 의해 고통 받고 있는 사회에 대해 부담해야 할 의무이다. |

(나)
〈 범 례 〉
A : 갑만의 입장
B : 갑, 을의 공동 입장
C : 을만의 입장

< 보 기 >

ㄱ. A : 빈곤에 처한 모든 사람들을 균등하게 원조해야 한다.
ㄴ. B : 원조할 때 원조 대상국의 정치적 상황을 고려해야 한다.
ㄷ. B : 원조 주체는 원조 대상국에 강제력을 행사하면 안 된다.
ㄹ. C : 질서 정연한 사회는 지구적 분배 정의의 원칙에 따라 원조해야 한다.

① ㄱ, ㄴ　② ㄱ, ㄹ　③ ㄴ, ㄷ
④ ㄱ, ㄷ, ㄹ　⑤ ㄴ, ㄷ, ㄹ

● 왜 정답일까?

(가)의 갑은 싱어이고, 을은 롤스이다.
싱어와 롤스는 원조를 할 때 원조 대상국의 정치적 상황을 고려해야 한다고 보았고, 강제력을 사용하면 안 된다고 보았다.

● 왜 오답일까?

ㄹ. 롤스는 원조가 지구적 차원에서 분배 정의를 실현하는 것은 아니라고 보았다.

14 민족 통합에 대한 입장　　정답률 81% | 정답 ②

| 문제 보기 |

갑, 을의 입장으로 가장 적절한 것은?

갑 : 남북의 분단 비용 중 국방비가 큰 비중을 차지한다. 남북은 모두 경제 규모 대비 적정 수준 이상의 국방비를 지출하고 있다. 남북이 통일이 된다면 국방비를 줄일 수 있으므로 통일 비용에 대한 부담도 줄어들 것이다.

을 : 남북이 통일이 된다면 통일 이전과 달리 세계적인 강대 국들과 국경을 접하게 되기 때문에 국방비를 증가시키게 될 것이다. 통일에 따른 국방비 증가는 통일 비용에 대한 부담을 더 크게 할 것이다.

① 갑 : 통일 편익은 북한이 아닌 남한 지역에서만 발생할 것이다.
② 갑 : 통일 이후의 국방비 감소는 통일 편익을 증대시킬 수 있다.
③ 을 : 통일된 이후에도 분단 비용은 지속적으로 발생할 것이다.
④ 을 : 통일 국가의 영토는 남북한을 합친 것보다 확장될 것이다.
⑤ 갑, 을 : 통일 이전 대비 통일 이후의 국방비는 증가할 것이다.

• 왜 정답일까?

갑은 통일이 된다면 국방비는 감소하고 통일 편익은 증대될 것이라고 보고, 을은 통일이 된다면 국방비가 늘어나고 통일 비용의 부담도 커질 것이라고 본다.

15 국가에 대한 아리스토텔레스와 로크의 입장 정답률 77% | 정답 ⑤

| 문제 보기 |

갑, 을 사상가들의 입장으로 적절하지 않은 것은? [3점]

갑 : 국가는 자연의 산물이며 개인보다 앞서 있다. 국가는 전체이며, 개인은 그 부분으로서 혼자서는 자급자족하지 못한다. 국가 없이 살 필요가 없는 자는 동물이거나 신이다.
을 : 국가는 사람들이 비교적 평화로운 자연 상태를 벗어나 생명, 자유, 재산을 보존하기 위해 만들어진다. 최고 권력인 입법권은 이러한 목적으로 신탁된 권력이다.

① 갑 : 국가는 행복을 실현하게 하는 가장 포괄적인 공동체이다.
② 갑 : 국가는 완전한 자급자족 단계에 도달한 최상의 공동체이다.
③ 을 : 국가는 공정한 재판관과 집행관의 역할을 수행해야 한다.
④ 을 : 국가는 국민의 생명과 재산을 자의적으로 다루면 안 된다.
⑤ 갑, 을 : 국가 질서는 통치자가 절대 권력을 가져야 유지된다.

• 왜 정답일까?

갑은 아리스토텔레스, 을은 로크이다.
아리스토텔레스는 국가 안에서만 최선의 삶이 가능하다고 보았고, 로크는 국가가 계약에 따라 국민의 자유와 권리를 보호해야 한다고 보았다.

16 삶과 죽음에 대한 공자와 장자의 입장 정답률 77% | 정답 ③

| 문제 보기 |

갑, 을 사상가들의 입장만을 〈보기〉에서 있는 대로 고른 것은? [3점]

갑 : 사람도 잘 섬기지 못하면서 어떻게 귀신을 섬길 수 있겠는가? 삶에 대해 잘 알지도 못하면서 어떻게 죽음에 대해 알겠는가?
을 : 진인은 삶을 기뻐할 줄도 모르고 죽음을 싫어할 줄도 모른다. 삶의 시작을 거리지도 않고 삶의 끝을 바라지도 않는다. 의연히 가고 의연히 올 따름이다.

— 〈 보 기 〉 —
ㄱ. 갑 : 도덕적 삶보다는 사후 세계에 관심을 가져야 한다.
ㄴ. 갑 : 죽은 사람에 대한 애도는 예에 맞게 표현해야 한다.
ㄷ. 을 : 생사를 분별하는 태도에서 벗어나 도에 따라야 한다.
ㄹ. 갑, 을 : 내세의 행복을 위해 선한 행위를 반복해야 한다.

① ㄱ, ㄴ   ② ㄱ, ㄹ   ③ ㄴ, ㄷ
④ ㄱ, ㄷ, ㄹ   ⑤ ㄴ, ㄷ, ㄹ

• 왜 정답일까?

갑은 공자, 을은 장자이다.
공자는 죽음을 자연의 과정으로 여기면서도 예를 갖추어 애도해야 한다고 보았고, 장자는 삶과 죽음 모두 자연의 순환 과정으로 보았다.

17 교정적 정의에 대한 베카리아, 벤담, 칸트의 입장 정답률 77% | 정답 ②

| 문제 보기 |

(가)의 갑, 을, 병 사상가들의 입장에서 서로에게 제기할 수 있는 비판을 (나) 그림으로 표현할 때, A ~ F에 해당하는 내용으로 적절한 것만을 〈보기〉에서 있는 대로 고른 것은? [3점]

| (가) | 갑 : 형벌의 남용은 인간을 개선시키지 못한다. 종신 노역형만으로도 가장 완강한 자의 마음을 억제시키기에 충분한 엄격성을 지닌다.
을 : 형벌은 본질적으로 해악이다. 공리의 원리에 의할 때 형벌이 근거나 실효성이 없는 경우, 유익하지 않거나 불필요한 것은 부적절하다.
병 : 형벌은 사법권의 이념으로서 도덕 법칙에 따라 의욕되는 바이다. 범죄와 보복은 동등해야 하며 형벌의 질과 양은 보복법에 따라 결정되어야 한다. |

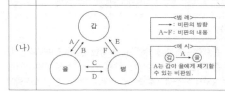

— 〈 보 기 〉 —
ㄱ. A, F : 사형은 사회 계약에 어긋나는 부적절한 형벌임을 간과한다.
ㄴ. B, D : 형벌은 최대 다수의 최대 행복을 지향해야 함을 간과한다.
ㄷ. C, E : 사형은 범죄자의 인간의 존엄성을 보호하기 위한 형벌임을 간과한다.
ㄹ. D, F : 형벌이 방지할 해악이 형벌의 해악보다 작아야 함을 간과한다.

① ㄱ, ㄴ   ② ㄱ, ㄷ   ③ ㄴ, ㄹ
④ ㄱ, ㄷ, ㄹ   ⑤ ㄴ, ㄷ, ㄹ

• 왜 정답일까?

(가)의 갑은 베카리아, 을은 벤담, 병은 칸트이다.
형벌에 대해 베카리아는 사회 계약론과 공리주의적 입장, 벤담은 공리주의의 입장, 칸트는 응보주의의 입장이다.

• 왜 오답일까?

ㄹ. 벤담은 형벌이 방지할 해악이 형벌의 해악보다 커야 한다고 보았다.

18 뇌사에 대한 입장 정답률 69% | 정답 ⑤

| 문제 보기 |

(가)의 입장에 대해 (나)의 입장에서 제기할 수 있는 비판으로 가장 적절한 것은?

(가) 뇌사가 죽음의 기준이 되어야 한다. 뇌사자는 인간으로서의 고유한 활동을 할 수 없고, 뇌사자의 장기 이식은 더 많은 생명을 살릴 수 있다.
(나) 뇌사가 죽음의 기준이 될 수 없다. 뇌사자라도 심폐 기능이 유지되면 죽은 것이 아니다. 뇌사자를 죽은 사람으로 보고 장기 이식을 하면 생명의 존엄성을 해치게 된다.

① 유용성 극대화를 위해서 뇌사의 인정이 필요함을 간과한다.
② 뇌사를 죽음으로 인정할 때 사회적 선이 실현됨을 간과한다.
③ 뇌 기능 상실이 죽음을 판단하는 유일한 기준임을 간과한다.
④ 심폐사를 죽음으로 인정해야 장기 이식이 확대됨을 간과한다.
⑤ 뇌사를 죽음으로 보면 인간의 가치를 해칠 수 있음을 간과한다.

• 왜 정답일까?

(가)는 뇌사를 죽음의 기준으로 보아야 한다는 입장이고, (나)는 심폐사를 죽음의 기준으로 보아야 한다는 입장이다.

19 시민 불복종에 대한 롤스와 싱어의 입장 정답률 66% | 정답 ⑤

| 문제 보기 |

갑은 부정, 을은 긍정의 대답을 할 질문으로 가장 적절한 것은? [3점]

갑 : 시민 불복종은 평등한 자유의 원칙과 공정한 기회 균등의 원칙에 현저하게 위배되는 법과 정책을 대상으로 해야 하며, 그 행위가 보다 효과적인 호소가 되도록 적절하게 계획되는 것이 중요하다.

을 : 시민 불복종이 중단하려는 악의 크기와 불복종이 초래할 법과 민주주의에 대한 존중의 감소 가능성을 계산해야 한다. 한편 야생의 파괴를 가져올 댐 건설과 동물 실험을 반대하는 시민 불복종도 정당화될 수 있다.

① 시민 불복종은 다수를 위협하고 강제하려는 위법 행위인가?
② 시민 불복종은 민주주의 원칙에 대한 거부를 전제로 하는가?
③ 시민 불복종의 대상에서 제외되는 정의롭지 못한 법도 있는가?
④ 시민 불복종은 합법적 노력 실패 후 사용할 수 있는 수단인가?
⑤ 시민 불복종의 목표에 동물의 이익 옹호가 포함될 수 있는가?

• 왜 정답일까?

갑은 롤스, 을은 싱어이다.
롤스는 정의의 원칙을 심각하게 위반하는 법과 정책에 대해 시민 불복종을 할 수 있다고 보았고, 싱어는 동물의 이익 옹호를 위해 시민 불복종을 할 수 있다고 보았다.

20 정보 사회의 쟁점에 대한 입장 정답률 86% | 정답 ④

| 문제 보기 |

다음 토론의 핵심 쟁점으로 가장 적절한 것은?

갑 : 개인의 인터넷 활동이 증가하면서 사용자가 사망했을 때 남겨진 디지털 유산의 상속 문제가 사회적 쟁점이 되고 있습니다. 그러므로 이에 대한 논의가 필요합니다.
을 : 동의합니다. 유족의 알 권리를 존중하고 디지털 유산이 유익하게 활용될 수 있도록 모든 디지털 유산을 유족에게 상속해야 합니다.
갑 : 아닙니다. 모든 디지털 유산을 상속하는 것은 사망자의 사생활과 잊힐 권리를 침해하게 됩니다. 사망자가 공개한 디지털 유산만 제한적으로 유족에게 상속해야 합니다.
을 : 그렇지 않습니다. 사생활 보호와 잊힐 권리는 살아 있는 사람에게만 해당하는 권리이므로 비공개 디지털 유산도 공개된 디지털 유산과 함께 유족에게 상속해야 합니다.

* 디지털 유산 : 사망한 사람이 남긴 디지털 콘텐츠. SNS 게시물, 게임 아이템이나 사이버 머니 등이 포함됨.

① 디지털 유산 상속에 대한 공론화가 필요한 시기인가?
② 온라인 공간에 공개된 디지털 유산은 상속될 수 있는가?
③ 디지털 유산 상속인의 자격 요건을 설정할 필요가 있는가?
④ 사망자의 모든 디지털 유산은 유족에게 상속되어야 하는가?
⑤ 온라인에서 활동하는 사람의 잊힐 권리를 존중해야 하는가?

• 왜 정답일까?

갑은 공개된 디지털 유산만 유족에게 상속해야 한다고 보고, 을은 공개되지 않은 디지털 유산까지 유족에게 상속해야 한다고 본다.

01 ②	02 ⑤	03 ⑤	04 ④	05 ④
06 ③	07 ④	08 ①	09 ①	10 ④
11 ②	12 ④	13 ②	14 ②	15 ②
16 ①	17 ⑤	18 ②	19 ③	20 ③

채점결과	· 실제 걸린 시간 :	분	초
	· 맞은 문항수 :		개
	· 틀린 문항수 :		개
	· 헷갈린 문항 :		

01 규범 윤리학과 메타 윤리학 정답률 59% | 정답 ②

| 문제 보기 |

갑, 을의 입장만을 〈보기〉에서 있는 대로 고른 것은?

갑 : 윤리학은 보편적으로 적용되는 도덕 원리를 정당화하기
위한 근거를 제시하고 도덕규범의 체계를 합리적으로 구
성하는 것을 핵심 과제로 탐구해야 한다.
을 : 윤리학은 도덕적 담화에 사용되는 단어와 문장의 의미를
분석하고 도덕 판단이 참 또는 거짓으로 확증될 수 있는
방법을 모색하는 것을 핵심 과제로 탐구해야 한다.

〈 보기 〉
ㄱ. 갑 : 윤리학은 선과 악이 무엇인지에 관해 탐구해야 한다.
ㄴ. 갑 : 윤리학은 도덕 문제를 가치 중립적으로 해결해야 한다.
ㄷ. 을 : 윤리학은 도덕적 추론의 타당성을 검증해야 한다.
ㄹ. 갑, 을 : 윤리학은 도덕 현상의 객관적 진술을 주된 목표
로 삼아야 한다.

① ㄱ, ㄴ   ② ㄱ, ㄷ   ③ ㄴ, ㄹ
④ ㄱ, ㄷ, ㄹ   ⑤ ㄴ, ㄷ, ㄹ

● 왜 정답일까?

갑은 규범 윤리학, 을은 메타 윤리학의 입장이다.
규범 윤리학은 선과 악, 옳음과 그름이 무엇인지에 대해 탐구하
고, 메타 윤리학은 도덕적 추론의 정당성을 검증하기 위한 논리
를 분석한다.

02 분배 정의에 대한 다양한 입장 정답률 45% | 정답 ⑤

| 문제 보기 |

(가)의 갑, 을, 병 사상가들의 입장에서 서로에게 제기할 수
있는 비판을 (나) 그림으로 표현할 때, A~F에 해당하는 내용
으로 적절하지 않은 것은? [3점]

(가)
갑 : 사회가 전적으로 정의롭다면 소유물에 대한 소
유 권리는 취득과 이전에서의 정의의 원리에 따
라 얻게 된 경우에만 정당하다.
을 : 사회적·경제적 불평등은 그것이 모든 사람, 특
히 사회의 최소 수혜자에게 그 불평등을 보상할
만한 이득을 가져오는 경우에만 정당하다.
병 : 사회적 가치들은 각각 고유한 분배 영역을 가진
다. 상이한 사회적 가치들은 상이한 근거, 절차,
주체에 의해 분배되는 것이 정당하다.

(나)
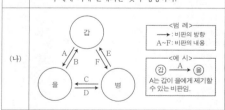

① A : 차등의 원칙은 개인의 소유권 침해를 초래함을 간과
한다.
② A, F : 도덕적 정당화가 가능한 국가는 최소 국가임을 간
과한다.
③ B : 천부적 재능의 분포를 공동 자산으로 보아야 함을 간
과한다.
④ B, D : 정의의 원칙은 가상 상황에서 도출해야 함을 간과
한다.
⑤ C, E : 분배의 공정성은 절차적 정의를 통해 실현됨을 간
과한다.

• 왜 정답일까?

(가)의 갑은 노직, 을은 롤스, 병은 왈처이다.
노직과 롤스는 절차가 공정하면 결과도 공정하다고 보는 절차적
정의를 강조하는 입장이다.

03 국가의 역할에 대한 맹자의 입장 정답률 85% | 정답 ⑤

| 문제 보기 |

다음을 주장한 사상가의 입장으로 가장 적절한 것은?

백성은 일정한 생업이 없으면 일정한 마음도 없어진다. 현
명한 군주는 백성의 생업을 마련해 주는데, 반드시 위로는
부모를 섬기기에 충분하게 하고 아래로는 처자를 먹여 살릴
만하게 하여, 풍년에는 언제나 배부르고 흉년에는 죽음을 면
하게 한다. 그렇게 한 후에 백성을 선한 데로 유도하므로 백
성이 따르기 쉽다.

① 통치자는 예(禮)를 통해 인간의 악한 본성을 교화해야 한다.
② 통치자는 백성[民]에 의한 통치를 위해 온 힘을 다해야 한다.
③ 통치자가 인의(仁義)를 해치더라도 백성은 항상 복종해야
한다.
④ 통치자는 덕치가 아니라 법치로써 왕도(王道)를 실현해야
한다.
⑤ 통치자는 백성의 선한 삶을 위해 항산(恒産)을 보장해야
한다.

● 왜 정답일까?

제시문은 맹자의 주장이다. 맹자에 따르면 통치자는 백성들이 경
제적으로 안정되어 도덕적인 삶을 살 수 있도록 해주어야 한다.

04 칼뱅과 마르크스의 직업관 정답률 83% | 정답 ④

| 문제 보기 |

갑, 을 사상가들의 입장만을 〈보기〉에서 있는 대로 고른 것은?
[3점]

갑 : 사람들은 자신의 직무가 비속하거나 신과 무관한 것이
아니라, 신의 부르심[召命]에 따라 봉사하고 있는 신성
한 것이라는 사실을 깊이 생각해야 한다.
을 : 자본주의 체제에서는 노동자가 더 많이 생산할수록 그는
더 가난해지고 무력해진다. 결국 노동은 노동자의 본질
에 속하지 않게 되고 노동자는 노동으로부터 소외된다.

〈 보기 〉
ㄱ. 갑 : 노동은 신성하며 노동으로 얻은 것은 신의 선물이다.
ㄴ. 을 : 소외된 노동은 인간에 의한 인간의 소외를 일으킨다.
ㄷ. 을 : 노동자는 자본가에게 경제적으로 예속될 수밖에 없다.
ㄹ. 갑, 을 : 노동의 본질은 자신의 잠재력을 계발하는 데 있다.

① ㄱ, ㄴ   ② ㄱ, ㄹ   ③ ㄷ, ㄹ
④ ㄱ, ㄴ, ㄷ   ⑤ ㄴ, ㄷ, ㄹ

● 왜 정답일까?

갑은 칼뱅, 을은 마르크스이다.
칼뱅은 직업을 신의 소명이라고 보았고, 마르크스는 자본주의
체제의 분업화된 노동이 인간의 소외를 발생시킨다고 보았다.

05 사랑과 성의 관계에 대한 입장 정답률 54% | 정답 ④

| 문제 보기 |

갑, 을의 입장으로 적절하지 않은 것은?

갑 : 성의 자연적 목적은 출산이다. 사랑하는 남녀가 결혼이
라는 사회적 승인을 거쳐서 출산과 관련하여 행하는 성
적 관계만이 도덕적으로 정당하다.
을 : 성을 도덕적으로 만드는 것은 사랑이다. 사랑은 인간적
성의 고유한 가치이고 사랑이 동반된 성적 관계만이 도
덕적으로 정당하다.

① 갑 : 성적 관계의 결과에 대한 책임은 도덕적으로 중요하다.
② 갑 : 성은 사적 영역에 속하면서도 사회 질서 유지와 관계
된다.
③ 을 : 성은 사랑이 전제될 때 서로의 정신적 교감을 고양한다.
④ 을 : 성적 자기 결정권의 존중은 성적 관계의 필요충분조건
이다.
⑤ 갑, 을 : 성적 관계에서 상호 간의 존중과 배려는 필수적이다.

• 왜 정답일까?

갑은 보수주의, 을은 중도주의의 입장이다.
보수주의는 결혼과 출산 중심의 성 윤리를 제시하고, 중도주의
는 사랑 중심의 성 윤리를 제시한다.

06 기술에 대한 요나스의 입장 정답률 48% | 정답 ③

| 문제 보기 |

다음을 주장한 사상가의 입장으로 적절하지 않은 것은? [3점]

현대 기술이 산출한 행위들의 규모와 대상, 그리고 그 결
과는 너무나 새로운 것이기 때문에 전통 윤리의 틀로는 이
행위들을 더 이상 파악할 수 없는 윤리적 공백이 발생한다.
인간이 갖게 된 새로운 종류의 행위 능력은 윤리의 새로운
규칙을 요구하며, 또한 새로운 종류의 윤리를 요구한다.

① 기술은 생태계의 수용 범위 안에서 행사되어야 한다.
② 기술에 내포된 위협적 요소는 윤리적 숙고의 대상이 된다.
③ 인간에 대한 의무는 자연에 대한 의무로 대체되어야 한다.
④ 새로운 윤리학은 무조건적으로 준수해야 할 명령을 제시
한다.
⑤ 기술이 초래할 공포를 발견하고 행위의 의무를 도출해야
한다.

● 왜 정답일까?

제시문은 요나스의 주장이다.
요나스는 현대 기술이 초래한 새로운 윤리 문제들을 해결하기
위해서는 책임 윤리가 필요하다고 보았다.

07 시민 불복종에 대한 롤스의 입장 정답률 57% | 정답 ④

| 문제 보기 |

다음을 주장한 사상가의 입장만을 〈보기〉에서 있는 대로 고른
것은? [3점]

거의 정의로운 사회에서는 대체로 정의의 원칙들이 자유롭
고 평등한 사람들 사이의 자발적인 협동의 기본 조항으로 인
정되고 있다. 그래서 이와 같은 사회에서 우리는 시민 불복
종을 통해 사회의 다수자가 갖는 정의감을 나타내고 자유롭
고 평등한 사람들 사이에서 사회 협동체의 원칙이 존중되지
않고 있음을 선언한다.

〈 보기 〉
ㄱ. 시민 불복종은 법을 어기지만 도덕적으로는 옳은 행위이다.
ㄴ. 부정의한 사회라면 시민 불복종은 반드시 전개되어야 한다.
ㄷ. 시민 불복종은 입헌 체제를 유지하는 데 기여하는 행위이다.
ㄹ. 소수자 투표권 제한 정책은 시민 불복종 대상이 될 수 있다.

① ㄱ, ㄴ   ② ㄱ, ㄷ   ③ ㄴ, ㄹ
④ ㄱ, ㄷ, ㄹ   ⑤ ㄴ, ㄷ, ㄹ

● 왜 정답일까?

제시문은 롤스의 주장이다.
롤스는 시민 불복종이 위법 행위이긴 하지만 입헌 체제를 유지
하는 데 기여하는 도덕적으로 옳은 행위라고 보았다.

● 왜 오답일까?

ㄴ. 롤스는 시민 불복종을 거의 정의로운 사회에서 전개되는 것
으로 보았다.

08 하버마스의 담론 윤리 정답률 84% | 정답 ①

| 문제 보기 |

다음을 주장한 사상가의 입장에서 〈사례〉 속 A에게 제시할
조언으로 가장 적절한 것은?

언어 능력과 행위 능력을 지닌 모든 주체는 담론에 참여할
수 있고, 어떤 주장도 문제시할 수 있으며, 모든 주장을 담론
에 끌어들일 수 있고, 자신의 희망이나 욕구를 표현할 수 있
어야 한다. 어떤 담론 참여자도 이러한 권리를 행사함에 있
어 담론의 내부나 외부로부터의 강제에 의해 방해받아서는
안 된다.

〈 사 례 〉
고등학교 학급 회장 A는 북한 이탈 주민 지원 센터에 후원
금을 보낼 것인가에 대한 회의를 진행하고 있다. A는 다양한
의견이 제시되는 상황에서 어떻게 해야 할지 고민하고 있다.

① 합리적인 의사소통을 거쳐 합의된 결론을 따르세요.
② 학급 학생들의 바람이나 욕구들은 고려하지 마세요.
③ 회의가 길어질수록 결론은 불확실해짐을 깨달으세요.
④ 소수보다 다수 학생의 의견이 항상 옳다고 생각하세요.
⑤ 다양한 입장을 균등하게 반영한 주장만을 받아들이세요.

● 왜 정답일까?

제시문은 하버마스의 주장이다. 하버마스는 담론 참여자들이 합리적인 의사소통을 거쳐 보편적인 합의에 도달할 수 있다고 보았다.

09 다문화 사회의 윤리에 대한 입장   정답률 82% | 정답 ①

| 문제 보기 |

갑, 을의 입장으로 가장 적절한 것은?

> 갑 : 문화 공존을 위해 타 문화에 대해 알고 상호 교류를 확대해야 한다. 다양성은 문화 교류의 전제이며, 관용은 문화 공존과 진정한 사회 통합을 위한 훌륭한 방법이다. 교육도 타 문화의 내용을 교양 과목으로 다루어야 한다.
> 을 : 사회 통합을 위해 소수 문화가 주류 문화에 동화되어야 한다. 시민들 간에 동일한 문화적 정체성이 형성되면 상호 이해 및 신뢰, 유대감이 증진된다. 교육도 모두를 단일한 문화로 통합하는 것을 목표로 해야 한다.

① 갑 : 자신의 문화 정체성을 유지하며 타 문화를 존중해야 한다.
② 갑 : 차이 인정보다 동화의 관점에서 타 문화를 인식해야 한다.
③ 을 : 문화적 풍요로움을 위해 이질적 문화들이 공존해야 한다.
④ 을 : 문화들 간의 갈등을 막기 위해 소수 문화를 인정해야 한다.
⑤ 갑, 을 : 주류 문화와 소수 문화가 융합을 이루도록 해야 한다.

● 왜 정답일까?

갑은 다양한 문화가 공존해야 된다고 보는 입장이고, 을은 소수 문화가 주류 문화에 동화되어야 한다고 보는 입장이다.

10 자연에 대한 다양한 입장   정답률 42% | 정답 ④

| 문제 보기 |

(가)의 갑, 을, 병 사상가들의 입장을 (나) 그림으로 탐구하고자 할 때, A ~ D에 들어갈 적절한 질문만을 〈보기〉에서 있는 대로 고른 것은? [3점]

> (가)
> 갑 : 동물도 인간처럼 고통을 느낄 수 있으며 이해관계를 갖는다. 인간 종이 아니라는 이유로 동물의 이익 관심을 무시하는 것은 종 차별주의이다.
> 을 : 인간은 대지를 상품으로 보기 때문에 남용하고 있다. 대지를 우리가 속한 생명 공동체로 바라보면 대지를 사랑과 존중으로 대하게 될 것이다.
> 병 : 유기체를 목적론적 삶의 중심으로 생각하는 것은 자신의 방식으로 고유의 선을 추구하는 유일한 개체로서 그 존재의 실체를 인식하는 것이다.

(나) [순서도: 사상가 갑, 을, 병의 입장을 탐구한다. → A → (아니오) → B → (아니오) → C / D → 갑의 입장 / 을의 입장 / 병의 입장, 범례: 출발 조건, 판단 내용, 판단 방향, 사상가의 입장]

〈 보기 〉
ㄱ. A : 쾌고 감수 능력은 도덕적 고려를 위한 유일한 기준인가?
ㄴ. B : 생명이 없으면서 도덕적 지위를 지닌 개체가 있는가?
ㄷ. C : 자연에 대한 의무는 인간 간의 의무에서 비롯되는가?
ㄹ. D : 생태계의 모든 생명체가 지닌 본래적 가치는 동일한가?

① ㄱ, ㄴ   ② ㄱ, ㄷ   ③ ㄷ, ㄹ
④ ㄱ, ㄴ, ㄹ   ⑤ ㄴ, ㄷ, ㄹ

● 왜 정답일까?

(가)의 갑은 싱어, 을은 레오폴드, 병은 테일러이다.
싱어는 쾌고 감수 능력을 지닌 동물을, 레오폴드는 자연 전체를, 테일러는 모든 생명체를 도덕적 고려의 대상으로 보았다.

11 해외 원조에 대한 입장   정답률 43% | 정답 ②

| 문제 보기 |

(가)의 갑, 을 사상가들의 입장을 (나) 그림으로 표현할 때, A ~ C에 해당하는 적절한 진술만을 〈보기〉에서 고른 것은? [3점]

> (가)
> 갑 : 고통받는 사회가 빈곤에 처한 결정적 요소는 정치 문화의 결함이다. 원조를 통해 고통받는 사회가 질서 정연한 사회로 편입하도록 도와야 한다.
> 을 : 세계를 지금 이대로 방치한다면 질서 정연한 사회가 되기도 전에 많은 생명이 희생될 것이다. 이익 평등 고려의 원칙에 따라 원조를 해야 한다.

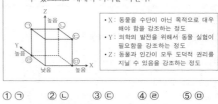

> (나) 〈 범 례 〉
> A : 갑만의 입장
> B : 갑, 을의 공통 입장
> C : 을만의 입장

〈 보기 〉
ㄱ. A : 원조의 목적은 대상국이 자유롭거나 적정 수준의 사회가 되게 하는 것이다.
ㄴ. B : 원조는 공리의 원리에 따라 마땅히 실천해야 할 윤리적 의무이다.
ㄷ. B : 어떤 사회가 경제적으로 풍요롭지 않더라도 원조의 주체가 될 수 있다.
ㄹ. C : 국가 간 부의 재분배를 통해 원조의 목표를 달성하려는 것은 잘못이다.

① ㄱ, ㄴ   ② ㄱ, ㄷ   ③ ㄴ, ㄷ   ④ ㄴ, ㄹ   ⑤ ㄷ, ㄹ

● 왜 정답일까?

(가)의 갑은 롤스, 을은 싱어이다.
롤스는 원조 대상국이 자유롭거나 적정 수준의 사회가 되는 것을 원조의 목적으로 보았고, 싱어는 공리주의 관점에서 빈곤으로 고통받는 사람들을 원조해야 한다고 보았다.

12 윤리적 소비의 특징   정답률 71% | 정답 ④

| 문제 보기 |

다음 신문 칼럼의 입장에서 지지할 견해만을 〈보기〉에서 있는 대로 고른 것은?

> ○○신문   칼 럼   ○○○○년 ○○월 ○○일
> 시장을 주도하는 주축이 기업에서 소비자로 변화하고 있다. 상표를 보고 제품을 선택했던 과거와 달리 건강한 원료, 환경 친화적인 생산 과정, 소비를 통한 사회적 가치 실현까지를 고려한 윤리적 소비가 새로운 흐름을 만들어 내고 있다. 이른바 소비의 '미닝 아웃(Meaning out)'이라 할 수 있다. 미닝 아웃은 이전에는 잘 드러내지 않았던 정치적·사회적 신념 등을 소비 행위를 통해 적극적으로 표출하는 것을 뜻한다. 이제 소비자는 새로운 소비의 흐름에 적극 동참해야 하고, 기업도 생산 및 유통 과정을 변화시켜 나가야 한다.

〈 보기 〉
ㄱ. 기업은 이윤 추구와 더불어 사회적 책임에 힘써야 한다.
ㄴ. 기업은 생산 활동이 생태계에 미칠 영향을 고려해야 한다.
ㄷ. 소비자는 경제적 효율성만을 소비의 기준으로 삼아야 한다.
ㄹ. 소비자는 경제적 부를 과시하기 위한 소비를 지양해야 한다.

① ㄱ, ㄴ   ② ㄱ, ㄷ   ③ ㄷ, ㄹ
④ ㄱ, ㄴ, ㄹ   ⑤ ㄴ, ㄷ, ㄹ

● 왜 정답일까?

신문 칼럼은 소비자와 기업이 윤리적 소비를 고려하여 경제 활동을 해야 한다고 보는 입장이다.

13 가족 윤리에 대한 유교 사상의 입장   정답률 39% | 정답 ①

| 문제 보기 |

다음 사상의 입장으로 적절하지 않은 것은?

> 사람에게는 도(道)가 있다. 배불리 먹고, 따뜻하게 입으며, 편안히 살면서 교육이 없으면 금수에 가깝다. 성인(聖人)은 이를 근심하여 인륜(人倫)을 가르치니, 아버지와 아들은 친애가 있고, 임금과 신하는 의리가 있으며, 남편과 아내는 분별이 있고, 어른과 어린이는 차례가 있으며, 벗 사이에는 믿음이 있는 것이다.

① 자식이 자신의 몸을 온전히 보전함으로써 효가 완성된다.
② 자식은 언제나 부모의 의중을 살펴서 언행을 삼가야 한다.

---

③ 형제는 상하 관계 속에서 장유유서의 도리를 깨달을 수 있다.
④ 부부는 친밀한 관계이면서도 서로를 손님처럼 공경해야 한다.
⑤ 부부는 인륜의 시초가 되기 때문에 서로 간에 조심해야 한다.

● 왜 정답일까?

제시문은 유교 사상인 맹자의 주장이다.
유교에서는 이름을 떨쳐 부모를 영광되게 하는 입신양명을 통해 효가 완성된다고 본다.

14 동물 권리에 대한 입장   정답률 79% | 정답 ③

| 문제 보기 |

(가)의 입장에 비해 (나)의 입장이 갖는 상대적 특징을 그림의 ㉠ ~ ㉤ 중에서 고른 것은?

> (가) 종 차별주의는 인종 차별주의와 달리 정당한 것이다. 도덕적 능력의 차이에 따라 동물보다 인간을 더 고려하는 차별은 정당하다.
> (나) 일부 동물은 자신의 삶을 영위할 수 있는 능력, 즉 믿음, 욕구, 지각, 기억, 감정 등을 가진 삶의 주체가 될 수 있으므로 내재적 가치를 지닌다.

[3차원 그래프: X축 낮음-높음, Y축 낮음-높음, Z축 낮음-높음, ㉠~㉤ 위치 표시]

• X : 동물을 수단이 아닌 목적으로 대우해야 하는 정도를 강조하는 정도
• Y : 의학의 발전을 위해서 동물 실험이 필요함을 강조하는 정도
• Z : 동물과 인간이 모두 도덕적 권리를 지닐 수 있음을 강조하는 정도

① ㉠   ② ㉡   ③ ㉢   ④ ㉣   ⑤ ㉤

● 왜 정답일까?

(가)는 코헨, (나)는 레건의 주장이다.
코헨은 동물이 윤리 규범의 고안 능력과 자율성이 없기 때문에 도덕적 권리가 없다고 보았고, 레건은 삶의 주체가 되는 동물은 도덕적 권리가 있다고 보았다.

15 교정적 정의에 대한 다양한 입장   정답률 37% | 정답 ②

| 문제 보기 |

갑, 을, 병 사상가들의 입장으로 가장 적절한 것은? [3점]

> 갑 : 범죄에 대한 가장 강력한 억제력은 사형 장면이 아니라 오래도록 자유를 박탈당한 채 짐승처럼 취급받으며 노동으로 속죄하는 인간의 모습에서 생겨난다.
> 을 : 살인을 했거나, 그것을 명했거나 그것에 협력했던 사람은 사형에 처해져야 한다. 살인자에게 법적으로 집행되는 사형 외에 범죄와 보복이 동등해지는 것은 있을 수 없다.
> 병 : 처벌은 그 자체로는 악이지만 그것이 더 큰 악을 없애는 것을 보장하는 한 인정되어야 한다. 처벌이 확실한 실효성이 없는 경우라면 처벌을 가해서는 안 된다.

① 갑 : 범죄 예방을 위해 각자의 생명권을 사회에 양도해야 한다.
② 을 : 살인자가 물권의 대상이 아님은 타고난 인격성 때문이다.
③ 병 : 처벌이 초래할 해악이 처벌이 예방할 해악보다 커야 한다.
④ 갑, 병 : 사형은 실효성과는 무관하게 폐지되어야 할 해악이다.
⑤ 을, 병 : 처벌은 시민 사회의 선을 늘리기 위해 행해져야 한다.

● 왜 정답일까?

갑은 베카리아, 을은 칸트, 병은 벤담이다.
베카리아와 벤담은 공리주의적 관점에서 범죄 예방을 위해 처벌이 필요하다고 보았다. 칸트는 응보주의의 관점에서 처벌의 본질은 범죄 행위에 대해 응당한 보복을 가하는 것이라고 보았다.

● 왜 오답일까?

③ 벤담은 처벌이 초래할 해악이 처벌이 예방할 해악보다 작아야 한다고 보았다.

16 죽음에 대한 플라톤의 입장   정답률 77% | 정답 ①

| 문제 보기 |

다음을 주장한 사상가의 입장으로 적절하지 않은 것은? [3점]

우리가 어떤 것의 진리를 있는 그대로 보고자 한다면, 육체로부터 벗어나서 오로지 영혼만으로 그것을 바라보아야 한다. 영혼이 육체로부터 분리되어 홀로 있게 되는 것은 살아서는 불가능하다. 다만 살아 있는 동안에 진리에 가장 가까이 다가갈 수 있는 길은 우리 자신을 육체의 본성으로부터 순수하게 지켜서 영혼을 더럽히지 않는 것이다.

① 죽음은 영혼이 순수한 인식을 할 수 없는 상태로 만든다.
② 죽음을 통해 영혼은 참된 실재의 세계로 들어갈 수 있다.
③ 현실 세계에서 영혼의 순수성을 지키는 노력이 필요하다.
④ 불멸하는 영혼은 죽음 이후에 육체로부터 자유로울 수 있다.
⑤ 죽음은 영혼이 참된 지혜를 얻을 수 있는 계기가 될 수 있다.

● 왜 정답일까?

제시문은 플라톤의 주장이다.
플라톤은 죽음 이후에 영혼이 육체에서 벗어나 진리를 순수하게 인식할 수 있다고 보았다.

17 정보 사회에서의 윤리 문제
정답률 64% | 정답 ⑤

| 문제 보기 |

다음 토론의 핵심 쟁점으로 가장 적절한 것은?

갑 : 감염병 확산을 방지하기 위해 확진자는 역학 조사에 성실히 응해야 하고, 확진자에 대한 역학 조사 결과를 공개해야 합니다.
을 : 동의합니다. 다만 확진자에 대한 역학 조사 결과 공개는 사생활을 침해하지 않는 범위 내에서 이루어져야 합니다.
갑 : 아닙니다. 확진자의 사생활을 보호하려고 한다면 정보 공개가 제한적으로 이루어질 수밖에 없고 감염병 확산을 방지하는 데 어려움이 있습니다.
을 : 그렇지 않습니다. 감염병 확산을 막는다는 명분으로 확진자의 사생활을 침해하는 것은 기본권을 침해하는 것입니다.

① 확진자는 역학 조사에 참여해야 하는가?
② 확진자에 대한 역학 조사를 실시해야 하는가?
③ 확진자 역학 조사 결과를 일체 공개하지 말아야 하는가?
④ 확진자 역학 조사 결과 공개는 감염병 확산 방지에 필요한가?
⑤ 확진자의 사생활을 보호하기 어려운 정보도 공개할 수 있는가?

● 왜 정답일까?

갑은 감염병 확산 방지를 위해 개인의 사생활 보호보다 정보 공개가 중요하다고 보는 입장이고, 을은 개인의 사생활을 보호하는 범위 내에서 정보 공개를 해야 한다고 보는 입장이다.

18 불교 사상과 도가 사상의 입장
정답률 62% | 정답 ②

| 문제 보기 |

(가), (나) 사상의 입장으로 가장 적절한 것은? [3점]

(가) 이것이 있으므로 저것이 있고, 이것이 생기므로 저것이 생겨난다. 이것이 없으므로 저것이 없고, 이것이 사라지므로 저것이 사라진다. 이렇게 무명(無明)을 조건으로 의도적 행위들이 생기므로 고통을 없애면 고통이 사라진다.
(나) 저것은 이것에서 나오고, 이것 역시 저것에서 말미암게 된다. 옳음으로 말미암아 그릇됨이 있고, 그릇됨으로 말미암아 옳음이 있다. 그러므로 성인은 자연(自然)에 비추어 생각한다.

① (가) : 지속적인 수행을 통해 불성(佛性)을 형성해야 한다.
② (가) : 원인[因]과 조건[緣]이 없는 존재는 없음을 알아야 한다.
③ (나) : 시비선악을 분별하면서 도덕적 가치를 실현해야 한다.
④ (나) : 본성에서 벗어나 절대적 자유의 경지를 추구해야 한다.
⑤ (가), (나) : 세상 만물의 가치에는 위계가 있음을 알아야 한다.

● 왜 정답일까?

(가)는 불교 사상이고, (나)는 도가 사상이다.
불교에서는 모든 존재와 현상에는 원인과 조건이 있다고 보고, 도가에서는 도의 관점에서 볼 때 세상 만물은 평등한 가치를 지닌다고 본다.

19 국제 평화에 대한 입장
정답률 53% | 정답 ③

| 문제 보기 |

그림은 서양 사상가 갑, 을의 가상 대화이다. 갑, 을의 입장으로 가장 적절한 것은? [3점]

영구 평화를 실현하기 위해서는 모든 전쟁의 종식을 추구하는 평화 연맹이 필요합니다. 이를 위해 개별 국가는 공화정 정체이어야 하고 국제법은 자유로운 국가들의 연방 체제에 기초해야 합니다.

전쟁의 종식만으로는 진정한 평화라고 할 수 없습니다. 진정한 평화를 위해서는 직접적 폭력, 사회 구조 속의 폭력, 폭력을 정당화하는 문화를 제거해야 합니다.

① 갑 : 국가 간에는 국제법이 아닌 세계 시민법을 따라야 한다.
② 갑 : 개인은 세계 국가의 국적을 갖는 구성원이 되어야 한다.
③ 을 : 문화는 평화 또는 폭력을 정당화하는 수단이 될 수 있다.
④ 을 : 평화적 수단이나 과정을 통해서는 평화가 달성될 수 없다.
⑤ 갑, 을 : 개별 국가의 정치 제도 개선은 평화 실현과 무관하다.

● 왜 정답일까?

가상 대화의 갑은 칸트이고, 을은 갈퉁이다.
칸트는 국제법과 연방 체제를 바탕으로 영구 평화가 실현된다고 보았다.
갈퉁은 직접적 폭력, 구조적 폭력, 문화적 폭력이 모두 사라져야 진정한 평화가 실현된다고 보았다.

20 예술에 대한 입장
정답률 85% | 정답 ③

| 문제 보기 |

갑, 을의 입장으로 가장 적절한 것은?

갑 : 가장 상업적인 것이 가장 예술적이고, 가장 예술적인 것이 가장 상업적이다. 돈을 번다는 것은 예술이고, 일하는 것도 예술이며, 잘되는 사업이 최상의 예술이다. 나는 사업 미술가이고 나의 작업실은 공장이다.
을 : 문화 산업이 만든 문화 상품의 속성은 문화 소비자들의 적극적인 사유를 불가능하게 만드는 데 있다. 문화 산업은 하자 없는 규격품을 만들 듯이 인간의 정신을 단순히 재생산하려 한다.

① 갑 : 예술 작품은 대중화에서 벗어나 미적 가치를 지녀야 한다.
② 갑 : 예술의 상업화에 따른 이윤 창출은 예술 발전을 방해한다.
③ 을 : 문화 산업은 대중의 자발성과 상상력의 발달을 저해한다.
④ 을 : 문화 산업은 대중의 비판적인 의식을 바탕으로 형성된다.
⑤ 갑, 을 : 예술 작품을 교환 가치로 평가하려고 해서는 안 된다.

● 왜 정답일까?

갑은 워홀, 을은 아도르노이다.
워홀은 예술의 상업화가 필요하다고 보았고, 아도르노는 현대의 문화 산업이 사물화된 의식을 조장한다고 보았다.

05회 2020학년도 3월
● 고3 생활과 윤리 ●

01 ③	02 ④	03 ③	04 ③	05 ⑤
06 ②	07 ⑤	08 ②	09 ②	10 ④
11 ⑤	12 ④	13 ④	14 ①	15 ①
16 ⑤	17 ②	18 ④	19 ①	20 ⑤

채점 결과	· 실제 걸린 시간 : 분 초
	· 맞은 문항수 : 개
	· 틀린 문항수 : 개
	· 헷갈린 문항 :

01 규범 윤리학과 메타 윤리학
정답률 67% | 정답 ③

| 문제 보기 |

㉠에 들어갈 진술로 가장 적절한 것은?

윤리학은 선과 악이 무엇이고 어떻게 사는 것이 도덕적으로 바람직한가에 대한 탐구를 바탕으로, 도덕 원리를 제시하는 것을 목표로 삼아야 한다. 그런데 어떤 사람들은 윤리학이 '선'과 '악'이라는 개념의 의미를 분석하고, 도덕적 논증의 타당성을 분석하는 것을 목표로 삼아야 한다고 주장한다. 나는 이러한 윤리학이 ㉠ 고 생각한다.

① 도덕적 명제는 진위 판단의 대상이 아님을 간과한다
② 윤리 문제를 가치 중립적으로 접근해야 함을 간과한다
③ 가치 판단을 위한 도덕규범의 정립이 필요함을 간과한다
④ 도덕 현상에 대한 객관적 기술이 학문의 목표임을 강조한다
⑤ 현실에서 일어나는 도덕 문제 해결에 주력해야 함을 강조한다

● 왜 정답일까?

제시문의 '나'는 규범 윤리학, '어떤 사람들'은 메타 윤리학의 입장이다.
규범 윤리학은 메타 윤리학에 대해 도덕규범의 정립이 필요함을 간과하고 있다고 비판할 수 있다.

02 석가모니와 장자의 죽음관
정답률 70% | 정답 ④

| 문제 보기 |

갑, 을 사상가들의 입장으로 가장 적절한 것은? [3점]

갑 : 존재를 조건으로 태어남이, 태어남을 조건으로 늙음·죽음과 근심·탄식·육체적 고통·정신적 고통·절망이 발생한다. 이와 같이 전체 괴로움의 무더기가 발생한다.
을 : 죽고 사는 것은 밤낮이 이어지는 것과 같은 자연의 이치이다. 진인은 태어남을 기뻐하지도, 죽음을 거역하지도 않는다. 의연하게 갔다가 의연하게 돌아올 뿐이다.

① 갑 : 죽음은 삶과 달리 인간이 겪을 수밖에 없는 고통이다.
② 갑 : 인간은 자신의 업(業)과 무관하게 삶과 죽음을 반복한다.
③ 을 : 자연적 본성에서 벗어나 삶과 죽음에 대해 초연해야 한다.
④ 을 : 도(道)를 해치지 않는 사람은 삶과 죽음에 집착하지 않는다.
⑤ 갑, 을 : 삶과 죽음은 분별해야 하는 자연적인 순환 과정이다.

● 왜 정답일까?

갑은 석가모니, 을은 장자이다. 장자는 도(道)에 따르는 사람은 삶과 죽음에 집착하지 않는다고 보았다.

03 동물 실험에 대한 입장
정답률 84% | 정답 ③

| 문제 보기 |

다음 토론의 핵심 쟁점으로 가장 적절한 것은?

갑 : 의학 발전을 위해 동물 실험이 필요합니다. 동물은 생물학적으로 인간과 유사하기 때문에 동물 실험의 결과는 인간에게 적용될 수 있습니다.
을 : 동물이 인간과 생물학적으로 유사하지만, 그것이 동물 실험을 정당화하는 근거가 될 수 없습니다. 동물 실험은 인간을 위해 동물을 의도적으로 희생시키는 것입니다.

갑 : 그렇지 않습니다. 동물 실험을 대신할 믿을 만한 대안이 없고, 인간과 동물의 도덕적 지위는 차이가 있으므로 동물은 인간의 이익을 위한 수단으로 이용될 수 있습니다.
을 : 아직 동물 실험의 확실한 대안이 마련된 것은 아닙니다. 그리고 인간과 동물이 도덕적 지위에 차이가 있다고 하더라도 동물을 인간을 위한 도구로 삼아서는 안 됩니다.

① 동물과 인간은 생물학적으로 유사한 개체인가?
② 동물의 도덕적 지위를 판단할 수 있는 기준이 있는가?
③ 동물은 인간의 이익을 위한 실험 대상이 될 수 있는가?
④ 동물 실험보다 신뢰할 수 있는 대안적 방법이 존재하는가?
⑤ 동물 실험은 인간을 위한 수단으로 동물을 사용하는 것인가?

• 왜 정답일까?
갑은 인간과 동물의 도덕적 지위는 차이가 있다고 보고 동물 실험에 찬성하는 입장이며, 을은 인간과 동물의 도덕적 지위에 차이가 있다고 하더라도 동물을 인간을 위한 수단으로 삼아서는 안 된다는 입장이다.

04 통일에 대한 입장
정답률 71% | 정답 ③

| 문제 보기 |
(가), (나)의 입장만을 〈보기〉에서 있는 대로 고른 것은?

(가) 남북통일을 위해서는 사회 문화적 통합이 선행되어야 한다. 비정치적 분야에서 교류와 신뢰를 확산한 후 정치적 통일로 나아가야 한다. 통일은 민족 동질성을 회복하여 새로운 민족 공동체를 건설하는 것이다.
(나) 남북통일은 정치적 통일을 의미한다. 통일은 남북에 세워진 두 개의 정치 체제를 통합하여 하나의 국가로 만드는 것이다. 정치 체제 단일화는 사회 문화적 통합으로 나아가게 할 수 있다.

< 보 기 >
ㄱ. (가) : 통일은 군사적 통합으로부터 출발해야 한다.
ㄴ. (가) : 남북 간의 상호 이해가 전제되어야 한다.
ㄷ. (나) : 통일을 위해서는 단일 헌법을 제정해야 한다.
ㄹ. (가), (나) : 통일 이전에 문화의 이질성을 제거해야 한다.

① ㄱ, ㄷ   ② ㄱ, ㄹ   ③ ㄴ, ㄷ
④ ㄱ, ㄴ, ㄹ   ⑤ ㄴ, ㄷ, ㄹ

• 왜 정답일까?
(가)는 남북통일을 위해 사회 문화적 통합이 선행되어야 한다고 보는 입장이고, (나)는 남북통일을 체제의 단일화를 의미하는 정치적 통일로 보는 입장이다.

05 분배 정의에 대한 입장
정답률 55% | 정답 ⑤

| 문제 보기 |
(가)의 갑, 을, 병 사상가들의 입장에서 서로에게 제기할 수 있는 비판을 (나) 그림으로 표현할 때, A∼F에 해당하는 내용으로 가장 적절한 것은? [3점]

(가)	갑 : 어떤 사회적 가치 X도 X의 의미와 상관없이 단지 누군가가 다른 가치 Y를 가지고 있다는 이유만으로 Y를 가진 사람에게 분배해서는 안 된다. 을 : 어떤 사람의 재화에 취득과 이전에서의 정의의 원리 또는 불의의 교정의 원리에 의해 소유권이 부여되었다면 그 소유는 정당하다. 병 : 재산 및 소득의 분배가 균등해야 할 필요는 없다. 분배는 차등의 원칙에 따라 최소 수혜자의 이익이 최대가 되도록 이루어져야 한다.
(나)	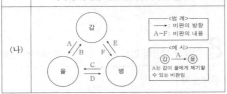

① A, C : 복지 국가에서 분배 정의가 완전히 실현됨을 간과한다.
② A, F : 정의의 다양한 영역들 간 경계가 사라져야 함을 간과한다.
③ B, D : 국가가 부의 분배 과정에 개입할 수 있음을 간과한다.
④ B, E : 공동체의 특수성에 맞는 분배 기준이 필요함을 간과한다.
⑤ C, E : 가상 상황에서 정의의 원칙을 도출해야 함을 간과한다.

• 왜 정답일까?
(가)의 갑은 왈처, 을은 노직, 병은 롤스이다.
롤스는 왈처, 노직과 달리 가상의 상황인 원초적 입장에서 정의의 원칙을 도출해야 한다고 보았다.

• 왜 오답일까?
① 롤스는 복지 국가에서 분배 정의가 완전히 실현되지는 않는다고 보았다.
④ 왈처는 공동체의 특수성에 맞는 분배 기준이 필요하다고 보았다.

06 맹자의 사상적 입장
정답률 60% | 정답 ②

| 문제 보기 |
다음을 주장한 사상가의 관점에서 〈사례〉 속 A에게 제시할 조언으로 가장 적절한 것은? [3점]

사람에게 사단(四端)이 있는 것은 사지[四體]를 가지고 있는 것과 같다. 사단이 있는데도 스스로 인의(仁義)를 행할 수 없다고 말하는 사람은 자기 스스로를 해치는 사람이다.

<사례>
고등학생 A는 등교 시간에 늦었지만, 길을 잃고 울고 있는 아이를 보고 도와주어야 할지 고민하고 있다.

① 자신과 남을 분별하지 않는 사랑[兼愛]을 실천하세요.
② 인간이 선천적으로 지닌 본성[性]에 따라 행동하세요.
③ 순선(純善)한 본성을 형성하여 도덕적인 선택을 하세요.
④ 인위적 규범을 버리고 자연의 도(道)에 따라 행동하세요.
⑤ 타고난 본성을 극복하여 측은지심(惻隱之心)을 발휘하세요.

• 왜 정답일까?
제시문은 맹자의 주장이다.
맹자는 사단(四端)이라는 선한 마음이 누구에게나 주어져 있다고 보았고, 인간이 선한 본성에 따라 행동할 것을 강조하였다.

• 왜 오답일까?
① 겸애(兼愛)를 강조한 사상가는 묵자이다.

07 성에 대한 입장
정답률 82% | 정답 ⑤

| 문제 보기 |
갑, 을의 입장으로 가장 적절한 것은?

갑 : 성은 본질적으로 결혼과 출산을 전제로 하는 안정감 속에서 이루어진다. 이럴 경우에 사랑하는 부부를 중심으로 가정이 지속될 수 있다.
을 : 성은 본질적으로 즐거움 그 자체를 추구하는 것이다. 성은 자발적 동의를 바탕으로 해악 금지의 원칙을 준수하는 한에서 이루어지는 즐거운 경험이다.

① 갑 : 성에 대한 책임보다는 성적인 자유를 중시해야 한다.
② 갑 : 성의 생식적 가치보다 쾌락적 가치를 중시해야 한다.
③ 을 : 성은 서로의 사랑을 바탕으로 한 행위로 제한되어야 한다.
④ 을 : 성은 자유로운 활동으로 도덕적 제약 없이 이뤄져야 한다.
⑤ 갑, 을 : 성은 상대 의사를 존중하지 않으면 정당화될 수 없다.

• 왜 정답일까?
갑은 보수주의, 을은 자유주의 입장이다.
보수주의와 자유주의는 모두 성이 자발적 의사를 바탕으로 해야 정당화될 수 있다고 본다.

08 정보 윤리에 대한 입장
정답률 76% | 정답 ②

| 문제 보기 |
다음 칼럼의 입장에서 지지할 내용으로 가장 적절한 것은?

○○신문   ○○○○년 ○○월 ○○일
칼 럼
최근 여러 나라에서 저작자의 저작권을 침해하지 않으면서도 저작물을 사람들이 무료로 이용할 수 있도록, 저작자가 자신의 저작물에 '저작자 표시', '비영리', '변경 금지' 등의 조건을 표시하자는 운동이 일어나고 있다. 왜냐하면 저작자가 자신의 저작물을 이용자들이 제한된 조건 내에서 대가 없이 이

용하기를 원하는 경우에도 이용자들은 이와 같은 저작자의 의사를 알지 못해 불편을 겪고 있기 때문이다. 이러한 운동은 저작자의 권리를 존중하면서도 정보를 확산할 수 있다는 점에서 계속 활성화되어야 한다.

① 저작권 보호는 새로운 창작 활동의 기회를 박탈한다.
② 저작자의 저작권 보호와 정보의 공유는 양립 가능하다.
③ 모든 저작물은 인류가 생산한 공유 자산으로 보아야 한다.
④ 이용 허락 조건 표시가 없는 저작물은 공공재로 보아야 한다.
⑤ 저작권을 사유재산으로 인정해야 정보의 교류가 활성화된다.

• 왜 정답일까?
칼럼은 저작자의 권리를 존중하면서도 정보를 공유할 수 있는 운동이 활성화되어야 한다고 보는 입장이다.

09 형벌에 대한 입장
정답률 57% | 정답 ②

| 문제 보기 |
갑, 을, 병 사상가들 모두가 질문에 옳게 대답한 것은? [3점]

갑 : 형벌이 지속적 효과를 가질 때 범죄를 더 잘 예방할 수 있다. 종신 노역형이 사형보다 범죄 억제에 효과적이다.
을 : 형벌은 정언 명령이다. 살인자는 사형에 처해져야 한다. 사형의 불법성을 주장하는 것은 법의 왜곡이다.
병 : 형벌의 목적은 공리의 원칙에 따른 모든 위법 행위 방지, 최악의 위법 행위 방지, 해악 감소, 비용 최소화이다.

	질문	대답		
		갑	을	병
①	형벌은 범죄자의 인격을 존중하며 실시되어야 하는가?	예	아니요	예
②	형벌은 사회적 선을 위하여 범죄자에게 부과되어야 하는가?	예	아니요	예
③	사형은 시민의 생명을 보존하기 위해 허용되어야 하는가?	아니요	예	예
④	형벌의 목적은 시민들의 범죄 예방으로 제한되어야 하는가?	아니요	예	아니요
⑤	형벌의 정도는 위법 행위에서 얻는 이득의 가치를 능가하지 말아야 하는가?	아니요	아니요	예

• 왜 정답일까?
갑은 베카리아, 을은 칸트, 병은 벤담이다. 베카리아와 벤담은 형벌이 범죄 예방을 위해 부과되어야 한다고 보았고, 칸트는 응보주의적 관점에서 형벌이 부과되어야 한다고 보았다.

• 왜 오답일까?
① 을이 '예'라고 대답할 질문이다.
⑤ 병이 '아니요'라고 대답할 질문이다.

10 원조에 대한 싱어의 입장
정답률 58% | 정답 ④

| 문제 보기 |
(가)를 주장한 사상가의 입장에서 (나)의 갑, 을, 병에게 제기할 수 있는 적절한 비판만을 〈보기〉에서 있는 대로 고른 것은? [3점]

(가)	우리는 세계가 하나라는 생각에 기초하여 이익 평등 고려의 원칙에 따라 국가적인 경계를 넘어서 원조를 의무적으로 실천해야 한다.
(나)	갑 : 우리는 모든 사람을 배려할 수 없다. 우리는 배려자로서 우리 앞의 타자를 먼저 만나야 한다. 을 : 원조는 질서 정연한 사회체제를 설립하려는 만민들을 돕는 방편이다. 병 : 개인은 정당하게 얻은 소유물에 대해 타인의 고통과 무관하게 절대적 소유 권리를 지닌다.

< 보 기 >
ㄱ. 갑은 친소 관계를 고려하지 않고 원조해야 함을 간과한다.
ㄴ. 을은 공리의 원칙을 해외 원조에 적용해야 함을 간과한다.
ㄷ. 병은 원조를 위해 재산의 일부를 기부해야 함을 간과한다.
ㄹ. 갑, 을은 원조 주체가 개인으로 한정되어야 함을 간과한다.

① ㄱ, ㄴ   ② ㄱ, ㄹ   ③ ㄷ, ㄹ
④ ㄱ, ㄴ, ㄷ   ⑤ ㄴ, ㄷ, ㄹ

● 왜 정답일까?

(가)는 싱어, (나)의 갑은 나딩스, 을은 롤스, 병은 노직이다. 싱어는 공리의 원칙을 바탕으로 친소 관계를 고려하지 않고 원조해야 한다고 보았다.

● 왜 오답일까?

ㄹ. 싱어는 원조의 주체를 개인으로 한정하지 않았다.

11 레건, 네스, 테일러의 자연관   정답률 56% | 정답 ⑤

| 문제 보기 |

(가)의 사상가 갑, 을, 병의 입장을 (나) 그림으로 탐구할 때, A ~ D에 들어갈 질문으로 옳은 것은? [3점]

(가)	갑 : 어떤 생명이 지각과 기억이 있고, 쾌고를 느낄 수 있다면 삶의 주체로서 도덕적 권리를 지닌다. 을 : 모든 생명을 상호 연결된 전체의 평등한 구성원으로 보는 '생명 중심적 평등'을 지향해야 한다. 병 : 모든 생명은 목적론적 삶의 중심이기 때문에 인간의 필요와 관계없이 고유한 가치를 지닌다.

(나)	

① A : 인간의 이익을 위해 동물을 학대하는 것은 잘못인가?
② B : 자연에 존재하는 모든 생명은 내재적 가치를 지니는가?
③ B : 쾌고 감수 능력이 있는 생명은 도덕적 지위를 지니는가?
④ C : 생태계를 도덕적 고려 대상으로 여기지 말아야 하는가?
⑤ D : 생태계를 통제하려는 시도를 하지 말아야 하는가?

● 왜 정답일까?

(가)의 갑은 동물 중심주의의 레건, 을은 심층 생태주의의 네스, 병은 생명 중심주의의 테일러이다. 테일러는 인간이 생태계를 조작, 통제, 개조하려는 시도를 하지 말아야 한다고 보았다.

● 왜 오답일까?

① 갑, 을, 병이 모두 긍정의 대답을 할 질문이다.
② 을, 병이 모두 긍정의 대답을 할 질문이다.
④ 을이 부정의 대답을 할 질문이다.

12 시민 불복종에 대한 롤스의 입장   정답률 52% | 정답 ①

| 문제 보기 |

다음을 주장한 사상가가 긍정의 대답을 할 질문만을 <보기>에서 있는 대로 고른 것은? [3점]

우리는 시민 불복종을 통해 우리 입장을 호소할 권리를 갖는다. 우리가 저항하는 부정의는 시민의 평등한 자유와 공정한 기회 균등을 분명히 위반하는 것이다. 거의 정의로운 국가에서는 합당한 저항에 대한 보복적 억압은 없지만 우리 행위가 효과적인 호소가 되도록 계획해야 한다. 그리고 그 행위는 목적을 달성할 수 있게 합리적으로 이루어져야 한다.

< 보 기 >

ㄱ. 시민 불복종은 거의 정의로운 사회에서 정당화될 수 있는 합당한 행위인가?
ㄴ. 시민 불복종은 평등한 자유의 원칙에 어긋나는 법만을 대상으로 해야 하는가?
ㄷ. 시민 불복종은 민주 사회를 특징짓는 공공의 정의관을 바탕으로 생겨나는 것인가?
ㄹ. 시민 불복종은 입헌 체제를 유지함에 있어 합법적이며 도덕적으로 옳은 방식인가?

① ㄱ, ㄷ   ② ㄱ, ㄹ   ③ ㄴ, ㄹ
④ ㄱ, ㄴ, ㄷ   ⑤ ㄴ, ㄷ, ㄹ

● 왜 정답일까?

제시문은 롤스의 주장이다.

롤스는 시민 불복종이 거의 정의로운 사회에서 공공의 정의관을 바탕으로 행해질 수 있다고 보았다.

● 왜 오답일까?

ㄹ. 롤스는 시민 불복종을 위법 행위라고 보았다.

13 순자의 직업관   정답률 69% | 정답 ④

| 문제 보기 |

다음을 주장한 사상가의 입장만을 <보기>에서 있는 대로 고른 것은?

ㅇ 선왕은 예의를 제정함으로써 분별하여 가난하고 부유하고 천하고 귀한 부류가 있게 하였으니 이것이 천하를 기르는 근본이다.
ㅇ 사람이 김매고 밭 가는 일을 쌓아 농부가 되고, 깎고 다듬는 일을 쌓아 공인이 되며, 재화를 매매하는 일을 쌓아 상인이 되듯이, 예절과 의리를 쌓으면 군자가 된다.

< 보 기 >

ㄱ. 예를 바탕으로 사람들의 직분을 나누어야 질서가 유지된다.
ㄴ. 각 분야에 능한 사람이 그 분야를 이끌어 가는 것이 좋다.
ㄷ. 사물에 정통한 사람은 누구나 다스릴 수 있다.
ㄹ. 서민의 자손이라도 재능과 덕을 갖추면 관리가 될 수 있다.

① ㄱ, ㄷ   ② ㄱ, ㄹ   ③ ㄴ, ㄷ
④ ㄱ, ㄴ, ㄹ   ⑤ ㄴ, ㄷ, ㄹ

● 왜 정답일까?

제시문은 순자의 주장이다. 순자는 예(禮)에 따라 사회적 역할을 분담하고, 각자의 직분을 정해야 한다고 보았다.

14 종교에 대한 큉의 입장   정답률 79% | 정답 ①

| 문제 보기 |

다음을 주장한 사상가의 입장으로 가장 적절한 것은?

종교 간 화해를 위해서는 비공식 대화와 공식 대화, 학문적 대화, 일상적 대화 등 모든 차원이 요청된다. 이러한 종교 간 대화는 상호 이해 증진을 위해 선한 의지와 개방된 자세뿐만 아니라 연대적 인식이 요구된다는 점을 보여준다. 우리를 이끌어 갈 세 가지 기본 명제는 다음과 같다.
ㅇ 국가 간 세계 윤리 없이 인간의 공생 · 공존은 불가능하다.
ㅇ 종교 간 평화 없이 국가 간 평화는 있을 수 없다.
ㅇ 종교 간 대화 없이 종교 간 평화는 있을 수 없다.

① 대화 역량은 종교 간 평화를 실현하는 데 필요한 것이다.
② 참된 하나의 종교를 통해서만 종교 간 평화가 보장된다.
③ 종교 간 평화는 여러 종교의 통합을 통해 가장 잘 실현된다.
④ 각자 자신의 종교적 정체성을 포기할 때 세계 평화가 실현된다.
⑤ 각 종교가 자신의 종교에 대해 반성적 성찰을 할 필요는 없다.

● 왜 정답일까?

제시문은 큉의 주장이다. 큉은 종교 간의 평화를 실현하기 위해 종교 간의 대화가 필요하다고 보았다.

15 예술에 대한 입장   정답률 74% | 정답 ①

| 문제 보기 |

갑, 을, 병 사상가들의 입장으로 가장 적절한 것은?

갑 : 미적인 것은 윤리적인 것의 상징이며, 이러한 관점에서만 미적인 것은 다른 모든 사람들의 동의를 요구한다.
을 : 예술에서 선한 의도는 아무런 가치가 없다. 형편없는 예술은 모두 선한 의도에서 비롯된 것이다.
병 : 우아함과 좋은 리듬은 좋은 말씨와 좋은 성품을 닮고, 추함과 나쁜 리듬은 나쁜 말씨와 나쁜 성품을 닮는다.

① 갑 : 인간의 미적 체험은 도덕성을 실현하는 데 기여할 수 있다.
② 을 : 진정한 감상자는 아름다운 것에서 도덕적 의미를 찾는다.
③ 병 : 미적 가치와 도덕적 가치는 서로 독립된 별개의 가치이다.
④ 갑, 을 : 윤리적인 공감 능력은 예술 작품 창작에 필수적이다.
⑤ 갑, 병 : 미는 순수하게 이성적인 것으로 감성과는 무관하다.

● 왜 정답일까?

갑은 칸트, 을은 와일드, 병은 플라톤이다.
칸트는 미와 선의 형식은 유사하므로 인간의 미적 체험은 도덕성 실현에 기여할 수 있다고 보았다.

16 부부 윤리에 대한 유교의 입장   정답률 61% | 정답 ⑤

| 문제 보기 |

(가) 사상의 입장에서 볼 때, (나)의 ㉠에 대한 설명으로 가장 적절한 것은?

(가)	공손하되 예(禮)가 없으면 힘이 들고, 신중하되 예가 없으면 두렵게 되고, 용맹하되 예가 없으면 난을 일으키고, 정직하되 예가 없으면 각박하게 된다.
(나)	남녀의 구별이 있어야 ㉠ 의 의(義)가 있고, ㉠ 의 의가 있어야 부자의 친함이 있고, 부자의 친함이 있어야 군신의 의가 있다. 그러므로 혼례는 예의 근본이다.

① 서로에게 자애와 효도를 실천해야 하는 호혜적 관계이다.
② 삶의 동반자로서 서로 정조를 지켜야 하는 천륜 관계이다.
③ 가장을 중심으로 각자의 역할을 수행하는 수직적 관계이다.
④ 장유의 서열과 친애를 근본으로 하는 상호 존중의 관계이다.
⑤ 서로의 역할을 구분하면서도 상호 보완하는 협력적 관계이다.

● 왜 정답일까?

(가)는 유교 사상가인 공자의 주장이고, (나)의 ㉠은 '부부'이다. 유교에서는 부부를 각자의 역할은 다르면서도 서로 존중하고 보완하는 협력적 관계로 본다.

● 왜 오답일까?

② 유교에서는 부부 관계를 천륜 관계로 보지 않는다.

17 니부어의 사상적 입장   정답률 58% | 정답 ②

| 문제 보기 |

다음을 주장한 사상가가 지지할 견해만을 <보기>에서 있는 대로 고른 것은? [3점]

ㅇ 사회 정의를 실현하기 위해서 사람들의 이기심을 억제해야 한다면 사회는 이기심에 대한 제재로 갈등과 폭력까지도 승인하지 않을 수 없을 것이다.
ㅇ 가장 친밀한 개인들 간의 관계에서는 필요치 않은 강제적 수단이 집단 간의 조화와 정의의 확립을 위해서는 반드시 필요하다. 강제력의 요소는 윤리적으로 정당한 범주에 귀속시킬 수 있다.

< 보 기 >

ㄱ. 집단 이기주의는 집단 구성원의 이성적 판단을 방해한다.
ㄴ. 개인의 합리성이 제고되면 집단의 갈등을 해소할 수 있다.
ㄷ. 집단 간의 갈등은 개인의 도덕적인 문제로 환원될 수 있다.
ㄹ. 폭력을 수반하는 강제력도 도덕적으로 정당화될 수 있다.

① ㄱ, ㄷ   ② ㄱ, ㄹ   ③ ㄴ, ㄷ
④ ㄱ, ㄴ, ㄹ   ⑤ ㄴ, ㄷ, ㄹ

● 왜 정답일까?

제시문은 니부어의 주장이다.
니부어는 집단의 도덕성은 개인의 도덕성보다 열등하며, 정의 실현을 위해서는 강제력이 필요하다고 보았다.

18 갈퉁의 사상적 입장   정답률 75% | 정답 ④

| 문제 보기 |

다음을 주장한 사상가의 입장으로 가장 적절한 것은? [3점]

언어, 예술, 종교, 이념, 도덕, 가치 등 인간 존재의 상징적 차원에서 작동하는 문화적 폭력은 살인, 빈곤, 억압, 소외, 착취 등 직접적 · 구조적 폭력의 모든 유형을 관통하며 이들에 정당성과 합법성을 부여함으로써 폭력을 은폐한다. 따라서 진정한 평화는 직접적 폭력의 부재뿐만 아니라, 구조적 폭력과 문화적 폭력의 부재를 지향할 때에만 가능하다.

① 직접적 폭력과 달리 문화적 폭력은 제거할 수 없다.
② 의도되지 않은 폭력은 직접적인 피해를 입힐 수 없다.
③ 진정한 평화는 직접적 폭력의 제거로 완전히 실현된다.

④ 문화적 폭력은 직접적·구조적 폭력의 발현을 조장한다.
⑤ 직접적·구조적·문화적 폭력들은 항상 동시에 나타난다.

● 왜 정답일까?
제시문은 갈퉁의 주장이다.
갈퉁은 문화적 폭력이 직접적·구조적 폭력에 정당성과 합법성을 부여함으로써 폭력의 발현을 조장한다고 보았다.

● 왜 오답일까?
② 갈퉁은 의도되지 않은 폭력도 직접적인 피해를 입힐 수 있다고 보았다.

19 과학자의 책임에 대한 요나스의 입장 정답률 53% | 정답 ①

| 문제 보기 |

그림의 강연자가 지지할 주장으로 옳지 <u>않은</u> 것은?

과학 분야에서의 이론적 관심과 실천적 관심은 불가분의 관계에 있습니다. 이런 의미에서 과학자는 진리의 발견이라는 자신의 일이 바깥세상에 끼치는 영향에 대해서도 책임을 져야 합니다. 과학자에게는 자연을 연구하는 과정에서 가치 중립적인 엄밀성을 추구하는 내적 의무가 있습니다. 동시에 과학자는 자신의 연구 결과가 인류의 미래에 미치는 영향력과 책임에 대하여 철학적으로 숙고해야 합니다.

① 과학자는 연구 결과를 자의적으로 검토하고 평가해야 한다.
② 과학자는 내적 책임뿐만 아니라 외적 책임도 지녀야 한다.
③ 과학자는 실험 진행의 과정에서 중립적인 관찰자이어야 한다.
④ 과학자는 자연을 탐구할 때 연구 윤리를 엄격히 지켜야 한다.
⑤ 과학자는 자신의 연구가 인류에 미치는 영향을 예측해야 한다.

● 왜 정답일까?
그림의 강연자는 요나스이다.
요나스는 과학자가 연구 과정에 대한 내적 책임과 사회적 영향에 대한 외적 책임을 지녀야 한다고 보았다.

20 하버마스의 사상적 입장 정답률 75% | 정답 ④

| 문제 보기 |

다음을 주장한 사상가의 입장만을 〈보기〉에서 있는 대로 고른 것은? [3점]

어떤 준칙이 보편적 규범으로 승인되기 위해서는 담론이 필요하다. 나는 담론에 참여한 자들이 합의를 지향하며 그들의 행위 계획을 조정하는 상호 작용을 의사소통이라 부른다. 이때 도달한 합의는 타당성 주장에 대한 상호 인정에 의해 평가된다. 담론의 과정에서 참여자들은 서로 의견을 주고받으며, 각자의 개별 상황에 따른 타당성 주장, 즉 진리 주장, 정당성 주장 및 진실성 주장을 제기해야 한다.

〈 보기 〉
ㄱ. 담론의 모든 참여자는 서로를 동등한 인격의 소유자로 대우해야 한다.
ㄴ. 규범의 타당성 여부를 판단할 때는 결과에 대한 고려를 해서는 안 된다.
ㄷ. 담론의 참여자들은 논의에서 합의된 보편적 규범의 실천을 추구해야 한다.
ㄹ. 어떤 준칙이 보편적 규범이 되기 위해서는 모든 대화 당사자들이 동의해야 한다.

① ㄱ, ㄴ   ② ㄱ, ㄹ   ③ ㄴ, ㄷ
④ ㄱ, ㄷ, ㄹ   ⑤ ㄴ, ㄷ, ㄹ

● 왜 정답일까?
제시문은 하버마스의 주장이다.
하버마스는 담론 윤리를 통해 논의 참여자가 합의를 이루어 나가는 과정을 중시하였다.

06회   2019학년도 3월
● 고3 생활과 윤리 ●

01 ⑤	02 ⑤	03 ①	04 ②	05 ④
06 ③	07 ④	08 ③	09 ④	10 ①
11 ③	12 ②	13 ①	14 ②	15 ①
16 ①	17 ②	18 ②	19 ④	20 ③

채점결과	● 실제 걸린 시간 :	분	초
	● 맞은 문항수 :		개
	● 틀린 문항수 :		개
	● 헷갈린 문항 :		

01 응용 윤리학과 메타 윤리학 정답률 81% | 정답 ⑤

| 문제 보기 |

㉠에 들어갈 진술로 가장 적절한 것은?

윤리학의 목표는 보편적 도덕 원리를 구체적인 문제 상황에 적용하여 해결 방안을 탐구하는 데 있다. 그런데 어떤 사람들은 윤리학의 목표가 도덕적 언어의 의미 분석과 도덕적 추론의 타당성 검토에 있다고 주장한다. 내가 보기에 이들은 윤리학이 _____㉠_____ 는 점을 간과하고 있다.

① 도덕적 진술의 의미를 명료하게 밝혀야 한다
② 도덕 명제에 대한 검증 가능성을 검토해야 한다
③ 학문으로서 성립 가능한지의 여부를 탐구해야 한다
④ 도덕 현상의 객관적 기술을 핵심 과제로 삼아야 한다
⑤ 현실적 도덕 문제의 해결을 위한 지침을 제공해야 한다

● 왜 정답일까?
㉠에는 응용 윤리학의 입장에서 메타 윤리학에 대해 평가하는 내용이 들어가야 한다.
응용 윤리학은 윤리학이 현실적 도덕 문제의 해결을 위한 지침을 제공해야 한다는 점을 강조한다.

02 거주에 대한 볼노브의 입장 정답률 92% | 정답 ⑤

| 문제 보기 |

다음을 주장한 사상가의 입장으로 적절하지 <u>않은</u> 것은?

거주란 낯선 공간 안에 낯선 자로서 던져진 것을 의미하지 않는다. 오히려 거주는 그 공간에 친숙해지며, 그 공간에서 삶의 확고하고 지속적인 근거를 발견하는 것을 의미한다. 인간은 외부 공간에 존재하는 위험을 막아 주는 집에서 안정감을 느끼면서, 이를 바탕으로 인간다움을 찾고 실현해 나갈 수 있다.

① 거주는 공간 속에서 친근함과 익숙함을 느끼는 것이다.
② 거주는 인간 삶의 바탕으로서 정서적 안정을 제공한다.
③ 인간은 거주를 통해 인간다운 삶을 영위해 나갈 수 있다.
④ 집은 외부로부터 인간을 보호하는 것 이상의 의미를 지닌다.
⑤ 거주는 낯선 공간 안에 내던져진 존재로서 살아가는 것이다.

● 왜 정답일까?
제시문은 볼노브의 주장이다.
볼노브에 따르면 거주는 낯선 공간 안에 낯선 자로서 내던져진 것을 의미하지 않는다.

03 낙태에 대한 입장 정답률 93% | 정답 ①

| 문제 보기 |

갑, 을의 입장에 대한 설명으로 가장 적절한 것은? [3점]

갑 : 원치 않는 임신을 한 여성들의 낙태는 허용되어야 한다. 태아는 잠재적 인간에 불과하므로 임신부와 달리 태아가 지니는 생명의 가치는 절대적이지 않다.
을 : 무고한 인간인 태아를 죽이는 낙태는 금지되어야 한다. 인간 생명은 그 자체로 절대적 가치를 지닌다는 점을 명심해야 한다.

① 갑은 태아와 임신부의 생명은 동등한 가치를 갖지 않는다고 본다.

---

② 을은 임신 중단에 대한 여성의 선택권을 보장해야 한다고 본다.
③ 갑은 을과 달리 태아를 존엄성을 지닌 인간으로 본다.
④ 을은 갑과 달리 낙태가 법적으로 허용되어야 한다고 본다.
⑤ 갑, 을은 무고한 태아의 생명권이 제한될 수 없다고 본다.

● 왜 정답일까?
갑은 태아가 잠재적 인간에 불과하므로 낙태는 허용되어야 한다는 입장이고, 을은 태아의 생명이 절대적 가치를 지니므로 낙태는 금지되어야 한다는 입장이다.

04 환경 윤리에 대한 다양한 관점 정답률 36% | 정답 ②

| 문제 보기 |

(가)의 갑, 을, 병 사상가들의 입장을 (나) 그림으로 표현할 때, A ~ D에 해당하는 옳은 진술만을 〈보기〉에서 있는 대로 고른 것은? [3점]

(가)	갑 : 모든 생명체는 내재적 가치를 지니며, 자기 보존을 위해 고유한 방식으로 각자의 선(善)을 추구한다는 점에서 목적론적 삶의 중심이다.
	을 : 지각, 믿음, 기억, 쾌고 감수 능력 등을 지닌 삶의 주체가 갖는 권리를 존중해야 한다. 삶의 주체인 개체들은 내재적 가치를 지닌다.
	병 : 쾌고 감수 능력은 이익 관심을 갖기 위한 필요 충분조건이다. 어떤 종(種)에 속해 있다는 이유로 차별하는 것은 정당하지 않다.
(나)	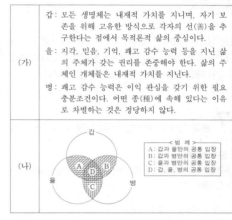

〈 범 례 〉
A : 갑과 을만의 공통 입장
B : 갑과 병만의 공통 입장
C : 을과 병만의 공통 입장
D : 갑, 을, 병의 공통 입장

〈 보기 〉
ㄱ. A : 쾌고 감수 능력이 동물의 이익 고려를 위한 유일한 조건은 아니다.
ㄴ. B : 모든 유기체가 지닌 목적을 존중하는 것은 인간의 의무이다.
ㄷ. C : 고등 능력을 가진 동물은 내재적 가치를 지닌 존재이다.
ㄹ. D : 도덕적 행위 능력이 없는 존재도 도덕적 지위를 지닐 수 있다.

① ㄱ, ㄴ   ② ㄱ, ㄹ   ③ ㄴ, ㄷ
④ ㄱ, ㄷ, ㄹ   ⑤ ㄴ, ㄷ, ㄹ

● 왜 정답일까?
갑은 테일러, 을은 레건, 병은 싱어이다.
테일러와 레건은 쾌고 감수 능력이 동물의 이익 고려를 위한 유일한 조건은 아니라고 본다. 테일러, 레건, 싱어는 모두 도덕적 행위 능력이 없는 존재도 도덕적 지위를 지닐 수 있다고 본다.

● 왜 오답일까?
ㄴ. 테일러만 동의할 내용이다.
ㄷ. 테일러, 레건, 싱어가 모두 동의할 내용이다.

05 죽음에 대한 장자와 불교의 입장 정답률 59% | 정답 ④

| 문제 보기 |

갑, 을 사상가들의 입장에 대한 설명으로 가장 적절한 것은?

갑 : 죽음이란 삶의 시작이며 삶이란 죽음을 뒤따르는 것[徒]이다. 사람의 삶이란 기(氣)가 모인 것이다. 기가 모이면 삶이 되고 기가 흩어지면 죽게 된다.
을 : 태어남으로 인하여 늙음, 죽음과 같은 고통이 있다. 태어남과 죽음의 반복은 마치 쉬지 않고 도는 수레바퀴와 같다.

① 갑은 분별적 지혜를 발휘하여 죽음에 초연해야 한다고 본다.
② 을은 인간은 죽음 이후에 비로소 고통에서 벗어난다고 본다.
③ 갑은 을과 달리 삶과 죽음은 반복될 수 있다고 본다.
④ 을은 갑과 달리 업(業)이 사후의 삶에 영향을 준다고 본다.
⑤ 갑, 을은 죽음을 피할 수 없으므로 두려워해야 한다고 본다.

● 왜 정답일까?
갑은 장자, 을은 불교 사상가이다.
불교에서는 업(業)이 사후의 삶에 영향을 준다고 본다.

06회

06 평화에 대한 갈퉁과 칸트의 입장   정답률 70% | 정답 ③

| 문제 보기 |

갑, 을 사상가들의 입장으로 옳지 않은 것은?

> 갑 : 진정한 평화는 모든 종류의 폭력이 없는 상태이다. 폭력에는 테러와 전쟁과 같은 직접적 폭력, 억압과 착취와 같은 간접적 폭력, 그리고 이러한 폭력들을 정당화하는 문화적 폭력이 있다.
> 을 : 평화 상태가 정초되려면 모든 국가의 시민적 정치 체제는 공화 정체이어야 하고, 국제법은 자유로운 국가들의 연방 체계에 기초해야 하며, 세계 시민법은 보편적 우호의 조건에 국한되어야 한다.

① 갑 : 평화를 실현하기 위한 수단은 평화적이어야 한다.
② 갑 : 문화적 폭력이 존재하면 진정한 평화가 실현될 수 없다.
③ 을 : 비민주적 국가에 대한 무력 개입은 정당하다.
④ 을 : 공화 정체가 수립되어야 영원한 평화의 기틀이 마련된다.
⑤ 갑, 을 : 진정한 평화 실현을 위해 전쟁은 종식되어야 한다.

● 왜 정답일까?

갑은 갈퉁, 을은 칸트이다.
갈퉁은 평화를 실현하기 위한 수단도 평화적이어야 하고, 문화적 폭력이 제거되어야 진정한 평화가 실현될 수 있다고 본다. 칸트는 비민주적 국가에 대한 무력 개입을 반대한다.

07 현대 기술에 대한 요나스의 입장   정답률 87% | 정답 ④

| 문제 보기 |

다음을 주장한 사상가가 강조하는 내용만을 〈보기〉에서 있는 대로 고른 것은?

> 현대 기술은 상당히 오랫동안 전 지구와 미래 세대에까지 영향력을 미칠 수 있는 위협적인 요소를 가지고 있다. 그렇기 때문에 오늘날에는 행위의 의도와 목적을 기준으로 선악을 판단하던 전통 윤리학과 전혀 다른 새로운 책임 윤리가 요구된다. 또한 현대 사회에서는 기술 지배에서 벗어나기 위해 현대 기술에 대한 윤리적 성찰이 요청된다.

> **〈 보기 〉**
> ㄱ. 현대 기술에 대한 가치 판단과 반성이 필요하다.
> ㄴ. 현대 기술은 미래 세대의 생존권을 침해할 수 있다.
> ㄷ. 현대 기술이 자연에 미치는 영향만이 책임의 대상이 된다.
> ㄹ. 현대 기술의 영향을 받는 시공간적 범위가 확대되고 있다.

① ㄱ, ㄴ   ② ㄱ, ㄷ   ③ ㄷ, ㄹ
④ ㄱ, ㄴ, ㄹ   ⑤ ㄴ, ㄷ, ㄹ

● 왜 정답일까?

제시문은 요나스의 주장이다. 요나스는 현세대뿐만 아니라 미래 세대와 생태계 전체에 대한 책임의 확장을 주장한다.

08 해외 원조에 대한 롤스와 싱어의 입장   정답률 40% | 정답 ③

| 문제 보기 |

갑, 을 사상가들의 입장으로 옳지 않은 것은? [3점]

> 갑 : 원조의 목적은 고통받는 사회가 질서 정연한 국제 사회의 성원이 되도록 하는 데 있다. 원조를 제공하는 질서 정연한 사회들은 온정적 간섭주의를 발휘해서는 안 되고, 세심하게 계획된 방법으로 행동해야 한다.
> 을 : 원조의 의무는 원조 대상이 얼마나 떨어져 있느냐에 의해 정해지지 않는다. 우리는 도덕적으로 중요한 다른 것을 희생시키지 않으면서 어떤 나쁜 일이 발생하는 것을 막을 수 있다면 의무적으로 그렇게 해야 한다.

① 갑 : 원조 대상 국가에 강제력을 행사하는 것은 옳지 않다.
② 갑 : 고통받는 사회가 아닌 사회들은 원조의 대상이 아니다.
③ 을 : 원조 대상의 경제력에 관계없이 원조가 수행되어야 한다.
④ 을 : 세계에 존재하는 해악의 감소 차원에서 원조가 필요하다.
⑤ 갑, 을 : 원조가 인류의 경제적 평등 실현을 위한 것은 아니다.

● 왜 정답일까?

갑은 롤스, 을은 싱어이다. 싱어는 원조를 받는 대상자의 경제력을 고려하여 원조가 수행되어야 한다고 본다.

09 분배 정의에 대한 다양한 입장   정답률 45% | 정답 ④

| 문제 보기 |

(가)의 갑, 을, 병 사상가들의 입장을 (나)그림으로 탐구할 때, A ~ D에 들어갈 질문으로 가장 적절한 것은? [3점]

> (가)
> 갑 : 소유 자격의 여부는 소유에 이르는 과정에 비추어 판단해야 한다. 소유 자격이 있는 소유물에 대해서는 불가침의 권리가 부여된다.
> 을 : 원초적 입장에 있는 사람은 자신이 최악의 상황에 놓일 가능성을 고려하여 최소 수혜자의 상황을 개선하는 정의의 원칙들에 합의할 것이다.
> 병 : 개개인의 행복은 사회 전체의 행복으로 연결된다. 더 많은 사람에게 더 많은 행복을 가져다주는 행위가 옳은 행위이다.

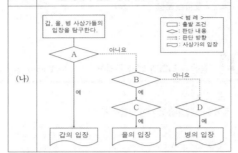

① A : 공정한 절차에 의한 재화 분배는 정의로운가?
② B : 개인은 자신의 이익 증진에 관심을 가지는가?
③ B : 빈민의 처지 개선을 위한 정책은 정당화될 수 있는가?
④ C : 정의의 원칙들 간에 서열을 두는 것이 필요한가?
⑤ D : 사회적·경제적 불평등이 없어져야 정의로운 사회인가?

● 왜 정답일까?

갑은 노직, 을은 롤스, 병은 벤담이다.
롤스는 정의의 원칙들 간에 서열을 두는 것이 필요하다고 본다.

● 왜 오답일까?

① 롤스가 긍정의 대답을 할 질문이다.
③ 롤스와 벤담이 모두 긍정의 대답을 할 질문이다.

10 온건한 인간 중심주의 윤리   정답률 90% | 정답 ①

| 문제 보기 |

갑, 을이 공통으로 지지할 수 있는 견해를 〈보기〉에서 고른 것은? [3점]

> 갑 : 인간이 진정으로 영리하다면 자원으로서의 자연을 가능한 장기간 이용할 수 있도록 노력할 것이고, 자연을 파괴하기보다는 환경을 보호하려고 노력할 것입니다.
> 을 : 현 세대가 자기 세대만을 위하여 이기적 욕망을 무분별하게 추구하는 것은 바람직하지 않습니다. 미래 세대에 대해 책임질 줄 아는 사람은 미래 세대의 생존 근거인 환경을 보호하려고 할 것입니다.

> **〈 보기 〉**
> ㄱ. 인간에게는 자연을 보호해야 할 책임이 있다.
> ㄴ. 환경 보존을 위해 인류 차원의 협력이 필요하다.
> ㄷ. 자연의 모든 존재는 내재적 가치를 지니고 있다.
> ㄹ. 인간을 위한 자연보호는 환경 문제의 해결책이 아니다.

① ㄱ, ㄴ   ② ㄱ, ㄷ   ③ ㄴ, ㄷ   ④ ㄴ, ㄹ   ⑤ ㄷ, ㄹ

● 왜 정답일까?

갑과 을은 모두 온건한 인간 중심주의를 주장하고 있다. 온건한 인간 중심주의는 인간을 위한 자연 보호와 환경 보존을 주장한다.

● 왜 오답일까?

ㄷ. 생태 중심주의 윤리에 해당한다.

11 칸트의 의무론과 규칙 공리주의   정답률 79% | 정답 ③

| 문제 보기 |

갑, 을의 입장에 대한 설명으로 가장 적절한 것은?

> 갑 : 우리가 따라야 할 정언 명령은 이렇게 말할 수 있다. "그 준칙이 보편적 법칙이 될 수 있는, 오직 그런 준칙에 따라서만 행위하라."

> 을 : 우리는 최선의 결과를 가져다 줄 행위보다 최선의 결과를 가져다 줄 규칙을 찾아야 한다. 효용의 원리를 적용하여 대안이 되는 규칙들 중에 최대의 기대 효용을 갖는 규칙을 찾고 그것에 따라 행위해야 한다.

① 갑은 개인의 준칙은 보편적 도덕 법칙이 될 수 없다고 본다.
② 갑은 자연적 경향성이 동기가 되는 행위를 도덕적이라고 본다.
③ 을은 최대 행복을 가져오는 규칙을 행위의 기준으로 삼는다.
④ 을은 행위의 결과와 무관한 보편적인 도덕 규칙을 강조한다.
⑤ 갑, 을은 행위가 아니라 행위자의 성품에 비추어 도덕성을 평가해야 한다고 본다.

● 왜 정답일까?

갑은 칸트, 을은 규칙 공리주의자이다.
규칙 공리주의는 최대 행복을 가져오는 규칙을 행위의 기준으로 삼아야 한다고 본다.

12 지식 재산권   정답률 86% | 정답 ②

| 문제 보기 |

갑, 을의 입장을 〈보기〉에서 고른 것은?

> 갑 : 지적 창작물은 어느 누구의 소유물이 될 수 없다. 정보는 창의적인 아이디어가 끊임없이 부가되어 발전하는 것이다. 인류의 공동 자산인 정보는 모든 사람들이 자유롭게 사용할 수 있어야 한다.
> 을 : 지식 생산에 대한 경제적 보상을 통해 창작 의욕을 높일 필요가 있다. 저작자는 지식 재산권을 소유하면서도, 다른 사람과 함께 사용하기를 원하는 창작물에 대하여 저작자 표시 등의 조건 하에 누구나 활용하게 할 수 있다.

> **〈 보기 〉**
> ㄱ. 갑 : 정보를 공유할수록 정보의 질이 하락하는 것은 아니다.
> ㄴ. 을 : 모든 정보는 공공재이며 대가 없이 공유되어야 한다.
> ㄷ. 을 : 정보 창작자의 지식 재산권을 침해하지 말아야 한다.
> ㄹ. 갑, 을 : 저작자는 지적 창작물에 대한 소유권을 지닐 수 있다.

① ㄱ, ㄴ   ② ㄱ, ㄷ   ③ ㄴ, ㄷ   ④ ㄴ, ㄹ   ⑤ ㄷ, ㄹ

● 왜 정답일까?

갑은 정보 공유론자, 을은 제한적 정보 사유론자이다.
정보 공유론자는 정보를 공유할수록 정보의 질이 하락하는 것은 아니라고 보며, 제한적 정보 사유론자는 정보 창작자의 지식 재산권을 침해해서는 안 된다고 본다.

13 시민 불복종에 대한 소로, 롤스의 입장   정답률 62% | 정답 ①

| 문제 보기 |

갑, 을 사상가들의 입장으로 옳지 않은 것은? [3점]

> 갑 : 법에 대한 존경심보다 먼저 정의에 대한 존경심을 기르는 것이 바람직하다. 나의 유일한 책무는 나의 양심에 비추어 언제나 옳다고 생각하는 일을 행하는 것이다.
> 을 : 시민 불복종은 법에 대한 충실성의 한계 내에서 이루어져야 한다. 시민 불복종은 정치적으로 양심적인 행위이고, 공중의 정의감에 호소하려고 의도된 것이다.

① 갑 : 법률의 헌법 위배 여부 판단이 불복종의 최종 목적이다.
② 갑 : 개인은 양심을 지키기 위해 국가 권력에 불복종할 수 있다.
③ 을 : 시민 불복종은 정치 체제의 변혁을 의도하지 않는다.
④ 을 : 부정의한 법에 대해 불복종할 때에도 처벌을 감수해야 한다.
⑤ 갑, 을 : 시민 불복종은 불의를 교정하는 역할을 수행할 수 있다.

● 왜 정답일까?

갑은 소로, 을은 롤스이다.
소로는 법률이 헌법에 위배되는지를 판단하는 것이 불복종의 최종 목적이라고 보지 않는다.

14 아리스토텔레스의 분배적 정의   정답률 45% | 정답 ②

| 문제 보기 |

㉠에 들어갈 적절한 내용만을 〈보기〉에서 있는 대로 고른 것은? [3점]

고대의 어느 사상가는 "정의는 일종의 비례이며, 비례는 비율의 동등성이다. 사람들이 나누어야 하는 몫은 그들의 관계에 비례할 때 정의롭다."라고 주장하였다. 이에 의하면 A와 B가 맺는 관계가 C와 D가 맺는 관계와 같다고 할 때, 이를 치환하면 A와 C가 맺는 관계는 B와 D가 맺는 관계와 같다. 그래서 A와 C의 합과 B와 D의 합은 그 관계가 같다. 나는 분배적 정의에 관한 이 사상가의 입장을 지지한다. 그런데 재화를 나눔에 있어 어떤 사람들은 응분의 몫보다 더 많이 취하고 어떤 사람들은 더 적게 취하는 경우가 있다. 이러한 경우는 ⑦ 옳지 않다.

< 보기 >
ㄱ. 기하학적 비례에 따라 몫을 분배하지 않으므로
ㄴ. 사람들에게 재화를 동일하게 분배하지 않으므로
ㄷ. 산술적 비례에 따라 모두가 중간의 몫을 갖지 못하므로
ㄹ. 가치에 비례하는 몫을 누리지 못하는 사람이 발생하므로

① ㄱ, ㄷ ② ㄱ, ㄹ ③ ㄴ, ㄹ
④ ㄱ, ㄴ, ㄷ ⑤ ㄴ, ㄷ, ㄹ

• 왜 정답일까?
고대의 어느 사상가는 아리스토텔레스이다. 아리스토텔레스는 기하학적 비례에 따라 몫이 분배될 때 분배적 정의가 실현된다고 본다.

15 형벌에 대한 입장
정답률 48% | 정답 ①

| 문제 보기 |
갑, 을, 병 사상가들 모두가 질문에 바르게 대답한 것은? [3점]

갑 : 어떤 행위는 사회의 행복을 저해하는 경향에 비례하여 형벌에 대한 요구를 창출할 것이다.
을 : 누군가 타인을 살해하면 그것은 자신을 살해하는 것이다. 보복법만이 형벌의 질과 양을 명확히 제시할 수 있다.
병 : 형벌은 인간의 정신에 가장 효과적이고 지속적인 인상을 주면서 수형자에게는 가장 작은 고통을 주어야 한다.

	질문	대답		
		갑	을	병
①	형벌은 사회적 선을 촉진하기 위한 수단인가?	예	아니요	예
②	형벌의 방법은 효용성을 고려하여 결정해야 하는가?	예	아니요	아니요
③	형벌은 범죄자에게 고통을 유발하는 악인가?	아니요	예	예
④	범죄자에 대한 형벌은 법률을 통해서 집행되어야 하는가?	아니요	예	아니요
⑤	형벌의 크기는 범죄로 인해 발생하는 해악에 비례해야 하는가?	아니요	예	아니요

• 왜 정답일까?
갑은 벤담, 을은 칸트, 병은 베카리아이다.
벤담과 베카리아는 형벌이 사회적 선을 촉진하기 위한 수단이라고 보지만, 칸트는 형벌이 사회적 선을 촉진하기 위한 수단이 아니라고 본다.

• 왜 오답일까?
② 베카리아는 형벌의 방법은 효용성을 고려하여 결정해야 한다고 본다.

16 니부어의 사회 윤리
정답률 74% | 정답 ①

| 문제 보기 |
다음을 주장한 사상가의 입장으로 가장 적절한 것은? [3점]

지나친 정치적 현실주의에서 제시하는 권력 간의 균형은 잠정적 평화만을 가져올 뿐이다. 한편 도덕주의에서 강조하는 이익과 권리의 합리적 조정은 역사와 전통으로 정당화되는 사회적 불의와 은밀한 강제력을 조정하기 어렵게 한다. 올바른 정치적 도덕성은 합리적이고 도덕적인 요소에 부합되는 강제력을 권고함으로써, 그리고 강제력이 사용되는 목적을 밝혀줌으로써 갈등의 악순환에 빠져 있는 사회를 구원할 수 있다.

① 정의 실현을 목적으로 한 강제력은 도덕적으로 정당화될 수 있다.

② 올바른 정치적 도덕성은 어떠한 형태의 폭력도 포함할 수 없다.
③ 구성원들의 도덕적인 양심이 사회 구조의 정의로움을 결정한다.
④ 집단 간의 힘이 균형적인 상태에 도달하면 영구 평화가 달성된다.
⑤ 합리적 개인들의 자발적인 조정으로만 불의를 극복할 수 있다.

• 왜 정답일까?
제시문은 니부어의 주장이다. 니부어는 정의 실현을 목적으로 한 강제력은 도덕적으로 정당화될 수 있다고 본다.

17 합리적 소비와 윤리적 소비
정답률 64% | 정답 ②

| 문제 보기 |
다음 토론의 핵심 쟁점으로 가장 적절한 것은?

갑 : 소비의 목적은 소비를 통한 만족감의 극대화에 있습니다. 소비자는 최소 비용으로 최대 만족을 얻을 수 있는 소비만을 추구해야 합니다.
을 : 저는 그렇게 생각하지 않습니다. 환경 문제로 대두하고 있는 자원 남용 문제를 해결하기 위해서는 사회 정의와 환경 등을 고려하는 소비가 필요합니다.
갑 : 아닙니다. 비용과 편익을 고려하여 소비를 하면 자원이 효율적으로 분배되어 자원 남용 문제를 해결할 수 있다고 봅니다.
을 : 그러한 주장은 시장 경제 논리만을 강조하는 것이므로 자원 남용 문제를 해결할 수 없습니다.

① 시장 경제 논리는 비용 대비 최대 편익을 강조하는가?
② 합리적 소비만으로 자원 남용 문제를 해결할 수 있는가?
③ 소비 활동을 통해서 자원 남용 문제를 방지할 수 있는가?
④ 소비자는 상품에 관한 정보를 바탕으로 소비해야 하는가?
⑤ 자원 남용 문제의 해결을 위해 최대 비용의 지출이 필요한가?

• 왜 정답일까?
갑은 합리적 소비를, 을은 윤리적 소비를 중시하는 입장이다. 갑은 합리적 소비만으로 자원 남용 문제를 해결할 수 있다고 보지만, 을은 윤리적 소비에 의해서 자원 남용 문제를 해결할 수 있다고 본다.

18 예술에 대한 순자와 플라톤의 관점
정답률 80% | 정답 ②

| 문제 보기 |
갑, 을 사상가들의 입장으로 적절하지 않은 것은?

갑 : 음악이 화평해야 백성이 화합하며 방종하지 않게 된다. 그래서 옛 성왕은 "음란한 노래와 사악한 음악이 좋은 음악을 어지럽히지 못하라."라고 하였다.
을 : 시가(詩歌) 교육은 영혼 안에 있는 지혜를 사랑하는 것과 관련된 감각을 일깨워야 한다. 시인은 좋은 성품의 상(象)을 작품 속에 새겨 놓도록 해야 하며, 그렇게 하지 않는 사람의 작품 활동은 금지되어야 한다.

① 갑 : 음악은 백성을 교화하는 수단이 될 수 있다.
② 갑 : 음악은 정치사회적 요구로부터 자유로워야 한다.
③ 을 : 덕성을 함양하기 위해 시가 교육이 필요하다.
④ 을 : 미적 가치의 추구가 진리 탐구에 도움이 된다.
⑤ 갑, 을 : 예술 활동에 대한 외적 규제가 필요하다.

• 왜 정답일까?
갑은 순자, 을은 플라톤이다. 순자는 음악이 백성을 교화하는 수단이 될 수 있다고 보지만, 음악이 정치사회적 요구로부터 자유로워야 한다고 보지는 않는다.

19 직업에 대한 칼뱅과 마르크스의 입장
정답률 81% | 정답 ④

| 문제 보기 |
갑, 을 사상가들의 입장을 <보기>에서 고른 것은? [3점]

갑 : 신은 각 사람에게 독특한 생활 양식에 따라 의무를 부여하고 다양한 생활들을 소명(召命)으로 주셨다. 아무리 힘든 일이라도 이것을 소명으로 알고 순종하면 모든 일은 신 앞에서 빛날 것이다.

을 : 자본주의적 생산 방식은 자유롭고 의식적인 활동인 노동을 왜곡함으로써 인간의 자질이 온전하게 실현되는 것을 가로막는다. 자본주의에서는 생산성 향상을 위해 작업 과정을 세분화함에 따라 노동의 소외가 심화된다.

< 보기 >
ㄱ. 갑 : 노동의 궁극적 목적은 부의 축적에 있다.
ㄴ. 갑 : 신의 소명으로서 주어진 직업에는 귀천이 없다.
ㄷ. 을 : 노동자는 자아실현을 위해 분업에 참여해야 한다.
ㄹ. 을 : 자본주의 사회에서 노동자는 소외를 피할 수 있다.

① ㄱ, ㄴ ② ㄱ, ㄷ ③ ㄴ, ㄷ ④ ㄴ, ㄹ ⑤ ㄷ, ㄹ

• 왜 정답일까?
갑은 칼뱅, 을은 마르크스이다. 칼뱅은 신의 소명으로서 주어진 직업에는 귀천이 없다고 보며, 마르크스는 자본주의 사회에서 노동자는 소외를 피할 수 없다고 본다.

20 성에 대한 다양한 입장
정답률 76% | 정답 ③

| 문제 보기 |
그림은 서술형 평가 문제와 학생 답안이다. 학생 답안의 ⑦~⑩ 중 옳지 않은 것은?

서술형 평가
◎ 문제 : 갑, 을, 병의 입장을 비교하여 서술하시오.

갑 : 성의 유일한 전제 조건은 사랑이므로, 사랑이 동반된 성적 관계는 언제나 허용될 수 있다.
을 : 성은 쾌락을 위한 것이며, 책임 의식을 지닌 성인이 자발적으로 합의한 성적 관계는 용인되어야 한다.
병 : 성은 결혼 이후에 자녀 출산과 관련을 가질 경우에만 도덕적이고 온전한 것이 된다.

◎ 학생 답안
갑은 ⑦성적 쾌락만을 추구하는 성을 부정적으로 보고, 을은 ⓒ사랑이 없는 성도 허용될 수 있다고 보며, 병은 ⓒ사랑을 성이 도덕적이기 위한 필요충분조건이라고 본다. 한편 ⓔ갑, 을은 병과 달리 결혼과 무관한 성도 허용될 수 있다고 보고, ⑩병은 갑, 을과 달리 혼전 순결을 지켜야 한다고 본다.

① ⑦ ② ⓒ ③ ⓒ ④ ⓔ ⑤ ⑩

• 왜 정답일까?
갑은 중도주의, 을은 자유주의, 병은 보수주의의 입장에 해당한다. 보수주의의 입장에 따르면, 사랑은 성이 도덕적이기 위한 필요충분조건은 아니다.

01 ④	02 ⑤	03 ③	04 ①	05 ②
06 ①	07 ④	08 ①	09 ④	10 ⑤
11 ③	12 ③	13 ②	14 ①	15 ③
16 ②	17 ②	18 ④	19 ⑤	20 ③

채점 결과	• 실제 걸린 시간 : 분 초
	• 맞은 문항수 : 개
	• 틀린 문항수 : 개
	• 헷갈린 문항 :

01 메타 윤리학과 규범 윤리학 정답률 64% | 정답 ④

| 문제 보기 |

㉠에 들어갈 진술로 가장 적절한 것은?

> 나는 윤리학의 목적을 도덕적 논의의 의미론적, 논리적, 인식론적 구조를 분명하게 이해하는 데 두어야 한다고 본다. 그런데 어떤 이들은 윤리학의 목적을 보편적인 도덕 원리를 탐구하여 실제 삶의 다양한 윤리 문제를 해결하는 데 두어야 한다고 주장한다. 내가 보기에 이러한 입장은 윤리학이 ㉠

① 윤리적 삶의 가치와 방향을 제시해야 함을 간과하고 있다.
② 도덕적 행위를 위한 도덕 원리를 세워야 함을 간과하고 있다.
③ 도덕 법칙을 정립하여 만인에게 적용해야 함을 간과하고 있다.
④ 도덕 언어의 분석을 핵심 과제로 삼아야 함을 간과하고 있다.
⑤ 현실 도덕 문제에 대한 해결책을 모색해야 함을 간과하고 있다.

● 왜 정답일까?

㉠에는 메타 윤리학의 입장에서 규범 윤리학에 대해 평가하는 내용이 들어가야 한다.
메타 윤리학은 현실의 도덕 문제를 해결하는 데 주된 관심을 두지 않으므로 추상적이고 개념적인 탐구에 그칠 뿐이라는 비판을 받기도 한다. 따라서 ④ '도덕 언어의 분석을 핵심 과제로 삼아야 함을 간과하고 있다.'가 적절한 진술이다.

02 직업에 대한 다양한 입장 정답률 79% | 정답 ⑤

| 문제 보기 |

동양 사상가 갑, 을의 입장으로 가장 적절한 것은?

> 갑 : 선비는 일정한 생업이 없더라도 일정한 마음[恒心]을 가질 수 있다. 그러나 백성은 일정한 생업이 없으면 이로 인해 일정한 마음을 가질 수 없다.
> 을 : 농부는 밭일에, 상인은 장사에, 목수는 그릇 만드는 일에 정통하지만 수장(首長)은 될 수 없다. 오직 예(禮)에 정통한 사람만이 수장이 될 수 있다.

① 갑 : 군주는 백성의 생업 보장보다 법적 규제에 힘써야 한다.
② 갑 : 직업 종사자는 누구도 일정한 마음[恒心]을 지닐 수 없다.
③ 을 : 정신을 쓰는 노동보다 육체를 쓰는 노동이 우위에 있다.
④ 을 : 무위자연의 도(道)를 본받아 직업을 차별하지 말아야 한다.
⑤ 갑, 을 : 생산과 통치에 대한 역할의 분담이 이루어져야 한다.

● 왜 정답일까?

갑은 맹자, 을은 순자이다.
맹자는 항산이라 하여 국가는 백성에게 생업을 유지할 수 있게 도와주어야 한다고 보았다. 또한 노동에는 정신노동과 육체노동이 있으며 각각에 맞는 사람이 일을 분업해야 한다고 보았다. 순자는 분업을 통해 생산력을 높이고, 각기 다른 영역에서 전문성을 발휘하는 것을 중시한다.
두 사상가는 모두 각 사람들의 능력과 재능을 고려하여 사회적 역할을 분담해야 한다고 보았다.

03 시민 불복종에 대한 롤스의 입장 정답률 45% | 정답 ③

| 문제 보기 |

다음은 어느 사상가의 주장이다. ㉠에 대한 이 사상가의 입장으로 가장 적절한 것은? [3점]

> 정의로운 사회는 자유롭고 평등한 사람들 사이에서 사회 협동체의 원칙이 존중되는 사회이다. ㉠은/는 이러한 원칙을 심각하게 위반한 법이나 정책을 변화시킬 목적으로 행해지는 것이다. 이는 법에 대한 충실성의 한계 내에서 이루어지며 공공적이고 양심적이기는 하지만 법에 반하는 정치적 행위이다.

① 불합리한 모든 법률과 정책을 대상으로 삼아야 한다.
② 불의한 국가 체제의 변혁을 목적으로 행해져야 한다.
③ 사회의 다수자가 갖는 정의관에 근거를 두어야 한다.
④ 비폭력적이고 비공개적인 방식으로 전개되어야 한다.
⑤ 개인의 종교적 신념을 추구하는 행위를 포함해야 한다.

● 왜 정답일까?

제시문은 롤스의 주장이고 ㉠은 '시민 불복종'이다.
롤스의 입장에서 시민 불복종은 부정한 법이나 일부 정부 정책에 변화를 가져올 목적으로 행해지는 행위이다. 롤스는 시민 불복종은 정치적 신념의 표현이기 때문에 공개적으로 이루어져야 한다고 주장했으며, 어디까지나 사회적 다수에 의해 공유된 정의관을 바탕으로 진행되어야 한다고 주장했다.

04 과학 기술 윤리 정답률 92% | 정답 ①

| 문제 보기 |

그림의 강연자가 강조하는 내용만을 〈보기〉에서 있는 대로 고른 것은? [3점]

> 기술은 기술을 실현시키는 존재와는 독립된 것으로서 단지 도구에 불과한 것이며, 그 자체는 선도 아니고 악도 아닙니다. 기술이 스스로 인간에게 광기를 부릴 수 있다든가, 기술에 의해 인간이 부품화될 수 있다는 말은 터무니없는 주장입니다. 중요한 것은 인간이 기술을 어떻게 사용하고, 인간이 기술을 어떤 조건 아래 놓는가 하는 것입니다.

< 보 기 >

ㄱ. 기술의 부정적 결과는 인간에 의해 생겨날 수 있다.
ㄴ. 기술은 인간과 사회를 지배하려는 속성을 지닌 악이다.
ㄷ. 기술 자체를 도덕 판단의 대상으로 보아서는 안 된다.
ㄹ. 인간은 기술로부터 어떠한 좋은 것도 만들어 낼 수 없다.

① ㄱ, ㄷ ② ㄱ, ㄹ ③ ㄴ, ㄷ
④ ㄱ, ㄴ, ㄹ ⑤ ㄴ, ㄷ, ㄹ

● 왜 정답일까?

그림의 강연자는 야스퍼스이다.
야스퍼스는 기술을 가치중립적으로 인식해야 하며 선악 판단의 대상으로 보아서는 안 된다고 주장하였다. 야스퍼스에 따르면 기술은 인간 사회와 무관하게 그 자체의 발전 논리를 가지고 있으며, 선도 아니고 악도 아닌 수단일 뿐이며 단지 인간의 목적 설정에 따라 긍정적인 효과 혹은 부정적인 효과를 낼 수 있다고 보았다.

05 양성 평등 윤리의 입장 정답률 86% | 정답 ②

| 문제 보기 |

갑, 을 사상가들의 입장을 〈보기〉에서 고른 것은?

> 갑 : 여성의 운명은 법률, 제도, 풍습, 여론 등에 의해 주도 면밀하게 형성되어 왔다. 남성들이 여성으로 하여금 타자(他者)로서 살도록 강제하는 사회에서 여성은 자신이 자주적이고 자유로운 존재임을 발견해야 한다.
> 을 : 여성이 지닌 도덕적 관심의 본질은 남성과 다르다. 여성은 인간관계에서 자신의 목소리를 내야 한다. 여성이 자신의 목소리를 내지 않고 이타적으로만 행동하는 것은 인간관계에서 지녀야 할 책임을 회피하는 것이다.

< 보 기 >

ㄱ. 갑 : 여성은 주체적 존재라는 점에서 남성과 다르지 않다.
ㄴ. 갑 : 남녀의 성역할을 전통과 관습에 따라 규정해야 한다.
ㄷ. 을 : 여성의 도덕적 특성인 배려와 공감을 중시해야 한다.
ㄹ. 갑, 을 : 여성과 남성의 도덕적 지향성은 양립불가능하다.

① ㄱ, ㄴ ② ㄱ, ㄷ ③ ㄴ, ㄷ
④ ㄴ, ㄹ ⑤ ㄷ, ㄹ

● 왜 정답일까?

갑은 보부아르, 을은 길리건이다.
ㄱ. 보부아르는 여성을 남성과 마찬가지로 주체적이고 자유로운 존재라고 보았다.
ㄷ. 길리건은 배려와 공감, 책임 등을 여성의 도덕적 특성이라고 보았다.

06 부부 관계의 윤리 정답률 76% | 정답 ①

| 문제 보기 |

㉠의 인간관계에 대한 설명으로 가장 적절한 것은?

> ○ ㉠은/는 인륜의 시작이므로 지극히 친밀한 사이지만 지극히 조심해야 할 관계이다.
> ○ ㉠은/는 두 성씨의 결합이니, 사람이 태어나게 되는 시초이고 만 가지 복록의 근원이다.

① 예(禮)로써 서로를 공경해야 하는 보완적 관계이다.
② 자연적 친애에 기초하는 상호 대등한 혈연관계이다.
③ 효도와 자애를 서로에게 실천해야 하는 관계이다.
④ 상호 간 항렬(行列)을 따져 법도를 지키는 관계이다.
⑤ 동기간(同氣間)으로서 상하의 질서가 적용되는 관계이다.

● 왜 정답일까?

㉠에 들어갈 말은 '부부'이다. 부부는 모든 인간관계의 시작으로, 예로써 서로를 공경하고 존중해야 하는 관계이다.

07 형벌에 관한 다양한 입장 정답률 58% | 정답 ④

| 문제 보기 |

갑, 을 사상가들의 입장으로 가장 적절한 것은? [3점]

> 갑 : 필요 이상의 잔혹한 형벌은 사회 계약의 본질과 상반된다. 사회에 끼친 손해를 노동으로 속죄하는 것을 오래 보여 주는 형벌이 사형보다 효과적인 범죄 억제책이다.
> 을 : 살인범에게 법적으로 집행되는 사형 외에는 범죄와 보복의 동등성은 없다. 시민 사회가 모든 구성원의 동의로 해체될 때에도 감옥에 있는 살인범은 처형되어야 한다.

① 갑 : 종신형은 사형보다 형벌의 실효성이 적고 비인간적이다.
② 갑 : 살인범에게는 생명 박탈의 처벌 이외의 다른 대안은 없다.
③ 을 : 사형은 살인범의 인격을 수단으로 대우하는 것일 뿐이다.
④ 을 : 평형의 원리에 입각하여 처벌의 양과 질을 결정해야 한다.
⑤ 갑, 을 : 처벌의 최종 목적을 범죄 예방과 교화에 두어야 한다.

● 왜 정답일까?

갑은 베카리아, 을은 칸트이다. 칸트는 동등성의 원리, 즉 평형의 원리에 입각하여 살인범을 사형에 처하는 것이 응당하다고 보았다. 칸트는 응보가 형벌의 본질이므로 오히려 사형이 인간의 존엄성과 가치를 인정하는 것이라고 말한다.

● 왜 오답일까?

베카리아는 사형이 종신형에 비해 실효성이 적고 비인간적인 형벌이라고 보았다. 그리고 개인이 사회 계약의 과정에서 자신의 생명을 국가에 위임하지 않았기 때문에 국가 역시 개인의 생명을 빼앗을 권리가 없다고 주장하였다.

08 식생활 윤리 정답률 92% | 정답 ①

| 문제 보기 |

㉠에 들어갈 적절한 진술을 〈보기〉에서 고른 것은?

> ○○신문   ○○○○년 ○월 ○○일
>
> 우리는 인간과 인간 이외의 존재에 대한 책임의 문제를 숙고해야 한다. 그런데 어떤 지역에서는 맛있는 푸아그라를 얻기 위해 거위의 입을 꽂아 강제로 사료를 주입하는 고통을 준다. 또한 육우 생산을 늘리기 위해 성장 호르몬을 소에게 투입하기도 하는데, 이렇게 생산된 유제품은 인류에

게 심각한 질병을 일으킬 가능성이 높다. 이러한 문제들을 해결하기 위해서는 _____ ㉠ _____

< 보 기 >
ㄱ. 생명에 대한 인위적인 개입 행위를 자제해야 한다.
ㄴ. 동물에게 과도한 고통을 주는 행위를 삼가야 한다.
ㄷ. 생태적 지속성보다 경제적 효율성을 고려해야 한다.
ㄹ. 식량 증산을 위해 공장식 동물 사육을 확대해야 한다.

① ㄱ, ㄴ ② ㄱ, ㄷ ③ ㄴ, ㄷ ④ ㄴ, ㄹ ⑤ ㄷ, ㄹ

• 왜 정답일까?
칼럼은 미식과 식량 증대를 목적으로 동물에게 고통을 주거나, 생명에 대해 개입하면서 생기는 문제점에 대해 지적하고 있다. ㉠에는 생태적 지속성을 중시하는 입장에서 생명에 대한 인위적 개입을 자제해야 한다는 내용이 들어갈 수 있다.

09 플라톤, 에피쿠로스, 하이데거의 죽음관 정답률 76% | 정답 ④

| 문제 보기 |
갑, 을, 병 사상가들의 입장에 대한 설명으로 옳은 것은?
[3점]

갑 : 죽음은 영혼이 육체의 속박으로부터 벗어나는 것이다. 영혼은 육체를 떠나 될 수 있는 대로 그것과 상관하지 않을 때 가장 잘 사유하게 된다.
을 : 죽음은 우리에게 아무것도 아니라는 것에 익숙해져야 한다. 좋고 나쁨은 감각에 달려 있는데 죽음은 바로 모든 감각의 상실을 의미하기 때문이다.
병 : 죽음은 현존재에게 던져진 끝으로서 반드시 찾아오는 것이며 타인이 대신할 수 없는 것이다. 죽음으로 미리 달려가 봄으로써 참된 실존을 깨달을 수 있다.

① 갑은 현실 세계와 죽음 이후의 세계를 구분할 수 없다고 본다.
② 을은 죽음 이후의 삶을 위해 선행을 습관화해야 한다고 본다.
③ 병은 현존재의 유한성 때문에 죽음을 자각할 수 없다고 본다.
④ 갑은 을과 달리 죽음 이후에 참된 진리에 이를 수 있다고 본다.
⑤ 을은 병과 달리 죽음을 인간이 회피해야 할 고통이라고 본다.

• 왜 정답일까?
갑은 플라톤, 을은 에피쿠로스, 병은 하이데거이다.
플라톤은 죽음을 영혼이 육체의 구속에서 해방되어 이데아의 세계로 나아가는 과정으로 죽음 이후에 참된 진리의 세계에 도달할 수 있다고 보았다.

10 분배 정의에 관한 다양한 입장 정답률 43% | 정답 ⑤

| 문제 보기 |
(가)의 사상가 갑, 을, 병의 입장을 (나) 그림으로 탐구할 때, A ~ D에 해당하는 적절한 질문만을 <보기>에서 있는 대로 고른 것은? [3점]

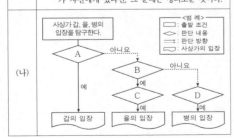

| (가) | 갑 : 정의란 준법적인 것과 공정한 것을 포함한다. 사회적 재화의 분배는 기하학적 비례에, 시민들 간의 분쟁 해결은 산술적 비례에 합치해야 한다.
을 : 정의의 원칙은 원초적 합의의 대상이다. 이 원칙은 자유롭고 합리적인 사람들이 평등한 최초 입장에서 공동체의 기본 조건을 규정한 것이다.
병 : 정의론의 핵심은 소유 권리에 관한 정의이다. 정의의 원리에 따라 취득한 소유물에 대한 권리가 자신에게 있다면, 그 분배는 정의로운 것이다. |

< 보 기 >
ㄱ. A : 기하학적 비례로써 시정적 정의를 실현할 수 있는가?
ㄴ. B : 최소 수혜자를 위한 재분배 정책을 정당화할 수 있는가?
ㄷ. C : 공리의 원리보다 기회 균등의 원리를 추구해야 하는가?
ㄹ. D : 최소 국가에서 분배적 정의가 실현될 수 있는가?

① ㄱ, ㄴ ② ㄱ, ㄹ ③ ㄷ, ㄹ
④ ㄱ, ㄴ, ㄷ ⑤ ㄴ, ㄷ, ㄹ

• 왜 정답일까?
갑은 아리스토텔레스, 을은 롤스, 병은 노직이다.
롤스는 분배는 자유 경쟁 시장에서 수요와 공급에 의해 이루어지되, 모든 사람들에게 실질적으로 공정한 기회가 주어져야 한다고 주장했다. 그리고 최소 수혜자의 이익을 극대화하는 데 우선적인 관심을 둠으로써 실질적인 평등을 도모하였다. 반면 노직은 이러한 재분배 정책에 반대하였다.

• 왜 오답일까?
ㄱ. 아리스토텔레스는 산술적 비례에 의해 시정적 정의를 실현할 수 있다고 보았다.

11 소수자 집단 우대 정책 정답률 89% | 정답 ③

| 문제 보기 |
다음 토론의 핵심 쟁점으로 가장 적절한 것은?

갑 : 우리 사회의 차별을 종식시키기 위해서는 과거의 차별로 인해 고통받는 사람들을 우대해야 합니다.
을 : 우리 사회의 차별은 사라져야 합니다. 그러나 과거의 차별을 근거로 특정 집단을 우대하는 것은 역차별입니다.
갑 : 과거의 차별에 대한 보상은 역차별이 아니라 출발선을 같게 하려는 것입니다. 차별받아 온 집단에 대한 배려 없이는 공정한 사회를 기대할 수 없습니다.
을 : 과거의 차별에 대해 잘못이 없는 현세대에게 부담을 주는 것은 부당합니다. 이것은 잘못이 없는 사람에게 벌을 주는 것과 같습니다.

① 업적과 성과를 기준으로 한 사회적 차별은 정당한가?
② 소수자 집단을 사회적으로 차별하는 것은 불공정한가?
③ 과거의 차별 때문에 고통받는 집단을 우대해야 하는가?
④ 사회적 차별을 철폐해야 공정한 사회를 이룰 수 있는가?
⑤ 특정 집단에 대한 보상은 능력을 기준으로 해야 하는가?

• 왜 정답일까?
갑은 과거의 차별로 인해 고통받는 소수자 집단을 우대해야 한다고 주장하는 반면, 을은 이러한 소수자 집단에 대한 우대 정책이 사회적 역차별을 초래한다고 주장한다. 따라서 토론의 핵심 쟁점으로 ③ 과거의 차별 때문에 고통받는 집단을 우대해야 하는가?가 적절하다.

12 환경 윤리에 대한 관점 정답률 49% | 정답 ③

| 문제 보기 |
(가)의 갑, 을, 병 사상가들의 입장을 (나) 그림으로 표현할 때, A ~ D에 해당하는 적절한 진술만을 <보기>에서 있는 대로 고른 것은? [3점]

| (가) | 갑 : 평등의 원리는 어떤 존재의 고통을 다른 존재의 고통과 동등하게 취급하는 것이다. 어떤 존재가 고통을 느낄 수 없다면 고려해야 할 바는 없다.
을 : 무생물일지라도 아름다운 것을 파괴하는 행위는 인간이 지닌 자기 자신에 대한 의무에 위반되며, 도덕성을 촉진하는 자연적 감정을 약화시킨다.
병 : 생명체를 목적론적 활동의 중심이 되게 하는 것은 자신의 선을 실현하도록 방향 지워진 유기체의 작용이 갖는 일관성과 통일성이다. |

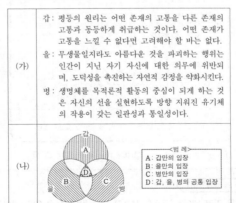

<범례>
A : 갑만의 입장
B : 을만의 입장
C : 병만의 입장
D : 갑, 을, 병의 공통 입장

< 보 기 >
ㄱ. A : 인간과 동물이 선호하는 이익 관심의 대상은 동일하다.
ㄴ. B : 이성적 존재만이 도덕적 행위의 주체가 될 수 있다.
ㄷ. C : 모든 생명체는 의식 유무와 상관없이 내재적 가치를 지닌다.
ㄹ. D : 고통을 느낄 수 있는 존재를 잔혹하게 다루는 행위는 잘못이다.

① ㄱ, ㄴ ② ㄱ, ㄷ ③ ㄷ, ㄹ
④ ㄱ, ㄴ, ㄹ ⑤ ㄴ, ㄷ, ㄹ

• 왜 정답일까?
갑은 싱어, 을은 칸트, 병은 테일러이다.
테일러는 모든 생명체는 의식 유무와 상관없이 생존, 성장, 발

전, 번식 등의 목적을 가지고 있으며, 이러한 목적을 지향한다는 점에서 목적론적 삶의 중심이라고 보았다. 그리고 모든 생명체는 고유의 선(善)을 지니며, 인간이 자연에 대해 부여하는 가치와 무관하게 내재적 가치를 가지므로 도덕적으로 고려해야 한다고 주장했다.

13 예술과 윤리의 관계에 대한 입장 정답률 84% | 정답 ②

| 문제 보기 |
갑의 입장에서 을에게 제기할 수 있는 반론으로 가장 적절한 것은?

갑 : 예술은 사람의 마음에 감흥을 불러일으킨다. 또한 정치의 득실을 살피고, 사람들을 어울리게 하며, 윗사람의 잘못을 풍자한다.
을 : 예술은 인생을 위한 예술이 아니라 예술을 위한 예술이 되어야 한다. 예술가를 숨기고 예술 그 자체를 드러내는 것이 예술의 목표이다.

① 예술의 영역과 도덕의 영역이 분리된 것임을 간과하고 있다.
② 예술이 도덕적 사회 실현에 기여할 수 있음을 간과하고 있다.
③ 예술의 미적 가치와 도덕적 가치가 무관함을 간과하고 있다.
④ 예술이 공동체의 규범으로부터 자유로워야 함을 간과하고 있다.
⑤ 예술이 그 자체로 독립적인 아름다움을 지님을 간과하고 있다.

• 왜 정답일까?
갑은 도덕주의, 을은 심미주의 입장을 지니고 있다.
심미주의는 예술은 예술을 위한 예술일 뿐이므로, 미적 가치 추구만이 목적이라고 본다. 예술의 자율성과 독창성을 강조하여 순수 예술론을 지지한다. 도덕주의는 도덕적 가치가 미적 가치보다 우위에 있다고 본다. 그리고 예술은 인간의 올바른 도덕적 품성 함양을 목적으로 해야 한다고 주장하고, 예술의 사회적 영향력을 강조하여 참여 예술론을 지지한다. 심미주의와 달리 예술이 도덕적 사회 실현에 기여할 수 있다고 본다.

14 다문화 사회에 대한 관점 정답률 86% | 정답 ①

| 문제 보기 |
갑, 을의 입장에 대한 적절한 설명만을 <보기>에서 있는 대로 고른 것은? [3점]

갑 : 용광로에 들어간 여러 광석은 녹고 섞어 하나의 덩어리로 새롭게 탄생합니다. 이처럼 다양한 문화를 한 데 녹여 새로운 문화를 탄생시킬 수 있습니다.
을 : 하나의 샐러드 그릇에 여러 재료를 담더라도 각 재료 고유의 특성은 살아 있습니다. 이처럼 다양한 문화가 각각의 정체성을 유지하면서 함께한다면 사회 통합을 이룰 수 있습니다.

< 보 기 >
ㄱ. 갑은 다양한 문화가 하나로 용해되는 상태를 추구한다.
ㄴ. 을은 서로 다른 문화 사이의 우열을 가리지 않는다.
ㄷ. 갑은 을보다 성격이 다른 문화들의 공존을 지향한다.
ㄹ. 갑, 을은 비주류 문화를 주류 문화에 편입시켜야 한다고 본다.

① ㄱ, ㄴ ② ㄴ, ㄷ ③ ㄷ, ㄹ
④ ㄱ, ㄴ, ㄹ ⑤ ㄱ, ㄷ, ㄹ

• 왜 정답일까?
갑은 용광로 모델의 입장으로 다양한 문화가 하나로 녹아들어 새로운 문화를 만든다는 것이다. 을은 샐러드 그릇 모델의 입장으로 각각의 문화를 보존하면서 조화를 이루어야 한다는 것이다.

• 왜 오답일까?
ㄷ. 성격이 다른 문화들의 공존을 지향하는 것은 을이다.
ㄹ. 갑, 을 모두 주류 문화와 비주류 문화를 구분하지 않는다.

15 하버마스의 담론 윤리 정답률 67% | 정답 ③

| 문제 보기 |
다음을 주장한 사상가의 입장에 대한 설명으로 가장 적절한 것은?

모든 이성적 논의를 거부하는 것과 엘리트주의적 태도는 불가분의 관계이다. 소수만이 진리를 파악할 수 있다는 사람의 주장은 상호 주관적으로 검토하는 공적 담론의 장(場)을 통해 자신을 입증해야 할 의무로부터 벗어난 것이다. 또한 모든 사람들을 동등하게 존중해야 한다는 원칙에도 어긋난다.

① 신이 인간 본성에 부여한 절대적인 도덕 법칙을 강조한다.
② 다수에 의한 합의보다 개개인의 주관적인 결정을 중시한다.
③ 도덕 판단의 정당화 근거로 의사소통의 합리성을 중시한다.
④ 의사 결정 과정에서 전문가의 견해에 의존할 것을 강조한다.
⑤ 공론의 장에서 상호 비판하는 행위를 삼가야 함을 강조한다.

● 왜 정답일까?

제시문은 하버마스의 주장이다.
하버마스는 엘리트주의를 비판하는 관점에서 의사소통의 합리성을 바탕으로 옳고 그름을 판단할 수 있다고 본다. 의사소통의 합리성을 실현해야 서로 갈등하는 다양한 의견을 합리적으로 논의하여 합의에 도달할 수 있고, 대화에 참여한 모든 사람이 합의 결과를 수용할 수 있다고 주장한다. 이때 의사소통의 합리성을 실현하려면 담론에 참여한 사람들이 참되고 옳고 진실하며 서로 이해할 수 있는 말을 해야 한다고 본다.

16 정보 사회의 윤리 　　정답률 89% | 정답 ②

| 문제 보기 |

다음 글에서 강조하는 내용으로 가장 적절한 것은?

> 우리는 개인을 존중하듯이 개인의 정보를 자아의 연장으로 간주하고 그것을 존중하는 법을 배워야 한다. 각 개인은 자신의 민감한 정보에 대해 공개를 원하지 않을 경우 포털 사이트 운영자에게 그 정보의 삭제를 요구할 수 있어야 한다. 또한 포털 사이트 운영자에게 데이터베이스에 있는 자신의 정보가 어떤 목적으로 사용되고 있는지 확인을 요청할 수 있어야 한다.

① 공공 이익을 위해 개인의 정보를 최대한 공개해야 한다.
② 정보에 대한 자기 결정권과 잊힐 권리가 보장되어야 한다.
③ 포털 사이트는 개인의 정보에 관한 독점권을 가져야 한다.
④ 알 권리 보장을 위해 개인의 사생활을 일부 제한해야 한다.
⑤ 개인의 모든 정보를 인류 공동의 자산으로 간주해야 한다.

● 왜 정답일까?

제시문에서는 개인 정보를 비롯하여 자신이 원하지 않는 민감한 정보들이 포털사이트 등을 통하여 많은 사람에게 공개되지 않도록 정보를 통제할 수 있는 잊힐 권리와 자신의 개인 정보를 누구에게 어떤 범위까지 얼마 동안 어떤 형식으로 공개할 것인가, 언제 폐기할 것인가 등에 관해 정보의 주인인 개인이 알고, 정당한 처리를 요구할 수 있는 정보 자기 결정권이 보장되어야 한다고 주장한다.

17 해외 원조에 대한 다양한 입장 　　정답률 53% | 정답 ②

| 문제 보기 |

갑, 을의 입장에 대한 설명으로 옳은 것은? [3점]

> 갑 : 도덕적으로 중요한 일들을 희생시키지 않고 절대 빈곤을 감소시킬 수 있는 사람들은 절대 빈곤에 빠진 사람들을 도울 의무가 있다. 이익 평등 고려의 원칙에 따라 빈곤으로 고통받는 모든 사람들에게 원조를 해야 한다.
> 을 : 우리는 국제 관계가 질서 정연한 국가들의 자유롭고 평등한 상호 관계가 되도록 노력해야 한다. 원조는 고통받는 국가들이 질서 정연한 사회로 나아가지 못하게 하는 제반 여건에서 벗어나도록 하는 것에 그쳐야 한다.

① 갑은 빈곤국의 구성원은 원조의 주체가 될 수 없다고 본다.
② 을은 가난한 국가들이 모두 원조의 대상은 아니라고 본다.
③ 갑은 을과 달리 원조를 모든 국가의 도덕적 의무라고 본다.
④ 을은 갑과 달리 차등의 원칙에 따라 원조해야 한다고 본다.
⑤ 갑, 을은 원조의 목적을 인류 전체의 평등 실현이라고 본다.

● 왜 정답일까?

갑은 싱어, 을은 롤스이다.
싱어는 세계시민주의자 및 공리주의자로서 인류 전체의 이익을 최대화하기 위하여 '이익의 평등한 고려' 원칙을 바탕으로 국가에 관계없이 가난한 개개인들에 대한 동등한 원조가 의무라고 본다.

롤스 또한 해외원조를 의무로 설명하지만, 국제주의적 관점에서 고통받는 사회를 원조를 통해 조세제도와 같은 사회제도를 개선하여 질서정연한 사회로 바꾸고자하였다. 그리고 가난하지만 질서 정연한 국가에 대해 원조할 필요가 없다고 보았다.
싱어와 롤스 모두 해외 원조를 의무의 차원에서 이해했다는 공통점이 있다.

18 공리주의 윤리의 입장 적용 　　정답률 50% | 정답 ④

| 문제 보기 |

(가) 사상의 입장에서 (나) 상황 속 A에게 제시할 조언으로 가장 적절한 것은?

(가)	모든 이해(利害) 당사자의 최대 행복은 보편적으로 바람직한 인간 행동의 목적이다.
(나)	고등학생 A는 선생님과의 상담 약속을 지키기 위해 학교로 가던 중 다리를 다쳐 쓰러져 있는 아이를 목격하였다. A는 약속을 지켜야 할지 아이를 도와주어야 할지 고민하고 있다.

① 유덕한 성품을 갖춘 위인이라면 어떻게 행동할지 따져보렴.
② 언제 어디서나 적용될 수 있는 정언 명령에 따라 행동하렴.
③ 타인의 쾌락보다는 자신의 쾌락 증진이 중요함을 고려하렴.
④ 더 많은 유용성을 산출할 수 있는 행위가 무엇인지 따져 보렴.
⑤ 행위 결과를 고려하지 말고 오직 의무 의식에 따라 행동 하렴.

● 왜 정답일까?

(가)는 공리주의를 주장한 벤담의 입장이다.
공리주의에서는 행위는 그것이 우리의 행복을 증진시키는 경향을 지니고 있는 정도에 비례하여 옳으며, 행복에 반대되는 것, 즉 고통을 증진시키는 경향을 지니고 있는 정도에 비례하여 그르다는 유용성의 원리에 입각하여 (나)의 A에게 더 많은 행복을 가져다 줄 행위를 선택해야 한다고 조언할 것이다.

19 인간 배아 복제 연구에 대한 입장 　　정답률 75% | 정답 ⑤

| 문제 보기 |

그림은 서술형 평가 문제와 학생 답안이다. 학생 답안의 ㉠~㉤ 중 옳지 않은 것은? [3점]

> **서술형 평가**
> ◎ 문제 : 갑, 을의 입장을 비교하여 서술하시오.
> 갑 : 인간 배아는 인간의 신체 기관이 형성되지 않은 상태이므로 단순한 세포에 불과합니다. 따라서 불치병 치료 등을 통해 많은 사람들에게 이익을 주는 경우라면 인간 배아 복제 연구는 자유롭게 허용되어야 합니다.
> 을 : 인간 배아는 난자와 정자가 결합된 형성체로 잠재적 인간으로 보아야 합니다. 단, 온전한 인간은 아니기 때문에 더 많은 사람들에게 더 많은 행복을 주는 경우에 한하여 인간 배아 복제 연구는 허용될 수 있습니다.
>
> ◎ 학생 답안
> 갑은 ㉠인간 배아가 온전한 인격체로 존중받을 수 없다고 보며, ㉡사회에 유용성을 가져다준다면 인간 배아 복제 연구는 허용될 수 있다고 주장한다. 또는 을은 ㉢인간 배아가 성인과 동일한 대우를 받을 만한 존재는 아니라고 보며, ㉣제한된 범위 내에서 인간 배아 복제 연구가 허용될 수 있다고 주장한다. 한편 갑, 을은 ㉤의무론의 측면에서 인간 배아 복제 연구의 허용 여부를 논해야 한다고 본다.

① ㉠　　② ㉡　　③ ㉢　　④ ㉣　　⑤ ㉤

● 왜 정답일까?

갑은 인간 배아를 단순한 세포로 보는 반면, 을은 인간 배아를 잠재적 인간으로 본다.
갑은 많은 사람들에게 이익을 주는 경우에, 을은 많은 행복을 주는 경우에 인간 배아 복제 연구를 허용할 수 있다는 입장을 취하고 있다. 갑과 을 모두 공리주의적 측면에서 인간 배아 복제 연구의 허용 여부를 논해야 한다고 본다.

20 미래 세대의 권리에 대한 입장 　　정답률 86% | 정답 ③

| 문제 보기 |

(가), (나)의 입장만을 <보기>에서 있는 대로 고른 것은?
[3점]

(가)	불확실하고 멀리 있는 쾌락보다 확실하고 가까이 있는 쾌락이 중요하므로 미래 세대를 위해 현세대가 고통을 겪는 것은 옳지 않다. 또한 현세대와 미래 세대 사이에는 도움을 주고받는 관계가 성립될 수 없으므로 미래 세대의 도덕적 권리를 고려할 필요는 없다.
(나)	인간은 결코 수단으로 취급되어서는 안 된다. 따라서 현세대와 동일한 인간인 미래 세대에게도 도덕적 권리를 부여해야 한다. 또한 과거 세대가 현세대에게 도움을 주었듯이, 현세대 역시 미래 세대에게 도움을 주는 것이 당연하다.

< 보기 >
ㄱ. (가) : 현세대와 달리 미래 세대는 도덕적 권리를 갖는다.
ㄴ. (가) : 미래 세대를 위해 현세대가 희생되어서는 안 된다.
ㄷ. (나) : 세대 간 연속성을 근거로 현세대는 미래 세대를 책임져야 한다.
ㄹ. (가), (나) : 현세대에게 도움을 주고 있는 대상만을 도덕적으로 고려해야 한다.

① ㄱ, ㄷ　　② ㄱ, ㄹ　　③ ㄴ, ㄷ
④ ㄱ, ㄴ, ㄹ　　⑤ ㄴ, ㄷ, ㄹ

● 왜 정답일까?

ㄴ. '불확실하고 멀리 있는 쾌락보다 확실하고 가까이 있는 쾌락이 중요'하며 '미래 세대를 위해 현세대가 고통을 겪는 것은 옳지 않고 '미래 세대의 도덕적 권리를 고려할 필요는 없다'는 데에서 (가)는 현세대와 미래 세대 사이에 호혜적 관계가 성립될 수 없으므로 미래 세대를 위해 현세대가 희생되어서는 안 된다고 본다.
ㄷ. '과거 세대가 현세대에게 도움을 주었듯이, 현세대 역시 미래 세대에게 도움을 주는 것이 당연하다'는 데에서 (나)는 세대 간 연속성을 근거로 미래 세대를 책임져야 한다는 입장을 취하고 있음을 알 수 있다.

08회 2024학년도 5월

○ 고3 생활과 윤리

01 ①	02 ③	03 ②	04 ①	05 ①
06 ⑤	07 ③	08 ②	09 ④	10 ④
11 ④	12 ③	13 ③	14 ②	15 ②
16 ⑤	17 ③	18 ①	19 ③	20 ⑤

채점결과	· 실제 걸린 시간 :	분	초
	· 맞은 문항수 :		개
	· 틀린 문항수 :		개
	· 헷갈린 문항 :		

01 실천 윤리학과 메타 윤리학
정답률 93% | 정답 ①

| 문제 보기 |

(가), (나) 윤리학의 핵심 과제로 가장 적절한 것은?

(가) 윤리학은 우리가 일상에서 마주치는 구체적인 도덕적 문제들을 다루어야 하며, 그 문제들에 도덕 원리를 적용하여 실천적 해결 방안을 모색하는 데 주력해야 한다.
(나) 윤리학은 우리가 일상에서 사용하는 도덕적 용어의 의미를 분석하고, 도덕적 명제에 대한 추론이나 판단이 논리적으로 타당한지 입증하는 데 주력해야 한다.

① (가): 현실의 도덕 문제에 대한 구체적인 해결책을 제시하는 것이다.
② (가): 도덕 현상들 간의 인과 관계를 객관적으로 설명하는 것이다.
③ (나): 올바른 삶의 지침이 될 보편적 도덕 원리를 정립하는 것이다.
④ (나): 각 공동체의 다양한 도덕 관행을 비교하여 기술하는 것이다.
⑤ (가)와 (나): 윤리학이 학문적으로 성립 가능한지 탐구하는 것이다.

● 왜 정답일까?

(가)는 실천 윤리학, (나)는 메타 윤리학이다.
실천 윤리학의 핵심 과제는 현실의 도덕 문제에 대한 구체적인 해결책을 제시하는 것이다.
메타 윤리학의 핵심 과제는 도덕적 용어의 의미를 분석하고, 도덕적 명제에 대한 추론이나 판단이 논리적으로 타당한지 입증하는 것이다.

02 평화에 대한 갈퉁과 칸트의 입장
정답률 77% | 정답 ③

| 문제 보기 |

갑, 을 사상가들의 입장으로 가장 적절한 것은? [3점]

갑: 폭력은 주로 문화적 폭력으로부터 구조적 폭력을 경유하여 직접적 폭력으로 번진다. 진정한 평화는 직접적 폭력뿐만 아니라 구조적·문화적 폭력의 부재를 지향할 때에만 가능하다.
을: 국가 간의 계약이 없이는 어떠한 평화도 정착될 수 없다. 영원한 평화를 위해서는 특별한 종류의 연맹이 있어야 한다. 그것은 바로 평화 연맹이며, 이는 평화 조약과 구별된다.

① 갑: 구조적 폭력은 항상 문화적 폭력에서 비롯된다.
② 갑: 비의도적 폭력은 평화 실현을 방해하지 않는다.
③ 을: 평화 연맹은 모든 전쟁의 영원한 종식을 추구한다.
④ 을: 영원한 평화는 국가 간 평화 조약 체결만으로 실현된다.
⑤ 갑과 을: 물리적 폭력의 소멸은 진정한 평화의 실현을 보장한다.

● 왜 정답일까?

갑은 갈퉁, 을은 칸트이다.
갈퉁은 평화를 위해서는 직접적 폭력은 물론이고 간접적 폭력까지 사라져야 한다고 보았다. 그는 폭력을 언어나 신체적 폭력과 같은 직접적 폭력과 구조적 폭력, 문화적 폭력으로 나누어 설명하였으며, 비의도적 폭력은 평화 실현을 방해한다고 주장하였다.
칸트는 국가 간 평화 조약 체결만으로 영원한 평화를 실현할 수 없다고 보았으며, 평화 연맹은 모든 전쟁의 영원한 종식을 추구한다고 주장하였다.

03 거주에 대한 볼노브의 입장
정답률 95% | 정답 ②

| 문제 보기 |

다음을 주장한 사상가의 입장으로 적절한 것만을 〈보기〉에서 있는 대로 고른 것은?

인간은 공간에서 참된 거주를 실현함으로써 자신의 본질을 실현한다. 참된 거주를 실현하기 위해서는 집이라는 내부 공간에만 머무르려는 집착을 극복해야 한다. 비록 세계라는 외부 공간은 예기치 않은 일이 발생할 수 있는 위험한 공간이지만 인간은 외부 공간으로 나가 자기의 일을 수행해야 한다. 집이라는 내부 공간에서의 휴식과 세계라는 외부 공간에서의 노동이 서로 균형을 이룰 때 인간은 내적으로 건강해질 수 있다.

< 보기 >
ㄱ. 집의 소유는 인간의 본질을 실현하기 위한 유일한 조건이다.
ㄴ. 인간 내면의 건강은 휴식과 노동이 조화를 이룰 때 가능하다.
ㄷ. 참된 거주를 위해 외부 공간과 단절하고 집에 머물러야 한다.

① ㄱ   ② ㄴ   ③ ㄱ, ㄷ
④ ㄴ, ㄷ   ⑤ ㄱ, ㄴ, ㄷ

● 왜 정답일까?

제시문은 볼노브의 주장이다.
볼노브는 인간이 공간에서 참된 거주를 실현함으로써 자신의 본질을 실현한다고 보았다. 또한 볼노브는 인간이 참된 거주를 실현하기 위해 휴식과 안정을 제공하는 내부 공간이 필요하며 위험한 외부 공간도 온전히 삶 속에 포함시켜야 한다고 보았다.

04 문화 산업에 대한 아도르노의 입장
정답률 80% | 정답 ①

| 문제 보기 |

다음 가상 대담의 사상가가 지지할 주장으로 가장 적절한 것은?

① 문화 산업은 대중이 비판적으로 사유하는 것을 방해한다.
② 문화 산업의 구조에서 자본가는 표준화된 생산 방식을 거부한다.
③ 문화 산업에서의 궁극적인 생산 주체는 자본가가 아닌 대중이다.
④ 문화 산업에서 문화의 가치를 평가할 때 경제적 관점은 배제된다.
⑤ 문화 산업에서 생산된 상품에는 대중의 진정한 욕구가 반영되어 있다.

● 왜 정답일까?

가상 대담의 사상가는 아도르노이다.
아도르노는 대중문화가 문화 산업의 구조 속에서 생산되므로 규격화되고 획일화되었다고 보았으며, 문화 산업은 대중이 비판적으로 사유하는 것을 방해한다고 주장하였다.

05 형벌에 대한 베카리아와 루소의 입장
정답률 68% | 정답 ①

| 문제 보기 |

(가)의 갑, 을 사상가들의 입장을 (나) 그림으로 표현할 때, A~C에 해당하는 적절한 진술만을 〈보기〉에서 고른 것은? [3점]

(가)
갑: 사형보다 종신 노역형은 범죄를 의도하는 자를 제지하는 데에 충분한 정도의 엄격성을 지닌 형벌이다. 필요 이상의 가혹한 형벌은 사회적 합의에 반한다.
을: 살인자에 대한 판결은 그가 더 이상 국가의 일원이 아니라는 것에 대한 선언이다. 살인자는 계약 위반자로서 추방당하거나 죽음을 통해 제거되어야 한다.

(나)
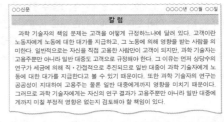

범례
A: 갑만의 입장
B: 갑과 을의 공통 입장
C: 을만의 입장

< 보기 >
ㄱ. A: 사형은 사회 계약의 목적에 부합하지 않는 형벌이다.
ㄴ. B: 국가의 형벌 집행권은 시민의 동의에 근거하여 성립된다.
ㄷ. B: 형벌의 경중은 범죄를 저지른 의도에 따라 결정되어야 한다.
ㄹ. C: 살인자는 공공의 적이 아닌 도덕적 인격으로서 처벌되어야 한다.

① ㄱ, ㄴ   ② ㄱ, ㄷ   ③ ㄴ, ㄷ   ④ ㄴ, ㄹ   ⑤ ㄷ, ㄹ

● 왜 정답일까?

갑은 베카리아, 을은 루소이다.
베카리아는 사형이 사회 계약의 목적에 부합하지 않는 형벌이라고 보았으며, 형벌의 경중은 범죄가 사회에 끼친 해악에 따라 결정되어야 한다고 주장하였다.
루소는 살인자가 도덕적 인격이 아닌 공공의 적으로서 처벌되어야 한다고 보았다.
한편 베카리아와 루소는 모두 국가의 형벌 집행권이 시민의 동의에 근거하여 성립된다고 주장하였다.

06 과학 기술자의 사회적 책임
정답률 96% | 정답 ⑤

| 문제 보기 |

다음 신문 칼럼의 입장에서 지지할 내용으로 가장 적절한 것은?

○○신문   ○○○○년 ○○월 ○○일

칼 럼

과학 기술자의 책임 문제는 고객을 어떻게 규정하느냐에 달려 있다. 고객이란 노동자에게 노동에 대한 대가를 지급하는, 즉 노동에 의한 영향을 받는 사람을 의미한다. 일반적으로는 자신을 직접 고용한 사람만이 고객이 되지만, 과학 기술자는 고용주만이 아니라 일반 대중도 고객으로 규정해야 한다. 그 이유는 먼저 상당수의 연구가 세금에 의해 직·간접적으로 추진되므로 일반 대중이 과학 기술자에게 노동에 대한 대가를 지급한다고 볼 수 있기 때문이다. 또한 과학 기술자의 연구는 공공성이 지대하여 고용주는 물론 일반 대중에게까지 영향을 미친다. 그러므로 과학 기술자에게는 자신의 연구 결과가 고용주뿐만 아니라 일반 대중에게까지 미칠 부정적 영향은 없는지 검토해야 할 책임이 있다.

① 과학 기술자는 공익보다 자신의 사적 이익을 우선해야 한다.
② 과학 기술자의 연구 결과는 윤리적 평가로부터 자유로워야 한다.
③ 과학 기술자는 연구 결과가 고용주에게 미칠 영향을 배제해야 한다.
④ 과학 기술자는 자신을 직접 고용한 사람만을 고객으로 여겨야 한다.
⑤ 과학 기술자는 연구 결과로 인한 사회적 파급 효과를 숙고해야 한다.

● 왜 정답일까?

칼럼에서는 과학 기술자는 자신을 직접 고용한 사람인 고용주뿐만 아니라 일반 대중도 고객으로 규정해야 한다고 본다. 따라서 칼럼에서는 과학 기술자에게 자신의 연구 결과가 고용주뿐만 아니라 일반 대중에게까지 미칠 부정적 영향은 없는지 검토해야 할 책임이 있다고 본다.

07 맹자와 노자의 입장
정답률 76% | 정답 ③

| 문제 보기 |

갑, 을 사상가들의 입장으로 가장 적절한 것은?

갑: 죄가 없는 사람을 죽이는 것은 인(仁)이 아니며, 자신의 것이 아닌 것을 취하는 것은 의(義)가 아니다. 인에 머물고 의를 따른다면 대인(大人)으로서 할 일이 갖추어진 것이다.
을: 천지가 장구(長久)할 수 있는 까닭은 억지로 그 자신을 살리려고 하지 않기 때문이다. 성인(聖人)은 무위(無爲)의 이치를 본받아 자기를 내세우지 않기에 오히려 앞서게 된다.

① 갑: 예법[禮]이 아닌 형벌로 백성을 다스려야 한다.
② 갑: 이로운 것[利]이 곧 의로운 것[義]임을 알아야 한다.
③ 을: 도(道)에 따라 매사에 겸허(謙虛)하게 행동해야 한다.
④ 을: 시비선악(是非善惡)을 엄격히 분별하는 삶을 살아야 한다.
⑤ 갑과 을: 이상적 인간은 인륜(人倫)의 규범에서 벗어나야 한다.

● 왜 정답일까?

갑은 맹자, 을은 노자이다.

맹자는 대인(大人)이 인(仁)에 머물고 의(義)를 따른다고 보았다. 노자는 성인(聖人)이 무위(無爲)의 이치를 본받아 자기를 내세우지 않기에 오히려 앞서게 된다고 보았으며, 도(道)에 따라 매사에 겸허(謙虛)하게 행동해야 한다고 주장하였다.

08 인간 배아 복제에 대한 입장   정답률 95% | 정답 ②

| 문제 보기 |

갑, 을의 입장으로 적절하지 <u>않은</u> 것은?

인간 배아는 고통을 느끼지 못하는 단순한 세포 덩어리에 불과하므로 도덕적 지위를 가질 수 없습니다. 따라서 인간 배아를 활용하여 난치병 치료 연구가 진행될 수 있도록 인간 배아 복제를 허용해야 합니다.

인간 배아는 고통을 느끼지 못하지만, 잠재적 인간이므로 도덕적 지위를 가집니다. 따라서 인간 배아를 활용한 난치병 치료 연구가 사회적 행복을 증진하더라도, 인간 배아 복제를 결코 허용해서는 안 됩니다.

① 갑: 인간 배아는 인간을 위한 수단으로 사용될 수 있다.
② 갑: 인간 배아는 잠재적 인간이므로 도덕적 지위를 가진다.
③ 을: 인간 배아를 단순한 세포 덩어리로 간주해서는 안 된다.
④ 을: 사회적 유용성을 근거로 인간 배아 복제를 허용해서는 안 된다.
⑤ 갑과 을: 인간 배아 복제는 난치병 치료 연구를 가능하게 한다.

• 왜 정답일까?

갑은 단순한 세포 덩어리에 불과한 인간 배아는 도덕적 지위를 가질 수 없기 때문에, 난치병 치료 연구가 진행될 수 있도록 인간 배아 복제가 허용되어야 한다고 본다. 반면 을은 잠재적 인간인 인간 배아는 도덕적 지위를 가지기 때문에, 인간 배아를 활용한 난치병 치료 연구가 사회적 행복을 증진하더라도 인간 배아 복제를 결코 허용해서는 안 된다고 본다.

09 분배 정의에 대한 롤스와 노직의 입장   정답률 55% | 정답 ④

| 문제 보기 |

갑, 을 사상가들의 입장으로 가장 적절한 것은? [3점]

갑: 무지의 베일은 원초적 입장에서 합의의 당사자들이 인간 사회의 일반적 사실을 제외한 특정 사실을 모르게 만든다. 원초적 입장에서 채택되는 정의의 두 원칙에 따라 권리와 의무가 할당되고 사회적 이득이 분배되어야 한다.
을: 무지의 베일에서는 분배적 정의에 관한 소유 권리적 개념이 산출될 수 없다. 한 분배가 정의로울 충분 조건은 그 분배하에서 모든 사람들이 취득과 이전에서의 정의의 원리에 의해 자신들이 소유하고 있는 것에 대한 소유 권리를 소유함이다.

① 갑: 차등의 원칙에 따른 분배는 모두에게 이익이 되지 않는다.
② 갑: 원초적 입장의 당사자는 자신과 타인의 이익에 무관심하다.
③ 을: 역사적이고 정형적인 원리에 따른 분배의 결과는 정의롭다.
④ 을: 과거의 상황은 사물에 대한 응분의 자격을 만드는 요인이다.
⑤ 갑과 을: 무지의 베일을 통해서만 정의로운 분배 원리가 산출된다.

• 왜 정답일까?

갑은 롤스, 을은 노직이다.
롤스는 원초적 입장의 당사자들은 합리적이고 상호 무관심한 사람들로, 이들이 무지의 베일을 쓴 상태에서 공정한 분배를 실현할 수 있는 정의의 원칙을 도출한다고 보았다.
노직은 취득과 이전의 절차가 정당하면 그 절차를 통해 얻은 소유물에 대해서는 개인이 절대적 소유 권리를 가진다고 보았다.

10 자연을 바라보는 다양한 입장   정답률 43% | 정답 ④

| 문제 보기 |

(가)의 사상가 갑, 을, 병의 입장을 (나) 그림으로 탐구하고자 할 때, A ~ D에 들어갈 적절한 질문만을 〈보기〉에서 고른 것은? [3점]

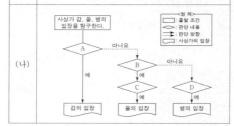
(가)
갑: 늙은 말이 오랫동안 수행한 봉사에 대한 감사마저도 간접적으로는 인간의 의무에 속한다. 동물에 관련한 감사의 정은 직접적으로 볼 때는 언제나 인간의 자기 자신에 대한 의무일 따름이다.
을: 기계는 목표 지향적 활동을 보이지만 독립적 존재로서 고유의 선을 지니지 않는다. 그러나 생명체는 고유의 선을 지니며, 우주의 다른 어떤 것과도 독립적으로 그들 자체가 목표 지향적 활동의 중심이다.
병: 동물도 고통의 상황에서 혈압이 오르고 동공이 팽창하는 등 인간의 신경계와 유사한 반응을 일으킨다. 이익 평등 고려의 원칙에 따라 동물이 느끼는 고통을 인간이 느끼는 고통과 동등하게 고려해야 한다.

〈 보 기 〉
ㄱ. A: 비이성적 개체를 해치는 행위가 정당화되는 경우가 있는가?
ㄴ. B: 쾌고 감수 능력이 없는 생명체도 도덕적 지위를 가지는가?
ㄷ. C: 목표 지향적 활동의 여부는 도덕적 고려의 유일한 기준인가?
ㄹ. D: 유정적 존재의 특성에 따라 도덕적 배려의 방법은 달라질 수 있는가?

① ㄱ, ㄴ   ② ㄱ, ㄷ   ③ ㄴ, ㄷ   ④ ㄴ, ㄹ   ⑤ ㄷ, ㄹ

• 왜 정답일까?

갑은 칸트, 을은 테일러, 병은 싱어이다.
칸트는 동물에 관련한 감사의 정은 인간의 자기 자신에 대한 의무일 따름이라고 보았다. 테일러는 목표 지향적 활동만을 보이는 기계와 달리 생명체는 그들 자체가 목표 지향적 활동의 중심이며, 고유의 선을 지닌다고 보았다. 싱어는 이익 평등 고려의 원칙에 따라 동물이 느끼는 고통을 인간이 느끼는 고통과 동등하게 고려해야 한다고 보았다.

11 직업 윤리에 대한 맹자와 순자의 입장   정답률 78% | 정답 ④

| 문제 보기 |

갑, 을 사상가들의 입장으로 적절한 것만을 〈보기〉에서 있는 대로 고른 것은? [3점]

갑: 백성은 안정된 생업[恒産]이 없으면 변함없는 마음[恒心]도 없다. 변함없는 마음이 없으면 방탕하게 된다. 현명한 군주는 백성의 생업을 마련해 줌으로써 백성을 죽음을 면한다.
을: 선왕(先王)은 예의(禮義)를 제정해 백성의 분계(分界)를 정함으로써 그들의 위험을 충족해 주고 필요했던 것을 공급해 주었다. 현명한 군주는 공평한 정치로 백성을 바로잡는다.

〈 보 기 〉
ㄱ. 갑: 통치자는 백성이 선한 마음을 발휘하도록 해야 한다.
ㄴ. 을: 사회적 직분은 백성의 선택에 의해 결정되어야 한다.
ㄷ. 을: 백성의 욕구는 예에 따라 제한적으로 충족되어야 한다.
ㄹ. 갑과 을: 통치자는 민생을 안정시키기 위해 노력해야 한다.

① ㄱ, ㄴ   ② ㄱ, ㄹ   ③ ㄴ, ㄷ
④ ㄱ, ㄷ, ㄹ   ⑤ ㄴ, ㄷ, ㄹ

• 왜 정답일까?

갑은 맹자, 을은 순자이다. 맹자는 통치자가 백성의 안정된 생업[恒産]을 보장하여 백성이 선한 마음을 발휘하도록 해야 한다고 보았다. 순자는 덕과 능력에 따라 사회적 직분이 결정되어야 한다고 보았으며, 백성의 욕구는 예에 따라 제한적으로 충족되어야 한다고 주장하였다. 한편 맹자와 순자는 모두 통치자가 민생을 안정시키기 위해 노력해야 한다고 보았다.

12 국제 관계에 대한 입장   정답률 81% | 정답 ③

| 문제 보기 |

(가), (나)의 입장으로 적절한 것만을 〈보기〉에서 고른 것은?

(가) 인간이 본성적으로 이성적인 것처럼 국가도 이성적이다. 하지만 잘못된 제도 등으로 인해 국제 분쟁이 발생한다. 이를 해결하려면 국제법이나 국제 규범을 통한 제도 개선이 필요하다.
(나) 인간이 본성적으로 이기적인 것처럼 국가도 이기적이다. 힘의 논리에 따르는 국가 간 권력 투쟁으로 인해 국제 분쟁이 발생한다. 이를 해결하려면 국가 간 세력 균형이 필요하다.

〈 보 기 〉
ㄱ. (가): 국제 분쟁의 해결 주체는 개별 국가에 한정되어야 한다.
ㄴ. (나): 다른 국가는 자국의 이익을 위협하는 잠재적 요소이다.
ㄷ. (가)와 (나): 국제 분쟁을 억지하기 위한 해결 방안은 존재한다.
ㄹ. (가)와 (나): 국제 분쟁은 제도적 결함보다 인간의 본성에서 유래한다.

① ㄱ, ㄴ   ② ㄱ, ㄷ   ③ ㄴ, ㄷ   ④ ㄴ, ㄹ   ⑤ ㄷ, ㄹ

• 왜 정답일까?

(가)는 이상주의, (나)는 현실주의 입장이다.
이상주의 입장은 국가들 사이의 분쟁이 잘못된 제도 등으로 인해 발생하므로 이를 해결하려면 제도 개선이 필요하다고 본다.
현실주의 입장은 국가들 사이의 분쟁이 힘의 논리에 따르는 권력 투쟁으로 인해 발생하므로 이를 해결하려면 국가 간 세력 균형이 필요하다고 본다.

13 시민 불복종에 대한 롤스의 입장   정답률 63% | 정답 ③

| 문제 보기 |

다음을 주장한 사상가의 입장으로 가장 적절한 것은? [3점]

시민 불복종은 거의 정의로운 사회에서 공동체의 정의감에 호소하는 정치적 행위로서 정의로운 체제를 유지하고 강화하는 데 도움이 된다. 그러나 똑같은 사정을 가진 많은 집단이 동일하게 시민 불복종을 행할 시 정의로운 체제의 효율성을 침해하게 될 극심한 무질서가 발생할 수 있다. 따라서 모든 사람들에게 불행한 결과를 가져오지 않기 위해 시민 불복종에 가담할 수 있는 범위에 한계가 있어야 한다.

① 시민 불복종의 목적은 부정의한 정치 체제를 변혁하는 것이다.
② 시민 불복종의 대상이 되는 법을 위반해야 할 의무는 절대적이다.
③ 시민 불복종을 시행하는 의도가 왜곡되는 상황이 초래될 수 있다.
④ 시민 불복종은 심각한 부정의가 있는 민주 사회에서 발생할 수 없다.
⑤ 시민 불복종은 다수가 믿는 종교적 교리를 근거로 이루어져야 한다.

• 왜 정답일까?

제시문은 롤스의 주장이다.
롤스는 시민 불복종이 공동체의 정의감에 호소하는 행위이며, 정의로운 체제를 유지하고 강화하는 데 도움이 된다고 보았다. 그러나 롤스는 시민 불복종의 시행 의도가 왜곡되는 상황이 초래될 수 있으므로 시민 불복종에 가담할 수 있는 범위에 한계가 있어야 한다고 주장하였다.

14 칸트와 매킨타이어의 입장   정답률 77% | 정답 ②

| 문제 보기 |

갑, 을 사상가들의 입장에서 〈문제 상황〉 속 A에게 제시할 조언으로 가장 적절한 것은?

갑: 의무는 인간의 실천 이성으로부터 도출된다. 어떤 행동이 진정한 도덕적 가치를 갖기 위해서는 아무런 경향성 없이, 오로지 의무로부터 비롯되어야 한다.
을: 도덕의 토대를 이성 위에 세우려는 시도는 실패할 것이다. 도덕적으로 행동하기 위해 인간은 덕을 발휘해야 한다. 덕은 삶의 서사적 통일성과 사회적 전통 내에서 획득될 수 있다.

〈문제 상황〉
고등학생 A는 인근에서 일어난 산불로 인해 많은 이재민이 발생했다는 뉴스를 보았다. 이에 A는 한정판 운동화 구매를 위해 모아 두었던 용돈을 도움이 절실한 이재민에게 기부할지 고민하고 있다.

① 갑: 쾌락 총량의 극대화 원칙을 토대로 기부 여부를 결정하세요.
② 갑: 이재민을 도와야 한다는 순수한 도덕적 동기에 따라 행동하세요.
③ 을: 공동체의 어려운 상황과 관계없이 보편적 도덕 원리를 따르세요.
④ 을: 기부 행위가 자신의 유덕한 품성 형성과 무관함을 명심하세요.
⑤ 갑과 을: 이성적 판단을 위해 이재민에 대한 동정심을 배제하세요.

• 왜 정답일까?

갑은 칸트, 을은 매킨타이어이다.

칸트는 도덕성을 판단할 때 행위의 결과보다 동기를 중시하면서 오로지 의무로부터 비롯된 행위만이 도덕적 가치를 지닌다고 보았다.

매킨타이어는 도덕성을 판단할 때 개인의 자유와 선택보다는 공동체의 전통과 역사를 더 중시해야 한다고 보았다.

따라서 〈문제 상황〉에서 칸트는 이재민에게 용돈을 기부할지 고민하고 있는 A에게 이재민을 도와야 한다는 순수한 도덕적 동기에 따라 행동하라고 조언할 것이다.

15 국가에 대한 홉스와 로크의 입장 정답률 45% | 정답 ②

| 문제 보기 |

(가)의 갑, 을 사상가들의 입장에서 서로에게 제기할 수 있는 비판을 (나) 그림으로 표현할 때, A, B에 해당하는 내용으로 가장 적절한 것은? [3점]

(가)	갑: 자연 상태는 전쟁 상태이므로 내 것과 네 것의 구별이 없다. 자연 상태에서 벗어나려면 우리가 지닌 모든 권력을 한 사람 혹은 하나의 합의체에 양도해야 한다. 을: 자연 상태에서는 공통된 재판관이 부재한다. 개인의 재산을 더욱 잘 보존하기 위해 각자는 자연법의 집행권을 포기하여 이것을 공동체의 수중에 양도해야 한다.

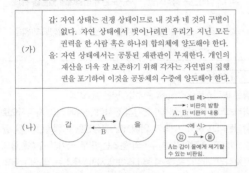

① A: 자연 상태에서는 공통의 권력이 존재하지 않음을 간과한다.
② A: 자연 상태에서 개인의 소유권이 존재하지 않음을 간과한다.
③ A: 시민의 안전 보장을 위해 국가 권력이 분립되어야 함을 간과한다.
④ B: 사회 계약에 참여한 당사자는 주권을 가질 수 없음을 간과한다.
⑤ B: 개인이 가진 모든 권리를 국가에 양도하는 것이 아님을 간과한다.

• 왜 정답일까?

갑은 홉스, 을은 로크이다.

홉스는 전쟁 상태인 자연 상태에서 벗어나기 위해 사람들이 계약을 통해 국가를 만들었고, 사회 계약의 목적을 달성하기 위해서는 군주에게 절대적인 권력을 부여해야 한다고 보았다.

로크는 공통된 재판관이 부재한 자연 상태에서 벗어나 개인의 재산을 더욱 잘 보존하기 위해 사람들이 계약을 통해 국가를 만들었고, 사회 계약의 목적을 달성하기 위해서는 국가 권력이 분립되어야 한다고 보았다.

한편 홉스는 로크와 달리 자연 상태에서 개인의 소유권은 존재하지 않는다고 주장하였다.

16 유행에 대한 지멜의 입장 정답률 90% | 정답 ⑤

| 문제 보기 |

그림의 강연자가 지지할 입장으로 적절한 것만을 〈보기〉에서 고른 것은? [3점]

유행은 일종의 모방으로 변화 속에서도 지속적인 것을 강조하는 인간의 성향에 부합하며, 사회에 대한 의존 욕구를 충족시킵니다. 동시에 유행은 지속적인 것 안에서 변화를 찾으려는 인간의 성향에도 부합하며, 차별화 욕구를 만족시킵니다. 이러한 유행은 계층으로 분화하는데, 언제나 상류층에서 발생하며 하류층은 그 유행을 자신의 것으로 동화시키려고 합니다. 그리고 어떤 유행이 사회 전체를 지배하게 되면, 상류층은 그것을 버리고 대중과 자신을 구분하기 위한 새로운 유행을 추구합니다.

〈 보기 〉
ㄱ. 어떤 계층이든 새로운 유행을 직접 창출할 수 있다.
ㄴ. 상류층에서 시작된 유행은 사회 전체로 확산될 수 없다.
ㄷ. 인간은 모방하려는 성향과 변화를 찾으려는 성향을 함께 지닌다.
ㄹ. 상류층은 유행을 통해 다른 계층과의 차별성을 드러내려고 한다.

① ㄱ, ㄴ ② ㄱ, ㄷ ③ ㄴ, ㄷ ④ ㄴ, ㄹ ⑤ ㄷ, ㄹ

• 왜 정답일까?

그림의 강연자는 지멜이다.

지멜은 인간이 모방하려는 성향과 변화를 찾으려는 성향을 함께 지닌다고 보았다. 또한 지멜은 유행이 언제나 상류층에서만 발생하며, 상류층은 유행을 통해 다른 계층과의 차별성을 드러내려 한다고 주장하였다.

17 해외 원조에 대한 롤스와 싱어의 입장 정답률 62% | 정답 ①

| 문제 보기 |

갑, 을 사상가들의 입장으로 가장 적절한 것은? [3점]

갑: 우리는 고통받는 사회가 질서 정연한 국제 사회의 구성원이 되도록 도와야 한다. 고통받는 사회의 정치적 부정의를 교정하기 위해서는 인권에 대한 강조가 필요하다. 을: 우리는 공리의 원리에 따라 절대 빈곤에 처한 사람을 도와야 한다. 단, 우리가 막으려는 절대 빈곤에 상당하는 도덕적으로 중요한 다른 일을 희생해서는 안 된다.

① 갑: 원조 주체는 원조 대상국에게 인권의 존중을 요구할 수 있다.
② 갑: 인권이 보장되지 않는 모든 국가는 원조의 대상이 되어야 한다.
③ 을: 원조 여부를 결정할 때 원조 주체의 이익을 고려해서는 안 된다.
④ 을: 원조의 우선순위는 원조 주체와의 인종적 친화성에 달려 있다.
⑤ 갑과 을: 고통받는 사람들의 복지 향상이 원조의 직접적 목표이다.

• 왜 정답일까?

갑은 롤스, 을은 싱어이다.

롤스는 고통받는 사회가 질서 정연한 국제 사회의 구성원이 되도록 돕는 것을 원조의 목적이라고 보았고, 원조 주체가 원조 대상국에게 인권의 존중을 요구할 수 있다고 주장하였다.

싱어는 공리주의 입장에서 인류 전체의 고통을 감소시키는 것을 원조의 목적이라고 보았고, 이를 위해 절대 빈곤에 처한 사람을 도와야 한다고 주장하였다.

18 성(性)에 대한 입장 정답률 79% | 정답 ④

| 문제 보기 |

(가)의 입장에 비해 (나)의 입장이 갖는 상대적 특징을 그림의 ㉠∼㉣ 중에서 고른 것은?

(가) 쾌락 그 자체를 위한 성(性)은 부도덕하지 않다. 성의 주된 목적은 쾌락 추구이기 때문이다. 따라서 성의 쾌락 추구를 위한 성을 결혼과 출산으로 제약하는 것은 부당하다.
(나) 쾌락 그 자체를 위한 성은 부도덕하다. 성의 주된 목적은 사회 구성원의 재생산이기 때문이다. 따라서 성은 결혼과 출산이 전제될 때에만 정당하다.

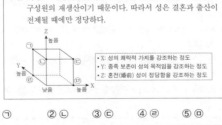

X: 성의 쾌락적 가치를 강조하는 정도
Y: 종족 보존이 성의 목적임을 강조하는 정도
Z: 혼전(婚前) 성이 정당함을 강조하는 정도

① ㉠ ② ㉡ ③ ㉢ ④ ㉣ ⑤ ㉤

• 왜 정답일까?

(가)는 자유주의, (나)는 보수주의 입장이다.

(가)의 입장에 비해 (나)의 입장은 상대적으로 '성의 쾌락적 가치를 강조하는 정도(X)'는 낮고, '종족 보존이 성의 목적임을 강조하는 정도(Y)'는 높고, '혼전(婚前) 성이 정당함을 강조하는 정도(Z)'는 낮다.

19 죽음에 대한 입장 정답률 71% | 정답 ③

| 문제 보기 |

갑, 을 사상가들의 입장으로 적절한 것만을 〈보기〉에서 있는 대로 고른 것은? [3점]

갑: 성인(聖人)은 모두가 그대로 존재하는 곳에서 자유롭게 노닌다 [逍遙遊]. 그러므로 성인은 일찍 죽어도 좋고, 늙어 죽어도 좋고, 태어나도 좋고, 죽어도 좋다고 생각한다. 을: 죽음은 우리에게 아무것도 아니다. 해체된 것은 감각이 없고, 감각이 없는 것은 아무것도 아니기 때문이다. 이를 깨닫게 될 때, 불멸에 대한 갈망이 제거되어 즐거운 삶을 살 수 있다.

〈 보기 〉
ㄱ. 갑: 삶은 좋아함으로 죽음은 싫어함으로 분별된다.
ㄴ. 을: 죽음 이후에 소멸하는 것은 영혼이 아닌 육체이다.
ㄷ. 을: 죽음을 예상하여 미리 고통스러워할 필요는 없다.
ㄹ. 갑과 을: 죽음을 올바르게 인식하면 불멸에 대한 욕구에 얽매이지 않게 된다.

① ㄱ, ㄴ ② ㄱ, ㄷ ③ ㄷ, ㄹ
④ ㄱ, ㄴ, ㄹ ⑤ ㄴ, ㄷ, ㄹ

• 왜 정답일까?

갑은 장자, 을은 에피쿠로스이다.

장자는 삶과 죽음을 서로 연결된 자연의 순환 과정으로 보았다.

에피쿠로스는 죽음이 인간을 구성하던 원자가 흩어져 개별 원자로 돌아가는 것이라고 보았다. 한편 장자와 에피쿠로스는 모두 죽음을 올바르게 인식하면 불멸에 대한 욕구에 얽매이지 않게 된다고 주장하였다.

20 정보 사회의 윤리적 문제에 대한 입장 정답률 82% | 정답 ⑤

| 문제 보기 |

다음 토론의 핵심 쟁점으로 가장 적절한 것은?

갑: 최근 1분 내외의 짧은 영상을 일컫는 숏폼 콘텐츠가 유행하고 있습니다. 그런데 일부 숏폼 콘텐츠는 청소년들에게 유해하여 사회적인 문제가 되고 있습니다.
을: 동의합니다. 이러한 문제를 해결하기 위해서는 유해한 숏폼 콘텐츠 제작자에 대한 벌금 부과나 영상 제작 제한 등의 법적 규제가 이루어져야 합니다.
갑: 아닙니다. 법적 규제는 다양한 숏폼 콘텐츠 제작을 위축시키므로 시행하면 안 됩니다. 숏폼 콘텐츠의 유해성 문제는 제작자의 양심에 따라 자율적으로 규제해야 합니다.
을: 자율적 규제만으로는 강제력이 없어서 실효성이 약합니다. 다양한 숏폼 콘텐츠 제작이 위축될 수 있겠지만, 효과적인 문제 해결을 위해서는 법적 규제도 반드시 병행되어야 합니다.

① 유해한 숏폼 콘텐츠는 자율적 규제의 대상인가?
② 모든 숏폼 콘텐츠는 청소년들에게 해를 끼치는가?
③ 숏폼 콘텐츠의 유해성 문제에 대한 자율적 규제는 실효성이 있는가?
④ 영상 제작의 법적 제한은 숏폼 콘텐츠 제작을 위축시킬 수 있는가?
⑤ 유해한 숏폼 콘텐츠 제작자에 대한 법적 규제를 시행해야 하는가?

• 왜 정답일까?

갑은 일부 숏폼 콘텐츠의 유해성 문제를 해결하려면 유해한 숏폼 콘텐츠 제작자에 대한 법적 규제가 아닌 숏폼 콘텐츠 제작자의 자율적 규제가 필요하다고 본다.

반면 을은 자율적 규제뿐만 아니라 법적 규제가 시행되어야 해당 문제를 효과적으로 해결할 수 있다고 본다.

01 ⑤	02 ④	03 ②	04 ⑤	05 ④
06 ②	07 ②	08 ①	09 ④	10 ③
11 ③	12 ③	13 ⑤	14 ①	15 ①
16 ⑤	17 ③	18 ④	19 ②	20 ④

채점
결과
· 실제 걸린 시간 :   분   초
· 맞은 문항수 :   개
· 틀린 문항수 :   개
· 헷갈린 문항 :

01 메타 윤리학과 실천 윤리학 정답률 82% | 정답 ⑤

| 문제 보기 |

⊙에 들어갈 진술로 가장 적절한 것은?

윤리학은 도덕적인 논의에 사용되는 도덕적 언어의 의미를 분석하고, 도덕적 추론의 타당성을 검증하는 데 주력해야 한다. 그런데 어떤 윤리학자는 윤리학이 실제 삶에서 제기되는 도덕 문제의 해결을 위해 도덕 원리를 응용하여 구체적인 행위의 지침을 제공하는 데 주력해야 한다고 주장한다. 내가 보기에 이러한 주장은 윤리학이 ⊙ 고 생각한다.

① 진화의 측면에서 도덕성을 설명하는 데 주력해야 함을 간과한다
② 도덕 현상의 객관적인 서술을 주된 과제로 삼아야 함을 간과한다
③ 현실에 적용할 수 있는 실천적 도덕규범을 연구해야 함을 간과한다
④ 도덕적 행위를 위한 보편적인 도덕 원리를 제시해야 함을 간과한다
⑤ 도덕 명제에 대한 분석적 접근을 핵심 과제로 삼아야 함을 간과한다

• 왜 정답일까?

제시문의 '나'는 메타 윤리학을 지지하는 입장, '어떤 윤리학자'는 실천 윤리학을 지지하는 입장이다.
메타 윤리학은 도덕 명제에 대한 분석적 접근을 핵심 과제로 삼아야 한다고 본다. 실천 윤리학은 현실에 적용할 수 있는 실천적 도덕규범 연구를 핵심 과제로 삼아야 한다고 본다.

02 성에 대한 자유주의와 보수주의 입장 정답률 84% | 정답 ④

| 문제 보기 |

갑, 을의 입장으로 가장 적절한 것은?

갑: 성(性)은 본질적으로 즐거움 그 자체를 추구하는 것이다. 성은 자발적인 동의를 바탕으로 해악 금지의 원칙을 준수하는 한에서 이루어지는 즐거운 경험이다.
을: 성의 자연적 목적은 출산이다. 사랑하는 남녀가 결혼이라는 사회적 제도의 승인을 거쳐서 출산을 의도하여 행하는 성만이 도덕적으로 정당하다.

① 갑: 성의 쾌락적인 욕구보다 생식적인 욕구가 중시되어야 한다.
② 갑: 성은 어떠한 도덕적 제약 없이 자유 의지에 따라 행해져야 한다.
③ 을: 사랑을 확인하기 위한 남녀 사이의 성은 언제나 도덕적이다.
④ 을: 혼전 성은 출산이 전제되더라도 도덕적으로 정당화될 수 없다.
⑤ 갑과 을: 서로 사랑하는 것은 성이 도덕적이기 위한 필수 조건이다.

• 왜 정답일까?

갑은 성에 대한 자유주의, 을은 보수주의를 지지하고 있는 입장이다.
자유주의 입장에 따르면 성은 본질적으로 쾌락 그 자체를 추구하는 것으로, 상호 간의 자발적 동의에 따라 해악 금지의 원칙을 준수할 때 도덕적으로 정당화될 수 있다. 보수주의 입장에 따르면 성은 사랑하는 부부가 출산을 의도하여 행해질 때에만 도덕

적으로 정당화될 수 있다. 따라서 혼전 성은 도덕적으로 정당화될 수 없다.

03 시민 불복종에 대한 롤스의 입장 정답률 53% | 정답 ②

| 문제 보기 |

다음을 주장한 사상가의 입장만을 〈보기〉에서 있는 대로 고른 것은? [3점]

시민 불복종은 헌법과 사회 제도 일반을 규제하는 정의의 원칙들에 의해 지도되는 행위이다. 시민 불복종의 근거는 개인이나 집단의 이익에만 기초할 수 없다. 그 대신 시민 불복종은 정치적인 질서의 바탕에 깔려 있는, 공유하고 있는 정의관에 의거하게 된다.

〈보기〉
ㄱ. 시민 불복종은 다수자의 정의감에 호소하는 행위이다.
ㄴ. 시민 불복종은 그 자체로 입헌 체제를 위협하는 행위이다.
ㄷ. 헌법을 규제하는 원칙은 시민 불복종의 대상에서 제외된다.
ㄹ. 종교적 교설은 시민 불복종을 정당화하는 근거가 될 수 있다.

① ㄱ, ㄴ ② ㄱ, ㄷ ③ ㄴ, ㄹ
④ ㄱ, ㄷ, ㄹ ⑤ ㄴ, ㄷ, ㄹ

• 왜 정답일까?

제시문은 롤스의 주장이다.
롤스는 시민 불복종이 다수자의 정의감에 호소하는 행위이며, 입헌 체제를 안정시키는 방도라고 보았다. 이러한 시민 불복종은 종교적 교설에 근거해서는 안 되며, 정부의 법이나 정책이 평등한 자유의 원칙이나 공정한 기회균등의 원칙을 심각하게 위배했을 경우에 이루어져야 한다고 보았다.

04 하버마스의 담론 윤리 정답률 96% | 정답 ⑤

| 문제 보기 |

다음 가상 대담의 사상가가 지지할 주장으로 적절하지 않은 것은?

① 윤리 문제를 해결하기 위해 의사소통의 합리성을 발휘해야 한다.
② 담론의 과정에서 상대방을 자신과 동등한 주체로 인정해야 한다.
③ 사실에 부합하는 내용을 진술하고 상대방을 기만하지 말아야 한다.
④ 논증적인 토론 과정에서 자신의 주장에 대한 근거를 제시해야 한다.
⑤ 합의를 위해 상대방이 거부할 수 있는 내용은 말하지 않아야 한다.

• 왜 정답일까?

가상 대담의 사상가는 하버마스이다.
하버마스는 담론 윤리를 통해 서로 이해하여 합의를 이루어 나가는 과정을 중시하였다. 이를 위해 그는 모든 담론 참여자가 진실성을 가지고 평등하게 담론에 참여하여 자유롭게 자신의 의견을 제시해야 한다고 주장하였다.

05 국가에 대한 입장 정답률 68% | 정답 ④

| 문제 보기 |

(가)의 갑, 을, 병 사상가들의 입장에서 서로에게 제기할 수 있는 비판을 (나) 그림으로 표현할 때, A ~ F에 해당하는 내용으로 가장 적절한 것은? [3점]

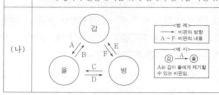

(가)	갑: 국가는 자연적이고, 개인에 앞선다. 각 개인은 국가 없이는 자신의 본성을 실현할 수 없다. 공동의 일을 함께 나눌 수 없는 자는 인간 이하의 존재이다.
	을: 국가는 일반 의지의 지도에 따라 형성된다. 각자는 자신의 모든 힘을 국가에 양도하며, 국가는 완전한 공동의 힘으로 구성원의 신체와 재산을 보호한다.
	병: 국가는 전쟁 상태인 자연 상태에서 벗어나기 위해 다수 간의 상호 계약을 통해 형성된다. 통치자는 공공의 평화와 안전 유지를 위해 절대적 권력을 지닌다.

① A: 국가는 모든 구성원의 동의에 의해 형성된다는 점을 간과한다.
② B, E: 국가 안에서만 구성원들은 행복을 실현할 수 있음을 간과한다.
③ C: 자연 상태에서의 인간도 자기 보존의 욕구를 가지고 있음을 간과한다.
④ D: 입법권은 통치자만이 아닌 모든 구성원에게 있음을 간과한다.
⑤ F: 국가 권위에 복종할 의무는 자연적으로 발생되지 않음을 간과한다.

• 왜 정답일까?

갑은 아리스토텔레스, 을은 루소, 병은 홉스이다.
아리스토텔레스는 국가가 인간의 정치적 본성에 따라 자연적으로 형성된다고 보았고, 국가 안에서만 구성원들은 행복한 삶을 살 수 있다고 주장하였다. 루소와 홉스는 모두 국가가 구성원들의 자발적인 계약으로 형성된다고 보았지만, 루소는 홉스와 달리 입법권은 통치자만이 아니라 모든 구성원에게 있다고 주장하였다.

06 현대 기술에 대한 하이데거의 입장 정답률 47% | 정답 ②

| 문제 보기 |

다음을 주장한 사상가가 긍정의 대답을 할 질문으로 적절한 것만을 〈보기〉에서 있는 대로 고른 것은? [3점]

탈은폐의 방식에 완전히 제압된 현대 기술은 자연에게 에너지를 내놓으라고 무리하게 닦달한다. 그리하여 자연은 현대 기술에 의해 쓸모 있는 부품으로 환원된다. 인간은 현대 기술로부터 자연에 숨겨져 있는 에너지를 채굴하여 변형시키고 저장하라는 도발적 요청을 받고 있으며, 그렇게 주문받는 대로 행동하여 현대 기술의 근원적인 부품으로 전락한다. 인간이 현대 기술의 종속에서 벗어나려면 기술에 대해 숙고해야 한다.

〈보기〉
ㄱ. 인간은 현대 기술의 부품으로 환원될 수 있는가?
ㄴ. 인간은 현대 기술의 영향력으로부터 자유로운가?
ㄷ. 현대 기술은 인간이 성찰해야 할 가치판단의 대상인가?
ㄹ. 현대 기술은 에너지를 얻기 위해 자연을 은폐시키는가?

① ㄱ, ㄴ ② ㄱ, ㄷ ③ ㄴ, ㄹ
④ ㄱ, ㄷ, ㄹ ⑤ ㄴ, ㄷ, ㄹ

• 왜 정답일까?

제시문은 하이데거의 주장이다.
하이데거는 탈은폐의 방식에 완전히 제압된 현대 기술은 자연에게 에너지를 내놓으라고 무리하게 닦달한다고 보았다. 그리고 인간은 현대 기술의 도발적 요청대로 행동하여 현대 기술의 근원적인 부품으로 전락한다고 보았다. 이에 하이데거는 인간이 현대 기술을 가치판단의 대상으로 삼아 성찰해야 한다고 주장하였다.

07 맹자와 노자의 입장 정답률 80% | 정답 ②

| 문제 보기 |

갑, 을 사상가들의 입장으로 가장 적절한 것은?

갑: 군자(君子)가 남들과 다른 까닭은 인(仁)과 예(禮)로써 타고난 선한 마음을 보존하기 때문이다. 이 마음을 기르는 방법으로 욕망을 적게 하는 것[寡欲]보다 더 좋은 것은 없다.
을: 최고의 훌륭한 덕은 물과 같다[上善若水]. 물은 만물을 이롭게 하지만 다투지 않고, 주로 사람들이 싫어하는 곳에 처한다. 물과 같은 이런 덕(德)을 가진 사람을 성인(聖人)이라고 한다.

① 갑: 사단(四端)을 확충하여 본성을 변화시켜야 한다.
② 갑: 군자가 되기 위해서 사욕(私慾)을 극복해야 한다.
③ 을: 다수의 관점에 따라서 시비(是非)를 가려야 한다.
④ 을: 분별적 지식을 쌓아 부쟁(不爭)의 덕을 길러야 한다.
⑤ 갑과 을: 이상적 인간이 되려면 예법(禮法)을 익혀야 한다.

• 왜 정답일까?

갑은 맹자, 을은 노자이다.
맹자는 군자(君子)가 남들과 다른 까닭이 사욕(私慾)을 극복하여 인(仁)과 예(禮)로써 타고난 선한 마음을 보존하기 때문이라고 보았다. 노자는 물과 같은 부쟁(不爭)과 겸허(謙虛)의 덕을 지닌 사람을 성인(聖人)이라고 보았다.

08 죽음에 대한 입장 정답률 93% | 정답 ①

| 문제 보기 |

갑, 을 사상가들의 공통된 입장만을 〈보기〉에서 고른 것은?
[3점]

갑: 죽음은 중생들이 되풀이하며 받은 몸에 온기가 없어지고 오온(五蘊)이 흩어지는 것이다. 누구든 죽고 나면 나쁜 업(業)을 지은 존재는 지옥에 떨어지고 선을 행한 존재는 천상에 오르며 도(道)를 닦아 익힌 존재는 번뇌가 다해 열반에 든다.
을: 죽음은 우리에게 아무것도 아니다. 좋은 것과 나쁜 것은 모두 감각에 달려 있지만, 원자들로 구성된 영혼이 죽음에 의해 흩어지면 감각을 잃게 되기 때문이다. 죽음에 대한 올바른 인식은 우리에게 불멸에 대한 갈망을 제거해 준다.

〈보기〉
ㄱ. 죽음이 영원히 오지 않기를 바라는 집착을 버려야 한다.
ㄴ. 죽음으로 인해 인간을 구성하고 있던 요소들이 해체된다.
ㄷ. 죽음은 경험 가능한 고통으로로 두려워해야 한다.
ㄹ. 죽음 이후에 모든 존재가 다시 태어나는 것은 필연적 현상이다.

① ㄱ, ㄴ ② ㄱ, ㄷ ③ ㄴ, ㄷ ④ ㄴ, ㄹ ⑤ ㄷ, ㄹ

• 왜 정답일까?

갑은 석가모니, 을은 에피쿠로스이다.
석가모니는 죽음을 오온(五蘊)이 흩어지는 것으로 보았다. 에피쿠로스는 죽음을 원자들로 구성된 영혼이 흩어져 감각을 잃게 되는 것으로 보았다. 한편 석가모니와 에피쿠로스는 모두 죽음이 영원히 오지 않기를 바라는 집착을 버려야 한다고 주장하였다.

09 인공 임신 중절에 대한 입장 정답률 85% | 정답 ④

| 문제 보기 |

갑, 을의 입장으로 적절한 것만을 〈보기〉에서 고른 것은?

갑: 합리적인 존재는 도덕적 지위를 지니므로 죽임을 당하지 않을 권리를 갖습니다. 그리고 잠재적으로 합리적인 존재를 실제적으로 합리적인 존재와 동등하게 대우해야 합니다. 태아는 잠재적으로 합리적인 존재이므로 인공 임신 중절은 허용될 수 없습니다.

을: 실제적으로 합리적인 존재가 도덕적 지위를 지니지 않을 권리를 갖는다는 점에는 동의합니다. 하지만 잠재적으로 합리적인 존재를 실제적으로 합리적인 존재로 보아서는 안 됩니다. 태아는 잠재적으로 합리적인 존재에 불과하므로 인공 임신 중절은 허용될 수 있습니다.

〈보기〉
ㄱ. 갑: 여성의 인공 임신 중절 권리는 태아의 생명권보다 우선한다.
ㄴ. 갑: 태아의 생명권과 성인의 생명권을 동등하게 고려해야 한다.
ㄷ. 을: 잠재적으로 합리적인 존재인 태아는 도덕적 지위를 지닌다.
ㄹ. 갑과 을: 도덕적 지위를 지닌 존재의 생명을 해쳐서는 안 된다.

① ㄱ, ㄴ ② ㄱ, ㄷ ③ ㄴ, ㄷ ④ ㄴ, ㄹ ⑤ ㄷ, ㄹ

• 왜 정답일까?

갑은 잠재적으로 합리적인 존재인 태아와 실제적으로 합리적인 존재인 성인을 동등하게 대우해야 하므로, 인공 임신 중절은 허용될 수 없다고 주장한다. 반면 을은 태아가 실제적으로 합리적인 존재는 아니므로 인공 임신 중절은 허용될 수 있다고 주장한다.

10 형벌에 대한 입장 정답률 79% | 정답 ③

| 문제 보기 |

(가)의 갑, 을, 병 사상가들의 입장을 (나) 그림으로 탐구하고자 할 때, A~D에 들어갈 적절한 질문만을 〈보기〉에서 있는 대로 고른 것은? [3점]

[문제편 p.034]

갑: 인간은 장기간 반복되는 지루함과 비참함을 이겨낼 만한 탄력성을 갖고 있지 않다. 그러므로 사형보다 종신 노역형이 구경꾼에게 더 큰 공포를 안겨 준다.
을: 사형을 당하는 자는 시민이 아니라 적으로서 죽는다. 그는 스스로 사회 계약을 파기했으므로 국가 구성원이 아니라는 사실이 소송과 재판으로 입증되고 선고된다.
병: 재판관의 사형 선고는 엄격한 보복법에 따라 내려진다. 살인을 했거나 그것을 명했거나 그에 협력했던 살인자는 누구든 사형에 처해지지 않으면 안 된다.

(가)

(나)
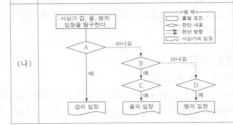

〈보기〉
ㄱ. A: 국가가 사형제를 채택하는 것은 공적 정의에 부합하는가?
ㄴ. B: 사형은 시민의 생명을 보존하는 수단으로 행해져야 하는가?
ㄷ. C: 살인범은 국가에서 추방되거나 사형에 처해져야 하는가?
ㄹ. D: 살인을 직접 저지른 사람만이 사형 선고의 대상이 되는가?

① ㄱ, ㄴ ② ㄱ, ㄹ ③ ㄴ, ㄷ
④ ㄱ, ㄷ, ㄹ ⑤ ㄴ, ㄷ, ㄹ

• 왜 정답일까?

갑은 베카리아, 을은 루소, 병은 칸트이다. 베카리아는 종신 노역형이 사형보다 범죄 예방의 효과가 더 크다고 주장하였다. 루소는 살인범이 사회 계약을 스스로 파기했으므로 국가에서 추방되거나 사형에 처해져야 한다고 보았다. 칸트는 엄격한 보복법에 따라 살인을 했거나 살인을 명했거나 살인에 협력했던 살인자는 누구든 사형을 선고받고 사형에 처해져야 한다고 주장하였다.

11 음식 윤리에 대한 입장 정답률 79% | 정답 ③

| 문제 보기 |

그림의 강연자의 입장으로 적절하지 않은 것은?

승려가 '발우'라는 그릇에 음식을 담아 식사하는 행위를 '발우공양'이라고 하는데, 이는 단지 허기를 달래고 몸을 살리는 행위가 아닙니다. '발우공양'에 참여하면 나이와 상관없이 같은 장소에서 같은 음식을 공평하게 나누어 먹고, 남기지 않아야 하기 때문에 환경까지 고려하게 됩니다. 그리고 해와 바람, 흙과 물 등 자연의 은혜와 수많은 사람의 노고 없이는 우리 입에 들어올 수 있는 음식은 아무것도 없다는 것을 깨닫게 됩니다. 또한 식사를 매개로 소유에 대한 탐욕을 버리는 연습도 하게 됩니다.

① 음식을 먹는 행위를 통해 평등함을 실천할 수 있다.
② 음식을 먹으며 생존에 대한 욕구를 충족할 수 있다.
③ 음식을 통해 만물이 상호 독립적이라는 것을 깨달을 수 있다.
④ 음식을 남기지 않는 행위를 함으로써 환경 오염을 줄일 수 있다.
⑤ 음식을 먹는 행위로 소유에 대한 집착을 버리는 수행을 할 수 있다.

• 왜 정답일까?

그림의 강연자는 '발우공양'의 참여를 통해 음식을 먹는 행위가 생존에 대한 욕구를 충족할 수 있는 수단만이 아니라, 소유에 대한 집착을 버리는 수행이 될 수 있다고 주장한다. 또한 음식을 통해 만물이 상호 의존적이라는 것을 깨달을 수 있다고 본다.

12 분배 정의에 대한 입장 정답률 51% | 정답 ③

| 문제 보기 |

갑, 을 사상가들의 입장으로 적절하지 않은 것은? [3점]

갑: 재산 소유 민주주의가 실현된 국가는 부(富) 및 자본 소유의 분산을 시도한다. 이것은 원초적 입장에서 채택되는 정의의 두 원칙을 배경으로 이루어진다.
을: 최소 국가는 정당화될 수 있는 가장 포괄적인 국가이다. 이보다 더 포괄적인 국가는 개인들의 권리를 침해한다. 따라서 국가는 시민들에게 특정한 선(善)을 강요해서는 안 된다.

① 갑: 재능과 동기가 유사하다면 성공의 전망도 유사해야 한다.
② 갑: 원초적 입장의 당사자는 모두에게 이익이 되는 원칙에 합의한다.
③ 을: 부정의 교정을 위한 국가의 개입은 개인의 소유 권리를 침해한다.

---

④ 을: 사회에 유용한 정도를 기준으로 이루어지는 분배는 부정의하다.
⑤ 갑과 을: 국가는 재산에 대한 사적 소유권을 평등하게 보장해야 한다.

• 왜 정답일까?

갑은 롤스, 을은 노직이다.
롤스는 재산 소유 민주주의가 원초적 입장에서 채택된 정의의 두 원칙을 배경으로 이루어진다고 보았다. 롤스에 따르면 정의의 두 원칙은 모두에게 이익이 되는 원칙이다. 노직은 최소 국가가 개인의 권리를 보호하는 역할을 수행해야 한다고 보았다. 노직에 따르면 부정의 교정을 위한 국가의 개입은 허용될 수 있다.

13 종교에 대한 엘리아데의 입장 정답률 56% | 정답 ⑤

| 문제 보기 |

다음을 주장한 사상가의 입장에만 모두 '√'를 표시한 학생은? [3점]

종교적 인간은 그가 처해 있는 역사적 맥락이 어떠하든지 간에 항상 이 세계를 초월한다. 동시에 이 세계 안에는 성스러운 것, 즉 절대적 실재가 있다고 항상 믿는다. 반면에 비종교적 인간은 자신만이 유일한 역사의 주체이며 행위자라고 간주하며, 초월적인 모든 것을 거부한다. 그럼에도 비종교적 인간의 대부분은 비록 의식하지 못하더라도 여전히 종교적으로 행동하고 있다.

입장 \ 학생	갑	을	병	정	무
종교적 인간은 세계 그 자체를 성(聖)으로 간주한다.	√	√		√	
종교적 인간에게 어떤 사물은 성현(聖顯)이 될 수 있다.		√	√		√
비종교적 인간은 종교의 속박에서 벗어날 때 자유롭다고 믿는다.			√	√	
비종교적 인간이라도 종교적 의례나 신화에 영향을 받을 수 있다.				√	√

① 갑 ② 을 ③ 병 ④ 정 ⑤ 무

• 왜 정답일까?

제시문은 엘리아데의 주장이다.
엘리아데는 종교적 인간이 세계 그 자체를 성(聖)으로 간주하지는 않지만, 종교적 인간에게 어떤 사물은 성현(聖顯)이 될 수 있다고 보았다. 엘리아데는 비종교적 인간이 종교적인 것을 거부하지만, 그들은 여전히 종교적으로 행동하고 있다고 주장하였다.

14 직업 윤리에 대한 입장 정답률 67% | 정답 ①

| 문제 보기 |

갑, 을 사상가들 모두가 긍정의 대답을 할 질문만을 〈보기〉에서 있는 대로 고른 것은?

갑: 성향상 장인(匠人)인 사람이 우쭐해져서 전사의 부류로 이행하려 들거나, 혹은 전사들 중의 어떤 이들이 그럴 자격도 없으면서, 숙의 결정하며 수호하는 부류로 이행하려 든다면 이들의 참견은 나라에 파멸을 가져다 준다.
을: 한 사람의 몸으로 여러 장인이 하는 일을 고루 갖추어 반드시 자신이 모든 물건을 스스로 만든 다음에야 이를 사용한다면, 이것은 천하의 사람들을 모두 길바닥에 내앉게 만드는 일이다. 대인(大人)의 일이 있고 소인(小人)의 일이 있다.

〈보기〉
ㄱ. 나라가 올바르게 다스려지려면 통치자에게 덕이 요구되는가?
ㄴ. 계층 간의 자유로운 역할 교환은 공동체 발전을 저해하는가?
ㄷ. 장인의 재산 소유가 금지될 때 정치에서의 이상이 실현되는가?
ㄹ. 사회적 신분은 개인의 능력과 선택을 존중해 정해져야 하는가?

① ㄱ, ㄴ ② ㄱ, ㄷ ③ ㄷ, ㄹ
④ ㄱ, ㄴ, ㄷ ⑤ ㄴ, ㄷ, ㄹ

• 왜 정답일까?

갑은 플라톤, 을은 맹자이다. 플라톤과 맹자는 모두 나라가 올바르게 다스려지려면 통치자에게 덕이 요구된다고 보았으며, 계층 간의 자유로운 역할 교환은 공동체 발전을 저해한다고 주장하였다.

15 자연을 바라보는 다양한 입장 정답률 29% | 정답 ①

| 문제 보기 |

(가)의 갑, 을, 병 사상가들의 입장을 (나) 그림으로 표현할 때, A~E에 해당하는 진술로 가장 적절한 것은? [3점]

(가)	갑: 무생물이나 동물에 대한 파괴는 인간의 의무와 대립한다. 그런 행위는 도덕성을 촉진하는 인간 안의 감정을 약화시키기 때문이다. 을: 인간은 고통과 즐거움을 느낄 수 있는 존재의 이익을 고려해야 한다. 타자의 이익을 고려할 때 감각이 유일하게 옹호 가능한 경계선이다. 병: 모든 생명체는 각각 자신의 방식으로 고유의 선을 추구하는 유일한 개체이다. 인간은 다른 생명체보다 본질적으로 우월하지 않다.
(나)	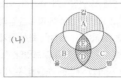 〈범례〉 A: 갑만의 입장 B: 을만의 입장 C: 병만의 입장 D: 을과 병만의 공통 입장 E: 갑, 을, 병의 공통 입장

① A: 인간은 인간에 대한 의무 외에 어떤 존재에 대한 의무도 가질 수 없다.
② B: 도덕적 행위 주체가 아닌 존재도 도덕적 지위를 지닐 수 있다.
③ C: 감각 능력이 없는 개체들은 도덕적으로 고려될 필요가 없다.
④ D: 인간을 위한 자원으로 동물을 활용하는 것은 금지되어야 한다.
⑤ E: 도덕적 고려의 대상이 아닌 존재는 어떠한 가치도 지닐 수 없다.

왜 정답일까?

갑은 칸트, 을은 싱어, 병은 테일러이다.
칸트는 인간이 갖고 있는 다른 존재와 관련된 의무를 다른 존재에 대한 의무로 혼동해서는 안 된다고 보고, 인간은 인간에 대한 의무 외에 어떤 존재에 대한 의무도 갖지 않는다고 주장하였다.
싱어는 '이익 평등 고려의 원칙'을 제시하며, 쾌고 감수 능력을 지닌 존재는 도덕적 지위를 지닌다고 주장하였다.
테일러는 모든 생명체가 내재적 존엄성을 지니므로 모든 생명체를 도덕적으로 고려해야 한다고 주장하였다.

---

16 정보 사회에서 필요한 윤리적 자세 정답률 95% | 정답 ⑤

| 문제 보기 |

다음 학급 게시 자료의 ㉠에 들어갈 내용으로 가장 적절한 것은?

> 학급 게시 자료   정보 윤리 교육
>
> **추천 알고리즘의 두 얼굴, 편리와 편향**
>
> 최근 SNS나 동영상 플랫폼 등에서 추천 알고리즘이 널리 쓰이고 있다. 추천 알고리즘은 데이터에 근거해 개인의 성향을 반영한 정보를 위주로 다양한 정보들을 추천해 준다. 이러한 추천 알고리즘은 검색의 수고를 덜어 주고 생활에 편리를 더해 준다. 하지만 추천 알고리즘은 개인의 성향에 부합하는 정보를 주로 접하게 하여 정보 수용자를 편향된 정보 속에 갇히게 만들 수도 있다. 따라서 정보 수용자가 편향된 정보 속에 갇히지 않기 위해서는 _____㉠_____

① 자신의 성향과 관련이 없는 정보를 배제해야 한다.
② 추천된 모든 정보가 객관적이라는 믿음을 가져야 한다.
③ 자신에게 편리를 주지 않는 정보를 전적으로 무시해야 한다.
④ 매체 이용을 금지하여 정보에 대한 접근 기회를 차단해야 한다.
⑤ 비판적 사고능력을 길러 다양한 정보를 올바르게 평가해야 한다.

왜 정답일까?

학급 게시 자료에서는 추천 알고리즘이 정보 수용자에게 편리를 제공하지만 편향된 정보에 갇히게 만들 수 있음을 강조하고 있다. 따라서 ㉠에는 비판적 사고능력을 길러 다양한 정보를 올바르게 평가해야 한다는 내용이 들어가야 적절하다.

---

17 평화에 대한 칸트와 갈퉁의 입장 정답률 83% | 정답 ④

| 문제 보기 |

갑, 을 사상가들의 입장으로 가장 적절한 것은? [3점]

> 갑: 영구 평화를 위해 침략 전쟁의 유발 요인을 없애야 한다. 이성이 평화 상태를 직접적 의무로 만든다 해도 국가 간 계약 없이는 영원한 평화도 보장될 수 없으므로 평화 연맹이 필요하다.
> 을: 소극적 평화는 직접적 폭력이 없는 상태이며, 적극적 평화는 구조적·문화적 폭력까지 없는 상태이다. 우리는 모든 종류의 폭력을 비폭력적인 방법을 통해 예방하고 제거해야 한다.

① 갑: 상비군의 점진적인 확대는 영구 평화를 위해 필수적이다.
② 갑: 개별 국가가 평화 연맹에 소속되려면 주권을 포기해야 한다.
③ 을: 진정한 평화의 구축을 위해 폭력적인 수단도 허용되어야 한다.
④ 을: 의도적인 폭력을 제거해도 비의도적인 폭력이 존재할 수 있다.
⑤ 갑과 을: 모든 전쟁이 종식되는 순간부터 진정한 평화가 보장된다.

왜 정답일까?

갑은 칸트, 을은 갈퉁이다.
칸트는 영구 평화를 위해 상비군을 점진적으로 폐지해야 한다고 보았으며, 국가들의 자유를 보장하는 평화 연맹이 필요하다고 주장하였다.
갈퉁은 의도적인 폭력을 제거해도 비의도적인 폭력이 존재할 수 있다고 보았으며, 진정한 평화의 구축을 위해서는 평화적인 방법을 통해 모든 종류의 폭력을 예방하고 제거해야 한다고 주장하였다.

---

18 해외 원조에 대한 입장 정답률 55% | 정답 ③

| 문제 보기 |

갑, 을 사상가들의 입장으로 적절한 것만을 〈보기〉에서 고른 것은? [3점]

> 갑: 질서 정연한 만민은 고통받는 사회들을 원조해야 한다. 만민법의 사회에서 원조의 의무는 고통받는 사회들이 자유적이거나 또는 적정 수준의 기본 제도를 가질 때까지 유효하다.
> 을: 우리는 절대 빈곤에 빠져 있는 사람들을 원조해야 한다. 공리의 관점에서 우리의 자원을 가장 효과적일 수 있는 곳에 제공함으로써 보다 많은 빈민들을 도와야 한다.

────〈보기〉────
ㄱ. 갑: 인권 침해가 심각한 모든 국가는 원조의 대상이 된다.
ㄴ. 갑: 원조의 차단점을 설정하여 원조 대상국의 정치적 자율성을 보장해야 한다.
ㄷ. 을: 원조가 산출할 결과를 고려하여 원조의 대상을 정해야 한다.
ㄹ. 갑과 을: 원조는 국가 간 부의 차이를 줄이기 위해 행해지는 윤리적 의무이다.

① ㄱ, ㄴ   ② ㄱ, ㄷ   ③ ㄴ, ㄷ   ④ ㄴ, ㄹ   ⑤ ㄷ, ㄹ

왜 정답일까?

갑은 롤스, 을은 싱어이다.
롤스는 고통받는 사회가 질서 정연한 사회가 되도록 돕는 것을 원조의 목적이라고 보았고, 원조의 차단점을 설정하여 원조 대상국의 정치적 자율성을 보장해야 한다고 주장하였다.
싱어는 공리주의 입장에서 인류의 고통을 감소시키고 쾌락을 증진하는 것을 원조의 목적이라고 보았다.
한편 롤스와 싱어는 모두 국가 간 부의 차이를 줄이는 것은 원조의 목적이 될 수 없다고 주장하였다.

---

19 예술에 대한 입장 정답률 93% | 정답 ②

| 문제 보기 |

다음 토론의 핵심 쟁점으로 가장 적절한 것은?

> 갑: 예술은 아름다움을 표현하고 창조하는 인간의 활동과 그 산물을 의미합니다. 예술가와 감상자는 예술 작품을 매개로 정서적으로 교류할 수 있습니다.
> 을: 맞습니다. 이러한 교류의 과정에서 감상자는 예술에 영향을 받습니다. 따라서 예술이 감상자의 성품에 선한 영향을 미치려면 윤리에 의해 평가되어야 합니다.
> 갑: 아닙니다. 예술이 윤리에 의해 평가되면 예술가의 자율성과 독창성이 침해받을 것입니다. 예술은 예술가의 자율성과 독창성을 바탕으로 예술 본연의 아름다움을 추구해야 합니다.
> 을: 그렇지 않습니다. 예술가의 자율성과 독창성도 중요하지만, 윤리로 예술을 평가하지 않는다면 인간의 도덕적 성숙을 방해하는 예술 작품이 양산될 수 있습니다.

① 예술은 미적 가치를 표현하고 형상화한 것인가?
② 예술은 윤리적인 평가로부터 자유로워야 하는가?
③ 예술은 감상자에게 정서적 영향을 미치지 못하는가?
④ 예술은 예술가와 감상자를 연결할 수 있는 매개체인가?
⑤ 예술은 예술가의 자율성과 독창성으로부터 창조되는가?

왜 정답일까?

갑은 예술이 예술가의 자율성과 독창성을 바탕으로 예술 본연의 아름다움을 추구해야 하므로 윤리에 의해 평가되어서는 안 된다고 본다.
을은 예술이 인간의 성품에 선한 영향을 미치려면 윤리에 의해 평가되어야 한다고 본다.

---

20 벤담의 공리주의 정답률 92% | 정답 ④

| 문제 보기 |

다음을 주장한 사상가의 입장에서 〈문제 상황〉 속 A에게 제시할 조언으로 가장 적절한 것은?

> 공동체의 이익이란 공동체를 구성하는 여러 구성원들의 이익의 총합이다. 어떤 행위가 공동체의 행복을 증가시키는 경향이 감소시키는 경향보다 더 클 경우, 그 행위는 공리의 원리에 일치한다. 공리의 원리에 일치하는 행위는 항상 우리가 해야 할 행위이다.

| 문제 상황 |

① 고통받는 환자의 행복만을 실현할 수 있는 법안인지 고려하세요.
② 법안이 누구나 파악할 수 있는 자연법에 부합되는지 고려하세요.
③ 공동체 내에 유덕한 시민이 법안을 수용할 수 있을지 고려하세요.
④ 법안이 사회 구성원들의 행복의 총량을 최대화하는지 고려하세요.
⑤ 고통받는 환자의 인격을 목적으로 대우하는 법안인지 고려하세요.

왜 정답일까?

제시문은 벤담의 주장이다.
벤담은 최대 다수의 최대 행복을 추구하는 공리의 원리를 도덕과 입법의 기본 원리로 제시하였다. 따라서 〈문제 상황〉에서 벤담은 적극적 안락사 허용 법안의 발의 여부를 고민하고 있는 A에게 해당 법안이 사회 구성원들의 행복의 총량을 최대화하는지 고려하라고 조언할 것이다.

[문제편 p.036]

10회 2022학년도 4월

01 ③	02 ③	03 ④	04 ①	05 ⑤
06 ⑤	07 ②	08 ②	09 ④	10 ④
11 ③	12 ②	13 ④	14 ③	15 ①
16 ②	17 ④	18 ②	19 ⑤	20 ①

● 고3 생활과 윤리 ●

채점결과	・실제 걸린 시간 : 분 초
	・맞은 문항수 : 개
	・틀린 문항수 : 개
	・헷갈린 문항 :

01 이론 윤리학과 메타 윤리학   정답률 70% | 정답 ③

| 문제 보기 |

⊙에 들어갈 진술로 가장 적절한 것은?

> 나는 윤리학이 도덕 판단의 기준과 도덕적 행위의 이론적 근거를 탐구하고 도덕규범의 체계를 합리적으로 제시하는 학문이어야 한다고 생각한다. 그런데 일부 윤리학자들은 도덕적 언어의 의미를 탐구하고 도덕적 추론의 타당성을 입증하는 것을 윤리학의 본질이라고 주장한다. 내가 보기에 이러한 주장은 윤리학이 [⊙]는 점을 간과하고 있다.

① 도덕 판단의 논리적인 구조를 분석하는 데 주력해야 한다
② 도덕적 명제의 진위에 대한 검증 가능성을 탐구해야 한다
③ 선악 판단의 지침이 될 수 있는 도덕 원리를 정립해야 한다
④ 도덕적 관습에 대한 인과적 서술을 핵심 목표로 삼아야 한다
⑤ 도덕규범을 가치 판단이 배제된 경험적 사실로 간주해야 한다

● 왜 정답일까?

제시문의 '나'는 이론 윤리학의 입장, '일부 윤리학자들'은 메타 윤리학의 입장이다. 이론 윤리학의 입장에서 메타 윤리학은 윤리학이 선악 판단의 지침이 될 수 있는 도덕 원리를 정립해야 한다는 점을 간과하고 있다고 볼 것이다.

02 성(性)과 혼인에 대한 칸트의 입장   정답률 89% | 정답 ③

| 문제 보기 |

다음을 주장한 사상가의 입장으로 가장 적절한 것은? [3점]

> 인간이 상대방의 성(性)을 향유하기 위해 자신을 내어 주는 행위는 자신을 사물로 만드는 것이지만, 오직 혼인이라는 조건 하에서 남녀는 서로의 인격성을 상실하지 않고 성을 향유할 수 있다. 혼인은 출산을 위한 것만은 아니며, 남녀가 쾌락을 전제로 성을 향유하고자 하더라도 반드시 혼인해야 한다.

① 사랑이 전제된 혼인 전의 성관계는 도덕적으로 정당하다
② 부부 사이라도 성관계를 통해 쾌락을 추구해서는 안 된다
③ 인격성을 훼손하지 않는 성관계는 부부 사이에서만 가능하다
④ 성관계를 통한 생식적 가치의 추구는 혼인의 유일한 목적이다
⑤ 모든 성관계는 상대방을 대상화하므로 허용되어서는 안 된다

● 왜 정답일까?

제시문은 칸트의 주장이다.
칸트는 오직 혼인 관계에 있는 부부 사이에서만 인격성을 훼손하지 않고 서로의 성을 향유할 수 있다고 보았으며, 부부 사이의 성관계만이 도덕적으로 정당화될 수 있다고 주장하였다.

03 정보 사회에서 필요한 윤리적 자세   정답률 96% | 정답 ④

| 문제 보기 |

다음 신문 칼럼에서 강조하는 내용으로 가장 적절한 것은?

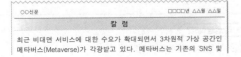

> ○○신문   □□□□년 △△월 △△일
> ── 칼 럼 ──
> 최근 비대면 서비스에 대한 수요가 확대되면서 3차원적 가상 공간인 메타버스(Metaverse)가 각광받고 있다. 메타버스는 기존의 SNS 및

블로그와 같은 온라인 생태계를 대체하며 많은 경제적 가치를 창출하고 있지만 이와 동시에 메타버스에는 사이버 폭력, 사생활 침해와 같은 윤리적 문제도 발생하고 있다. 이를 해결하기 위해서는 제도적 장치도 필요하지만 무엇보다 이용자들이 양심과 도덕성에 따라 자신의 행위를 스스로 통제하는 것이 중요하다. 따라서 메타버스를 윤리적 공간으로 조성하기 위해 이용자들은 메타버스에서 자신의 행동을 성찰하고 책임감 있는 자세를 지녀야 한다.

① 메타버스를 통해 얻게 될 경제적 효용에만 초점을 맞춰야 한다.
② 메타버스에서는 현실과 달리 모든 개인 정보가 공개되어야 한다.
③ 메타버스의 등장은 기존 온라인 생태계에 영향을 미치지 않는다.
④ 메타버스에서 이용자들은 자신의 행위를 자율적으로 규제해야 한다.
⑤ 메타버스를 윤리적 공간으로 만들기 위한 정부의 개입은 불필요하다.

● 왜 정답일까?

칼럼에서는 메타버스를 윤리적 공간으로 조성하기 위해 제도적 장치도 필요하지만, 무엇보다 이용자들이 양심과 도덕성에 따라 자신의 행위를 자율적으로 규제해야 함을 강조하고 있다.

04 국제 관계에 대한 모겐소와 칸트의 입장   정답률 50% | 정답 ①

| 문제 보기 |

그림은 갑, 을 사상가들의 가상 대화이다. 갑, 을의 입장으로 적절한 것만을 〈보기〉에서 있는 대로 고른 것은? [3점]

 정치와 도덕의 영역은 분리되며, 외교 정책은 도덕적 원리가 아닌 정치적 이해 관계에 기초해야 합니다. 국제 사회는 자국의 이익을 극대화하는 국가들 간의 권력 투쟁이 일어나는 곳으로, 국제법의 지배란 비효율적 허구에 지나지 않습니다.

 정치와 도덕은 합치되어야 하며, 이는 오직 전쟁을 멀리할 의도를 지닌 국가들의 연방 상태에서만 가능합니다. 국제법은 자유로운 국가들의 연방에 기초해 있어야만 하며, 영구 평화는 국가들 상호 간의 계약 없이는 구축될 수 없습니다.

── 〈보기〉 ──
ㄱ. 갑: 외교 정책의 성패는 국익 증진 여부를 기준으로 판단된다.
ㄴ. 을: 영구 평화의 확립을 인류의 보편적 의무로 수용해야 한다.
ㄷ. 을: 국제 연맹은 주권적 권력을 지닌 세계 정부로 기능해야 한다.
ㄹ. 갑, 을: 국가 간 세력 균형을 통해 영구 평화를 실현해야 한다.

① ㄱ, ㄴ   ② ㄴ, ㄹ   ③ ㄷ, ㄹ
④ ㄱ, ㄴ, ㄷ   ⑤ ㄱ, ㄷ, ㄹ

● 왜 정답일까?

갑은 모겐소, 을은 칸트이다.
모겐소는 국가의 목표를 자국의 이익 추구라고 주장하였으며, 국제 평화는 국가 간 세력 균형을 통한 일시적 평화일 뿐이라고 보았다. 칸트는 영구 평화의 확립은 이성의 명령에 따른 도덕적 의무라고 주장하였으며, 영구 평화를 위한 세계 정부의 수립에 반대하였다.

05 도가 사상   정답률 80% | 정답 ⑤

| 문제 보기 |

다음을 주장한 사상가의 입장에서 〈사례〉 속 A에게 해 줄 수 있는 조언으로 가장 적절한 것은?

> 도(道)의 입장에서 보면 사물에는 귀천(貴賤)의 구별이 없다. 그러나 세속적인 입장에서 보면 귀천의 구별은 자기가 아니라 남에 의해 정해진다. 귀천을 구별해야겠다는 생각에 구속되지 말아야 하며, 만약 구속된다면 도에 크게 어긋나고 말 것이다.

── 〈사 례〉 ──
> 취업을 준비하는 A는 면접에서 여러 번 떨어지게 되었다. 취업하는 데 외모도 중요하다는 생각이 들어 A는 성형 수술을 해야 할지 말아야 할지 고민하고 있다.

① 다수의 사람들이 생각하는 미(美)의 기준에 따라 살아가세요.
② 연기(緣起)의 깨달음을 통해 외모에 대한 집착에서 벗어나세요.
③ 외모를 가꾸기보다 인의(仁義)의 덕을 갖추기 위해 노력하세요.
④ 외모의 우열을 가리는 것이 자연의 순리에 부합함을 명심하세요.

⑤ 미에 대한 선입견에서 벗어나 자신의 모습 그대로를 인정하세요.

● 왜 정답일까?

제시문은 도가 사상가인 장자의 주장이다. 장자는 시비, 선악, 미추(美醜) 등을 분별하지 말고 도(道)에 따라 살아야 한다고 보았다. 따라서 성형 수술을 해야 할지 말아야 할지 고민하는 〈사례〉 속 A에게 미(美)에 대한 선입견에서 벗어나 자신의 모습 그대로를 인정하라고 조언할 것이다.

06 형벌에 대한 칸트, 베카리아, 벤담의 입장   정답률 62% | 정답 ⑤

| 문제 보기 |

(가)의 갑, 을, 병 사상가들의 입장에서 서로에게 제기할 수 있는 비판을 (나) 그림으로 표현할 때, A∼F에 해당하는 내용으로 가장 적절한 것은? [3점]

(가)	갑: 형벌의 법칙은 하나의 정언 명령이며, 오직 보복법만이 형벌의 질과 양을 명확하게 제시할 수 있다. 살인을 저지른 사람은 누구든 사형에 처해져야 한다. 을: 형벌은 타인들의 범죄를 억제시키기에 충분한 정도의 강도만을 가져야 한다. 사형을 대체한 종신 노역형은 가장 완강한 자의 마음을 억제시키기에 충분하다. 병: 형벌은 그 자체로 악이다. 그러나 형벌은 공리의 원리에 의해 정당화될 수 있으며, 형벌의 가치를 평가할 때에는 확실성, 근접성 등의 측면을 고려해야 한다.
(나)	〈그림: 갑, 을, 병의 관계를 나타낸 도형. 화살표 A, B, C, D, E, F〉 ── 〈범 례〉 ── → : 비판의 방향 A∼F : 비판의 내용 ── 〈예 시〉 ── ⊙──A──⊙ A는 ⊙이 ⊙에게 제기할 수 있는 비판임.

① A: 형벌은 응보가 아닌 다른 선을 촉진하는 수단임을 간과한다.
② B, E: 인간은 자신의 생명권을 국가에게 양도할 수 있음을 간과한다.
③ C: 범죄 억제력은 형벌의 강도보다 지속성에서 발생함을 간과한다.
④ D: 형벌의 크기는 범죄로 이끄는 유혹에 비례해야 함을 간과한다.
⑤ F: 모든 위법 행위자에 대하여 형벌이 부과되어야 함을 간과한다.

● 왜 정답일까?

갑은 칸트, 을은 베카리아, 병은 벤담이다.
칸트는 형벌의 본질이 응보에 있으며 살인자에 대한 사형은 정당하다고 보았다.
베카리아는 형벌의 목적을 범죄로 인한 해악 방지로 보았고, 공리주의적 입장에서 사형보다 종신 노역형이 범죄 예방의 효과가 크다고 주장하였다.
벤담은 범죄 예방과 범죄자 교화를 통한 사회적 효용의 최대화가 형벌의 목적이라고 보았고, 위법 행위자에 대하여 형벌을 가할 필요가 없는 경우도 있다고 주장하였다.

07 인간 배아 유전자 편집에 대한 입장   정답률 87% | 정답 ②

| 문제 보기 |

다음 토론의 핵심 쟁점으로 가장 적절한 것은?

> 갑: 유전자 편집 기술의 발달로 인간 배아 유전자 편집이 가능해졌습니다. 치료 목적의 인간 배아 유전자 편집을 통해 유전 질환을 치료하여 인류의 행복을 증진해야 합니다.
> 을: 동의합니다. 다만 치료가 아닌 강화 목적의 인간 배아 유전자 편집은 미래 세대에게 부모가 원하는 유전 형질에 따라 살도록 강요하는 것이므로 이를 금지해야 합니다.
> 갑: 아닙니다. 미래 세대는 살아가는 동안 강화된 유전 형질로 인해 더 많은 선택의 기회를 얻게 될 것입니다. 이를 통해 미래 세대는 자신의 능력을 발휘하여 풍요로운 삶을 살 것입니다.
> 을: 강화된 유전 형질로 미래 세대가 풍요로운 삶을 살 수 있을지라도 이러한 삶은 부모에 의해 계획된 삶일 뿐입니다. 이는 미래 세대가 자신의 삶을 온전히 계획하고 결정할 수 있는 자율성을 침해하므로 옳지 않습니다.

① 인간 배아 유전자 편집은 유전 형질의 변화를 초래하는가?
② 강화 목적의 인간 배아 유전자 편집은 허용되어야 하는가?

③ 유전자 편집 기술을 활용하여 유전 질환을 치료할 수 있는가?
④ 인간 배아 유전자 편집은 어떤 경우에도 정당화될 수 없는가?
⑤ 인류의 행복을 증진하는 인간 배아 유전자 편집이 존재하는가?

● 왜 정답일까?

갑은 미래 세대의 풍요로운 삶을 위해 강화 목적의 인간 배아 유전자 편집이 허용되어야 한다고 본다. 반면 을은 미래 세대의 자율성을 침해하는 강화 목적의 인간 배아 유전자 편집은 허용되어서는 안 된다고 본다.

08 해외 원조에 대한 롤스와 싱어의 입장 정답률 64% | 정답 ②

| 문제 보기 |

갑, 을 사상가들의 입장으로 가장 적절한 것은? [3점]

> 갑: 원조의 목적은 고통받는 사회가 정치 문화를 변경하여 질서
> 정연한 사회가 되도록 하는 것이다. 한 사회가 질서 정연한
> 사회가 되기 위한 결정적 요소는 그 사회의 자원 수준이 아닌
> 정치 문화이다.
> 을: 원조의 목적은 민족, 국가, 인종을 초월하여 기아에 허덕이는
> 사람들의 고통을 줄여 주는 것이다. 중요한 다른 일을 희생
> 시키지 않고 절대 빈곤을 감소시킬 수 있다면 우리는 절대 빈곤
> 에 처해 있는 사람들을 도울 의무가 있다.

① 갑: 원조 대상국의 인권 개선을 위한 강제력의 사용은 정의롭다.
② 갑: 천연자원이 부족한 빈곤국이라도 원조 대상에서 제외될 수 있다.
③ 을: 원조는 원조 결과와 무관하게 실천해야 할 윤리적 의무이다.
④ 을: 지리적 근접성을 우선적으로 고려해 원조 대상을 결정해야 한다.
⑤ 갑, 을: 원조를 통해 모든 국가의 복지 수준을 일치시켜야 한다.

● 왜 정답일까?

갑은 롤스, 을은 싱어이다.
롤스는 고통받는 사회가 질서 정연한 사회가 되도록 하는 것을 원조의 목적이라고 주장하였고, 천연자원이 부족한 빈곤국이라도 질서 정연한 사회라면 원조 대상에서 제외될 수 있다고 보았다. 싱어는 공리주의 입장에서 인류의 고통을 감소시키고 쾌락을 증진하는 것을 원조의 목적이라고 보았다. 한편 롤스와 싱어는 모두 원조를 통해 모든 국가의 복지 수준을 일치시킬 필요는 없다고 보았다.

09 하버마스의 담론 윤리 정답률 75% | 정답 ④

| 문제 보기 |

다음을 주장한 사상가의 입장으로 적절한 것만을 〈보기〉에서 고른 것은?

> 이상적 담화 상황은 담론장에 외적인 우연적 요소들이 개입되
> 거나 담론 참여자가 어떤 유형의 강요도 받지 않으며 자유롭고
> 평등한 담론이 이루어지는 상황을 말한다. 이러한 담화 상황을
> 위해서는 출입의 공공성, 평등한 권한, 표현 행위의 진실성, 입장
> 표명의 비강제성 등이 보장되어야 한다. 또한 담론 참여자는 오직
> 보다 나은 논증을 통해서만 자신의 입장을 결정해야 한다.

> **〈 보 기 〉**
> ㄱ. 담론 참여자 중 대다수가 동의한 규범이 타당성을 지닌다.
> ㄴ. 담론은 전문가가 아니라도 담론에 참여할 수 있다.
> ㄷ. 담론 참여자는 자신의 이익이나 욕구를 표현해서는 안 된다.
> ㄹ. 담론 과정에서 타인의 주장에 대해 자유로운 비판이 가능하다.

① ㄱ, ㄴ ② ㄱ, ㄷ ③ ㄴ, ㄷ ④ ㄴ, ㄹ ⑤ ㄷ, ㄹ

● 왜 정답일까?

제시문은 하버마스의 주장이다.
하버마스는 모든 사람이 평등하게 담론에 참여하여 자유롭게 의견을 제시할 수 있고, 담론 참여자들이 진실성을 가지고 발언할 수 있어야 의사소통의 합리성이 실현될 수 있다고 보았다. 또한 담론 참여자 모두가 동의하는 규범만이 타당성을 지닐 수 있다고 주장하였다.

10 기술에 대한 하이데거와 야스퍼스의 입장 정답률 71% | 정답 ④

| 문제 보기 |

갑, 을 사상가들의 입장으로 적절한 것만을 〈보기〉에서 고른 것은? [3점]

> 갑: 기술의 본질은 기술적인 어떤 것이 아니다. 기술을 중립적인
> 것으로 보는 사고는 우리를 기술의 본질에 내맡기게
> 만들고, 이 경우 우리는 무방비 상태로 기술에 내맡겨진다.
> 을: 기술은 수단으로 그 자체는 선도 악도 아니다. 기술은 일종
> 의 공허한 힘이며, 중요한 것은 인간이 기술을 어떻게 활용
> 하고 기술을 통해 인간이 어떤 존재로 드러나는가이다.

> **〈 보 기 〉**
> ㄱ. 갑: 기술의 본질을 삶에 유용한 도구로만 규정해야 한다.
> ㄴ. 갑: 기술의 가치 중립성을 강조할 때 인간은 기술에 종속된다.
> ㄷ. 을: 기술 자체를 윤리적 평가의 대상으로 간주해야 한다.
> ㄹ. 갑, 을: 기술의 활용이 가져올 영향을 반성적으로 검토해야 한다.

① ㄱ, ㄴ ② ㄱ, ㄷ ③ ㄴ, ㄷ ④ ㄴ, ㄹ ⑤ ㄷ, ㄹ

● 왜 정답일까?

갑은 하이데거, 을은 야스퍼스이다.
하이데거는 기술의 가치 중립성을 강조할 때 인간은 기술에 종속된다고 보았다. 야스퍼스는 기술을 가치 중립적인 도구로 보았으며, 인간의 목적 설정에 따라 기술이 긍정적 혹은 부정적 결과를 가져올 수 있다고 주장하였다.
한편 하이데거와 야스퍼스는 모두 기술의 활용이 가져올 영향을 반성적으로 검토해야 한다고 강조하였다.

11 자연에 대한 레오폴드, 테일러, 칸트의 입장 정답률 30% | 정답 ③

| 문제 보기 |

(가)의 갑, 을, 병 사상가들의 입장을 (나) 그림으로 표현할 때, A ~ D에 해당하는 적절한 진술만을 〈보기〉에서 있는 대로 고른 것은? [3점]

> | (가) | 갑: 대지는 토양과 식물, 동물을 통해 흐르는 에너지가 솟아나는 샘이다. 대지 윤리는 인간과 대지 그리고 그 위에서 살아가는 동식물과의 관계를 다룬다.
을: 모든 유기체는 자신의 존재를 지키고 유지하는 지속적인 경향이 있으며 목표 지향적으로 활동한다는 의미에서 목적론적 삶의 중심이다.
병: 생명이 없는 아름다운 것을 파괴하는 것은 인간 자신에 대한 의무에 반한다. 왜냐하면 그것은 도덕성을 촉진하는 인간의 감정을 약화시키기 때문이다. |

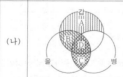

> | (나) | 〈범 례〉
A: 갑만의 입장
B: 갑과 을만의 공통 입장
C: 갑과 병만의 공통 입장
D: 갑, 을, 병의 공통 입장 |

> **〈 보 기 〉**
> ㄱ. A: 인간은 생명 공동체를 구성하는 하나의 요소이다.
> ㄴ. B: 이성의 유무는 도덕적 지위를 결정하는 기준이 아니다.
> ㄷ. C: 인간은 무생물과 관련해서는 의무를 지니지 않는다.
> ㄹ. D: 도덕적으로 무능력한 존재라도 가치가 부여될 수 있다.

① ㄱ, ㄴ ② ㄱ, ㄷ ③ ㄴ, ㄹ
④ ㄱ, ㄷ, ㄹ ⑤ ㄴ, ㄷ, ㄹ

● 왜 정답일까?

갑은 레오폴드, 을은 테일러, 병은 칸트이다.
레오폴드는 무생물을 포함한 생태계 전체를 도덕적 고려의 대상으로 간주해야 한다고 보았고, 테일러는 모든 유기체가 고유의 선을 지닌 목표 지향적 활동의 중심이라고 주장하였다. 칸트는 이성적 존재만이 도덕적 지위를 지니며, 자연은 수단적 가치를 가진다고 보았다.

12 다문화에 대한 입장 정답률 84% | 정답 ④

| 문제 보기 |

(가)의 입장에 비해 (나)의 입장이 갖는 상대적 특징을 그림의 ㉠ ~ ㉤ 중에서 고른 것은?

> (가) 다양한 문화의 존중은 사회 결속으로 이어진다. 소수 집단의
> 문화 존중을 위해서는 소수 집단에 차별화된 권리를 부여해
> 기존의 사회 집단과 소수 집단 간의 비대칭성을 해소하고
> 구성원 간 평등한 관계 형성 및 협력을 도모해야 한다.

> (나) 단일한 문화의 형성은 사회 결속을 강화한다. 소수 집단의
> 문화 존중을 이유로 소수 집단에 차별화된 권리를 부여하는
> 정책은 사회 갈등을 유발한다. 따라서 소수 집단은 그들의
> 문화를 포기하고 기존 사회의 문화로 편입되어야 한다.

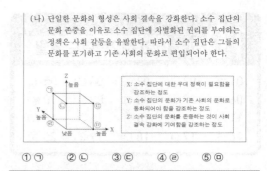

> X: 소수 집단에 대한 우대 정책이 필요함을 강조하는 정도
> Y: 소수 집단의 문화가 기존 사회의 문화로 동화되어야 함을 강조하는 정도
> Z: 소수 집단의 문화를 존중하는 것이 사회 결속 강화에 기여함을 강조하는 정도

① ㉠ ② ㉡ ③ ㉢ ④ ㉣ ⑤ ㉤

● 왜 정답일까?

(가)는 다양한 문화의 존중이 사회 결속으로 이어진다고 보는 반면, (나)는 단일한 문화의 형성이 사회 결속을 강화한다고 본다. 따라서 (가)의 입장에 비해 (나)의 입장은 상대적으로 '소수 집단에 대한 우대 정책이 필요함을 강조하는 정도(X)'는 낮고, '소수 집단의 문화가 기존 사회의 문화로 동화되어야 함을 강조하는 정도(Y)'는 높으며, '소수 집단의 문화를 존중하는 것이 사회 결속 강화에 기여함을 강조하는 정도(Z)'는 낮다.

13 국가의 역할에 대한 로크의 입장 정답률 67% | 정답 ⑤

| 문제 보기 |

다음을 주장한 사상가의 입장에만 모두 '√'를 표시한 학생은? [3점]

> 인간은 자유롭고 평등한 존재이므로, 어떤 인간도 자신의 동의
> 없이 자연 상태를 떠나서 다른 사람의 정치권력에 복종할 수 없다.
> 어떤 사람이 자신의 자연법의 집행권을 포기하고 시민 사회의
> 구속을 받아들이는 유일한 방도는 재산을 안전하게 향유하고 공
> 동체에 속하지 않는 자들로부터 더 많은 안전을 확보하기 위해
> 다른 사람들과 함께 공동체를 결성하기로 합의하는 것이다.

입장 \ 학생	갑	을	병	정	무
국가는 구성원의 자발적 동의에 기반해야 평화롭게 수립된다.	√			√	√
국가는 자연권의 일부를 양도받아 구성원 간의 분쟁을 조정해야 한다.			√	√	√
국가는 구성원의 생명과 재산을 자의적으로 처분할 수 있는 권력을 지닌다.		√	√	√	
국가는 외부인이 그 구성원에게 가한 침해를 처벌할 수 있는 권력을 가지고 있다.	√	√	√		

① 갑 ② 을 ③ 병 ④ 정 ⑤ 무

● 왜 정답일까?

제시문은 로크의 주장이다.
로크는 구성원의 자발적 동의에 기반해야 국가가 평화적으로 수립된다고 보았으며, 국가는 구성원의 생명과 재산을 보호해야 할 의무를 지닌다고 주장하였다. 또한 로크는 국가가 권력을 자의적으로 행사할 경우 구성원은 국가에 대해 저항할 수 있다고 보았다.

14 죽음에 대한 석가모니와 장자의 입장 정답률 79% | 정답 ③

| 문제 보기 |

갑, 을 사상가들의 입장으로 가장 적절한 것은?

> 갑: 삶과 죽음의 번뇌에 머물러 있는 사람은 무명(無明)에 덮여
> 윤회하면서도 괴로움의 근거를 알지 못한다. 그러나 바른
> 지혜를 얻은 사람은 다시 태어나지 않을 것을 스스로 안다.
> 을: 기(氣)가 모이면 태어나고 기가 흩어지면 죽는다. 자연은 삶을
> 주어 우리를 수고롭게 만들고 죽음으로써 쉬게 하니, 자연의
> 변화에 순응하면 슬픔이나 즐거움이 끼어들 수 없다.

① 갑: 삶과 죽음에 대한 집착을 버리고 무명에 도달해야 한다.
② 갑: 고통 없는 삶으로 윤회하기 위해 만물의 실상을 자각해야 한다.
③ 을: 삶과 죽음은 분별할 수 없는 자연적 과정임을 깨달아야 한다.
④ 을: 기의 변화로 끊임없이 순환하는 삶과 죽음을 두려워해야 한다.
⑤ 갑, 을: 인간이라면 누구나 겪을 수밖에 없는 죽음을 애도해야 한다.

● 왜 정답일까?

갑은 석가모니, 을은 장자이다.

석가모니는 삶과 죽음을 모두 괴로움으로 보았으며, 윤회에서 벗어나기 위해 만물의 실상을 깨닫고 집착을 버려야 한다고 주장하였다.

장자는 삶과 죽음을 서로 연결된 순환 과정으로 보았으며, 죽음을 두려워할 필요가 없다고 주장하였다.

15 분배 정의에 대한 롤스와 노직의 입장 정답률 51% | 정답 ①

| 문제 보기 |

갑, 을 사상가들의 입장으로 적절하지 않은 것은? [3점]

> 갑: 원초적 입장에서 무지의 베일을 쓴 당사자들이 합의한 정의의 원칙 중 차등의 원칙은 호혜성 관념을 포함한다. 개인 간의 차이, 재능의 다양성, 주어진 재능 성취 수준의 차이는 상호 이익을 위해 사용되어야 할 공동의 자산으로 간주해야 한다.
> 을: 현재의 모든 분배 상황이 취득, 이전의 정의 원리에 의해 생성된 것은 아니다. 만약 과거의 불의(不義)가 현재의 소유 상태를 여러 방식으로 형성했다면 우리는 소유물에서의 불의를 교정해야 한다.

① 갑: 자연적 재능의 불평등한 분포는 그 자체로 부정의하다.
② 갑: 소득의 불평등한 분배는 모든 사람에게 이익이 될 때 정당하다.
③ 을: 노동을 통해 획득한 소유물이라도 교정의 대상이 될 수 있다.
④ 을: 개인의 소유권 보호를 위한 국가의 개입은 정당화될 수 있다.
⑤ 갑, 을: 공정한 절차를 따름으로써 정의로운 분배가 실현될 수 있다.

● 왜 정답일까?

갑은 롤스, 을은 노직이다.

롤스는 자연적 재능의 불평등한 분포 그 자체는 정의도 부정의도 아닌 자연적 사실이라고 보았으며, 소득의 불평등한 분배는 모든 사람에게 이익이 될 때 정당하다고 주장하였다.

노직은 소유 권리로서의 정의를 주장하였으며, 강압과 절도 등과 같은 부정의로부터 개인의 소유권을 보호하기 위한 국가의 개입은 정당하다고 주장하였다.

한편 롤스와 노직은 모두 공정한 절차를 따름으로써 정의로운 분배가 실현될 수 있다고 주장하였다.

16 벤담의 공리주의와 칸트의 의무론 정답률 61% | 정답 ⑤

| 문제 보기 |

갑, 을 사상가들의 입장으로 가장 적절한 것은? [3점]

> 갑: 공리성의 원리는 자기 이익이 걸려 있는 당사자들의 행복을 증가시키거나 감소시키는 경향에 따라서 각각의 행위를 승인하거나 부인하는 원리이다. 이러한 각각의 행위란 개인의 모든 행위뿐만 아니라 정부의 모든 정책까지 포함한다.
> 을: 도덕 법칙은 가장 완전한 존재자의 의지에 대해서는 신성의 법칙이지만, 모든 이성적 존재자의 의지에 대해서는 의무의 법칙이자 도덕적 강요의 법칙이다. 도덕 법칙은 법칙에 대한 존경을 통해 이성적 존재자의 행위를 규정한다.

① 갑: 공동체의 이익은 그 공동체 구성원들의 이익과 무관하다.
② 갑: 행위의 옳고 그름은 결과보다 동기에 의해 평가되어야 한다.
③ 을: 행위자의 성품을 기준으로 행위의 도덕성을 판단해야 한다.
④ 을: 의무 의식에서 비롯되지 않은 행위도 도덕적 행위일 수 있다.
⑤ 갑, 을: 윤리적 의사 결정에 적용되는 보편적 도덕 원리가 존재한다.

● 왜 정답일까?

갑은 벤담, 을은 칸트이다.

벤담은 쾌락을 산출하고 고통을 피하는 결과를 낳는 행위가 선이라고 주장하였으며, 최대 다수의 최대 행복을 추구하는 공리의 원리를 도덕과 입법의 기본 원리로 제시하였다.

칸트는 행위의 도덕성을 판단할 때 행위의 결과보다 동기를 중시하면서 의무 의식에서 비롯된 행위만이 도덕적 가치를 지닌다고 주장하였다.

한편 벤담과 칸트는 모두 윤리적 의사 결정에 적용되는 보편적 도덕 원리가 존재한다고 보았다.

17 예술에 대한 와일드와 플라톤의 입장 정답률 66% | 정답 ④

| 문제 보기 |

갑 사상가는 부정, 을 사상가는 긍정의 대답을 할 질문으로 가장 적절한 것은?

> 갑: 어떤 예술가도 윤리적 동정심을 지니지 않는다. 예술가가 윤리적 동정심을 갖고 있다는 것은 용납할 수 없는 것이다. 또한 예술가는 무엇이든 표현할 수 있다. 예술가에게 사고와 언어는 예술의 도구이며, 악덕과 미덕은 예술의 재료이다.
> 을: 훌륭한 예술 작품은 몸에 건강을 안겨 주는 바람처럼 사람들에게 선한 영향을 준다. 또한 훌륭한 예술 작품은 젊은이들이 어릴 적부터 그것을 대하며 자신들도 모르는 사이에 아름다운 것과 친해지고 선한 것과 닮아가도록 이끌어 준다.

① 예술은 미적 가치를 추구하는 인간의 정신 활동인가?
② 예술은 오직 예술 그 자체를 목적으로 삼아야 하는가?
③ 예술은 도덕적 가치 판단으로부터 자유로워야 하는가?
④ 예술은 사회 구성원의 도덕성 함양에 기여해야 하는가?
⑤ 예술은 인간의 도덕적 삶을 작품의 소재로 삼을 수 있는가?

● 왜 정답일까?

갑은 와일드, 을은 플라톤이다.

와일드는 예술이 미적 가치 외의 다른 목적을 추구하는 수단이 되어서는 안 된다고 보았다. 플라톤은 예술이 윤리적 가치를 지니고 사회 구성원의 도덕성 함양에 기여해야 한다고 주장하였다.

18 시민 불복종에 대한 롤스와 싱어의 입장 정답률 66% | 정답 ②

| 문제 보기 |

갑, 을 사상가들의 입장으로 적절하지 않은 것은? [3점]

> 갑: 시민 불복종은 부정의한 법이나 정부의 정책에 변혁을 가져올 목적으로 행해지는 정치적 행위이다. 이러한 행위를 통해서 우리는 사회의 다수가 갖는 정의감을 나타내게 되고, 사회 협동체의 원칙이 존중되지 않고 있음을 선언하게 된다.
> 을: 시민 불복종은 부정의를 해결하기 위한 합법적 수단이 실패했을 때 행할 수 있는 적합한 수단이다. 하지만 시민 불복종을 결정할 때 우리가 중단시키려고 하는 악의 크기와 우리의 행위가 법과 민주주의에 가할 해악 정도를 저울질해야 한다.

① 갑: 시민 불복종은 사회 정의 실현을 위한 정치적 청원 행위이다.
② 갑: 시민 불복종은 개인의 도덕 원칙에 근거한 정의로운 행위이다.
③ 을: 시민 불복종의 결과가 가져올 이익과 손해를 계산해야 한다.
④ 을: 시민 불복종은 부정의를 시정하기 위한 효과적 행위일 수 있다.
⑤ 갑, 을: 시민 불복종은 민주 사회의 원칙을 존중하며 시행되어야 한다.

● 왜 정답일까?

갑은 롤스, 을은 싱어이다.

롤스는 시민 불복종이 개인의 도덕 원칙이 아니라 공유된 정의관에 근거해야 한다고 보았다. 싱어는 공리주의 입장에서 시민 불복종의 결과가 가져올 이익과 손해를 계산해 보아야 한다고 주장하였다.

한편 롤스와 싱어는 모두 시민 불복종은 민주 사회의 원칙을 존중하며 시행되어야 한다고 보았다.

19 음식 윤리에 대한 입장 정답률 82% | 정답 ⑤

| 문제 보기 |

그림의 강연자가 지지할 입장만을 〈보기〉에서 있는 대로 고른 것은?

> 인간에게 먹는 행위는 생존을 위해 필수적이며, "자기가 먹은 음식이 곧 자기가 된다."라는 말처럼 먹는 행위는 자기 본질을 규정하는 데 영향을 미칩니다. 또한 먹는 행위는 음식의 생산 및 소비 과정에서 사회의 다른 영역들과 밀접한 관련을 맺습니다. 예를 들어 우리가 생산하고 소비하는 음식에 따라 산업 구조가 달라질 수 있고, 이는 환경의 변화를 초래할 수도 있습니다. 이처럼 먹는 행위는 개인적 차원의 문제인 동시에 사회적 차원의 문제입니다. 따라서 우리는 자신의 식습관을 점검하고 먹는 행위의 사회적 의미에 대해 성찰하는 태도를 지녀야 합니다.

━〈보기〉━
ㄱ. 먹는 행위는 도덕적인 판단의 대상이 될 수 있다.
ㄴ. 먹는 행위를 생존을 위한 수단으로만 여겨야 한다.
ㄷ. 먹는 행위가 미치는 사회적 영향을 고려해야 한다.
ㄹ. 먹는 행위는 인간의 자아 정체성 형성에 영향을 준다.

① ㄱ, ㄴ ② ㄴ, ㄷ ③ ㄷ, ㄹ
④ ㄱ, ㄴ, ㄹ ⑤ ㄱ, ㄷ, ㄹ

● 왜 정답일까?

그림의 강연자는 먹는 행위가 개인적 차원의 문제인 동시에 사회적 차원의 문제라고 주장하며, 먹는 행위는 인간의 자아 정체성 형성뿐만 아니라 사회의 다양한 영역에도 영향을 미칠 수 있다고 주장한다. 또한 강연자는 먹는 행위가 도덕적인 판단의 대상이 될 수 있다고 본다.

20 직업 윤리에 대한 맹자와 순자의 입장 정답률 90% | 정답 ①

| 문제 보기 |

갑, 을 사상가들의 공통된 입장만을 〈보기〉에서 고른 것은?

> 갑: 대인(大人)의 일이 따로 있고, 소인(小人)의 일이 따로 있는 법이다. 군주는 백성들에게 일정한 생업[恒産]을 마련해 주어 반드시 위로 부모를 충분히 봉양할 수 있도록 하고, 아래로 처자식을 충분히 먹여 살릴 수 있도록 해야 한다.
> 을: 선왕(先王)은 혼란을 싫어해 예의(禮義)를 만듦으로써 등급을 나누어 천자(天子)부터 서인(庶人)에 이르기까지 각자의 재능을 발휘하게 하였다. 군주는 바른 정치를 위해 현명한 사람을 등용하고, 가난하고 궁핍한 사람을 도와야 한다.

━〈보기〉━
ㄱ. 사회적 역할의 분담은 사회 질서 유지에 기여한다.
ㄴ. 백성의 경제적 안정에 힘쓰는 것이 통치자의 역할이다.
ㄷ. 정신노동을 담당하는 사람은 육체노동에도 탁월해야 한다.
ㄹ. 사회적 역할은 능력보다는 개인의 선택에 따라 정해져야 한다.

① ㄱ, ㄴ ② ㄱ, ㄷ ③ ㄴ, ㄷ ④ ㄴ, ㄹ ⑤ ㄷ, ㄹ

● 왜 정답일까?

갑은 맹자, 을은 순자이다.

맹자와 순자는 모두 사회적 역할의 분담이 사회 질서 유지에 기여한다고 보았으며, 백성의 경제적 안정에 힘쓰는 것이 통치자의 역할이라고 주장하였다.

11회 2021학년도 4월

01 ②	02 ④	03 ①	04 ④	05 ⑤
06 ⑤	07 ④	08 ⑤	09 ②	10 ③
11 ⑤	12 ③	13 ③	14 ③	15 ⑤
16 ②	17 ①	18 ③	19 ④	20 ①

채점결과	・실제 걸린 시간 :	분	초
	・맞은 문항수 :		개
	・틀린 문항수 :		개
	・헷갈린 문항 :		

01 이론 윤리학과 기술 윤리학   정답률 89% | 정답 ②

| 문제 보기 |

(가), (나)의 입장으로 가장 적절한 것은?

> (가) 윤리학은 모든 도덕 행위자들에게 타당하게 적용할 수 있는 도덕규범의 일관된 체계를 구축하여 이를 정당화하는 것에 주력해야 한다.
> (나) 윤리학은 한 문화권에서 나타나는 도덕규범이 개인의 도덕 판단과 사회 제도의 유지에 미치는 영향을 관찰하고, 이를 객관적으로 기술하는 것에 주력해야 한다.

① (가) : 도덕 명제에 대한 가치 판단보다 사실 판단을 강조해야 한다.
② (가) : 도덕적 삶의 지침이 될 수 있는 규범적 원리를 정립해야 한다.
③ (나) : 도덕 관습에 대한 서술보다 도덕 문제 해결을 우선해야 한다.
④ (나) : 도덕 현상을 관찰할 때 해당 사회의 문화적 특성을 배제해야 한다.
⑤ (가), (나) : 도덕규범의 제시보다 도덕 언어의 의미 분석을 중시해야 한다.

● 왜 정답일까?

(가)는 이론 윤리학, (나)는 기술 윤리학이다.
이론 윤리학은 윤리학이 도덕적 삶의 지침이 될 수 있는 규범적 원리를 정립하는 것에 주력해야 한다고 본다.
기술 윤리학은 윤리학이 도덕 현상을 관찰하여 이를 객관적으로 기술하는 것에 주력해야 한다고 본다.

02 칸트의 의무론과 벤담의 공리주의   정답률 61% | 정답 ④

| 문제 보기 |

갑, 을 사상가들의 입장으로 가장 적절한 것은? [3점]

> 갑 : 어떤 행동이 아무런 경향성 없이 오로지 의무로부터 비롯될 때, 그 행위는 도덕적 가치를 갖는다. 행위의 도덕적 가치는 행위 결과가 아닌 이성적 존재자의 의지에 달려 있다.
> 을 : 어떤 행동이 공동체의 쾌락을 감소시키는 경향보다 증가시키는 경향이 크다면 이는 공리의 원칙에 일치한다. 모든 쾌락은 강도, 지속성, 확실성 등 일곱 가지 기준으로 그 양을 측정할 수 있다.

① 갑 : 의무와 일치하는 모든 행위는 도덕적 가치를 지닐 수 있다.
② 갑 : 도덕 법칙은 이성적 존재의 행복 실현을 위한 조건적 명령이다.
③ 을 : 행위가 가져올 양적 쾌락보다 질적 쾌락을 중시해야 한다.
④ 을 : 사회적 유용성의 산출을 도덕과 입법의 원리로 삼아야 한다.
⑤ 갑, 을 : 행위의 도덕성을 평가하는 기준은 결과가 아닌 동기이다.

● 왜 정답일까?

갑은 칸트, 을은 벤담이다.
칸트는 행위의 도덕성을 판단할 때 결과보다 동기를 중시하였으며, 오직 의무 의식에서 비롯된 행위만이 도덕적 가치를 지닌다고 보았다.
한편 벤담은 양적 공리주의를 주장하였으며, '최대 다수의 최대 행복'을 도덕과 입법의 원리로 삼아야 한다고 보았다.

03 예술과 윤리의 관계   정답률 82% | 정답 ①

| 문제 보기 |

㉠에 들어갈 내용으로 가장 적절한 것은?

> 예술의 목적은 모든 인간에게 타인에 대한 사랑을 갖게 하여 인류를 하나 되게 만드는 것이다. 따라서 예술가는 인류가 예술 작품을 통해 사랑이라는 보편적 감정을 교류하며 이에 공감할 수 있도록 이바지해야 한다. 그러나 어떤 사상가는 예술의 목적은 예술을 위한 예술을 추구하는 것이며, 예술가에게 윤리적 공감은 용납될 수 없는 구태의연한 양식에 불과하다고 주장한다. 나는 이러한 주장이 ㉠고 생각한다.

① 예술은 인류애의 증진을 목적으로 삼아야 함을 간과한다
② 예술은 사랑의 감정을 교류하기 위한 수단이 아님을 간과한다
③ 예술가는 예술 그 자체만을 목적으로 추구해야 함을 간과한다
④ 예술은 도덕적 가치보다 심미적 가치를 지향해야 함을 간과한다
⑤ 예술가의 사명은 인간의 이타적 품성 함양과 무관해야 함을 간과한다

● 왜 정답일까?

제시문의 '나'는 톨스토이이다. 톨스토이는 도덕주의의 입장에서 예술의 목적은 사랑이라는 보편적 감정에 대한 공감을 통해 인류애를 증진하는 것이라고 주장하였다. 제시문의 '어떤 사상가'는 와일드이며, 그는 예술 지상주의의 입장에서 예술의 목적은 예술을 위한 예술을 추구하는 것이라고 주장하였다.

04 생식 세포 유전자 치료에 대한 입장   정답률 77% | 정답 ④

| 문제 보기 |

갑, 을의 입장으로 적절한 것만을 〈보기〉에서 있는 대로 고른 것은?

> 생식 세포 유전자 치료는 유전병 퇴치에 의학적으로 유용하므로 허용되어야 합니다. 이러한 치료는 새로운 치료법의 개발을 통해 경제적 가치를 창출할 수 있고, 자신의 유전 질환을 자녀에게 물려주지 않으려는 부모의 자율성을 보장해 줄 수 있습니다.

> 생식 세포 유전자 치료는 허용해서는 안 됩니다. 이러한 치료는 의학적으로 불완전하여 후세대에 부정적 결과를 초래할 수 있습니다. 또한 치료의 영향을 받는 후세대의 동의를 얻지 않은 채 그들의 유전자를 개량하는 데 악용될 수 있습니다.

 갑 을

〈 보 기 〉
ㄱ. 갑 : 자녀의 유전병을 예방하려는 부모의 선택을 존중해야 한다.
ㄴ. 갑 : 생식 세포 유전자 치료는 경제적 효용 증진에 기여하지 못한다.
ㄷ. 을 : 생식 세포 유전자 치료는 후세대의 자율성을 침해할 수 있다.
ㄹ. 갑, 을 : 생식 세포 유전자 치료로 인해 발생할 의학적 결과를 고려해야 한다.

① ㄱ, ㄴ   ② ㄱ, ㄷ   ③ ㄴ, ㄹ
④ ㄱ, ㄷ, ㄹ   ⑤ ㄴ, ㄷ, ㄹ

● 왜 정답일까?

갑은 후세대의 유전병 퇴치, 새로운 치료법 개발을 통한 경제적 가치 창출, 부모의 자율성 보장을 근거로 생식 세포 유전자 치료를 찬성하는 입장이다. 을은 생식 세포 유전자 치료의 의학적 불완전성과 후세대의 자율성 침해 가능성을 근거로 생식 세포 유전자 치료를 반대하는 입장이다.

05 정보 공유론과 정보 사유론   정답률 88% | 정답 ⑤

| 문제 보기 |

갑은 부정, 을은 긍정의 대답을 할 질문으로 가장 적절한 것은? [3점]

> 갑 : 정보 사회에서 정보의 질은 인류의 삶의 질에 영향을 미칩니다. 따라서 양질의 정보를 생산할 수 있는 환경을 만들어 인류의 발전을 도모해야 합니다.
> 을 : 동의합니다. 정보에 대한 배타적 소유권을 보장하면 정보 생산자는 정보를 생산하는 데 들어간 노력에 대한 정당한 보상을 받을 수 있고, 이는 양질의 정보 생산으로 이어질 것입니다.
> 갑 : 그렇지 않습니다. 정보에 대한 배타적 소유권을 인정하게 되면 정보 사용에 제약이 생겨 양질의 정보 생산을 방해할 것입니다. 정보는 인류의 집단적 경험과 지식이 축적된 공동의 자산이므로 정보에 대한 배타적 소유권을 인정할 수 없습니다.
> 을 : 아닙니다. 정보에 대한 배타적 소유권을 인정하지 않는다면, 정보 생산자의 경제적 이익이 보장되지 않아 창작 의욕이 감소할 것입니다. 이는 양질의 정보 생산을 방해하여 인류의 발전을 저해할 것입니다.

① 양질의 정보는 인류의 발전을 도모하는 데 이바지하는가?
② 정보는 모두가 자유롭게 이용할 수 있는 공동의 자산인가?
③ 양질의 정보를 생산할 수 있는 환경이 조성되어야 하는가?
④ 경제적 보상이 없어도 정보 생산자의 창작 의욕은 증진되는가?
⑤ 정보에 대한 배타적 소유권 보장은 양질의 정보 생산에 기여하는가?

● 왜 정답일까?

갑은 정보를 인류의 집단적 경험과 지식이 축적된 공동의 자산으로 보고, 이러한 정보가 공유될 때 양질의 정보가 생산되어 인류의 발전을 도모할 수 있다고 주장한다. 반면 을은 정보의 배타적 소유권을 보장해야 정보 생산자의 창작 의욕이 고취되고 양질의 정보가 생산되어 인류가 발전할 수 있다고 주장한다.

06 레건, 레오폴드, 테일러의 관점   정답률 29% | 정답 ⑤

| 문제 보기 |

(가)의 갑, 을, 병 사상가들의 입장을 (나) 그림으로 표현할 때, A ~ D에 해당하는 적절한 진술만을 〈보기〉에서 있는 대로 고른 것은? [3점]

> 갑 : 사람들은 동물의 권리를 믿는다고 공언하면서도 동물을 상업적인 목적이나 실험의 용도로 사용하는 것을 전면적으로 금지하지는 않는다. 이는 삶의 주체인 동물의 권리를 침해하는 행위이다.
> 을 : 벼락에 쓰러진 참나무는 땔감으로 사용되지만, 대지 공동체의 구성원으로 존중되어야 한다. 한 그루의 나무가 죽고 다른 종들은 그것을 소비하며 혜택을 본다. 이처럼 대지 공동체는 무한히 상호 의존적이다.
> 병 : 인간이 설계한 기계는 목표 지향적인 활동을 보이지만, 독립적인 존재로서 고유의 선을 지니지 않는다. 그러나 모든 유기체는 고유의 선을 지니며, 그들 자체가 목표 지향적 활동의 중심이다.

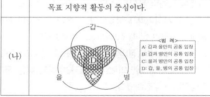

〈 보 기 〉
ㄱ. A : 인간은 자신의 생존을 위해 식물을 이용할 수 있다.
ㄴ. B : 생명 공동체 그 자체의 도덕적 지위를 인정할 수 없다.
ㄷ. C : 모든 동물은 무능력하고 내재적 가치를 지닌다.
ㄹ. D : 비이성적 존재도 도덕적 고려의 대상에 포함될 수 있다.

① ㄱ, ㄷ   ② ㄱ, ㄹ   ③ ㄴ, ㄹ
④ ㄱ, ㄴ, ㄷ   ⑤ ㄴ, ㄷ, ㄹ

● 왜 정답일까?

갑은 레건, 을은 레오폴드, 병은 테일러이다. 레건은 상업적인 목적이나 실험의 용도로 삶의 주체인 동물을 사용하는 것은 그들의 권리를 침해하는 행위라고 보았다. 레오폴드는 무생물도 대지 공동체의 구성원으로 존중되어야 한다고 보았다. 테일러는 모든 유기체가 고유의 선을 지닌 목표 지향적 활동의 중심이라고 주장하였다. 한편 레건, 레오폴드, 테일러는 공통적으로 인간이 자신의 생존을 위해 식물을 이용할 수 있으며, 비이성적인 존재도 도덕적 고려의 대상에 포함될 수 있다고 보았다.

07 직업 윤리에 대한 입장   정답률 73% | 정답 ④

| 문제 보기 |

갑, 을 사상가들의 입장으로 적절한 것만을 〈보기〉에서 있는 대로 고른 것은?

> 갑 : 수호자가 세상의 금은을 소유하게 된다면 이들과 더불어 나머지 사회 구성원 모두는 파멸하게 될 것이다. 또한 군인 계층 중 자격이 없는 자가 통치자 계층으로 이행하려 든다면 나라에 파멸을 가져올 것이다.
> 을 : 목민관이 탐욕을 부리면 백성을 착취하게 되지만 절약하면 능히 베풀 수 있다. 베푸는 것은 덕을 심는 근본이니, 녹봉을 절약하거나 자기 농토에서 거둔 수확물로 어려운 백성을 돕는 것은 이치에 맞는 일이다.

〈 보 기 〉
ㄱ. 갑 : 다스리는 자의 임무는 다른 계층의 구성원이 대행할 수 없다.
ㄴ. 을 : 다스리는 자의 청렴한 자세는 애민(愛民)의 기반이 된다.
ㄷ. 갑, 을 : 다스리는 자는 사유 재산을 나누어 공익을 추구해야 한다.
ㄹ. 갑, 을 : 다스리는 자는 절제의 덕을 갖추고 직분을 다해야 한다.

① ㄱ, ㄴ   ② ㄱ, ㄷ   ③ ㄷ, ㄹ
④ ㄱ, ㄴ, ㄹ   ⑤ ㄴ, ㄷ, ㄹ

• 왜 정답일까?

갑은 플라톤, 을은 정약용이다.

플라톤은 사람들이 각자 타고난 성향에 따라 생산자, 방위자, 통치자로 사회적 역할을 분담해야 하며, 통치자는 지혜와 용기, 절제의 덕이 조화를 이룬 사람이라고 보았다.

정약용은 백성을 다스리는 목민관의 청렴과 절용(節用)을 강조하였으며, 이는 목민관이 백성을 사랑하는 데 있어 지녀야 할 자세라고 주장하였다.

08 칸트의 영구 평화론   정답률 43% | 정답 ⑤

| 문제 보기 |

다음을 주장한 사상가가 부정의 대답을 할 질문으로 가장 적절한 것은? [3점]

> 최선의 국가 체제는 인간이 아니라 이성의 법칙이 지배하는 공화적 체제이다. 국가들은 사회 계약의 이념에 따라 하나의 국제 연맹을 결성함으로써 국제법을 통해 영원한 평화에 들어설 수 있다. 또한 세계 시민법은 보편적 우호의 조건들에 국한되어 있어야 한다.

① 모든 사람은 다른 나라를 방문할 권리를 가지고 있는가?
② 세계 평화를 실현하기 위한 노력은 인간의 도덕적 의무인가?
③ 세계 평화의 실현을 위해 정치와 도덕은 합치되어야 하는가?
④ 개별 국가들의 정치 체제는 세계 평화 실현에 영향을 주는가?
⑤ 국제법에 따라 국가들은 하나의 세계 공화국을 수립해야 하는가?

• 왜 정답일까?

제시문은 칸트의 주장이다.

칸트는 세계 평화를 실현하기 위해 국가들이 국제 연맹을 결성해야 한다고 주장하였다. 그러나 국제법에 따라 국가들이 하나의 세계 공화국을 수립해야 한다고 주장하지는 않았다.

09 분배 정의에 대한 입장   정답률 62% | 정답 ②

| 문제 보기 |

갑, 을 사상가들의 입장으로 가장 적절한 것은? [3점]

> 갑: 천부적 재능의 분포를 공동의 자산으로 생각해야 한다. 천부적으로 보다 유리한 처지에 있는 사람들의 여건을 향상시켜 준다는 조건하에서만 그들의 행운에 의해 이익을 볼 수 있다.
> 을: 자연적 능력의 분배를 공동의 자산으로 간주하는 것은 개인의 소유 권리를 침해한다. 장기적인 안목으로 볼 때, 삶은 뛰어난 능력 때문에 일부 사람들이 많은 것을 얻게 되어도 다른 사람들이 그만큼 잃게 되는 총액 불변의 게임이 아니다.

① 갑 : 천부적 재능에 비례하여 사회적 지위가 결정되어야 한다.
② 갑 : 천부적 재능으로 얻은 이익은 공정한 사회에서 정당화될 수 있다.
③ 을 : 자연적 능력을 사회의 복지 향상을 위한 수단으로 여겨야 한다.
④ 을 : 자연적 능력으로 얻은 이익을 정형적 원리에 따라 분배해야 한다.
⑤ 갑, 을 : 천부적 재능의 분포가 임의적이라는 사실은 정의롭지 않다.

• 왜 정답일까?

갑은 롤스, 을은 노직이다.

롤스는 천부적 재능의 분포를 공동의 자산으로 간주해야 한다고 주장하면서, 공정한 사회에서 천부적 재능의 우연성을 공동의 이익을 위해 이용해야 한다고 보았다.

반면에 노직은 자연적 능력의 분배를 공동의 자산으로 간주하는 것은 정의롭지 못하다고 주장하면서, 개인의 능력을 사회의 복지 향상을 위한 수단으로 여기는 것은 개인의 소유 권리를 침해하는 것이라고 보았다.

한편 롤스에 의하면 천부적 재능의 분포가 임의적이라는 사실 자체는 정의롭다거나 부정의하다고 할 수 없다.

[문제편 p.042]

10 불교 사상의 입장   정답률 84% | 정답 ③

| 문제 보기 |

다음 사상의 입장에서 〈문제 상황〉 속 A에게 제시할 조언으로 가장 적절한 것은?

> 세 개의 갈대가 땅 위에 서려면 서로 의지해야 한다. 만일 그 가운데 한 개를 제거해 버리면 두 개의 갈대는 서지 못하고, 그 가운데 두 개의 갈대를 제거해 버리면 나머지 한 개도 역시 서지 못한다. 이처럼 이것이 있기 때문에 저것이 있고, 이것이 없기 때문에 저것이 없다.

> 〈문제 상황〉
> 고등학생 A는 지진으로 인해 삶의 터전을 잃은 이재민들의 소식을 듣게 되었다. 안타까운 마음이 든 A는 얼굴도 모르는 그들을 위해 모아 놓은 용돈을 기부해야 할지 고민하고 있다.

① 자신과 이재민은 상호 독립적 존재라는 점을 명심하세요.
② 재난은 이재민들 스스로 감당해야 할 문제임을 인식하세요.
③ 자타불이(自他不二)를 깨달아 이재민들에게 선행을 베푸세요.
④ 고정된 자아를 확립하기 위해 자비심(慈悲心)을 발휘하세요.
⑤ 기부에 대한 집착에서 벗어나 자신의 경제적 이익을 추구하세요.

• 왜 정답일까?

제시문은 불교 사상의 주장이다.

불교 사상에서는 모든 존재와 현상이 서로에게 원인이 되기도 하고 조건이 되기도 하는 상호 관계 속에 있다고 본다. 그러므로 불교 사상에서는 A에게 자기가 소중하듯 남도 소중하다[自他不二]는 것을 깨달아 이재민에게 선행을 베풀어야 한다고 조언할 것이다.

11 형벌에 대한 입장   정답률 55% | 정답 ⑤

| 문제 보기 |

(가)의 갑, 을, 병 사상가들의 입장을 (나) 그림으로 탐구할 때, A ~ D에 들어갈 적절한 질문만을 〈보기〉에서 있는 대로 고른 것은? [3점]

(가)	갑: 법적으로 집행되는 사형 외에 살인자에게 범죄와 보복의 동등성은 없다. 사형은 고통받는 인격 안의 인간성을 끔찍하게 만들 수도 있을 모든 가혹 행위에서 그를 벗어나게 해주는 것이기도 하다. 을: 법을 집행할 때 살인자는 시민이라기보다는 적으로 간주해야 한다. 사회적 권리를 침해하는 자는 국가의 배신자이며, 국가의 보존은 살인자의 보존과 양립할 수 없다. 병: 종신 노역형은 사형 이상의 확실한 범죄 억제력을 발휘할 수 있다. 인간 행동의 규제는 필요 이상의 잔혹하고 일시적인 고통보다는, 효과가 확실하고 지속적인 고통이 반복될 때 가능하다.
(나)	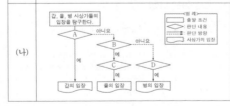

〈보기〉
ㄱ. A: 사형은 살인자의 인간 존엄성을 존중하는 형벌인가?
ㄴ. B: 범죄자에 대한 형벌 부과는 사회 계약에 근거해야 하는가?
ㄷ. C: 사형은 시민들의 생명을 보호하기 위한 수단적 형벌인가?
ㄹ. D: 형벌의 목적은 범죄로 인한 사회적 해악을 방지하는 것인가?

① ㄱ, ㄴ   ② ㄴ, ㄷ   ③ ㄷ, ㄹ
④ ㄱ, ㄴ, ㄹ   ⑤ ㄱ, ㄷ, ㄹ

• 왜 정답일까?

갑은 칸트, 을은 루소, 병은 베카리아이다. 칸트는 사형이 살인자의 인간 존엄성을 존중하는 형벌이라고 주장하였다.

루소는 사회 계약에 근거하여 형벌을 부과할 것을 주장하였으며, 사형을 시민들의 생명 보호를 위한 수단적 형벌로 보았다.

베카리아는 공리주의의 입장에서 형벌의 목적을 범죄로 인한 해악 방지로 보았다.

12 종교에 대한 입장   정답률 52% | 정답 ③

| 문제 보기 |

다음을 주장한 사상가의 입장으로 가장 적절한 것은?

> 종교적 인간은 자연에서 세속적인 것과는 전적으로 다르게 드러난 성스러움[聖顯]을 체험하며, 이를 숭배한다. 거룩한 돌이나 나무는 단순한 돌이나 나무여서가 아니라, 성스러움이 드러난 존재이기 때문에 숭배의 대상이 된다. 한편 비종교적 인간은 탈신성화된 세계에서 살기를 바라며 이러한 성스러움을 거부한다. 하지만 결국 그들은 자신이 의식하지 못하고 있을 때조차도 여전히 종교적 행동에서 해방되지 못한다.

① 비종교적 인간은 자연물에 드러난 성스러움을 인정한다.
② 종교적 인간은 자연계 그 자체를 성스러움으로 간주한다.
③ 종교적 인간은 삶 속에서 성스러움과 세속적인 것의 공존을 경험한다.
④ 종교적 인간은 현실이 아닌 상상 속에서만 초월적 존재를 만난다.
⑤ 비종교적 인간은 자신이 종교적 행동에서 벗어날 수 없다고 믿는다.

• 왜 정답일까?

제시문은 엘리아데의 주장이다.

엘리아데는 종교적 인간은 삶 속에서 성스러움과 세속적인 것의 공존을 경험할 수 있다고 보았다. 또한 엘리아데는 비종교적 인간이 자연물에 드러난 성스러움을 인정하지 않지만, 결국 깨닫지 못할 뿐 그들은 여전히 종교적 행동을 지속하고 있다고 보았다.

13 사랑에 대한 프롬의 입장   정답률 93% | 정답 ③

| 문제 보기 |

그림의 강연자가 지지할 입장으로 가장 적절한 것은?

> 사람들은 사랑을 '사랑받는' 문제로 여겨 돈을 모으고 외모를 가꾸며 사랑스러워지기 위해 노력하거나, 사랑을 '대상'의 문제로 여겨 자신에게 잘 어울리는 대상을 찾으려고 애씁니다. 그러나 이러한 방식으로는 사랑을 경험할 수는 있어도 지속할 수는 없습니다. 사랑에 실패하지 않기 위해서는 사랑의 참된 의미를 깨닫고 사랑의 기술을 배워야 합니다. 사랑은 본래 '주는 것'이지 '받는 것'이 아니며, 받기 위해 주는 것도 아닙니다. 사랑은 상대방의 성장에 대해 적극적인 관심을 가지며 자신이 가진 내면의 능력을 그에게 주는 활동입니다.

① 사랑의 실패 원인을 자신에게서 찾으면 안 된다.
② 외적인 조건을 갖추면 누구나 사랑을 지속하게 된다.
③ 사랑은 상대방의 성장과 발전에 참여하는 능동적 활동이다.
④ 자신의 이상형을 발견한 사람은 노력 없이도 사랑을 유지한다.
⑤ 사랑을 받으리란 기대가 있을 때만 사랑의 기술을 배워야 한다.

• 왜 정답일까?

그림의 강연자는 프롬이다.

프롬은 사랑에 실패하지 않기 위해서는 사랑의 참된 의미를 깨닫고 사랑의 기술을 배워야 한다고 보았다. 또한 프롬은 사랑이란 '주는 것'으로, 상대방의 성장과 발전에 참여하는 능동적 활동이라고 주장하였다.

14 시민 불복종에 대한 입장   정답률 33% | 정답 ③

| 문제 보기 |

다음을 주장한 사상가의 입장만을 〈보기〉에서 있는 대로 고른 것은? [3점]

> 시민 불복종은 공개적으로 공정한 주목을 받으며 참여하는 것으로 공공 연설에 비유할 수 있다. 이는 신중하고 양심적인 정치적 신념의 표현인 청원의 한 형태로 공개 석상에서 이루어진다. 또한 시민 불복종은 헌법과 사회 제도 일반을 규제하는 정의의 원칙들에 의해 지도되고 정당화된다.

〈보기〉
ㄱ. 시민 불복종은 그 자체로 사회를 위협하는 위법 행위이다.
ㄴ. 시민 불복종은 완전히 공개적이고 비폭력적인 정치 행위이다.
ㄷ. 시민 불복종은 공공적 정의관의 부당함을 제기하는 청원이다.
ㄹ. 정치적 자유를 침해하는 법은 시민 불복종의 대상이 될 수 있다.

① ㄱ, ㄷ   ② ㄱ, ㄹ   ③ ㄴ, ㄹ
④ ㄱ, ㄴ, ㄷ   ⑤ ㄴ, ㄷ, ㄹ

● 왜 정답일까?

제시문은 롤스의 주장이다. 롤스는 시민 불복종을 공개적으로 공정한 주목을 받으며 참여하는 행위로 보았으며, 이는 헌법과 사회 제도 일반을 규제하는 정의의 원칙들에 의해 지도되고 정당화된다고 주장하였다. 또한 시민 불복종은 완전히 공개적이고 비폭력적인 정치 행위이며, 정치적 자유를 침해하는 법은 시민 불복종의 대상이 될 수 있다고 보았다.

15 죽음에 대한 입장　　정답률 66% | 정답 ⑤

| 문제 보기 |

갑, 을 사상가들의 입장으로 적절하지 않은 것은? [3점]

> 갑: 문상(問喪) 하러 가서 대성통곡하는 것은 자연(天)의 도(道)에서 벗어나는 것이고, 사물의 본성을 배반하는 것이다. 지인(至人)은 편안한 마음으로 때를 받아들여 슬픔이니 기쁨이니 하는 것으로부터 자유롭다.
> 을: 선비에게 주어진 임무는 무겁고 가야 할 길은 멀다. 그에게는 인(仁)을 실현해야 하는 막중한 책임이 있으니, 도덕적 신념은 굳건하고 의지가 강인해야 한다. 죽음으로써 선한 도를 사수해야 하니, 이는 죽고 나서야 그만둘 뿐이다.

① 갑 : 삶과 죽음은 사계절의 변화와 같은 필연적인 과정이다.
② 갑 : 죽음을 지나치게 슬퍼하는 것은 자연의 순리에 어긋난다.
③ 을 : 죽지 아쉽지 않도록 자신의 본분을 다하며 살아야 한다.
④ 을 : 죽은 자에 대한 애도(哀悼)는 선비가 행해야 할 도리이다.
⑤ 갑, 을 : 인의 실현을 위해 죽음을 택하는 것은 도를 거스르는 것이다.

● 왜 정답일까?

갑은 장자, 을은 공자이다. 장자는 삶과 죽음을 사계절의 변화와 같은 필연적인 과정으로 보았고, 죽음을 지나치게 슬퍼하는 것은 자연의 순리에 어긋나는 것이라고 주장하였다.
반면 공자는 죽음이 아쉽지 않도록 현세에서 자신의 본분을 다하며 살아야 한다고 보았고, 죽은 자에 대한 애도(哀悼)는 선비가 행해야 할 도리라고 주장하였다. 또한 공자는 인(仁)의 실현을 위해 죽음을 택하는 것은 도에 따르는 행위라고 보았다.

16 요나스의 책임 윤리　　정답률 66% | 정답 ②

| 문제 보기 |

다음은 신문 칼럼이다. ㉠에 들어갈 내용으로 가장 적절한 것은? [3점]

> ○○신문　　　　칼 럼　　　　○○○○년 ○월 ○일
>
> 오늘날 인류는 과학 기술의 발달로 물질적 풍요를 누리고 있지만, 생태계 파괴나 기술 지배 현상 등의 문제에 직면하게 되었다. 이를 두고 어떤 사상가는 인류의 존속이 위협받고 있다고 진단하였다. 그는 현세대만을 고려하는 전통의 윤리학으로는 이러한 문제를 해결할 수 없다고 보고 새로운 윤리를 제시하였다. "미리 사유된 공포 자체가 윤리의 나침반으로 기능할 수 있으며, 공포는 행위의 포기가 아니라 행위를 의무로 받아들이게 하는 책임의 직접적 동인이다."라는 그의 주장은 과학 기술의 부정적 현상 앞에서 현세대는 _____㉠_____ 는 점을 시사하고 있다.

① 아직 존재하지 않는 대상에 대한 책임으로부터 자유로워야 한다
② 미래 세대의 실존에 대한 책임을 무조건적 의무로 수용해야 한다
③ 책임의 범위를 설정할 때 불확실한 결과를 고려하지 말아야 한다
④ 전통의 윤리학을 근거로 책임의 범위를 자연 전체로 확대해야 한다
⑤ 인류의 존속을 위해 모든 존재와의 호혜적 책임을 받아들여야 한다

● 왜 정답일까?

칼럼의 '어떤 사상가'는 요나스이다. 요나스는 책임의 범위를 현세대로 한정하는 전통의 윤리학으로는 과학 기술로 인한 문제를 해결할 수 없다고 보고, 새로운 책임 윤리를 주장하였다. 그는 인류의 존속이라는 무조건적 명령을 이행하기 위해 현세대는 미래 세대와 자연에 대한 일방적 책임을 져야 한다고 보았다.

17 베블런의 과시 소비　　정답률 91% | 정답 ①

| 문제 보기 |

다음을 주장한 사상가의 입장으로 가장 적절한 것은?

> 산업화가 이루어진 사회에서는 재력을 과시하고 명성을 획득하기 위한 과시 소비가 나타난다. 이러한 소비는 개인 간 접촉이 광범위하고 인구 이동이 많은 사회에서 체면 유지에 효과적이기 때문에 최선의 소비로 여겨진다. 과시 소비에 익숙해진 사람들은 서로를 능가하기 위해 경쟁을 벌이고 소비 기준을 높여 가며 더 많은 비용을 지출하게 된다. 이러한 행위는 사회의 모든 계층, 심지어 빈곤한 사람들에게서도 발견된다.

① 과시 소비는 부(富)를 축적하지 못한 계층에서도 관찰된다.
② 과시 소비는 명성 획득을 위한 경쟁이 증가함에 따라 위축된다.
③ 과시 소비는 개인의 경제력을 드러내기 위한 수단이 될 수 없다.
④ 과시 소비 습관을 지닌 사람들은 자신과 타인을 비교하지 않는다.
⑤ 과시 소비 경향은 인구 이동이 활발한 사회에서는 나타나지 않는다.

● 왜 정답일까?

제시문은 베블런의 주장이다. 베블런은 산업화가 이루어진 사회에서는 자신의 경제력을 과시하고 명성을 얻기 위한 과시 소비가 나타난다고 주장하였다. 또한 이러한 과시 소비는 타인과 자신을 비교하고 경쟁하는 가운데 더욱 심화되며, 특정 계층만이 아닌 사회의 모든 계층에서 나타나게 된다고 보았다.

18 국가 권위의 정당성　　정답률 78% | 정답 ③

| 문제 보기 |

갑, 을 사상가들의 공통된 입장만을 〈보기〉에서 고른 것은?

> 갑: 자기 보존을 위해 전쟁 상태인 자연 상태에서 벗어나야 한다. 이를 위해 각자는 그들이 지닌 자연권을 한 사람 혹은 하나의 합의체에 양도해야 한다.
> 을: 각자가 가진 자연법의 집행권을 포기하여 그것을 공동체에게 양도하는 곳에서만 정치 사회가 존재하게 된다. 정치 사회에서 각자는 그 자신의 생명, 자유, 재산을 보존하게 된다.

> 〈 보 기 〉
> ㄱ. 국가 권력은 한 사람에게 독점되는 절대적인 권한이다.
> ㄴ. 국가의 역할은 시민들의 안전한 삶을 보장하는 것이다.
> ㄷ. 국가 권위는 시민들의 자발적인 합의에 의해 정당화된다.
> ㄹ. 국가의 명령에 복종할 시민의 의무는 자연적으로 발생된다.

① ㄱ, ㄴ　② ㄱ, ㄷ　③ ㄴ, ㄷ　④ ㄴ, ㄹ　⑤ ㄷ, ㄹ

● 왜 정답일까?

갑은 홉스, 을은 로크이다.
사회 계약론자인 홉스와 로크는 공통적으로 국가 권위는 시민들의 자발적인 합의에 의해 정당화되고, 국가의 역할은 시민들의 안전한 삶을 보장하는 것이라고 주장하였다.

19 해외 원조에 대한 입장　　정답률 56% | 정답 ④

| 문제 보기 |

갑, 을 사상가들의 입장으로 적절한 것만을 〈보기〉에서 있는 대로 고른 것은? [3점]

> 갑: 원조는 이익 평등 고려의 원칙에 따라 행해져야 한다. 우리가 중요한 어떤 일들을 희생하지 않고도 극단적인 빈곤을 방지하거나 생명을 구할 수 있다면, 그렇게 해야 한다.
> 을: 원조의 목표는 고통받는 사회가 질서 정연한 국제 사회의 완전한 성원이 되고, 그들 스스로 자신의 미래의 경로를 결정할 수 있도록 돕는 것이다.

> 〈 보 기 〉
> ㄱ. 갑: 인류 전체의 고통을 감소시키기 위해 원조를 해야 한다.
> ㄴ. 갑: 원조의 효율성에 따라 원조의 우선순위를 정할 수 있다.
> ㄷ. 을: 원조 대상국이 정의로운 체제를 갖추면 원조를 중단해야 한다.
> ㄹ. 갑, 을: 원조의 목적은 국가 간 평균적 부의 차이를 줄이는 것이다.

① ㄱ, ㄷ　　② ㄴ, ㄹ　　③ ㄷ, ㄹ
④ ㄱ, ㄴ, ㄷ　　⑤ ㄱ, ㄴ, ㄹ

● 왜 정답일까?

갑은 싱어, 을은 롤스이다. 싱어는 공리주의적 관점에서 원조의 목적을 인류 전체의 고통을 감소시키는 것이라고 주장하였고, 원조의 효율성에 따라 원조의 우선순위를 정할 수 있다고 보았다. 롤스는 원조의 목적을 고통받는 사회가 질서 정연한 국제 사회의 구성원이 되도록 돕는 것이라고 주장하였고, 원조 대상국이 정의로운 체제를 갖추면 원조를 중단해야 한다고 보았다.

---

20 통일에 대한 입장　　정답률 81% | 정답 ①

| 문제 보기 |

(가)의 입장에 비해 (나)의 입장이 갖는 상대적 특징을 그림의 ㉠ ~ ㉤ 중에서 고른 것은?

> (가) 통일의 최대 이점은 북한 주민의 인권 문제 해결이다. 인권은 인간다운 삶을 위한 기본 조건이므로 북한 인권 문제 해결은 더 이상 미룰 수 없는 과제이다. 따라서 남북 간 정치적 일괄 타결을 통해 하루라도 빨리 통일을 이루어야 한다.
> (나) 통일의 최대 이점은 시장의 확대로 인한 이익의 증대이다. 그러나 준비 없는 통일은 통일 비용의 부담을 증가시킨다. 따라서 남북 경제 협력이나 예술 및 체육 분야 등의 교류에서 시작하여 점진적인 방법으로 통일을 이루어야 한다.

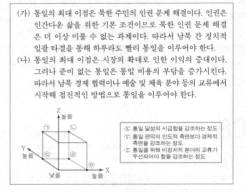

> X : 통일 달성의 시급함을 강조하는 정도
> Y : 통일 편익의 인도적 측면보다 경제적 측면을 강조하는 정도
> Z : 통일을 위해 비정치적 분야의 교류가 우선되어야 함을 강조하는 정도

① ㉠　　② ㉡　　③ ㉢　　④ ㉣　　⑤ ㉤

● 왜 정답일까?

(가)의 입장에 비해 (나)의 입장은 상대적으로 통일 달성의 시급함을 강조하는 정도(X)가 낮고, 통일 편익의 인도적 측면보다 경제적 측면을 강조하는 정도(Y)와 통일을 위해 비정치적 분야의 교류가 우선되어야 함을 강조하는 정도(Z)는 높다.

12회

──── 고3 생활과 윤리 ●

2020학년도 4월

01 ③	02 ①	03 ④	04 ④	05 ③
06 ④	07 ①	08 ⑤	09 ⑤	10 ⑤
11 ②	12 ①	13 ⑤	14 ③	15 ②
16 ④	17 ⑤	18 ②	19 ④	20 ⑤

채점결과	• 실제 걸린 시간 :	분	초
	• 맞은 문항수 :		개
	• 틀린 문항수 :		개
	• 헷갈린 문항 :		

01 메타 윤리학과 실천 윤리학
정답률 85% | 정답 ③

| 문제 보기 |

갑, 을의 입장으로 가장 적절한 것은?

> 갑 : 윤리학은 '옳다', '그르다' 등의 도덕적 언어의 의미를 명확하게 밝히고, 도덕 추론 과정의 논리적인 타당성을 입증하는 것을 핵심 과제로 삼아야 한다.
> 을 : 윤리학은 과학 기술이 발전함에 따라 환경, 생명, 정보 등 다양한 영역에서 발생하고 있는 윤리적 쟁점들에 대한 구체적이고 실제적인 해결책 탐구를 핵심 과제로 삼아야 한다.

① 갑 : 윤리학은 보편적 도덕 원리의 정립을 주된 목표로 삼아야 한다.
② 갑 : 윤리학은 도덕 현상의 객관적 기술을 주된 목표로 삼아야 한다.
③ 을 : 윤리학은 현실의 도덕 문제 해결 방안 모색에 주력해야 한다.
④ 을 : 윤리학은 윤리학의 학문적 성립 가능성 탐구에 주력해야 한다.
⑤ 갑, 을 : 윤리학은 도덕 명제의 논리적 구조 분석에 주력해야 한다.

● 왜 정답일까?

갑은 메타 윤리학의 입장, 을은 실천 윤리학의 입장이다. 메타 윤리학은 윤리학의 핵심 과제를 도덕적 언어의 의미를 분석하고, 도덕 추론 과정의 논리적 타당성을 입증하는 것이라고 본다. 실천 윤리학은 윤리학의 핵심 과제를 현실의 도덕 문제를 해결하기 위한 방안을 모색하는 것이라고 본다.

02 해외 원조에 대한 입장
정답률 46% | 정답 ①

| 문제 보기 |

(가)의 갑, 을 사상가들의 입장을 (나) 그림으로 표현할 때, A ~ C에 해당하는 적절한 진술만을 〈보기〉에서 있는 대로 고른 것은? [3점]

(가)	갑 : 원조의 목적은 불리한 여건으로 고통받는 사회가 질서 정연한 국제 사회의 구성원이 되도록 하는 것이다. 질서 정연한 만큼은 고통받는 사회가 자신의 문제들을 합리적으로 관리할 수 있도록 도와야 한다. 을 : 원조를 받는 사람들을 도와 인류 전체의 행복을 증진시키는 것이다. 원조의 대상이 어떤 공동체의 구성원인지에 관계없이 고통받는 사람들을 도와야 한다.
(나)	 〈 범 례 〉 A : 갑만의 입장 B : 갑, 을의 공통 입장 C : 을만의 입장

〈 보 기 〉
ㄱ. A : 빈곤하지만 질서 정연한 사회는 원조 대상에서 제외된다.
ㄴ. B : 자선의 차원을 넘어 의무의 차원에서 원조를 시행해야 한다.
ㄷ. C : 원조의 궁극적인 목적은 빈곤국의 복지 수준 향상에 있다.
ㄹ. C : 공리의 원리에 따라 인류의 부를 균등하게 분배해야 한다.

① ㄱ, ㄴ
② ㄱ, ㄷ
③ ㄷ, ㄹ
④ ㄱ, ㄴ, ㄷ
⑤ ㄴ, ㄷ, ㄹ

● 왜 정답일까?

갑은 롤스, 을은 싱어이다. 롤스는 불리한 여건으로 고통받는 사회가 질서 정연한 사회가 되도록 돕는 것을 원조의 목적으로 보아, 빈곤하지만 질서 정연한 사회는 원조 대상에서 제외된다고

주장하였다. 싱어는 인류 전체의 행복 증진을 원조의 목적으로 보아, 공리의 원리에 근거해 고통받는 사람들을 도와야 한다고 주장하였다. 한편 롤스와 싱어는 공통적으로 자선의 차원을 넘어 의무의 차원에서 원조를 시행해야 한다고 보았다.

03 예술에 대한 입장
정답률 68% | 정답 ④

| 문제 보기 |

갑, 을 사상가들의 입장만을 〈보기〉에서 있는 대로 고른 것은?

> 음악이란 즐기는 것입니다. 음악으로 군자(君子)는 올바른 도(道)를 터득함을 즐기고, 소인(小人)은 그의 욕망을 예(禮)에 맞게 채우게 됨을 즐깁니다. 음악으로 올바른 도를 터득하여 욕망을 통제하면 백성들은 올바른 길로 향하게 됩니다.

> 음악이 즐겁지 않은 것은 아닙니다. 그러나 음악은 성왕(聖王)의 일과 맞지 않으며, 백성의 이로움[利]과도 맞지 않으므로 음악을 즐기는 것은 옳지 않습니다. 비록 천하의 이로움을 일으키고자 하여도 이는 아무런 도움이 되지 않습니다.

〈 보 기 〉
ㄱ. 갑 : 음악은 사회의 질서를 유지시키는 데 기여할 수 있다.
ㄴ. 갑 : 음악은 백성의 욕망을 절제하는 데 도움을 줄 수 있다.
ㄷ. 을 : 음악은 백성의 이익을 증진시키는 유용한 수단이다.
ㄹ. 갑, 을 : 통치자는 음악이 백성의 삶에 미치는 영향을 고려해야 한다.

① ㄱ, ㄴ
② ㄴ, ㄷ
③ ㄷ, ㄹ
④ ㄱ, ㄴ, ㄹ
⑤ ㄱ, ㄷ, ㄹ

● 왜 정답일까?

갑은 순자, 을은 묵자이다. 순자는 음악이 백성의 욕망을 절제하고 사회의 질서를 유지시키는 데 기여할 수 있다고 보았다. 반면 묵자는 음악이 백성들의 이익에 도움이 되지 않으므로 음악을 즐기는 것은 옳지 않다고 주장하였다.

04 평화에 대한 입장
정답률 74% | 정답 ④

| 문제 보기 |

갑, 을 사상가들의 입장으로 가장 적절한 것은? [3점]

> 갑 : 영구 평화를 달성하기 위해서는 모든 국가의 시민적 정치 체제가 공화 정체이어야 하며, 국제법은 자유로운 국가들의 연방 체제에 기초해야 한다.
> 을 : 진정한 평화를 창조하기 위해서는 언어적 폭력과 신체적 폭력 등의 직접적 폭력은 물론, 직접적 폭력과 구조적 폭력을 정당화하는 문화적 폭력도 제거해야 한다.

① 갑 : 영구 평화를 위해서는 상비군의 개입을 확대해야 한다.
② 갑 : 국제 평화 유지를 위해 단일한 세계 정부를 구성해야 한다.
③ 을 : 범죄와 전쟁이 사라지게 되면 모든 문화적 폭력도 없어진다.
④ 을 : 진정한 평화 실현을 위해 억압 및 착취 구조의 개선이 필요하다.
⑤ 갑, 을 : 평화를 실현하기 위한 수단으로 사용된 폭력은 정당하다.

● 왜 정답일까?

갑은 칸트, 을은 갈퉁이다. 칸트는 영구 평화를 위해 자유로운 국가들 간의 연맹이 필요하다고 보았으며, 상비군은 점차적으로 완전히 폐지되어야 한다고 주장하였다. 갈퉁은 진정한 평화를 실현하기 위해서는 평화적 수단을 사용하여 직접적 폭력뿐만 아니라 구조적 폭력과 문화적 폭력을 모두 제거해야 한다고 주장하였다.

05 도가와 유교의 사상
정답률 74% | 정답 ③

| 문제 보기 |

(가), (나) 사상의 입장으로 가장 적절한 것은?

> (가) 도(道)는 자연(自然)을 본받아 어긋나지 않는다. 성인(聖人)은 무위(無爲)에 몸을 두고 무언(無言)의 가르침을 행한다. 만물은 스스로 자라나는 법이며 간섭할 필요가 없다.
> (나) 인(仁)이란 사람을 사랑하는 것이다. 성인은 진실된 마음으로 다른 사람을 대하며, 자신이 원하는 것을 미루어 다른 사람이 원하는 것을 이해한다.

① (가) : 도를 실현하기 위해 사회 규범을 확립해야 한다.
② (가) : 성인은 옳고 그름을 분별하는 지식을 갖추어야 한다.

③ (나) : 도덕적인 사람이 되기 위해 충서(忠恕)를 실천해야 한다.
④ (나) : 무욕(無欲)과 무지(無知)의 삶을 통해 인을 실현해야 한다.
⑤ (가), (나) : 성인은 도덕과 예의(禮義)로써 백성을 교화해야 한다.

● 왜 정답일까?

(가)는 도가 사상, (나)는 유교 사상이다. 도가 사상에서는 무위자연(無爲自然)을 강조하며 무욕(無欲)과 무지(無知)의 삶을 살아야 한다고 주장한다. 유교 사상에서는 충서(忠恕)를 실천하여 인(仁)을 실현해야 한다고 주장한다.

06 다문화에 대한 입장
정답률 91% | 정답 ④

| 문제 보기 |

그림의 강연자가 지지할 입장만을 〈보기〉에서 있는 대로 고른 것은?

> 이민자들에게 주류 집단의 문화를 채택하도록 강제해서는 안 되며, 이들을 주변인으로 취급해서도 안 됩니다. 오히려 이민자들의 정체성을 인정하고 이들과의 차이를 수용하여, 다양한 문화가 서로 대등하게 조화를 이룰 수 있도록 해야 합니다. 이러한 태도는 이민자들로 하여금 현재 소속된 국가의 정치 제도를 거부하는 것이 아니라 받아들이게 함으로써, 사회 구성원 간의 연대를 강화하여 소속된 국가의 정치적 안정성을 증진시킬 수 있습니다.

〈 보 기 〉
ㄱ. 이민자들의 고유한 전통과 관습을 인정해야 한다.
ㄴ. 이질적인 문화를 주류 집단의 문화에 동화시켜야 한다.
ㄷ. 사회 통합의 과정에서 이민자들의 정체성을 존중해야 한다.
ㄹ. 사회 내 다양한 문화를 존중하면 시민 간 결속이 강화될 것이다.

① ㄱ, ㄴ
② ㄱ, ㄷ
③ ㄴ, ㄹ
④ ㄱ, ㄷ, ㄹ
⑤ ㄴ, ㄷ, ㄹ

● 왜 정답일까?

그림의 강연자는 이민자들의 전통과 정체성 등을 인정하여 다양한 문화가 서로 대등하게 조화를 이루어야 한다고 주장한다. 또한 강연자는 사회 내 다양한 문화에 대한 존중이 사회 구성원 간의 연대를 강화하여 사회 통합에 기여할 수 있다고 본다.

07 시민 불복종에 대한 롤스의 입장
정답률 38% | 정답 ①

| 문제 보기 |

다음 사상가의 입장으로 가장 적절한 것은? [3점]

> 시민 불복종을 통해 우리는 공동 사회의 다수자가 갖는 정의감을 나타내게 되고, 신중한 견지에서 볼 때 자유롭고 평등한 사람들 사이에서 사회 협동체의 원칙이 존중되지 않고 있음을 선언하게 된다. 시민 불복종은 비록 법의 바깥 경계선에 있더라도 법에 대한 충실성의 한계 내에서 이루어져야 한다. 이는 시민 불복종이 정치적으로도 양심적이고 다수자가 갖는 정의감에 호소하려고 의도된 것이라는 사실을 보여 준다.

① 평등한 자유의 원칙은 시민 불복종의 대상에서 제외된다.
② 시민 불복종은 신중한 신념을 표현하는 비공개적인 행위이다.
③ 시민 불복종은 그 행위로 인한 법적 처벌의 거부까지 포함한다.
④ 시민 불복종은 체제의 합법성을 부정하는 의도적인 위법 행위이다.
⑤ 개인의 양심에 어긋나는 모든 법에 대해 시민 불복종을 할 수 있다.

● 왜 정답일까?

제시문은 롤스의 주장이다. 롤스는 시민 불복종을 부정의한 법이나 정부 정책을 변혁시키기 위해 다수가 공유하고 있는 정의관을 근거로 행해지는, 공개적이고 비폭력적이며 양심적이긴 하지만 법에 반하는 의도적인 위법 행위라고 주장하였다. 따라서 평등한 자유의 원칙은 시민 불복종의 대상에서 제외된다.

08 죽음에 대한 입장
정답률 81% | 정답 ⑤

| 문제 보기 |

(가), (나) 사상의 입장으로 옳지 않은 것은? [3점]

(가) 삶은 잠시 빌려 사는 것으로 먼지나 티끌 같은 것이고, 죽음과 삶의 이치는 낮과 밤의 변화와 같다. 만물에는 삶도 있고 죽음도 있다. 근본에서 보자면 삶이란 기(氣)의 모임이고, 죽음이란 기의 흩어짐이다.

(나) 죽음 이후의 삶이 어떻게 전개되는가에 대한 관심보다 현실의 삶에서 마음을 다스려 고요한 열반(涅槃)의 경지를 유지하는 것이 중요하다. 윤회(輪廻)한다는 것은 결국 괴로움[苦]이므로 이것에서 벗어나는 열반이 중요하다.

① (가) : 삶과 죽음을 기의 자연스러운 변화 과정으로 보아야 한다.
② (가) : 삶과 죽음은 좋아함과 싫어함으로 차별되는 대상이 아니다.
③ (나) : 윤회의 과정에서 자신의 업(業)이 죽음 이후의 삶을 결정한다.
④ (나) : 윤회에서 벗어나려면 자신의 본래 모습[自性]을 깨달아야 한다.
⑤ (가), (나) : 죽음 이후에야 비로소 모든 괴로움에서 벗어나게 된다.

● 왜 정답일까?

(가)는 도가 사상, (나)는 불교 사상이다.
도가 사상에서는 삶과 죽음을 기(氣)의 자연스러운 변화 과정으로 여겨, 삶과 죽음이 좋아함과 싫어함으로 차별되는 대상이 아니라고 본다. 불교 사상에서는 윤회(輪廻) 과정에서 인간의 선행과 악행이 죽음 이후의 삶을 결정한다고 본다.

09 뉴 미디어 시대의 매체 윤리   정답률 95% | 정답 ⑤

| 문제 보기 |

다음 가상 편지의 입장으로 가장 적절한 것은?

○○에게
요즘 정보 탐색과 의견 공유를 위해 다양한 뉴 미디어를 이용하고 있더구나. 하지만 뉴 미디어 이용의 증가로 거짓 정보의 생산도 더불어 증가하고 있으니 뉴 미디어 내 정보를 제대로 판단해 이용해야 한단다. 물론 거짓 정보를 줄이기 위한 기술적·제도적 장치도 마련되어 있으나, 정보를 소비하고 생산하는 주체인 뉴 미디어 이용자들이 비판적 이해력을 지니지 않는다면 거짓 정보의 생산을 막는 데에는 한계가 있단다. 따라서 너도 뉴 미디어 내 정보를 무조건 수용하기보다는 관련 정보를 올바르게 판단하여 이용할 수 있는 능력을 지니기 위해 노력하기를 바란다.

① 뉴 미디어 기술의 발달로 거짓 정보의 생산이 불가능해졌다.
② 뉴 미디어의 확산으로 정보 생산자와 소비자의 구분이 명확해졌다.
③ 뉴 미디어 내 거짓 정보는 타율적 제재를 통해서만 제거해야 한다.
④ 뉴 미디어의 이용자 수가 늘어나면서 거짓 정보는 줄어들고 있다.
⑤ 뉴 미디어의 올바른 이용을 위해 비판적 사고 능력을 갖춰야 한다.

● 왜 정답일까?

가상 편지에서는 뉴 미디어 이용이 증가하면서 거짓 정보의 생산도 증가하고 있다고 본다. 이에 뉴 미디어 이용자는 뉴 미디어를 이용할 때, 정보에 대한 비판적 사고 능력을 바탕으로 뉴 미디어 내 정보를 올바르게 소비하고 생산해야 한다고 주장한다.

10 자연을 바라보는 다양한 입장   정답률 12% | 정답 ⑤

| 문제 보기 |

(가)의 갑, 을, 병 사상가들의 입장에서 서로에게 제기할 수 있는 비판을 (나) 그림으로 표현할 때, A ~ E에 해당하는 적절한 내용만을 〈보기〉에서 있는 대로 고른 것은? [3점]

(가)	갑 : 어떤 존재의 고통을 고려하지 않는 도덕적 논증은 있을 수 없다. 이익 평등 고려의 원리는 존재들 간의 동일한 고통을 동일하게 고려할 것을 요구한다.
	을 : 생명 공동체의 구성원으로서 자신의 성장, 발전, 번식을 지향하는 존재는 고유한 선을 지니며 이들은 목적론적 삶의 중심이다.
	병 : 인간과 인간이 아닌 삶의 주체는 도덕적 권리를 갖는다. 최소한 몇몇 포유류를 포함한 이들은 목적적 존재로 대우받아야 한다.

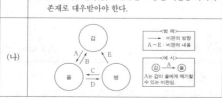

〈범 례〉
→ : 비판의 방향
A~E : 비판의 내용
A→B : A는 B에게 제기할 수 있는 비판

● 왜 정답일까?

〈보기〉
ㄱ. A : 종(種) 차이에 따라 도덕적 지위에 차별을 두지 말아야 함을 간과한다.
ㄴ. E : 성장할 포유동물은 결코 인간을 위한 자원으로 대우받아서는 안 됨을 간과한다.
ㄷ. B, D : 인간이 생명체에 해를 끼쳤을 경우 이에 대한 보상적 정의의 의무를 지님을 간과한다.
ㄹ. C, E : 유정(有情)적 존재라도 도덕적 지위를 갖지 못할 수 있음을 간과한다.

① ㄱ, ㄴ
② ㄱ, ㄹ
③ ㄷ, ㄹ
④ ㄱ, ㄴ, ㄷ
⑤ ㄴ, ㄷ, ㄹ

● 왜 정답일까?

갑은 싱어, 을은 테일러, 병은 레건이다.
싱어는 인간과 동물의 이익을 동등하게 고려해야 한다는 이익 평등 고려의 원리를 제시하며, 유정(有情)적 존재는 도덕적 지위를 갖는다고 주장하였다. 테일러는 모든 생명체가 목적론적 삶의 중심으로서 의식 유무와 상관없이 도덕적 지위를 갖는다고 주장하였다. 레건은 삶의 주체인 존재들은 도덕적으로 존중받을 권리가 있다고 주장하였다.
따라서 싱어와 테일러는 공통적으로 모든 유정적 존재는 도덕적 지위를 갖는다고 보는 반면, 레건은 유정적 존재라도 도덕적 지위를 갖지 못할 수 있다고 볼 것이다.

11 형벌에 대한 칸트와 베카리아의 입장   정답률 54% | 정답 ②

| 문제 보기 |

갑 사상가는 긍정, 을 사상가는 부정의 대답을 할 질문으로 가장 적절한 것은? [3점]

갑 : 형벌은 동등성의 원리에 따라 집행되어야 한다. 만약 어떤 사람이 살인을 저질렀다면, 이 경우 범죄자에게 법적으로 집행되는 사형 외에 범죄와 보복의 동등성은 없다.
을 : 형벌은 범죄자가 아닌 시민의 이익을 위해 집행되어야 한다. 범죄자가 자신의 노역으로 사회에 끼친 손해에 속죄하는 모습을 오래 보여 주는 것이 사형보다 범죄 억제에 더 효과적이다.

① 사형 집행의 정당성 여부는 사회 계약에 근거해 판단해야 하는가?
② 형벌은 공적 정의 실현을 위해 보복법에 따라 부과되어야 하는가?
③ 형벌과 범죄와의 비례 관계를 고려하여 형벌을 집행해야 하는가?
④ 사형은 살인범의 인격 안의 인간성을 가혹하게 다루는 형벌인가?
⑤ 형벌은 사적 보복이 아닌 공공복리를 목적으로 시행되어야 하는가?

● 왜 정답일까?

갑은 칸트, 을은 베카리아이다.
칸트는 응보주의 관점에서 동등성의 원리에 따라 형벌이 집행되어야 하며, 오직 보복법만이 형벌의 양과 질을 명확하게 제시할 수 있다고 주장하였다.
반면 베카리아는 공리주의 관점에서 사형보다 종신 노역형이 범죄 예방에 더 효과적이며, 사회 계약에 근거해 사형이 정당화될 수 없다고 주장하였다.

12 국가의 시민에 대한 의무   정답률 56% | 정답 ①

| 문제 보기 |

다음 사상가의 관점에만 모두 '√'를 표시한 학생은?

사람들은 그들이 자연 상태에서 가졌던 평등, 자유 및 집행권을 사회의 선이 요구하는 바에 따라 입법부가 처리할 수 있도록 사회의 수중에 양도한다. 입법부의 권력은 자연 상태를 불안하게 하는 결함을 제거하므로써 시민들의 기본권을 보호해야 하며, 시민들의 안전 및 공공선이 아닌 다른 목적을 위해 행사되어서는 안 된다.

관점＼학생	갑	을	병	정	무
국가에 대한 정치적 의무는 시민들의 동의에 의해 발생한다.	√	√		√	
국가는 시민의 생명과 재산을 보호해야 할 의무가 있다.	√		√		
국가 권력에 대해 시민은 어떤 경우에도 저항할 수 없다.		√		√	
국가는 인간의 정치적 본성에 의해 형성된 자연적 산물이다.			√		√

① 갑 ② 을 ③ 병 ④ 정 ⑤ 무

● 왜 정답일까?

제시문은 로크의 주장이다.
로크는 국가를 시민들의 동의에 의해 형성된 인위적 산물로 보았으며, 국가는 시민들의 자유와 생명, 재산을 보호해야 할 의무를 지닌다고 주장하였다.
또한 로크는 국가가 제 역할을 하지 못한다면 시민들은 국가 권력에 대해 저항할 수 있다고 보았다.

13 과학 기술의 사회적 책임   정답률 72% | 정답 ⑤

| 문제 보기 |

(가)의 입장에 비해 (나)의 입장이 갖는 상대적 특징을 그림의 ⊙ ~ ⓒ 중에서 고른 것은?

| (가) | 과학 기술 자체는 가치 중립적이다. 따라서 과학 기술자는 과학 기술의 발전 및 활용의 과정에서 자신의 연구 결과가 사회에 미칠 영향에 대해 책임질 필요가 없으며, 과학 기술자의 연구는 윤리적 규제에서 벗어나야 한다. |
| (나) | 과학 기술의 발전 및 활용의 과정은 가치 중립적이지 않다. 따라서 과학 기술자는 과학 기술의 발전 및 활용의 과정에서 자신의 연구 결과가 사회에 미칠 영향에 대해 책임져야 하며, 과학 기술자의 연구는 윤리적 규제를 받아야 한다. |

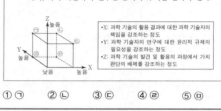

X : 과학 기술의 활용 결과에 대한 과학 기술자의 책임을 강조하는 정도
Y : 과학 기술의 연구에 대한 윤리적 규제의 필요성을 강조하는 정도
Z : 과학 기술의 발전 및 활용의 과정에서 가치 판단의 배제를 강조하는 정도

① ⊙ ② ⓛ ③ ⓒ ④ ⓔ ⑤ ⓜ

● 왜 정답일까?

(가)의 입장에 비해 (나)의 입장은 상대적으로 과학 기술의 활용 결과에 대한 과학 기술자의 책임을 강조하는 정도(X)와, 과학 기술자의 연구에 대한 윤리적 규제의 필요성을 강조하는 정도(Y)가 높다. 반면 과학 기술의 발견 및 활용의 과정에서 가치 판단의 배제를 강조하는 정도(Z)는 상대적으로 낮다.

14 분배 정의에 대한 다양한 입장   정답률 44% | 정답 ③

| 문제 보기 |

(가)의 갑, 을, 병 사상가들의 입장을 (나) 그림으로 탐구할 때, A ~ D에 들어갈 적절한 질문만을 〈보기〉에서 고른 것은?

[3점]

(가)	갑 : 정의의 원칙들은 다원적이다. 상이한 사회적 가치들은 상이한 근거들에 따라 상이한 절차에 맞게 상이한 주체에 의해 분배되어야 한다.
	을 : 정의의 원칙들이 공정한 합의나 약정의 결과가 되는 것은 원초적 입장에서 무지의 베일을 쓴 당사자들 모두가 유사한 상황 속에 처하게 되기 때문이다.
	병 : 정의로운 사회는 개인의 소유권이 최우선적으로 보장되는 사회이다. 재화의 취득과 이전의 과정이 부당한 것이 아니라면 그 재화의 보유 상태는 정의롭다.

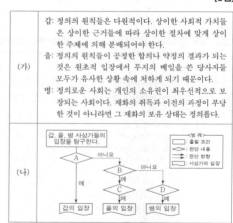

〈보기〉
ㄱ. A : 서로 다른 사회적 가치들은 동일한 기준에 따라 분배되어야 하는가?
ㄴ. B : 자신의 경제적 형편을 모르는 상황에서 정의의 원칙이 도출되어야 하는가?
ㄷ. C : 합의된 정의의 원칙은 당사자들의 만장일치로 선택된 것인가?
ㄹ. D : 소유권은 오직 취득과 이전의 정의 원리에 의해 부여되는가?

① ㄱ, ㄴ ② ㄱ, ㄷ ③ ㄴ, ㄷ ④ ㄴ, ㄹ ⑤ ㄷ, ㄹ

● 왜 정답일까?

갑은 왈처, 을은 롤스, 병은 노직이다.
왈처는 복합 평등 정의의 관점에서 정의의 기준은 공동체마다 다를 수 있으므로 각 영역마다 서로 다른 정의의 기준을 적용하는 다원적 정의를 제시하였다.
롤스는 공정으로서의 정의의 관점에서 정의의 원칙을 구성하기 위한 공정한 절차로서 원초적 입장이라는 가상적 상황을 설정하였다.

노직은 소유 권리로서의 정의의 관점에서 재화의 최초 취득, 그 것의 양도(이전), 교정의 과정이 정당하면 현재의 소유권이 정당하다고 주장하였다.

15 음식 윤리에 대한 입장 정답률 87% | 정답 ②

| 문제 보기 |

다음 글의 입장만을 〈보기〉에서 있는 대로 고른 것은?

> 인간은 자연으로부터 영양분을 흡수하는 신진대사작용을 통해 자연과 소통하게 된다. 즉 인간은 먹는 행위를 통해 자연의 순환에 참여한다. 이러한 먹는 행위는 '먹는다'와 '식사한다'로 구분될 필요가 있다. '먹는다'는 것은 단지 허기를 채우는 수단을 전제하기에 '먹는다'에서 비롯된 즐거움은 인간과 동물에게 공통적이다. 반면 '식사한다'는 것은 회식을 위해 참석하는 사람들의 즐거움을 위해 누구를 초대할지, 어떤 음식을 먹을지, 어떤 식사 예절을 지켜야 할지에 대한 다양한 사적인 준비가 전제되므로 '식사한다'에서 비롯된 즐거움은 인간에게만 특유한 것이다. 따라서 '먹는다'는 것은 생물학적 성격을 갖는 행위이지만, '식사한다'는 것은 이성적인 행위이면서도 도덕적 판단의 대상이 되는 행위이다.

〈 보 기 〉
ㄱ. 먹는 행위를 통해 인간은 자연과 유기적 관계를 맺는다.
ㄴ. '먹는다'는 것은 인간의 본능적인 행위에 포함될 수 없다.
ㄷ. '먹는다'는 '식사한다'와 달리 정신적인 작용이 포함된 행위이다.
ㄹ. '먹는다'와 '식사한다'에서 비롯된 즐거움을 동일하게 볼 수 없다.

① ㄱ, ㄴ   ② ㄱ, ㄹ   ③ ㄷ, ㄹ
④ ㄱ, ㄴ, ㄷ   ⑤ ㄴ, ㄷ, ㄹ

• 왜 정답일까?

제시문에서 필자는 먹는 행위를 자연으로부터 영양분을 흡수하는 행위로 보고, 인간은 이러한 먹는 행위를 통해 자연의 순환에 참여한다고 주장한다.
또한 '먹는다'에서 비롯된 즐거움은 인간과 동물에게는 공통적이지만, '식사한다'에서 비롯된 즐거움은 인간에게만 특유하다고 주장한다.
이러한 입장에서 볼 때 인간은 먹는 행위를 통해 자연과 유기적 관계를 맺는다는 것, '먹는다'에서 비롯된 즐거움과 '식사한다'에서 비롯된 즐거움을 동일한 즐거움으로 볼 수 없다는 것을 유추할 수 있다.

16 니부어의 사회 윤리 정답률 61% | 정답 ④

| 문제 보기 |

다음 사상가의 입장만을 〈보기〉에서 있는 대로 고른 것은?
[3점]

> 애국심이란 저급한 충성심이나 지역적 충성과 비교해 볼 때, 높은 형태의 이타주의다. 하지만 그것은 절대적 전망에서 보면 한갓 이기주의의 또 다른 형태에 지나지 않는다. 집단이 크면 클수록 그 집단은 전체적인 인간 집단에서 스스로 이기적으로 표현한다. 이런 집단은 더욱 효율적이고 강력해지며, 사회적 제재도 물리칠 수 있게 된다.

〈 보 기 〉
ㄱ. 집단 내 개인 간의 문제는 합리적인 조정을 통해 해결 가능하다.
ㄴ. 집단에 대한 개인의 헌신을 이기주의의 표현으로 간주할 수 있다.
ㄷ. 애국심은 도덕적 개인이 모인 사회를 비도덕적으로 만들 수 있다.
ㄹ. 개인은 집단에 비해 이기적 충동을 억제하는 능력이 결여되어 있다.

① ㄱ, ㄷ   ② ㄱ, ㄹ   ③ ㄴ, ㄹ
④ ㄱ, ㄴ, ㄷ   ⑤ ㄴ, ㄷ, ㄹ

• 왜 정답일까?

제시문은 니부어의 주장이다.
니부어는 도덕적인 개인으로 구성된 집단일지라도 그 집단에 속한 개인이 이기적으로 행동하기 쉽다고 보았다.
그는 집단 내 개인 간의 문제는 도덕적이고 합리적인 조정과 설득을 통해 어느 정도 해결이 가능하지만, 집단 간의 문제는 윤리적이기보다 정치적이므로 합리적인 조정과 설득만으로는 쉽게 해결되지 않는다고 주장하였다.

17 기업의 사회적 책임에 대한 입장 정답률 78% | 정답 ⑤

| 문제 보기 |

갑, 을 사상가들의 입장으로 가장 적절한 것은?

갑: 기업이 가지는 유일한 사회적 책임은 속임수나 부정행위 없이 공개적이고 자유로운 경쟁에 전념하는 것이다. 주주들을 위해 되도록 돈을 많이 버는 것 말고 다른 사회적 책임을 받아들이는 현상은 자유 사회의 근간을 근본적으로 허무는 것이다.
을: 기업은 법의 테두리 안에서 경영을 해야 할뿐만 아니라 자선 사업, 환경 보호 활동 등 사회 구성원으로서의 사회적 책임도 이행해야 한다. 이럴 때 기업은 소비자의 신뢰를 얻게 될 것이고, 이로 인해 장기적으로 기업의 이익도 증진될 것이다.

① 갑 : 기업은 주주들과 소비자의 이익을 동등하게 고려해야 한다.
② 갑 : 기업의 자선 활동은 기업이 지니는 사회적 책임에 포함된다.
③ 을 : 기업의 환경 보호 활동은 기업의 이미지 제고와 무관하다.
④ 을 : 기업의 본질은 사회 구성원들의 복지를 향상시키는 것이다.
⑤ 갑, 을 : 기업은 합법적으로 이윤을 창출해야 할 사회적 책임을 지닌다.

• 왜 정답일까?

갑은 프리드먼, 을은 애로우이다.
프리드먼은 기업의 사회적 책임을 주주의 이익에 봉사하여 기업의 이익을 극대화시키는 것이라고 보았다.
반면 애로우는 기업의 사회적 책임에 합법적인 이윤의 창출뿐만 아니라, 다양한 사회 문제 해결에 관심을 가지고 공익의 실현에 기여하기 위해 활동하는 것도 포함된다고 주장하였다.

18 동물 학대에 대한 칸트의 입장 정답률 37% | 정답 ②

| 문제 보기 |

다음 사상가의 입장에서 〈문제 상황〉 속 A에게 제시할 조언으로 가장 적절한 것은? [3점]

> 인간은 인간에 대한 의무 외에는 어떤 존재자에 대한 의무도 지닐 수 없다. 인간의 다른 존재자들에 대한 의무는 오로지 자기 자신에 대한 의무에 지나지 않으며, 동물을 잔학하게 다루는 것은 인간의 자기 자신에 대한 의무와 내면에서 더욱 배치된다.

〈문제 상황〉
고등학생 A는 자신의 SNS 조회 수를 높이기 위해 동물을 괴롭히는 장면을 촬영하여 SNS에 게시하였다. A는 동물을 괴롭히면서도 자신의 잘못을 느끼지 못하고 있다.

① 동물을 수단이 아닌 목적적 존재로 대우해야 함을 유념하세요.
② 동물 학대는 도덕성에 유익한 자연적 소질을 약화시킴을 명심하세요.
③ 동물 학대는 동물의 내재적 가치를 무시하는 행동임을 인식하세요.
④ 동물의 권리를 존중하는 것은 인간의 도덕적 의무임을 깨달으세요.
⑤ 동물은 도덕적 행위 주체로서 배려받아야 할 대상임을 기억하세요.

• 왜 정답일까?

제시문은 칸트의 주장이다.
칸트는 동물을 잔학하게 다루는 행위는 타인과의 관계에서 인간의 도덕성에 유익한 자연적 소질을 약화시킬 수 있으므로, 동물을 학대하지 말아야 한다고 주장하였다.

19 성의 자기 결정권에 대한 입장 정답률 68% | 정답 ④

| 문제 보기 |

다음 토론의 핵심 쟁점으로 가장 적절한 것은? [3점]

갑: 인간은 누구나 자신에 관한 일을 스스로 결정하고 행동할 권리를 지니며, 성(性)과 관련된 부분에도 이러한 자기 결정권을 행사할 수 있습니다.
을: 동의합니다. 다만 경제적 이익을 얻기 위해 자신의 성적 이미지를 상품화하는 행위는 성을 도구화하는 것으로 올바른 성의 자기 결정권을 행사했다고 볼 수 없습니다.
갑: 아닙니다. 성적 이미지를 이용해 경제적 이익을 추구하는 과정에서 타인의 권리를 침해하지 않았다면, 이는 성의 자기 결정권을 올바르게 행사한 것으로 볼 수 있습니다.
을: 하지만 타인의 권리를 침해하지 않더라도 인간의 존엄성을 훼손하는 행위는 윤리적으로 문제가 됩니다. 성을 도구화하는 것은 성의 인격적 가치를 왜곡하여 인간의 존엄성을 훼손하므로 올바른 성의 자기 결정권의 행사로 볼 수 없습니다.

① 성의 자기 결정권은 누구나 보장받아야 할 기본적 권리인가?
② 올바른 성의 자기 결정권을 행사하기 위해 노력해야 하는가?
③ 성의 자기 결정권 행사를 제한할 수 있는 조건이 존재하는가?
④ 성적 이미지의 상업적 이용은 도덕적으로 정당화될 수 있는가?
⑤ 인간은 자신의 성과 관련된 행동을 자율적으로 결정할 수 있는가?

• 왜 정답일까?

갑은 자신의 성적 이미지를 이용해 경제적 이익을 추구하는 과정에서 타인의 권리를 침해하지 않는다면, 이는 올바른 성의 자기 결정권을 행사한 것으로 볼 수 있다고 주장한다.
반면 을은 성적 이미지를 이용해 경제적 이익을 추구하는 것은 인간의 존엄성을 훼손시키므로 올바른 성의 자기 결정권을 행사한 것으로 볼 수 없으며, 도덕적으로도 정당화될 수 없다고 주장한다.

20 하버마스의 담론 윤리 정답률 86% | 정답 ⑤

| 문제 보기 |

(가)를 주장한 사상가의 입장에서 볼 때, (나)의 A에 들어갈 적절한 내용만을 〈보기〉에서 있는 대로 고른 것은?

(가)	현대 민주주의의 위기의 본질은 시민의 의사가 공적 영역의 결정에 올바르게 반영되지 못하는 데 있다. 정치, 경제 등 다양한 공적 영역의 결정에 시민의 의사가 올바르게 반영되기 위해서는 합리적 의사소통의 과정을 거쳐야만 한다. 이 과정에서 모든 사람이 자신의 목소리를 내기 위해서는 이상적 담화 상황이 실현되어야 한다.
(나)	

〈 보 기 〉
ㄱ. 상대방을 기만하려는 말은 하지 않아야 합니다.
ㄴ. 어떠한 개인적 욕구나 희망 사항도 표현하지 말아야 합니다.
ㄷ. 사회적으로 정당한 규범에 근거해 의견을 제시해야 합니다.
ㄹ. 상대방의 주장에 자유롭게 의문을 제기할 수 있어야 합니다.

① ㄱ, ㄴ   ② ㄴ, ㄹ   ③ ㄷ, ㄹ
④ ㄱ, ㄴ, ㄷ   ⑤ ㄱ, ㄷ, ㄹ

• 왜 정답일까?

(가)는 하버마스의 주장이다.
하버마스는 합리적 의사소통이 이루어지기 위해서는 상대방을 기만하려는 말을 하지 않아야 하고, 사회적으로 정당한 규범에 근거하여 의견을 제시하는 태도가 필요하다고 보았다. 또한 누구나 타인의 주장에 의문을 제기할 수 있고, 개인적인 욕구나 희망 사항도 표현할 수 있어야 한다고 주장하였다.

13회 2019학년도 4월

01 ①	02 ②	03 ⑤	04 ①	05 ④
06 ①	07 ③	08 ⑤	09 ④	10 ②
11 ⑤	12 ③	13 ④	14 ⑤	15 ③
16 ①	17 ②	18 ⑤	19 ④	20 ③

채점결과	· 실제 걸린 시간 :	분	초
	· 맞은 문항수 :		개
	· 틀린 문항수 :		개
	· 헷갈린 문항 :		

01 윤리학의 구분
정답률 83% | 정답 ①

| 문제 보기 |

갑, 을의 입장에 대한 설명으로 가장 적절한 것은?

갑: 윤리학은 어떤 원리가 도덕적 행위를 위한 근본 원리로 성립될 수 있는지를 탐구하여 도덕 문제 해결의 이론적 토대를 제공하는 것을 주요 과제로 삼아야 한다.
을: 윤리학은 도덕적 논의에 사용되는 도덕적 용어의 의미를 분석하고, 도덕적 신념이 참 또는 거짓인가를 확증할 수 있는 추론의 규칙을 검토하는 것을 주요 과제로 삼아야 한다.

① 갑: 도덕 판단의 근거가 되는 도덕 원리를 제시해야 한다.
② 갑: 도덕적 추론의 논리적 분석을 핵심 과제로 삼아야 한다.
③ 을: 도덕적 관습을 객관적으로 기술하는 데에 주력해야 한다.
④ 을: 도덕 문제를 해결하기 위해 보편적 규범을 제시해야 한다.
⑤ 갑, 을: 도덕 논증의 타당성 입증을 탐구의 본질로 삼아야 한다.

● 왜 정답일까?

갑은 보편적인 도덕규범을 정립하여 도덕 판단의 근거가 되는 도덕 원리를 제시하려는 이론 규범 윤리학의 입장을 지닌다.

02 죽음에 대한 하이데거의 입장
정답률 80% | 정답 ②

| 문제 보기 |

다음 사상가의 입장을 〈보기〉에서 고른 것은? [3점]

죽음은 현존재 자신의 가장 고유한 가능성으로, 이는 몰교섭적인 가능성이다. 현존재는 이 가능성을 자기 자신이 능동적으로 떠맡아야 한다는 점을 깨달아야 한다. 또한 죽음은 현존재를 단순히 '속해 있기만' 하는 존재가 아니라 '개별적' 현존재로 만든다. 죽음의 몰교섭적인 특성은 현존재 자신을 고독하게 만들며 현존재가 '본래적 자기 자신'으로서 존재할 수 있게 한다.

〈 보기 〉
ㄱ. 죽음을 직시함으로써 보다 의미 있는 삶을 살 수 있다.
ㄴ. 죽음 이후에야 인간은 자신의 고유성을 회복할 수 있다.
ㄷ. 죽음에 대한 참된 인식은 실존에 대한 자각으로 이어진다.
ㄹ. 죽음은 인간의 개별성을 해치므로 두려움의 대상이어야 한다.

① ㄱ, ㄴ ② ㄱ, ㄷ ③ ㄴ, ㄷ ④ ㄴ, ㄹ ⑤ ㄷ, ㄹ

● 왜 정답일까?

제시문의 사상가는 하이데거이다. 하이데거는 죽음에 대한 사유를 통해 자신의 고유성을 자각하게 된다고 주장하였다. 즉 죽음에 대한 참된 인식을 통해 삶을 의미 있고 가치 있게 살 수 있다고 보았다.

03 윤리적 소비
정답률 95% | 정답 ⑤

| 문제 보기 |

다음 칼럼의 입장에서 지지할 주장으로 적절하지 않은 것은?

| ○○신문 | 칼 럼 | 0000년 0월 0일 |

최근 새로운 소비 패러다임이 등장하고 있다. 새로운 소비 패러다임은 절제하는 소비, 타인의 권리를 존중하는 소비, 기업의 윤리적 경영을 촉구하는 소비, 동물 복지를 고려하는 소비, 지속가능한 소비를 지향한다. 이러한 지향을 따르는 소비자는 소비를 바람직한 가치를 실현하고자 함으로써 인권 향상 및 환경 문제 해결에 기여할 수 있다. 따라서 우리는 자신만을 위한 소비에서 벗어나 공동체를 고려하는 윤리적 소비를 실천해야 한다.

① 동물의 고통을 최소화하여 생산한 제품을 구매해야 한다.
② 노동에 대한 정당한 대가가 지불된 제품을 구매해야 한다.
③ 환경에 유해한 원료를 사용하지 않은 제품을 구매해야 한다.
④ 재사용 가능한 자원을 활용하여 생산한 제품을 구매해야 한다.
⑤ 또래 집단과의 유대를 위해 친구가 소비하는 제품을 구매해야 한다.

● 왜 정답일까?

윤리적 소비란 경제 활동과 환경 윤리 및 사회 윤리를 결합시킨 새로운 소비 방식으로, 소비는 하되 친환경 제품과 공정 무역 상품, 사회 공헌 활동에 적극 참여하는 기업의 제품을 구입하는 소비 형태를 말한다.
칼럼은 윤리적 소비를 지향하는 새로운 소비 패러다임이 등장하고 있다고 본다. 따라서 새로운 소비 패러다임에 따라 자신만을 위한 소비에서 벗어나 타인의 권리를 존중하고 기업의 윤리적 경영을 촉구하며 동물 복지를 고려하는 등 공동체를 생각하는 소비를 실천해야 한다고 주장한다.

04 과학자의 책임에 대한 입장
정답률 85% | 정답 ①

| 문제 보기 |

갑, 을의 입장으로 적절한 내용을 〈보기〉에서 고른 것은?

과학자의 연구는 사회에 영향을 미치므로 과학자는 과학 기술 활용에 대해 관심을 가져야 합니다. 따라서 과학 기술이 환경에 악영향을 끼친다면, 과학자는 과학 기술이 환경에 끼칠 위험성을 경고하고 기술적 조언을 제공해야 합니다.

환경의 훼손은 과학 기술 활용의 결과이지 과학 기술 그 자체의 문제는 아닙니다. 과학 기술 활용의 결과는 과학자의 몫이 아니므로 과학자가 지켜야 할 의무는 연구 과정에서 과학적 지식의 진위를 객관적으로 판단하는 것에 국한되어야 합니다.

갑 을

〈 보기 〉
ㄱ. 갑: 과학자는 과학 기술의 부작용을 사회에 알려야 한다.
ㄴ. 을: 과학적 지식을 검증할 때 주관적 가치를 배제해야 한다.
ㄷ. 갑, 을: 과학자에게는 인류의 복지를 향상시킬 외적 책임이 있다.
ㄹ. 갑, 을: 과학 연구 결과는 윤리적 평가로부터 자유로워야 한다.

① ㄱ, ㄴ ② ㄱ, ㄷ ③ ㄴ, ㄷ ④ ㄴ, ㄹ ⑤ ㄷ, ㄹ

● 왜 정답일까?

과학 기술자의 책임 한계에 대한 입장 중 과학 기술자의 책임 인정을 하는 입장은 과학 기술자는 자신의 연구 결과가 미칠 사회적 영향을 인식하여 연구 및 개발과 그 활용에 관해 사회적 책임을 다해야 한다고 본다. 과학 기술자의 사회적 책임을 부정하는 입장은 과학 기술자의 연구가 부정적 결과를 낳았다 하더라도 그것은 연구 결과를 실제로 이용한 사람들의 책임일 뿐이라고 본다.
갑은 과학자가 자신의 연구 결과가 미칠 사회적 영향을 인식해야 한다고 본다. 따라서 과학자가 과학 기술의 부작용을 사회에 알리고, 인류의 복지 향상을 위한 외적 책임을 져야 한다고 주장할 것이다. 을은 과학자가 과학적 지식의 진위를 객관적으로 판단해야 한다고 본다. 따라서 과학자가 과학적 지식을 검증할 때 주관적 가치를 배제해야 한다고 주장할 것이다.

05 형벌에 대한 칸트, 베카리아의 입장
정답률 54% | 정답 ④

| 문제 보기 |

갑, 을 사상가들의 입장만을 〈보기〉에서 있는 대로 고른 것은? [3점]

갑: 형벌은 동등성의 원리에 따른 것이다. 따라서 형벌은 범죄자 자신이나 시민 사회를 위해서 어떤 다른 선을 촉진하기 위한 한낱 수단으로서 가해질 수 없고, 그가 범죄를 저질렀기 때문에 가해져야 한다.
을: 형벌은 강도보다 지속성을 중시해야 한다. 우리의 감수성은 강력하지만 일시적 충동보다는 반복적 인상에 의해 훨씬 쉽게, 영속적으로 자극받기 때문이다. 종신 노역형이 인간의 정신에 미치는 효과가 사형에 비해 크다.

〈 보기 〉
ㄱ. 갑: 보복법만이 형벌의 질과 양을 명확히 제시할 수 있다.
ㄴ. 을: 범죄자에 대한 형벌 집행은 윤리의 증진에 기여해야 한다.
ㄷ. 갑, 을: 살인범에 대한 사형은 언제나 공적 정의에 부합된다.
ㄹ. 갑, 을: 범죄와 형벌 사이에는 비례 관계가 유지되어야 한다.

① ㄱ, ㄴ ② ㄴ, ㄷ ③ ㄷ, ㄹ
④ ㄱ, ㄴ, ㄹ ⑤ ㄱ, ㄷ, ㄹ

● 왜 정답일까?

갑은 칸트, 을은 베카리아이다.
칸트는 형벌의 본질이 응보에 있으므로, 오직 보복법만이 형벌의 질과 양을 명확히 제시할 수 있다고 보았다. 반면 베카리아는 형벌의 목적이 범죄자가 시민들에게 새로운 해악을 입힐 가능성을 방지하고, 타인들이 유사한 행위를 할 가능성을 억제시키는 데에 있다고 보았다.
한편 칸트와 베카리아는 모두 범죄와 형벌 사이에는 비례 관계가 유지되어야 한다고 보았다.

06 엘리아데의 종교관
정답률 86% | 정답 ①

| 문제 보기 |

그림의 강연자의 입장을 〈보기〉에서 고른 것은?

종교적 인간은 이 세계를 초월하면서도 이 세계 안에 현현(顯現)하며, 그럼으로써 이 세계를 성(聖)스럽게 하고, 또 그것을 실재적인 것으로 만드는 거룩한 실재가 있다는 사실을 믿습니다. 그러나 비종교적 인간은 초월을 거절하며, 심지어 거룩한 실재의 존재 의미를 의미하기까지 합니다. 그럼에도 불구하고 비종교적 인간은 종교적 인간의 후예입니다. 비록 비종교적 인간이 그 사실을 깨닫지 못할 때조차도 그들은 여전히 종교적으로 행동하고 있습니다.

〈 보기 〉
ㄱ. 종교적 인간은 일상생활 속에서 성스러움을 발견한다.
ㄴ. 종교적 인간은 세계 안에 자신을 드러내는 절대적 실재를 믿는다.
ㄷ. 종교적 인간은 초월적인 것과 자연적인 것의 분리를 지향한다.
ㄹ. 비종교적 인간은 자신의 삶이 종교와 무관함을 인정해야 한다.

① ㄱ, ㄴ ② ㄱ, ㄷ ③ ㄴ, ㄷ
④ ㄴ, ㄹ ⑤ ㄷ, ㄹ

● 왜 정답일까?

그림의 강연자는 엘리아데이다.
엘리아데는 종교적 인간은 이 세계 안에서 스스로 현현(顯現)하여 이 세계를 성화(聖化)시키는 절대적 실재가 있다는 사실을 믿는다고 보았다.

07 다문화 정책에 대한 입장
정답률 93% | 정답 ③

| 문제 보기 |

다음 글의 입장에서 지지할 주장으로 가장 적절한 것은?

다문화 사회에서는 이민자들의 관습을 존중하여 그들의 정체성을 보호하고, 더 나아가 그들에게 차별화된 권리를 인정하는 정책을 시행해야 한다. 이러한 정책을 통해 이민자들은 자신들이 속한 현 국가에서 각자의 전통과 정치적 자유를 누릴 수 있게 된다. 또한 지배적 집단에 대한 그들의 취약성이 보완되어 집단 간 관계의 형평성이 제고될 뿐만 아니라 사회 통합의 기반인 민주적 연대 역시 촉진된다.

① 이민자 집단의 문화를 인정하면 사회 분열이 초래될 것이다.
② 단일한 문화 정체성 형성을 위한 문화적 표준을 제시해야 한다.
③ 이민자 집단의 전통적 삶의 방식을 제도적으로 보호해야 한다.
④ 소수의 이질적 문화는 한 사회의 지배적 문화에 동화되어야 한다.
⑤ 이민자 집단의 문화 보존과 민주적 질서 유지는 상호 대립적이다.

● 왜 정답일까?

제시문은 이민자 집단의 문화 정체성을 보호하는 다문화 정책을 시행하면 집단 간 관계의 형평성이 제고되어 민주적 연대가 촉진될 것이라 주장한다. 따라서 다문화 정책은 이민자 집단의 전통적 삶의 방식을 제도적으로 보호함으로써 사회 통합에 기여할 것이라고 본다.

08 친구 관계의 윤리
정답률 93% | 정답 ⑤

| 문제 보기 |

다음 가상 편지에서 강조하는 입장으로 가장 적절한 것은?

사랑하는 아들에게
  요즘 네가 친구 관계로 고민이 많아 보이는구나. 예나 지금이나 친구 사귀는 것은 중요한 일이지. 그래서 네가 친구를 사귈 때에는 옛 성현(聖賢)의 말에 귀 기울일 필요가 있어. 맹자는 선행을 하도록 권하는 것이 친구 간의 도리이며, 자기를 바르게 하여[修身] 선한 선비가 되어야 선한 선비와 벗할 수 있다고 하였어. 또한 자신의 나이가 많음[長]을 내세우지 않고, 자신의 지위가 높음[貴]을 내세우지 않으며, 자기 가문의 부유함을 내세우지 않고 벗해야 한다고 보았지. 친구와의 사귐에 있어 늘 이러한 가르침을 염두에 두렴.

① 친구 관계의 확장을 위해 자신의 외적 조건을 갖춰야 한다.
② 친구와의 사귐은 경제적 이해(利害)를 기반으로 해야 한다.
③ 친구의 잘못에 대해 권면(勸勉)하지 말고 감싸 주어야 한다.
④ 친구 관계는 가변적이므로 신중한 선택이 필요한 것은 아니다.
⑤ 친구 관계에서는 자신의 덕을 함양하여 상호 도리를 다해야 한다.

● 왜 정답일까?
가상 편지에서는 선행을 하도록 권하는 것이 친구 간의 도리이며, 인격을 수양하여 덕 있는 사람이 되어야 덕 있는 사람과 벗할 수 있다고 본다.
또한 자신의 나이나 지위, 가문 등 외적 조건을 내세우지 않고 벗할 것을 강조한다. 따라서 친구 관계에서는 자신의 덕을 함양하여 상호 도리를 다해야 한다고 본다.

09 해외 원조에 대한 싱어, 롤스의 입장 정답률 40% | 정답 ④

| 문제 보기 |
그림은 서술형 평가 문제와 학생 답안이다. 학생 답안의 ㉠~㉤ 중 옳지 않은 것은? [3점]

> 서술형 평가
> ◆ 문제: 서양 사상가 갑, 을의 해외 원조에 대한 입장을 비교하여 서술하시오.
> 갑: 이익 평등의 관점에서 볼 때, 고통을 감소시켜야 할 도덕적 이유는 고통 그 자체의 바람직하지 못함 때문이다. 우리가 도덕적으로 중요한 것을 희생하지 않고도 빈곤에 처한 누군가를 도울 수 있다면 그를 도와야 한다.
> 을: 고통받는 사회는 종종 질서 정연한 사회가 되는 데 필요한 정치 문화 및 과학 기술 자원이 결핍되어 있다. 질서 정연한 사회의 만민은 고통받는 사회가 정의롭거나 또는 적정 수준의 기본 제도를 가질 수 있도록 그 사회를 도와야 한다.
> ◆ 학생 답안
> 갑, 을의 입장을 비교해 보면, 갑은 ㉠ 인류 전체의 복지 수준을 향상시키는 것을 해외 원조의 목적으로 보았으며, ㉡ 원조를 통해 얻는 이익이 비용보다 클 경우 원조가 이루어져야 한다고 주장하였다. 이에 비해 을은 ㉢ 고통받는 사회에 자유와 평등이 확립되도록 돕는 것을 해외 원조의 목적으로 보았으며, ㉣ 원조를 통해 질서 정연한 사회와 고통받는 사회의 복지 수준이 평등하게 조정되어야 한다고 주장하였다. 한편, 갑, 을은 공통적으로 ㉤ 타국의 고통스러운 상황을 개선하기 위한 원조가 인류의 도덕적 의무라고 보았다.

① ㉠   ② ㉡   ③ ㉢   ④ ㉣   ⑤ ㉤

● 왜 정답일까?
갑은 싱어, 을은 롤스이다.
싱어는 인류 전체의 공리 증진을 원조의 목적으로 보았으며, 원조를 통해 얻는 이익이 비용보다 클 경우 어떤 공동체의 구성원인지에 관계없이 원조해야 한다고 주장하였다.
반면 롤스는 불리한 여건으로 고통받는 사회가 자유와 평등이 보장되는 질서 정연한 사회가 되도록 돕는 것을 원조의 목적으로 보았으며, 모든 인류의 복지 수준을 평등하게 조정하고자 하지는 않았다.

10 정보 격차에 대한 입장 정답률 84% | 정답 ②

| 문제 보기 |
갑은 부정, 을은 긍정의 대답을 할 질문으로 가장 적절한 것은? [3점]

> 갑: 정보 사회에서 사람들이 얻을 수 있는 정보의 양과 질에 차이가 발생하고 있습니다. 이는 정보 통신 기술에 대한 접근과 이용의 차이, 즉 정보 격차에 기인합니다.
> 을: 그렇습니다. 정보 격차는 장기적으로 정보 불평등을 초래하므로, 이를 해결하기 위해 누구나 정보 통신 기술에 대한 접근과 이용이 가능하도록 국가의 정책적 노력이 필요합니다.
> 갑: 아닙니다. 어떤 정보 통신 기술이든 등장 초기에는 소수만이 이를 누리지만, 시간이 지나면서 자연스럽게 다수가 기술을 이용할 수 있게 되어 정보 격차는 완화될 것입니다.
> 을: 그렇지 않습니다. 정보 통신 기술이 자연스럽게 확산되지 않으므로, 새로운 기술의 등장은 이에 대한 접근과 이용 능력의 차이에 따라 또 다른 정보 격차를 야기합니다. 따라서 정보 소외 계층을 지원하는 제도적 방안을 마련해야 합니다.

① 정보 사회에서는 정보 격차가 발생하는가?
② 정보 격차 해소를 위해서는 정부의 개입이 요구되는가?
③ 정보 소외 계층에게 정보 접근의 기회를 제한해야 하는가?
④ 정보 통신 기술은 시간이 경과하면 자연스럽게 확산되는가?
⑤ 정보 사회에서는 모든 사람에게 동일한 정보가 제공되는가?

● 왜 정답일까?
갑, 을은 모두 정보 사회에서 정보 격차가 발생하고 있다고 본다. 하지만 갑은 정보 통신 기술이 자연스럽게 확산될 것이므로 정보 격차는 시간이 지나면 완화될 것이라고 보는 반면, 을은 정보 통신 기술이 또 다른 정보 격차를 야기할 것이므로 정부의 개입이 요구된다고 본다.

11 배려 윤리 정답률 84% | 정답 ⑤

| 문제 보기 |
다음 가상 대담의 ㉠에 들어갈 말로 가장 적절한 것은?

① 인간관계에서 감정이 아닌 이성적 측면을 중시합니다.
② 맥락에 대한 고려 없이 도덕 판단을 내려야 한다고 봅니다.
③ 도덕적 행위에서 정의가 아닌 배려의 실천만을 강조합니다.
④ 타인과의 유대보다 도덕 법칙을 따르려는 의무 의식을 강조합니다.
⑤ 공감을 통한 정서적 돌봄을 도덕성의 중요한 요소로 생각합니다.

● 왜 정답일까?
가상 대담의 선생님은 길리건이다.
길리건은 정의, 이성, 보편 법칙에 대한 의무 등을 강조하는 남성 중심적 정의 윤리를 비판하고, 여성의 도덕적 지향인 공감, 유대감, 정서적 돌봄 등을 강조하는 배려 윤리를 주장하였다.

12 시민 불복종에 대한 소로, 롤스의 입장 정답률 60% | 정답 ③

| 문제 보기 |
갑, 을 사상가들의 입장으로 가장 적절한 것은? [3점]

> 갑: 현명한 사람은 정의를 운명에 맡기려 하지 않는다. 나의 유일한 책무는 어떤 때이고 간에 내가 옳다고 생각하는 일을 행하는 것이다. 불의한 정부에 복종하느니 불복종의 처벌을 택하는 편이 모든 면에서 잃는 게 적다.
> 을: 호전적인 사람은 법질서에 대한 보다 철저한 반대를 나타내며 전투적 행위를 추구한다. 시민 불복종은 전투적 행위와는 구분되며, 법에 대한 충실성의 한계 내에서 법에 대한 불복종을 나타내는 것이다.

① 갑: 시민은 국가가 정한 모든 법을 지키면서 불의에 저항해야 한다.
② 갑: 개인의 양심은 시민 불복종을 정당화하는 근거가 될 수 없다.
③ 을: 시민 불복종은 공동체의 정의감에 호소하는 정치적 행위이다.
④ 을: 시민 불복종은 위법 행위이므로 비공개적으로 이루어져야 한다.
⑤ 갑, 을: 시민 불복종은 기존의 정치 체제를 변혁하려는 행위이다.

● 왜 정답일까?
갑은 소로, 을은 롤스이다.
소로는 시민 불복종을 정의 실현을 위해 개인의 양심을 근거로 이루어지는 부정의한 법에 대한 저항이라고 보았다. 한편 롤스는 시민 불복종을 공동체의 정의감을 근거로 행해지는 부정의한 법에 대한 공개적이고 비폭력적인 위법 행위라고 보았다.

13 예술에 대한 입장 비교하기 정답률 91% | 정답 ④

| 문제 보기 |
갑, 을의 입장에 대한 옳은 설명만을 〈보기〉에서 있는 대로 고른 것은?

> 갑: 음악이 바르면 백성은 빗나가지 않게 되고, 음악이 엄숙하면 백성은 질서가 있어 어지럽지 않게 된다. 그러므로 군자는 음악을 통해 백성을 교화하고 풍속을 변화시켜야 한다.
> 을: 음악은 그 자체로 독립적인 아름다움이며 스스로가 목적이 된다. 그러므로 음악가는 음악을 도덕적 감정이나 사고를 표현하기 위한 도구로 여겨서는 안 된다.

< 보기 >
ㄱ. 갑은 음악이 도덕적 사회의 실현에 기여할 수 있다고 본다.
ㄴ. 갑은 음악이 올바른 품성 함양에 도움이 될 수 있다고 본다.
ㄷ. 을은 음악이 도덕의 수단이 되어서는 안 된다고 본다.
ㄹ. 갑, 을은 음악이 미적 가치로만 평가받아야 한다고 본다.

① ㄱ, ㄴ   ② ㄱ, ㄹ   ③ ㄷ, ㄹ
④ ㄱ, ㄴ, ㄷ   ⑤ ㄴ, ㄷ, ㄹ

● 왜 정답일까?
갑은 음악이 도덕적 사회의 실현과 올바른 품성 함양에 기여할 수 있다는 도덕주의 입장을 지닌다. 반면 을은 음악이 미적 가치 그 자체만을 추구해야 하며 다른 목적을 위한 수단이 되어서는 안 된다는 심미주의 입장을 지닌다.

14 낙태와 관련된 입장 정답률 91% | 정답 ⑤

| 문제 보기 |
그림의 수업 장면에서 갑, 을의 입장에 대한 설명으로 가장 적절한 것은? [3점]

① 갑은 여성의 자율적 선택권보다 태아의 생명권을 강조한다.
② 갑은 낙태 결정의 우선적 기준으로 태아의 존엄성을 중시한다.
③ 을은 태아의 생명이 수단적 가치를 지닌다고 본다.
④ 을은 태아가 출산 이후부터 인간으로서의 지위를 지닌다고 본다.
⑤ 갑은 을보다 태아에 대한 소유권이 여성에게 있음을 강조한다.

● 왜 정답일까?
낙태와 관련된 윤리적 논쟁에서, 선택 옹호주의자들은 태아에 대한 소유권이 여성에게 있음을 강조하면서 임산부의 권리를 태아의 권리보다 중시한다.
반면 생명 옹호주의자들은 태아가 지닌 인간으로서의 지위를 강조한다.

15 인간과 자연의 관계에 대한 입장 정답률 27% | 정답 ③

| 문제 보기 |
(가)의 갑, 을, 병 사상가들의 입장을 (나) 그림으로 탐구할 때, A~D에 해당하는 적절한 질문만을 〈보기〉에서 있는 대로 고른 것은? [3점]

> (가)
> 갑: 식물은 동물을 위해 생겨났고, 동물은 인간을 위해 만들어졌다. 야생 동물의 대부분은 식량을 위해서 혹은 그 밖의 것을 얻기 위한 대상으로 존재한다.
> 을: 대지 윤리는 호모 사피엔스를 대지 공동체의 구성원으로 변화시킨다. 공동체의 구성원은 동료뿐만 아니라 전체 공동체에 대해 존경심을 가져야 한다.
> 병: 고통과 즐거움을 느낄 수 있는 능력은 어떤 존재가 이익을 갖는다고 할 때의 필요충분조건이다. 돌멩이는 고통을 느낄 수 없기 때문에 이익을 갖지 않는다.

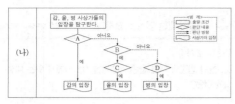

<보 기>

ㄱ. A: 인간은 동식물을 삶에 필요한 자원으로 이용할 수 있는가?
ㄴ. B: 유정(有情)적 존재의 특징에 따라 배려 방법은 달라질 수 있는가?
ㄷ. C: 대지의 온전함을 위해 인간이 져야 할 의무가 존재하는가?
ㄹ. D: 인간과 포유류의 복리(福利)를 동등하게 고려해야 하는가?

① ㄱ, ㄴ ② ㄱ, ㄷ ③ ㄷ, ㄹ
④ ㄱ, ㄴ, ㄹ ⑤ ㄴ, ㄷ, ㄹ

● 왜 정답일까?

갑은 아리스토텔레스, 을은 레오폴드, 병은 싱어이다.
아리스토텔레스는 인간이 동식물을 수단으로 이용할 수 있다고 보았다. 레오폴드는 생명 공동체 전체를 도덕적 고려의 대상으로 여기는 대지 윤리를 주장하였으며, 인간이 동식물을 삶의 자원으로 이용할 수 있다고 보았다. 싱어는 쾌고 감수 능력을 근거로 인간과 동물의 이익을 동등하게 고려해야 한다고 보았다.

16 직업에 대한 칼뱅, 마르크스의 입장 정답률 58% | 정답 ③

| 문제 보기 |

갑, 을 사상가들의 입장으로 가장 적절한 것은?

갑: 신은 모든 사람이 모든 행동에서 각각 자기의 소명(召命)에 관심을 둘 것을 요구한다. 각 개인에게는 신이 예정한 생활 방식이 있다.
을: 매뉴팩처*에서 이루어지는 작업장 안의 분업은 독립적이었던 노동자를 부분 노동자로 전락시켜 기형적 불구자로 만들며, 노동자를 자본의 지휘와 규율에 복종시킨다.
* 매뉴팩처: 자본가가 노동자를 고용해 그들의 기술을 이용하여 생산을 하게 하는 공장제 수공업

① 갑: 직업 생활을 통한 부의 축적은 신의 뜻에 어긋난다.
② 갑: 직업 생활에 충실함으로써 누구나 구원에 이를 수 있다.
③ 을: 직업 생활에서 매뉴팩처 안의 분업은 노동 소외의 원인이 된다.
④ 을: 직업에서 노동자는 자아실현을 위해 자본가의 통제를 받아야 한다.
⑤ 갑, 을: 모든 직업 생활의 경제적 대가는 동일하게 주어져야 한다.

● 왜 정답일까?

갑은 칼뱅, 을은 마르크스이다.
칼뱅은 인간의 구원이 신에 의해 미리 정해져 있다는 예정설과 직업은 신이 우리에게 내린 소명이라는 직업 소명설을 주장하였다. 마르크스는 매뉴팩처에서 이루어지는 작업장 안의 분업이 노동 소외를 심화시켜 노동자의 자아실현을 불가능하게 만든다고 주장하였다.

17 요나스의 책임 윤리 정답률 68% | 정답 ②

| 문제 보기 |

다음 사상가가 긍정의 대답을 할 질문으로 가장 적절한 것은?
[3점]

전통 윤리학에서 인간의 의무 대상은 지구상의 다른 어떤 것도 아닌 인간 자신이었다. 그러나 인간 자신에 대한 의무가 계속해서 절대적인 것으로 여겨진다 하더라도, 그 의무는 이제 인류의 지속과 온전함을 유지하기 위한 조건으로서 자연에 대한 의무를 포함하지 않을 수 없다. 인간 행위의 새로운 유형에 적합하고 새로운 유형의 행위 주체를 지향하는 명법은 다음과 같다. "지상에서 인류의 무한한 존속을 가능하게 하는 제 조건을 위협하지 마라."

① 인간은 미래에 발생할 위협보다 진보에 주목해야 하는가?
② 인간은 사후적 책임뿐 아니라 예견적 책임까지 져야 하는가?
③ 인간과 자연은 공존을 위해 서로를 책임의 대상으로 삼는가?
④ 인간의 책임 범위는 인간 상호간의 관계로 한정되어야 하는가?
⑤ 인간 이외의 생명은 목적이 아닌 수단으로서만 가치를 지니는가?

● 왜 정답일까?

제시문의 사상가는 요나스이다.
요나스는 인간만이 책임질 수 있는 유일한 존재라고 보면서, 인류의 존속이라는 무조건적 명령을 이행하기 위해 현세대뿐만 아니라 미래 세대와 자연까지 책임의 범위에 포함되어야 한다고 보았다. 또한 인간이 사후적 책임뿐만 아니라 예견할 수 있는 모든 결과에 대한 책임까지 져야 한다고 보았다.

18 니부어의 사회 윤리 정답률 75% | 정답 ⑤

| 문제 보기 |

다음 사상가의 입장에만 모두 '√'를 표시한 학생은? [3점]

개인들은 이성적 능력을 통해 정의감을 키워 나갈 수 있고 이기주의적 성향을 정화시킬 수 있다. 그러나 이 모든 것들이 인간 사회와 사회 집단에서는 전혀 불가능한 것은 아니지만, 개인 차원과 비교해 볼 때, 훨씬 획득되기 어렵다. 집단이 클수록 그 집단은 전체적인 인간 집단에서 스스로를 이기적으로 표현한다.

입장 \ 학생	갑	을	병	정	무
집단의 도덕성은 개인의 도덕성에 비해서 우월하다.	√	√			
집단의 요구와 개인의 양심 간에 지속적 갈등이 존재한다.			√	√	√
집단에 대한 헌신이 집단 이기주의의 형태로 나타날 수 있다.			√	√	√
집단 간 힘의 불균등한 분배가 부정의가 지속되는 원인이 된다.	√		√		√

① 갑 ② 을 ③ 병 ④ 정 ⑤ 무

● 왜 정답일까?

제시문의 사상가는 니부어이다.
니부어는 집단의 도덕성이 개인의 도덕성보다 현저하게 떨어진다고 보았다. 또한 집단 속에서 이기적으로 되어 가는 인간의 성향과 집단 간 힘의 불균등한 분배로 인해 부정의가 지속된다고 주장하였다.

19 분배 정의에 대한 노직, 롤스의 입장 정답률 20% | 정답 ⑤

| 문제 보기 |

(가)의 갑, 을 사상가들의 입장을 (나) 그림으로 표현할 때, A ~ C에 들어갈 적절한 진술만을 <보기>에서 있는 대로 고른 것은? [3점]

(가)	갑: 분배가 정의로울 충분조건은 그 분배하에서 모든 사람들이 자신들이 소유하고 있는 것에 대한 소유 권리를 소유함이다. 을: 민주주의적 평등의 입장은 공정한 기회 균등의 원칙과 차등의 원칙의 결합에 의해 이루어진다. 이 원칙은 사회·경제적 불평등을 판정할 입장을 선정한다.

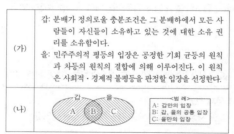

<범 례>
A: 갑만의 입장
B: 갑, 을의 공통 입장
C: 을만의 입장

<보 기>

ㄱ. A: 재산을 소유할 권리의 자유는 평등하게 보장되어야 한다.
ㄴ. B: 분배의 공정함은 결과보다는 절차의 공정함에 기인한다.
ㄷ. C: 경제적 불평등은 모두에게 이익이 될 때에만 정당화된다.
ㄹ. C: 천부적 우연성이 배제된 상황에서 정의의 원칙에 합의해야 한다.

① ㄱ, ㄴ ② ㄱ, ㄷ ③ ㄴ, ㄹ
④ ㄱ, ㄷ, ㄹ ⑤ ㄴ, ㄷ, ㄹ

● 왜 정답일까?

갑은 노직, 을은 롤스이다.
노직은 개인이 정당한 과정을 통해 얻은 소유물에 대한 절대적 소유 권리를 가진다고 보았다. 롤스는 공정한 분배를 위하여 정의의 원칙을 제시하였으며, 경제적 불평등은 모두에게 이익이 될 때에만 정당화된다고 보았다.
한편 노직과 롤스는 모두 분배의 공정함은 결과보다는 절차의 공정함에 기인한다고 보았다.

20 칸트의 의무론 정답률 63% | 정답 ③

| 문제 보기 |

다음 사상가의 입장에서 <문제 상황> 속 A에게 제시할 조언으로 가장 적절한 것은?

세상 안에서뿐만 아니라 세상 밖에서조차도 제한 없이 선하다고 여길 수 있는 것은 오직 선의지뿐이다. 선의지는 자신의 의도를 끝까지 성취할 수 없다 하더라도, 자신의 가치를 자기 안에 갖고 있기 때문에 그 자체로도 빛날 것이다.

<문제 상황>

PC방에 갈 돈을 받기 위해 참고서를 사야 한다고 부모님께 거짓말을 할까?

A

① 거짓말이 들통날 경우 부모님이 느낄 실망을 헤아려 보세요.
② 거짓말을 했을 때 생겨날 쾌락과 고통의 양을 비교해 보세요.
③ 거짓말을 해도 된다는 준칙은 보편화될 수 없음을 명심하세요.
④ 거짓말을 하지 말라는 규칙이 모두에게 유용한지 고려하세요.
⑤ 거짓말이 유덕한 품성 함양에 방해가 될 수 있음을 명심하세요.

● 왜 정답일까?

제시문의 사상가는 칸트이다.
칸트는 자연적 경향성을 극복하고 보편타당한 도덕 법칙에 따라 행위해야 한다고 보았다. 그러므로 칸트는 A에게 거짓말을 해도 된다는 준칙은 보편화될 수 없으므로 거짓말을 하지 말라고 조언할 것이다.

14회 | 2018학년도 4월

01 ④	02 ④	03 ③	04 ⑤	05 ②
06 ③	07 ③	08 ②	09 ③	10 ①
11 ④	12 ④	13 ②	14 ⑤	15 ⑤
16 ③	17 ③	18 ⑤	19 ②	20 ①

채점결과	· 실제 걸린 시간 :	분	초
	· 맞은 문항수 :		개
	· 틀린 문항수 :		개
	· 헷갈린 문항 :		

01 효에 대한 입장
정답률 79% | 정답 ④

| 문제 보기 |

그림의 강연자가 지지할 입장만을 〈보기〉에서 있는 대로 고른 것은?

부모를 위해 수고로움을 다하고, 부모에게 음식을 먼저 드시게 한다 해서 효를 다한 것은 아닙니다. 늘 밝은 안색으로 부모를 대해야 합니다. 또한 부모를 섬길 때는 조심스럽게 간언(諫)해야 합니다. 설령 부모가 듣지 않아도 더욱 공경하며 원망하지 말아야 합니다. 효를 행하면서 윗사람 해치기를 좋아하는 사람은 드물며, 윗사람 해치기를 좋아하지 않으면서 질서를 어지럽히기를 좋아하는 사람은 없습니다.

〈 보 기 〉
ㄱ. 효는 부자(父子) 간을 넘어 사회적 관계로 확장될 수 있다.
ㄴ. 자식은 자기 자신의 이해(利害)에 따라 효를 실천해야 한다.
ㄷ. 간언을 할 때는 친애(親愛)의 마음을 신중하게 표현해야 한다.
ㄹ. 부모에 대한 물질적 봉양과 함께 공대(恭待)를 실천해야 한다.

① ㄱ, ㄴ   ② ㄱ, ㄹ   ③ ㄴ, ㄷ
④ ㄱ, ㄷ, ㄹ   ⑤ ㄴ, ㄷ, ㄹ

● 왜 정답일까?

그림의 강연자는 유교 사상가인 공자이다.
유교에서는 부모에 대한 지극한 효가 이웃과 사회적 관계로 확장될 수 있다고 본다.
ㄷ. 유교에서는 부모가 때로 옳지 못한 일을 할 때에는 자식으로서 신중하고 공손하게 간언할 수 있어야 한다고 본다.
ㄹ. 유교에서는 효를 행할 때 물질적 봉양뿐만 아니라 늘 표정을 밝고 부드럽게 하는 공대가 필요하다고 본다.

02 칼뱅의 직업 소명설
정답률 70% | 정답 ④

| 문제 보기 |

(가)를 주장한 사상가의 입장에서 볼 때, (나)의 ㉠에 대한 적절한 설명만을 〈보기〉에서 있는 대로 고른 것은?

(가)	신은 여러 가지 삶의 계층과 삶의 양식을 구분함으로써 각 사람이 해야 할 일의 순서를 정하였다. 신은 그 같은 삶의 양식들을 소명(召命)이라 하였다. 따라서 자기 자신의 위치를 신이 정해 주신 초소로 여겨야 한다.
(나)	"사람들이 각자 잘하는 일을 얻는다면 천하의 일은 합당하게 되고, 그 직분이 고르게 나누어지면 천하의 일은 이루어진다."라는 어느 고대 중국 사상가의 말처럼, ㉠은/는 생계유지와 자아실현을 위한 노동 활동일 뿐만 아니라 사회에 이바지하는 수단이 될 수 있다.

〈 보 기 〉
ㄱ. 신으로부터 부름 받은 자기 몫의 일이다.
ㄴ. 노동을 통해 신의 영광을 드러내기 위한 수단이다.
ㄷ. 부의 획득을 궁극적인 목적으로 추구하는 활동이다.
ㄹ. 절제와 금욕을 바탕으로 사람들이 행해야 할 직분이다.

① ㄱ, ㄷ   ② ㄱ, ㄹ   ③ ㄴ, ㄷ
④ ㄱ, ㄴ, ㄹ   ⑤ ㄴ, ㄷ, ㄹ

● 왜 정답일까?

(가)를 주장한 사상가는 칼뱅이며, ㉠에 들어갈 말은 '직업'이다.
칼뱅은 직업을 신으로부터 부름 받은 자기 몫의 일이며 노동을 통한 신의 영광을 드러내기 위한 수단이고 절제와 금욕을 바탕으로 사람들이 행해야 할 직분이라고 보았다.

03 정보 사유론과 정보 공유론
정답률 79% | 정답 ③

| 문제 보기 |

(가)의 입장에 비해 (나)의 입장이 갖는 상대적인 특징을 그림의 ㉠~㉤ 중에서 고른 것은? [3점]

(가)	정보 창작자가 산출한 정보는 독창성과 노력의 산물이다. 이러한 산물에 대해서는 보호 조치를 취함으로써 정당한 보상을 해야 하며 새로운 정보 창출의 터전이 되는 지식의 샘물이 고갈되지 않도록 창작자의 의욕을 북돋아야 한다.
(나)	정보 창작자의 소유권을 인정하는 것은 공적 영역에 남아 있어야 할 지적 창작물을 배타적 영역에 머물도록 한다. 또한 새로운 정보 창출의 터전이 되는 지식의 샘물을 사유화하여 정보 격차를 심화시키므로 정보는 공유되어야 한다.

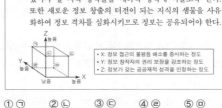

X: 정보 접근의 불평등 해소를 중시하는 정도
Y: 정보 창작자의 권리 보장을 강조하는 정도
Z: 정보가 갖는 공공재적 성격을 인정하는 정도

① ㉠   ② ㉡   ③ ㉢   ④ ㉣   ⑤ ㉤

● 왜 정답일까?

(가)는 정보 사유론, (나)는 정보 공유론의 입장이다.
정보 공유론은 정보가 개인의 소유가 아닌 공공재적 성격을 지님을 인정하며, 정보의 사유가 정보 격차를 심화시키므로 정보 공유를 통해 정보 접근의 불평등을 해소해야 한다고 본다.
한편 정보 창작자의 권리 보장을 강조하는 것은 정보 사유론의 입장이다. 이 입장에서는 창작자의 노력에 대한 경제적 이익을 보장함으로써 창작 의욕을 높여 창작되는 정보의 수준을 높이고 더 많은 지적 산물이 창조되는 데 기여할 수 있다고 주장한다.

04 니부어의 사회 윤리
정답률 80% | 정답 ⑤

| 문제 보기 |

㉠에 들어갈 내용으로 가장 적절한 것은? [3점]

나와 같은 입장을 지닌 어떤 서양 사상가는 개인 생활에서 집단 생활로 진행할 경우, 충동을 제어할 이성의 비중이 줄어든다고 주장한다. 왜냐하면 집단 간 공동의 지성은 항상 불완전하고 일시적이며, 그것을 맹목적으로 하게 하는 공동의 충동에 의지한다고 보기 때문이다. 그런데 어떤 학자는 "인간은 합리적 존재이므로 인간이 지닌 이성만으로 모든 이기적 충동을 극복할 수 있다."라고 주장한다. 나는 이 주장이 ㉠ 는 점을 간과한다고 본다.

① 이성의 발휘를 통해서 사회적 갈등을 해결할 수 있다.
② 개인의 합리성과 집단의 합리성은 조화를 이룰 수 있다.
③ 사회 정의를 위해 집단은 기꺼이 자기이익을 포기할 수 있다.
④ 집단 간 권력 투쟁을 통해서만 집단의 이기심은 억제될 수 있다.
⑤ 이성에 대한 무조건적 신뢰는 집단 간 갈등 해결을 어렵게 할 수 있다.

● 왜 정답일까?

제시문에서 나와 같은 입장을 지닌 어떤 서양 사상가는 니부어이다. 니부어는 개인은 도덕적이지만 그러한 개인이 모인 집단은 도덕성이 떨어지므로, 인간이 지닌 이성만으로 집단의 이기심을 해결하는 것은 어려울 수 있다고 보았다.
한편 제시문의 어떤 학자는 인간은 합리적 존재이므로 이성을 통해 모든 이기적 충동을 극복할 수 있다고 본다. 따라서 니부어의 입장에서는 어떤 학자에 대해 이성의 발휘만으로 집단의 이기심을 해결하기에는 한계가 있음을 간과한다고 볼 것이다.

05 종교 윤리
정답률 89% | 정답 ②

| 문제 보기 |

다음 가상 편지에서 강조하는 내용으로 가장 적절한 것은?

친애하는 ○○에게
오늘날과 같은 다종교 시대에는 자신의 종교만 옳다는 독선에 빠져 종교 간 오해나 갈등이 생길 수 있다네. 이를 막기 위해 '다른 종교가 내 종교를 중심으로 돌아와야 한다고 믿는 프톨레마이오스적 시각을 버리고, 내 종교를 포함한 모든 종교가 궁극적 실재에 대한 믿음을 중심으로 돌고 있다고 보는 코페르니쿠스적 시각을 채택해야 한다.'는 어느 종교학자의 말에 주목해야 하네. 이러한 시각은 각 종교가 아집에서 벗어나 상호 이해할 수 있는 근거를 마련한다는 점에서 의의가 있다네. …(후략)…

① 과학이 종교보다 우월한 위치에 있음을 인정해야 한다.
② 종교 간 배타적 태도를 지양하여 공존을 모색해야 한다.

③ 스스로가 믿는 종교적 진리가 절대적임을 깨달아야 한다.
④ 종교 교리의 단일화를 통해 종교 간 분쟁을 해결해야 한다.
⑤ 초월적 존재로부터 벗어나 인간의 주체성을 회복해야 한다.

● 왜 정답일까?

가상 편지에서는 다종교 시대에 자신의 종교만 옳다고 믿는 독선에서 벗어나지 못하면 종교 간에 갈등이 생길 수 있다고 본다. 이러한 갈등을 해결하기 위해서는 각 종교가 자신의 종교만이 절대적이라고 생각하는 자세에서 벗어나 종교 간 상호 이해와 공존을 모색하려는 자세가 필요하다고 본다.

06 생명 윤리
정답률 91% | 정답 ③

| 문제 보기 |

(가)를 주장한 사상가의 입장에서 (나)의 내용에 대해 제기할 수 있는 비판적 견해로 가장 적절한 것은?

(가)	유전자를 조작해 종(種)의 개선을 시도하는 것은 인간 현존재의 '무지에 대한 권리'를 박탈하는 것이다. 인간은 자신의 미래에 대해 '모를 권리'를 존중받아야 하며 그럼으로써 자기 고유의 길을 찾아가고 자기 자신에 대해 놀라워할 수 있는 인간적 삶의 권리를 갖게 된다.
(나)	유전자 조작을 통해 유전 형질이 사회적으로 적합한 자를 키우고 부적합한 자를 줄여 사회 발전을 도모해야 한다. 이를 위해 인간은 필요에 맞게 맞춤 제작되어야 하며, 체격, 성격과 같은 자연적 운명만이 아니라 직업, 취미와 같은 사회적 운명까지 인위적으로 결정되어야 한다.

① 사회 발전을 위해 인간 삶에서의 우연성을 통제해야 한다.
② 인간의 유전적 완벽함을 위해 인간의 권리를 제한해야 한다.
③ 인간은 자율적이며 자기 목적적 존재로서의 삶을 살아야 한다.
④ 인간 생명의 도구적 사용이 가치 있는 행위임을 깨달아야 한다.
⑤ 인간의 유전자를 획일화시키는 데 생명 공학의 목표를 두어야 한다.

● 왜 정답일까?

(가)를 주장한 사상가는 요나스이다.
요나스는 인간에게는 자신의 미래에 대해 '모를 권리' 즉 '무지에 대한 권리'가 있다고 보았다. 따라서 그는 인간의 유전자를 인위적으로 조작하여 인간의 운명까지도 통제해야 한다고 보는 (나)의 내용에 대해, 인간은 자율적이며 자기 목적적 존재이므로 자신의 미래를 스스로 결정하도록 해야 한다고 비판할 것이다.

07 시민 불복종
정답률 73% | 정답 ③

| 문제 보기 |

갑 사상가는 긍정, 을 사상가는 부정의 대답을 할 질문으로 가장 적절한 것은? [3점]

갑: 불의한 정부에 복종하는 것보다 불복종의 처벌을 받는 것이 모든 면에서 잃는 것이 적다. 소수가 무력한 것은 다수에게 다소라도 순응하고 있을 때이다. 한 사람이라도 부당하게 가두는 정부 밑에서 의로운 사람이 진정 있을 곳은 감옥이다.
을: 거의 정의로운 정부의 합법성을 인정하는 시민들에게서만 시민 불복종은 생겨난다. 시민 불복종의 근거는 개인이나 집단의 이익이 아닌 다수가 공유하는 정의관에 의거해야 한다.

① 시민 불복종은 사회 정의를 실현하기 위한 위법적 행위인가?
② 시민 불복종은 공공적 행위로 폭력적 수단을 배제해야 하는가?
③ 시민 불복종의 근거는 공동체의 정의감이 아닌 개인의 양심인가?
④ 시민 불복종은 그로 인한 법적 결과까지 기꺼이 감수해야 하는가?
⑤ 시민 불복종은 모든 합법적 행위가 실패한 후에 이루어져야 하는가?

● 왜 정답일까?

갑은 소로, 을은 롤스이다.
소로는 시민 불복종이란 사회 정의 실현을 위해 개인의 양심을 근거로 이루어지는 부정의한 법에 대한 저항이라고 주장하였다. 롤스는 시민 불복종이란 공동체의 정의감을 근거로 행해지는 부정의한 법에 대한 공개적이고 비폭력적인 위법 행위라고 보았다.

08 관용의 한계 　　　정답률 89% | 정답 ②

| 문제 보기 |

다음은 신문 칼럼이다. ⊙에 들어갈 내용으로 가장 적절한 것은?

> ○○신문　　　　　칼　럼　　　　　○○○○년 ○월 ○일
>
> 요즘에도 일부 국가에는 여전히 경제적 이득을 위한 강제적 조혼이나 생명을 위협하는 성인식과 같은 비인간적 문화가 존재한다. 그런데 어떤 이들은 서로 다른 문화 간 공존을 위해서는 문화의 상대성을 인정해야 하므로 이러한 문화에 대해서까지 관용해야 한다고 주장한다. 하지만 이는 인간의 자유와 인권을 박탈하는 것이므로 관용해서는 안 된다. 관용은 문화적 다양성을 인정하는 것이지만 무제약적 관용은 오히려 인간 존엄성의 실현을 방해하는 장애물이 된다. 따라서 　　　⊙

① 주관적 선호에 따라 관용의 한계를 결정해야 한다.
② 보편적 가치를 바탕으로 하여 관용을 실천해야 한다.
③ 경제적 이익을 기준으로 관용 여부를 판단해야 한다.
④ 관용 자체를 부정하는 사상이나 태도도 인정해야 한다.
⑤ 모든 문화에 대해 무제한적 관용의 자세를 지녀야 한다.

● 왜 정답일까?

제시문은 관용이 문화적 다양성을 인정하는 것이지만, 인간의 자유와 인권을 침해하는 비인간적인 문화까지 관용해서는 안 된다고 본다. 따라서 보편적 가치를 바탕으로 하여 관용을 실천해야 한다고 본다.

09 윤리학의 구분 　　　정답률 78% | 정답 ③

| 문제 보기 |

그림에서 학생들이 모두 옳은 대답을 했다고 할 때, A ~ C에 대한 설명으로 가장 적절한 것은? [3점]

① A는 경험적 사실 기술보다 도덕적 가치 판단을 중시한다.
② B는 도덕적 관습이 가치와 무관한 문화적 사실임을 강조한다.
③ C는 윤리학의 학문적 성립 가능성에 대한 탐구를 중시한다.
④ A는 B에 비해 보편적 도덕 원리에 대한 탐구를 중시한다.
⑤ B는 C와 달리 도덕 명제에 대한 논리적 명료화를 강조한다.

● 왜 정답일까?

A는 기술 윤리학, B는 규범 윤리학, C는 메타 윤리학이다.
메타 윤리학은 도덕 언어의 의미 분석과 윤리학의 학문적 성립 가능성에 대한 탐구를 핵심 과제로 삼는다.

● 왜 오답일까?

① 기술 윤리학은 도덕적 관습을 경험적으로 기술하는 데 중점을 두며, ④ 규범 윤리학은 인간이 어떻게 행동해야 할 것인가에 대한 보편적 도덕 원리의 탐구를 주된 목적으로 삼는다.

10 환경 윤리의 다양한 입장 　　　정답률 47% | 정답 ①

| 문제 보기 |

(가)의 갑, 을, 병 사상가들의 입장을 (나) 그림으로 탐구할 때, A ~ D에 해당하는 적절한 질문만을 〈보기〉에서 있는 대로 고른 것은? [3점]

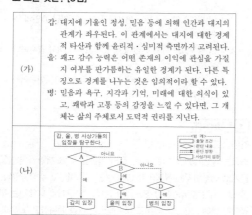

| (가) | 갑: 대지에 기울인 정성, 믿음 등에 의해 인간과 대지의 관계가 좌우된다. 이 관계에서는 대지에 대한 경제적 타산과 함께 윤리적·심미적 측면까지 고려된다.
을: 쾌고 감수 능력은 어떤 존재의 이익에 관심을 가질지 여부를 판가름하는 유일한 경계가 된다. 다른 특징으로 경계를 나누는 것은 임의적이라 할 수 있다.
병: 믿음과 욕구, 지각과 기억, 미래에 대한 의식이 있고, 쾌락과 고통 등의 감정을 느낄 수 있다면, 그 개체는 삶의 주체로서 도덕적 권리를 지닌다. |

11 대중 예술에 대한 입장 　　　정답률 81% | 정답 ④

| 문제 보기 |

갑, 을 사상가들의 입장으로 가장 적절한 것은? [3점]

> 갑: 현대의 예술 작품은 문화 산업으로 포장되어 싼값에 제공됨으로써 대중의 의식을 포섭해 대중과 예술 모두를 소외시킨다. 그래서 문화 산업에서는 비평이 사라진 것처럼 존경도 사라진다.
> 을: 현대의 예술 작품은 기술적 복제가 가능하게 되어 그 '아우라'가 위축된다. 복제 기술은 대중이 예술 작품을 보다 쉽게 접하게 하여 개별화된 미적 체험을 가능하게 한다.

① 갑: 문화 산업은 개성의 표현을 장려해 대중의 의식을 다양화한다.
② 갑: 대중의 창작 욕구는 예술 작품의 반복적 소비를 통해 강화된다.
③ 을: 예술 작품의 복제가 대중에게서 미적 체험의 기회를 박탈한다.
④ 을: 복제 기술의 발달로 인해 기존 예술 작품의 신비감이 감소된다.
⑤ 갑, 을: 대중문화를 향유하면서 대중은 주체적 문화 생산자가 된다.

● 왜 정답일까?

갑은 아도르노, 을은 벤야민이다.
벤야민은 예술 작품의 대량 복제 기술은 기존의 예술 작품이 지녔던 신비감, 즉 '아우라(Aura)'를 사라지게 함으로써 누구나 쉽게 미적 체험이 가능하도록 한다고 주장하였다.

● 왜 오답일까?

①, ②, ⑤ 아도르노는 문화 산업은 예술을 상품화하고 인간의 의식을 획일화시키기 때문에, 대중의 자율성과 주체성은 훼손되고 예술 작품은 상품으로 전락하게 된다고 보았다.

12 음식 윤리 　　　정답률 89% | 정답 ④

| 문제 보기 |

다음 글의 입장에서 지지할 내용에만 모두 '√'를 표시한 학생은?

> 우리의 음식 소비가 공정한 식량 생산 시스템을 만드는 데 기여한다면 우리는 단순한 소비자가 아니라 좋은 먹거리를 만드는 공동의 생산자로, 믿을 수 있는 공동체를 만드는 참여자로서 존재할 수 있다. 하지만 산업화되고 세계화된 지금의 식량 생산 시스템은 식량 생산을 독점하고, 소규모 생산자가 소외되며 먹거리의 안전이 위협받고 환경이 파괴된다. 따라서 우리는 공동의 생산자이자 공동체의 참여자로서 음식의 윤리적 소비에 힘써야 한다.

내용	학생	갑	을	병	정	무
인간의 건강한 삶에 기여하는 소비가 요구된다.			√	√	√	
음식 소비는 개인만 아니라 공동체에도 영향을 미친다.				√	√	√
공정한 식량 생산 시스템 구축에 소비자의 참여가 필요하다.		√	√		√	
식량 정의 실현을 위해 대규모 식량 생산 시스템이 요청된다.		√		√		√

① 갑　　② 을　　③ 병　　④ 정　　⑤ 무

〈보기〉

ㄱ. A: 전체론적 관점에서 생명 공동체의 안정을 추구해야 하는가?
ㄴ. B: 동물에 대한 도덕적 배려는 인간의 이익관심에 따른 의무인가?
ㄷ. C: 고통을 느끼는 모든 종(種)은 도덕적 지위에 있어 동등한가?
ㄹ. D: 도덕적 권리를 갖기 위해서 도덕적 행위 능력이 필요한가?

① ㄱ, ㄷ　　② ㄱ, ㄹ　　③ ㄴ, ㄹ
④ ㄱ, ㄴ, ㄷ　　⑤ ㄴ, ㄷ, ㄹ

● 왜 정답일까?

갑은 레오폴드, 을은 싱어, 병은 레건이다.
ㄱ. 레오폴드는 전체론적 관점에서 무생물을 포함한 생명 공동체 전체를 도덕적 고려의 대상으로 여기는 대지 윤리를 주장하였다.
ㄷ. 싱어는 이익 평등 고려의 원칙에 근거해 쾌고 감수 능력을 지닌 동물을 차별해서는 안 된다고 보았다.

● 왜 오답일까?

ㄴ, ㄹ. 레건은 비록 동물이 도덕적 행위 능력이 없더라도 삶의 주체로서 내재적 가치를 지닐 수 있으며 도덕적으로 존중받을 권리가 있다고 보았다.

● 왜 정답일까?

제시문은 산업화되고 세계화된 식량 생산 시스템이 소규모 생산자의 소외, 먹거리의 안전 위협, 환경 파괴와 같은 문제를 일으킨다고 본다.
이를 해결하기 위해서는 사람들이 음식의 윤리적 소비를 실천하여 공정한 식량 생산 시스템을 구축하는 데 기여함으로써, 공동의 생산자이자 공동체의 참여자가 되기 위해 노력해야 한다고 본다.

13 배려 윤리 　　　정답률 81% | 정답 ③

| 문제 보기 |

(가)를 주장한 사상가의 입장에서 볼 때, (나)의 A에 들어갈 내용으로 적절하지 않은 것은?

| (가) | 지금까지 도덕 교육은 합리적 추론과 정의의 원칙에 대한 존중을 강조했다. 하지만 도덕적 삶은 관계에서 비롯되므로 도덕 교육의 목표는 배려의 확산이 되어야 한다. 배려는 타자에 공감하는 것으로 관계를 통해 완성된다. |

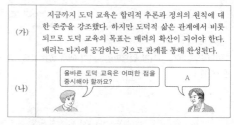

| (나) | 올바른 도덕 교육은 어떠한 점을 중시해야 할까요?　　A |

① 배려 받는 사람에 대한 인정과 격려를 중시해야 합니다.
② 대화를 통한 상호 교류와 신뢰의 형성을 중시해야 합니다.
③ 배려의 실천보다 배려에 대한 이론 학습을 중시해야 합니다.
④ 배려의 본보기가 될 수 있는 모범의 제시를 중시해야 합니다.
⑤ 배려를 직접 체험할 수 있는 기회의 제공을 중시해야 합니다.

● 왜 정답일까?

(가)를 주장한 사상가는 배려 윤리학자인 나딩스이다.
나딩스는 배려란 타인에 대한 공감과 수용으로 관계 속에서 완성되는 것이라고 보았다. 따라서 올바른 도덕 교육은 배려를 촉진하고 확산하는 것이 되어야 하므로, A에는 도덕 교육을 통해 배려를 경험하고 실천하는 것을 중시하는 내용이 들어가면 된다.

14 베카리아와 루소의 형벌에 대한 입장 　　　정답률 58% | 정답 ⑤

| 문제 보기 |

그림은 형성 평가이다. 학생의 답이 옳게 표시된 것만을 ⊙ ~ ㉣ 중에서 있는 대로 고른 것은? [3점]

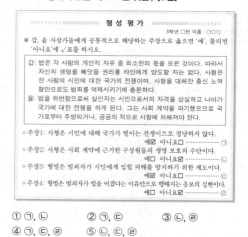

> 형 성 평 가
> 　　　　　　　　　　3학년 ○반 이름: ○○○
> ※ 갑, 을 사상가들에게 공통적으로 해당하는 주장으로 옳으면 '예', 틀리면 '아니요'에 √표를 하시오.
> 갑: 법은 각 사람의 개인적 자유 중 최소한의 몫을 모은 것이다. 따라서 자신의 생명을 빼앗을 권리를 타인에게 양도할 수는 없다. 사형은 한 사람의 시민에 대한 국가의 전쟁이며, 사형을 대체할 종신 노역형만으로도 범죄를 억제시키기에 충분하다.
> 을: 법을 위반함으로써 살인자는 시민으로서의 자격을 상실하고 나아가 국가에 대한 전쟁이 되기도 한다. 그는 사회 계약을 파기했으므로 국가로부터 추방되거나, 공공의 적으로 사형에 처해져야 한다.
>
> ○주장1: 사형은 시민에 대해 국가가 벌이는 전쟁이므로 정당하지 않다.　　예□ 아니요□ ⊙
> ○주장2: 사형은 사회 계약에 근거한 구성원들의 생명 보호의 수단이다.　　예□ 아니요□ ㉡
> ○주장3: 형벌은 범죄자가 시민에게 입힐 피해를 방지하기 위한 제도이다.　　예□ 아니요□ ㉢
> ○주장4: 형벌은 범죄자가 법을 어겼다는 이유만으로 행해지는 응보의 실현이다.　　예□ 아니요□ ㉣

① ⊙, ㉡　　② ⊙, ㉢　　③ ㉡, ㉢
④ ⊙, ㉢, ㉣　　⑤ ㉡, ㉢, ㉣

● 왜 정답일까?

갑은 베카리아, 을은 루소이다.
베카리아는 형벌은 범죄자가 시민에게 입힐 피해를 예방하기 위함이라고 주장하였다.
루소는 시민들이 자신의 생명과 안전을 보장받기 위해 생명 박탈의 권리를 양도하는 사회 계약에 동의하였으므로, 타인의 생명권을 침해한 살인자의 생명은 박탈될 수 있다고 보았다.

● 왜 오답일까?

⊙ 베카리아는 사형은 한 시민에 대해 국가가 벌이는 전쟁이므로 정당하지 않다고 주장하였다.

15 분배 정의
정답률 37% | 정답 ⑤

| 문제 보기 |

갑, 을, 병 사상가들의 입장에서 서로에 대해 비판할 수 있는 내용으로 가장 적절한 것은? [3점]

> 갑: 분배 정의에서 옳음은 서로 균등한 사람들이 균등한 사물을 가져야 한다는 것에 있다. 만약 균등하지 않은 사람들이 균등한 물을 차지할 경우에 분쟁과 불평등이 생긴다.
> 을: 분배 정의의 원칙은 자유롭고 평등한 시민들에 의해서 합의된다. 과거의 우연적 영향과 이득들이 정의의 원칙에 관한 합의에 영향을 끼쳐서는 안 된다.
> 병: 분배 정의의 원리에 따르면 과거의 상황이나 행위는 소유 권리를 창조한다. 따라서 재분배는 개인들의 소유 권리를 심각하게 침해하기 때문에 옳지 않다.

	~이	~에게	비판 내용
①	갑	을	공정한 절차를 따를 때 정의로운 분배가 성립됨을 간과한다.
②	을	갑	분배에서 옳음이 기하학적 비례에 의해서 생겨남을 간과한다.
③	을	병	부정의를 바로잡기 위한 국가의 재분배가 허용될 수 있음을 간과한다.
④	병	갑	각자에게 각자의 몫을 줄 때 공정한 분배가 실현됨을 간과한다.
⑤	병	을	개인들의 소유 권리가 역사적인 과정을 거쳐 형성됨을 간과한다.

● 왜 정답일까?

갑은 아리스토텔레스, 을은 롤스, 병은 노직이다.
노직은 공정한 분배가 이루어지려면 취득·양도·교정에서의 정의의 원칙을 따라야 한다고 주장하였으며, 개인의 소유 권리가 역사적 과정을 거쳐 형성된다고 보았다.

● 왜 오답일까?

아리스토텔레스는 공정한 분배가 이루어지려면 각자의 가치에 비례하여 각자의 몫이 분배됨으로써 기하학적 비례에 따른 동등함을 추구해야 한다고 보았다.
롤스는 공정한 분배가 이루어지려면 공정한 절차에 의해 원초적 입장에서 합리적 개인들 간에 합의되는 정의의 원칙을 따라야 한다고 주장하였다.

16 싱어와 롤스의 해외 원조
정답률 68% | 정답 ④

| 문제 보기 |

갑, 을 사상가들의 입장으로 가장 적절한 것은? [3점]

> 부에 관한 전 지구적 분배 상황은 인류의 공동 자원을 소수가 부당하게 착취한 결과입니다. 인류 전체의 이익 증진을 위해 빈곤으로 고통받는 사람들에게 자신의 소득 일부를 원조함으로써 원조의 의무를 다해야 합니다. — 갑
> 한 나라의 부와 복지 수준을 결정하는 주된 요인은 그 나라의 정치 문화이지 자원 자체가 아닙니다. 따라서 질서정연한 사회의 사람들은 고통받는 사회의 자유와 평등을 확립하기 위해 원조의 의무를 지닙니다. — 을

① 갑: 풍족한 사회에서 원조는 의무가 아닌 자선으로만 행해진다.
② 갑: 원조의 대상은 빈곤한 사회의 개인이 아닌 사회 그 자체이다.
③ 을: 지구적 평등주의에 입각해서 모든 빈곤국을 원조해야 한다.
④ 을: 국가 간 천연자원 분포의 우연성은 원조의 고려 대상이 아니다.
⑤ 갑, 을: 원조의 목적은 인류 간 평균적 부의 차이를 좁히는 것이다.

● 왜 정답일까?

갑은 싱어, 을은 롤스이다.
롤스는 원조의 목적은 모든 인류의 복지 수준을 일치시키는 것이 아니라, 불리한 여건으로 고통받는 사회가 자유와 평등이 보장되는 질서정연한 사회가 되도록 돕는 것이라고 보았다.

● 왜 오답일까?

싱어는 공리주의의 입장에서 전 인류의 복지 수준 향상을 위해 노력하는 것을 원조의 목적이라고 주장하였다.

17 인간 중심주의와 생태 중심주의
정답률 73% | 정답 ③

| 문제 보기 |

(가), (나)의 입장에서 모두 긍정의 대답을 할 질문을 〈보기〉에서 고른 것은?

> (가) 인류의 존속과 장기적 이익을 위해 자연에 대한 세심한 관리가 이루어져야 한다.
> (나) 자연의 본래적 가치를 인정하고 자연 질서에 부합하는 문화적 활동을 해야 하며, 인간의 욕구를 조절함으로써 자연을 보전해야 한다.

〈 보기 〉
ㄱ. 자연의 일부인 인간은 자연 개발을 중지해야 하는가?
ㄴ. 자연의 자정 능력을 넘어서는 개발을 자제해야 하는가?
ㄷ. 환경친화적 삶을 통해 생태계 문제를 해결할 수 있는가?
ㄹ. 풍족함을 누리기 위해 자연을 정복하고 다스려야만 하는가?

① ㄱ, ㄴ ② ㄱ, ㄷ ③ ㄴ, ㄷ ④ ㄴ, ㄹ ⑤ ㄷ, ㄹ

● 왜 정답일까?

(가)는 온건한 인간 중심주의이고, (나)는 온건한 생태 중심주의이다.
두 입장은 모두 지속 가능한 발전과 환경친화적 삶을 중시한다.

● 왜 오답일까?

ㄱ. 극단적 생태 중심주의의 입장이다.
ㄹ. 극단적 인간 중심주의의 입장이다.

18 과학 연구와 윤리의 관계
정답률 61% | 정답 ⑤

| 문제 보기 |

(가)의 주장을 (나) 그림으로 나타낼 때, ㉠에 대한 반론의 근거로 가장 적절한 것은?

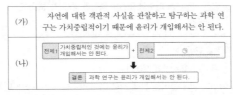

① 윤리의 개입으로 과학 연구의 객관성이 위협받을 수 있다.
② 과학 연구는 사실 그 자체에 대한 기술과 설명이 되어야 한다.
③ 과학은 객관적 사실이므로 관련 연구에는 가치가 개입될 수 없다.
④ 과학 연구가 윤리적 평가 대상일 때 과학적 진리는 왜곡될 수 있다.
⑤ 과학 연구는 상황과 맥락을 반영하며 사회적 필요에 의해 이루어진다.

● 왜 정답일까?

㉠에는 '자연에 대한 객관적 사실을 관찰하고 탐구하는 과학 연구는 가치중립적인 것이다.'라는 내용이 들어가므로 이에 대한 반론은 '과학 연구는 가치중립적인 것이 아니다.'이다. 따라서 그 근거는 과학 연구는 사회적 필요에 의해 이루어지므로 가치가 개입될 수 있으며 윤리적 평가 또한 가능하다고 보는 것이다.

19 공리주의와 아리스토텔레스 사상
정답률 63% | 정답 ②

| 문제 보기 |

(가)의 갑, 을, 병 사상가들의 입장을 (나) 그림으로 표현할 때, A ~ D에 해당하는 적절한 진술만을 〈보기〉에서 있는 대로 고른 것은? [3점]

> (가)
> 갑: 어떤 행위가 옳은 것은 그 행위가 문제 상황에서 가능한 다른 대안들보다 더 큰 쾌락을 산출할 때이다.
> 을: 어떤 행위가 옳은 것은 그 행위가 가능한 다른 대안보다 사회에 더 큰 쾌락을 산출하는 규칙들의 집합에 속한 규칙에 부합할 때이다.
> 병: 어떤 행위가 옳은 것은 중용의 덕을 가진 유덕한 사람들이 항상 행하는 것과 같은 행위를 할 때이다.

> (나)
> 〈 범례 〉
> A: 갑만의 입장
> B: 갑과 을만의 공통 입장
> C: 을과 병만의 공통 입장
> D: 갑, 을, 병의 공통 입장

〈 보기 〉
ㄱ. A: 공리의 원리를 규칙이 아닌 개별 행위에 적용해야 한다.
ㄴ. B: 공익 증진을 위해서 개인의 이익은 고려하지 말아야 한다.
ㄷ. C: 도덕적 행위 그 자체보다 행위자의 성품을 중시해야 한다.
ㄹ. D: 도덕적 행위는 행복을 실현하는 것을 목적으로 해야 한다.

① ㄱ, ㄷ ② ㄱ, ㄹ ③ ㄴ, ㄷ
④ ㄱ, ㄴ, ㄹ ⑤ ㄴ, ㄷ, ㄹ

● 왜 정답일까?

갑은 행위 공리주의자, 을은 규칙 공리주의자, 병은 아리스토텔레스이다.
ㄱ. 행위 공리주의자는 공리의 원리를 행위에 직접 적용해야 한다고 보는 반면, 규칙 공리주의자는 공리의 원리를 행위의 규칙에 적용해야 한다고 본다.
ㄹ. 행위 공리주의, 규칙 공리주의, 아리스토텔레스는 공통적으로 도덕적 행위는 행복의 실현을 목적으로 해야 한다고 보았다.

● 왜 오답일까?

ㄴ. 행위 공리주의와 규칙 공리주의는 모두 사회 전체 행복을 증진할 때 개인의 이익을 배제하지 않는다.
ㄷ. 아리스토텔레스는 행위 그 자체보다 행위자의 성품을 중시하여, 도덕적 행위는 유덕한 사람들이 항상 행하는 것과 같은 행위를 하는 것이라고 보았다.

20 현세대와 미래 세대의 환경권
정답률 66% | 정답 ①

| 문제 보기 |

다음 토론의 핵심 쟁점으로 가장 적절한 것은?

> 갑: 오늘날 환경 문제가 우리의 삶을 위협하고 있으므로 건강하고 쾌적한 환경에서 살 권리인 환경권이 강조되고 있습니다.
> 을: 그렇습니다. 그런데 환경권은 현세대는 물론 미래 세대도 갖는 권리입니다. 따라서 현세대는 미래 세대가 환경적으로 위험에 빠지지 않도록 할 의무가 있습니다.
> 갑: 그렇지 않습니다. 지금 존재하지 않는 세대의 권리는 인정할 수 없습니다. 권리는 존재와 함께 시작되므로 현세대는 미래 세대에게 아무런 의무도 갖지 않습니다.
> 을: 아닙니다. 권리의 소유는 존재 여부와 무관합니다. 현세대의 행위로 극심한 피해를 겪게 될 미래 세대를 도덕적으로 배려하기 위해 미래 세대의 환경권을 인정해야 합니다.

① 환경권의 귀속을 현존하는 인간으로 한정해야 하는가?
② 환경을 보호하려는 의무는 미래 세대만을 위한 것인가?
③ 환경권은 건강하고 쾌적한 삶의 영위를 위해 필요한가?
④ 현세대와 미래 세대 간에는 호혜적 관계가 성립되는가?
⑤ 환경 문제는 우리의 삶을 위협하는 전 지구적 문제인가?

● 왜 정답일까?

갑, 을은 모두 오늘날 환경 문제가 우리의 삶을 위협하고 있으므로 건강하고 쾌적한 환경에서 살 권리인 환경권이 강조되고 있다고 본다. 하지만 갑은 지금 존재하지 않는 미래 세대의 환경권을 인정할 수 없다고 보는 반면, 을은 미래 세대를 도덕적으로 배려하기 위해 그들의 환경권을 인정해야 한다고 본다.

15회 2025학년도 6월

01 ②	02 ④	03 ③	04 ①	05 ④
06 ⑤	07 ②	08 ①	09 ④	10 ④
11 ①	12 ③	13 ②	14 ④	15 ①
16 ①	17 ④	18 ②	19 ⑤	20 ④

채점 결과	• 실제 걸린 시간 : 　　　분　　　초
	• 맞은 문항수 : 　　　개
	• 틀린 문항수 : 　　　개
	• 헷갈린 문항 :

01 기술 윤리학과 규범 윤리학　정답률 69% | 정답 ②

| 문제 보기 |

(가), (나) 윤리학의 핵심 과제로 가장 적절한 것은?

(가) 윤리학은 특정 사회에서 개인의 생활과 사회의 구조 속에 존재하는 도덕 현상을 경험 과학적으로 탐구하고 설명하는 것을 강조한다.
(나) 윤리학은 도덕적 관행을 평가할 수 있는 보편적 도덕 원리를 구축하고, 이를 바탕으로 이상적인 도덕규범의 체계를 정립하는 것을 강조한다.

① (가) : 현실의 구체적 윤리 문제에 대한 실천 지침을 제공 하는 것이다.
② (가) : 각 문화권의 도덕 현상을 조사하고 객관적으로 기술 하는 것이다.
③ (나) : 도덕적 담론에서 사용되는 용어의 의미를 분석하는 것이다.
④ (나) : 도덕의 기원과 발달에 관한 인과적 설명을 제시하는 것이다.
⑤ (가)와 (나) : 도덕적 추론과 합리적 논증의 구조를 탐구하 는 것이다.

● 왜 정답일까?

(가)는 기술 윤리학, (나)는 규범 윤리학이다. 기술 윤리학은 도덕 현상과 문제에 대해 이를 일종의 사회 현상으로 보고 명확히 기술(記述)하고, 기술된 현상 간의 인과 관계를 설명하는 윤리학 이다. 기술 윤리학은 각 문화권의 도덕 현상을 조사하고 객관적 으로 기술하는 것을 윤리학의 핵심 과제로 삼는다.

● 왜 오답일까?

① 현실의 구체적 윤리 문제에 대한 실천 지침을 제공하는 것을 윤리학의 핵심 과제로 삼는 것은 실천 윤리학이다.
③ 도덕적 담론에서 사용되는 용어의 의미를 분석하는 것을 윤리 학의 핵심 과제로 삼는 것은 메타 윤리학이다.
④ 도덕의 기원과 발달에 관한 인과적 설명을 제시하는 것은 기술 윤리학이다.
⑤ 도덕적 추론과 합리적 논증의 구조를 탐구하는 것은 메타 윤리학이다.

02 인공 임신 중절의 윤리적 쟁점　정답률 63% | 정답 ④

| 문제 보기 |

(가)의 주장을 (나) 그림으로 나타낼 때, ㉠에 대한 반론의 근거로 가장 적절한 것은?

(가)	인공 임신 중절은 태아의 생명을 중단시켜 인간으로서의 생명권을 침해하므로 허용되어서는 안 된다.
(나)	대전제 [인간의 생명권을 침해하는 행위는 허용되어서는 안 된다.] + 소전제 [㉠] ↓ 결론 [인공 임신 중절은 허용되어서는 안 된다.]

① 태아는 잠재적 인간이므로 생명에 대한 권리를 지닌다.
② 배아, 태아, 성인은 유전적으로 동일한 종의 구성원이다.
③ 태아는 인간이지만 생명권 이외의 권리를 지니지 않는다.
④ 태아는 임신부 신체의 일부이지 인간으로는 간주될 수 없다.
⑤ 태아는 인간의 생명권을 갖지만 임신부의 선택권이 우선 한다.

● 왜 정답일까?

(가)는 인공 임신 중절을 반대하는 입장이다. (나)의 ㉠은 '인공 임신 중절은 인간으로서의 생명권을 침해하는 행위이다.'이다. 따라서 ㉠에 대한 반론은 '인공 임신 중절은 인간의 생명권을 침해하는 행위가 아니다.'이고, 반론의 근거로 '태아는 임신부 신체의 일부이지 인간으로는 간주될 수 없다.'가 적절하다.

● 왜 오답일까?

①, ③, ⑤ 태아의 생명권을 인정하고 있으므로 ㉠에 대한 반론 의 근거로 적절하지 않다.
② 태아가 성인과 유전적으로 동일한 종의 구성원이라는 근거는 ㉠에 대한 반론의 근거로 적절하지 않다.

03 하버마스의 담론 윤리　정답률 82% | 정답 ③

| 문제 보기 |

다음을 주장한 사상가의 입장으로 가장 적절한 것은?

의사소통 행위 개념은 말이든, 말 이외의 수단이든 언어 능력을 지닌 둘 이상 주체의 상호 작용에 관련된다. 행위자들은 일치된 의견 아래 행위를 조정하기 위해 상호 이해를 추구한다. 의사소통 합리성 개념은 논증적 대화를 통해 사람들의 생각을 강제 없이 합치시키려는 합의에 호소한다. 의사소통 합리성은 참여자들이 자신의 발언에 대해 근거를 제시할 수 있는가의 여부에 달려 있다.

① 언어 능력이 없는 주체라고 해도 의사소통 행위를 할 수 있다.
② 의사소통의 합리성이 반드시 근거 있는 주장을 요구하지는 않는다.
③ 의사소통 행위자들의 행위 조정을 위해 논증적 대화가 필수 적이다.
④ 의사소통 행위 주체들은 상대방 주장에 대한 비판을 지양 해야 한다.
⑤ 담론 과정에서 다수의 의견은 행위를 강제 조정하는 근거 가 된다.

● 왜 정답일까?

제시문은 하버마스의 주장이다.
하버마스는 담론 윤리를 통해 서로 이해하여 합의를 이루어 나가 는 과정을 중시했고, 합리적인 의사소통을 통해 행위자들의 행위 조정이 이루어져야 한다고 보았다. 이를 위해 대화 당사자들 간의 논증적 대화가 필수적이라고 주장하였다.

04 매킨타이어의 덕 윤리　정답률 65% | 정답 ①

| 문제 보기 |

다음 사상가의 관점에서 〈문제 상황〉 속 A에게 제시할 조언 으로 가장 적절한 것은?

덕은 인간이 습득한 하나의 성질로서, 그것을 소유하고 실천함으로써 우리는 어떤 실천 관행에 내재하고 있는 선들을 성취할 수 있다. 이에 반해 덕의 결여는 결과적으로 그러한 선들의 성취를 방해한다. 핵심적 덕들이 없다면 우리는 실천 관행에 내재된 선에 접근할 수 없다.

〈문제 상황〉
학생 A는 평소 좋아하는 가수의 콘서트에 가기 위해 용돈을 모으고 있다. 그러던 중 우연히 영상 플랫폼에서 자신과 같은 지역에 사는 결식아동에 대한 영상을 보고 그동안 모은 용돈 으로 아동을 후원해야 할지 고민하고 있다.

① 자신이 속한 공동체의 공유된 핵심 가치를 실현하도록 행동 하세요.
② 관습을 따르기보다 자율적 준칙에 따라 소신 있게 행동 하세요.
③ 공동체의 도덕적 전통에 구애됨 없이 도구적 이성에 따라 행동하세요.
④ 유용한 결과를 기준으로 삼아 공동체 이익을 증진하도록 행동하세요.
⑤ 공동선에 순응하기보다는 자신만의 고유한 선 관념에 따라 행동하세요.

● 왜 정답일까?

제시문은 매킨타이어의 주장이다.
매킨타이어는 도덕성을 판단할 때 개인의 자유와 선택보다는 공 동체의 전통과 역사를 더 중시해야 한다고 보았다. 따라서 자신

이 속한 공동체의 공유된 핵심 가치를 실현하도록 행동하라고 조언할 것이다.

● 왜 오답일까?

② 매킨타이어는 개인의 자율적 준칙보다 공동체의 관습을 중시 하였다.
③ 매킨타이어는 공동체의 관습과 도덕적 전통을 중시하였다.
④ 유용한 결과를 기준으로 삼아 공동체의 이익 증진을 추구하는 것은 공리주의 입장이다.
⑤ 매킨타이어는 개인의 고유한 선 관념보다 공동선 추구를 중시 하였다.

05 기술에 대한 입장　정답률 52% | 정답 ④

| 문제 보기 |

갑, 을 사상가들의 입장으로 적절한 것만을 〈보기〉에서 있는 대로 고른 것은?

갑 : 오늘날 우리는 기술의 도구적 활용에만 매몰되어 있다. 기술은 그저 하나의 수단만이 아니다. 기술은 탈은폐 의 한 방식이다. 이 점에 주목한다면 기술의 본질이 갖는 영역 중 그동안 망각되었던 진리의 영역이 우리에게 열린다.
을 : 기술은 그 자체로서 선도 아니고 악도 아니다. 그러나 기술은 선하게도 사용될 수 있고, 악하게도 사용될 수 있다. 기술의 선용과 악용은 인간 속에 들어 있는 다른 근원들 에서 나오는 것이다.

〈보 기〉
ㄱ. 갑 : 현대인은 기술에 대한 충분한 이해를 결여하고 있다.
ㄴ. 갑 : 기술은 존재의 의미를 드러내 주는 방식으로 기능할 수 있다.
ㄷ. 을 : 기술을 선택하고 그 활용을 결정하는 기준은 가치중립적이다.
ㄹ. 갑과 을 : 기술은 인간의 목적을 위한 수단임을 부인할 수 없다.

① ㄱ, ㄴ　② ㄱ, ㄷ　③ ㄷ, ㄹ
④ ㄱ, ㄴ, ㄹ　⑤ ㄴ, ㄷ, ㄹ

● 왜 정답일까?

갑은 하이데거, 을은 야스퍼스이다.
ㄱ. 하이데거는 현대인은 기술의 도구적 활용에만 매몰되어 기술 의 본질에 대한 충분한 이해를 결여하고 있다고 주장하였다.
ㄴ. 하이데거는 기술은 감추어져 있는 존재의 모습을 드러내 주는 '탈은폐' 방식으로 기능할 수 있다고 보았다.
ㄹ. 야스퍼스는 기술이 단지 수단일 뿐이며, 기술 그 자체는 선도 아니고 악도 아니라고 주장하였다. 하이데거는 기술이 인간의 목적을 위한 수단임을 부인할 수는 없다고 보면서도 기술을 가치 중립적인 것으로 여기면 안 됨을 강조하였다.

06 베블런의 과시적 소비　정답률 91% | 정답 ⑤

| 문제 보기 |

그림의 강연자가 부정의 대답을 할 질문으로 가장 적절한 것은?

사람들은 금전적 능력으로 명성을 얻으려 하지만 금전적 능력만으로는 명성을 얻기에 충분하지 않습니다. 그래서 좋은 명성을 얻고 유지하기 위한 수단으로 과시적 소비를 합니다. 이 수단은 사회 계층의 일바닥까지 위력을 발휘합니다. 소비의 근본 동기는 차별적 비교에 따른 경쟁입니다. 그래서 각 계층은 자신의 상위 계층을 동경하고 소비 행위를 모방하며 이를 통해 같은 계층 사람들과의 경쟁에서 앞서 나가려고 합니다. 심지어는 물질적으로 곤핍 상태에 있는 계층까지 이러한 욕구 충족을 위해 마지막까지 허세를 부립니다.

① 과시적 소비는 명성을 얻기 위한 수단으로 행해지는가?
② 과시적 소비의 욕구는 사회의 최하위 계층에서도 나타 나는가?
③ 동일 계층 내에서의 경쟁심은 과시적 소비의 동기가 될 수 있는가?
④ 상위 계층의 소비 행위는 하위 계층의 소비 행위에 영향을 주는가?
⑤ 명성의 욕망을 추구하기 위해서는 물질적 풍요가 전제되 어야만 하는가?

● 왜 정답일까?

제시문은 베블런의 주장이다.
베블런은 자본주의 사회에서 거의 모든 계층의 사람들이 명성의 욕망을 추구하고자 과시적 소비를 한다고 보았다. 베블런은 명성 의 욕망을 추구하기 위해 물질적 풍요가 전제되어야만 한다고 보지 않았다.

07 국가의 역할에 대한 입장
정답률 72% | 정답 ②

| 문제 보기 |

갑, 을 사상가들의 입장으로 적절한 것만을 〈보기〉에서 고른 것은?

> 갑: 지금 천하의 군자들이 진심으로 천하가 부유해지기를 바라고 가난해지는 것을 싫어한다면, 천하가 다스려지기를 바라고 어지러워지는 것을 싫어한다면 마땅히 아울러 서로 사랑하고[愛] 서로 이롭게 해야만[交利] 한다.
> 을: 백성의 삶에 있어서 일정한 생업[恒産]이 있는 사람은 일정한 마음[恒心]을 지니지만, 일정한 생업이 없는 사람은 일정한 마음을 지니지 못한다. 일정한 마음이 없으면 방탕, 편벽, 사악, 사치 등 못하는 짓이 없게 된다.

< 보 기 >
ㄱ. 갑: 군주는 친분에 얽매이지 않는 사랑의 질서를 확립해야 한다.
ㄴ. 갑: 군주는 전쟁을 일으켜서라도 천하의 평화를 이루어야 한다.
ㄷ. 을: 궁핍한 백성의 도덕적 일탈은 군주의 책임으로 귀속될 수 있다.
ㄹ. 갑과 을: 군주는 의로움보다 백성의 이로움을 중시해야 한다.

① ㄱ, ㄴ ② ㄱ, ㄷ ③ ㄴ, ㄷ ④ ㄴ, ㄹ ⑤ ㄷ, ㄹ

● 왜 정답일까?

갑은 묵자, 을은 맹자이다.

ㄱ. 묵자는 차별 없는 사랑인 겸애(兼愛)를 강조하면서 군주는 친분에 얽매이지 않고 차별 없이 사랑해야 한다고 보았다.
ㄷ. 맹자는 백성은 일정한 생업으로 경제적 안정[항산] 없이 도덕적 삶[항심]이 가능하지 않다고 보고, 군주는 백성들에게 일정한 생업을 마련해 주어야 한다고 주장하였다. 맹자는 백성이 궁핍해져 도덕적 일탈을 하는 것은 군주의 책임으로 귀속될 수 있다고 보았다.

08 아도르노의 문화 산업 비판
정답률 89% | 정답 ①

| 문제 보기 |

다음을 주장한 사상가의 입장으로 가장 적절한 것은? [3점]

> 오늘날 문화 산업은 개인과 사회 전체를 획일화시키고 있다. 문화 산업은 인간 주체로부터 인식 대상을 구성하는 능력을 빼앗아 간다. 고객에 대한 문화 산업의 가장 큰 봉사는 빼앗긴 인간의 그러한 능력을 대신해 주는 것이다. 은밀하게 작동하는 문화 산업은 인간의 의식을 언제든지 조작할 수 있다. 문화 산업이 문화 상품의 소비 촉진과 이윤 증대를 위해 소비자들의 선택지를 이미 다 분류해 놓았기 때문에, 소비자가 주체적으로 분류할 수 있는 문화 상품은 더 이상 남아 있지 않다. 오늘날 모든 사람의 문화 활동은 문화 산업이 구축한 거대한 경제 메커니즘에 묶일 수밖에 없다.

① 문화 산업은 소비 주체의 능동적 인식 능력을 무력화한다.
② 오늘날 문화 산업은 사회의 다양성을 증진하는 데 기여한다.
③ 현대인의 문화 활동은 문화 산업의 영향으로부터 벗어나 있다.
④ 소비자의 주체성은 문화 산업의 은밀한 작동 방식에 의해 강화된다.
⑤ 문화 산업은 상업적 이윤과 무관하게 소비자를 위해 상품을 분류한다.

● 왜 정답일까?

제시문은 아도르노의 주장이다.
아도르노는 상업화된 예술에 대해 문화 산업이라고 비판하면서, 문화 산업은 자본에 종속되어 획일화되었으며, 소비자가 주체적으로 분류할 수 있는 문화 상품은 더 이상 남아 있지 않았다고 주장한다. 따라서 아도르노의 입장으로 가장 적절한 것은 '소비 주체의 능동적 인식 능력을 무력화한다고 주장한다.'이다.

09 환경 윤리에 대한 입장
정답률 57% | 정답 ④

| 문제 보기 |

(가)의 갑, 을, 병 사상가들의 입장을 (나) 그림으로 표현할 때, A ~ D에 해당하는 적절한 진술만을 〈보기〉에서 고른 것은? [3점]

> (가)
> 갑: 삶의 주체에는 단순히 살아 있음 이상이 포함된다. 삶의 주체는 지각과 기억, 쾌고 감수성, 미래에 대한 관심을 갖고 자신의 목적 실현을 추구한다.
> 을: 모든 유기체는 목적론적 삶의 중심이다. 개별 유기체는 목표 지향적으로 활동하는 질서 정연한 하나의 시스템으로서 고유한 선을 지닌다.

> 병: 비록 이성을 지니지 못했지만 생명이 있는 동물을 폭력적으로, 잔인한 방식으로 다루는 것은 자기 자신에 대한 인간의 의무와 진정으로 대립한다.

> (나)

< 범 례 >
A: 갑만의 입장
B: 병만의 입장
C: 갑과 을만의 공통 입장
D: 갑과 을과 병의 공통 입장

< 보 기 >
ㄱ. A: 도덕적 행위 능력이 있어야만 도덕적 존중의 대상이 되는 것은 아니다.
ㄴ. B: 인간 존엄성을 훼손할 가능성이 동물 학대 금지의 근거이다.
ㄷ. C: 생태계의 구성원만이 도덕적 지위를 지닌 존재가 될 수 있는 것은 아니다.
ㄹ. D: 수단으로만 이용되어서는 안 되는 존재는 도덕적 의무의 대상이 될 수 있다.

① ㄱ, ㄴ ② ㄱ, ㄷ ③ ㄴ, ㄷ
④ ㄴ, ㄹ ⑤ ㄷ, ㄹ

● 왜 정답일까?

갑은 레건, 을은 테일러, 병은 칸트이다.

ㄴ. 칸트는 생명이 있는 동물을 잔학하게 다루는 것은 인간의 자기 자신에 대한 의무에 어긋난다고 보고, 동물 학대는 인간 존엄성 훼손으로 이어질 수 있다고 주장하였다. 이와 달리 레건은 동물은 내재적 가치를 지닐 수 있기 때문에 학대하면 안 된다고 보고, 테일러는 동물도 고유한 선을 지닌 생명체이기 때문에 학대하면 안 된다고 보았다.
ㄹ. 레건, 테일러, 칸트는 수단으로만 이용되어서는 안 되는 존재는 도덕적 지위를 지니고 있으며, 도덕적 의무의 대상이 될 수 있다고 보았다. 레건에게는 내재적 가치를 지닌 존재, 테일러에게는 모든 생명체, 칸트에게는 인간이 수단으로만 이용되어서는 안 되는 존재이다.

● 왜 오답일까?

ㄱ. 도덕적 행위 능력이 있어야만 도덕적 존중의 대상이 되는 것은 아니라고 본 것은 레건과 테일러이다. 칸트와 달리 레건과 테일러는 어떤 존재는 도덕적 행위 능력과 무관하게 도덕적 존중의 대상이 될 수 있다고 보았다.
ㄷ. 레건은 내재적 가치를 지닌 존재, 테일러는 모든 생명체, 칸트는 인간이 도덕적 지위를 지닌다고 보았다. 이러한 존재들은 모두 생태계의 구성원이다.

10 갈퉁과 칸트의 입장
정답률 52% | 정답 ④

| 문제 보기 |

갑, 을 사상가들의 입장으로 적절한 것만을 〈보기〉에서 있는 대로 고른 것은? [3점]

> 갑: 어떤 종류의 폭력이라도 또 다른 폭력을 낳는다. 직접적 폭력은 구조적 폭력을 형성하고, 문화적 폭력은 이러한 모든 폭력을 합법화시킬 수 있다. 반면, 어떤 종류의 평화라도 또 다른 평화를 낳는다.
> 을: 평화 상태는 국가 상호 간의 계약 없이는 구축될 수 없고 보장될 수도 없다. 국제법은 자유로운 국가들의 연방에 기초해야 한다. 국가 간 평등한 관계에 기반을 둔 세계 시민법은 보편적 우호의 조건들에 국한되어야 한다.

< 보 기 >
ㄱ. 갑: 평화적이지 않은 수단으로는 결코 평화를 실현할 수 없다.
ㄴ. 갑: 구조적 착취를 정당화하는 수단으로 활용되는 예술도 있다.
ㄷ. 을: 강제력을 갖춘 평화 조약은 영구적 평화를 보장할 수 있다.
ㄹ. 갑과 을: 정치 체제의 개선 없이는 진정한 평화가 보장될 수 없다.

① ㄱ, ㄴ ② ㄱ, ㄷ ③ ㄷ, ㄹ
④ ㄱ, ㄴ, ㄹ ⑤ ㄴ, ㄷ, ㄹ

● 왜 정답일까?

갑은 갈퉁, 을은 칸트이다.

ㄱ. 갈퉁은 '평화적 수단에 의한 평화'를 강조하며 평화적이지 않은 수단으로는 결코 평화를 실현할 수 없다고 보았다.
ㄴ. 갈퉁은 종교와 예술 등의 문화적 폭력은 구조적 폭력과 직접적 폭력을 정당화하는 수단으로 활용될 수 있다고 보았다.
ㄹ. 갈퉁과 칸트는 정치 체제의 개선 없이는 진정한 평화가 보장될 수 없다고 보았다. 갈퉁은 구조적 폭력의 주요 형태는 정치와 경제에서 나타나는 억압과 착취라고 보고, 정치 체제의 개선이 있어야 한다고 주장하였다. 칸트는 영구 평화를 위해서는 모든

국가의 시민적 정치 체제가 공화 정체이어야 한다고 보고, 정치 체제의 개선이 있어야 한다고 주장하였다.

● 왜 오답일까?

ㄷ. 칸트는 영구적 평화는 평화 조약에 의해서 보장할 수 없다고 보고, 모든 국가가 자유로운 국가들 간의 연맹에 참여해야 한다고 주장하였다.

11 죽음에 대한 입장
정답률 82% | 정답 ①

| 문제 보기 |

갑, 을 사상가들의 입장으로 가장 적절한 것은? [3점]

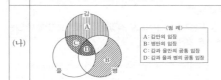

> 옛 진인(眞人)은 삶을 기뻐할 줄도 죽음을 미워할 줄도 몰랐습니다. 혼연 상태에 있다가 변하여 기(氣)가 되고 기가 변해 형체가 되고 형체가 변해 삶이 되었으며 이제 또 변해서 죽은 것입니다. 이것은 춘하추동의 사계절이 번갈아 운행하는 것과 같은 것입니다.

> 죽음은 영혼과 몸을 구성하는 원자(原子)들이 흩어지는 것입니다. 모든 좋고 나쁨은 감각에 달려 있는데, 죽으면 감각이 없어집니다. 죽음이 두려운 일이 아니라는 사실을 진정으로 깨달은 사람은 삶에서 두려워할 것이 없습니다.

① 갑: 죽음은 자연스러운 과정이므로 지나친 슬픔에서 벗어나야 한다.
② 갑: 삶의 단절인 죽음은 생사의 순환에서 벗어나는 필연적인 과정이다.
③ 을: 죽음은 육체의 고통을 낳지만 죽음에 대한 이해는 평온을 낳는다.
④ 을: 죽음은 영원한 삶으로 이행하는 과정이므로 두려워해서는 안 된다.
⑤ 갑과 을: 죽음 이후에는 인간을 구성하는 요소들이 완전히 사라진다.

● 왜 정답일까?

갑은 도가 사상가 장자, 을은 에피쿠로스이다.

장자는 "본래 아무것도 없었는데 순식간에 변화하여 기(氣)가 생기고, 기가 변화하여 형체가 생기고, 형체가 변화하여 생명이 생기고, 생명이 변화하여 죽음이 된다."고 말했다. 즉 삶과 죽음을 서로 연결된 순환 과정으로 보며 죽음에 초연할 것을 강조하였다.

12 해외 원조에 대한 입장
정답률 60% | 정답 ③

| 문제 보기 |

갑, 을 사상가들의 입장으로 적절한 것만을 〈보기〉에서 있는 대로 고른 것은? [3점]

> 갑: 사람이 음식을 필요로 하는 것은 인종과 아무런 상관이 없다. 고통받는 사람들은 누구나 이익 평등 고려의 원칙에 따라 도움을 받아야 한다.
> 을: 정치적 전통과 법이 합당하고 합리적인 사회는 천연자원이 부족해도 질서 정연해질 수 있다. 해외 원조의 목적은 고통받는 사회를 적정 수준의 사회가 되도록 하는 데 있다.

< 보 기 >
ㄱ. 갑: 해외 원조의 목적은 국가 간 평균적 부의 격차를 줄이는 것이다.
ㄴ. 갑: 해외 원조와 국내 부조를 정당화하는 최종 근거는 다르지 않다.
ㄷ. 을: 인권 개선을 위한 해외 원조는 수혜국의 정의로운 기본 제도 수립 이후에도 계속되어야 한다.
ㄹ. 갑과 을: 기아 상태의 사람들을 구제하는 해외 원조는 보편적 의무로 간주될 수 있다.

① ㄱ, ㄴ ② ㄱ, ㄷ ③ ㄴ, ㄹ
④ ㄱ, ㄷ, ㄹ ⑤ ㄴ, ㄷ, ㄹ

● 왜 정답일까?

갑은 싱어, 을은 롤스이다.

ㄴ. 싱어는 해외 원조와 국내 부조를 정당화하는 최종 근거는 공리의 원리라고 보았다.
ㄹ. 싱어와 롤스는 기아 상태의 사람들을 구제하는 해외 원조를 자선의 관점이 아니라 의무의 관점에서 보고, 해외 원조는 인류의 보편적 의무로 간주될 수 있다고 주장하였다.

● 왜 오답일까?

ㄱ. 싱어는 해외 원조의 목적은 국가 간 평균적 부의 격차를 줄이는 것이 아니라 인류 전체의 이익 증진 혹은 인류 전체의 고통 감소라고 보았다.
ㄷ. 롤스는 수혜국의 정의로운 기본 제도가 수립된 이후에는 그 사회가 여전히 상대적으로 빈곤할지라도 더 이상 해외 원조가 요구되지 않는다고 보았다.

13 다문화에 대한 비교
정답률 76% | 정답 ②

| 문제 보기 |

(가)의 입장에 비해 (나)의 입장이 갖는 상대적 특징을 그림의 ㉠ ~ ㉤ 중에서 고른 것은?

> (가) 용광로에 여러 금속을 넣어 하나의 금속을 만들어 내듯이 주류 문화에 이민자 문화를 융합하여 새로운 문화를 만들어야 한다.
>
> (나) 서로 다른 특성을 가진 재료들이 각자 고유한 맛을 유지하면서 하나로 어우러지는 샐러드처럼 다양한 문화가 조화를 이루도록 해야 한다.

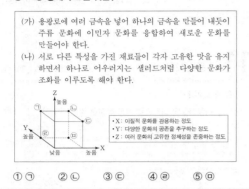

- X : 이질적 문화를 관용하는 정도
- Y : 다양한 문화의 공존을 추구하는 정도
- Z : 여러 문화의 고유한 정체성을 존중하는 정도

① ㉠ ② ㉡ ③ ㉢ ④ ㉣ ⑤ ㉤

● 왜 정답일까?

(가)는 용광로 이론, (나)는 샐러드 볼 이론이다.

용광로 이론에 비해 샐러드 볼 이론이 갖는 상대적 특징은 이질적 문화를 강조하는 정도(X)는 높고, 다양한 문화의 공존을 추구하는 정도(Y)도 높으며, 여러 문화의 고유한 정체성을 존중하는 정도(Z)도 높다. 따라서 ㉡이 정답이다.

14 시민 불복종에 대한 입장
정답률 41% | 정답 ③

| 문제 보기 |

(가)의 사상가 갑, 을, 병의 입장을 (나) 그림으로 탐구하고자 할 때, A ~ D에 들어갈 적절한 질문만을 <보기>에서 고른 것은? [3점]

> (가)
> 갑 : 시민 불복종의 대상은 평등한 자유의 원칙에 대한 심대한 위반이나 공정한 기회 균등의 원칙에 대한 현저한 위반에 국한되어야 한다.
> 을 : 공리의 관점에서 시민 불복종이 중단시키려는 악의 크기와 그것이 가져올 법과 민주주의에 대한 존중심의 감소 가능성을 저울질해 보아야 한다.
> 병 : 우리는 법에 대한 존경심보다는 먼저 정의에 대한 존경심을 가져야 한다. 법이 독단에 치우쳐 있다면 양심에 따라 저항해야 한다.

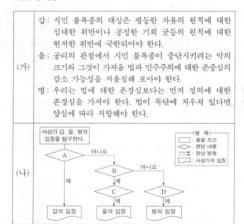

< 보 기 >
ㄱ. A : 다수 의사를 반영한 법은 시민 불복종 대상에서 제외되어야 하는가?
ㄴ. B : 양심에서 비롯된 시민불복종도 실패 가능성이 크면 정당성을 상실할 수 있는가?
ㄷ. C : 법에 대한 존중이 강한 민주 사회일수록 시민 불복종이 옹호될 가능성이 높은가?
ㄹ. D : 시민 불복종은 개인적 양심과 사회적 승인에 근거해야 하는가?

① ㄱ, ㄴ ② ㄱ, ㄷ ③ ㄴ, ㄷ
④ ㄴ, ㄹ ⑤ ㄷ, ㄹ

● 왜 정답일까?

갑은 롤스, 을은 싱어, 병은 소로이다.

ㄴ. 싱어는 시민 불복종 행위의 성공 가능성을 고려해야 한다고 보고, 양심에서 비롯된 시민 불복종도 실패 가능성이 크면 정당성을 상실할 수 있다고 주장하였다.

ㄷ. 싱어는 시민 불복종을 하는 사람들은 법의 통치 및 민주주의 기본 원칙들에 대한 자신들의 존중을 명백히 한다고 보고, 법에 대한 존중이 강한 민주 사회일수록 시민 불복종이 옹호될 가능성이 높다고 주장하였다.

● 왜 오답일까?

ㄱ. 롤스, 싱어, 소로는 다수 의사를 반영한 법이라고 할지라도 시민 불복종 대상이 될 수 있다고 보았다.

ㄹ. 소로는 시민 불복종은 도덕적이고 정의로운 행동이며 양심에 따라 부정의에 대해 적극적으로 불복종해야 한다고 주장했다.

15 분배적 정의에 대한 입장
정답률 13% | 정답 ①

| 문제 보기 |

갑, 을 사상가들의 입장으로 적절한 것만을 <보기>에서 있는 대로 고른 것은? [3점]

> 갑 : 무지의 베일 속에 있는 당사자들은 어떤 종류의 특정 사실을 알지 못하며, 각자는 사회에서 자기의 지위나 계층을 모르며, 천부적 자산, 능력, 지능, 체력 등을 어떻게 타고나는지 자신의 운수도 모른다.
> 을 : 소유물에서의 정의 이론의 일반적 개요를 말하자면, 한 사람의 소유물은 취득과 이전에서의 정의의 원리 또는 불의의 교정의 원리에 의해 그 소유물에 대한 권리를 부여받았으면 정당한 것이다.

< 보 기 >
ㄱ. 갑 : 정의로운 분배 결과로 생긴 불평등은 조정의 대상이 아니다.
ㄴ. 갑 : 사회 구성원 모두의 협력을 가능하게 하는 분배만이 정당하다.
ㄷ. 을 : 부정의한 분배의 교정 외에 국가의 역할을 허용해선 안 된다.
ㄹ. 갑과 을 : 분배 정의의 목표는 개인의 자유와 기본적 필요 보장에 있다.

① ㄱ, ㄴ ② ㄱ, ㄷ ③ ㄷ, ㄹ
④ ㄱ, ㄴ, ㄹ ⑤ ㄴ, ㄷ, ㄹ

● 왜 정답일까?

갑은 롤스, 을은 노직이다.

ㄱ. 롤스는 정의로운 분배 결과로 생긴 불평등은 정당하다고 보기 때문에 조정의 대상이 아니라고 보았다.

ㄴ. 롤스는 사회를 상호 이익을 위한 협동 체제라고 보고, 사회 구성원 모두의 협력을 가능하게 하는 분배가 이루어져야 한다고 주장하였다.

● 왜 오답일까?

ㄷ. 노직은 국가는 부정의한 소유가 발생했을 때 이를 교정하는 역할을 해야 할 뿐만 아니라, 개인의 소유권을 침해하지 않고 개인의 권리를 보호하는 역할을 수행해야 한다고 보았다.

ㄹ. 노직은 개인의 기본적 필요 보장이 분배 정의의 목표라고 보지 않았다.

16 직업관에 대한 입장
정답률 74% | 정답 ①

| 문제 보기 |

갑, 을 사상가들의 입장으로 적절한 것만을 <보기>에서 고른 것은? [3점]

> 갑 : 선왕(先王)은 예의를 제정하고 분별했는데 존귀함과 비천함, 어른과 아이, 지혜로운 자와 어리석은 자, 능력 있고 능력 없는 자를 구분했다. 그리고 그들에게 각자 일을 맡겨 자신에게 합당한 일을 갖게 하였다.
> 을 : 신은 우리 각자가 인생의 온갖 활동을 하는 가운데 우리 각자가 자신의 소명(召命)을 기억하고 존중할 것을 명한다. 신은 각자 자기에게 주어진 삶 속에서 실행할 분명한 의무를 지정해 주었다.

< 보 기 >
ㄱ. 갑 : 직업의 배분에서 개인의 자질을 분별하는 것은 필수적이다.
ㄴ. 갑 : 자신의 직분을 다하는 것이 곧 예의를 실천하는 일이다.
ㄷ. 을 : 신이 각자에게 부여한 소명에 따라 직업에 귀천이 생긴다.
ㄹ. 갑과 을 : 적성에 맞는 직업을 스스로 선택하여 부를 쌓아야 한다.

① ㄱ, ㄴ ② ㄱ, ㄷ ③ ㄴ, ㄷ
④ ㄴ, ㄹ ⑤ ㄷ, ㄹ

● 왜 정답일까?

갑은 순자, 을은 칼뱅이다.

ㄱ. 순자는 각자의 적성과 능력에 따라 사회적 역할을 분담해야 한다고 보았다. 순자는 직업의 배분에서 개인의 자질을 분별하는 것은 필수적이라고 보았다.

ㄴ. 순자는 예(禮)는 각자의 적성과 능력에 따라 사회적 역할을 분담하게 하는 것이라고 보고, 자신의 직분을 다하는 것이 예의를 실천하는 일이라고 주장하였다.

● 왜 오답일까?

ㄷ. 칼뱅은 직업을 신이 각자에게 부여한 소명(召命)이라고 보고, 각자는 소명에 따른 직업 활동에 충실히 임해야 한다고 주장하였다. 하지만 칼뱅은 신의 부르심, 즉 소명에 따른 직업에 있어서 귀천은 없다고 보았다.

ㄹ. 칼뱅은 직업을 소명이라고 보기 때문에 개인이 직업을 스스로 선택하여 부를 쌓아야 한다고 보지 않았다.

17 저작권 문제
정답률 91% | 정답 ④

| 문제 보기 |

다음 신문 칼럼에서 강조하는 내용으로 가장 적절한 것은?

> ○○신문   ○○○○년 ○○월 ○○일
>
> **칼럼**
>
> 생성형 인공 지능의 학습에 이용되는 데이터 중 많은 것들이 원저작자의 동의 없이 무단으로 수집, 이용되고 있다. 이는 원저작자의 저작권을 침해할 소지가 있으므로 원저작자의 저작권 보호 대책이 마련되어야 한다. 어떤 사람들은 원저작자의 저작권을 인정할 경우 인공 지능 관련 산업이 위축될 것을 우려한다. 그래서 그들은 인공 지능 학습용 데이터를 공공재로 보아야 한다고 주장한다. 하지만 이러한 주장은 데이터 원저작자의 노력과 정당한 권리를 간과하는 것이다. 또한 저작권을 보호하는 것이 오히려 인공 지능 관련 산업의 장기적 발전에 도움을 줄 수 있다. 저작권을 보호함으로써 원저작자는 데이터를 제공하려는 더 많은 유인을 가질 것이며, 이를 통해 관련 산업은 양질의 데이터를 지속적으로 확보할 수 있다.

① 인공 지능 학습용 데이터는 공공재로서 보호되어야 한다.
② 저작권에 대한 보호는 인공 지능 관련 산업을 위축시킨다.
③ 저작권 보호와 양질의 학습용 데이터 확보는 양립할 수 없다.
④ 인공 지능 학습용 데이터 원저작자의 정당한 권리를 보호해야 한다.
⑤ 인공 지능 학습용 데이터 수집은 원저작자 동의 없이 가능해야 한다.

● 왜 정답일까?

칼럼은 저작권 보호를 주장하는 입장이다.

칼럼은 인공 지능 학습용 데이터 원작자의 저작권 보호 대책이 마련되어야 한다는 입장이다. 칼럼은 원저작자의 정당한 권리를 보호해야 한다고 주장하고 있다.

18 사랑과 성의 관계에 대한 입장
정답률 77% | 정답 ③

| 문제 보기 |

(가), (나)의 입장으로 가장 적절한 것은? [3점]

> (가) 성은 사회 안정과 관련되고, 출산과 양육의 책임을 발생시킨다. 따라서 부부 간의 성관계만이 도덕적으로 정당하다. 성과 관련된 그 밖의 가치는 가족의 안정성과 출산 목적에 기여하는 것에서 파생된다.
> (나) 결혼과 출산이 전제된 성관계만이 도덕적으로 정당한 것은 아니다. 심지어 사랑마저도 정당한 성관계의 필수 요건은 아니다. 성인들 간의 자발적 동의가 이루어지고, 상호 피해를 주지 않는다면 도덕적으로 정당화될 수 있다.

① (가) : 성관계는 종족 보존의 측면에서만 정당화될 수 있다.
② (가) : 성의 쾌락적 가치 추구와 생식적 가치 추구는 양립할 수 없다.
③ (나) : 상호 존중의 원리에 부합하는 성관계는 정당화될 수 있다.
④ (나) : 사랑이 전제된 성관계에는 해악 금지의 원리가 적용되지 않는다.
⑤ (가)와 (나) : 사회적 책임은 도덕적으로 정당한 성관계의 조건이 아니다.

● 왜 정답일까?

사랑과 성의 관계에 대해 (가)는 보수주의, (나)는 자유주의 입장이다.

(나)는 성인들 간의 자발적 동의가 이루어지고, 상호 피해를 주지 않는 성관계, 즉 상호 존중의 원리에 부합하는 성관계는 정당화될 수 있다고 본다.

● 왜 오답일까?

① (가)는 종족 보존의 측면에서만이 아니라 부부간의 성관계는 도덕적으로 정당화될 수 있다고 본다.

② (가)는 부부간의 성관계를 통한 성의 쾌락적 가치 추구와 생식적 가치 추구는 양립할 수 있다고 본다.

④ (나)는 성관계는 상호 피해를 주지 않아야 정당화될 수 있다고 본다. 즉 해악 금지의 원리에 부합해야 정당화될 수 있다고 본다.

⑤ (가)와 (나)는 사회적 책임은 도덕적으로 정당한 성관계의 조건이라고 본다.

19 교정적 정의에 대한 입장
정답률 54% | 정답 ⑤

| 문제 보기 |

(가)의 갑, 을, 병 사상가들의 입장에서 서로에게 제기할 수 있는 비판을 (나) 그림으로 표현할 때, A ~ F에 해당하는 내용으로 가장 적절한 것은? [3점]

	갑 : 형벌의 법칙은 하나의 정언 명령이다. 그러므로 살인을 했거나 그에 협력했던 살인자는 누구든 사형에 처해지지 않으면 안 된다.
(가)	을 : 시민은 계약을 통해 자기 생명을 처분하기보다 보존하려고 궁리한다. 그러므로 살인자는 시민이 아닌 국가의 적으로 간주되어 사형에 처해져야 한다.
	병 : 사형은 한 사람의 시민에 대한 국가의 전쟁이다. 사형이 유용하지도 않고 필요하지도 않음을 드러냄으로써 나는 인도주의의 대의를 선취하고자 한다.

(나)

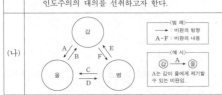

① A와 F : 살인자는 시민 사회에서 제거될 수밖에 없음을 간과한다.
② B : 사형은 국가 존립이 아니라 정의 실현을 위해 집행됨을 간과한다.
③ C : 사회 계약에 근거해 모든 종류의 형벌이 집행될 수 있음을 간과한다.
④ D : 사형의 선고와 집행은 살인자의 동의를 전제하지 않음을 간과한다.
⑤ E : 동해 보복 원리에 어긋나는 형벌도 정당화될 수 있음을 간과한다.

• 왜 정답일까?

갑은 칸트, 을은 루소, 병은 베카리아이다.
베카리아의 입장에서 칸트에게 제기할 수 있는 적절한 비판이다. 칸트는 동해 보복의 원리에 부합하는 형벌이 정당화될 수 있다고 보았다. 이와 달리 베카리아는 공리주의 입장에서 위법의 이익보다 처벌로 인한 손실이 더 크도록 형벌을 부과해야 범죄 예방 효과가 있다고 보았다.

• 왜 오답일까?

① 루소에게 제기할 수 있는 적절한 비판이 아니다. 루소는 살인자는 사회 계약을 깬자로서 시민 사회에서 영구적으로 제거되어야 한다고 보았다.
② 루소가 제기할 수 있는 적절한 비판이 아니다. 루소는 사형은 사회 방위, 즉 국가 존립을 위해 집행될 수 있다고 보았다.
③ 루소에게 제기할 수 있는 적절한 비판이 아니다. 루소는 사회 계약에 근거해 모든 종류의 형벌이 집행될 수 있다고 보았다.
④ 루소가 제기할 수 있는 적절한 비판이 아니다. 사형의 선고와 집행은 살인자의 동의를 전제하지 않고 있다는 것은 칸트의 입장에 해당한다.

20 불교 사상
정답률 83% | 정답 ④

| 문제 보기 |

그림은 서술형 평가 문제와 학생 답안이다. 학생 답안의 ㉠~㉤ 중 옳지 않은 것은?

서술형 평가

◎ 문제: 다음 사상의 입장과 특징을 서술하시오.

이것이 있기 때문에 저것이 있고, 이것이 생(生)하기 때문에 저것이 생(生)한다. 이것이 없기 때문에 저것이 없고, 이것이 멸(滅)하기 때문에 저것이 멸(滅)한다. 비유하면 세 갈대가 땅 위에 서려고 할 때 서로 의지해야 설 수 있는 것과 같다.

◎ 학생 답안

위 사상은 ㉠ 세상 모든 존재의 생멸을 연기(緣起)에 의한 것으로 보고, ㉡ 만물이 서로 관련되고 상호 의존한다고 주장한다. 또한 ㉢ 자아에 대한 집착이 괴로움의 원인임을 파악하고, ㉣ 개별 사물이 본질적으로 독립적 실재임을 자각하여, ㉤ 팔정도(八正道)의 수행을 통해 열반에 이를 것을 강조한다.

① ㉠   ② ㉡   ③ ㉢   ④ ㉣   ⑤ ㉤

• 왜 정답일까?

제시문은 불교 사상이다.
불교에서는 모든 것이 상호 관계 속에서만 존재한다고 보고, 개별 사물은 본질적으로 독립적 실체가 아님을 자각해야 한다고 주장하였다.

● 고3 생활과 윤리 ●

16회 **2024학년도 6월**

01 ③	02 ①	03 ④	04 ⑤	05 ⑤
06 ④	07 ④	08 ④	09 ⑤	10 ③
11 ②	12 ⑤	13 ①	14 ②	15 ②
16 ③	17 ③	18 ①	19 ③	20 ④

채점결과	• 실제 걸린 시간 :	분	초
	• 맞은 문항수 :		개
	• 틀린 문항수 :		개
	• 헷갈린 문항 :		

01 규범 윤리학과 기술 윤리학
정답률 87% | 정답 ③

| 문제 보기 |

㉠에 들어갈 진술로 가장 적절한 것은?

나는 윤리학이 인간의 올바른 삶을 위하여 모든 행위자들에게 적용되는 도덕적 표준이나 규칙을 제시하고 정당화하는 학문이라고 생각한다. 그런데 어떤 사람은 윤리학이 사회의 도덕적 현상을 객관적으로 기술하는 학문이라고 주장한다. 나는 이러한 주장이 [㉠]고 생각한다.

① 도덕적 담론에서 논리적 추론의 타당성 검증을 강조한다
② 도덕적 진술을 구성하는 도덕적 언어의 의미 분석을 강조한다
③ 올바른 행위 지침을 제공하는 규범적 탐구의 중요성을 간과한다
④ 윤리학의 학문적 성립 가능성에 대한 비판적 검토를 강조한다
⑤ 도덕적 문제의 발생에 대한 인과적 설명의 중요성을 간과한다

• 왜 정답일까?

제시문의 '나'는 규범 윤리학, '어떤 사람'은 기술 윤리학을 지지하는 입장이다. 규범 윤리학은 도덕적 행위의 근거가 되는 도덕 원리나 인간의 성품에 관해 탐구하고, 이를 바탕으로 도덕적 문제의 해결과 실천 방안을 제시한다. 반면에 기술 윤리학은 도덕 현상과 문제를 명확히 기술하고, 기술된 현상 간의 인과 관계를 설명하고자 한다. 규범 윤리학의 입장에서 기술 윤리학의 입장에 대해 올바른 행위 지침을 제공하는 규범적 탐구의 중요성을 간과한다고 비판할 수 있다.

02 맹자와 노자의 입장
정답률 62% | 정답 ①

| 문제 보기 |

갑, 을 사상가들의 입장으로 가장 적절한 것은?

갑 : 인의예지(仁義禮智)는 바깥에서부터 나에게 녹아들어 온 것이 아니라 내가 본래부터 지니고 있는 것이다. 다만 생각하지 않았을 뿐이다.
을 : 항상 백성들로 하여금 꾀와 욕심이 없게 해야 하고, 꾀가 있는 자가 있다고 하더라도 감히 무언가 하지 못하게 해야 한다. 무위(無爲)하면 다스리지 못할 것이 없다.

① 갑 : 서(恕)의 실천을 통해 진정한 인간다움[仁]을 이룰 수 있다.
② 갑 : 군자는 항산(恒産)이 있어야만 항심(恒心)을 유지할 수 있다.
③ 을 : 백성의 수를 늘리면 자연스럽게 무위의 다스림을 이룰 수 있다.
④ 을 : 진정한 자유를 위해 만물의 근원인 도(道)에서 벗어나야 한다.
⑤ 갑과 을 : 옳고 그름을 가릴 줄 아는 마음으로 사욕을 제거해야 한다.

• 왜 정답일까?

갑은 맹자, 을은 노자의 주장이다.
맹자는 사단이라는 선한 마음이 누구에게나 주어져 있다고 보고, 충서와 같은 도덕의 실천을 통해 타인을 존중하고 배려하는 도덕적 인격 완성을 추구하였다.

03 매킨타이어의 덕 윤리
정답률 67% | 정답 ④

| 문제 보기 |

다음을 주장한 사상가의 입장으로 적절한 것만을 〈보기〉에서 고른 것은? [3점]

덕은 인간이 습득한 성질로, 인간의 선을 성취할 수 있도록 하는 데 필수적이다. 이것은 개인이 삶의 서사적 통일성 속에서 좋은 삶의 목적을 이해하는 능력이며, 도덕적 전통의 보존과 관련된다.

〈보 기〉
ㄱ. 공동체의 선보다 보편적인 도덕 원칙을 더 중시해야 한다.
ㄴ. 개인은 공동체를 벗어나면 덕을 실천하는 방법을 배울 수 없다.
ㄷ. 도덕 판단을 할 때 행위자보다 행위 자체를 중시해야 한다.
ㄹ. 개인의 도덕적 정체성은 사회적 · 역사적 맥락 속에서 형성되어야 한다.

① ㄱ, ㄴ ② ㄱ, ㄷ ③ ㄴ, ㄷ ④ ㄴ, ㄹ ⑤ ㄷ, ㄹ

• 왜 정답일까?

제시문은 매킨타이어의 주장이다.
ㄴ. 매킨타이어는 도덕적 판단을 위해 공동체와 그 공동체의 전통과 역사를 중시해야 한다고 보았다.
ㄹ. 매킨타이어는 공동체의 역사적 시간과 사회적 공간에서 펼쳐지는 삶의 구체적 모습이 도덕적 정체성을 형성하는 데 반영되어야 한다고 보았다.

04 석가모니와 장자의 죽음관
정답률 53% | 정답 ⑤

| 문제 보기 |

갑, 을 사상가들의 입장으로 가장 적절한 것은? [3점]

갑 : 오온(五蘊)에 대해서 제대로 알지 못하여 해탈하지 못하면, 태어남 · 늙음 · 병듦 · 죽음[生老病死]에 대한 두려움을 넘을 수 없다.
을 : 삶과 죽음은 명(命)이다. 대자연은 육체를 주어 나를 이 세상에 살게 하며, 삶을 주어 나를 수고롭게 하며, 늙음으로 나를 편안하게 해주며, 죽음으로 나를 쉬게 한다.

① 갑 : 죽음은 오온의 해체이기 때문에 괴로움[苦]이 아니다.
② 갑 : 죽음은 원인과 조건에 의한 관계의 법칙에서 벗어난 것이다.
③ 을 : 죽음으로 인해 흩어진 기(氣)는 더 이상 순환하지 않는다.
④ 을 : 죽음은 천명(天命)에 따른 결과이므로 태연해서는 안 된다.
⑤ 갑과 을 : 죽음의 두려움은 참된 진리의 자각으로 극복될 수 있다.

• 왜 정답일까?

갑은 석가모니, 을은 장자의 주장이다.
석가모니는 연기를 올바르게 이해할 때 윤회의 고통에서 벗어나 해탈에 이를 수 있다고 보았다. 장자는 삶과 죽음을 기가 모이고 흩어지는 자연적이고 필연적인 과정으로 보아 죽음에 초연할 것을 강조하였다.

• 왜 오답일까?

① 석가모니는 죽음도 태어남, 늙음, 병듦과 더불어 괴로움이라고 보았다.
② 석가모니는 죽음이 윤회의 과정으로 현세의 업보가 죽음 이후의 삶을 결정한다고 보았다.
③ 장자는 삶과 죽음을 기가 모이고 흩어지는 자연의 순환 과정이라고 보았다.
④ 장자는 삶과 죽음이라는 자연의 본성에 순응할 때 진정한 행복에 이를 수 있다고 보았다.

05 시민 불복종에 대한 입장
정답률 41% | 정답 ⑤

| 문제 보기 |

(가)의 갑, 을 사상가들의 입장을 (나) 그림으로 탐구하고자 할 때, A~C에 들어갈 적절한 질문만을 〈보기〉에서 있는 대로 고른 것은? [3점]

갑 : 시민 불복종은 그 결과의 좋음에 의해 정당화된다. 따라서 우리는 시민 불복종으로 인해 발생하는 법과

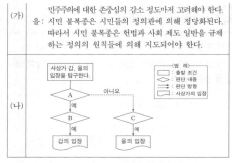

| (가) | 민주주의에 대한 존중심의 감소 정도마저 고려해야 한다. 을 : 시민 불복종은 시민들의 정의관에 의해 정당화된다. 따라서 시민 불복종은 헌법과 사회 제도 일반을 규제하는 정의의 원칙들에 의해 지도되어야 한다. |

| (나) | *(도표)* 사상가 갑, 을의 입장을 탐구한다. A → B(갑의 입장) / C(을의 입장) 〈범례〉 조건 판단 내용 판단 방향 사상가의 입장 |

〈보기〉

ㄱ. A : 시민 불복종은 법의 부당함을 다수에게 강요하는 행위인가?
ㄴ. B : 시민 불복종은 민주주의적 결정을 복원하려는 시도인가?
ㄷ. C : 시민 불복종은 정의로운 법을 제정할 절차가 불완전하여 발생할 수 있는가?
ㄹ. C : 이익 집단의 시민 불복종은 공공의 정의관에 근거해야 허용될 수 있는가?

① ㄱ, ㄴ ② ㄱ, ㄷ ③ ㄴ, ㄹ
④ ㄱ, ㄷ, ㄹ ⑤ ㄴ, ㄷ, ㄹ

● 왜 정답일까?

갑은 싱어, 을은 롤스의 주장이다.

ㄴ. 싱어가 긍정의 대답을 할 질문이다. 싱어는 시민 불복종을 통해 항의의 진지성과 법의 통치 및 민주주의의 기본 원칙들에 대한 존중을 표명하는 것으로 보았고, 이를 민주주의적인 의사 결정을 좌절시킨다기보다는 복원하려는 시도라고 보았다.

ㄷ. 롤스가 긍정의 대답을 할 질문이다. 롤스는 정의의 원칙을 완전히 보장할 현실적인 정치적 절차가 없고, 정의로운 헌법하에서도 부정의한 법이 제정되고 정의롭지 못한 정책이 시행될 수 있다고 보았다.

ㄹ. 롤스가 긍정의 대답을 할 질문이다. 롤스는 공유된 정의감을 바탕으로 도출된 정의의 원칙이 시민 불복종의 정당화 근거라고 보았다. 따라서 이익 집단의 시민 불복종도 공공의 정의관에 근거한다면 정당화될 수 있다고 보았다.

● 왜 오답일까?

ㄱ. 싱어와 롤스가 모두 부정의 대답을 할 질문이다. 싱어는 부정의한 법에 불복종하는 것이 다수를 강제적으로 억압하려는 것이 아니라, 다수에게 제대로 된 정보를 알리려는 시도이거나 혹은 그 문제에 대해 국가적인 관심을 촉구하기 위한 것으로 보았다. 롤스는 시민 불복종을 다수의 정의감에 호소하여 자유로운 협동의 조건이 침해되었다는 것을 알리고, 이러한 호소를 통해 기존의 입장을 재고하도록 하는 것으로 보았다.

06 국가와 시민의 윤리에 대한 입장 정답률 27% | 정답 ④

| 문제 보기 |

다음을 주장한 사상가의 입장으로 적절한 것만을 〈보기〉에서 있는 대로 고른 것은?

자연 상태는 전쟁 상태이며, 소유도 지배도 내 것과 네 것의 구별도 없다. 이러한 자연 상태로부터 빠져나올 수 있는 가능성은 죽음의 공포라는 정념과 평화 추구의 이성에 있다.

〈보기〉

ㄱ. 국민의 자유와 주권자의 절대 권력은 양립할 수 있다.
ㄴ. 자연 상태에는 생명과 자유를 빼앗길 수 있는 불의가 존재한다.
ㄷ. 주권자는 평화와 공동 방위를 위해 국민의 힘과 수단을 임의로 사용할 수 있다.

① ㄴ ② ㄷ ③ ㄱ, ㄴ
④ ㄱ, ㄷ ⑤ ㄱ, ㄴ, ㄷ

● 왜 정답일까?

제시문은 홉스의 주장이다.

ㄱ. 홉스는 자연 상태의 모든 인간이 자연권을 국가에 자발적으로 양도하는 방식으로 사회 계약을 체결하여 절대적 권력이 만들어진다고 보았다.

ㄷ. 홉스는 사람들의 평화와 공동 방위를 위해 모든 권력과 힘을 양도받은 국가가 그 힘과 수단을 임의로 사용한다고 보았다.

● 왜 오답일까?

ㄴ. 홉스는 자연 상태에서는 모든 인간이 만물에 대한 권리를 가지고 있기 때문에 정의와 불의, 옳고 그름이 없다고 보았다.

07 정약용의 공직자 윤리 이해 정답률 90% | 정답 ④

| 문제 보기 |

다음을 주장한 사상가가 강조하는 공직자의 자세로 옳지 않은 것은?

○ 사사로운 씀씀이를 절약하는 것은 보통 사람도 할 수 있지만, 나라 곳간을 절약할 수 있는 사람은 드물다. 공공의 것을 마치 내 것처럼 소중하게 여겨야 어진 목민관이다.
○ 목민관은 자신의 생일에 관청 사람들이 성찬을 바치더라도 받아서는 안 된다. 받지 않고 오히려 내어놓는 바가 있더라도, 공공연히 말하지 말고 자랑하는 기색을 나타내지도 말라.

① 근검절약하면서도 인색하지 않도록 노력해야 한다.
② 절약의 대상을 사적인 영역으로 국한해서는 안 된다.
③ 절용(節用)을 통해 애민(愛民) 정신을 구현해야 한다.
④ 국민의 모범이 되기 위해 자신의 청렴을 과시해야 한다.
⑤ 작은 선물이라도 정당한 것이 아니면 받지 말아야 한다.

● 왜 정답일까?

제시문은 정약용의 주장이다.
정약용은 공직자 윤리로 절용과 청렴을 강조하였다. 정약용은 공직자가 자기 공적을 자랑하지 않고 남모르게 선정을 베풀어야 한다고 보았다.

08 분배적 정의에 대한 입장 정답률 42% | 정답 ④

| 문제 보기 |

현대 사상가 갑, 을의 입장으로 적절한 것만을 〈보기〉에서 고른 것은?

갑 : 도덕적 관점에서 볼 때 자연적 자산이 자의적이건 아니건 상관없이, 개인은 이에 대한 소유 권리를 지니며 이로부터 창출되는 결과물에 대해서도 그러하다.
을 : 도덕적 관점에서 볼 때 자연적 자산은 자의적이기 때문에, 개인은 자신의 더 큰 천부적 능력을 사회에 있어서 더 유리한 출발점으로 이용할 자격은 없다.

〈보기〉

ㄱ. 갑 : 지능 지수에 따른 분배 원리는 역사적이고 정형적이다.
ㄴ. 을 : 사유 재산을 소유할 권리는 제1원칙에 의해 평등해야 한다.
ㄷ. 을 : 천부적 능력이 분배 몫의 결정에 미치는 영향을 경감시킬 필요는 없다.
ㄹ. 갑과 을 : 자연적·사회적 우연성의 이용에 따른 경제적 불평등은 허용될 수 있다.

① ㄱ, ㄴ ② ㄱ, ㄷ ③ ㄴ, ㄷ ④ ㄴ, ㄹ ⑤ ㄷ, ㄹ

● 왜 정답일까?

갑은 노직, 을은 롤스의 주장이다.

ㄴ. 롤스는 사유 재산을 소유할 권리를 모든 사람이 평등하게 누려야 할 기본적 자유로 보면서 제1원칙에 의해 평등하게 보장받아야 한다고 보았다.

ㄹ. 노직과 롤스 모두 자연적·사회적 우연성에 의한 결과물에 대해 정당한 자격을 지닐 수 있다고 보고, 이에 따른 경제적 불평등은 허용될 수 있다고 보았다.

● 왜 오답일까?

ㄱ. 노직은 지능 지수에 의한 분배 원리를 비역사적 원리이자 정형적 원리라고 보았다. 그는 정형적 원리가 개인의 선택의 자유를 침해할 수밖에 없다고 보고, 비정형적인 정의의 원칙에 입각한 소유 권리론만이 개인의 자유를 침해하지 않는다고 보았다.

ㄷ. 롤스는 분배의 몫을 결정하는 데 있어 사회적·자연적 여건이 유리하게 작용하지 않도록 하기 위해 원초적 상황에서 무지의 베일 속에 있다고 가정하고 정의의 원칙을 도출해야 한다고 보았다.

09 교정적 정의에 대한 입장 정답률 24% | 정답 ⑤

| 문제 보기 |

(가)의 갑, 을, 병 사상가들의 입장에서 서로에게 제기할 수 있는 비판을 (나) 그림으로 표현할 때, A~F에 해당하는 내용으로 가장 적절한 것은? [3점]

| (가) | 갑 : 자연 상태로부터 법적 상태로의 이행은 형벌을 요청한다. 살인과 달리 사형은 고통받는 인격 안에 있는 인간성을 추락하게 만드는 것으로부터 벗어나 있어야 한다. 을 : 살인자는 사회의 법을 위반했으므로 그 행위로 인해 조국에 대한 반역자가 되어 버린다. 그는 국가의 구성원이 아니므로 국가로부터 분리되어야 한다. 병 : 인간은 자신을 죽일 권리가 없으므로 그 권리를 양도하는 것은 불가능하다. 사형은 권리의 문제가 아니며, 한 사람의 시민에 대한 국가의 전쟁이다. |

| (나) | *(도표)* 갑 / 을 / 병 A←→B, F, E, C↔D 〈범례〉 비판의 방향 A-F : 비판의 내용 〈예시〉 A는 갑이 을에게 제기할 수 있는 비판 |

① A : 범죄 사실 자체를 근거로 형벌을 부과해서는 안 됨을 간과한다.
② B : 살인자에 대한 사형은 그의 인격성을 존중하는 것임을 간과한다.
③ C와 E : 살인자에게 사형 이외의 형벌이 부과될 수 있음을 간과한다.
④ D : 사회 전체를 대표하는 입법자에게만 형벌권이 있음을 간과한다.
⑤ F : 살인자에 대한 사형이 사회 계약에 포함될 수 있음을 간과한다.

● 왜 정답일까?

갑은 칸트, 을은 루소, 병은 베카리아의 주장이다.

칸트는 형법을 도덕법칙의 또 다른 형태인 정언 명령으로 보았고, 실천 이성은 보편적이고 공동체적인 입법의 주체로서 형법을 만들었다고 보았다. 따라서 살인자에 대한 사형은 정언 명령이기도 하면서 응보주의적 관점에서 사회 계약에 포함될 수 있는 것으로 보았다.

그에 비해 베카리아는 법이 각 개인의 자유 중에서 최소한의 몫을 모은 것 그 이상이 아니라고 보았으며, 살인자에 대한 사형과 같은 과도한 형벌은 사회 계약으로 성립될 수 없는 권력의 남용으로 보았다.

● 왜 오답일까?

① 칸트는 형벌이 범죄자가 단지 범죄를 저질렀다는 이유 때문에 부과되어야 한다고 보았다.

② 칸트는 살인자에 대한 사형이 살인자의 고통받는 인격을 해방시켜 인간 존엄성을 실현하는 것이라고 보았다.

③ 루소는 살인자에 대해 추방이나 사형을 통해 그가 국가로부터 분리되어야 한다고 보았다. 베카리아는 개인의 생명권이 양도될 수 없을 뿐만 아니라 국가는 사형을 집행할 권리를 갖지 않는다고 보아 살인자에 대한 사형을 반대하였다.

④ 베카리아는 사회 전체를 대표하는 입법자만 형벌권이 있다고 보았다.

10 문화 산업에 대한 아도르노의 입장 정답률 84% | 정답 ③

| 문제 보기 |

그림의 강연자가 지지할 입장으로 가장 적절한 것은? [3점]

문화 산업은 소비자의 욕구가 실현될 수 있는 것처럼 선전하지만 그 욕구는 문화 산업에 의해 사전 기획된 것입니다. 문화 산업의 공식 목표는 하자 없는 완전한 규격품을 만들듯이 인간을 재생산하는 것입니다. 세상에 나타나고 있는 모든 것에는 문화 산업의 인장이 찍힙니다. 문화 산업의 기획자들은 소비자들을 기반하며 그들을 소비를 위한 단순한 객체로 만듭니다. 문화 상품의 수용 과정에서도 예술 작품의 사용 가치는 교환 가치에 의해 대체됩니다. 하지만 정신은 예술의 잘못된 보편성으로부터 벗어나 진정한 보편성에 충실하고자 합니다. 정신의 진정한 속성은 사물화에 대한 부정입니다. 정신이 문화 상품으로 고정되고 소비를 위한 목적으로 팔려 넘겨지면 정신은 소멸할 수밖에 없습니다.

① 문화 산업은 문화 상품의 표준화 가능성을 약화한다.
② 문화 산업은 사물화를 거부하는 정신의 속성을 강화한다.
③ 문화 산업은 대중문화에 대한 소비자의 주체성을 훼손한다.
④ 문화 산업의 대중적 확산은 예술의 고유한 보편성을 고양한다.
⑤ 문화 산업은 예술 작품이 지닌 경제적 효용 가치를 약화한다.

● 왜 정답일까?

그림의 강연자 아도르노의 주장이다.

아도르노는 상업화된 예술에 대해 문화 산업이라고 비판하면서, 예술 작품을 감상하는 것은 감상자에게 고유한 체험이 아니라 규격화된 소비 양식을 가진 소비자를 재생산하는 것이라 보았다.

11 정보 기술의 발달에 따른 윤리적 문제 | 정답률 91% | 정답 ②

| 문제 보기 |

다음 신문 칼럼에서 강조하는 내용으로 가장 적절한 것은?

> ○○신문　　　　　　　　　○○○○년 ○○월 ○○일
> ### 칼럼
> 정보 기술의 발달로 정보가 새로운 자산으로 자리매김하고 있다. 정보는 물질적 재산과 달리 소유할 수 없고 네트워크를 통해 접속된다. 그 결과 우리는 접속의 시대를 살아가고 있다. 접속의 시대는 정보가 곧 돈이 된다. 누구든지 정보를 창조적으로 생산할 자유를 지니지만 현실에서는 정보 부자와 정보 빈자 간의 격차가 상존할 수밖에 없다. 물론 정보의 창조적 생산에는 지적 능력이 필요하며 또 이 능력의 평등한 분배는 불가능하지만, 이보다 더 중요한 요소는 정보 활용 능력이다. 특히 정보를 활용할 수 있으려면 정보에 대한 접근권이 누구에게라도 똑같이 보장되어야 한다. 정보 불평등을 해소하려면 정보 기술의 발달만으로는 부족하며 무엇보다도 정보 접속의 사회적 인프라 구축이 선행되어야 한다.

① 정보 기술이 발달하면 개인 간 정보의 빈부 격차가 사라진다.
② 정보에 대한 평등한 접근권이 보장되어야 정보 평등이 가능하다.
③ 네트워크 시대에는 물질적 재화가 더 이상 자산이 되지 못한다.
④ 정보를 창조하는 지적 능력이 정보 활용 능력보다 더 중요하다.
⑤ 정보를 생산하는 능력이 평등해야 정보의 불평등이 극복된다.

● 왜 정답일까?

칼럼은 정보 사회가 접속의 시대라고 하면서 정보가 곧 돈이 되는 사회라고 본다. 따라서 정보의 생산 능력이 중요해지면서도 정보 격차에 따른 불평등이 사회적·경제적 불평등으로 나타날 수 있다고 본다. 이 문제를 해결하기 위해 정보 활용 능력의 중요성을 언급하며, 정보에 대한 동등한 접근권 보장이 선결되어야 한다고 본다. 또한 정보 불평등을 해소하기 위해 정보 접속의 사회적 인프라 구축이 필요하다고 보고 이를 통해 정보에 대한 평등한 접근권의 보장을 주장한다.

12 음식 윤리에 대한 입장 | 정답률 71% | 정답 ⑤

| 문제 보기 |

(가), (나)의 입장으로 가장 적절한 것은?

> (가) 좋은 음식은 탐을 내고, 맛있는 음식은 찡그리고, 종일 먹어도 음식이 생겨난 바를 모르는 것은 어리석은 일이다. 덕 있는 선비는 배불리 먹을 타령을 금해야 한다.
> (나) 음식에 들어간 공(功)을 생각하고 자기의 덕행이 공양을 받을 만한지 생각하라. 탐욕을 버리고 식사를 약으로 알아 몸의 여윔을 방지하라. 깨달음을 이루기 위해 이 음식을 받는다.

① (가) : 음식의 탐닉을 위해 음식이 생겨난 과정을 알아야 한다.
② (가) : 몸의 건강과 마음의 다스림을 위해서는 금식이 필수적이다.
③ (나) : 음식이 지닌 윤리적 가치보다 영양적 가치를 중시해야 한다.
④ (나) : 음식을 먹는 태도가 아니라 음식에 들어간 노력이 중요하다.
⑤ (가)와 (나) : 음식을 먹는 행위는 수양을 통해 조절되어야 한다.

● 왜 정답일까?

음식 윤리에 대해 (가)는 유교, (나)는 불교의 입장이다. 유교에서는 음식을 먹을 때 절제와 공경의 자세를 지녀야 한다고 보고, 불교에서는 음식을 먹는 것을 수행의 연장으로 보며 음식을 먹을 때 자기 절제의 자세를 강조한다. 유교와 불교 모두 음식을 섭취할 때 윤리적 태도가 필요하다고 본다.

● 왜 오답일까?

① 유교에서는 음식 섭취에 있어 지나침을 경계해야 한다고 본다.
② 유교는 음식 섭취에 있어 절제하지 못하는 태도를 비판하고 있는 것이지, 금식을 요구하는 것은 아니다.
③, ④ 불교에서는 음식을 건강을 유지하고 수행에 도움이 되고자 하는 것으로 보아 음식 섭취에서 절제의 자세를 강조한다.

13 요나스의 책임 윤리 | 정답률 81% | 정답 ①

| 문제 보기 |

다음을 주장한 사상가의 입장에서 〈문제 상황〉 속 A에게 제시할 조언으로 가장 적절한 것은? [3점]

> 인류의 존속은 부정적 방식으로 강력해진 기술 문명의 시대에 있어서 우리 모두의 일차적 책임이다. 현재 우리 손에 달려 있는 지구의 생명은 그 자체로 우리의 보호를 요청할 권리를 가지고 있다. 이 요청은 미래 세대에게도 해당된다.
>
> 〈문제 상황〉
> A는 핵분열을 유도할 수 있는 지식과 기술의 권위자인데, 정부로부터 핵무기 개발을 요청받았다. A는 핵무기를 개발할 것인지 고민하고 있다.

① 인류의 존속을 위해 과학 기술의 힘을 억제해야 함을 생각하라.
② 과학 기술의 장기적 결과의 위험성보다 단기적 효과를 생각하라.
③ 객관적 사실을 다루는 과학 기술이 윤리의 나침반임을 생각하라.
④ 환경 파괴는 과학 기술의 발전을 위한 불가피한 대가임을 생각하라.
⑤ 도구적 이성이 과학 기술의 개발과 활용을 주도해야 함을 생각하라.

● 왜 정답일까?

제시문은 요나스의 주장이다. 요나스는 책임의 범위를 현세대로 한정하는 전통적 윤리관으로는 현대 과학 기술의 발달에 따른 문제를 해결하는 데 한계가 있다고 보고, 자연과 미래 세대를 포함하는 새로운 책임 윤리의 필요성을 주장하였다. 요나스는 A에게 인류가 존재해야 한다는 당위적 요청을 근거로 과학 기술의 힘을 억제해야 한다고 조언할 수 있다.

14 해외 원조에 대한 입장 | 정답률 41% | 정답 ②

| 문제 보기 |

갑, 을 사상가들의 입장으로 적절한 것만을 〈보기〉에서 고른 것은? [3점]

> 갑 : 고통받는 사회들만 원조가 필요하다. 원조의 목표는 고통받는 사회들이 질서 정연한 국제 사회의 구성원이 되게 하는 것이다. 이러한 목표나 차단점을 넘어서면 원조는 필요 없다.
> 을 : 절대 빈곤은 매우 나쁜 것이다. 우리에게 그에 상응하는 도덕적으로 중요한 일을 희생시키지 않고 절대 빈곤을 감소시킬 힘이 있다면, 인류 복지의 최대화를 위해 우리는 마땅히 그렇게 해야 한다.

> 〈보 기〉
> ㄱ. 갑 : 공격적인 사회는 자원이 매우 부족해도 원조 대상이 아니다.
> ㄴ. 을 : 절대 빈곤의 감소를 위한 원조는 예외 없는 도덕적 의무이다.
> ㄷ. 을 : 원조는 이익 평등 고려의 원칙에 따른 전 지구적 의무이다.
> ㄹ. 갑과 을 : 원조 대상의 경제력은 원조 결정의 고려 사항이 아니다.

① ㄱ, ㄴ　　② ㄱ, ㄷ　　③ ㄴ, ㄷ
④ ㄴ, ㄹ　　⑤ ㄷ, ㄹ

● 왜 정답일까?

갑은 롤스, 을은 싱어의 주장이다.
ㄱ. 롤스가 원조 대상으로 말하는 고통받는 사회는 정치 문화적 전통이 결핍되어 있지만 대외적으로 공격적 팽창 정책을 펼치지 않는 사회를 의미하며, 고통받는 사회를 질서 정연한 사회가 되도록 돕는 것을 의무로 보았다.
ㄷ. 싱어는 도덕적으로 중요한 다른 일을 희생하지 않고 막을 수 있는 어떤 절대 빈곤이 있다면 인류 전체의 행복 증진을 위해 원조를 해야 한다고 보았다.

● 왜 오답일까?

ㄴ. 싱어는 원조를 통해 수혜자의 근로 의욕이 감퇴되고, 그 결과 사회 전체의 부가 감소함으로써 전체적인 복지 수준이 저하될 수 있다면 원조를 하지 않을 수 있다고 보았다.
ㄹ. 롤스는 사회 간의 부와 복지의 수준이 다양하기 때문에 이를 조정하는 것이 원조의 고려 사항은 아니라고 보았다.

15 자연에 대한 입장 | 정답률 38% | 정답 ②

| 문제 보기 |

(가)의 갑, 을, 병 사상가들의 입장을 (나) 그림으로 표현할 때, A ~ D에 해당하는 적절한 진술만을 〈보기〉에서 고른 것은? [3점]

> (가) 갑 : 목적론적 삶의 중심으로서 유기체는 의식이 있든 없든 자신을 보존하고 자신만의 독특한 방식으로 고유한 선을 실현하려고 애쓰는 지속적인 경향이 있다.
> 을 : 비록 무생물이라 할지라도 자연 안에 있는 아름다운 대상을 파괴해 버리는 인간의 성향, 즉 파괴적 정신은 인간의 자기 자신에 대한 의무에 위배된다.
> 병 : 어떤 것이 생명 공동체의 통합성과 안정성 그리고 아름다움의 보전에 이바지한다면, 그것은 옳다. 인간은 생명 공동체의 한 구성원일 뿐이다.

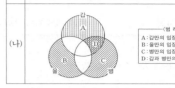

A : 갑만의 입장
B : 을만의 입장
C : 병만의 입장
D : 갑과 병만의 공통 입장

> 〈보 기〉
> ㄱ. A : 인간이 아닌 생명체에 대한 해악 금지 의무는 그 생명체의 내재적 선에 근거한다.
> ㄴ. B : 이성적 삶의 주체만이 생명체에 대한 도덕적 의무를 지닌다.
> ㄷ. C : 생명체들의 가치보다 생명 공동체의 가치가 더 중요하다.
> ㄹ. D : 어떤 생명체의 존속은 그 생명체의 본래적 가치에 의해 정당화된다.

① ㄱ, ㄴ　② ㄱ, ㄷ　③ ㄴ, ㄷ　④ ㄴ, ㄹ　⑤ ㄷ, ㄹ

● 왜 정답일까?

갑은 테일러, 을은 칸트, 병은 레오폴드의 주장이다.
ㄱ. 테일러는 모든 생명체가 고유한 자신의 선을 지닌 존재이기 때문에 도덕적 지위를 갖는다고 보았던 반면, 칸트는 동물을 학대하는 행위가 다른 사람을 대하는 태도에 악영향을 미칠 수 있기 때문에 그러한 행위를 삼가야 한다고 보았다. 또한 레오폴드는 생태계의 안정성이 개별 생명체의 보존보다 중요하다고 보았다.
ㄷ. 레오폴드는 전일론적 입장에서 개체의 선보다 생명 공동체의 선을 우선해야 한다고 보았다.

● 왜 오답일까?

ㄴ. 테일러와 레오폴드는 인간이 생명체에 대해 도덕적 의무가 있다고 보았던 반면, 칸트는 오직 인간에게만 도덕적 의무를 지닌다고 보았다.
ㄹ. 테일러는 생명 공동체에 대한 도덕적 의무가 생명체가 지닌 고유한 가치에서 나온다고 보았다. 칸트는 이성을 지닌 존재만이 도덕적 지위를 가진다고 보았는데, 이성적 존재는 생명을 지녔음을 의미한다고 할 수 있다. 레오폴드는 생명 공동체 구성원 모두 존속할 가치가 있다고 보았다.

16 동물 실험에 대한 윤리적 쟁점 | 정답률 77% | 정답 ⑤

| 문제 보기 |

다음 토론의 핵심 쟁점으로 가장 적절한 것은?

> 갑 : 동물 실험은 인간을 위한 신약 개발이나 제품의 안전성 검증 등을 위해 수행되고 있습니다. 그런데 동물 실험 과정에서 수많은 동물이 큰 고통을 받고 있습니다. 동물에게도 고통받지 않을 권리가 있습니다.
> 을 : 동의합니다. 하지만 모든 동물 실험이 부당한 것은 아닙니다. 동물이 겪는 고통에도 불구하고 인간의 생명과 건강을 위해 큰 이익을 주는 경우에는 동물 실험이 정당성을 확보할 수 있습니다.
> 갑 : 동물 실험이 인간에게 큰 이익을 줄 수 있지만, 인간의 이익이 동물 실험을 정당화할 수는 없습니다. 동물도 인간과 동등한 권리를 가집니다. 모든 동물 실험은 동물의 권리를 침해하는 것이기 때문에 금지되어야 합니다.
> 을 : 아닙니다. 동물의 권리와 이익보다 인간의 권리와 이익을 중시해야 합니다. 다만 인간에게 큰 이익을 주지 못하면서 동물에게 큰 고통을 줄 경우에는 동물 실험이 금지되어야 합니다.

① 동물 실험이 허용되어서는 안 되는 경우가 있는가?
② 인간은 동물 실험을 통해 큰 이익을 얻을 수 있는가?
③ 동물은 동물 실험 과정에서 고통받지 않을 권리가 있는가?
④ 동물 실험에서 인간의 권리보다 동물의 권리를 중시해야 하는가?
⑤ 인간의 이익은 동물 실험을 정당화하기 위한 근거가 될 수 있는가?

● 왜 정답일까?

갑은 동물 실험을 반대하는 입장이고, 을은 동물 실험이 정당하다고 보는 입장이다.
갑은 동물 실험이 고통받지 않을 권리를 침해하는 것이기 때문

16회

에 금지되어야 한다고 하지만, 을은 동물의 권리와 이익보다 인간의 그것이 더 중요하기 때문에 인간에게 큰 이익을 주는 경우에는 동물 실험이 정당할 수 있다고 본다. 따라서 토론의 핵심 쟁점은 인간의 이익이 동물 실험을 정당화하는 근거가 될 수 있는가이다.

17 다문화 사회

정답률 77% | 정답 ③

| 문제 보기 |

(가), (나)의 입장으로 가장 적절한 것은?

(가) 사회를 통합하기 위해 비주류 문화를 주류 사회의 문화에 편입시키고 융합하여 국가 구성원 전체가 공유하는 통일된 정체성을 확보해야 한다.
(나) 이민자의 고유한 문화와 자율성을 존중하고 유지하는 것이 진정한 사회 통합의 방법이다. 문화적 다양성을 대등하게 수용하고 다양한 문화의 평화적 공존을 모색해야 한다.

① (가) : 문화의 통합성과 집단 간 결속력의 관계는 상호 배타적이다.
② (가) : 사회 제도와 질서의 유지는 문화들의 평화적 공존으로부터 온다.
③ (나) : 자문화 중심주의를 고집하는 태도는 사회 갈등의 원인이 된다.
④ (나) : 주류 문화로 통일된 문화 정체성은 사회 발전의 원동력이 된다.
⑤ (가)와 (나) : 사회 통합을 위해 문화 간 차별 없는 정책과 관용이 필요하다.

● 왜 정답일까?

(가)는 동화주의, (나)는 샐러드 볼 이론의 입장이다.
동화주의는 비주류 문화를 주류 문화로 편입시켜야 한다고 보는 입장이고, 샐러드 볼 이론은 다양한 문화가 서로 대등하게 조화를 이루어야 한다고 보는 입장이다.
샐러드 볼 이론에서는 다른 맛을 가진 채소와 과일들이 서로 조화를 이루어 샐러드를 만들듯이, 자문화중심주의를 고집하는 태도는 사회 갈등의 원인이 된다고 본다.

18 하버마스의 담론 윤리

정답률 73% | 정답 ①

| 문제 보기 |

다음을 주장한 사상가의 입장으로 가장 적절한 것은? [3점]

의사소통적 실천은 생활 세계에서 합의를 이루고 유지하며 또한 새롭게 하는 것에 관심을 둔다. 의사소통적 실천의 합리성은 달성된 합의가 최종적으로 근거에 의지해야만 한다는 점에서 드러난다. 참여자의 합리성 역시 자신의 발언에 대해 적절한 상황에서 근거를 제시할 수 있는가의 여부에 달려 있다.

① 담론 참여자는 토론에서 근거 없는 주장을 지양해야 한다.
② 담론 참여자는 타인의 의견을 자의적으로 조정할 수 있다.
③ 담론 참여자는 주관적 견해를 극복한 후에 대화에 참여해야 한다.
④ 담론 참여자의 심의를 통해 합의된 주장은 절대적으로 참이다.
⑤ 담론에서 발언 기회는 합리적 근거 제시 능력에 따라 주어져야 한다.

● 왜 정답일까?

제시문은 하버마스의 주장이다.
하버마스는 합리적인 의사소통을 통한 이상적 담화 상황에서 서로 이해하여 합의를 이루어 나가는 과정을 중시했다. 이상적 담화 상황에서는 모든 사람이 자기의 생각과 원하는 바를 표현할 수 있지만 개인의 주관적인 판단만으로는 보편타당한 규범이 성립될 수 없기 때문에, 주장에 대한 정당화 근거 등을 제시해야 한다고 보았다.

19 모겐소와 칸트의 입장

정답률 69% | 정답 ③

| 문제 보기 |

갑, 을 사상가들의 입장으로 적절한 것만을 <보기>에서 고른 것은? [3점]

갑 : 이기적 본성을 지닌 인간처럼 국가도 권력의 극대화를 추구한다. 국제 정치에서 세력 균형은 주권 국가로 구성된 국제 사회의 중요한 안정 요소이다.
을 : 국제 정치에서 국가들은 서로를 하나의 인격체로 대하고, 무력과 기만을 근절해 평화를 예비해야 한다. 세계 시민법은 영원한 평화의 실현을 위해 필수 불가결할 것이다.

<보 기>
ㄱ. 갑 : 파괴된 세력 균형을 복원하는 방법은 전쟁뿐이다.
ㄴ. 갑 : 국내 정치와 같이 국제 정치도 그 본질은 권력 투쟁이다.
ㄷ. 을 : 국가들의 자유 보장이라는 연맹의 이념이 확산되어야 한다.
ㄹ. 갑과 을 : 평화 실현을 위해서는 국가 간 협력이 유일한 방도이다.

① ㄱ, ㄴ ② ㄱ, ㄷ ③ ㄴ, ㄷ ④ ㄴ, ㄹ ⑤ ㄷ, ㄹ

● 왜 정답일까?

갑은 모겐소, 을은 칸트의 주장이다.
ㄴ. 모겐소로 대표되는 현실주의에서는 인간이 힘과 권력을 원하는 본능을 지닌 존재로 보고, 국가는 욕망에 가득 찬 인간들에 의해 운영되기 때문에 국가 또한 이러한 욕망을 이어받을 수밖에 없다고 보았다.
ㄷ. 칸트는 평화를 유지하기 위해 모든 국가가 자유로운 국가들 간의 연맹에 참여할 것을 주장했다.

20 성에 대한 입장

정답률 82% | 정답 ⑤

| 문제 보기 |

(가)의 입장에 비해 (나)의 입장이 갖는 상대적 특징을 그림의 ㉠ ~ ㉤ 중에서 고른 것은?

(가) 성적 관계에 관한 결정은 해악 금지의 원칙과 자율성 존중의 원칙에 근거해야 한다. 성적 쾌락의 추구를 혼인과 출산 및 사랑으로 제약하는 것은 성적 자유에 대한 부당한 침해이다.
(나) 성적 관계는 출산과 양육의 책임을 발생시킬 수 있기 때문에 사랑하는 남녀의 결혼을 통해서만 이루어져야 한다. 결혼은 성의 사회적 책임을 위한 제도적 장치이다.

• X : 성적 관계에서 쾌락적 가치보다 생식적 가치를 강조하는 정도
• Y : 사랑과 무관한 성적 관계가 정당함을 강조하는 정도
• Z : 혼전(婚前) 성적 관계의 도덕적 허용을 강조하는 정도

① ㉠ ② ㉡ ③ ㉢ ④ ㉣ ⑤ ㉤

● 왜 정답일까?

성과 사랑의 관계에 대해 (가)는 자유주의, (나)는 보수주의이다.
자유주의는 타인에게 해악을 주지 않는 범위에서 성인들의 자발적 동의에 따른 성적 자유를 허용한다. 보수주의는 성이 부부간의 신뢰와 사랑을 전제로 할 때 도덕적으로 정당화될 수 있다고 주장한다. 자유주의의 입장과 비교해 볼 때 보수주의의 입장이 지닌 상대적 특징은 '성적 관계에서 쾌락적 가치보다 생식적 가치를 강조하는 정도(X)'는 높고, '사랑과 무관한 성적 관계가 정당함을 강조하는 정도(Y)'는 낮고, '혼전 성적 관계의 도덕적 허용을 강조하는 정도(Z)'는 낮다. 따라서 ㉤이 옳은 위치이다.

17회 2023학년도 6월

● 고3 생활과 윤리

01 ④	02 ⑤	03 ⑤	04 ④	05 ③
06 ③	07 ②	08 ②	09 ④	10 ③
11 ①	12 ④	13 ②	14 ③	15 ②
16 ⑤	17 ③	18 ①	19 ③	20 ⑤

채점 결과	• 실제 걸린 시간 : ____ 분 ____ 초
	• 맞은 문항수 : ____ 개
	• 틀린 문항수 : ____ 개
	• 헷갈린 문항 :

01 메타 윤리학과 실천 윤리학

정답률 90% | 정답 ④

| 문제 보기 |

(가), (나) 윤리학의 주된 목표로 가장 적절한 것은?

(가) 윤리학은 도덕적 논의에서 사용되는 용어의 의미를 분석하고 도덕적 추론의 타당성을 검토하는 것을 근본 과제로 삼는다.
(나) 윤리학은 도덕 원칙을 실제적인 삶의 문제에 적용하여 구체적인 행위 지침을 제공하는 것을 근본 과제로 삼는다.

① (가) : 인간의 바람직한 삶의 방향을 제시하는 것이다.
② (가) : 도덕적 현상에 대해 객관적으로 기술하는 것이다.
③ (나) : 윤리학이 학문으로 성립할 수 있는지 연구하는 것이다.
④ (나) : 현실의 윤리 문제에 대한 실천적 해결 방안을 모색하는 것이다.
⑤ (가), (나) : 보편적인 도덕 원칙을 정립하는 것이다.

● 왜 정답일까?

(가)는 메타 윤리학, (나)는 실천 윤리학이다.
메타 윤리학은 인간의 바람직한 삶을 안내하거나 도덕적 문제를 해결하는 데 관심을 갖기보다는 도덕적 언어의 의미나 논리적 구조 분석을 윤리학의 탐구 과제로 본다.
실천 윤리학은 도덕적 행위의 실천을 목적으로 하며, 구체적인 삶에서 발생하는 윤리 문제에 대해 도덕 원리를 근거로 하여 해결책을 모색하는 데 주된 관심을 둔다.

02 석가모니와 장자의 입장 비교

정답률 70% | 정답 ③

| 문제 보기 |

갑, 을의 입장으로 가장 적절한 것은? [3점]

갑 : 세 개의 갈대가 빈 땅에 서려고 할 때에 서로서로 의지하여 설 수 있는 것과 같이, 식(識)도 정신과 물질을 인연(因緣)하여 생긴다.
을 : 옳다는 것으로 인해 그른 것이 있고, 그르다는 것으로 인해 옳은 것이 있다. 진인(眞人)은 대립적인 말에 사로잡히지 않고, 모든 대립을 넘어선 자연에 비추어 사유한다.

① 갑 : 자아의식은 변하지 않는 실체임을 알아야 한다.
② 갑 : 정신에는 집착해도 물질에는 집착해서는 안 된다.
③ 을 : 자기중심적 고정 관념과 선입견에서 벗어나야 한다.
④ 을 : 인(仁)을 실천하기 위해 사욕을 극복하고자 노력해야 한다.
⑤ 갑, 을 : 내세를 위해 현세에서 도덕적 삶을 추구해야 한다.

● 왜 정답일까?

갑은 석가모니, 을은 장자이다.
석가모니는 모든 존재와 현상이 원인과 조건에 의해 생겨나며, 그 원인과 조건이 없으면 결과도 없다는 연기설을 제시하였다.
장자는 도의 관점에서 사물을 보면 시비(是非), 선악(善惡), 미추(美醜) 등의 분별은 상대적인 것에 불과하다고 보았다.

● 왜 오답일까?

① 석가모니는 자아의식을 변하지 않는 실체로 간주하지 않았다.
② 석가모니는 정신과 물질 모두 집착하지 말아야 한다고 보았다.
④ 장자는 인(仁)을 실천할 것을 강조하지 않았다.
⑤ 석가모니만의 입장이다.

03 칸트 윤리 사상의 현실적 적용　정답률 87% | 정답 ⑤

| 문제 보기 |

다음을 주장한 사상가의 입장에서 〈사례〉 속 A에게 제시할 조언으로 가장 적절한 것은? [3점]

> 너의 행위의 준칙이 보편적 법칙이 되기를 바랄 수 있도록 그렇게 행위하라.

〈사 례〉

> 사장 A가 돈을 빌리지 않으면 회사는 부도가 나고 직원도 실직하게 된다. A는 친구에게 돈을 빌리기 위해 갚지 못할 것을 알면서도, 돈을 반드시 갚겠다는 거짓 약속을 할지 고민하고 있다.

① 정직한 행위에 따르는 보상을 기대하고 행동하세요.
② 직원의 처지를 보고 느끼는 동정심에 따라 행동하세요.
③ 당신의 고통보다 친구의 고통이 크게 되지 않도록 행동하세요.
④ 거짓 약속을 해서라도 당신의 경제적 피해를 최소화하도록 행동하세요.
⑤ 모두가 거짓 약속을 시도한다면 과연 약속이란 것이 가능할지 판단하여 행동하세요.

● 왜 정답일까?

제시문은 칸트의 정언 명령이다.
칸트는 "네 의지의 준칙이 언제나 동시에 보편적 입법의 원리가 될 수 있도록 행위 하라."는 정언 명령을 제시하면서 보편주의를 강조하였다.

04 에피쿠로스의 죽음관　정답률 96% | 정답 ④

| 문제 보기 |

다음의 가상 대화에서 ㉠에 들어갈 주장으로 가장 적절한 것은?

① 죽은 후에 감각 능력이 없으므로 죽음을 두려워해야 합니다.
② 죽은 후에 고통을 겪지 않도록 죽음을 두려워하지 말아야 합니다.
③ 죽은 후에 고통을 겪을 수도 있으므로 죽음을 두려워해야 합니다.
④ 죽은 후에 고통을 겪을 수 없으므로 죽음을 두려워할 필요가 없습니다.
⑤ 죽은 후에 쾌락을 얻을 수도 있으므로 죽음을 두려워할 필요가 없습니다.

● 왜 정답일까?

가상 대화의 사상가는 에피쿠로스이다.
에피쿠로스는 인간이 죽음을 경험할 수 없기 때문에 죽음을 두려워할 필요가 없다고 보았다.

05 성에 대한 입장 비교　정답률 90% | 정답 ③

| 문제 보기 |

다음 토론의 핵심 쟁점으로 가장 적절한 것은? [3점]

> 갑 : 성관계가 사랑하는 사람 사이에서 서로의 인격을 존중하면서 이루어진다면 도덕적으로 정당화됩니다. 이때 인격 존중이란 서로의 자율성을 보장하는 것입니다.
> 을 : 물론 사랑과 상호 인격 존중은 성관계에서 필수적입니다. 그러나 성관계는 출산과 양육에 대한 책임을 져야 하는 문제를 발생시킬 수 있기 때문에 부부간의 성관계만이 도덕적으로 정당화됩니다.
> 갑 : 성관계는 그와 같은 책임의 문제를 낳을 수도 있습니다. 하지만 책임의 문제를 낳지 않는 성관계도 얼마든지 가능합니다. 또한 결혼하지 않아도 그러한 책임을 충분히 감당할 수 있습니다.

> 을 : 아닙니다. 결혼하지 않은 상태에서는 그러한 책임을 지기 어려워 사회의 안정성이 위협받습니다. 부부 사이의 성관계는 안정된 가족 관계를 유지하는 데 도움이 됩니다.

① 자발적이지 않은 성관계는 정당화될 수 있는가?
② 성관계는 도덕적 가치 판단의 대상이 될 수 있는가?
③ 성관계가 정당화되기 위해서는 결혼이 반드시 요구되는가?
④ 자율성과 사랑이 성관계가 정당화되기 위한 전제 조건인가?
⑤ 성관계는 출산과 양육에 대한 책임 문제를 발생시킬 수 있는가?

● 왜 정답일까?

갑은 성에 대한 중도주의 입장이고 을은 보수주의의 입장이다. 중도주의는 사랑을 전제로 서로 간의 인격을 존중하는 성적 관계가 도덕적으로 온전하다고 주장한다. 보수주의는 결혼한 가정 속에서 출산과 양육에 대한 책임과 관련된 성적 활동만이 도덕적으로 온전하다고 강조한다.

06 배아 복제에 대한 윤리적 쟁점　정답률 88% | 정답 ③

| 문제 보기 |

갑, 을의 입장에 대한 적절한 설명만을 〈보기〉에서 고른 것은?

> 갑 : 잠재적인 것은 현실적인 것과 동일한 가치를 갖는다. 인간 배아는 연속적인 발달 과정을 거쳐 성인이 될 잠재성을 갖기에 성인과 같은 도덕적 지위를 갖는다. 따라서 배아의 파괴를 수반하는 배아 복제는 유용하더라도 허용될 수 없다.
> 을 : 잠재적인 것은 현실적인 것과 다르다. 신체 기관이 형성되지 않은 인간 배아는 도덕적 지위를 전혀 갖지 않는다. 배아 복제는 인류에게 의료적 혜택을 줄 수 있기 때문에 이를 금지하는 것은 사회적 손실이다.

〈보 기〉

> ㄱ. 갑 : 인간 배아는 발달 단계에 따라 도덕적 지위가 달라진다.
> ㄴ. 을 : 인간 배아는 단순한 세포 덩어리에 불과하다.
> ㄷ. 을 : 인간 배아를 수단으로 대할 수 있는 경우가 있다.
> ㄹ. 갑, 을 : 배아 복제 여부는 공리적 관점에서 결정해야 한다.

① ㄱ, ㄴ ② ㄱ, ㄷ ③ ㄴ, ㄷ ④ ㄴ, ㄹ ⑤ ㄷ, ㄹ

● 왜 정답일까?

갑은 배아 복제가 허용될 수 없다는 입장이고 을은 배아 복제를 허용해야 한다는 입장이다.
ㄴ. 을은 배아의 도덕적 지위를 인정하지 않으므로, 배아를 세포 덩어리로 간주하고 있다고 볼 수 있다.
ㄷ. 을은 배아 복제를 허용해야 한다고 주장하므로, 인간 배아를 수단으로 이용할 수 있다고 본다.

07 정약용의 공직 윤리　정답률 92% | 정답 ②

| 문제 보기 |

다음을 주장한 사상가의 입장으로 적절하지 않은 것은? [3점]

> 부모님이 노쇠하고 집안이 가난하다는 것은 진실로 딱한 일이다. 그렇다고 자신의 딱한 처지를 벗어나고자 목민관이 되고자 하는 것은 올바른 일이 아니다. 천지의 공적 이치[公理]로 보면, 벼슬을 위해서 사람을 선발하는 것이지, 사람을 위해서 벼슬을 선택하는 경우는 없다. 만약 목민관에 임명되어 부임지에 갈 때에는 부유하더라도 검소한 차림이어야 하며, 관청의 재물이나 자산이 여유롭다 하더라도 절약할 수 있는 검소함을 지녀야 한다. 또한 고을의 선비들에게 학문을 권장하기 위해 한 수레의 책을 가져가는 것이 청렴한 관리의 자세이다.

① 목민관은 관할하는 관청의 재물을 절약해서 사용해야 한다.
② 가족의 생계를 위해 목민관의 관직을 맡는 것은 바람직하다.
③ 비싼 옷을 살 여유가 있더라도 목민관은 소비를 절제해야 한다.
④ 공과 사를 분명하게 구분하는 것은 목민관의 올바른 태도이다.
⑤ 목민관은 관할 지역의 학문 풍토를 조성하기 위해 노력해야 한다.

● 왜 정답일까?

제시문은 정약용의 주장이다. 정약용은 나라와 백성을 생각하는 관리는 무엇보다 자신의 사사로운 이익을 취해서는 안 되며, 청렴의 자세를 지녀야 한다고 하였다.

08 예악에 대한 공자의 입장　정답률 96% | 정답 ②

| 문제 보기 |

다음을 주장한 사상가의 입장으로 적절한 것만을 〈보기〉에서 고른 것은?

> 한 곡의 음악은 시작할 때 여러 소리가 합해졌다가 각각의 소리가 풀려 나오며 조화를 이루고, 음이 분명하면서도 끊임없이 이어져 완성된다. 이렇듯 음악은 여러 소리가 자기 소리를 내면서도 조화를 이루는 것이기에 배워 둘 만하다. 시가 순수한 마음을 불러일으키고 예의는 사람들을 인륜에 맞게 살아가게 하며 음악은 궁극적으로 인격을 완성시킨다.

〈보 기〉

> ㄱ. 음악은 개인의 도덕적 성품을 함양하기 위해 필요하다.
> ㄴ. 음악은 예의와 무관하게 심미적 가치만을 담아야 한다.
> ㄷ. 음악은 사람들이 서로 조화를 이루는 데 기여해야 한다.
> ㄹ. 음악은 사람들의 경제적 이득 여부에 따라 활용되어야 한다.

① ㄱ, ㄴ ② ㄱ, ㄷ ③ ㄴ, ㄷ ④ ㄴ, ㄹ ⑤ ㄷ, ㄹ

● 왜 정답일까?

제시문은 공자의 주장이다.
ㄱ. 공자는 음악이 인간의 도덕성에 영향을 미칠 수 있다고 보았다.
ㄷ. 공자는 음악이 개인과 사회를 조화롭게 만드는 데 기여할 수 있다고 보았다.

09 분배적 정의에 대한 입장　정답률 59% | 정답 ④

| 문제 보기 |

갑, 을 사상가들의 입장으로 적절한 것만을 〈보기〉에서 있는 대로 고른 것은?

> 갑 : 사람이 천부적으로 타고난 것이나 사회의 어떤 특정한 지위에 태어나는 것은 정의롭다거나 부정의하다고 할 수 없다. 이것은 단지 자연적 사실에 불과하다. 정의 여부가 문제되는 것은 제도가 그러한 사실들을 처리하는 방식이다.
> 을 : 정형적 분배 원리는 생산과 분배를 독립된 주제로 취급한다. 하지만 소유 권리론에 따르면 이들은 분리된 것이 아니다. 생산과 관련된 사람들의 과거 행위는 사물에 대한 차별적인 소유 권리를 창조한다.

〈보 기〉

> ㄱ. 갑 : 차등의 원칙은 자연적 운의 도덕적 임의성을 처리하는 공정한 분배의 원칙이다.
> ㄴ. 갑 : 최소 수혜자에게 이득이 된다면 천부적 재능으로 인한 소득 격차도 허용될 수 있다.
> ㄷ. 을 : 역사적 원리에 따른 부의 불평등은 정당화될 수 있다.
> ㄹ. 갑, 을 : 개인은 사회적 운의 결과물에 대해 정당한 자격을 갖지 않는다.

① ㄱ, ㄴ ② ㄱ, ㄹ ③ ㄷ, ㄹ ④ ㄱ, ㄴ, ㄷ ⑤ ㄴ, ㄷ, ㄹ

● 왜 정답일까?

갑은 롤스, 을은 노직이다.
ㄱ. 롤스는 우연성에 따른 산물이 최소 수혜자에게 최대 이익이 되는 방식으로 분배되어야 한다고 주장하였다.
ㄴ. 롤스는 경제적 이익이 최소 수혜자를 포함한 모든 구성원에게 이익이 되는 방식, 즉 모든 구성원의 처지를 개선하는 방식으로 분배되는 것은 정당하다고 보았다.
ㄷ. 노직은 분배 결과가 아니라 역사적 원리에 따른 소유 과정의 정당성이 소유 권리를 창출한다고 보았다.

● 왜 오답일까?

ㄹ. 롤스와 노직은 개인은 사회적 운의 결과물에 대해 정당한 자격을 지닐 수 있다고 보았다.

10 교정적 정의에 대한 입장　정답률 55% | 정답 ③

| 문제 보기 |

(가)의 갑, 을, 병 사상가들의 입장에서 서로에게 제기할 수 있는 비판을 (나) 그림으로 표현할 때, A～F에 해당하는 내용으로 가장 적절한 것은?

(가)	갑 : 처벌 그 자체는 고통을 주므로 악이다. 하지만 처벌이 더 큰 악을 제거한다면 양적인 공리의 원칙에 의해 허용된다. 을 : 형벌은 강도보다 지속성을 중시해야 한다. 사형은 한 시민에 대한 국가의 전쟁이므로 허용되어서는 안 된다. 병 : 살인자는 사형에 처해져야 한다. 누구든지 그가 형벌을 받아야 할 행위를 의욕했기 때문에 형벌을 받는 것이다.

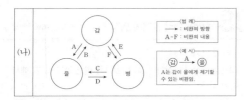

① A : 형벌을 통해 행위를 통제하고자 하는 대상은 범죄자에 국한되어야 함을 간과한다.
② B : 형벌의 종류와 크기는 사회적 파급 효과를 고려하여 정해야 함을 간과한다.
③ C, E : 형벌은 사회적 선을 촉진하기 위한 수단으로 가해질 수 없음을 간과한다.
④ D : 사형을 통해 지속적으로 공포 인상을 주어 범죄를 예방해야 함을 간과한다.
⑤ F : 형벌로부터 초래되는 해악은 형벌을 부과할 때 고려해야 할 사항이 아님을 간과한다.

● 왜 정답일까?

(가)의 갑은 벤담, 을은 베카리아, 병은 칸트이다.
벤담은 처벌은 악이지만 처벌로 초래되는 해악보다 처벌을 통해 더 큰 악을 제거할 수 있다면 처벌이 허용될 수 있다고 보았다. 베카리아는 종신 노역형이 사형보다 범죄 예방에 효과적이라고 주장하면서 사형 제도에 반대하였다. 칸트는 응보주의 관점에서 형벌은 범죄자가 아닌 범죄 행위 그 자체에 대한 응보로 가해져야 하며, 살인에 대한 응당한 응보는 사형이라고 주장하였다.

● 왜 오답일까?

① 벤담과 베카리아는 모두 형벌을 통해 행위를 통제하고자 하는 대상은 범죄자에 국한되어야 한다고 보았다.
② 벤담과 베카리아는 모두 형벌의 종류와 크기는 사회적 파급 효과를 고려하여 정해야 한다고 보았다.
④ 베카리아는 사형을 반대하였고 사형이 지속적인 공포 인상을 준다고 보지도 않았다.
⑤ 벤담은 형벌로부터 초래되는 해악은 형벌을 부과할 때 고려해야 할 사항이라고 보았다.

11 홉스와 로크의 사회 계약설   정답률 58% | 정답 ①

| 문제 보기 |

갑, 을 사상가들 중 적어도 한 사람이 부정의 대답을 할 질문으로 적절한 것만을 〈보기〉에서 고른 것은? [3점]

갑 : 자연 상태에서 인간의 경쟁, 불신, 공명심 때문에 분쟁이 발생한다. 이러한 전쟁 상태로부터 벗어나서 자연권을 보호하기 위해 개인들은 사회적 동의로 절대 권력을 수립한다.
을 : 자연 상태에서 개인들은 생명, 자유, 재산의 권리를 보호하기 위해 입법부를 구성하기로 합의한다. 그러나 입법부가 자연권을 보호하지 못하면 시민들은 신탁을 철회할 수 있다.

〈보 기〉
ㄱ. 공권력이 형성된 이후에 자연권 보호는 개인만의 책임인가?
ㄴ. 정부에 의한 시민의 재산권 침해는 정부 해체의 근거가 되는가?
ㄷ. 국가의 권위에 복종해야 할 의무는 계약에 토대를 두는가?
ㄹ. 인간은 자연 상태에서 이성의 능력을 발휘하여 계약을 하는가?

① ㄱ, ㄴ   ② ㄱ, ㄷ   ③ ㄴ, ㄷ   ④ ㄴ, ㄹ   ⑤ ㄷ, ㄹ

● 왜 정답일까?

갑은 홉스, 을은 로크이다.
ㄱ. 홉스와 로크는 모두 공권력이 형성된 이후에 자연권 보호는 개인만의 책임이 아니라고 보았다.
ㄴ. 홉스는 로크와 달리 정부에 의한 시민의 재산권 침해는 정부 해체의 근거가 될 수 없다고 보았다.

● 왜 오답일까?

ㄷ. 홉스와 로크는 모두 국가의 권위에 복종해야 할 의무는 계약에 토대를 둔다고 보았다.
ㄹ. 홉스와 로크는 모두 인간은 자연 상태에서 이성의 능력을 발휘한다고 보았다.

12 시민 불복종에 대한 입장   정답률 53% | 정답 ④

| 문제 보기 |

갑, 을 사상가들의 입장으로 적절한 것만을 〈보기〉에서 있는 대로 고른 것은? [3점]

갑 : 시민 불복종을 결심함에 있어서 우리는 결과론적 관점에서 불복종을 통해 중단시키고자 하는 악의 크기와 우리의 행위가 가져올 법에 대한 존중의 감소 가능성을 저울질해 봐야 한다.
을 : 시민 불복종은 공동체의 정의감에 호소하기에, 평등한 자유의 원칙에 대한 심한 위반이나 공정한 기회 균등의 원칙에 대한 현저한 위배에 국한되어야 한다.

〈보 기〉
ㄱ. 갑 : 시민 불복종은 불법 행위이지만 법치를 존중하는 행위이다.
ㄴ. 을 : 종교의 자유를 부정하는 법은 시민 불복종의 대상이 된다.
ㄷ. 을 : 부정의한 법을 변혁하고자 불가피하게 다른 법을 위반하는 시민 불복종은 정당화될 수 있다.
ㄹ. 갑, 을 : 다수결 원칙에 따라 민주적으로 제정된 법은 시민 불복종의 대상이 아니다.

① ㄱ, ㄴ   ② ㄱ, ㄹ   ③ ㄷ, ㄹ
④ ㄱ, ㄴ, ㄷ   ⑤ ㄴ, ㄷ, ㄹ

● 왜 정답일까?

갑은 싱어, 을은 롤스이다.
ㄱ. 싱어는 시민 불복종이 불법 행위이지만, 법치를 존중하는 행위라고 보았다.
ㄴ. 롤스는 평등한 자유의 원칙을 심각하게 침해하는 법은 시민 불복종의 대상이라고 보았다.
ㄷ. 롤스는 부정의한 법을 변혁하고자 불가피하게 다른 법을 위반할 수 있다고 보았다.

● 왜 오답일까?

ㄹ. 싱어와 롤스는 모두 다수결 원칙에 따라 민주적으로 제정된 법도 시민 불복종의 대상이 될 수 있다고 보았다.

13 과시 소비에 대한 베블런의 입장   정답률 91% | 정답 ②

| 문제 보기 |

다음 글의 입장으로 적절하지 않은 것은?

산업 사회에서 유한계급은 사회적 명성의 측면에서 사회 구조의 정점에 위치하고 그들의 생활 양식은 사회의 평가 기준이 된다. 이 기준은 사회 구조의 가장 낮은 계층에 이르기까지 영향을 미친다. 각 계층에 속하는 사람들은 바로 위 계층에서 유행하는 생활 양식에 가까워지고자 온갖 노력을 기울이기 때문이다. 어떤 계급도, 즉 아무리 빈곤한 계급이라도 관례적인 과시적 소비를 전혀 하지 않을 수는 없다. 명성을 얻기 위해서는 과시적 소비를 할 수밖에 없으며, 과시적 소비를 하기 위해서는 부(富)가 있어야 한다.

① 과시적 소비로부터 완전히 자유로운 계층은 없다.
② 빈곤한 계층의 소비 행위는 사회적 명성과는 관련이 없다.
③ 산업 사회에서 명성을 얻기 위해서는 부를 필요로 한다.
④ 유한계급에게 과시적 소비는 명성을 획득하는 수단이다.
⑤ 사회에서 유행하는 생활 양식은 유한계급에 의해 주도된다.

● 왜 정답일까?

제시문은 베블런의 주장이다.
베블런은 자본주의 사회에서 거의 모든 계층의 사람들이 과시 소비를 한다고 보았으며, 특히 유한계급인 부자들은 강자로서 존경을 받고 자신의 사회적 지위를 드러내기 위해 끊임없이 과시 소비를 하게 된다고 보았다.

14 인공 지능과 관련된 윤리적 쟁점   정답률 92% | 정답 ③

| 문제 보기 |

다음 글의 입장에서 ㉠에 대한 해결 방안으로 가장 적절한 것은?

우리가 효율성이 높은 인공지능 개발에만 주로 관심을 기울인 나머지, 인공지능이 행하는 혐오와 차별의 표현은 용인될 수 없는 사회적 문제로 대두되었다. 이 문제는 인공지능이 학습하는 데이터 자체의 비윤리성에 기인한다. 인공지능이 인간 수준의 윤리적 판단력을 갖추는 것은 불가능하므로 적절한 여과 과정을 거친 데이터를 인공지능에 제공해야 한다. 주목할 것은 그것의 비윤리적인 표현들이 우리의 일상 언어에 근거한다는 사실이다. 이 언어들은 인공지능에게는 숫자로 변환되는 전산 언어에 불과하지만, 그것들이 우리에게 다시 돌아올 때에는 ㉠윤리적 문제를 일으킬 수 있다.

① 인공지능의 데이터 처리 속도를 높이기 위한 기술을 개발해야 한다.
② 인공지능의 표현을 수용할 수 있는 관용적인 태도를 함양해야 한다.
③ 인간의 도덕적 검증을 거친 학습 데이터를 인공지능에 입력해야 한다.
④ 인간보다 뛰어난 도덕적 판단력을 지닌 인공지능을 개발해야 한다.
⑤ 인간 친화적인 인공지능 개발을 위해 일상 언어를 인공지능에 그대로 입력해야 한다.

● 왜 정답일까?

제시문은 인공 지능이 행하는 혐오와 차별적 표현의 문제점이 심각하며 이러한 문제점은 인공 지능이 학습하는 데이터에서 비롯된다고 주장하고 있다. 따라서 인공 지능의 문제점을 해결하기 위해서는 인공 지능에 입력되는 자료를 사전에 검증할 필요가 있다.

15 해외 원조에 대한 입장   정답률 64% | 정답 ②

| 문제 보기 |

(가)의 갑, 을 사상가들의 입장을 (나) 그림으로 탐구하고자 할 때, A~C에 들어갈 적절한 질문만을 〈보기〉에서 있는 대로 고른 것은? [3점]

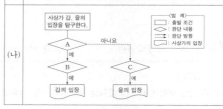

(가)
갑 : 질서 정연한 사회들은 고통받는 사회의 구성원들이 자신들의 문제를 합당하게 관리할 수 있도록 도와야 한다. 즉, 그 사회가 제도와 문화를 개선하여 질서 정연한 사회가 되도록 도와야 한다.
을 : 풍요로운 사회의 부유한 사람들은 고통받는 전 세계 사람들을 위해 소득의 일부를 기부해야 한다. 고통을 감소시키고 쾌락을 증진하는 것은 인류의 의무이다.

〈보 기〉
ㄱ. A : 원조의 목적은 인류 전체의 복지 증진이 아니라 정치 체제의 개선이어야 하는가?
ㄴ. B : 원조의 목표를 달성하기 위해서는 국가 간 부의 재분배가 필수적인가?
ㄷ. B : 원조 대상 국가에게 인권을 강조하는 것은 원조의 목적 실현을 저해하는가?
ㄹ. C : 원조를 통해 방지할 해악보다 더 큰 희생이 발생한다면 원조는 중단될 수 있는가?

① ㄱ, ㄷ   ② ㄱ, ㄹ   ③ ㄴ, ㄷ
④ ㄱ, ㄴ, ㄹ   ⑤ ㄴ, ㄷ, ㄹ

● 왜 정답일까?

(가)의 갑은 롤스, 을은 싱어이다.
ㄱ. 롤스는 싱어와 달리 원조의 목적은 인류 전체의 복지 증진이 아니라 민주주의 질서의 수립과 같은 정치 체제의 개선이어야 한다고 보았다.
ㄹ. 싱어는 공리주의적 입장에서 원조를 통해 방지할 해악보다 더 큰 희생이 발생한다면 원조는 중단될 수 있다고 보았다.

● 왜 오답일까?

ㄴ. 롤스는 각국의 부의 수준은 다를 수 있기 때문에 원조가 국가 간 부의 재분배를 추구하는 것은 아니라고 보았다.
ㄷ. 롤스는 원조의 목적이 고통받는 사회가 질서 정연한 사회가 될 수 있도록 하는 데 있다고 보았다. 따라서 원조 대상 국가의 인권을 확립하는 것은 원조의 목표가 될 수 있다.

16 정보 사회에서의 사이버 공간의 특징   정답률 89% | 정답 ⑤

| 문제 보기 |

다음 신문 칼럼의 입장으로 적절하지 않은 것은? [3점]

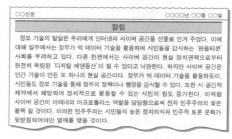

○○신문   ○○○○년 ○○월 ○○일

칼럼

정보 기술의 발달은 우리에게 인터넷과 사이버 공간을 선물로 안겨 주었다. 이에 대해 일각에서는 정부가 빅 데이터 기술을 활용하여 시민들을 감시하는 '판옵티콘' 사회를 우려하고 있다. 다른 한편에서는 사이버 공간이 현실 정치권력으로부터 완전히 독립된 '디지털 에덴동산'이 될 수 있다고 낙관한다. 하지만 사이버 공간은 인간 기술이 만든 또 하나의 현실 공간이다. 정부가 빅 데이터 기술을 활용하듯이, 시민들도 정보 기술을 통해 정부의 정책이나 행정을 감시할 수 있다. 또한 시·공간적 제약에서 해방되어 정치적으로 활동할 수 있는 시민의 힘도 증가한다. 이처럼 사이버 공간이 아테네의 아크로폴리스 역할을 담당함으로써 전자 민주주의의 꽃은 활짝 필 것이다. 이러한 민주주의는 시민들의 높은 정치의식과 민주적 토론 문화가 뒷받침되어야만 열매를 맺을 것이다.

① 전자 민주주의는 시민들의 적극적인 참여를 필요로 한다.
② 정보 기술의 발전은 직접 민주주의의 가능성을 높여 준다.
③ 사이버 공간은 새로운 소통의 장으로 정치 참여의 폭을 넓혀 준다.
④ 정보 기술은 정부와 시민이 상호 견제할 수 있는 힘을 제공한다.
⑤ 사이버 공간은 익명성으로 인해 법치로부터 벗어난 공간이다.

● 왜 정답일까?
칼럼은 사이버 공간이 현실 공간과 같다고 보고 있으므로 사이버 공간은 법치로부터 벗어난 공간이라 할 수 없다.

17 문화에 대한 포퍼의 입장   정답률 78% | 정답 ③

| 문제 보기 |
다음을 주장한 사상가의 관점에서 볼 때 문화에 대해 취할 입장으로 적절한 것만을 〈보기〉에서 고른 것은? [3점]

> ○ 이상적인 사회가 당장 가능할 것이라는 가정은 합리적이지 않다. 사회적 문제들을 점진적으로 개선하면서 더 좋은 사회로 나아가려는 태도가 중요하다.
> ○ 인간 이성의 한계는 관용을 요청한다. 하지만 우리가 관용적이지 않은 사람들에게까지 무제한의 관용을 베푼다면, 관용적인 사람들은 파멸할 것이고 관용도 소멸할 것이다.

〈보 기〉
> ㄱ. 모든 문화는 고유성을 지니기에 용인되어야 한다.
> ㄴ. 자기 문화를 비판하는 것에 대해 열린 태도가 필요하다.
> ㄷ. 불관용적인 문화에 대해서는 관용하지 않을 권리가 있다.
> ㄹ. 어떤 문화가 바람직한지 여부를 판단하는 기준은 존재하지 않는다.

① ㄱ, ㄴ ② ㄱ, ㄷ ③ ㄴ, ㄷ ④ ㄴ, ㄹ ⑤ ㄷ, ㄹ

● 왜 정답일까?
제시문은 포퍼의 주장이다.
ㄴ. 포퍼는 다른 문화뿐만 아니라 자기 문화를 비판하는 것에 대해서도 열린 태도가 필요하다고 보았다.
ㄷ. 포퍼는 관용적이지 않은 사람들에게까지 무제한의 관용을 베푼다면, 관용적인 사람들은 파멸하게 될 것이라고 보았다.

18 하버마스의 담론 윤리의 의미   정답률 63% | 정답 ⑤

| 문제 보기 |
다음을 주장한 사상가의 ⊙에 대한 입장으로 가장 적절한 것은?

> 현대 사회에서는 다양한 사회적 갈등이 발생한다. 이러한 갈등을 합리적으로 해결하기 위한 하나의 방안은 의사소통 이론을 바탕으로 상호 이해를 증진하기 위해 대화를 하는 것이다. 어떤 주장이 정당성을 갖기 위해서는 논증적인 대화인 ⊙ 에 참여한 당사자들이 합의에 도달해야 한다. 어떤 사안에 대해 당사자들이 합리적 근거를 제시하는 토론의 과정을 거치면서 주장의 정당성이 확보된다. 보편적인 합의에 도달하기 위해서는 시민들의 적극적인 참여에 의한 공론장이 활성화되어야 한다.

① 오류 가능성을 내포한 주장을 제시해서는 안 된다.
② 개인적 선호나 욕구는 최대한 숨기고 발언해야 한다.
③ 참여자 다수의 동의로 규범의 정당성을 확보해야 한다.
④ 합의에 이른 주장에 대해서는 재논의를 허용해서는 안 된다.
⑤ 발언 기회는 합리적 논증 능력에 따라 차등 부여되어서는 안 된다.

● 왜 정답일까?
제시문은 하버마스의 주장이고, ⊙에 들어갈 개념은 담론이다. 하버마스는 담론에 참여한 모든 사람이 발언 기회에서 차별을 받아서는 안 된다고 보았다.

● 왜 오답일까?
①, ② 하버마스는 담론에 참여한 모든 사람이 자유롭게 의견을 제시할 수 있어야 한다고 보았다.
③ 하버마스는 참여자의 만장일치로 규범의 정당성을 확보해야 한다고 보았다.
④ 하버마스는 합의에 이른 주장에 대해서도 논의를 할 수 있다고 보았다.

19 자연에 대한 입장   정답률 44% | 정답 ①

| 문제 보기 |
(가)의 갑, 을, 병 사상가들의 입장을 (나) 그림으로 표현할 때, A~D에 해당하는 적절한 진술만을 〈보기〉에서 있는 대로 고른 것은?

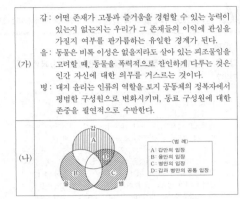

> | | |
> |---|---|
> | 갑 | 어떤 존재가 고통과 즐거움을 경험할 수 있는 능력이 있는지 없는지는 우리가 그 존재들의 이익에 관심을 가질지 여부를 판가름하는 유일한 경계가 된다. |
> | 을 | 동물은 비록 이성은 없을지라도 살아 있는 피조물임을 고려할 때, 동물을 폭력적으로 잔인하게 다루는 것은 인간 자신에 대한 의무를 거스르는 것이다. |
> | 병 | 대지 윤리는 인류의 역할을 토지 공동체의 정복자에서 평범한 구성원으로 변화시키며, 동료 구성원에 대한 존중을 필연적으로 수반한다. |

(가)

(나)

A: 갑만의 입장
B: 을만의 입장
C: 병만의 입장
D: 갑과 병만의 공통 입장

〈보 기〉
> ㄱ. A: 동물에 대한 인간의 행위는 공리의 원리에 근거해야 한다.
> ㄴ. B: 모든 동물에게 인간과 동등한 도덕적 지위를 부여하는 것은 옳지 않다.
> ㄷ. C: 어떤 존재가 생명을 지닌 개체가 아니어도 도덕적 지위를 가질 수 있다.
> ㄹ. D: 쾌고 감수 능력의 보유 여부에 의해 개체의 도덕적 지위가 결정된다.

① ㄱ, ㄷ ② ㄱ, ㄹ ③ ㄴ, ㄹ ④ ㄱ, ㄴ, ㄷ ⑤ ㄴ, ㄷ, ㄹ

● 왜 정답일까?
(가)의 갑은 싱어, 을은 칸트, 병은 레오폴드이다.
ㄱ. 싱어는 공리주의적 관점에서 인간이 동물을 다루어야 한다고 보았다.
ㄷ. 레오폴드는 대지가 도덕적 지위를 지닐 수 있다고 보았다.

● 왜 오답일까?
ㄴ. 싱어도 동의할 내용이다.
ㄹ. 싱어만의 입장이다.

20 현실주의와 이상주의의 입장 비교   정답률 66% | 정답 ④

| 문제 보기 |
(가)의 입장에 비해 (나)의 입장이 갖는 상대적 특징을 그림의 ⊙~⑩ 중에서 고른 것은? [3점]

> (가) 오직 국익에 도움이 되는지 여부를 기준으로 국가의 대외 정책의 좋고 나쁨이 결정된다. 힘의 논리를 바탕으로 한 국익 추구로 인하여 국제 분쟁이 발생하며, 평화는 힘의 균형을 통해 전쟁을 예방 또는 억지함으로써 달성될 수 있다.
> (나) 국제 사회의 부정의는 국가들의 행동을 규제하는 국제기구나 국제적 규범을 통해 해결할 수 있다. 국제법은 국제 사회에서 매우 중요하며, 평화는 국가 간의 이성적 대화와 협력, 국제기구 등의 노력을 통해 달성될 수 있다.

(그림)
> • X: 국제법을 통한 평화 실현에 회의적인 정도
> • Y: 분쟁의 원인을 상대에 대한 오해에서 찾는 정도
> • Z: 다른 국가를 잠재적 위험으로 인식하는 정도

① ⊙ ② ㉡ ③ ㉢ ④ ㉣ ⑤ ㉤

● 왜 정답일까?
(가)는 현실주의, (나)는 이상주의이다.
현실주의 입장에서는 국가 간 관계에서 도덕적 고려보다는 자국의 이익 고려가 우선한다고 보며, 힘의 균형을 통해 일시적 평화가 가능하다고 본다. 이상주의에서는 국가 간에 이성적이고 합리적인 관계 형성이 가능하며, 협력과 제도적 보완을 통해 평화가 가능하다고 본다.
현실주의 입장과 비교해 볼 때 이상주의의 입장이 지닌 상대적 특징은 '국제법을 통한 평화 실현에 회의적인 정도(X)'가 낮고, '분쟁의 원인을 상대에 대한 오해에서 찾는 정도(Y)'는 높으며 '다른 국가를 잠재적 위험으로 인식하는 정도(Z)'는 낮다. 따라서 ㉣이다.

18회   2022학년도 6월   ● 고3 생활과 윤리 ●

01 ②	02 ③	03 ①	04 ⑤	05 ⑤
06 ③	07 ①	08 ④	09 ①	10 ⑤
11 ④	12 ③	13 ②	14 ②	15 ④
16 ②	17 ③	18 ⑤	19 ①	20 ④

채점결과		
• 실제 걸린 시간 :	분	초
• 맞은 문항수 :		개
• 틀린 문항수 :		개
• 헷갈린 문항 :		

01 이론 윤리학과 기술 윤리학   정답률 72% | 정답 ②

| 문제 보기 |
⊙에 들어갈 진술로 가장 적절한 것은?

> 나는 윤리학이 행위에 대한 규범적 판단을 체계화하고 그 근거를 제시하는 학문이어야 한다고 생각한다. 그런데 어떤 사람은 윤리학이 도덕적 현상을 있는 그대로 기술하는 학문이어야 한다고 주장한다. 내가 보기에 이러한 주장은 윤리학이 ⊙ 는 점을 간과하고 있다.

① 도덕적 관습을 실증적으로 연구해야 한다
② 가치 판단을 위해 도덕 이론을 정립해야 한다
③ 하나의 학문으로서 성립 가능한지 검토해야 한다
④ 도덕 언어의 의미 분석을 핵심 과제로 삼아야 한다
⑤ 도덕 추론의 논리적 구조를 밝히는 데 주력해야 한다

● 왜 정답일까?
'나'는 이론 윤리학의 입장을, '어떤 사람'은 기술 윤리학의 입장을 취하고 있다.
이론 윤리학의 입장에서 기술 윤리학은 '가치 판단을 위해 도덕 이론을 정립해야 한다.'는 점을 간과하고 있다고 비판할 수 있다.

02 로크와 아리스토텔레스의 국가론   정답률 52% | 정답 ③

| 문제 보기 |
갑, 을 사상가들의 입장으로 적절하지 않은 것은?

> | | |
> |---|---|
> | 갑 | 자연 상태에서는 사람들 간의 분쟁을 해결하는 공통된 법률이 없고, 무사 공평한 재판관도 없다. 그래서 인간은 자신의 생명, 자유, 재산을 보호하기 위해 공동체를 결성하고 스스로를 정부의 지배에 두고자 한다. |
> | 을 | 국가는 그 모든 공동체들 중에서 최고의 것이면서 다른 모든 공동체들을 포괄한다. 그리고 국가는 모든 좋음들 중에서 최고의 좋음을 목표로 한다. |

① 갑 : 국가는 공통된 법률에 따라 시민들 간의 분쟁을 조정해야 한다.
② 갑 : 국가는 자국민을 침해한 외부인들을 처벌할 권력을 지닌다.
③ 을 : 국가는 정치적 동물인 인간들의 상호 동의를 통해 발생한다.
④ 을 : 인간은 국가 속에서 훌륭하고 행복한 삶을 영위할 수 있다.
⑤ 갑, 을 : 시민은 자신이 속한 국가에 대해 정치적 의무를 지닌다.

● 왜 정답일까?
갑은 로크, 을은 아리스토텔레스이다. 로크는 국가가 자신의 생명, 자유, 재산에 대한 권리를 보호해 준다는 조건으로 각 개인이 국가의 명령에 복종하기로 약속한다고 주장하였다. 아리스토텔레스는 국가가 본질적으로 인간의 사회적·정치적 본성에 따라 형성되는 것이라고 주장하였다.

03 하버마스의 담론 윤리   정답률 69% | 정답 ①

| 문제 보기 |
다음을 주장한 사상가의 입장만을 〈보기〉에서 고른 것은? [3점]

화자의 의사소통의 의도에는 다음 사항들이 포함되어야 한다. 첫째, 화자가 자신과 청자 사이에 정당한 것으로 인정된 상호 관계가 성립하도록 규범적 맥락에 따라 올바른 의사소통 행위를 수행하는 것이다. 둘째, 화자가 자신의 지식을 청자가 받아들이며 공유하도록 참된 진술을 하는 것이다. 셋째, 화자가 자신이 말한 것을 청자가 믿도록 생각, 의도, 감정, 소망 등을 진실하게 표현하는 것이다.

― 〈보 기〉 ―
ㄱ. 의사소통 행위는 상호 이해를 지향해야 한다.
ㄴ. 오류 가능성이 있는 주장도 담론에 부칠 수 있다.
ㄷ. 발화(發話) 내용은 참여자 대다수의 동의를 얻어야 확보된다.
ㄹ. 규범의 타당성은 참여자 대다수의 동의를 얻어야 확보된다.

① ㄱ, ㄴ ② ㄱ, ㄷ ③ ㄴ, ㄷ ④ ㄴ, ㄹ ⑤ ㄷ, ㄹ

● 왜 정답일까?

제시문은 하버마스의 주장이다.
ㄱ. 의사소통 행위는 상호 이해를 지향해야 한다고 주장했다.
ㄴ. 담론에 참여하는 사람들은 자신의 오류 가능성을 인정하고 대화에 참여해야 한다고 주장했다.

04 칸트 의무론   정답률 71% | 정답 ⑤

| 문제 보기 |
다음을 주장한 사상가의 입장에서 〈사례〉 속 A에게 해 줄 수 있는 조언으로 가장 적절한 것은? [3점]

어떤 행위가 의무에 맞을지라도 반드시 도덕적 가치를 갖는다고 할 수는 없다. 비록 그 행위가 의무가 명령한 것에 맞게 일어난다 할지라도 의무로부터 일어난 것이 아니라면 도덕적 가치를 갖지 않기 때문이다.

― 〈사 례〉 ―
상인 A는 정직하게 손님을 대하여 많은 단골손님을 갖게 되었다. 그러던 어느 날 정직한 행동이 이익으로 돌아온다는 생각이 들었다. 하지만 시간이 갈수록 그는 이익을 위해 정직하게 행동하는 것이 진정으로 도덕적인 것인지 고민하게 되었다.

① 꾸준한 도덕적 실천으로 얻어진 덕에 따라 행동하세요.
② 당신의 자연적 성향에 따라 손님들을 정직하게 대하세요.
③ 모두의 이익을 증진시킬 수 있도록 정직하게 행동하세요.
④ 당신의 정직한 행위가 도덕적 의무에 맞기만 하면 됩니다.
⑤ 경향성이 섞이지 않은 순수한 도덕적 동기에 따라 행동하세요.

● 왜 정답일까?

제시문은 칸트의 주장이다. 칸트는 의무에 맞는 행위가 아니라 의무이기 때문에 행한 행위만이 도덕적 가치를 지닌다고 본다. 칸트의 입장에 따르면 상인 A에게 이익을 추구하는 자연적 경향성이 아닌 오직 의무 의식에서 비롯된 행위를 하라고 조언할 것이다.

05 성 상품화와 성적 자기 결정권   정답률 81% | 정답 ⑤

| 문제 보기 |
그림은 서술형 평가 문제와 학생 답안이다. 학생 답안의 ㉠～㉤ 중 옳지 않은 것은?

서술형 평가
◉ (가), (나)의 입장을 비교하여 서술하시오.
(가) 자신의 성(性)적 이미지를 제품과 연결하여 구매를 유도하는 행위가 성적 자기 결정권을 행사하는 것이라면 허용될 수 있다. 다만, 그러한 권리 행사는 타인에게 해를 끼치지 않을 경우에만 정당하다.
(나) 성적 자기 결정권이 인격을 훼손하지 않는 범위 내에서 행사되어야 한다. 따라서 성적 이미지를 이용한 이윤 추구 행위는 성을 도구화하는 것으로서 허용될 수 없다.

◉ 학생 답안
(가), (나)의 입장을 비교해 보면, (가)는 ㉠성을 수단으로 이용하는 행위가 타인에게 반드시 해를 끼치는 것은 아니기 때문에, ㉡성적 매력을 표현하여 제품의 구매를 유도하는 행위는 정당화될 수 있다고 주장한다. 반면에 (나)는 ㉢성을 수단으로 이용한 성 상품화는 인간의 존엄성을 침해하여 ㉣성적 이미지를 이용한 이윤 추구 행위는 정당화될 수 없다고 주장한다. 한편 (가), (나)는 모두 ㉤자신의 성적 활동을 자유롭게 결정할 권리가 제한되어서는 안 된다고 본다.

① ㉠ ② ㉡ ③ ㉢ ④ ㉣ ⑤ ㉤

● 왜 정답일까?

(가)는 타인에게 해를 끼치지 않는다면 성적 자기 결정권에 따른 성 상품화도 허용 가능하다고 보고 있다.

(나)는 성 상품화는 인격을 훼손하는 행위로서 성적 자기 결정권을 남용하는 것이라고 보고 성 상품화에 반대하고 있다. 따라서 (가), (나) 모두 성적 자기 결정권의 행사에는 일정한 제한이 있어야 한다고 본다.

06 공자와 노자의 윤리적 입장   정답률 62% | 정답 ③

| 문제 보기 |
갑, 을 사상가들의 입장으로 적절한 것만을 〈보기〉에서 고른 것은?

갑: 대도(大道)가 행해진 세상에서는 어진[賢] 사람과 능력 있는 사람을 선발하며, 자기 부모만을 부모로 자기 자식만을 자식으로 여기지는 않는다. 재물이 버려지는 것을 싫어하지만 반드시 그것을 자기만의 소유물로 삼으려 하지는 않는다. 그래서 도둑질이 일어나지 않아 바깥문을 닫는 일이 없다.
을: 나라는 작아야 하고 백성은 적어야 한다. 많은 도구가 있더라도 사용하지 않도록 하고, 백성으로 하여금 죽음을 중히 여겨 멀리 옮겨 다니지 않도록 한다. 비록 배나 수레가 있어도 타는 일이 없고, 갑옷과 무기가 있어도 꺼내어 늘어놓는 일이 없다.

― 〈보 기〉 ―
ㄱ. 갑: 인(仁)의 출발점인 무차별적 사랑[兼愛]을 행해야 한다.
ㄴ. 갑: 유능한 인재가 선발되는 도덕 공동체를 지향해야 한다.
ㄷ. 을: 인위적인 통치가 없는 소박한 사회를 지향해야 한다.
ㄹ. 갑, 을: 예법을 통해 본래의 자연스러운 삶으로 돌아가야 한다.

① ㄱ, ㄴ ② ㄱ, ㄷ ③ ㄴ, ㄷ ④ ㄴ, ㄹ ⑤ ㄷ, ㄹ

● 왜 정답일까?

갑은 공자, 을은 노자이다.
ㄴ. 공자는 어진 사람과 능력 있는 사람이 선발되고, 사랑[仁]이 모든 사람에게 미치는 도덕적인 사회인 대동 사회를 추구하였다.
ㄷ. 노자는 통치자가 무위로 다스리고 사람들이 자연적 본성에 따라 소박한 삶을 영위하는 소국과민(小國寡民) 사회를 추구하였다.

07 롤스와 노직의 정의론   정답률 41% | 정답 ①

| 문제 보기 |
갑, 을 사상가들의 입장으로 적절하지 않은 것은? [3점]

갑: 정의의 일차적 주제는 사회의 주요 제도가 권리와 의무를 배분하고 사회 협동체로부터 생긴 이익의 분배를 정하는 방식이다. 이를 정하는 정의의 원칙은 당사자들의 원초적 합의의 대상이다.
을: 분배가 정의로운가는 그 분배가 어떻게 이루어지는가에 달려 있다. 최종 결과에 중점을 둔 원리와 달리 역사성을 고려한 원리에 따르면, 사람들의 과거 행위나 상황은 사물에 대한 차별적인 소유 권리나 응분의 자격을 만들어낸다.

① 갑: 천부적 자산에 대한 개인의 소유 권리는 제한될 수 없다.
② 갑: 기본적 자유가 개인들에게 불평등하게 분배되어서는 안 된다.
③ 을: 개인이 노동을 통해 취득한 소유물도 교정의 대상이 될 수 있다.
④ 을: 정형적 원리에 따른 재분배는 이전(移轉)에서의 정의에 어긋난다.
⑤ 갑, 을: 정의의 원칙은 정당화될 수 있는 불평등을 규정해 준다.

● 왜 정답일까?

갑은 롤스, 을은 노직이다.
롤스는 천부적 자산에 대한 개인의 소유권은 인정되지만, 어떤 권리도 절대적이지는 않으며, 기본적 자유라 하더라도 다른 기본적 자유에 의해 제한될 수 있다고 주장하였다.
노직은 소유에 이르는 과정이 정당하면 소유물에 대한 권리를 갖게 된다고 주장하였다.

● 왜 오답일까?

② 롤스는 기본적 자유가 개인들에게 평등하게 분배되어야 한다고 주장하였다.
③ 노직은 노동을 통해 소유물을 취득했다 하더라도 타인의 상황을 악화시켰다면 이는 정당하지 못하다고 보았다. 노직은 정당하지 못한 방법으로 획득한 소유물은 교정의 대상이 된다고 보았다.

④ 노직은 정형적 원리에 따른 분배는 개인들이 자신들의 소유물에 대한 처분 방법을 자유롭게 선택할 권리를 침해한다는 점에서 이전에서의 정의의 원리에 위배된다고 보았다.
⑤ 롤스와 노직은 모두 정의의 원칙을 따른다면 불평등도 정당화될 수 있다고 보았다.

08 정약용의 공직 윤리   정답률 89% | 정답 ④

| 문제 보기 |
다음을 주장한 사상가의 입장으로 가장 적절한 것은? [3점]

백성은 윗사람을 섬기는 자이고, 수령은 백성을 다스리는 자이다. 수령 노릇을 잘하려면 반드시 청렴해야 하며, 청렴하려면 반드시 절약해야 한다. 청렴은 천하의 큰 장사이므로 백성을 위해 크게 탐하려는[大貪] 자는 반드시 청렴하려 한다. 수령이 치밀하지 못하여 재물을 쓰는 방법을 몰라 실효(實效)가 없으면 안 된다. 수령이 경비를 남용하면 재정이 부족해져 백성의 재물을 약탈하게 된다.

① 수령은 공무 수행 시 재정 지출의 효과를 고려해서는 안 된다.
② 수령은 공공의 복리 증진이 아니라 재정 확보에 주력해야 한다.
③ 수령은 백성과 자신이 직분상 동등한 관계임을 자각해야 한다.
④ 수령은 검소하지 않을 경우 자신의 직무를 올바로 수행할 수 없다.
⑤ 수령은 공무 수행에서 인(仁)을 실현하려는 마음을 억제해야 한다.

● 왜 정답일까?

제시문은 정약용의 주장이다.
정약용은 백성의 복리를 위하고자 하는 참된 수령이라면 청렴해야 하고 청렴하려면 반드시 절약해야 한다고 주장하였다.

09 문화 산업에 대한 아도르노의 입장   정답률 90% | 정답 ①

| 문제 보기 |
(가)를 주장한 사상가의 입장에서 (나)의 ㉠에 들어갈 진술로 가장 적절한 것은?

(가)	문화 산업은 획일적인 상품만을 생산할 뿐이다. 문화 산업의 기술은 대량 생산을 가능하게 한다. 문화 산업은 어떠한 문화 상품을 제공하든 소비자는 그것에 만족해야 한다는 것을 소비자에게 주입시킨다. 이로 인해 문화 상품은 소비자로 하여금 적극적으로 사유하는 것을 불가능하게 한다.
(나)	문화 산업은 '스타'를 제조한다. 대부분의 기획사는 스타를 철저한 전략에 따라 기획한 뒤 최대한 많은 매체에 출연시켜 돈을 번다. 그리고 대중이 싫증을 느끼면 유사한 새로운 스타를 내놓는다. 수많은 반짝 스타들이 소모품처럼 사라진다. 이러한 문제의 원인은 ㉠ 이다.

① 문화 산업이 대중문화를 규격화된 상품으로 간주하기 때문이다.
② 문화 상품이 작품 창작자의 독창적 견해에 따라 제작되기 때문이다.
③ 문화 산업이 이윤보다는 지속적 창작 활동을 추구하기 때문이다.
④ 문화 산업의 생산자가 소비자의 고유한 체험을 중시하기 때문이다.
⑤ 문화 상품이 표준화된 양식에 맞추어 생산되지 않기 때문이다.

● 왜 정답일까?

(가)는 아도르노이다. 아도르노는 문화 산업은 획일적이고 규격화된 문화 상품만을 생산하여 대중들에게 제공한다고 보았다. 따라서 아도르노의 입장에서 보면 (나)의 현상이 나타난 원인은 문화 산업이 대중문화를 규격화된 상품으로만 취급하는 데 있다.

10 환경 윤리의 다양한 입장   정답률 57% | 정답 ⑤

| 문제 보기 |
(가)의 갑, 을, 병 사상가들의 입장을 (나) 그림으로 표현할 때, A～D에 해당하는 적절한 진술만을 〈보기〉에서 고른 것은? [3점]

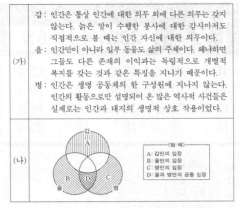

(가)
갑 : 인간은 통상 인간에 대한 의무 외에 다른 의무를 갖지 않는다. 늙은 말이 수행한 봉사에 대한 감사마저도 직접적으로 볼 때는 인간 자신에 대한 의무이다.
을 : 인간만이 아니라 일부 동물도 삶의 주체이다. 왜냐하면 그들도 다른 존재의 이익과는 독립적으로 개별적 복지를 갖는 것과 같은 특징을 지니기 때문이다.
병 : 인간 공동체의 한 구성원에 지나지 않는 인간의 활동으로만 설명되어 온 많은 역사적 사건들은 실제로는 인간과 대지의 생명적 상호 작용이었다.

(나)
〈범 례〉
A : 갑만의 입장
B : 을만의 입장
C : 병만의 입장
D : 을과 병만의 공통 입장

〈보 기〉
ㄱ. A : 인간 이외의 존재에게는 어떠한 가치도 부여되지 않는다.
ㄴ. B : 인간은 동물 종(種)에 대한 직접적 의무를 실천해야 한다.
ㄷ. C : 인간은 살아 있는 모든 존재를 도덕적으로 존중해야 한다.
ㄹ. D : 인간만이 아니라 동물도 권리를 지닌 존재일 수 있다.

① ㄱ, ㄴ ② ㄱ, ㄷ ③ ㄴ, ㄷ ④ ㄴ, ㄹ ⑤ ㄷ, ㄹ

• 왜 정답일까?
(가)의 갑은 칸트, 을은 레건, 병은 레오폴드이다.
ㄷ. 레오폴드는 살아 있는 모든 존재를 도덕적으로 존중해야 한다고 주장하였다. 그러나 칸트나 레건은 모든 살아 있는 존재를 도덕적으로 존중해야 한다고 주장하지는 않았다.
ㄹ. 칸트는 인간만이 권리를 지닐 수 있다고 보았다.

• 왜 오답일까?
ㄱ. 칸트는 인간 이외의 존재에게는 도구적 가치가 부여될 수 있다고 보았다.
ㄴ. 레건은 동물 종이 아니라 개별 동물이 직접적인 도덕적 의무의 대상이 될 수 있다고 보았다.

11 동물 실험의 쟁점   정답률 93% | 정답 ④

| 문제 보기 |
(가), (나)의 입장으로 적절한 것만을 〈보기〉에서 고른 것은?
[3점]

(가) 인간의 행복을 위해서는 질병을 극복할 수 있는 신약이 개발되어야 한다. 개발 과정에서 인간에게 미칠 수 있는 신약의 부작용을 최소화하기 위해서는, 설령 동물에게 고통을 준다 해도 동물 실험은 불가피하다. 다만, 고통은 악(惡)이므로 연구자는 동물에게 가하는 고통을 최소화해야 한다.
(나) 질병은 극복되어야 할 인류의 과제이다. 하지만 인간과 동물은 질병의 종류와 증상이 매우 다르기 때문에, 동물 실험은 그 효과가 의심스러우며 신약 개발에 도움이 되지 않는다. 특히 인간처럼 쾌고 감수 능력을 지닌 동물에게 고통을 주는 동물 실험을 금지하고 그 대안을 강구해야 한다.

〈보 기〉
ㄱ. (가) : 동물 실험은 그 목적이 선해도 허용될 수 없다.
ㄴ. (가) : 인간의 복지가 동물들의 이익 관심보다 우선한다.
ㄷ. (나) : 인간은 생물학적으로 대부분의 질병을 동물과 공유한다.
ㄹ. (가), (나) : 동물에게 고통을 가하는 것은 도덕적으로 악하다.

① ㄱ, ㄴ ② ㄱ, ㄷ ③ ㄴ, ㄷ ④ ㄴ, ㄹ ⑤ ㄷ, ㄹ

• 왜 정답일까?
ㄴ. (가)는 동물 실험이 필요하다고 보고 있으므로, 인간의 복지가 동물들의 이익 관심보다 우선한다고 볼 것이다.
ㄹ. (가)는 고통을 악이라고 보고 있고, (나)는 쾌고 감수 능력이 있는 동물에게 고통을 주는 실험을 해서는 안 된다고 보고 있다.

12 해외 원조에 대한 다양한 입장   정답률 50% | 정답 ③

| 문제 보기 |
(가)의 갑, 을, 병 사상가들의 입장을 (나) 그림으로 탐구하고자 할 때, A ~ D에 들어갈 적절한 질문만을 〈보기〉에서 있는 대로 고른 것은? [3점]

(가)
갑 : 국가는 개인의 권리를 침해하지 않는 최소 국가이어야 한다. 국가는 시민들에게 다른 사람들을 돕도록 강제적 수단을 사용해서는 안 된다.
을 : 원조의 의무는 고통받는 사회가 질서 정연한 사회가 될 수 있도록 돕는 것이다. 그러나 국내 사회에 적용되는 정의의 원칙이 국제 사회에 적용될 이유는 없다.

병 : 자국민을 돕는 것이 원조하는 것보다 더 효율적인 경우도 있다. 그러나 이것이 다른 나라 사람의 이익을 평등하게 고려하지 않아도 된다는 것을 의미하지는 않는다.

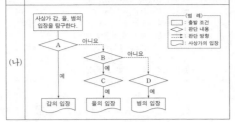

〈범 례〉
□ : 출발 조건
◇ : 판단 내용
┈ : 판단 방향
○ : 사상가의 입장

사상가 갑, 을, 병의 입장을 탐구한다.
아니요 → A
예 ↓
B ← 아니요
예 ↓
갑의 입장   을의 입장
C ← 아니요 → D
예   예
병의 입장

〈보 기〉
ㄱ. A : 모든 원조는 원조 주체의 사적 소유권을 침해하는가?
ㄴ. B : 원조는 자원 분포의 우연성의 결과를 조정하려는 것인가?
ㄷ. C : 원조를 중단할 수 있는 명확한 목표를 규정해야 하는가?
ㄹ. D : 원조는 비용 대비 편익을 계산하여 이루어져야 하는가?

① ㄱ, ㄴ ② ㄴ, ㄷ ③ ㄷ, ㄹ
④ ㄱ, ㄴ, ㄹ ⑤ ㄱ, ㄷ, ㄹ

• 왜 정답일까?
(가)의 갑은 노직, 을은 롤스, 병은 싱어이다.
ㄷ. 롤스는 원조 목표가 달성되면 원조를 중단해야 한다고 보았다.
ㄹ. 싱어는 공리주의적 입장에서 원조는 비용과 편익을 고려하여 효율적으로 이루어져야 한다고 보았다.

13 정보 자기 결정권의 의미   정답률 94% | 정답 ⑤

| 문제 보기 |
다음 신문 칼럼의 입장으로 가장 적절한 것은?

○○신문
칼럼
오늘날 정보 사회에서는 누구든지 타인의 정보를 조사하고 그 정보를 불특정 다수에게 전달할 수 있어 개인 정보가 침해되는 경우가 증가하고 있다. 타인에게 알려지고 싶지 않은 개인의 민감한 정보가 당사자의 의사에 반해 인터넷에서 검색되거나, 기업이 적법하게 수집한 개인 정보를 기업의 이익을 위해 활용하는 과정에서 유출되는 경우가 대표적이다. 언론 역시 국민의 알 권리를 위한다는 명분하에 본인의 동의 없이 개인 정보를 수집하고 이를 보도함으로써 사생활을 침해하기도 한다. 이러한 문제를 해결하기 위해서는 개인이 자신의 개인 정보를 누구에게, 어떤 범위까지, 얼마 동안, 어떤 형식으로 공개할 것인지에 대해 정당한 처리를 요구할 수 있어야 한다.

① 사이버 공간에서 표현의 자유가 제한되어서는 안 된다.
② 적법하게 수집된 개인 정보의 활용을 제한해서는 안 된다.
③ 잊힐 권리보다 알 권리를 중시하여 공익을 증진해야 한다.
④ 모든 정보에 누구나 자유롭게 접근할 수 있도록 허용해야 한다.
⑤ 인권 보호를 위해 개인 정보에 대한 자기 결정권을 보장해야 한다.

• 왜 정답일까?
칼럼은 개인 정보가 침해되고 있는 사례가 증가하고 있음을 지적하면서 정보 자기 결정권을 강조하고 있다.

14 뇌사의 윤리적 쟁점   정답률 69% | 정답 ②

| 문제 보기 |
(가)의 입장에서 (나)의 입장에 대해 제기할 수 있는 비판으로 가장 적절한 것은? [3점]

(가) 심장 박동과 호흡이 비가역적으로 정지된 심폐사만을 죽음으로 인정해야 한다. 심폐사는 죽음에 대한 전통적인 판정 기준으로, 죽음의 시점을 확실하게 적시할 수 있어서 누가 보더라도 죽음을 판정할 수 있다는 장점이 있다.
(나) 뇌의 모든 기능을 상실한 사람은 결국 수일 내에 심폐사에 이르게 된다. 뇌사자에게 불필요한 치료를 억지로 지속하는 것은 뇌사자를 비인간적으로 대우하는 것일 뿐만 아니라, 한정된 의료 자원을 소모하면서 장기를 기증할 기회도 잃게 하므로 뇌사를 죽음으로 인정해야 한다.

① 의료 자원의 효율적 이용이 필요하다는 것을 간과한다.
② 뇌사가 죽음에 이르는 과도기적 상태라는 것을 간과한다.
③ 뇌사 인정이 뇌사자의 생명권을 존중하는 것임을 간과한다.
④ 장기 이식을 위해 뇌사를 죽음의 기준으로 삼아야 함을 간과한다.
⑤ 무의미한 연명 치료는 인간 존엄성을 훼손한다는 것을 간과한다.

• 왜 정답일까?
(가)는 심폐사, (나)는 뇌사를 주장하고 있다.

죽음의 판정 기준으로 심폐사를 주장하는 입장은 뇌사가 완결된 죽음이 아니며 '죽어가는 과정'에 불과하다고 본다.

• 왜 오답일까?
① 뇌사를 주장하는 입장은 의료 자원의 효율적 이용이 필요하다고 본다.
③ 심폐사를 주장하는 입장은 뇌사 인정이 뇌사자의 생명권을 침해한다고 본다.
④ 뇌사를 주장하는 입장은 장기 이식을 위해 뇌사를 죽음의 기준으로 삼아야 한다고 본다.
⑤ 뇌사를 주장하는 입장은 무의미한 연명 치료가 인간 존엄성을 훼손한다고 본다.

15 기술에 대한 입장   정답률 62% | 정답 ④

| 문제 보기 |
그림은 서양 사상가 갑, 을의 가상 대화이다. 갑, 을의 입장으로 적절한 것만을 〈보기〉에서 고른 것은?

기술은 단지 수단일 뿐이며 기술 그 자체는 선도 아니고 악도 아닙니다. 기술이 인간을 악하게 만드는 것이 아니라 기술을 어떻게 활용하는가에 달려 있습니다. 기술은 공허한 힘일 뿐입니다.

기술은 우리가 어디에 있든지 우리를 속박하고 있습니다. 우리가 이러한 기술을 중립적인 것으로 여길 때, 우리는 기술에 무방비 상태로 내맡겨지는 최악의 상태에 놓이게 됩니다.

갑   을

〈보 기〉
ㄱ. 갑 : 기술의 활용 결과는 가치 평가의 대상이 아니다.
ㄴ. 을 : 기술에 대해 가치 중립적 태도를 가져서는 안 된다.
ㄷ. 을 : 기술에 대해 무관심할 때 기술로부터 자유로워진다.
ㄹ. 갑, 을 : 기술의 활용 방향에 대한 윤리적 성찰이 필요하다.

① ㄱ, ㄴ ② ㄱ, ㄷ ③ ㄴ, ㄷ ④ ㄴ, ㄹ ⑤ ㄷ, ㄹ

• 왜 정답일까?
갑은 야스퍼스, 을은 하이데거이다.
ㄴ. 하이데거는 기술에 대해 가치 중립적 태도를 가지면 최악의 상태에 놓이게 된다고 보았다.
ㄹ. 야스퍼스와 하이데거는 모두 기술의 활용 방향에 대한 윤리적 성찰이 필요하다고 보았다.

• 왜 오답일까?
ㄱ. 야스퍼스는 기술 자체는 가치 중립적이지만, 기술 활용의 결과는 가치 평가의 대상이라고 보았다.
ㄷ. 하이데거는 기술에 대한 윤리적 성찰이 필요하다고 보았다.

16 롤스의 시민 불복종   정답률 35% | 정답 ②

| 문제 보기 |
다음을 주장한 사상가의 입장으로 가장 적절한 것은? [3점]

나는 시민 불복종을 흔히 법이나 정부의 정책에 변혁을 가져올 목적으로 행해지는 공공적이고 비폭력적이며 법에 반하는 정치적 행위라고 정의하고자 한다. 이러한 행위는 법에 대한 충실성의 한계 내에서 부정의에 항거함으로써 정의로부터의 이탈을 방지하고, 부정의를 교정하는 데 도움이 된다. 정당한 시민 불복종에 참여하고자 하는 일반적 성향은 질서 정연한 사회 속에 안정을 가져다준다.

① 시민 불복종은 개인의 이익이 아닌 집단의 이익에 근거해야 한다.
② 시민 불복종은 사회의 기본 구조가 아주 부정의하면 성립할 수 없다.
③ 시민 불복종은 헌법의 정당성에 이의를 제기하는 정치적 행위이다.
④ 시민 불복종은 비민주적 체제의 변혁을 목적으로 이루어져야 한다.
⑤ 시민 불복종의 근거인 다수의 정의감은 개인의 양심과 양립할 수 없다.

• 왜 정답일까?
제시문은 롤스의 주장이다.
롤스는 극단적으로 부정의한 사회에서는 시민 불복종이 성립할 수 없다고 보았다.

• 왜 오답일까?
① 롤스는 사회적 다수에 의해 공유된 정의관이 불복종의 기준이 되어야 한다고 보았다.

18회

③ 롤스는 시민 불복종은 법에 대한 충실성의 한계 내에서 법에 대한 불복종을 나타내는 것이어야 한다고 보았다.
④ 롤스는 시민 불복종은 정치 체제의 변혁을 목적으로 삼는 것이 아니라고 보았다.
⑤ 롤스는 시민 불복종의 근거인 다수의 정의감은 개인의 양심과 양립할 수 있다고 보았다.

17 국제 사회에 대한 입장
정답률 68% | 정답 ①

| 문제 보기 |

갑, 을 사상가들의 입장으로 가장 적절한 것은?

갑 : 국제 정치의 궁극 목표가 무엇이든 권력 획득이 항상 일차적 목표이다. 정치가나 국민이 궁극적으로 추구하는 것이 자유, 안전 보장, 번영 등으로 다양해도, 그들이 국제 정치적으로 자신들의 목표를 달성하기 위해 권력을 수단으로 삼고자 한다는 점에서는 같다.
을 : 이성은 도덕적으로 법칙을 수립하는 최고 권력의 왕좌를 차지한다. 이성이 전쟁을 탄핵하며 평화 상태를 직접적인 의무로 규정한다 하더라도, 평화 연맹이 존재하지 않으면 안 된다. 이 연맹은 모든 전쟁을 영구히 종식시키고자 한다.

① 갑 : 권력 투쟁 현상은 국내 정치뿐 아니라 국제 정치에서도 나타난다.
② 갑 : 국제적인 도덕적 합의를 통해 국가 간 분쟁을 해결해야 한다.
③ 을 : 영구 평화를 위해 정치 체제의 변화가 수반될 필요는 없다.
④ 을 : 영구 평화는 공고한 평화 조약에 의해서만 실현될 수 있다.
⑤ 갑, 을 : 세계 공화국을 수립하여 영구적 평화 유지에 기여해야 한다.

● 왜 정답일까?

갑은 모겐소, 을은 칸트이다.
모겐소는 권력 투쟁 현상이 국내뿐만 아니라 국제 사회에서도 공통적으로 나타난다고 본다.

18 거주의 윤리적 의미
정답률 76% | 정답 ④

| 문제 보기 |

다음을 주장한 사상가의 입장으로 적절한 것만을 〈보기〉에서 있는 대로 고른 것은? [3점]

○ 집의 담장은 체험 공간을 내부와 외부로 분리하여 두 영역은 인간 삶의 기본이 된다. 인간은 안정의 영역인 집에 거주함으로써만 자신의 참된 본질을 실현할 수 있다.
○ 거주는 공동의 삶을 통해서만 가능하므로 진정한 집에는 가족이 필요하다. 집과 가족은 인간의 안전과 편안함을 조성하는 과제에 있어서 불가분의 관계로 묶여 있다.

〈보 기〉
ㄱ. 인간은 거주 공간에서 유대감을 형성한다.
ㄴ. 집은 인간의 본질을 실현할 수 있는 공간이다.
ㄷ. 집은 외부 세계와 구분될 수 없는 열린 공간이다.
ㄹ. 인간은 거주함으로써 본래적 의미의 인간이 될 수 있다.

① ㄱ, ㄴ   ② ㄱ, ㄷ   ③ ㄷ, ㄹ
④ ㄱ, ㄴ, ㄹ   ⑤ ㄴ, ㄷ, ㄹ

● 왜 정답일까?

제시문은 볼노브의 주장이다.
ㄱ. 볼노브는 인간은 거주 공간에서 가족과 친밀한 유대감을 유지할 수 있다고 보았다.
ㄴ. 볼노브는 인간은 거주를 통해 자신의 참된 본질을 실현할 수 있다고 보았다.
ㄹ. 볼노브는 인간은 거주를 통해 본래적 의미의 인간이 될 수 있다고 보았다.

19 형벌에 대한 다양한 입장
정답률 18% | 정답 ④

| 문제 보기 |

(가)의 갑, 을, 병 사상가들의 입장에서 서로에게 제기할 수 있는 비판을 (나) 그림으로 표현할 때, A ~ F에 해당하는 내용으로 가장 적절한 것은?

(가)
갑 : 법은 사회적 결합의 계약 조건이기 때문에, 법에 복종하는 시민들이 법의 제정자가 되어야 한다. 법은 일반 의지에 의해 행사되어야 한다.
을 : 법은 공적 정의를 실현하기 위해 동등성의 원리에 따라 형벌을 규정해야 한다. 오직 보복법만이 형벌의 질과 양을 명확하게 제시할 수 있다.
병 : 법은 공익을 증진하기 위해 제정되어야 한다. 그러므로 법은 범죄자가 아닌 시민의 이익을 위해 사형을 대체한 종신 노역형을 규정해야 한다.

(나)
〈범 례〉
→ : 비판의 방향
A-F : 비판의 내용

〈예 시〉
갑 → 을 : A
A는 갑이 을에게 제기할 수 있는 비판임.

① A, F : 범죄와 형벌 간에 비례 관계가 성립해야 함을 간과한다.
② B : 살인자는 더 이상 국가 구성원이 아니라는 사실을 간과한다.
③ C : 사형은 범죄 억제력이 전혀 없는 잔혹한 형벌일 뿐임을 간과한다.
④ D : 형벌에 대한 범인의 동의가 형벌권의 기초가 아님을 간과한다.
⑤ E : 사형제 존폐를 계약자의 생명 보존을 위해 정해야 함을 간과한다.

● 왜 정답일까?

(가)의 갑은 루소, 을은 칸트, 병은 베카리아이다.
칸트는 형벌의 본질이 응보에 있다고 보았지만, 베카리아는 생명을 위임하는 것은 사회 계약의 내용에 포함될 수 없다고 주장하였다.

● 왜 오답일까?

① 칸트와 베카리아도 범죄와 형벌 간에 비례 관계가 성립해야 한다고 보았다.
② 루소는 살인자는 더 이상 국가 구성원이 아니라고 보았다.
③ 베카리아는 사형이 범죄 억제력이 전혀 없다고 주장하지는 않았다. 그는 종신 노역형이 사형보다 범죄 억제력이 크다고 보았다.
⑤ 루소는 사형제 존폐 문제를 계약자의 생명 보존을 위해 정해야 한다고 보았다.

20 종교와 윤리의 관계
정답률 81% | 정답 ⑤

| 문제 보기 |

다음 토론의 핵심 쟁점으로 가장 적절한 것은?

갑 : 종교는 윤리를 수용하지만 절대자에 대한 믿음을 통한 영원한 삶을 본질로 합니다. 영원한 삶이 더 중요하기 때문에, 윤리와 상충하는 종교적 진리도 받아들여야 합니다.
을 : 물론 종교는 절대자의 힘을 빌려 영원을 추구하지만, 인간의 종교이기에 윤리적 삶을 강조해야 합니다. 따라서 종교는 윤리에 어긋나는 주장을 해서는 안 됩니다.
갑 : 아닙니다. 윤리는 인간 이성에 토대를 두는데, 이성은 절대자와 달리 한계를 갖습니다. 또한 윤리가 문화마다 다르다는 점에서도 종교적 진리가 윤리를 넘어섭니다.
을 : 문화에 따라 윤리가 다르다는 점에 동의합니다. 그렇지만 윤리의 토대가 되는 이성 역시 절대자로부터 주어진 것입니다. 따라서 종교는 윤리를 존중해야 합니다.

① 윤리는 문화에 따라 상대적인가?
② 윤리는 이성에 토대를 두고 있는가?
③ 종교는 윤리적 가르침을 지닐 수 있는가?
④ 종교는 절대자를 믿음의 대상으로 받아들이는가?
⑤ 윤리와 상충하는 종교적 진리는 허용될 수 있는가?

● 왜 정답일까?

갑은 종교적 진리가 윤리보다 우선적이라고 주장하면서 윤리와 상충하는 종교적 진리도 받아들여야 한다고 주장하고 있다. 그러나 을은 윤리의 토대인 이성도 절대자로부터 주어진 것이므로 종교가 윤리에 어긋나는 주장을 해서는 안 된다고 주장한다.
따라서 윤리와 상충하는 종교적 진리를 허용해야 하는지 여부는 토론의 핵심 쟁점이 될 수 있다.

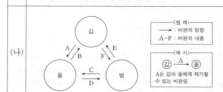

01 ①	02 ③	03 ③	04 ④	05 ①
06 ③	07 ⑤	08 ④	09 ①	10 ④
11 ②	12 ③	13 ④	14 ②	15 ③
16 ⑤	17 ⑤	18 ④	19 ①	20 ④

채점결과	· 실제 걸린 시간 :	분	초
	· 맞은 문항수 :		개
	· 틀린 문항수 :		개
	· 헷갈린 문항 :		

01 실천 윤리학과 메타 윤리학
정답률 86% | 정답 ①

| 문제 보기 |

(가), (나)의 입장으로 가장 적절한 것은?

(가) 윤리학은 일상생활 속에서 제기되는 생명, 환경 등과 관련된 다양한 도덕적 문제에 도덕 원리를 적용하여 실천적인 지침을 제공하는 것을 주된 목표로 삼아야 한다.
(나) 윤리학은 도덕적 언어, 즉 '좋다', '옳다'와 같은 단어들의 쓰임을 명확하게 규명하고, 도덕적 언어들로 구성된 문장의 의미에 대한 철학적 분석을 주된 목표로 삼아야 한다.

① (가) : 윤리학의 핵심 과제는 삶의 구체적인 도덕 문제의 해결이다.
② (가) : 윤리학의 핵심 과제는 도덕적 추리와 논증 방법의 연구이다.
③ (나) : 윤리학의 핵심 과제는 도덕적 관행에 대한 인과적 서술이다.
④ (나) : 윤리학의 핵심 과제는 경험적 연구를 통한 도덕성의 검증이다.
⑤ (가), (나) : 윤리학의 핵심 과제는 보편적인 도덕 법칙의 정립이다.

● 왜 정답일까?

(가)는 실천 윤리학, (나)는 메타 윤리학의 입장이다.
실천 윤리학은 삶에서 구체적으로 발생하는 윤리 문제에 대해 도덕 원리를 근거로 실제적이고 구체적인 해결 방안을 모색하는 것을 주된 목표로 삼는다.
메타 윤리학은 도덕적 언어의 의미를 분석하고, 도덕적 추론의 정당성을 검증하기 위한 논리적 분석을 주된 목표로 삼는다.

02 유교와 도가의 사상적 입장
정답률 77% | 정답 ③

| 문제 보기 |

(가) 사상의 입장에서는 긍정, (나) 사상의 입장에서는 부정의 대답을 할 질문으로 가장 적절한 것은? [3점]

(가) 자신의 수양을 경(敬)으로써 하며, 자신을 수양하여 다른 이를 편안하게 한다. 요순(堯舜)도 자신을 수양하여 백성을 편안하게 하는 일은 항상 부족하다 여기고 노력하였다.
(나) 배우면 날마다 쌓이고, 도에 따르면 날마다 덜어진다. 덜고 또 덜면 무위(無爲)에 이른다. 무언가 일삼으려 하면 오히려 부족하며, 일삼지 않아야 천하를 취할 수 있다.

① 만물을 차별하지 말고 평등하게 보아야 하는가?
② 명예와 욕심을 버리고 소박한 삶을 살아야 하는가?
③ 사회적 지위에 따른 예의와 규범을 중시해야 하는가?
④ 연기의 법칙을 깨달아 자비의 정신을 실천해야 하는가?
⑤ 예법에 집착하지 말고 자연의 흐름에 따라 살아야 하는가?

● 왜 정답일까?

(가)는 유교 사상, (나)는 도가 사상이다.
유교는 정명(正名) 사상을 바탕으로 사회적 지위에 따른 예의와 규범을 중시해야 한다고 주장한다. 도가는 인위적인 규범과 제도에서 벗어나 무위자연(無爲自然)에 따라 살아갈 것을 강조한다.

● 왜 오답일까?

④ 연기의 법칙을 깨달아 자비의 정신을 실천할 것을 강조하는 사상은 불교이다.

03 성차별에 대한 보부아르의 입장   정답률 77% | 정답 ③

| 문제 보기 |

그림의 강연자가 긍정의 대답을 할 질문으로 가장 적절한 것은?

인간에게 정해진 본성은 없습니다. 그럼에도 남성은 운명적인 여성성이라는 속임수로 여성을 지배하고 강제했습니다. 여성의 자연스러운 출산마저 사회는 모성의 의무로 강요했습니다. 그러나 실존적인 인간은 타인으로부터 하찮은 존재로 취급되면 반드시 자기의 주권을 회복해야 합니다. 이때 여성은 남성의 지배에서 벗어나려 하고 남성은 계속 지배하려 하므로 갈등이 발생합니다. 이 갈등은 남성과 여성이 자율적 존재로서 동등한 관계임을 인정하면, 이것이 사회적 성과로 이어져 새로운 여성이 탄생하며 끝이 납니다.

① 여성은 남성에게 헌신하려는 성향을 가지고 태어나는가?
② 여성의 의무는 생물학적 특성에 의해 규정되어야 하는가?
③ 여성성은 남성 중심의 가치관이 반영된 사회적 산물인가?
④ 여성은 수동적인 삶을 통해 실존적 자유를 회복해야 하는가?
⑤ 여성의 남성에 대한 우월성이 여성을 속박에서 해방시킬 수 있는가?

• 왜 정답일까?

제시문은 보부아르의 글이다.
보부아르는 여성이 사회 속에서 '여성다움'을 강요받아 왔다고 지적하고 생물학적 차이를 이유로 여성을 부당하게 차별하는 것은 잘못이라고 주장하였다.
또한 "여성은 태어나는 것이 아니라 만들어지는 것이다."라고 주장하면서 여성성을 남성 중심의 가치관이 반영된 사회의 산물로 보았다.

• 왜 오답일까?

① 보부아르는 인간에게 정해진 본성이 없다고 본다.
② 보부아르는 여성의 의무가 생물학적 요소에 의해 결정되어서는 안 된다고 본다.
④ 보부아르는 여성이 자유롭고 주체적인 존재임을 깨닫고 실존적 자유를 회복해야 한다고 본다.
⑤ 보부아르는 여성이 남성보다 우월하다고 주장하지 않는다. 보부아르는 여성이 남성과 다르지 않음을 강조한다.

04 배아 복제와 관련된 토론의 쟁점   정답률 67% | 정답 ④

| 문제 보기 |

다음 토론의 핵심 쟁점으로 가장 적절한 것은? [3점]

갑 : 생태계를 파괴하지 않는 한 동물 복제는 허용되어야 합니다. 동물 복제는 멸종 동물의 복원과 희귀 동물의 보존뿐만 아니라 식량난 해결에도 도움이 되기 때문입니다.
을 : 전적으로 동의합니다. 하지만 인간 복제는 허용되어서는 안 됩니다. 인간 복제는 '인간이 인간을 만드는 일'로 인간 존엄성에 어긋나기 때문입니다.
갑 : 인간 개체 복제는 인간 존엄성에 위배되지만, 질병 치료를 위한 인간 배아 복제는 그렇지 않습니다. 배아는 도덕적 지위를 지닌 인간으로 볼 수 없습니다.
을 : 인간 배아는 성인으로서의 도덕적 지위를 갖지는 않지만, 인간으로 발달할 잠재성을 지닌 존재입니다. 따라서 인간 배아 복제 역시 허용되어서는 안 됩니다.

① 동물 복제는 허용될 수 있는가?
② 인간 개체 복제는 인간 존엄성을 훼손하는가?
③ 동물 복제는 사회적 유용성 증진에 기여하는가?
④ 치료 목적의 인간 배아 복제는 허용될 수 있는가?
⑤ 인간 배아는 성인과 같은 도덕적 지위를 지니는가?

• 왜 정답일까?

갑은 개체 복제에 대해 반대하지만, 질병 치료를 위한 인간 배아 복제에 대해서는 허용될 수 있다는 입장이다.
을은 인간의 개체 복제뿐만 아니라 인간 배아 복제 역시 허용될 수 없다는 입장이다.
따라서 토론의 핵심 쟁점은 "치료 목적의 인간 배아 복제는 허용될 수 있는가"이다.

05 요나스의 책임 윤리   정답률 71% | 정답 ①

| 문제 보기 |

다음을 주장한 서양 사상가의 입장만을 〈보기〉에서 고른 것은?

과학자들은 과학이 일정한 규칙하에 인과적 필연성을 검증하는 순수 이론의 영역에 속한다고 보았다. 과학은 인식 대상을 가치중립적으로 관찰해야 하고, 자연은 오직 인과적 필연성의 지배를 받는다고 보았다. 그러나 오늘날에는 기술적 응용이 과학 연구의 방향을 결정하고 있다. 거대한 권력으로 작용하는 과학 기술은 자연을 파괴하고 인류의 생존마저 위협하고 있다. 이제 우리는 공포의 발견술을 통해 의심스러울 때는 좋은 말보다 나쁜 말에 귀 기울여 책임을 새롭게 정립해야 한다.

─〈보 기〉─

ㄱ. 과학 기술 연구의 자유는 무제한으로 허용되어서는 안 된다.
ㄴ. 과학 기술자는 연구의 장기적 결과에 대해 숙고해야 한다.
ㄷ. 과학 기술자는 기술적 응용에서 가치중립적이어야 한다.
ㄹ. 과학 기술자는 사회적 책임보다 내적 책임을 중시해야 한다.

① ㄱ, ㄴ ② ㄱ, ㄷ ③ ㄴ, ㄷ ④ ㄴ, ㄹ ⑤ ㄷ, ㄹ

• 왜 정답일까?

제시문은 요나스의 주장이다.
요나스는 과학 기술자에게 연구의 자유가 제한 없이 허용되어서는 안 된다고 보고 있으며, 과학 기술자가 연구의 장기적 결과에 대해 숙고해야 한다고 본다.

• 왜 오답일까?

ㄷ. 요나스는 과학 기술자는 과학 기술의 응용에서 가치 중립적 태도를 가져서는 안된다고 본다.
ㄹ. 요나스는 과학 기술자가 내적 책임뿐만 아니라 사회적 책임도 중시해야 한다고 본다.

06 정약용과 플라톤의 공직자 윤리   정답률 86% | 정답 ③

| 문제 보기 |

갑, 을 사상가들의 입장으로 가장 적절한 것은?

갑 : 목민관은 책객(冊客)*을 두어 회계를 맡겨서는 안 된다. 관부의 회계는 공적 사용과 사적 사용이 모두 기입되기 때문이다. 그리고 판매의 친척과 친구를 단속하여 의심과 비방이 생기지 않도록 하되, 서로의 정(情)을 잘 유지해야 한다.
을 : 나라가 올바르게 되려면 그 구성원들이 각자의 덕을 발휘해야 한다. 이들 중 통치자들은 그 어떤 사유 자산도 가져서는 안 된다. 통치자들은 공동생활을 하며, 공동체를 위해 유익한 것에 대한 지식을 가지고 다른 시민들을 보살펴야 한다.
*책객: 고을 원에 의해 사사로이 채용되어 비서 일을 맡아보는 사람

① 갑 : 공직자는 공적 업무와 사적 업무의 경계를 정하지 말아야 한다.
② 갑 : 공직자의 청렴은 공무를 수행하는 데 있어서 필수적 덕목은 아니다.
③ 을 : 통치자는 지혜의 덕을 발휘하여 정의로운 국가를 추구해야 한다.
④ 을 : 통치자는 시민들이 통치에 직접 참여할 수 있도록 허용해야 한다.
⑤ 갑, 을 : 올바른 통치를 위해 다스리는 자의 사유 재산을 금지해야 한다.

• 왜 정답일까?

갑은 정약용, 을은 플라톤이다.
정약용은 공직자가 절용(節用)과 청렴(淸廉)의 자세를 가져야 한다고 본다. 플라톤은 통치자가 공동체를 위해 유익한 것에 대한 지혜의 덕을 발휘해 정의로운 국가를 추구해야 한다고 본다.

07 롤스와 노직의 정의론   정답률 68% | 정답 ⑤

| 문제 보기 |

갑, 을 사상가들의 입장으로 옳지 않은 것은? [3점]

갑 : 정의로운 사회는 평등한 자유와 공정한 기회 균등을 보장하는 제도를 가진다. 이 제도의 체계에서 처지가 나은 자들의 보다 높은 기대치가 정당화되는 유일한 조건은 그 사회의 최소 수혜자들의 기대치를 향상시키는 것이다.
을 : 취득에서의 정의의 원리에 의해 소유물을 취득한 자는 그에 대한 소유 권리를 가진다. 자연적 자산의 경우에도 개인들은 그것에 대한 소유 권리를 가지며 이로부터 나오는 것에 대해서도 그러하다.

① 갑 : 능력과 재능이 유사하다면 성공의 기회도 유사해야 한다.
② 갑 : 최소 수혜자의 처지를 개선하는 사회적 불평등은 정당화될 수 있다.
③ 을 : 사회적 유용도나 도덕적 공과에 따른 분배의 원리는 정형적이다.
④ 을 : 분배의 정당성은 분배된 결과보다는 분배의 역사적 과정에 달려있다.
⑤ 갑, 을 : 정당한 분배는 선천적 재능에 비례하는 보상을 제공하는 것이다.

• 왜 정답일까?

갑은 롤스, 을은 노직이다.
롤스는 정의의 원칙을 도출하는 과정에서 자연적 우연성이나 사회적 우연성이 배제되어야 한다고 본다. 노직은 각 개인은 정당한 소유물에 대해 절대적 권리를 가진다고 본다. 롤스와 노직 모두 선천적 재능에 비례하는 보상을 제공하는 것에 반대한다.

• 왜 오답일까?

① 롤스는 능력과 재능이 유사하다면 성공의 기회도 유사해야 한다고 본다.
② 롤스는 최소 수혜자의 처지를 개선하는 사회적 불평등은 정당화될 수 있다고 본다.
③ 노직은 사회적 유용도나 도덕적 공과에 따른 분배 원리를 정형적인 분배 원리라고 비판한다.
④ 노직은 분배된 결과보다 분배의 역사적 과정에 의해 분배의 정당성이 결정된다고 본다.

08 볼노브의 거주 윤리   정답률 83% | 정답 ④

| 문제 보기 |

다음을 주장한 사상가의 입장으로 가장 적절한 것은? [3점]

인간이 자기 집에서 사는 것을 거주라고 한다. 그러나 거주는 우리가 단순히 어떤 낯선 공간에 존재하거나 머무르는 것 이상의 의미를 지닌다. 거주는 특정 장소를 집으로 삼아 그 안에서 뿌리를 내리고 거기에 속해 있는 것이다. 또한 거주는 마음 내키는 대로 저지르는 행위가 아니라 자기 삶의 의미를 찾고 인간과 세계의 관계 전체를 규정하는 행위이다. 이런 거주는 본래부터 타고난 능력으로 주어지는 것이 아니라 자신의 존재를 쏟아 붓는 각별한 노력을 통해 획득된다.

① 거주는 행위나 능력이 아니라 장소에 속해 있는 방식이다.
② 삶의 의미가 담겨 있는 거주는 인간에게 선천적으로 주어져 있다.
③ 거주는 인간이 집에 머무르는 것 이외에 어떤 의미도 지니지 않는다.
④ 거주는 친숙한 공간에서 편안함을 얻고 삶의 기초를 발견하는 것이다.
⑤ 거주는 인간이 세계로부터 영원히 격리되어 삶의 의미를 찾는 것이다.

• 왜 정답일까?

제시문은 볼노브의 주장이다.
볼노브는 거주가 의미하는 것이 임의적인 위치의 낯선 자로서 공간에 던져짐이 아닌, 분명한 위치 공간 속에서 안락을 얻고, 이 공간 속에서 굳건하고 밑바탕이 되는 삶의 기초를 얻는 것이라고 본다.

09 해외 원조에 대한 입장   정답률 47% | 정답 ①

| 문제 보기 |

그림은 서양 사상가 갑, 을의 가상 대화이다. 갑, 을의 입장으로 가장 적절한 것은? [3점]

 원조의 목표는 고통받는 사회가 만인의 사회의 완전한 성원이 되고, 그들 스스로 자신의 미래를 결정할 수 있게 돕는 데 있습니다. 원조의 의무는 고통받는 사회가 적정 수준의 기본 제도들을 갖출 때까지 유효합니다.

 원조의 목표는 사람들의 고통을 줄이고 기본 욕구를 충족시키는 데 있습니다. 극단적 빈곤을 겪는 사람들은 적절한 체제가 갖추어지기도 전에 고통스럽게 죽어갈 것입니다. 빈민을 돕는 것은 세계 시민으로서 우리의 의무입니다.

① 갑 : 원조 대상국의 정치 문화의 개선이 강제되어서는 안 된다.
② 갑 : 원조는 원조 대상국의 빈곤 해소 시점까지만 행해져야 한다.

③ 을 : 원조의 대상은 지리적 근접성을 기준으로 결정되어야
　　한다.
④ 을 : 부유한 국가의 모든 시민들은 원조 대상에 포함되지
　　않는다.
⑤ 갑, 을 : 원조 목표는 국가 간 부의 재분배를 통한 경제적
　　평등의 실현이다.

● 왜 정답일까?

갑은 롤스, 을은 싱어이다.
롤스는 고통받는 사회가 질서 정연한 사회가 되도록 하는 것이
원조의 목적이라고 본다. 싱어는 인류 전체의 공리 증진이라는
공리주의적 입장에서 원조의 의무를 실천해야 한다고 본다.
롤스는 원조 대상국의 정치 문화 개선을 원조의 목적으로 보지
만, 그렇다고 하여 원조 대상국의 정치 문화 개선을 강제해서는
안 된다고 본다.

● 왜 오답일까?

② 롤스는 원조를 통해 질서 정연한 사회가 된다면 그 사회가
상대적으로 빈곤하더라도 더 이상의 원조는 필요하지 않다고
본다.
③ 싱어는 빈곤으로 고통받는 사람들에 대한 원조는 지리적 근
접성 여부와 무관하게 이루어져야 한다고 본다.
④ 싱어는 부유한 국가의 가난한 시민들은 원조의 대상이 될 수
있다고 본다.
⑤ 롤스와 싱어 모두 국가 간 부의 재분배를 통한 경제적 평등
의 실현을 원조의 목적으로 보지 않는다.

10 형벌에 대한 입장　　정답률 74% | 정답 ④

| 문제 보기 |

(가)의 갑, 을, 병 사상가들의 입장에서 서로에게 제기할 수
있는 비판을 (나) 그림으로 표현할 때, A ~ F에 해당하는
내용으로 가장 적절한 것은?

(가)	갑 : 형벌은 사람들이 유사한 범죄 행위를 못 하도록 억제하는 것이다. 범죄에 대한 억제력의 측면에서 사형보다 종신 노역형이 더 효과적이다. 을 : 형벌은 해악이다. 하지만 공리의 원리에 따르면 더 큰 악을 제거하리라고 보장하는 한에서는 형벌이 허용되어야 한다. 병 : 형벌은 범죄자나 시민 사회의 어떤 다른 선을 촉진하기 위한 수단으로 가해질 수는 없다. 오직 보복법만이 형벌의 질과 양을 정확히 제시할 수 있다.
(나)	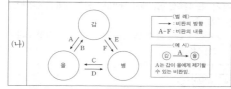

① A : 형벌은 반드시 법률을 통해서만이 집행되어야 함을 간
　　과한다.
② B : 형벌은 범죄의 사회적 해악에 비례해 부과해야 함을
　　간과한다.
③ D : 범죄 피해자의 보복 의지가 형벌의 근거임을 간과한다.
④ F : 범죄자 처벌보다 범죄 예방이 형벌의 목적임을 간과한다.
⑤ C, E : 형벌이 보편적 도덕 원리에 근거해야 함을 간과한다.

● 왜 정답일까?

갑은 베카리아, 을은 벤담, 병은 칸트이다.
베카리아는 형벌의 목적을 범죄 예방으로 보고, 종신 노역형이
사형보다 더 효과적이라고 본다. 벤담은 공리의 원리에 따라 형
벌이 집행되어야 한다고 본다. 칸트는 형벌의 본질은 범죄 행위
에 상응하는 처벌을 가하는 것이라고 본다.
그러므로 형벌의 목적으로 범죄 예방을 강조하는 베카리아의 입
장에서는 응보론을 주장하는 칸트의 입장에 대해 "범죄자 처벌
보다 범죄 예방이 형벌의 목적임을 간과한다."라는 비판을 제기
할 수 있다.

11 시민 불복종에 대한 입장　　정답률 64% | 정답 ②

| 문제 보기 |

갑, 을 사상가들의 입장으로 적절하지 않은 것은? [3점]

갑 : 시민 불복종은 법에 대한 충실성의 한계 내에서 부정의에 대해 항거하는 위법한 행위이다. 이는 공동 사회의 다수가 갖는 정의감을 나타내고, 자유롭고 평등한 사람들 사이에서 정의의 원칙이 존중되고 있지 않음을 선언하는 것이다. 을 : 시민 불복종은 합법적인 수단이 실패했을 때 사용될 수 있는 적합한 수단이다. 우리는 중단시키려고 하는 악의 크기와 우리의 행위가 가져올 법과 민주주의에 대한 존중의 심각한 감소 정도를 저울질해 봐야 한다.

① 갑 : 시민 불복종은 민주적 체제의 합법성을 인정하는 시
　　민의 행위이다.
② 갑 : 거의 정의로운 사회에서 부정의한 모든 법은 시민 불
　　복종의 대상이다.
③ 을 : 시민 불복종이 산출할 사회적 이익과 해악이 고려되
　　어야 한다.
④ 을 : 부정의를 해결할 수 있는 합법적 방법이 우선적으로
　　고려되어야 한다.
⑤ 갑, 을 : 시민 불복종 참여자는 위법 행위에 대한 처벌을
　　감수해야 한다.

● 왜 정답일까?

갑은 롤스, 을은 싱어이다. 롤스는 시민 불복종이 법에 대한 충실
성의 한계 내에서 부정의에 대해 항거하는 위법한 행위라고 본다.
싱어는 공리주의의 입장에서 시민 불복종의 결과가 가져올 이익
과 손해를 계산해야 한다고 본다. 롤스는 거의 정의로운 사회의
부정의한 모든 법에 대해 불복종할 것을 주장하지는 않는다.

● 왜 오답일까?

① 롤스는 시민 불복종을 민주적 체제의 합법성을 인정하는 시
민들의 행위라고 본다.
③ 싱어는 시민 불복종이 산출할 사회적 이익과 손해를 계산해
보아야 한다고 본다.
④ 싱어는 시민 불복종에 앞서 부정의를 해결할 수 있는 합법적
인 방법이 우선적으로 고려되어야 한다고 본다.
⑤ 롤스와 싱어 모두 시민 불복종으로 인한 처벌을 감수해야 한
다고 본다.

12 현대 덕 윤리와 칸트 윤리　　정답률 82% | 정답 ②

| 문제 보기 |

갑, 을 사상가들의 입장으로 가장 적절한 것은?

갑 : 덕은 하나의 습득된 인간의 특성이다. 우리가 덕을 소유하고 실천하면 사회적 관행에 내재하는 선을 성취할 수 있고, 우리가 덕을 습득하지 못하면 그러한 선을 성취하지 못하게 된다. 을 : 도덕 법칙은 이성적 존재자에게 의무의 법칙이다. 이것은 도덕적 강요의 법칙이며, 법칙에 대한 존경 그리고 의무에 대한 외경에 의해 행위를 규정하는 것이다.

① 갑 : 인간은 타고난 덕을 실천해야 도덕적 행위를 할 수 있다.
② 갑 : 덕은 사회적 실천을 통해 선을 이루는 데 필요한 성품이다.
③ 을 : 최대 다수의 최대 행복의 원리가 도덕적 행위의 기준이다.
④ 을 : 도덕적 행위자는 도덕 법칙보다 상황과 맥락을 중시
　　해야 한다.
⑤ 갑, 을 : 행위의 도덕성 평가에서 동기와 감정은 배제되어
　　야 한다.

● 왜 정답일까?

갑은 매킨타이어이고, 을은 칸트이다.
매킨타이어는 덕을 사회적 실천을 통해 선을 이루는 데 필요한
성품으로 보고, 유덕한 품성을 기를 것을 강조한다.

13 유교 사상과 불교 사상의 음식 윤리　　정답률 89% | 정답 ⑤

| 문제 보기 |

(가), (나) 사상의 입장으로 가장 적절한 것은?

(가) 군자는 밥이 완성되기까지 기울인 노력과 식재료의 출처를 알아야 하고, 마음을 절제하여 탐욕을 멀어야 한다. 밥 먹을 때에도 인(仁)을 떠나지 말아야 한다. (나) 지혜롭게 숙고하면서 공양(供養)을 받는다. 밥 먹는 것은 즐기거나 과식하려는 것이 아니다. 몸을 지탱하고 존속하는 것, 청정(淸淨)한 수행을 계속하는 것이다.

① (가) : 중생의 불성(佛性)에 유념하며 음식을 먹어야 한다.
② (가) : 충분한 영양 섭취를 위해 음식의 양은 많을수록 좋다.

---

③ (나) : 음식은 타인과의 관계에서 명예를 드높이는 수단이다.
④ (나) : 음식을 먹는 것이 수행의 연장으로 여겨질 필요가
　　없다.
⑤ (가), (나) : 도리에 어긋남이 없는지 성찰하며 음식을 먹어
　　야 한다.

● 왜 정답일까?

(가)는 유교 사상가 황정견의 음식 윤리인 '식시오관(食時五觀)'
을 설명한 내용이고, (나)는 불교 경전 "맛지마 니까야"에 수록된
음식 윤리에 관한 내용이다.
유교와 불교 모두 음식을 먹을 때 도리에 어긋남이 없는지 성찰
하는 자세를 강조한다.

14 인터넷상에서 표현의 자유 문제　　정답률 85% | 정답 ②

| 문제 보기 |

다음은 신문 칼럼이다. ㉠에 들어갈 내용으로 가장 적절한
것은?

○○신문	○○○○년 ○월 ○○일
칼럼	
인터넷에 익명성에 기대어 악성 댓글을 다는 것은 심각한 문제이지만, 표현의 자유를 강제적으로 제한해서는 안 된다. 이러한 제한은 인터넷 이용자의 표현의 자유와 사회 문제에 대한 비판을 위축시킬 수 있으므로 바람직하지 않다. 따라서 각 개인이 양심과 도덕성에 따라 표현을 스스로 규제할 수 있도록 하면 이러한 문제는 해결될 수 있다. 그런데 어떤 사람들은 악성 댓글이 표현의 자유를 남용한 일탈 행위로서 해당 개인과 집단에 심각한 해악을 끼치므로, 이를 규제할 수 있는 제도적 장치만이 이 문제를 바람직하게 해결할 수 있다고 주장한다. 나는 이러한 주장이 　　㉠　　고 생각한다.	

① 익명성으로 인해 비도덕적으로 행동할 수 있음을 간과한다
② 제도적 규제보다 자율적 규제가 적절한 해결책임을 간과
　　한다
③ 표현의 자유보다 해악 금지 원칙이 우선되어야 함을 간과
　　한다
④ 타인의 피해를 방지하기 위한 법적 규제가 필요함을 간과
　　한다
⑤ 표현의 자유를 강제적으로 제한하여 악성 댓글이 예방될
　　수 있음을 간과한다

● 왜 정답일까?

제시문의 '나'는 인터넷상에서 각 개인이 양심과 도덕성에 따라
스스로 규제하려는 노력으로 악성 댓글 문제를 해결할 수 있다
고 본다. 반면에 어떤 사람들은 제도적 장치로만 악성 댓글 문제
를 해결할 수 있다고 주장한다. 따라서 ㉠에는 "제도적 규제보
다 자율적 규제가 적절한 해결책임을 간과한다"라는 내용이 들
어가야 한다.

15 환경 윤리에 대한 입장　　정답률 32% | 정답 ③

| 문제 보기 |

(가)의 갑, 을, 병의 입장을 (나) 그림으로 표현할 때, A ~ D에
해당하는 적절한 진술만을 <보기>에서 있는 대로 고른 것은?
[3점]

(가)	갑 : 도덕 판단은 보편화 가능해야 한다. 어떤 이익이 단지 인간에게 유용하다는 이유만으로, 이익 관심을 가진 동물의 이익보다 중요하다고 간주해서는 안 된다. 을 : 도덕적 존중의 대상에는 도덕적 권리를 가질 수 있는 삶의 주체인 동물도 포함된다. 그들 각자는 다른 존재의 이익과 독립해 개별적 복지를 추구한다. 병 : 도덕적 의무를 질 수 있는 인간에 대한 의무 외에 다른 존재에 대한 의무는 없다. 물론 동물이 수행한 봉사에 대한 감사는 간접적으로 인간의 의무에 속한다.
(나)	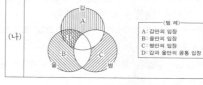 A : 갑만의 입장 B : 을만의 입장 C : 병만의 입장 D : 갑과 을만의 공통 입장

<보 기>

ㄱ. A : 이익 관심을 지닌 모든 개체는 동일한 대우를 받아야 한다.
ㄴ. B : 목적 그 자체로서 가치를 지닌 존재는 도덕적 존중의
　　대상이다.
ㄷ. C : 동물 학대가 그릇된 근본 이유는 인간성 실현을 저해
　　함에 있다.
ㄹ. D : 자율적 행위 능력과 무관하게 도덕적 지위는 부여되어야
　　한다.

① ㄱ, ㄴ   ② ㄱ, ㄷ   ③ ㄷ, ㄹ
④ ㄱ, ㄴ, ㄹ   ⑤ ㄴ, ㄷ, ㄹ

● 왜 정답일까?

갑은 싱어, 을은 레건, 병은 칸트이다.
ㄷ. 칸트는 동물 학대가 그릇된 근본 이유는 그것이 인간성 실현을 저해하기 때문이라고 본다.
ㄹ. 싱어와 레건은 자율적 행위 능력과 무관하게 도덕적 지위가 부여되어야 한다고 본다.

● 왜 오답일까?

ㄱ. 싱어는 이익 관심을 지닌 모든 개체를 '동등하게 고려해야' 한다고 본다.
ㄴ. 레건과 칸트의 공통점이다.

16 에피쿠로스와 플라톤의 죽음관   정답률 90% | 정답 ⑤

| 문제 보기 |

갑, 을 사상가들의 입장으로 가장 적절한 것은? [3점]

> 갑 : 모든 좋고 나쁨은 감각에 달려 있는데 죽으면 감각을 잃는다. 따라서 죽음은 우리에게 아무것도 아니다. 현자는 사려 깊음을 통해 죽음을 무서워하지 않고 마음의 평안을 추구한다.
> 을 : 죽음은 진리 추구를 방해하는 육체에서 영혼이 분리되는 것이다. 평생에 걸쳐 최대한 죽음과 가장 가까운 상태로 영혼을 정화하며 살고자 했던 사람이 그토록 열망하는 지혜를 얻을 수 있는 곳으로 가는 것이 죽음이다.

① 갑 : 죽음 이후에 비로소 선의 본질이 드러난다.
② 갑 : 현세의 삶은 사후의 영혼의 삶에 영향을 준다.
③ 을 : 죽음의 순간에 육체의 소멸과 함께 영혼도 소멸한다.
④ 을 : 죽음의 두려움은 감각적 쾌락을 통해 해소되어야 한다.
⑤ 갑, 을 : 지혜로운 사람에게 죽음은 두려움의 대상이 아니다.

● 왜 정답일까?

갑은 에피쿠로스, 을은 플라톤이다. 에피쿠로스는 인간은 죽음을 경험할 수 없기 때문에 죽음을 두려워할 필요가 없다고 본다. 플라톤은 육체를 순수한 인식을 방해하는 감옥으로 여기고, 죽음을 육체로부터 해방되는 것으로 본다. 에피쿠로스와 플라톤은 모두 지혜로운 사람에게 죽음은 두려움의 대상이 아니라고 본다.

17 현대 대중문화에 대한 입장   정답률 85% | 정답 ⑤

| 문제 보기 |

다음을 주장한 사상가의 입장으로 적절하지 않은 것은? [3점]

> 오늘날 대중문화는 얼마나 인기를 끌고 많은 수익을 올렸는지에 의해 평가되는 경향이 지배적이다. 이제 대중문화는 변화 없는 반복적인 오락을 생산하는 장사가 되었고, 문화의 소비자는 문화 산업의 객체가 되었다. 이처럼 산업화된 대중문화 속에서 사람들의 여가 시간은 문화 산업이 제공하는 획일적 생산물로 채워질 수밖에 없다. 문화 상품의 속성은 문화 소비자의 자발성과 상상력을 제거해 버림으로써 적극적인 사유를 불가능하게 만드는 데 있다. 문화 산업은 규격품을 만들듯이 인간을 재생산하려 한다.

① 산업화된 대중문화는 독창적 예술로 발전하기 어렵다.
② 문화 산업은 획일화된 문화를 체험할 기회를 증가시킨다.
③ 문화 산업의 표준화된 양식은 문화 소비자의 주체성을 약화시킨다.
④ 산업화된 대중문화는 소비자의 자발성과 창의적 사고를 위축시킨다.
⑤ 문화 산업은 예술을 경제적 가치가 아니라 미적 가치로만 평가한다.

● 왜 정답일까?

제시문은 아도르노의 주장이다. 아도르노는 산업화된 대중문화를 문화 산업이라고 칭하며, 문화 산업이 예술을 미적 가치가 아닌 경제적 가치로만 평가한다고 비판한다.

18 국제 관계에 대한 입장   정답률 33% | 정답 ④

| 문제 보기 |

(가), (나)의 입장으로 가장 적절한 것은? [3점]

> (가) 국제 평화를 실현하기 위해서는 이성적 존재인 국가들이 합리적인 대화와 협력을 하고, 세력 균형, 동맹, 비밀외교 등을 영원히 제거해야 한다. 왜냐하면 이러한 잘못된 정책이나 제도에 의해 국제 분쟁이 발생하기 때문이다.
> (나) 국제 분쟁을 억지하기 위해서는 국가 간 힘의 균형이 이루어져야 한다. 왜냐하면 한 국가나 국가들의 동맹이 우월한 힘을 갖게 되면 다른 국가들에 대해 패권적인 의지를 강요하게 될 위험이 커지기 때문이다.

① (가) : 국제 관계에서는 국가가 유일한 행위자로 간주된다.
② (가) : 국가 간 동맹과 힘의 균형을 통해서만 군비 경쟁은 종식된다.
③ (나) : 국제 관계에서 세력 균형은 평화를 영구적으로 보장한다.
④ (나) : 전쟁 수행의 최종 목표와 외교 정책의 최종 목표는 국익이다.
⑤ (가), (나) : 자국의 이익 추구보다 세계 평화가 우선되어야 한다.

● 왜 정답일까?

(가)는 이상주의의 관점이고, (나)는 현실주의의 관점이다. 현실주의는 국제 관계에서 각 국가는 자국의 이익만을 추구한다고 본다.

● 왜 오답일까?

① 이상주의는 국제 관계에서 국가뿐만 아니라 개인, 국제기구, 비정부 기구 등 다양한 행위 주체들의 능동적인 노력을 강조한다.
② 이상주의는 국가 간의 이성적인 대화와 협력을 바탕으로 갈등과 대립을 완화하고자 한다.
③ 현실주의는 국제 관계에서 세력 균형을 통해 영구적 평화가 아닌 전쟁의 예방이나 억지만이 가능하다고 본다.
⑤ 현실주의는 국가가 이기적인 인간들로 구성되어 있고, 국제 관계도 자국의 이익만을 추구하는 국가들로 이루어져 있다고 본다.

19 통일에 대한 다양한 입장   정답률 84% | 정답 ①

| 문제 보기 |

(가)의 입장에 비해 (나)의 입장이 갖는 상대적 특징을 그림의 ㉠~㉤ 중에서 고른 것은?

> (가) 남북한의 통일을 위해서는 신속한 정치적, 법적 결단이 이루어져야 한다. 정치적 영역에서 일괄 타결이 이루어질 때, 통일에 이르는 시간이 단축될 뿐만 아니라 다른 분야의 문제도 빠르게 해결되어 통일이 실현될 것이다.
> (나) 남북한의 통일을 위해서는 이산가족 상봉, 스포츠 교류 등 비정치적 영역부터 교류 협력을 시작하여 단계적으로 확대해 나가야 한다. 이러한 노력이 지속되어야 남북한의 불신이 해소되어 정치 통합의 기반이 조성될 것이다.

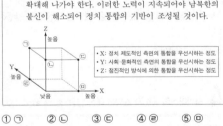

> • X : 정치 제도적인 측면의 통합을 우선시하는 정도
> • Y : 사회·문화적인 측면의 통합을 우선시하는 정도
> • Z : 점진적인 방식에 의한 통합을 우선시하는 정도

① ㉠   ② ㉡   ③ ㉢   ④ ㉣   ⑤ ㉤

● 왜 정답일까?

(가)는 남북한이 정치적, 법적 결단과 같이 정치적 영역에서 일괄 타결이 이루어질 때 통일이 빠르게 실현될 것이라는 입장이고, (나)는 비정치적 영역부터 서서히 교류 협력을 시작하여 단계적으로 통일을 확대해 나가야 한다는 입장이다.
따라서 (나)의 입장은 정치 제도적인 측면의 통합보다 사회·문화적인 측면의 통합을 우선시하기 때문에 X는 낮고, Y는 높다. 또한 (나)의 입장은 (가)의 입장에 비해 점진적인 방식에 의한 통합을 강조하기 때문에 Z는 높다.

20 국가에 대한 입장   정답률 80% | 정답 ④

| 문제 보기 |

갑, 을 사상가들의 입장으로 적절한 것만을 〈보기〉에서 있는 대로 고른 것은?

> 갑 : 일정한 생업[恒産]이 없는 백성은 변함없는 마음[恒心]을 잃게 된다. 그러므로 군주는 백성이 부모를 봉양하고 처자식을 부양하기에 부족함이 없게 해 주어야 한다. 그런 후에 백성을 선한 데로 나아가게 인도해야 한다.

> 을 : 완전한 공동체인 국가는 자연의 산물이며, 인간은 본성적으로 국가 공동체를 구성하는 동물이다. 국가 없이 살아가는 자는 인간보다 하등하거나 인간을 뛰어넘는 존재이다.

> ＜보 기＞
> ㄱ. 갑 : 국가의 통치자는 덕으로써 백성을 감화시켜야 한다.
> ㄴ. 갑 : 백성들의 도덕성을 유지하는 데 경제적 안정이 중요하다.
> ㄷ. 을 : 정치 공동체인 국가에서 인간은 선을 실현할 수 있다.
> ㄹ. 갑, 을 : 국가는 자연 상태에서 벗어나려는 인간들의 계약으로 수립된다.

① ㄱ, ㄷ   ② ㄱ, ㄹ   ③ ㄴ, ㄹ
④ ㄱ, ㄴ, ㄷ   ⑤ ㄴ, ㄷ, ㄹ

● 왜 정답일까?

갑은 맹자, 을은 아리스토텔레스이다.
ㄱ. 맹자는 국가의 통치자가 덕으로써 백성을 감화시켜야 한다고 본다.
ㄴ. 맹자는 "항산(恒産)이 있어야 항심(恒心)이 있다."라고 하면서 생업이 보장되어야 백성들이 올바른 생각과 행동을 바탕으로 도덕적인 삶을 영위할 수 있다고 본다.
ㄷ. 아리스토텔레스는 사람들이 자연스럽게 가정을 꾸리듯이 국가도 인간의 본성상 자연스럽게 발생하는 것이라고 보고 정치 공동체인 국가에서 인간은 선을 실현할 수 있다고 본다.

20회 | **2020학년도 6월**
● 고3 생활과 윤리 ●

01 ③	02 ①	03 ③	04 ⑤	05 ⑤
06 ④	07 ②	08 ②	09 ②	10 ③
11 ④	12 ③	13 ②	14 ②	15 ⑤
16 ⑤	17 ②	18 ④	19 ③	20 ⑤

채점결과	
• 실제 걸린 시간 :	분 초
• 맞은 문항수 :	개
• 틀린 문항수 :	개
• 헷갈린 문항 :	

01 윤리학의 분류
정답률 72% | 정답 ③

| 문제 보기 |

(가), (나)의 입장으로 가장 적절한 것은?

(가) 윤리학은 의무론, 공리주의, 덕 윤리와 같이 인간이 준수
해야 할 근본적인 도덕 원리에 대한 이론적 탐구를 주요한
과제로 삼아야 한다.
(나) 윤리학은 생명 윤리, 환경 윤리, 정보 윤리와 같이 시대의
변화에 따라 다양한 영역에서 나타나는 윤리 문제 해결에
우선적으로 관심을 두고 연구해야 한다.

① (가) : 윤리학은 도덕 관습에 대한 객관적 기술을 주된 목
적으로 한다.
② (가) : 윤리학의 학문적 성립 가능성의 탐구가 윤리학의 핵
심 목표이다.
③ (나) : 윤리적 문제를 해결하기 위해서는 학제적 연구가 필
요하다.
④ (나) : 윤리적 문제의 해결은 가치를 분별하는 과정과 무관
하다.
⑤ (가), (나) : 윤리학은 도덕 언어의 의미 분석을 중점 과제
로 삼는다.

● 왜 정답일까? ●

(가)는 이론 규범 윤리학, (나)는 응용 윤리학이다.
응용 윤리학이 현실적인 도덕 문제를 해결하기 위해서는 의학,
법학, 과학, 종교 등 다양한 학문 분야의 전문적 지식과 기술이
필요하다. 따라서 응용 윤리학은 윤리적 문제를 해결하기 위해
서 학제적 연구를 할 필요가 있다.

02 배려 윤리와 공리주의의 입장
정답률 72% | 정답 ①

| 문제 보기 |

갑 사상가가 을 사상가에게 제기할 반론으로 가장 적절한
것은? [3점]

갑 : 인간에 대한 배려는 윤리적 행위의 결과물이기도 하지만
오히려 그 토대이다. 배려했던 기억과 배려받았던 기억이
윤리적 행위의 초석이다.
을 : 인류는 고통과 쾌락의 두 주권자의 지배하에 있다. 마땅히
해야만 하는 것으로 인도하며 의무를 결정짓는 것은 오로지
고통과 쾌락뿐이다.

① 최대 행복의 원리보다 인간관계의 맥락을 우선해야 함을
간과한다.
② 유용성의 계산은 보편적 도덕 원리에 의거해야 함을 간과
한다.
③ 고통의 회피와 쾌락의 추구가 인간 고유의 성향임을 간과
한다.
④ 나의 행복과 타인의 행복이 동등하게 고려되어야 함을 간
과한다.
⑤ 윤리적 행위를 위해서는 동기보다 결과가 더 중요함을 간
과한다.

● 왜 정답일까? ●

갑은 배려 윤리 사상가인 나딩스이고, 을은 공리주의 사상가인
벤담이다.
나딩스의 입장에서 볼 때, 공리주의는 최대 행복의 원리를 맥락
에 대한 고려 없이 획일적으로 적용하는 문제점을 지니고 있다.

● 왜 오답일까? ●

② 나딩스는 유용성을 계산하거나 보편적 도덕 원리에 따를 것
을 강조하지 않는다.
③ 벤담은 고통을 회피하고 쾌락을 추구하는 것은 인간의 고유
한 성향이라고 본다.
④ 벤담은 나의 행복과 타인의 행복을 동등하게 고려해야 한다
고 본다.
⑤ 벤담은 윤리적 행위를 위해서는 동기보다 결과가 중요하다고
본다.

03 공자와 장자의 입장
정답률 61% | 정답 ③

| 문제 보기 |

갑, 을 사상가들의 입장으로 가장 적절한 것은?

갑 : 아침에 도(道)를 들으면 저녁에 죽어도 괜찮다. 뜻이 있는
선비와 인(仁)을 갖춘 사람은 삶에 집착하다가 인을 해치는
경우는 없지만, 자신을 희생하여 인을 이루는 경우는 있다.
을 : 성인(聖人)의 삶은 자연의 운행과 같고, 죽음은 만물의 변화와
같다. 그는 행복을 추구하지 않으며, 불행의 제거도 추구하지
않는다. 그의 삶은 물 위에 떠 있는 것과 같고, 죽음은 휴식과 같다.

① 갑 : 죽음은 반복되는 윤회에서 벗어날 수 있는 방법이다.
② 갑 : 죽음은 내세(來世)에서의 도덕적 완성을 위한 과정
이다.
③ 을 : 죽음은 모든 만물의 근원인 도(道)와 연관된 현상
이다.
④ 을 : 죽음은 상례(喪禮)를 통해 애도해야만 하는 슬픈 일
이다.
⑤ 갑, 을 : 죽음이 아쉽지 않도록 도덕적으로 충실하게 살아
야만 한다.

● 왜 정답일까? ●

갑은 공자, 을은 장자이다. 공자는 "아침에 도를 들으면 저녁에
죽어도 괜찮다"라고 하면서 도를 깨달을 것을 강조하였고, 목숨
을 버리고서라도 인을 이루는 살신성인의 자세를 지닐 것을 역
설하였다. 장자는 모든 분별과 차별에서 벗어나 만물을 평등한
것으로 보며, 주위 환경에 의해 본심을 어지럽히지 않고 도와 일
치하는 삶을 살아갈 것을 강조하였다.

● 왜 오답일까? ●

① 공자는 인간이 죽은 뒤에 윤회한다고 주장하지 않았다.
② 공자는 죽음을 인간의 내세(來世)에서의 도덕적 완성을 위한
과정으로 보지 않는다.
④ 공자의 입장이다. 장자는 죽음을 애도의 대상으로 간주하지
않는다.
⑤ 공자만의 입장이다.

04 하버마스의 유전자 조작에 대한 입장
정답률 87% | 정답 ⑤

| 문제 보기 |

다음 가상 대담의 사상가가 지지할 입장으로 적절하지 않은
것은? [3점]

① 자녀의 능력 강화를 위한 유전자 조작은 인간을 도구화
한다.
② 유전학적 치료에 대해서는 담론을 통한 보편적 합의가 가
능하다.
③ 인간에 대한 모든 형태의 유전학적 개입을 거부하는 것은
아니다.
④ 유전학적 강화를 통해 태어난 사람은 온전한 자율성을 지
닐 수 없다.
⑤ 자질 강화를 위한 배아 유전자 조작은 세대 간의 균형을
회복시킨다.

● 왜 정답일까? ●

가상 대담의 사상가는 하버마스이다. 그는 치료를 위한 유전자
조작은 허용될 수 있지만 강화를 위한 유전자 조작은 세대 간의
평등성을 훼손하고 그 존재의 자율성을 근본적으로 침해하는 행
위이므로 허용될 수 없다고 본다. 그는 자질 강화를 위한 배아
유전자 조작은 세대 간의 균형을 회복시키는 것이 아니라 세대
간의 평등성을 훼손한다고 본다.

05 니부어의 입장
정답률 52% | 정답 ⑤

| 문제 보기 |

(가)를 주장한 사상가의 입장에서 (나)의 A, B, C의 행위에
대해 제기할 수 있는 적절한 비판만을 〈보기〉에서 있는 대로
고른 것은? [3점]

(가)	이성적 능력의 향상을 통해 사회 문제를 해결할 수 있다고 믿는 사람들도 있다. 그러나 집단의 이기적 충동의 힘이 이성보다 강력하기 때문에 이성의 힘만으로는 사회 집단 간의 갈등을 해결하기 어렵다. 그러한 갈등을 극복하기 위해서는 정치적인 힘이 필요하다.
(나)	○ A는 전제 정치에 비폭력으로 대응하면서 사랑과 평화라는 종교적 이상을 바탕으로 전제 군주의 자비심에 호소하였다. ○ B는 봉건 체제를 타파하기 위해서 개인의 양심과 결단에 근거하여 독자적으로 테러를 감행하였다. ○ C는 식민 지배에 반대하면서 자국민들과 단결하여 비폭력적으로 지배국의 상품 불매 운동을 전개하였다.

〈보 기〉

ㄱ. A는 정치적인 힘 대신에 양심에만 호소하는 잘못을 범한다.
ㄴ. B는 자신의 의도를 조직적인 정치적 저항과 연결시키지 못한다.
ㄷ. C는 비폭력적으로 대응하여 정치적인 힘을 활용하지 못한다.
ㄹ. A와 B는 집단적 저항이 필요함을 제대로 파악하지 못한다.

① ㄱ, ㄷ
② ㄴ, ㄹ
③ ㄷ, ㄹ
④ ㄱ, ㄴ, ㄷ
⑤ ㄱ, ㄴ, ㄹ

● 왜 정답일까? ●

(가)를 주장한 사상가는 니부어이다.
A는 사랑과 평화라는 종교적 이상을 바탕으로 군주의 자비심에
호소하였으므로 정치적인 힘을 활용하지 못했다고 볼 수 있다.
B는 개인의 양심과 결단에 의한 테러를 감행했지만, 조직의 힘
과 연결시키지는 못했다. 그러므로 A, B는 집단적 저항이 필요
함을 제대로 파악하지 못했다고 볼 수 있다.

● 왜 오답일까? ●

ㄷ. C는 비폭력적으로 대응하면서도 정치적인 힘을 활용했다고
볼 수 있다.

06 환경 윤리의 여러 입장
정답률 51% | 정답 ④

| 문제 보기 |

(가)의 갑, 을, 병 사상가들의 입장에서 서로에게 제기할 수
있는 비판을 (나) 그림으로 표현할 때, A∼F에 해당하는 내
용으로 가장 적절한 것은? [3점]

(가)	갑 : 우리는 인간에 대해서만 직접적인 의무를 지니며, 다른 존재들에 대해서는 그러한 의무를 지니지 않는다. 인간만이 실천 이성을 지닌 자율적 존재이기 때문이다. 을 : 목적론적 삶의 중심인 생명체는 내재적 가치를 지닌다. 그러한 생명체는 자신의 고유한 선을 추구하며 일관성과 통일성을 지향하는 존재이다. 병 : 흙, 물, 식물, 동물, 인간을 포함하는 생명 공동체는 생명적 성질을 지닌다. 인간은 생명 공동체의 지배자가 아니며, 대지 위의 모든 존재는 평등한 구성원이다.
(나)	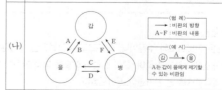

① B : 쾌고 감수 능력을 지닌 존재는 도덕적 지위가 없음을
간과한다.
② C : 생태계 안정을 위해 생명체를 해치는 행위 모두는 잘
못임을 간과한다.
③ A, F : 도덕적인 행위의 주체는 오직 인간뿐이라는 점을
간과한다.

④ B, E : 인간은 다른 생명체보다 우월한 지위를 지니지 않음을 간과한다.
⑤ D, F : 모든 생명체가 내재적 가치를 지니는 것은 아님을 간과한다.

• 왜 정답일까?

갑은 칸트, 을은 테일러, 병은 레오폴드이다. 테일러와 레오폴드는 칸트와 달리 인간을 생명 공동체의 평범한 구성원으로 본다.

• 왜 오답일까?

① 테일러는 쾌고 감수 능력을 지닌 존재는 도덕적 지위가 있다고 본다.
② 테일러는 생태계 안정을 위해 생명체를 해치는 행위를 잘못이라고 본다.
③ 칸트와 테일러는 모두 도덕적 행위의 주체는 인간뿐이라고 본다.
⑤ 테일러는 모든 생명체가 내재적 가치를 지닌다고 본다.

07 친구 관계의 윤리   정답률 93% | 정답 ②

| 문제 보기 |

다음 가상 편지에서 강조하는 입장만을 〈보기〉에서 있는 대로 고른 것은? [3점]

> ○○에게
> 자네가 벗들과 잘 지내려고 노력하는 모습이 보기가 좋네. 이이(李珥) 선생이 학문과 선(善)을 좋아하고 성실한 이를 벗으로 선택해 그가 하는 조언을 받아들여 나의 부족함을 고치되, 게으르고 놀기 좋아하며 바르지 못한 이와는 사귀지 말라고 하였네. 이처럼 벗과 함께 있을 때에는 도의(道義)를 통해 공부하고 격려하면서 서로 자세를 낮추어야지, 비루한 말들이나 남의 허물 등은 입에 담지 말아야 할 것이네. 요즘은 부드럽게 아첨하는 이를 친한 벗으로 여기면서, 어깨를 치고 소매를 붙잡는 것을 의기가 투합했다고 생각하네. 그러다가 한마디 밀어대도 어긋나면 화가 나오 가나니. 이런 이와는 진정한 우정을 생기기 어렵다네. …(후략)…

<보 기>

ㄱ. 가까운 벗 사이에도 지켜야만 하는 예의가 있다.
ㄴ. 벗의 잘못은 신의(信義)를 고려하여 묵인해야 한다.
ㄷ. 참된 우정은 도덕적 기준에 의한 벗의 선택을 전제하지 않는다.
ㄹ. 참된 벗의 권면(勸勉)을 받아들여 자신을 성찰할 줄 알아야 한다.

① ㄱ, ㄷ ② ㄱ, ㄹ ③ ㄴ, ㄹ
④ ㄱ, ㄴ, ㄷ ⑤ ㄴ, ㄷ, ㄹ

• 왜 정답일까?

가상 편지에서는 친구 관계에서 지켜야 할 규범을 설명하고 있다. 가상 편지를 통해 친구 사이에도 지켜야 하는 예의가 있고, 친구의 권면을 받아들여 자신을 성찰해 나가야 함을 알 수 있다.

08 태아의 지위에 대한 입장   정답률 44% | 정답 ③

| 문제 보기 |

갑, 을의 입장으로 적절한 것만을 〈보기〉에서 있는 대로 고른 것은? [3점]

> 태아는 인간 생명체이지만 완전한 인격체는 아니기에 부분적인 도덕적 지위만을 가집니다. 따라서 태아를 함부로 죽이는 것은 안 되지만, 임신부의 질병 등으로 현재 상황이 좋지 않고 나중에 아주 심각하게 임신하려는 경우라면 임신 중절은 허용됩니다.

> 태아가 잠재적 인간이라는 사실은 부정될 수 없습니다. 잠재성이 중요한 이유는 태아를 죽이는 것이 미래에 합리적이고 자의식적인 존재를 죽이는 것이기 때문입니다. 따라서 인간으로서의 잠재성을 지닌 태아를 해치는 것은 옳지 않습니다.

 갑 을

<보 기>

ㄱ. 갑 : 태아의 권리와 임신부의 권리를 동등하게 대우해야 한다.
ㄴ. 을 : 태아는 특별한 방해가 없는 한 하나의 인격체로 자랄 것이다.
ㄷ. 을 : 태아는 합리적·자의식적인 존재이기에 해쳐서는 안 된다.
ㄹ. 갑, 을 : 태아를 단순한 세포 조직처럼 함부로 대우해서는 안 된다.

① ㄱ, ㄷ ② ㄱ, ㄹ ③ ㄴ, ㄹ
④ ㄱ, ㄴ, ㄷ ⑤ ㄴ, ㄷ, ㄹ

• 왜 정답일까?

갑은 태아는 완전한 인격체가 아니므로 부분적인 도덕적 지위만을 지닌다고 본다. 이에 비해 을은 태아가 잠재적 인간이므로 태아를 임신 중절하는 것은 잘못이라고 본다. 을은 태아를 잠재적 인간으로 간주하므로 태아가 특별한 방해를 받지 않는 한 하나의 인격체로 성장할 것이라고 본다. 갑, 을은 모두 태아가 생명체라는 것을 인정하므로 태아를 단순한 세포 조직처럼 다루는 데 반대한다.

• 왜 오답일까?

ㄱ. 갑은 임신부의 결정에 의해 임신 중절을 할 수 있다고 본다. 따라서 태아의 권리와 임신부의 권리를 동등하게 대우할 것을 주장한다고 볼 수 없다.
ㄷ. 을은 태아를 잠재적 인간으로 간주하므로 태아가 현재가 아닌 미래에 합리적이고 자의식적인 존재가 될 수 있다고 본다.

09 분단 비용, 평화 비용, 통일 비용   정답률 64% | 정답 ②

| 문제 보기 |

다음 글을 바탕으로 이끌어 낼 수 있는 내용으로 적절하지 않은 것은?

> 우리나라의 통일 방안은 '민족 공동체 통일 방안'이다. 분단에서 통일에 이르는 과정에서는 여러 비용이 발생하지만, 통일이 된다면 점차 이를 상쇄하고 남을 정도의 편익도 생긴다. 분단 비용은 분단에 따른 대립과 갈등으로 인해 지불하는 유무형의 비용으로 편익을 기대하기 어렵다. 평화 비용은 인도적 지원, 사회 문화 교류 사업 등과 같이 통일 이전에 한반도의 평화를 정착시키기 위해 지불하는 투자 성격의 비용이다. 통일 비용은 통일 이후에 제도의 통합, 화폐의 통합 등을 위해 통일 한국이 지불하는 비용으로 통일의 시기와 방법에 따라 달라진다.

① 이산가족의 고통과 외국인 투자 감소는 분단 비용에 포함된다.
② 남한 정부가 추진하는 스포츠 교류 사업은 통일 비용에 포함된다.
③ 분단 비용은 소모적 비용으로 민족 경쟁력 약화를 초래할 수 있다.
④ 평화 비용은 군사적 긴장을 완화시켜 분단 비용을 감소시킬 수 있다.
⑤ 경제 협력의 확대를 통해 통일이 되면 통일 비용은 절감될 수 있다.

• 왜 정답일까?

제시문은 분단 비용, 평화 비용, 통일 비용을 설명하고 있다. 분단 비용은 분단에 따른 대립과 갈등으로 발생하는 비용이다. 평화 비용은 통일 이전에 평화 정착 및 유지를 위해 지불해야 할 비용이다. 통일 비용은 통일 후 남북 격차 해소 및 이질적 요소를 통합하는 데 필요한 비용이다. 남한 정부가 추진하는 스포츠 교류 사업은 평화 비용에 해당한다.

10 해외 원조에 대한 싱어, 롤스의 입장   정답률 50% | 정답 ③

| 문제 보기 |

갑, 을 사상가들의 입장으로 적절한 것만을 〈보기〉에서 있는 대로 고른 것은?

> 갑 : 원조는 빈곤으로 고통을 받고 있는 전 세계 사람들을 위해 자신의 소득의 일부를 나누어 주는 것이다. 우리는 모든 존재의 이익을 평등하게 고려하여 원조를 해야 한다.
> 을 : 원조의 목적은 불리한 여건으로 인해 고통을 받고 있는 사회를 질서 정연한 만민들의 사회로 편입시켜 자유와 평등을 확립하도록 도와주는 것이다.

<보 기>

ㄱ. 갑 : 공리의 원리에 따라 인류의 부가 균등할 때까지 원조해야 한다.
ㄴ. 갑 : 원조의 결과로 모든 사람이 경제적 이익을 얻어내야만 한다.
ㄷ. 을 : 자립적인 정의 사회는 빈곤해도 원조 대상에서 제외될 수 있다.
ㄹ. 갑, 을 : 해외 원조는 자선의 차원을 넘어 윤리적 의무가 된다.

① ㄱ, ㄴ ② ㄱ, ㄷ ③ ㄷ, ㄹ
④ ㄱ, ㄴ, ㄹ ⑤ ㄴ, ㄷ, ㄹ

• 왜 정답일까?

갑은 싱어, 을은 롤스이다. 롤스에 따르면 자립적인 정의 사회는 빈곤하더라도 원조 대상에서 제외될 수 있다. 싱어와 롤스는 해외 원조가 자선이 아닌 의무의 차원에서 이루어져야 한다고 본다.

• 왜 오답일까?

ㄱ. 싱어는 공리의 원리에 따라 해외 원조를 해야 한다고 주장하기는 하지만, 인류의 부가 균등해질 때까지 원조를 해야 한다고 주장하지는 않는다.
ㄴ. 싱어는 원조를 통해 얻는 이익이 비용보다 클 경우 어떤 공동체의 구성원인지에 관계없이 도움을 주어야 한다고 주장하지만, 원조가 모든 사람의 경제적 이익을 증진해야 한다고 주장하지는 않는다.

---

11 토론의 핵심 쟁점   정답률 77% | 정답 ④

| 문제 보기 |

다음 토론의 핵심 쟁점으로 가장 적절한 것은?

> 갑 : 자동차 사고의 대부분이 운전자의 과실로 발생하는데, 자율 주행 자동차는 인공 지능을 통해 사고를 획기적으로 줄일 수 있을 것입니다.
> 을 : 동의합니다. 다만 생명이 위협받는 위급한 상황에서는 사람이 직접 운전하면서 스스로 판단하여 어떻게 할지를 결정할 수 있어야 합니다.
> 갑 : 아닙니다. 그런 방식은 오히려 사고를 증가시킬 수 있습니다. 사고를 줄이는 것이 사회 전체에 이익이 되므로 모든 상황에서 인공 지능에게 운전을 맡겨야 합니다.
> 을 : 생명과 관련되는 문제에서는 단순히 이익을 기준으로 판단해서는 안 되며 자율성을 존중하여 개인의 선택에 맡겨야 합니다.

① 인공 지능의 사용은 인간의 자율성을 증진시키는가?
② 자율 주행 자동차는 사회 전체의 이익을 증진시키는가?
③ 자동차 사고의 주요 원인은 운전자의 과실로 인한 것인가?
④ 위급 상황에서 어떤 주체가 자율 주행 자동차를 운전해야 하는가?
⑤ 인공 지능의 사용은 자동차 사고를 줄이는 데 기여할 수 있는가?

• 왜 정답일까?

갑은 자율 주행 자동차가 인공 지능을 통해 사고를 획기적으로 줄일 수 있다고 본다. 을은 이러한 점에 동의하면서도 위급한 상황에서는 사람이 직접 운전하면서 스스로 결정해야 한다고 본다. 따라서 갑, 을은 위급한 상황에서 자율 주행 자동차가 운전을 해야 하는지, 사람이 운전을 해야 하는지에 대해 의견을 달리 하고 있다.

12 시민 불복종에 대한 롤스의 입장   정답률 55% | 정답 ③

| 문제 보기 |

다음 사상가의 입장만을 〈보기〉에서 고른 것은?

> 시민 불복종은 법이나 정부의 정책에 변혁을 가져올 목적으로 행해지는, 공공적이고 비폭력적이며 양심적이기는 하지만 법에 반하는 정치적 행위이다. 시민 불복종은 거의 정의로운 국가 내에서 그 체제의 합법성을 인정하고 받아들이는 시민들에게만 생겨나는 문제이다. 시민 불복종 행위가 그 권리를 인정받으려면 대상과 수단이 적절해야 한다.

<보 기>

ㄱ. 의회가 합법적으로 제정한 법은 시민 불복종의 대상이 아니다.
ㄴ. 시민 불복종에 대한 처벌의 수용을 전제로 한다.
ㄷ. 개인의 양심에 근거하더라도 정당한 시민 불복종이 아닐 수도 있다.
ㄹ. 시민 불복종은 정치 체제를 변혁하기 위한 공개적인 행위이다.

① ㄱ, ㄴ ② ㄱ, ㄷ ③ ㄴ, ㄷ ④ ㄴ, ㄹ ⑤ ㄷ, ㄹ

• 왜 정답일까?

제시문은 롤스의 주장이다. 롤스는 시민 불복종이 정당화되기 위해서는 시민 불복종 운동에 참여한 사람은 처벌을 감수할 수 있어야 한다고 본다. 그리고 롤스는 개인적 양심이 아니라 사회적 다수의 정의관이 시민 불복종의 근거가 되어야 한다고 본다. 따라서 개인의 양심에 근거하더라도 정당한 불복종이 아닐 수도 있다고 본다.

• 왜 오답일까?

ㄱ. 롤스는 의회가 합법적으로 제정한 법률이라도 상당할 정도로 부정의하다면 불복종할 수 있다고 본다.
ㄹ. 롤스에 따르면 시민 불복종은 정치 체제를 변혁하기 위한 것이 아니다.

13 대중 예술에 대한 대비되는 입장   정답률 85% | 정답 ②

| 문제 보기 |

갑, 을 사상가들의 입장으로 적절하지 않은 것은? [3점]

> 갑 : 복제 기술의 발달로 예술 작품의 '아우라'는 사라지지만 누구든 예술 작품에 대해 자신의 의견을 표현할 수 있게 된다. 또 대중 예술의 발달은 대중의 각성을 불러일으킴으로써 대중을 집단적 주체로 형성시키는 데 기여한다.
> 을 : 현대 자본주의 사회에서 대중문화의 가치는 돈으로 일원화된다. 이러한 사회에서 대중문화는 문화 산업으로 전락하게 되며, 규격품을 만들어 내듯이 인간을 획일화시켜 능동적으로 사유하는 것을 불가능하게 만든다.

① 갑 : 복제 기술의 발달은 대중들의 예술에 대한 접근성을 높인다.
② 갑 : 예술 작품의 아우라 소멸은 대중의 예술 비평 활동을 위축시킨다.
③ 을 : 문화 산업의 확산은 인간의 상품화와 몰개성화를 조장한다.
④ 을 : 문화의 가치는 경제적 효율성에 의해 결정되어서는 안 된다.
⑤ 갑, 을 : 문화의 대중화는 대중의 비판적 사고에 영향을 미친다.

• 왜 정답일까?
갑은 복제 기술의 발달로 대중 예술이 활성화되어 대중의 각성을 불러일으키고 대중을 집단적 주체로 성장시킬 수 있다고 본다.
을은 대중문화는 자본주의의 영향으로 획일화되고 이에 따라 대중들이 능동적으로 사유하지 못하게 한다고 본다.
갑은 예술 작품이 대중화된다면 예술 작품의 아우라는 소멸되지만, 대중의 예술 비평 활동을 증진시킬 수 있다고 본다.

14 노인 공경
정답률 76% | 정답 ⑤

| 문제 보기 |

다음 사상가의 입장에서 지지할 주장만을 〈보기〉에서 있는 대로 고른 것은?

○ 양로(養老)의 예법 중에는 노인에게 교훈이나 길잡이가 되는 가르침을 달라고 부탁드리는 절차가 있다. 그러므로 목민관(牧民官)은 노인에게 백성들이 겪는 괴로움과 질병이 무엇인지를 물어서 그 절차에 부합하도록 해야 한다.
○ "윗사람이 어른을 어른으로 섬기면 백성들에게는 어른을 공경하는 마음이 생겨난다."라고 하였다. 목민관이 가난하고 의지할 데 없는 고령의 노인을 위해 혜택을 베풀고, 양로의 예법을 제도화하는 데 힘쓰면, 백성들은 노인을 공경할 줄 알게 될 것이다.

〈보 기〉
ㄱ. 국가는 모든 노인에게 동일한 복지 혜택을 지원해야 한다.
ㄴ. 윗사람의 모범을 통해 장유유서(長幼有序)를 구현할 수 있다.
ㄷ. 사회 문제 해결을 위해 노인의 경험과 지혜를 활용할 수 있다.
ㄹ. 노인 부양 문제의 해결은 정신적·물질적 측면 모두와 관련된다.

① ㄱ, ㄴ   ② ㄱ, ㄷ   ③ ㄴ, ㄹ
④ ㄱ, ㄷ, ㄹ   ⑤ ㄴ, ㄷ, ㄹ

• 왜 정답일까?
제시문에서는 목민관이 노인에게 괴로움과 질병을 물어서 그 절차에 부합되도록 해야 하며, 가난하고 의지할 데 없는 노인을 잘 섬겨야 함을 강조하고 있다.
제시문은 윗사람이 어른을 어른으로 섬기면 백성들도 어른을 공경하는 마음이 생겨난다고 하고, 노인에게 교훈이나 길잡이가 되는 가르침을 얻어야 하며, 노인을 공경하면서도 노인을 위한 혜택과 양로의 예법을 제도화할 것을 강조하고 있다.

15 노직, 롤스, 마르크스의 정의론
정답률 40% | 정답 ⑤

| 문제 보기 |

(가)의 갑, 을, 병 사상가들의 입장을 (나) 그림으로 탐구할 때, A~D에 해당하는 적절한 질문만을 〈보기〉에서 있는 대로 고른 것은?

(가)	갑 : 개인들의 소유 권리를 보장하는 것이 정의이다. 포괄적 국가는 개인의 권리를 침해할 것이므로 좁은 기능으로 제한된 최소 국가만이 정당화된다. 을 : 개인들이 공정한 조건에서 합의한 것이 정의의 원칙이다. 개인의 기본적 자유를 보장하고 최소 수혜자에게 최대 이익이 돌아가도록 해야 한다. 병 : 개인들의 노동량에 따라 재화를 분배하는 것은 정의롭지 않다. 노동 소외가 극복되고 생산력이 고도화된 공산주의 사회에서는 새로운 분배 원칙이 요구된다.

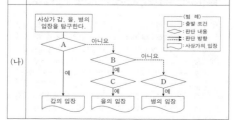

| (나) | 〈범 례〉
◇ 출발 조건
◇ 판단 내용
→ 판단 방향
→ 사상가의 입장 |

갑은 노직, 을은 롤스, 병은 마르크스이다.
노직은 개인의 소유 권리를 보장하는 것이 정의라고 본다. 롤스는 원초적 입장에서 합리적 당사자들은 정의의 원칙에 합의할 수 있다고 본다.
마르크스는 자본주의 사회에서 발생한 노동 소외는 공산주의 사회에서 극복될 수 있다고 본다. 노직은 정형화된 분배 원칙에 따라 재화를 분배하는 것은 소유 권리를 침해한다고 본다.
롤스는 절차적 정의의 관점에서 공정한 절차는 결과의 정당성을 보장한다고 본다. 마르크스는 업적에 따른 분배는 노동자의 노동 소외를 초래한다고 본다.

〈보 기〉
ㄱ. A : 정형화된 재화 분배 원칙은 분배적 정의에 위배되는가?
ㄴ. B : 경제적 불평등의 극복을 위해 기본적 자유를 제약할 수 있는가?
ㄷ. C : 분배 절차의 공정성으로 분배 결과의 정의가 보장되는가?
ㄹ. D : 업적에 따른 분배 원칙은 부당한 경제적 불평등을 초래하는가?

① ㄱ, ㄴ   ② ㄴ, ㄹ   ③ ㄷ, ㄹ
④ ㄱ, ㄴ, ㄷ   ⑤ ㄱ, ㄷ, ㄹ

• 왜 정답일까?
갑은 노직, 을은 롤스, 병은 마르크스이다.
노직은 개인의 소유 권리를 보장하는 것이 정의라고 본다. 롤스는 원초적 입장에서 합리적 당사자들은 정의의 원칙에 합의할 수 있다고 본다.
마르크스는 자본주의 사회에서 발생한 노동 소외는 공산주의 사회에서 극복될 수 있다고 본다. 노직은 정형화된 분배 원칙에 따라 재화를 분배하는 것은 소유 권리를 침해한다고 본다.
롤스는 절차적 정의의 관점에서 공정한 절차는 결과의 정당성을 보장한다고 본다. 마르크스는 업적에 따른 분배는 노동자의 노동 소외를 초래한다고 본다.

• 왜 오답일까?
ㄴ. 롤스는 경제적 불평등을 극복한다는 명분으로 기본적 자유를 제약할 수 없다고 본다.

16 다문화 정책에 대한 대비되는 입장
정답률 82% | 정답 ⑤

| 문제 보기 |

갑, 을의 입장으로 적절하지 않은 것은?

갑 : 주류 문화와의 통합 여부는 소수 문화의 구성원이 결정해야 한다. 주류 문화 구성원이 소수 문화의 통합을 강제하는 것은 부정의하다.
을 : 단일한 언어, 문화 전통, 교육 정책을 추구하여 소수 문화가 주류 문화에 동화되도록 도와야 한다. 통일된 문화의 부재 때문에 집단 간 결속력이 훼손되는 것은 바람직하지 않다.

① 갑 : 사회 통합을 위해 소수 문화가 억압받아서는 안 된다.
② 갑 : 소수 문화 구성원에게 문화적 자치권을 부여해야 한다.
③ 을 : 사회적 유대의 강화를 위해 단일 문화를 형성해야 한다.
④ 을 : 사회 발전을 위해 주류 문화가 문화 통합의 중심이 되어야 한다.
⑤ 갑, 을 : 국가의 교육 정책으로 통일된 문화를 형성해야 한다.

• 왜 정답일까?
갑은 소수 문화가 주류 문화와의 통합 여부를 주체적으로 결정할 수 있어야 한다고 본다. 을은 소수 문화가 주류 문화에 통합되어야 한다고 본다. 갑은 국가의 교육 정책으로 통일된 문화를 형성하는 데 반대한다.

17 감정 중심주의와 생명 중심주의
정답률 83% | 정답 ②

| 문제 보기 |

현대 서양 사상가 갑, 을의 입장에 대한 설명으로 가장 적절한 것은?

갑 : 인종이나 성(性)을 근거로 하여 평등한 도덕적 지위를 부정하는 것이 그른 것처럼, 우리 종(種)의 구성원이 아니라는 것을 근거로 하여 평등한 도덕적 지위를 부정하는 것은 옳지 않다. 고통과 쾌락의 감수 능력이 이익 관심을 갖는 전제 조건이다.
을 : 모든 생명은 '목적론적 삶의 중심'에 서 있기 때문에 자기 고유의 선(善)을 가지고 있다고 할 수 있다. 그래서 모든 생명은 변화하는 환경에 성공적으로 적응하여 자신의 생존을 유지하고, 종(種)을 재생산하려는 경향성을 갖는다.

① 갑은 도덕 공동체의 범위를 생태계까지 확대해야 한다고 본다.
② 갑은 고통을 느낄 수 있는 동물을 도덕적 고려의 대상으로 본다.
③ 을은 자연의 모든 존재는 그 자체로 존중의 대상이라고 본다.
④ 을은 생명을 인간의 선한 목적을 위한 도구적 대상으로 본다.
⑤ 갑, 을은 인간이 자연 전체에 대한 직접적 의무를 가진다고 본다.

• 왜 정답일까?
갑은 싱어이고 을은 테일러이다.
싱어는 쾌고 감수 능력을 지닌 존재까지 보호해야 한다고 보았고 테일러는 모든 생명을 보호해야 한다고 보았다.

18 남녀평등에 대한 입장
정답률 86% | 정답 ④

| 문제 보기 |

다음 신문 칼럼의 입장으로 적절하지 않은 것은? [3점]

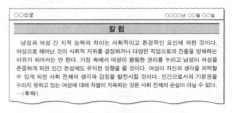

○○신문   ○○○○년 ○○월 ○○일
칼 럼
남성과 여성 간 지적 능력의 차이는 사회적이고 환경적인 요인에 의한 것이다. 여성으로 태어난 것이 사회적 지위를 결정하거나 다양한 직업으로의 진출을 방해하는 이유가 되어서는 안 된다. 가정 속에서 여성의 평등한 권리를 누리는 남성이 여성을 존중하게 되면 인간 본성에도 유익한 영향을 줄 것이다. 여성이 자신의 생각을 피력할 수 있게 되면 사회 전체의 생각과 감정을 발전시킬 것이다. 인간으로서의 기본권을 누리지 못하고 있는 여성에 대해 차별이 지속되는 것은 사회 전체의 손실이 아닐 수 없다. …(후략)…

① 여성들을 존중하는 태도를 통해 도덕성을 함양시킬 수 있다.
② 차별적인 관습과 제도로부터 여성을 해방시키는 것이 필요하다.
③ 여성의 자유권 확대와 사회 전체의 이익 증진은 양립 가능하다.
④ 남녀의 지적 능력의 차이는 선천적이지만 성차별을 해서는 안 된다.
⑤ 여성에게 표현의 자유를 보장하면 사상의 발전에 기여할 수 있다.

• 왜 정답일까?
신문 칼럼에서는 남녀 간의 지적 능력의 차이는 선천적인 것이 아니라, 사회적이고 환경적인 것이며, 여성을 억압하거나 부당하게 대우하는 것은 잘못이라고 본다.

19 형벌에 대한 여러 입장
정답률 73% | 정답 ③

| 문제 보기 |

(가)의 갑, 을, 병 사상가들의 입장을 (나) 그림으로 표현할 때, A~C에 해당하는 적절한 진술만을 〈보기〉에서 있는 대로 고른 것은? [3점]

(가)	갑 : 범죄자에 대한 처벌은 정언명령으로 주어진다. 사법적 처벌은 범죄자 자신을 위해서든 시민사회를 위해서든 다른 어떤 선을 촉진하기 위한 수단으로 시행될 수 없다. 을 : 모든 형벌 자체는 해악이지만 공리의 원칙에 따르면 형벌이 주는 해악보다 더 큰 해악을 제거하여 사회의 행복을 증진시킬 수 있는 경우에는 형벌이 허용될 수 있다. 병 : 사형은 범죄자를 교정하기보다는 죽여서 고통을 느낄 수 없게 한다. 범죄자의 지속적인 불행을 본보기로 보여 주는 것이 사람들에게 사형보다 강력한 인상을 준다.

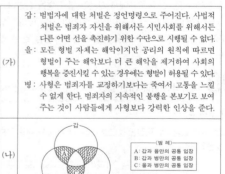

| (나) | 〈범 례〉
A : 갑과 을만의 공통 입장
B : 갑과 병만의 공통 입장
C : 을과 병만의 공통 입장 |

〈보 기〉
ㄱ. A : 사형은 살인범의 인격을 존중하기 위해 실시해야 한다.
ㄴ. B : 살인죄에 대하여 사형을 대체할 다른 처벌이 존재한다.
ㄷ. C : 형벌이 방지할 해악이 형벌의 해악보다 크다면 형벌은 정당하다.
ㄹ. C : 범죄자 처벌을 통해 범죄를 예방하는 것은 형벌의 목적이다.

① ㄱ, ㄴ   ② ㄴ, ㄷ   ③ ㄷ, ㄹ
④ ㄱ, ㄴ, ㄹ   ⑤ ㄱ, ㄷ, ㄹ

• 왜 정답일까?
갑은 칸트, 을은 벤담, 병은 베카리아이다.
벤담과 베카리아는 형벌이 방지할 해악이 형벌의 해악보다 크다면 그 형벌은 정당하며, 형벌의 목적은 범죄 예방에 있다고 본다.

20 합리적 소비와 윤리적 소비
정답률 90% | 정답 ⑤

| 문제 보기 |

갑, 을의 입장에서 〈문제 상황〉 속 A에게 제시할 조언으로 적절하지 않은 것은? [3점]

갑: 자신의 욕구를 정확하게 파악하고 상품 정보를 충분히 알아본 뒤 계획을 세워 주어진 예산의 범위 안에서 자신에게 가장 효용이 큰 제품을 선택하여 소비해야 한다.

을: 자신의 소비가 개인에게 미치는 영향만이 아니라 사회, 자연 등에 미치는 영향을 고려하여 윤리적인 가치 판단에 따라 올바른 선택을 하는 소비를 해야 한다.

<문제 상황>

A는 아보카도가 슈퍼 푸드라는 이야기를 듣고 관심을 가지게 되었다. 그런데 아보카도의 생산 및 유통 과정은 많은 이산화탄소를 발생시켜 지구 온난화의 원인이 된다. 또한 재배에 많은 물이 소모되어 동식물은 물론 지역 주민의 삶에 피해를 준다. A는 그 사실을 알고 아보카도를 구매해야 할지 고민하고 있다.

① 갑 : 자신의 처지에 맞는 가장 효율적인 소비인지를 고려하세요.
② 갑 : 충동적 소비나 과시적 소비가 되지 않는지를 고려하세요.
③ 을 : 생산 지역의 주민의 삶에 해악을 주지 않도록 결정하세요.
④ 을 : 인간을 포함한 생태계에 악영향을 주지 않도록 결정하세요.
⑤ 갑, 을 : 다른 가치보다 경제적 효용을 먼저 고려하여 결정하세요.

• 왜 정답일까? •

갑은 합리적 소비, 을은 윤리적 소비를 주장하고 있다.
합리적 소비는 경제적 효용을 최우선적으로 고려하지만, 윤리적 소비는 평화, 인권, 사회 정의, 환경 등 인류의 보편 가치도 중시한다.

21회 · 고3 생활과 윤리 · **2019학년도 6월**

01 ③	02 ④	03 ⑤	04 ④	05 ⑤
06 ⑤	07 ④	08 ⑤	09 ③	10 ④
11 ②	12 ①	13 ④	14 ④	15 ①
16 ③	17 ③	18 ④	19 ②	20 ①

채점결과	• 실제 걸린 시간 :	분	초
	• 맞은 문항수 :		개
	• 틀린 문항수 :		개
	• 헷갈린 문항 :		

01 기술 윤리학과 규범 윤리학

정답률 84% | 정답 ③

| 문제 보기 |

갑, 을의 입장으로 가장 적절한 것은?

갑 : 윤리학은 어떻게 살아야 하는가라는 문제보다 개인의 생활, 사회의 구조와 기능 속에 존재해 온 도덕적 관행들을 역사적, 문화적, 인류학적으로 접근하여 서술해야 한다.
을 : 윤리학은 도덕적 관행 조사와 도덕적 개념 분석에 집중하기보다 윤리적 삶을 살고자 하는 사람들이 옳고 그름을 판단할 수 있도록 도덕 규칙의 근거인 도덕 원리를 정립해야 한다.

① 갑 : 도덕 현상을 기술할 때 문화적 특성을 고려하지 말아야 한다.
② 갑 : 도덕적 관습 비교보다 윤리적 개념 분석을 중시해야 한다.
③ 을 : 어떻게 행동해야 하는가에 대한 규범적 원리를 정립해야 한다.
④ 을 : 도덕적 명제의 논리 구조와 의미 분석이 탐구 목적이어야 한다.
⑤ 갑, 을 : 인간의 가치 판단을 배제하여 객관성을 확보해야 한다.

• 왜 정답일까? •

갑은 기술 윤리학의 입장을, 을은 규범 윤리학의 입장을 취하고 있다. 규범 윤리학은 행위의 기준이 되는 보편적인 도덕 원리를 정립해야 한다고 주장한다.

02 종교의 본질

정답률 84% | 정답 ④

| 문제 보기 |

그림의 강연자가 지지할 입장만을 <보기>에서 있는 대로 고른 것은? [3점]

종교란 궁극적 관심에 붙잡힌 상태입니다. 종교는 궁극적 관심에 의해 '죽느냐 또는 사느냐'를 물으며 그 대답을 찾습니다. 진정한 종교는 유한하지 않은 궁극성에 대해 관심을 가지며 순수하고 진지한 관심으로 존재 그 자체로서의 존재를 대면합니다. 이때 궁극적 관심은 절대성을 띠지만, 그 관심의 개별적 표현은 다양한 종교에서 서로 다른 방식으로 드러납니다. 종교는 유한한 실재를 하나의 신으로 만들면 안 됩니다. 그렇게 만든 신은 우상이 되기 때문입니다.

< 보 기 >
ㄱ. 종교는 삶과 죽음의 의미를 묻고 답하는 것이다.
ㄴ. 진정한 종교는 유한한 실재를 무한한 존재로 만든다.
ㄷ. 종교는 모든 존재의 근원으로서의 존재와의 만남이다.
ㄹ. 종교적 관심은 절대성을 갖지만 종교적 표현은 다양하다.

① ㄱ, ㄴ   ② ㄱ, ㄷ   ③ ㄴ, ㄹ
④ ㄱ, ㄷ, ㄹ   ⑤ ㄴ, ㄷ, ㄹ

• 왜 정답일까? •

강연자는 틸리히이다. 틸리히는 참된 종교란 궁극적 관심을 갖고 무한한 존재로서의 존재 그 자체로서의 존재를 대면하는 것으로 파악한다.
ㄱ. "종교는 궁극적 관심으로 '죽느냐 또는 사느냐'를 물으며 대답을 찾습니다."라는 내용에서 추론할 수 있다.
ㄷ. '종교는 존재 그 자체로서의 존재를 대면하는 것'이라는 내용에서 추론할 수 있다.
ㄹ. "궁극적 관심은 절대성을 띠지만, 그 관심의 개별적 표현은 다양한 종교에서 서로 다른 방식으로 드러납니다."라는 내용에서 추론할 수 있다.

03 프로테스탄트 윤리에 대한 베버 관점

정답률 58% | 정답 ⑤

| 문제 보기 |

다음 사상가가 부정의 대답을 할 질문으로 가장 적절한 것은? [3점]

프로테스탄트는 자신의 구원의 여부가 예정되어 있다고 보았으며, 직업 노동을 신에게 선택받았다는 확신에 이르기 위한 가장 훌륭한 수단이라고 여겼다. 이들의 금욕주의가 세속의 윤리를 지배하게 되면서 근대적 경제 질서를 구축하는 데 일조하였다. 직업이 정신적 가치와 직접 관련을 맺지 않거나 경제적 강제로 느껴질 경우 인간은 영혼 없는 전문가, 열정 없는 향락주의자로 전락할 것이다.

① 프로테스탄트는 직업적 성공이 구원의 징표라고 보는가?
② 프로테스탄트는 직업이 정신적 가치와 무관하지 않다고 보는가?
③ 금욕주의 직업윤리는 자본주의 정신 형성에 기여할 수 있는가?
④ 프로테스탄트는 직업을 신으로부터 부름 받은 것으로 보는가?
⑤ 프로테스탄트는 노동을 통한 부의 추구를 영혼의 타락으로 보는가?

• 왜 정답일까? •

제시문은 베버의 주장이다.
베버에 의하면 프로테스탄트는 직업 노동을 신의 소명에 응하는 것으로 여겼고 소명 의식에 입각하여 직업 노동을 통해 부를 얻고자 하는 것은 정당화될 수 있다고 여겼다.

• 왜 오답일까? •

① 베버에 의하면 프로테스탄트는 직업적 성공을 구원의 징표라고 여겼다.
② 베버에 의하면 프로테스탄트는 직업이 정신적 가치와 관련이 없게 될 경우 영혼이 타락한다고 보았다.
③ 베버에 의하면 프로테스탄트의 직업윤리는 자본주의 경제 질서를 구축하는 데 기여하였다 .
④ 베버에 의하면 프로테스탄트는 직업을 신의 소명으로 이해하였다.

04 유교의 친구 관계 도리

정답률 78% | 정답 ④

| 문제 보기 |

다음 사상의 입장으로 적절하지 않은 것은?

○ 군자는 벗을 사귐에 나이도, 신분도, 재물도 내세우지 않는다. 벗을 사귐은 그 덕을 벗하는 것이어서 무엇을 내세워서는 안 된다. 덕으로 벗을 사귀는 것은 어진 이를 존경하는 것과 같고, 또한 귀한 이를 귀하게 대하는 것과 같다.
○ 군자는 글로써 벗들을 모아 사귀고, 그 벗들을 통해 사람의 도리가 더 밝아지며, 선(善)으로 인(仁)을 보완하게 되어 덕이 점차 더 높아질 것이다. 벗은 서로 진심을 다해 충고하고 선으로 이끌어야 한다.

① 참된 벗은 자신뿐만 아니라 상대의 인격도 수양하게 한다.
② 참된 우정은 사람들로 하여금 이상적 인간상을 지향하도록 한다.
③ 벗의 덕이 높으면 그의 조건과 처지를 불문하고 존경할 수 있다.
④ 참된 우정은 사람을 덕과 도리로도 구별하지 않고 사귀는 것이다.
⑤ 참된 벗을 사귀는 것 또한 학문을 닦는 하나의 공부 방식이다.

• 왜 정답일까? •

제시문은 유교 사상이다.
유교에서는 참된 친구는 덕으로 사귀며, 서로의 인격 도야에 도움을 주어야 한다고 본다. 따라서 친구를 사귐에 있어서는 덕으로서 사귈 수 있는지의 여부를 중히 여겨야 한다.

05 칸트와 요나스의 윤리 사상

정답률 69% | 정답 ⑤

| 문제 보기 |

갑, 을 사상가들의 입장에 대한 설명으로 가장 적절한 것은? [3점]

갑 : '해야 하기 때문에 할 수 있다.'는 것은 의무를 의식하기 때문에 정언명령을 따라 행위할 수 있음을 의미한다. 이러한 정언명령은 보편적 명식으로 표현된다.
을 : '할 수 있기 때문에 해야만 한다.'는 것은 책임질 수 있는 능력을 지닌다는 것, 그 자체로 책임져야 한다는 의미이다. 이는 인간이 미래의 위험을 예견하고 책임져야 한다는 명령으로 표현된다.

① 갑은 자연적 경향성에 근거한 행위를 도덕적 행위로 본다.
② 갑은 도덕 법칙의 형식으로 행위를 판단해서는 안 된다고 본다.
③ 을은 책임의 주체와 대상은 이성을 가진 존재로 한정된다고 본다.
④ 을은 의도하지 않은 결과까지 책임져야 하는 것은 아니라고 본다.
⑤ 갑, 을은 인간이 준수해야 할 무조건적인 도덕적 의무가 있다고 본다.

● 왜 정답일까?

갑은 칸트, 을은 요나스이다. 칸트와 요나스 모두 인간이 무조건적으로 준수해야 할 의무를 정언명령의 형식으로 표현하였다.

● 왜 오답일까?

① 칸트는 자연적 경향성에 근거한 행위를 도덕적 행위로 보지 않았다.
② 칸트는 도덕 법칙의 형식으로 행위를 판단해야 한다고 보았다.
③ 요나스는 책임의 대상을 미래 세대와 자연에까지 확대하였다.
④ 요나스는 자신이 의도하지 않은 행위의 결과까지도 책임을 져야 한다고 하였다.

06 형벌에 대한 칸트와 베카리아의 입장 정답률 52% | 정답 ⑤

| 문제 보기 |
갑, 을 사상가들 모두가 부정의 대답을 할 질문으로 옳은 것은? [3점]

갑 : 형벌은 보편 법칙을 입법하려는 의지의 형태로 범죄자의 자유의지를 범죄자 자신에게 실현시켜 주는 것이다. 형벌은 스스로가 한 행위에 응분의 책임을 부과하는 것이다.
을 : 공공 의사의 표현인 법은 살인을 증오하고 그 행위를 처벌한다. 살인범에게 지속적인 고통을 주는 형벌이 범죄 억제에 가장 확실한 효과를 가져온다.

① 형벌은 범죄와의 응보적 관계에 따라 부과해야 하는가?
② 사형은 사적 차원의 보복이 아닌 공적 차원의 형벌인가?
③ 사형은 살인범의 인간으로서의 존엄을 지켜주는 형벌인가?
④ 형벌로 얻는 공공 이익은 형벌이 초래할 해악보다 커야 하는가?
⑤ 형벌의 목적은 범죄자 교화가 아닌 타인의 범죄 예방에 국한되는가?

● 왜 정답일까?

갑은 칸트, 을은 베카리아이다.
칸트에 의하면 형벌의 목적은 범죄 행위에 상응하는 형벌 부과를 통한 정의 실현에 있다. 베카리아에 의하면 형벌의 목적은 범죄자 교화와 본보기를 통한 범죄 예방에 있다.

● 왜 오답일까?

① 칸트는 긍정, 베카리아는 부정의 대답을 할 질문이다.
② 칸트와 베카리아 모두 긍정의 대답을 할 질문이다.
③ 칸트는 긍정, 베카리아는 부정의 대답을 할 질문이다. 칸트는 사형을 살인범의 인간으로서의 존엄성을 존중하는 것이라고 본다.
④ 베카리아가 긍정의 대답을 할 질문이다.

07 동화주의와 다문화주의 정답률 88% | 정답 ④

| 문제 보기 |
갑, 을의 입장으로 가장 적절한 것은?

갑 : 기존 시민들이 공유하는 문화에 동화될 때에만 이민자에게 시민권을 부여해야 한다. 주류 사회 시민들과 동일한 언어로 함께 교육을 받게 하고 동일한 사회 복지를 제공하여 국민 정체성을 고취시켜 동일시켜 이민자 집단을 동화시켜야 한다.
을 : 기존 시민들이 공유하는 문화에 동화되지 않아도 이민자에게 시민권을 부여해야 한다. 이민자의 언어로 운용되는 자체의 법적 제도를 보장하면서 이민자 집단과 주류 사회의 결속과 통합을 도모해야 한다.

① 갑 : 주류 문화와의 융합을 위해 소수 문화의 가치를 존중해야 한다.
② 갑 : 사회권 보장으로 소수 집단의 문화적 정체성을 유지시켜야 한다.
③ 을 : 소수 문화에 대한 불관용을 통해 국민 통합을 지향해야 한다.
④ 을 : 소수 집단의 자치를 승인하면서 사회적 연대를 추구해야 한다.
⑤ 갑, 을 : 문화적 동일성에 대한 요구 없이 시민권을 보장해야 한다.

● 왜 정답일까?

갑은 동화주의의 입장에서, 을은 다문화주의의 입장에서 주장하고 있다. 을은 '이민자의 언어로 운용되는 자체의 법적 제도를 보장하면서 이민자 집단과 주류 사회의 결속과 통합을 도모해야 한다'고 주장하므로 소수 집단의 자치를 승인하면서 사회적 연대를 추구한다고 할 수 있다.

08 부부 간 도리에 대한 유교의 입장 정답률 84% | 정답 ⑤

| 문제 보기 |
다음 사상의 입장으로 가장 적절한 것은? [3점]

천지가 화합해야 만물이 생성된다. 이와 마찬가지로 남녀가 결혼해야 자손이 태어나고 번영해서 만세에까지 이어진다. … (중략) … 남자가 친히 아내를 맞이할 때 선물을 가지고 상견(相見)하는 것은 공경을 통해 부부유별을 밝히려는 것이다. 이처럼 남녀가 유별한 뒤라야 부자가 친하게 되고, 그런 다음에야 도의가 성립되며, 도의에 의해 예의가 제정되고, 그런 다음에야 만사가 안정된다. 만일 남녀의 구별이 분명하지 않고 도의가 성립하지 않는다면, 그것은 금수(禽獸)의 도(道)이다.

① 부부의 예절은 성 역할의 차이를 해소하는 데서 시작한다.
② 금수에게도 사람의 남녀에게 볼 수 있는 분별적 도리가 있다.
③ 남녀가 부부의 연을 맺을 때 일정한 절차가 필요한 것은 아니다.
④ 부부의 도리는 두 사람의 관계보다 각자의 개별성을 중시해야 한다.
⑤ 부부 간에도 공경하는 마음을 담아 예절의 형식을 따라야 한다.

● 왜 정답일까?

제시문은 부부 간 도리에 대한 유교의 관점을 제시하고 있다. '남자가 친히 아내를 맞이할 때 선물을 가지고 상견하는 것'은 혼례에 있어 일정한 형식과 절차가 있음을 말하는 것이며, 이러한 예는 상호 공경을 바탕으로 한다.

09 환경 윤리 정답률 31% | 정답 ③

| 문제 보기 |
(가)의 갑, 을, 병 사상가들의 입장을 (나) 그림으로 표현할 때, A ~ D에 해당하는 적절한 진술만을 <보기>에서 있는 대로 고른 것은? [3점]

| | 갑 : 자연 체계 내에서의 인간은 다른 동물들과 같이 대지의 산물로서 평범한 가치를 가진다. 그러나 도덕적, 실천적 이성의 주체로서 인간은 자연 안에 존엄하며 절대적 가치를 지닌 존재이다.
| (가) | 을 : 새로운 윤리는 도덕적, 심미적 관점을 담아 옳고 그름의 기준을 마련해야 하며, 생명 공동체의 온전함에 기여해야 한다. 그러므로 대지의 사용을 이익의 문제로만 생각하지 말아야 한다.
| | 병 : 도덕적 기준은 어떤 행위에 의해 영향을 받는 모든 존재들의 이익과 고통을 동등하게 고려하는 데 있다. 그러므로 어떤 행위가 누군가에게 피해를 입히게 된다면, 그 행위는 하지 말아야 한다.

| (나) | 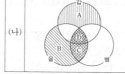 범례
A : 갑만의 입장
B : 을만의 입장
C : 을·병의 입장
D : 갑·을·병 공통의 입장 |

< 보 기 >
ㄱ. A : 대지의 모든 산물을 목적 그 자체로 대우해야 한다.
ㄴ. B : 대지 공동체 자체가 지닌 도덕적 지위를 인정해야 한다.
ㄷ. C : 고통을 느낄 수 있는 모든 생명체를 동일하게 대우해야 한다.
ㄹ. D : 동물 학대가 인간의 의무에 위배될 수 있음을 인정해야 한다.

① ㄱ, ㄴ ② ㄱ, ㄷ ③ ㄴ, ㄹ
④ ㄱ, ㄷ, ㄹ ⑤ ㄴ, ㄷ, ㄹ

● 왜 정답일까?

갑은 칸트, 을은 레오폴드, 병은 싱어이다.
ㄴ. 대지 공동체 자체가 도덕적 지위를 갖는다고 보는 사람은 레오폴드이다. 칸트는 인간만이, 싱어는 쾌고 감수 능력을 지닌 존재가 도덕적 지위를 갖는다고 본다.
ㄹ. 동물 학대를 칸트는 인간의 간접적 의무를 위반하는 것으로, 레오폴드는 동물의 생존권을 함부로 침해하지 말아야 할 의무를 위반하는 것으로, 싱어는 동물의 이익 관심을 침해하지 말아야 할 의무를 위반하는 것이라고 본다.

● 왜 오답일까?

ㄱ. 칸트는 인간을 목적 그 자체로 대우해야 한다고 보았다.
ㄷ. 싱어는 쾌고 감수 능력을 지닌 존재의 이익 관심을 평등하게 고려해야 한다고 주장하였다. 싱어가 주장하는 이익 평등 고려의 원칙은 동물을 인간과 동일하게 대우하라는 것을 의미하지 않는다.

10 예술과 도덕에 관한 플라톤의 입장 정답률 84% | 정답 ④

| 문제 보기 |
다음 사상가의 입장을 <보기>에서 고른 것은?

추한 것과 나쁜 리듬 그리고 부조화는 나쁜 성품을 닮은 반면, 그 반대되는 것들은 좋은 성품을 닮았으며 또한 그것을 모방한 것이다. 건강에 좋은 곳에 거주함으로써 건강해지듯, 젊은이들은 아름다운 작품을 만나 자신도 모르는 사이에 아름다운 말과의 닮음과 친근함, 그리고 조화로 이끌리게 된다. 복잡 미묘한 리듬도 온갖 종류의 운율도 추구하지 말고, 예절 바르고 용감한 삶을 나타내는 리듬이 무엇인지 알도록 해야 한다.

< 보 기 >
ㄱ. 예술은 독창성 구현을 목적으로 하는 심미 활동이어야 한다.
ㄴ. 예술은 올바른 품성 함양을 위한 삶의 모범을 제시해야 한다.
ㄷ. 예술가는 미(美)를 추구하므로 사회적 책임에서 자유로워야 한다.
ㄹ. 예술가는 도덕적 이상을 모방하여 영혼의 조화를 추구해야 한다.

① ㄱ, ㄴ ② ㄱ, ㄷ ③ ㄴ, ㄷ ④ ㄴ, ㄹ ⑤ ㄷ, ㄹ

● 왜 정답일까?

제시문은 플라톤의 주장이다.
플라톤은 예술은 젊은이들이 아름다운 덕을 모방함으로써 덕 있는 사람이 되는 것에 도움이 되어야 한다고 보았다. 플라톤은 예절 바르고 용감한 삶을 나타내는 리듬을 보여줌으로써 올바른 품성을 가질 수 있으며, 아름다운 작품을 만나 조화로 이끌리게 된다고 주장하였다.

11 맹자와 장자의 생사관 정답률 72% | 정답 ②

| 문제 보기 |
동양 사상 (가), (나)의 입장으로 가장 적절한 것은? [3점]

(가) 삶도 내가 원하고 의로움 또한 내가 원한다. 이 둘을 함께 얻을 수 없다면, 의로움을 취하여 어찌 구차하게 살겠는가. 죽음도 내가 싫어하는 것이지만 죽음보다 더 싫어하는 것이 있다. 그래서 죽음조차 피하지 않는 경우가 있다.
(나) 사랑하는 이의 죽음이 슬픈 일인가? 생명이란 본래 자연에서 빌린 것이니 마치 티끌과 같고, 삶과 죽음의 이치는 밤낮의 변화와 같다. 이제 우리는 그 자연스런 변화를 바라보노니, 그것이 내게 왔다고 해서 어찌 싫어하겠는가.

① (가) : 생(生) 그 자체가 어떤 가치보다도 더 소중하다.
② (가) : 도덕적 가치가 삶과 죽음의 선택 기준이 될 수 있다.
③ (나) : 삶과 죽음은 자연의 과정이 아니라 응보의 과정이다.
④ (나) : 삶과 죽음의 악순환을 끊는 것이 이상적 인간의 경지이다.
⑤ (가), (나) : 죽음 이후를 대비하여 도덕적 이치를 탐구해야 한다.

● 왜 정답일까?

(가)는 맹자의 주장이며, (나)는 장자의 주장이다.
맹자는 삶과 의로움 중 어느 하나를 택해야 한다면 의로움을 취하겠음을 주장하고 있다. 맹자의 주장은 도덕적 가치가 삶과 죽음의 선택 기준이 될 수 있음을 말하는 것이다.

[문제편 p.082]

12 길리건의 배려 윤리

| 문제 보기 |

다음 사상가의 입장으로 가장 적절한 것은? [3점]

> 도덕적 딜레마를 설명하는 여성들의 방식을 살펴보면 남성과는 다른 도덕 언어를 사용한다는 것을 알 수 있다. 이러한 도덕 언어가 존재한다는 것은 남성의 도덕 발달 과정과는 다른 또 하나의 도덕 발달 과정이 있다는 것을 암시한다. 여성들에게 도덕적으로 가장 중요하다고 규정되는 것은 남을 해하지 말고 보살펴야 한다는 윤리 의식이다.

① 남녀의 도덕적 사고의 차이에 대한 편향적 이해를 극복해야 한다.
② 감정을 배제한 선행일수록 도덕적 가치가 높다고 봐야 한다.
③ 배려는 보편적 의무 의식에 따라 무조건적으로 행해져야 한다.
④ 성차는 존중해야 하나 남녀의 도덕 판단 기준은 같다고 봐야 한다.
⑤ 도덕 판단은 상황적 맥락보다 합리적 추론에 따라 이뤄져야 한다.

● 왜 정답일까?
제시문은 길리건의 주장이다.
길리건은 여성의 도덕성은 남성의 도덕성과 다르며, 여성의 도덕성을 남성의 도덕성보다 열등한 것으로 보는 편견을 버려야 함을 주장하였다.

● 왜 오답일까?
② 길리건은 상대방에 대한 배려의 감정을 중시한다.
③ 보편적 의무 의식에 따라 무조건적으로 행해져야 함을 주장하는 것은 칸트이며, 길리건은 그러한 칸트의 입장을 비판한다.
④ 길리건은 남녀의 도덕적 판단 기준은 다르다고 본다.
⑤ 길리건은 도덕 판단에 있어 상황적 맥락을 합리적 추론보다 중시한다.

13 니부어의 윤리적 입장

| 문제 보기 |

다음 사상가의 입장으로 적절하지 않은 것은?

> 개인으로서 각 사람들은 그들이 서로 사랑하고 봉사해야 할 것과 서로 간의 정의를 확립해야 한다는 사실을 믿고 있다. 그런데 집단으로서의 개인들은 스스로 집단의 힘이 명하는 것이면 무엇이든 따른다. 가장 높은 수준의 종교적 선의지를 지닌 개인들로 이루어진 국가도 사랑을 실천하지 못한다. 그들의 선의지는 조국에 대한 충성이라는 여과를 거쳐 국가 이기주의를 확대하는 경향까지 생겨나게 한다.

① 사회 정의 실현에 정치적 강제 수단의 활용은 필수 요소이다.
② 개인의 이타심과 애국심은 국가 간 정의로운 행동을 보장한다.
③ 국가 간 이해 관계는 설득만으로는 합리적으로 조정되지 않는다.
④ 국가의 이기심은 도덕적 개인이 모인 사회를 비도덕적으로 만든다.
⑤ 집단 간 대립 상황에서도 개인은 비이기적 태도를 취할 수 있다.

● 왜 정답일까?
제시문은 니부어의 주장이다.
니부어는 국가 간 정의는 개인의 이타심으로는 실현될 수 없다고 본다. 니부어는 자신보다 국가를 생각하는 비이기적인 태도가 오히려 국가 이기주의를 확대할 수 있다고 본다.

● 왜 오답일까?
① 니부어는 사회 정의를 실현하기 위해서는 정치적 강제력이 필요하다고 보았다.
③ 니부어는 국가 간 이해 관계는 설득만으로는 합리적으로 조정되지 않는다고 보았다.
④ 니부어는 국가 이기주의가 사회를 비도덕적으로 만든다고 보았다.
⑤ 니부어는 집단 간 대립 상황에서도 개인은 비이기주의적 태도를 취할 수 있다고 보았다.

14 분배 정의에 대한 여러 입장

| 문제 보기 |

(가)의 사상가 갑, 을, 병의 입장을 (나) 그림으로 탐구할 때, A ~ D에 해당하는 적절한 질문만을 〈보기〉에서 있는 대로 고른 것은?

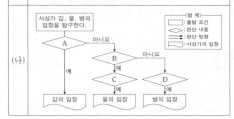

| (가) | 갑 : 정의는 자신이 선택하는 바에 따라 소유권이 행사되는 것이다. 취득과 이전에서의 정의의 원칙을 따라 소유물을 취득한 자는 그것에 대한 소유권이 있다.
을 : 정의의 원칙은 원초적 상황에서 합의로 도출된다. 정의로운 사회에서는 시민들에게 공통된 정의감이 존재하며 시민적 유대와 체제의 안정성이 보장된다.
병 : 정의는 동등한 사람에게 동등한 몫을 분배하는 것이다. 분배에서의 옳음은 일종의 비례인데 그것은 비율과 비율의 균등성을 의미한다. |

〈 보 기 〉
ㄱ. A : 재화는 개인의 자유로운 선택에 의해서만 이전되는가?
ㄴ. B : 정의로운 사회의 시민은 타인의 처지와 이익에 무관심한가?
ㄷ. C : 공정한 기회균등 원칙은 경제적 불평등을 허용하는가?
ㄹ. D : 분배와 교환의 정의는 모두 비례의 동등함을 따라야 하는가?

① ㄱ, ㄴ   ② ㄴ, ㄹ   ③ ㄷ, ㄹ
④ ㄱ, ㄴ, ㄷ   ⑤ ㄱ, ㄷ, ㄹ

● 왜 정답일까?
갑은 노직, 을은 롤스, 병은 아리스토텔레스이다.
ㄷ. 롤스는 사회 경제적 불평등은 공정한 기회 균등의 원칙과 차등의 원칙을 전제로 정당화될 수 있다고 하였다.
ㄹ. 아리스토텔레스는 분배적 정의와 교환의 정의 모두 비례의 동등함을 따라야 한다고 보았다.

● 왜 오답일까?
ㄱ. 현실적으로 재화는 개인의 자유로운 선택에 의해서만 이전되지는 않는다.
ㄴ. 타인의 이익에 대한 무관심은 정의의 원칙을 수립하는 원초적 입장에서 전제하는 것이다.

15 아리스토텔레스의 덕 윤리

| 문제 보기 |

다음 사상가의 입장에서 〈문제 상황〉 속 A에게 제시할 조언으로 가장 적절한 것은?

> 우리는 다른 사람과 어울리며 하는 행위들에 의해 올바른 사람이 되거나 옳지 못한 사람이 된다. 또한 위험에 당면해 무서워하거나 태연한 마음을 지니는 태도에 따라 비겁한 사람이나 용감한 사람이 되는 것이다. 결국 도덕적 덕은 본성적으로 타고나는 것이 아니라 지속된 습관의 결과로 생긴다.

> 〈문제 상황〉
> A는 온라인 쇼핑몰 회사에서 홈페이지 보안 시스템 책임자이다. 어느 날 직장 상사가 A에게 고객 B의 부당 거래가 의심이 된다며 B의 개인 정보를 요구하였다. 그러나 회사는 어떤 경우에도 고객의 개인 정보를 최우선으로 보호하겠다고 고객들과 약속한 상태이다. 이에 A는 어떻게 처신해야 할지 고민하고 있다.

① 사회 구성원으로서 갖추어야 할 훌륭한 인품에 비추어 판단하세요.
② 개인의 권익이 회사와 공동체의 이익보다 중요함을 고려하세요.
③ 선의지에서 비롯된 의무 의식에 의해 상사의 요구에 응하세요.
④ 개인 정보를 공개할 때 발생할 결과의 유용성을 측정해 판단하세요.
⑤ 어떤 상황에서도 예외 없이 고객과의 약속을 지키도록 하세요.

● 왜 정답일까?
제시문은 아리스토텔레스의 주장이다.
아리스토텔레스의 덕 윤리는 행위에 대한 판단을 행위자의 도덕

적 성품에 비추어 하려 한다. 따라서 아리스토텔레스의 입장에서는 A에게 사회 구성원으로서 추구해야 할 도덕적 성품에 비추어 판단하라고 조언할 것이다.

● 왜 오답일까?
② 덕 윤리는 개인의 권익보다는 공동선을 중시하므로 적절한 조언이 아니다.
③ 선의지에서 비롯되는 의무 의식을 강조하는 것은 칸트의 의무론이다.
④ 결과의 유용성을 측정해 판단할 것을 조언하는 것은 공리주의이다.
⑤ 덕 윤리는 상황과 맥락을 고려하여 판단을 내릴 것을 강조한다.

16 시민 불복종

| 문제 보기 |

갑, 을 사상가들의 입장으로 가장 적절한 것은? [3점]

> 갑 : 법에 대한 존경심보다 먼저 정의에 대한 존경심을 기르는 것이 바람직하다. 내가 떠맡을 권리가 있는 나의 유일한 책무는 내가 옳다고 생각하는 일을 행하는 것이다. 법에 대한 존경심 때문에 선량한 사람들조차 불의의 하수인이 되고 있다.
> 을 : 사회의 기본 구조가 합당하게 정의로운 것인 경우, 그 부정의가 지나치지 않으면 부정의한 법도 구속력이 있음을 인정해야 한다. 시민 불복종은 법에 대한 충실성의 한계 내에서 법에 대한 불복종을 나타내는 것이어야 한다.

① 갑 : 시민 불복종은 다수 국민이 공유한 정의관에 근거해야 한다.
② 갑 : 법률과 양심을 시민 불복종의 정당성 판별 근거로 삼아야 한다.
③ 을 : 양심에 충실한 거부라도 정당한 시민 불복종이 아닌 경우가 있다.
④ 을 : 시민 불복종은 체제의 정당성에 대한 비폭력적·공개적 저항이다.
⑤ 갑, 을 : 시민 불복종은 공권력에 의한 처벌을 거부하는 수단이다.

● 왜 정답일까?
갑은 소로, 을은 롤스이다. 롤스는 양심적 거부 중 공유된 정의관에 근거하지 않는 것은 시민 불복종에 해당하지 않는다고 보았다.

● 왜 오답일까?
① 소로는 시민 불복종은 개인의 양심에 근거한다고 본다.
② 소로는 불의한 법에 대한 불복종을 주장하므로 법이 시민 불복종의 정당성 판별기준이 될 수 없다.
④ 롤스는 시민 불복종은 체제의 정당성을 인정하는 틀 내에서 이루어지는 정치적 행위라고 보았다.
⑤ 롤스는 시민 불복종은 공권력에 의한 처벌을 받아들인다고 주장하였다.

17 해외 원조에 대한 입장

| 문제 보기 |

갑, 을, 병 사상가들의 입장에 대한 설명으로 옳은 것은? [3점]

> 갑 : 경제적 여유가 있는 사람이라면 고통에 빠진 사람들을 위해 소득 중 일부는 기부해야 한다. 원조로써 우리 자신에게 다른 더 큰 피해가 생기지 않는 한 마땅히 원조해야 한다.
> 을 : 개인이 정당하게 취득한 재산의 배타적 소유권을 타인의 삶과 행복을 명목으로 침해해서는 안 된다. 원조는 개인의 자유로운 선택의 영역이다.
> 병 : 인권이 보장되고 민주적 의사 결정이 제도화된 사회의 구성원이라면 해외 원조를 반대하는 이유가 없다. 원조는 고통받는 사회의 자유와 평등 확립을 목적으로 삼아야 한다.

① 갑은 모든 개인의 원조 의무를 규정하는 보편 원리는 없다고 본다.
② 을은 해외 원조를 최소 국가가 강제해야 하는 의무라고 본다.
③ 병은 정의의 원칙이 확립된 자원 빈곤국은 원조 대상이 아니라고 본다.
④ 갑, 병은 국제 기구를 통한 원조만이 정당화될 수 있다고 본다.
⑤ 을, 병은 국가 간 부의 격차 해소 후에는 원조 의무가 없다고 본다.

• 왜 정답일까?

갑은 싱어, 을은 노직, 병은 롤스이다.
롤스는 자원 빈곤국이 아니라 불리한 여건으로 고통 받는 사회의 만민이 원조의 대상이라고 보았다.

• 왜 오답일까?

① 싱어는 이익 평등 고려의 원칙이라는 보편적 원칙에 따라 해외 원조를 주장한다.
② 노직은 원조를 개인의 자발적 선택에 따른 자선 행위로 본다.
④ 싱어와 롤스 모두 국제 기구를 통한 원조만이 정당하다고 보지 않는다.
⑤ 롤스는 고통받는 사회가 질서정연한 사회가 되면 원조는 중단된다고 본다.

18 평화에 대한 칸트와 갈퉁의 입장   정답률 60% | 정답 ④

| 문제 보기 |

그림은 서양 사상가 갑, 을의 가상 대화이다. 갑, 을의 입장으로 옳지 않은 것은?

전쟁의 완전 종식과 영구 평화는 도덕적 입법의 최고 자리에 위치한 이성이 명령하는 의무입니다. 영구 평화를 실현하기 위해 모든 전쟁 수단의 금지와 국가 간 연맹의 확장이 필요합니다.

전쟁 종식만으로 평화가 보장되지 않습니다. 진정한 평화는 직접적, 구조적, 문화적 폭력을 예방함으로써 가능합니다. 이를 위해 억압과 착취의 구조를 시급히 개선해야 합니다.

갑   을

① 갑 : 개별 국가의 주권을 인정하면서 영원한 평화를 실현해야 한다.
② 갑 : 국제법을 통해 국가 간 우호와 시민의 자유를 증진해야 한다.
③ 을 : 편견 극복을 위한 교육은 적극적 평화를 실현하는 방법이다.
④ 을 : 직접적 폭력을 제거함으로써 인간 존엄 실현의 조건이 완비된다.
⑤ 갑, 을 : 평화의 실현을 위해서는 정치 제도의 개선이 필수적이다.

• 왜 정답일까?

갑은 칸트, 을은 갈퉁이다.
갈퉁은 진정한 평화는 적극적 평화로서 직접적 폭력뿐만 아니라 구조적, 문화적 폭력까지 제거될 때 실현된다고 본다.

• 왜 오답일까?

① 칸트는 개별 국가의 주권을 인정하면서 국가 간 연맹을 확대함으로써 영원한 평화를 실현해야 한다고 보았다.
② 칸트는 국제법을 통한 국가 간 우호와 시민의 자유 증진을 주장하였다.
③ 갈퉁은 폭력을 정당화하는 편견을 극복하기 위한 교육이 필요함을 주장하였다.
⑤ 칸트는 공화정과 국가 간 연맹이라는 정치 제도가, 갈퉁은 억압을 없애기 위한 정치 제도의 개선이 평화 실현을 위해 필요함을 주장하였다.

19 패스트 패션에 대한 입장   정답률 80% | 정답 ②

| 문제 보기 |

(가)의 입장에서 (나)의 입장에 대해 제시할 적절한 반론을 〈보기〉에서 고른 것은?

(가)	*패스트 패션 산업은 경제적 측면에만 몰두하여 노동 조건과 자연 생태계를 위협하는 부작용을 초래한다. 그 결과 패스트 패션을 추구하는 현상에 대한 반성이 확산되고 있다. 패션 산업 종사자와 소비자도 인간다운 삶의 권리와 조건에 기여해야 할 책임을 다해야 한다. *패스트 패션(fast fashion): 비교적 저렴한 가격대에 최신 유행 상품을 빠르게 공급해 상품 회전율이 빠른 패션
(나)	패스트 패션 산업은 생산 비용을 절감하고 이윤을 창출함으로써 기업의 사회적 역할과 책임을 다하고 있다. 또한 소비자들은 부담 없는 가격으로 패스트 패션을 즐기면서 다양한 미적 욕구를 충족하고 있다. 이처럼 패스트 패션은 기업과 소비자 모두에게 유용하다.

─〈보 기〉─
ㄱ. 환경과 인권에 대한 기업의 역할과 책임을 간과하고 있다.
ㄴ. 패션에 대한 개인들의 차별화된 욕구와 기호를 간과하고 있다.
ㄷ. 욕구 충족만이 소비의 도덕 판단 기준이 아님을 간과하고 있다.
ㄹ. 경제적 효율을 추구하는 합리적 소비 성향을 간과하고 있다.

① ㄱ, ㄴ ② ㄱ, ㄷ ③ ㄴ, ㄷ ④ ㄴ, ㄹ ⑤ ㄷ, ㄹ

• 왜 정답일까?

(가)는 패스트 패션 산업 종사자와 소비자가 인간다운 삶의 권리와 조건에 기여해야 할 책임이 있다고 주장한다. (나)는 패스트 패션 산업이 이윤 창출을 통해 사회적 책임을 다하고 있으며, 소비자들의 합리적 소비와 다양한 미적 욕구 충족에 기여한다고 주장한다. 따라서 (가)의 입장에서 볼 때, (나)의 입장은 환경과 인권에 대한 기업의 책임을 간과하며, 소비에 대한 도덕 판단 기준이 욕구 충족을 넘어서야 함을 간과하고 있다.

20 노블레스 오블리주   정답률 48% | 정답 ①

| 문제 보기 |

다음 신문 칼럼의 입장에서 볼 때, ⊙에 대한 설명으로 적절하지 않은 것은?

○○신문   ○○○○년 ○월 ○일

칼럼

고위 공직자들은 법을 제도나 별도로 권한에 상응하는 책무 의식을 스스로 내면화해야 한다. 귀족의 책무를 뜻하는 ⊙ 은/는 서양의 전통에서 유래하였지만 고위 공직을 담당한 지도자에게 여전히 요청되는 덕목이다. 이 덕목은 더 강한 책임 의식, 더 높은 도덕성, 더 많은 희생을 요구한다. 이 덕목의 실현으로 사회 구성원 상호간의 신뢰와 연대는 강화되고 준법과 참여가 원활해진다. 나아가 국가가 내우외환에 봉착할 경우 구성원 모두 위기 극복을 위한 공동의 노력에 가까이 나서게 된다. …(후략)…

① 공직자의 권한 남용과 부패 방지를 위한 법적 규제를 의미한다.
② 시민들의 자율적 질서 유지와 사회 계층 간 화합에 기여한다.
③ 정치권력의 사익 추구를 방지하여 국가 전반의 청렴성을 고양한다.
④ 전통 사회와 현대 사회 모두에 공통으로 강조되어야 하는 덕목이다.
⑤ 국가가 위기를 맞을 경우 일반 시민들의 솔선과 협력을 유도한다.

• 왜 정답일까?

⊙은 노블레스 오블리주이다.
노블레스 오블리주는 고위 공직자 등이 스스로 내면화해야 할 덕목이므로 법적 규제를 의미하지 않는다.

• 왜 오답일까?

② 노블레스 오블리주는 사회 구성원 간 신뢰와 연대를 강화시키는 데 기여한다.
③ 노블레스 오블리주는 더 높은 도덕성, 더 많은 희생을 요구하는 덕목이므로 정치 권력의 사익 추구를 방지할 수 있다.
④ 노블레스 오블리주는 전통 사회에서나 현대 사회에 모두 요구되는 덕목이다.
⑤ 노블레스 오블리주는 국가가 내우외환에 봉착할 경우 구성원 모두가 위기 극복을 위해 노력하게 한다.

22회   **2024학년도 7월**   ● 고3 생활과 윤리 ●

01 ③	02 ⑤	03 ①	04 ⑤	05 ③
06 ⑤	07 ①	08 ③	09 ②	10 ④
11 ⑤	12 ①	13 ④	14 ②	15 ④
16 ④	17 ①	18 ④	19 ④	20 ③

채점결과		
• 실제 걸린 시간 :	분	초
• 맞은 문항수 :		개
• 틀린 문항수 :		개
• 헷갈린 문항 :		

01 윤리학의 구분   정답률 78% | 정답 ③

| 문제 보기 |

⊙에 들어갈 진술로 가장 적절한 것은?

나는 윤리학이 보편적으로 타당한 도덕원리의 체계를 구성하여 모든 사람에게 적용되는 삶의 지침을 제공하는 데 주력해야 한다고 생각한다. 그런데 어떤 사람들은 윤리학이 도덕적 언어의 의미를 분석하고, 도덕적 신념의 진위를 검증하기 위한 추론의 규칙을 검토하는 데 주력해야 한다고 주장한다. 나는 이러한 주장이 ⊙ 고 생각한다.

① 도덕적 관행을 경험 과학적으로 기술해야 함을 강조한다
② 도덕 추론의 논리적 구조를 분석하는 것이 중요함을 간과한다
③ 도덕적 딜레마 해결을 위한 규범의 정립이 필요함을 간과한다
④ 윤리학이 학문적으로 성립 가능한지 검토해야 함을 간과한다
⑤ 가치 판단을 통해 행위의 옳고 그름을 밝혀야 함을 강조한다

• 왜 정답일까?

제시문의 '나'는 이론 윤리학의 입장, '어떤 사람들'은 메타 윤리학의 입장이다.
이론 윤리학은 도덕적 행위를 위해 도덕규범을 정립하는 데 주력한다. 메타 윤리학은 도덕적 언어의 의미를 분석하고 도덕적 추론의 정당성을 검증하는 데 주력한다.

02 칸트의 의무론   정답률 60% | 정답 ⑤

| 문제 보기 |

다음을 주장한 사상가의 입장에서 〈문제 상황〉 속 A에게 제시할 조언으로 가장 적절한 것은?

도덕 법칙은 모든 유한한 이성적 존재자에게 의무의 법칙이며, 이 법칙에 대한 존경심에 의해서 그리고 자신의 의무에 대한 외경에서 행위를 규정하는 도덕적 강제의 법칙이다.

〈문제 상황〉
A는 집에서 동생의 무선 이어폰을 실수로 떨어뜨렸다. 귀한 동생이 자신의 이어폰이 망가진 것을 확인하고 속상해하자, A는 자신이 행한 일을 사실대로 말해야 할지 고민 중이다.

① 고통을 겪고 있는 동생의 자연적 경향성을 고려하세요.
② 사실을 알리는 행위가 유용성을 극대화하는지 고려하세요.
③ 유덕한 품성을 지닌 사람이라면 어떻게 행동할지 고려하세요.
④ 물건을 망가뜨린 행위로 발생할 자기 손해를 먼저 고려하세요.
⑤ 정직하게 말하는 것이 선의지에서 비롯된 행위인지 고려하세요.

• 왜 정답일까?

제시문을 주장한 사상가는 칸트이다.
칸트는 이성적 존재인 인간은 고유한 도덕 법칙을 가지고 있는 존엄한 존재라는 점을 강조하였다. 그가 말하는 도덕 법칙이란 실천 이성이 우리 자신에게 부과한 자율적인 명령이며, 인간이라면 누구나 어떤 상황에서도 예외 없이 따라야 하는 무조건적이고 절대적인 정언 명령이다. 그는 도덕적 문제 상황에서 선의지에서 비롯된 행위를 해야 한다고 보았다.

03 하버마스의 담론 윤리
정답률 74% | 정답 ①

| 문제 보기 |

다음을 주장한 사상가의 입장으로 적절한 것만을 〈보기〉에서 고른 것은? [3점]

담론 참여자들이 합의를 지향하여 그들의 행위 계획을 조정하는 상호 작용을 의사소통이라고 부른다. 이를 통해 도달한 합의는 타당성 주장에 대한 상호 인정에 따라 평가된다. 담론 과정에서 참여자들은 의견을 주고받으면서 각자의 개별 상황에 따른 정당성 및 진실성에 관한 주장을 제기해야 한다.

<보 기>
ㄱ. 담론 참여자 모두가 승인할 때 규범의 타당성이 확보된다.
ㄴ. 담론 참여자들은 담론을 통해 이해관계를 조정할 수 있다.
ㄷ. 담론의 주제로 오류 가능성이 있는 주장을 채택해서는 안 된다.
ㄹ. 담론 참여자들은 항상 사실만을 말하려고 할 필요는 없다.

① ㄱ, ㄴ   ② ㄱ, ㄷ   ③ ㄴ, ㄷ   ④ ㄴ, ㄹ   ⑤ ㄷ, ㄹ

• 왜 정답일까?

제시문을 주장한 사상가는 하버마스이다.
하버마스는 담론을 통해 참여자들 간에 상호 주관적 합의를 이루어야 규범의 타당성이 확보될 수 있다고 보았다. 그는 담론 참여자들이 의견을 제시할 때 참되고 진실하며 서로 이해할 수 있는 말을 해야 한다고 주장하였다.

04 뇌사의 윤리적 쟁점
정답률 51% | 정답 ⑤

| 문제 보기 |

다음 토론의 핵심 쟁점으로 가장 적절한 것은? [3점]

갑: 의료 기술의 발달로 뇌사자의 생명 연장이 가능해지면서 인간의 죽음에 관한 사회적 갈등이 커지고 있습니다. 이런 혼란을 최소화하기 위해 죽음의 시점을 정해야 합니다.
을: 동의합니다. 죽음은 심폐 정지를 거쳐 모든 활동이 멈추는 과정입니다. 이를 고려하여 심장과 폐의 비가역적 정지만을 죽음으로 보아야 합니다.
갑: 인간다움은 뇌의 활동에서 기인하므로 뇌의 정지는 곧 죽음을 의미합니다. 의료 자원을 아끼고 뇌사자의 장기 이식을 통해 다른 생명을 살릴 수 있으므로 뇌사도 인정해야 합니다.
을: 그렇지 않습니다. 뇌사를 인정하면 인간의 죽음을 경제적 측면에서 접근하게 되므로 인간 생명이 경시될 수 있습니다. 호흡이 멈추는 순간까지 죽음에 관한 판단은 신중해야 합니다.

① 뇌 활동의 영구적인 정지만을 죽음으로 인정해야 하는가?
② 의료 기술을 이용하여 뇌사자의 장기를 이식할 수 있는가?
③ 죽음의 시점을 고려하여 죽음에 관한 사회적 합의가 필요한가?
④ 심폐사를 인정하여 의료 자원의 비효율적 사용을 줄여야 하는가?
⑤ 인간의 죽음에 사회적 효용을 적용하여 판단하는 것은 정당한가?

• 왜 정답일까?

갑은 인간다움이 뇌 활동에서 기인하며, 뇌사를 인정하면 의료 자원을 아끼고 뇌사자의 장기 이식을 통해 다른 생명을 살릴 수 있으므로 심폐사와 더불어 뇌사도 죽음으로 인정해야 한다고 주장한다.
을은 심폐사만을 죽음으로 인정해야 하며, 인간의 죽음을 경제적 측면에서 접근한다면 인간 생명이 경시될 수 있다고 주장한다.

05 사랑에 관한 프롬의 관점
정답률 90% | 정답 ③

| 문제 보기 |

그림의 강연자가 지지할 입장으로 적절하지 않은 것은?

사랑은 수동적인 감정이 아니라 활동입니다. 사랑은 원래 '주는 것'이지 받는 것이 아니라고 말함으로써 사랑의 능동적 성격을 설명할 수 있습니다. 그런데 시장형 성격의 사람들은 '준다'라는 행위를 오해하고 있습니다. 그들은 자신들이 받는 사랑과 교환의 사랑을 줄 뿐입니다. 반면 생산적인 사람은 '준다'라는 행위 자체에서 생명력을 경험하며, 사랑을 받는 것보다 주는 것을 더 즐거워합니다. 그들에게 사랑은 자신의 생명, 즉 기쁨, 관심, 이해 등 자신 속에 살아 있는 것을 주는 것입니다.

① 진정한 사랑은 생산적 성격이 발달할 때 가능하다.
② 진정한 사랑은 사랑을 주는 사람의 생동감을 고양한다.
③ 진정한 사랑은 자신이 받은 만큼만 상대방에게 베푸는 것이다.

④ 진정한 사랑은 자신의 활동성을 상대방에게 표현하는 행위이다.
⑤ 진정한 사랑은 고립감에서 벗어나 상대방과 교류하는 것이다.

• 왜 정답일까?

그림의 강연자는 프롬이다.
프롬은 진정한 사랑을 수동적 감정이 아닌 능동적 활동이며, 받는 것이 아니라 주는 것이라고 주장하였다. 그는 자신의 기쁨, 관심, 이해 등 자신 속에 살아 있는 것을 주는 것이 성숙하고 생산적인 사랑이라고 보았다.

06 맹자와 노자의 사상적 입장
정답률 84% | 정답 ⑤

| 문제 보기 |

갑, 을 사상가들의 입장으로 적절하지 않은 것은?

갑: 인(仁)은 사람의 마음이고 의(義)는 사람의 길이다. 그 길을 버리고 따르지 않으며, 그 마음을 놓아버리고 찾지 않으니 슬픈 일이다. 학문의 길은 놓아버린 마음을 찾는 것이다.
을: 학문을 하면 날로 지식이 늘어나지만, 도를 닦으면 날로 지식이 줄어든다. 지식이 줄고 또 줄어들면 무위(無爲)에 이르게 되는데, 무위하게 되면 하지 않는 일이 없게 된다.

① 갑: 인의는 하늘이 부여한 것으로서 사람을 사람답게 하는 덕이다.
② 갑: 인간의 욕구 중 본성의 발현을 가로막는 욕구를 극복해야 한다.
③ 을: 도는 인간의 감각으로 인식할 수 없지만 우주 만물을 낳는다.
④ 을: 인위에 얽매이지 않고 자연에 따르는 삶을 살아야 한다.
⑤ 갑과 을: 학문의 완성된 경지에 이르러 자신의 명성을 높여야 한다.

• 왜 정답일까?

갑은 맹자, 을은 노자이다. 맹자는 인간의 욕구 중에서 선한 본성의 발현을 가로막는 욕구를 극복해야 한다고 주장하였다. 노자는 부와 명성 등 세속적 가치를 멀리하고 자연의 순리에 따르는 삶을 살아야 한다고 주장하였다.

07 시민 불복종에 관한 입장
정답률 69% | 정답 ①

| 문제 보기 |

갑, 을 사상가들의 입장으로 적절한 것만을 〈보기〉에서 있는 대로 고른 것은? [3점]

갑: 시민 불복종은 공리의 원리에 의해 정당화되어야 한다. 우리는 시민 불복종이 중단하려는 악의 크기와 불복종이 초래할 법에 대한 존중의 감소 가능성을 계산해야 한다.
을: 시민 불복종 이론은 거의 정의로운 사회를 위해 마련된 것이다. 그 사회는 대체로 질서 정연하면서도 정의에 대한 다소 심각한 위반이 일어나는 사회이다.

<보 기>
ㄱ. 갑: 시민 불복종은 법 자체의 권위에 저항하는 행위이다.
ㄴ. 을: 시민 불복종은 정당한 법에 대한 위반을 수반할 수 있다.
ㄷ. 갑과 을: 다수에 의해 공유된 정의관은 시민 불복종의 대상이다.

① ㄴ   ② ㄷ   ③ ㄱ, ㄴ
④ ㄱ, ㄷ   ⑤ ㄱ, ㄴ, ㄷ

• 왜 정답일까?

갑은 싱어, 을은 롤스이다.
싱어는 시민 불복종을 법의 힘, 즉 법이 지닌 권위에 저항하지 않고 행위에 대한 법적인 처벌을 받아들임으로써 법에 대한 존중을 명확히 하는 행위라고 주장하였다. 롤스는 시민 불복종이 다수의 정의관에 근거하여 이루어져야 한다고 주장하였다. 또한 그는 본인이 항의의 대상이 되는 법의 당사자가 아니라서 그 법을 직접 위반할 수 없을 때, 다른 법을 위반함으로써 항의의 대상이 되는 법을 변혁할 수 있다고 주장하였다.

08 문화 산업에 관한 아도르노의 입장
정답률 62% | 정답 ③

| 문제 보기 |

다음을 주장한 사상가의 입장으로 적절하지 않은 것은?

문화 산업은 소비자의 욕구가 실현될 수 있는 것처럼 제시하지만 그 욕구는 문화 산업에 의해서 사전 결정된 것이다. 소비자가 자신을 영원한 소비자로 느끼게 되는 것이 문화 산업 체계의 원리이다. 문화 산업은 그 위치가 확고해질수록 소비자의 욕구를 더 능란하게 다루게 된다. 문화 산업은 소비자의 욕구를 만들어 내고 심지어 소비자의 재미를 몰수할 수도 있다. 문화 산업의 생산물은 소비자를 휴식 시간에도 잡아 놓는 거대한 경제 체계의 일부이다.

① 문화 산업은 생산물을 통해 소비자의 욕구를 조종한다.
② 문화 산업은 소비자의 문화 체험 양식에 영향을 미친다.
③ 문화 산업은 소비자를 주체적인 문화 수용자로 변화시킨다.
④ 문화 산업은 규격품을 만들 듯이 소비자를 재생산하려고 한다.
⑤ 문화 산업은 여가 시간에 활발한 소비가 일어나도록 유도한다.

• 왜 정답일까?

제시문을 주장한 사상가는 아도르노이다.
아도르노는 이윤 추구를 목적으로 하는 문화 산업이 대량 생산과 대량 소비를 지향한다고 보았다. 그는 문화 산업이 소비자의 반성적 사유를 위축시키고, 문화 체험에서 소비자를 수동적인 객체로 만든다고 주장하였다.

09 인간 배아 복제에 관한 입장 비교
정답률 82% | 정답 ②

| 문제 보기 |

갑, 을의 입장으로 적절한 것만을 〈보기〉에서 있는 대로 고른 것은?

갑: 배아는 인간 생명체로 성장할 가능성이 있지만 배아가 곧 인간은 아니다. 배아는 단순한 세포 덩어리에 불과하므로 성인과 같은 도덕적 지위를 갖지 못한다. 따라서 배아 복제는 허용되어야 한다.
을: 배아는 인간 생명의 초기 단계이다. 인간의 발달 과정은 선명한 경계선이 없는 연속적인 과정이므로 배아도 성인과 동등한 도덕적 지위를 지닌다. 따라서 배아 복제는 금지되어야 한다.

<보 기>
ㄱ. 갑: 배아는 인간이 될 잠재성을 지닌 존재이다.
ㄴ. 을: 인간과 유전적으로 같은 배아의 활동을 권장해야 한다.
ㄷ. 을: 발달 단계에 따라 도덕적 지위가 달라질 수 있다.
ㄹ. 갑과 을: 배아 복제는 배아를 수단으로 다루는 행위이다.

① ㄱ, ㄷ   ② ㄱ, ㄹ   ③ ㄴ, ㄷ
④ ㄱ, ㄴ, ㄹ   ⑤ ㄴ, ㄷ, ㄹ

• 왜 정답일까?

갑은 배아가 도덕적 지위가 없는 단순한 세포 덩어리에 불과하므로 배아 복제를 허용해야 한다고 본다.
을은 인간 발달의 연속선상에 있는 배아가 도덕적 지위를 지니므로 배아 복제를 금지해야 한다고 본다.

10 교정적 정의에 관한 입장
정답률 49% | 정답 ④

| 문제 보기 |

(가)의 갑, 을, 병 사상가들의 입장을 (나) 그림으로 탐구하고자 할 때, A ~ D에 들어갈 적절한 질문만을 〈보기〉에서 고른 것은? [3점]

(가)
갑: 사회 계약은 계약자들의 생명 보존을 목적으로 한다. 남을 희생하고 자기 목숨을 보전하길 원하는 사람은 마찬가지로 남을 위해 자기 목숨을 내놓아야 한다.
을: 형벌은 범법 행위를 억제하기에 충분한 정도의 가혹성만 갖춰야 한다. 종신 노역형은 사형보다 범죄 의도를 제지하는 데 필요한 엄격함을 더 많이 담고 있다.
병: 살인을 한 사람에게 법적으로 집행되는 사형 외에 범죄와 보복의 동등성은 없다. 오직 보복법만이 형벌의 질과 양을 명확하게 제시할 수 있다.

(나)
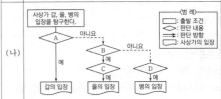

<범 례>
◇ 출발 조건
◇ 판단 내용
→ 판단 방향
→ 사상가의 입장

사상가 갑, 을, 병의 입장을 탐구한다.
A → (아니요) / (예)
B → (아니요) / (예)
C → (예) → 갑의 입장 / (예) → 을의 입장
D → (예) → 병의 입장

<보 기>
ㄱ. A: 사형 집행은 시민의 이익 증진에 기여할 수 있는가?
ㄴ. B: 형벌 집행 시 범죄자의 고통을 최소화할 필요가 있는가?

ㄷ. C: 형벌이 강력한 범죄 억제책이 되려면 최고의 가혹성을 갖춰야 하는가?
ㄹ. D: 살인자의 생득적 인격성은 상실될 수 없는 가치를 지니는가?

① ㄱ, ㄴ   ② ㄱ, ㄷ   ③ ㄴ, ㄷ
④ ㄴ, ㄹ   ⑤ ㄷ, ㄹ

● 왜 정답일까?

제시문 (가)의 갑은 루소, 을은 베카리아, 병은 칸트이다.
루소는 살인자가 사회 계약을 위반하였으므로 사형을 집행해야 한다고 주장하였다.
베카리아는 형벌이 범죄를 예방할 정도의 가혹성만을 가질 것을 주장하며, 최고의 가혹성을 보이는 사형을 부정적으로 보았다.
칸트는 형벌을 응보의 차원에서 부과해야 한다고 주장하였다. 그는 살인자가 사형 선고를 받더라도 살인자가 지닌 생득적 인격성의 가치는 상실되지 않는다고 보았다.

11 정약용의 공직자 윤리
정답률 91% | 정답 ⑤

| 문제 보기 |

다음을 주장한 사상가의 입장으로 적절하지 않은 것은?

> ○ 수령 노릇을 잘하려는 자는 반드시 자애로워야 하고, 자애로 워지려는 자는 반드시 청렴해야 하며, 청렴해지려는 자는 반드시 검약해야 한다. 씀씀이를 절약하는 것은 수령의 으뜸가는 임무이다.
> ○ 천하의 공리(公理)에 벼슬을 위해 사람을 택하는 법은 있으나, 사람을 위해 벼슬을 고르는 법은 없다. 한 집안의 봉양을 위해서 만백성을 다스리는 수령의 자리를 구하고자 하는 것은 옳지 않다.

① 수령은 공직을 수행할 때 염치(廉恥)를 발휘해야 한다.
② 수령은 사치하지 않음으로써 백성에게 모범을 보여야 한다.
③ 수령은 관할하는 관청에 불필요한 지출이 없는지 살펴야 한다.
④ 백성을 위한 수령의 통치는 애민(愛民)을 기초로 실현될 수 있다.
⑤ 자기 가족의 생계를 위해 수령의 자리에 오르는 것이 바람 직하다.

● 왜 정답일까?

정약용은 수령이 백성을 사랑하는[愛民] 정신을 발휘하여 자신의 사사로운 이익을 버리고, 청렴과 절용의 덕을 갖추어야 한다고 주장하였다. 또한 자기 가족의 생계를 위한 수단으로써 백성을 다스리는 자리에 오르는 것은 바람직하지 않다고 보았다.

12 국제 관계에 대한 입장
정답률 76% | 정답 ①

| 문제 보기 |

갑, 을 사상가들의 입장으로 적절한 것만을 〈보기〉에서 있는 대로 고른 것은? [3점]

> 갑: 영구 평화를 위해 세계 시민법은 보편적 우호의 조건들에 국한되어야 한다. 세계 시민법의 논의는 박애가 아니라 권리에 관한 것이다. 우호란 한 이방인이 낯선 땅에 도착했을 때 적으로 간주되지 않을 권리를 뜻한다.
> 을: 국제 정치는 권력을 얻기 위한 투쟁이다. 국제 정치의 궁극적 목표가 무엇이든 간에 권력이 항상 일차적 목표이다. 국제 사회에서 정치적 정책은 권력을 유지하거나 확장하거나 과시하기 위한 목적으로 추진된다.

<보 기>
ㄱ. 갑: 우호의 권리는 조건부로 보장받을 수 있는 권리이다.
ㄴ. 을: 자국의 이익 증진을 위해 국가 간의 동맹이 수립된다.
ㄷ. 을: 주권 국가보다 상위의 권위를 가진 기관이 있을 수 있다.
ㄹ. 갑과 을: 국제 정치의 영역은 도덕 법칙의 지배를 받는다.

① ㄱ, ㄴ   ② ㄱ, ㄷ   ③ ㄷ, ㄹ
④ ㄱ, ㄴ, ㄷ   ⑤ ㄴ, ㄷ, ㄹ

● 왜 정답일까?

갑은 칸트, 을은 모겐소이다.
칸트는 낯선 나라에서 이방인이 평화적으로 행동하는 한 적대적으로 대우받지 않을 권리가 있다고 주장하였다.
모겐소는 국제 정치에서 각 국가가 자국의 이익을 우선시하여 권력 획득을 위한 국가 간 동맹을 수립한다고 주장하였다.

13 에피쿠로스와 장자의 죽음관
정답률 28% | 정답 ②

| 문제 보기 |

서양 사상가 갑, 동양 사상가 을의 입장으로 가장 적절한 것은? [3점]

> 갑: 현자(賢者)는 삶에서 도피하려고 하지 않으며, 삶의 중단을 두려워하지 않는다. 그래서 그는 가장 긴 시간이 아니라 가장 즐거운 삶을 누리려고 노력한다.
> 을: 진인(眞人)은 삶에 집착하지 않고 죽음을 피하지 않는다. 세상에 태어났다고 기뻐하지 않고 세상을 떠난다고 슬퍼하지 않는다. 무심히 왔다가 무심히 갈 뿐이다.

① 갑: 죽음은 영혼이 육체에서 분리되는 물리적인 현상이다.
② 갑: 죽음이 인생의 악들을 중지시켜 준다는 믿음을 버려야 한다.
③ 을: 죽은 자에 대한 애도는 예(禮)에 따라서 마땅히 해야 한다.
④ 을: 죽음은 자연의 순리에 따라 기(氣)가 완전히 소멸하는 것이다.
⑤ 갑과 을: 죽음 자체는 이상적인 인간도 피할 수 없는 불행이다.

● 왜 정답일까?

갑은 에피쿠로스, 을은 장자이다.
에피쿠로스는 인간을 구성하던 원자가 흩어져 개별 원자로 돌아가는 것을 죽음으로 보았다. 그는 인간이 죽으면 감각을 잃기 때문에 죽음을 두려워할 필요가 없다고 주장하였다.
장자는 삶과 죽음을 기(氣)가 모이고 흩어지는 순환의 과정으로 보면서 죽음에 초연할 것을 주장하였다.

14 기술에 대한 입장
정답률 61% | 정답 ②

| 문제 보기 |

다음은 어느 서양 사상가의 가상 편지이다. ㉠에 들어갈 진술로 가장 적절한 것은?

> ○○○○ 선생님께
> 보내주신 편지 잘 받았습니다. 선생님께서는 기술이 단지 수단일 뿐이지 선도 아니고 악도 아니라고 말씀하셨습니다. 그러면서 기술 그 자체를 중립적이라고 주장하셨습니다. 하지만 저는 그렇게 생각하지 않습니다. 현대 사회에서 기술은 자연에 에너지를 내놓으라고 강요합니다. 기술은 자연을 몰아세워서 인간과 자연 그리고 이 양자의 관계를 근본적으로 변화시킵니다. 기술에 숨어 있는 힘은 존재하는 것과 인간의 관계를 규정하며 온 세상을 지배하고 있습니다. 우리가 기술을 중립적인 것으로 고찰할 때 우리는 무방비 상태로 기술에 내맡겨질 것입니다. 따라서 제가 볼 때 선생님의 견해는   ㉠   고 생각합니다. … (후략)

① 기술이 인간과 무관하게 횡포를 부릴 수 없음을 간과한다
② 기술 그 자체를 윤리적 평가의 대상으로 여겨야 함을 간과한다
③ 기술이 인간을 지배하려는 속성을 지닐 수 없음을 간과한다
④ 기술 활용이 인간의 삶에 부정적 영향을 줄 수 있음을 간과한다
⑤ 기술이 인간의 목적에 따라 유용한 수단이 될 수 있음을 간과한다

● 왜 정답일까?

가상 편지 속 '선생님'은 야스퍼스이고, 편지를 쓴 사상가는 하이데거이다. 야스퍼스는 기술이 단지 수단일 뿐이며, 기술 그 자체는 선도 아니고 악도 아니라고 주장하였다. 하이데거는 기술을 가치 중립적인 것으로 여기면 인간이 기술에 종속당할 수 있다고 보았다. 그는 인간이 기술 그 자체를 윤리적 평가의 대상으로 삼아 성찰해야 한다고 주장하였다.

15 분배 정의에 관한 입장
정답률 46% | 정답 ④

| 문제 보기 |

(가)의 갑, 을, 병 사상가들의 입장에서 서로에게 제기할 수 있는 비판을 (나) 그림으로 표현할 때, A~F에 해당하는 내용으로 가장 적절한 것은? [3점]

> 갑: 정의의 원칙에 따라 모든 사람은 기본적 자유에 대하여 동등한 권리를 가져야 한다. 그리고 재산과 소득의 분배는 모든 사람에게 이익이 되도록 해야 한다.

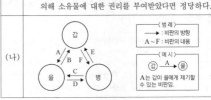

(가)
> 을: 정의의 원칙들은 다원적이다. 상이한 사회적 가치들은 상이한 근거들에 따라 상이한 절차에 맞게 상이한 주체들에 의해 분배되어야 한다.
> 병: 정의의 원리에 따르면 과거의 상황이 사물에 대한 응분의 자격을 창조한다. 취득과 이전, 교정의 원리에 의해 소유물에 대한 권리를 부여받았다면 정당하다.

(나) [그림: 갑, 을, 병이 A~F로 연결된 다이어그램]
범례 → : 비판의 방향   A~F : 비판의 내용
예시 갑 ─A→ 을 : A는 갑이 을에게 제기할 수 있는 비판임.

① A와 C: 사회적 가치를 역사적 맥락에 따라 분배해야 함을 간과한다.
② B: 사회적 약자의 기본적 자유가 제한될 수 있음을 간과한다.
③ D: 특정 영역의 가치를 한 개인이 독점할 수 없음을 간과한다.
④ E: 자연적 사실을 조정하는 차등의 원칙은 개인의 소유권을 침해함을 간과한다.
⑤ F: 정의의 원칙이 모든 구성원에게 의무를 부여하는 것은 아님을 간과한다.

● 왜 정답일까?

제시문 (가)의 갑은 롤스, 을은 왈처, 병은 노직이다.
롤스는 천부적 자질을 타고나는 것을 자연적 사실로 보았다. 그는 차등의 원칙이 호혜성의 관념을 표현한 것이며, 모든 구성원을 고려한 상호 이익의 원칙이라고 주장하였다.
왈처는 한 사회적 영역 안에서 고유한 절차와 방식에 따라 발생한 독점은 부적절하지 않다고 보았다. 그는 모든 사회적 가치가 각각 고유한 영역 안에 머물러야 한다고 주장하였다.
노직은 자연적 사실을 조정하는 호혜의 원칙인 차등의 원칙이 개인의 소유권을 침해한다고 주장하였다.

16 해외 원조에 관한 싱어와 롤스의 입장
정답률 33% | 정답 ④

| 문제 보기 |

갑, 을 사상가들의 입장으로 적절한 것만을 〈보기〉에서 있는 대로 고른 것은? [3점]

> 갑: 원조의 목적은 극단적인 빈곤을 줄여 인류 전체의 복리를 증진하는 데 있다. 우리는 이익 평등 고려의 원칙에 따라 절대 빈곤에 처한 사람들을 도와야 한다.
> 을: 원조의 궁극적 목적은 고통받는 사회들의 자유와 평등을 확립하는 것이다. 원조를 제공하는 질서 정연한 사회는 부정(父情)주의적으로 행위 해서는 안 된다.

<보 기>
ㄱ. 갑: 원조 주체는 자기희생에 따른 고통을 고려해야 한다.
ㄴ. 을: 고통받는 사회를 위한 온정적 간섭은 바람직하지 않다.
ㄷ. 을: 자유가 확립되지 않은 사회가 모두 원조 대상은 아니다.
ㄹ. 갑과 을: 원조는 인류의 행복 증진을 위한 무조건적 의무이다.

① ㄱ, ㄷ   ② ㄱ, ㄹ   ③ ㄴ, ㄹ
④ ㄱ, ㄴ, ㄷ   ⑤ ㄴ, ㄷ, ㄹ

● 왜 정답일까?

갑은 싱어, 을은 롤스이다.
싱어는 이익 평등 고려의 원칙에 따라 절대 빈곤에 처한 모든 사람을 원조해야 한다고 주장하였다. 그는 원조 주체가 원조할 때 발생하는 자신의 손해를 고려해야 한다고 보았다.
롤스는 원조의 목적을 고통받는 사회가 자유와 평등을 확립하는 것으로 보았다. 그는 질서 정연한 사회가 원조의 목적에 어긋나지 않는 방법으로 원조해야 한다고 주장하며, 고통받는 사회를 부정주의적 태도, 즉 온정적으로 간섭한다면 그 사회의 자유와 평등이 침해될 수 있다고 보았다.

17 유교와 불교의 음식 윤리
정답률 67% | 정답 ①

| 문제 보기 |

(가), (나) 사상의 입장으로 적절하지 않은 것은?

> (가) 좋은 음식을 탐내고, 맛없는 음식을 찡그리며, 온종일 먹는다면서 맛있는 음식을 모르는 것은 어리석은 일이다. 덕 있는 선비는 배불리 먹을 타령을 하지 않으며 허물이 없도록 해야 한다.

(나) 공양할 때는 마시거나 씹는 소리를 내지 말아야 한다. 음식을 가려서 맛있는 것을 좋아하거나 맛없는 것을 싫어 하지 말아야 한다. 밥을 받는 것이 단지 몸을 지탱하여 도업(道業)을 이루기 위한 것임을 알아야 한다.

① (가): 음식 재료의 출처에 대한 도덕적 판단을 삼가야 한다.
② (가): 음식 섭취에 관한 예절을 익히는 것은 수양의 일환이다.
③ (나): 음식이 맛을 탐닉하기 위한 대상이 아님을 알아야 한다.
④ (나): 음식의 의미를 성찰하는 것은 깨달음을 위해 필요하다.
⑤ (가)와 (나): 음식을 먹을 때 과도한 욕심을 버리고 절제해야 한다.

• 왜 정답일까?

(가)는 음식 윤리에 관한 유교의 입장이고, (나)는 음식 윤리에 관한 불교의 입장이다.
유교와 불교는 모두 음식을 먹을 때 도리에 어긋남이 없는지 성찰 하는 자세를 지녀야 한다고 주장한다.

18 국가와 시민의 관계에 관한 입장 정답률 58% | 정답 ④

| 문제 보기 |
갑, 을 사상가들의 입장으로 가장 적절한 것은? [3점]

갑: 자연 상태는 모든 인간을 떨게 하는 공통의 힘이 없으므로 인간은 만인의 만인에 대한 전쟁 상태에 처하게 된다. 인간은 이 비참함에서 벗어나기 위해 국가 속에서 자신을 스스로 구속한다.
을: 자연 상태는 사람들 간의 분쟁을 해결하는 공통된 법률이 없고, 공평무사한 재판관도 없다. 그래서 인간은 자신의 생명, 자유, 재산을 보호하기 위해서 공동체를 결성하고 자신을 정부의 지배하에 두고자 한다.

① 갑: 자연 상태에서 인간은 불의에 맞서 자연권을 행사한다.
② 갑: 국가에 대한 시민의 의무는 시민의 동의 여부와 무관하다.
③ 을: 시민은 국가와 맺은 사회 계약을 철회할 수 있는 권리가 있다.
④ 을: 입법권은 최고 권력이지만 사회의 공공선에 의해 제한될 수 있다.
⑤ 갑과 을: 평화와 안전 보장을 위해 정치권력은 분립되어야 한다.

• 왜 정답일까?

갑은 홉스, 을은 로크이다.
홉스는 공통 권력이 없는 자연 상태에서 정의나 불의가 존재하지 않는다고 주장하였다.
로크는 입법권이 국가의 최고 권력이지만 사회의 공공선에 의해서 제한될 수 있다고 주장하였다. 로크에 따르면 사회 계약의 주체는 자연 상태에 있는 개인들이며, 국가는 그들의 권력을 양도 받은 수탁자이다.

19 싱어, 칸트, 레오폴드의 자연관 정답률 55% | 정답 ④

| 문제 보기 |
(가)의 갑, 을, 병 사상가들의 입장을 (나) 그림으로 표현할 때, A ~ D에 해당하는 적절한 진술만을 <보기>에서 있는 대로 고른 것은? [3점]

(가)	갑: 동물도 인간처럼 고통을 느낄 수 있으며 이해관계를 갖는다. 인간 종이 아니라는 이유로 동물의 이익을 희생시키는 것은 종 차별주의다. 을: 동물을 잔학하게 다루는 것은 인간 자신에 대한 의무에 어긋난다. 왜냐하면 타인과 관계 맺을 때 도덕성에 도움이 되는 자연적 소질을 약화시키기 때문이다. 병: 지금껏 인간의 활동으로 설명되어 온 많은 역사적 사건은 실제로는 사람과 땅의 생명적 상호 작용이었다. 인간은 사실상 생명 공동체의 구성원에 지나지 않는다.
(나)	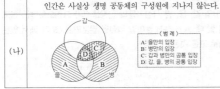 〈범례〉 A: 을만의 입장 B: 병만의 입장 C: 갑과 병만의 입장 D: 갑, 을, 병의 공통 입장

<보 기>
ㄱ. A: 목적 그 자체로 간주되는 개체만이 도덕적 존중의 대상이다.
ㄴ. B: 자연 그 자체는 인간의 이익과 무관하게 내재적 가치를 지닌다.
ㄷ. C: 인간이 유정적 존재를 함부로 대하는 것은 의무에 어긋난다.
ㄹ. D: 욕구를 지닌 비이성적 존재가 수단으로 사용되는 것이 허용될 수 있다.

① ㄱ, ㄷ   ② ㄱ, ㄹ   ③ ㄴ, ㄷ
④ ㄱ, ㄴ, ㄹ   ⑤ ㄴ, ㄷ, ㄹ

• 왜 정답일까?

제시문 (가)의 갑은 싱어, 을은 칸트, 병은 레오폴드이다.
싱어는 쾌고감수능력을 지닌 존재를 도덕적 고려의 대상으로 보고, 이익 평등 고려의 원칙에 따라 그들의 고통을 최소화해야 한다고 주장하였다.
칸트는 이성적 존재인 인간을 목적 그 자체로 대우해야 하고, 비이성적 존재는 수단으로서의 가치를 지닌다고 주장하였다. 레오폴드는 전일론의 입장에서 대지 윤리를 제시하며, 생명체뿐만 아니라 무생물을 포함하는 생태계 전체를 도덕적으로 고려해야 한다고 주장하였다.

20 정보 사회의 잊힐 권리 정답률 59% | 정답 ③

| 문제 보기 |
다음 신문 칼럼에서 강조하는 내용으로 가장 적절한 것은?

○○신문   ○○○○년 ○○월 ○○일

칼 럼

사이버 공간에 아동과 청소년의 개인 정보가 오랜 시간 누적되면서 다양한 문제가 발생하고 있다. 인터넷 사이트를 이미 탈퇴했거나 비밀번호를 잊어버렸다면 본인이 게시한 정보를 삭제하는 일은 쉽지 않다. 또한 삭제된 게시물이 여러 사람에게 이미 공유되어 원치 않는 개인 정보가 사이버 공간에 여전히 남아 있게 된다. 이에 개인정보보호위원회는 '아동·청소년 디지털 잊힐 권리 시범 사업'을 시행하고 있다. 해당 사업은 정보 주체가 지우고 싶은 게시물 삭제를 정부에 요청하면 정부가 그 작업을 수행하는 것이다. 만 24세 이하 국민 누구나 만 18세 미만 시기의 정보 삭제를 요청하면 가능하다. 이를 통해 자기 정보 관리에 대한 경각심이 높아졌다고 한다. 앞으로 이 시범 사업이 성공적으로 시행되어 삭제 지원 대상과 범위가 확대되기를 기대한다.

① 개인 정보가 악용되는 경우에만 정보 삭제를 요청해야 한다.
② 사회 구성원은 개인 정보에 대한 정부의 개입을 경계해야 한다.
③ 사이버 공간에서 자기 정보에 대한 개인의 통제권을 보장해야 한다.
④ 사이버 공간에 존재하는 모든 정보는 자유롭게 공유되어야 한다.
⑤ 정보를 재생산한 창작자의 법적 권리를 무조건 보호해야 한다.

• 왜 정답일까?

칼럼은 아동과 청소년이 사이버 공간에서 자신의 개인 정보를 삭제하는 데 어려움을 겪고 있음을 지적하면서 잊힐 권리의 보장을 위한 시범 사업을 지지한다. 또한 삭제 지원 대상과 범위를 확대하여 사이버 공간에서 자기 정보에 대한 개인의 통제권을 보장해야 한다고 주장한다.

23회 2023학년도 7월 • 고3 생활과 윤리 •

01 ③	02 ③	03 ①	04 ⑤	05 ⑤
06 ④	07 ⑤	08 ②	09 ⑤	10 ①
11 ④	12 ②	13 ①	14 ②	15 ④
16 ④	17 ③	18 ④	19 ④	20 ①

채점결과	• 실제 걸린 시간 :	분	초
	• 맞은 문항수 :		개
	• 틀린 문항수 :		개
	• 헷갈린 문항 :		

01 윤리학의 구분 정답률 89% | 정답 ③

| 문제 보기 |
(가), (나) 윤리학의 입장으로 가장 적절한 것은?

(가) 윤리학은 도덕 판단에서 사용된 도덕적 용어의 의미를 분석하여 명료화하고, 도덕적 추론의 타당성을 검증하는 것을 핵심 과제로 삼아야 한다.
(나) 윤리학은 도덕 원리를 근거로 하여 현실의 삶에서 발생하는 도덕 문제에 관한 해결책을 제시하는 것을 핵심 과제로 삼아야 한다.

① (가): 도덕 현상에 대한 객관적 서술을 최종 목적으로 삼아야 한다.
② (가): 행위의 정당화를 위한 보편적 도덕 법칙을 수립해야 한다.
③ (나): 이론 윤리를 응용하여 도덕적 문제 상황을 해결해야 한다.
④ (나): 윤리학의 학문적 성립 가능성에 대한 탐구에 주력해야 한다.
⑤ (가)와 (나): 도덕 명제의 논리적 구조 분석을 주된 목표로 해야 한다.

• 왜 정답일까?

(가)는 메타 윤리학, (나)는 실천 윤리학이다.
메타 윤리학은 도덕적 언어의 의미를 분석하고, 도덕적 추론의 타당성을 검증하는 것을 주된 목표로 삼는다. 그리고 윤리학이 학문으로서 성립 가능한지를 모색한다.
실천 윤리학은 이론 윤리를 현대 사회의 여러 윤리 문제에 적용한다. 그리고 구체적인 삶에서 구체적으로 발생하는 윤리 문제에 대하여 도덕 원리를 근거로 하여 실제적이고 구체적인 해결책을 모색하는 데 주된 관심을 지닌다.

02 장자와 공자의 죽음관 정답률 84% | 정답 ③

| 문제 보기 |
갑, 을 사상가들의 입장으로 적절하지 않은 것은? [3점]

갑: 지인(至人)은 신묘하게도 구름을 타고 해와 달을 부리며 이 세상 밖에서 노닌다. 삶과 죽음도 그를 변하게 할 수 없거늘 어찌 이롭거나 해로운 것에 얽매이겠는가?
을: 사람을 섬길 줄 모르면서 어찌 귀신을 섬기며, 삶을 모르면서 어찌 죽음을 알겠는가? 어진 자는 살고자 인(仁)을 해치지 않고, 자신을 희생해서라도 인을 이루고자 한다.

① 갑: 이상적인 경지에 이르려면 생사의 분별을 초월해야 한다.
② 갑: 죽음은 모여 있던 기(氣)가 흩어지는 필연적인 현상이다.
③ 을: 죽은 자를 예(禮)에 따라 애도하는 것은 도리에 어긋난다.
④ 을: 선비는 인간다움을 실현하고자 자기 죽음도 감수할 수 있다.
⑤ 갑과 을: 죽음은 자연스러운 것이므로 그것에 얽매이지 말아야 한다.

• 왜 정답일까?

갑은 장자, 을은 공자이다.
장자는 삶과 죽음이 기(氣)가 모였다가 흩어지는 자연적이고 필연적인 과정이라고 보고, 죽음에 초연할 것을 강조하였다.
공자는 죽음을 자연스러운 과정으로 보고, 죽음 이후의 세계에 관심을 두기보다는 현실에서 도덕적 삶을 실현하기 위해 노력할 것을 강조하였다.

23회

03 하버마스의 담론 윤리 　정답률 75% | 정답 ①

| 문제 보기 |

다음을 주장한 사상가의 입장으로 적절한 것만을 〈보기〉에서 있는 대로 고른 것은? [3점]

> 담론 참여자가 대화를 통해 규범의 도덕적 타당성을 결정할 때 다음의 윤리적 전제가 필요하다. 첫째, 갈등을 폭력으로 해결해서는 안 되며, 모든 관련 당사자 간의 공동 협의로 해결해야 한다. 둘째, 담론 참여자들은 자신의 이익을 방해받지 않고 주장할 권리를 보장받아야 한다. 셋째, 담론 참여자들은 초자관성의 원리에 따라 자신의 이익을 수정할 수 있어야 한다.

> ＜보 기＞
> ㄱ. 담론 참여자는 외적 강제 없이 발언권을 보장받아야 한다.
> ㄴ. 담론 참여의 자격은 이성적 논의 능력의 유무에 달려 있다.
> ㄷ. 담론 참여자 다수가 동의한 규범은 항상 타당성이 확보된다.
> ㄹ. 담론 참여자가 주관적 견해를 지니면 타당한 규범을 도출할 수 없다.

① ㄱ, ㄴ　　② ㄱ, ㄷ　　③ ㄷ, ㄹ
④ ㄱ, ㄴ, ㄹ　　⑤ ㄴ, ㄷ, ㄹ

● 왜 정답일까?

제시문을 주장한 사상가는 하버마스이다. 하버마스는 이성적 논의 능력이 있는 사람이라면 누구나 자유롭게 담론에 참여할 자격이 있다고 보았다. 또한 담론 참여자 누구나 타인의 의견에 이의를 제기할 수 있고 비판을 통한 논증을 할 수 있다고 주장하였다.

04 유전자 치료에 관한 윤리적 쟁점 　정답률 92% | 정답 ⑤

| 문제 보기 |

다음 토론의 핵심 쟁점으로 가장 적절한 것은?

> 갑: 오늘날 생명공학이 발달함에 따라 유전자를 이용하여 많은 질병을 치료할 수 있게 되었습니다. 환자들의 고통을 덜어 주기 위해 이에 관한 활발한 연구가 필요합니다.
> 을: 동의합니다. 다만 개인의 신체에만 적용되는 체세포 유전자 치료로 한정되어야 합니다. 생식 세포 유전자 치료는 다음 세대의 유전자에 영향을 미치므로 허용해서는 안 됩니다.
> 갑: 아닙니다. 생식 세포 유전자 치료는 유전병의 대물림을 예방하여 오히려 다음 세대가 더 나은 삶을 살게 합니다. 체세포 유전자 치료와 생식 세포 유전자 치료 모두 허용해야 합니다.
> 을: 그렇지 않습니다. 생식 세포 유전자 치료는 다음 세대의 동의를 얻지 않은 행위이므로 그들의 신체에 관한 자기 결정권을 침해합니다. 따라서 윤리적으로 바람직하지 않습니다.

① 체세포 유전자 치료를 위해 환자의 동의가 필요한가?
② 질병 치료를 위해 생명공학 연구는 권장되어야 하는가?
③ 인간에 대한 모든 형태의 유전자 치료는 금지되어야 하는가?
④ 환자의 고통을 덜어 주기 위한 체세포 유전자 치료는 바람직한가?
⑤ 다음 세대에 영향을 미칠 수 있는 생식 세포 유전자 치료는 정당한가?

● 왜 정답일까?

갑은 유전 질환을 예방하기 위한 생식 세포 유전자 치료가 정당하다는 입장이고, 을은 다음 세대의 동의를 얻지 않았으므로 생식 세포 유전자 치료는 정당하지 않다는 입장이다.
체세포 유전자 치료는 환자 개인에게만 영향을 미치고, 생식 세포 유전자 치료는 생식 세포에 영향을 주어 변형된 유전적 정보가 다음 세대에 직접적으로 영향을 미친다.

05 성과 사랑의 관계에 관한 입장 　정답률 86% | 정답 ⑤

| 문제 보기 |

그림은 서술형 평가 문제와 학생 답안이다. 학생 답안의 ㉠～㉤ 중 적절하지 않은 것은?

> 서술형 평가
>
> ◎ 문제: 성과 사랑의 관계에 대한 갑, 을의 입장을 비교하여 서술하시오.
>
> 갑: 성의 목적은 출산을 통한 사회 구성원의 재생산이다. 사랑하는 남녀가 결혼이라는 사회적 승인을 거쳐서 행하는 성적 관계만이 도덕적으로 정당하다.
> 을: 성은 사람을 전제로 해야 한다. 감각적 욕구를 충족하는 것이 아니라 사랑하는 사람 간에 서로 존중하면서 교감을 나누는 성적 관계만이 도덕적으로 정당하다.

> ◎ 학생 답안
> 갑, 을의 입장을 비교하면, 갑은 ㉠부분만이 바람직한 성적 관계의 주체가 된다고 보고, 을은 ㉡결혼 여부와 무관하게 사랑을 동반한다면 성적 관계가 도덕적으로 허용될 수 있다고 본다. 또한 갑은 ㉢성의 생식적 가치를 실현하여 인류 존속에 공헌해야 한다고 주장하며, 을은 ㉣성이 쾌락적 가치를 실현한다면 종족 보존을 목적으로 삼지 않아도 진정한 가치를 지닌다고 주장한다. 한편, 갑, 을은 모두 ㉤서로 간의 자발적 동의가 성적 관계를 정당화하기 위한 조건으로 충분하다고 본다.

① ㉠　　② ㉡　　③ ㉢　　④ ㉣　　⑤ ㉤

● 왜 정답일까?

성과 사랑의 관계에서 갑은 보수주의 입장이고, 을은 중도주의 입장이다.
보수주의는 결혼과 출산 중심의 성적 관계를 도덕적으로 정당하다고 본다. 중도주의는 사랑을 전제로 하여 서로 간의 인격을 존중하는 성적 관계가 도덕적으로 정당하다고 본다.

06 공자와 묵자의 예술관 　정답률 83% | 정답 ④

| 문제 보기 |

갑, 을 사상가들의 입장으로 적절하지 않은 것은?

> 갑: 사람은 시(詩)에서 일으키고, 예(禮)에서 서며, 악(樂)에서 완성된다. 도에 뜻을 두고 덕에 의거하며, 인(仁)에 의지하고 예(藝)에서 노닐어야 한다. 사람이 인하면 예와 악을 다할 수 있다.
> 을: 어진 사람은 일을 할 때 천하의 이익을 일으키고 천하의 폐해를 제거하는 데 힘쓴다. 또한 백성의 의복과 식을 축내고 빼앗는 짓을 행하지 않는다. 음악을 즐기는 것이 잘못인 이유는 백성의 이익과 부합하지 않기 때문이다.

① 갑: 바르지 않은 음악이 성행하면 사회에 혼란을 가져온다.
② 갑: 군자(君子)가 되려 한다면 예와 악을 갖추어야 한다.
③ 을: 악기 제작을 위한 노동은 백성의 삶에 이롭지[利] 않다.
④ 을: 음악은 감정적 즐거움을 주지 못하므로 금지해야 한다.
⑤ 갑과 을: 위정자는 좋은 정치를 위해 음악의 가치를 따져야 한다.

● 왜 정답일까?

갑은 공자, 을은 묵자이다.
공자는 예악(禮樂)을 통해 인격을 닦음으로써 인간이 진정한 인간다움에 이를 수 있다고 보고, 음악이 개인과 사회의 관계를 조화롭게 만드는 데 기여한다고 주장하였다. 묵자는 통치자가 천하의 이익을 도모해야 하는데 음악은 민생을 해치고 낭비를 부추기므로 백성의 이익에 부합되지 않는다고 주장하였다.

07 국제 평화에 관한 칸트와 갈퉁의 입장 　정답률 75% | 정답 ⑤

| 문제 보기 |

갑, 을 사상가들의 입장으로 적절한 것만을 〈보기〉에서 있는 대로 고른 것은? [3점]

> 갑: 국제 연맹은 모든 전쟁의 영원한 종식을 추구하며 개별 국가들의 자유를 보호하고 지속시키려 관여한다. 국제 사회의 평화는 국제 연맹을 통해서 달성될 수 있다.
> 을: 폭력을 줄이는 것도 중요하지만 폭력을 예방하는 것이 더 중요하다. 전자는 소극적 평화를 목표로 하지만 후자는 적극적 평화를 지향한다.

> ＜보 기＞
> ㄱ. 갑: 평화 조약은 어떠한 전쟁도 종식시킬 수 없다.
> ㄴ. 갑: 국제 연맹은 국가권력을 지배하는 것을 목표로 하지 않는다.
> ㄷ. 을: 경제적 착취의 제거는 적극적 평화를 위한 필수 조건이다.
> ㄹ. 갑과 을: 정치 체제의 개선은 평화 실현에 기여할 수 있다.

① ㄱ, ㄴ　　② ㄱ, ㄷ　　③ ㄴ, ㄹ
④ ㄱ, ㄷ, ㄹ　　⑤ ㄴ, ㄷ, ㄹ

● 왜 정답일까?

갑은 칸트, 을은 갈퉁이다.
칸트는 영구 평화 실현을 위해 국내적으로는 공화 정체에 기반해야 하며, 국제적으로는 국가 간의 자유로운 연방 체제에 기초한 국제법, 보편적 우호의 조건들에 국한된 세계 시민법이 있어야 한다고 주장하였다.
갈퉁은 직접적 폭력뿐만 아니라 구조적 폭력, 문화적 폭력을 모두 제거하여 적극적 평화를 실현할 것을 주장하였다.

08 다문화 정책에 관한 입장 　정답률 91% | 정답 ②

| 문제 보기 |

갑, 을의 입장으로 적절한 것만을 〈보기〉에서 고른 것은?

> 갑: 다문화 사회의 특성을 반영하여 이민자의 문화를 동등하게 인정해야 한다. 정부는 모든 문화의 정체성을 유지하면서도 조화를 이루도록 이민자 정책을 시행해야 한다.
> 을: 다문화 사회에서는 문화적 차이로 인한 사회 혼란을 예방할 필요가 있다. 정부는 이민자가 출신국의 문화적 특성을 포기하고 주류 사회에 흡수되도록 정책을 시행해야 한다.

> ＜보 기＞
> ㄱ. 갑: 문화 간의 우열을 두는 것은 사회 통합을 저해한다.
> ㄴ. 을: 주류 문화와 이민자 문화 간의 공존을 보장해야 한다.
> ㄷ. 을: 문화를 단일화하기 위한 이민자 정책을 추진해야 한다.
> ㄹ. 갑과 을: 모든 문화를 융합해서 새로운 문화를 형성해야 한다.

① ㄱ, ㄴ　　② ㄱ, ㄷ　　③ ㄴ, ㄷ　　④ ㄴ, ㄹ　　⑤ ㄷ, ㄹ

● 왜 정답일까?

갑은 샐러드 볼 이론 입장, 을은 동화주의 입장이다.
샐러드 볼 이론은 다른 맛을 가진 채소와 과일들이 서로 조화를 이루어 샐러드를 만들 듯이, 다양한 문화가 서로 대등하게 조화를 이루어야 한다고 보는 입장으로 다양한 문화의 가치를 동등하게 인정하여 문화의 공존을 실현하자는 입장이다.
동화주의는 이민자가 출신국의 문화적 특성을 포기하고 주류 문화에 편입되어야 한다는 입장이다.

09 칸트와 밀의 사상적 입장 　정답률 85% | 정답 ⑤

| 문제 보기 |

갑 사상가가 을 사상가에게 제기할 수 있는 비판으로 가장 적절한 것은?

> 행위의 도덕성은 의무로부터 나오는 행위의 필연성에 따라서 정해집니다. 행위의 결과로 나타나는 객관에 대해서는 경향성을 가질 수 있지만 결코 존경심을 가질 수는 없습니다.
>
> 행위에 대한 도덕 판단은 쾌락을 산출하고 고통을 줄이는 공리의 원리에 따라야 합니다. 쾌락에는 질적인 차이가 있으므로 어떤 쾌락이 다른 쾌락보다 더 바람직하다고 인정할 수 있습니다.
>
> 갑　　　　　을

① 행복을 추구하는 것은 인간의 자연적 성향임을 간과한다.
② 행복 추구와 도덕적 의무 이행은 양립할 수 없음을 간과한다.
③ 보편타당한 원리보다 상황에 따라서 행위해야 함을 간과한다.
④ 감각적 쾌락보다 정신적 쾌락이 더 바람직한 쾌락임을 간과한다.
⑤ 선의지에서 비롯된 행위만이 도덕적인 가치가 있음을 간과한다.

● 왜 정답일까?

갑은 칸트, 을은 밀이다.
칸트는 도덕 판단에서 행위의 동기를 중시하며, 오직 선의지에서 나온 행위만이 도덕적 가치를 지닌다고 보았다.
밀은 행위의 도덕성이 행위가 산출할 쾌락과 고통에 따라 결정된다고 주장하며, 쾌락의 양뿐만 아니라 질적인 차이도 고려해야 한다고 보았다.

10 분배 정의에 관한 입장 　정답률 42% | 정답 ①

| 문제 보기 |

(가)의 갑, 을, 병 사상가들의 입장을 (나) 그림으로 탐구하고자 할 때, A ～ D에 들어갈 적절한 질문만을 〈보기〉에서 있는 대로 고른 것은? [3점]

> (가)
> 갑: 정의로운 분배는 계급과 계급이 대립하는 사회가 아닌 각자의 자유로운 발전이 모두의 자유로운 발전의 조건이 되는 공산 사회에서 실현될 수 있다.
> 을: 분배가 정의로울 조건은 모든 사람이 각자 소유하고 있는 것에 대해서 소유 권리를 갖는 것이다. 소유물의 분배 정의는 역사적이다.
> 병: 정의의 일차 주제는 사회 제도가 권리를 배분하고 사회 협동체의 이익을 분배하는 방식과 관련된다. 정의가 실현된 질서 정연한 사회는 공적 정의관으로 규제된다.

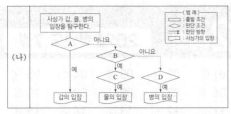

〈보기〉
ㄱ. A: 경제적 불평등을 허용하는 분배 원칙은 부당한가?
ㄴ. B: 개인은 자신의 타고난 사회적 지위에 대한 소유 권리를 지니는가?
ㄷ. C: 부정의한 이전 과정을 바로잡는 국가의 개입은 정당한가?
ㄹ. D: 원초적 입장에서 당사자는 타인의 이익에 관심을 가지는가?

① ㄱ, ㄷ　　② ㄱ, ㄹ　　③ ㄴ, ㄹ
④ ㄱ, ㄴ, ㄷ　　⑤ ㄴ, ㄷ, ㄹ

● 왜 정답일까?

제시문 (가)의 갑은 마르크스, 을은 노직, 병은 롤스이다.

마르크스는 자본주의 분배 방식이 불평등을 심화시키므로 사적 소유를 철폐하고 필요에 따른 분배가 이루어져야 한다고 주장하였다.

노직은 개인의 소유 권리를 보장하는 것이 정의로운 분배라고 주장하면서 부정의한 이전 과정을 교정하기 위한 국가의 개입은 가능하다고 주장하였다.

롤스는 천부적 자산을 타고나는 것은 자연적 사실이며, 최소 수혜자의 상황이 개선된다면 사회적·경제적 불평등이 정당화될 수 있다고 주장하였다.

11 순자와 맹자의 직업관　정답률 84% | 정답 ④

| 문제 보기 |

갑, 을 사상가들의 입장으로 적절하지 <u>않은</u> 것은?

> 갑: 사람은 태어날 때부터 욕망을 지니고 있어서 일정한 기준과 한계가 없으면 다투게 된다. 그래서 선왕은 예의[禮]를 제정하여 분수를 정하고, 지혜 있는 자와 어리석은 자 사이에 구분을 두었다.
> 을: 백성은 안정된 생업[恒産]이 없으면 안정된 마음[恒心]도 없다. 그러므로 현명한 군주는 백성의 생업을 마련하여 생활에 부족함이 없게 한다. 그렇게 한 후에 백성들을 선한 데로 나아가게 인도한다.

① 갑: 사람의 사회적 신분은 덕과 능력에 따라 정해져야 한다.
② 갑: 올바른 직분 수행을 위해 예에 따라 욕망을 절제해야 한다.
③ 을: 경제적 안정은 백성의 도덕성 유지에 중요한 요인이 된다.
④ 을: 군주는 모든 노동에 능통하여 백성의 본보기가 되어야 한다.
⑤ 갑과 을: 사회 구성원 각자가 역할을 다할 때 질서가 유지된다.

● 왜 정답일까?

갑은 순자, 을은 맹자이다.

순자는 군주가 사회 구성원 각자의 덕과 능력을 헤아려서 직분을 맡기고, 모든 사람이 각자의 직분에 충실하도록 나라를 다스려야 한다고 주장하였다.

맹자는 군주가 백성들에게 안정된 생업을 마련해 주어야 백성들이 도덕적 삶을 살 수 있다고 주장하였다.

12 시민 불복종에 관한 입장　정답률 40% | 정답 ②

| 문제 보기 |

갑, 을 사상가들의 입장으로 가장 적절한 것은? [3점]

> 갑: 시민 불복종은 다수의 정의감에 호소하여 자유로운 협동의 조건이 침해되었다는 것을 정당하게 알리는 것이다. 이는 공공적이고 양심적이긴 하지만 법적인 결과를 감수하겠다는 의지로 표현된 정치적 행위이다.
> 을: 시민 불복종의 정당성은 결과주의적 접근법에 따라 판단할 수 있다. 우리는 중단시키려고 하는 악의 크기와 우리의 행위가 가져올 법과 민주주의에 대한 존중심의 감소 정도를 저울질해 보아야 한다.

① 갑: 정책 개선을 위해 폭력을 수반한 시민 불복종도 허용된다.

② 갑: 소수자의 재산 소유권이 침해되면 시민 불복종이 전개될 수 있다.
③ 을: 시민 불복종은 보편적인 법치 원리를 위반하는 행위이다.
④ 을: 시민 불복종은 다수를 설득하기보다 강제하기 위한 시도이다.
⑤ 갑과 을: 시민 불복종은 부정의에 즉각 대응하는 행위여야 한다.

● 왜 정답일까?

갑은 롤스, 을은 싱어이다.

롤스는 시민 불복종이 다수의 정의관에 근거하여 비폭력적으로 이루어져야 한다고 보며, 불복종 행위에 대한 처벌을 감수해야 한다고 주장하였다.

싱어는 공리주의 입장에서 시민 불복종이 산출할 이익과 손해를 따져 보아야 한다고 보고, 다수에 대한 강제가 아닌 다수를 설득하려는 의도로 실행되어야 한다고 주장하였다.

13 정보 공유론과 정보 사유론 입장　정답률 88% | 정답 ①

| 문제 보기 |

갑의 입장에 비해 을의 입장이 갖는 상대적 특징을 그림의 ⊙ ~ ⑩ 중에서 고른 것은?

> 갑: 정보는 사회에서 생산된 공공재이자 인류가 누려야 할 산물이다. 따라서 누구나 정보에 자유롭게 접근하고 사용할 때 새로운 창작과 지적 산물의 발전이 촉진된다.
> 을: 정보는 창작자가 노력하여 만든 상품이므로 사적 재산으로 인정하고 보호해야 한다. 정보 이용에 대한 대가를 지불할 때 창작 의욕이 높아지고 양질의 정보 생산이 가능해진다.

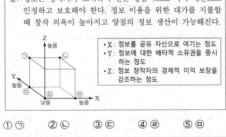

- X: 정보를 공유 자산으로 여기는 정도
- Y: 정보에 대한 배타적 소유권을 중시하는 정도
- Z: 정보 창작자의 경제적 이익 보장을 강조하는 정도

① ⊙　② ⓒ　③ ⓒ　④ ⓔ　⑤ ⑩

● 왜 정답일까?

갑은 정보 공유론의 입장, 을은 정보 사유론의 입장이다.

정보 공유론은 정보와 같은 지적 재산이 인류가 누려야 할 소중한 자산이기 때문에 모두가 공유하고 사용할 수 있어야 한다고 본다.

정보 사유론은 정보를 개인의 재산으로 인정하고 보호해야 한다고 보는 입장으로서 정보 창작자의 노력에 대한 경제적 이익을 보장해야 한다고 본다.

14 기술에 대한 입장　정답률 74% | 정답 ②

| 문제 보기 |

갑, 을 사상가들의 입장으로 적절한 것만을 〈보기〉에서 있는 대로 고른 것은? [3점]

> 갑: 기술은 우리가 그것을 긍정하건 부정하건 관계없이 우리를 속박하고 있다. 기술을 가치 중립적 속으로 여길 때, 우리는 무방비 상태로 기술에 내맡겨져 종속된다.
> 을: 기술은 그것을 실현하게 하는 것과 독립해 있는 자립적인 존재이다. 또한 일종의 공허한 힘이며 목적에 대한 수단일 뿐이다. 기술은 인간과 전혀 무관하게 광기를 부릴 수 없다.

〈보기〉
ㄱ. 갑: 기술의 이용 결과는 윤리적 가치 평가의 대상이다.
ㄴ. 갑: 기술의 활용에 대한 인간의 도덕적 성찰은 불필요하다.
ㄷ. 을: 기술은 인간의 개입이 없다면 인간에게 해를 끼칠 수 없다.
ㄹ. 갑과 을: 인간은 기술 자체에 대해 비판적 관점을 지녀야 한다.

① ㄱ, ㄴ　　② ㄱ, ㄷ　　③ ㄴ, ㄹ
④ ㄱ, ㄷ, ㄹ　　⑤ ㄴ, ㄷ, ㄹ

● 왜 정답일까?

갑은 하이데거, 을은 야스퍼스이다.

하이데거는 기술의 본질이 가치 중립적인 것이 아니라고 보면서 기술의 본질에 대한 이해 없이 그것을 사용하게 되면 인간이 기술에 종속당할 수 있다고 주장하였다.

야스퍼스는 기술 그 자체는 선도 아니고 악도 아닌 수단일 뿐이라고 보면서 기술이 인간의 목적 설정에 따라 긍정적 혹은 부정적 효과를 낼 수 있다고 주장하였다.

15 교정적 정의에 관한 입장　정답률 55% | 정답 ④

| 문제 보기 |

(가)의 갑, 을, 병 사상가들의 입장에서 서로에게 제기할 수 있는 비판을 (나) 그림으로 표현할 때, A~F에 해당하는 내용으로 가장 적절한 것은? [3점]

(가)	갑: 형벌은 그 자체로는 악이다. 하지만 공리의 원리에 따르면 더 큰 악의 제거를 보장하는 한에서 형벌은 허용되어야 한다.
	을: 형벌은 범죄를 억제하기에 충분한 정도의 강도만을 가져야 한다. 종신 노역형만으로도 가장 완강한 자의 마음을 억제하기에 충분한 정도의 엄격성을 지닌다.
	병: 형벌은 동등성의 원리에 따라 집행되어야 한다. 만약 어떤 자가 살인을 했다면 이 범죄자에게 법적으로 집행되는 사형 외에 범죄와 보복의 동등성은 없다.

① A: 보편적 원리에 따라서 형벌을 부과해야 함을 간과한다.
② B: 사형은 사회 계약에 근거해서 집행되어야 함을 간과한다.
③ C: 타인의 생명을 빼앗은 자는 생득적 인격성이 상실됨을 간과한다.
④ D, F: 형벌은 사회적 선을 위해 범죄자에게 행해져야 함을 간과한다.
⑤ E: 형벌은 범죄자가 처벌을 의욕했으므로 시행해야 함을 간과한다.

● 왜 정답일까?

제시문 (가)의 갑은 벤담, 을은 베카리아, 병은 칸트이다.

벤담은 공리주의 관점에서 형벌이 사람들에게 고통을 안겨 주므로 그 자체는 악이지만, 사회에 더 큰 이익을 제공하는 한에서 허용되어야 한다고 주장하였다.

베카리아는 사람들이 생명 보존을 위해 사회 계약을 맺은 것이므로 생명을 박탈하는 사형은 사회 계약에서 볼 때 정당화될 수 없다고 주장하였다.

칸트는 살인자에 대한 사형은 그의 생득적 인격성을 존중하기 때문에 이루어지는 것이며 형벌은 범죄자가 범죄를 저질렀기 때문에 응보의 차원에서 부여해야 하는 것이라고 주장하였다.

16 해외 원조에 관한 입장　정답률 69% | 정답 ③

| 문제 보기 |

갑, 을 사상가들의 입장으로 적절하지 <u>않은</u> 것은? [3점]

> 갑: 기아를 예방할 수 있는데도 정부가 국민의 굶주림을 방치하는 것은 인권에 관한 관심이 부족하기 때문이다. 질서 정연한 정체들은 이런 일이 일어나지 않게 할 것이다. 질서 정연한 만민은 고통을 겪는 사회가 인권을 보장하도록 도와야 한다.
> 을: 기아의 원인을 인구 과잉으로 보는 사람들은 최빈국에 대한 원조 중단으로 인구 조절이 가능하다고 주장한다. 이는 불확실한 이득을 위해 악의 명백한 방지를 거부하는 것이다. 이익 평등 고려 원칙에 따른 원조로 악을 방지할 수 있다.

① 갑: 원조 대상국의 인권이 보장된다면 원조를 중단할 수 있다.
② 갑: 원조는 국가 간의 정치 문화 격차를 줄이는 데 도움이 된다.
③ 을: 원조는 절대 빈곤의 감소 전망과 무관한 도덕적 의무이다.
④ 을: 원조로 발생하는 악이 원조 결과로 인한 선보다 작아야 한다.
⑤ 갑과 을: 빈곤국일지라도 원조 대상에 포함되지 않을 수 있다.

● 왜 정답일까?

갑은 롤스, 을은 싱어이다.

롤스는 해외 원조를 통해 고통받는 사회가 정치·사회 제도를 개선하여 인권이 보장되는 질서 정연한 사회가 되도록 도울 것을 주장하였다.

싱어는 공리주의 관점에서 고통을 감소시키고 쾌락을 증진하는 것을 인류의 의무로 규정하면서 이익 평등 고려의 원칙에 따라 절대 빈곤에 처한 사람들을 도와야 한다고 주장하였다.

23회

17 공자의 사상
정답률 78% | 정답 ②

| 문제 보기 |

다음을 주장한 사상가의 입장에서 〈문제 상황〉 속 A에게 제시할 조언으로 가장 적절한 것은?

> 자기를 이기고 예(禮)로 돌아가는 것이 인(仁)이다. 어진 사람은 자신이 서고 싶은 대로 주위 사람을 세워 주고, 자신이 이루고 싶은 대로 주위 사람을 이루게 한다.

> **〈문제 상황〉**
> A는 뉴스에서 태풍으로 피해를 본 ○○ 지역의 이재민을 돕기 위한 모금 활동 소식을 들었다. A는 여행을 가기 위해 모은 용돈 중 일부를 기부해야 할지 고민하고 있다.

① 모든 사람을 차별하지 않는 사랑[兼愛]을 실천하세요.
② 역지사지의 자세로 이재민의 마음을 헤아려 행동하세요.
③ 연기(緣起)의 법칙을 깨달아 이재민에게 자비를 실천하세요.
④ 의로움보다 자신의 이익을 최우선으로 고려하여 행동하세요.
⑤ 기부에 관한 옳고 그름을 초월하여 무위(無爲)를 실천하세요.

● 왜 정답일까?

제시문을 주장한 사상가는 공자이다.
공자는 인간이 사욕을 극복하고 예(禮)를 회복하여 인(仁)을 실현해야 한다고 주장하였다. 그는 내 마음을 미루어 다른 사람을 대하는 서(恕)를 통해 인을 실현할 것을 강조하였다. 따라서 공자는 문제 상황 속 A에게 역지사지의 자세로 이재민의 마음을 헤아려 행동하라고 조언할 것이다.

18 국가와 시민의 관계에 관한 입장
정답률 44% | 정답 ④

| 문제 보기 |

갑, 을 사상가들의 입장으로 적절하지 않은 것은? [3점]

> 갑: 모든 국가는 일종의 공동체이며, 모든 공동체는 어떤 좋음[善]을 실현하기 위해 구성된다. 국가는 인간의 생존을 위해 형성되지만 좋은 삶을 위해 존속하며, 이전 공동체들이 자연스러운 것이라면 국가도 자연스러운 것이다.
> 을: 모든 사람을 떨게 하는 공공의 힘이 없는 상태에서 사는 한 인간은 누구나 전쟁 상태에 놓이게 된다. 국가 속에서 인간이 스스로 구속을 부과하는 궁극적 원인과 목적은 자기 보존과 그에 따른 만족한 삶에 있다.

① 갑: 인간은 국가 안에서만 최고선인 행복을 이룰 수 있다.
② 갑: 국가는 인간의 물질적 생활을 충족시키는 기능을 수행한다.
③ 을: 사회 계약의 산물인 국가는 시민에게 강제력을 행사할 수 있다.
④ 을: 시민은 안전과 평화를 위해 자기 생명권을 국가에 양도한다.
⑤ 갑과 을: 시민은 자신이 속한 국가 공동체에 정치적 의무를 지닌다.

● 왜 정답일까?

갑은 아리스토텔레스, 을은 홉스이다.
아리스토텔레스는 국가를 최고선의 실현이 가능한 최선의 공동체라고 보고, 인간은 국가 안에서만 행복을 실현할 수 있다고 주장하였다.
홉스는 사회 계약으로 형성된 국가는 시민의 생명과 안전을 보장해야 하고, 시민은 이러한 국가에 대하여 정치적 의무를 지닌다고 주장하였다.

19 칸트, 테일러, 레오폴드의 자연관 비교
정답률 36% | 정답 ⑤

| 문제 보기 |

(가)의 갑, 을, 병 사상가들의 입장을 (나) 그림으로 표현할 때, A~D에 해당하는 적절한 진술만을 〈보기〉에서 있는 대로 고른 것은? [3점]

> (가)
> 갑: 인간은 인간에 대한 의무 이외에 다른 의무를 갖지 않는다. 늙은 말이 수행한 봉사에 대한 감사마저도 직접적으로 볼 때는 인간 자신에 대한 의무이다.
> 을: 인간에게 도덕적 관심을 두게 하는 것은 생명체가 지닌 목적 추구 능력 때문이다. 모든 생명체는 고유의 선을 실현하기 위해 움직인다.
> 병: 인간은 대지를 상품으로 보기 때문에 남용하고 있다. 대지를 우리가 속한 생명 공동체로 바라보면 사랑과 존중으로 대하게 될 것이다.

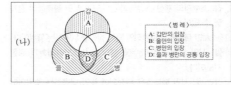

> (나)
> 〈범례〉
> A: 갑만의 입장
> B: 을만의 입장
> C: 병만의 입장
> D: 을과 병의 공통 입장

> **〈보기〉**
> ㄱ. A: 인간이 식물을 이용하는 행위는 정당화될 수 있다.
> ㄴ. B: 모든 생명체와 달리 생명 공동체 그 자체는 내재적 가치를 지니지 못한다.
> ㄷ. C: 유기체가 아닌 존재도 도덕적 존중의 대상이 될 수 있다.
> ㄹ. D: 동물은 도덕적으로 무능력해도 도덕적 지위를 지닌다.

① ㄱ, ㄴ
② ㄱ, ㄷ
③ ㄷ, ㄹ
④ ㄱ, ㄴ, ㄹ
⑤ ㄴ, ㄷ, ㄹ

● 왜 정답일까?

제시문 (가)의 갑은 칸트, 을은 테일러, 병은 레오폴드이다.
칸트는 인간 중심주의 입장에서 인간만이 직접적 의무의 대상이 되며 자연에 관련한 의무는 간접적 의무라고 주장하였다.
테일러는 생명 중심주의 입장에서 모든 생명체가 목적론적 삶의 중심으로서 내재적 가치를 지닌다고 주장하였다.
레오폴드는 생태 중심주의 입장에서 대지 윤리를 제시하며 인간은 생명 공동체의 평범한 구성원으로서 생명 공동체 자체를 존중해야 한다고 주장하였다.

20 정약용의 공직자 윤리
정답률 76% | 정답 ①

| 문제 보기 |

다음을 주장한 사상가의 입장으로 적절하지 않은 것은?

> ○ 목민관은 자애로워야 한다. 자애롭고자 하는 자는 반드시 청렴해야 하고 청렴하고자 하는 자는 반드시 절용(節用)해야 한다. 절용은 목민관의 가장 중요한 임무이며 백성을 사랑하는 데 있어 가장 먼저 해야 할 일이다.
> ○ 목민관은 예부터 내려오는 잘못된 관례를 과감히 고쳐야 한다. 잘못된 관례는 백성의 고혈을 착취하고 아전과 관원을 살찌게 하기 때문이다. 만일 고치기가 어렵다면 여기에 손대지 말아야 한다.

① 목민관은 절용을 실천하기 위해 염치(廉恥)를 버려야 한다.
② 목민관은 백성에게 이익이 되지 않는 관습을 바꾸어야 한다.
③ 목민관은 애민(愛民)의 마음으로 백성의 삶을 돌보아야 한다.
④ 목민관은 공(公)과 사(私)를 구별하여 직무를 수행해야 한다.
⑤ 목민관은 검소한 삶을 실천하여 백성에게 모범이 되어야 한다.

● 왜 정답일까?

정약용은 목민관이 청렴(淸廉)과 절용(節用)의 덕을 갖추어야 한다고 보았다. 그는 염치(廉恥)를 알고 근검절약하는 삶을 살아야 한다고 주장하였다.

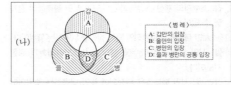

● 고3 생활과 윤리 ●

24회 2022학년도 7월

01 ②	02 ③	03 ⑤	04 ⑤	05 ③
06 ②	07 ④	08 ①	09 ⑤	10 ③
11 ④	12 ⑤	13 ①	14 ④	15 ④
16 ④	17 ②	18 ④	19 ④	20 ④

채점결과		
· 실제 걸린 시간 :	분	초
· 맞은 문항수 :		개
· 틀린 문항수 :		개
· 헷갈린 문항 :		

01 윤리학의 구분
정답률 85% | 정답 ②

| 문제 보기 |

㉠에 들어갈 진술로 가장 적절한 것은?

> 나는 윤리학의 본질이 도덕적 행위를 이론적으로 분석하여 모든 행위자에게 타당한 도덕 규칙의 체계를 구축하고 이를 정당화하는 데 있다고 본다. 그런데 어떤 윤리학자들은 윤리학의 본질이 도덕적 언어의 의미를 분석하고 도덕 추론의 타당성을 입증하는 것이라고 주장한다. 나는 이러한 주장이 _____㉠_____고 생각한다.

① 도덕 명제에 대한 검증 가능성과 분석적 접근을 간과한다
② 보편적 도덕규범의 정립이 윤리학의 핵심 과제임을 간과한다
③ 현실의 도덕 문제 해결을 위해 인접 학문과의 연계를 강조한다
④ 도덕 이론을 적용하여 구체적 실천 방안을 제공할 것을 강조한다
⑤ 도덕 현상을 가치중립적으로 기술하는 것이 중요함을 간과한다

● 왜 정답일까?

제시문의 '나'는 이론 윤리학, '어떤 윤리학자들'은 메타 윤리학의 입장이다.
이론 윤리학은 현실의 윤리적 문제를 해결하는 이론적 근거를 제공하는 것에 주된 관심을 갖는다. 메타 윤리학은 도덕적 언어의 의미를 분석하고, 도덕적 추론의 타당성을 검토하는 데 주된 관심을 갖는다.

02 공자와 노자의 사상
정답률 59% | 정답 ③

| 문제 보기 |

갑, 을 사상가들의 입장으로 적절하지 않은 것은? [3점]

> 갑: 자기 자신을 이기고 예(禮)로 돌아가는 것이 인(仁)이다. 자기를 이기고 예로 돌아가게 되면 온 천하가 이 사람을 어질다고 할 것이다.
> 을: 대도(大道)가 무너지니 인(仁)과 의(義)가 생겨났고 지혜가 나타나니 큰 거짓이 생겨났다. 육친(六親)이 화목하지 못하니 효와 자애가 생겨났다.

① 갑: 존비친소(尊卑親疏)의 구별을 전제로 사랑을 실천해야 한다.
② 갑: 자신의 마음을 미루어 타인을 헤아리는 서(恕)를 행해야 한다.
③ 을: 도(道)를 실현하기 위해 인의의 도덕규범을 확립해야 한다.
④ 을: 자연의 질서에 순응하고 무위(無爲)의 삶을 추구해야 한다.
⑤ 갑, 을: 성인(聖人)이 되기 위해서는 수양을 통해 덕을 실현해야 한다.

● 왜 정답일까?

갑은 공자, 을은 노자이다.
공자는 수양을 통해 예(禮)를 회복하여 인(仁)을 실현할 것을 주장하였다. 노자는 인위적인 도덕규범에서 벗어나 자연의 순리에 따르는 삶을 살아야 함을 주장하였다.

03 해외 원조에 대한 입장 정답률 49% | 정답 ⑤

| 문제 보기 |

갑, 을, 병 사상가들의 입장으로 가장 적절한 것은? [3점]

> 갑: 빈곤으로 고통받는 사람에게 자신의 소유물을 자발적으로 나누는 것은 도덕적 의무이다. 그러나 이러한 행위를 강요하는 것은 개인의 배타적이고 절대적인 소유권을 침해하는 것이다.
> 을: 고통을 덜어 주어야 할 궁극적인 이유는 고통이 그 자체로 바람직하지 않기 때문이다. 이익 평등 고려의 원칙에 따라 고통받는 사람들에 대한 원조를 해야 한다.
> 병: 원조의 목적은 고통받는 사회가 자신의 문제들을 합당하게 합리적으로 관리할 수 있도록 도움으로써 결과적으로 질서 정연한 국제 사회의 구성원이 되도록 하는 것이다.

① 갑 : 약소국에 대한 원조는 최소 국가가 이행해야 할 도덕적 의무이다.
② 을 : 원조를 행할 때 자신에게 미칠 손해를 계산할 필요는 없다.
③ 병 : 원조 대상 선정 시 빈곤의 원인에 대한 고려는 배제되어야 한다.
④ 갑, 을 : 원조의 의무를 실행하기 위해 과세를 강제해야 한다.
⑤ 을, 병 : 빈곤으로 고통에 처한 국가를 원조할 필요가 없는 경우가 있다.

● 왜 정답일까?

갑은 노직, 을은 싱어, 병은 롤스이다.
노직은 개인의 소유권을 배타적이고 절대적이라고 보았다. 싱어는 공리주의 입장에서 해외 원조를 통해 쾌락을 증진하고 고통을 감소시키는 것이 윤리적 의무임을 강조하였다. 롤스는 질서 정연한 사회의 만민은 불리한 여건으로 인해 고통받는 사회를 도와야 할 의무가 있다고 주장하면서 빈곤하더라도 질서 정연한 사회라면 원조할 필요가 없다고 하였다.

04 벤담의 공리주의 사상 정답률 92% | 정답 ⑤

| 문제 보기 |

다음을 주장한 사상가의 입장에서 〈문제 상황〉 속 A에게 제시할 조언으로 가장 적절한 것은?

> 공동체의 이익이란 공동체 구성원들의 이익의 총합이다. 어떤 일이 개인의 이익을 증진시킨다는 것은 그 개인의 쾌락의 합계를 증가시키는 것을 의미한다. 개인들의 행위를 통해 산출할 수 있는 쾌락의 양이 옳음을 평가하는 유일한 요소이다.

> 〈문제 상황〉
> A는 한정판 운동화를 구입하고자 용돈을 모으고 있다. 그러던 중 코로나바이러스감염증-19에 따른 경기 침체로 후원이 끊긴 자선 단체에 도움의 손길이 필요하다는 광고를 보고 모은 용돈을 기부해야 할지 고민하고 있다.

① 질적으로 고상한 쾌락을 산출할 수 있도록 행위 하세요.
② 행위의 결과를 고려하기보다 선의지에 따라 행위 하세요.
③ 보편적 도덕 원리를 배제하고 상황과 맥락에 맞게 행위 하세요.
④ 구체적 상황을 고려하기보다 공동체의 전통에 맞게 행위 하세요.
⑤ 행위와 관련된 사람들의 쾌락의 총합이 극대화되도록 행위 하세요.

● 왜 정답일까?

제시문을 주장한 사상가는 벤담이다.
벤담은 쾌락을 산출하고 고통을 피하는 결과를 낳는 행위가 선한 행위라고 보았다. 그는 모든 쾌락에 양적인 차이만 있다고 보고 쾌락을 계산할 수 있다고 주장하였다. 따라서 벤담의 입장에서 문제 상황 속 A에게 행위와 관련된 사람들의 쾌락의 총합이 극대화될 수 있게 행위하라고 조언할 것이다.

05 국가와 시민의 관계에 관한 입장 정답률 46% | 정답 ③

| 문제 보기 |

그림은 서술형 평가 문제와 학생 답안이다. 학생 답안의 ⊙~⑩ 중 옳지 않은 것은? [3점]

> 서술형 평가
> ◎ 문제 : 갑, 을 사상가들의 입장을 비교하여 서술하시오.

> 갑: 국가는 자연적으로 존재하는 결사체의 최후 형태이며 인간은 본성적으로 국가 공동체를 구성하는 동물이다. 본성에 의해서 국가 없이 살아가는 존재는 인간 이하이거나 인간 이상에 존재이다.
> 을: 국가의 구성원이 된 사람들은 자연법 위반 행위에 대한 처벌권을 입법부에 양도한다. 이러한 권한은 사람들의 합의에 기초하며 국가의 지배 아래에 들어간 모든 이의 생명, 자유, 재산의 보존에 기여한다.

> ◎ 학생 답안
> 갑, 을의 입장을 비교하면, 갑은 ⊙공동체를 지향하는 인간의 본성에 따라서 국가가 형성된다고 보고, ⓒ인간의 최선의 삶은 정치 공동체 속에서 가능하다고 주장한다. 반면 을은 ⓒ개인들이 자신의 재산의 권리를 생성하기 위해 국가를 수립한다고 보고, ⓐ시민은 자신의 악덕을 위협하는 정부에 대해 저항할 권리가 있다고 주장한다. 한편 갑, 을은 모두 ⑩시민은 자신이 속한 국가에 대해 정치적 의무를 지닌다고 본다.

① ⊙ ② ⓒ ③ ⓒ ④ ⓐ ⑤ ⑩

● 왜 정답일까?

갑은 아리스토텔레스, 을은 로크이다.
아리스토텔레스는 국가가 가족이나 부락과 같은 공동체처럼 인간의 본성에 따라 자연 발생한 것이며, 인간은 국가 안에서 훌륭한 삶이 가능하다고 주장하였다. 로크는 자연 상태의 사람들이 사회계약을 통해 국가를 형성했다고 보면서, 분쟁을 해결하고 시민들의 생명, 자유, 재산을 보호하는 것이 국가의 역할이라고 주장하였다.

06 사회 갈등 해결 방안 정답률 92% | 정답 ②

| 문제 보기 |

다음은 신문 칼럼이다. ⊙에 들어갈 진술로 적절하지 않은 것은?

> ○○신문   ○○○○년 ○월 ○○일
> **칼럼**
> 6·25 전쟁과 분단은 남북 간 적대적인 경쟁 체제를 형성했을 뿐만 아니라 우리 일상생활에서 이념 대립의 형태로 갈등을 야기하는 요소로 작용하고 있다. 한국 사회는 분단 상황 속에서 이념과 가치를 중심으로 이분법적 대립 구조가 형성되어 다양한 의견을 나눌 수 있는 대화와 타협의 지형이 제대로 형성되지 못했다. 이러한 이분법적이고 극단적으로 이루어지는 이념 대립은 소모적일 뿐만 아니라 사회 발전을 방해할 수 있다. 따라서 우리는 _____⊙_____.

① 상대방의 견해와 입장을 존중하고 합리적 의견은 수용해야 한다.
② 정책을 평가할 때 각자 자신의 이념에만 근거하여 판단해야 한다.
③ 상호 건전한 대화와 타협을 통해 극단적인 대립을 해소해야 한다.
④ 사회 통합을 위해 상호 소통하는 동반자 관계를 형성해야 한다.
⑤ 가치관의 이분법적 구분에서 벗어나 서로를 적대시하지 말아야 한다.

● 왜 정답일까?

신문 칼럼은 6·25 전쟁과 분단으로 인한 한국 사회의 갈등에 대해 설명하고 있다.
신문 칼럼은 이러한 한국 사회의 이념 대립과 갈등은 소모적일 뿐만 아니라 사회 발전을 방해할 수 있기 때문에 상대방의 견해를 존중하고 건전한 비판과 견제를 통해 대립을 극복해 나가야 한다고 본다.

07 분배 정의에 관한 입장 정답률 44% | 정답 ③

| 문제 보기 |

(가)의 갑, 을, 병 사상가들의 입장을 (나) 그림으로 탐구하고자 할 때, A~D에 들어갈 적절한 질문만을 〈보기〉에서 있는 대로 고른 것은? [3점]

> (가)
> 갑: 정의로운 분배는 각자의 필요에 따라 이루어지는 것이다. 개인의 타고난 능력과 생산 능력을 불평등하게 타고난 특권으로 승인하는 것은 부당하다.
> 을: 정의의 원리에 따르면 과거의 상황은 사물에 대한 응분의 자격을 창조한다. 취득과 이전, 교정의 원리에 근거해 그의 것이 되었다면 정당한 것이다.
> 병: 정의로운 분배는 모든 사람에게 이익이 되도록 이루어져야 하며, 동시에 권한을 갖는 직위, 명령을 내릴 수 있는 직책은 누구나 접근 가능한 것이어야 한다.

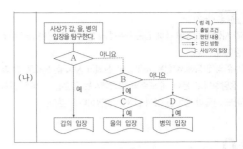

> (나)
> 사상가 갑, 을, 병의 입장을 탐구한다.
> A → (아니요) / (예) → B
> B → (아니요) / (예) → C / D
> C → (예) → 갑의 입장, 을의 입장
> D → (예) → 병의 입장

> 〈범례〉
> ◇ 출발 조건
> ◇ 판단 내용
> → 판단 방향
> □ 사상가의 입장

> < 보기 >
> ㄱ. A: 계급 간 협력을 통해 필요에 따른 분배를 실현해야 하는가?
> ㄴ. B: 개인은 정당하게 취득한 재산에 대한 소유 권리를 가지는가?
> ㄷ. C: 정형적 원리에 따른 분배는 개인의 소유권을 침해하는 것인가?
> ㄹ. D: 원초적 입장에서 모두의 동의로 정의의 원칙이 도출되는가?

① ㄱ, ㄴ ② ㄱ, ㄹ ③ ㄷ, ㄹ
④ ㄱ, ㄴ, ㄷ ⑤ ㄴ, ㄷ, ㄹ

● 왜 정답일까?

제시문 (가)의 갑은 마르크스, 을은 노직, 병은 롤스이다.
마르크스는 자본주의의 분배 방식이 불평등을 심화시키므로 사적 소유를 철폐하고 필요에 따른 분배가 이루어져야 한다고 주장하였다. 노직은 정형적 기준에 따라 분배를 할 경우 개인의 소유권을 침해한다고 주장하였다. 롤스는 원초적 입장에서 모든 구성원들은 자신의 이익을 안정적으로 확보하기 위해 정의의 원칙에 동의하게 될 것이라고 주장하였다.

08 기술에 대한 입장 비교하기 정답률 79% | 정답 ①

| 문제 보기 |

갑, 을 사상가들의 입장으로 적절한 것만을 〈보기〉에서 있는 대로 고른 것은?

> 갑: 기술을 긍정하건 부정하건 관계없이 우리는 어디서나 부자유스럽게 기술에 붙들려 있다. 그러나 최악의 경우는 기술을 중립적인 것으로 고찰할 때이며, 이 경우 우리는 무방비 상태로 기술에 내맡겨진다.
> 을: 기술이란 수단일 뿐이지 그 자체는 선도 아니고 악도 아니다. 기술은 그러한 기술을 실현시키는 것과는 독립해 있는 일종의 공허한 힘이며 결국은 목적에 대한 수단이다. 기술은 스스로 인간에게 광기를 부릴 수 없다.

> < 보기 >
> ㄱ. 갑: 기술 그 자체를 윤리적 평가의 대상으로 보아야 한다.
> ㄴ. 을: 기술의 활용은 인간의 삶에 부정적 영향을 끼칠 수 있다.
> ㄷ. 을: 기술은 인간과 사회를 지배하려는 본질적 속성을 지닌다.
> ㄹ. 갑, 을: 기술을 적용할 때 인간의 가치 판단은 배제되어야 한다.

① ㄱ, ㄴ ② ㄱ, ㄷ ③ ㄷ, ㄹ
④ ㄱ, ㄴ, ㄹ ⑤ ㄴ, ㄷ, ㄹ

● 왜 정답일까?

갑은 하이데거, 을은 야스퍼스이다.
하이데거는 기술을 가치 중립적인 도구로 보게 될 경우 인간이 기술에 종속당할 수 있다고 주장하였다. 야스퍼스는 기술 그 자체는 선도 아니고 악도 아닌 수단일 뿐이라고 보면서, 인간의 목적 설정에 따라 부정적인 영향이 드러날 수 있다고 주장하였다.

09 성과 사랑의 관계에 관한 입장 정답률 82% | 정답 ⑤

| 문제 보기 |

갑, 을의 입장으로 가장 적절한 것은?

> 갑: 성의 진정한 가치는 종족 보존에서 찾을 수 있습니다. 부부간의 신뢰와 사랑을 전제로 출산과 양육을 책임질 수 있는 성적 관계만이 정당화될 수 있습니다.

> 을: 성의 진정한 가치는 사랑의 실현에 있습니다. 사랑이 동반된 성은 인격적 교감을 가능하게 하므로 혼인 여부와 상관없이 성적 관계는 정당화될 수 있습니다.

① 갑 : 성적 관계에서 쾌락의 추구가 주된 목적이 되어야 한다.
② 갑 : 타인에게 해악을 주지 않는 모든 성적 관계는 허용된다.
③ 을 : 성적 관계는 사적 영역으로서 도덕 판단의 대상이 아니다.
④ 을 : 상호 동의가 성적 관계를 정당화하는 충분조건이 된다.
⑤ 갑, 을 : 성적 관계는 서로의 인격 존중에 바탕을 두어야 한다.

[문제편 p.093]

24회

● 왜 정답일까?

성과 사랑의 관계에 대해 갑은 보수주의 입장이고, 을은 중도주의 입장이다.
보수주의 입장에서 성은 부부간의 신뢰와 사랑을 전제로 할 때만 정당하다고 본다. 중도주의 입장에서는 결혼을 전제로 하지 않아도 사랑이 동반된 성적 관계는 정당하다고 본다.

10 플라톤과 에피쿠로스의 죽음관 정답률 89% | 정답 ③

| 문제 보기 |

갑, 을 사상가들의 입장으로 적절한 것만을 〈보기〉에서 있는 대로 고른 것은? [3점]

갑 : 죽음은 영혼이 육체의 감옥에서 분리되어 자유로워지는 것이다. 영혼이 육체와 함께 있는 동안은 순수하게 인식할 수 없으므로 죽음 이후에야 우리가 간절히 바라는 지혜를 발견할 수 있다.
을 : 죽음이 우리에게 아무것도 아니라는 믿음에 익숙해져야 한다. 모든 좋고 나쁨은 감각에 달려 있는데 죽으면 감각을 잃기 때문이다. 이러한 앎은 불멸에 대한 갈망이 주는 고통을 제거한다.

< 보 기 >
ㄱ. 갑 : 인간의 영혼과 육체는 동시에 완전히 소멸된다.
ㄴ. 을 : 현세의 도덕적인 삶은 내세에서의 행복한 삶을 보장해 준다.
ㄷ. 을 : 죽음은 원자가 흩어지는 것으로서 감각의 상실을 의미한다.
ㄹ. 갑, 을 : 죽음은 지혜로운 인간에게 두려움의 대상이 아니다.

① ㄱ, ㄴ   ② ㄱ, ㄷ   ③ ㄷ, ㄹ
④ ㄱ, ㄴ, ㄹ   ⑤ ㄴ, ㄷ, ㄹ

● 왜 정답일까?

갑은 플라톤, 을은 에피쿠로스이다.
플라톤은 인간의 육체가 순수한 인식을 방해한다고 보고, 죽음을 통해 영혼이 육체를 떠날 때 진리에 대한 순수한 인식이 가능하다고 주장하였다.
에피쿠로스는 인간을 구성하던 원자가 흩어져 개별 원자로 돌아가는 것을 죽음으로 보고, 인간이 죽으면 그 어떤 것도 경험할 수 없다고 주장하였다.

11 형벌에 대한 입장 정답률 55% | 정답 ④

| 문제 보기 |

(가)의 갑, 을, 병 사상가들의 입장에서 서로에게 제기할 수 있는 비판을 (나) 그림으로 표현할 때, A ~ F에 해당하는 내용으로 가장 적절한 것은? [3점]

(가)
갑 : 형벌은 범죄자 자신이나 사회의 다른 선을 촉진하기 위한 수단으로 집행되어서는 안 된다. 오직 보복법만이 형벌의 질과 양을 명확하게 제시할 수 있다.
을 : 사형은 범죄자가 사회의 이익을 침해하는 것을 막지 못함을 입증할 뿐이다. 강제 노동의 고통으로 일생에 걸쳐 분산되는 형벌이 사형보다 더 강력한 본보기가 된다.
병 : 사형은 사회 계약을 어기고 국가의 적이 된 사람이 죽음에 의해 국가로부터 분리되는 것이다. 일반 의지에 복종하기를 거부하는 자는 복종을 강제당해야 한다.

(나)
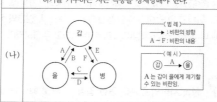

① A : 사형은 범죄 예방과 질서 유지를 위한 수단적 형벌임을 간과한다.
② B : 사형은 범죄 억제력이 전혀 없는 잔혹한 형벌일 뿐임을 간과한다.
③ C, E : 형벌의 정당성은 시민의 동의에서 비롯된 것임을 간과한다.
④ D : 자신의 생명권 양도를 사회 계약에 포함시킬 수 없음을 간과한다.
⑤ F : 형벌은 범죄자가 형벌을 의욕했기 때문에 가해지는 것임을 간과한다.

● 왜 정답일까?

제시문 (가)의 갑은 칸트, 을은 베카리아, 병은 루소이다.
칸트는 응보주의 관점에서 살인자에 대한 정당한 처벌은 사형뿐이라고 주장하였다. 베카리아는 공리주의적 관점에서 사형보다 종신 노역형이 범죄 예방을 통한 사회 전체 이익 증진에 부합한

다고 주장하였다. 루소는 사회 계약설의 관점에서 계약인인 시민의 생명과 안전을 침해한 살인자에 대한 사형은 정당하다고 주장하였다.

12 토론의 핵심 쟁점 정답률 95% | 정답 ⑤

| 문제 보기 |

다음 토론의 핵심 쟁점으로 가장 적절한 것은?

갑 : 인간과 동물 사이의 생물학적 유사성으로 인해 동물 실험의 결과를 인간에게 일반화할 수 있습니다. 따라서 신약이나 새로운 치료법의 개발을 위해서 동물 실험은 필요합니다.
을 : 동물 실험이 인간의 질병 치료에 기여할 수 있습니다. 하지만 동물도 인간과 마찬가지로 고통을 느끼는 존재이므로 동물에게 고통을 주거나 죽이는 것을 정당화할 수는 없습니다.
갑 : 동물이 고통을 느끼는 존재라는 것은 동의합니다. 그러나 동물 실험은 인간이 겪는 심각한 질병의 치료법을 개발하기 위한 최선이자 불가피한 선택입니다.
을 : 그렇지 않습니다. 동물 실험을 대체할 수 있는 방안이 존재하며 이를 통해 동물 실험에서 얻어지는 것만큼의 충분한 정보를 얻을 수 있습니다. 따라서 동물을 희생시키는 실험은 정당화될 수 없습니다.

① 동물과 인간은 생물학적 유사성을 지니는가?
② 동물 실험의 결과를 인간에게 적용할 수 있는가?
③ 동물 실험은 인간의 건강 증진에 기여할 수 있는가?
④ 인간과 마찬가지로 동물은 고통을 느끼는 존재인가?
⑤ 인간의 질병을 치료하기 위한 동물 실험은 정당한가?

● 왜 정답일까?

갑은 동물 실험이 동물에게 고통을 주지만 인간의 질병을 치료하기 위한 동물 실험은 정당하다는 입장이다.
을은 동물 실험이 인간의 질병 치료에 기여할 수는 있지만 대체 방안이 존재하므로 동물에게 고통을 주는 실험은 부당하다는 입장이다.

13 엘리아데의 종교관 정답률 48% | 정답 ①

| 문제 보기 |

그림의 강연자가 지지할 입장으로 적절하지 않은 것은?

종교적 인간에게 세계란 늘 초자연적 가치를 드러내고 있으며, 신성성은 존재의 완전한 현현(顯現)이라는 사실을 잊어서는 안 됩니다. 성스러움이 현현함으로써 세계는 어떤 전혀 다른 것이 되는데, 그러나 그 후에도 여전히 그 사물임은 변하지 않습니다. 성스러운 돌도 한 개의 돌이지만 돌이 성스러운 것으로서 계시되는 사람에게는 눈앞의 돌의 현실이 초자연적 실재로 변합니다.

① 세계를 성스럽게 만드는 신은 종교적 인간에게만 성스러움을 드러낸다.
② 신은 자연적인 대상을 통해서 성스러움을 다양한 양태로 보여준다.
③ 초자연적인 것과 자연적인 것은 불가분의 관계로 연결되어 있다.
④ 세속적인 것과 성스러움은 질적으로 다르지만 조화를 이룰 수 있다.
⑤ 자연물 그 자체가 아닌 자연물을 통해 드러나는 성스러움이 숭배의 대상이다.

● 왜 정답일까?

그림의 강연자는 엘리아데이다.
엘리아데는 인간을 본질적으로 종교적 존재로 보고, 세속적인 삶 속에서도 언제나 성스러움이 드러날 수 있다고 주장하였다. 성스러움은 세속과 고립되어 있는 것이 아니며, 현실 세계에 들어와 우리의 체험 대상이 된다고 보았다.

14 시민 불복종에 대한 롤스의 입장 정답률 47% | 정답 ③

| 문제 보기 |

다음을 주장한 사상가의 입장으로 적절한 것만을 〈보기〉에서 있는 대로 고른 것은? [3점]

시민 불복종은 법에 분명히 반하는 것이긴 하지만 법에의 충실성과 민주 체제의 기본적인 정치적 원리들에 호소하는 것이다. 이러한 불복종은 거의 정의로운 사회에서 그 체제의 합법성을 인정하는 시민들에 의해서 생겨난다고 보기에 법의 힘에 저항하지 않는다. 따라서 그들은 자신의 행위에 대한 법적인 처벌을 수용해야 한다.

< 보 기 >
ㄱ. 시민 불복종은 헌법의 근거가 되는 원칙에 위배되는 행위이다.
ㄴ. 시민 불복종의 대상에 모든 부정의한 법이 포함되는 것은 아니다.
ㄷ. 시민 불복종은 다수의 정의감에 근거한 양심적 신념의 표현이다.
ㄹ. 시민 불복종은 정치 체제의 변혁을 의도하는 공개적인 행위이다.

① ㄱ, ㄴ   ② ㄱ, ㄹ   ③ ㄴ, ㄷ
④ ㄱ, ㄷ, ㄹ   ⑤ ㄴ, ㄷ, ㄹ

● 왜 정답일까?

제시문을 주장한 사상가는 롤스이다.
롤스는 시민 불복종을 다수자의 정의감에 호소하여 사회적 협력의 조건이 침해되었음을 정당하게 알리는 행위로 보았다. 이는 헌법의 근거가 되는 정의의 원칙들에 의해 지도되고 정당화된다고 보며, 시민 불복종은 입헌 체제의 합법성을 인정하고 받아들이는 사람들에 의해 성립된다고 주장하였다.

15 잊힐 권리와 알 권리 정답률 64% | 정답 ④

| 문제 보기 |

갑의 입장에 비해 을의 입장이 갖는 상대적 특징을 그림의 ㉠ ~ ㉤ 중에서 고른 것은?

갑 : 정보 사회에서 개인 정보를 비롯하여 자신이 원하지 않는 정보들은 어떤 이유로도 사이버 공간을 통해 공개되지 않도록 삭제를 요구할 수 있는 권리가 보장되어야 한다.
을 : 정보 사회에서 누구나 자유롭게 정보에 접근할 수 있어야 하며, 개인 정보라 할지라도 공익을 위해 사람들이 알아야 할 정보라면 삭제 금지를 요구할 수 있는 권리가 보장되어야 한다.

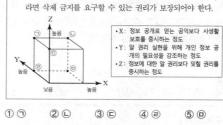

• X : 정보 공개로 얻는 공익보다 사생활 보호를 중시하는 정도
• Y : 알 권리 실현을 위해 개인 정보 공개의 필요성을 강조하는 정도
• Z : 정보에 대한 알 권리보다 잊힐 권리를 중시하는 정도

① ㉠   ② ㉡   ③ ㉢   ④ ㉣   ⑤ ㉤

● 왜 정답일까?

갑은 공개되기를 원하지 않는 자기 정보를 통제할 수 있는 '잊힐 권리'가 보장되어야 한다는 입장이다.
을은 누구나 정보에 접근할 수 있어야 하며 공익적 정보에 대한 삭제를 금지할 수 있는 '알 권리'가 보장되어야 한다는 입장이다.
을은 사생활 보호가 공익을 위해 제한될 수 있다고 주장한다.

16 음악에 대한 순자와 묵자의 입장 정답률 51% | 정답 ④

| 문제 보기 |

갑, 을 사상가들의 입장으로 가장 적절한 것은?

갑 : 사악한 음악으로부터 벗어나고, 감정의 표출이 바르게 되기 위해서는 선왕(先王)이 제정한 예(禮)와 음악을 배우고 익혀야 한다. 여기서 성정(性情)의 변화로 마음과 행동을 올바르게 할 수 있으며 백성의 욕망을 절제하는 데 도움을 줄 수 있다.
을 : 악기를 만드는 일은 단지 땅에 고인 물을 손으로 뜨는 것처럼 쉬운 것이 아니다. 반드시 모든 백성들로부터 세금을 거두어야 하는데 이는 위로는 성왕(聖王)들의 일과 부합되지 않고 아래로는 백성들의 이익과 부합되지 않는다.

① 갑 : 음악은 어떤 제한도 없는 자유로운 감정의 표출이어야 한다.
② 갑 : 음악을 통해 본성을 함양하여 사회 질서 유지에 기여해야 한다.
③ 을 : 음악은 감정적 즐거움을 제공하지 못하므로 금지해야 한다.
④ 을 : 음악이 주는 미적 체험보다 백성의 이익 증진을 우선해야 한다.
⑤ 갑, 을 : 음악과 예의의 장려를 통해 천하의 혼란을 바로잡아야 한다.

● 왜 정답일까?

갑은 순자, 을은 묵자이다.
순자는 인간의 본성을 교화하고 사회 질서를 유지하는 데 음악이 기여할 수 있다고 보았다.
묵자는 악기 제조를 위해 민생에 사용될 재물이 낭비되고 연주와 감상을 위해 노동력이 사용됨으로써 음악은 생산 활동에 방해가 된다고 보았다.

17 칸트, 레건, 레오폴드의 자연관 정답률 52% | 정답 ②

| 문제 보기 |

(가)의 갑, 을, 병 사상가들의 입장을 (나) 그림으로 표현할 때, A~D에 해당하는 적절한 진술만을 〈보기〉에서 있는 대로 고른 것은? [3점]

<table>
<tr><td rowspan="3">(가)</td><td>갑: 자연 체계 내에서 인간은 다른 동물들과 같이 미미한 가치를 지닌다. 그러나 도덕적 실천 이성의 주체로서 인간은 자연 안에서 물건으로서의 가치를 뛰어넘는다.</td></tr>
<tr><td>을: 인간과 인간이 아닌 삶의 주체는 도덕적으로 존중받을 권리를 갖는다. 삶의 주체들은 고유한 가치를 지닌 존재로 다른 존재들을 위한 자원처럼 대우받아서는 안 된다.</td></tr>
<tr><td>병: 개인은 상호 의존적인 부분들로 이루어진 공동체의 한 구성원이다. 대지 윤리는 공동체의 범위를 물, 식물과 동물, 곧 포괄하여 대지를 포함하도록 확장하는 것이다.</td></tr>
<tr><td>(나)</td><td>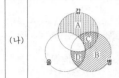
〈 범 례 〉
A : 갑만의 입장
B : 병만의 입장
C : 갑과 병만의 공통 입장
D : 을과 병만의 공통 입장</td></tr>
</table>

<보 기>
ㄱ. A: 단지 수단으로만 취급되어서는 안 될 존재는 이성적 존재 뿐이다.
ㄴ. B: 집합적 유기체로서의 대지는 효용 창출을 위한 자원으로 사용될 수 없다.
ㄷ. C: 도덕적 행위 능력이 없는 존재들도 인간의 이해관계와 상관없이 내재적 가치를 지닐 수 있다.
ㄹ. D: 동물을 함부로 대하지 말아야 하는 이유가 인간에 대한 인간의 의무에서 도출되는 것은 아니다.

① ㄱ, ㄷ   ② ㄱ, ㄹ   ③ ㄴ, ㄷ
④ ㄱ, ㄴ, ㄹ   ⑤ ㄴ, ㄷ, ㄹ

• 왜 정답일까?

제시문 (가)의 갑은 칸트, 을은 레건, 병은 레오폴드이다.
칸트는 인간 중심주의 입장에서 인간만이 직접적 의무의 대상이 되며, 동물과 자연에 대한 의무는 간접적 의무라고 주장하였다. 레건은 동물 중심주의 입장에서 일부 동물은 도덕적으로 무능력지라도 자기의 삶을 영위할 수 있는 삶의 주체로서 내재적 가치를 지니기 때문에 도덕적 권리가 있다고 주장하였다. 레오폴드는 생태 중심주의 입장에서 대지를 수많은 존재가 서로 균형을 맞추고 살아가는 공동체로 파악하고 이를 존중해야 한다고 주장하였다.

18 국제 관계에 대한 입장 정답률 71% | 정답 ①

| 문제 보기 |

갑, 을 사상가들의 입장으로 적절한 것만을 〈보기〉에서 있는 대로 고른 것은? [3점]

갑: 모든 국가의 시민 정치 체제는 공화 정체이어야 한다. 국제 사회의 영구 평화를 달성하기 위해서는 이 국가들 간에 보편적 우호 관계에 기반한 국제 연맹을 창설해야 한다.
을: 국제 정치는 본질적으로 지속적인 권력 투쟁의 연속이다. 모든 정치가들은 국가 이익이라고 정의될 수 있는 권력을 극대화하기 위한 목적으로 정책을 추진하고 투쟁한다.

<보 기>
ㄱ. 갑: 연맹 체제의 단계에서도 개별 국가의 주권은 인정된다.
ㄴ. 을: 국제 정치에서 분쟁은 인간의 본성에서 기인할 수 있다.
ㄷ. 을: 국제 관계에서 국가 간 세력 균형은 영구적 평화를 보장한다.
ㄹ. 갑, 을: 비민주적 국가에 대해서는 폭력적 개입이 허용된다.

① ㄱ, ㄴ ② ㄱ, ㄷ ③ ㄷ, ㄹ ④ ㄱ, ㄴ, ㄹ ⑤ ㄴ, ㄷ, ㄹ

• 왜 정답일까?

갑은 칸트, 을은 모겐소이다.
칸트는 이상주의 관점에서 공화제를 실현한 국가들이 우호 관계에 기초하여 국제법이 적용되는 국제 연맹을 창설해야 한다고 주장하였다. 모겐소는 현실주의 입장에서 세력 균형이 전쟁의 예방이나 억지의 역할을 할 수는 있으나 영구적인 평화를 보장해 주지는 못 한다고 보았다.

19 칼뱅과 맹자의 직업관 정답률 83% | 정답 ④

| 문제 보기 |

갑, 을 사상가들의 입장으로 옳은 것은?

[문제편 p.096]

갑: 모든 직업은 신(神)으로부터 부름받은 자기 몫의 일이다. 이것이 소명임을 알고 순종하면, 아무리 천한 것으로 여겨지는 일이라도 신 앞에서는 귀한 것으로 인정받을 것이다.
을: 백성은 항산(恒産)이 있어야 항심(恒心)을 지닐 수 있다. 어떤 사람은 마음을 수고롭게[勞心] 하고, 어떤 사람은 몸을 수고롭게[勞力] 하여 각자의 수고로움으로 서로 기여한다.

① 갑: 노동은 신이 내린 형벌로서 인간의 예속 상태를 나타낸다.
② 갑: 노동을 통한 부의 축적은 인간이 구원받기 위한 유일한 수단이다.
③ 을: 도덕 공동체를 실현하기 위해 직분의 구별은 없어져야 한다.
④ 을: 직업을 통한 일반 백성의 생계유지는 도덕적 삶의 기반이 된다.
⑤ 갑, 을: 노동의 궁극 목적은 생산성 향상을 통한 생활의 개선에 있다.

• 왜 정답일까?

갑은 칼뱅, 을은 맹자이다.
칼뱅은 인간의 모든 직업 활동이 신의 소명에 의한 것이고, 자신의 직업에 충실히 임하는 것이 신의 명령을 따르는 것임을 주장하였다. 맹자는 정신노동을 하는 사람과 육체노동을 하는 사람을 구분하면서 각자가 사회적 직분에 맞는 일을 해야 한다고 주장하였다.

20 요나스의 책임 윤리 정답률 78% | 정답 ④

| 문제 보기 |

다음을 주장한 사상가의 입장으로 적절한 것만을 〈보기〉에서 있는 대로 고른 것은? [3점]

현재에 대한 책무는 미래의 관점에서 출발하며 동시대적 세계의 복지와 고통의 관점에서 시작하지 않는다. 도덕 철학은 우리의 희망보다는 공포를 논의의 상대로 삼아야 한다. 비록 가장 두려워하는 것의 반대가 필연적으로 최고선은 아니며, 선(善)의 탐구에 있어 마지막 수단은 아니지만 상당히 유익한 것은 틀림없다.

<보 기>
ㄱ. 선을 탐구할 때 인류에게 닥칠 위험을 발견하고자 노력해야 한다.
ㄴ. 자연과 인간은 공존하기 위해 상호 간의 책임을 이행해야 한다.
ㄷ. 현세대는 미래 세대의 실존에 대한 책임을 의무로 수용해야 한다.
ㄹ. 인간은 행해진 것뿐만 아니라 행위 해야 할 것에 대한 책임도 있다.

① ㄱ, ㄴ ② ㄱ, ㄷ ③ ㄴ, ㄹ
④ ㄱ, ㄷ, ㄹ ⑤ ㄴ, ㄷ, ㄹ

• 왜 정답일까?

제시문을 주장한 사상가는 요나스이다.
요나스는 자연과 미래 세대를 포함하는 책임 윤리의 필요성을 제기했다. 인류가 존재해야 한다는 당위적 요청을 근거로 인류 존속에 관한 현세대의 책임을 강조하였다.

25회 ● 고3 생활과 윤리 ●
2021학년도 7월

01 ③	02 ①	03 ③	04 ⑤	05 ④
06 ①	07 ④	08 ④	09 ④	10 ⑤
11 ①	12 ③	13 ④	14 ④	15 ⑤
16 ②	17 ②	18 ⑤	19 ④	20 ②

<table>
<tr><td rowspan="4">채점결과</td><td>• 실제 걸린 시간 :</td><td>분</td><td>초</td></tr>
<tr><td>• 맞은 문항수 :</td><td colspan="2">개</td></tr>
<tr><td>• 틀린 문항수 :</td><td colspan="2">개</td></tr>
<tr><td>• 헷갈린 문항 :</td><td colspan="2"></td></tr>
</table>

01 윤리학의 구분 정답률 87% | 정답 ③

| 문제 보기 |

(가), (나) 윤리학의 입장으로 가장 적절한 것은?

(가) 윤리학은 다양한 도덕 현상을 문화·인류학적으로 접근하여 도덕 현상들 간의 인과관계를 사실적으로 서술하는 것을 핵심 과제로 삼아야 한다.
(나) 윤리학은 과학 기술의 발전과 사회·문화적 변화로 인해 생겨나는 도덕 문제에 대해 구체적인 실천 지침을 제공하는 것을 핵심 과제로 삼아야 한다.

① (가): 도덕적 추론의 타당성 분석을 주요 과제로 삼아야 한다.
② (가): 도덕 행위를 위한 윤리 이론의 수립을 목적으로 해야 한다.
③ (나): 도덕규범을 적용하여 현실의 윤리 문제를 해결해야 한다.
④ (나): 도덕 현상에 관한 객관적 기술을 주요 과제로 삼아야 한다.
⑤ (가), (나): 윤리학의 학문적 성립 가능성 모색을 우선시 해야 한다.

• 왜 정답일까?

(가)는 기술 윤리학, (나)는 실천 윤리학이다.
기술 윤리학은 도덕 현상과 문제를 명확히 기술하고, 기술된 현상들 간의 인과관계를 설명하는 것을 주요 과제로 삼는다.
실천 윤리학은 현실의 삶에서 발생하는 윤리 문제에 대해 도덕 원리를 적용해서 해결책을 제시하는 것을 주요 과제로 삼는다.

02 안락사 정답률 95% | 정답 ①

| 문제 보기 |

갑, 을의 입장으로 옳은 것만을 〈보기〉에서 있는 대로 고른 것은?

갑: 불치병으로 고통받는 환자가 자신의 죽음을 맞이할 수 있도록 생명 연장을 위한 의료 행위의 중지를 요청한다면 이를 허용해야 한다. 하지만 약물을 주입하여 환자의 죽음을 앞당기는 행위는 허용해서는 안 된다.
을: 불치병으로 고통받는 환자일지라도 죽음을 선택할 권리는 없으며, 의료인은 환자의 생명을 살리기 위해 끝까지 책임을 다해야 한다. 인간의 생명은 어떠한 명분으로도 훼손될 수 없는 절대적이며 존엄한 가치를 지니기 때문이다.

<보 기>
ㄱ. 갑: 불치병 환자는 연명 치료 중단을 요청할 권리가 있다.
ㄴ. 갑: 불치병 환자를 위해 안락사를 제한 없이 허용해야 한다.
ㄷ. 을: 안락사 시행으로 인간 생명의 존엄성을 침해할 수 있다.
ㄹ. 갑, 을: 인간은 자신의 인위적인 죽음을 선택할 수 있어야 한다.

① ㄱ, ㄷ ② ㄴ, ㄷ ③ ㄴ, ㄹ
④ ㄱ, ㄴ, ㄹ ⑤ ㄱ, ㄷ, ㄹ

• 왜 정답일까?

갑은 소극적 안락사를 찬성하지만, 적극적 안락사는 반대하는 입장이다. 을은 인간이 자신의 죽음을 인위적으로 선택할 권리가 없다고 주장하면서 모든 안락사를 반대하는 입장이다.
소극적 안락사는 생명을 연장시키는 수단을 사용하지 않음으로써 환자를 죽음에 이르게 하는 것이다. 적극적 안락사는 환자의 삶을 단축시킬 것을 의도해서 약물의 직접 주입 등 구체적 행위를 능동적으로 행하는 것이다.

03 순자와 플라톤의 직업관   정답률 87% | 정답 ③

| 문제 보기 |

동양 사상가 갑, 서양 사상가 을의 입장으로 옳지 않은 것은?

> 갑: 사람들은 나면서부터 이익을 좋아하는데, 이를 따르기 때문에 쟁탈이 일어난다. 선왕(先王)의 예(禮)로써 분별하고 법도를 제정하여 사람들 각자에 합당한 일을 맡겨야 한다.
> 을: 사람들이 직분을 서로 교환한다면 국가는 파멸로 가게 될 것이다. 정의(正義)는 서로 다른 세 계층이 저마다 자신의 성향에 맞는 일을 할 때 실현된다.

① 갑 : 인위적인 규범으로 일을 나누어야 백성들의 다툼이 사라진다.
② 갑 : 통치자는 백성의 덕과 능력에 따라 사회적 역할을 맡겨야 한다.
③ 을 : 공익 실현을 위해 모든 계층의 사적 소유를 금지해야 한다.
④ 을 : 각자가 본분에 맞는 탁월성을 발휘할 때 정의가 실현된다.
⑤ 갑, 을 : 구성원 각자가 직분에 충실할 때 사회의 조화가 가능하다.

• 왜 정답일까?

갑은 순자, 을은 플라톤이다.
순자는 예(禮)로써 구성원 각자의 덕과 능력에 따라 사회적 역할을 부여할 것을 강조하였다. 플라톤은 구성원들의 타고난 성향에 따라 사회적 역할을 분담할 것을 강조하였다.

---

04 매킨타이어와 칸트   정답률 87% | 정답 ⑤

| 문제 보기 |

그림은 서양 사상가 갑, 을의 가상 대화이다. 갑이 을에게 제기할 수 있는 비판으로 가장 적절한 것은? [3점]

> 도덕적 행위는 인간이 습득할 수 있는 자질인 덕을 소유하고 발휘할 때 가능합니다. 우리의 삶은 공동체 속 이야기의 일부이며, 경험을 공유하는 사람들의 이야기를 통해 이해될 수 있습니다.

> 도덕적 행위는 도덕 법칙에 대한 자발적 존중에서 비롯됩니다. 도덕 법칙은 이성적 존재자에게 있어서는 의무의 법칙이며, 이 법칙에 대한 존경심에서 행위를 규정하는 법칙입니다.

    갑   을

① 선의지의 지배를 받는 행위가 도덕적 행위임을 간과한다.
② 공동체의 관행보다 절대적 도덕 원리에 따라야 함을 간과한다.
③ 의무 의식에서 비롯된 행위가 도덕적 가치를 지님을 간과한다.
④ 도덕 법칙은 예외 없이 따라야 할 무조건적 명령임을 간과한다.
⑤ 도덕적 행위는 행위자의 유덕한 성품을 바탕으로 한 행위임을 간과한다.

• 왜 정답일까?

갑은 매킨타이어, 을은 칸트이다.
매킨타이어는 덕 윤리의 입장에서 공동체의 관행에 내재한 선을 성취하는 데 유용한 인간의 성품을 덕이라고 주장하였다.
칸트는 의무론의 입장에서 인간이라면 누구나 예외 없이 따라야 하는 무조건적이고 절대적인 명령을 도덕 법칙이라고 주장하였다.

---

05 윤리적 소비와 합리적 소비   정답률 92% | 정답 ④

| 문제 보기 |

다음은 신문 칼럼이다. ⊙에 들어갈 진술로 가장 적절한 것은? [3점]

> ○○신문   ○○○○년 ○월 ○일
>
> **칼럼**
>
> 요즘 학교에서는 학생들을 대상으로 어떤 소비 행위가 올바른 소비 행위인지를 교육하는 시간을 운영하고 있다. 이 시간이 형식적인 운영에 그치지 않기 위해서는 제품의 기본 정보뿐만 아니라 제품이 어떤 방식으로 만들어졌는지도 꼼꼼하게 살피는 태도를 교육해야 한다. 예를 들면, 제품 생산 과정에서 발생하는 쓰레기를

무단으로 버리지 않았는지, 제품을 생산하는 노동자들을 함부로 시키지 않았는지, 무분별한 동물 실험으로 불필요하게 생명을 희생시키지 않았는지 등등 말이다. 그런데 어떤 사람들은 올바른 소비 행위를 자신의 경제력 안에서 최소한의 비용으로 최대한의 자기만족을 얻을 수 있도록 하는 것이라고 주장한다. 필자는 이러한 주장을   ⊙   고 생각한다. …(후략).

① 노동자의 인권 개선보다 경제적 효율성이 중요함을 간과한다
② 자신의 욕구와 소득 수준을 우선적으로 고려해야 함을 간과한다
③ 공공선보다 개인적 선호를 바탕으로 소비해야 함을 간과한다
④ 제품 생산이 사회에 미치는 윤리적 영향력을 따져야 함을 간과한다
⑤ 자신의 경제력을 과시하기 위한 제품을 구매해야 함을 간과한다

• 왜 정답일까?

칼럼을 쓴 필자는 윤리적 소비를 올바른 소비 행위로 강조하는 입장이고, 칼럼 속 '어떤 사람들'은 합리적 소비를 올바른 소비 행위로 강조하는 입장이다. 윤리적 소비는 재화나 서비스를 만들고 유통하는 전체 과정을 윤리적 가치에 따라 판단하여 소비하는 행위이다. 합리적 소비는 자신의 경제력 안에서 자신에게 최대의 만족을 주는 제품을 구매하는 소비 행위이다.

---

06 장자와 에피쿠로스의 죽음관   정답률 91% | 정답 ①

| 문제 보기 |

동양 사상가 갑, 서양 사상가 을의 입장으로 옳은 것은?

> 갑: 진인(眞人)은 삶과 죽음을 차별하지 않는다. 삶과 죽음은 밤낮의 변화와 같으나, 삶이 왔다고 기뻐하지 않으며 죽음이 왔다고 슬퍼하지 않는다.
> 을: 현자(賢者)는 죽음을 두려워하지 않는다. 모든 좋고 나쁨은 감각에서 발생하는데, 죽음은 감각의 상실이다. 따라서 죽음은 우리에게 아무것도 아님을 깨달아야 한다.

① 갑 : 죽음은 자연적이고 필연적인 과정이므로 초연해야 한다.
② 갑 : 죽음은 죽음 이후의 다른 삶으로 윤회하는 계기가 된다.
③ 을 : 죽음을 통해 영혼은 육체에서 해방되어 진리를 얻게 된다.
④ 을 : 죽음의 고통을 수용할 때 불멸의 열망을 실현할 수 있다.
⑤ 갑, 을 : 죽음은 내세에서 영원한 행복에 이를 수 있는 시작이다.

• 왜 정답일까?

갑은 장자, 을은 에피쿠로스이다.
장자는 삶과 죽음을 사계절의 운행처럼 자연스러운 과정으로 보면서 죽음에 초연할 것을 주장하였다.
에피쿠로스는 죽음을 감각의 상실로 보고, 죽음을 경험할 수 없으므로 두려워할 필요가 없다고 주장하였다.

---

07 다문화 정책   정답률 73% | 정답 ④

| 문제 보기 |

갑, 을의 입장으로 적절한 것만을 〈보기〉에서 있는 대로 고른 것은?

> 갑: 이민자 집단의 문화를 기존의 문화와 차별하지 않고 대등하게 인정하는 정책을 시행해야 한다. 이 정책으로 이민자들은 문화적 고립에서 벗어나고, 국가적인 통합을 이룰 수 있다.
> 을: 이민자 집단이 자신들의 문화를 포기하고 주류 사회의 문화에 편입될 수 있게 하는 정책을 시행해야 한다. 이 정책으로 사회적 갈등을 줄이고 공동체의 결속을 강화할 수 있다.

> **〈보 기〉**
> ㄱ. 갑: 문화 간의 다양성을 존중하고 그 차이를 수용해야 한다.
> ㄴ. 을: 주류와 비주류 사이의 문화적 위계를 인정해야 한다.
> ㄷ. 을: 이민자의 문화 정체성을 주류 문화에 동화시켜야 한다.
> ㄹ. 갑, 을: 사회의 통합성을 높이는 문화 정책을 추진해야 한다.

① ㄱ, ㄴ   ② ㄱ, ㄷ   ③ ㄴ, ㄹ
④ ㄱ, ㄷ, ㄹ   ⑤ ㄴ, ㄷ, ㄹ

• 왜 정답일까?

갑은 샐러드 볼 이론 입장, 을은 동화주의 입장에서 바람직한 다문화 정책을 주장한다. 샐러드 볼 이론은 다양한 문화가 서로 대등하게 조화를 이루어야 한다는 입장이다. 동화주의는 이민자가 출신국의 문화적 특성을 포기하고 주류 사회의 일원이 될 수 있도록 이민자의 문화를 주류 문화에 편입시켜야 한다는 입장이다.

---

08 유전자 치료   정답률 90% | 정답 ④

| 문제 보기 |

다음 토론의 핵심 쟁점으로 가장 적절한 것은? [3점]

> 갑: 인간의 유전자 지도가 완성된 이후 유전자를 이용한 질병 치료가 활발해졌습니다. 유전자 치료로 인해 불치병에 걸린 환자가 건강한 삶을 살게 될 것입니다.
> 을: 동의합니다. 하지만 치료를 위해 주입된 유전자가 환자 개인에게만 영향을 끼치는 체세포 유전자 치료로 한정해서 허용되어야 합니다.
> 갑: 아닙니다. 생식 세포 유전자 치료도 허용해야 합니다. 유전에 의해 생기는 후세대의 질병을 예방함으로써 후세대 스스로가 더 나은 삶을 설계하는 데 기여할 수 있습니다.
> 을: 그렇지 않습니다. 후세대에 직접 영향을 미치는 생식 세포 유전자 치료는 후세대의 동의 없이 그들의 삶을 현재 세대가 조작하게 되는 윤리적 문제를 유발할 수 있습니다.

① 생식 세포 유전자 치료로 유전병 예방이 가능한가?
② 유전자 치료는 인간의 수명 연장에 기여할 수 있는가?
③ 환자 개인의 질병 치료를 위한 유전자 치료는 정당한가?
④ 후세대를 위해 생식 세포 유전자 치료를 허용해야 하는가?
⑤ 체세포 유전자 치료는 후세대에게 직접적인 영향을 미치는가?

• 왜 정답일까?

갑은 현재 세대와 후세대를 위해 체세포 유전자 치료와 생식 세포 유전자 치료를 모두 찬성하는 입장이며, 을은 현재 세대를 위한 체세포 유전자 치료만을 찬성하는 입장이다.
을은 체세포 유전자 치료가 환자 개인에게만 영향을 미치지만, 생식세포 유전자 치료는 후세대에게 영향을 미쳐서 윤리적 논란이 발생할 수 있다고 주장한다.

---

09 묵자와 정약용의 예술관   정답률 59% | 정답 ④

| 문제 보기 |

동양 사상가 갑, 한국 사상가 을의 입장으로 옳은 것만을 〈보기〉에서 있는 대로 고른 것은? [3점]

> 갑: 어진 사람은 천하에 이익이 생겨나게 하고 해로움을 없애기 위해 힘쓴다. 또한 귀로 듣기에 즐거운 것을 추구하지 않는다. 그것을 추구하면 백성들의 먹을 것과 입을 것을 축내고 빼앗기 때문이다. 임금과 대신이 음악을 좋아해서 즐기려 한다면 국가는 어지러워질 것이다.
> 을: 지금 세속의 음악은 바르지 못한 소리이다. 그러나 음악을 앞에서 한창 연주할 때는, 관장(官長)이 그의 하급 관리를 용서해 주고, 가장(家長)이 자신의 어린 하인을 용서해 준다. 그러므로 성인은 "잠깐이라도 예악(禮樂)을 몸에서 떠나게 할 수 없다."라고 하였다.

> **〈보 기〉**
> ㄱ. 갑: 백성에게 이익이 되지 않는 음악을 멀리해야 한다.
> ㄴ. 을: 음악을 즐기더라도 덕성 함양을 위해 노력해야 한다.
> ㄷ. 을: 성인이 완성한 음악은 사회에 어떤 영향도 끼치지 않는다.
> ㄹ. 갑, 을: 음악은 사람들에게 감정적인 즐거움을 부여한다.

① ㄱ, ㄴ   ② ㄱ, ㄷ   ③ ㄷ, ㄹ
④ ㄱ, ㄴ, ㄹ   ⑤ ㄴ, ㄷ, ㄹ

• 왜 정답일까?

갑은 묵자, 을은 정약용이다. 묵자는 악기 제조 때문에 민생에 사용될 재물이 낭비되며, 연주와 감상을 위해 노동력이 사용되므로 음악이 생산 활동에 방해가 된다고 주장하였다. 정약용은 유가의 입장에서 음악이 사람의 성품을 도야시키며 개인과 사회의 관계를 조화롭게 만드는 데 기여할 수 있다고 보았다.

---

10 분배 정의에 관한 입장 비교   정답률 55% | 정답 ⑤

| 문제 보기 |

(가)의 갑, 을, 병 사상가들의 입장을 (나) 그림으로 탐구할 때, A~D에 들어갈 옳은 질문만을 〈보기〉에서 있는 대로 고른 것은? [3점]

갑 : 상이한 사회적 가치들은 상이한 기준과 절차에 따라 분배되어야 한다. 한 영역의 가치가 다른 영역의 가치를 지배해서는 안 된다.
을 : 모든 사람은 다른 사람들의 유사한 자유와 양립할 수 있는 기본적 자유에 대한 권리를 가진다. 한편, 사회적 부의 분배는 모든 사람에게 이익이 되도록 해야 한다.
병 : 어떤 개인의 소유 권리가 정당하다면, 이로부터 유출된 것에 대해서도 소유 권리를 갖는다. 분배 정의에서 소유 권리는 역사적이다.

(가)

(나)

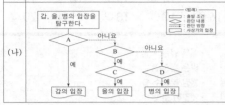

<보 기>
ㄱ. A : 모든 사회적 가치를 분배 원리에 따라 배분해야 하는가?
ㄴ. B : 자연적 재능의 분포를 공동의 자산으로 간주해야 하는가?
ㄷ. C : 명령할 수 있는 직책에 접근할 수 있는 기회를 누구에게나 부여해야 하는가?
ㄹ. D : 자유롭게 이전한 소유물도 교정의 대상이 될 수 있는가?

① ㄱ, ㄴ ② ㄱ, ㄷ ③ ㄷ, ㄹ
④ ㄱ, ㄴ, ㄹ ⑤ ㄴ, ㄷ, ㄹ

● 왜 정답일까?

제시문 (가)의 갑은 왈처, 을은 롤스, 병은 노직이다.
왈처는 삶의 다양한 영역에서 사회적 가치를 각기 다른 기준에 따라 분배해야 한다고 주장하였다.
롤스는 공정한 분배가 이루어지려면 사회 제도가 공정한 조건에서 합의된 정의의 원칙에 의해 규제되어야 한다고 주장하였다.
노직은 소유 권리를 보장하는 것을 정의로운 분배라고 보면서, 부정의를 교정하기 위한 국가의 개입이 가능하다고 주장하였다.

11 하버마스의 담론 윤리   정답률 85% | 정답 ①

| 문제 보기 |

그림의 강연자가 지지할 입장으로 적절하지 않은 것은?

 어떤 규범이 타당성을 갖기 위해서는 그 규범에 영향을 받는 사람들이 공정한 담론 절차를 거쳐 자유롭게 동의할 수 있어야 합니다. 서로 다른 의견과 갈등을 극복하기 위한 합리적인 의사소통을 위해서는 첫째, 언어와 행위 능력을 지닌 모든 주체가 담론에 참여할 수 있어야 합니다. 둘째, 어떤 주장이라도 누구나 담론에 부칠 수 있어야 합니다. 그리고 어떤 담론의 참여자도 위의 첫째, 둘째에 명시된 권리를 행사하는 데 방해받아서는 안 됩니다.

① 공론장에서는 타인의 주장에 대한 이의 제기를 제한해야 한다.
② 이성적 논의 능력을 지닌 모든 주체는 담론에 참여할 수 있다.
③ 담론 과정에서 참여자는 개인적 욕구를 표현할 수 있어야 한다.
④ 담론 참여자는 자신의 오류 가능성을 전제하고 토론에 임해야 한다.
⑤ 담론을 통해 주관적 견해를 극복하고 합리적으로 합의할 수 있다.

● 왜 정답일까?

그림의 강연자는 담론 윤리 사상가인 하버마스이다.
하버마스는 옳고 그름에 대한 판단의 정당성을 공적 담론에서 찾을 것을 강조하였다. 또한 담론 참여자 누구나 타인의 의견에 이의를 제기할 수 있고 비판을 통한 논증을 할 수 있다고 보았다.

12 국제 관계의 현실주의와 이상주의   정답률 68% | 정답 ③

| 문제 보기 |

(가), (나)의 입장으로 가장 적절한 것은? [3점]

| (가) 국가는 이기적인 본성을 지닌 인간들의 집합체이다. 따라서 무정부 상태인 국제 사회에서 국가는 자기 이익을 추구하며 스스로 안보를 지켜야 한다. |
| (나) 국가는 합리적이고 선한 인간들의 집합체이다. 따라서 국제기구 등을 통한 국가 간 상호 협력으로 분쟁을 해결하고 평화를 달성할 수 있다. |

① (가) : 국가 간 대화와 협력만으로 국제 평화를 실현할 수 있다.

② (가) : 자국의 이익 추구보다 국제법의 준수를 우선시해야 한다.
③ (나) : 상대 국가에 대한 무지나 오해 때문에 분쟁이 발생한다.
④ (나) : 국가 간 세력 균형을 통해 영구 평화를 실현해야 한다.
⑤ (가), (나) : 국가 간의 갈등을 해소할 세계 정부를 세워야 한다.

● 왜 정답일까?

(가)는 현실주의, (나)는 이상주의이다.
현실주의는 국가의 목표를 자국의 이익 실현으로 보고 국가 간 세력 균형을 통해 분쟁을 해결할 수 있다고 본다. 이상주의는 국가 간의 이성적 대화와 협력을 바탕으로 국제 규범과 제도를 수립하고 이행할 때 분쟁을 해결하고 평화를 이룰 수 있다고 본다.

13 알 권리와 잊힐 권리   정답률 91% | 정답 ④

| 문제 보기 |

갑, 을의 입장으로 적절하지 않은 것은? [3점]

| 갑 : 범죄의 대상이 되지 않도록 개인 정보를 보호해야 하지만 사회에 해악을 끼친 범죄자에 대한 온라인상의 정보는 삭제하지 않도록 해야 하다. 누구나 범죄자의 정보에 접근할 수 있어야 하고, 범죄자의 정보를 언론이 공개할 수 있도록 보장한다면 사회 안정에 기여할 수 있다. |
| 을 : 범죄자가 응당한 대가를 치른 후에 온라인상에 존재하는 자신의 과거에 대한 정보 삭제를 요구하는 것은 수용해야 한다. 범죄자의 신원 공개로 얻는 이익은 시간이 갈수록 줄어들고, 죗값을 치른 사람이라면 인간다운 삶을 보장받아야 하기 때문이다. |

① 갑 : 언론의 자유를 보장하여 범죄 예방 효과를 높일 수 있다.
② 갑 : 범죄자의 정보 보호보다 공공의 알 권리가 우선되어야 한다.
③ 을 : 잊힐 권리는 인격권을 보장하기 위한 수단이 될 수 있다.
④ 을 : 범죄자의 정보 공유로 얻는 공익의 실제 효과에 한계는 없다.
⑤ 갑, 을 : 온라인상에서 개인 정보가 악용되지 않도록 해야 한다.

● 왜 정답일까?

갑은 범죄자의 정보에 대한 공공의 알 권리를 강조하는 입장이며, 이를 보장하기 위한 언론의 역할을 중시한다.
을은 범죄자의 인격권을 존중함으로써 인간다운 삶을 살 수 있도록 잊힐 권리를 보장해야 한다는 입장이다.

14 해외 원조에 관한 입장   정답률 79% | 정답 ③

| 문제 보기 |

그림은 서술형 평가 문제와 학생 답안이다. 학생 답안의 ⊙∼⑩ 중 옳지 않은 것은?

서술형 평가

◎ 문제 : 해외 원조에 대한 갑, 을 사상가들의 입장을 비교하여 서술하시오.

갑 : 자신에게 도덕적으로 중요한 일들을 희생하지 않는다면, 모든 사람의 이익을 평등하게 고려하여 절대 빈곤으로 고통받는 사람들을 도와야 한다.
을 : 고통받는 사회가 자신들의 문제를 감당하고 합리적으로 관리할 수 있도록 도와서, 결과적으로 질서 정연한 사회의 구성원이 되도록 원조해야 한다.

◎ 학생 답안
갑, 을의 입장을 비교하면, 갑은 ⊙ 원조를 실행할 때 원조를 받는 사람들의 국적은 도덕적 고려 대상이 아니라고 보며, ⓒ 인권이 보장된 국가의 빈민에게도 원조할 수 있다고 주장하는가 하면, ⓒ 질서 정연한 사회의 빈민도 원조 대상에 포함시켜야 한다고 보며, ② 원조를 받는 국가가 민주적 가치를 중시하는 제도와 규범을 갖춘다면 원조를 중단할 수 있다고 주장하였다. 한편, 갑, 을은 모두 ⑩ 원조를 자선의 차원이 아니라 윤리적 의무임을 강조하였다.

① ⊙ ② ⓒ ③ ⓒ ④ ② ⑤ ⑩

● 왜 정답일까?

갑은 싱어, 을은 롤스이다. 싱어는 이익 평등 고려의 원칙을 적

용하여 해외 원조가 인류의 고통 감소와 이익 증진을 목표로 삼아 이루어져야 한다고 주장하였다. 롤스는 해외 원조를 통해 고통 받는 사회의 정치·사회적 제도를 개선하여 그 사회가 질서 정연한 사회가 될 수 있도록 해야 한다고 주장하였다.

15 칸트, 레오폴드, 레건의 자연관   정답률 54% | 정답 ⑤

| 문제 보기 |

(가)의 갑, 을, 병 사상가들의 입장에서 서로에게 제기할 수 있는 비판을 (나) 그림으로 표현할 때, A ~ F에 해당하는 내용으로 가장 적절한 것은? [3점]

| (가) | 갑 : 도덕적 의무를 질 수 있는 인간에 대한 의무 외에 다른 존재에 대한 의무는 없다. 동물이 인간에게 수행한 봉사에 대한 감사는 인간의 간접적 의무이다.
을 : 도덕적, 심미적 관점을 담아 옳고 그름의 새로운 윤리 기준을 마련해야 한다. 생명 공동체의 구성원인 인간은 대지의 사용을 이익의 문제로만 간주하지 않아야 한다.
병 : 도덕적 행위 능력과 무관하게 인간과 일부 동물은 존중받아야 할 도덕적 권리를 갖는다. 그들 각자는 고유한 삶을 살아가는 삶의 주체이기 때문이다. |
| (나) | 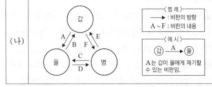 |

① A, C : 생물종의 서식지가 안정적으로 유지되어야 함을 간과한다.
② B : 생명 공동체 구성원 간에 도덕적 책무가 있음을 간과한다.
③ D : 인간뿐 아니라 다른 구성원도 도덕적 지위를 지님을 간과한다.
④ E : 목적 그 자체인 개체의 권리를 존중해야 함을 간과한다.
⑤ F : 동물에 관한 의무는 인간에 대한 의무에서 도출됨을 간과한다.

● 왜 정답일까?

제시문 (가)의 갑은 칸트, 을은 레오폴드, 병은 레건이다.
칸트는 인간 중심주의 입장에서 인간만이 직접적 의무의 대상이 되며, 동물과 자연에 대한 의무는 간접적 의무라고 주장하였다.
레오폴드는 생태 중심주의 입장에서 대지 윤리를 제시하며, 생명 공동체의 온전성, 안정성, 아름다움의 보존에 이바지하는 행위가 옳은 행위라고 주장하였다. 레건은 동물 중심주의 입장에서 인간과 일부 동물은 삶의 주체로서 도덕적 권리를 지닌다고 주장하였다.

16 성과 사랑의 관계   정답률 87% | 정답 ②

| 문제 보기 |

갑, 을의 입장으로 적절하지 않은 것은?

| 갑 : 사랑을 전제로 한 성적 자유를 인정해야 하며, 이러한 성적 관계만이 도덕적이다. 사랑을 동반한 성은 인간의 품격을 유지시키고 상대방에 대한 책임감을 고양시킨다.
을 : 사랑하는 남녀가 만나 결혼이라는 제도를 통해 이루어지는 성적 관계만이 도덕적이다. 성(性)은 부부간의 신뢰를 바탕으로 사회 구성원을 재생산하는 데 기여해야 한다. |

① 갑 : 사랑이 결여된 성적 관계는 인간의 존엄성을 훼손할 수 있다.
② 갑 : 자발적인 동의가 전제된 모든 성적 관계는 정당화될 수 있다.
③ 을 : 성적 관계는 새로운 생명을 탄생시키는 원천이 되어야 한다.
④ 을 : 성의 쾌락적 가치만을 중시하는 성적 관계는 허용될 수 없다.
⑤ 갑, 을 : 성적 관계는 상호 간의 인격적 교감을 바탕으로 해야 한다.

● 왜 정답일까?

성과 사랑의 관계에서 갑은 중도주의 입장이고, 을은 보수주의 입장이다. 중도주의는 결혼을 전제로 하지 않아도 사랑이 동반된 성적 관계라면 도덕적이라고 본다. 보수주의는 결혼과 출산을 중심으로 하여 성이 부부간의 신뢰와 사랑을 전제로 할 때만 도덕적이라고 본다.

17 시민 불복종
정답률 45% | 정답 ②

| 문제 보기 |

사회사상가 갑, 을의 입장으로 옳은 것은? [3점]

| 갑: 시민 불복종은 거의 정의로운 국가에서 행해지며, 다수에 의해 제정된 법에 따라야 할 의무와 각자의 자유를 방어할 권리 사이의 충돌로 발생한다.
| 을: 시민 불복종은 중단하고자 하는 악의 크기와 행위가 가져올 법과 민주주의에 대한 존중의 심각한 감소 가능성을 저울질해서, 그 행위가 산출할 사회적 손익을 계산해야 한다.

① 갑: 시민 불복종은 양심에 기반을 둔 모든 행위를 포함한다.
② 갑: 시민 불복종은 성공에 대한 합당한 전망에 근거해야 한다.
③ 을: 시민 불복종은 사회 제도와 법 전체에 항거하는 행위이다.
④ 을: 시민 불복종은 민주주의 원칙을 존중하는 합법적 수단이다.
⑤ 갑, 을: 시민 불복종에서 다수에 의한 폭력은 목적 달성을 위해 허용될 수 있다.

● 왜 정답일까?

갑은 롤스, 을은 싱어이다.
롤스는 법이나 정책이 다수의 정의관에 어긋나는 경우 최후의 수단으로 시민 불복종이 가능하다고 주장하였다. 싱어는 공리주의 입장에서 시민 불복종의 결과가 가져올 이익과 손해를 계산해 보아야 한다고 주장하였다. 한편, 두 사상가는 모두 시민 불복종이 위법 행위이지만 비폭력적이어야 함을 강조하였다.

18 인간 배아 복제
정답률 88% | 정답 ⑤

| 문제 보기 |

(가)의 입장에 비해 (나)의 입장이 갖는 상대적 특징을 그림의 ㉠~㉤ 중에서 고른 것은?

| (가) 인간 배아는 인간과 유전자가 동일하며, 착상 이후에 인간이 될 수 있는 잠재성을 가지고 있다. 따라서 배아 복제는 존엄한 인간을 죽이는 것과 같으므로 허용해서는 안 된다.
| (나) 인간 배아는 인간이 될 가능성이 확정되지 않은 단순한 세포 덩어리에 불과하다. 따라서 배아 복제는 인간의 질병을 치료할 수 있다는 점에서 허용해야 한다.

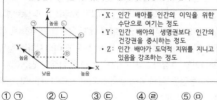

- X : 인간 배아를 인간의 이익을 위한 수단으로 여기는 정도
- Y : 인간 배아의 생명권보다 인간의 건강성을 중시하는 정도
- Z : 인간 배아가 도덕적 지위를 지니고 있음을 강조하는 정도

① ㉠ ② ㉡ ③ ㉢ ④ ㉣ ⑤ ㉤

● 왜 정답일까?

(가)는 인간 배아가 인간이 될 가능성이 있다는 것을 근거로 배아 복제를 반대하는 입장이다.
(나)는 인간 배아가 단순한 세포 덩어리에 불과하며, 복제된 배아를 질병 치료에 활용할 수 있으므로 배아 복제를 찬성하는 입장이다.

19 형벌에 관한 다양한 입장
정답률 56% | 정답 ⑤

| 문제 보기 |

(가)의 갑, 을, 병 사상가들의 입장을 (나) 그림으로 표현할 때, A ~ D에 해당하는 적절한 진술만을 <보기>에서 고른 것은? [3점]

| (가) | 갑: 국가의 보존과 범죄자의 보존은 양립할 수 없다. 살인을 저질러서 계약을 파기한 자는 스스로를 국가의 구성원이 아니라고 선언한 것이다.
| | 을: 형벌은 어느 한쪽이 다른 한쪽보다 기울지 않는 동등성의 원리에 따른 것이다. 그러므로 살인에 대한 정당한 형벌은 사형 이외에는 없다.
| | 병: 형벌은 타인의 범죄를 억제시키기에 충분한 정도의 강도만을 가져야 한다. 종신 노역형은 가장 완강한 자의 마음을 억제시킬 수 있는 엄격성을 지니고 있다.

| (나) |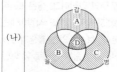
- A : 갑의 입장
- B : 을의 입장
- C : 병의 입장
- D : 갑, 을, 병의 공통 입장

< 보 기 >
ㄱ. A : 국가가 살인자의 생명을 빼앗는 것은 정당화될 수 있다.
ㄴ. B : 형벌은 공적 정의를 실현하기 위해 가해지는 수단이다.
ㄷ. C : 공익 실현이라는 공리주의적 관점에서 사형은 유용하지 않다.
ㄹ. D : 위법 행위의 경중에 비례해서 형벌을 부과해야 한다.

① ㄱ, ㄴ ② ㄱ, ㄷ ③ ㄴ, ㄷ ④ ㄴ, ㄹ ⑤ ㄷ, ㄹ

● 왜 정답일까?

제시문 (가)의 갑은 루소, 을은 칸트, 병은 베카리아이다.
루소는 타인의 생명을 희생시킨 살인범은 계약을 파기해서 스스로가 사회의 구성원이기를 포기한 것이므로 국가는 살인범에게 사형을 집행할 권한을 갖는다고 주장하였다.
칸트는 동등성의 원리에 따라 살인범에 대한 사형을 집행할 것을 주장하였다.
베카리아는 형벌의 지속성을 통한 범죄 예방을 중시하였다. 또한 그는 사형보다 종신 노역형이 범죄 억제력이 크다고 주장하면서 사형 제도를 반대하였다.

20 요나스의 책임 윤리
정답률 69% | 정답 ②

| 문제 보기 |

다음을 주장한 사상가의 입장으로 옳은 것만을 <보기>에서 고른 것은?

| 전통적인 윤리학은 '여기', '지금'과 관련된 것이며, 인간들 사이에 생겨나는 용무와 연관되어 있다. 그러나 새로운 윤리학은 행위의 '좋음'과 '나쁨'을 결정할 때, 인간적 삶의 전 지구적 조건과 종(種)의 미래, 실존을 고려해야 한다. 따라서 인간이 지향해야 할 새로운 명법은 "너의 행위의 효과가 인간 생명의 미래 가능성에 대해 파괴적이지 않도록 행위 하라."와 같다.

< 보 기 >
ㄱ. 다른 생명체에 대한 인간의 책임은 당위적이어야 한다.
ㄴ. 현재 세대와 미래 세대는 호혜적인 책임을 다해야 한다.
ㄷ. 인류 존속을 위해 인간은 자연에 예견적 책임을 져야 한다.
ㄹ. 이성을 지니지 않은 존재도 책임의 주체와 대상이 되어야 한다.

① ㄱ, ㄴ ② ㄱ, ㄷ ③ ㄴ, ㄷ ④ ㄴ, ㄹ ⑤ ㄷ, ㄹ

● 왜 정답일까?

제시문을 주장한 사상가는 요나스이다.
요나스는 전통적인 윤리학의 방식으로는 새로운 문제들을 해결할 수 없다고 보면서, 책임질 수 있는 존재인 인간은 책임의 범위를 자연과 미래 세대까지 확장해야 한다고 주장하였다.

● 고3 생활과 윤리 ●

26회   2020학년도 7월

01 ④	02 ⑤	03 ②	04 ⑤	05 ①
06 ④	07 ⑤	08 ④	09 ③	10 ③
11 ④	12 ②	13 ⑤	14 ③	15 ①
16 ④	17 ②	18 ⑤	19 ④	20 ③

| 채점결과 | · 실제 걸린 시간 : 분 초
| | · 맞은 문항수 : 개
| | · 틀린 문항수 : 개
| | · 헷갈린 문항 :

01 윤리학의 구분
정답률 88% | 정답 ④

| 문제 보기 |

갑, 을의 입장으로 가장 적절한 것은?

 갑: 윤리학은 '옳음', '그름' 등과 같은 도덕적 용어의 의미를 밝히고 도덕 추론의 타당성을 검증하기 위한 논리적 분석을 탐구 목표로 삼아야 합니다.

 을: 윤리학은 '마땅히 해야 할 것'과 '하지 말아야 할 것'을 구분하여 인간의 윤리적인 행위를 위한 도덕 원칙의 제시를 탐구 목표로 삼아야 합니다.

① 갑 : 윤리학은 사회의 관습을 경험 과학적으로 서술해야 한다.
② 갑 : 윤리학은 도덕 명제의 분석보다 도덕 원리를 정립해야 한다.
③ 을 : 윤리학의 학문적 성립 가능성을 핵심 과제로 삼아야 한다.
④ 을 : 윤리학은 도덕 판단의 근거가 되는 보편 규범을 제시해야 한다.
⑤ 갑, 을 : 윤리학은 가치 중립적 입장에서 도덕 문제를 해결해야 한다.

● 왜 정답일까?

갑은 메타 윤리학의 입장이고, 을은 이론 윤리학의 입장이다.
메타 윤리학은 도덕 용어의 의미 분석과 도덕 추론의 타당성 검토를 탐구 과제로 삼는다. 이론 윤리학은 윤리적 행위를 위한 보편적 도덕 원리의 정립 및 제시를 탐구 과제로 삼는다.

02 하버마스의 담론 윤리
정답률 85% | 정답 ⑤

| 문제 보기 |

다음 서양 사상가의 입장으로 가장 적절한 것은?

| 사회의 갈등을 해결하고 행정 및 경제 체계와 생활 세계가 균형을 이루기 위해서는 공론장에서 이성적인 담론과 소통을 활성화해야 한다. 이를 위해 누구나 자유롭게 대화에 참여할 수 있어야 하며, 자신의 주장은 물론 개인적 바람이나 욕구도 자유롭게 표현할 수 있어야 한다. 또한 타인의 주장이나 공적인 문제에 대해서 의문을 제기할 권리가 보장되어야 하고, 이러한 권리를 행사할 때 어떤 강요도 존재하지 않아야 한다.

① 담론을 통한 합의 과정보다 담론의 결과를 중시해야 한다.
② 각자의 오류 가능성을 배제할 때 이상적인 담론이 가능하다.
③ 담론의 결론은 토론보다 다수결의 원리에 따라 도출해야 한다.
④ 공적 현안에 대한 시민의 문제 제기는 사회 발전을 저해한다.
⑤ 담론에 참여하는 모든 사람은 반드시 담론 절차를 지켜야 한다.

● 왜 정답일까?

제시문을 주장한 사상가는 하버마스이다.
하버마스는 옳고 그름에 대한 판단의 정당성을 공적 담론에서 찾을 것을 강조하였다. 또한 이성적으로 논의하는 능력을 가진 시민이 사회 문제 해결에 적극 참여하는 주체가 되어야 하며, 담론 참여의 기회가 평등하게 주어져야 한다고 주장하였다.

03 칼뱅과 마르크스의 직업관
정답률 80% | 정답 ②

| 문제 보기 |

갑, 을 사상가들의 입장으로 옳은 것은?

갑 : 인간은 방탕하기에 신은 모든 인간에게 자신의 소명(召命)에 관심을 둘 것을 요구한다. 신은 인간에게 고유한 생활 양식에 따라 각자의 의무를 지정하고, 인간 자신의 한계를 벗어나지 않도록 그 다양한 생활들을 소명이라고 하였다.

을 : 인간은 노동으로 자연을 변화시키고 자신의 잠재력을 개발한다. 그런데 자본주의적 사회에서는 노동자가 생산 수단을 사용하는 것이 아니라 생산 수단이 노동자를 사용한다. 즉 살아 있는 노동을 죽은 노동이 지배하는 왜곡이 발생한다.

① 갑 : 부(富)의 축적을 직업의 궁극적인 목적으로 추구해야 한다.
② 갑 : 직업은 신이 내린 명령이므로 귀천의 구별이 없어야 한다.
③ 을 : 건전한 경쟁을 통한 생산 수단의 사유화를 보장해야 한다.
④ 을 : 자본가와 노동자가 협력하여 노동 소외를 극복해야 한다.
⑤ 갑, 을 : 인간의 자아실현을 위해 노동 분업을 확대해야 한다.

• 왜 정답일까?

갑은 칼뱅, 을은 마르크스이다. 칼뱅은 모든 직업이 신에 의해 주어지는 소명이므로 직업에는 귀천의 구별이 없다고 주장하였다. 마르크스는 자본주의 사회에서 생산 수단이 노동자를 지배하는 노동의 소외 현상이 나타난다고 주장하였다.

04 안락사 논쟁의 쟁점   정답률 78% | 정답 ⑤

| 문제 보기 |

다음 토론의 핵심 쟁점으로 가장 적절한 것은? [3점]

갑 : 극심한 고통을 겪고 있는 불치병 환자가 의사의 도움을 받아 고통에서 벗어나기를 원한다면 안락사를 허용해야 합니다.
을 : 동의합니다. 하지만 환자가 원해도 적극적인 안락사는 금지되어야 합니다. 단지 연명 치료로 한정하여 환자와 그 가족이 죽음을 자연스럽게 받아들이도록 해야 합니다.
갑 : 아닙니다. 불치병 환자에게는 품위 있는 죽음을 맞이할 권리가 있습니다. 자신이 스스로 선택했다면 연명 치료 중단 이외의 것도 인정해야 합니다.
을 : 품위 있는 죽음을 맞이할 권리를 보장하는 것은 동의합니다. 하지만 약물 주입과 같은 방법으로 환자를 죽음에 이르게 하는 것은 살인 행위와 같으므로 허용해서는 안 됩니다.

① 환자는 존엄한 존재이므로 안락사의 시행을 금지해야 하는가?
② 소극적 안락사는 인간의 생명을 경시하는 행위로 간주해야 하는가?
③ 회복 불가능한 환자에게 인간답게 죽을 권리를 보장해야 하는가?
④ 안락사를 위한 연명 치료 중단은 도덕적으로 정당화될 수 있는가?
⑤ 환자가 동의한다면 인위적인 생명 단축 행위는 허용 가능한가?

• 왜 정답일까?

갑은 극심한 고통을 겪고 있는 불치병 환자에게 연명 치료 중단 이외의 방법도 허용하는 적극적 안락사를 지지하는 입장이다. 을은 인위적인 생명 단축 행위를 반대하고 연명 치료 중단에만 동의하는 소극적 안락사를 지지하는 입장이다.

05 예술과 윤리의 관계   정답률 77% | 정답 ①

| 문제 보기 |

갑, 을의 입장으로 적절한 것만을 <보기>에서 있는 대로 고른 것은? [3점]

갑 : 예술의 목적은 예술을 나타내고 예술가를 숨기는 것이다. 아름다운 것에서 추악한 의미를 찾는 사람은 타락한 사람이고 아름다운 것에서 아름다운 의미를 찾는 사람은 교양 있는 사람이다. 책이란 잘 썼거나 못 썼거나, 단지 그뿐이다.
을 : 예술은 작가의 비판 정신이 작품에 반영된 것이고, 이것이 청중에게 정서적으로 전달되는 체계이다. 미각의 만족감이 결코 음식의 가치를 판단하는 근거가 될 수 없듯이 예술의 진정한 가치는 인류 최고의 사랑을 완성하는 데 있다.

< 보기 >
ㄱ. 갑 : 예술은 오직 예술 자체의 아름다움을 추구해야 한다.
ㄴ. 을 : 예술의 사회적 영향력보다는 자율성을 중시해야 한다.
ㄷ. 을 : 예술은 이성적 의식을 타인과 감정으로 교류해야 한다.
ㄹ. 갑, 을 : 예술가는 윤리적 공감을 발휘하여 미적 표현을 해야 한다.

① ㄱ, ㄷ   ② ㄴ, ㄷ   ③ ㄴ, ㄹ
④ ㄱ, ㄴ, ㄹ   ⑤ ㄱ, ㄷ, ㄹ

• 왜 정답일까?

갑은 심미주의 입장이고, 을은 도덕주의 입장이다.
갑은 예술이 '예술을 위한 예술'일 뿐이므로 예술의 목적은 미적 가치만을 추구하는 것이라고 본다. 을은 예술의 사회적 영향력을 강조하고 도덕적 가치가 미적 가치보다 우위에 있다고 본다.

06 인간 배아 복제의 윤리적 쟁점   정답률 72% | 정답 ④

| 문제 보기 |

갑, 을의 입장으로 적절한 것만을 <보기>에서 있는 대로 고른 것은?

갑 : 배아는 인간이 될 가능성을 지녔으므로 인간과 동등한 존재로 대우해야 한다. 배아 복제는 잠재적 인간을 물건으로 취급하는 행위이다. 따라서 배아 복제를 금지해야 한다.
을 : 남녀의 자연스러운 결합으로 생긴 배아는 존엄한 생명체이다. 하지만 복제된 배아는 인공물에 불과하므로 난치병 치료에 활용할 수 있다. 따라서 배아 복제를 허용해야 한다.

< 보기 >
ㄱ. 갑 : 미래의 인격체가 될 배아를 수단으로 취급하면 안 된다.
ㄴ. 갑 : 배아와 인간은 모두 도덕적 지위를 동등하게 지닌다.
ㄷ. 을 : 과학 기술을 활용한 생물학적 조작을 금지해야 한다.
ㄹ. 갑, 을 : 자연적으로 형성된 배아를 단순한 세포 덩어리로 볼 수 없다.

① ㄱ, ㄴ   ② ㄴ, ㄷ   ③ ㄷ, ㄹ
④ ㄱ, ㄴ, ㄹ   ⑤ ㄱ, ㄷ, ㄹ

• 왜 정답일까?

갑은 배아가 인간이 될 가능성이 있다는 것을 근거로 배아 복제를 반대하는 입장이다. 을은 복제된 배아가 단순한 세포 덩어리에 불과하며, 복제된 배아를 질병 치료에 활용할 수 있으므로 배아 복제를 찬성하는 입장이다.

07 죽음에 대한 공자와 장자의 입장   정답률 77% | 정답 ⑤

| 문제 보기 |

갑, 을 사상가들의 입장으로 옳은 것만을 <보기>에서 고른 것은? [3점]

갑 : 사람을 섬길 줄 모르면서 어찌 귀신을 섬기며, 삶을 모르면서 어찌 죽음을 알겠는가? 어진 자가 삶을 구하고자 인(仁)을 해치는 경우는 없으며, 죽음으로써 인을 이루는 경우는 있다.
을 : 지인(至人)은 신묘하게도 구름을 타고 해와 달을 부리면서 이 세상 밖에서 노닌다. 삶과 죽음도 그를 변하게 할 수 없거늘 어찌 이롭거나 해로운 것에 얽매이겠는가?

< 보기 >
ㄱ. 갑 : 현세의 삶보다 죽음 이후의 삶에 더 관심을 가져야 한다.
ㄴ. 을 : 생사에 대한 분별심으로 삶의 변화를 받아들여야 한다.
ㄷ. 을 : 외물의 구속에서 벗어나 도(道)와 하나가 되어야 한다.
ㄹ. 갑, 을 : 과도한 욕심을 버리고 자연스러운 흐름에 따라야 한다.

① ㄱ, ㄴ   ② ㄱ, ㄷ   ③ ㄴ, ㄷ   ④ ㄴ, ㄹ   ⑤ ㄷ, ㄹ

• 왜 정답일까?

갑은 공자, 을은 장자이다.
공자는 죽음 이후의 삶에 대한 관심보다 현세에서 도덕적인 삶을 사는 것이 중요하다고 주장하였다.
장자는 삶과 죽음을 분별적 인식의 대상으로 간주하지 말고 생사에 초연해야 한다고 주장하였다.

08 국제 평화에 대한 입장   정답률 60% | 정답 ④

| 문제 보기 |

갑, 을 사상가들의 입장으로 옳은 것은? [3점]

갑 : 직접적 폭력은 언어적·신체적인 폭력이고, 구조적 폭력은 정치와 경제에서 일어나는 억압과 착취이다. 문화적 폭력은 이러한 모든 폭력을 정당화시킬 수 있다. 우리는 모든 폭력이 사라진 적극적 평화 상태를 추구해야 한다.
을 : 국가 간 영구 평화를 위해 모든 국가의 시민적 정치 체제는 공화 정체여야 한다. 국제법은 자유로운 국가들의 연방 체제에 기초해야 하며, 세계 시민법은 보편적 우호의 조건들에 국한되어야 한다.

① 갑 : 물리적인 폭력의 종식은 적극적 평화의 실현을 보장한다.
② 갑 : 인간 안보에서 국가 안보 차원으로 평화를 이루어야 한다.
③ 을 : 자발적인 합병 절차를 거쳐 범국가적 정부를 구성해야 한다.
④ 을 : 각국은 상비군을 폐지하고 국제 연맹의 법질서를 따라야 한다.
⑤ 갑, 을 : 내전 중인 국가에 대한 무조건적 외부 개입은 정당하다.

• 왜 정답일까?

갑은 갈퉁, 을은 칸트이다.
갈퉁은 평화를 소극적 평화와 적극적 평화로 구분하였다. 그는 소극적 평화를 직접적 폭력이 사라진 상태로, 적극적 평화를 직접적 폭력뿐만 아니라 구조적·문화적 폭력까지 사라진 상태로 보았다. 칸트는 전쟁의 폭력성과 적대성이라는 악순환에서 벗어나 평화를 유지할 수 있는 대책으로 모든 국가가 평화를 유지하기 위해 자유로운 국가들 간의 연맹에 참여할 것을 주장하였다. 연맹에 참여한 국가의 국민들은 자유와 평화를 보장받을 수 있다고 보았다.

09 사랑에 대한 프롬의 입장   정답률 90% | 정답 ③

| 문제 보기 |

그림의 강연자가 지지할 입장으로 적절하지 않은 것은?

사랑은 주는 것입니다. 주는 것에 대한 오해는 그것이 무엇인가를 포기하는 것이라는 생각입니다. 주는 행위 자체에서 자신의 힘과 능력을 경험하며 생동감이 생깁니다. 또한 사랑은 상대방을 알고자 하며 그에게 몰입하고, 상대방의 요구에 응답할 준비가 되어 있는 것입니다. 누군가를 지배하려고 하는 것은 미숙한 사랑입니다. 사랑하는 존재를 있는 그대로 받아들여 하나가 되면서도 여전히 둘로 남는 것이 성숙한 사랑입니다.

① 사랑은 상대방의 관점에서 그를 이해하고 배려하는 것이다.
② 사랑은 상대방의 정신적 요구를 수용할 준비가 되어있는 것이다.
③ 사랑은 상대방을 위해서 자기 자신을 전적으로 희생하는 것이다.
④ 사랑은 상대방을 구속이 아니라 존중의 대상으로 대하는 것이다.
⑤ 사랑은 상대방과 하나가 되면서도 자신의 독립성을 유지하는 것이다.

• 왜 정답일까?

그림의 강연자는 프롬이다.
프롬은 사랑을 적극적이고 능동적인 활동이며 상대방에 대한 보호, 책임, 존경, 이해 등이 중요하다고 주장하였다. 또한 사랑은 자신을 고양하는 것이며, 상대방을 위해 전적으로 자신을 희생하는 것은 아니라고 보았다.

10 분배 정의에 대한 입장   정답률 33% | 정답 ③

| 문제 보기 |

(가)의 갑, 을, 병 사상가들의 입장을 (나) 그림으로 탐구할 때, A~D에 들어갈 적절한 질문만을 <보기>에서 있는 대로 고른 것은? [3점]

(가)
갑 : 분배는 각자의 가치에 따라 동등한 사람을 간에 동등한 몫을, 동등하지 않은 사람을 간에 동등하지 않은 몫을 받을 때 정의롭다. 비례적인 것이 곧 정의로운 것이다.
을 : 분배는 개인들이 공정한 조건에서 합의한 원칙에 따를 때 정의롭다. 이러한 원칙이 돌아가는 원칙은 최소 수혜자에게 최대 이익이 돌아가도록 하는 것이다.
병 : 분배가 정의로울 조건은 그 분배 하에서 모든 사람이 자신들이 소유하고 있는 것에 대한 소유 권리를 갖는 것이다. 소유물의 분배 정의는 역사적이다.

(나)
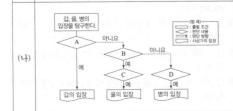

<보 기>

ㄱ. A: 분배 정의는 산술적 비례를 따를 때 실현될 수 있는가?
ㄴ. B: 모두에게 이익이 될 경우에만 경제적 불평등은 허용되는가?
ㄷ. C: 최소 수혜자의 복지를 위해 재산 소유의 자유를 제한하는 것은 정의로운가?
ㄹ. D: 취득의 과정이 부당한 사적 소유는 교정의 대상이 되는가?

① ㄱ, ㄷ   ② ㄱ, ㄹ   ③ ㄴ, ㄷ
④ ㄱ, ㄴ, ㄷ   ⑤ ㄴ, ㄷ, ㄹ

● 왜 정답일까?

제시문 (가)의 갑은 아리스토텔레스, 을은 롤스, 병은 노직이다.
아리스토텔레스는 각자의 가치에 비례하여 몫을 분배하는 기하학적 비례를 정의로운 분배로 보았다.
롤스는 최소 수혜자를 포함한 모두에게 이익이 되도록 하는 것을 정의로운 분배로 보았다.
노직은 소유 권리를 보장하는 것을 정의로운 분배로 보면서 취득의 과정이 정당해야 함을 주장하며 분배의 역사성을 강조하였다.

11 해외 원조에 대한 입장 정답률 58% | 정답 ④

| 문제 보기 |

갑, 을 사상가들의 입장으로 옳지 않은 것은? [3점]

갑: 절대 빈곤으로 고통을 겪는 사람이 있다면 도덕적으로 상응하는 어떤 것이 희생되지 않는 한 그를 도와야 한다. 그 행위는 상관없이 비용 대비 큰 성과를 가져온다.
을: 불리한 조건으로 고통을 겪는 사회가 있다면 자신의 문제를 합당하게 관리할 수 있도록 도와주어 결과적으로 질서 정연한 만민 사회의 구성원이 되도록 하는 것이다.

① 갑 : 원조는 인류의 쾌락을 증진하기 위한 도덕적 의무이다.
② 갑 : 원조의 대상을 최대 선의 산출에 근거하여 결정해야 한다.
③ 을 : 원조는 수혜국이 정치적 자율성을 이룰 때까지만 지속된다.
④ 을 : 원조의 목표는 국가 간 복지 수준의 차이를 조정하는 것이다.
⑤ 갑, 을 : 원조를 자선이 아니라 당위적 차원에서 이행해야 한다.

● 왜 정답일까?

갑은 싱어, 을은 롤스이다.
싱어는 인류 전체의 공리 증진이라는 차원에서 굶주림과 고통을 겪고 있는 세계의 빈민을 원조해야 한다고 주장하였다.
롤스는 원조의 목적이 고통받는 사회로 하여금 그들 자신의 문제들을 합당하고 합리적으로 관리할 수 있도록 도와주어 결과적으로 질서 정연한 국제 사회의 구성원이 되도록 하는 것이라고 본다.

12 과학 기술자의 사회적 책임 정답률 68% | 정답 ②

| 문제 보기 |

갑, 을의 입장으로 적절하지 않은 것은? [3점]

갑: 과학자는 자신의 연구 결과가 사회에 미치는 영향을 정확하게 예측할 수 없다. 과학자의 책임은 윤리적인 연구 과정을 거쳐 객관적인 지식을 얻어내는 것에 있으며, 연구 결과의 활용에 따른 사회적 책임은 실제 사용자에게 있다.
을: 과학자는 연구 대상의 선정부터 그 결과의 응용까지 자신의 가치관을 반영할 수밖에 없다. 과학자의 책임은 연구 과정에서 날조 또는 변조를 하지 않는 것뿐만 아니라 그 결과가 인류에게 미칠 영향도 고려하는 것에 있다.

① 갑 : 과학자는 연구 결과 활용에 대한 책임에서 자유로워야 한다.
② 갑 : 과학자는 연구 과정에서 도덕규범의 제약으로부터 벗어나야 한다.
③ 을 : 과학자는 가치 판단을 토대로 연구 주제를 선정해야 한다.
④ 을 : 과학자는 기술의 응용 결과에 대한 윤리적 성찰을 해야 한다.
⑤ 갑, 을 : 과학자는 이론을 검증할 때 주관적 판단을 배제해야 한다.

● 왜 정답일까?

갑은 과학자가 연구 과정에서 연구 윤리를 지켜야 하는 책임만이 있다고 보는 입장이다.
을은 과학자가 연구 윤리를 지키는 것뿐만 아니라 연구 결과의 사회적 영향력도 고려해야 할 책임이 있다고 보는 입장이다.

13 통일에 대한 입장 정답률 81% | 정답 ⑤

| 문제 보기 |

(가)의 입장에 비해 (나)의 입장이 갖는 상대적 특징을 그림의 ㉠~㉤ 중에서 고른 것은?

(가) 통일 비용은 막대한 사회적·경제적 손실을 발생시킨다. 통일로 인해 이질화된 남북 주민 간의 심각한 갈등이 나타날 수 있으며, 지속적인 조세 부담 증가에 따라 경제 상황이 악화되어 국가의 경쟁력이 하락할 수 있다.
(나) 통일 비용으로 인한 손실은 한시적인 현상에 불과하다. 통일로 인해 민족의 일체감이 드높아져 문화적 번영을 이룰 수 있으며, 내수 시장 확대에 따라 경제가 발전하여 국가의 경쟁력이 강화될 수 있다.

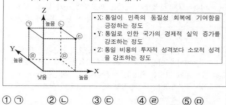

X : 통일이 민족의 동질성 회복에 기여함을 긍정하는 정도
Y : 통일로 인한 국가의 경제적 실익 증가를 강조하는 정도
Z : 통일 비용의 투자적 성격보다 소모적 성격을 강조하는 정도

① ㉠   ② ㉡   ③ ㉢   ④ ㉣   ⑤ ㉤

● 왜 정답일까?

(가)는 사회적 혼란의 증가와 경제적 손실을 근거로 통일에 대해 부정적인 입장이다. (나)는 민족의 동질성 회복 및 경제적 이익을 근거로 통일에 대해 긍정적인 입장이다.
(가)에 비해 (나)는 상대적으로 통일이 민족의 동질성 회복에 기여함을 긍정하는 정도가 높으며, 통일로 인한 국가의 경제적 실익 증가를 강조하는 정도도 높다.
반면 통일 비용의 투자적 성격보다 소모적 성격을 강조하는 정도는 낮다.

14 불교 윤리의 관점 정답률 67% | 정답 ③

| 문제 보기 |

다음 동양 사상의 관점에서 〈문제 상황〉 속 A에게 제시할 조언으로 적절하지 않은 것은?

o 존재가 조건[緣]이 되어 태어남이 생겨나고, 태어남이 조건이 되어 늙음과 죽음, 근심과 탄식, 육체적 고통과 정신적 고통, 절망이 생겨난다.
o 무수한 원인[因]과 조건이 서로 연결되어 관계를 맺음으로써 세상의 모든 존재와 현상이 생겨난다. 원인과 조건이 없으면 결과도 없다.

〈문제 상황〉

A는 평소 음료를 사서 마실 때마다 일회용 플라스틱 컵을 사용하였다. 그런데 TV에서 플라스틱을 먹고 죽은 해양 동물의 모습을 보고 친환경 컵을 사용해야 할지 고민하고 있다.

① 지구상의 모든 생명체가 평등함을 인식하여 판단하세요.
② 만물은 상호 간에 영향을 주고받는 관계임을 고려하세요.
③ 인간과 동물은 모두 불변의 실체임을 자각하여 행동하세요.
④ 자비심을 발휘하여 자신만 편리하려는 태도에서 벗어나세요.
⑤ 인간으로 인해 동물이 받을 수 있는 고통을 생각하여 결정하세요.

● 왜 정답일까?

제시문의 동양 사상은 불교이다.
불교에서는 만물의 상호 의존성을 강조하면서 자비를 베풀어야 한다고 주장한다. 또한 고정된 실체는 존재하지 않으며 불성을 지닌 모든 생명체는 평등하다고 본다.

15 사형 제도에 대한 입장 정답률 42% | 정답 ①

| 문제 보기 |

(가)의 갑, 을, 병 사상가들의 입장을 (나) 그림으로 표현할 때, A~D에 해당하는 적절한 진술만을 〈보기〉에서 있는 대로 고른 것은? [3점]

	갑: 사형은 엄격한 보복법에 따라 살인범의 내적인 해악성에 비례하는 형벌이다. 형벌은 다른 선(善)의 촉진을 위한 수단으로 가해질 수 없다.
(가)	을: 사형은 사회 계약에 참여한 당사자들의 자기 보존에 이바지한다. 사회 구성원들의 신체와 모든 힘은 공동의 것이며, 이것은 일반 의지의 최고 감독 아래에 있다.
	병: 사형은 범죄 억제를 위한 대책이 될 때 정당화될 수 있다. 사형은 한순간에 강렬한 인상을 줄 뿐이다. 범죄 억제의 효과는 형벌의 강도보다 지속성에 있다.
(나)	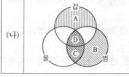 A : 갑만의 입장 B : 병만의 입장 C : 을과 병만의 공통 입장 D : 갑, 을, 병의 공통 입장

<보 기>

ㄱ. A: 사형은 살인을 저지른 자의 인간성을 존중하는 형벌이다.
ㄴ. B: 국가는 살인범의 생명을 박탈할 수 있는 권리가 없다.
ㄷ. C: 형벌이 범죄자에게 고통을 유발할지라도 정당화 가능하다.
ㄹ. D: 형벌의 목적은 범죄 피해로부터 구성원을 보호하는 것이다.

① ㄱ, ㄴ   ② ㄱ, ㄷ   ③ ㄷ, ㄹ
④ ㄱ, ㄴ, ㄹ   ⑤ ㄴ, ㄷ, ㄹ

● 왜 정답일까?

제시문 (가)의 갑은 칸트, 을은 루소, 병은 베카리아이다.
칸트는 응보주의 관점에서 살인자에 대한 사형은 정당하며 사형 이외의 형벌은 정의에 부합하지 않는다고 주장하였다. 루소는 타인의 생명을 희생시킨 살인범은 스스로 사회의 구성원이기를 포기한 것이며, 국가는 살인범에게 사형을 집행할 권한을 갖는다고 주장하였다. 베카리아는 형벌의 강도보다 지속성이 범죄 예방에 효과적이라고 주장하였다. 또한 그는 사형보다 종신 노역형이 범죄 억제력이 크다고 주장하면서 사형 제도를 반대하였다.

16 시민 불복종에 대한 입장 정답률 46% | 정답 ①

| 문제 보기 |

갑, 을 사상가들의 입장으로 적절한 것만을 〈보기〉에서 있는 대로 고른 것은? [3점]

갑: 시민 불복종은 전체 유권자에게 다수의 정의감을 근거로 법이나 정부 정책이 부정의함을 호소하는 것이다. 이것은 거의 정의로운 사회의 구성원에게 요구되는 의무이다.
을: 시민은 한순간도 자신의 양심을 입법자에게 맡길 수 없다. 법에 대한 존경심보다 정의에 대한 존경심을 길러야 한다. 부당한 정부 밑에서 의로운 사람이 있을 곳은 감옥뿐이다.

<보 기>

ㄱ. 갑 : 시민 불복종 여부는 법의 부정의한 정도를 고려해야 한다.
ㄴ. 갑 : 시민 불복종으로 정의롭지 않은 정치 체제를 변혁해야 한다.
ㄷ. 을 : 모든 법의 준수가 불의를 행하는 결과를 초래할 수 있다.
ㄹ. 갑, 을 : 시민 불복종은 합법적 방법이 실패했을 때만 행해야 한다.

① ㄱ, ㄷ   ② ㄴ, ㄷ   ③ ㄴ, ㄹ
④ ㄱ, ㄴ, ㄹ   ⑤ ㄱ, ㄷ, ㄹ

● 왜 정답일까?

갑은 롤스, 을은 소로이다.
롤스는 시민 불복종이 다수의 정의관에 입각하여 부정의한 법이나 정책을 바로잡기 위한 최후의 수단으로 정당화될 수 있다고 주장하였다. 또한 시민 불복종이 시민의 정당한 권리이지만, 그 자체는 위법 행위이므로 처벌을 감수해야 하며 그 과정에서 발생하는 폭력은 인정될 수 없다고 주장하였다.
소로는 양심에 어긋나는 불의한 법에 복종하지 말 것을 주장하면서 부정의에 대해 적극적으로 저항할 것을 강조하였다.

17 정보 사유론과 정보 공유론 정답률 88% | 정답 ③

| 문제 보기 |

㉠에 들어갈 진술로 가장 적절한 것은?

인간의 삶은 좋은 정보가 많이 생산될수록 풍요로워진다. 정보의 생산력을 향상시키기 위해서는 창작자의 소유권을 인정하고 보호해야 한다. 왜냐하면 정보는 창작자의 노동이 투입된 지적 결과물이기 때문이다. 그런데 어떤 사람은 사회가 쌓아온 기반 위에 정보가 생산된 것이기 때문에 누구나 제한 없이 접근할 수 있는 기회를 보장해야 유용한 정보가 증가한다고 주장한다. 나는 이러한 입장이 ⎡   ㉠   ⎦고 생각한다.

① 정보를 공공재로 간주하여 활용해야 함을 무시한다
② 정보의 공유로 인해 창작물의 생산량이 증가함을 간과한다
③ 정보 창작자의 배타적 소유권이 보장되어야 함을 무시한다
④ 정보 생산 과정에서 사회적 유산이 축적되었음을 무시한다
⑤ 양질의 정보를 생산하기 위한 환경 조성이 필요함을 간과한다

• 왜 정답일까?

제시문의 '나'는 정보 사유론의 입장에서 창작자가 생산한 정보에 대해서는 배타적 소유권을 인정해야 한다고 주장한다.
제시문의 '어떤 사람'은 정보 공유론의 입장에서 정보가 공공재이기 때문에 누구나 제한 없이 정보에 접근할 수 있어야 한다고 주장한다.

18 과시적 소비   정답률 86% | 정답 ②

| 문제 보기 |

다음 사회사상가의 입장으로 적절하지 않은 것은?

> 문명화된 사회에서 유한계급의 생활 예절과 가치 기준은 사회적 명성의 기준을 제공하고 최하층까지 영향력을 미친다. 명성을 획득하고 유지하는 방편은 과시적으로 재화를 소비하는 것인데 어떤 계급도 이 유혹을 떨쳐버리지 못한다. 왜냐하면 계급 분류 기준을 능가하도록 부추기는 차별적인 비교 관행이 소비 경쟁을 자극하기 때문이다. 인간은 자신을 차별화하고 타인의 부러움을 사려는 목적을 달성하기 위해 이러한 경쟁에 노력을 쏟아부으면서 갈수록 이기적으로 행동하고 편협해진다.

① 유한계급은 자신들의 사회적 지위를 드러내기 위해 소비한다.
② 사회 전체의 부가 증가하면 과시적 소비 행태는 사라지게 된다.
③ 경쟁적 소비 현상으로 인해 그릇된 소비문화가 형성될 수 있다.
④ 물건의 가격이 오를지라도 수요량의 증가 현상이 나타날 수 있다.
⑤ 특정 계급에 국한되어 과시적 소비 욕구가 드러나는 것은 아니다.

• 왜 정답일까?

제시문을 주장한 사상가는 베블런이다.
베블런은 자본주의 사회에서 유한계급이 자신들의 사회적 지위를 드러내기 위해 끊임없이 과시적 소비를 하게 된다고 주장하면서 이러한 영향을 받은 다른 계급의 사람들도 과시적 소비에 몰입하게 된다고 보았다.
또한 과시욕이나 허영심 등으로 인해 물건의 가격이 오르는 상황에서도 수요가 줄어들지 않는 현상이 발생한다고 주장하였다.

19 자연에 대한 입장   정답률 49% | 정답 ④

| 문제 보기 |

(가)의 갑, 을, 병 사상가들의 입장에서 서로에게 제기할 수 있는 비판을 (나) 그림으로 표현할 때, A ~ F에 해당하는 내용으로 가장 적절한 것은? [3점]

(가)	갑: 평등의 원리는 한 존재의 고통과 다른 존재의 동일한 고통을 똑같이 취급할 것을 요구한다. 쾌고 감수 능력은 이익 관심을 갖기 위한 유일한 기준이다. 을: 일부 동물들은 삶의 주체로서 도덕적 권리를 갖는다. 이러한 권리를 가진 개체들은 다른 것들의 이익을 위해 의도적으로 해를 입어서는 안 된다. 병: 동물에 대한 감사는 직접적으로 볼 때 인간 자신에 대한 의무이다. 동물 학대는 타인과의 관계에서 도덕성에 이로운 자연적 소질을 약화시킬 수 있다.
(나)	(그림: 갑, 을, 병 비판 관계도)

① A : 모든 생명체의 이익을 평등하게 고려해야 함을 간과한다.
② B : 동물은 인간과 마찬가지로 기본적 욕구를 지녔음을 간과한다.
③ C, E : 인간만이 도덕적 의무를 따를 수 있는 존재임을 무시한다.

④ D : 인간 외의 일부 유정물도 목적으로 대우해야 함을 무시한다.
⑤ F : 동물은 인간과 똑같이 대우받아야 하는 존재임을 간과한다.

• 왜 정답일까?

제시문 (가)의 갑은 싱어, 을은 레건, 병은 칸트이다.
싱어는 쾌락의 극대화와 고통의 최소화라는 공리주의의 원칙을 적용하여 쾌고 감수 능력을 지닌 동물을 도덕적으로 고려해야 한다고 주장하였다.
레건은 쾌고 감수 능력, 정서적 삶, 미래에 대한 의식 등을 지닌 존재를 삶의 주체로 보면서 일부 동물도 삶의 주체로서 도덕적 권리를 갖는다고 보았다.
칸트는 인간 중심주의 입장에서 인간만이 직접적 의무의 대상이 되며, 동물을 포함한 자연에 대한 의무는 간접적 의무에 불과하다고 주장하였다.

20 효(孝)에 대한 유교 윤리   정답률 60% | 정답 ③

| 문제 보기 |

다음은 어느 동양 사상가의 가상 편지이다. ㉠에 대한 이 사상가의 입장으로 옳은 것만을 <보기>에서 고른 것은?

> ○○에게
> 그동안 잘 지냈는가. 자네가 부모님께 정성을 다하는 모습을 보니 스승의 입장에서 무척 자랑스럽네. 일전에 내가 강조했듯이 ㉠은/는 제(悌)와 함께 인(仁)의 근본이라네. ㉠은/는 개나 말을 기르는 것과 달리 부모님의 속마음까지 살펴서 공경으로 모시는 것이지. 또한 형제자매 간에 서로 우애 있게 지내는 것도 좋은 방법이라고 할 수 있다네. ㉠와/과 제(悌)를 제대로 행하는 사람이 윗사람을 무시하는 일은 드물다네. 부디 ㉠의 실천을 통해 군자가 될 수 있도록 부단히 힘써 주길 바라네. …(후략).

<보 기>

ㄱ. 자기 자신의 이해(利害)관계에 따라 공경하는 것이다.
ㄴ. 보은(報恩)의 마음을 적절한 형식으로 표현하는 것이다.
ㄷ. 자신의 근원으로부터 물려받은 몸을 온전하게 하는 것이다.
ㄹ. 상경여빈(相敬如賓)의 예(禮)를 다하여 완성되는 것이다.

① ㄱ, ㄴ   ② ㄱ, ㄷ   ③ ㄴ, ㄷ   ④ ㄴ, ㄹ   ⑤ ㄷ, ㄹ

• 왜 정답일까?

가상 편지의 스승은 유교 사상가이고, ㉠에 들어갈 단어는 '효'이다.
유교에서는 자녀가 자신의 근원인 부모의 은혜에 감사하는 마음을 지니고, 이 마음을 적절한 형식으로 표현하는 것을 효로 보았다. 그리고 부모에게 받은 신체를 상하게 하지 않고 온전하게 하는 것을 효의 실천 방법으로 보았다.

27회   2019학년도 7월   ● 고3 생활과 윤리

01 ②	02 ②	03 ①	04 ⑤	05 ①
06 ①	07 ③	08 ④	09 ②	10 ③
11 ③	12 ④	13 ④	14 ⑤	15 ③
16 ④	17 ①	18 ②	19 ④	20 ③

채점결과	• 실제 걸린 시간 : 분 초
	• 맞은 문항수 : 개
	• 틀린 문항수 : 개
	• 헷갈린 문항 :

01 윤리학의 구분   정답률 78% | 정답 ②

| 문제 보기 |

(가), (나) 윤리학의 입장에 대한 설명으로 옳은 것은?

> (가) 윤리학의 본질은 도덕적 행위를 이론적으로 분석하여 모든 행위자들에게 타당한 도덕 규칙의 체계를 구축하고 이를 정당화하는 것이다.
> (나) 윤리학의 본질은 도덕 언어를 분석하고 도덕 추론을 검토하여 도덕적 논의에서 등장하는 용어의 의미와 논리적 구조의 타당성을 밝히는 것이다.

① (가)는 도덕 문제를 가치중립적으로 분석해야 한다고 본다.
② (가)는 도덕적 행위를 위한 근본 원리를 제시해야 한다고 본다.
③ (나)는 도덕적 관습의 인과관계에 대한 기술이 중요하다고 본다.
④ (나)는 학제적 접근을 통해 현실 도덕 문제를 해결해야 한다고 본다.
⑤ (가), (나)는 보편적 도덕 법칙의 정립을 본질로 삼아야 한다고 본다.

• 왜 정답일까?

(가)는 이론 윤리학, (나)는 메타 윤리학이다.
이론 윤리학은 윤리적 행위를 위한 보편적 도덕원리의 정립을 주요 과제로 삼는다.
메타 윤리학은 도덕 언어의 의미 분석과 도덕 추론의 타당성 검토를 주요 과제로 삼는다.

02 요나스의 책임 윤리   정답률 76% | 정답 ②

| 문제 보기 |

다음 사상가가 부정의 대답을 할 질문으로 옳은 것은? [3점]

> 윤리의 토대에 대한 우리의 사고 전환이 필요하다. 아직 존재하지 않지만 실존할 것으로 기대되는 미래 세대의 권리는 우리에게 응답의 의무를 부과한다는 점을 수용해야 한다. 이런 의무는 우리에게 그들에 대한 정언적 책임을 요청한다. 또한 우리는 목적 자체로 인정하는 영역을 인간을 넘어서까지 확장해야 하며, 이들에 대한 염려를 인간이 가지고 있는 선(善) 개념에 포함시켜야 한다.

① 책임질 수 있는 능력은 책임져야 하는 당위로 연결되는가?
② 인간에 대한 책임은 다른 존재에 대한 책임과 양립 불가능한가?
③ 미리 사유된 위험으로부터 새로운 윤리의 토대를 마련해야 하는가?
④ 현세대는 책임의 대상과 범위를 미래 세대까지 확장해야 하는가?
⑤ 인간은 인류의 지속적인 존속을 무조건적 명령으로 인식해야 하는가?

• 왜 정답일까?

제시문을 주장한 사상가는 요나스이다.
요나스는 기존의 윤리가 윤리적 공백 상태를 초래했다고 보면서, 이를 극복하기 위해 새로운 윤리학이 요청된다고 주장하였다. 또한 그는 책임질 수 있는 존재인 인간은 책임의 범위를 자연과 미래 세대에까지 확장할 것을 강조하였다.

03 롤스의 시민 불복종
정답률 50% | 정답 ①

| 문제 보기 |

그림의 강연자가 지지할 입장으로 옳은 것은? [3점]

> 어느 정도 정의로운 민주 체제에서는 시민들이 그들의 정치적 문제를 처리하고 헌법을 해석하는 기준이 되는 공공적 정의관이 있다고 생각합니다. 이러한 정의관의 기본 원칙을 끈질기게 의도적으로 위반하는 것, 특히 기본적인 평등한 자유의 침해는 굴종 아니면 반항을 일으킵니다.

① 시민 불복종은 성공에 대한 합당한 전망을 갖고 시작해야 한다.
② 시민 불복종은 입헌 체제를 안정화시키는 합법적인 행위이다.
③ 시민 불복종은 체제의 합법성을 부정하는 시민들에 의해 발생한다.
④ 평등한 자유의 원칙이 침해될 때 폭력적 시민 불복종은 정당하다.
⑤ 공동체의 정의감에 호소하는 시민 불복종은 처벌 대상에서 제외된다.

● 왜 정답일까?

그림 속 강연자는 롤스이다.
롤스는 시민 불복종이 다수의 정의관에 입각하여 부정의한 법이나 정책을 바로잡기 위한 최후의 수단으로서 정당화될 수 있다고 주장하였다.
또한 시민 불복종이 시민의 정당한 권리이지만, 그 자체는 위법 행위이므로 처벌을 감수해야 하며 그 과정에서 발생하는 폭력은 인정될 수 없다고 주장하였다.

04 종교에 대한 다양한 입장
정답률 80% | 정답 ⑤

| 문제 보기 |

갑, 을 사상가의 입장으로 적절하지 않은 것은?

> 갑: 종교적 인간에게 세계는 초자연적 가치로 충만해 있다. 신의 현존에 의해서 직접 신들과 교류하는 것만이 전부는 아니다. 신들은 세계와 우주적 현상의 구조 그 자체 안에서 다양한 성(聖)의 양태를 현현(顯現)한다.
> 을: 초자연적 현상이라는 것도 아직 이해하지 못한 자연 현상일 뿐이다. 물리적 세계 너머에는 아무 것도 없으며 초자연적 지성도 없다. 자연은 물리학으로 설명이 가능하고 인간의 윤리적 행위 역시 자연 선택의 결과로 설명할 수 있다.

① 갑: 인간은 종교적 존재로서 성스러움을 체험할 수 있다.
② 갑: 성(聖)과 속(俗)은 단절되지 않으며 공존할 수 있다.
③ 을: 초자연적 지성의 전제 없이 자연 현상을 설명할 수 있다.
④ 을: 인간의 윤리적 행위의 원인은 과학으로 설명 가능하다.
⑤ 갑, 을: 초월적 신은 자연에서 자신의 존재와 가치를 드러낸다.

● 왜 정답일까?

갑은 엘리아데, 을은 도킨스이다.
엘리아데는 성스러움[聖]과 현실[俗]의 공존을 강조하며 인간은 종교적 존재로서 성스러움을 체험할 수 있다고 주장하였다.
도킨스는 초월적 신은 존재하지 않으며, 신을 전제하지 않아도 자연 현상을 설명할 수 있다고 주장하였다.

05 유학 사상의 친구 관계
정답률 81% | 정답 ①

| 문제 보기 |

(가) 사상의 입장에서 볼 때, (나)의 퍼즐 속 세로 낱말 (A)에 대한 설명으로 가장 적절한 것은?

(가)	사람들에게는 모두 차마 하지 못하는 마음이 있는데 그것을 거리낌 없이 하는 일에까지 확충해서 적용하는 것이 인(仁)이다.

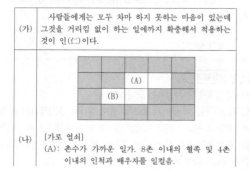

(나)	[가로 열쇠] (A): 촌수가 가까운 일가. 8촌 이내의 혈족 및 4촌 이내의 인척과 배우자를 일컬음.

(B): 손실 이전의 상태를 회복함. 예) 피해를 원상○○ 하다.

[세로 열쇠]
(A): ⋯⋯ 개념

① 신의(信義)를 바탕으로 서로 권면하는 관계이다.
② 혼인을 통해 맺어진 상호보완적이며 대등한 관계이다.
③ 혈연을 바탕으로 사랑을 실천하는 호혜적인 관계이다.
④ 세대와 항렬(行列)에 따라 서로 예절을 지키는 관계이다.
⑤ 한 부모에게서 태어나 우애를 실천하는 동기간(同氣間)이다.

● 왜 정답일까?

(가)는 유학 사상의 입장이다.
(나)의 가로 낱말 (A)는 친족, (B)는 복구이므로 세로 낱말 (A)에 들어갈 단어는 '친구'이다. 유학 사상의 입장에서 친구는 신의(信義)를 바탕으로, 서로의 잘못에 대해서는 권면하는 관계이다.

06 죽음에 대한 플라톤과 장자의 입장
정답률 86% | 정답 ①

| 문제 보기 |

고대 서양 사상가 갑, 고대 동양 사상가 을의 입장만을 〈보기〉에서 있는 대로 고른 것은?

> 갑: 영혼 자체만이 사물 그 자체를 볼 수 있다. 영혼이 육신으로부터 떠나서 육신과 관계하지 않을 때, 다시 말해 영혼이 육체적 감각이나 욕망을 갖지 않고 오직 참된 진리만을 갈망할 때 사유(思惟)는 최상의 것이 된다.
> 을: 삶이 있으면 죽음이 있고, 죽음이 있으면 삶이 있다. 사물이 가득 차고 텅빔, 밀고 가까움이라는 흐름 속에 있는 것처럼 진인(眞人)은 삶과 죽음 또한 하나의 흐름 속에 있음을 깨닫는다.

〈보 기〉

ㄱ. 갑: 죽음은 영혼이 육체에서 벗어나 참된 진리를 얻는 계기이다.
ㄴ. 을: 죽음은 필연적인 과정이며 좋아하거나 싫어할 대상이 아니다.
ㄷ. 을: 죽음의 두려움에서 벗어나기 위해 분별적 지혜가 필요하다.
ㄹ. 갑, 을: 죽음은 자연의 섭리로서 애도(哀悼)하는 것이 마땅하다.

① ㄱ, ㄴ ② ㄱ, ㄷ ③ ㄷ, ㄹ
④ ㄱ, ㄴ, ㄹ ⑤ ㄴ, ㄷ, ㄹ

● 왜 정답일까?

갑은 플라톤, 을은 장자이다.
플라톤은 죽음을 통해 영혼이 육체에서 벗어나면 이데아의 세계로 들어갈 수 있다고 주장하였다. 장자는 삶과 죽음이 자연스러운 과정이므로 슬퍼할 필요가 없다고 보았다.

07 분배 정의에 대한 입장
정답률 47% | 정답 ③

| 문제 보기 |

(가)의 갑, 을, 병 사상가들의 입장을 (나) 그림으로 탐구할 때, A ~ D에 들어갈 옳은 질문만을 〈보기〉에서 있는 대로 고른 것은? [3점]

(가)	갑: 분배 정의는 어떤 의미에서든 각자의 가치에 따라야 실현 가능하다. 동등한 사람들이 동등하지 않은 몫을 받는 것은 정의롭지 못하다. 을: 취득과 양도의 원리는 독립적인 근거를 갖는 정의의 원리이다. 이것에 의해 어떤 사람이 소유 권리를 부여받았다면 그것은 정당한 것이다. 병: 원초적 입장에서 무지의 베일을 쓴 계약 당사자들은 사회적 약자의 처지가 개선된다는 전제하에 재화가 불평등하게 분배될 수 있다는 데 합의할 것이다.

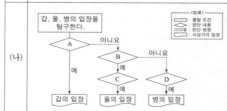

(나)	

〈보 기〉

ㄱ. A: 분배 정의는 산술적 비례의 동등함을 추구하는 것인가?
ㄴ. B: 최소 국가만이 도덕적으로 정당화 가능한 유일한 국가인가?
ㄷ. C: 개인의 소유 권리는 정형적 원리에 따른 분배로 보장되는가?
ㄹ. D: 자연적 우연성의 영향을 최소화하려는 국가 개입은 정당한가?

① ㄱ, ㄴ ② ㄱ, ㄷ ③ ㄴ, ㄹ
④ ㄱ, ㄷ, ㄹ ⑤ ㄴ, ㄷ, ㄹ

● 왜 정답일까?

갑은 아리스토텔레스, 을은 노직, 병은 롤스이다.
아리스토텔레스는 각자의 가치에 비례하여 몫을 분배하는 기하학적 비례를 정의로운 분배로 주장하였다. 노직은 소유 권리를 보장하는 것을 정의로운 분배로 주장하면서, 최소 국가를 도덕적으로 정당하다고 강조하였다. 롤스는 원초적 입장에서 도출되는 정의의 원칙에 따라 분배하는 것을 정의로운 분배로 주장하였다.

08 인체 실험에 대한 입장
정답률 91% | 정답 ④

| 문제 보기 |

㉠에 들어갈 진술로 가장 적절한 것은? [3점]

> 인체 실험을 하려면 올바른 판단 능력을 지닌 실험 대상자에게 사전에 실험과 관련된 충분한 정보를 제공하고, 이를 바탕으로 자발적인 동의를 받아야만 한다. 그런데 어떤 학자는 "인류 전체의 공익 증진과 의료 기술의 발전을 위해 실험 대상자의 동의 없이도 인체 실험을 진행할 수 있다."라고 주장한다. 나는 이 학자의 견해가 ㉠ 고 생각한다.

① 피험자에게 충분한 보상이 필요함을 강조하고 있다
② 피험자가 의학 발전에 기여할 수 있음을 간과하고 있다
③ 피험자의 동의 없이 인체 실험이 가능함을 모르고 있다
④ 피험자에게 자율성을 확보해 주어야 함을 간과하고 있다
⑤ 피험자를 유인할 수 있는 경제적 유인책을 간과하고 있다

● 왜 정답일까?

제시문의 필자는 인체 실험을 하기 위해서는 올바른 판단 능력을 지닌 실험 대상자에게 사전에 실험과 관련된 충분한 정보를 제공하고 이를 바탕으로 자발적인 동의를 받아야만 한다고 주장한다.

09 낙태에 대한 찬반 입장
정답률 92% | 정답 ②

| 문제 보기 |

갑, 을의 입장에서 볼 때, 질문에 모두 바르게 대답한 것은?

> 갑: 태아는 인격체가 아니므로 인격체와 동등한 생명의 가치를 갖지 못한다. 또한 여성은 자기 신체에 대한 소유권이 있으므로 낙태 여부는 여성의 자유로운 선택에 맡겨져야 한다.
> 을: 태아는 수정된 순간부터 인간과 동일한 지위를 지닌다. 모든 인간 생명은 존엄하며 태아 역시 생명이 있는 인간이므로 낙태는 금지되어야 한다.

	질문	대답	
		갑	을
①	임신부와 태아가 지닌 생명의 가치가 동등한가?	예	예
②	낙태는 인격체인 태아의 생명권을 침해하는가?	아니요	예
③	잠재적 인간인 태아는 성인과 동일한 권리가 있는가?	예	아니요
④	태아의 존엄성이 낙태 여부 결정의 우선적 기준인가?	예	아니요
⑤	임신부의 낙태에 대한 자기 결정권을 보장해야 하는가?	아니요	아니요

● 왜 정답일까?

갑은 낙태를 허용해야 한다는 입장이고, 을은 낙태를 반대하는 입장이다.
갑은 여성의 자기 몸에 대한 소유권과 선택권을 중심으로 낙태를 결정할 권리가 여성에게 있다는 입장이다. 을은 태아의 존엄성과 생명권의 보장을 중심으로 낙태를 반대하는 입장이다.

10 배려 윤리와 의무론의 입장
정답률 83% | 정답 ③

| 문제 보기 |

갑 사상가는 긍정, 을 사상가는 부정의 대답을 할 질문만을 〈보기〉에서 있는 대로 고른 것은? [3점]

> 갑: 우리에게 도덕적 동기를 주는 것은 배려이다. 배려는 특수한 관계 속에 있으려는 우리의 열망으로, 배려를 하는 사람과 배려를 받는 사람의 상호 교감 속에서 발휘되어야 한다.

을: 어떤 목적을 욕구의 대상으로 삼아 다른 사람들을 돕는 것은 결코 도덕적인 행위가 아니다. 어떤 행위가 도덕적이기 위해서는 오직 의무 의식에서 비롯되어야 한다.

〈보 기〉

ㄱ. 타인에 대한 공감보다 도덕 법칙의 준수가 우선인가?
ㄴ. 자연적 감정을 윤리적인 행위의 원천으로 보아야 하는가?
ㄷ. 모든 이에게 적용 가능한 보편적 도덕 원리가 존재하는가?
ㄹ. 동정심에서 유발된 행위는 도덕적인 행위가 될 수 있는가?

① ㄱ, ㄴ ② ㄱ, ㄷ ③ ㄴ, ㄹ
④ ㄱ, ㄷ, ㄹ ⑤ ㄴ, ㄷ, ㄹ

● 왜 정답일까?

갑은 나딩스, 을은 칸트이다.
나딩스는 예외 없이 도덕 규칙의 준수를 강조하는 정의 윤리 입장을 비판하면서 배려 윤리를 강조하였다. 배려 윤리는 상황과 맥락의 고려, 보살핌, 유대감, 책임 등을 중시하는 입장이다. 칸트는 선의지를 가지고 보편적 도덕법칙을 따르려는 의무 의식에서 비롯된 행위만이 도덕적으로 타당하다고 보았다.

11 소수 집단 우대 정책   정답률 87% | 정답 ③

| 문제 보기 |

㉠에 들어갈 진술로 가장 적절한 것은?

나는 과거부터 차별을 받아 온 사회적 약자를 위한 소수 집단 우대 정책이 사회적 통합에 기여하고 정의 사회를 구현하기 위해 필요하다고 생각한다. 그런데 어떤 사람들은 이러한 정책이 사회적 약자라는 이유만으로 우대하는 것이기 때문에 정당하지 못하다고 주장한다. 나는 이러한 주장이 ⟨ ㉠ ⟩는 점을 간과하고 있다고 생각한다.

① 사회적 약자에 대한 배려가 또 다른 차별을 낳을 수 있다
② 여건이 불리한 집단에 대한 우대가 사회적 분열을 초래한다
③ 소외 계층의 이익을 보장하여 실질적 평등을 실현해야 한다
④ 사회적 가치는 개개인의 업적과 성취에 따라 분배되어야 한다
⑤ 과거의 차별에 대해 잘못이 없는 현 세대는 보상의 책임이 없다

● 왜 정답일까?

제시문의 '나'는 지속적으로 차별받아온 소수 집단에 대한 우대 정책을 찬성하는 입장이고, '어떤 사람들'은 사회적 약자라는 이유만으로 소수 집단을 우대하는 것은 정당하지 못하므로 반대하는 입장이다.
'나'의 입장에서는 '어떤 사람들'에게 소수 집단의 이익 보장을 통한 실질적 평등의 실현을 간과하고 있다고 비판할 수 있다.

12 과학 기술에 대한 입장   정답률 80% | 정답 ④

| 문제 보기 |

(가)의 입장에 비해 (나)의 입장이 갖는 상대적 특징을 그림의 ㉠ ~ ㉤ 중에서 고른 것은?

(가) 과학 기술은 그 자체로 가치중립적인 것이다. 또한 과학 기술자들은 과학 기술의 활용에 따른 책임에서 자유로우며 아직 도래하지 않은 미래의 문제를 걱정할 필요가 있다.
(나) 과학 기술은 가치중립적인 것이 아니다. 또한 과학 기술자들은 자신의 연구 성과가 미치는 사회적 영향을 고려하고 미래 세대에 대한 책임 의식을 제고해야 한다.

• X : 연구 결과 활용에 대한 과학 기술자의 사회적 책임을 강조하는 정도
• Y : 과학 기술 연구 과정에서 미래의 위험성을 고려하는 정도
• Z : 과학 기술 자체에 대한 가치 판단의 배제를 강조하는 정도

① ㉠ ② ㉡ ③ ㉢ ④ ㉣ ⑤ ㉤

● 왜 정답일까?

(가)의 입장은 과학 기술이 가치중립적임을 강조하여 가치와 무관한 사실의 영역에 속한다고 본다. 그러므로 과학 기술자가 사회적 책임으로부터 자유로워야 한다고 주장한다.
(나)는 과학 기술의 가치중립성을 부정하며 사회에 미치는 영향이 크기 때문에 가치 판단에서 자유로울 수 없다고 본다. 그러므로 과학 기술자의 사회적 책임을 강조하는 입장이다.

13 니부어의 사회 윤리   정답률 62% | 정답 ④

| 문제 보기 |

다음 사상가의 입장만을 〈보기〉에서 있는 대로 고른 것은? [3점]

한 집단에 속하는 개인들 간의 관계를 순전히 도덕적이고 합리적인 조정과 설득에 의해 확립하는 일은 불가능한 일이 아니다. 하지만 이러한 개인들로 구성된 집단들 간의 관계는 윤리적이기보다는 지극히 정치적이기 때문에 이런 일은 불가능하다. 집단들 간의 관계는 각 집단이 갖고 있는 힘의 비율에 따라 결정된다.

〈보 기〉

ㄱ. 집단의 구조와 제도가 개인 행위의 도덕성을 결정할 수 있다.
ㄴ. 집단 간 힘의 불균형으로 인해 사회적 갈등이 초래될 수 있다.
ㄷ. 선의지의 함양만으로도 집단 간의 갈등 자체를 제거할 수 있다.
ㄹ. 이성은 개인의 도덕성 함양과 사회 정의 실현에 기여할 수 있다.

① ㄱ, ㄴ ② ㄴ, ㄷ ③ ㄷ, ㄹ
④ ㄱ, ㄴ, ㄹ ⑤ ㄱ, ㄷ, ㄹ

● 왜 정답일까?

제시문을 주장한 사상가는 니부어이다.
니부어는 사회 윤리 입장에서 집단의 구조와 제도가 개인 행위의 도덕성을 결정할 수 있다고 보았다. 또한 사회의 부정의는 집단 간의 힘의 불균형으로 인해 발생할 수 있으므로 외적 강제를 통한 시정을 통해 정의를 실현해야 한다고 주장하였다.

14 칸트, 테일러, 레오폴드의 환경 윤리   정답률 63% | 정답 ⑤

| 문제 보기 |

(가)의 갑, 을, 병 사상가들의 입장을 (나) 그림으로 표현할 때, A ~ D에 해당하는 적절한 진술만을 〈보기〉에서 있는 대로 고른 것은? [3점]

(가)
갑: 동물에 대한 잔인한 학대는 인간 자신의 의무에 반한다. 동물의 고통에 대한 공감이 둔화되면 타인과의 관계에서의 도덕성에 이로운 자연소질이 사라지기 때문이다.
을: 인간은 자신을 공격하는 동물을 죽일 수 있다. 그러나 모든 생명체는 목적론적 삶의 중심이므로 이러한 행동은 정당방위처럼 최후의 수단이어야 한다.
병: 생명 공동체가 살아남으려면 대지 윤리 외에는 다른 길이 없다. 대지는 토양, 식물 및 동물이라는 회로를 통해 흐르는 에너지가 솟아나는 샘이다.

(나)
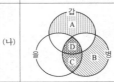

〈범례〉
A : 갑만의 입장
B : 병만의 입장
C : 을과 병만의 공통 입장
D : 갑, 을, 병의 공통 입장

〈보 기〉

ㄱ. A: 모든 이성적 존재는 도덕적으로 고려해야 할 대상이다.
ㄴ. B: 인간의 번영보다는 생명 공동체의 온전함이 우선이다.
ㄷ. C: 도덕적 존중의 대상을 인간 개체로 한정해서는 안 된다.
ㄹ. D: 인간이 비이성적 생명체를 함부로 대하는 것은 옳지 않다.

① ㄱ, ㄴ ② ㄱ, ㄷ ③ ㄴ, ㄹ
④ ㄱ, ㄷ, ㄹ ⑤ ㄴ, ㄷ, ㄹ

● 왜 정답일까?

갑은 칸트, 을은 테일러, 병은 레오폴드이다.
칸트는 인간 중심주의 입장에서 인간만이 직접적 의무의 대상이 되며, 동물과 자연에 대한 의무는 간접적 의무에 불과하다고 주장하였다. 테일러는 생명 중심주의 입장에서 모든 생명체가 생존, 성장, 번식 등을 지향한다는 점에서 목적론적 삶의 중심에 있다고 주장하였다. 레오폴드는 생태 중심주의 입장에서 대지 윤리를 제시하며, 개체 이익보다는 상호 의존성을 지닌 생태계 전체의 안정성과 보존에 관심을 가져야 한다고 주장하였다.

15 성과 사랑에 대한 입장   정답률 84% | 정답 ③

| 문제 보기 |

다음 토론의 핵심 쟁점으로 가장 적절한 것은?

갑: 성(性)은 가족 관계의 존속이나 사회의 안정적 질서 유지에 기여해야 하기 때문에 결혼을 바탕으로 하지 않은 성은 도덕적이지 않습니다.

을: 아닙니다. 성은 서로의 인격 존중이 중요하므로 자발적 동의와 사랑에 바탕을 두었다면 그것만으로도 도덕적으로 정당화 될 수 있습니다.
갑: 그것만으로는 부족합니다. 성은 인격적 교감과 함께 결혼과 출산을 통한 사회 안정성 확보가 중요합니다. 따라서 서로의 자발적 동의와 사랑만으로 성이 정당화 될 수는 없습니다.
을: 성을 결혼과 결부시키지 않더라도 사랑하는 사람 사이에 육체적·정서적 교감을 나눌 수 있다면 성은 도덕적으로 허용될 수 있습니다.

① 성은 아무런 제약 없이 자유롭게 추구되어야 하는가?
② 성은 서로의 인격적 가치 존중에 바탕을 두어야 하는가?
③ 성은 혼인 관계 내에서만 도덕적으로 허용될 수 있는가?
④ 성은 서로 간의 자발적 동의와 사랑이 전제되어야 하는가?
⑤ 성은 사랑이 없어도 당사자들의 합의만 있다면 정당화 가능한가?

● 왜 정답일까?

갑은 결혼을 통해 이루어지는 성적 관계만이 도덕적이라고 보는 입장이다. 을은 결혼을 전제로 하지 않아도 사랑이 동반된 성적 관계라면 도덕적이라고 보는 입장이다.
따라서 혼인 관계 내에서만 이루어지는 성적 관계를 도덕적으로 허용해야 하는가가 토론의 핵심 쟁점이 될 수 있다.

16 해외 원조에 대한 입장   정답률 77% | 정답 ④

| 문제 보기 |

갑, 을 사상가들의 입장으로 옳은 것은? [3점]

갑: 정부의 원조 확대는 원조의 총량을 증가시켜 인류 전체의 이익을 증진할 수 있는 확실한 길이다. 그러나 개인도 절대 빈곤에 처한 인류의 고통을 감소시켜야 할 도덕적 의무가 있다.
을: 정부가 국민의 굶주림도 방치하는 상황은 질서 정연한 사회에서는 벌어지지 않는다. 원조의 목적은 고통을 겪는 사회의 정치 문화를 개선하여 자유와 평등을 확립하는 것이다.

① 갑: 원조는 결과에 대한 고려 없이 순수한 동기로 행해져야 한다.
② 갑: 원조의 목적을 원조 대상국의 제도 개선으로 한정해야 한다.
③ 을: 원조를 통해 전 지구적 차원의 부의 재분배를 실현해야 한다.
④ 을: 원조 대상을 선정할 때 빈곤국의 정치 여건을 고려해야 한다.
⑤ 갑, 을: 원조 여부는 최대 효용의 원리에 따라 결정해야 한다.

● 왜 정답일까?

갑은 싱어, 을은 롤스이다.
싱어는 이익 평등 고려의 원칙을 바탕으로 해외 원조가 인류의 고통 감소와 이익 증진을 목표로 하여 이루어져야 한다고 주장하였다. 롤스는 해외 원조를 통해 고통 받는 사회의 정치·사회적 제도를 개선하여 그 사회가 질서정연한 사회가 될 수 있도록 해야 한다고 주장하였다.

17 칼뱅과 마르크스의 직업윤리   정답률 77% | 정답 ①

| 문제 보기 |

갑, 을 사상가들의 입장만을 〈보기〉에서 있는 대로 고른 것은?

갑: 자연은 인간에게 동일한 혜택을 주지만 은총은 선택받은 사람에게만 임한다. 직업은 신이 인간에게 내린 소명이며, 직업에서의 성공이 신에 의해 선택받았다는 증거가 될 수 있다.
을: 소수가 사회의 생산 수단을 독점하고 있는 곳에서는 노동의 소외가 발생한다. 노동자는 여분의 노동 시간을 투입하여 생산 수단의 소유자를 위해 생활 수단을 생산해야 하기 때문이다.

〈보 기〉

ㄱ. 갑: 직업 노동은 신의 영광을 드러내기 위한 수단이다.
ㄴ. 갑: 직업은 원죄에 대한 속죄의 의미로만 수행되어야 한다.
ㄷ. 을: 노동의 본질 실현을 위해 생산 수단의 사유를 철폐해야 한다.
ㄹ. 갑, 을: 노동 분업을 통해 생산의 효율성을 향상시켜야 한다.

① ㄱ, ㄷ ② ㄱ, ㄹ ③ ㄴ, ㄹ
④ ㄱ, ㄴ, ㄷ ⑤ ㄴ, ㄷ, ㄹ

● 왜 정답일까?

갑은 칼뱅, 을은 마르크스이다.
칼뱅은 모든 직업은 신에 의해 주어지는 소명이므로 각자 자신

의 직업을 성실하게 수행해야 한다고 주장하였다. 마르크스는 자본주의 사회에서 노동자의 노동은 노동의 본질을 실현하는 것이 아니라 생산 수단에 포함된 죽은 노동이 된다고 주장하였다.

18 사형 제도에 대한 입장
정답률 67% | 정답 ③

| 문제 보기 |
갑, 을 사상가들의 입장으로 옳지 않은 것은? [3점]

형벌은 동등성의 원리에 따라야 합니다. 삶과 죽음 사이에 동종성은 없기 때문에 사람을 죽인 자에게는 사형이 집행되어야 합니다.

형벌은 범죄를 억제시키기에 충분한 정도의 강도만을 가져야 합니다. 종신 노역형으로도 충분한 정도의 억제력을 지니고 있습니다.

갑   을

① 갑: 사형은 살인범의 인간 존엄성을 훼손하지 않는 형벌이다.
② 갑: 사형제는 보복법에 따라 공적 정의를 실현하기 위한 수단이다.
③ 을: 형벌의 목적은 범죄자에게 고통을 주는 것으로 한정해야 한다.
④ 을: 형벌의 유용성은 범죄로 얻는 이익보다 작아서는 안 된다.
⑤ 갑, 을: 형벌은 범죄에 대한 비례관계에 따라 부과되어야 한다.

● 왜 정답일까?
갑은 칸트, 을은 베카리아이다.
칸트는 동등성의 원리에 따라 살인범에 대한 사형을 집행할 것을 주장하였다. 또한 그는 사형 제도를 공적 정의를 실현하기 위한 수단으로 보았다. 베카리아는 형벌의 지속성을 통한 범죄 예방을 중시하였다. 또한 그는 사형보다 종신 노역형이 범죄 억제력이 크다고 주장하면서 사형 제도를 반대하였다.

19 다문화 정책에 대한 입장
정답률 82% | 정답 ⑤

| 문제 보기 |
그림은 서술형 평가 문제와 학생 답안이다. 학생 답안의 ㉠~㉤ 중 옳지 않은 것은?

서술형 평가

◎ 문제: (가), (나)의 입장을 비교하여 서술하시오.

(가) 문화적 이질성을 제거하고 통합성을 높이는 것이 사회 발전에 도움이 된다. 따라서 이주민들이 거주국의 문화와 사회적 가치 등을 받아들여 기존 주류 문화의 질서에 편입되도록 해야 한다.

(나) 서로 다른 다양한 문화가 동등한 자격으로 조화를 이루는 것이 사회 발전에 이롭다. 따라서 이주민들이 그들만의 문화적 정체성을 보존하여 거주국의 문화와 조화를 이루도록 해야 한다.

◎ 학생 답안
(가), (나)의 입장을 비교하면, (가)는 ㉠한 사회 내의 문화적 동질성 유지를 중시하며, ㉡사회 안정을 위해 비주류 문화의 주류 문화로의 편입과 통합을 강조한다. 반면 (나)는 ㉢각각의 문화에 대한 개별성과 가치를 중시하며, ㉣한 사회 내의 다양한 문화를 평등하게 인정할 것을 강조한다. 한편, (가), (나)는 모두 ㉤한 사회의 발전을 위해 다양한 문화의 공존을 도모해야 한다고 본다.

① ㉠   ② ㉡   ③ ㉢   ④ ㉣   ⑤ ㉤

● 왜 정답일까?
(가)는 다양한 문화권에서 온 이주민들의 문화를 기존의 문화에 흡수하여 사회 통합과 안정을 도모해야 함을 강조한다.
(나)는 다양한 문화의 정체성을 수용하려는 다원주의적 입장으로, 다양한 문화가 정체성을 유지하면서 조화롭게 공존하는 사회를 추구한다.

20 공리주의와 덕 윤리
정답률 86% | 정답 ④

| 문제 보기 |
갑, 을 사상가들의 입장에서 〈문제 상황〉 속 A에게 제시할 조언으로 가장 적절한 것은? [3점]

갑: 공리의 원리는 이해관계가 걸려 있는 행위 당사자들의 행복을 증가시키거나 감소시키는 경향에 따라 각각의 행위를 승인하거나 부인하는 원리를 의미한다. 이 원리는 개인의 행위뿐만 아니라, 정부의 시책에 대해서도 적용된다.
을: 덕은 습득된 인간의 자질로서 그것의 소유와 실천이 우리로 하여금 실천에 내재된 선들을 성취할 수 있게 해준다. 따라서 우리는 전통의 관행에 내재되어 있는 선을 실천할 필요가 있다.

〈문제 상황〉
A는 굶주림으로 고통 받는 아이들에 대한 방송을 보게 되었다. A는 안타까운 마음이 들어 새로운 게임 아이템을 사려고 모아두었던 용돈을 기부해야 할지 고민하고 있다.

① 갑: 사회적 이익보다는 공동체의 전통에 따라 결정하세요.
② 갑: 행위의 결과보다 동기가 중요함을 인식하여 행동하세요.
③ 을: 더 많은 사회적 유용성의 산출 여부를 고려해 선택하세요.
④ 을: 사회 구성원에게 요구되는 바람직한 품성에 따라서 행동하세요.
⑤ 갑, 을: 자연적 경향성으로부터 벗어나 이성적으로 판단하세요.

● 왜 정답일까?
갑은 공리주의 사상가인 벤담, 을은 덕 윤리 사상가인 매킨타이어이다.
벤담은 행위의 결과가 가져올 사회적 유용성을 고려해야 한다고 조언할 것이고, 매킨타이어는 사회구성원에게 필요한 행위자 내면의 도덕성과 품성을 함양해야 한다고 조언할 것이다.

● 고3 생활과 윤리 ●
28회 **2018학년도 7월**

01 ③	02 ③	03 ①	04 ⑤	05 ④
06 ④	07 ②	08 ⑤	09 ③	10 ⑤
11 ④	12 ③	13 ②	14 ④	15 ③
16 ⑤	17 ②	18 ④	19 ④	20 ①

채점결과	・실제 걸린 시간 :	분	초
	・맞은 문항수 :		개
	・틀린 문항수 :		개
	・헷갈린 문항 :		

01 윤리학의 유형
정답률 87% | 정답 ③

| 문제 보기 |
㉠에 들어갈 진술로 가장 적절한 것은?

나는 윤리학이 생명 윤리 문제, 정보 윤리 문제 등과 같은 다양한 삶의 영역에서 제기되는 구체적 문제에 대해 도덕적인 해결책을 제시해야 한다고 본다. 이러한 측면에서 윤리학은 이론 지향적이 아니라 실천 지향적이어야 한다. 그런데 어떤 윤리학자는 윤리학이 '옳다', '그르다'와 같은 도덕적 언어의 의미를 분석해야 한다고 주장한다. 나는 이러한 윤리학자의 입장이 ㉠ 고 생각한다.

① 도덕적 논증의 타당성 검토에 전념해야 함을 간과한다
② 윤리학의 학문적 성립가능성을 탐구해야 함을 간과한다
③ 실천적 규범을 통해 현실의 도덕 문제를 해결해야 함을 간과한다
④ 도덕 문제의 해결보다는 도덕 관행을 기술해야 함을 강조한다
⑤ 도덕 원리를 적용해 구체적 삶의 문제를 해결해야 함을 강조한다

● 왜 정답일까?
'나'는 응용윤리학자이며, '어떤 윤리학자'는 메타윤리학자이다.
메타 윤리학은 도덕 언어의 분석과 논증의 타당성 확보를 중시하기 때문에 인간의 삶을 안내하거나 도덕적 문제를 해결하는 직접적인 해법을 제시하지는 않는다.
따라서 응용윤리학의 입장에서는 메타윤리학이 현실의 도덕 문제 해결에 필요한 구체적인 윤리적 대안을 제시하지 못한다고 비판할 수 있다.

02 음식 윤리
정답률 94% | 정답 ③

| 문제 보기 |
다음 글의 입장에서 긍정의 대답을 할 질문을 〈보기〉에서 고른 것은?

식품의 생산 및 소비와 관련하여 다음과 같은 윤리적 원칙이 적용되어야 한다. 첫째, 소비자들은 자신이 먹는 식품이 어떻게 만들어졌는지 알아야 한다. 둘째, 식품 생산과 소비 과정에서 동물의 고통을 최소화해야 한다. 셋째, 식품 관련 노동자에게 적정 수준의 임금과 작업 조건을 보장해야 한다.

〈보 기〉
ㄱ. 식품을 선택하는 유일한 기준은 개인의 기호인가?
ㄴ. 식품 생산 과정에서 동물 복지를 고려해야 하는가?
ㄷ. 식품 관련 기업은 노동자의 권리를 보장해야 하는가?
ㄹ. 윤리적인 성찰이 배제된 식품의 소비는 바람직한가?

① ㄱ, ㄴ   ② ㄱ, ㄷ   ③ ㄴ, ㄷ
④ ㄴ, ㄹ   ⑤ ㄷ, ㄹ

● 왜 정답일까?
제시문은 식품의 생산과 소비 과정에서 적용되어야 할 윤리적 원칙들을 제시하고 있다.
ㄴ. 식품 생산과 소비 과정에서 동물의 복지에 관심을 가져야 한다.
ㄷ. 식품 관련 기업은 노동자의 권리를 보장해야 한다.

● 왜 오답일까?
ㄱ. 소비자는 개인의 기호를 넘어 식품의 생산 과정을 고려하여 식품을 구매해야 한다.

03 예술의 도덕주의와 심미주의 정답률 85% | 정답 ①

| 문제 보기 |

갑, 을의 입장에 대한 설명으로 적절하지 않은 것은?

> 갑: 음악은 성현이 즐기는 바로서, 이것으로 민심을 선하게 인도할 수 있다. 또한 사람을 감동시킬 수 있으며, 풍속을 변화시킬 수 있다. 그러므로 선왕이 예악(禮樂)으로 인도하면 백성이 화목해진다.
> 을: 어떠한 예술가도 윤리적인 동정심을 갖지 않는다. 예술가에게 윤리적인 동정심이란 용서할 수 없는 매너리즘이다. 예술의 완벽함은 그 자체에서 찾아져야 밖에서 찾아서는 안 된다.

① 갑은 예술이 사회적 책임으로부터 자유로워야 한다고 본다.
② 갑은 예술이 감정을 순화하여 인격 함양에 기여해야 한다고 본다.
③ 을은 예술이 예술 그 자체를 목적으로 지향해야 한다고 본다.
④ 을은 예술이 도덕적 평가의 대상이 되어서는 안 된다고 본다.
⑤ 갑, 을은 예술에 미적인 가치가 담겨 있어야 한다고 본다.

• 왜 정답일까?

갑은 도덕주의, 을은 심미주의 입장이다.
도덕주의는 예술은 인간의 올바른 도덕적 품성 함양을 목적으로 해야 한다고 주장하고, 예술의 사회적 영향력을 강조하여 예술이 사회적 책임을 다해야 한다고 본다.

• 왜 오답일까?

② 도덕주의는 예술이 인간의 감정을 순화하여 인격 함양에 기여해야 한다고 본다.
③ 심미주의는 예술이 예술 그 자체를 목적으로 삼아야 한다고 본다.
④ 심미주의는 예술이 도덕적 평가의 대상이 되어서는 안 된다고 본다.
⑤ 도덕주의와 심미주의 모두 예술에 미적 가치가 담겨 있어야 한다는 점에 동의한다.

04 사형제도에 대한 입장 정답률 58% | 정답 ⑤

| 문제 보기 |

갑, 을 사상가들 모두가 부정의 대답을 할 질문으로 가장 적절한 것은? [3점]

> 갑: 범죄에 대한 가장 강력한 억제력은 범죄자가 사형 당하는 장면을 목격하는 데에서 생겨나지 않는다. 오히려 자유를 박탈당한 채 그가 사회에 끼친 손해를 노동으로 속죄하는 모습을 오래 보게 하는 것이 더 효과적이다.
> 을: 사형은 결코 범법자 자신이나 사회의 선을 촉진하기 위한 수단으로서 행해져서는 안 된다. 언제나 살인범이 살인을 저질렀다는 바로 그 이유만으로 살인범에 대한 사형이 집행되어야 한다.

① 사형은 동등성의 원리에 따라야 하는 형벌인가?
② 사형은 살인범의 존엄성을 훼손하지 않는 형벌인가?
③ 형벌은 공리성의 원리에 근거하여 집행되어야 하는가?
④ 형벌의 강도보다 지속성이 범죄 억제에 더 효과적인가?
⑤ 사형은 범죄 예방을 목적으로 존치해야 하는 형벌인가?

• 왜 정답일까?

갑은 베카리아, 을은 칸트이다. 베카리아는 사형보다 종신형이 범죄 억제력이 더 크다고 보았고 개인이 사회 계약의 과정에서 자신의 생명을 국가에 위임하지 않았기 때문에 국가 역시 개인의 생명을 빼앗을 권리가 없다고 주장하면서 사형제도를 반대하였다. 칸트는 동등성의 원리에 따라 살인범에 대한 사형이 정당하다고 보았다. 칸트는 응보가 형벌의 본질이므로 오히려 사형이 인간의 존엄성과 가치를 인정하는 것이라고 말한다.

05 죽음에 대한 관점 정답률 67% | 정답 ④

| 문제 보기 |

표는 어느 고대 서양 사상가를 상대로 한 가상 설문 조사 결과이다. A, B에 들어갈 옳은 질문만을 〈보기〉에서 있는 대로 고른 것은? [3점]

질문	응답	
	예	아니요
죽음은 감각이 상실된 것이므로 경험할 수 없는 것인가?	√	
죽음은 우리에게 아무것도 아니라는 사실을 인식해야 하는가?	√	
A		√
B	√	

〈 보기 〉
ㄱ. A: 죽음을 인간이 피해야 할 고통으로 보아야 하는가?
ㄴ. A: 죽음 이후에 인간은 참된 진리를 인식할 수 있는가?
ㄷ. B: 죽음에 대한 공포에서 벗어나 행복을 추구해야 하는가?
ㄹ. B: 죽음은 내세로 이어지는 과정이므로 두려워할 필요가 없는가?

① ㄱ, ㄴ   ② ㄱ, ㄹ   ③ ㄷ, ㄹ
④ ㄱ, ㄴ, ㄷ   ⑤ ㄴ, ㄷ, ㄹ

• 왜 정답일까?

가상 설문 조사에 답한 고대 서양 사상가는 에피쿠로스이다.
ㄱ. 에피쿠로스는 죽음은 감각이 상실된 것이므로 경험할 수 없으며 두려워할 필요가 없다고 본다.
ㄷ. 에피쿠로스는 죽음의 공포에서 벗어나 행복한 삶을 추구해야 한다고 본다.

• 왜 오답일까?

ㄹ. 에피쿠로스는 죽음을 내세로 이어지는 과정으로 인식하지 않는다.

06 하버마스의 담론 윤리 정답률 87% | 정답 ④

| 문제 보기 |

다음 사상가의 입장으로 가장 적절한 것은? [3점]

> 사회 통합을 위해서는 행정 및 경제 체계와 생활 세계가 균형을 이루어야 한다. 그런데 시민이 공적 의사 결정에서 배제되면 이러한 균형이 무너지게 된다. 이 문제를 해결하기 위해서는 공론장에서 시민이 이성적으로 보편화 가능한 합의에 도달할 수 있도록 의사소통의 합리성이 실현되어야 한다.

① 담론의 절차가 아니라 담론의 결과를 중시해야 한다.
② 자기 주장이 강한 사람은 공론장에서 배제되어야 한다.
③ 공론장에서는 타인의 주장에 의문을 제기해서는 안 된다.
④ 담론 상황에서는 누구나 개인적 욕구를 표현할 수 있어야 한다.
⑤ 합의된 규범은 개인의 이익에 부합될 때에만 정당성을 갖는다.

• 왜 정답일까?

제시문은 하버마스의 입장이다.
하버마스는 의사소통의 합리성이 실현되어야 한다는 담론 윤리를 주장한다. 담론 상황에서는 누구나 개인적 욕구와 희망을 표현할 수 있다.

• 왜 오답일까?

① 담론 절차와 시민 사회의 자발성을 강조했다.
③ 타인의 주장에 대해 의문을 제기할 수 있다고 보았다.

07 롤스의 시민 불복종 정답률 69% | 정답 ②

| 문제 보기 |

다음 서양 사상가의 입장으로 옳지 않은 것은? [3점]

> 시민 불복종은 신중하고 양심적인 정치적 신념의 표현이며, 공동체의 정의감에 호소하여 자유로운 행동이 침해되었다는 것을 정당하게 알리는 행위이다. 이를 통해 우리는 타인에게 호소함으로써 그들이 우리 입장에서 다시 생각해보도록 할 수 있다. 이러한 호소가 갖는 힘은 사회를 평등한 개인들 간의 협동 체제로 보는 민주주의적 관점에서 비롯된다. 시민 불복종에 참여하고자 하는 성향이 거의 정의로운 사회에 안정을 가져다준다.

① 시민 불복종은 법에 대한 충실성의 한계 내에서 이루어진다.
② 시민 불복종은 양심에 어긋나는 법에 즉시 불복종하는 행위이다.
③ 시민 불복종은 부정의한 법이나 정책을 바로잡는 데 기여한다.
④ 시민 불복종은 불공정한 법에 저항할 수 있는 시민의 권리이다.
⑤ 시민 불복종 자체는 위법이므로 처벌을 감수해야 하는 행위이다.

• 왜 정답일까?

제시문은 시민 불복종에 대한 롤스의 입장이다.
롤스는 시민 불복종은 다수의 정의관에 어긋나는 경우에 불복종하는 행위이므로 양심에 어긋나는 법에 즉시 불복종하는 것은 아니다.

• 왜 오답일까?

① 법에 대한 충실성의 한계 안에서 이루어지는 것으로 본다.
③ 시민 불복종이 다수의 정의관에 입각하여 부정의한 법이나 정책을 바로잡기 위한 최후의 수단으로서 정당화될 수 있다고 본다.
④ 시민 불복종이 불공정한 법이나 정책에 저항할 수 있는 시민의 정당한 권리이다.
⑤ 시민 불복종 자체는 위법이므로 처벌을 감수해야 하는 행위로 본다.

08 우대 정책 정답률 79% | 정답 ⑤

| 문제 보기 |

다음 토론의 핵심 쟁점으로 가장 적절한 것은?

> 갑: 우리는 사회적 약자를 배려해야 합니다. 특히 여성은 채용과 승진 등에 있어 여전히 차별받는 사회적 약자입니다. 양성평등 실현을 위해 여성 우대 정책이 필요합니다.
> 을: 여성을 포함한 사회적 약자에 대한 배려와 양성평등의 필요성은 인정합니다. 하지만 양성평등의 실현은 남녀에게 동등한 기회를 주는 현재의 정책만으로도 충분합니다.
> 갑: 그것만으로는 충분하지 않습니다. 양성평등을 실현하기 위해서는 동등한 기회를 주는 정책과 더불어 여성고용할당제와 같은 우대 정책이 필요합니다.
> 을: 아닙니다. 여성고용할당제는 성별이라는 선천적인 요인으로 부당하게 특혜를 주는 것입니다. 그것은 오히려 남성에 대한 역차별을 초래하여 양성평등을 방해할 수 있습니다.

① 양성평등은 반드시 실현되어야 하는가?
② 여성을 사회적 약자로 인식해야 하는가?
③ 남녀에게 동등한 기회를 주는 정책은 필요한가?
④ 사회적 약자에 대한 배려는 사회 정의를 위해 필요한가?
⑤ 양성평등의 실현은 동등한 기회의 제공으로만 가능한가?

• 왜 정답일까?

갑은 여성이 사회적 약자이며 양성평등의 실현을 위해 동등한 기회를 주는 정책과 더불어 여성에 대한 우대 정책이 필요하다고 주장한다.
을은 여성이 사회적 약자이며 양성 평등을 실현해야 한다는 점에는 동의하지만, 동등한 기회를 주는 정책으로 충분하며 여성에 대한 우대 정책이 필요하지 않다고 본다.

09 환경 윤리에 대한 관점 정답률 56% | 정답 ③

| 문제 보기 |

(가)의 갑, 을, 병 사상가들의 입장을 (나) 그림으로 표현할 때, A ～ D에 해당하는 적절한 진술만을 〈보기〉에서 있는 대로 고른 것은? [3점]

> (가)
> 갑: 고통과 즐거움을 느끼는 능력은 다른 존재들의 이익에 관심을 가질지의 여부를 결정짓는 유일한 경계이다. 따라서 고통을 느끼는 존재의 이익 관심을 동등하게 고려해야 한다.
> 을: 모든 생명은 목적론적 삶의 중심에 있기 때문에 자기 고유의 선을 갖는다. 이러한 관점을 지닌 합리적 인격체는 자연에 대한 존중의 태도를 가지고, 생명을 내재적 존엄성을 지니는 것으로 간주한다.
> 병: 대지는 토양, 식물, 동물의 회로를 거쳐 흐르는 에너지의 원천이다. 어떤 것이 생명 공동체의 온전성, 안정성, 아름다움을 유지시키는 경향이 있다면 옳고, 그 반대라면 그르다.

(나)
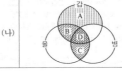

A: 갑만의 입장
B: 갑과 을만의 공통 입장
C: 을과 병만의 공통 입장
D: 갑, 을, 병의 공통 입장

〈보 기〉
ㄱ. A: 고통을 느낄 수 있는 동물은 도덕적 고려의 대상이다.
ㄴ. B: 생명이 없는 존재는 도덕적 지위를 갖지 않는다.
ㄷ. C: 인간뿐만 아니라 자연의 모든 존재는 내재적 가치를 갖는다.
ㄹ. D: 인간은 도덕적 책임을 질 수 있는 유일한 존재이다.

① ㄱ, ㄷ   ② ㄴ, ㄷ   ③ ㄴ, ㄹ
④ ㄱ, ㄴ, ㄹ   ⑤ ㄱ, ㄷ, ㄹ

● 왜 정답일까?

갑은 싱어, 을은 테일러, 병은 레오폴드이다.
싱어는 쾌고 감수 능력을 가진 동물은 도덕적 고려의 대상이라고 본다. 테일러는 모든 생명체는 자기 보존과 고유한 선을 지닌 목적론적 삶의 중심이라고 본다. 레오폴드는 생명 공동체의 온전성, 안정성, 아름다움의 보존에 이바지하는 행위가 옳다는 대지 윤리를 주장한다.
ㄴ. 생명이 없는 존재에게 도덕적 지위가 없다는 것은 싱어와 테일러의 공통된 관점이다.
ㄹ. 인간이 도덕적 책임을 질 수 있는 유일한 존재라는 것은 싱어, 테일러, 레오폴드의 공통된 관점이다.

● 왜 오답일까?

ㄱ. 고통을 느낄 수 있는 동물을 도덕적으로 고려해야 한다는 것은 싱어, 테일러, 레오폴드의 공통된 관점이다.

10 유교의 효에 대한 관점   정답률 73% | 정답 ⑤

| 문제 보기 |

가상 편지의 ㉠에 대한 옳은 설명만을 〈보기〉에서 있는 대로 고른 것은?

○○에게
지난 번 편지에서 자네가 궁금해 했던 것에 대해 나는 이렇게 생각하네. 옛 성현의 가르침에 따르면 우리의 몸은 모두 부모로부터 받은 것이니 이를 상하지 않게 하는 것이 □□ 의 시작이네. 만일 자네가 인(仁)을 바탕으로 □㉠□ 을/를 다하면 부모가 기뻐하고, 부모와 자식의 올바른 관계가 정립되어 천하가 교화될 것이니 어찌 이를 행하지 않을 수 있겠는가!

〈보 기〉
ㄱ. 부모가 돌아가신 이후에는 도리가 끝나는 것이다.
ㄴ. 부모에게 사랑과 보은의 마음을 표현하는 것이다.
ㄷ. 덕행으로 세상에 이름을 떨침으로 완성되는 것이다.
ㄹ. 물질적 봉양과 함께 정신적 공경을 실천하는 것이다.

① ㄱ, ㄴ   ② ㄱ, ㄷ   ③ ㄴ, ㄹ
④ ㄱ, ㄷ, ㄹ   ⑤ ㄴ, ㄷ, ㄹ

● 왜 정답일까?

㉠은 효이다. ㄴ. 유교에서 효는 부모에게 사랑과 보은의 마음을 표현한 것이고 ㄹ. 물질적 봉양과 정신적 공경을 실천하는 것이다.
ㄷ. 유교에서 효는 자기 몸을 상하지 않게 하는 것에서 출발하며, 덕행으로 세상에 이름을 떨칠 때 완성된다고 본다.

● 왜 오답일까?

ㄱ. 유교에서는 부모가 돌아가신 이후에도 제례의 형태를 통해 효를 지속적으로 실천해야 한다고 본다.

11 과학 기술 윤리   정답률 91% | 정답 ④

| 문제 보기 |

그림의 ㉠에 들어갈 제목으로 가장 적절한 것은?

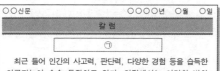

○○신문   ○○○○년   ○월   ○일
칼 럼
□㉠□
최근 들어 인간의 사고력, 판단력, 다양한 경험 등을 습득한 인공지능이 속속 등장하고 있다. 일각에서는 이러한 변화로 인해 인공지능이 인간을 지배하는 상황이 올 수 있다고 우려한다. 그러나 우리는 이러한 변화에 대해 막연한 두려움이나 거부감을 갖기보다는 인공지능을 인간에게 도움을 주는 존재로 이해해야 한다. 인공지능이 인간이 할 수 없던 일이나 하기 힘들었던 일을 대신하는 동안 우리는 인간의 고유한 일을 함으로써 삶을 더욱 윤택하게 할 수 있기 때문이다.

① 인간과 인공지능이 경쟁적 관계임을 인식해야 한다
② 인간의 고유한 일까지 담당할 인공지능을 개발해야 한다
③ 인간다움의 실현을 위해 인공지능 개발을 제한해야 한다
④ 인공지능의 발전이 가져올 긍정적 결과에 주목해야 한다
⑤ 인간의 도덕성을 대체할 수 있는 인공지능을 도입해야 한다

● 왜 정답일까?

칼럼은 인간의 사고력과 판단력을 갖춘 인공지능의 등장을 우려하거나 막연한 두려움을 가질 필요가 없다는 입장이다. 오히려 인간이 할 수 없었던 일이나 하기 힘든 일을 대신한다는 점에서 인공지능의 발전은 긍정적 결과를 가져올 수 있다고 주장한다.

12 분배 정의에 대한 입장   정답률 52% | 정답 ③

| 문제 보기 |

(가)의 갑, 을, 병 사상가들의 입장을 (나) 그림으로 탐구할 때, A ~ D에 들어갈 적절한 질문만을 〈보기〉에서 있는 대로 고른 것은? [3점]

(가)
갑: 분배는 각자가 지닌 가치에 따라 마땅한 상이 주어질 때 정의롭다. 균등하지 않은 사람들이 균등한 몫을 가질 때 분쟁과 불평이 생겨난다.
을: 분배는 합리적 개인이 유불리를 배제한 채 도출한 원칙에 의거할 때 정의롭다. 사회적·자연적 우연성은 부의 획득에서 유리하게 작용하지 않아야 한다.
병: 분배는 모든 사람에게 소유 권리가 확립될 때 정의롭다. 정형화된 원리에 따른 분배는 개인들의 권리를 침해하므로 바람직하지 않다.

(나)
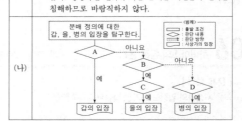

분배 정의에 대한 갑, 을, 병의 입장을 탐구한다.

〈범례〉
■ : 활동 조건
□ : 판단 내용
→ : 판단 방향
△ : 사상가의 입장

〈보 기〉
ㄱ. A: 산술적 비례에 따를 때 분배적 정의가 실현되는가?
ㄴ. B: 절차의 공정성으로 결과의 공정성을 확보할 수 있는가?
ㄷ. C: 정의로운 사회에서도 경제적 불평등은 존재할 수 있는가?
ㄹ. D: 부정의를 교정하기 위한 국가의 개입은 필요한가?

① ㄱ, ㄴ   ② ㄱ, ㄹ   ③ ㄷ, ㄹ
④ ㄱ, ㄴ, ㄷ   ⑤ ㄴ, ㄷ, ㄹ

● 왜 정답일까?

갑은 아리스토텔레스, 을은 롤스, 병은 노직이다.
아리스토텔레스는 각자에게 마땅한 몫을 주는 분배를, 롤스는 원초적 입장에서 도출되는 정의의 원칙에 따르는 분배를, 노직은 소유 권리에 따르는 분배를 주장한다. 아리스토텔레스는 분배 정의가 산술적 비례가 아니라 기하학적 비례에 따라야 한다고 보며, 롤스와 노직 모두 절차의 공정성으로 결과의 공정성을 확보할 수 있다고 본다.
ㄷ. 롤스는 정의로운 사회에서도 경제적 불평등이 존재할 수 있다고 본다.
ㄹ. 노직은 부정의를 교정하기 위한 국가 개입의 필요성을 인정한다.

13 칸트와 니부어의 관점   정답률 54% | 정답 ②

| 문제 보기 |

서양 사상가 갑, 을의 입장에 대한 설명으로 가장 적절한 것은? [3점]

갑: 선의지는 어떤 목적을 달성하는 데 쓸모가 있기 때문에 선한 것이 아니라 오로지 그 자체로 선하다. 지성, 용기, 결단성과 같은 것이 일반적으로 바람직하더라도 이를 사용하는 의지가 선하지 못하면 악하고 해가 될 수도 있다.
을: 선의지만으로는 사회적 갈등 자체를 제거할 수 없다. 집단들 간의 관계는 윤리적이기보다는 정치적이다. 그 관계는 도덕적이고 합리적인 판단에 의해 형성되는 것이 아니라 각 집단이 갖고 있는 힘의 비율에 따라 형성된다.

① 갑은 좋은 결과를 의도한 행위만이 도덕적이라고 본다.
② 을은 사회 정의의 실현을 위해 개인의 선의지가 필요하다고 본다.
③ 갑은 을과 달리 동정심에 따른 행위를 도덕적 행위라고 본다.

④ 을은 갑과 달리 개인보다 사회집단의 도덕성이 우월하다고 본다.
⑤ 갑, 을은 이타성을 사회가 지향할 최고의 도덕적 이상으로 본다.

● 왜 정답일까?

갑은 칸트, 을은 니부어이다.
니부어는 사회 정의 실현을 위해 선의지가 필요하다고 본다.

● 왜 오답일까?

①, ③ 칸트는 선의지를 그 자체로 선한 것으로 보며, 결과나 동정심을 도덕적으로 옳은 행위의 근거로 보지 않는다.
④ 사회집단의 도덕성보다 개인의 도덕성이 우월하다고 본다.
⑤ 개인의 도덕적 이상은 이타성이며 사회의 도덕적 이상은 정의라고 본다.

14 평화 윤리   정답률 79% | 정답 ②

| 문제 보기 |

다음 사상가의 입장으로 가장 적절한 것은?

적극적 평화는 직접적·물리적 폭력이 없는 소극적 평화와 달리 구조적 폭력과 문화적 폭력까지 제거된 상태를 말한다. 구조적 폭력은 사회 구조적 차원에서 발생하는 것으로 인간의 잠재 능력을 충분히 실현할 수 없게 한다. 문화적 폭력은 언어, 예술, 종교, 도덕 등 인간 존재의 상징적 차원에서 발생한다. 특히 문화적 폭력은 모든 유형의 폭력에 정당성과 합법성을 부여함으로써 폭력을 은폐한다. 우리는 모든 폭력이 제거된 진정한 평화를 실현해야 한다.

① 적극적 평화는 국가 간 전쟁이 없는 상태로 국한된다.
② 진정한 평화는 적극적 평화를 실현함으로써 가능하다.
③ 직접적 폭력이 제거되면 구조적 폭력도 저절로 제거된다.
④ 소극적 평화 실현을 위한 물리적 폭력의 사용은 정당하다.
⑤ 문화적 폭력은 물리적 폭력을 정당화하는 역할을 하지 못한다.

● 왜 정답일까?

제시문은 적극적 평화를 강조하는 갈퉁의 주장이다.
갈퉁은 직접적·물리적 폭력이 없는 소극적 평화를 넘어 구조적·문화적 폭력이 제거된 적극적 평화를 실현해야 진정한 평화가 실현된다고 본다.

15 종교에 대한 입장   정답률 91% | 정답 ③

| 문제 보기 |

갑, 을의 입장에 대한 적절한 설명을 〈보기〉에서 고른 것은?

갑: 종교적 인간에게 자연은 단순한 자연이 아니다. 그것은 종교적 의미로 충만하다. 우주는 신의 창조물이고, 세속적 세계는 신의 손으로 완성된 것이어서 성스러움[聖]으로 가득 차 있기 때문이다.
을: 자연은 단순히 과학의 연구 대상일 뿐, 종교적 의미는 찾을 수 없다. 자연은 과학으로 설명이 가능하며 자연적이고 물리적인 세계 너머에는 아무것도 없다. 우주의 배후에 있는 초자연적인 창조적 지성은 없으며, 종교는 필요하지 않다.

〈보 기〉
ㄱ. 갑은 성스러움과 세속적인 것은 분리되어야 한다고 본다.
ㄴ. 갑은 종교적 인간이 자연에서 성스러움을 찾을 수 있다고 본다.
ㄷ. 을은 신을 전제하지 않아도 자연을 설명할 수 있다고 본다.
ㄹ. 갑, 을은 과학으로 초자연적 진리를 찾을 수 있다고 본다.

① ㄱ, ㄴ   ② ㄱ, ㄷ   ③ ㄴ, ㄷ   ④ ㄴ, ㄹ   ⑤ ㄷ, ㄹ

● 왜 정답일까?

갑은 성스러움과 세속적인 것의 조화를 주장하는 입장이며, 을은 종교를 부정하는 입장이다.
ㄴ. 갑은 인간이 자연 속에서 성스러움을 찾을 수 있고 모든 인간은 종교적 인간이 될 수 있다고 본다.
ㄷ. 을은 신을 전제하지 않아도 자연을 설명할 수 있다고 본다.

16 생명 윤리   정답률 90% | 정답 ⑤

| 문제 보기 |

(가)를 주장한 사상가의 입장에서 (나)의 주장에 대해 제기할 비판으로 가장 적절한 것은?

(가)	너의 인격에서나 다른 모든 사람의 인격에서나 인간성을 한낱 수단으로만 대우하지 말고 언제나 동시에 목적으로서 대우하도록 행위 하라.
(나)	장기 매매는 허용되어야 한다. 자신의 생명에 결정적 위험이 되지 않는다면, 경제적으로 매우 어려운 사람들에게는 장기를 파는 것이 경제적 고통에서 벗어날 수 있는 하나의 방법이 될 수 있다. 또한 장기가 필요한 환자에게는 장기 획득의 기회가 확대되고, 환자의 가족들에게는 환자의 질병으로 인해 받았던 고통을 줄일 수 있다.

① 장기 매매 여부는 최선의 결과를 고려하여 결정해야 한다.
② 장기 매매는 사회적 유용성이 낮으므로 허용해서는 안 된다.
③ 환자 가족의 고통을 감소시키는 장기 매매는 허용해야 한다.
④ 사회적 공감을 토대로 장기 매매 허용 여부를 판단해야 한다.
⑤ 인간의 신체를 수단화하는 장기 매매를 허용해서는 안 된다.

● 왜 정답일까?

(가)를 주장한 사상가는 칸트이고, (나)는 장기 매매를 허용해야 한다는 입장이다.
칸트는 (나)의 주장에 대해 인간은 목적적 존재로 대우해야 하며, 결코 인간의 신체를 수단화하는 장기 매매를 허용해서는 안 된다고 비판할 수 있다.

17 요나스의 책임 윤리
정답률 87% | 정답 ②

| 문제 보기 |
그림의 강연자가 지지할 입장으로 가장 적절한 것은? [3점]

기술은 자연뿐만 아니라 인간을 대상으로 전락시켜 스스로 권력이 되었습니다. 이러한 상황은 새로운 윤리적 사유를 요청합니다. 새로운 윤리는 알려지지 않은 미래의 위협에 대해 숙고해야 하므로 희망보다는 공포를 발견하는 것에서 논의를 시작해야 합니다. 이것이 인간이 갖추어야 할 책임에 대한 논의의 시작입니다.

① 책임의 범위를 현세대의 인간과 자연으로 한정해야 한다.
② 새로운 윤리는 예견할 수 있는 위험을 고려하여 도출해야 한다.
③ 행위의 의도만이 행위자에게 책임을 부과하는 기준이 되어야 한다.
④ 인류의 생존과 기술의 발전은 양립 불가능함을 인식해야 한다.
⑤ 기술로 인한 미래의 혜택을 과감히 포기하는 결단이 필요하다.

● 왜 정답일까?

강연자는 요나스이다. 요나스는 권력화된 기술의 지배에 대응하여 새로운 윤리학이 요청되며 이러한 윤리학은 예견할 수 있는 위험을 고려하여 도출해야 하는 것으로 본다.

● 왜 오답일까?

① 요나스는 책임의 범위를 현세대뿐만 아니라 자연과 미래 세대까지 포함해야 한다고 본다.
③ 행위의 의도뿐만 아니라 결과를 고려하는 책임의 윤리를 주장한다.

18 주거 윤리
정답률 91% | 정답 ④

| 문제 보기 |
다음 서양 사상가의 입장으로 적절하지 않은 것은?

거주함이란 인간이 위협적인 외부 세계로부터 되돌아 갈 수 있는 고유 공간을 가짐을 의미한다. 내적 공간에서 인간은 경계심을 내려놓고 안정과 평화를 느끼며 다시 자신으로 돌아올 수 있게 된다. 이러한 아늑한 공간의 기본 형태는 보호하는 벽과 안전하게 해주는 지붕이 있는 집이다. 이렇듯 인간은 특정한 공간 안에 자신의 존재를 정착시키며, 그 공간에 우리의 몸과 마음과 삶 전체를 깃들인다. 인간은 집 안에 거주하기 때문에 오로지 세상으로 나아감과 들어옴의 중심이자 세계의 중심이 된다.

① 거주 공간은 세상에 거주할 수 있는 기초가 되어야 한다.
② 거주 공간은 심신의 평온함을 보장하는 공간이 되어야 한다.
③ 거주 공간은 참된 자신을 되찾는 내적 공간이 되어야 한다.
④ 거주 공간은 외부 세계에 열려 있지 않은 폐쇄적 공간이어야 한다.

---

⑤ 거주 공간은 위협적인 외부 세계와 구분되는 안식처가 되어야 한다.

● 왜 정답일까?

제시문은 거주 공간으로서의 집에 대한 도덕적 관점을 제시하는 볼노브의 주장이다.

● 왜 오답일까?

⑤ 볼노브는 거주 공간으로서의 집은 외부 세계와 구분되는 안식처로써 ⑤ 참된 자신을 회복하는 삶의 중심이 되어야 한다고 보았다.

19 다문화를 보는 관점
정답률 78% | 정답 ④

| 문제 보기 |
(가), (나)의 입장에 대한 적절한 설명만을 <보기>에서 있는 대로 고른 것은? [3점]

(가)	커다란 그릇 안에서 각기 다른 맛, 향, 색을 가진 다양한 채소와 과일들이 섞여 각자 고유의 맛을 지키면서도 하나의 샐러드가 되듯이 여러 문화가 각각의 고유한 특성을 대등하게 유지하면서 조화를 이루어야 한다.
(나)	용광로에 들어간 여러 광석은 녹아 섞여 한 덩어리가 되어 새로운 모습으로 탄생한다. 이처럼 사회 안에 존재하는 다양한 문화도 용광로에서 함께 녹아들고 섞여 만들어진 쇳물처럼 새로운 모습으로 탄생해야 한다.

< 보 기 >
ㄱ. (가)는 이질적인 문화를 간의 우열을 부정한다.
ㄴ. (나)는 각 문화가 지닌 특수성의 유지를 강조한다.
ㄷ. (가)는 (나)보다 각각의 문화가 지닌 정체성을 존중한다.
ㄹ. (나)는 (가)보다 문화 통합을 통한 새로운 문화의 창출을 강조한다.

① ㄱ, ㄴ   ② ㄱ, ㄷ   ③ ㄴ, ㄹ
④ ㄱ, ㄷ, ㄹ   ⑤ ㄴ, ㄷ, ㄹ

● 왜 정답일까?

(가)는 샐러드 그릇 모델, (나)는 용광로 모델에 대한 설명이다.
샐러드 그릇 모델은 각각의 문화가 공존하면서 차별 없이 조화를 이루는 상태를 지향한다. 용광로 모델은 여러 문화들을 하나로 통합하여 새로운 문화의 창출을 지향한다.

20 해외 원조에 대한 입장
정답률 75% | 정답 ①

| 문제 보기 |
갑, 을 사상가들의 입장으로 가장 적절한 것은? [3점]

갑: 원조의 목적은 고통받는 사회의 자유와 평등을 확립하여 질서 정연한 사회가 되도록 돕는 데 있다. 한 사회가 합당하게 합리적으로 조직되고 통치된다면, 자원이 부족해도 질서 정연한 사회가 될 수 있다.
을: 원조의 목적은 기아로 고통받는 사람들을 도와 인류 전체의 행복을 증진시키는 것이다. 누군가를 도움으로써 얻어지는 행복감은 원조의 중요한 동기이다. 원조의 실천은 인류 전체의 공리를 증진하는 데 기여한다.

① 갑: 원조는 고통받는 사회의 정치문화 개선에 기여해야 한다.
② 갑: 원조는 국제 사회의 최소 수혜자에게 가장 유리해야 한다.
③ 을: 개인에게 큰 희생이 따르더라도 원조의 의무를 다해야 한다.
④ 을: 원조 대상에서 민주주의가 확립된 빈곤국을 제외해야 한다.
⑤ 갑, 을: 원조를 통해 모든 사회의 복지 수준을 평준화해야 한다.

● 왜 정답일까?

갑은 롤스, 을은 싱어이다.
롤스는 원조의 목적이 고통받는 사회를 질서 정연한 사회가 되도록 돕는 데 있다고 본다. 싱어는 세계시민주의 차원에서 고통받는 사람에 대한 원조의 의무를 주장한다. 롤스는 원조가 고통받는 사회의 정치문화의 개선에 기여해야 한다고 본다.

● 왜 오답일까?

③ 싱어는 개인에게 큰 희생이 따르지 않는 한 정치체제와 관계없이 원조해야 한다고 본다.

● 고3 생활과 윤리 ●

29회 2025학년도 9월

01 ②	02 ④	03 ②	04 ①	05 ⑤
06 ②	07 ②	08 ①	09 ④	10 ④
11 ③	12 ③	13 ④	14 ①	15 ③
16 ①	17 ⑤	18 ④	19 ③	20 ⑤

29회

채점결과	· 실제 걸린 시간 :	분	초
	· 맞은 문항수 :		개
	· 틀린 문항수 :		개
	· 헷갈린 문항 :		

01 이론 윤리학과 메타 윤리학의 입장
정답률 92% | 정답 ②

| 문제 보기 |
(가), (나) 윤리학의 핵심 과제로 가장 적절한 것은?

(가)	윤리학은 '옳다', '그르다'와 같은 규범적 판단의 근거를 마련하고 바람직한 삶의 이상과 마땅히 해야 할 의무를 규정하는 도덕 이론을 제시해야 한다.
(나)	윤리학은 '옳다', '그르다'와 같은 도덕적 언어의 의미와 용법을 분석하고 도덕적 논증에 적용되는 추론의 규칙과 인식의 방법을 검토해야 한다.

① (가): 도덕 명제의 추론 가능성과 논증의 타당성을 분석하는 것이다.
② (가): 도덕 규범과 의무의 근거가 되는 보편적 원리를 정립하는 것이다.
③ (나): 사회의 관습과 규범을 관찰하여 객관적으로 기술하는 것이다.
④ (나): 현실의 도덕 문제 해결을 위한 구체적 방안을 제시하는 것이다.
⑤ (가)와 (나): 도덕 현상의 인과 관계를 경험과학적으로 설명하는 것이다.

● 왜 정답일까?

(가)는 이론 윤리학, (나)는 메타 윤리학이다. 이론 윤리학은 도덕 원리나 도덕적 정당화의 이론적 근거를 제시하는 데 주된 관심을 지닌 윤리학으로 도덕 규범과 의무의 근거가 되는 보편적 도덕 원리를 정립하는 것을 윤리학의 핵심 과제로 삼는다.

● 왜 오답일까?

① 메타 윤리학에 해당하는 내용이다.
③ 기술 윤리학에 해당하는 내용이다.
④ 실천 윤리학에 해당하는 내용이다.
⑤ 기술 윤리학에 해당하는 내용이다.

02 죽음에 대한 입장
정답률 86% | 정답 ④

| 문제 보기 |
갑, 을 사상가들의 입장으로 가장 적절한 것은? [3점]

갑: 나는 무엇으로 말미암아 늙음과 죽음이 있게 되었는가를 깨달았다. 태어남으로 말미암아 늙음과 죽음이 있음을 나는 바르게 생각하고[正思惟] 지혜로써 통찰했다.
을: 진인(眞人)은 삶을 기뻐할 줄 모르고 죽음을 미워할 줄도 모른다. 태어남을 피하지도 않고 죽음을 거역하지도 않는다. 무심히 자연을 따라가고 무심히 자연을 따를 뿐이다.

① 갑: 삶과 죽음의 순환인 윤회(輪廻)는 인간에게만 적용된다.
② 갑: 삶과 죽음의 영원한 반복은 연기법의 지배를 받지 않는다.
③ 을: 삶과 죽음은 기(氣)로 연결되어 있을 뿐 순환하지는 않는다.
④ 을: 도(道)의 관점에서 삶과 죽음의 변화 원리는 서로 다르지 않다.
⑤ 갑과 을: 현세의 삶에서 죽음의 이치를 깨닫는 것은 불가능하다.

● 왜 정답일까?

갑은 불교 사상가 석가모니, 을은 도가 사상가 장자이다.
장자는 삶과 죽음은 기가 모였다가 흩어지는 것으로 도의 관점에서 삶과 죽음의 변화 원리는 서로 다르지 않다고 보았다.

03 종교 윤리에 대한 퀑의 입장 정답률 78% | 정답 ②

| 문제 보기 |

다음을 주장한 사상가의 입장으로 가장 적절한 것은?

> 종교 간 대화 없이 종교 간 평화는 불가능하고, 종교 간 평화 없이 국가 간 평화도 불가능하며, 다른 종교에 대한 연구 없이 종교 간 대화는 불가능하다. 대화의 중단은 전쟁을 초래했다. 대화가 실패하면 억압이 시작되었고 권력자들의 힘이 지배했다. 대화를 지지하는 사람은 자기 종교의 교리에 얽매이지 않으며 이단자에 대한 배척을 혐오한다.

① 종교 간 대화가 국가 간 평화의 선결 과제가 되는 것은 아니다.
② 종교 간 차이가 종교 간 대화를 언제나 차단하는 것은 아니다.
③ 종교 간 소통에 다른 종교에 대한 이해까지 요청되지는 않는다.
④ 종교 간 교리를 통합하지 않으면 결코 관용을 실천할 수 없다.
⑤ 종교 간 대화의 실패가 정치적 폭력으로 이어지는 경우는 없다.

● 왜 정답일까?

제시문은 퀑의 주장이다.
퀑은 종교 간 차이가 있다 해도 종교 간 대화는 가능하다고 보았다.

04 패스트패션에 대한 윤리적 쟁점 정답률 86% | 정답 ①

| 문제 보기 |

다음 토론의 핵심 쟁점으로 가장 적절한 것은? [3점]

> 갑 : 최신 유행을 반영하여 빠르게 옷을 제작하고 유통하는 소비 양식인 패스트패션은 소비자의 기호를 충족해 줄 수 있지만 심각한 환경 오염 문제를 야기하고 있습니다.
> 을 : 동의합니다. 물론 패스트패션이 소비자의 욕구를 충족해 주기는 합니다. 그럼에도 환경을 생각하면 패스트패션 제품 생산을 막을 수밖에 없습니다.
> 갑 : 아닙니다. 패스트패션 기업에 환경 부담금을 부과하는 정도의 규제는 필수적이지만 제품 생산까지 막는 것은 소비자의 선택권을 침해하는 과도한 규제입니다.
> 을 : 소비자 선택권이 침해되는 것은 사실이지만 환경 문제를 해결하기 위해서는 환경 부담금을 부과하는 것뿐 아니라 패스트패션 제품 생산 자체를 못 하도록 해야 합니다.

① 패스트패션 제품 생산을 전면적으로 금지해야 하는가?
② 패스트패션은 심각한 환경 오염 문제를 야기할 수 있는가?
③ 패스트패션 제품을 생산하는 기업에 대한 규제가 필요한가?
④ 패스트패션은 유행에 민감한 소비자의 욕구를 충족해 주는가?
⑤ 패스트패션 제품 생산을 막는 것은 소비자의 선택권을 침해하는가?

● 왜 정답일까?

갑은 패스트패션에 환경 부담금을 부과하는 정도의 규제는 찬성하면서도 제품 생산을 막아서는 안 된다는 입장이고, 을은 환경 부담금 부과는 물론 제품 생산 자체를 금지해야 한다는 입장이다. 따라서 토론의 핵심 쟁점은 패스트패션 제품 생산의 전면적 금지 여부이다.

05 동물 권리를 옹호하는 입장 정답률 96% | 정답 ⑤

| 문제 보기 |

그림의 강연자가 지지할 입장으로 가장 적절한 것은?

> 인류는 그동안 수많은 동물 실험을 자행하면서, 이를 인간의 복지 증진이라는 명목으로 합리화해 왔습니다. 이러한 동물 실험을 통해 인간이 이익을 얻은 것은 사실입니다. 그러나 어떤 동물 실험이든 궁극적으로는 정의에 어긋나는 일이기에 도덕적으로 허용될 수 없습니다. 인간 생체 실험이 인간의 권리를 부당하게 침해하는 것처럼 동물 실험도 동물의 권리를 부당하게 침해하기 때문입니다. 인간과 마찬가지로 동물도 다른 존재의 복지를 위한 단순한 도구로 이용되지 않을 권리가 있습니다.

① 동물 실험은 인간의 이익에 기여하지 못하므로 폐지해야 한다.
② 동물 실험은 그 효과를 입증하는 경험적 근거로 합리화해야 한다.
③ 동물의 고통을 최소화할 수 있는 동물 실험은 정의에 부합한다.
④ 동물 실험이 도덕적으로 부당함을 주장할 수 있는 근거는 없다.
⑤ 동물 실험과 인간 생체 실험을 금지해야 하는 근거는 동일하다.

● 왜 정답일까?

강연자는 동물 권리를 옹호하는 입장이다.
강연자는 인간과 마찬가지로 동물도 단순한 도구로 이용되지 않을 권리가 있다는 동일한 근거를 들어 동물 실험과 인간 생체 실험을 금지해야 한다고 본다.

06 환경 윤리에 대한 입장 정답률 55% | 정답 ②

| 문제 보기 |

갑, 을 사상가들 중 적어도 한 사람이 긍정할 진술로 적절한 것만을 〈보기〉에서 있는 대로 고른 것은? [3점]

> 갑 : 인간은 생명 공동체의 한 구성원에 지나지 않는다. 대지 윤리는 인간의 역할을 생명 공동체의 정복자에서 평범한 구성원으로 변화시킨다.
> 을 : 인간은 생명이 있는 일부 피조물을 폭력적으로 다루어서는 안 된다. 왜냐하면 그것은 인간의 자기 자신에 대한 의무에 배치되기 때문이다.

<보 기>
ㄱ. 인간은 토지를 단지 자원으로만 이용해서는 안 된다.
ㄴ. 생명 없는 존재의 파괴가 도덕적으로 정당한 경우는 없다.
ㄷ. 자연에 속하면서 권리를 가질 수 있는 개별 존재가 있다.
ㄹ. 자신 이외의 존재에 대한 도덕적 의무는 성립 불가능하다.

① ㄱ, ㄴ   ② ㄱ, ㄷ   ③ ㄴ, ㄹ
④ ㄱ, ㄷ, ㄹ   ⑤ ㄴ, ㄷ, ㄹ

● 왜 정답일까?

갑은 레오폴드, 을은 칸트이다.
ㄱ. 레오폴드는 인간은 토지를 자원으로 이용할 수 있다고 보면서도 단지 자원으로만 이용해서는 안 된다고 주장하였다.
ㄷ. 레오폴드는 대지 공동체의 구성원들도 존속할 권리가 있다고 보았다. 칸트에 따르면 인간은 자연에 속하면서 권리를 가질 수 있는 개별 존재이다.

● 왜 오답일까?

ㄴ. 칸트는 생명 없는 존재, 즉 무생물의 파괴가 인간 자신에 대한 의무를 위반하지 않는다면 도덕적으로 정당화될 수 있다고 보았다. 레오폴드는 대지 윤리가 자원의 변경과 관리 및 사용을 막을 수 없다고 보고, 대지 공동체의 온전함, 안정성, 아름다움의 보전을 해치지 않는다면 생명 없는 존재, 즉 무생물의 파괴가 도덕적으로 정당화 될 수 있다고 보았다.
ㄹ. 칸트는 자신 이외에 다른 인간 존재에 대한 도덕적 의무가 있다고 보았다. 레오폴드는 자신 이외에 대지 공동체의 구성원에 대한 존중, 공동체 자체에 대한 존중의 의무가 있다고 보았다.

07 우대 정책에 대한 찬반 입장 정답률 70% | 정답 ②

| 문제 보기 |

(가)의 주장을 (나) 그림으로 나타낼 때, ㉠에 대한 반론의 근거로 가장 적절한 것은? [3점]

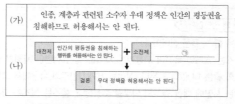

(가)	인종, 계층과 관련된 소수자 우대 정책은 인간의 평등권을 침해하므로 허용해서는 안 된다.

(나)
대전제: 인간의 평등권을 침해하는 행위를 허용해서는 안 된다. + 소전제: ㉠
결론: 우대 정책을 허용해서는 안 된다.

① 우대 정책은 소수자에 대한 차별을 심화시킨다.
② 우대 정책은 실질적 기회 균등 실현에 기여한다.
③ 우대 정책은 사회 전체의 이익을 증진하지 못한다.
④ 우대 정책은 수혜자가 아닌 사람들의 권리를 침해한다.
⑤ 우대 정책은 인종과 계층 간 화합을 저해하는 제도이다.

● 왜 정답일까?

소전제 ㉠에 들어갈 내용은 '우대 정책을 허용하는 것은 인간의 평등권을 침해하는 행위이다.'이다.
우대 정책이 실질적 기회 균등 실현에 기여한다는 것은 우대 정책을 허용하는 것이 인간의 평등권을 실현시킨다는 주장의 근거가 될 수 있으므로 ㉠에 대한 반론의 근거로 적절하다.

● 왜 오답일까?

①, ③, ④, ⑤ 모두 우대 정책 허용에 대한 반대 입장의 근거가 될 수 있다.

08 과학 기술에 대한 요나스의 입장 정답률 64% | 정답 ①

| 문제 보기 |

다음을 주장한 사상가의 입장으로 가장 적절한 것은? [3점]

> 새로운 명법은 다음과 같다. "너의 행위의 효과가 지상에서의 진정한 인간적 삶의 지속과 조화될 수 있도록 행위하라." 또는 다음과 같다. "미래 인간의 불가침성을 너의 의욕의 동반 대상으로서 현재의 선택에 포함하라." 그리고 다음과 같이 서술할 수도 있다. "지상에서 인류의 무한한 존속을 가능하게 하는 조건을 위협하지 말라." 따라서 우리에게는 현 세대의 존속을 위해 미래 세대를 감히 위태롭게 할 권리가 없다.

① 새로운 윤리에 따른 책임의 범위는 전 지구적으로 확장된다.
② 미래 세대에 대한 현 세대의 책임은 총체적이고 호혜적이다.
③ 발생하지 않은 사태는 윤리적 고려와 예측의 대상이 아니다.
④ 책임 윤리는 행위되어야 할 것에 대한 책임을 요청하지는 않는다.
⑤ 행위의 결과에 대한 공포는 현 세대의 책임 의식을 약화시킨다.

● 왜 정답일까?

제시문은 요나스의 주장이다. 요나스는 책임의 범위를 현 세대로 한정하는 전통 윤리관으로는 과학 기술 시대에 발생할 수 있는 문제를 해결하는 데 한계가 있다고 보고, 새로운 윤리에 따른 책임의 범위를 전 지구적으로, 즉 현 세대만이 아니라 미래 세대와 자연으로 확장해야 한다고 주장하였다.

● 왜 오답일까?

② 요나스는 미래 세대에 대한 현 세대의 책임은 호혜적인 것이 아니라 일방적이라고 보았다.
③, ④ 요나스는 현 세대에게는 행해진 것에 대한 사후 책임만이 아니라, 행위되어야 할 것에 대한 책임까지 있다고 보았다. 따라서 발생하지 않은 사태도 윤리적 고려와 예측의 대상이 된다.
⑤ 요나스는 '공포의 발견술'을 주장하며, 행위의 결과에 대한 공포는 현 세대의 책임 의식을 강화시킨다고 보았다.

09 국가관에 대한 홉스와 로크의 입장 정답률 49% | 정답 ④

| 문제 보기 |

갑, 을 사상가들의 입장으로 적절한 것만을 〈보기〉에서 있는 대로 고른 것은?

> 갑 : 만인의 만인에 대한 전쟁 상태에서는 그 어떠한 것도 부당한 것이 될 수 없다. 리바이어던이 없는 곳에서는 법과 정의 그리고 소유도 존재하지 않는다.
> 을 : 인간이 공동체를 결성하고 스스로를 정부의 지배하에 두고자 하는 가장 주된 목적은 그들의 소유 보존이다. 그러나 자연 상태에는 이를 위한 많은 것이 결여되어 있다.

<보 기>
ㄱ. 갑 : 절대 권력은 시민의 소유를 보호할 의무가 있다.
ㄴ. 갑 : 인간 본성으로 인해 자연 상태는 전쟁 상태일 수밖에 없다.
ㄷ. 을 : 자연 상태의 인간은 자연법을 이해할 능력이 없다.
ㄹ. 갑과 을 : 자연 상태의 인간은 자유에 대한 평등한 권리가 있다.

① ㄱ, ㄴ   ② ㄱ, ㄷ   ③ ㄷ, ㄹ
④ ㄱ, ㄴ, ㄹ   ⑤ ㄴ, ㄷ, ㄹ

● 왜 정답일까?

갑은 홉스, 을은 로크이다.
ㄱ. 홉스는 절대 권력을 지닌 국가는 시민의 재산을 보호하고 질서를 유지해야 할 의무가 있다고 보았다.
ㄴ. 홉스는 자신의 이익을 추구하는 인간 본성으로 인해 자연 상태는 '만인의 만인에 대한 전쟁' 상태라고 보았다.

ㄹ. 홉스와 로크는 자연 상태의 인간은 자유에 대한 평등한 권리가 있다고 보았다.

• 왜 오답일까?

ㄷ. 로크는 자연 상태의 인간은 이성을 통해 자연법을 이해할 수 있다고 보았다. 다만 로크는 자연 상태에서 인간이 자연법을 어기기 때문에 해결하기 힘든 분쟁이 발생한다고 보고, 이를 해결하기 위해 공정한 재판관이자 집행관으로서 국가를 만든 것이라고 주장하였다.

10 분배적 정의에 대한 입장
정답률 59% | 정답 ④

| 문제 보기 |

(가)의 갑, 을 사상가들의 입장을 (나) 그림으로 탐구하고자 할 때, A~C에 들어갈 적절한 질문만을 〈보기〉에서 고른 것은?

(가)
갑 : 정의의 원칙은 공정한 최초 상황에서 계약 당사자가 합의하는 원칙이다. 우연적 사실들에 관한 지식을 배제한 조건에서 합의한 원칙은 정의로울 것이다.
을 : 소유 권리론은 취득, 이전(移轉) 및 교정 과정을 주제로 삼는다. 그 역할이 개인의 소유 권리 보호에 국한된 최소 국가만이 유일하게 정당한 국가이다.

(나)
[범례] □ 출발 조건 / □ 판단 내용 / ◇ 판단 방향 / → 사상가의 입장

〈보 기〉
ㄱ. A : 공정한 절차를 거친다면 그 분배는 모두 정의로운가?
ㄴ. B : 원초적 입장에서 당사자들의 합의는 호혜적인 사회를 지향하게 되는가?
ㄷ. C : 최소 국가는 시민들의 권리를 차별적으로 보호하는가?
ㄹ. C : 취득 원칙과 이전 원칙을 충족했다면 그 소유는 모두 정의로운가?

① ㄱ, ㄴ ② ㄱ, ㄷ ③ ㄴ, ㄷ ④ ㄴ, ㄹ ⑤ ㄷ, ㄹ

• 왜 정답일까?

갑은 롤스, 을은 노직이다.

ㄴ. 롤스가 '예'라고 대답할 질문이다. 롤스는 원초적 입장에서 당사자들은 서로의 이익에 대해 무관심하지만, 원초적 입장의 당사자들이 합의하는 정의의 원칙들은 호혜적인 사회를 지향하게 된다고 보았다.

ㄹ. 노직이 '예'라고 대답할 질문이다. 노직은 취득 원칙과 이전 원칙이 모두 충족된 소유물이라면 정당한 소유 권리가 주어진다고 보았다. 노직이 교정의 원칙이 필요하다고 본 것은 취득 원칙 또는 이전 원칙이 지켜지지 않음으로 인해 발생된 부정의한 소유 상태를 바로잡기 위해서이다.

• 왜 오답일까?

ㄱ. 노직이 '예'라고 대답할 질문이다. 노직은 자신의 소유 권리론을 역사적이라고 보고, 공정한 절차 또는 과정을 거친다면 그 분배 결과가 어떠하든지 모두 정의롭다고 보았다. 롤스는 공정으로서의 정의는 순수 절차적 정의를 따른다고 밝히고 있다.

ㄷ. 노직이 '아니요'라고 대답할 질문이다. 노직은 개인의 소유권을 침해하지 않고 개인의 권리를 보호하는 역할만을 수행하는 최소 국가가 정당하다고 보고, 최소 국가는 시민들의 자유와 권리를 평등하게 보호해야 한다고 주장하였다.

11 벤담의 공리주의적 접근
정답률 89% | 정답 ③

| 문제 보기 |

다음 사상가의 관점에서 〈문제 상황〉 속 A에게 제시할 조언으로 가장 적절한 것은?

행위의 옳고 그름은 그 행위로 인해 산출되는 쾌락과 고통의 양에 따라 평가되어야 한다. 쾌락에는 질적인 차이가 없기 때문에 모든 쾌락은 그 양의 측면에서 서로 비교할 수 있다.

〈문제 상황〉
한 지역에서 재해로 인해 many의 사상자가 발생하였다. 긴급히 투입된 구조대원 A는 한정된 장비를 가지고 어떤 사람을 우선 구조해야 할지 고민하고 있다.

① 질적으로 우월한 쾌락을 산출하는 행위를 선택하세요.
② 신체의 고통은 양적으로 계산될 수 없음을 고려하세요.
③ 구조를 통해 발생하는 이익과 손해의 총량을 계산하세요.
④ 구조의 의무는 결과와 무관한 정언 명령임을 명심하세요.
⑤ 모든 상황에 적용되는 보편적 도덕 원리는 없음을 유념하세요.

• 왜 정답일까?

제시문은 벤담의 주장이다.

벤담은 양적 공리주의자로서, 쾌락은 양의 차이만 있을 뿐 질의 차이는 없으며, 쾌락의 양을 계산할 수 있다고 보았다. 따라서 구조를 통해 발생하는 이익과 손해의 총량을 계산하라는 조언은 벤담의 관점에서 〈문제 상황〉 속 A에게 제시할 조언으로 가장 적절하다.

12 시민 불복종에 대한 롤스의 입장
정답률 66% | 정답 ③

| 문제 보기 |

다음을 주장한 사상가의 입장으로 적절한 것만을 〈보기〉에서 고른 것은? [3점]

시민들의 기본적 자유가 침해될 때 시민 불복종으로 반대한다면 기본적 자유는 더 확고해질 것으로 생각된다. 시민 불복종을 다수자가 정의감을 갖고 있는 거의 정의로운 사회에서만 합당한 행위임을 인식해야 한다. 거의 정의로운 사회는 공유된 정의관이 존재하는 사회라는 것을 뜻한다.

〈보 기〉
ㄱ. 국가의 처벌이 시민 불복종의 대상이 되는 경우는 없다.
ㄴ. 기본적 자유를 침해한 법에 대한 항거도 정당하지 않을 수 있다.
ㄷ. 시민 불복종은 공유된 정의관에 따른 숙고를 권력자들에게 촉구한다.
ㄹ. 시민 불복종은 다수자의 정의감을 전제하므로 소수자가 주체일 수는 없다.

① ㄱ, ㄴ ② ㄱ, ㄷ ③ ㄴ, ㄷ
④ ㄴ, ㄹ ⑤ ㄷ, ㄹ

• 왜 정답일까?

제시문은 롤스의 주장이다.

ㄴ. 롤스는 시민 불복종의 대상은 정의의 제1원칙인 평등한 자유의 원칙에 대한 심각한 위반이나 제2원칙 중 공정한 기회 균등의 원칙에 대한 현저한 위배에 국한된다고 보았다. 따라서 기본적 자유를 심각하게 위반하지 않은 법에 대한 항거는 정당하지 않을 수 있다.

ㄷ. 롤스는 시민 불복종이란 공유된 정의관에 비추어서 권력을 가진 자들에게 자신들의 합당한 요구에 대한 숙고를 촉구하는 정치적 행위라고 보았다.

• 왜 오답일까?

ㄱ. 롤스는 국가 처벌의 부정의한 정도가 심각할 경우 시민 불복종의 대상이 될 수 있다고 보았다.

ㄹ. 롤스는 소수자가 주체가 되어 시민 불복종에 가담함으로써 정의관의 기본 원칙들이 끊질기고 의도적으로 위반되어 왔음을 정치 권력에 호소할 수 있다고 보았다.

13 직업관에 대한 입장
정답률 84% | 정답 ④

| 문제 보기 |

갑, 을 사상가들의 입장으로 가장 적절한 것은?

갑 : 생산자가 자신의 소질에 맞지 않는데도 수호자의 일에 간섭하려 드는 것은 국가에 파멸을 초래하게 된다. 각자 자기 일을 잘하는 것이 올바름이므로, 각자는 자기 역할에 맞는 덕을 갖추어야 한다.
을 : 현명한 군주는 백성의 생업을 마련해 주어 부모 공양과 처자식 부양에 부족함이 없게 하여 풍년에 배부르고 흉년에 죽음을 면하게 한다. 그 연후에야 백성을 선하게 이끌어 갈 수 있다.

① 갑 : 시민의 사회적 지위 배정에 국가가 관여해서는 안 된다.
② 갑 : 생산자와 수호자는 서로 간섭하지 않고 자급자족해야 한다.
③ 을 : 다스림의 근본은 의로움[義]보다 이로움[利]에 두어야 한다.
④ 을 : 경제적 안정은 백성의 도덕적 인격 수양의 조건이 될 수 있다.

⑤ 갑과 을 : 통치자와 피치자의 합의에 따라 역할 교환이 가능하다.

• 왜 정답일까?

갑은 플라톤, 을은 맹자이다. 맹자는 직업을 통한 경제적 안정[恒産(항산)]이 백성들의 도덕적 삶 또는 도덕적 인격 수양[恒心(항심)]의 조건이 될 수 있다고 보았다.

14 정보 윤리
정답률 95% | 정답 ①

| 문제 보기 |

다음 신문 칼럼에서 강조하는 내용으로 가장 적절한 것은?

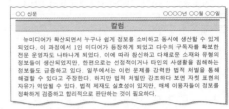

○○ 신문   ○○○○년 ○○월 ○○일
칼럼
뉴미디어가 확산되면서 누구나 쉽게 정보를 소비함과 동시에 생산할 수 있게 되었다. 이 과정에서 1인 미디어가 등장하게 되었고 다수의 구독자를 확보한 전문 운영자도 나타나게 되었다. 이에 따라 참신하고 다채로운 소재와 유형의 정보들이 생산되었지만, 한편으로는 선정적이거나 타인의 사생활을 침해하는 정보들도 급증하고 있다. 일부에서는 이런 문제를 강력한 법적 처벌을 통해 해결할 수 있다고 주장한다. 하지만 법적 처벌이 강조되다 보면 자칫 표현의 자유가 억압될 수 있다. 법적 제재도 실효성이 있지만, 매체 이용자들이 정보를 정확하게 검증하고 합리적으로 판단하는 것이 필요하다.

① 매체 이용자들은 정보를 비판적으로 평가해야 한다.
② 전문 운영자들의 등장으로 유해 정보가 감소하고 있다.
③ 뉴미디어 확산은 창작물의 다양성 증진에 기여하지 못한다.
④ 뉴미디어에 대한 국가의 제재는 어떤 효과도 거둘 수 없다.
⑤ 뉴미디어 확산으로 정보 생산자와 소비자의 경계가 명확해지고 있다.

• 왜 정답일까?

칼럼은 뉴미디어 확산으로 인해 발생한 문제의 해결 방안을 다루고 있다.

칼럼은 뉴미디어에 대한 법적 제재에 앞서 매체 이용자들이 정보를 정확하게 검증하고 합리적으로 판단해야 한다고 본다.

15 교정적 정의에 대한 입장
정답률 65% | 정답 ③

| 문제 보기 |

(가)의 갑, 을 사상가들의 입장을 (나) 그림으로 표현할 때, A~C에 해당하는 적절한 진술만을 〈보기〉에서 고른 것은? [3점]

(가)
갑 : 사형은 주권과 법의 원천이 되는 권능으로부터 나온 것은 아니다. 종신 노역형은 단지 한 범죄자만 있어도 지속적인 본보기를 제공할 수 있다.
을 : 사법적 형벌은 결코 범죄자 자신이나 시민 사회를 위해서 어떤 다른 선을 촉진하기 위한 한낱 수단으로서 가해질 수는 없다.

(나)
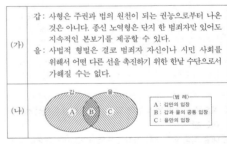
[범례]
A : 갑만의 입장
B : 갑과 을의 공통 입장
C : 을만의 입장

〈보 기〉
ㄱ. A : 사형은 공포를 유발할 효과가 없으므로 폐지해야 한다.
ㄴ. B : 형벌은 응당한 비례 원리를 준수하여 부과해야 한다.
ㄷ. B : 범죄 억제력이 있는 형벌도 정당하지 않은 경우가 있다.
ㄹ. C : 형벌은 오직 범죄자의 인격 교화가 목적인 정언 명령이다.

① ㄱ, ㄴ ② ㄱ, ㄷ ③ ㄴ, ㄷ ④ ㄴ, ㄹ ⑤ ㄷ, ㄹ

• 왜 정답일까?

갑은 베카리아, 을은 칸트이다.

ㄴ. 베카리아는 형벌 및 그 집행의 수단은 범죄와 형벌 간의 비례 관계를 유지해야 한다고 보았다. 칸트는 형벌은 응당한 비례 원리에 따라, 즉 평등[동등]의 원리에 따라 내려져야 한다고 보았다.

ㄷ. 베카리아는 범죄 억제력이 있는 형벌도 사회적 효용이 증진되지 않는다면 정당하지 않을 수 있다고 보았다. 칸트는 정당한 형벌은 오직 응보를 위한 형벌이라고 보고, 단지 범죄를 억제하기 위해 형벌을 가하는 것은 정당하지 않다고 주장하였다.

• 왜 오답일까?

ㄱ. 베카리아는 사형은 강렬한 공포를 순간적으로 유발하는 효과가 있다고 보았다.

ㄹ. 칸트는 형벌의 법칙은 하나의 정언 명령으로서, 형벌은 범죄자 자신이나 시민 사회의 선을 촉진하기 위한 수단으로서만 가해질 수 없고, 오직 범죄자가 범죄를 저질렀기 때문에 가해져야

한다고 보았다. 따라서 칸트에 따르면 형벌은 단지 범죄자의 인격 교화를 목적으로 가해져서는 안 된다.

16 공자와 노자의 입장
정답률 70% | 정답 ①

| 문제 보기 |

갑, 을 사상가들의 입장으로 적절한 것만을 〈보기〉에서 고른 것은? [3점]

갑: 사람이 되어서 인(仁)하지 못하면 예(禮)를 지킨들 무엇
하겠는가? 사람이 되어서 인하지 못하면 음악(樂)을 한들
무엇하겠는가? 예는 사치스럽기보다 검소한 것이 낫다.
을: 나라는 작고 백성은 적으니[小國寡民] 이들은 음식을 달게
먹고 옷은 꾸밈없이 입으며 편안히 살아간다. 이웃 나라에서
닭과 개의 울음소리가 들려도 평생 오고 갈 일이 없다.

〈 보 기 〉
ㄱ. 갑: 충서(忠恕)를 통한 인의 확장은 천하의 도(道)를 이루게 한다.
ㄴ. 을: 성인(聖人)의 다스림은 백성을 저절로 소박하게 한다.
ㄷ. 을: 무위(無爲)의 삶을 통해 타고난 본성을 변화시켜야 한다.
ㄹ. 갑과 을: 분별적 지혜를 발휘하여 도덕 질서를 확립해야 한다.

① ㄱ, ㄴ ② ㄱ, ㄷ ③ ㄴ, ㄷ ④ ㄴ, ㄹ ⑤ ㄷ, ㄹ

● 왜 정답일까?

갑은 공자, 을은 노자이다.
ㄱ. 공자는 효속충서를 통한 인(仁)의 확장은 천하의 도를 이루게 한다고 보았다.
ㄴ. 노자는 성인(聖人)의 다스림, 곧 무위(無爲)의 다스림은 백성을 저절로 자연스럽고 소박하게 한다고 보았다.

● 왜 오답일까?

ㄷ. 노자는 타고난 본성을 변화시켜야 한다고 주장하지 않았다. 노자는 타고난 덕에 따라 무위의 삶을 살아가야 한다고 보았다.

ㄹ. 분별적 지혜를 발휘하여 도덕 질서를 확립해야 한다는 것은 노자가 아니라 공자만의 입장이다.

17 예술에 대한 플라톤의 입장
정답률 88% | 정답 ⑤

| 문제 보기 |

다음을 주장한 사상가의 입장으로 가장 적절한 것은? [3점]

추함, 나쁜 리듬, 부조화는 나쁜 말씨와 나쁜 성품을 닮은
반면, 우아함과 고상함은 절제 있고 좋은 성품을 닮은 것이다.
우리는 시인들로 하여금 좋은 성품의 상(像)을 시에 새겨 넣도록
해야 하며, 이를 따르지 않는 시인이 시를 쓰는 것은 허용하지
않아야 한다. 그리고 아름다운 것의 성질을 추적할 수 있는
시인들을 찾아 그들의 작품을 통해 젊은이들이 자신도 모르는
사이에 아름다운 말과의 닮음과 친근함 그리고 조화로 이끌리도록
해야 한다.

① 예술은 도덕의 영역 밖에 있는 예술가들의 독자적 활동이어야 한다.
② 예술 작품에 도덕적 가치가 반영되었는지는 대중이 결정해야 한다.
③ 예술은 보편적 진리의 기준과 무관한 순수한 창작 활동이어야 한다.
④ 예술에 대한 검열은 예술의 우아함을 훼손하므로 지양되어야 한다.
⑤ 예술은 젊은이들로 하여금 참된 아름다움에 동화되도록 해야 한다.

● 왜 정답일까?

제시문은 플라톤의 주장이다.
플라톤은 예술이 올바른 품성 함양을 위한 삶의 모범을 제공해야 한다고 보고, 젊은이들이 예술을 통해 자신도 모르게 참된 아름다움에 동화되도록 해야 한다고 주장하였다.

18 국제 관계에 대한 입장
정답률 43% | 정답 ⑤

| 문제 보기 |

갑, 을 사상가들의 입장으로 가장 적절한 것은? [3점]

갑: 국제 정치는 자국의 국력을 증강하며 타국의 국력을 감소
시키려는 계속적인 노력이다. 최대한의 권력을 확보하려는
욕망은 모든 국가에게 보편적이다.

을: 국가 간 제약이 없이는 어떤 평화도 정착될 수 없거나 보장
받을 수 없다. 이러한 이유로 인해 특별한 종류의 연맹이
있어야 한다. 그것은 평화 연맹이라 할 수 있다.

① 갑: 주권보다 상위의 국제적 권위가 분쟁 해결에 필수적이다.
② 갑: 모든 국가의 궁극적 목적은 세력 균형의 보편적 실현이다.
③ 을: 영원한 평화는 국가 간 적대 행위의 중단으로 완성된다.
④ 을: 평화 연맹 가입국은 국제법의 적용 없이 자유를 보장받아야 한다.
⑤ 갑과 을: 비폭력적 수단을 통해 국가 간 전쟁이 억제될 수 있다.

● 왜 정답일까?

갑은 모겐소, 을은 칸트이다.
모겐소는 국가 간 동맹과 같은 비폭력적 수단을 통해 국가 간 전쟁이 억제될 수 있다고 보았다. 칸트는 국제법, 세계 시민법과 같은 비폭력적 수단을 통해 국가 간 전쟁이 억제될 수 있다고 보았다.

● 왜 오답일까?

① 모겐소는 주권보다 상위의 국제적 권위가 분쟁 해결에 필수적이라고 보지 않았다. 모겐소는 국제 정치의 영역이 중심적인 권위의 부재로 특징지어진다고 보았다.
② 모겐소는 모든 국가의 궁극적 목적은 세력 균형의 보편적 실현이 아니라 자국의 이익이라고 보았다.
③ 칸트는 영원한 평화는 국가 간 적대 행위의 중단으로 완성되지 않는다고 보았다. 칸트는 영원한 평화를 위한 예비 조항과 확정 조항을 제시하였다.
④ 칸트는 평화 연맹 가입국은 국제법에 의해 자유가 제한되어야 한다고 보고, 국제법의 적용하에서 자유를 보장받아야 한다고 주장하였다.

19 해외 원조에 대한 입장
정답률 49% | 정답 ③

| 문제 보기 |

갑, 을 사상가들의 입장으로 적절한 것만을 〈보기〉에서 고른 것은?

갑: 부와 복지 수준을 조정하는 것은 원조 의무의 목표가
아니다. 단지 고통받는 사회들만 도움이 필요하다. 질서
정연한 사회들이 모두 부유하지는 않은 것과 마찬가지로
고통받는 사회들이 모두 빈곤한 것은 아니다.
을: 우리는 자신을 위해 소비하느라 원조를 유보하여 절대 빈곤에
빠진 사람을 죽게 방치하고 있다. 이는 살인과 동일시될
수는 없으나 결과가 나쁘다는 점에서 유사하다. 윤리는
모든 사람의 이익에 대한 동등한 고려를 요청한다.

〈 보 기 〉
ㄱ. 갑: 정치 제도가 수립된 사회는 원조 대상에서 제외된다.
ㄴ. 을: 국가 간 부의 불평등이 그 자체로 도덕적 악인 것은 아니다.
ㄷ. 을: 공리 증진을 의도하지 않은 원조가 정당화될 수 있다.
ㄹ. 갑과 을: 빈곤 국가에 대한 원조는 효과를 고려할 필요가 없다.

① ㄱ, ㄴ ② ㄱ, ㄷ ③ ㄴ, ㄷ ④ ㄴ, ㄹ ⑤ ㄷ, ㄹ

● 왜 정답일까?

갑은 롤스, 을은 싱어이다.
ㄴ. 싱어는 국가 간 부의 불평등이 그 자체로 도덕적 악은 아니라고 보았다. 인류 전체의 행복이 증진되는 국가 간 부의 불평등은 도덕적 선이 될 수 있다고 보기 때문이다.
ㄷ. 싱어는 공리 증진을 의도하지 않은 원조라 할지라도 결과적으로 공리를 증진했다면 정당화될 수 있다고 보았다.

● 왜 오답일까?

ㄱ. 롤스는 정치 제도가 수립된 사회여도 고통받는 사회라면 원조 대상이라고 보았다.
ㄹ. 싱어는 공리주의자로서 원조의 효과를 고려하여 빈곤 국가를 원조해야 한다고 보았다.

20 대북 지원의 목적에 대한 입장
정답률 89% | 정답 ⑤

| 문제 보기 |

(가)의 입장에 비해 (나)의 입장이 갖는 상대적 특징을 그림의 ㉠ ~ ㉤ 중에서 고른 것은?

(가) 대북 지원은 한 민족으로서 동포에 대한 당연한 의무이다.
대북 지원의 목적은 북한 주민의 인권 개선에 기여하는
것일 뿐, 분단 비용 절감은 고려할 사항이 아니다.
(나) 대북 지원은 북한 주민의 인권 개선에 기여하는 것이 목적은
아니며, 동포로서 가져야 할 의무도 아니다. 대북 지원은
분단 비용을 절감한다는 점에서만 의의가 있을 뿐이다.

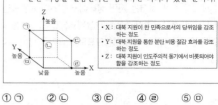

- X : 대북 지원이 한 민족으로서의 당위임을 강조하는 정도
- Y : 대북 지원을 통한 분단 비용 절감 효과를 강조하는 정도
- Z : 대북 지원이 인도주의적 동기에서 비롯되어야 함을 강조하는 정도

① ㉠ ② ㉡ ③ ㉢ ④ ㉣ ⑤ ㉤

● 왜 정답일까?

(가)는 대북 지원의 목적은 동포인 북한 주민의 인권 개선이며 분단 비용 절감은 고려 사항이 아니라고 보고, (나)는 분단 비용을 절감한다는 점만을 대북 지원의 목적이라고 본다.
(가)의 입장에 비해 (나)의 입장이 갖는 상대적 특징은 대북 지원이 한 민족으로서의 당위임을 강조하는 정도는 낮고(X), 대북 지원을 통한 분단 비용 절감 효과를 강조하는 정도는 높고(Y), 대북 지원이 인도주의적 동기에서 비롯되어야 함을 강조하는 정도는 낮다(Z). 따라서 ㉤이다.

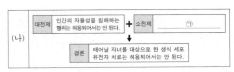

30회 · 고3 생활과 윤리 · 2024학년도 9월

01 ④	02 ④	03 ②	04 ⑤	05 ④
06 ①	07 ①	08 ①	09 ⑤	10 ③
11 ④	12 ⑤	13 ①	14 ④	15 ⑤
16 ⑤	17 ③	18 ①	19 ②	20 ①

채점 결과	• 실제 걸린 시간 : 　　　분　　　초
	• 맞은 문항수 : 　　　　　개
	• 틀린 문항수 : 　　　　　개
	• 헷갈린 문항 :

---

01 메타 윤리학과 실천 윤리학의 입장　정답률 89% | 정답 ④

| 문제 보기 |

(가), (나) 윤리학의 핵심 과제로 가장 적절한 것은?

> (가) 윤리학은 '옳다', '그르다'와 같은 도덕적 용어의 의미를 분석하고 도덕 판단이 정당화될 수 있는 추론의 규칙을 검토하는 데 주력해야 한다.
> (나) 윤리학은 인공 임신 중절, 소수 집단 우대 정책 등과 같은 우리 삶의 다양한 문제에 윤리 이론을 적용하여 실천적인 지침을 제공하는 데 주력해야 한다.

① (가) : 도덕 현상을 가치 평가 없이 객관적으로 서술하는 것이다.
② (가) : 도덕적 행위의 근거가 되는 도덕 원리를 정립하는 것이다.
③ (나) : 윤리학의 학문적 성립 가능성을 논리적으로 탐구하는 것이다.
④ (나) : 구체적인 윤리 문제에 대한 해결 방안을 모색하는 것이다.
⑤ (가)와 (나) : 보편타당한 도덕규범의 체계를 수립하는 것이다.

• 왜 정답일까?

(가)는 메타 윤리학, (나)는 실천 윤리학이다.
실천 윤리학은 삶의 구체적 상황에서 발생하는 다양한 윤리 문제에 대한 해결 방안을 찾고자 한다.

---

02 칸트의 의무론　정답률 82% | 정답 ④

| 문제 보기 |

다음을 주장한 사상가의 입장에서 〈문제 상황〉 속 A에게 제시할 조언으로 가장 적절한 것은?

> 도덕성은 행위가 의지의 자율과 맺는 관계이다. 의지의 준칙이 자율성의 법칙과 필연적으로 조화를 이룰 때, 그 의지는 단적으로 선한 의지가 된다.
> 〈문제 상황〉
> 평소 함께 식사하던 친구가 급식실에 늦게 도착한 A에게 자신의 앞에 서라고 권했다. A는 새치기를 할지 질서를 지켜야 할지 고민하고 있다.

① 친구들 사이에서 더 인정받을 수 있는 행위를 선택하세요.
② 구체적인 상황을 고려하여 중용에 따른 행위를 선택하세요.
③ 친구와 함께하고자 하는 마음이 이끄는 행위를 선택하세요.
④ 가능한 행위 중에서 의무로부터 비롯된 행위를 선택하세요.
⑤ 더 많은 쾌락을 가져올 것으로 예상되는 행위를 선택하세요.

• 왜 정답일까?

제시문은 칸트의 주장이다.
칸트는 가능한 여러 행위 중에서 의무 의식에서 나온, 즉 의무로부터 비롯된 행위만이 도덕적 가치를 지닌다고 보았다.

---

03 죽음관에 대한 장자와 맹자의 입장　정답률 72% | 정답 ②

| 문제 보기 |

갑, 을 사상가들의 입장으로 가장 적절한 것은? [3점]

> 갑 : 사람이 이 세상에 태어나는 것은 때[時]를 만났기 때문이고 어쩌다가 세상을 떠나는 것은 순리[順]이기 때문이다.

> 따라서 편안한 마음으로 때를 그대로 받아들이고 순리를 따른다면 슬픔이나 기쁨이 들어올 틈이 없다.
> 을 : 삶은 내가 원하는 바이지만 이보다 더 원하는 것[義]이 있기에 구차하게 살고자 하지 않는다. 또한 죽음은 내가 싫어하는 바이지만 이보다 더 싫은 것[不義]이 있기에 환란으로 죽더라도 피하지 않는다.

① 갑 : 죽음을 거부하면서 도덕을 실천하는 삶을 추구해야 한다.
② 갑 : 삶과 죽음은 낮과 밤처럼 순환하므로 초연하게 대해야 한다.
③ 을 : 죽음 이후의 새로운 삶을 받지 않도록 열반에 도달해야 한다.
④ 을 : 삶과 죽음을 서로 차별하지 말고 동등하게 수용해야 한다.
⑤ 갑과 을 : 삶과 죽음은 슬퍼하거나 기뻐해야 할 대상이 아니다.

• 왜 정답일까?

갑은 장자, 을은 맹자이다.
장자는 삶과 죽음을 사계절의 변화와 같은 자연의 변화로 보고, 삶과 죽음을 초연하게 대해야 한다고 주장하였다.

• 왜 오답일까?

① 장자는 죽음을 거부하라거나 도덕적 삶을 추구해야 한다고 주장하지 않았다.
③ 불교의 입장에 해당하는 내용이다.
④ 장자의 입장에 해당하는 내용이다.
⑤ 맹자는 죽음을 슬퍼할 대상으로 본 반면, 장자는 죽음을 슬퍼할 대상으로 보지 않았다.

---

04 안면 인식 기술에 대한 쟁점　정답률 76% | 정답 ⑤

| 문제 보기 |

다음 토론의 핵심 쟁점으로 가장 적절한 것은?

> 갑 : 얼굴을 식별하여 본인임을 인증하는 안면 인식 기술은 비밀번호나 디지털 인증서보다 본인 확인 절차가 간단하고 편리하기에 활용 범위를 확대할 필요가 있습니다.
> 을 : 동의합니다. 하지만 안면 인식 기술에 고도화된 인공 지능을 결합한 안면 인식 인공 지능 기술의 개발에는 반대합니다. 왜냐하면 이 기술은 안면 데이터를 대량으로 학습하고 식별하여 사생활 침해의 위험이 크기 때문입니다.
> 갑 : 아닙니다. 안면 인식 인공 지능 기술을 테러와 같은 범죄를 예방하기 위한 경우에만 제한적으로 활용한다면, 사생활 침해를 최소화할 수 있으므로 이 기술의 개발을 허용해야 합니다.
> 을 : 그렇지 않습니다. 안면 인식 인공 지능 기술을 활용하는 것은 테러 예방에 도움이 되겠지만, 결국 불특정 다수의 얼굴을 판독한다는 것을 의미하므로 이 기술을 개발해서는 안 됩니다.

① 안면 인식 기술을 전면적으로 금지해야 하는가?
② 안면 인식 인공 지능 기술은 사생활을 침해할 수 있는가?
③ 안면 인식 기술의 활용은 일상생활에 도움을 줄 수 있는가?
④ 안면 인식 인공 지능 기술은 테러 예방에 기여할 수 있는가?
⑤ 안면 인식 기술과 고도화된 인공 지능의 결합을 허용해야 하는가?

• 왜 정답일까?

갑은 안면 인식 기술에 고도화된 인공 지능을 결합하는 것을 허용해야 한다는 입장이고, 을은 허용해서는 안 된다는 입장이다. 따라서 토론의 핵심 쟁점은 안면 인식 기술과 고도화된 인공 지능의 결합을 허용해야 하는가이다.

• 왜 오답일까?

① 갑과 을이 부정의 대답을 할 질문이다.
②, ③, ④ 갑과 을이 긍정의 대답을 할 질문이다.

---

05 생식 세포 유전자 치료의 쟁점　정답률 54% | 정답 ④

| 문제 보기 |

(가)의 주장을 (나) 그림으로 나타낼 때, ㉠에 대한 반론의 근거로 가장 적절한 것은? [3점]

> (가) 생식 세포 유전자 치료는 영구적으로 변형된 유전 형질을 태어날 자녀에게 물려줌으로써 인간의 자율성을 침해하기 때문에 허용되어서는 안 된다.

> (나)
>
> | 대전제 | 인간의 자율성을 침해하는 행위는 허용되어서는 안 된다. | + | 소전제 | ㉠ |
> |---|---|---|---|---|
> | 결론 | 태어날 자녀를 대상으로 한 생식 세포 유전자 치료는 허용되어서는 안 된다. | | | |

① 치료 목적으로 유전자에 개입하는 행위는 허용될 수 없다.
② 유전자 치료는 태어날 자녀를 수단으로만 취급하는 것이다.
③ 고가의 치료비로 유전자 치료 기회의 차별이 발생할 수 있다.
④ 태어날 자녀는 자신의 유전 질환을 치료하는 것에 동의할 것이다.
⑤ 부모가 결정한 유전자 치료는 태어날 자녀의 자율성을 침해한다.

• 왜 정답일까?

(가)는 생식 세포 유전자 치료는 허용해서는 안 된다는 입장이다. (나)의 ㉠에 들어갈 내용은 '태어날 자녀를 대상으로 한 생식 세포 유전자 치료는 인간의 자율성을 침해하는 행위이다.'이다. ㉠에 대한 반론은 '생식 세포 유전자 치료는 태어날 자녀의 자율성을 침해하지 않는 행위이다.'이다. 따라서 '태어날 자녀는 자신의 유전 질환을 치료하는 것에 동의한다.'는 ㉠에 대한 반론의 근거로 적절하다.

• 왜 오답일까?

①, ②, ⑤ (가)의 입장에 부합하는 내용이다.
③ ㉠에 대한 근거 또는 ㉠에 대한 반론의 근거와 무관한 내용이다.

---

06 기술에 대한 입장　정답률 76% | 정답 ①

| 문제 보기 |

갑, 을 사상가들의 입장으로 가장 적절한 것은?

> 기술은 행복과 불행 모두에 기여할 수 있으나 그 자체로는 중립적입니다. 기술은 수단일 뿐이지 그 자체로는 선도 아니고 악도 아닙니다.

> 기술을 긍정하건 부정하건 우리는 기술에 붙들려 있습니다. 최악의 경우는 기술을 중립적인 것으로 고찰할 때이며, 이 경우 우리는 무방비 상태로 기술에 내맡겨집니다.

 갑 　　 을

① 갑 : 기술은 인간이 설정한 목적의 실현을 위한 공허한 힘이다.
② 갑 : 기술의 활용 방안은 인간의 결정으로부터 독립적일 수 있다.
③ 을 : 기술은 가치 판단으로부터 자유롭기 때문에 통제되어야 한다.
④ 을 : 기술은 인간이 자연과 관계 맺는 방식을 변화시킬 수 없다.
⑤ 갑과 을 : 기술은 인간의 개입이 없을 때에도 해악이 될 수 있다.

• 왜 정답일까?

갑은 야스퍼스, 을은 하이데거이다. 야스퍼스는 기술은 인간이 설정한 목적에 대한 수단일 뿐이라고 보고, 기술을 공허한 힘이라고 보았다.

• 왜 오답일까?

② 야스퍼스는 기술이 인간이 결정한 목적에 따라 활용된다고 보았다.
③ 하이데거는 기술을 단순한 가치 중립적 도구가 아니라고 보았다. 그는 기술이 가치중립적으로 고찰될 경우, 즉 가치 판단으로부터 자유롭게 될 경우 인간이 기술에 종속당할 것이라고 보았다.
④ 하이데거는 기술이 인간이 자연과 관계 맺는 방식을 변화시킬 수 있다고 보았다.
⑤ 야스퍼스는 기술이 인간의 개입 없이 독자적으로 인간에게 해악을 입힐 수 없다고, 즉 기술이 인간과 무관하게 인간에게 이익을 주거나 해악을 줄 수 없다고 보았다.

---

07 시민 불복종에 대한 롤스의 입장　정답률 37% | 정답 ①

| 문제 보기 |

다음을 주장한 사상가의 입장으로 가장 적절한 것은? [3점]

시민 불복종은 정치 체제의 합법성을 인정하고 받아들이는 시민들에 의해서만 행해진다. 이때, 시민 불복종 행위가 항의의 대상이 되고 있는 바로 그 법을 위반하라는 요구를 하지는 않는다. 그것은 사람들이 직접적인 시민 불복종이라 부르는 것뿐만 아니라 간접적인 시민 불복종이라 부르는 것까지도 고려하고 있다. 때로는 부정의하다고 간주되는 법이나 정책도 어기지 말아야 할 강력한 이유가 있다.

① 시민 불복종은 정치 체제의 효율성을 이유로 제한될 수 있다.
② 시민 불복종이 성립되지 않는 사회가 정의로운 사회일 수는 없다.
③ 안정적인 체제에서는 시민 불복종 행위에 대해 처벌하지 않는다.
④ 공적 심의를 거친 정책이 시민 불복종의 대상이 될 수는 없다.
⑤ 시민 불복종은 다수결의 원칙에 대한 반대를 표하는 정치 행위이다.

• 왜 정답일까?

제시문은 롤스의 주장이다. 롤스는 시민 불복종을 하기에 똑같이 타당한 사정을 가진 많은 집단들 모두가 시민 불복종을 하게 될 경우, 정의로운 체제의 효율성을 침해하게 될 극심한 무질서가 따르게 될 수 있다고 보았다. 따라서 그는 시민 불복종에 가담할 수 있는 범위에 한계가 있다고 보았다.

• 왜 오답일까?

② 롤스는 시민 불복종의 문제는 거의 정의로운 사회에서 성립된다고 보고, 완전히 정의로운 사회에서는 시민 불복종이 성립되지 않는다고 보았다.
③ 롤스에 따르면 안정적인 민주 체제에서 발생하는 시민 불복종은 처벌을 감수하는 행위이다.
④ 롤스는 공적 심의를 거친 법과 정책이어도 공유된 정의관에 따라 불복종할 수 있다고 보았다.
⑤ 롤스는 시민 불복종을 다수결의 원칙에 대한 반대를 표하는 정치 행위라고 보지 않았다. 롤스에 따르면 시민 불복종은 다수결의 원칙에 따라 제정된 법과 정책 중 부정의한 법과 정책에 변혁을 가져올 목적으로 반대를 표하는 정치 행위이다.

08 음식 문화에 대한 장자와 공자의 입장 정답률 86% | 정답 ③

| 문제 보기 |

(가), (나) 사상의 입장으로 가장 적절한 것은?

(가) 인위적인 것[人]으로 자연적인 것[天]을 없애려 말아야 한다. 사람은 소 양, 돼지 등의 고기를 먹지만 사슴은 풀을 먹고 지네는 뱀을 먹고 올빼미는 쥐를 좋아라고 먹는다. 이 넷 중 어느 쪽이 음식 맛을 바르게 안다고 할 수 있겠는가.

(나) 예(禮)가 아니면 말하지도 보지도 듣지도 행동하지도 말아야 한다. 군자는 음식 빛깔이 나쁜 것, 제대로 요리되지 않은 것, 제철 음식이 아닌 것은 먹지 않는다. 또한 음식을 자른 모양이 반듯하지 않거나 간이 맞지 않아도 먹지 않는다.

① (가) : 음식에 대한 욕구를 제거하여 자연과 조화를 이루어야 한다.
② (가) : 적절한 음식을 섭취하여 인간다움과 의로움을 실현해야 한다.
③ (나) : 음식의 상태를 고려하여 먹는 것은 인격 수양의 일환이다.
④ (나) : 음식을 섭취하는 목적은 육체적 생명의 보존에 국한된다.
⑤ (가)와 (나) : 사회적 규범에 따라 음식을 올바르게 먹어야 한다.

• 왜 정답일까?

갑은 장자, 을은 공자이다.
공자는 음식을 바르게 섭취하는 것을 인격 수양을 위한 하나의 방법으로 보았다.

09 교정적 정의에 대한 입장 정답률 16% | 정답 ③

| 문제 보기 |

갑, 을 사상가들의 입장으로 적절한 것만을 〈보기〉에서 있는 대로 고른 것은? [3점]

갑 : 법은 개인의 특수 의사의 총체인 일반 의사를 대표한다. 그런데 자신의 생명을 빼앗을 권능을 타인에게 기꺼이 양도

하는 자는 없다. 그러므로 사형은 사회 계약에 포함될 수 없다.
을 : 사회 계약에 사형이 포함될 수 없다는 이유로 모든 사형의 부적법성을 주장하는 것은 궤변이고 법의 왜곡이다. 형벌은 오직 범죄자가 범죄를 저질렀기 때문에 행해지는 것이며, 형벌의 법칙은 하나의 정언 명령이다.

〈보 기〉
ㄱ. 갑 : 범죄 억제력은 형벌의 강도가 아니라 지속도에서 나온다.
ㄴ. 갑 : 종신 노역형은 범죄자보다 시민들에게 더 큰 공포를 준다.
ㄷ. 을 : 형벌 자체는 범죄자의 존엄성을 실현하기 위한 필요악이다.
ㄹ. 갑과 을 : 사형을 오직 본보기로 집행하는 것은 부당하다.

① ㄱ, ㄴ   ② ㄱ, ㄷ   ③ ㄴ, ㄹ
④ ㄱ, ㄷ, ㄹ   ⑤ ㄴ, ㄷ, ㄹ

• 왜 정답일까?

갑은 베카리아, 을은 칸트이다.
ㄴ. 베카리아는 종신 노역형은 범죄자보다 시민들에게 더 큰 공포를 주기 때문에 범죄를 예방하기에 적절한 형벌이라고 보았다. 베카리아에 따르면 형벌은 시민들에게 공포를 주어 범죄를 예방할 수 있어야 한다.
ㄹ. 베카리아와 칸트는 사형을 오직 본보기로 집행하는 것은 부당하다고 보았다. 베카리아는 사형보다 종신 노역형이 본보기로 그 예방 효과가 크다는 근거를 들어 사형의 부당함을 주장하였다. 칸트는 사형을 비롯한 형벌이 범죄자 자신이나 시민 사회의 어떤 다른 선을 촉진하기 위한 수단으로서 가해져서는 안 된다고 주장하였다. 즉 형벌이 본보기로 집행되는 것을 부당하다고 보았다.

• 왜 오답일까?

ㄱ. 베카리아는 범죄 억제력이 형벌의 강도보다 형벌의 지속도에 달려 있다고 보면서도, 범죄 억제력은 형벌의 지속도만이 아니라 형벌의 강도에서도 나온다고 보았다.
ㄷ. 칸트는 응보에 바탕을 둔 형벌은 범죄자에게 자신의 자율적 행위에 대해 책임을 지게 하는 것이므로 형벌을 통해 범죄자의 존엄성을 실현할 수 있다고 보았다. 하지만 형벌을 범죄자의 존엄성을 실현하기 위한 필요악으로 본 것은 아니다. 형벌은 어떤 다른 선의 촉진을 목적으로 해서는 안 되고, 오직 범죄 행위에 대한 응당한 복수를 목적으로 해야 하기 때문이다.

10 자연에 대한 입장 정답률 41% | 정답 ③

| 문제 보기 |

(가)의 갑, 을, 병 사상가들의 입장을 (나) 그림으로 표현할 때, A ~ D에 해당하는 적절한 진술만을 〈보기〉에서 있는 대로 고른 것은? [3점]

(가)	갑 : 살아 있는 동물이나 식물은 목적론적 삶의 중심으로, 인간이 고유한 선을 지닌 것과 동일한 의미로 각자의 고유한 선을 지닌다고 본다. 을 : 대지 윤리는 인류의 역할을 대지 공동체의 정복자에서 그것의 평범한 구성원으로 변화시키며, 공동체 자체에 대한 존중을 필연적으로 수반한다. 병 : 동물 학대가 인간 학대로 이어질 수 있다는 이유로, 우리가 동물에게 친절해야 한다는 주장은 전적으로 종 차별주의적 입장을 표명한 것이다.
(나)	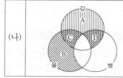 〈범 례〉 A : 갑만의 입장 B : 을만의 입장 C : 갑과 을만의 공통 입장 D : 갑과 병만의 공통 입장

〈보 기〉
ㄱ. A : 생명을 지닌 존재가 아니라면 도덕적 지위를 지닐 수 없다.
ㄴ. B : 개체에 생명 공동체와 동등한 가치를 부여할 수는 없다.
ㄷ. C : 인간은 본질적으로 다른 존재보다 우월하다고 할 수 없다.
ㄹ. D : 자연 자체의 선은 개체의 희생을 정당화하는 근거가 아니다.

① ㄱ, ㄴ   ② ㄱ, ㄷ   ③ ㄷ, ㄹ
④ ㄱ, ㄴ, ㄹ   ⑤ ㄴ, ㄷ, ㄹ

• 왜 정답일까?

갑은 테일러, 을은 레오폴드, 병은 싱어이다.
ㄷ. 테일러와 레오폴드만의 입장에 해당한다. 테일러는 다른 생명체가 지구 생명 공동체의 일원인 것과 동일한 의미와 조건으로 인간도 그 공동체의 일원일 뿐이며, 인간은 다른 동식물보다 본질적으로 우월하지 않다고 보았다. 레오폴드는 대지 공동체 내의 인간과 모든 존재는 평등한 구성원이라고 보고, 인간은 식

물을 포함한 다른 존재보다 본질적으로 우월하지 않다고 보았다. 반면에 싱어는 인간은 쾌고 감수 능력이 없는 식물보다 본질적으로 우월한 존재라고 보았다.
ㄹ. 테일러와 싱어만의 입장에 해당한다. 테일러와 싱어는 개체론적 입장으로서 자연 자체의 선은 개체의 희생을 정당화하는 근거가 아니라고 보았다. 반면에 레오폴드는 자연 자체의 선, 즉 생명 공동체 자체의 선이 개체의 선보다 우선한다고 보는 전체론적 입장이다.

• 왜 오답일까?

ㄱ. 테일러만이 아니라 싱어의 입장에도 해당한다. 테일러는 생명을 지니지 않은 무생물은 도덕적 지위를 지닐 수 없다고 보았다. 싱어는 도덕적 지위를 쾌고 감수 능력이 있는 동물에게 부여한다. 그런데 동물도 생명을 지닌 존재에 포함된다. 따라서 싱어의 입장에서도 생명을 지닌 존재가 아니면 도덕적 지위를 지닐 수 없다.
ㄴ. 레오폴드만이 아니라 테일러의 입장에도 해당한다. 레오폴드는 개체보다 생명 공동체를 우선하는 전체론적 입장이다. 테일러는 생명 공동체가 아니라 생명체 하나하나에 내재적 가치를 부여하는 개체론적 입장이다. 레오폴드와 테일러는 개체와 생명 공동체에 동등한 가치를 부여하지 않는다.

11 노자와 석가모니의 입장 정답률 62% | 정답 ④

| 문제 보기 |

갑, 을 사상가들의 입장으로 적절한 것만을 〈보기〉에서 있는 대로 고른 것은? [3점]

갑 : 최상의 선은 물과 같다. 물은 만물을 이롭게 하면서도 다투지 않고, 사람들이 싫어하는 낮은 곳에 머문다. 물은 도(道)에 가깝고 무엇과도 다투지 않으므로 허물이 없다.
을 : 두 단의 갈대 중 하나를 치우면 다른 하나도 넘어지듯, 이것이 없으면 저것이 없고 이것이 일어나면 저것도 일어난다. 이 법(法)은 내가 만든 것도 다른 사람이 만든 것도 아니다.

〈보 기〉
ㄱ. 갑 : 인의(仁義)의 강조는 사회 혼란의 원인이 될 수 있다.
ㄴ. 을 : 끊임없이 변화하는 세계에서 영원한 실체를 찾아야 한다.
ㄷ. 을 : 집착과 번뇌의 제거를 위한 수행이 반드시 필요하다.
ㄹ. 갑과 을 : 차별하는 마음을 버려야 진리를 깨달을 수 있다.

① ㄱ, ㄴ   ② ㄱ, ㄷ   ③ ㄴ, ㄹ
④ ㄱ, ㄷ, ㄹ   ⑤ ㄴ, ㄷ, ㄹ

• 왜 정답일까?

갑은 노자, 을은 석가모니이다. 노자는 물이 가지고 있는 겸허와 부쟁의 덕이 무위자연을 나타낸다고 보았다. 석가모니는 모든 존재와 현상에는 원인과 조건이 있다는 연기(緣起)를 깨달아야 한다고 보았다.
ㄱ. 노자는 인의를 인위적인 것으로 보고, 인의의 강조가 사회 혼란을 야기한다고 보았다.
ㄷ. 석가모니는 고통의 원인이 되는 집착과 번뇌의 제거를 통해 참된 깨달음에 이를 수 있다고 보고, 집착과 번뇌의 제거를 위한 수행이 필요하다고 보았다.
ㄹ. 노자와 석가모니는 차별하는 마음을 버려야 진리를 깨달을 수 있다고 보았다.

• 왜 오답일까?

ㄴ. 석가모니는 세계는 끊임없이 변화한다고 보고, 영원한 실체는 없다고 보았다.

12 사랑에 대한 프롬의 입장 정답률 81% | 정답 ⑤

| 문제 보기 |

다음 가상 편지를 쓴 사상가의 입장으로 가장 적절한 것은?

○○에게
지난 편지에서 자네는 요즘 만나는 이성 친구를 진정한 사랑의 대상으로 여겨도 되는지 물었네. 내 생각은 이러하네. 자네는 사랑이 영혼의 힘이자 활동이라는 사실을 잘 모르는 것 같더군. 사랑은 상대의 성장과 행복에 대한 갈망이고 보호, 존경, 책임, 이해, 의미한다네. 사랑은 능동적인 활동으로 인간의 고립을 극복하면서도 각자의 개성을 유지할 수 있게 하는 힘이라네. 단지 적절한 사랑의 대상을 찾기만 한다고 해서 사랑이 완성되는 것은 아니라네. 그것은 그림을 그리는 방법을 배우지 않은 채 좋은 대상을 고르는 것만으로 아름다운 그림이 저절로 그려지지 않는 것과, 세상에 노력 없이 얻어지는 것은 없는 법이네. 사랑도 그렇다네. 우선 제대로 사랑하는 방법을 배워야 한다네. … (후략).

[문제편 p.118]

① 참된 사랑은 사랑의 대상과 하나가 될 때 느끼는 영속적 감정이다.
② 참된 사랑의 궁극적 목적은 자신이 사랑할 대상을 찾아내는 일이다.
③ 참된 사랑은 자신의 관점에서 이해한 상대의 입장을 따르는 것이다.
④ 참된 사랑은 수동적 감정으로서 자신의 의지와 무관하게 다가온다.
⑤ 참된 사랑은 삶의 기술처럼 학습과 노력으로 계발되는 기술이다.

● 왜 정답일까?
제시문은 프롬의 주장이다. 프롬은 삶이 일종의 기술인 것처럼 참된 사랑도 학습과 노력으로 계발되는 기술이라는 것을 깨달아야 한다고 보았다.

13 국가와 시민의 윤리에 대한 입장 　정답률 38% | 정답 ①

| 문제 보기 |
다음을 주장한 사상가의 입장으로 적절한 것만을 〈보기〉에서 있는 대로 고른 것은? [3점]

사람들은 자연법 집행을 둘러싼 분쟁이 발생하는 자연 상태에서 벗어나고자, 그들이 자연 상태에서 가졌던 평등, 자유 및 집행권을 입법부가 처리할 수 있도록 사회의 수중에 양도한다. 이에 대한 명시적 동의는 그들을 공통된 법률의 지배하에 둠으로써 사회의 완전한 구성원으로 만든다.

〈보 기〉
ㄱ. 국가에 양도하지 않은 시민의 권리는 보장될 수 없다.
ㄴ. 입법부를 폐지할 수 있는 최고의 권력은 시민에게 있다.
ㄷ. 자연 상태에서 분쟁은 공통된 자연법의 부재로 인해 발생한다.

① ㄴ　　　② ㄷ　　　③ ㄱ, ㄴ
④ ㄱ, ㄷ　　⑤ ㄱ, ㄴ, ㄷ

● 왜 정답일까?
제시문은 로크의 주장이다.
ㄴ. 로크는 시민의 저항권을 인정하며, 입법부를 폐지할 수 있는 최고의 권력이 시민에게 있다고 보았다.

● 왜 오답일까?
ㄱ. 로크는 사회 계약 당시 개인은 자연권 중 일부의 권리만을 양도한다고 보고, 국가에 양도하지 않은 시민의 권리도 보장된다고 보았다.
ㄷ. 로크는 자연 상태에서 공통된 자연법이 있다고 보았다. 다만 자연 상태에서 분쟁이 발생하는 이유는 공통된 자연법을 집행할 공정한 권력이 없어서라고 보았다.

14 직업관에 대한 순자와 플라톤의 입장 　정답률 84% | 정답 ⑤

| 문제 보기 |
갑, 을 사상가들의 입장으로 적절한 것만을 〈보기〉에서 있는 대로 고른 것은? [3점]

갑: 천하를 두루 이롭게 함은 직분[分]과 예의[義]로부터 나온다. 사람이 무리를 이루어 살되 역할에 따른 구분이 없으면 다투게 되고, 다투면 나라가 혼란해져 편히 살 수 없게 된다. 따라서 사람은 잠시도 예의를 버릴 수 없다.
을: 사회를 이루는 세 계층은 각자 타고난 성향에 따라 한 가지 일에 배정되어야 한다. 그리고 자신이 맡은 일에서 탁월함을 발휘하여 서로 조화를 이루어야 한다. 만약 서로의 일에 간섭한다면 사회에 해악을 끼치게 된다.

〈보 기〉
ㄱ. 갑: 군주가 나라를 다스리려면 모든 직분에 통달해야 한다.
ㄴ. 갑: 사회 구성원의 직분을 나누는 도덕적 기준이 존재한다.
ㄷ. 을: 세 계층이 각자의 직분에 충실해야 정의가 실현될 수 있다.
ㄹ. 갑과 을: 직분의 구분은 공동체 이익 증진에 도움이 된다.

① ㄱ, ㄴ　　② ㄱ, ㄷ　　③ ㄴ, ㄹ
④ ㄱ, ㄷ, ㄹ　　⑤ ㄴ, ㄷ, ㄹ

● 왜 정답일까?
갑은 순자, 을은 플라톤이다.
ㄴ. 순자는 사회 구성원의 직분을 나누는 도덕적 기준으로 예를 제시하였다.

ㄷ. 플라톤은 국가는 세 계층이 각각 본분에 맞는 탁월성을 발휘하여 직분에 충실해야 정의로울 수 있다고 보았다.
ㄹ. 순자와 플라톤은 직분의 구분이 공동체 이익 증진에 도움이 된다고 보았다.

15 분배적 정의에 대한 입장 　정답률 22% | 정답 ⑤

| 문제 보기 |
(가)의 갑, 을 사상가들의 입장을 (나) 그림으로 탐구하고자 할 때, A~C에 들어갈 적절한 질문만을 〈보기〉에서 있는 대로 고른 것은?

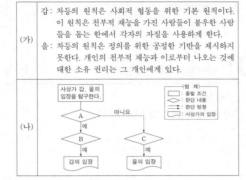

갑: 차등의 원칙은 사회적 협동을 위한 기본 원칙이다. 이 원칙은 천부적 재능을 가진 사람들이 불우한 사람들을 돕는 한에서 각자의 자질을 사용하게 한다.
을: 차등의 원칙은 정의를 위한 공정한 기반을 제시하지 못한다. 개인의 천부적 재능과 이로부터 나오는 것에 대한 소유 권리는 그 개인에게 있다.

〈보 기〉
ㄱ. A: 개인의 소유권을 침해하지 않는 과세 정책이 가능한가?
ㄴ. B: 차등의 원칙은 더 큰 재능의 소유자에게 유익한가?
ㄷ. B: 재산의 평등한 분배가 정의 원칙에 의해 허용될 수 있는가?
ㄹ. C: 국가는 자유롭게 체결된 계약의 이행을 강제할 수 있는가?

① ㄱ, ㄴ　　② ㄱ, ㄷ　　③ ㄴ, ㄹ
④ ㄱ, ㄷ, ㄹ　　⑤ ㄴ, ㄷ, ㄹ

● 왜 정답일까?
갑은 롤스, 을은 노직이다.
ㄴ. 롤스의 차등의 원칙에 따르면 더 큰 재능의 소유자가 불우한 사람들의 여건을 향상시켜 준다면 그 재능으로부터 더 큰 이익을 얻을 수 있다.
ㄷ. 롤스의 차등의 원칙에 따르면 재산의 불평등한 분배가 최소 수혜자에게 이익이 되지 않을 경우에는 평등하게 분배되어야 한다.
ㄹ. 노직은 개인 간 자유롭게 체결된 계약이 이행되지 않을 경우, 국가가 그 이행을 강제할 수 있다고 보았다.

● 왜 오답일까?
ㄱ. 노직과 롤스는 개인의 소유권을 침해하지 않는 과세 정책을 인정한다.

16 엘리아데의 입장 　정답률 85% | 정답 ⑤

| 문제 보기 |
그림의 강연자가 지지할 입장으로 가장 적절한 것은? [3점]

성스러움이 세속적인 것과는 전혀 다른 그 무엇으로서 자신을 드러내어 보여 주기 때문에, 인간은 성스러움을 알 수 있습니다. 성스러움이 드러나는 것을 가리키는 말이 성현(聖顯)입니다. 성스러운 나무, 성스러운 돌은 정확히 그것이 성현이기 때문에, 그것이 더 이상 돌이나 나무가 아니라 성스러운 것을 보여 주는 존재가 되기 때문에 숭배를 받는 것입니다. 종교의 역사란 가장 원시적인 것에서부터 가장 고도로 발달된 것에 이르기까지 다수의 성현으로 이루어집니다. 종교적 인간이 성스러운 존재들에 의지하여 안정과 평화를 추구해 온 것은 자연스러운 일입니다. 심지어 비종교적 인간도 종교적 의례나 신화에 영향을 받기 때문에 자신도 모르는 사이에 종교적으로 행동합니다.

① 성스러움과 속됨은 서로 양립할 수 있지만 조화될 수는 없다.
② 종교적 인간은 성스러움을 만들어 내어 마음의 안정을 찾는다.
③ 종교의 역사는 성스러운 실재의 단 한번 드러남으로 이루어진다.
④ 돌이나 나무는 그 자체로 성스럽기 때문에 숭배의 대상이 된다.
⑤ 성스러움을 믿지 않는 인간이라도 은연중에 종교적으로 행동한다.

● 왜 정답일까?
제시문은 엘리아데의 주장이다. 엘리아데는 성스러움을 믿지 않는 비종교적 인간도 은연중에 종교적으로 행동한다고 보았다.

---

17 예술과 윤리의 관계에 대한 입장 　정답률 84% | 정답 ③

| 문제 보기 |
갑, 을 사상가들의 입장으로 적절한 것만을 〈보기〉에서 고른 것은?

갑: 어진 사람은 천하의 이익[利]을 일으키고 천하의 해(害)를 없앰을 법도로 삼는다. 그는 자기 눈에 아름답고 귀에 즐겁고 몸에 편안하게 위함 일해야 할 때는 없다. 옛 성왕은 귀에 즐거워도 백성의 이익에 맞지 않아 음악을 즐기지 않았다.
을: 군자는 도(道)를 터득함을 즐기지만 소인은 욕망[欲]의 채움을 즐긴다. 도로 욕망을 통제하면 즐거우면서도 어지럽지 않게 된다. 옛 성왕은 우아한 음악[雅頌]을 제정하고 이끌어 사람들이 즐거우면서도 어지럽지 않게 하였다.

〈보 기〉
ㄱ. 갑: 분별적 사랑을 실천하기 위해 음악을 활용해야 한다.
ㄴ. 을: 예법에 맞게 음악을 만들어 백성의 화합을 도모해야 한다.
ㄷ. 을: 군자와 소인은 신분이 달라도 음악을 더불어 향유해야 한다.
ㄹ. 갑과 을: 어진 사람은 인격 도야를 위해서만 음악을 즐겨야 한다.

① ㄱ, ㄴ　　② ㄱ, ㄷ　　③ ㄴ, ㄷ　　④ ㄴ, ㄹ　　⑤ ㄷ, ㄹ

● 왜 정답일까?
갑은 묵자, 을은 순자이다.
ㄴ. 순자는 옛 성왕이 백성의 화합을 도모하기 위해 예법에 맞는 음악을 만들었다고 보았다.
ㄷ. 순자는 옛 성왕이 군자와 소인 모두 음악을 더불어 즐기도록 우아한 음악을 제정하고 이끌었다고 보았다.

18 해외 원조에 대한 싱어와 롤스의 입장 　정답률 67% | 정답 ①

| 문제 보기 |
갑, 을 사상가들의 입장으로 가장 적절한 것은? [3점]

갑: 원조 대상자의 이익을 고려하는 데 인종은 아무런 상관이 없다. 중요한 것은 이익 자체이다. 이익 평등 고려의 원칙에 따라 빈곤에 고통받는 사람들에게 원조를 해야 한다.
을: 원조의 목적은 고통받는 사회가 자신들의 문제를 합당하게 관리할 수 있을 때까지 도와, 결과적으로 그 사회가 질서 정연한 만민의 사회의 구성원이 되도록 하는 것이다.

① 갑: 원조는 보편적인 의무이지만 조건부적으로 시행될 수 있다.
② 갑: 원조 결정 시 원조 주체의 이익을 고려하는 것은 허용될 수 없다.
③ 을: 원조의 차단점 설정은 원조 대상의 정치적 자율성을 침해한다.
④ 을: 고통받는 사회의 기본 제도 개선을 위한 원조는 허용될 수 없다.
⑤ 갑과 을: 고통받는 빈곤국의 복지 향상이 원조의 최종 목적이다.

● 왜 정답일까?
갑은 싱어, 을은 롤스이다.
싱어는 원조의 의무는 모든 인류의 보편적인 의무이지만, 도덕적으로 상응하는 중요성을 지닌 다른 일을 희생하지 않고 원조할 수 있는 경우에 원조해야 한다는 조건부적 의무라고 보았다.

● 왜 오답일까?
② 싱어는 원조 결정 시 원조 주체와 원조 대상자의 이익을 고려해야 한다고 보았다.
③ 롤스는 고통받는 사회가 질서 정연한 사회가 된다면 원조가 중단되어야 한다고 보고, 원조의 차단점 설정이 필요하다고 보았다.
④ 롤스는 고통받는 사회의 기본 제도 개선을 위해 원조해야 한다고 보았다.
⑤ 롤스는 원조의 최종 목적을 고통받는 사회가 질서 정연한 사회가 되도록 하는 데 두었다.

19 소통과 담론의 윤리에 대한 입장 　정답률 92% | 정답 ②

| 문제 보기 |
다음을 주장한 사상가의 입장에서 〈문제 상황〉 속 A에게 제시할 조언으로 가장 적절한 것은?

모든 경계가 무한하지만 모두 일심(一心) 안에 들어간다. 부처의 지혜는 모습을 떠나 마음의 원천으로 돌아가고, 지혜와 일심이 온전히 같아져 둘이 없다. 따라서 지극히 공정한 부처의 뜻을 토대로 여러 주장을 조화롭게 융합[和諍]해야 한다.

<문제 상황>
학급 회장인 A는 축제에서 학급 부스 운영 방안을 어떻게 결정해야 할지 고민하고 있다. 학급 친구들이 사진관, 오락실, 분식집 등 서로 다른 방안을 내세워 각자의 주장을 굽히지 않고 갈등하고 있기 때문이다.

① 옳고 그름을 가려 자신만의 입장을 정당화하도록 토론하세요.
② 각 주장이 타당할 수 있음을 인정하고 친구들과 의견을 조율하세요.
③ 모든 의견을 통합할 수 없으므로 회장의 직권으로 결정하세요.
④ 다른 학급의 사례에 따라 운영 방안을 결정하도록 유도하세요.
⑤ 모두 편협한 주장이므로 친구들 다수의 동의를 기초로 판단하세요.

● 왜 정답일까?

제시문은 원효의 주장이다. 원효는 모든 종파와 사상이 타당할 수 있음을 인정하고 일심을 토대로 더 높은 차원에서 하나로 종합해야 한다는 화쟁 사상을 주장하였다. 따라서 <문제 상황> 속 A에게 각 주장이 타당할 수 있음을 인정하고 의견을 조율하라고 조언할 수 있다.

20 통일에 대한 입장　　정답률 87% | 정답 ①

| 문제 보기 |

(가)의 입장에 비해 (나)의 입장이 갖는 상대적 특징을 그림의 ㉠ ~ ㉤ 중에서 고른 것은?

(가) 북한은 우리의 안보를 위협하는 경계의 대상이다. 따라서 북한보다 우월한 군사력과 강력한 군사 동맹을 바탕으로 전쟁을 억지해야 한다. 이를 통해 국민의 생명과 재산을 보호하고 평화를 실현할 수 있을 뿐만 아니라 통일로 나아가는 기초를 마련할 수 있다.
(나) 북한은 우리와 함께 평화 통일을 실현해야 할 협력의 상대이다. 따라서 한반도 평화를 위해서는 군사적 경쟁보다는 활발한 남북 대화와 교류를 통해 상호 불신을 해소하고, 더 나아가 통일을 이룸으로써 분단으로 인한 구조적·문화적 폭력까지 제거해야 한다.

- X : 남북한 관계에서 군사적 힘의 논리를 강조하는 정도
- Y : 통일을 통한 적극적 평화의 실현을 강조하는 정도
- Z : 남북한 간 신뢰 형성의 중요성을 강조하는 정도

① ㉠　② ㉡　③ ㉢　④ ㉣　⑤ ㉤

● 왜 정답일까?

(가)는 북한을 경계의 대상으로 보고, 통일로 나아가기 위해서는 북한보다 우월한 군사력과 강력한 군사 동맹을 바탕으로 전쟁을 억지해야 한다는 입장이다.
(나)는 통일로 나아가기 위해서는 군사적 경쟁보다 활발한 남북 대화와 교류를 통해 상호 신뢰를 형성해야 하며, 통일을 통해 구조적·문화적 폭력이 제거된 적극적 평화를 실현해야 한다는 입장이다. (가)의 입장에 비해 (나)의 입장이 갖는 상대적 특징은 '남북한 관계에서 군사적 힘의 논리를 강조하는 정도(X)'는 낮고, '통일을 통한 적극적 평화의 실현을 강조하는 정도(Y)'는 높고, '남북한 간 신뢰 형성의 중요성을 강조하는 정도(Z)'는 높다. 따라서 ㉠이 옳은 위치이다.

● 고3 생활과 윤리 ●
31회　2023학년도 9월

01 ⑤	02 ⑤	03 ②	04 ①	05 ④
06 ①	07 ②	08 ④	09 ⑤	10 ③
11 ③	12 ⑤	13 ④	14 ②	15 ⑤
16 ①	17 ④	18 ①	19 ④	20 ③

채점결과	· 실제 걸린 시간 : 　　분　　초
	· 맞은 문항수 : 　　개
	· 틀린 문항수 : 　　개
	· 헷갈린 문항 :

01 실천 윤리학과 기술 윤리학　　정답률 91% | 정답 ⑤

| 문제 보기 |

㉠에 들어갈 진술로 가장 적절한 것은?

나는 윤리학이 '옳음', '좋음'의 의미를 분석하기보다 현실의 윤리 문제에 대한 실제적이고 구체적인 해결책을 모색하는 것을 핵심 과제로 삼아야 한다고 생각한다. 그런데 어떤 사람은 윤리학이 도덕 관행에 관한 사실을 과학적으로 탐구하고 설명하는 것을 핵심 과제로 삼아야 한다고 주장한다. 나는 이러한 주장이 ㉠ 고 생각한다.

① 도덕 현상을 가치중립적으로 기술하는 것이 필요함을 간과한다
② 도덕 언어에 함축된 의미 분석이 윤리학의 주된 목적임을 간과한다
③ 도덕 관행의 발생 과정을 객관적으로 설명해야 함을 간과한다
④ 도덕 추론을 위해 어떠한 사실적 지식도 필요하지 않음을 간과한다
⑤ 도덕 문제를 해결하기 위해 실천적 지침을 제공해야 함을 간과한다

● 왜 정답일까?

제시문의 '나'는 실천 윤리학, '어떤 사람'은 기술 윤리학에 대해 말하고 있다. 실천 윤리학은 현실적이고 구체적인 도덕 문제 해결을 위한 실천적 지침을 제공하는 것을 윤리학의 주목적이라 보고 있다. 기술 윤리학은 도덕 현상과 도덕 관행에 관한 사실을 과학적으로 탐구하고 기술하는 것을 윤리학의 주목적이라 보고 있다.

02 장자와 공자의 입장 비교　　정답률 72% | 정답 ⑤

| 문제 보기 |

갑 사상가는 긍정, 을 사상가는 부정의 대답을 할 질문으로 가장 적절한 것은?

갑 : 참된 사람[眞人]은 모자란다고 억지 부리지 않고, 성공을 뽐내지 않으며, 일을 도모하지도 않는다. … (중략) … 이로움[利]과 해로움[害]을 구별하는 자는 군자(君子)가 아니다. 명예를 위해 참된 자기를 잃어버리는 자는 선비[士]가 아니다.
을 : 군자는 의로움[義]으로써 근본을 삼고, 예(禮)로써 실천하며, 공손한 몸가짐으로써 표현하고, 신의로써 일을 이룬다. … (중략) … 군자는 죽은 뒤에 세상에 자신의 이름[名]이 일컬어지지 않는 것을 싫어한다.

① 이상적 인간은 자신의 명예를 소중히 여기는 삶을 살아야 하는가?
② 이상적 인간은 시비(是非)를 판별하여 도(道)를 따라야 하는가?
③ 이상적 인간은 하늘의 명[天命]을 도덕적 실천의 근거로 삼는가?
④ 이상적 인간은 수양을 통해 백성의 편안함을 도모해야 하는가?
⑤ 이상적 인간은 모든 분별에서 벗어나 자연을 따르는 사람인가?

● 왜 정답일까?

갑은 장자, 을은 공자이다.
장자는 모든 분별에서 벗어나 자연을 따르는 것을 중시하였다.
공자는 시비선악을 분별하는 분별적 지혜를 중시하였다.

03 배려 윤리 사상　　정답률 84% | 정답 ②

| 문제 보기 |

다음을 주장한 사상가의 입장만을 <보기>에서 고른 것은?

배려 윤리는 도덕적으로 정당화할 수 있는 행동이 보편화 가능한 행동이어야 한다는 것을 거부한다. 우리가 누구인지, 누구와 어떤 관계를 맺고 있는지, 어떤 상황에 놓여 있는지를 고려해야 한다. 배려 윤리는 관계의 윤리이다. 배려의 관계는 배려자의 노력에 피배려자가 응답할 때 완성된다.

<보 기>
ㄱ. 구체적 맥락에 근거하여 도덕적 의사 결정을 내려야 한다.
ㄴ. 도덕적 의무감과 법칙이 도덕 행위의 기반이 되어야 한다.
ㄷ. 배려는 배려자와 피배려자의 상호 작용에서 이루어져야 한다.
ㄹ. 배려는 공감과 책임이 아닌 정의와 권리에 기초해야 한다.

① ㄱ, ㄴ　② ㄱ, ㄷ　③ ㄴ, ㄷ　④ ㄴ, ㄹ　⑤ ㄷ, ㄹ

● 왜 정답일까?

제시문은 나딩스의 주장이다.
ㄱ. 나딩스는 도덕적 문제 상황에서 구체적 맥락에 근거하여 의사 결정을 내려야 한다고 보았다.
ㄷ. 나딩스는 배려는 배려자에 의해 일방적으로 이루어지는 것이 아니라 배려자와 피배려자 사이의 상호 작용을 통해 이루어진다고 보았다.

04 벤담의 윤리 사상　　정답률 91% | 정답 ①

| 문제 보기 |

다음을 주장한 사상가의 입장에서 <사례> 속 A에게 제시할 조언으로 가장 적절한 것은? [3점]

공리의 원리란 모든 행위에 관해 그것이 우리의 행복을 증진하느냐 혹은 감소하느냐에 따라 좋다거나 나쁘다고 평가하는 원리이다. 쾌락과 고통은 강도, 지속성, 확실성 등을 기준으로 오직 양으로만 계산될 수 있다.

<사 례>
로봇 개발자인 A는 인공 지능 로봇 제작을 의뢰받았다. A는 인공 지능 로봇이 사람을 대신하여 유용한 일을 할 수 있지만, 범죄나 전쟁 등과 같은 유해한 일에 악용될 수 있기 때문에 이 로봇을 개발할지 고민하고 있다.

① 로봇 개발이 가져올 해악과 편익의 총합을 계산하여 결정하세요.
② 로봇 개발이 산출할 타인의 이익에 가중치를 두고 결정하세요.
③ 로봇 개발이 산출할 쾌락의 질적 차이를 고려하여 결정하세요.
④ 로봇 개발이 결과와 무관하게 선한 것인지 숙고하여 결정하세요.
⑤ 로봇 개발이 당신에게 가져올 이익만을 고려하여 결정하세요.

● 왜 정답일까?

제시문은 벤담의 주장이다.
벤담은 옳은 행위는 그 행위의 결과가 가져올 이익의 총합이 극대화되는 행위라고 보았다. 따라서 로봇 개발자 A에게 '로봇 개발이 가져올 해악과 편익의 총합을 계산하여 결정하세요.'라고 조언할 수 있다.

05 종교 윤리 이해　　정답률 95% | 정답 ④

| 문제 보기 |

다음 가상 편지에서 강조하는 내용으로 가장 적절한 것은? [3점]

친애하는 ○○에게
　지난 편지에서 자네는 나에게 종교 간 갈등을 극복할 수 있는 방안에 대해 물었지. 그에 대한 나의 의견을 전하고자 하네. 우선, 모든 종교는 자신의 실수와 과오의 역사를 비판적 시각으로 성찰해야 하네. 다른 견해에 대한 정당한 비판은 오로지 신독한 자아비판이라는 바탕 위에서만 가능하네. 다음으로, 각 종교의 고유한 특성을 인정하고, 종교적 이해와 협력을 추구해야 하네. 그렇다고 해서 하나의 보편 종교를 요청해서는 안 되네. 마지막으로, 종교 간 평화가 필요하네. 종교 사이의 평화를 배제하고서는 국가 사이의 어떠한 평화도 불가능하고, 종교 사이의 대화를 배제하고서는 종교 사이의 어떠한 평화도 불가능하네. 내 이웃의 종교를 이해하지 않고서는 종교 사이의 어떠한 대화도 불가능하다는 것을 명심하게. …(후략)

① 세계 평화를 위해 다양한 종교를 단일 종교로 통합해야 한다.
② 종교 간 평화를 위해 자신의 종교적 정체성을 포기해야 한다.
③ 자신의 견해와 다른 종교적 견해를 결코 비판해서는 안 된다.
④ 종교 간 대화를 위해 타 종교에 대한 이해와 존중이 요청된다.
⑤ 종교 간 평화는 국가 간 평화를 실현하기 위한 전제 조건이 아니다.

제시문은 한스 큉의 주장이다.
큉은 종교 간의 대화를 위해 타 종교에 대한 이해와 존중의 자세가 필요하다고 보았다.

06 유교와 불교의 죽음관   정답률 83% | 정답 ①

| 문제 보기 |

(가), (나) 사상의 입장으로 적절하지 않은 것은? [3점]

> (가) 죽은 자를 위해 슬픔을 다하여 신중하게 장례를 치르고, 먼 조상의 제사에도 예(禮)로써 추모한다면 백성들의 덕(德)이 두터운 곳으로 돌아갈 것이다.
> (나) 사물에는 생멸(生滅)의 정황이 있으나, 이는 마음이 드러난 것일 뿐 생겨남이 없는 까닭에 소멸할 것도 없다. 이를 알면 생사(生死)와 열반(涅槃)이 평등하다는 경계에 이를 것이다.

① (가) : 죽음을 슬퍼하는 것은 자연의 순리를 회피하는 것이다.
② (가) : 죽음에 관심을 가지기보다는 인륜적 삶에 충실해야 한다.
③ (나) : 연기(緣起)를 깨달아 죽음의 고통[苦]에서 벗어나야 한다.
④ (나) : 삶과 죽음을 서로 다르지 않은 하나[生死一如]로 여겨야 한다.
⑤ (가)와 (나) : 죽음에 집착하지 않는 삶의 태도를 지녀야 한다.

● 왜 정답일까?

(가)는 유교 사상, (나)는 불교 사상이다.
유교에서는 죽음을 슬퍼하는 것은 인간의 도리에도 맞고 자연스러운 것이라고 보았다.

07 과학자의 사회적 책임   정답률 87% | 정답 ②

| 문제 보기 |

갑이 을에게 제기할 수 있는 비판으로 가장 적절한 것은?

> 갑 : 과학자 집단에 필요한 것은 자연적 사실을 규명하는 과정에서의 내적 책임뿐이다. 과학자 집단에 외적 책임을 부과하면 연구의 범위가 확대되기 어렵다. 과학 연구는 과학적 지식이 관찰과 일치하는지, 논리적 기준에 근거하는지에 기초해서 그 타당성을 판단하면 된다.
> 을 : 과학자 집단에는 내적 책임만이 아니라 외적 책임이 필요하다. 과학 연구에는 연구자의 과거 경험이나 지식, 사회적 기대가 반영되기 때문에 가치가 개입된다. 따라서 과학자 집단은 자신의 과학 연구를 비판적으로 성찰하고 해로운 결과가 예측되는 연구에 대해 책임 있는 행동을 해야 한다.

① 연구 대상 선정과 결과 활용에 가치가 반영된다는 것을 간과한다.
② 연구 활성화를 위해 사회적 책임을 강조해서는 안 됨을 간과한다.
③ 과학자 집단이 준수해야 하는 윤리가 존재한다는 것을 간과한다.
④ 과학이 궁극적으로 삶의 질 향상을 지향한다는 것을 간과한다.
⑤ 과학 연구에 사회적 필요와 정치적 목적이 개입될 수 있음을 간과한다.

● 왜 정답일까?

제시문의 갑은 과학자의 내적 책임만을 인정하는 입장이고, 을은 과학자의 내적 책임 뿐 아니라 외적 책임, 즉 사회적 책임도 인정하는 입장이다.
갑은 과학자에게 외적 책임, 즉 사회적 책임을 강조할 경우 연구의 범위가 확대되지 못해 연구 활성화가 저해된다고 본다.

● 왜 오답일까?

①, ④, ⑤ 을이 간과하고 있는 내용이 아니다.
③ 갑과 을은 과학자 집단이 준수해야 하는 윤리가 존재한다고 본다.

08 시민 불복종에 대한 입장   정답률 63% | 정답 ④

| 문제 보기 |

갑, 을 사상가들의 입장으로 적절한 것만을 〈보기〉에서 고른 것은? [3점]

> 갑 : 시민 불복종은 해당 문제를 다수에게 알리려는 시도이거나 국가적인 관심을 촉구하는 것이다. 이때 우리는 중단시키려는 악의 크기와 우리의 행위가 가져올 법과 민주주의에 대한 존중심의 감소 정도를 저울질해 봐야 한다.
> 을 : 시민 불복종은 정치적 다수자로 하여금 공통된 정의감에 비추어 소수자의 합당한 요구에 대한 숙고를 강요한다. 이는 헌법과 사회 제도 일반을 규제하는 정의의 원칙들에 의해 지도되고 정당화되기에 정치적 행위가 된다.

<보 기>
ㄱ. 갑 : 시민 불복종의 목적은 결코 그 수단을 정당화할 수 없다.
ㄴ. 을 : 합법적인 민주적 권위에 대한 시민 불복종은 가능하다.
ㄷ. 을 : 다수의 정의감이 상실될 때 시민 불복종은 반드시 요청된다.
ㄹ. 갑과 을 : 시민 불복종이 가져올 효과를 신중히 고려해야 한다.

① ㄱ, ㄴ ② ㄱ, ㄷ ③ ㄴ, ㄷ ④ ㄴ, ㄹ ⑤ ㄷ, ㄹ

● 왜 정답일까?

갑은 싱어, 을은 롤스이다.
ㄴ. 롤스는 합법적인 민주적 권위에 대한 시민 불복종은 가능하며, 시민 불복종은 거의 정의로운 사회의 안정에 기여할 수 있다고 보았다.
ㄹ. 롤스는 여러 시민 불복종이 동시에 발생할 경우 정의로운 체제의 효율성을 침해하게 될 극심한 무질서가 따르게 될 수 있으므로 이를 신중히 고려해야 한다고 보았다. 싱어는 시민 불복종을 통해 중단시키려고 하는 악의 크기와 이를 통해 가져올 법과 민주주의에 대한 존중심의 감소 정도를 저울질해 봐야 한다고 보았다.

09 배아 복제에 대한 윤리적 쟁점   정답률 95% | 정답 ⑤

| 문제 보기 |

다음 토론의 핵심 쟁점으로 가장 적절한 것은?

> 갑 : 복제 배아는 주로 줄기세포 추출을 위해 인공적으로 복제한 배아입니다. 복제 배아에서 추출한 줄기세포는 난치병 치료에 도움을 줄 수 있습니다.
> 을 : 줄기세포가 난치병 치료에 도움을 줄 수 있지만, 줄기세포 추출을 위해 배아를 복제해서는 안 됩니다. 복제 배아는 인간과 유전적 특성이 같아서 여성의 자궁에 착상하면 인간으로 성장할 수 있기 때문입니다.
> 갑 : 인간과 유전적 특성이 같은 복제 배아가 인간으로 발달하는 연속선상에 있다는 점은 인정합니다. 그러나 도토리를 보고 참나무라고 말할 수 없는 것처럼 복제 배아를 보고 인간이라고 말할 수는 없습니다.
> 을 : 그렇지 않습니다. 복제 배아가 인간으로 발달하는 과정이 연속적이기 때문에 복제 배아와 인간을 구분할 수 있는 명확한 시점이 존재하지 않습니다. 따라서 복제 배아는 인간으로서의 지위를 지닌다고 보아야 합니다.

① 복제 배아와 인간은 유전적 특성이 동일한가?
② 복제 배아는 특정 목적을 위해 만들어지는가?
③ 줄기세포는 난치병 치료에 도움을 줄 수 있는가?
④ 복제 배아와 인간 사이에는 발달의 연속성이 존재하는가?
⑤ 복제 배아는 인간으로서의 지위를 지닌다고 간주해야 하는가?

● 왜 정답일까?

갑은 배아 복제를 찬성하는 입장이고 을은 배아 복제를 반대하는 입장이다.
갑은 복제 배아를 인간으로 인정하지 않고 있고 을은 복제 배아를 인간으로서의 지위를 지닌 존재로 보고 있다. 따라서 토론의 핵심 쟁점으로 적절한 것은 '복제 배아는 인간으로서의 지위를 지닌다고 간주해야 하는가?'이다.

10 환경 윤리   정답률 40% | 정답 ③

| 문제 보기 |

(가)의 갑, 을, 병 사상가들의 입장을 (나) 그림으로 표현할 때, A~D에 해당하는 적절한 진술만을 〈보기〉에서 고른 것은? [3점]

> (가)
> 갑 : 생명 공동체의 온전함, 안정, 아름다움의 보존에 기여한다면 그 행위는 옳다. 대지의 이용을 경제적 관점만이 아닌 윤리적, 심미적 관점에서도 검토해야 한다.
> 을 : 생명체는 목적론적 삶의 중심으로서 그 자신의 고유한 선을 갖는다. 우리는 생명체의 고유한 선을 증진하거나 보호하는 활동을 실천해야 한다.
> 병 : 생명 공동체를 구성하는 개체들의 권리를 존중한다면 그 공동체는 보존될 것이다. 삶의 주체인 동물은 존중받을 도덕적 권리를 지닌다.

> (나)
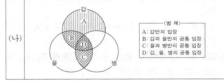
> A : 갑만의 입장
> B : 갑과 을만의 공통 입장
> C : 을과 병만의 공통 입장
> D : 갑, 을, 병의 공통 입장

<보 기>
ㄱ. A : 인간이 생명 공동체에 개입하는 것이 정당화되는 경우가 있다.
ㄴ. B : 어떤 생명체와 비교하든 인간이 본질적으로 우월하지는 않다.
ㄷ. C : 개체의 선에 우선하는 생명 공동체의 선은 존재할 수 없다.
ㄹ. D : 비도구적 가치를 지닌 비이성적 존재를 수단으로 사용하는 것은 어떠한 경우에도 정당화될 수 없다.

① ㄱ, ㄴ ② ㄱ, ㄷ ③ ㄴ, ㄷ ④ ㄴ, ㄹ ⑤ ㄷ, ㄹ

● 왜 정답일까?

갑은 레오폴드, 을은 테일러, 병은 레건의 입장이다.
ㄴ. 레오폴드와 테일러는 어떤 생명체와 비교하든 인간이 본질적으로 우월하지는 않다고 보았다.
ㄷ. 테일러와 레건은 개체의 선에 우선하는 생명 공동체의 선은 존재할 수 없다고 보는 개체론의 입장이다.

● 왜 오답일까?

ㄱ. 레오폴드는 생명 공동체의 보전을 위한 인간의 개입을 정당한 것으로 보았다. 테일러는 생명 개체의 선 증진을 목적으로 하는 생명 공동체에 대한 인간의 개입을 허용하였다.
ㄹ. 레오폴드는 비도구적 가치를 지닌 비이성적 존재, 예를 들어 인간 이외의 동물이나 식물 등을 자원으로 사용하는 것을 막을 수 없다고 보았다.

11 정약용의 공직자 윤리   정답률 85% | 정답 ③

| 문제 보기 |

다음을 주장한 사상가의 입장으로 적절하지 않은 것은?

> ○ 청렴은 목민관의 본래 직무로 모든 선(善)의 원천이며 모든 덕(德)의 근본이다. 청렴하지 않고서 수령 노릇을 잘할 수 있는 자는 없었다.
> ○ 백성을 잘 다스리는 자는 반드시 자애롭다. 자애롭고자 하는 자는 반드시 청렴해야 하고, 청렴하고자 하는 자는 반드시 절약해야 한다. 그러므로 절용(節用)은 목민관의 가장 중요한 임무이다.

① 공직자의 청렴 실천은 인의예지(仁義禮智)를 구현하는 바탕이 된다.
② 공직자는 올바른 공무 수행을 위해 사치와 낭비, 탐욕을 없애야 한다.
③ 공직자는 절용을 백성 통치의 유일한 실천 방안으로 삼아야 한다.
④ 공직자의 절용 실천은 애민(愛民) 정신의 실현을 목적으로 한다.
⑤ 공직자의 청렴과 절용은 풍요롭고 안정된 사회 조성의 기반이 된다.

● 왜 정답일까?

제시문은 정약용의 주장이다.
정약용은 절용을 목민관의 가장 중요한 임무라고 보았지만, 백성 통치의 유일한 방안이라고 보지는 않았다.

12 교정적 정의에 대한 입장   정답률 54% | 정답 ⑤

| 문제 보기 |

갑, 을, 병 사상가들의 입장으로 가장 적절한 것은? [3점]

> 갑 : 형벌은 동등성의 원리에 따라서 내려져야 한다. 사형은 살인에 대한 최상의 균형자이다. 이는 정의가 선험적으로 정초된 보편적인 법칙들에 따라 의욕하는 바이다.
> 을 : 형벌은 시민의 이익을 위한 것이어야 한다. 사형은 정말로 유용하고 정당한가? 사형은 국가가 유용하다고 판단한 경우 한 사람의 시민에 대해 벌이는 전쟁이다.

[31회] 2023학년도 9월 **093**

병 : 형벌은 사회에 해악을 끼치는 모든 위법 행위를 막는 것에 목적을 둔다. 형벌의 가치는 어떠한 경우에도 위법 행위에서 얻는 이득의 가치를 능가하기에 충분해야 한다.

① 갑 : 살인범은 살인을 의욕한 자로서 어떠한 인격성도 지닐 수 없다.
② 을 : 일반 시민이 법을 두려워하지 않도록 형벌을 집행해야 한다.
③ 병 : 공동체의 해악을 방지한다면 형벌 그 자체는 악이 아니다.
④ 갑과 을 : 공적 정의는 만인의 행복에 영향을 미치는 방식일 뿐이다.
⑤ 을과 병 : 범죄자에게 가능한 한 적은 고통을 주는 동시에 범죄 억지력을 갖는 형벌은 허용될 수 있다.

● 왜 정답일까?
갑은 칸트, 을은 베카리아, 병은 벤담이다.
베카리아와 벤담은 형벌의 목적을 범죄 억지에 두고 있으며, 형벌 그 자체가 고통이라고 보고 형벌을 범죄 억지에 충분한 정도 이상으로 가해서는 안 된다고 보았다.

● 왜 오답일까?
① 칸트는 살인범이 사형 선고를 받게 되더라도 태어날 때부터 가지고 있는 자신의 인격성을 여전히 지닌다고 보았다.
② 베카리아는 일반 시민에게 두려움을 주어 유사한 범죄 행위를 할 가능성을 억지하는 것을 형벌의 목적으로 보았다.
③ 벤담은 형벌의 목적을 공동체의 해악을 방지하는 것이라고 보았지만 모든 형벌은 폐해이고 형벌 그 자체는 악이라고 보았다.
④ 공적 정의를 만인의 행복에 영향을 미치는 방식일 뿐이라고 본 사상가는 베카리아만의 입장이다.

13 유행에 대한 지멜의 입장 정답률 77% | 정답 ④

| 문제 보기 |
그림의 강연자가 지지할 입장만을 <보기>에서 있는 대로 고른 것은?

유행은 모방이라는 점에서 개인을 누구나 다 가는 길로 안내합니다. 그와 동시에 유행은 차별화 욕구를 만족시킵니다. 유행은 언제나 상류 계층에만 발생합니다. 상류 계층은 유행을 창출함으로써 그 구성원들 사이의 균질성을 유지하려고 하류 계층의 구성원들과의 차별성을 부각합니다. 다른 한편, 하류 계층은 언제나 상승 지향적이기 때문에 유행을 따르는 경향이 있습니다. 이들 계층이 유행을 자신의 것으로 동화하자마자 상류 계층은 그 유행을 버리고 다시 대중과 자신을 구분할 수 있도록 새로운 유행을 추구합니다.

<보 기>
ㄱ. 상류 계층에 동화하려는 욕구는 유행을 확산하는 데 일조한다.
ㄴ. 모든 계층이 추구하는 유행의 양식은 항구적 속성을 지닌다.
ㄷ. 유행은 계층 내 동질성과 계층 간 차별성을 드러내는 수단이다.
ㄹ. 하류 계층의 모방은 새로운 유행을 창출하는 계기로 작동한다.

① ㄱ, ㄴ ② ㄱ, ㄷ ③ ㄴ, ㄹ
④ ㄱ, ㄷ, ㄹ ⑤ ㄴ, ㄷ, ㄹ

● 왜 정답일까?
제시문은 지멜의 주장이다.
ㄱ. 지멜은 하류 계층은 상류 계층에 동화하려는 욕구를 가지고 있으며 이러한 욕구가 유행을 확산시킨다고 보았다.
ㄷ. 지멜은 상류 계층은 유행을 창출하여 상류 계층 내부의 동질성을 드러내는 한편, 하류 계층과의 차별성을 부각한다고 보았다.
ㄹ. 지멜은 하류 계층이 상류 계층의 유행을 모방하면 상류 계층은 하류 계층과의 차별성을 부각하기 위해 새로운 유행을 창출한다고 보았다.

14 저작권 문제의 이해 정답률 63% | 정답 ②

| 문제 보기 |
다음은 신문 칼럼이다. ㉠에 들어갈 내용으로 가장 적절한 것은? [3점]

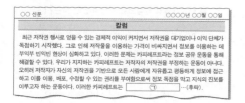

① 저작자의 저작권을 폐기함으로써 정보 공유를 확대하고자 한다.
② 저작자가 저작물 이용에 대한 배타적 권리를 포기하는 것을 전제한다.
③ 저작권의 상업적 거래를 활성화할 수 있는 기반을 조성하고자 한다.
④ 정보의 폐쇄성을 조장함으로써 기술 진보와 문화 발전을 가로막는다.
⑤ 정보 접근 권한을 소득 수준에 따라 차등적으로 분배할 것을 지향한다.

● 왜 정답일까?
칼럼은 정보 독점으로 인한 정보 격차의 심화에 대해 문제를 제기하고 이에 대한 해결책으로 카피레프트라는 정보 공유 운동을 통해 이러한 문제를 해결할 수 있다고 주장한다.
따라서 ㉠에 들어갈 내용으로 '저작자가 저작물 이용에 대한 배타적 권리를 포기하는 것을 전제한다.'가 적절하다.

15 분배 정의에 대한 입장 정답률 35% | 정답 ⑤

| 문제 보기 |
(가)의 갑, 을 사상가들의 입장을 (나) 그림으로 탐구하고자 할 때, A ~ C에 해당하는 적절한 질문만을 <보기>에서 있는 대로 고른 것은?

(가)
갑 : 정의 이론은 사회의 기본 구조를 정하는 방식을 다룬다. 정의의 일차적 주제는 사회의 주요 제도에 의해 권리와 의무를 배분하고 사회 협동체로부터 생긴 이익의 분배를 정하는 방식에 관한 것이다.
을 : 분배 정의에 관한 정형적 원리는 재분배 행위를 반드시 불러온다. 소유 권리론의 관점에서 볼 때 재분배는 개인들의 권리를 침해한다. 소유권을 지켜 줄 최소 국가는 우리를 불가침의 개인들로 취급한다.

(나)
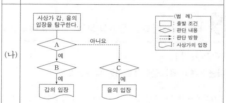

<보 기>
ㄱ. A: 공정한 분배를 위해 올바른 결과에 대한 독립적 기준이 필수적으로 요구되는가?
ㄴ. B: 더 많은 재능을 타고난 자가 자기 자신의 재능을 활용하여 더 많은 이익을 획득하도록 장려되는 경우가 있는가?
ㄷ. B: 정의 원칙 수립 시 당사자 간 합의는 가설적이고 비역사적인가?
ㄹ. C: 과거 상황은 사물에 대한 차별적 소유권을 창출하는 요인인가?

① ㄱ, ㄴ ② ㄱ, ㄷ ③ ㄷ, ㄹ
④ ㄱ, ㄴ, ㄹ ⑤ ㄴ, ㄷ, ㄹ

● 왜 정답일까?
갑은 롤스, 을은 노직이다.
ㄴ. 롤스는 사회를 상호 이익을 위한 협동 체제로 보고 더 많은 재능을 타고난 사람이 더 적은 재능을 타고난 이들의 이익에 공헌한다면 자신의 재능을 활용하여 더 많은 이익을 획득하도록 장려된다고 보았다.
ㄷ. 롤스는 당사자들은 가설적이고 비역사적인 원초적 입장에서 정의의 원칙을 수립한다고 보았다.
ㄹ. 노직은 역사적 소유 권리를 말하며 사물에 대한 차별적 소유권은 과거 상황이나 과거 행위에 의해 창출된다고 보았다.

● 왜 오답일까?
ㄱ. 롤스와 노직은 공정한 분배 여부는 바르고 공정한 절차가 있고 그 절차를 제대로 따른 것인지에 달려있다고 보았지, 공정한 분배를 위해서 올바른 결과에 대한 독립적 기준이 요구된다고 보지는 않았다.

16 국제 평화에 대한 입장 정답률 55% | 정답 ②

| 문제 보기 |
갑, 을 사상가들의 입장으로 적절한 것만을 <보기>에서 고른 것은? [3점]

갑 : 영구 평화를 위해 상비군은 점차 완전히 폐지되어야 한다. 그러나 조국을 외부의 침략으로부터 방어하기 위한 시민들의 자발적이고 정기적인 무장 훈련은 사정이 다르다.
을 : 전쟁과 같은 직접적 폭력 외에도 간접적 폭력이 존재한다. 각각의 폭력은 상호 작용하며 서로 영향을 미친다. 이러한 다양한 폭력을 제거해야 진정한 평화가 달성될 수 있다.

<보 기>
ㄱ. 갑 : 평화 연맹은 모든 전쟁의 영구적 종식을 목표로 한다.
ㄴ. 갑 : 세계 시민법은 인권 보장을 위한 것이다.
ㄷ. 을 : 문화적 폭력은 구조적 폭력을 올바른 것으로 보이게 한다.
ㄹ. 갑과 을 : 폭력의 사용은 어떠한 경우에도 허용될 수 없다.

① ㄱ, ㄴ ② ㄱ, ㄷ ③ ㄴ, ㄷ ④ ㄴ, ㄹ ⑤ ㄷ, ㄹ

● 왜 정답일까?
갑은 칸트, 을은 갈퉁이다.
ㄱ. 칸트는 단지 하나의 전쟁을 종식시키는 것을 추구하는 평화 조약과 달리 평화 연맹은 모든 전쟁의 영구적 종식을 추구한다고 보았다.
ㄷ. 갈퉁은 문화적 폭력은 직접적 폭력과 구조적 폭력을 정당화한다고 보았다.

● 왜 오답일까?
ㄴ. 칸트에 따르면 영구 평화를 위해 요구되는 세계 시민법은 이방인에 대한 환대권과 같은 인권 보장을 위한 것이다.
ㄹ. 갈퉁은 어떠한 경우에도 폭력의 사용은 허용될 수 없다고 보았던 반면, 칸트는 외부의 침략으로부터 조국을 방어하기 위한 전쟁은 가능하다고 보았다.

17 해외 원조에 대한 입장 정답률 69% | 정답 ④

| 문제 보기 |
갑, 을 사상가들의 입장으로 적절하지 않은 것은?

갑 : 질서 정연한 만민은 고통을 겪는 사회들을 위해 원조해야 한다. 그런데 분배 재원만으로는 정치적·사회적 부정의를 교정하는 데 충분하지 않다. 오히려 고통을 겪는 사회들의 정치 문화가 변화하는 것이 매우 중요하다.
을 : 풍요로운 국가의 사람들 대부분은 기본적 필요가 충족되지 않은 빈곤을 막기 위해 원조해야 한다. 그들이 소득의 1퍼센트 정도만 기부하면 전 세계 빈곤층을 완전히 없애는 단계에 이를 수 있다.

① 갑 : 고통을 겪는 사회가 자국민 인권에 관심을 갖게 원조해야 한다.
② 갑 : 원조의 목적은 합당하고 합리적인 제도의 실현과 보존에 있다.
③ 을 : 기아의 주된 원인은 전 세계 식량 총 생산량의 부족에 있지 않다.
④ 을 : 모든 사람은 세계 모든 이의 복지에 동일한 책임을 져야 한다.
⑤ 갑과 을 : 국가 간 부의 불평등이 그 자체로 부정의한 것은 아니다.

● 왜 정답일까?
갑은 롤스, 을은 싱어이다.
싱어는 모든 사람이 세계의 모든 이의 복지에 동일한 책임을 가진다고 제안하는 것은 어리석은 일이라고 보았다. 싱어는 어떤 사람이 절대 빈곤에 처해 있고 다른 사람이 그것에 상당하는 도덕적 의미를 가진 것을 희생함이 없이 도울 수 있을 때에 도울 의무가 있다고 보았다.

● 왜 오답일까?
① 롤스는 고통받는 사회를 원조할 때 인권에 대해 강조하는 것이 바람직하다고 보았다. 고통받는 사회가 자국민의 인권에 관심을 갖게 원조함으로써 기근 발생을 예방할 수 있다고 보았다.
② 롤스는 원조의 목적은 고통받는 사회가 정당한 제도들을 실현하고 보존하는 것이라고 보았다.
③ 싱어는 전 세계는 그 주민들을 먹여 살리기에 충분한 음식을 생산하고 있다고 보고, 풍요로운 국가와 풍요로운 사람들이 빈곤한 사람들을 돕는다면 기아는 극복될 수 있다고 보았다.
⑤ 롤스는 국가 간 부의 불평등을 그 자체로 부정의하다고 보지 않았다. 때문에 원조의 목표를 사회들 간의 부와 복지 수준을 조정하는 것에 두지 않았다. 싱어는 인류의 복지를 증진한다면 국가 간 부의 불평등이 부정의하지는 않다고 보았다.

18 통일에 대한 입장
정답률 85% | 정답 ①

| 문제 보기 |

(가)의 입장에 비해 (나)의 입장이 갖는 상대적 특징을 그림의 ⊙~⊕ 중에서 고른 것은?

> (가) 통일을 통해 북한 주민의 인권 보장을 위한 밑거름을 조성하고 동북아시아의 평화에 기여할 수 있다. 그러나 통일은 남한의 기술과 북한의 자원을 결합하여 경제적 이익을 창출한다는 점에서 더 중요하다.
>
> (나) 통일을 통해 경제적 이익을 얻을 수 있다. 그러나 통일은 북한 주민의 인권 상황을 개선하고 한반도 평화 정착을 바탕으로 세계 평화에 기여한다는 점에서 더 중요하다.

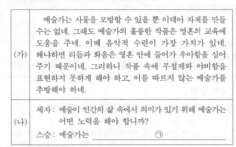

- X : 통일의 경제적 효과를 강조하는 정도
- Y : 통일을 통한 인도적 가치의 실현을 강조하는 정도
- Z : 통일이 국제 평화에 기여함을 강조하는 정도

① ⊙   ② ⊙   ③ ⊙   ④ ⊕   ⑤ ⊕

● 왜 정답일까?

(가)의 입장에 비해 (나)의 입장이 지닌 상대적 특징은 '통일의 경제적 효과를 강조하는 정도(X)'는 낮고, '통일을 통한 인도적 가치의 실현을 강조하는 정도(Y)'는 높고, '통일이 국제 평화에 대한 기여를 강조하는 정도(Z)'는 높다. 따라서 ⊙이다.

19 국가에 대한 입장
정답률 58% | 정답 ④

| 문제 보기 |

(가)의 갑, 을, 병 사상가들의 입장에서 서로에게 제기할 수 있는 비판을 (나) 그림으로 표현할 때, A~F에 해당하는 내용으로 가장 적절한 것은? [3점]

> (가)
> 갑 : 국가는 자기 완결적 조직으로서 최고선을 추구한다. 공동의 선을 나누어 가질 수 없거나 나누어 가질 필요가 없는 자는 국가의 일부가 아니며, 짐승 아니면 신이다.
> 을 : 국가가 형성될 때 개개인은 자신을 그 모든 권리와 함께 공동체 전체에 전면 양도한다. 이를 일반 의지의 지배 아래 둔 개인은 자기 자신에게만 복종한다.
> 병 : 국가가 없는 자연 상태에서 개개인은 모든 것에 대한 권리를 갖는다. 자기 보존과 평화를 위해 그러한 권리를 포기함으로써 주권자인 리바이어던이 탄생한다.

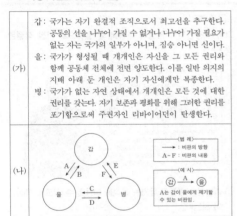

- [범 례] 비판의 방향
- A~F : 비판의 내용
- [예 시] 갑 —A→ 을
- A는 갑이 을에게 제기할 수 있는 비판임.

① A : 공공의 이익에 입각하여 국가가 운영되어야 함을 간과한다.
② B, E : 인간은 국가 안에서만 행복한 삶을 살 수 있음을 간과한다.
③ C : 국가 구성원의 생명권 보장이 국가의 목적임을 간과한다.
④ D : 국가 구성원은 법을 따르는 동시에 제정하는 자임을 간과한다.
⑤ F : 국가 권위에 복종할 의무는 자연 발생적이지 않음을 간과한다.

● 왜 정답일까?

갑은 아리스토텔레스, 을은 루소, 병은 홉스이다.
루소는 국가 구성원인 개인은 법을 따르는 동시에 법의 제정자여야 한다고 보았다. 이와 달리 홉스는 개인은 법을 따르는 자이고, 법의 제정자는 주권자인 리바이어던이라고 보았다.

● 왜 오답일까?

① 아리스토텔레스는 공동의 유익함을 고려하는 정치 체제를 올바르다고 보았다. 루소는 국가의 행위는 오직 공공의 이익만을 대상으로 한다고 보았다.
② 아리스토텔레스는 인간이 국가 밖에서는 행복한 삶을 살 수 없다고 보고, 국가 밖에서 살 수 있는 사람은 짐승 아니면 신이라고 보았다.
③ 홉스와 루소는 자기 보존을 사회 계약의 목적이라고 보고, 국가 구성원의 생명권 보장은 국가의 목적이라고 보았다.

---

⑤ 아리스토텔레스는 국가는 자연 발생적으로 존재하는 것이라고 보고 국가 권위에 대한 복종의 의무는 자연적 의무라고 보았다. 홉스는 국가 권위에 대한 복종의 의무는 자연 발생적으로 존재하는 것이 아니라, 상호 계약에 의해 발생된 의무라고 보았다.

20 플라톤의 도덕주의 이해
정답률 73% | 정답 ③

| 문제 보기 |

(가)를 주장한 고대 서양 사상가의 입장에서 볼 때, (나)의 ⊙에 들어갈 진술로 가장 적절한 것은? [3점]

> (가)
> 예술가는 사물을 모방할 수 있을 뿐 이데아 자체를 만들 수는 없네. 그래도 예술가의 훌륭한 작품은 영혼의 교육에 도움을 주네. 이때 음악적 수련이 가장 가치가 있네. 왜냐하면 리듬과 화음은 영혼 안에 들어가 우아함을 심어 주기 때문이네. 그러하니 작품 속에 무절제와 야비함을 표현하지 못하게 해야 하고, 이를 따르지 않는 예술가를 추방해야 하네.
>
> (나)
> 제자: 예술이 인간의 삶 속에서 의미가 있기 위해 예술가는 어떤 노력을 해야 합니까?
> 스승: 예술가는 _____ ⊙

① 예술을 위한 예술 활동에 전념해야 하네.
② 국가가 예술에 개입하는 것을 막아야 하네.
③ 사람의 선한 성품을 작품 속에 표현해야 하네.
④ 아름답거나 추한 모습을 사실적으로 드러내야 하네.
⑤ 사물이 나누어 가지는 아름다움의 이데아를 창조해야 하네.

● 왜 정답일까?

제시문은 플라톤의 주장이다.
플라톤은 예술 작품 속에 사람의 선한 성품을 표현해냄으로써 구성원들에게 선을 권장하고 덕성을 장려해야 한다고 보았다.

32회 **2022학년도 9월**   ● 고3 생활과 윤리 ●

01 ①	02 ③	03 ④	04 ②	05 ⑤
06 ③	07 ④	08 ①	09 ①	10 ②
11 ③	12 ⑤	13 ④	14 ③	15 ③
16 ②	17 ⑤	18 ②	19 ④	20 ⑤

채점결과	● 실제 걸린 시간 :	분	초
	● 맞은 문항수 :		개
	● 틀린 문항수 :		개
	● 헷갈린 문항 :		

32회

01 윤리학의 분류
정답률 83% | 정답 ①

| 문제 보기 |

(가), (나), (다)에 대한 설명으로 옳지 않은 것은? [3점]

> (가) 윤리학은 도덕 원리를 바탕으로 실생활의 윤리 문제에 대한 해결 방안을 제시하는 데 주력해야 한다.
> (나) 윤리학은 도덕적 언어의 의미를 분석하고 도덕적 추론의 정당성을 검증하는 데 주력해야 한다.
> (다) 윤리학은 도덕 판단의 기준을 탐구하고 도덕적 행위의 이론적 근거를 제시하는 데 주력해야 한다.

① (가)의 목적은 도덕 현상의 인과 관계를 기술하는 것이다.
② (가)는 현실의 윤리 문제 해결을 위해 (다)를 필요로 한다.
③ (나)는 윤리학이 학문적으로 성립 가능한지 검증하고자 한다.
④ (다)는 도덕적 규범들의 체계를 구축하고 정당화하고자 한다.
⑤ (다)는 윤리 이론을 정립할 때 (나)의 연구 결과를 활용할 수 있다.

● 왜 정답일까?

(가)는 실천 윤리학, (나)는 메타 윤리학, (다)는 이론 윤리학이다. 도덕 현상의 인과 관계를 기술하는 것은 기술 윤리학의 입장이다.

02 불교 사상과 도가 사상
정답률 82% | 정답 ③

| 문제 보기 |

(가), (나)의 입장으로 적절한 것만을 <보기>에서 고른 것은?

> (가) 이것이 있기 때문에 저것이 있고, 이것이 생기기 때문에 저것이 생긴다. 이것이 없기 때문에 저것이 없고, 이것이 사라지기 때문에 저것이 사라진다. 이를 연기(緣起)라 한다.
> (나) 인위적인 것을 멀리하고 분별적 지혜를 버리면 백성의 이익이 백배가 된다. 인(仁)을 끊고 의(義)를 버리면 백성이 다시 효도하고 자애로워진다.

> <보 기>
> ㄱ. (가): 고정불변의 실체가 있음을 깨달아야 한다.
> ㄴ. (가): 연기의 법칙을 깨달아 자비를 실천해야 한다.
> ㄷ. (나): 인위에 얽매이지 않고 도(道)에 따라야 한다.
> ㄹ. (가), (나): 인의(仁義)를 통해 도덕적 삶을 추구해야 한다.

① ㄱ, ㄴ   ② ㄱ, ㄷ   ③ ㄴ, ㄷ
④ ㄴ, ㄹ   ⑤ ㄷ, ㄹ

● 왜 정답일까?

(가)는 불교 사상, (나)는 도가 사상이다.
ㄴ. 불교에서는 모든 것이 상호 관계 속에서 존재한다는 연기의 법칙을 깨달으면, 자기가 소중하듯이 다른 사람도 소중하다는 자비의 마음이 생긴다고 보고 자비를 실천할 것을 강조하였다.
ㄷ. 도가에서는 천지 만물의 근원인 도(道)에 따라 인위적으로 강제하지 않고 자연스러움을 따르는 무위자연의 삶을 강조하였다.

● 왜 오답일까?

ㄱ. 불교에서는 모든 것이 변화한다고 보고 고정불변의 실체는 없다고 보았다.
ㄹ. 인의(仁義)를 통해 도덕적 인격 완성과 도덕적 이상 사회의 실현을 추구하는 것은 유교 사상에 해당한다.

03 칸트와 벤담의 사상   정답률 84% | 정답 ④

| 문제 보기 |

갑, 을 사상가들의 입장으로 적절하지 않은 것은? [3점]

> 갑 : 이성적 존재자로서 인간의 행위는 도덕 법칙의 지배를
> 받는다. 이 법칙에 자신의 행위를 자율적으로 복종시킬 때
> 그 행위는 결과와는 상관없이 도덕적 가치를 갖는다.
> 을 : 모든 쾌락을 합산하고 모든 고통을 합산하여 이 둘을 비교
> 하였을 때, 쾌락의 양이 더 크면 그 행위는 옳은 행위이다.
> 이것이 행위의 옳음을 판단하는 유일한 방법이다.

① 갑 : 좋은 결과를 산출한 행위도 옳지 않은 행위일 수 있다.
② 갑 : 그 자체로 선한 의지에서 비롯된 행위는 옳은 행위이다.
③ 을 : 행위의 옳고 그름을 판단하는 척도는 결과의 유용성
    이다.
④ 을 : 정신적 쾌락은 감각적 쾌락과 달리 양적 계산이 불가
    능하다.
⑤ 갑, 을 : 행위의 옳고 그름을 규정하는 보편적 원칙은 존재
    한다.

● 왜 정답일까?

갑은 칸트, 을은 벤담이다.
벤담은 모든 쾌락은 질적으로 같으며 양적인 차이만 있다고 가정
하고, 모든 쾌락을 계산할 수 있다고 보았다.

04 요나스와 베이컨의 입장   정답률 75% | 정답 ②

| 문제 보기 |

**갑 사상가가 을 사상가에게 제기할 수 있는 비판으로 가장
적절한 것은? [3점]**

> 갑 : 우리는 원하는 것보다 원하지 않는 것을 더 잘 안다. 따라서
> 실제로 무엇을 보호해야 하는가를 알아내기 위해 우리는
> 희망보다 공포로부터 논의를 시작해야 한다. 왜냐하면
> 행위를 하도록 북돋우는 공포가 책임의 본질적 속성이기
> 때문이다.
> 을 : 인간은 자연의 사용자 및 자연의 해석자로서 자연에 대해서
> 실제로 관찰하고 고찰한 것만큼 자연을 이해할 수 있고,
> 무엇인가를 할 수 있다. 더 나은 지식이 만들어지면 과학
> 기술의 진보를 기대할 수 있다는 것이 우리가 희망을
> 말하는 근거이다.

① 과학 기술자는 사회적 책임으로부터 자유로워야 함을 간과
    한다.
② 인간의 책임 범위가 자연에 대해서까지 확대되어야 함을
    간과한다.
③ 인류의 복지를 위한 과학 기술의 사용은 제한될 수 없음을
    간과한다.
④ 현세대와 미래 세대 사이에 호혜적 책임이 있어야 함을 간과
    한다.
⑤ 과학 기술 발전에 따른 부작용도 과학 기술로 해결 가능함
    을 간과한다.

● 왜 정답일까?

갑은 요나스, 을은 베이컨이다. 요나스는 인류 존속이라는 당위
적 요청을 근거로 하여 책임의 범위를 현 세대로 한정하지 않고
미래 세대는 물론 자연까지 확대해야한다고 강조하였다. 따라서
요나스는 베이컨이 인간의 책임 범위를 자연에까지 확대해야 함
을 간과하고 있음을 비판할 수 있다.

05 유전 공학 연구에 대한 쟁점   정답률 86% | 정답 ⑤

| 문제 보기 |

다음 토론의 핵심 쟁점으로 가장 적절한 것은?

> 갑 : 유전 공학은 우리를 질병으로부터 해방시키고 우리가
> 바라는 인간의 현재와 미래의 모습을 실현시켜 줄 것입니다.
> 유전 공학의 발전은 행복한 미래를 위한 필수 조건입니다.
> 을 : 질병 극복은 선(善)이므로 치료를 목적으로 하는 유전 공학
> 연구는 진행되어야 합니다. 그러나 유전자 강화 연구는 치료를
> 넘어 자연적 형질의 변화를 추구하므로 지속되면 안 됩니다.
> 갑 : 치료가 소극적 선이라면 강화는 적극적 선입니다. 유전자
> 강화를 통한 인간의 자연적 능력은 확연히 강화될 것입니다.
> 이를 통해 우리는 더 높은 차원의 삶을 경험할 것입니다.
> 을 : 유전자 강화 기술이 설령 자신과 미래 세대에게 높은
> 차원의 삶을 보장해 줄 수 있을지라도, 이 기술은 인간의
> 고유성과 정체성을 훼손하기 때문에 선이라 할 수 없습니다.

① 유전 공학 연구는 선을 추구해야 하는가?
② 치료를 목적으로 하는 유전 공학은 발전해야 하는가?
③ 유전자 강화 기술의 궁극적 목적은 질병의 치료인가?
④ 유전자 강화 기술은 인간의 자연적 능력을 변화시키는가?
⑤ 유전자 강화를 목적으로 하는 유전 공학 연구는 중단되어
    야 하는가?

● 왜 정답일까?

갑은 치료 목적의 유전 공학 연구는 물론 자연적 능력 강화 목적
의 유전자 강화 연구도 허용해야 한다고 주장하고 있다. 이에
반해 을은 치료 목적의 유전 공학 연구는 허용해도 유전자 강화
연구는 중단해야 한다고 주장한다.

06 맹자와 순자의 직업관   정답률 93% | 정답 ③

| 문제 보기 |

갑, 을 사상가들의 입장으로 적절하지 않은 것은?

> 갑 : 백성은 항산(恒産)이 있어야 항심(恒心)을 지닐 수 있다.
> 성인(聖人)이 천하를 다스리면 백성이 물이나 불과 같이
> 풍족해질 것이다. 만일 곡식이 물이나 불과 같이 풍족
> 해지면 백성에게 어찌 불인(不仁)함이 있겠는가?
> 을 : 왕공(王公)과 사대부의 자손이라도 예의(禮義)를 힘써 행할
> 수 없다면 서인(庶人)으로 귀속시킨다. 서인의 자손이라도
> 학문을 쌓아 몸을 바르게 하고 예의를 힘써 행할 수 있다면
> 사대부로 귀속시킨다.

① 갑 : 성인(聖人)은 백성의 기본적 생계유지를 중시한다.
② 갑 : 경제적 안정은 백성에게 도덕적 삶의 기반이 된다.
③ 을 : 사회적 역할은 능력보다는 선호에 따라 결정되어야
    한다.
④ 을 : 예(禮)를 기준으로 하여 사회적 역할이 분담되어야 한다.
⑤ 갑, 을 : 사회적 분업은 사회 질서를 유지하는 데 기여할
    수 있다.

● 왜 정답일까?

갑은 맹자, 을은 순자이다. 순자는 각 구성원의 선호가 아니라 적
성과 능력에 따라 사회적 역할이 결정되어야 함을 강조하였다.

07 로크의 국가의 역할과 의무   정답률 84% | 정답 ④

| 문제 보기 |

**다음을 주장한 사상가의 입장으로 적절한 것만을 <보기>에서
고른 것은?**

> 본래 인간은 자유롭고 평등하고 독립된 존재이므로 자신의
> 동의 없이 다른 사람의 정치권력에 복종할 수 없다. 어떤 사람이
> 자신의 자유를 포기하고 시민 사회의 구속을 받아들이는 유일한
> 방법은, 자신의 재산을 보호하고 다른 사람들과 상호간에 안전한
> 삶을 영위하기 위해서 공동체를 결성하기로 합의하는 것이다.

< 보 기 >
ㄱ. 국가는 가족 공동체 의식이 전제된 정치적 공동체여야 한다.
ㄴ. 국가는 개인의 기본권 보장을 목적으로 계약에 의해 수립된다.
ㄷ. 국가는 인간의 정치적 본성으로 형성되는 자연적 공동체이다.
ㄹ. 국가는 시민 모두에게 동등한 자유와 권리를 보장해야 한다.

① ㄱ, ㄴ   ② ㄱ, ㄷ   ③ ㄴ, ㄷ   ④ ㄴ, ㄹ   ⑤ ㄷ, ㄹ

● 왜 정답일까?

제시문을 주장한 사상가는 로크이다.
ㄴ. 로크는 개인들의 필요 즉 기본적 권리 보장을 목적으로 한
계약에 의해 국가가 수립되었다고 보았다.
ㄹ. 로크는 국가는 구성원들에게 생명과 자유, 재산을 보호받을
수 있는 권리를 동등하게 보장해야 한다고 보았다.

08 해외 원조에 대한 입장   정답률 61% | 정답 ①

| 문제 보기 |

**갑, 을 사상가들의 입장으로 적절한 것만을 <보기>에서 있는
대로 고른 것은? [3점]**

> 갑 : 질서 정연한 만민은 고통받는 사회들을 원조해야 할 의무를
> 지닌다. 그러나 이 의무를 실행하게 하는 방법이 경제적
> 및 사회적 불평등을 규제하는 분배 정의의 원칙을 따르는
> 것은 아니다.
> 을 : 우리는 적은 비용으로도 가난한 사람의 복리에 중요한
> 변화를 일으킬 수 있다. 쾌락 증진과 고통 감소를 추구하는
> 공리주의 이론에 근거하여 원조 여부를 판단해야 한다.

< 보 기 >
ㄱ. 갑 : 정의의 원칙에 따라 운영되는 국가는 원조의 대상이 아니다.
ㄴ. 을 : 빈곤으로 고통받는 사람을 원조하지 않아도 되는 경우가 있다.
ㄷ. 을 : 원조는 도덕적 구속력이 배제된 개인적 선택의 문제이다.
ㄹ. 갑, 을 : 자원이 풍부한 국가는 원조의 대상이 될 수 없다.

① ㄱ, ㄴ   ② ㄴ, ㄹ   ③ ㄷ, ㄹ
④ ㄱ, ㄴ, ㄷ   ⑤ ㄱ, ㄷ, ㄹ

● 왜 정답일까?

갑은 롤스, 을은 싱어이다.
ㄱ. 롤스는 해외 원조의 대상을 불리한 여건으로 고통받는 사회
로 보았다. 따라서 정의의 원칙에 따라 운영되는 국가는 '질서 정
연한 사회'이기 때문에 롤스의 입장에서는 원조의 대상이 아니다.
ㄴ. 싱어는 원조로 인해 얻는 이익이 비용보다 크면 원조의 의무
가 있다고 보았지만 원조의 비용이 원조를 통해 얻는 이익보다
클 경우 원조의 의무가 있다고 보지 않았다.

● 왜 오답일까?

ㄷ. 싱어는 원조를 개인 선택의 문제라고 보는 자선의 관점이
아니라, 도덕적 구속력이 있는 의무의 관점에서 바라보아야 한
다고 주장하였다.
ㄹ. 롤스는 천연자원의 풍부 여부와 무관하게 불리한 여건, 즉
질서 정연해지기 위해서 필요한 정치적이며 문화적인 전통들이
없음으로 인해 고통받는 사회라면 원조의 대상이 될 수 있다고
보았다. 싱어는 빈곤으로 고통받는 사람들이 있는 빈곤한 국가
라면 원조의 대상이 될 수 있다고 보았다.

09 음식 문화와 윤리적 문제   정답률 71% | 정답 ①

| 문제 보기 |

**그림의 강연자가 긍정의 대답을 할 질문으로 가장 적절한
것은?**

> 음식을 선택할 때에는 단순히 맛뿐만 아니라 건강과
> 환경 등 여러 요소를 고려해야 합니다. 우선, 건강과
> 맛을 위해 유기농 식품을 이용해야 합니다. 질이 낮은
> 음식을 풍족하게 먹는 것보다 덜 먹더라도 질 좋은
> 재료로 만든 유기농 식품을 먹는다면 건강도 증진되고
> 맛의 즐거움도 만끽할 수 있습니다. 또한, 환경을
> 생각해서 경제적 효율성이 떨어지더라도 유기농을
> 먹는것은 반드시 가까운 지역에서 얻어야 합니다.
> 다른 나라에서 생산한 산업화된 유기농 식품을 장거리
> 수송 과정에서 이산화탄소 배출 문제를 일으킵니다.
> 그리고 식품의 적정 가격에 대한 논의도 해야 합니다.
> 가난한 사람이 유기농 식품을 이용할 수 있도록 가격은
> 너무 비싸도 안 되지만, 농부들의 지속가능한 생산을
> 위해 너무 저렴해도 안 됩니다.

① 가난한 사람들도 유기농 음식을 이용할 수 있도록 배려해
    야 하는가?
② 맛의 즐거움과 건강을 위해 음식의 질보다 양을 중시해야
    하는가?
③ 대량 생산으로 음식 재료 가격을 낮추는 게 언제나 바람직
    한가?
④ 유기농 식품의 소비 과정에서 환경에 대한 고려를 배제해야
    하는가?
⑤ 가까운 지역의 유기농 식품을 이용하는 것이 가장 경제적인
    소비인가?

● 왜 정답일까?

그림의 강연자는 맛, 건강, 환경 등을 위해 유기농 식품을 이용
해야 한다고 주장하고 있다. 강연자는 질이 낮은 음식을 풍족하
게 먹는 것보다 질 좋은 유기농 식품을 먹는 것이 바람직하다고
보고 가난한 사람이 유기농 식품을 이용할 수 있도록 배려해야
한다고 주장하고 있다.

10 마르크스, 노직, 롤스의 정의관   정답률 53% | 정답 ②

| 문제 보기 |

**(가)의 갑, 을, 병 사상가들의 입장을 (나) 그림으로 표현할
때, A ~ D에 해당하는 질문으로 적절한 것만을 <보기>에서
있는 대로 고른 것은? [3점]**

> 갑 : 노동이 생활 수단일 뿐만 아니라 일차적인 생활
> 욕구로 된 후에, 사회는 자신의 깃발에 '각자는 능력에
> 따라, 각자에게는 필요에 따라'라고 쓸 수 있게 된다.

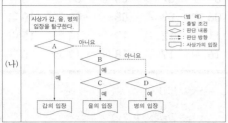

(가)
을 : 한 사람의 소유물은 취득, 이전, 불의의 교정 원리에 의해 권리를 부여받았으면 정당하다. 각 개인의 소유물이 정당하다면 소유물의 전체 집합도 정당하다.
병 : 원초적 입장에서 합의된 정의 원칙들은 사회 협동체의 종류와 설립할 정부 형태를 규정해 준다. 정의 원칙들을 이렇게 보는 방식을 공정으로서의 정의라 부른다.

(나)
[범 례] 사상가 갑, 을, 병의 입장을 탐구한다.

<보 기>
ㄱ. A: 가장 바람직한 분배는 국가가 없는 상태에서 가능한가?
ㄴ. B: 자기 노동의 결과에 대해서만 정당한 소유권을 갖는가?
ㄷ. C: 최소 국가는 정의 실현을 위해 분배 과정에 개입할 수 있는가?
ㄹ. D: 재산에 대한 사적 소유권은 차등적으로 분배되어야 하는가?

① ㄱ, ㄴ ② ㄱ, ㄷ ③ ㄴ, ㄹ
④ ㄱ, ㄷ, ㄹ ⑤ ㄴ, ㄷ, ㄹ

● 왜 정답일까?

갑은 마르크스, 을은 노직, 병은 롤스이다.
ㄱ. 마르크스의 입장에서 가장 바람직한 분배는 국가가 없는 공산 사회에서 가능하다. 이와 달리 노직, 롤스 모두는 국가 상태에서 정의로운 분배가 가능하다고 보았다.
ㄷ. 노직은 재화를 취득하거나 양도받는 과정에서 과오나 잘못된 절차에 의한 소유가 발생했을 때는 이를 바로잡기 위해 최소 국가가 개입할 수 있다고 보았다.

● 왜 오답일까?

ㄴ. 노직은 노동을 통해 정당하게 취득한 재화뿐 아니라, 타인에 의해 자유로이 양도받은 재화에 대해서도 정당한 소유 권리가 있다고 보았다.
ㄹ. 롤스는 재산에 대한 사적 소유권을 기본적 자유라고 보고 모든 구성원이 기본적 자유들을 평등하게 누려야 한다고 보았다.

11 공자, 장자의 죽음관   정답률 92% | 정답 ③

| 문제 보기 |

갑, 을 사상가들의 입장으로 가장 적절한 것은? [3점]

갑 : 사람을 섬길 줄도 모르면서 어떻게 귀신을 섬길 수 있겠는가? 삶도 아직 모르면서 어떻게 죽음을 알 수 있겠는가? 뜻있는 선비와 어진 사람은 살기 위해 인(仁)을 해치지 않고, 자신을 희생해서라도 인을 이루려 한다.
을 : 혼돈 속에 뒤섞여 있는 가운데 변화가 일어나 기(氣)가 드러나고, 그 기가 변화하여 형체를 이루며, 다시 이 형체가 변화해서 생명이 생긴다. 생명은 다시 한 번 변화해서 죽음으로 돌아간다.

① 갑 : 삶과 죽음은 모두 고통의 연속일 뿐이다.
② 갑 : 삶과 죽음은 기가 모이고 흩어지는 연속적 과정이다.
③ 을 : 자연스러운 과정인 죽음에 대해 슬퍼할 필요가 없다.
④ 을 : 죽음을 두려워하기보다 인(仁)을 이루는 삶을 지향해야 한다.
⑤ 갑, 을 : 현세에서의 도덕적 실천이 내세의 삶에 영향을 미친다.

● 왜 정답일까?

갑은 공자, 을은 장자이다. 장자는 삶과 죽음은 서로 연결돼 순환하는 자연스러운 과정이라고 보고 슬퍼할 필요가 없다고 보았다.

12 순자, 공자의 예술관   정답률 68% | 정답 ⑤

| 문제 보기 |

갑, 을 사상가들의 입장으로 가장 적절한 것은?

갑 : 성왕(聖王)은 사람의 본성이 악하여 사회가 어지러울 것을 염려하였다. 이에 예(禮)와 법도를 만들어 사람의 성정(性情)을 교화하였다. 악(樂)이란 성인이 즐겼던 바이고, 악(樂)으로써 백성의 마음을 선도할 수 있다.
을 : 사람은 시(詩)에서 감흥이 일어나고, 예(禮)에서 바로 서고, 악(樂)에서 완성된다. 도에 뜻을 두고, 덕에 의거하며, 인(仁)에 의지하고, 예(藝)에서 노닐어야 한다.

① 갑 : 음악의 유일한 목적은 즐거움을 주는 것이다.
② 갑 : 음악은 사람의 선한 본성을 이끌어 낼 수 있다.
③ 을 : 음악은 재물을 낭비하게 하여 백성에 해가 된다.
④ 을 : 음악은 음악 자체의 아름다움을 위해서만 존재한다.
⑤ 갑, 을 : 음악은 인격을 도야하기 위한 중요한 수단이다.

● 왜 정답일까?

갑은 순자, 을은 공자이다. 순자와 공자는 예술은 인격을 도야시키고 사회 질서를 안정시키는 수단이라고 보았다.

13 칸트의 영구 평화론   정답률 65% | 정답 ④

| 문제 보기 |

다음을 주장한 사상가의 입장으로 가장 적절한 것은? [3점]

국가들 사이의 영원한 평화를 위한 확정 조항은 다음과 같다. 첫째, 모든 국가의 시민적 정치 체제는 공화 정체여야 한다. 모든 입법은 근원적 계약의 이념에서 나오는 공화 정체에 기초해야만 한다. 둘째, 국제법은 자유로운 국가들의 연방 체제에 기초해야 한다. 국가들은 국제법의 이념에 따라 움직이지 않기 위해 전쟁을 방지하기 위한 지속적인 연맹이 필요하다. 셋째, 세계 시민법은 보편적 우호의 조건들에 국한되어야 한다. 여기서 우호란 외국인이 타국의 영토에 도착했다고 해서 적대적으로 취급받지 않을 권리를 의미한다.

① 국제 관계에서는 국가가 유일한 행위자로 간주된다.
② 국제 연맹은 국가와 같은 주권적 권력으로 기능해야 한다.
③ 평화 조약을 통해 모든 전쟁들을 영원히 종식시킬 수 있다.
④ 국가 간 분쟁의 해소가 영원한 평화 실현의 충분조건은 아니다.
⑤ 정치 체제의 개선이 평화의 실현을 위한 전제 조건은 아니다.

● 왜 정답일까?

제시문의 사상가는 칸트이다. 칸트는 국가 간 분쟁이 해소되다 해도 영원한 평화가 실현되지 않을 수 있다고 보고 영원한 평화를 위해서 확정 조항과 예비 조항을 제시하였다.

14 통일을 위한 노력   정답률 93% | 정답 ③

| 문제 보기 |

㉠에 들어갈 진술로 가장 적절한 것은? [3점]

독일의 통일 사례는 통일을 준비하는 우리에게 중요한 교훈을 준다. 독일은 통일 전 많은 교류와 협력을 추진해 왔음에도 불구하고, 통일 이후 구 동독 지역 주민들과 구 서독 지역 주민들이 서로를 비하하고 무시하는 등 심각한 갈등을 겪었다. 또한 사회·문화적인 이질성을 줄이지 못한 상황에서 통일이 되면서 통일 이후에 사회를 통합하는 데 막대한 비용을 지불해야 했다. 이처럼 오랜 기간 서로 다른 이념과 체제에서 살아온 사람들이 서로에 대한 이질감을 극복하고 내적인 통합을 이루는 것은 단기간에 달성할 수 있는 쉬운 문제가 아니다. 따라서 우리는 ⎡   ㉠   ⎤

① 교류와 협력보다는 체제의 우위를 공고히 해야 한다.
② 사회적 갈등을 예방하기 위해 흡수 통일을 지향해야 한다.
③ 사회·문화적 통합을 이루기 위한 장기적 대책을 강구해야 한다.
④ 민족의 동질성을 회복하기 위해 급진적으로 통일을 이루어야 한다.
⑤ 이념적 통합이 선행되지 않으면 통일을 위한 노력을 중단해야 한다.

● 왜 정답일까?

제시문은 오랜 기간 서로 다른 이념과 체제에서 살아온 서독과 동독의 주민들이 서로의 이질감을 극복하지 못해 어려움을 겪었던 예를 보여주고 있다. 이를 우리에게 적용했을 때 남북한의 내적인 통합을 이루기 위해서는 장기적 대책이 필요하다고 본다.

● 왜 오답일까?

① 제시문은 교류와 협력을 통해 내적인 통합을 이루어야 한다고 본다.
② 제시문은 흡수 통일을 지향해야 한다고 주장하지 않는다.
④ 제시문은 민족의 동질성 회복은 단기간에 달성할 수 있는 쉬운 문제가 아니라고 본다.
⑤ 제시문은 내적인 통합이 어렵더라도 통일을 위한 노력을 계속해야 한다고 본다.

15 칸트, 싱어, 레오폴드의 환경 윤리   정답률 44% | 정답 ③

| 문제 보기 |

(가)의 갑, 을, 병 사상가들의 입장을 (나) 그림으로 표현할 때, A ~ D에 해당하는 진술로 적절한 것만을 <보기>에서 있는 대로 고른 것은?

(가)
갑 : 동물을 잔학하게 다루는 것은 인간 자신에 대한 의무에 어긋난다. 왜냐하면 타인과의 관계에서 도덕성에 도움이 되는 자연적 소질을 약화시키기 때문이다.
을 : 고통과 즐거움을 느낄 수 있는 존재에 대해 우리는 이익 평등 고려 원칙을 적용해야 한다. 동물의 고통을 무시하는 행위는 일종의 종 차별주의적 태도이다.
병 : 개인은 상호 의존적으로 이루어진 공동체의 구성원이다. 우리는 대지 윤리를 통해 이 공동체의 범위를 흙, 물, 동식물을 포함하도록 확장해야 한다.

(나)
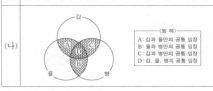
[범 례]
A : 갑과 을만의 공통 입장
B : 을과 병만의 공통 입장
C : 갑과 병만의 공통 입장
D : 갑, 을, 병의 공통 입장

<보 기>
ㄱ. A: 자연을 경제적 관점에서 이용하는 것이 허용될 수 있다.
ㄴ. B: 이성적 능력을 기준으로 도덕적 지위가 결정되는 것은 아니다.
ㄷ. C: 고통을 느끼는 모든 존재가 존속할 권리를 갖는 것은 아니다.
ㄹ. D: 동물에게 해를 끼치는 행위가 정당화되는 경우가 있다.

① ㄱ, ㄴ ② ㄱ, ㄷ ③ ㄴ, ㄹ
④ ㄱ, ㄷ, ㄹ ⑤ ㄴ, ㄷ, ㄹ

● 왜 정답일까?

갑은 칸트, 을은 싱어, 병은 레오폴드이다.
ㄴ. 칸트는 도덕적 지위가 이성적 능력을 기준으로 결정된다고 본 반면 싱어와 레오폴드는 도덕적 지위가 이성적 능력을 기준으로 결정된다고 보지 않았다.
ㄹ. 칸트, 싱어, 레오폴드는 동물에게 해를 끼치는 행위가 정당화되는 경우가 있다고 보았다.

● 왜 오답일까?

ㄱ. 레오폴드는 자연을 경제적 관점에서 이용하는 것이 허용될 수 있다고 보았다. 다만 자연을 경제적 관점만이 아니라 도덕적 관점, 심미적 관점에서 검토할 것을 주장하였다.
ㄷ. 레오폴드는 고통을 느끼는 모든 존재를 비롯한 대지 공동체의 구성원들이 존속할 권리가 있다고 보았다.

16 동양의 소통 윤리   정답률 91% | 정답 ②

| 문제 보기 |

다음을 주장한 사상가의 입장에서 <사례> 속 학생 A에게 해 줄 수 있는 조언으로 가장 적절한 것은? [3점]

군자는 화합하지만[和] 주체를 잃지 않고 남들과 같아지지[同] 않으며, 소인은 주체를 잃어버리고 남들과 같아지며 화합하지 않는다. 군자는 두루 포용하고[周] 파벌을 이루지[比] 않으며, 소인은 파벌을 이루고 두루 포용하지 않는다.

<사 례>
학생 A는 다른 문화권에서 온 친구의 독특한 행동이 비도덕적이라고 생각하지는 않지만 왠지 낯설게 느껴진다. 그래서 학생 A는 그 친구를 어떻게 대해야 할지 고민하고 있다.

① 그 친구가 우리나라 문화에 동화되도록 설득해 보세요.
② 그 친구의 문화를 이해하는 태도로 조화롭게 지내세요.
③ 친하게 지낼 경우 얻게 되는 이익을 계산하여 행동하세요.
④ 다수가 즐기는 문화가 우월하다는 생각을 갖고 행동하세요.
⑤ 선악의 분별없이 그 친구의 행동을 모두 포용하도록 하세요.

● 왜 정답일까?

제시문의 사상가는 공자이다.
공자는 도덕 원칙을 지키면서 주변과 조화를 이루는 군자의 모습을 제시하며 조화의 중요성을 강조하였다. 따라서 공자는 <사례> 속 학생 A에게 다른 문화권에서 온 친구의 문화를 이해하며 조화롭게 지내라고 조언할 수 있다.

● 왜 오답일까?

①, ④ 공자는 두루 포용하는 자세를 지닌 군자를 이상적인 인간상으로 제시하였다.

③ 공자는 이익을 추구하기보다 덕 있는 삶을 추구해야 한다고 보았다.
⑤ 공자는 시비와 선악의 분별을 중시하였다.

17 롤스, 싱어의 시민 불복종
정답률 45% | 정답 ⑤

| 문제 보기 |
그림은 서양 사상가 갑, 을의 가상 대화이다. 갑, 을의 입장으로 적절한 것만을 <보기>에서 있는 대로 고른 것은?

평등한 자유의 원칙에 대한 심각한 위반은 시민 불복종의 대상이 됩니다. 시민 불복종에 참여하는 사람들은 다수자의 정의감에 호소하여 자유로운 협동의 조건이 침해되었다는 것을 정당하게 알립니다.

시민 불복종은 민주적 의사 결정을 좌절시킨다기보다는 복원하려는 시도입니다. 우리가 중단시키려고 하는 악의 크기와, 불복종이 가져올 법과 민주주의에 대한 존중심의 감소 정도를 저울질해 봐야 합니다.

갑   을

<보 기>
ㄱ. 갑 : 차등의 원칙을 위반한 정책은 시민 불복종의 대상이 된다.
ㄴ. 갑 : 매우 부정의한 입헌 체제에서 시민 불복종은 성립할 수 없다.
ㄷ. 을 : 시민 불복종을 하는 시민은 보편적 법치 원리를 존중한다.
ㄹ. 갑, 을 : 시민 불복종으로 발생할 불행한 결과를 고려해야 한다.

① ㄱ, ㄴ   ② ㄱ, ㄹ   ③ ㄴ, ㄷ
④ ㄱ, ㄷ, ㄹ   ⑤ ㄴ, ㄷ, ㄹ

• 왜 정답일까?
갑은 롤스, 을은 싱어이다.
ㄴ. 롤스는 시민 불복종의 문제는 어느 정도 정의로운 국가 내에서 그 체제의 합법성을 인정하고 받아들이는 시민들에 있어서만 생겨난다고 보았다.
ㄷ. 싱어는 시민 불복종에 참여한 사람들이 민주주의의 기본 원칙들과 법의 지배를 존중한다고 보았다.
ㄹ. 롤스는 시민 불복종이 많은 집단에 의해 일어나면 극심한 혼란이 발생하여 모든 이에게 불행한 결과를 초래할 수 있으므로 시민 불복종에 가담할 수 있는 범위에 한계가 있다고 가정하였다. 싱어는 공리주의 입장에서 시민 불복종의 결과가 가져올 이익과 손해를 계산해 보아야 한다고 주장하였다.

• 왜 오답일까?
ㄱ. 롤스는 시민 불복종의 적절한 대상이 되는 부정의를 정의의 제1원칙인 평등한 자유의 원칙에 대한 심한 위반이나 제2원칙 중 공정한 기회균등의 원칙에 대한 현저한 위배에 국한시켜야 한다고 보았다.

18 칸트의 성 윤리
정답률 81% | 정답 ②

| 문제 보기 |
다음을 주장한 사상가의 입장으로 가장 적절한 것은?

결혼은 서로에게 평등한 권리를 허용하고, 자신의 전인격을 온전히 상대방에게 양도한다는 조건을 받아들이겠다는 두 사람 사이의 계약이다. 그리하여 각자는 상대방의 전인격적에 대한 완전한 권리를 갖게 되며, 이제 인간성을 추락시키지도 않고 도덕성을 위반하지 않으면서도 성관계가 가능한 방식이 이성(理性)을 통해 명확해진다.

① 자발적 동의가 없는 성관계도 도덕적으로 정당화될 수 있다.
② 결혼이라는 조건이 충족될 때 상대방의 성을 향유할 수 있다.
③ 타인에게 해를 끼치지 않는 모든 성관계는 도덕적으로 정당하다.
④ 인격적 만남을 통한 성관계는 부부 사이가 아니어도 정당하다.
⑤ 부부 사이의 성관계도 출산을 의도할 때에만 도덕적으로 정당하다.

• 왜 정답일까?
제시문의 사상가는 칸트이다.
칸트는 결혼이라는 조건이 충족될 때 개인은 인간성을 추락시키지도 않고 도덕성을 위반하지 않으면서도 상대방의 성을 향유할 수 있다고 보았다.

19 사형 제도에 대한 다양한 입장
정답률 62% | 정답 ④

| 문제 보기 |
(가)의 갑, 을, 병 사상가들의 입장에서 서로에게 제기할 수 있는 비판을 (나) 그림으로 표현할 때, A ~ F에 해당하는 내용으로 가장 적절한 것은? [3점]

| (가) | 갑 : 사형은 살인에 상응하는 보복을 위한 것이다. 또한 사형은 인간성을 해치는 죄책감으로부터 사형수를 해방시켜 준다.
을 : 사형은 한순간에 강렬한 인상만을 줄 뿐이다. 반면, 종신 노역형이 더 큰 공포를 안겨 주므로 인간 정신에 미치는 효과가 사형에 비해 크다.
병 : 사형은 죄인을 적으로 간주하는 것으로서, 그에 대한 재판과 판결은 그가 더 이상 국가의 구성원이 아니라는 증명이자 선고이다. |

(나)
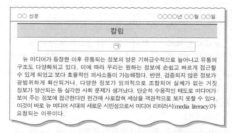

범 례
→ : 비판의 방향
A-F : 비판의 내용

(예 시)
A는 갑이 을에게 제기할 수 있는 비판임.

① A, C : 형벌이 주는 공포는 강도보다 지속성에서 나옴을 간과한다.
② B : 종신 노역형이 범죄자를 목적으로 대우하는 형벌임을 간과한다.
③ D : 사형은 시민의 범죄 의욕을 전혀 억제할 수 없음을 간과한다.
④ E : 사형은 시민들의 생명을 지키기 위해 실행되는 형벌임을 간과한다.
⑤ F : 범죄자를 처벌하는 것은 그가 처벌을 의욕했기 때문임을 간과한다.

• 왜 정답일까?
갑은 칸트, 을은 베카리아, 병은 루소이다.
칸트는 사형을 비롯한 형벌은 결코 범죄자 자신이나 시민 사회를 위해 어떤 다른 선을 촉진하기 위한 한낱 수단으로 가해질 수 없고 오직 범죄자가 범죄를 저질렀기 때문에 가해져야 한다고 보았다.
루소는 사형은 시민들의 생명을 지키기 위해 실행되는 형벌이라고 보았다. 따라서 루소가 칸트에게 사형이 시민들의 생명을 지키기 위해 실행되는 형벌임을 간과한다는 비판을 제기할 수 있다.

20 뉴 미디어 시대의 매체 윤리
정답률 94% | 정답 ⑤

| 문제 보기 |
다음은 신문 칼럼이다. ㉠에 들어갈 제목으로 가장 적절한 것은?

○○ 신문   ○○○○년 ○○월 ○○일

칼럼

㉠

뉴 미디어가 등장한 이후 유통되는 정보의 양은 기하급수적으로 늘어나고 유통의 구조도 다양화되고 있다. 이에 따라 우리는 원하는 정보에 손쉽고 빠르게 접근할 수 있게 되었고 보다 활동적인 의사소통이 가능해졌다. 반면, 검증되지 않은 정보가 광범위하게 확산되거나, 다양한 정보가 임의적으로 조합되어 실체가 없는 거짓 정보가 양산되는 등 심각한 사회 문제가 생겨난다. 단순히 수동적인 태도로 미디어가 보여 주는 정보에 접근한다면 편견에 서로잡혀 세상을 객관적으로 보지 못할 수 있다. 이것이 바로 뉴 미디어 시대의 새로운 시민성으로서 미디어 리터러시(media literacy)가 요청되는 이유이다.

① 뉴 미디어 시대, 쌍방향 의사소통이 가능해진다.
② 뉴 미디어 시대, 빅 데이터 처리 기술이 요청된다.
③ 뉴 미디어 시대, 계층 간 정보 격차를 줄여야 한다.
④ 뉴 미디어 시대, 정보에 대한 접근이 더 용이해진다.
⑤ 뉴 미디어 시대, 정보에 대한 비판적 사고력이 필요하다.

• 왜 정답일까?
제시문은 뉴 미디어 시대에 매체가 제공하는 정보를 제대로 평가하기 위해 비판적 사고 능력을 길러야 함을 강조하고 있다.

● 고3 생활과 윤리 ●

33회 2021학년도 9월

01 ②	02 ①	03 ⑤	04 ①	05 ④
06 ③	07 ②	08 ⑤	09 ③	10 ③
11 ④	12 ①	13 ②	14 ④	15 ⑤
16 ④	17 ⑤	18 ②	19 ③	20 ④

채점결과	• 실제 걸린 시간 : 　　　분　　　초
	• 맞은 문항수 : 　　　개
	• 틀린 문항수 : 　　　개
	• 헷갈린 문항 :

01 실천 윤리학과 기술 윤리학
정답률 80% | 정답 ②

| 문제 보기 |
(가), (나)의 입장으로 가장 적절한 것은?

(가) 윤리학은 사회 변화와 기술의 발전으로 인해 발생하는 새로운 도덕 문제를 해결하기 위한 구체적 지침을 제공하는 것을 핵심 과제로 삼아야 한다.
(나) 윤리학은 역사적, 문화적, 인류학적 관점에서 각 문화권의 다양한 도덕적 현상을 조사하고 객관적으로 기술하는 것을 핵심 과제로 삼아야 한다.

① (가) : 도덕적 신념과 관습은 사실들의 집합으로 간주해야 한다.
② (가) : 보편적 도덕 원리를 현실의 개별 상황에 적용해야 한다.
③ (나) : 도덕 규칙이나 평가의 표준이 되는 원리를 정립해야 한다.
④ (나) : 도덕 언어의 의미와 도덕 추론의 타당성을 검증해야 한다.
⑤ (가), (나) : 절대적이고 객관적인 도덕 규칙의 존재를 인정해야 한다.

• 왜 정답일까?
(가)는 실천 윤리학, (나)는 기술 윤리학의 입장이다.
실천 윤리학은 삶에서 구체적으로 발생하는 윤리 문제에 대하여 도덕 원리를 근거로 하여 실제적이고 구체적인 해결책을 모색하는 데 주된 관심을 갖는다. 실천 윤리학은 이론 윤리를 현대 사회의 여러 윤리 문제에 적용하여 그 문제에 대한 해결책을 모색한다.
기술 윤리학은 도덕 현상과 문제를 명확히 기술(記述)하고, 기술된 현상들 간의 인과 관계를 설명하는 데 관심을 갖는다.

02 불교 사상의 윤리적 성찰
정답률 81% | 정답 ①

| 문제 보기 |
다음 사상이 강조하는 윤리적 성찰의 방법으로 가장 적절한 것은? [3점]

요즘 중생은 자신에 대한 집착과 망상에 빠져 자기 본성이 참된 진리 그 자체임을 모르고, 마음 밖에서 그 진리를 찾아 여기저기 헤맨다. 만약 한 생각이 나온 곳으로 빛을 돌이켜 자기 본성을 비춰 보면, 이 본성은 원래 번뇌가 없는 완전한 지혜로, 마음에 본래부터 갖추어져 있어서 부처와 조금도 다르지 않다.

① 내 마음의 참된 진리를 깨닫기 위해 참선(參禪)해야 한다.
② 모든 분별적 생각에서 벗어나기 위해 좌망(坐忘)해야 한다.
③ 하늘이 부여한 선한 본성을 보존하기 위해 거경(居敬)해야 한다.
④ 언제 어디서나 인간의 도리에 어긋나지 않게 신독(愼獨)해야 한다.
⑤ 도(道)에 따라 만물을 평등하게 바라보기 위해 심재(心齋)해야 한다.

• 왜 정답일까?
제시문은 불교 사상이다.
불교 사상에서는 부처의 마음이자 깨달음을 얻을 수 있는 근거인 불성(佛性)을 누구나 가지고 있다고 본다. 불교 사상은 참된 진리를 깨닫기 위한 참선을 중시한다.

03 매킨타이어의 덕 윤리

정답률 76% | 정답 ⑤

| 문제 보기 |

㉠에 들어갈 진술로 가장 적절한 것은?

> 나의 삶은 항상 나의 정체성을 도출해 내는 공동체 속에 편입되어 있다. 나는 다양한 역할들을 맡은 사람으로서 공동체로부터 다양한 부채와 유산, 정당한 기대와 의무를 물려받는다. 이것들은 나의 도덕적 출발점을 구성한다. 그런데 어떤 사상가는 도덕이 개인의 외부에 있는 기준이 아니라, 오직 실천 이성에 의해 정립되어야 하고 모든 인간에게 동일해야 한다고 주장한다. 나는 이 사상가가 ㉠ 고 생각한다.

① 선한 성품에서 나온 행위가 곧 도덕적 행위임을 강조했다.
② 인간이 보편적인 도덕 법칙을 인식할 수 없음을 강조했다.
③ 이성적 행위자인 개개인이 도덕 법칙의 수립자임을 간과했다.
④ 도덕 법칙이 이성적 존재인 인간에게 구속력이 있음을 간과했다.
⑤ 도덕이 사회적·역사적 맥락 속에서 도출되어야 함을 간과했다.

● 왜 정답일까?

제시문의 '나'는 매킨타이어이고, '어떤 사상가'는 칸트이다. 매킨타이어는 공동체와 그 공동체의 전통과 역사를 중시하여 역사적 시간과 사회적 공간에서 나타나는 삶의 구체적 모습이 도덕적 판단에 반영되어야 한다고 보았다.

● 왜 오답일까?

① 칸트는 선한 성품에서 나온 행위가 도덕적 행위라고 간주하지 않았다.
② 칸트는 인간이 보편적인 도덕 법칙을 인식할 수 있다고 보았다.
③ 칸트는 이성적 행위자인 개개인이 도덕 법칙의 수립자가 될 수 있다고 보았다.
④ 칸트는 도덕 법칙이 이성적 존재인 인간에게 구속력을 지닌다고 보았다.

04 유전자 조작과 관련된 쟁점

정답률 91% | 정답 ①

| 문제 보기 |

(가)의 입장에 비해 (나)의 입장이 갖는 상대적 특징을 그림의 ㉠ ~ ㉤ 중에서 고른 것은? [3점]

> (가) 치료를 위한 유전자 조작은 미래 자녀의 동의를 확보할 수 있다고 추정되므로 허용될 수 있다. 그러나 자질 강화를 위한 유전자 조작은 허용될 수 없다. 자녀가 동의하지 않은 자질 강화를 통해 부모가 선택한 삶을 살도록 하는 것은 그들의 자유를 침해하기 때문이다.
> (나) 치료를 위한 유전자 조작뿐만 아니라 자질 강화를 위한 유전자 조작도 허용되어야 한다. 부모는 자녀의 출산에 있어서 선택의 자유를 갖는다. 미래 자녀의 동의를 추정할 수 없더라도 부모의 선택은 자녀를 위한 것이므로 자녀의 권리를 침해할 소지는 없다.

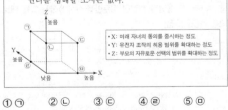

- X : 미래 자녀의 동의를 중시하는 정도
- Y : 유전자 조작의 허용 범위를 확대하는 정도
- Z : 부모의 자유로운 선택의 범위를 확대하는 정도

① ㉠ ② ㉡ ③ ㉢ ④ ㉣ ⑤ ㉤

● 왜 정답일까?

(가)는 치료를 위한 유전자 조작은 허용할 수 있지만, 자질 강화를 위한 유전자 조작은 허용할 수 없다는 입장이다. (나)는 치료를 위한 유전자 조작뿐만 아니라 자질 강화를 위한 유전자 조작도 허용해야 한다는 입장이다.
(가)의 입장에 비해 (나)의 입장은 미래 자녀의 동의를 중시하는 정도(X)가 낮고, 유전자 조작의 허용 범위를 확대하는 정도(Y)가 높으며, 부모의 자유로운 선택의 범위를 확대하는 정도(Z)도 높다.

05 유교 사상의 가족 윤리

정답률 89% | 정답 ④

| 문제 보기 |

다음 사상의 입장으로 적절한 것만을 <보기>에서 있는 대로 고른 것은?

> 혼례는 서로 다른 두 성(姓)의 남녀가 사랑으로 결합하여, 위로 조상을 모시고 아래로 후세를 이어 가는 일이다. 그러므로 군자는 혼례를 중요하게 여긴다. 그 과정에서 남녀는 서로 경건하고 존중하며 정직해야 한다. 그런 연후에 친밀한 사랑이 생긴다. 이것이 예(禮)의 본질이다. 남녀의 구별[別]이 있으니 부부의 도리가 세워지고, 부부의 도리가 있으니 부자의 친근함이 있으며, 부자의 친근함이 있으니 군신의 정당함이 있다.

<보 기>

ㄱ. 부부의 도리는 모든 예의 근본이 된다.
ㄴ. 부부는 손님을 대하듯이 서로 공경해야 한다.
ㄷ. 부부의 관계는 상호 의존적이고 보완적인 관계이다.
ㄹ. 부부의 도리는 각자의 역할에 분별이 없어야 바르게 된다.

① ㄱ, ㄷ   ② ㄴ, ㄹ   ③ ㄷ, ㄹ
④ ㄱ, ㄴ, ㄷ   ⑤ ㄱ, ㄴ, ㄹ

● 왜 정답일까?

제시문은 유교 사상의 가족 윤리에 대한 설명이다.
유교 사상은 부부 간에 부부유별(夫婦有別)과 상경여빈(相敬如賓)의 윤리를 강조한다.
ㄱ. 유교 사상은 부부의 도리가 모든 예의 근본이라고 본다.
ㄴ. 유교 사상은 부부가 친밀한 사이이지만 서로 손님을 대하듯 공경해야 한다고 본다.
ㄷ. 유교 사상은 부부 관계가 상호 의존적이고 보완적인 관계라고 본다.

06 칸트와 플라톤의 예술에 대한 입장

정답률 69% | 정답 ③

| 문제 보기 |

갑, 을 사상가들의 입장으로 옳지 않은 것은? [3점]

> 갑 : 미적인 것은 윤리적으로 선한 것을 상징하고, 자연의 미(美)에 대한 직접적인 관심을 갖는 것은 항상 그 영혼이 선하다는 것을 드러내 준다. 예술 작품의 가치는 감각적 즐거움이 아닌 예술 자체의 형식에서 찾을 수 있다.
> 을 : 예술 작품은 좋은 곳에서 불어오는 미풍처럼 인간에게 좋은 영향을 주며, 어릴 때부터 자기도 모르는 사이에 아름다운 말을 닮고 사랑하고 공감하도록 이끌어 준다. 예술은 아름답고 우아한 것을 담고 있어야 한다.

① 갑 : 예술 작품에서 아름다움의 판단 근거는 순수한 형식이다.
② 갑 : 미적인 것에 대한 판단은 일체의 이해관심 없이 내려진다.
③ 을 : 예술 작품은 아름다움과 추함을 있는 그대로 표현해야 한다.
④ 을 : 미적 가치는 무질서한 리듬과 운율 안에서는 존재할 수 없다.
⑤ 갑, 을 : 미를 추구하는 행위는 도덕성 촉진에 기여할 수 있다.

● 왜 정답일까?

갑은 칸트, 을은 플라톤이다.
칸트는 미와 선은 형식이 유사하므로 미는 도덕성의 상징이 될 수 있다고 보았다.
플라톤은 예술이 올바른 품성 함양을 위한 삶의 모범을 제공해야 하고 예술 작품은 아름다움을 표현해야 하며 추한 것을 있는 그대로 표현해서는 안 된다고 보았다.

● 왜 오답일까?

① 칸트는 예술 작품의 가치는 내용이 아니라 예술 자체의 형식에서 찾을 수 있다고 보았다.
② 칸트는 미적인 것에 대한 판단은 형식에 달려 있으므로 이해관심의 구속으로부터 자유롭다고 보았다.
④ 플라톤은 나쁜 리듬과 부조화는 나쁜 성품을 닮는다고 주장하면서, 미적 가치가 무질서한 리듬과 운율 안에서는 존재할 수 없다고 보았다.
⑤ 칸트와 플라톤은 모두 예술이 도덕성 촉진에 기여할 수 있다고 보았다.

07 롤스의 시민 불복종

정답률 43% | 정답 ②

| 문제 보기 |

다음을 주장한 사상가의 입장으로 가장 적절한 것은? [3점]

> 질서 정연한 사회에서 개인은 정의로운 제도를 유지하고 발전시켜야 하는 자연적 의무를 지니므로 정의로운 법에 따라야 한다. 문제는 부정의한 법이나 정책에 변화를 가져와야 하는 시기에까지 따라야 하는가이다. 이 문제와 관련된 시민 불복종 이론은 원초적 입장에 있는 당사자들의 관점에서 바라볼 필요가 있다. 당사자들은 정의로운 체계의 안정성을 유지하기 위한 방법을 찾고자 정당한 시민 불복종을 규정하는 조건들을 채택하려 할 것이다.

① 시민 불복종은 다수의 이익을 증진할 목적으로 행해져야 한다.
② 공직을 맡을 권리를 침해하는 정책은 시민 불복종의 대상이 된다.
③ 시민 불복종은 양심적 행위이지만 그 자체가 사회에 위협이 된다.
④ 시민 불복종은 헌법의 근거에 이의를 제기하는 정치적 행위이다.
⑤ 원초적 입장의 당사자들은 어떠한 부정의에도 저항할 것을 합의한다.

● 왜 정답일까?

제시문은 롤스의 주장이다. 롤스는 부정의한 법이나 정책에 변화를 가져오기 위한 시민 불복종은 정당화된다고 보았다. 롤스는 평등한 자유의 원칙이나 기회 균등의 원칙을 현저하게 침해하는 법률이나 정책은 시민 불복종의 대상이 될 수 있다고 보았다.

● 왜 오답일까?

① 롤스는 시민 불복종의 목적은 다수의 이익 증진이 아니라 정의 실현이라고 보았다.
③ 롤스는 시민 불복종이 양심적인 행위이면서도 정의 실현에 기여한다고 보았다.
④ 롤스는 시민 불복종이 불의한 법이나 정책에 이의를 제기하는 정치적 행위라고 보았다.
⑤ 롤스는 사소하게 잘못된 법률이나 정책은 시민 불복종의 대상이 아니라고 보았다.

08 기술에 대한 입장

정답률 72% | 정답 ①

| 문제 보기 |

갑 사상가는 긍정, 을 사상가는 부정의 대답을 할 질문으로 가장 적절한 것은?

> 갑 : 기술은 그것을 실현시키는 것과는 독립해 있는 자립적인 존재로서, 일종의 공허한 힘이며 결국 목적에 대한 수단일 뿐이다. 기술은 인간과 전혀 무관하며 광기를 부릴 수 없다.
> 을 : 우리는 기술을 긍정하건 부정하건 관계없이 어디서나 부자유스럽게 기술에 매달린다. 기술을 가치 중립적인 것으로 고찰하여 우리와 무관한 것으로 볼 때, 우리는 무방비 상태로 기술에 내맡겨진다.

① 기술 그 자체는 가치와 무관한 사실의 영역인가?
② 기술은 그 자체로 지향하는 목적을 가지고 있는가?
③ 기술은 인간의 삶에 부정적인 영향을 줄 수 있는가?
④ 기술 그 자체는 규범적 기준에 의해 평가되어야 하는가?
⑤ 기술의 사용을 결정할 때 가치 판단이 개입될 수 있는가?

● 왜 정답일까?

갑은 야스퍼스, 을은 하이데거이다. 야스퍼스는 기술이 그 자체의 발전 논리를 가지고 있으며 선도, 악도 아닌 수단일 뿐이라고 보았다. 하이데거는 기술은 단순한 가치 중립적 도구가 아니며 감추어져 있는 존재의 모습을 드러내 주는 수단이라고 보았다. 즉, 야스퍼스는 기술을 가치 중립적으로 파악한 데 비해 하이데거는 기술을 가치 중립적 도구로 파악하는 데 반대하였다.

09 공정 여행에 대한 입장

정답률 94% | 정답 ③

| 문제 보기 |

다음은 신문 칼럼이다. ㉠에 들어갈 내용으로 적절하지 않은 것은?

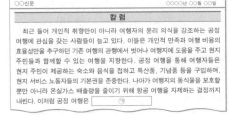

① 동식물을 포함한 생태계 전체를 고려하는 여행이다.
② 여행 지역의 지속 가능한 발전을 도모하는 여행이다.
③ 사회적 책임보다 비용의 최소화를 지향하는 여행이다.
④ 개인적 선호만이 아니라 공공의 가치도 중시하는 여행이다.
⑤ 여행자의 즐거움뿐만 아니라 현지 주민도 배려하는 여행이다.

• 왜 정답일까?

칼럼은 공정 여행을 설명하고 있다. 공정 여행은 즐기기만 하는 여행이 초래한 환경 오염, 문명 파괴, 낭비 등을 반성하고 어려운 나라의 주민들에게 조금이라도 도움을 주기 위해 시작되었다. 공정 여행은 비용의 최소화보다 사회적 책임을 중시하는 여행이다.

10 환경에 대한 입장 정답률 54% | 정답 ③

| 문제 보기 |

(가)의 갑, 을, 병 사상가들의 입장을 (나) 그림으로 표현할 때, A ~ D에 해당하는 적절한 진술만을 〈보기〉에서 있는 대로 고른 것은? [3점]

(가)	갑 : 이 세상에는 육체와 영혼이라는 두 가지 실체가 있다. 물질적 육체와 비물질적 영혼의 혼합체인 인간과 달리, 동물은 의식이 없는 기계일 뿐이다.
	을 : 일부 포유동물은 삶의 주체가 될 수 있다. 그들은 자신의 미래에 대한 감각 등을 바탕으로 자신의 욕망과 목적을 추구하기 위해 행위할 능력을 갖추었기 때문이다.
	병 : 대지의 이용을 경제적 관점만이 아니라 윤리적 관점에서도 고찰해야 한다. 어떤 것이 생명 공동체의 온전성, 안정성, 아름다움의 보전에 기여한다면 그것은 옳고, 그렇지 않다면 그르다.

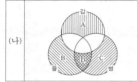

〈 범 례 〉
A : 갑만의 입장
B : 을만의 입장
C : 병만의 입장
D : 을과 병만의 공통 입장

〈 보 기 〉
ㄱ. A : 동물을 자원으로 사용하는 것이 금지되지는 않는다.
ㄴ. B : 사유 능력 여부로 어떤 존재의 도덕적 지위가 결정된다.
ㄷ. C : 살아 있는 모든 개체는 도덕적 고려 대상인 공동체의 일원이다.
ㄹ. D : 생명에 대한 권리는 인간에게 한정된 특수한 권리가 아니다.

① ㄱ, ㄴ   ② ㄱ, ㄷ   ③ ㄷ, ㄹ
④ ㄱ, ㄴ, ㄹ   ⑤ ㄴ, ㄷ, ㄹ

• 왜 정답일까?

(가)의 갑은 데카르트, 을은 레건, 병은 레오폴드이다.
ㄷ. 레오폴드는 공동체 자체를 도덕적 고려 대상으로 간주하였고, 살아 있는 모든 존재가 이러한 공동체의 평등한 구성원이라고 보았다.
ㄹ. 레건과 레오폴드는 데카르트와 달리 인간이 아닌 존재도 생명에 대한 권리를 지닐 수 있다고 보았다.

• 왜 오답일까?

ㄱ. 레오폴드도 동물을 자원으로 사용할 수 있다고 보았다.
ㄴ. 레오폴드도 사유 능력 여부로 어떤 존재의 도덕적 지위가 결정된다고 보지 않았다.

11 샐러드 볼 이론과 국수 대접 이론 정답률 88% | 정답 ④

| 문제 보기 |

갑, 을의 입장으로 적절한 것만을 〈보기〉에서 있는 대로 고른 것은?

각기 다른 재료들이 섞여 각자 고유의 맛을 지키면서 하나의 샐러드가 되듯이, 한 국가나 사회 안에서 다양한 문화를 인정하여 각자 자신들의 생활 방식을 독자적으로 추구하며 조화로운 생활을 할 수 있습니다.	국수가 주된 내용물이지만 다양한 고명들이 첨가됨으로써 맛이 풍부해지듯이, 한 국가나 사회가 사회의 다양한 이질적인 문화를 허용함으로써 문화적 역동성을 증진할 수 있습니다.

 갑   을

〈 보 기 〉
ㄱ. 갑 : 다양한 문화가 서로 대등하게 조화를 이루어야 한다.
ㄴ. 을 : 각 문화가 정체성을 유지하면서 조화를 이루어야 한다.
ㄷ. 갑, 을 : 주류 문화를 중심으로 문화 간 공존을 추구해야 한다.
ㄹ. 갑, 을 : 서로 다른 문화에 대해 관용의 자세를 견지해야 한다.

① ㄱ, ㄴ   ② ㄱ, ㄷ   ③ ㄷ, ㄹ
④ ㄱ, ㄴ, ㄹ   ⑤ ㄴ, ㄷ, ㄹ

• 왜 정답일까?

갑은 샐러드 볼 이론, 을은 국수 대접 이론의 입장이다.
ㄱ. 샐러드 볼 이론의 입장에서는 다양한 문화가 서로 대등하게 조화를 이루어야 한다고 본다.
ㄴ. 국수 대접 이론의 입장에서는 각 문화가 정체성을 유지하면서 조화를 이루어야 한다고 본다.
ㄹ. 샐러드 볼 이론과 국수 대접 이론 모두 서로 다른 문화에 대해 관용의 자세를 견지해야 한다고 본다.

12 공자와 순자의 직업관 정답률 93% | 정답 ①

| 문제 보기 |

갑, 을 사상가들의 입장으로 적절하지 않은 것은?

갑 : 군자는 근본을 추구하기 때문에 작은 일을 잘 못해도 큰 일을 맡을 수 있으며, 소인은 생계를 추구하기 때문에 큰 일을 잘 못해도 작은 일은 맡을 수 있다. 임금·신하·부모·자식이 각자 맡은 바 직분(名)을 올바르게 하면 나라가 잘 다스려진다.
을 : 성왕(聖王)은 예(禮)를 제정하여 인간의 본성을 교화하고자 하였다. 아울러 사람의 덕(德)을 논하여 각자의 위치를 정하고 그 능력을 헤아려 관직을 부여하였다. 그런 연후에 사람들이 예에 따라 각자 직무를 수행하여 그 마땅한 바를 얻게 하였다.

① 갑 : 각자 자신이 맡은 직분 외에도 모든 분야에 능통해야 한다.
② 갑 : 자기 본분을 올바르게 행하여 공동체의 질서를 유지해야 한다.
③ 을 : 사람들의 사회적 직분은 덕과 능력에 따라 정해져야 한다.
④ 을 : 올바른 직분 수행을 위해 예법에 따라 욕망을 절제해야 한다.
⑤ 갑, 을 : 자신의 사회적 역할에 부합하는 도리를 실천해야 한다.

• 왜 정답일까?

갑은 공자, 을은 순자이다.
공자는 덕이 있는 군자와 덕이 부족한 소인을 구별하고, 각자가 자신의 덕에 부합하는 자리에서 주어진 소임을 다할 것을 강조하였다.
순자는 각자가 지닌 덕과 능력에 따라 일을 분배해야 한다고 보았다. 공자는 각자 자신이 맡은 직분에 충실할 것을 강조하였다.

13 형벌에 대한 입장 정답률 69% | 정답 ②

| 문제 보기 |

갑, 을, 병 사상가들의 입장으로 적절하지 않은 것은? [3점]

갑 : 누구나 일반 의지에 복종하기를 거부하는 자는 국가에 의해 강제를 당하게 된다. 국가는 모든 구성원의 생명 보존을 위해 존재하며, 사형도 같은 관점에서 다뤄진다.
을 : 누구도 자신의 생명을 양도할 수 없다. 사형은 결코 권리의 문제가 아니며, 국가가 유용하다고 판단할 경우에 시민 한 사람과 벌이는 전쟁이다.
병 : 누구나 형벌받을 행위를 의욕하여 범죄를 저질렀다는 그 이유만으로 형벌을 받는 것이다. 범죄자와의 계약을 근거로 사형이 적법하지 않다고 주장하는 것은 법의 왜곡이다.

① 갑 : 살인범은 자신이 사회 구성원이 아님을 스스로 입증한 자이다.
② 을 : 사형은 시민에게 지속적으로 가장 큰 공포감을 주는 형벌이다.
③ 병 : 사형은 살인범을 목적 그 자체로 존중하는 정당한 형벌이다.
④ 갑, 을 : 범죄에 상응하는 형벌의 부과는 사회 계약에 근거해야 한다.
⑤ 을, 병 : 형벌은 정의의 기초가 되는 원리에 따라 부과되어야 한다.

• 왜 정답일까?

갑은 루소, 을은 베카리아, 병은 칸트이다.
루소는 사회 계약의 입장에서 사형을 찬성하였다.
베카리아는 사형이 주는 인상이 아무리 크더라도 급속한 망각의 힘을 이겨낼 수 없다고 보며, 사형보다 종신 노역형이 형벌의 효과가 크다는 점에서 사형을 반대하였다.
칸트는 응보주의적 관점에서 사형에 찬성하였다.

• 왜 오답일까?

① 루소는 살인범은 사회 계약의 위반자로서 자신이 사회 구성원이 아님을 스스로 입증한 자라고 보았다.
③ 칸트는 사형은 살인범의 인격을 존중해 주는 형벌이 될 수 있다고 보았다.
④ 루소와 베카리아 모두 범죄에 상응하는 형벌의 부과는 사회 계약에 근거해야 한다고 보았다.
⑤ 베카리아는 공리주의의 관점에서, 칸트는 응보주의의 관점에서 형벌이 부과되어야 한다고 보았다.

14 가상 공간에서의 표현의 자유 정답률 72% | 정답 ⑤

| 문제 보기 |

갑 사상가의 입장에서 〈사례〉 속 A에게 해 줄 수 있는 조언으로 적절하지 않은 것은? [3점]

갑 : 최대 행복의 원리는 모든 윤리적 문제에 적용되어야 한다. 타인에게 해악을 끼쳐 타인의 행복을 빼앗는 행위를 막기 위해서라면, 당사자의 의지에 반해 권력이 사용되는 것은 정당하다. 이 유일한 경우를 제외하고는 시민의 자유를 침해하는 그 어떤 정치권력의 행사도 정당화될 수 없다.
〈사례〉 A는 금전적 이익을 얻기 위해 직장 동료들의 일상을 담은 영상을 그들의 동의 없이 인터넷에 게시할지를 고민하고 있다.

① 가상 공간에서도 타인의 자유가 존중되어야 함을 명심하세요.
② 가상 공간에서도 유용성의 원리가 적용되어야 함을 명심하세요.
③ 가상 공간에서 자신의 행동이 초래하게 될 결과를 고려하세요.
④ 가상 공간에서도 개인의 자유가 제한될 수 있음을 고려하세요.
⑤ 가상 공간에서는 쾌락 증진을 위한 행동이 금지됨을 명심하세요.

• 왜 정답일까?

갑은 밀이다. 공리주의자인 밀은 모든 사람은 각자 최대한의 자유를 누릴 수 있지만, 개인의 자유가 다른 사람에게 해악을 끼칠 때에는 제한될 수 있다고 보았다. 또한 밀은 모든 윤리적 문제에 최대 행복의 원리를 적용해야 한다고 주장하였다. 이러한 점을 고려해 볼 때, 밀은 가상 공간에서도 최대 행복의 원리에 따라 행동해야 한다고 주장할 것이다.

15 해외 원조에 대한 입장 정답률 46% | 정답 ⑤

| 문제 보기 |

(가)의 갑, 을 사상가들의 입장을 (나) 그림으로 탐구하고자 할 때, A ~ C에 들어갈 적절한 질문만을 〈보기〉에서 있는 대로 고른 것은? [3점]

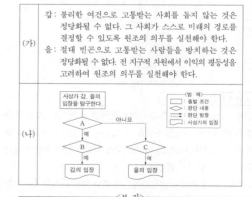

(가)	갑 : 불리한 여건으로 고통받는 사회를 돕지 않는 것은 정당화될 수 없다. 그 사회가 스스로 미래의 경로를 결정할 수 있도록 원조의 의무를 실천해야 한다.
	을 : 절대 빈곤으로 고통받는 사람들을 방치하는 것은 정당화될 수 없다. 전 지구적 차원에서 이익의 평등성을 고려하여 원조의 의무를 실천해야 한다.

〈 범 례 〉
□ : 출발 조건
◇ : 판단 내용
□ : 판단 방향
□ : 사상가의 입장

사상가 갑, 을의 입장을 탐구한다.
A → 아니요
B
C
갑의 입장
을의 입장

〈 보 기 〉
ㄱ. A : 경제적 불평등을 규제하는 원칙은 원조의 근거인가?
ㄴ. B : 천연자원이 부족한 빈곤국도 원조 대상에서 제외 가능한가?
ㄷ. B : 원조의 목적은 고통받는 사회에 자유를 확립하는 것인가?
ㄹ. C : 원조 주체는 원조 결정 시 자기 이익을 고려해야 하는가?

① ㄱ, ㄴ   ② ㄱ, ㄹ   ③ ㄴ, ㄷ
④ ㄱ, ㄴ, ㄹ   ⑤ ㄴ, ㄷ, ㄹ

• 왜 정답일까?

갑은 롤스, 을은 싱어이다.

ㄴ. 롤스는 천연자원이 부족한 빈곤국이라도 질서 정연한 사회라면 원조의 대상에서 제외된다고 보았다.
ㄷ. 롤스는 원조의 목적을 고통 받는 사회의 자유를 확립하는 것으로 보았다.
ㄹ. 싱어는 원조 주체는 원조 결정시 자기 이익을 고려해야 한다고 보았다.

● 왜 오답일까?
ㄱ. 롤스는 '차등의 원칙'과 같이 경제적 불평등을 규제하는 원칙을 국제적 분배 정의에 적용하지 않았다.

16 도가와 불교의 죽음관   정답률 79% | 정답 ④

| 문제 보기 |
(가), (나) 사상의 입장으로 가장 적절한 것은? [3점]

> (가) 요즘 사람들은 조문할 때, 자기 부모나 자식이 죽은 것과 마찬가지로 애통해 한다. 그러나 죽음을 애통해 하는 행위는 자연스러운 도(道)의 본성을 배반하는 것으로, 자신이 받은 본성을 망각한 것이다.
> (나) 세상 사람들의 생사(生死)는 중대한 일인데, 그대들은 하루 종일 공양(供養)하면서 다음 생의 복(福)만을 구하려 하고, 생사의 굴레를 끊으려고 하지 않는다. 그대들은 자신의 본성[自性]에 대해 여전히 미혹하다.

① (가) : 죽음은 다음 생으로 이어지는 윤회(輪廻)의 과정이다.
② (가) : 죽음은 자연의 과정이지만 마땅히 애도해야 하는 일이다.
③ (나) : 죽음은 기(氣)가 모였다가 흩어진 자연스러운 현상이다.
④ (나) : 죽음은 깨달음을 통해 벗어나야 할 고통들 중 하나이다.
⑤ (가), (나) : 죽음은 괴로운 인간 삶에서 벗어난 지극한 경지이다.

● 왜 정답일까?
(가)는 도가 사상, (나)는 불교 사상이다.
도가에서는 삶과 죽음을 자연스러운 현상으로 보고, 인간이 개입할 수 없는 필연적인 과정이라고 본다.
불교에서는 자신의 본래 모습을 깨달음으로써 끝없는 윤회의 고통에서 벗어날 수 있다고 본다. 불교에서는 깨달음을 통해 생로병사(生老病死)의 고통에서 벗어나야 한다고 본다.

● 왜 오답일까?
① 죽음을 다음 생으로 이어지는 윤회의 과정으로 본 것은 불교의 입장이다.
② 도가에서는 죽음이 자연의 과정이기 때문에 애도할 필요가 없다고 본다.
③ 죽음을 기(氣)가 모였다가 흩어지는 자연스러운 현상으로 본 것은 도가의 입장이다.
⑤ 도가와 불교 모두 죽음을 인간 삶에서 벗어난 지극한 경지라고 보지 않는다.

17 하버마스의 담론 윤리   정답률 58% | 정답 ①

| 문제 보기 |
그림의 강연자가 지지할 주장으로 가장 적절한 것은?

> 모든 사유의 출발점은 홀로 사유하는 '나'가 아니라 서로 대화를 주고받는 '우리'가 되어야 합니다. 언어적·사회적 존재인 인간에게는 타자를 단지 도구화하지 않고, 타자의 고유성을 인정하는 의사소통 행위의 가능성이 존재합니다. 의사소통 행위는 사회적 행위자들이 상호 이해를 목적으로 서로의 행위 계획을 조정하는 데에서 성립합니다. 모든 당사자들이 어떠한 강제도 없이 자유롭고 평등한 담론을 통해 동의할 수 있는 행위 규범들만이 정당화가 가능합니다.

① 행위 규범으로서의 올바름은 비판과 논증을 통해 정당화될 수 있다.
② 이상적 담화에서 담론 참여자는 타인의 의견을 거부할 수 없다.
③ 주관적 견해를 극복한 후에 담론에 참여하는 것이 이상적이다.
④ 타당한 규범은 대화에 참여한 다수에 의해 동의를 얻은 규범이다.
⑤ 상호 인정의 자세는 타자를 나와 완전히 동일화하기 위해 요구된다.

● 왜 정답일까?
그림의 강연자는 하버마스이다.
하버마스는 개인의 주관적인 도덕 판단만으로는 보편적인 도덕 규범이 성립될 수 없다고 보았다. 하버마스는 이성적이고 합리적인 주체들을 구성원으로 하는 담론에서 비판과 논증을 통해 행위 규범으로서의 올바름이 정당화될 수 있다고 보았다.

● 왜 오답일까?
② 하버마스는 담론 참여자는 누구나 평등하게 발언할 수 있으며, 타인의 의견에 대해 수용하거나 거부할 수 있다고 보았다.
③ 하버마스는 담론에 참여함으로써 개인의 주관적 견해를 극복할 수 있다고 보았다.
④ 하버마스는 담론에 참여한 모든 이가 동의한 규범만이 타당한 규범이라고 보았다.
⑤ 하버마스가 주장하는 상호 인정의 자세는 타자를 나와 완전하게 동일화하기 위한 자세가 아니다.

18 롤스와 노직의 분배 정의   정답률 47% | 정답 ④

| 문제 보기 |
갑, 을 사상가들의 입장으로 적절한 것만을 <보기>에서 고른 것은?

> 갑 : 분배적 정의의 중심 문제는 사회 체제의 선택이다. 정의의 원칙들은 기본 구조에 적용되며 그 주요 제도들이 하나의 체계로 결합되는 방식을 규제하는 것이다. 공정으로서의 정의의 이념은 특수한 상황의 우연성을 처리하기 위해서 순수한 절차적 정의의 관념을 이용하고 있다.
> 을 : 분배적 정의의 완결된 원리는 오직 다음일 것이다. 어떤 분배가 정의로울 충분조건은 그 분배하에서 모든 사람이 자신이 소유하고 있는 것에 대한 소유 권리를 소유함이다. 소유에서의 정의의 세 원리는, 소유물 취득의 원리, 소유물 이전의 원리, 이 두 원리의 위반을 교정하는 원리이다.

> <보 기>
> ㄱ. 갑 : 사유 재산권은 차등의 원칙에 의해서만 제한될 수 있다.
> ㄴ. 을 : 분배 정의의 정형적 원리는 필연적으로 재분배를 요구한다.
> ㄷ. 을 : 자신의 노동에 의한 결과에만 정당한 소유권이 부여된다.
> ㄹ. 갑, 을 : 개인은 정당한 소유물에 대한 배타적 사용권을 지닌다.

① ㄱ, ㄴ   ② ㄱ, ㄷ   ③ ㄴ, ㄷ   ④ ㄴ, ㄹ   ⑤ ㄷ, ㄹ

● 왜 정답일까?
갑은 롤스, 을은 노직이다.
ㄴ. 롤스는 원초적 입장으로부터 도출된 정의의 원칙을 따를 때 공정한 분배가 실현된다고 보았다. 노직은 분배 정의의 정형적 원리는 필연적으로 재분배를 요구한다고 비판하였다.
ㄹ. 롤스와 노직 모두 개인은 정당한 소유물에 대한 배타적 사용권을 지닌다고 보았다.

● 왜 오답일까?
ㄱ. 롤스는 사유 재산을 소유할 권리와 같은 기본적 자유들은 정의의 제1원칙에 의거해서 평등해야 하며, 차등의 원칙에 의해 제한될 수 없다고 보았다.
ㄷ. 노직은 정당한 이전을 통해 얻은 소유물에 대해서도 정당한 소유권을 갖는다고 보았다.

19 북한 인권 문제에 대한 쟁점   정답률 83% | 정답 ③

| 문제 보기 |
다음 토론의 핵심 쟁점으로 가장 적절한 것은?

> 갑 : 인권은 누구나 누려야 할 보편적 가치입니다. 하지만 북한의 경우, 주민들의 인권이 제대로 보장되지 못하고 있다는 비판이 있습니다. 북한 주민들의 인권 상황 개선이 필요합니다.
> 을 : 동의합니다. 북한은 주민들의 인권 상황 개선을 위해 스스로 노력해야 합니다. 인권 문제가 개선되지 않으면 국제 사회의 여론이 악화되고, 이는 남북 관계에도 영향을 주게 됩니다.
> 갑 : 같은 의견입니다. 그러나 인권 상황 개선을 위해 북한 스스로의 노력에만 의존할 수 없습니다. 북한의 상황을 고려하면, 국제 사회가 인도적 차원에서 적극 개입해야 합니다.
> 을 : 제 생각은 다릅니다. 국제 사회의 적극적 개입은 한반도에 긴장 상태를 불러올 수 있습니다. 또한 외교와 내정에서 다른 나라로부터 간섭받지 않을 권리를 북한도 요구할 것입니다.

① 인간은 누구나 인간다운 삶을 살 권리를 지니는가?
② 북한 주민들의 인권 상황이 개선될 필요가 있는가?
③ 국제 사회가 북한의 인권 문제에 적극 개입해야 하는가?
④ 북한의 인권 문제는 남북 관계에 영향을 미칠 수 있는가?
⑤ 북한 스스로 인권 상황을 개선하기 위해 노력해야 하는가?

● 왜 정답일까?
갑은 북한의 인권 상황 개선을 위해 북한 스스로의 노력에만 의존할 수 없으며, 국제 사회가 인도적 차원에서 적극 개입해야 한다는 입장이다.
을은 북한 인권 상황 개선을 위해 북한 스스로 노력해야 하며, 국제 사회의 적극적 개입은 한반도의 긴장 상태를 불러올 수 있으므로 개입에 반대하는 입장이다.
따라서 '국제 사회가 북한 인권 문제에 적극 개입해야 하는가?'가 토론의 핵심 쟁점으로 적절하다.

20 칸트와 갈퉁의 평화에 대한 입장   정답률 61% | 정답 ④

| 문제 보기 |
갑, 을 사상가들의 입장으로 적절한 것만을 <보기>에서 있는 대로 고른 것은? [3점]

> 갑 : 공화 정체인 국가들은 평화를 요구하는 시민들에 의해 쉽게 전쟁을 일으킬 수 없게 된다. 그러한 국가들은 자발적으로 결성한 평화 연맹에서 자유와 평화를 보장받고자 하며, 영구 평화를 위해 세계 시민적 체제로 나아가고자 한다.
> 을 : 물리적 관점에서 협소하게 규정되던 기존의 폭력 개념은 불완전하다. 우리는 구조적, 문화적 폭력까지 없는 상태를 지향해야 한다. 이러한 상태는 소극적 평화 상태를 뛰어넘는 그 이상의 상태라 할 수 있다.

> <보 기>
> ㄱ. 갑 : 이방인이 평화롭게 처신하는 한 우호적으로 대우해야 한다.
> ㄴ. 갑 : 평화 연맹은 국가와 같은 주권적 권력으로 기능해야 한다.
> ㄷ. 을 : 폭력의 예방 없이는 적극적 평화를 실현할 수 없다.
> ㄹ. 갑, 을 : 모든 전쟁의 종식은 진정한 평화 실현의 필수 조건이다.

① ㄱ, ㄴ   ② ㄱ, ㄷ   ③ ㄴ, ㄹ
④ ㄱ, ㄷ, ㄹ   ⑤ ㄴ, ㄷ, ㄹ

● 왜 정답일까?
갑은 칸트, 을은 갈퉁이다.
ㄱ. 칸트는 이방인이 평화롭게 처신하는 한 우호적으로 대우받아야 한다는 환대권을 주장하였다.
ㄷ. 갈퉁은 폭력의 예방 없이는 적극적 평화를 실현할 수 없다고 주장하였다.
ㄹ. 칸트와 갈퉁은 모든 전쟁의 종식이 진정한 평화 실현의 필수 조건이라고 보았다.

● 왜 오답일까?
ㄴ. 칸트는 영구 평화를 실현하기 위해서 국가들은 주권 국가들의 연합체로서 국제 연맹을 결성해야 한다고 보았다.

34회 2020학년도 9월

01 ②	02 ⑤	03 ⑤	04 ③	05 ④
06 ④	07 ③	08 ④	09 ③	10 ③
11 ④	12 ③	13 ④	14 ⑤	15 ②
16 ②	17 ①	18 ④	19 ⑤	20 ①

채점결과	
• 실제 걸린 시간 : 분 초	
• 맞은 문항수 : 개	
• 틀린 문항수 : 개	
• 헷갈린 문항 :	

01 윤리학의 특징
정답률 85% | 정답 ②

| 문제 보기 |

㉠에 들어갈 진술로 가장 적절한 것은?

> 윤리학은 실천의 학으로 도덕 이론을 응용하여 실제 삶에서 제기되는 구체적인 도덕 문제의 해결을 궁극적 목표로 삼아야 한다. 그런데 어떤 사람은 윤리학이 실제로 사람들이 따르고 있는 도덕적 관행을 객관적으로 기술하는 것을 목표로 삼아야 한다고 주장한다. 나는 이러한 윤리학이 [㉠]고 생각한다.

① 도덕 이론과 도덕 문제 간의 유기적 상관성을 강조한다
② 도덕 문제 해결을 위한 도덕 판단의 중요성을 간과한다
③ 도덕적 추론의 논리적 타당성이 갖는 중요성을 강조한다
④ 도덕 이론의 정립보다 도덕적 딜레마의 해결을 강조한다
⑤ 도덕적 관습에 관한 경험적 서술이 갖는 의의를 간과한다

| ● 왜 정답일까? |

제시문은 응용 윤리학의 입장을 취하고 있고, '어떤 사람'은 기술 윤리학의 입장을 취하고 있다. ㉠에는 응용 윤리학의 입장에서 기술 윤리학을 평가하는 내용이 들어가야 한다. 응용 윤리학에서는 도덕적 관습이나 풍습 등을 경험적으로 조사하여 기술할 것을 강조하는 기술 윤리학이 도덕 문제 해결을 위한 도덕 판단의 중요성을 간과하고 있다고 비판할 수 있다.

02 칸트의 윤리학
정답률 78% | 정답 ⑤

| 문제 보기 |

다음 사상가의 관점에서 〈사례〉 속 A에게 해 줄 수 있는 조언으로 가장 적절한 것은? [3점]

> 의무에 맞는 것이기는 하지만 의무로부터 나온 것이 아닌 행위는 도덕적 가치를 가지지 못한다. 행위는 그 자체로 선한 의지에서 비롯된 경우에만 도덕적 가치를 지닐 수 있다.

> 〈사례〉
> 천성적으로 동정심이 많은 A는 평소 남을 돕는 일에 기쁨을 느끼며 봉사 활동에 참여해 왔다. 그런데 A는 최근 겪은 슬픈 일로 인해 봉사 활동에 계속 참여할지를 고민하고 있다.

① 공동체의 전통과 덕목에 부합하도록 행위해야 합니다.
② 자연적 경향성에서 비롯된 준칙에 따라 행위해야 합니다.
③ 선한 목적을 위해 조건적인 명령에 따라 행위해야 합니다.
④ 사회적으로 칭찬과 인정을 받을 수 있도록 행위해야 합니다.
⑤ 자신의 감정이 아니라 보편적 도덕 법칙에 따라 행위해야 합니다.

| ● 왜 정답일까? |

제시문은 칸트의 주장이다. 그는 의무로부터 나온 행위만이 도덕적 가치를 지닌다고 본다. 사례에는 A는 최근 겪은 슬픈 일로 인해 봉사 활동에 계속 참여할지를 고민하고 있다. 칸트는 동정심과 같은 감정이 아니라 보편적인 도덕 법칙에 따른 행위만이 도덕적 가치를 지닌다고 본다.

03 성과 사랑의 관계에 대한 입장
정답률 81% | 정답 ⑤

| 문제 보기 |

갑, 을의 입장으로 가장 적절한 것은?

 성의 자연적 목적은 출산이며, 부부 간의 신뢰와 사랑을 전제로 할 때만 성적 관계는 정당화될 수 있습니다.

 아닙니다. 혼인 관계 여부와 상관없이 인격적인 사랑을 전제로 한 성적 관계는 도덕적으로 허용되어야 합니다.

① 갑 : 성적 관계는 도덕적 가치 판단의 대상이 아니다.
② 갑 : 성의 생식적인 가치보다 쾌락적인 가치가 더 중요하다.
③ 을 : 결혼을 전제로 하지 않는 성적 관계는 모두 비도덕적이다.
④ 을 : 상호 동의만 전제되면 성적 관계는 도덕적으로 허용될 수 있다.
⑤ 갑, 을 : 사랑이 결여된 성적 관계는 도덕적으로 정당화될 수 없다.

| ● 왜 정답일까? |

성과 사랑의 관계에 대해 갑은 보수주의, 을은 중도주의의 입장을 취하고 있다. 갑은 성이 부부간의 신뢰와 사랑을 전제로 할 때만 도덕적이라고 보지만, 을은 사랑이 동반된 성적 관계는 허용될 수 있다고 본다. 갑, 을은 모두 성적 관계는 사랑이 전제될 경우에만 정당화될 수 있다고 본다.

04 유교의 효(孝)의 의미
정답률 82% | 정답 ③

| 문제 보기 |

(가) 사상의 입장에서 볼 때, (나)의 ㉠에 대한 설명으로 가장 적절한 것은? [3점]

(가)	소인은 한가롭게 지낼 때는 거리낌없이 불선(不善)을 행하다가, 군자를 보면 그런 일이 없었다는 듯이 자신의 불선함을 가리고 선함을 드러낸다. 군자는 반드시 홀로 있을 때에도 신중하게 행동한다.
(나)	몸과 마음은 부모님이 물려주신 것이다. 마음 가운데 온갖 이치[理]가 갖추어져 있으니, 만약 한 가지 이치라도 알지 못하고 실천하지 못했다면, 부모에게서 받은 것에 흠과 모자람이 있게 하는 것이다. 사람의 도리를 다하지 않고서는 [㉠]을/를 다했다고 볼 수 없다.

① 정신적 공경보다 물질적 봉양을 우선하여 이루어진다.
② 항상 동기간(同氣間)의 사랑을 실천함으로써 완성된다.
③ 인(仁)을 실천하는 출발점으로 모든 행실의 근원이 된다.
④ 도덕적 수행을 통한 입신양명(立身揚名)에서 시작된다.
⑤ 상호 관계에서 성립하기에 부모가 돌아가시면 종료된다.

| ● 왜 정답일까? |

(가)는 유교 사상이다. 유교 사상에서는 군자를 이상적 인간상으로 제시한다. (나)의 ㉠은 효(孝)이다. 유교에서는 효가 인을 실천하는 출발점이며 모든 행실의 근원[百行之源]이라고 본다.

05 명품 소비와 관련된 윤리 문제
정답률 78% | 정답 ④

| 문제 보기 |

다음은 신문 칼럼이다. ㉠에 들어갈 내용으로 적절한 것만을 〈보기〉에서 있는 대로 고른 것은?

> ○○신문 ○○○○년 ○○월 ○○일
> **칼럼**
> 명품 소비는 한 사회의 모습을 반영한다. 이에 주목하여 우리 사회의 명품 소비 문제를 살펴볼 필요가 있다. 자신을 과시하려는 욕망에서 비롯된 일부 계층의 명품 소비 성향이 사회 전 계층으로 확산되어 나타나고 있다. 그래서 구매력이 부족한 사람들도 자신의 소득 수준을 초과하는 명품을 구매하거나 심지어 모조품을 찾으면서까지 과시하고자 한다. 이러한 소비 성향은 '남들과 같아지고 싶다.'라는 욕구와 연관되어 명품 소비를 하나의 유형으로 만든다. 그 결과, 명품 구매를 통해 남들과 같아지고 싶어하는 욕구는 일시적으로 충족되지만, 자신의 개성은 상실하게 된다. 이러한 명품 소비 문제를 극복하기 위해 우리는 [㉠] …(후략)

> 〈보기〉
> ㄱ. 동조 욕구를 절제하고 주체적 소비를 해야 한다.
> ㄴ. 자신의 경제력을 고려하는 합리적 소비를 해야 한다.
> ㄷ. 모방 소비를 지양하여 자신의 개성을 표현해야 한다.
> ㄹ. 특정 계층에 국한된 과시 소비의 문제를 해결해야 한다.

① ㄱ, ㄷ   ② ㄴ, ㄹ   ③ ㄷ, ㄹ
④ ㄱ, ㄴ, ㄷ   ⑤ ㄱ, ㄴ, ㄹ

| ● 왜 정답일까? |

칼럼은 명품 소비가 자신을 과시하려는 욕망에서 비롯되었으며,

전 계층으로 확산되면서 사람들의 개성을 상실하게 하고 있다고 진단한다. ㉠에는 명품 소비의 문제점을 극복할 수 있는 방안이 들어가야 한다. 명품 소비의 문제점을 극복하기 위해서는 다른 사람들과 같아지려는 욕구를 절제하고 주체적 소비를 해야 한다(ㄱ). 그리고 자신의 경제력을 고려해서 합리적인 소비를 해야 하며(ㄴ), 모방 소비를 지양하고 자신의 개성을 살릴 수 있게 소비해야 한다(ㄷ).

| ● 왜 오답일까? |

ㄹ. 칼럼은 명품 소비 현상이 사회 전 계층으로 확산되어 있다고 본다.

06 니부어의 사회 윤리
정답률 69% | 정답 ④

| 문제 보기 |

다음 사상가의 입장으로 옳은 것은? [3점]

> 개인은 자신의 이익이 아닌 다른 사람의 이익을 고려하기도 한다. 그러나 집단은 개인이나 다른 집단과의 관계에서 상대의 이익에 주목하기보다 자기 집단의 이익을 관철하려는 경향을 강하게 나타낸다. 왜냐하면 개인들의 이기적 충동은 개별적으로 나타날 때보다 하나의 공통된 충동으로 결합되어 나타날 때 더 강하게 표출되기 때문이다. 그 결과, 인간은 개인적으로는 도덕적이지만 집단적으로는 비도덕적인 특성을 나타낸다.

① 집단 간 힘의 차이를 정치적 방법으로 조정해서는 안 된다.
② 개인과 사회의 최고의 도덕적 이상 간의 모순은 절대적이다.
③ 집단 규모가 커질수록 충동을 제어하는 이성의 힘은 커진다.
④ 올바른 정치적 도덕성은 합리성에 부합하는 강제력을 권고한다.
⑤ 집단 간 관계는 각 집단의 요구를 합리적으로 수용하여 수립된다.

| ● 왜 정답일까? |

제시문은 니부어의 주장이다. 니부어는 개인으로서의 인간은 도덕적일 수 있지만, 사회 집단은 개인보다 이기적 충동을 강하게 표출하게 되므로 비도덕적인 특성을 보일 수밖에 없다고 본다. 그는 합리성에 부합하는 강제력을 행사함으로써 사회 정의를 실현할 수 있다고 본다.

| ● 왜 오답일까? |

① 니부어는 집단 간 힘의 차이를 정치적 방법으로 조정해야 한다고 본다.
② 니부어는 개인과 사회의 도덕적 이상은 절대적 모순 관계가 아니라고 본다.
③ 니부어는 집단의 규모가 커질수록 충동을 제어하는 이성의 힘은 약해진다고 본다.
⑤ 니부어는 집단 간 관계는 각 집단이 갖는 힘의 비율에 따라 수립된다고 본다.

07 롤스와 소로의 시민 불복종
정답률 56% | 정답 ③

| 문제 보기 |

갑, 을 사상가들의 입장으로 적절한 것만을 〈보기〉에서 있는 대로 고른 것은? [3점]

> 갑 : 시민 불복종은 거의 정의로운 사회에서 그 체제의 합법성을 인정하는 시민들에 의해서만 생겨난다. 그것은 개인이나 집단의 이익이 아니라 다수의 정의감에 근거해야 한다.
> 을 : 우리는 먼저 인간이어야 하고, 그다음 국민이어야 한다. 법이 형평성보다는 독단에 치우쳐 있다고 판단된다면, 우리는 순순히 따르지 말고 양심에 따라 저항해야 한다.

> 〈보기〉
> ㄱ. 갑 : 시민 불복종은 민주 헌법의 의도에 어긋나는 항거이다.
> ㄴ. 갑 : 정의 원칙도 시민 불복종의 대상에서 제외되지 않는다.
> ㄷ. 을 : 법보다 정의에 대한 존경심을 함양하는 것이 바람직하다.
> ㄹ. 갑, 을 : 시민 불복종은 위법 행위이지만 하나의 권리이다.

① ㄱ, ㄴ   ② ㄴ, ㄷ   ③ ㄷ, ㄹ
④ ㄱ, ㄴ, ㄹ   ⑤ ㄱ, ㄷ, ㄹ

| ● 왜 정답일까? |

갑은 롤스, 을은 소로이다.
롤스는 사회적 다수의 정의감이 저항의 근거가 되어야 한다고 보지만, 소로는 개인의 양심이 저항 판단의 최종 근거라고 본다. 소

[문제편 p.133]

로는 법에 대한 존경심보다 먼저 정의에 대한 존경심을 기르는 것이 바람직하다고 본다(ㄷ). 소로와 롤스는 부정의한 법률이나 정책에 저항하는 시민 불복종은 시민의 정당한 권리라고 본다(ㄹ).

• 왜 오답일까?
ㄱ. 롤스는 시민 불복종은 민주 헌법의 의도에 어긋나지 않는다고 본다.
ㄴ. 롤스가 주장하는 시민 불복종은 정의의 원칙이 준수되는 사회를 지향한다.

08 순자와 맹자의 직업 윤리 정답률 79% | 정답 ④

| 문제 보기 |

갑, 을 사상가들의 입장으로 옳지 않은 것은?

갑: 각자의 직분을 나누는 것이 예법(禮法)의 핵심이다. 농부, 공인, 상인은 각 분야에 정통하지만, 그 분야를 지도하는 관리가 될 수 없다. 도(道)에 정통한 사람은 이 세 가지 일을 하나도 못해도 이 세 가지 일을 다스릴 수 있다.
을: 마음을 쓰는 사람[勞心者]은 다스리는 사람이고, 몸을 쓰는 사람[勞力者]은 다스림을 받는 사람이다. 다스림을 받는 사람은 남을 먹여 살리고, 다스리는 사람은 남에 의해 먹고 산다. 이처럼 서로 도우며 살아가는 것이 세상 이치다.

① 갑: 예(禮)에 맞게 사회적 분업이 이루어져야 한다.
② 갑: 군자는 도를 익혀야만 자신의 일을 완수할 수 있다.
③ 을: 다양한 직업들 사이에는 상호 보완적 관계가 성립한다.
④ 을: 몸을 쓰는 사람은 항산(恒産)에 앞서 항심(恒心)을 지녀야 한다.
⑤ 갑, 을: 모든 사람은 각자가 맡은 직분과 역할에 충실해야 한다.

• 왜 정답일까?
갑은 순자, 을은 맹자이다. 순자는 생산에 종사하는 사람과 이들을 지도하는 군자의 일이 서로 다르다고 주장한다. 맹자는 정신 노동을 하는 사람과 육체노동을 하는 사람은 각자 자신의 역할과 직분을 수행해야 한다고 본다. 맹자는 백성은 항산(恒産)이 없으면 항심(恒心)을 지니기 어렵다고 본다.

09 토론의 핵심 쟁점 정답률 93% | 정답 ③

| 문제 보기 |

다음 토론의 핵심 쟁점으로 가장 적절한 것은?

갑: 의사는 질병에 관한 전문 지식을 지니지만 환자는 그렇지 못합니다. 따라서 부모가 그 자녀의 선을 위해 간섭하듯이, 의사도 환자의 선을 위해 온정적으로 간섭해야 합니다.
을: 물론 전문 지식에 차이가 있고 의학적인 온정적 간섭이 도움이 됩니다. 그러나 환자는 인간으로서의 권리를 여전히 갖기 때문에, 그의 자기 결정권은 존중되어야 합니다.
갑: 환자 역시 인간입니다. 하지만 환자는 치료에 있어 어린 아이와 같기 때문에, 환자의 의견이 아니라 의학적 판단에 따라야 합니다. 의사의 사명은 질병 치료이니까요.
을: 질병 치료가 의사의 사명인 것은 맞습니다. 그런데 환자는 건강 이외에도 다른 여러 목적을 갖기 때문에 의학적 판단보다는 환자의 판단이 우선되어야 합니다.

① 질병 치료가 의사의 본질적 사명인가?
② 의사의 온정적 간섭은 질병 치료에 도움이 되는가?
③ 치료에 있어서 환자의 자율성이 우선되어야 하는가?
④ 의사와 환자는 의학적 전문 지식에 있어서 비대칭적인가?
⑤ 의사의 의학적 판단은 환자의 건강 회복을 목적으로 하는가?

• 왜 정답일까?
갑은 환자 치료에 있어서 의사의 온정적 간섭을 긍정하지만, 을은 환자의 자기 결정권이 존중되어야 한다고 본다. 따라서 토론의 핵심 쟁점은 치료에 있어서 환자의 자율성이 우선되어야 하는지 여부라고 할 수 있다.

10 레오폴드, 레건, 테일러의 환경 윤리 정답률 51% | 정답 ③

| 문제 보기 |

(가)의 갑, 을, 병 사상가들의 입장을 (나) 그림으로 표현할 때, A~D에 해당하는 적절한 진술만을 〈보기〉에서 있는 대로 고른 것은? [3점]

(가) 갑: 대지 윤리는 생태 윤리를 반영한다. 생태 윤리는 각 개인이 대지의 건강을 위한 자신의 의무를 깨닫고 실천할 것을 요구한다.
을: 삶의 주체라는 기준을 충족하는 동물들은 내재적 가치를 가진다. 내재적 가치는 무조건적인 개념으로, 그것을 갖거나 갖지 않는 것이지 중간은 없다.
병: 생명체가 선을 갖는 이유는 그것이 목적론적 삶의 중심이기 때문이다. 생명체는 자신의 성장, 발전, 생존, 번식을 실현하려는 일관성과 통일성을 가진다.

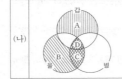

(나)

【범례】
A: 갑만의 입장
B: 을만의 입장
C: 을과 병만의 공통 입장
D: 갑, 을, 병의 공통 입장

〈보기〉
ㄱ. A: 인간은 생태계에 간섭해서는 안 되는 의무를 지닌다.
ㄴ. B: 한 살 이상의 정상적인 포유동물은 내재적 가치를 지닌다.
ㄷ. C: 생태계의 선이 개체의 선보다 우선하는 것은 아니다.
ㄹ. D: 인간 상호 간의 의무는 도덕적으로 정당화될 수 있다.

① ㄱ, ㄴ ② ㄴ, ㄷ ③ ㄷ, ㄹ ④ ㄱ, ㄴ, ㄹ ⑤ ㄱ, ㄷ, ㄹ

• 왜 정답일까?
갑은 레오폴드, 을은 레건, 병은 테일러이다.
레건과 테일러는 레오폴드와 달리 개체론의 입장을 취한다. 따라서 이들은 생태계의 선이 개체의 선보다 우선될 수 없다고 본다(ㄷ). 레오폴드, 레건, 테일러는 모두 인간 상호 간의 의무가 도덕적으로 정당화될 수 있다고 본다(ㄹ).

• 왜 오답일까?
ㄱ. 레오폴드와 테일러가 긍정할 내용이므로 오답이다.
ㄴ. 레오폴드와 레건, 테일러가 모두 긍정할 내용이므로 오답이다.

11 통일에 대한 입장 정답률 79% | 정답 ④

| 문제 보기 |

(가)의 입장에 비해 (나)의 입장이 갖는 상대적 특징을 그림의 ㉠~㉤ 중에서 고른 것은?

(가) 통일에 따른 경제적 효과를 고려하는 것보다 남북한 언어와 문화의 이질화 문제를 해소하는 것이 더 중요하다. 또한 이산가족의 만남, 북한 주민의 보편적 삶의 권리 실현을 위해 통일이 되어야 한다.

(나) 통일 문제를 문화적 동질성 회복과 인권 신장의 관점에서 고찰할 필요도 있다. 그러나 분단에 따른 각종 불안 요인을 극복하여 경제 발전의 안정적 토대를 구축하는 것이 더 중요하기 때문에 통일이 되어야 한다.

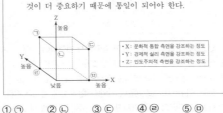

• X: 문화적 통합 측면을 강조하는 정도
• Y: 경제적 실리 측면을 강조하는 정도
• Z: 인도주의적 측면을 강조하는 정도

① ㉠ ② ㉡ ③ ㉢ ④ ㉣ ⑤ ㉤

• 왜 정답일까?
(가)는 남북한 언어와 문화의 이질화 문제 해소, 이산가족의 만남, 북한 주민의 보편적 삶의 권리 실현을 중시하지만, (나)는 분단에 따른 각종 불안 요인을 극복하여 경제 발전의 안정적 토대를 구축하는 것이 중요하다고 본다. (가)의 입장에 비해 (나)의 입장은 '문화적 통합 측면을 강조하는 정도'(X)는 낮고, '경제적 실리 측면을 강조하는 정도'(Y)는 높으며, '인도주의적 측면을 강조하는 정도'(Z)는 낮다. 따라서 ㉣이 옳은 위치이다.

12 롤스와 싱어의 해외 원조 입장 정답률 54% | 정답 ③

| 문제 보기 |

(가)의 갑, 을 사상가들의 입장을 (나) 그림으로 표현할 때, A~C에 해당하는 적절한 질문만을 〈보기〉에서 있는 대로 고른 것은? [3점]

(가) 갑: 고통받는 사회는 정의로운 정치 체제를 만들 수 있는 전통을 결핍하고 있다. 질서 정연한 사회의 시민은 이러한 고통받는 사회를 원조해야 할 의무를 갖는다.
을: 절대 빈곤은 나쁘다. 어떤 절대 빈곤에 상당하는 도덕적으로 중요한 다른 일을 희생하지 않고서 방지될 수 있다면, 우리는 이 절대 빈곤을 막아야만 한다.

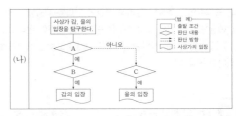

【범례】
◇ 출발 조건
◇ 판단 내용
→ 판단 방향
☐ 사상가의 입장

(나)

〈보기〉
ㄱ. A: 원조는 국가 간 복지 수준의 조정을 목표로 하는가?
ㄴ. B: 원조는 국가 간에 자원을 재분배하는 윤리적 의무인가?
ㄷ. C: 질서 정연한 사회의 구성원은 원조 대상이 될 수 있는가?
ㄹ. C: 원조 주체와 대상의 이익을 평등하게 고려해야 하는가?

① ㄱ, ㄴ ② ㄱ, ㄷ ③ ㄷ, ㄹ
④ ㄱ, ㄴ, ㄹ ⑤ ㄴ, ㄷ, ㄹ

• 왜 정답일까?
갑은 롤스, 을은 싱어이다. 롤스는 고통받는 사회가 질서 정연한 사회가 되도록 하는 것이 원조의 목적이라고 본다. 싱어는 인류 전체의 공리 증진이라는 공리주의적 입장에서 원조를 실천해야 한다고 본다. 싱어는 질서 정연한 사회의 구성원이라도 절대 빈곤의 상태에 있다면 원조 대상이 될 수 있다고 보며(ㄷ), 이익 평등 고려의 원리에 따라 원조가 이루어져야 한다고 본다(ㄹ).

• 왜 오답일까?
ㄱ, ㄴ. 롤스는 해외 원조가 국가 간 복지 수준을 조정하거나 자원을 재분배하기 위한 것이 아니라고 본다.

13 사이버 공간의 특징 정답률 94% | 정답 ④

| 문제 보기 |

다음 글에서 강조하는 내용으로 가장 적절한 것은?

사이버 공간은 실제 공간의 연장이면서도 익명성의 특징을 지닌 새로운 공간이다. 도덕적 책임을 둔감하게 만드는 익명성의 부정적 측면을 간과해서는 안 되지만, 그 긍정적 측면을 살리는 지혜가 필요하다. 사이버 공간에서 우리는 현실의 자아에서 벗어나, 여러 자아를 실험하며 자신의 모습을 자유롭게 만들고 해체하면서 새로운 자아를 형성할 수 있다. 우리는 다중 정체성의 위험에 유의한다면 사이버 자아를 통해 현실의 삶을 더 풍성하게 할 수 있다.

① 사이버 자아는 현실 자아의 반영에 불과하다.
② 사이버 자아의 익명성은 위험하기에 실명화해야 한다.
③ 사이버 자아는 현실의 자아보다 도덕적 책임에 민감하다.
④ 사이버 공간은 자아 정체성을 모색할 수 있는 열린 공간이다.
⑤ 사이버 공간의 다중 자아를 금지해 정체성 혼란을 예방해야 한다.

• 왜 정답일까?
제시문은 사이버 공간이 여러 자아를 실험하면서 자신의 모습을 자유롭게 만들고 해체하면서 새로운 자아를 형성할 수 있게 하므로 사이버 공간의 긍정적 측면을 살리는 지혜가 필요하다고 본다.

14 예술과 도덕에 관한 도덕주의 입장 정답률 82% | 정답 ⑤

| 문제 보기 |

다음 사상가의 입장만을 〈보기〉에서 있는 대로 고른 것은?

시(詩)란 사람의 마음이 세상 사물이나 풍속과 감응하여 언어로 표현된 것이다. 사람이 느끼는 대상에는 올바른 것과 사악한 것이 있으니, 시에도 옳은 것과 그른 것이 있다. 우리는 시를 통해 자신을 반성하여, 올바른 시는 모범으로 삼고 사악한 시는 자신을 고치는 계기로 삼아야 한다.

〈보기〉
ㄱ. 시는 선악 판단의 대상에서 배제되어야 한다.
ㄴ. 시를 감상할 때에는 윤리적 성찰을 겸해야 한다.
ㄷ. 시는 그 사회의 도덕성을 엿볼 수 있는 거울이다.
ㄹ. 올바르지 못한 시도 교육적 기능을 수행할 수 있다.

① ㄱ, ㄴ ② ㄱ, ㄷ ③ ㄴ, ㄹ
④ ㄱ, ㄷ, ㄹ ⑤ ㄴ, ㄷ, ㄹ

• 왜 정답일까?
제시문은 주희의 주장으로 예술에 대한 도덕주의의 입장을 담고 있다. 도덕주의는 예술이 윤리적 성찰의 기회를 제공해야 하고(ㄴ), 예술은 그 사회의 도덕 수준을 평가하는 기준이 된다고 본다(ㄷ). 그리고 주희는 사악한 시(詩)도 자신을 고치는 계기가 될 수 있다고 본다(ㄹ).

15 낙태의 찬반 근거
정답률 60% | 정답 ②

| 문제 보기 |

그림은 수업 장면이다. 소전제 ㉠에 대한 반론으로 가장 적절한 것은? [3점]

낙태는 인간 존재인 태아를 죽이는 것이기 때문에 옳지 않아.

너의 주장을 삼단 논법으로 정리하면 칠판의 내용과 같겠군.

대전제 : 인간 존재를 죽이는 것은 옳지 않다.
소전제 : ㉠
결 론 : 낙태는 옳지 않다.

① 잠재적 인간인 태아도 성인과 동등한 권리를 지니고 있다.
② 태아는 완전한 인격체가 아니므로 인간 존재로 볼 수 없다.
③ 낙태는 법적으로 금지되지만 도덕적으로는 허용될 수 있다.
④ 태아는 수정과 동시에 인간의 본질적 특성을 갖는 존재이다.
⑤ 사회의 이익을 위해 때로는 인간 존재의 희생이 불가피하다.

● 왜 정답일까?
삼단논법의 결론은 낙태 반대이다.
대전제가 인간 존재를 죽이는 것은 옳지 않다는 이를 뒷받침하는 소전제 ㉠은 '낙태는 인간 존재인 태아를 죽이는 것이다.'이다. 따라서 그에 대한 반론은 '태아는 아직 완전한 존재가 아니기 때문에 인간 존재로 볼 수 없다'에 해당한다.

16 기업의 사회적 책임에 대한 입장
정답률 69% | 정답 ②

| 문제 보기 |

갑, 을 모두가 부정의 대답을 할 질문만을 〈보기〉에서 있는 대로 고른 것은?

갑 : 기업은 시장 경쟁력 강화를 위한 경영 전략 차원에서 공익 증진이라는 사회적 책임에 힘써야 한다. 그러한 기업은 소비자 불매운동을 예방하고, 직원들의 헌신과 소비자들의 신뢰를 얻는 데 훨씬 유리하기 때문이다.
을 : 기업의 사회적 책임은 오로지 시장의 규칙을 준수하면서 기업 이익의 극대화를 위해 자유로운 경쟁에 전념하는 것이다. 이 과정에서 기업은 보이지 않는 손에 이끌려 원래 의도하지 않았던 공익에 기여하게 된다.

<보 기>
ㄱ. 기업은 모든 사회적 책임으로부터 자유로워야 하는가?
ㄴ. 기업은 자유 시장 경제 원리에 따라 경영되어야 하는가?
ㄷ. 기업은 공익의 증진을 본질적 목적으로 삼아야 하는가?
ㄹ. 기업은 기업 이익 증진을 위해 공익을 추구해야 하는가?

① ㄱ, ㄴ   ② ㄱ, ㄷ   ③ ㄴ, ㄹ
④ ㄱ, ㄷ, ㄹ   ⑤ ㄴ, ㄷ, ㄹ

● 왜 정답일까?
갑은 기업이 사회적 책임을 이행하면 기업의 이윤 추구와 소비자들의 신뢰를 얻는 데에도 유리하다고 간주하는 보겔이다.
을은 기업의 유일한 사회적 책임은 기업 이익의 극대화라고 주장하는 프리드먼이다.
갑, 을은 모두 기업은 사회적 책임으로부터 자유로울 수 없으며(ㄱ), 공익 증진이 아니라 이윤 극대화를 본질적 목적으로 삼는다고 본다(ㄷ).

● 왜 오답일까?
ㄴ. 갑, 을이 모두 긍정의 대답을 할 질문이다.
ㄹ. 갑이 긍정의 대답을 할 질문이다.

17 롤스와 노직의 정의에 대한 입장
정답률 32% | 정답 ①

| 문제 보기 |

갑, 을 사상가들의 입장으로 옳지 않은 것은?

갑 : 소득과 부가 자연적 우연성이나 사회적 우연성과 같은, 도덕적으로 임의적인 요소에 의해 분배되는 것은 부정의하다. 유사한 능력과 재능을 가진 사람들은 유사한 인생의 기회를 가지도록 실질적인 공정한 기회가 보장되어야 한다.
을 : 어떤 분배가 정의로운 충분조건은 그 분배 하에서 모든 사람들이 자신들의 소유물에 대해 소유 권리를 소유함이다. 정당한 소유권을 가진 사람들이 그 소유물을 자유롭게 이전하였다면, 그 결과가 불평등해도 이 또한 정의롭다.

① 갑 : 천부적 재능의 불균등한 분포는 부정의하기에 보상되어야 한다.
② 갑 : 정의의 일차적 주제는 권리와 의무를 정하는 기본 구조이다.
③ 을 : 최초의 취득이 정당했던 재화도 교정의 대상이 될 수 있다.
④ 을 : 결과의 평등을 강조하는 정의 원칙은 사적 소유권을 침해한다.
⑤ 갑, 을 : 사회적 불평등의 시정을 위한 기본권의 제한은 부당하다.

● 왜 정답일까?
갑은 롤스, 을은 노직이다.
롤스는 정의의 원칙을 도출하는 과정에서 자연적 우연성이나 사회적 우연성이 배제되어야 한다고 본다.
노직은 각 개인은 정당한 소유물에 대해 절대적 권리를 가진다고 본다. 롤스는 천부적 재능의 불균등한 분포 자체를 부정의하다고 간주하지 않는다.

● 왜 오답일까?
② 롤스는 사회의 기본 구조가 기본적 권리와 의무를 배분하고 이익의 분배를 정하는 방식을 정의의 일차적 주제로 본다.
③ 노직은 최초 취득이 정당해도 부정의한 이전이 이루어졌다면 교정되어야 한다고 본다.
④ 노직은 결과의 평등을 강조하는 정의 원칙에 반대한다.
⑤ 롤스와 노직은 사회적 불평등을 시정하기 위한 명분으로 기본권을 제한할 수 없다고 본다.

18 장자의 죽음관
정답률 84% | 정답 ②

| 문제 보기 |

다음 사상가의 입장으로 가장 적절한 것은? [3점]

삶과 죽음은 기(氣)가 모였다 흩어지는 자연의 과정이다. 생명을 얻음은 때를 만나서 태어난 것이요, 생명을 잃음은 운명에 순응하는 것이다. 때에 맡겨 마음을 편안히 가지고 운명에 순응한다면 슬픔과 즐거움이 들어올 수 없으니, 이것이 옛사람이 말한 '거꾸로 매달린 고통을 풀어줌'이다.

① 연기(緣起)의 이치를 깨달아 고락에서 벗어나야 한다.
② 삶에 집착하지 않고 자연스러운 도(道)를 따라야 한다.
③ 내세의 행복을 위해 선업(善業)을 쌓는 삶을 살아야 한다.
④ 삶과 죽음의 이치를 깨달아 인의(仁義)의 삶에 힘써야 한다.
⑤ 죽음은 자연의 과정이지만 상례(喪禮)를 통해 애도해야 한다.

● 왜 정답일까?
제시문은 장자의 주장이다. 장자는 삶과 죽음을 기(氣)가 모이고 흩어지는 것으로 보면서 자연적이고 필연적인 과정으로 이해한다. 장자는 삶에 집착하지 않고 도(道)를 따라 살아갈 것을 강조한다.

19 형벌에 대한 입장
정답률 71% | 정답 ⑤

| 문제 보기 |

(가)의 갑, 을, 병 사상가들의 입장에서 서로에게 제기할 수 있는 비판을 (나) 그림으로 표현할 때, A ~ F에 해당하는 내용으로 가장 적절한 것은? [3점]

(가)

갑 : 형벌은 범죄자가 처벌받아야 할 행위를 의욕했기 때문에 가해져야 한다. 사형은 살인에 상응하는 보복으로, 사형수의 인간성을 존중하는 길이다.
을 : 국가의 목적은 계약 당사자들의 생명 보전에 있고, 사형 제도는 계약을 유지하기 위한 수단이다. 우리의 신체와 능력은 일반 의지의 최고 감독 하에 있다.
병 : 형벌은 사회 계약에 근거하며 그 목적은 범죄의 예방과 교화에 있다. 사형을 대체한 종신 노역형만으로도 형벌은 충분한 엄격성을 지닌다.

(나)

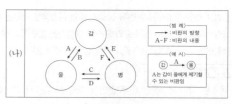

(범 례)
→ : 비판의 방향
A ~ F : 비판의 내용

(예 시)
㉮ → ㉯ : A는 갑이 을에게 제기할 수 있는 비판

① A, C : 국가는 사형을 집행할 권한을 갖지 못한다는 것을 간과한다.
② B : 살인자도 인간으로 존중받을 자격이 있다는 것을 무시한다.
③ D : 형벌적 정의는 사회 계약에 근거해야 한다는 것을 부정한다.
④ E : 처벌의 목적은 교화가 아니라 응보에 있다는 것을 간과한다.
⑤ F : 형벌은 공리 증진을 위한 수단으로 가해질 수 없음을 간과한다.

● 왜 정답일까?
갑은 칸트, 을은 루소, 병은 베카리아이다.
칸트는 형벌의 본질은 범죄 행위에 상응하는 처벌을 가하는 것이라고 본다. 루소는 사회 계약을 심각하게 위반한 범죄자를 사형에 처할 수 있다고 본다. 베카리아는 형벌의 강도보다 지속성이 사람들에게 더 큰 영향을 준다고 본다. 칸트는 베카리아와 달리 형벌이 공리 증진의 수단으로 가해져서는 안 된다고 본다.

● 왜 오답일까?
① 루소는 국가가 사형을 집행할 권리를 지닌다고 본다.
② 칸트는 살인자를 사형시키는 것이 그의 인간 존엄성을 존중하는 것이라고 본다.
③ 베카리아는 형벌의 정의는 사회 계약에 근거해야 한다고 본다.
④ 칸트는 처벌의 목적은 교화가 아니라 응보에 있다고 본다.

20 엘리아데의 성과 속의 입장
정답률 71% | 정답 ①

| 문제 보기 |

그림은 어느 사상가의 강연이다. ㉠에 들어갈 내용으로 적절하지 않은 것은? [3점]

성스러움이 세속적인 것과 전혀 다른 그 무엇으로서 자신을 드러내어 보여 주기 때문에, 인간은 성스러움을 알 수 있습니다. 돌이나 나무와 같은 일상적 대상 속에 나타나는 성현에 이르기까지 일상적으로 성스러움이 흐르고 있습니다. 어느 경우에나 우리는 이 세상 것이 아닌 하나의 실재가 자연적이고 세속적인 세계의 부분을 이루는 대상과 사건에 마주하게 됩니다. 이로 볼 때, 종교적 인간은 ㉠

① 성스러움이 드러난 돌이나 나무 자체를 신으로 받아들입니다.
② 성스러움과 세속적인 것이 단절되어 있지 않다고 생각합니다.
③ 세속의 세계 안에서 성현을 체험하며 그에 따라 살고자 합니다.
④ 세속적인 삶에서 언제든지 성스러움이 드러날 수 있다고 봅니다.
⑤ 세속의 세계를 성스럽게 만드는 거룩한 존재가 있다고 믿습니다.

● 왜 정답일까?
강연자는 엘리아데이다. 엘리아데는 종교라는 현상을 근원적으로 일상 속에서 성스러움과의 만남으로 파악하였다. 그는 성과 속이 분리되어 있거나 단절되어있지 않으며, 결국 일상적인 삶 자체가 언제든지 성스러움의 드러남, 즉 성현(聖顯)이 될 수 있다고 보았다. 엘리아데는 성스러움이 현현(顯現)한 사물은 전혀 다른 것이 되지만 그 후에도 사물임이 변하지는 않는다고 본다.

● 왜 오답일까?
② 엘리아데는 성스러움과 세속적인 것이 단절되어 있지 않다고 본다.
③ 엘리아데는 세속의 세계에서 성스러움을 체험할 수 있다고 본다.
④ 엘리아데는 성스러움의 현현은 세속적인 삶에서도 언제든지 일어날 수 있다고 본다.
⑤ 엘리아데는 세속의 세계를 성스럽게 만드는 신(神)이 존재한다고 본다.

● 고3 생활과 윤리 ●

35회 **2019학년도 9월**

01 ⑤	02 ①	03 ①	04 ②	05 ②
06 ④	07 ②	08 ③	09 ④	10 ②
11 ⑤	12 ④	13 ③	14 ④	15 ⑤
16 ③	17 ⑤	18 ①	19 ①	20 ①

채점결과	· 실제 걸린 시간 :	분	초
	· 맞은 문항수 :		개
	· 틀린 문항수 :		개
	· 헷갈린 문항 :		

01 메타 윤리학과 규범 윤리학 정답률 67% | 정답 ⑤

| 문제 보기 |

㉠에 들어갈 진술로 가장 적절한 것은?

나는 윤리학이란 규범 윤리적 물음에 답하기에 앞서 "그것을 학문적으로 다룰 수 있는가?"라는 문제부터 비판적으로 탐구하는 것을 근본 과제로 삼아야 한다고 생각한다. 그런데 어떤 사람들은 "도덕 문제를 어떻게 해결할 것인가?"라는 질문에 관심을 갖고 생명 복제, 사회 불평등 등과 같은 실제적인 도덕 문제에 대한 해답을 제시하려고 노력한다. 나는 이들의 입장이 ㉠ 고 생각한다.

① 인접 학문과의 학제적 탐구의 필요성을 간과한다
② 당위의 학문이라는 윤리학의 본질적 성격을 간과한다
③ 도덕 문제 해결을 위한 도덕 원리의 중요성을 간과한다
④ 규범 윤리학 이론과 도덕적 실천의 유기적 연관성을 간과한다
⑤ 도덕 언어의 논리적 타당성과 의미 분석의 중요성을 간과한다

● 왜 정답일까?

제시문의 '나'는 메타 윤리학을 지지하는 입장이고, '어떤 사람들'은 응용윤리학을 지지하는 입장이다.
메타 윤리학은 규범 윤리적 물음에 답하기에 앞서 도덕 언어의 논리적 타당성과 의미 분석을 통해 윤리학의 학문적 성립 가능성을 비판적으로 탐구해야 한다고 주장한다.

● 왜 오답일까?

① 응용 윤리학은 인접 학문과의 학제적 탐구의 필요성을 중시한다.
② 응용 윤리학은 윤리학이 당위의 학문임을 주장한다.
③ 응용 윤리학은 도덕 원리를 적용하여 현실적이고 구체적인 도덕 문제를 해결하고자 한다.
④ 응용 윤리학은 규범 윤리학 이론과 도덕적 실천이 유기적으로 연관됨을 강조한다.

02 정보 공유론과 정보 사유론 정답률 92% | 정답 ①

| 문제 보기 |

갑, 을의 입장으로 가장 적절한 것은? [3점]

대동강을 돈을 받고 판 김선달의 행위는 옳지 않습니다. 왜냐하면 대동강의 강물은 한 개인의 소유가 될 수 없는 공유의 대상이기 때문입니다. 이처럼 정보 또한 같은 것이므로 누구나 사용 가능해야 하며 매매의 대상이 될 수 없습니다.

북한 물장수를 아십니까? 사람들은 그냥 흐르는 물은 안 삽니다. 물장수가 한강에서 퍼 온 물통 속의 강물을 삽니다. 이처럼 정보 또한 물통 속의 물과 같아서 누군가의 노력이 들어간다면 매매의 대상이 될 수 있습니다.

 갑

 을

① 갑 : 정보는 누구나 향유할 수 있는 공공적 가치를 지닌다.
② 갑 : 정보의 사적 소유권은 자유롭게 이전될 수 있어야 한다.
③ 을 : 정보는 배타적인 권리를 주장할 수 없는 공유 자산이다.
④ 을 : 정보에 대한 소유권은 개인의 노력과는 무관하게 성립된다.
⑤ 갑, 을 : 정보를 생산한 자에게 경제적인 보상은 필요하지 않다.

● 왜 정답일까?

갑은 정보가 대동강의 강물과 같이 공유의 대상이라고 보는 정보 공유론의 입장이고, 을은 정보가 물통 속의 물과 같이 매매의

대상이라고 보는 정보 사유론의 입장이다. 갑은 정보가 공공적 가치를 지닌다고 본다.

03 해외 원조에 대한 싱어의 입장 정답률 61% | 정답 ①

| 문제 보기 |

다음 사상가의 입장으로 가장 적절한 것은?

공정으로서의 정의에 의하면 질서 정연한 사회란 그 구성원들의 선을 증진하고 공적 정의관에 의해 효과적으로 규제되는 사회이다. 그런데 정의의 원칙을 자기 사회 내에 있는 사람들에게만 적용하고 세계를 지금 이대로 내버려 둔다면, 수백만 명이나 되는 사람들이 자신의 나라가 질서 정연한 사회가 되기 전에 빈곤으로 인해 죽어갈 것이다. 우리는 고통을 느끼는 모든 존재의 이익을 평등하게 고려해야 하므로 빈곤으로 인해 고통받는 사람들을 도와야만 한다.

① 원조 대상자의 국적은 원조 여부를 결정하는 데 중요하지 않다.
② 원조는 전 지구적 차원의 윤리적인 의무로 정당화될 수 없다.
③ 원조 대상에서 질서 정연한 사회의 빈곤한 시민은 제외되어야 한다.
④ 원조는 인류의 공리 증진이 아닌 지구적 정의 실현을 지향해야 한다.
⑤ 원조의 최종 목적은 고통 받는 사회의 정치 문화를 개선하는 것이다.

● 왜 정답일까?

제시문은 싱어의 주장이다. 싱어는 롤스의 해외 원조에 대한 입장을 비판하며 '이익 평등 고려의 원칙'에 따라 빈곤으로 인해 고통 받는 사람들을 원조해야 한다고 본다. 싱어는 세계 시민주의적 관점에서 국가의 경계를 넘어 친소(親疏)에 관계없이 고통 받는 사람들을 도와야 한다고 본다. 따라서 싱어에게 원조 대상자의 국적은 원조 여부를 결정하는 기준이 아니다.

● 왜 오답일까?

② 싱어는 원조가 전 지구적 차원의 윤리적인 의무라고 본다.
③ 싱어에게 빈곤한 사람은 어느 사회에 소속되어 있느냐와 관계없이 원조의 대상이다.
④ 싱어에게 원조의 목적은 인류의 공리 증진이다.
⑤ 원조의 목적을 고통 받는 사회의 정치 문화 개선에 두는 사상가는 롤스이다.

04 우애에 대한 아리스토텔레스의 입장 정답률 79% | 정답 ②

| 문제 보기 |

다음 가상 대담의 사상가가 지지할 입장으로 적절하지 않은 것은? [3점]

① 쾌락을 위한 우애나 완전한 우애 모두 서로에게 즐거움을 준다.
② 유덕하지 못한 사람은 다른 사람과 더불어 우애를 나눌 수 없다.
③ 좋은 벗은 서로에게 떳떳하지 못한 행위를 요구하지 않는다.
④ 쾌락을 위한 우애는 서로 즐거움을 주는 한에서만 지속될 수 있다.
⑤ 완전한 우애만이 서로의 선한 성품 때문에 서로 사랑하는 것이다

● 왜 정답일까?

가상 대담의 사상가는 아리스토텔레스이다.
아리스토텔레스는 쾌락을 위한 우애, 이익(유용함)을 위한 우애, 선하고 덕에 있어서 서로 닮은 사람들 간의 우애, 즉 유덕한 사람들 사이의 완전한 우애가 있다고 본다. 이 중에서 쾌락을 위한 우

애와 이익을 위한 우애는 유덕하지 못한 사람들 사이의 우애이다.

● 왜 오답일까?

① 아리스토텔레스는 쾌락을 위한 우애뿐 아니라 완전한 우애도 서로에게 즐거움을 준다고 본다.
③ 아리스토텔레스는 좋은 벗, 유덕한 벗은 서로에게 떳떳하지 못한 행위를 요구하지 않는다고 본다.
④ 아리스토텔레스는 쾌락을 위한 우애는 서로 즐거움을 주는 한에서만, 이익을 위한 우애는 서로 이익을 주는 한에서만 지속될 뿐 그렇지 않으면 소멸된다고 본다. 반면 유덕한 사람들 사이의 완전한 우애는 오래 지속된다고 본다.
⑤ 아리스토텔레스는 완전한 우애만이 서로의 선한 성품 즉 서로의 사람 됨됨이 때문에 서로를 사랑하는 것이라고 본다.

05 요나스의 책임 윤리 정답률 60% | 정답 ②

| 문제 보기 |

다음 사상가의 입장에서 볼 때, 〈가상 대담〉의 ㉠에 들어갈 말로 가장 적절한 것은?

오늘날과 같은 '윤리적 공백'의 시대에는 구원의 예언보다 불행의 예언에 더 주의를 기울여야 한다. 그러므로 우리는 과학기술 유토피아주의를 찬양하는 '희망의 원칙'이 아닌, 미리 사유된 위험 그 자체와 관련된 '공포의 원칙'에 우선성을 두어야 한다.

〈가상 대담〉

리포터 : 지구 온난화와 같은 기후 변화 문제를 해결하기 위해 우리는 어떠한 자세를 가져야 할까요?
사상가 : 우리는 그러한 문제를 해결하기 위해 ㉠ 를 가져야 합니다.

① 자연과의 상호 책임성을 토대로 자연에 대해 책임지려는 자세
② 부모가 자녀에 대해 책임지는 것처럼 자연에 대해 책임지려는 자세
③ 자연에 대한 주인 의식을 토대로 자연에 대해 책임지려는 자세
④ 과학의 무한한 진보를 바탕으로 자연에 대해 책임지려는 자세
⑤ 행위의 직접적 영향의 한도 내에서만 자연에 대해 책임지려는 자세

● 왜 정답일까?

제시문은 요나스의 주장이다. 요나스는 '공포의 원칙'의 우선성을 바탕으로 한 책임의 윤리를 주장한다. 요나스는 부모가 자녀에 대해 책임지는 것과 같은 자연에 대한 일방적이고 절대적인 책임이 현세대에게 요청된다고 주장한다.

● 왜 오답일까?

① 요나스는 자연에 대한 인간의 일방적 책임이 있다고 본다.
③ 요나스는 자연에 대한 주인 의식을 토대로 한 책임이 아닌 내재적이고 본질적인 가치를 지니는 생명에 대한 책임을 강조한다.
④ 요나스는 과학의 무한한 진보를 신뢰하는 태도가 기술 유토피아라는 신화를 낳았다고 주장하며 이를 비판한다.
⑤ 요나스는 행위의 직접적 영향만이 아니라 그 행위가 먼 미래에 끼치게 될 결과까지도 예측하여 자연에 대해 도덕적 책임을 져야 한다는 '예견적 책임'을 강조한다.

06 자연법에 대한 아퀴나스의 입장 정답률 82% | 정답 ④

| 문제 보기 |

다음 사상가의 입장에서 〈문제 상황〉 속 A에게 제시할 조언으로 가장 적절한 것은? [3점]

인간에게는 자신의 고유한 본성에 따라 선으로 향하는 성향이 내재되어 있다. 그러므로 우리는 신이 인간에게 부여한 본성에서 나온 "선을 추구하고 악을 피하라."는 원리에 따라야 한다.

〈문제 상황〉

A는 현대 의학으로는 치료 불가능한 병으로 3개월 이내에 사망할 것이라는 진단을 받았다. 이런 상황에서 A는 연명 의료에 대한 의향서 작성을 고민하고 있다.

① 자신의 이익과 가족의 이익을 합리적으로 계산하여 판단하세요.
② 이상적인 담화 상황에서 합의된 결과를 고려하여 판단하세요.

③ 최대 다수의 최대 행복이라는 도덕 원리를 고려하여 판단하세요.

④ 인간이 갖는 자기 보존의 자연적 성향을 고려하여 판단하세요.

⑤ 자연법의 원리가 아닌 스스로 수립한 도덕 법칙에 따라 판단하세요

● 왜 정답일까?

제시문의 사상가는 아퀴나스이다.

아퀴나스는 자기 보존, 종족 보존 등 인간이 본성적으로 지니는 자연적 성향에 따라 살아가야 함을 강조한다.

07 직업윤리에 대한 순자와 맹자의 입장   정답률 84% | 정답 ②

| 문제 보기 |

갑, 을 사상가들의 입장으로 옳지 않은 것은? [3점]

> 갑 : 선왕(先王)이 예(禮)를 제정하여 사람들에게 귀함과 천함의 등급을 분별하게 하였다. 사대부의 자손이라도 예에 합하지 않으면 서민이 되어야 하고, 서민의 자손이라도 학문을 닦고 품행이 단정하여 예에 합하면 사대부가 되어야 한다.
> 을 : 왕도 정치가 구현된 사회에서 농부와 목수와 기술자는 각자 생산물이나 재능을 교환함으로써 사회에 기여한다. 힘을 쓰는 노력자(勞力者)와 마음을 쓰는 노심자(勞心者) 역시 각자의 수고로움으로 서로 기여한다.

① 갑 : 예(禮)를 기준으로 삼아 사회적 역할 분담이 정해져야 한다.

② 갑 : 사회적 신분은 개인의 자유로운 선택에 따라 정해져야 한다.

③ 을 : 분업을 통해 사회적 직분 간의 유기적 관계를 이루어야 한다.

④ 을 : 노력자(勞力者)는 생계가 안정되어야 도덕심을 유지할 수 있다.

⑤ 갑, 을 : 자신의 직분에 충실할 때 사회 질서가 유지될 수 있다.

● 왜 정답일까?

갑은 순자, 을은 맹자이다. 순자는 사회적 신분이 자유로운 선택이 아니라 예(禮)에 따라 정해져야 한다고 본다.

08 심미주의와 도덕주의   정답률 88% | 정답 ③

| 문제 보기 |

갑, 을의 입장으로 가장 적절한 것은?

> 갑 : 예술의 목표는 진리라는 생각 때문에 시(詩)만을 위한 시는 시적 품위가 결여된 것으로 여겨졌다. 그러나 예술이란 본래 심미적 가치만을 추구하기에 시 그 자체 외의 어떠한 다른 목적도 염두에 두지 않고 쓰인 시만이 진정한 시이다.
> 을 : 예술의 사명은 신(神)의 세계, 즉 인간의 최고 목적인 사랑의 세계를 건설하는 일이다. 따라서 예술은 인류애가 모든 사람의 자연스러운 감정이 되도록 교육하는 데 기여해야 한다.

① 갑 : 예술의 심미적 가치는 도덕적 가치에 의해 제어되어야 한다.

② 갑 : 예술이 도덕적 진리를 추구할 때 심미적 가치가 더욱 고양된다.

③ 을 : 예술은 사람들의 도덕적인 감정의 고양에 기여해야 한다.

④ 을 : 예술은 그 자체가 목적으로 다른 것을 위한 수단이 아니다.

⑤ 갑, 을 : 예술은 어떤 것에도 제한받지 않는 독립성을 지녀야 한다.

● 왜 정답일까?

갑(에드거 앨런 포우)은 심미주의 입장, 을(톨스토이)은 도덕주의 입장이다. 도덕주의는 예술이 사람들의 도덕적 품성 함양에 기여해야 한다고 본다.

09 니부어   정답률 72% | 정답 ④

| 문제 보기 |

다음 가상 편지를 쓴 사상가가 지지할 입장만을 <보기>에서 있는 대로 고른 것은? [3점]

> ○○선생님께
> 지난 편지에서 선생님께서는 개인의 이기심이 선의지에 의해 견제되고 있어 모든 집단은 조화를 이룰 것이라 하시며, 개인의 선의지 함양을 권고하셨습니다. 하지만 제 생각은 다릅니다. 선생님께서는 집단 이기주의가 갖는 힘, 범위, 지속성을 깨닫지 못하고 있습니다. 개인 간의 관계를 순전히 합리적인 조정과 설득에 의해 확립하는 일은 불가능하다는 것을 알 것입니다. 그러나 집단 간의 관계는 윤리적이기보다는 정치적이기 때문에, 개인의 양심은 집단 간의 갈등을 부분적으로 억제할 수는 있겠지만 완전히 해결되지는 못합니다.
> …(후략)…

<보 기>

ㄱ. 집단 간 관계는 각 집단이 갖는 힘의 비율에 따라 수립된다.
ㄴ. 선의지는 정의 실현을 위한 비합리적인 수단을 통제해야 한다.
ㄷ. 사회 정의는 사회적 억제와 힘을 통해 실현되어서는 안 된다.
ㄹ. 사회적 협력이 아무리 확대되어도 사회적 분쟁은 불가피하다.

① ㄱ, ㄴ ② ㄱ, ㄷ ③ ㄷ, ㄹ
④ ㄱ, ㄴ, ㄹ ⑤ ㄴ, ㄷ, ㄹ

● 왜 정답일까?

가상 편지를 쓴 사상가는 니부어이다.

ㄱ. 니부어는 집단 간의 관계는 집단 간의 힘의 비율에 의해 결정된다고 본다.

ㄴ. 니부어는 비합리적 수단인 강제력은 선의지의 통제를 받아야 한다고 본다.

ㄹ. 니부어는 집단 간의 갈등은 사회적 협력이 확대되어도 발생된다고 본다.

● 왜 오답일까?

ㄷ. 니부어는 사회 정의는 사회적 억제와 힘, 즉 사회적 강제력을 통해 실현될 수 있다고 본다.

10 형벌에 대한 칸트와 벤담의 입장   정답률 57% | 정답 ③

| 문제 보기 |

(가)의 갑, 을 사상가들의 입장을 (나) 그림으로 탐구할 때, A～C에 해당하는 적절한 질문만을 <보기>에서 있는 대로 고른 것은?

> (가)
> 갑 : 형벌은 위법 행위의 경중에 비례하여 부과되어야 한다. 오직 보복법만이 형벌의 질과 양을 명확하게 제시할 수 있기에, 살인범은 사형에 처해져야 한다. 이것은 정의가 도덕 법칙에 따라 의욕하는 바이다.
> 을 : 형벌과 보상으로 사회의 행복을 증대시키는 것이 정부의 직무이기 때문에, 정부는 최대 행복의 원리에 따라야 한다. 그러므로 형벌의 가치는 어떤 경우든 위법 행위에서 얻는 이득의 가치를 능가하기에 충분해야 한다.

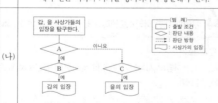

(나)

<보 기>

ㄱ. A : 형벌은 범죄자에게 고통을 유발하더라도 정당화 가능한가?
ㄴ. B : 사형은 살인범의 인격에 대한 존중을 전제하는 것인가?
ㄷ. C : 형벌은 공리를 증진하기 때문에 형벌 그 자체는 선인가?
ㄹ. C : 형벌은 범죄 의지를 억제시키려는 수단이어야 하는가?

① ㄱ, ㄴ ② ㄱ, ㄷ ③ ㄴ, ㄹ ④ ㄱ, ㄷ, ㄹ ⑤ ㄴ, ㄷ, ㄹ

● 왜 정답일까?

갑은 칸트, 을은 벤담이다.

ㄴ. 칸트가 긍정의 대답을 할 질문이다. 칸트는 살인범에 대한 사형이 살인범의 인격에 대한 존중을 전제한다고 본다.

ㄹ. 벤담이 긍정의 대답을 할 질문이다. 벤담은 형벌의 목적이 범죄 억지를 통한 사회적 이익의 증진이라고 본다.

● 왜 오답일까?

ㄱ. 벤담이 긍정의 대답을 할 질문이다. 벤담은 형벌이 범죄자에게 고통을 유발하더라도 범죄를 억지한다면 정당하다고 본다.

ㄷ. 벤담은 형벌 그 자체는 고통이므로 악이라고 본다.

11 유전자 조작의 윤리적 쟁점   정답률 70% | 정답 ⑤

| 문제 보기 |

다음 토론의 핵심 쟁점으로 가장 적절한 것은?

> 갑 : 인간을 대상으로 하는 유전자 조작 기술은 유전적 요인으로 인한 질병을 치료할 수 있기 때문에 허용되어야 합니다. 질병 극복은 선이기 때문입니다.
> 을 : 네, 동의합니다. 하지만 치료를 넘어 우생학적 목적을 위한 국가 차원의 유전자 조작은 인간 존엄성에 대한 심각한 위협이 될 수 있으므로 치료 목적에 한정되어야 합니다.
> 갑 : 치료를 넘어선 국가 차원의 우생학은 부당하지만 개인 차원은 다릅니다. 외모에 대해 성형의 자유를 지니듯이, 우리는 유전자 조작을 통해 자질을 강화할 수 있는 자유를 지닙니다.
> 을 : 그렇지 않습니다. 자질 강화를 위한 유전자 조작은 고비용 의술로 특정 계층만이 이용 가능해 생물학적 불평등을 낳고, 이는 곧 사회적 불평등을 심화시킬 것이므로 옳지 않습니다.

① 질병 치료를 위한 유전자 조작은 허용되어야 하는가?
② 치료 목적의 유전자 조작은 선을 산출할 수 있는가?
③ 국가는 치료를 넘어선 우생학적 유전자 조작을 해도 되는가?
④ 유전자 조작 기술은 어떤 경우에도 허용되어서는 안 되는가?
⑤ 자질 강화를 위한 개인 차원의 유전자 조작은 허용되어야 하는가?

● 왜 정답일까?

갑은 유전적 질병 치료를 위한 유전자 조작만이 아니라 자질 강화를 위한 개인 차원의 유전자 조작도 허용해야 한다는 입장이다.

반면에, 을은 유전적 질병 치료를 위한 유전자 조작만을 허용해야 한다는 입장이다. 제시된 토론의 핵심 쟁점은 자질 강화를 위한 개인 차원의 유전자 조작 허용 여부이다.

● 왜 오답일까?

①, ②는 갑과 을이 모두 긍정의 대답을 할 내용이며, ③, ④는 갑과 을이 모두 부정의 대답을 할 내용이므로, 제시된 토론의 핵심 쟁점이 될 수 없다.

12 환경 윤리   정답률 51% | 정답 ③

| 문제 보기 |

(가)의 갑, 을, 병 사상가들의 입장을 (나) 그림으로 표현할 때, A～D에 해당하는 적절한 진술만을 <보기>에서 있는 대로 고른 것은? [3점]

> (가)
> 갑 : 늙은 말이나 개와 같이 오랫동안 봉사한 동물들에게 감사의 정(情)을 표현하는 것은 직접적으로는 언제나 인간의 자기 자신에 대한 의무일 따름이다.
> 을 : 무당벌레와 진딧물의 관계와 같이 하나의 종(種)을 위한 선은 다른 종을 위한 선이 아닐 수 있다. 모든 생명체는 그 자신의 선을 가지는 목적론적 삶의 중심이다.
> 병 : 식용 송아지의 비참한 모습은 애처롭고 마음 아프게 한다. 도덕적 무능력자이지만 삶의 주체인 동물들의 도덕적 권리를 침해하는 것은 옳지 않다.

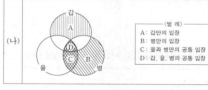

(나)

<보 기>

ㄱ. A : 인간을 목적이 아닌 수단으로만 대우해서는 안 된다.
ㄴ. B : 인간이 동물보다 본래적으로 더 우월한 것은 아니다.
ㄷ. C : 내재적 가치를 지니는 비이성적인 개체도 존재한다.
ㄹ. D : 생태계 그 자체의 도덕적 지위를 인정할 필요는 없다.

① ㄱ, ㄴ ② ㄱ, ㄷ ③ ㄷ, ㄹ
④ ㄱ, ㄴ, ㄹ ⑤ ㄴ, ㄷ, ㄹ

● 왜 정답일까?

갑은 칸트, 을은 테일러, 병은 레건이다.

ㄷ. 테일러는 비이성적인 생명체도 내재적 가치를 지닌다고 보며, 레건은 삶의 주체인 일부 동물은 비이성적이지만 내재적 가치를 지닌다고 본다.

ㄹ. 생태계 그 자체의 도덕적 지위를 인정하는 사상가는 전체론적 입장인 레오폴드이다.

● 왜 오답일까?

ㄱ. 칸트, 테일러, 레건의 공통된 입장이다.

ㄴ. 레건, 테일러의 공통된 입장이다.

13 과학자의 책임 한계
정답률 91% | 정답 ③

| 문제 보기 |

다음 글의 입장에서 긍정의 대답을 할 질문을 〈보기〉에서 고른 것은?

> 과학자는 연구와 실험의 결과가 인류의 운명에 긍정적 영향을 미칠지, 부정적 영향을 미칠지를 객관적으로 예측할 수 없다. 과학적 발견을 어떻게 활용할지 여부를 결정하는 것은 과학자의 몫이 아니다. 그것은 가치 판단의 문제로 과학의 영역이 아니다. 과학자는 입증된 방법으로 연구와 실험을 진행할 뿐이며, 오로지 진리 탐구를 목적으로 자신의 연구에 책임을 다할 뿐이다.

<보 기>
ㄱ. 과학자는 연구 결과의 모든 활용에 대해 책임져야 하는가?
ㄴ. 과학자는 연구의 외적 책임으로부터 자유로워야 하는가?
ㄷ. 과학자는 이론의 타당성을 객관적으로 검증해야 하는가?
ㄹ. 과학자는 연구 주제의 사회적 파급 효과를 고려해야 하는가?

① ㄱ, ㄴ   ② ㄱ, ㄷ   ③ ㄴ, ㄷ
④ ㄴ, ㄹ   ⑤ ㄷ, ㄹ

● 왜 정답일까?

제시문은 과학자에게 과학적 지식 자체에 대한 책임만 있다는 입장이다.

ㄴ. 긍정의 대답을 할 질문이다. 제시문은 과학자에게 연구의 외적 책임, 즉 자신의 연구 활동이 사회에 미칠 영향에 대한 책임이 없다고 본다.

ㄷ. 긍정의 대답을 할 질문이다. 제시문은 과학자에게 과학적 연구 방법의 객관성에 대한 책임이 있다고 본다.

14 죽음에 대한 도가와 불교의 입장
정답률 71% | 정답 ④

| 문제 보기 |

동양 사상 (가), (나)의 입장으로 가장 적절한 것은? [3점]

> (가) 이 세상에 태어난 것은 태어날 때를 만났기 때문이고, 죽음은 떠나야 할 때가 되었기 때문이다. 삶과 죽음은 운명이다. 사계절이 변화듯이 기(氣)의 변화 과정에서 삶과 죽음이 바뀌는 것일 뿐이니 죽음을 슬퍼할 필요가 없다.
> (나) 오온(五蘊)의 새로운 구성이 태어남이고 그 해체가 죽음이다. 죽음은 업보에 따라 다음 세상에서의 태어남으로 이어진다. 삶과 죽음은 생멸(生滅)의 과정에서 계속 반복되는 것이니 생사(生死)에 집착할 필요가 없다.

① (가) : 인(仁)의 구현을 위해서라면 나의 생명을 희생할 수 있다.
② (가) : 내세의 행복을 위해 현세의 욕망을 최대한 절제해야 한다.
③ (나) : 죽음은 고통이 없는 생(生)으로 이어지는 윤회의 과정이다.
④ (나) : 중생은 그의 오온이 해체되어도 생멸을 반복하게 된다.
⑤ (가), (나) : 참된 지혜는 육체의 구속에서 벗어난 사후에만 얻어진다.

● 왜 정답일까?

(가)는 도가, (나)는 불교이다.
불교는 중생의 죽음을 오온의 해체라고 보고, 중생은 오온이 해체되어도 깨닫지 못하면 생멸을 반복한다고 본다.

● 왜 오답일까?

① 유교의 입장이다.
② 도가는 내세의 행복을 추구하지 않는다.
③ 불교에서 생(生)은 사(死)와 마찬가지로 대표적인 고통이다.
⑤ 플라톤의 입장이다.

15 사회 정의에 대한 입장
정답률 66% | 정답 ⑤

| 문제 보기 |

갑, 을 사상가들의 입장만을 〈보기〉에서 있는 대로 고른 것은? [3점]

> 갑 : 정의의 원칙은 가상적 상황에서 무지의 베일을 쓴 당사자들의 합의를 통해 얻어져야 한다. 이들은 이 상황에서 평등한 자유의 원칙, 공정한 기회균등의 원칙, 차등의 원칙에 합의할 것이다. 이 원칙들을 만족시키는 한에서 정의로운 분배가 가능하다.

> 을 : 어느 누구도 취득과 이전에서의 정의의 원리에 의하지 않고서는 소유물에 대한 소유 권리를 가질 수 없다. 국가는 강압·절도·사기로부터의 보호, 계약 집행 등과 같은 제한적 역할만을 수행해야 한다.

<보 기>
ㄱ. 갑 : 차등의 원칙만 충족한다면 어떠한 분배 결과도 정당화된다.
ㄴ. 갑 : 가상적 상황의 당사자는 경제학의 일반적 사실을 안다.
ㄷ. 을 : 분배 결과의 정당성은 분배 과정의 정당성에 근거한다.
ㄹ. 갑, 을 : 정의로운 사회에서도 경제적 불평등은 정당화될 수 있다.

① ㄱ, ㄴ   ② ㄱ, ㄷ   ③ ㄷ, ㄹ
④ ㄱ, ㄴ, ㄹ   ⑤ ㄴ, ㄷ, ㄹ

● 왜 정답일까?

갑은 롤스, 을은 노직이다.
ㄴ. 롤스는 무지의 베일 속 당사자가 경제학, 심리학 등의 일반적 사실에 대해 안다고 본다.
ㄷ. 노직은 분배 과정에서 취득과 이전의 원칙이 지켜지면 그 결과도 정당하다고 본다.
ㄹ. 롤스는 최소 수혜자에게 최대의 이익이 되는 경제적 불평등은 정당하다고 보고, 노직은 소유 권리가 보장되는 경제적 불평등은 정당하다고 본다.

● 왜 오답일까?

ㄱ. 롤스는 차등의 원칙만이 아니라 평등한 자유의 원칙, 공정한 기회균등의 원칙이 충족되어야 분배 정의가 실현된다고 본다.

16 종교적 관용
정답률 84% | 정답 ③

| 문제 보기 |

다음은 신문 칼럼이다. ㉠에 들어갈 내용으로 가장 적절한 것은?

> ○○신문　　　　　　　○○○○년 ○○월 ○○일
> ### 칼 럼
> 오늘날 세계 각 지역에서는 종교 간의 갈등으로 인해 폭력과 분쟁이 심화되고 있다. 이와 관련하여 우리는 어떤 서양 사상가의 가르침에 주목할 필요가 있다. 그는 "타 종교인에 대한 관용의 정신이 참된 종교인을 구별하는 가장 분명한 기준이다. 참된 종교는 영혼의 내적 확신에 기초하는데, 이러한 내적 확신을 폭력과 같은 외부적 힘으로 강제하는 것은 종교의 사명은 물론 인간 이성에도 어긋난다.'라고 하였다. 이러한 가르침에 따라 종교 간의 갈등 문제를 해결하기 위해서는 ㉠ 을 인식해야 한다. …(후략)…

① 정치와 종교의 분리가 불필요하다는 것
② 영혼의 내적 확신이 구원과 무관하다는 것
③ 종교적 박해는 불합리하므로 부당하다는 것
④ 관용을 허용하지 않는 종교도 참된 종교라는 것
⑤ 종교적 불관용만이 이성에 부합할 수 있다는 것

● 왜 정답일까?

제시문의 어떤 사상가는 타 종교인에 대한 박해는 종교의 사명뿐만 아니라 인간 이성에도 어긋나는 불합리한 것이라고 주장하며 타 종교인에 대한 관용을 강조한다.

17 유교의 효 사상
정답률 72% | 정답 ⑤

| 문제 보기 |

(가) 사상의 입장에서 볼 때, (나)의 ㉠에 대한 설명으로 가장 적절한 것은? [3점]

(가)	부모와 자녀 간에는 친함이 있어야 하고, 임금과 신하 간에는 의리가 있어야 하고, 남편과 부인 간에는 분별이 있어야 하고, 친구 간에는 믿음이 있어야 하고, 어른과 아이 간에는 차례가 있어야 한다.
(나)	섬기는 일 중에 무엇이 가장 큰 것인가? 가장 큰 섬김에는 물질적 봉양[養口體], 정신적 공경[養志], 사회적 명예를 얻는 입신양명(立身揚名) 등이 있다. 그러므로 ㉠은/는 개나 말을 잘 먹여 기르는 것과는 다르다.

① 서로 손님처럼 공경하는 상경여빈(相敬如賓)으로 완성되는 것이다.
② 공동 이익을 추구하는 상부상조(相扶相助)로 완성되는 것이다.
③ 사랑하며 함께 늙어가는 백년해로(百年偕老)로 완성되는 것이다.
④ 몸과 마음으로 헌신하는 사군이충(事君以忠)으로 시작되는 것이다.
⑤ 몸을 온전하게 보전하는 불감훼상(不敢毀傷)으로 시작되는 것이다.

● 왜 정답일까?

(가)는 유교이고, ㉠은 '효'이다. 유교에서는 효의 시작을 불감훼상으로 본다.

18 민족의 개념
정답률 90% | 정답 ①

| 문제 보기 |

다음 토론의 핵심 쟁점으로 가장 적절한 것은? [3점]

> 갑 : 민족은 근대화라는 특정한 사회적 조건에서 등장한 '상상된 공동체'라고 할 수 있어.
> 을 : 그렇지 않아. 민족은 고대 이래 혈연, 언어를 공유하는 실체로 지금까지 존재해 왔어.
> 갑 : 민족은 혈연이나 언어가 아니라 구성원의 의지에 기초한 공동체야. 그러니까 민족은 '매일 매일의 국민 투표'에 의해 결정된다는 비유도 가능해.
> 을 : 민족은 대대로 이어진 원초적 유대로 결속된 집단이야. 그래서 개인이 자기 의지대로 민족을 선택하는 건 불가능해.

① 민족은 언제부터 어떤 요소에 의해 형성되어 왔는가?
② 민족이 등장한 근대 이후의 사회적 조건은 무엇인가?
③ 민족의 구성 요소는 근대화 과정에서 왜 변화하였는가?
④ 민족 구성원의 의지는 원초적 유대를 어떻게 강화하는가?
⑤ 민족 형성이 민주주의 발전과 병행했던 이유는 무엇인가?

● 왜 정답일까?

제시문은 민족 개념을 중심으로 토론하고 있다.
갑은 다양한 인종과 문화가 존재하는 다문화사회에서는 구성원 의지와 같은 주관적요소를 중시한다고 본다.
반면 을은 민족은 지역, 언어, 혈연과 같은 객관적 요소의 공유를 통해 형성된다고 주장한다.

19 시민 불복종에 대한 롤스의 입장
정답률 46% | 정답 ①

| 문제 보기 |

다음 사상가의 입장만을 〈보기〉에서 있는 대로 고른 것은?

> 정의의 원칙을 완전히 보장해 줄 완전한 헌법을 제정하기는 어려우며 그 절차도 찾기 어렵다. 또한 헌법에 따라 제정된 법이 정의로운 것이기를 보장해 줄 완벽한 절차도 존재하지 않는다. 이러한 한계로 인해 헌법이 정의로우며 그로부터 이익을 받고 또 받을 예정이라면, 우리는 다수결의 법이 부정의하다 할지라도 그에 따라야 할 의무를 갖는다. 하지만 대체로 질서 정연한 사회 안에서, 정의의 원칙에 어긋나는 법이 심각한 정도로 부정의할 경우, 우리는 시민 불복종을 고려하게 된다.

<보 기>
ㄱ. 정치적 절차는 완전히 정의로운 법의 제정을 보장할 수 없다.
ㄴ. 시민 불복종의 대상이 되지 않는 부정의가 존재할 수 있다.
ㄷ. 시민 불복종은 부정의한 정치 체제에 항거하는 것이다.
ㄹ. 원초적 입장에서 합의한 원칙도 시민 불복종의 대상이다.

① ㄱ, ㄴ   ② ㄱ, ㄷ   ③ ㄷ, ㄹ
④ ㄱ, ㄴ, ㄹ   ⑤ ㄴ, ㄷ, ㄹ

● 왜 정답일까?

제시문의 사상가는 롤스이다.
ㄱ. 롤스는 정치적 절차는 완전히 정의로운 법의 제정을 보장할 수 없기 때문에 거의 정의로운 사회에서 시민 불복종이 발생된다고 본다.
ㄴ. 롤스는 사회의 기본 구조가 합당하게 정의로울 경우, 그 사회의 구성원은 그 부정의가 지나치지만 않으면 부정의한 법도 준수해야 한다고 본다.

● 왜 오답일까?

ㄷ. 롤스에게 시민 불복종은 거의 정의로운 사회에서 발생되기 때문에 부정의한 정치 체제에 대한 항거가 아니라 부정의한 법에 대한 항거이다.
ㄹ. 롤스에게 시민 불복종의 대상은 원초적 입장에서 합의한 원칙(평등한 자유의 원칙, 공정한 기회균등의 원칙)을 심각하게 어기고 있는 부정의한 법이다.

20 베블런의 과시적 소비

정답률 89% | 정답 ①

| 문제 보기 |

그림의 강연자가 긍정의 대답을 할 질문으로 가장 적절한 것은?

과시적 소비는 자신의 부와 명성을 타인에게 명백하게 증명하려는 경쟁적인 소비 행위입니다. 명성의 관점에서 사회 구조의 최상부에 위치한 유한계급의 생활 예절과 가치 기준들은 사회 구조의 최하층에 강압적인 영향력을 확장합니다. 그 결과 각 계급의 구성원들, 심지어 절대 빈곤에 시달리는 빈민조차도 모든 관습적인 과시적 소비의 유혹을 떨쳐버리지 못합니다. 하지만 사회의 전체적인 부가 아무리 증가하더라도 다른 사람들보다 더 많은 재화를 축적하고자 하는 모든 사람들의 모든 욕망은 결코 완전히 충족되지 못합니다. 그 욕망은 본질적으로 차별적인 비교에 바탕을 둔, 명성을 획득하고 유지하기 위한 경쟁이기 때문입니다.

① 유한계급의 소비 행태는 사회 구조 전반으로 확산되는가?
② 사회 구조의 최상위 계급만이 과시적 소비를 욕구하는가?
③ 유한계급은 소비를 통해 자신의 재력을 은폐하고자 하는가?
④ 사회의 각 계급은 상위 계급의 소비 행태에 대해 무관심한가?
⑤ 사회의 전체적인 부가 증대되면 과시적 소비의 욕망은 사라지는가?

● 왜 정답일까? ●

강연자는 베블런이다. 베블런은 과시적 소비가 주로 유한계급에서 발견되지만 최하층의 계급까지 그 영향력이 확대된다고 본다.

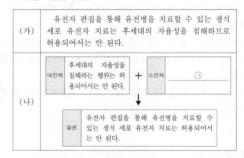

36회 ● 고3 생활과 윤리 ●
2024학년도 10월

01 ②	02 ④	03 ⑤	04 ⑤	05 ②
06 ①	07 ①	08 ⑤	09 ④	10 ⑤
11 ②	12 ④	13 ③	14 ③	15 ③
16 ①	17 ②	18 ⑤	19 ①	20 ④

채점결과	· 실제 걸린 시간 :	분	초
	· 맞은 문항수 :		개
	· 틀린 문항수 :		개
	· 헷갈린 문항 :		

---

01 메타 윤리학과 실천 윤리학

정답률 87% | 정답 ②

| 문제 보기 |

(가), (나) 윤리학의 핵심 과제로 가장 적절한 것은?

(가) 윤리학은 '옳다', '그르다'와 같은 용어가 도덕 논의에서 어떻게 사용되고 있는지 그 의미를 분석하고, 윤리학의 학문적 성립 가능성을 검토하는 데 주력해야 한다.
(나) 윤리학은 '옳고 그른 행위는 무엇인가'에 대한 도덕 원리를 활용하여 생명 윤리, 정보 윤리 등에서 논의되는 문제에 대한 실천적 지침을 제시하는 데 주력해야 한다.

① (가) : 도덕 문제에 대한 구체적인 해결책을 모색하는 것이다.
② (가) : 도덕 추론에 대한 논리적인 타당성을 검토하는 것이다.
③ (나) : 사회의 도덕 관행을 가치 중립적으로 기술하는 것이다.
④ (나) : 도덕 현상의 인과 관계를 경험적으로 조사하는 것이다.
⑤ (가)와 (나) : 보편적인 도덕규범의 체계를 확립하는 것이다.

● 왜 정답일까? ●

(가)는 메타 윤리학, (나)는 실천 윤리학이다. 메타 윤리학은 도덕 추론에 대한 논리적 타당성 검토를 핵심 과제로 삼는다.

---

02 공자와 노자의 사상적 입장

정답률 66% | 정답 ④

| 문제 보기 |

갑, 을 사상가들의 입장으로 가장 적절한 것은? [3점]

갑 : 백성을 법령과 형벌로 다스리면 백성은 형벌을 모면하려 하고 부끄러움을 모르게 된다. 백성을 덕으로 이끌고 예(禮)로 다스리면 부끄러움을 알고 바르게 된다.
을 : 최상의 지도자는 백성이 단지 그의 존재만을 안다. 공(功)이 이루어지고 나면 백성은 자기 스스로 그렇게 했다고 말한다. 무위(無爲)하면 다스리지 못할 것이 없다.

① 갑 : 통치자는 법(法)을 배제하고 덕으로만 통치해야 한다.
② 갑 : 통치자는 백성이 편안해진 후에야 수신(修身)할 수 있다.
③ 을 : 통치자는 인의(仁義)를 갖춰야만 무위로 다스릴 수 있다.
④ 을 : 통치자는 백성이 무지(無知)의 덕을 갖도록 다스려야 한다.
⑤ 갑과 을 : 통치자는 선악(善惡)을 구별해 규범을 세워야 한다.

● 왜 정답일까? ●

갑은 공자, 을은 노자이다. 노자는 백성이 무지와 무욕의 덕을 갖도록 통치자가 무위의 정치를 해야 한다고 보았다.

---

03 칸트의 사상적 입장

정답률 84% | 정답 ⑤

| 문제 보기 |

다음을 주장한 사상가의 입장에서 〈문제 상황〉 속 A에게 제시할 조언으로 가장 적절한 것은?

의무는 법칙에 대한 존경에서 나오는 행위의 필연성이다. 내가 의도한 행위의 결과인 대상에 대해 나는 경향성을 가질 수는 있지만 결코 존경할 수는 없다.

〈문제 상황〉
고등학생 A는 유기견 봉사 활동을 가기로 친구와 약속하였다. 그런데 봉사 활동 당일에 좋아하는 가수의 콘서트 입장권이 생겨, 약속을 지켜야 할지 친구에게 거짓말을 하고 콘서트에 가야 할지 고민하고 있다.

① 동정심을 기준으로 어떠한 행위가 도덕적인지를 판단하세요.
② 약속 준수와 공연 관람 중 더욱 칭찬받을 행위를 선택하세요.
③ 쾌락을 산출하는 행위만이 도덕적 가치가 있음을 명심하세요.
④ 약속을 지킬지 말지를 경향성에 따라 자율적으로 결정하세요.
⑤ 자신의 행위가 보편화 가능한 준칙에 따른 것인지 검토하세요.

● 왜 정답일까? ●

제시문은 칸트의 주장이다.
칸트는 의무론의 입장에서 A에게 자신의 행위가 보편화 가능한 준칙에 따르는 것인지 검토해 보라고 조언할 것이다.

---

04 생식 세포 유전자 치료의 쟁점

정답률 81% | 정답 ⑤

| 문제 보기 |

(가)의 주장을 (나) 그림으로 나타낼 때, ㉠에 대한 반론의 근거로 가장 적절한 것은?

| (가) | 유전자 편집을 통해 유전병을 치료할 수 있는 생식 세포 유전자 치료는 후세대의 자율성을 침해하므로 허용되어서는 안 된다. |

(나)	대전제 : 후세대의 자율성을 침해하는 행위는 허용되어서는 안 된다.	+	소전제 : ㉠
	↓		
결론 : 유전자 편집을 통해 유전병을 치료할 수 있는 생식 세포 유전자 치료는 허용되어서는 안 된다.		

① 생식 세포 유전자 치료는 후세대의 삶을 특정 방향으로 결정하는 유전적인 개입이다.
② 생식 세포 유전자 치료는 유전적 다양성을 감소시켜 질병에 대한 저항력을 약화시킨다.
③ 생식 세포 유전자 치료는 인간으로서의 도덕적 지위를 지닌 배아를 단지 수단으로만 취급한다.
④ 생식 세포 유전자 치료는 부모의 의도에 따라 자녀의 자질이 설계되는 우생학으로 변질될 수 있다.
⑤ 생식 세포 유전자 치료는 유전 형질을 개선해 삶의 방향에 대한 미래 세대의 선택권을 확대할 수 있다.

● 왜 정답일까? ●

㉠에는 '생식 세포 유전자 치료는 후세대의 자율성을 침해하는 행위이다.'가 들어간다. 따라서 이에 대한 반론의 근거로는 '생식 세포 유전자 치료가 미래 세대의 선택권을 확대할 수 있다.'는 주장을 들 수 있다.

---

05 해외 원조에 대한 롤스와 싱어의 입장

정답률 75% | 정답 ②

| 문제 보기 |

갑, 을 사상가들의 입장으로 가장 적절한 것은? [3점]

갑 : 질서 정연한 만민은 고통받는 사회들을 원조해야 한다. 고통받는 사회는 정치적이며 문화적인 전통들, 즉 인적 자본과 기술 수준, 질서 정연한 사회가 되는 데 필요한 물질적 및 과학 기술적 자원들이 결핍되어 있다.
을 : 절대 빈곤은 고통스러운 삶의 조건이다. 도덕적으로 마찬가지로 중요한 일을 희생시키지 않고 절대 빈곤을 감소시킬 수 있는 풍요로운 사람은 절대 빈곤에 빠진 사람을 마땅히 도와야 한다.

① 갑 : 고통받는 사회들만을 해외 원조의 대상으로 삼는 것은 옳지 않다.
② 갑 : 서로 다른 만민 간 평균적 부의 차이를 좁히는 것은 해외 원조의 목표가 아니다.
③ 을 : 해외 원조는 칭찬받을 만한 가치가 있지만 당위가 아닌 자선 행위이다.
④ 을 : 해외 원조가 가져올 결과에 따라 원조의 이행 여부가 결정되어서는 안 된다.
⑤ 갑과 을 : 해외 원조는 경제적 불평등을 규제하는 분배 정의 원칙에 근거해야 한다.

● 왜 정답일까? ●

갑은 롤스, 을은 싱어이다.
롤스는 해외 원조의 목적이 서로 다른 만민 간 평균적 부의 차이

를 좁히는 것이 아니라, 원조 대상국이 질서 정연한 사회가 되도록 돕는 것이라고 보았다.

06 유행에 대한 지멜의 입장 정답률 82% | 정답 ①

| 문제 보기 |

그림의 강연자가 지지할 입장으로 가장 적절한 것은?

현대 사회에서 유행이란 사회적 균등화 경향과 개인적 차별화 경향 사이에 타협을 이루려고 시도하는 삶의 형식들 중 하나입니다. 상류층의 유행은 하류층의 유행과 구분되며, 상류층의 유행이 하류층에 의해 동화되는 순간 상류층의 유행이 소멸된다는 사실이 이를 입증해 줍니다. 남과 구분되는 욕구가 결여되는 경우, 반대로 집단에 속하고자 하는 욕구가 결여되는 경우 유행의 영역은 더 이상 존재하지 않게 됩니다.

① 현대 사회에서 유행의 생성과 소멸은 계층 간 차이의 산물이다.
② 유행은 계층 내 동질성은 감추고 계층 간 차별성은 드러낸다.
③ 상류층은 차별화 경향성을 은폐하기 위해서 유행을 선도한다.
④ 하류층은 상류층에 동화되기 위해서 새로운 유행을 창출한다.
⑤ 하류층은 타 계층을 모방하지 않는 영속적인 유행을 추구한다.

● 왜 정답일까?

제시문은 지멜의 주장이다. 지멜에 따르면 현대 사회에서 유행은 계층 간의 차이의 존재로 인해 발생하고 소멸한다.

07 노동에 대한 마르크스와 칼뱅의 입장 정답률 73% | 정답 ①

| 문제 보기 |

갑, 을 사상가들의 입장으로 가장 적절한 것은? [3점]

갑 : 자본주의에서 노동은 상품만을 생산하는 것이 아니라 노동자를 하나의 상품으로 생산해 낸다. 노동자의 노동은 강요된 것으로서 자기 자신의 상실이다. 강제로 수행되는 노동이 멈출 때에야 비로소 자유의 영역이 시작된다.
을 : 각 개인에게는 신께서 지정하신 생활 방식이 있는데 그것은 우리가 인생을 방탕하게 살지 않도록 지정해 주신 초소와 같다. 이 모든 것이 신께서 지위 주신 의무임을 우리가 알고 따를 때 소명(召命)은 신 앞에서 빛날 것이다.

① 갑 : 계급이 완전히 소멸된 곳에서 노동의 본질은 실현된다.
② 갑 : 자본주의의 기술적 분업을 통해 노동 소외를 없애야 한다.
③ 을 : 노동하는 것과 독실한 신앙 생활을 병행해서는 안 된다.
④ 을 : 노동을 통한 부의 축적은 신이 부여한 소명에 위배된다.
⑤ 갑과 을 : 노동은 다른 목적을 위한 수단이 아닌 그 자체가 목적이다.

● 왜 정답일까?

갑은 마르크스, 을은 칼뱅이다.
마르크스는 계급이 완전히 소멸된 곳, 즉 공산 사회에서 노동의 본질이 실현된다고 보았다.

08 시민 불복종에 대한 롤스의 입장 정답률 51% | 정답 ⑤

| 문제 보기 |

다음을 주장한 사상가의 입장으로 가장 적절한 것은? [3점]

시민 불복종은 정치적 원칙, 즉 헌법과 사회 제도 일반을 규제하는 정의의 원칙들에 의해 지도되고 정당화되는 행위라는 의미에서 정치적이다. 정치적 다수자에게 정상적인 호소를 해왔지만 그 호소가 성공하지 못한 경우에 최후의 대책으로서 시민 불복종을 생각해 볼 수 있다.

① 유권자 다수가 공개적으로 참여해야만 시민 불복종이 정당화 된다.
② 부정의한 정치 체제에서 법률은 정당한 시민 불복종의 대상이 된다.
③ 정의의 원칙에 근거하지 않은 양심적 행위도 정당한 시민 불복종이 될 수 있다.
④ 최소 수혜자에게 최대의 이익을 주지 못하는 정책에 대한 시민 불복종은 정당화된다.

---

⑤ 평등한 자유의 원칙을 위반한 정책은 정당한 시민 불복종의 대상이 되지 않는 경우가 있다.

● 왜 정답일까?

제시문은 롤스의 주장이다.
롤스는 평등한 자유의 원칙을 위반한 정책이라도 그 위반 정도가 현저히 심하지 않을 경우, 그 정책은 시민 불복종의 대상이 되지 않는다고 보았다.

09 음악에 대한 묵자와 순자의 입장 정답률 58% | 정답 ④

| 문제 보기 |

갑, 을 사상가들의 입장으로 적절한 것만을 <보기>에서 있는 대로 고른 것은?

갑 : 임금과 대신들이 음악을 좋아하여 즐기면 국가는 어지러워진다. 농부가 음악을 좋아하여 듣기만 한다면 콩과 조가 부족해진다. 천하의 이익을 일으키고 천하의 해를 없애려고 한다면 음악을 금지하지 않을 수 없을 것이다.
을 : 예(禮)는 사람의 본성[性]이 아니라 성인의 작위[僞]에 의해 생겨난다. 예에 맞는 음악을 귀히 여기고 사특한 음악을 천시해야 한다. 음악이 엄숙하면 백성이 혼란하지 않고 편안히 살게 된다. 이것이 왕도 정치의 시작이다.

< 보 기 >
ㄱ. 갑 : 음악은 생산 활동을 방해하여 즐거움을 줄 수 있다.
ㄴ. 을 : 음악이 예에 알맞으면 사회를 바로잡는 규범이 된다.
ㄷ. 을 : 음악은 본성을 변화시켜 세상을 조화롭게 할 수 있다.
ㄹ. 갑과 을 : 음악 없는 이상적 인간의 경지에 이를 수 없다.

① ㄱ, ㄴ ② ㄱ, ㄹ ③ ㄷ, ㄹ
④ ㄱ, ㄴ, ㄷ ⑤ ㄴ, ㄷ, ㄹ

● 왜 정답일까?

갑은 묵자, 을은 순자이다. 묵자는 음악이 생산 활동에 방해가 된다고 보았으며, 순자는 예에 알맞은 음악을 통해 인간의 본성을 변화시키고 사회를 조화롭게 할 수 있다고 보았다.

10 자연에 대한 입장 정답률 38% | 정답 ⑤

| 문제 보기 |

(가)의 갑, 을, 병 사상가들의 입장을 (나) 그림으로 표현할 때, A ~ D에 해당하는 적절한 진술만을 <보기>에서 고른 것은? [3점]

| (가) | 갑 : 동물이 이성을 지니는 못했다 하더라도 동물을 폭력적이고 잔인한 방식으로 다루는 것은 인간 자신에 대한 의무와 진정으로 대립한다.
을 : 개별 생명체는 고유의 선을 실현하려는 목적론적 삶의 중심으로, 내재적 가치를 지닌다. 우리는 이들을 동등하게 도덕적으로 존중해야 한다.
병 : 종 차별주의를 버리고 육식을 멈추면 식량을 더 확보할 수 있다. 식량을 제대로 분배하면 기아를 없앨 수 있다. 동물 해방은 인간 해방이기도 하다. |
| (나) | 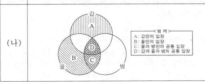 |

< 보 기 >
ㄱ. A : 동물은 수단으로 간주되지만 인간은 수단으로 간주될 수 없다.
ㄴ. B : 생명이 있는 비이성적 존재에게 도덕적 지위를 부여하는 것은 정당화될 수 있다.
ㄷ. C : 동물에 대한 인간의 의무는 조건부로 이행될 수 있다.
ㄹ. D : 인간 이외의 개체에 대한 차별적인 대우가 정당화되는 경우가 있다.

① ㄱ, ㄴ ② ㄱ, ㄷ ③ ㄴ, ㄷ ④ ㄴ, ㄹ ⑤ ㄷ, ㄹ

● 왜 정답일까?

(가)의 갑은 칸트, 을은 테일러, 병은 싱어이다.
칸트, 테일러, 싱어는 모두 인간 이외의 개체에 대한 차별적인 대우가 정당화될 수 있다고 보았다.

● 왜 오답일까?

ㄱ. 칸트는 인간을 수단으로 대우할 경우, 항상 동시에 목적으로 대우해야 한다고 보았다.

---

11 교정적 정의에 대한 입장 정답률 36% | 정답 ②

| 문제 보기 |

갑, 을 사상가들의 입장으로 적절한 것만을 <보기>에서 있는 대로 고른 것은? [3점]

갑 : 인간이 자신을 죽일 권리가 없는 이상, 그 권리를 사회에 양도하는 것 역시 불가능하다. 사형의 문제가 아니다. 사형은 한 사람의 시민에 대한 국가의 전쟁이다.
을 : 사형은 사회 계약에 포함될 수 없다는 이유로 사형의 불법성을 주장하는 것은 법의 왜곡이다. 처벌 법칙은 하나의 정언 명령이다. 그가 살인했다면 그는 죽어야 한다.

< 보 기 >
ㄱ. 갑 : 범죄자를 처벌하는 것이 아니라 범죄를 예방하는 것이 정의로움이다.
ㄴ. 갑 : 범죄자의 의도를 제외하고 사회에 끼친 해악의 경중을 판단하는 것은 타당하다.
ㄷ. 을 : 범죄자의 생득적 인격성을 존중하기 위해서는 사형 이외의 형벌을 부과할 수 없다.
ㄹ. 갑과 을 : 공적 정의를 실현하기 위해서는 범죄와 형벌 간의 비례 관계를 유지해야 한다.

① ㄱ, ㄴ ② ㄴ, ㄹ ③ ㄷ, ㄹ
④ ㄱ, ㄴ, ㄷ ⑤ ㄱ, ㄷ, ㄹ

● 왜 정답일까?

갑은 베카리아, 을은 칸트이다.
베카리아는 범죄자의 의도가 아니라 사회에 끼친 해악으로만 범죄의 경중을 측정해야 한다고 보았다.

● 왜 오답일까?

ㄷ. 칸트는 살인자의 생득적 인격성을 존중하기 위해 사형을 부과할 수 있다고 보았다.

12 분배적 정의에 대한 입장 정답률 71% | 정답 ④

| 문제 보기 |

(가)의 사상가 갑, 을의 입장을 (나) 그림으로 탐구하고자 할 때, A ~ C에 들어갈 적절한 질문만을 <보기>에서 고른 것은? [3점]

| (가) | 갑 : 평등한 사람들은 평등하게 취급되어야 한다는 형식적인 평등의 원칙에 따라 원초적 입장의 합의 당사자들은 서로 동등한 입장에 처해 있다.
을 : 분배적 정의에 관한 정형적 원리들에 의하면 재분배 행위는 필연적이다. 소유 권리론의 입장에서 볼 때, 재분배는 개인들의 권리를 침해한다. |
| (나) | (순서도 그림) |

< 보 기 >
ㄱ. A : 부의 획득 과정에서 자연적 우연성 자체를 활용하지 않는 것을 지향해야 하는가?
ㄴ. B : 원초적 입장에 있는 당사자들의 모든 합의는 공정한가?
ㄷ. B : 기본적 자유들은 어떤 조건에서도 제한 없이 보장되어야 하는가?
ㄹ. C : 정당한 노동 없이도 소유권이 성립할 수 있는가?

① ㄱ, ㄴ ② ㄱ, ㄷ ③ ㄴ, ㄷ
④ ㄴ, ㄹ ⑤ ㄷ, ㄹ

● 왜 정답일까?

(가)의 갑은 롤스, 을은 노직이다.
롤스는 원초적 입장에서의 모든 합의는 공정하다고 보았고, 노직은 노동 없이도 이전에 의해 소유권이 성립할 수 있다고 보았다.

● 왜 오답일까?

ㄱ. 롤스는 부의 분배 과정에서 우연성의 요소 자체를 제거하라고 주장하지 않았다.

13 성에 대한 입장 정답률 60% | 정답 ③

| 문제 보기 |

갑, 을의 입장으로 가장 적절한 것은? [3점]

갑 : 사랑하는 부부 사이의 성적 관계만이 정당화될 수 있다
는 주장은 성적 자기 결정권에 대한 침해이다. 자율성의
원칙과 해악 금지의 원칙 외에 성적 관계의 정당화에 필
요한 도덕적 제약은 존재하지 않는다.
을 : 사랑하는 부부 사이 외의 성적 관계도 정당화될 수 있다
는 주장은 성적 자기 결정권에 대한 오해이다. 출산과
양육에 대한 책임을 지는 결혼은 성적 관계의 정당화에
필수적인 도덕적 제약이다.

① 갑 : 쾌락을 위한 성적 관계는 도덕적 평가 대상에서 제외
된다.
② 갑 : 성적 자기 결정권 행사에 제약 조건을 부과해서는 안
된다.
③ 을 : 생식적 가치를 위한 성적 관계가 비도덕적인 경우가
있다.
④ 을 : 인격적 가치가 존중되지 않는 도덕적인 성적 관계가
있다.
⑤ 갑과 을 : 사랑의 결합 여부로 성적 관계의 정당성이 결정
된다.

● 왜 정답일까?

갑은 자유주의 입장이고, 을은 보수주의 입장이다.
보수주의는 사랑하는 부부 사이 외에 이루어지는 성적 관계는
비도덕적이라고 보았다.

14 정보 사회에서의 퍼블리시티권 문제   정답률 87% | 정답 ③

| 문제 보기 |
다음 신문 칼럼의 입장으로 적절하지 않은 것은?

○○신문   ○○○○년 ○○월 ○○일
칼럼
뉴 미디어의 발전으로 개인의 초상, 성명 등과 같은 인격적
속성을 경제적 이윤 창출의 수단으로 이용하는 것이 일상화
되었다. 이로 인해 인격적 속성을 상업적으로 이용하는 것을
통제할 수 있는 배타적 권리인 퍼블리시티권(right of
publicity)이 등장하였다. 유명인의 인격적 속성을 무단으로
사용하여 광고하는 행위는 퍼블리시티권의 대표적 사례
이다. 그런데 퍼블리시티권이 보장될수록 타인의 인격적 속성
을 이용한 자유로운 표현 행위가 제한될 수 있다. 이에 퍼블
리시티권과 표현의 자유가 조화될 수 있는 방안이 필요하다.

① 개인의 인격적 속성을 이용한 영리 행위는 정당화될 수 있다.
② 개인에게 속한 무형의 속성에 배타적 권리가 부여될 수 있다.
③ 개인을 식별하는 정보는 공공재이며 제한 없이 이용될 수
있다.
④ 표현의 자유가 보장될수록 타인의 권리 침해로 이어질 수
있다.
⑤ 공적 인물뿐만 아니라 일반인도 퍼블리시티권을 가질 수
있다.

● 왜 정답일까?

신문 칼럼은 이윤 창출을 위해 인격적 속성을 무단으로 이용하
는 행위를 제한할 수 있는 퍼블리시티권에 대한 고려가 필요하
다고 본다.

15 종교에 대한 엘리아데의 입장   정답률 80% | 정답 ③

| 문제 보기 |
다음을 주장한 사상가의 입장으로 적절하지 않은 것은?

종교적 인간은 역사적 현재에서만 사는 것을 거부하고 성
스러운 시간을 다시 획득하려고 노력한다. 종교적인 축제에
참여하는 것은 축제에서 현현(顯現)하는 신화적인 시간으로
되돌아가는 것이다. 한편, 비종교적 인간의 대부분은 비록 의
식화되는 못하더라도 여전히 종교적으로 행동하고 있다. 탄
생, 결혼, 취임, 승진을 축하하는 의식에서 종교적 현상이 관
찰된다.

① 종교적 인간에게 성스러운 시간은 회복과 반복이 가능하다.
② 종교적 인간은 세속적 시간 속에서도 성스러움을 체험한다.
③ 종교적 인간은 성스러운 사물 그 자체를 신으로 받아들인다.
④ 종교를 의식할 능력을 상실해도 종교적으로 행동할 수 있다.
⑤ 비종교적 인간에게 성스러움은 다양한 양태로 드러날 수
있다.

● 왜 정답일까?

제시문은 엘리아데의 주장이다.
엘리아데는 사물 그 자체가 신이라고 주장하지 않았다.

16 음식 윤리에 대한 입장   정답률 84% | 정답 ①

| 문제 보기 |
갑, 을 사상가들의 입장으로 적절하지 않은 것은?

갑 : 중용은 지나침에 따른 악덕과 모자람에 따른 악덕 사이
의 덕이다. 너무 많이 먹고 마시는 것이나, 너무 적게
먹고 마시는 것 모두 건강을 해친다.
을 : 수행자는 원하는 대로 배불리 먹은 뒤 잠자는 즐거움에
빠지면 마음이 전념을 다하지 못한다. 음식을 먹는 것은
몸을 존속하고 청정범행(清淨梵行)을 잘하기 위한 것이다.

① 갑 : 적당한 음식의 양은 사람에 따라 차이가 없이 동일하다.
② 갑 : 음식을 절제하며 섭취하는 습관을 기르는 것이 필요
하다.
③ 을 : 식생활은 신체에 대한 영양 공급 이외의 의미를 지닌다.
④ 을 : 먹는 즐거움에만 탐닉하는 것은 마음의 수양을 방해
한다.
⑤ 갑과 을 : 음식을 먹는 행위는 생존에 대한 욕구와 연관된다.

● 왜 정답일까?

갑은 아리스토텔레스, 을은 불교 사상가이다.
아리스토텔레스는 적당히 섭취해야 할 음식의 양이 사람에 따라
다를 수 있다고 보았다.

17 삶과 죽음에 대한 플라톤의 입장   정답률 76% | 정답 ②

| 문제 보기 |
다음을 주장한 사상가의 입장으로 적절한 것만을 〈보기〉에서
있는 대로 고른 것은?

영혼은 육체로부터 최대한 독립했을 때 이데아에 대한 최
상의 사유를 할 수 있다. 그래서 철학자들은 누구보다도 평
생에 걸쳐 영혼을 정화하며 살고자 한다.

< 보 기 >
ㄱ. 철학자는 영혼과 육체의 불멸성을 깨달아야 한다.
ㄴ. 인간은 영혼을 돌보는 활동에 관심을 가져야 한다.
ㄷ. 참된 실재에 대한 인식은 인간의 감각을 통해서 가능하다.

① ㄱ   ② ㄴ   ③ ㄱ, ㄷ
④ ㄴ, ㄷ   ⑤ ㄱ, ㄴ, ㄷ

● 왜 정답일까?

제시문은 플라톤의 주장이다.
플라톤은 영혼이 육체로부터 해방되면 순수한 인식이 가능해질
수 있다고 보았다.

18 평화에 대한 갈퉁의 입장   정답률 78% | 정답 ⑤

| 문제 보기 |
다음을 주장한 사상가의 입장으로 적절한 것만을 〈보기〉에서
고른 것은? [3점]

아프리카인에 대한 수 세기 동안의 직접적 폭력은 주인이
자 사회적 강자인 백인들과 노예이자 사회적 약자인 흑인들
간의 구조적 폭력으로 확산되거나 침전되었다. 이는 인종주
의적 이념과 함께 문화적 폭력을 재생산하였다. 이후, 직접적
폭력과 노예제도는 잊혔지만 구조적 폭력에 해당하는 '차별'
과 문화적 폭력에 해당하는 '편견'으로 두드러지게 되었다.

< 보 기 >
ㄱ. 모든 폭력은 의도적으로 발생하는 것이며 제거해야 할 대
상이다.
ㄴ. 위험에 대항하는 폭력은 평화 달성을 위한 최선의 수단으
로 채택된다.
ㄷ. 이데올로기는 억압을 정상적이고 자연적인 것으로 생각하
도록 할 수 있다.
ㄹ. 착취가 문화적으로 정당화되면 직접적 폭력의 발생 가능
성이 높아질 수 있다.

① ㄱ, ㄴ   ② ㄱ, ㄷ   ③ ㄴ, ㄷ
④ ㄴ, ㄹ   ⑤ ㄷ, ㄹ

● 왜 정답일까?

제시문은 갈퉁의 주장이다.
갈퉁은 문화적 폭력에 의해 직접적 폭력과 구조적 폭력이 정당
화될 수 있다고 보았다.

19 사회 계약에 대한 입장   정답률 50% | 정답 ①

| 문제 보기 |
갑, 을 사상가들의 입장으로 옳지 않은 것은? [3점]

갑 : 경쟁, 불신, 공명심은 분쟁의 주된 원인이다. 인간은 지
배자가 되기 위해, 자기방어를 위해, 자신을 얕잡아 보는
표현 때문에 폭력을 동원한다. 모두를 위압하는 공통 권
력이 없을 때 만인에 대한 만인의 전쟁 상태로 들어간다.
을 : 자연 상태에서 인간은 모두 평등하고 독립적이다. 이 상
태는 방종의 상태가 아닌 자유의 상태이다. 그런데 자연
상태에는 자연법은 있으나 무사 공평한 재판관이 없다.
그래서 인간은 스스로를 정부의 지배하에 두고자 한다.

① 갑 : 주권자의 자의적인 통치 행위는 시민의 권리를 침해
할 수밖에 없다.
② 갑 : 사회 계약은 모든 자연권을 양도할 것을 누구에게도
요구할 수 없다.
③ 을 : 자연 상태의 모든 인간은 자연법 위반자를 처벌할 권리
를 갖는다.
④ 을 : 개인은 자신의 생명과 재산을 보호하기 위해 최고 권력
인 입법권의 지배하에 들어간다.
⑤ 갑과 을 : 자연권은 인간이 자신의 이성에 근거해 행위할
수 있는 자유를 포함한다.

● 왜 정답일까?

갑은 홉스, 을은 로크이다.
홉스는 주권자의 통치 행위는 어떤 것도 시민의 권리를 침해하
는 것이 될 수 없다고 보았다.

● 왜 오답일까?

② 홉스는 생명을 빼앗으려는 자들에게 저항할 권리는 누구도
포기할 수 없다고 보았다.

20 과학자의 사회적 책임   정답률 88% | 정답 ④

| 문제 보기 |
다음 토론의 핵심 쟁점으로 가장 적절한 것은?

갑 : 과학적 가설이나 이론이 정당화되는 과정에서는, 가치
중립적인 탐구 방법과 연구 윤리의 준수가 필요합니다.
이는 과학의 객관성 확보에 대한 정언 명령입니다.
을 : 동의합니다. 다만, 가치 중립적 태도는 이론의 정당화
과정에 국한되어야 합니다. 과학자는 연구 결과의 활용
에 대해 윤리적으로 숙고해야 합니다.
갑 : 아닙니다. 과학은 사회와 무관한 그 자체의 발전 논리를
가지고 있습니다. 연구 결과의 활용은 정치인, 기업가와
같은 사회 구성원의 몫입니다. 과학자는 중립적 관찰자
로 남아야 합니다.
을 : 그렇지 않습니다. 과학자의 원폭 실험이 없었다면 정치
인이 원폭 투하를 결정하는 실제 사건은 일어날 수 없었
습니다. 과학자가 인류에게 끼친 사회적 · 경제적 공로를
인정받듯 해악에 대한 책임도 감수해야 합니다.

① 과학자는 객관적인 이론의 정립을 위해 노력해야 하는가?
② 과학 연구의 결과는 경제 발전의 도구로 활용될 수 있
는가?
③ 실험 과정에서 과학자의 조작과 날조는 금지되어야 하
는가?
④ 과학자는 자신의 연구 결과 활용에 대한 책임을 져야 하
는가?
⑤ 과학 연구 과정에서 가치 중립적 사고가 필요한 때가 있
는가?

● 왜 정답일까?

갑은 과학자가 연구 결과의 활용에 대해 책임질 필요가 없다고
주장한다.
을은 과학자가 연구 결과의 활용에 대해 윤리적 고려를 해야 한
다고 주장한다.

37회 2023학년도 10월

● 고3 생활과 윤리 ●

01 ⑤	02 ④	03 ④	04 ③	05 ②
06 ④	07 ①	08 ⑤	09 ②	10 ④
11 ③	12 ④	13 ①	14 ①	15 ③
16 ①	17 ④	18 ④	19 ⑤	20 ①

채점결과	
• 실제 걸린 시간 :	분 초
• 맞은 문항수 :	개
• 틀린 문항수 :	개
• 헷갈린 문항 :	

01 규범 윤리학과 기술 윤리학   정답률 75% | 정답 ⑤

| 문제 보기 |

㉠에 들어갈 진술로 가장 적절한 것은?

나는 윤리학이 도덕 원리를 탐구하여 '어떤 행위를 해야 한다' 혹은 '어떤 성품을 가져야 한다'는 도덕적 표준의 제시를 목적으로 삼아야 한다고 본다. 그런데 어떤 사람은 윤리학이 경험적 연구를 바탕으로 도덕적 신념, 태도, 현상에 대한 객관적 기술을 목적으로 삼아야 한다고 주장한다. 나는 이러한 주장이 _____㉠_____ 고 생각한다.

① 도덕적 문제 상황의 인과 관계를 설명해야 함을 간과한다
② 도덕적 담화의 논증이 타당한지를 검증해야 함을 강조한다
③ 행위의 도덕적 근거에 대한 이론을 정립해야 함을 강조한다
④ 특정 사회의 도덕 관습에 대한 실태 조사가 필요함을 간과한다
⑤ 도덕 규칙을 적용해 행위의 정당성을 검토해야 함을 간과한다

● 왜 정답일까?

제시문의 '나'는 규범 윤리학의 입장이고, '어떤 사람'은 기술 윤리학의 입장이다.
규범 윤리학은 도덕 원리 탐구와 도덕 문제의 해결 방안 제시를 중시한다.

02 사회 계약에 대한 홉스와 로크의 입장   정답률 62% | 정답 ④

| 문제 보기 |

갑, 을 사상가들의 입장으로 가장 적절한 것은? [3점]

갑 : 국가의 목적은 개인의 안전 보장에 있다. 개인은 안전을 보장받기 위해 주권자에게 복종해야 한다. 주권이 침해되면 전쟁 상태인 자연 상태보다 더 큰 재앙이 초래될 것이다.
을 : 절대 권력의 통치는 사회와 정부의 목적에 부합하지 못한다. 절대 권력을 위정자에게 넘겨주면 자연 상태보다 더 나빠진다.

① 갑 : 개인의 생명과 자유는 주권을 분할해야 온전히 보장된다.
② 갑 : 군주는 절대 권력을 지니므로 사회 계약을 파기할 수 있다.
③ 을 : 개인과 국가는 상호 간 이익을 전제로 사회 계약을 맺는다.
④ 을 : 입법권은 최고 권력이지만 공공선에 의해 제한될 수 있다.
⑤ 갑과 을 : 사회 계약으로 자연 상태에서의 재산권이 보장된다.

● 왜 정답일까?

갑은 홉스, 을은 로크이다.
로크는 입법권을 최고 권력으로 보았지만 시민의 재산 보호와 같은 공공선에 의해 제한될 수 있다고 보았다.

03 통일에 대한 입장   정답률 80% | 정답 ④

| 문제 보기 |

(가)의 입장에 비해 (나)의 입장이 갖는 상대적 특징을 그림의 ㉠～㉤ 중에서 고른 것은?

(가) 통일은 남북 간 정치적 일괄 타결을 통해 조속히 이루어져야 한다. 점진적 교류를 통한 통일은 남북 간 이질감 해소에 기여할 수 있지만, 최우선 과제인 이산가족의 문제를 시급히 해결하는 데 한계가 있기 때문이다.
(나) 통일은 남북 간 사회·문화적 협력을 통해 단계적으로 이루어져야 한다. 급진적 통일은 남북한 이산가족의 문제를 빨리 해결할 수 있지만, 최우선 과제인 남북 간 이질감 해소와 신뢰 회복에 한계가 있기 때문이다.

• X : 정치적 합의를 통한 신속한 통일 달성을 강조하는 정도
• Y : 점진적 방식에 의한 남북 간 민족 동질감 회복을 강조하는 정도
• Z : 통일의 선결 과제로 남북한 이산가족의 인도적 문제 해결을 강조하는 정도

① ㉠   ② ㉡   ③ ㉢   ④ ㉣   ⑤ ㉤

● 왜 정답일까?

(가)는 정치적 합의를 통한 신속한 통일로 남북한 이산가족의 인도적 문제 해결을 강조한다. (나)는 점진적 방식에 의한 민족 동질감 회복을 강조한다.

04 맹자와 노자의 사상적 입장   정답률 77% | 정답 ③

| 문제 보기 |

갑, 을 사상가들의 입장으로 적절한 것만을 〈보기〉에서 고른 것은?

갑 : 왕이 자기 나라의 이익을 생각하면 대부는 자기 집안의 이익을, 백성은 자기 몸의 이익을 생각한다. 위아래가 각자 자기 이익을 취하려 하면 나라는 위태로워진다. 왕은 이익이 아니라 인의(仁義)를 생각해야 한다.
을 : 인위적인 것을 멀리하고 분별적 지혜를 버리면 백성의 이익이 백배가 된다. 인을 끊고 의를 버리면 백성이 다시 효도하고 자애로워진다. 최상의 지도자는 백성이 단지 그의 존재만을 아는 지도자이다.

< 보 기 >

ㄱ. 갑 : 자신과 타인을 구분하지 않고 사랑[兼愛]해야 한다.
ㄴ. 갑 : 군주는 먼저 수기(修己)하고 백성을 교화해야 한다.
ㄷ. 을 : 이상적 사회를 위해 무지(無知)의 덕을 갖추어야 한다.
ㄹ. 갑과 을 : 백성은 성인(聖人)을 좇아 선악을 구별해야 한다.

① ㄱ, ㄴ   ② ㄱ, ㄷ   ③ ㄴ, ㄷ   ④ ㄴ, ㄹ   ⑤ ㄷ, ㄹ

● 왜 정답일까?

갑은 맹자, 을은 노자이다.
맹자는 군주의 자세로 수기안인(修己安人)을 강조하였고, 노자는 무위의 삶을 위해 무지의 덕을 갖출 것을 강조하였다.

05 분배적 정의에 대한 입장   정답률 51% | 정답 ②

| 문제 보기 |

(가)의 갑, 을 사상가들의 입장을 (나) 그림으로 탐구하고자 할 때, A～C에 들어갈 적절한 질문만을 〈보기〉에서 있는 대로 고른 것은? [3점]

(가)	갑 : 소득과 부가 천부적 운에 의해 분배되는 것은 도덕적 관점에서 볼 때 자의적이다. 차등의 원칙은 천부적 운의 자의적 영향을 완화시킬 수 있다. 을 : 자유로운 사회에서 개인의 재능은 자신뿐만 아니라 타인에게도 이익이 된다. 소유 권리를 지님에 있어 자연적 자산의 영향을 배제할 이유가 없다.
(나)	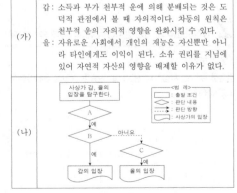

< 보 기 >

ㄱ. A : 자유롭게 양도된 재화도 재분배 대상이 될 수 있는가?
ㄴ. B : 천부적 재능의 분포는 임의적이므로 부정적인가?
ㄷ. B : 구성원들의 모든 이익은 공정한 기회균등의 원칙에 의해 평등하게 보장되는가?
ㄹ. C : 최초 취득의 원칙이 적용되지 않아도 자연적 자산에 대한 개인의 배타적 권리는 인정되는가?

① ㄱ, ㄴ   ② ㄱ, ㄹ   ③ ㄴ, ㄷ
④ ㄱ, ㄷ, ㄹ   ⑤ ㄴ, ㄷ, ㄹ

● 왜 정답일까?

(가)의 갑은 롤스, 을은 노직이다.
분배적 정의를 실현하기 위해 롤스는 평등한 자유의 원칙, 차등의 원칙, 공정한 기회균등의 원칙을 강조하였고, 노직은 취득, 이전, 교정에서의 정의의 원칙을 강조하였다.

● 왜 오답일까?

ㄷ. 롤스에 따르면 공정한 기회균등의 원칙은 구성원들의 모든 이익을 평등하게 보장하는 것이 아니라 직위와 직책을 얻을 기회를 모든 사람에게 개방하는 것이다.

06 죽음에 대한 입장   정답률 89% | 정답 ④

| 문제 보기 |

갑, 을 사상가들의 입장으로 가장 적절한 것은?

갑 : 현자는 삶으로부터 도피하려 하지도, 삶의 중단을 두려워하지도 않는다. 삶이 해를 주는 것도 아니고, 삶의 부재가 어떤 악으로 생각되지도 않기 때문이다. 현자는 단순히 긴 삶이 아니라 가장 즐거운 삶을 원한다.
을 : 영혼이 가장 잘 사유하는 때는 청각, 시각, 고통, 쾌감 등으로 주의가 산만해지지 않을 때이다. 우리가 어떤 사물에 대해 순수한 지식을 갖고자 한다면 몸에서 벗어나 영혼 자체로 사물 자체를 관찰해야 한다.

① 갑 : 죽음에 대한 인식과 무관하게 죽음은 그 자체로 악이다.
② 갑 : 죽음을 통해 고통의 부재로서의 쾌락이 비로소 실현된다.
③ 을 : 죽음 이후에 영혼의 사유로는 참된 실재를 인식할 수 없다.
④ 을 : 죽음으로 불완전한 세계에서 완전한 세계에 이를 수 있다.
⑤ 갑과 을 : 영혼의 불멸성을 파악하면 죽음이 두렵지 않게 된다.

● 왜 정답일까?

갑은 에피쿠로스, 을은 플라톤이다.
플라톤은 죽음을 통해 영혼이 육체로부터 해방되어 이데아의 세계로 들어갈 수 있다고 보았다.

07 벤담의 사상적 입장   정답률 78% | 정답 ①

| 문제 보기 |

다음을 주장한 사상가의 입장에서 〈문제 상황〉 속 A에게 제시할 조언으로 가장 적절한 것은?

공동체는 가공의 조직체이며 공동체의 이익은 그 구성원들의 이익의 총합이다. 어떤 행동이 공동체의 행복을 증가시키는 경향이 감소시키는 경향보다 클 경우, 이 행동은 공리의 원칙에 의해 승인된다.

<문제 상황>

A는 난치병 치료를 위해 배아 줄기세포를 연구하고 있다. A는 연구 과정에서 배아가 폐기되고, 난자 확보 과정에서 여성의 건강권이 침해되기 때문에 연구를 계속해야 할지 고민하고 있다.

① 연구 결과로 인한 사회적 손익을 계산해야 함을 명심하세요.
② 연구자가 지켜야 할 보편적 도덕 원리는 없음을 명심하세요.
③ 연구자의 동기가 연구의 도덕성 판단의 척도임을 명심하세요.
④ 연구자는 경향성이 아니라 선의지에 따라야 함을 명심하세요.
⑤ 연구는 사익의 총합보다 큰 공익을 지향해야 함을 명심하세요.

● 왜 정답일까?

제시문은 벤담의 주장이다.
벤담은 공리주의 입장에서 A에게 유용성의 원리에 따라 사회적 손익을 계산하라고 조언할 것이다.

08 성에 대한 입장   정답률 37% | 정답 ⑤

| 문제 보기 |

갑, 을의 입장으로 가장 적절한 것은? [3점]

갑 : 사랑이 결여된 성적 관계도 도덕적일 수 있다. 성적 관계를 통한 쾌락은 그 자체로 추구할 만한 가치를 지니기 때문이다. 따라서 자율성의 원칙과 해악 금지의 원칙을 전제로 한 성인들의 성적 관계는 도덕적으로 정당하다.

을 : 사랑이 결부된 성적 관계도 비도덕적일 수 있다. 성적 관계는 사회의 존속과 뗄 수 없는 관계에 놓여 있기 때문이다. 따라서 출산과 양육의 책임을 질 수 있는 혼인 관계에서 이루어지는 성적 관계만이 도덕적으로 정당하다.

① 갑 : 성적 관계의 도덕성은 사랑의 결합 여부로 판명된다.
② 갑 : 자발적 동의에 의한 성적 관계는 비도덕적일 수 없다.
③ 을 : 인격적 가치를 존중하는 모든 성적 관계는 도덕적이다.
④ 을 : 부부 사이의 성적 관계만이 도덕적 평가의 대상이 된다.
⑤ 갑과 을 : 사랑이 결부된 성적 관계가 도덕적인 경우가 있다.

갑은 자유주의 입장이고, 을은 보수주의 입장이다.
자유주의와 보수주의는 사랑이 결부된 성적 관계가 도덕적으로 정당화될 수 있다고 본다.

09 교정적 정의에 대한 입장 정답률 79% | 정답 ②

| 문제 보기 |

(가)의 갑, 을, 병 사상가들의 입장에서 서로에게 제기할 수 있는 비판을 (나) 그림으로 표현할 때, A~F에 해당하는 내용으로 가장 적절한 것은? [3점]

(가)	갑 : 범죄에 대한 가장 강력한 억제력은 살인자의 사형 장면에서 생겨나지 않는다. 그가 노동으로 속박하는 것을 사람들이 오래 보는 것에서 생겨난다. 을 : 오직 보복법만이 형벌의 질과 양을 명확하게 제시한다. 살인자에 대한 사형은 인간을 수단이나 물권의 대상으로 취급하는 것이 아니다. 병 : 사회 계약의 목적은 계약자들의 생명을 보존하는 것이다. 살인하면 사형을 받겠다고 동의하는 것은 살인자에게 희생되고 싶지 않기 때문이다.

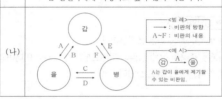

① A : 동등성의 원리에 따라 형벌의 종류와 정도가 결정됨을 간과한다.
② B : 사형은 살인자의 고통받는 인격을 자유롭게 해주는 형벌로 불의가 아님을 간과한다.
③ C와 E : 살인자에 대한 형벌은 시민의 공포심을 자극해야 정당화될 수 있음을 간과한다.
④ D : 형벌의 법칙은 공동체의 이익 증진을 전제로 하는 정언 명령임을 간과한다.
⑤ F : 형벌이 잔혹해질수록 범죄를 예방하는 효과가 증대됨을 간과한다.

(가)의 갑은 베카리아, 을은 칸트, 병은 루소이다.
형벌에 대해 베카리아는 사회 계약론과 공리주의 입장, 칸트는 응보주의적 입장, 루소는 사회 계약론적 입장이다. 칸트는 사형이 살인자의 고통받는 인격을 해방하여 인간 존엄성을 실현하는 것으로 보았다.

10 시민 불복종에 대한 입장 정답률 80% | 정답 ③

| 문제 보기 |

갑, 을 사상가들의 입장으로 가장 적절한 것은? [3점]

갑 : 시민 불복종은 비록 법의 바깥 경계선에 있지만 법에 대한 충실성의 한계 내에서 법에 대한 불복종을 나타낸다. 법에 대한 충실성은 시민 불복종이 양심적이고 진지하며 공중의 정의감에 호소하기 위한 것임을 보여준다. 을 : 시민 불복종은 합법적인 수단이 실패했을 때 사용될 수 있는 적합한 수단이다. 우리는 시민 불복종을 통해 중단시키려고 하는 악의 크기와 시민 불복종이 가져올 법과 민주주의에 대한 존중심의 감소 정도를 저울질해 보아야 한다.

① 갑 : 시민 불복종은 불의한 모든 법에 대해 이루어져야 한다.
② 갑 : 시민 불복종의 최종 목적은 사회 체제의 근본적 변화이다.
③ 을 : 시민 불복종은 헌법에 근거한 법에도 이루어질 수 있다.

---

④ 을 : 시민 불복종은 다수를 위협하거나 강제하는 위법 행위이다.
⑤ 갑과 을 : 시민 불복종은 원칙적으로 처벌 대상이 될 수 없다.

갑은 롤스, 을은 싱어이다.
싱어는 시민 불복종이 헌법에 근거한 법에도 행해질 수 있다고 보았다.

④ 싱어에 따르면 시민 불복종은 다수를 위협하거나 강제하는 행위가 아니라 항의의 진지성을 다수에게 알리려는 시도이다.

11 자연에 대한 입장 정답률 33% | 정답 ③

| 문제 보기 |

(가)의 갑, 을, 병 사상가들의 입장을 (나) 그림으로 표현할 때, A~D에 해당하는 적절한 진술만을 <보기>에서 있는 대로 고른 것은? [3점]

(가)	갑 : 모든 생명체는 생명 공동체의 일원이다. 모든 생명체는 자신을 보존하고 고유한 선을 추구하려는 목적론적 삶의 중심이다. 을 : 동물의 고통을 인간의 동일한 양의 고통과 동등하게 간주해야 한다. 고통을 느낄 수 있는 존재의 이익을 평등하게 고려해야 한다. 병 : 대지 윤리는 인류의 역할을 생명 공동체의 정복자에서 평범한 구성원이자 시민으로 변화시킨다. 인간은 생명 공동체 그 자체를 존중해야 한다.

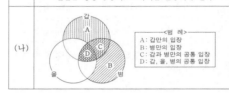

< 보 기 >

ㄱ. A : 인간은 이성적 존재와 동식물에게만 신의의 의무를 져야 한다.
ㄴ. B : 생태계의 선과 개체의 선은 동등한 가치를 지니지 않는다.
ㄷ. C : 생명이 있는 존재라면 종에 상관없이 도덕적으로 배려되어야 한다.
ㄹ. D : 동물에 대한 인간의 의무는 호혜성에서 비롯된 것이 아니다.

① ㄱ, ㄴ ② ㄴ, ㄹ ③ ㄷ, ㄹ
④ ㄱ, ㄴ, ㄷ ⑤ ㄱ, ㄷ, ㄹ

(가)의 갑은 테일러, 을은 싱어, 병은 레오폴드이다.
테일러와 레오폴드는 생명이 있는 모든 존재를 도덕적으로 배려해야 한다고 보았다.

ㄱ. 테일러에 따르면 신의의 의무는 동물을 속이는 기만행위를 해서는 안 될 의무이다.

12 공직자 윤리에 대한 정약용의 입장 정답률 92% | 정답 ②

| 문제 보기 |

다음을 주장한 사상가의 입장으로 적절한 것만을 <보기>에서 고른 것은?

○ 배우지 못해 무식한 수령은 겨우 한 고을을 얻기만 해도 자기 마음대로 행동하고 교만하며 사치해서 공금을 손 가는 대로 함부로 써 버린다. ○ 청렴한 사람은 청렴함을 편안히 여기고 지혜로운 사람은 청렴함을 이롭게 여긴다. 수령이 원하는 바가 청렴으로 도(道)를 얻는 것이라면 재물을 버리고 취하지 않아야 한다.

< 보 기 >

ㄱ. 목민관이 청렴을 실천하지 않으면 지혜롭지 못한 것이다.
ㄴ. 재정적 여유는 목민관의 자의적 공금 집행을 정당화한다.
ㄷ. 청렴은 인을 실현하려는 목민관의 욕구에서 비롯될 수 있다.
ㄹ. 목민관의 청렴은 자기 수양보다 외적 강제를 통해 실현된다.

① ㄱ, ㄴ ② ㄱ, ㄷ ③ ㄴ, ㄷ ④ ㄴ, ㄹ ⑤ ㄷ, ㄹ

제시문은 정약용의 주장이다.

정약용은 목민관이 청렴을 실천하려면 지혜로워야 하고, 청렴은 인을 실현하려는 욕구에서 비롯된다고 보았다.

13 음악에 대한 순자와 묵자의 입장 정답률 67% | 정답 ①

| 문제 보기 |

갑, 을 사상가들의 입장으로 가장 적절한 것은?

갑 : 음악은 사람의 즐거움을 표현한 것이다. 하지만 사람의 타고난 성정(性情)으로 인해 즐거움이 도리에 맞지 않으면 혼란이 일어난다. 이러한 혼란을 싫어하여 옛 성왕은 아(雅)와 송(頌)의 음악을 제정한 것이다. 을 : 음악을 비난하는 이유는 큰 종이나 북 같은 악기의 소리가 즐겁지 않아서가 아니다. 음악이 위로는 성왕의 일과 부합하지 아니하고, 아래로는 백성의 이익과 부합하지 않기 때문이다.

① 갑 : 음악을 활용하여 백성의 감정을 바르게 인도할 수 있다.
② 갑 : 음악이 도리에 맞으면 본성을 확충하는 데 도움이 된다.
③ 을 : 음악은 백성에게 이로움이 아니라 의로움을 가져다준다.
④ 을 : 음악은 재물을 낭비하게 하지만 생산 활동에 필수적이다.
⑤ 갑과 을 : 음악은 나라를 다스리는 데 있어 중요한 수단이다.

갑은 순자, 을은 묵자이다.
순자는 음악을 통해 백성의 감정을 도리에 맞게 인도할 수 있다고 보았다.

14 평화에 대한 갈퉁과 칸트의 입장 정답률 63% | 정답 ①

| 문제 보기 |

갑, 을 사상가들의 입장으로 가장 적절한 것은? [3점]

갑 : 직접적 폭력, 구조적 폭력, 문화적 폭력에 대한 진단, 예측, 처방이 필요하다. 진정한 평화는 직접적 폭력뿐만 아니라 구조적 폭력, 문화적 폭력이 모두 사라져야 실현된다. 을 : 이성이 전쟁을 탄핵하고 평화 상태를 의무로 부과해도 국가 간의 계약 없이는 영원한 평화가 보장될 수 없다. 모든 전쟁을 영원히 종식시키는 평화 연맹이 필요하다.

① 갑 : 문화적 폭력으로 인해 비의도적 차별이 정당화될 수 있다.
② 갑 : 평화적 수단과 과정으로는 진정한 평화를 실현할 수 없다.
③ 을 : 평화를 위해 국가 간 계약을 주도할 세계 정부가 필요하다.
④ 을 : 국가 간 적대 행위의 중단은 영원한 평화 상태를 보증한다.
⑤ 갑과 을 : 국가 정치 체제는 평화 실현에 영향을 주지 않는다.

갑은 갈퉁, 을은 칸트이다.
갈퉁은 문화적 폭력이 직접적 폭력뿐만 아니라 비의도적 차별과 같은 구조적 폭력을 정당화할 수 있다고 보았다.

15 베블런의 사상적 입장 정답률 87% | 정답 ③

| 문제 보기 |

그림의 강연자의 입장으로 가장 적절한 것은?

문명화된 현대 사회에서 유한계급의 생활 방식은 명성의 기준을 제공합니다. 이러한 기준은 최고 상류층 이하의 모든 계층이 따르고 싶은 기준이 됩니다. 유한계급이 명성을 획득하거나 유지하는 수단은 과시적 여가와 과시적 소비입니다. 과시적 여가와 과시적 소비의 공통적인 특징은 낭비로 볼 수 있습니다. 한편 과시적 여가와 과시적 소비는 경제 발전의 각기 다른 단계에서 편의성을 기준으로 각각 선호되었습니다.

① 유한계급은 사회적 명성과 무관하게 여가 생활을 즐긴다.
② 과시적 소비는 어떠한 기능도 하지 못하는 낭비일 뿐이다.
③ 유한계급의 경쟁적인 비교 성향은 과시적 소비로 나타난다.
④ 산업 사회가 발전하면 과시적 소비에 대한 욕망은 사라진다.
⑤ 현대 사회의 극빈층은 과시적 소비의 유혹으로부터 자유롭다.

38회 **2022학년도 10월**

● 고3 생활과 윤리 ●

01 ③	02 ①	03 ①	04 ⑤	05 ⑤
06 ③	07 ④	08 ②	09 ③	10 ④
11 ②	12 ②	13 ①	14 ④	15 ④
16 ⑤	17 ④	18 ④	19 ⑤	20 ①

채점결과	· 실제 걸린 시간 :	분	초
	· 맞은 문항수 :		개
	· 틀린 문항수 :		개
	· 헷갈린 문항 :		

● **왜 정답일까?**

그림의 강연자는 베블런이다.

베블런은 부를 과시하려는 유한계급의 경쟁적 비교 성향이 과시적 여가와 과시적 소비로 나타난다고 보았다.

16 정보 사회에서의 저작권 문제 정답률 94% | 정답 ⑤

| 문제 보기 |

다음 신문 칼럼에서 강조하는 내용으로 가장 적절한 것은?

> ○○신문   칼럼   ○○○○년 ○월 ○○일
>
> 최근 뉴 미디어에서 고인이 된 유명인을 디지털 기술로 복원한 광고가 활용되었다. 그런데 디지털 기술로 고인을 복원하여 광고에 이용하는 것은 당사자의 동의를 받지 않았을 뿐만 아니라 저작권을 침해할 수 있어 문제가 될 수 있다. 고인의 행동과 목소리를 단순히 따라하는 것은 저작권 침해로 보기 어렵다. 하지만 고인의 영상이나 음성으로 만들어진 저작물을 이용하여 고인을 디지털 기술로 복원하는 것은 저작권 침해에 해당할 수 있다. 이러한 이유로 저작권 보호를 위한 새로운 차원의 노력이 요구되고 있다.

① 고인의 행위에 대한 단순한 모방도 저작권 침해에 해당한다.
② 저작권을 내세워 저작물의 상업적 이용을 제약해서는 안 된다.
③ 디지털 기술의 발달에 따라 저작물을 공공재로 간주해야 한다.
④ 고인을 복원하는 행위는 저작자의 동의가 없을지라도 허용된다.
⑤ 디지털 기술로 발생하는 저작권 침해에 대한 대책이 필요하다.

● **왜 정답일까?**

신문 칼럼은 디지털 기술로 고인을 복원하는 것이 저작권을 침해할 수 있으므로 대책이 필요하다고 본다.

17 요나스의 사상적 입장 정답률 74% | 정답 ④

| 문제 보기 |

다음을 주장한 사상가가 긍정의 대답을 할 질문으로 가장 적절한 것은? [3점]

> ○ 우리는 특정한 실험들을 금지하는 하나의 원칙을 발견하였다. 어떠한 경우에도 인간 전체의 실존과 본질이 도박 행위의 담보가 되어서는 안 된다.
> ○ 전쟁의 처참함을 알지 못하면서 평화를 찬양할 수 있는가? 우리가 실제로 무엇을 보호해야 하는가를 알기 위해서 희망보다는 공포를 논의의 대상으로 삼아야 한다.

① 생명을 지닌 모든 존재는 자연에 대한 책임을 져야 하는가?
② 인간은 자신이 의도한 결과에 한정하여 책임을 져야 하는가?
③ 어떠한 행위도 못하게 막는 공포가 책임의 본질적 속성인가?
④ 미래 예측의 불확실성으로 인해 책임의 윤리학이 요청되는가?
⑤ 인류 존속은 세대 간의 상호 책임에 근거한 윤리적 의무인가?

● **왜 정답일까?**

제시문은 요나스의 주장이다.

요나스는 현대 과학 기술로 인한 미래 예측의 불확실성 때문에 책임의 윤리학이 요청된다고 보았다.

18 종교에 대한 엘리아데의 입장 정답률 72% | 정답 ④

| 문제 보기 |

다음을 주장한 사상가의 입장으로 적절한 것만을 〈보기〉에서 있는 대로 고른 것은? [3점]

> 종교적 인간은 절대적 실재, 즉 세계 안에서 자신을 현현(顯現)하는 성스러운 존재가 있다고 항상 믿는다. 그러나 비종교적 인간은 초월성을 거부하며 실재의 상대성을 인정한다. 심지어 성스러운 존재의 의미를 의심하는 데까지 나아가기도 한다.

< 보기 >
ㄱ. 종교적 인간에게 우주는 신성성의 여러 양태를 계시한다.
ㄴ. 종교적 인간은 자연물 그 자체를 신으로 숭배하고자 한다.
ㄷ. 비종교적 인간은 자기 자신과 세계를 탈신성화하고자 한다.

① ㄴ   ② ㄷ   ③ ㄱ, ㄴ
④ ㄱ, ㄷ   ⑤ ㄱ, ㄴ, ㄷ

● **왜 정답일까?**

제시문은 엘리아데의 주장이다.

엘리아데에 따르면 종교적 인간에게 우주는 신성성의 여러 양태를 드러내 준다. 이에 비해 비종교적 인간은 자기 자신과 세계를 탈신성화하고자 한다.

19 인공 임신 중절에 대한 쟁점 정답률 85% | 정답 ⑤

| 문제 보기 |

다음 토론의 핵심 쟁점으로 가장 적절한 것은?

> 갑: 낙태죄에 대한 헌법 불합치 판결 이후에도 인공 임신 중절에 대한 윤리적 논쟁이 계속되고 있습니다. 태아는 이익을 지니지 않으므로 인공 임신 중절은 허용되어야 합니다.
> 을: 태아는 미래에 의식을 갖출 잠재적 존재이므로 이익을 지니지 않습니다. 하지만 태아는 인간 종(種)의 한 구성원으로 성인과 동등한 본래적 가치를 지니기 때문에 인공 임신 중절을 허용해서는 안 됩니다.
> 갑: 그렇지 않습니다. 태아는 성인과 달리 현재 의식을 갖추고 있지 않아 본래적 가치를 지니지 않습니다. 따라서 인공 임신 중절에 대한 성인의 자율권을 존중해야 합니다.
> 을: 아닙니다. 식물인간은 의식이 없지만 본래적 가치를 지니므로 보호됩니다. 마찬가지로 태아도 의식이 없지만 본래적 가치를 지니므로 보호되어야 합니다.

① 태아는 이익을 가진 존재이므로 보호받아야 할 대상인가?
② 태아는 장래에 의식을 지닐 수 있는 존재로 보아야 하는가?
③ 태아가 지닌 본래적 가치는 태아의 의식으로부터 비롯되는가?
④ 태아의 자율권은 인공 임신 중절을 금지하는 근거가 되는가?
⑤ 태아는 본래적 가치를 지니므로 인공 임신 중절은 부당한가?

● **왜 정답일까?**

갑은 태아가 본래적 가치를 지니지 않으므로 인공 임신 중절을 허용해야 한다는 입장이고, 을은 태아가 본래적 가치를 지니므로 인공 임신 중절을 허용해서는 안 된다는 입장이다.

20 원조에 대한 싱어와 롤스의 입장 정답률 65% | 정답 ①

| 문제 보기 |

갑, 을 사상가들의 입장으로 적절한 것만을 〈보기〉에서 고른 것은? [3점]

> 갑: 원조의 목적은 절대 빈곤으로 인한 고통을 줄이는 것이다. 우리는 나쁜 일을 방지할 수 있는 힘을 가지고 있고, 그 일에 상당하는 도덕적 의미를 가진 다른 일이 희생되지 않는다면 그렇게 해야만 한다.
> 을: 원조의 목적은 고통받는 사회를 질서 정연한 사회가 되도록 돕는 것이다. 천연자원과 부가 빈약한 사회라도 그 사회의 정치적 전통, 법, 재산, 계급 구조가 적정 수준의 사회를 유지하게 하는 것이라면 질서 정연해질 수 있다.

< 보기 >
ㄱ. 갑: 국내 부조와 해외 원조를 의무로 규정하는 근거는 다르지 않다.
ㄴ. 을: 원조 대상국의 복지 수준 향상은 원조의 결과일 수는 있어도 목적일 수는 없다.
ㄷ. 을: 질서 정연한 사회의 기본 구조에 적용되는 모든 원칙이 해외 원조에도 적용되어야 한다.
ㄹ. 갑과 을: 원조 주체의 자기 이익 고려는 해외 원조의 목적 달성을 저해한다.

① ㄱ, ㄴ   ② ㄱ, ㄷ   ③ ㄴ, ㄷ   ④ ㄴ, ㄹ   ⑤ ㄷ, ㄹ

● **왜 정답일까?**

갑은 싱어, 을은 롤스이다. 싱어는 이익 평등 고려의 원칙을 국내 부조와 해외 원조를 의무로 규정하는 근거로 보았다. 롤스는 원조의 목적은 원조 대상국의 복지 수준 향상이 아니라 질서 정연한 사회가 되도록 돕는 것이라고 보았다.

01 이론 윤리학과 기술 윤리학 정답률 86% | 정답 ③

| 문제 보기 |

㉠에 들어갈 진술로 가장 적절한 것은?

> 나는 윤리학이 우리가 따라야 할 행위의 표준과 규칙의 정연한 체계를 세우고 정당화하는 것을 주요 목적으로 삼아야 한다고 생각한다. 그런데 어떤 사람들은 윤리학이 개인 생활이나 사회 구조 속에 존재하는 도덕 현상을 기술하는 것을 주요 목적으로 삼아야 한다고 주장한다. 나는 이러한 주장을 ___㉠___ 고 생각한다.

① 도덕 현상은 설명해야 할 사실들의 집합체일 뿐임을 간과한다
② 도덕 추론의 논리적 구조 탐구가 윤리학의 본질임을 간과한다
③ 윤리학은 도덕적 행위의 근본 원리를 제시해야 함을 간과한다
④ 도덕적 관행이나 풍습이 문화 현상의 일부라는 점을 간과한다
⑤ 윤리학은 도덕적 개념의 의미 분석에 주력해야 함을 간과한다

● **왜 정답일까?**

제시문의 '나'는 이론 윤리학, '어떤 사람들'은 기술 윤리학의 입장이다.

이론 윤리학은 기술 윤리학과 달리 도덕적 행위의 근거가 되는 도덕 원리를 탐구하는 것을 주요 목적으로 삼아야 한다고 본다.

02 기술에 대한 요나스의 입장 정답률 88% | 정답 ①

| 문제 보기 |

다음을 주장한 사상가의 입장으로 가장 적절한 것은? [3점]

> 악에 대한 인식이 선에 대한 인식보다 쉬우며, 악의 존재는 선의 존재보다 인간을 더 도덕적으로 행위하게 한다. 구원의 예언보다는 불행의 예언에 주의를 기울여야 한다. 우리가 실제로 무엇을 보호해야 하는가를 알기 위해 윤리학은 기술이 우리에게 주는 희망보다는 공포를 논의의 대상으로 삼아야 한다.

① 책임 있는 행위를 하도록 북돋우는 공포를 습득해야 한다.
② 비이성적 존재에 대한 기술의 영향은 숙고의 대상이 아니다.
③ 인간은 사전적 책임이 아니라 사후적 책임을 중시해야 한다.
④ 책임의 대상이 겪을 공포를 현세대의 의무로 전환시킬 수 없다.
⑤ 인간은 가치 중립적 관점에서 자연과의 관계를 정립해야 한다.

● **왜 정답일까?**

제시문은 요나스의 주장이다.

요나스는 책임 있는 행위를 하도록 북돋우는 공포가 책임의 본질적인 속성이므로 이러한 공포를 습득해야 한다고 보았다.

03 죽음에 대한 입장 정답률 75% | 정답 ①

| 문제 보기 |

갑, 을 사상가들의 입장으로 가장 적절한 것은? [3점]

38회

갑 : 영혼은 그 자체로 돌아가야 사물 그 자체를 볼 수 있게 된다. 순수한 지식을 얻게 되는 것은 살아 있는 동안이 아니라 죽음 이후의 일이다. 영혼이 육체와 함께 있는 동안은 순수한 인식을 가질 수 없다.
을 : 영혼은 그것을 보호해 주는 몸이 분해되면, 영혼을 구성하고 있던 원자들도 흩어져 이전과 같은 능력을 가질 수 없고, 운동도 할 수 없게 된다. 따라서 죽음과 동시에 영혼은 감각할 수 없는 상태가 되고 만다.

① 갑 : 불멸의 영혼은 죽음 이후 참된 실재의 세계로 갈 수 있다.
② 갑 : 인간은 죽음 이후 감각으로 순수한 진리를 파악할 수 있다.
③ 을 : 죽음은 인간이 직면하는 최고의 악이므로 회피해야 한다.
④ 을 : 인간의 영혼은 죽음 이후에도 쾌락과 고통을 느낄 수 있다.
⑤ 갑, 을 : 죽음은 감각적 경험의 대상이나 두려워할 필요는 없다.

● 왜 정답일까?

갑은 플라톤, 을은 에피쿠로스이다.
플라톤은 죽음을 통해 영혼이 육체로부터 해방되어 참된 실재의 세계로 갈 수 있다고 보았다.
에피쿠로스는 죽음을 경험할 수 없으므로 두려워할 필요가 없다고 보았다.

04 공직자 윤리에 대한 정약용의 입장 정답률 80% | 정답 ⑤

| 문제 보기 |

다음을 주장한 사상가의 입장으로 적절하지 않은 것은?

○ 목민관의 직분은 백성을 교화하는 것이다. 그들의 밭과 재산을 고르게 하는 것이나 부역을 공평하게 하는 것도 그들을 가르치기 위함이다.
○ 청렴은 목민관 본연의 의무로서 온갖 선(善)의 원천이고 모든 덕(德)의 근본이다. 청렴한 자는 청렴을 편안하게 여기고 지혜로운 자는 청렴을 이롭게 여긴다.

① 목민관은 사익에 얽매이지 않고 공익 실현을 위해 힘써야 한다.
② 목민관은 백성과 더불어 즐거움을 나누는 사람이 되어야 한다.
③ 목민관이 청렴해도 직무에 능하지 않으면 칭송을 받기 어렵다.
④ 목민관은 백성을 편안히 할 방책을 강구하는 것에 힘써야 한다.
⑤ 목민관의 청렴은 지혜의 많고 적음에 어떤 영향도 받지 않는다.

● 왜 정답일까?

제시문은 정약용의 주장이다.
정약용은 목민관이 청렴해야 한다고 주장하면서 목민관이 청렴하지 못한 것은 지혜가 모자라기 때문이라고 보았다.

05 원조에 대한 싱어, 롤스, 노직의 입장 정답률 43% | 정답 ⑤

| 문제 보기 |

(가)의 갑, 을, 병 사상가들의 입장을 (나) 그림으로 표현할 때, A ~ D에 해당하는 적절한 진술만을 〈보기〉에서 있는 대로 고른 것은? [3점]

(가)	갑 : 우리는 절대 빈곤이 나쁜 것임을 안다. 도덕적으로 중요한 일을 희생하지 않고 절대 빈곤을 감소시킬 수 있는 사람은 마땅히 원조의 의무를 갖는다. 을 : 우리는 고통받는 사회의 구성원이 자유로운 사회의 자유롭고 평등한 시민 또는 적정 수준의 사회 구성원이 되도록 원조해야 한다. 병 : 우리는 각자의 삶을 영위하는 서로 다른 개인이다. 국가는 개인에게 사회적 선을 위한 희생을 요구하면서 개인의 소유 권리를 침해하면 안 된다.
(나)	(벤다이어그램) A : 갑만의 입장 B : 갑과 을만의 공통 입장 C : 을과 병만의 공통 입장 D : 갑, 을, 병의 공통 입장

< 보기 >
ㄱ. A : 개인뿐만 아니라 국가도 인류의 복지 증진을 목적으로 원조를 해야 한다.
ㄴ. B : 원조는 주체와 대상의 친소 관계와는 무관하게 실천해야 할 윤리적 의무이다.
ㄷ. C : 원조를 위해 세금을 부과하는 것은 소유 권리를 침해하는 것이 아니다.
ㄹ. D : 국가가 원조를 통해 부국과 빈국의 경제적 평등을 실현해야 하는 것은 아니다.

① ㄱ, ㄷ　　② ㄴ, ㄹ　　③ ㄷ, ㄹ
④ ㄱ, ㄴ, ㄷ　　⑤ ㄱ, ㄴ, ㄹ

● 왜 정답일까?

(가)의 갑은 싱어, 을은 롤스, 병은 노직이다.
싱어는 인류의 복지 증진을 위해, 롤스는 정치 문화 개선을 위해 원조를 해야 한다고 보았다. 노직은 원조를 의무가 아닌 자율적 선택의 문제라고 보았다.

06 국제 관계에 대한 현실주의의 입장 정답률 78% | 정답 ③

| 문제 보기 |

다음 글의 입장으로 가장 적절한 것은?

국가 '안에서' 구성원은 선한 삶을 추구할 수 있다. 하지만 국가 '밖에서' 국가들은 선을 추구하는 것이 불가능하다. 왜냐하면 국가보다 상위의 주권적 권력이 국제 관계에서는 존재하지 않기 때문이다. 국가들은 국익을 위해 무정부상태에서 타국과 경쟁하기 때문에 보편적 원칙에 대한 합의가 어렵다. 평화는 힘의 논리에 의한 세력 균형을 통해 분쟁을 억지할 때 가능하다.

① 국가 간 분쟁 억지를 위한 최선의 방안은 국제법 제정이다.
② 국제기구와 비정부 기구는 국제 사회의 주된 행위자가 된다.
③ 국제 관계에서 대화를 통한 영구 평화의 실현은 불가능하다.
④ 국가는 국제 관계에서 합리적으로 행위하는 선량한 집단이다.
⑤ 국제 사회의 주권자인 세계 정부를 통해 평화를 이룰 수 있다.

● 왜 정답일까?

제시문은 현실주의의 입장이다.
현실주의는 세력 균형을 통해 평화를 실현하는 것이 가능하다고 보지만, 대화를 통한 영구 평화의 실현은 불가능하다고 본다.

07 형벌에 대한 입장 정답률 39% | 정답 ④

| 문제 보기 |

갑, 을, 병 사상가들의 입장으로 가장 적절한 것은? [3점]

갑 : 사회 계약은 자기 자신을 처벌하도록 하거나 자기 자신과 자기 생명을 처분하는 것에 관한 약속을 포함하지 못한다. 누구든 그가 형벌을 의욕했기 때문이 아니라 형벌을 받을 행위를 의욕했기 때문에 형벌을 받는 것이다.
을 : 사회 계약에 사형은 포함될 수 없다. 인간이 자신을 죽일 권리가 없는 이상, 그 권리를 타인이나 사회에 양도하는 것 역시 불가능한 것이다. 사형은 어떤 의미에서도 권리가 될 수 없다.
병 : 사회 계약은 계약 당사자들의 생명 보존을 목적으로 한다. 살인범은 사회 계약을 어긴 자로서 추방에 의해 격리되거나, 공중의 적으로서 죽음에 의해 영원히 격리되어야 한다.

① 갑 : 형벌은 범죄가 사회에 끼친 해악에 따라 부과되어야 한다.
② 을 : 종신 노역형은 살인을 방지할 수 있는 유일한 방법이다.
③ 병 : 개인은 사회 계약으로 자기 생명을 처분할 권리를 갖는다.
④ 갑, 병 : 살인범은 사회 성원으로서의 자격이 상실되어야 한다.
⑤ 을, 병 : 형벌의 목적은 일반 시민의 범죄 예방으로 국한된다.

● 왜 정답일까?

갑은 칸트, 을은 베카리아, 병은 루소이다.
칸트는 사형으로 살인범의 시민적 인격성이 상실된다고 보았고, 루소는 살인범은 구성원의 자격이 없다고 보았다.

08 과시 소비에 대한 베블런의 입장 정답률 89% | 정답 ②

| 문제 보기 |

다음을 주장한 사상가의 입장으로 가장 적절한 것은?

유한계급이 명성을 얻기 위해 행하는 여가와 과시 소비의 공통적인 특징은 낭비이다. 여가의 경우에는 시간과 노력의 낭비이고, 과시 소비의 경우에는 재화의 낭비이다. 여가와 과시 소비는 모두 부의 소유를 자랑하기 위한 것이며, 둘 중 어느 하나를 선택하는 것은 편의성의 문제일 뿐이다. 여가와 과시 소비는 모든 사회 계층에게 위력을 발휘한다.

① 과시 소비는 사회의 최상 계층인 유한계급에서만 나타난다.
② 재력을 경쟁적으로 비교하는 성향은 과시 소비로 나타난다.
③ 유한계급은 타인과 상관없이 자족하기 위해 여가를 즐긴다.
④ 유한계급은 부나 권력의 획득만으로 사회적 명성을 유지한다.
⑤ 부를 과시할 수 있는 상품의 가격과 수요는 언제나 반비례한다.

● 왜 정답일까?

제시문은 베블런의 주장이다.
베블런은 경쟁적 비교 성향이 과시 소비의 경제적 동기가 된다고 보았다.

09 성과 사랑의 관계에 대한 입장 정답률 81% | 정답 ③

| 문제 보기 |

갑, 을 중 적어도 한 사람이 부정의 대답을 할 질문으로 적절한 것만을 〈보기〉에서 있는 대로 고른 것은?

성관계는 출산과 양육에 대한 책임과 불가분의 관계에 놓여 있습니다. 성관계는 부부가 상호 존중하면서 자녀 양육의 책임을 이행할 수 있을 때만 정당화됩니다.

성관계는 자율성에 근거한 사적 선택의 문제입니다. 성관계는 상호 인격을 존중하는 당사자들이 자발적으로 합의하면 타인에게 해를 끼치지 않는 범위 내에서 정당화됩니다.

< 보기 >
ㄱ. 출산을 목적으로 부부가 동의한 성관계는 정당한가?
ㄴ. 성관계는 옳고 그름을 판단하는 대상에서 제외되는가?
ㄷ. 성의 자기 결정권 존중은 성관계 정당화의 필수 조건인가?
ㄹ. 쾌락을 위한 성관계는 항상 상대의 인격성을 침해하는가?

① ㄱ, ㄷ　　② ㄱ, ㄹ　　③ ㄴ, ㄹ
④ ㄱ, ㄴ, ㄷ　　⑤ ㄴ, ㄷ, ㄹ

● 왜 정답일까?

갑은 보수주의, 을은 자유주의 입장이다.
갑은 출산과 양육을 목적으로 하는 성관계가 정당화된다고 본다. 을은 해악 금지의 원칙을 준수하면서 자발적으로 합의한 성관계가 정당화된다고 본다.

10 분배 정의에 대한 롤스와 노직의 입장 정답률 69% | 정답 ④

| 문제 보기 |

(가)의 갑, 을 사상가들의 입장을 (나) 그림으로 탐구하고자 할 때, A ~ C에 들어갈 적절한 질문만을 〈보기〉에서 있는 대로 고른 것은? [3점]

(가)	갑 : 공정한 사회란 공정한 최초의 상황에서 사람이 선택하게 될 원칙에 의해 규제되는 구성원들의 상호 이익을 위한 협동 체제이다. 을 : 최소 국가는 개인을 존엄성과 권리를 지닌 인격으로 대우한다. 최소 국가보다 더 포괄적인 국가는 개인의 권리를 침해한다.
(나)	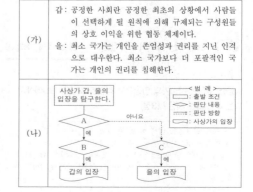

―< 보 기 >―
ㄱ. A : 정의의 원칙은 가상 상황에서 합의를 통해 선택되는가?
ㄴ. B : 기본적 자유는 다른 기본적 자유와 상충할 때 제한될 수 있는가?
ㄷ. B : 차등의 원칙은 법과 정책에 적용될 뿐만 아니라 사적 거래에도 직접 적용되는가?
ㄹ. C : 정형적 분배 원칙은 필연적으로 재분배를 초래하는가?

① ㄱ, ㄷ ② ㄴ, ㄷ ③ ㄴ, ㄹ
④ ㄱ, ㄴ, ㄹ ⑤ ㄱ, ㄷ, ㄹ

● 왜 정답일까?

(가)의 갑은 롤스, 을은 노직이다.
롤스는 기본적 자유들이 상충하는 경우 기본적 자유가 제한될 수 있다고 보았다.
노직은 정형적 분배의 원칙은 필연적으로 재분배를 초래한다고 보았다.

● 왜 오답일까?

ㄷ. 롤스는 차등의 원칙이 법과 정책에 적용되지만, 구체적인 사적 거래에는 직접 적용되지 않는다고 보았다.

11 노자와 공자의 사상적 입장　정답률 80% | 정답 ②

| 문제 보기 |

갑, 을 사상가들의 입장으로 가장 적절한 것은? [3점]

갑 : 배움을 행하면 날마다 늘어나고, 도를 행하면 날마다 줄어든다. 줄어들고 또 줄어들어 무위(無爲)에 이른다. 무위에 이르지 못하는 바가 없어진다.
을 : 배우고 생각하지 않으면 어둡게 되고, 생각하고 배우지 않으면 위태롭게 된다. 군자(君子)가 도를 배우면 사람들을 사랑하고, 소인이 도를 배우면 부리기 쉽다.

① 갑 : 배움을 통해 옳고 그름에 대한 지식을 쌓아야 한다.
② 갑 : 선과 악을 분별하지 말고 도에 따라서 살아야 한다.
③ 을 : 인의(仁義)를 실천하기보다는 실리를 추구해야 한다.
④ 을 : 존비친소(尊卑親疏)를 구별하지 않는 사랑을 해야 한다.
⑤ 갑, 을 : 사사로운 욕심을 극복하고 예(禮)를 회복해야 한다.

● 왜 정답일까?

갑은 노자, 을은 공자이다.
노자는 시비선악을 분별하지 말고 도(道)에 따라 무위자연의 삶을 살아야 한다고 보았다. 공자는 내면적 도덕성인 인(仁)과 인의 정신을 담고 있는 예(禮)의 실천을 강조하였다.

12 국가에 대한 홉스와 로크의 입장　정답률 35% | 정답 ②

| 문제 보기 |

갑, 을 사상가들의 입장으로 가장 적절한 것은? [3점]

갑 : 사람들이 비참한 자연 상태에서 벗어나 자기 보존과 만족스러운 삶을 위해 공통의 권력을 세우는 유일한 길은 모두의 의지를 하나의 의지로 결집하여 모든 권력과 힘을 한 사람 또는 하나의 합의체에 부여하는 것이다.
을 : 사람들이 자연적 평화와 자연 상태의 자연적 자유를 포기하고 사회의 구속을 받아들이는 유일한 방도는 재산을 안전하게 향유하며 평화로운 삶을 영위하기 위해 다른 사람들과 공동체를 결성하기로 합의하는 것이다.

① 갑 : 절대적 군주가 있는 것보다 주권이 없는 것이 덜 해롭다.
② 갑 : 모든 국민은 주권자가 행하는 행위와 판단의 본인이 된다.
③ 을 : 입법부는 시민의 재산을 자의적으로 처분할 권력이 있다.
④ 을 : 시민은 자신의 판단에 따라 위법한 사람을 처벌할 수 있다.
⑤ 갑, 을 : 자연 상태에서는 준수해야 할 규범이 존재하지 않는다.

● 왜 정답일까?

갑은 홉스, 을은 로크이다.
홉스는 모든 국민을 주권자가 행하는 행위와 판단의 장본인이라고 보았다. 로크는 입법부가 시민의 동의 없이 시민의 재산을 자의적으로 처분할 수 없다고 보았다.

13 잊힐 권리에 대한 핵심 쟁점　정답률 88% | 정답 ①

| 문제 보기 |

다음 토론의 핵심 쟁점으로 가장 적절한 것은?

갑 : 온라인 공간에서 정보의 자유로운 유통과 영구 보관이 가능해져 사라지지 않는 정보들로 인한 개인 피해가 증가하고 있습니다. 따라서 잊힐 권리의 보장이 필요합니다.
을 : 동의합니다. 개인은 자신의 민감한 정보에 대한 자기 결정권을 가지고 있습니다. 잊힐 권리를 검색 서비스 사업자를 대상으로 행사할 수 있어야 합니다.
갑 : 아닙니다. 검색 서비스 사업자에게는 잊힐 권리를 행사할 수 있지만, 언론사에 잊힐 권리를 행사하면 언론의 자유와 시민의 알 권리가 침해됩니다. 언론사의 경우에는 정정 보도를 요청하여 개인 피해를 막아야 합니다.
을 : 그렇지 않습니다. 정정 보도만으로는 개인에게 피해를 주는 기사가 삭제되지 않아 개인은 지속적으로 피해를 입게 됩니다. 정정 보도가 잊힐 권리를 보장하지는 않습니다.

① 언론사를 대상으로 한 잊힐 권리의 행사를 허용해야 하는가?
② 정보 사회 발전으로 인해 잊힐 권리의 필요성이 증대되는가?
③ 언론사의 오보를 수정할 수 있는 조치가 마련되어야 하는가?
④ 온라인 공간에서의 정보 공개에 따른 피해를 방지해야 하는가?
⑤ 검색 서비스 사업자에게 잊힐 권리를 행사하는 것은 정당한가?

● 왜 정답일까?

갑은 검색 서비스 사업자와 달리 언론사를 대상으로는 잊힐 권리가 행사되어서는 안 된다고 본다.
을은 검색 서비스 사업자뿐만 아니라 언론사를 대상으로도 잊힐 권리를 행사할 수 있어야 한다고 본다.

14 칸트의 사상적 입장　정답률 72% | 정답 ④

| 문제 보기 |

다음을 주장한 사상가의 입장에서 〈사례〉 속 A에게 제시할 조언으로 가장 적절한 것은?

의무는 도덕 법칙에 대한 존경으로부터 말미암는 행위의 필연성이다. 결과가 아니라 나의 의지와 연결되어 있는 것, 곧 순수한 법칙 그 자체만이 존경의 대상일 수 있고 명령일 수 있다.

―< 사 례 >―
기업가 A는 회사가 부도 위기에 처하자 수단과 방법을 가리지 않고서라도 회사의 부도를 막아야 할지 고민하고 있다.

① 기업의 회생이 목적인 모든 행위는 정당화됨을 명심하세요.
② 동기와 무관하게 결과가 좋으면 옳은 행위가 됨을 명심하세요.
③ 기업가의 의무에 맞는 행위가 곧 도덕적 행위임을 명심하세요.
④ 기업을 살리려는 맹목적 경향성에서 벗어나 선의지를 따르세요.
⑤ 경제적 유용성 유무가 도덕적 판단의 기준이 됨을 고려하세요.

● 왜 정답일까?

제시문은 칸트의 주장이다. 칸트는 자연적 경향성을 극복하고 선의지를 따르는 행위가 도덕적인 행위라고 보았다.

15 자연에 대한 입장　정답률 70% | 정답 ④

| 문제 보기 |

(가)의 갑, 을, 병 사상가들의 입장에서 서로에게 제기할 수 있는 비판을 (나) 그림으로 표현할 때, A ~ F에 해당하는 내용으로 가장 적절한 것은? [3점]

(가)
갑 : 생명은 없지만 아름다운 것을 파괴하는 행위를 일삼는 것은 도덕성을 촉진하는 감정을 약화시키므로 인간의 자기 자신에 대한 의무이다.
을 : 쾌고 감수 능력은 이익 관심을 갖기 위한 선행 조건이다. 쾌고 감수 능력을 지닌 동물의 이익은 인간의 이익과 동등하게 고려되어야 한다.
병 : 모든 생명체는 각각의 생존 유지, 종의 재생산, 환경 적응 활동을 성공적으로 수행하게 하는 일정한 경향성을 갖고 있는 목적론적 삶의 중심이다.

16에 해당하는 그림 영역
(나)
―<범례>―
→ : 비판의 방향
A~F : 비판의 내용
―<예시>―
A는 갑이 을에게 제기할 수 있는 비판임

① A, F : 의식은 도덕적 행위의 주체가 되기 위한 필요충분 조건임을 간과한다.
② B : 인간뿐만 아니라 동물과 관련해서도 인간의 의무가 발생함을 간과한다.
③ B, D : 인간을 위해 동물에게 친절한 것은 종 차별주의 입장이 아님을 간과한다.
④ C : 어떤 개체가 이익 관심을 갖지 않아도 도덕적 지위를 지닐 수 있음을 간과한다.
⑤ C, E : 생태계를 조작하여 생태계 자체의 도덕적 지위를 훼손하면 안 됨을 간과한다.

● 왜 정답일까?

(가)의 갑은 칸트, 을은 싱어, 병은 테일러이다.
테일러에 따르면 식물은 이익 관심을 갖지 않지만 고유의 선을 지니므로 도덕적 지위를 지닌다.

● 왜 오답일까?

① 칸트는 이성적 존재를 도덕적 행위의 주체라고 보았다.

16 음악에 대한 순자의 입장　정답률 87% | 정답 ②

| 문제 보기 |

다음을 주장한 사상가의 입장으로 적절하지 않은 것은?

음악이란 즐기는 것[樂]으로 사람에게는 음악이 없을 수가 없다. 즐거우면 그것이 목소리에 나타나고 행동으로 표현되며 악한 본성의 변화를 일으킨다. 음악이 도리에 맞지 않으면 혼란이 없을 수 없다. 옛 임금은 그러한 혼란을 싫어해 우아한 음악을 만들어, 사람이 음악을 즐기면서도 어지러움으로 흐르지 않게 하였고, 소리의 가락과 장단으로 사람의 마음을 감동시켰다.

① 통치자는 백성을 교화시키는 도구로 음악을 이용할 수 있다.
② 우아한 음악으로 더럽고 악한 기운이 오는 것을 막을 수 없다.
③ 어떤 음악을 듣느냐에 따라 사람의 행동거지가 다를 수 있다.
④ 조화로운 음악은 사람에게서 즐거움의 감정을 일으킬 수 있다.
⑤ 도리에 어긋나는 음악이 유행하면 사회 질서의 유지가 어렵다.

● 왜 정답일까?

제시문은 순자의 주장이다. 순자는 우아한 음악을 들으면 더럽고 악한 기운이 가까이 오는 것을 막을 수 있다고 보았다.

17 담론 윤리에 대한 하버마스의 입장　정답률 80% | 정답 ⑤

| 문제 보기 |

다음을 주장한 사상가의 입장으로 적절한 것만을 〈보기〉에서 있는 대로 고른 것은?

합리적인 의사소통이 이루어지기 위해서는 언어 능력과 행위 능력을 지닌 모든 사람에게 담론에 참여할 기회가 개방되어야 한다. 그리고 담론 참여자는 모두 담론 과정에서 자신의 주장을 발언할 기회를 동등하게 보장받아야 한다. 어떤 담론 참여자도 억압을 받지 않고 발언할 수 있어야 한다. 담론을 통해 합의된 내용은 보편적 규범이 될 수 있다.

―< 보 기 >―
ㄱ. 담론 참여자는 개인적인 욕구를 표출해서는 안 된다.
ㄴ. 다수가 인정한 주장도 담론 과정에서 비판받을 수 있다.
ㄷ. 담론 참여자는 상호 주관적 논증을 통해 합의할 수 있다.
ㄹ. 담론 참여자는 모두 합의의 결과와 부작용을 수용해야 한다.

① ㄱ, ㄷ ② ㄱ, ㄹ ③ ㄴ, ㄷ
④ ㄱ, ㄴ, ㄹ ⑤ ㄴ, ㄷ, ㄹ

● 왜 정답일까?

제시문은 하버마스의 주장이다.
하버마스는 담론 참여자들이 상호 주관적 논증을 통해 합의할 수 있으며 합의의 결과와 부작용을 수용해야 한다고 보았다.

18 종교에 대한 엘리아데의 입장　정답률 61% | 정답 ③

| 문제 보기 |

다음을 주장한 사상가의 입장으로 적절하지 않은 것은? [3점]

> 종교적 인간에게 자연은 항상 종교적 의미로 충만해 있다. 하늘은 신의 초월성을 계시하고, 대지는 우주적인 어머니이자 양육자로서 자신을 나타낸다. 우주의 여러 가지 리듬은 질서, 조화, 항상성, 풍요를 드러낸다. 우주는 전체로서 실재적이고 살아 있으며, 성스러움을 지닌 유기체이다. 즉 우주는 존재와 신성성의 여러 양태를 계시한다. 존재의 현현(顯現)과 성현(聖顯)이 서로 만나는 것이다.

① 종교적 인간에게 모든 자연은 우주적 신성성으로 계시된다.
② 자연적인 것과 초자연적인 것은 불가분의 관계를 맺고 있다.
③ 자연은 초월적 존재 그 자체이며 스스로 성스러움을 드러낸다.
④ 종교적 인간은 자연물을 통해 현현하는 성스러움을 숭배한다.
⑤ 자연물은 성스러움이 드러나더라도 여전히 자연 안에 존재한다.

● 왜 정답일까?

제시문은 엘리아데의 주장이다.
엘리아데는 자연이 성스러움을 드러내기 때문에 숭배의 대상이 된다고 보았고, 자연을 초월적 존재로 보지 않았다.

19 시민 불복종에 대한 입장　정답률 25% | 정답 ④

| 문제 보기 |

갑, 을 사상가들의 입장으로 적절한 것만을 〈보기〉에서 있는 대로 고른 것은? [3점]

> 갑 : 시민 불복종은 평등한 자유의 원칙이나 공정한 기회균등의 원칙을 현저하게 위반하는 법이나 정책을 대상으로 해야 한다. 특히 평등한 자유의 원칙에 대한 위반은 보다 적합한 시민 불복종의 대상이 된다.
> 을 : 시민 불복종은 민주주의 원칙에 복종하는 습관이 깊을수록 그만큼 더 쉽게 정당화될 수 있다. 우리가 중단시키려고 하는 악의 크기와 우리의 행위가 가져올 법과 민주주의에 대한 존중의 감소 정도를 저울질해 봐야 한다.

< 보 기 >

ㄱ. 갑 : 소수자의 기본권을 박탈하는 법은 시민 불복종의 대상이 될 수 있다.
ㄴ. 갑 : 거의 정의로운 사회에서는 시민 불복종에 대한 보복적인 억압이 있을 수 없다.
ㄷ. 을 : 다수가 공유하고 있는 정의관을 대상으로 시민 불복종을 행사할 수 있다.
ㄹ. 갑, 을 : 시민 불복종은 개인의 신념을 정당화 근거로 삼는 양심적 행위이다.

① ㄱ, ㄷ　　② ㄴ, ㄹ　　③ ㄷ, ㄹ
④ ㄱ, ㄴ, ㄷ　　⑤ ㄱ, ㄴ, ㄹ

● 왜 정답일까?

갑은 롤스, 을은 싱어이다.
롤스는 거의 정의로운 사회에서는 시민 불복종을 보복적으로 억압하지 않는다고 보았다.
싱어는 공유된 정의관에 대해서도 시민 불복종을 할 수 있다고 보았다.

20 유전자 치료에 대한 칼럼의 입장　정답률 94% | 정답 ⑤

| 문제 보기 |

다음 신문 칼럼의 입장에서 지지할 주장으로 가장 적절한 것은?

> ○○신문　　　　　　　　　　　　0000년 00월 00일
> **칼럼**
> 　생명 공학의 발달로 유전병의 근본적인 치료가 가능해지고 있다. 실제로 체세포 유전자 치료제가 환자 본인의 동의에 따라 임상적으로 많이 사용되고 있다. 체세포 유전자 치료는 주로 환자 개인에게만 영향을 미치므로 제한적으로 허용될 수 있다. 하지만 생식 세포 유전자 치료는 인간으로 성장할 잠재성을 지닌 배아의 파기가 수반되는 연구이라는 점에서 윤리적으로 논란의 소지가 크다. 또한 치료 전에 실시하는 유전자 검사로 얻은 배아의 유전 정보가 치료가 아닌 자질 강화에 활용되어 적극적 우생학으로도 이어질 수 있다. 따라서 생식 세포 유전자 치료는 허용되어서는 안 된다.

① 모든 유전자 치료는 환자 본인의 동의 없이 실시할 수 있다.
② 생식 세포 유전자 치료를 위한 유전자 검사는 허용해야 한다.
③ 유전자 치료는 자녀의 자질 강화를 목적으로 실시되어야 한다.
④ 유전자 검사의 결과는 치료 이외 목적으로도 활용되어야 한다.
⑤ 인간 배아를 수단화하는 유전자 치료 연구는 금지되어야 한다.

● 왜 정답일까?

칼럼은 체세포 유전자 치료는 허용될 수 있지만 인간 배아를 수단화하는 생식 세포 유전자 치료는 허용되어서는 안 된다는 입장이다.

● 고3 생활과 윤리 ●

39회　2021학년도 10월

01 ①	02 ①	03 ②	04 ⑤	05 ④
06 ⑤	07 ⑤	08 ④	09 ①	10 ②
11 ④	12 ③	13 ④	14 ④	15 ②
16 ⑤	17 ④	18 ③	19 ①	20 ③

채점결과	· 실제 걸린 시간 :	분	초
	· 맞은 문항수 :		개
	· 틀린 문항수 :		개
	· 헷갈린 문항 :		

01 규범 윤리학과 기술 윤리학　정답률 86% | 정답 ①

| 문제 보기 |

(가), (나)의 입장으로 가장 적절한 것은?

> (가) 윤리학은 인간이 어떤 행위를 해야 하는가에 초점을 두고, 인간이 준수해야 할 보편적인 도덕규범을 정립하는 것을 목표로 삼아야 한다.
> (나) 윤리학은 인간이 어떻게 행위하고 있는가에 초점을 두고, 도덕 현상을 경험 과학적으로 조사하여 기술하는 것을 목표로 삼아야 한다.

① (가) : 도덕적 삶으로 인도하는 행위 지침을 마련해야 한다.
② (가) : 도덕 언어 분석을 윤리학의 핵심 목표로 삼아야 한다.
③ (나) : 도덕적 문제 해결을 위한 도덕 이론을 정립해야 한다.
④ (나) : 도덕규범의 타당성을 가치 중립적으로 검증해야 한다.
⑤ (가), (나): 도덕적 관습을 가치와 무관한 사실로 보아야 한다.

● 왜 정답일까?

(가)는 규범 윤리학, (나)는 기술 윤리학의 입장이다.
규범 윤리학은 인간이 도덕적 행위를 실천할 수 있는 지침을 마련해야 한다고 본다.

02 거주에 대한 볼노브의 입장　정답률 83% | 정답 ①

| 문제 보기 |

그림의 강연자가 지지할 입장으로 적절하지 않은 것은?

> 인간은 외부 세계에서의 싸움에서 지쳤을 때 돌아와 긴장을 풀고 다시 나갈 수 있는 거주 공간을 필요로 합니다. 만약 인간에게서 그의 거주의 평화를 박탈해 버린다면 인간의 내적인 해체는 불가피합니다. 그래서 사는 곳이 바뀌더라도 거주의 질서와 집의 편안함을 새로운 장소에서 새롭게 만들어야 합니다. 인간은 거주 공간에서 진정한 자신의 존재 근거를 발견할 수 있습니다.

① 인간은 삶의 체험과는 분리된 점유물인 집에서 거주한다.
② 인간은 거주함으로써 자신의 참된 본질을 실현할 수 있다.
③ 인간은 사적인 거주 공간에서 마음의 평화를 이룰 수 있다.
④ 인간은 거주를 통해 외부의 위협으로부터 보호받을 수 있다.
⑤ 인간은 새로운 거주 공간에서도 자아를 상실하지 않을 수 있다.

● 왜 정답일까?

그림의 강연자는 볼노브이다. 볼노브는 외부 세계의 위협으로부터 보호받을 수 있는 거주 공간이 필요하다고 보았다.

03 성에 대한 입장　정답률 94% | 정답 ②

| 문제 보기 |

㉠에 들어갈 진술로 가장 적절한 것은?

> 인간이 상대의 성을 사용하는 것은 일종의 향유로서, 이러한 행위는 인간이 스스로를 사물로 만드는 것이며 인간이 갖는 고유한 인격체로서의 권리와 모순된다. 다만, 결혼이라는 조건하에서만 서로가 상대의 성을 사용하더라도 자기 자신을 사물로만 취급하는 것이 아니며 인격성을 상실하지도 않는다. 그런데 어떤 사람들은 성은 쾌락적 가치를 지니며 타인에게 해악을 주지 않는다면 서로가 동의한 성적 행위는 정당하다고 주장한다. 내가 보기에 이러한 주장은 ㉠ 는 점을 간과하고 있다.

116　고3 · 7개년 생활과 윤리 [리얼 오리지널]

① 성적 행위는 남에게 피해를 주지 않으면서 이루어져야 한다
② 성적 향유는 오직 부부라는 조건하에서만 정당화가 가능하다
③ 성은 성인들의 자발적 합의에 따라 자유롭게 추구해도 된다
④ 성적 행위는 사랑을 전제로 하지 않더라도 정당화될 수 있다
⑤ 성의 생식적인 가치보다 쾌락적인 가치를 더욱 중시해야 한다

● 왜 정답일까?

제시문은 성에 대한 보수주의의 입장이고, '어떤 사람들'은 자유주의의 입장이다. 보수주의는 성은 결혼과 출산을 전제로 할 때 정당화될 수 있다고 본다.

04 국제 평화에 대한 입장   정답률 69% | 정답 ⑤

| 문제 보기 |

갑, 을, 병 사상가들의 입장으로 가장 적절한 것은? [3점]

갑 : 실천 이성이 평화 상태를 직접적 의무로 부과하더라도 국가 간의 계약 없이 영원한 평화는 있을 수 없다. 모든 전쟁의 종식을 추구하는 평화 연맹이 있어야 한다.
을 : 국제 관계에서 국가 간 평화를 유지하는 방법은 세력 균형이다. 한 국가가 세력 균형의 유지와 재수립을 위해 사용하는 가장 주된 방법은 군비 경쟁이다.
병 : 군비 경쟁이 초래하는 전쟁이 사라져야 평화가 실현될 수 있다. 나아가 전쟁과 같은 직접적 폭력뿐만 아니라 구조적·문화적 폭력까지 제거해야 진정한 평화가 실현된다.

① 갑 : 다수의 국제 연맹을 창설해야 항구적인 평화가 보장된다.
② 을 : 인간의 본성에 근거하여 국제 관계를 이해해서는 안 된다.
③ 병 : 구조적 폭력과 문화적 폭력은 항상 의도적으로 발생한다.
④ 갑, 을 : 국가들 간의 모든 분쟁은 국제법에 의해 해결해야 한다.
⑤ 갑, 병 : 진정한 평화의 실현을 위해 군비 경쟁을 삼가야 한다.

● 왜 정답일까?

갑은 칸트, 을은 모겐소, 병은 갈퉁이다.
칸트와 갈퉁은 국제 평화를 실현하기 위해서는 전쟁이 사라지고 군비 경쟁도 삼가야 한다고 보았다.

● 왜 오답일까?

① 칸트는 국제 연맹이 다수일 경우 전쟁이 초래될 것이라고 보았다.

05 자연에 대한 입장   정답률 31% | 정답 ④

| 문제 보기 |

(가)의 갑, 을, 병 사상가들의 입장을 (나) 그림으로 탐구하고자 할 때, A~D에 들어갈 적절한 질문만을 〈보기〉에서 고른 것은? [3점]

(가)	갑 : 대지 이용을 오직 경제적 문제로만 생각하지 말아야 한다. 대지를 경제적 관점뿐만 아니라 심미적·윤리적 관점에서도 검토해야 한다. 을 : 자연 존중의 태도를 이해하는 신념 체계가 생명 중심 관점이다. 생명 중심 관점에서는 모든 유기체를 목적론적 삶의 중심으로 생각한다. 병 : 동물 해방의 관점에서 우리는 종 차별주의를 벗어나 동물에게 불필요한 고통을 주지 않고 살아가야 한다.
(나)	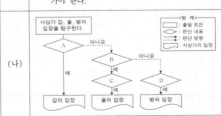

< 보기 >
ㄱ. A : 생명체는 인간의 평가로부터 독립된 가치를 지니는가?
ㄴ. B : 유정성이 없는 생명체들은 도덕적인 지위를 지니는가?
ㄷ. C : 모든 생명체는 의식적으로 목표와 목적을 추구하는가?
ㄹ. D : 동물의 고통과 인간의 동일한 고통을 동등하게 취급해야 하는가?

① ㄱ, ㄴ   ② ㄱ, ㄷ   ③ ㄴ, ㄷ
④ ㄴ, ㄹ   ⑤ ㄷ, ㄹ

● 왜 정답일까?

(가)의 갑은 레오폴드, 을은 테일러, 병은 싱어이다.
테일러는 모든 생명체가 도덕적 지위를 지닌다고 보았고, 싱어는 유정성을 지닌 존재만이 도덕적 지위를 지닌다고 보았다.

06 국가에 대한 입장   정답률 76% | 정답 ⑤

| 문제 보기 |

(가)의 갑, 을, 병 사상가들의 입장에서 서로에게 제기할 수 있는 비판을 (나) 그림으로 표현할 때, A~F에 해당하는 내용으로 가장 적절한 것은? [3점]

(가)	갑 : 인간은 태어날 때부터 타인을 지배하기를 좋아하지만, 비참한 자연 상태에서 벗어나 자기를 보존하고 만족스런 삶을 살기 위해 국가를 구성한다. 을 : 인간이 비교적 평화로운 자연 상태를 벗어나 각자의 생명, 자유, 재산을 평온하고 안전하게 향유하기 위해서는 국가가 필요하다. 병 : 인간의 행복 실현은 국가 속에서만 가능하다. 국가는 자연적 결사체의 최후 형태이자 최고선의 실현을 목표로 하는 가장 높은 단계이다.
(나)	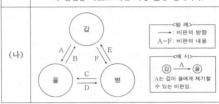

① A : 군주가 아닌 입법부가 최고 통치 권력을 가짐을 간과한다.
② B : 준법의 의무는 명시적 동의를 통해서만 발생함을 간과한다.
③ B, D : 통치 권력은 절대적이고 자의적인 권력임을 간과한다.
④ C, E : 국가는 가족과 달리 선한 목적을 추구함을 간과한다.
⑤ D, F : 국가는 합리적인 개인들의 계약의 산물임을 간과한다.

● 왜 정답일까?

(가)의 갑은 홉스, 을은 로크, 병은 아리스토텔레스이다.
아리스토텔레스는 국가가 자연적으로 발생한다고 보았고, 홉스와 로크는 국가가 합리적인 개인들의 계약을 통해 형성된다고 보았다.

● 왜 오답일까?

② 로크는 준법의 의무가 명시적 동의뿐만 아니라 묵시적 동의를 통해서도 생긴다고 보았다.

07 유전자 강화에 대한 핵심 쟁점   정답률 89% | 정답 ⑤

| 문제 보기 |

다음 토론의 핵심 쟁점으로 가장 적절한 것은? [3점]

갑 : 유전 공학의 발전으로 개발된 유전자 치료는 유전병을 치료할 수 있는 유일한 방법입니다. 유전자 치료는 인류의 고통을 줄일 수 있으므로 허용되어야 합니다.
을 : 동의합니다. 인류의 복지 증진을 위해 치료 목적의 유전적 개입을 허용해야 할 뿐만 아니라 부모의 선택에 따라 자녀의 유전적 자질을 강화하는 것도 허용해야 합니다.
갑 : 아닙니다. 유전자 강화를 통해 체력이나 지적 능력 등을 향상시키는 것은 자녀의 삶을 부모가 원하는 특정한 방향으로 유도하는 것입니다. 이는 후세대의 자율성을 침해하는 것이므로 허용되어서는 안 됩니다.
을 : 그렇지 않습니다. 후세대는 유전자 강화를 통해 향상된 체력이나 지적 능력 등을 이용해서 자신이 추구하는 삶의 목적을 달성할 수 있으므로, 유전자 강화는 자녀의 삶을 특정한 방향으로 유도하는 것이 아닙니다.

① 유전자 치료는 인간의 이익을 위해 허용될 수 있는가?
② 유전 질환을 치료하려면 유전자 치료가 반드시 필요한가?
③ 유전적 강화는 후세대의 체력을 향상시킬 수 있는 기술인가?
④ 유전자 강화로 후세대의 삶을 특정 방향으로 유도해야 하는가?
⑤ 유전적인 자질을 향상시키는 유전자 강화는 허용될 수 있는가?

● 왜 정답일까?

갑은 유전자 강화를 허용해서는 안 된다고 보는 입장이고, 을은 유전자 강화가 허용되어야 한다고 보는 입장이다.

08 공직자에 대한 입장   정답률 92% | 정답 ④

| 문제 보기 |

갑, 을 사상가들의 입장만을 〈보기〉에서 있는 대로 고른 것은?

갑 : 철인(哲人)들이 최고 지배자들이 되어 올바른 것을 가장 중대시한 것을 필요한 것으로 보고, 이를 받들고 증대시켜 나라의 질서가 잡히게 해야 한다.
을 : 명군(明君)이 백성의 생업을 관장함에 있어 부모 공양과 처자식 부양에 부족함이 없게 해야 백성을 선한 데로 이끌 수 있다. 백성은 항산이 없으면 항심도 없어진다.

< 보기 >
ㄱ. 갑 : 통치자는 좋은 자체를 모범으로 삼아 다스려야 한다.
ㄴ. 을 : 통치자는 백성의 삶의 기반인 항산을 보장해야 한다.
ㄷ. 을 : 통치자는 손수 농사를 짓고 다스리는 일도 해야 한다.
ㄹ. 갑, 을 : 통치자를 비롯한 모든 구성원은 자신의 사회적 직분을 이행해야 한다.

① ㄱ, ㄴ   ② ㄱ, ㄷ   ③ ㄷ, ㄹ
④ ㄱ, ㄴ, ㄹ   ⑤ ㄴ, ㄷ, ㄹ

● 왜 정답일까?

갑은 플라톤, 을은 맹자이다.
플라톤은 통치자가 지혜의 덕을 바탕으로 다스려야 한다고 보았고, 맹자는 통치자가 항산을 보장해야 한다고 보았다.

09 장자의 사상적 입장   정답률 79% | 정답 ①

| 문제 보기 |

다음을 주장한 사상가가 부정의 대답을 할 질문으로 옳은 것은?

명성을 추구하지 말고 모략을 일삼지 말아야 한다. 일의 책임자가 되지 말고 지혜의 주인이 되지 말아야 한다. 다함이 없는 도(道)를 체득하여 없음의 경지에서 노닐어야 한다. 지극한 사람[至人]의 마음 씀은 거울과 같아서 일부러 보내지도 않고 일부러 맞아들이지도 않는다. 그저 응할 뿐 간직하지 않는다.

① 자연의 섭리에 순응하고 선악을 객관적으로 분별해야 하는가?
② 천지 만물 어디에나 있는 도와 일치하는 삶을 살아야 하는가?
③ 마음을 비워 깨끗이 하고 타고난 본성에 따라 살아야 하는가?
④ 세속을 초월해 무엇에도 얽매이지 않는 삶을 추구해야 하는가?
⑤ 조용히 앉아 자신을 구속하는 일체의 것을 잊어버려야 하는가?

● 왜 정답일까?

제시문은 도가 사상가인 장자의 주장이다. 장자는 시비와 선악을 분별하는 데에서 벗어나 자연의 섭리에 따라 살아야 한다고 보았다.

10 다문화 사회에 대한 다양한 입장   정답률 75% | 정답 ②

| 문제 보기 |

갑, 을, 병 중에서 한 사람만이 긍정의 대답을 할 질문만을 〈보기〉에서 있는 대로 고른 것은? [3점]

갑 : 이주민은 자신의 문화 정체성을 포기하고, 이주해 온 국가의 구성원이 되어 주류 사회의 일원으로 편입되어야 한다.
을 : 다른 재료들이 섞여 각자 고유의 맛을 지키면서 하나의 샐러드가 되듯이 다양한 문화가 대등하게 조화되어야 한다.
병 : 국수가 주된 내용물이지만 고명이 첨가됨으로써 국수 맛이 풍성해지듯이 주류 문화와 비주류 문화가 공존해야 한다.

< 보기 >
ㄱ. 다양한 문화들은 사회 내에서 평등하게 공존해야 하는가?
ㄴ. 이주민들의 서로 다른 문화적 정체성을 인정해야 하는가?
ㄷ. 사회 통합은 문화 단일성을 전제로 이루어 나가야 하는가?
ㄹ. 한 사회에는 구심점이 되는 주류 문화가 존재해야 하는가?

① ㄱ, ㄴ   ② ㄱ, ㄷ   ③ ㄴ, ㄹ
④ ㄱ, ㄷ, ㄹ   ⑤ ㄴ, ㄷ, ㄹ

● 왜 정답일까?

갑은 동화주의, 을은 샐러드 볼 이론, 병은 국수 대접 이론의 입장

이다. 동화주의는 이주민 문화를 주류 문화로 통합시켜야 한다고 보고, 샐러드 볼 이론은 서로 다른 문화들이 평등하게 공존해야 한다고 본다.

11 안락사에 대한 입장
정답률 89% | 정답 ④

| 문제 보기 |

다음 신문 칼럼의 입장만을 〈보기〉에서 있는 대로 고른 것은?

○○신문　　　　　　　　　　○○○○년 ○○월 ○○일

칼럼

　오늘날에는 생사를 좌우하는 주요 신체 기능을 기계로 대체함으로써 심장 박동, 순환, 신진대사 등을 유지시키며 생명을 연장할 수 있게 되었다. 이는 죽음의 자연적 진행 과정을 기계적으로 조작할 수 있음을 의미한다. 그런데 회생 가능성이 없는 환자의 생명을 인위적으로 지속시키거나 단축시키는 것은 죽어가는 사람의 인간답게 죽을 권리를 침해하는 일이다. 인간의 존엄성에는 죽어가는 사람의 존엄성도 포함된다. 예컨대 불치병 환자에게 심폐 소생 장치를 연결하려 연명 치료를 지속하는 것보다 그 환자의 존엄성 유지를 위해 심폐 소생 장치를 연결하지 않는 것이 바람직하다.

< 보 기 >
ㄱ. 회생 불가능한 환자일지라도 존엄하게 대우해야 한다.
ㄴ. 회생 불가능한 환자에 대한 적극적 안락사가 필요하다.
ㄷ. 회생 불가능한 환자에게는 인간답게 죽을 권리가 있다.
ㄹ. 회생 불가능한 환자 생명을 인위적으로 연장하면 안 된다.

① ㄱ, ㄴ　　② ㄱ, ㄷ　　③ ㄴ, ㄹ
④ ㄱ, ㄷ, ㄹ　　⑤ ㄴ, ㄷ, ㄹ

● 왜 정답일까?

칼럼은 회생 불가능한 환자의 인간으로서의 존엄성을 보호하기 위해 연명 치료를 하지 말아야 한다는 입장이다.

12 형벌에 대한 입장
정답률 82% | 정답 ③

| 문제 보기 |

갑, 을 사상가들의 입장으로 적절하지 않은 것은? [3점]

갑 : 사회 계약의 목적은 계약자들의 생명 보존에 있다. 남들을 희생시킴으로써 자기 생명을 보존하려는 사람은 필요하다면 남들을 위해 자기 생명도 내놓아야 한다. 사형도 같은 관점에서 고려해야 한다.
을 : 사회 계약의 산물인 법은 '최대 다수에 의해 공유된 최대 행복'의 목적에 비추어 평가해야 한다. 사형은 범죄 억제력이 낮고 잔혹함의 본보기를 제공하기 때문에 유해하다. 법은 스스로 살인죄를 범해서는 안 된다.

① 갑 : 살인범은 생명권을 사회에 양도한 것으로 보아야 한다.
② 갑 : 살인범은 법률적 인격체가 아닌 공공의 적으로 간주된다.
③ 을 : 범죄 예방 효과는 형벌 타당성 평가의 기준이 될 수 없다.
④ 을 : 살인범에 대한 사형은 유용하지도 않고 필요하지도 않다.
⑤ 갑, 을 : 사형의 정당성은 사회 계약에 근거해 평가할 수 있다.

● 왜 정답일까?

갑은 루소, 을은 베카리아이다.
루소는 사회 계약을 어긴 살인범을 사형할 수 있다고 보았고, 베카리아는 사형보다 종신 노역형이 범죄 예방 효과가 크다고 보았다.

13 예술에 대한 칸트의 입장
정답률 64% | 정답 ②

| 문제 보기 |

다음을 주장한 사상가의 입장으로 가장 적절한 것은? [3점]

미는 도덕성의 상징이다. 바로 이 점에서 아름다움은 만족을 주며 모든 사람에게 동의를 요구하는 것이다. 누군가가 무엇인가를 아름답다고 한다면 이는 다른 사람들에게도 똑같은 만족을 요구하는 것이다. 이때 그는 단지 자기 자신만을 위해 판단하고 있는 것이 아니라 모든 사람을 위해 판단하고 있는 것이다.

① 미는 도덕과 달리 독립된 영역을 갖지 않는다.
② 미적 판단은 이해관계를 초월한 보편성을 지닐 수 있다.
③ 미의 판단 형식과 선의 판단 형식 간에는 유사성이 없다.
④ 미적 가치는 예술의 형식이 아닌 내용으로부터 도출된다.

⑤ 미적 즐거움은 이성에서 감성으로 나아가는 계기를 마련한다.

● 왜 정답일까?

제시문은 칸트의 주장이다.
칸트는 미적 판단도 도덕적 판단처럼 이해관계를 초월한 보편성을 지닐 수 있다고 보았다.

14 하버마스의 담론 윤리
정답률 92% | 정답 ④

| 문제 보기 |

다음을 주장한 사상가의 입장만을 〈보기〉에서 있는 대로 고른 것은?

의사소통이 이상적으로 이루어지기 위해서는 다음의 규칙들이 전제되어야 한다. 언어 능력과 행위 능력을 지닌 모든 주체가 담론에 참여할 수 있어야 하며, 참여한 모든 사람은 모든 주장을 문제시하여 담론의 내용으로 삼을 수 있어야 하고, 자신의 생각과 요구를 표현할 수 있어야 한다. 이런 규칙들을 준수하며 실천적 담론에 참여하는 모든 당사자가 동의한 규범들만이 타당성을 가질 수 있다.

< 보 기 >
ㄱ. 규범이 정당화되려면 모든 담론 참여자가 합의해야 한다.
ㄴ. 담론 참여자는 타인의 주장에 이의를 제기해서는 안 된다.
ㄷ. 공정한 담론을 통해 합의된 준칙은 구속력을 지닐 수 있다.
ㄹ. 담론의 공동 결의 과정에서 자신의 희망을 표현할 수 있다.

① ㄱ, ㄴ　　② ㄱ, ㄷ　　③ ㄴ, ㄹ
④ ㄱ, ㄷ, ㄹ　　⑤ ㄴ, ㄷ, ㄹ

● 왜 정답일까?

제시문은 하버마스의 주장이다. 하버마스는 모든 담론 참여자가 합의한 규범이 정당화된다고 보았다.

15 분배 정의에 대한 입장
정답률 58% | 정답 ②

| 문제 보기 |

(가)의 갑, 을, 병 사상가들의 입장을 (나) 그림으로 표현할 때, A ~ D에 해당하는 적절한 진술만을 〈보기〉에서 있는 대로 고른 것은? [3점]

| (가) | 갑 : 재산 소유 민주주의는 원초적 입장에서 채택된 정의의 두 원칙이 표현하는 모든 주요한 정치적 가치를 실현할 수 있다.
을 : 정치 공동체에서 부(富)를 전제적으로 사용하는 것은 부당하다. 어떤 사회적 가치도 다른 가치로 전환되어 다른 영역을 침해해서는 안 된다.
병 : 최소 국가는 정당화될 수 있는 국가로는 가장 포괄적인 국가이다. 이보다 더 포괄적인 국가는 개인의 소유 권리를 침해한다. |
| (나) | 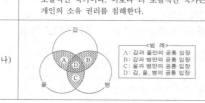
<범 례>
A : 갑과 을만의 공통 입장
B : 갑과 병만의 공통 입장
C : 을과 병만의 공통 입장
D : 갑, 을, 병의 공통 입장 |

< 보 기 >
ㄱ. A : 국가가 사회적 약자를 위한 재분배 정책을 시행하는 것은 분배 정의에 위배되지 않는다.
ㄴ. B : 부정의한 분배를 교정하기 위해 국가가 개입하는 것은 정당화될 수 있다.
ㄷ. C : 과거의 상황이나 행위가 사물에 대한 현재의 응분의 자격을 발생시킬 수 없다.
ㄹ. D : 재산과 소득의 균등 분배가 분배 정의 실현의 전제 조건은 아니다.

① ㄱ, ㄴ　　② ㄱ, ㄹ　　③ ㄴ, ㄷ
④ ㄱ, ㄷ, ㄹ　　⑤ ㄴ, ㄷ, ㄹ

● 왜 정답일까?

(가)의 갑은 롤스, 을은 왈처, 병은 노직이다.
노직은 사회적 약자를 배려하는 재분배 정책에 반대하였고, 롤스와 왈처는 재분배 정책이 분배 정의에 위배되지 않는다고 보았다.

● 왜 오답일까?

ㄷ. 노직은 과거의 상황이나 행위가 사물에 대한 소유 권리나 응분의 자격을 발생시킨다고 보았다.

16 시민 불복종에 대한 입장
정답률 70% | 정답 ⑤

| 문제 보기 |

갑, 을, 병 사상가들의 입장으로 적절하지 않은 것은? [3점]

갑 : 우리는 국민이기 이전에 인간으로서 법보다 정의에 대한 존경심을 길러야 한다. 법에 대한 존경심 때문에 선량한 사람도 불의의 하수인이 되고 있다.
을 : 우리가 중단시키려는 악의 크기와 우리의 행위가 가져올 법과 민주주의에 대한 존경심의 감소 정도를 저울질해 보고 불복종의 여부를 판단해야 한다.
병 : 우리는 개인적인 도덕 원칙이나 종교적 교설이 아니라 정치 질서의 바탕에 깔려 있는 공유된 정의관에 의거하여 시민 불복종을 할 수 있다.

① 갑 : 시민 불복종에 앞서 정부의 법 개정을 기다릴 필요는 없다.
② 을 : 시민 불복종을 할 때 법치와 민주주의 원칙을 존중해야 한다.
③ 병 : 시민 불복종은 효과적인 호소가 되도록 계획되어야 한다.
④ 갑, 병 : 시민 불복종은 위법 행위이지만 양심적인 행위이다.
⑤ 을, 병 : 시민 불복종은 다수결 원칙에 근거하여 행해져야 한다.

● 왜 정답일까?

갑은 소로, 을은 싱어, 병은 롤스이다.
롤스는 공유된 정의관에 근거하여 시민 불복종을 할 수 있다고 보았다.

17 기술에 대한 입장
정답률 76% | 정답 ④

| 문제 보기 |

갑 사상가의 입장에 비해 을 사상가의 입장이 갖는 상대적 특징을 그림의 ⊙ ~ ⓒ 중에서 고른 것은?

갑 : 기술은 우리를 철저하게 지배하고 있다. 오늘날 우리는 어디서나 기술에 붙들려 있다. 기술을 가치 중립적인 것으로 고찰하면 우리는 무방비 상태로 기술에 내맡겨진다.
을 : 기술은 수단일 뿐이며 그 자체는 선도 아니고 악도 아니다. 기술이 선하냐 악하냐는 인간이 기술로부터 무엇을 만들어 내고 기술을 어디에 사용하느냐에 달려 있다.

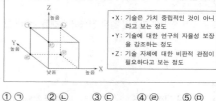

● X : 기술은 가치 중립적인 것이 아니라고 보는 정도
● Y : 기술에 대한 연구의 자율성 보장을 강조하는 정도
● Z : 기술 자체에 대한 비판적 관점이 필요하다고 보는 정도

① ⊙　　② ⓒ　　③ ⓒ　　④ ⓒ　　⑤ ⓒ

● 왜 정답일까?

갑은 하이데거, 을은 야스퍼스이다.
하이데거는 인간이 기술에 종속되는 것을 우려하였고, 야스퍼스는 기술 그 자체를 가치 중립적인 것으로 보았다.

18 원조에 대한 입장
정답률 72% | 정답 ③

| 문제 보기 |

갑, 을 사상가들의 입장으로 가장 적절한 것은? [3점]

갑 : 원조의 대상을 친소 관계를 바탕으로 결정하는 것은 이익 평등 고려의 원칙에 위배된다. 원조는 국가나 인종에 상관없이 절대 빈곤에 처한 사람들을 돕는 것이다.
을 : 원조의 목표는 사회들 간의 부와 복지의 수준을 조정하는 것이 아니다. 원조는 고통받는 사회가 질서 정연한 국제 사회의 구성원이 되도록 하는 것이다.

① 갑 : 원조는 고통 감소 가능성에 대한 고려 없이 실시해야 한다.
② 갑 : 원조는 각국의 부의 수준이 같아질 때까지 실시해야 한다.
③ 을 : 원조 대상국은 불리한 여건으로 고통받는 사회로 국한된다.
④ 을 : 원조 목적을 달성하기 위해서는 강제력의 사용도 허용된다.
⑤ 갑, 을 : 원조의 주체는 민주적이면서 부유한 국가로 한정된다.

19 칸트와 밀의 사상적 입장　정답률 83% | 정답 ①

| 문제 보기 |

갑, 을 사상가들의 입장에서 〈사례〉 속 A에게 해 줄 수 있는 조언으로 가장 적절한 것은?

> 갑 : 의무란 도덕 법칙에 대한 존경심 때문에 반드시 어떤 행위를 할 수밖에 없는 것이다. 의무로부터 비롯된 행위만이 도덕적 가치를 갖는다.
> 을 : 두 가지 쾌락을 경험한 사람들이 그중 특정한 쾌락을 선호해야 한다는 도덕적 의무감과 상관없이 어느 한 쾌락을 확실히 선호한다면 그 쾌락이 더 바람직한 쾌락이다.

> < 사 례 >
> A는 운영하던 회사가 어려워지자 돈을 갚을 수 없다는 것을 알면서도 친구에게 돈을 갚겠다는 거짓 약속을 하고 돈을 빌릴 것인가를 고민하고 있다.

① 갑 : 거짓말해도 된다는 준칙은 보편화될 수 없음을 명심하세요.
② 갑 : 자연적인 경향성에 따라 항상 정직해야 함을 명심하세요.
③ 을 : 거짓말로 인한 결과는 고려할 필요가 없음을 명심하세요.
④ 을 : 정직함은 유용성과 무관하게 도덕적인 것임을 명심하세요.
⑤ 갑, 을 : 거짓말은 상황에 따라 허용될 수 있음을 명심하세요.

20 정보 사회의 특징　정답률 84% | 정답 ③

| 문제 보기 |

다음 글의 입장에서 긍정의 대답을 할 질문만을 〈보기〉에서 있는 대로 고른 것은?

> 인터넷은 누구나 다양한 정보에 접근할 수 있게 함으로써 많은 사람들의 삶의 질 향상에 기여하고 있다. 하지만 정보 사회의 변화에 적응하지 못하는 사람들이 사회적으로 소외되어 정보 격차가 발생하고 있다. 이러한 정보 격차로 인한 불평등을 완화하기 위해서는 사회적 차원에서 정보 소외 계층을 위해 정보 통신 기기를 보급하고 정보망을 구축할 필요가 있다. 그런데 이들이 인터넷 리터러시(internet literacy)가 부족하다면 온라인상에 무방비로 노출되어 사이버 범죄의 대상이 될 수 있으므로 이들의 정보 이해 및 표현 능력을 함양할 수 있는 교육 여건을 마련해야 할 것이다.

> < 보 기 >
> ㄱ. 스마트 기기의 보급으로 정보 격차가 해소되는가?
> ㄴ. 정보 접근성을 확대하면 부의 평준화가 실현되는가?
> ㄷ. 정보 소외 계층이 정보 이해력을 갖도록 도와야 하는가?
> ㄹ. 정보화는 사회적 약자의 처지 개선에 기여할 수 있는가?

① ㄱ, ㄴ　　② ㄱ, ㄷ　　③ ㄷ, ㄹ
④ ㄱ, ㄴ, ㄹ　　⑤ ㄴ, ㄷ, ㄹ

| 40회 | ● 고3 생활과 윤리 ● 2020학년도 10월 |

01 ②	02 ④	03 ②	04 ①	05 ③
06 ④	07 ⑤	08 ②	09 ③	10 ⑤
11 ③	12 ②	13 ④	14 ④	15 ④
16 ①	17 ①	18 ⑤	19 ①	20 ③

채점 결과	・실제 걸린 시간 : 　분　초
	・맞은 문항수 : 　개
	・틀린 문항수 : 　개
	・헷갈린 문항 :

01 이론 윤리학과 기술 윤리학　정답률 82% | 정답 ②

| 문제 보기 |

갑, 을의 입장으로 가장 적절한 것은?

> 갑 : 윤리학의 주된 목표는 도덕적 행위를 위한 근본 원리로 성립할 수 있는 도덕 원리를 탐구함으로써 옳고 그름의 판단 기준을 마련하는 것이다.
> 을 : 윤리학의 주된 목표는 경험적 탐구를 통해 도덕 현상을 가치중립적으로 기술하고 도덕 현상들 간의 인과 관계를 설명하는 것이다.

① 갑 : 도덕 문제 해결을 위해 도덕 언어 분석에 주력해야 한다.
② 갑 : 도덕규범을 정립하여 도덕적 삶의 지침을 제시해야 한다.
③ 을 : 도덕적 관행은 사실 판단이 아닌 가치 판단의 대상이다.
④ 을 : 도덕 현상의 경험적 탐구로 당위적 규범을 제시해야 한다.
⑤ 갑, 을 : 도덕 문제의 객관적 서술이 윤리학의 중심 목표이다.

02 죽음에 대한 입장　정답률 89% | 정답 ④

| 문제 보기 |

그림은 서양 사상가 갑, 을의 가상 대화이다. 갑, 을의 입장으로 가장 적절한 것은?

> 죽음은 감각이 상실되는 것으로, 산 사람이나 죽은 사람 모두와 상관이 없습니다. 산 사람에게는 아직 죽음이 오지 않았고, 죽은 사람은 이미 존재하지 않기 때문입니다.

> 죽음이란 영혼이 육체에서 분리되어 해방되는 것입니다. 우리는 죽은 후에야 비로소 사물을 올바르게 인식하여 순수한 지식을 얻을 수 있습니다.

① 갑 : 죽음의 고통은 쾌락을 추구함으로써 극복할 수 있다.
② 갑 : 죽음은 인간이 직면하는 가장 큰 악이므로 회피해야 한다.
③ 을 : 죽음 이후의 세계에서는 참된 지혜를 발견할 수 없다.
④ 을 : 죽음은 누구에게나 찾아오지만 두려움의 대상은 아니다.
⑤ 갑, 을 : 죽음의 본질이 무엇인지 깨닫고 내세를 대비해야 한다.

03 국가에 대한 홉스와 로크의 입장　정답률 71% | 정답 ②

| 문제 보기 |

갑, 을 사상가들의 공통된 입장으로 가장 적절한 것은? [3점]

> 갑 : 자연법이 있어도 권력이 없다면 또는 권력이 있어도 시민의 안전을 보장할 정도로 충분히 강력하지 않으면 인간은 비참한 자연 상태에서 벗어날 수 없다.
> 을 : 자연법상의 모든 권리를 누릴 자유가 있어도 권력이 없으면 권리를 누리기 어렵다. 이에 사람들은 재산의 보존을 주된 목적으로 하는 시민 사회의 일원이 된다.

① 국가 권력에 대한 시민의 저항은 어떤 경우에도 허용 불가하다.
② 국가는 인간의 평화로운 삶을 위해 만들어진 합의의 산물이다.
③ 국가는 선한 본성을 타고난 인간을 보호하기 위한 수단이다.
④ 국가는 시민의 안전한 삶을 보장하기 위한 절대 권력체이다.
⑤ 국가는 자연의 산물로서 인간의 도덕적 삶을 목적으로 한다.

04 시민 불복종에 대한 입장　정답률 57% | 정답 ①

| 문제 보기 |

갑, 을 사상가들의 입장에 대한 설명으로 옳은 것은? [3점]

> 갑 : 시민 불복종은 그것이 다수자에게 호소한다는 점에서 그리고 헌법과 사회 제도 일반을 규제하는 정의의 원칙들에 의해 지도되고 정당화되는 행위라는 점에서 정치적 행위이다. 시민 불복종을 정당화할 때에는 개인적인 도덕 원칙이나 종교적 교설에 의거해서는 안 된다.
> 을 : 시민 불복종은 다수의 의견을 반영하지 않는 결정에 대해 주로 행해지며, 불복종이 언제 정당화되는지를 알려 주는 간단한 도덕 규칙은 없다. 한편 우리는 불복종을 통해 중단시키려는 악의 크기와 불복종 행위가 가져올 법과 민주주의에 대한 존중의 감소 정도를 저울질해 봐야 한다.

① 갑은 시민 불복종의 대상에 평등한 자유의 원칙에 위배되지 않는 법과 제도도 포함될 수 있다고 본다.
② 을은 시민 불복종의 정당화는 결과와 무관하게 의도의 적절성에 의해 이루어져야 한다고 본다.
③ 갑은 을과 달리 시민 불복종을 다수의 정의관이 포괄하지 못하는 사안에 대해서도 행사할 수 있다고 본다.
④ 을은 갑과 달리 시민 불복종자들이 자신들의 합당한 항의에 대한 국가의 보복적인 억압을 감수하지 말아야 한다고 본다.
⑤ 갑, 을은 시민 불복종의 정당성은 법과 제도의 부정의한 정도에 반비례한다고 본다.

05 정보 기술에 대한 입장　정답률 94% | 정답 ③

| 문제 보기 |

다음 토론의 핵심 쟁점으로 가장 적절한 것은?

> 갑 : 인간이 입력한 데이터를 기반으로 생성물을 창출하는 약한 인공지능(Weak AI)은 다양한 창작 분야에서 저작물을 만들기도 합니다. 이러한 저작물에 한해서는 법적으로 보호돼야 합니다.
> 을 : 아닙니다. 저작물은 법적으로 보호받아야 하지만 인공지능이 창출한 생성물은 데이터를 분석하여 수식화한 결과에 불과하기 때문에 저작물로 인정할 수 없습니다.
> 갑 : 그렇지 않습니다. 데이터에 근거한 인공지능의 생성물이더라도 독창성만 인정되면 저작물로 봐야 합니다. 향후 인간이 입력한 데이터를 넘어서서 독자적 사고를 하는 강한 인공지능(Strong AI)이 개발되면 더 독창적이고 새로운 생성물이 많이 창출될 것입니다.
> 을 : 강한 인공지능이 개발되어 인공지능이 독창적이고 새로운 생성물을 만든다고 하더라도 창작의 주체가 인간이 아니므로 저작물이 될 수 없습니다.

① 인공지능의 생성물은 독창성을 지닐 수 있는가?
② 강한 인공지능이 독자적 생성물을 만들 수 있는가?
③ 인공지능이 만들어 낸 생성물을 저작물로 볼 수 있는가?
④ 강한 인공지능의 생성물만을 저작물로 인정해야 하는가?
⑤ 약한 인공지능의 생성물은 모두 저작물로 보아야 하는가?

갑은 독창성이 인정된다면 인공지능의 생성물을 저작물로 볼 수 있다는 입장이고, 을은 인공지능의 생성물을 저작물로 볼 수 없다는 입장이다.

06 과학 기술에 대한 요나스의 입장 정답률 87% | 정답 ④

| 문제 보기 |

그림의 강연자가 지지할 입장만을 〈보기〉에서 있는 대로 고른 것은?

베이컨의 명제대로 과학과 기술은 자연에 대한 인간의 권력을 증대시킵니다. 그리고 이 권력은 장차 태어날 자들에 대한 권력도 증대시킵니다. 후손들이 우리의 계획과 결정에 무방비 상태로 노출되어 있는 것입니다. 그러므로 이 권력은 극히 일방적입니다. 그리고 일단 행사된 권력은 주인의 손을 떠나 제산 불가능한 길을 걸어가며 본질적으로 맹목적입니다. 이제 우리는 이러한 권력으로 인하여 새롭게 등장하는 문제들을 책임의 원칙을 바탕으로 풀어 나가야만 합니다.

〈 보 기 〉
ㄱ. 기술 권력 앞에 인류는 무방비 상태로 노출되어 있다.
ㄴ. 기술 권력 행사의 결과에 대한 윤리적 검토가 필요하다.
ㄷ. 기술 권력을 인간에게 사용하는 것을 규제해서는 안 된다.
ㄹ. 기술 권력의 크기와 인간의 책임에 대한 요구는 비례한다.

① ㄱ, ㄷ   ② ㄴ, ㄷ   ③ ㄴ, ㄹ
④ ㄱ, ㄴ, ㄹ   ⑤ ㄱ, ㄷ, ㄹ

그림의 강연자는 요나스이다. 요나스는 기술 권력의 행사로 인해 인류의 존속이 위협받게 되었으므로 미래 세대를 고려하는 새로운 책임 윤리가 필요하다고 보았다.

07 분배 정의에 대한 입장 정답률 42% | 정답 ⑤

| 문제 보기 |

(가)의 사상가 갑, 을의 입장을 (나) 그림으로 탐구하고자 할 때, A ~ C에 들어갈 옳은 질문만을 〈보기〉에서 있는 대로 고른 것은? [3점]

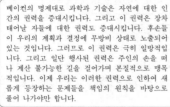

(가)	갑 : 차등의 원칙은 천부적 재능의 분포를 공동의 자산으로 생각하고 이러한 분포로 얻는 이익을 함께 나누어 가지는 데 합의함을 의미한다. 을 : 차등의 원칙은 정형적 원리이며, 이 원리에 따른 분배는 개인의 권리를 침해한다. 개인의 권리를 보장하는 것은 소유 권리로서의 정의이다.

(나)
사상가 갑, 을의 입장을 탐구한다.
A → 아니요
B (예)
C (예)
갑의 입장   을의 입장

〈범례〉
◇ 출발 조건
◇ 판단 내용
→ 판단 방향
□ 사상가의 입장

〈 보 기 〉
ㄱ. A : 분배 정의를 실현하여 자연적 우연성을 없애야 하는가?
ㄴ. B : 정의의 원칙에 부합하는 모든 분배는 정의로운 것인가?
ㄷ. C : 자발적으로 양도된 재화도 교정의 대상이 될 수 있는가?
ㄹ. C : 사회는 협동 체제가 아닌 개인 간 자발적 교환 체제인가?

① ㄱ, ㄴ   ② ㄱ, ㄹ   ③ ㄷ, ㄹ
④ ㄱ, ㄴ, ㄷ   ⑤ ㄴ, ㄷ, ㄹ

(가)의 갑은 롤스, 을은 노직이다.
롤스와 노직은 정의의 원칙에 따라 절차나 과정이 정의로운 분배는 결과와 무관하게 모두 정의롭다고 보았다. 롤스는 사회를 협동 체제로 보았고, 노직은 사회를 개인들의 자발적 교환 체제로 보았다.

08 성과 윤리에 대한 길리건의 입장 정답률 62% | 정답 ②

| 문제 보기 |

다음을 주장한 사상가의 입장으로 가장 적절한 것은? [3점]

관계적인 윤리는 도덕에 대한 남성의 주된 관심이었던 이기심 대 이타심의 대결을 넘어선다. 이러한 이분법을 넘어서는 '다른 목소리'를 찾으려 할 때 도덕 논의에 있어 주된 문제는 어떻게 객관적인 도덕 원리를 수립할 것인가가 아니라 어떻게 보살피려는 의지를 가지고 책임감 있게 인간관계를 맺을 것인가로 전환된다.

① 여성의 도덕성 발달의 핵심 요소는 도덕적인 추론 능력이다.
② 남성과 여성의 관점을 포함하여 도덕 문제에 접근해야 한다.
③ 여성의 도덕성은 보편적인 도덕 원리에 따라 판단해야 한다.
④ 여성의 도덕성은 상호 의존성보다 이타심으로 함양해야 한다.
⑤ 남성의 도덕성과 여성의 도덕성을 구별하려고 해서는 안 된다.

제시문은 길리건의 주장이다.
길리건은 도덕 문제에 접근할 때 기존의 남성 중심의 정의 윤리적 접근에 여성 중심의 배려 윤리적 접근이 포함되어야 한다고 보았다.

09 사회 윤리에 대한 니부어의 입장 정답률 26% | 정답 ③

| 문제 보기 |

다음을 주장한 사상가의 입장만을 〈보기〉에서 있는 대로 고른 것은? [3점]

개인 간의 관계를 합리적인 조정과 설득에 의해 확립하는 것은 가능하다. 집단 간의 관계는 각 집단이 갖고 있는 힘의 비율에 따라 수립되므로 합리적인 설득으로 집단 간의 관계를 확립하는 것은 불가능하다. 그러므로 합리적인 설득 이외에 강제력에 의한 방법이 병행되어야 집단 간의 힘의 균형을 이룰 수 있다.

〈 보 기 〉
ㄱ. 사회 협력의 범위를 확대하면 사회 갈등은 해결될 수 있다.
ㄴ. 사회적 억제가 없으면 사회의 이기적 충동을 없앨 수 없다.
ㄷ. 사회 정의의 실현에 기여한 폭력도 본질적으로는 비도덕적이다.
ㄹ. 사회 갈등을 비폭력적으로 해결하려고 하면 해악을 초래할 수 있다.

① ㄱ, ㄷ   ② ㄱ, ㄹ   ③ ㄴ, ㄹ
④ ㄱ, ㄴ, ㄷ   ⑤ ㄴ, ㄷ, ㄹ

제시문은 니부어의 입장이다.
니부어는 사회 갈등을 해결하기 위해서는 사회적 억제와 내면적 억제가 필요하다고 보았으며, 비폭력적 방법만으로는 사회 갈등을 해결할 수 없다고 보았다.

ㄷ. 니부어는 폭력이 본질적으로 비도덕적인 것이라고 단언해서는 안 된다고 보았다.

10 직업윤리에 대한 입장 정답률 76% | 정답 ⑤

| 문제 보기 |

갑, 을 사상가들의 입장으로 가장 적절한 것은?

갑 : 자본주의 사회에서는 필연적으로 인간 소외가 발생한다. 사적 소유, 분업, 계급적 사회관계는 자유로운 노동을 억압하고 인간의 본질을 실현하는 것을 가로막는다.
을 : 대인의 일이 있고 소인의 일이 있다. 마음을 쓰는 자는 다스리고, 몸을 쓰는 자는 다스림을 받는다. 다스림을 받는 자는 남을 먹이고, 다스리는 자는 남에 의해 먹는다.

① 갑 : 자본주의에서 노동자는 자신의 노동 생산물을 향유한다.
② 갑 : 자본주의에서 노동자는 자발적 노동으로 욕구를 충족한다.
③ 을 : 백성은 통치자가 인의를 상실해도 섬기지 않으면 안 된다.
④ 을 : 백성의 생산물 교환은 사익 추구로서 삼가야 할 행위이다.
⑤ 갑, 을 : 경제적인 요인은 도덕적 삶에 영향을 미칠 수 있다.

갑은 마르크스, 을은 맹자이다.

마르크스와 맹자는 모두 직업 노동의 경제적 측면이 인간의 도덕적 삶에 영향을 미친다고 보았다.

11 노자, 석가모니, 공자의 입장 정답률 79% | 정답 ③

| 문제 보기 |

갑, 을, 병 사상가들의 입장으로 옳은 것은? [3점]

갑 : 성인은 무위(無爲)로써 일을 처리하고, 만물을 자연에 맡겨 자라게 하되 간섭하지 않고 기르되 소유하지 않는다.
을 : 모든 것은 무상(無常)하고 변한다는 법(法)을 알아 집착하지 않는 사람은 깨달음을 얻어 열반에 이를 수 있다.
병 : 어진 사람은 자기가 서고자 하면 남부터 서게 한다. 자기를 미루어 남을 이해하는 것이 어짊[仁]의 방도이다.

① 갑 : 도(道)를 체득하기 위해 분별적인 지식을 쌓아야 한다.
② 을 : 해탈하려면 만물이 상호 독립적인 실체임을 깨달아야 한다.
③ 병 : 도덕적인 삶을 위해 다른 이에게 서(恕)를 실천해야 한다.
④ 갑, 을 : 이상적 인간이 되려면 타고난 본성을 변화시켜야 한다.
⑤ 갑, 병 : 선(善)을 실현하기 위해서는 예(禮)를 회복해야 한다.

갑은 노자, 을은 석가모니, 병은 공자이다.
공자는 인(仁)을 실현하여 도덕적 삶을 살기 위해서는 서(恕)를 실천해야 한다고 보았다.

12 국제 평화에 대한 칸트의 입장 정답률 48% | 정답 ②

| 문제 보기 |

다음을 주장한 사상가의 입장으로 가장 적절한 것은? [3점]

전쟁의 폭력성과 적대성이라는 악순환에서 벗어나는 것은 이성이 명령하는 의무이다. 영구 평화를 위해서 모든 국가의 시민적 정치 체제는 공화 정체이어야 하며, 국제법은 자유로운 국가들의 연방 체제에 기초하여야 하며, 세계 시민법은 보편적 우호의 조건들로 국한되어야 한다.

① 비민주적 국가에 대해서는 폭력적 개입이 허용되어야 한다.
② 평화 조약 체결만으로는 항구적인 평화가 보장될 수 없다.
③ 국가는 증여에 의해 다른 국가의 소유로 전환될 수 있다.
④ 어떤 전쟁도 도덕적으로 허용되거나 정당화될 수 없다.
⑤ 국제 국가를 구성하여 국제 연맹을 형성해야 한다.

제시문은 칸트의 주장이다.
칸트는 국제 사회의 영구 평화는 평화 조약으로는 달성될 수 없고 국제 연맹을 통해 달성된다고 보았다.

13 거주에 대한 볼노브의 입장 정답률 85% | 정답 ①

| 문제 보기 |

다음을 주장한 사상가의 입장만을 〈보기〉에서 고른 것은?

인간은 세상으로 나아가 생업에 종사하면서 그것과 필연적으로 연관된 위험에 내던져져야 한다. 그러나 세상에서 과제를 완수하고 나면 집의 보호 속으로 돌아올 수 있는 기회도 가져야 한다. 극단적인 긴장 관계로 맺어진 이 두 측면은 똑같이 필요하며, 세계라는 외부 공간에서의 노동과 집이라는 내부 공간에서의 휴식이 균형을 이룰 때 인간은 내적으로 건강해진다. 그렇기에 인간은 집을 짓고 그 집을 방어하면서 든든한 공간을 마련해야 할 절대적인 과제를 안고 있다.

〈 보 기 〉
ㄱ. 집에 단지 머무는 것만으로는 진정한 거주가 될 수 없다.
ㄴ. 집이라는 내부 공간에 거주함으로써 안정감을 얻을 수 있다.
ㄷ. 집은 외부 세계와 구분되지 않는 안락한 공간이어야 한다.
ㄹ. 집은 공적인 영역으로서 타인에게 언제나 열려 있어야 한다.

① ㄱ, ㄴ   ② ㄱ, ㄷ   ③ ㄴ, ㄷ   ④ ㄴ, ㄹ   ⑤ ㄷ, ㄹ

제시문은 볼노브의 입장이다. 볼노브에 따르면 집은 외부의 위험으로부터 인간을 보호하고 개인의 사생활을 영위하게 해 주는 동시에 정서적 안정을 취하게 해 준다.

14 통일에 대한 입장
정답률 90% | 정답 ④

| 문제 보기 |

(가)의 입장에 비해 (나)의 입장이 갖는 상대적 특징을 그림의 ㉠ ~ ㉤ 중에서 고른 것은?

> (가) 통일 문제는 무엇보다 경제적인 관점에서 접근해야 한다. 통일이 되면 국방비가 줄어들고 인구의 증가로 인해 경제 규모가 커지며 나아가 국가 신뢰도도 높아지기 때문이다.
>
> (나) 통일 문제는 무엇보다 인도주의적 관점에서 접근해야 한다. 통일이 되면 남북한 주민들이 분단으로 인한 고통과 불편을 겪지 않고 자유와 인권을 누리며 행복한 삶을 살 수 있기 때문이다.

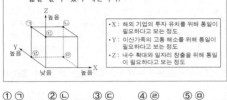

- X : 해외 기업의 투자 유치를 위해 통일이 필요하다고 보는 정도
- Y : 이산가족의 고통 해소를 위해 통일이 필요하다고 보는 정도
- Z : 내수 확대와 일자리 창출을 위해 통일이 필요하다고 보는 정도

① ㉠ ② ㉡ ③ ㉢ ④ ㉣ ⑤ ㉤

● 왜 정답일까?

(가)는 통일을 경제적 유용성의 관점에서 접근해야 하는 것으로, (나)는 통일을 인권을 중시하는 인도주의적 관점에서 접근해야 하는 것으로 보는 입장이다.

15 자연 윤리에 대한 입장
정답률 31% | 정답 ④

| 문제 보기 |

(가)의 갑, 을, 병 사상가들의 입장에서 서로에게 제기할 수 있는 비판을 (나) 그림으로 표현할 때, A ~ F에 해당하는 내용으로 가장 적절한 것은? [3점]

> (가)
> 갑 : 모든 생명체는 고유의 선을 실현하기 위해 움직인다. 우리에게 도덕적 관심을 갖게 하는 것은 유기체가 지닌 목적 추구 능력이다.
> 을 : 자연 중에 생명은 없지만 아름다운 것을 파괴하거나 동물을 잔인하게 다루는 것은 인간의 자기 자신에 대한 의무에 어긋난다.
> 병 : 쾌고 감수 능력을 지닌 모든 존재는 자신의 이익 관심을 갖는다. 이러한 존재들을 차별할 수 있다고 생각하는 것은 인간의 편견에 불과하다.

> (나)
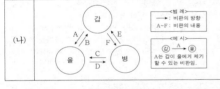
> <범 례>
> → : 비판의 방향
> A~F : 비판의 내용
> <예 시>
> A는 갑이 을에게 제기할 수 있는 비판임.

① A, C : 인간은 비이성적 존재에 대해 의무가 있음을 간과한다.
② A, F : 개별 생명체보다 생명 종(種)의 보존에 주력해야 함을 간과한다.
③ B, D : 인간의 필요를 위해 동물을 이용할 수 있음을 간과한다.
④ C, E : 유정성(有情性)이 있는 존재만이 도덕적 지위를 지님을 간과한다.
⑤ D, F : 쾌고 감수 능력이 없는 존재도 내재적 가치를 지니고 있음을 간과한다.

● 왜 정답일까?

(가)의 갑은 테일러, 을은 칸트, 병은 싱어이다.
테일러는 생명이 있는 모든 존재가, 칸트는 인간이, 싱어는 쾌고 감수 능력을 가진 유정성(有情性)이 있는 존재가 도덕적 지위를 갖는다고 보았다.

16 종교에 대한 엘리아데의 입장
정답률 50% | 정답 ①

| 문제 보기 |

다음을 주장한 사상가의 입장으로 적절하지 않은 것은?

> 종교적 인간에게는 모든 자연이 성현(聖顯)이 된다. 종교적 인간에게 자연은 항상 그것을 초월한 무엇인가를 표현하고 있기 때문이다. 우주는 신의 창조물이고 세계는 신들의 손으로 완성된 것이어서 성스러움으로 가득 차 있다. 반면에 비종교적 인간은 초월성을 거절하며 성스러운 것을 자유를 획득하는 데 있어서의 가장 큰 장애물로 여긴다.

① 종교적 인간은 자연물 그 자체를 숭배의 대상으로 여긴다.
② 종교적 인간에게 자연적 실재와 초자연적 실재는 공존한다.
③ 종교적 인간은 세계를 초월한 절대적 실재가 있다고 믿는다.
④ 비종교적 인간은 자신을 역사의 주체로 보는 세속적 인간이다.
⑤ 비종교적 인간은 탈신성화의 결과이며 초월적인 것을 거부한다.

● 왜 정답일까?

제시문은 엘리아데의 주장이다.
엘리아데에 따르면 종교적 인간은 자연물 그 자체를 숭배의 대상으로 보지 않고 성스러움이 현현(顯現)한 자연물을 숭배의 대상으로 본다.

17 원조에 대한 롤스와 싱어의 입장
정답률 51% | 정답 ①

| 문제 보기 |

갑, 을 사상가들의 입장만을 <보기>에서 있는 대로 고른 것은? [3점]

> 갑 : 원조를 통해 세계의 가난한 사람들을 자유로운 사회의 자유롭고 평등한 시민 또는 적정 수준의 사회 구성원이 될 수 있는 수준까지 끌어올려야 한다.
> 을 : 원조는 지구적 차원에서 빈민의 복지 증진을 목표로 한다. 신발 한 켤레 값으로 개발도상국 어린이의 생명을 구할 수 있다면 세계 시민으로서 그렇게 해야만 한다.

> < 보 기 >
> ㄱ. 갑 : 원조 대상에서 정의의 원칙이 확립된 사회는 제외된다.
> ㄴ. 갑 : 원조의 직접적 목표는 인권 보장과 생활수준 향상이다.
> ㄷ. 을 : 원조는 부국보다 빈국의 빈민을 도울 때 더 효율적이다.
> ㄹ. 갑, 을 : 원조는 빈곤이 해소될 때까지 계속되어야 한다.

① ㄱ, ㄷ ② ㄴ, ㄹ ③ ㄷ, ㄹ
④ ㄱ, ㄴ, ㄷ ⑤ ㄱ, ㄴ, ㄹ

● 왜 정답일까?

갑은 롤스, 을은 싱어이다.
롤스는 고통받는 사회만이 원조의 대상이 된다고 보았고, 싱어는 부유한 나라의 빈민보다 가난한 나라의 빈민을 돕는 것이 더 효율적인 원조가 된다고 보았다.

18 예술에 대한 입장
정답률 86% | 정답 ⑤

| 문제 보기 |

갑은 긍정, 을은 부정의 대답을 할 질문으로 가장 적절한 것은?

> 갑 : 예술 작품이 윤리적으로 비난받을 만한 내용을 담고 있는 경우 그 작품은 그만큼 예술적으로 결함이 있는 것이며, 만약 작품이 윤리적으로 칭찬할 만한 내용을 담고 있다면 그 작품은 그만큼 예술적으로 가치 있는 것이다.
> 을 : 예술이 어떤 목적을 가져야 한다는 것에 대한 저항은 언제나 예술의 도덕적 성향에 대한 저항, 즉 예술이 도덕에 복종해야 한다는 것에 대한 저항이었다. 예술은 예술을 위한 것이어야 한다.

① 예술은 미적 가치를 추구하는 인간의 창조적 활동인가?
② 예술가는 오직 미적 가치에 충실하게 헌신해야 하는가?
③ 예술은 도덕이 미칠 수 있는 영역 밖에 있어야 하는가?
④ 예술의 도덕적 성격은 작품의 감상을 방해할 수 있는가?
⑤ 예술 작품의 도덕적 내용이 예술적 장점이 될 수 있는가?

● 왜 정답일까?

갑은 예술에 대한 도덕주의 입장이고, 을은 예술에 대한 심미주의의 입장이다.
갑은 예술이 도덕적 내용을 담고 있어야 한다고 보고, 을은 예술이 오직 미적 가치만 추구해야 한다고 본다.

19 유전자 치료에 대한 입장
정답률 91% | 정답 ③

| 문제 보기 |

다음은 신문 칼럼이다. ㉠에 들어갈 내용으로 가장 적절한 것은?

> ○○신문   ○○○○년 ○○월 ○○일
> 칼 럼
>
> 최근 어느 과학자가 유전자 가위 기술을 이용해 후천성면역결핍증에 대한 면역력을 가진 아이가 태어나도록 유전자를 교정하는 실험을 한 것에 대해 우려를 금할 수 없다. 유전자 가위는 동식물의 유전자에 결합해 특정 DNA 부위를 자르는 데 사용하는 인공 효소로, 유전자 가위 기술이 각종 동식물의 형질 개량이나 질병 치료, 해충 퇴치 등에 적절하게 활용되고 있기는 하다. 하지만 인간을 대상으로 유전자 가위 기술을 이용하는 실험은 심각한 윤리적 문제를 야기할 수도 있다. 어떤 사람들은 유전자 가위 기술을 동식물뿐만 아니라 인간에게도 적용해서 각종 유전 질환의 원인이 되는 유전자를 제거할 필요가 있다고 주장한다. 하지만 유전자 가위 기술은 인간의 유전적 구성을 통제하려는 시도로 이어지는 첫 걸음이 될 수 있으므로 인간을 대상으로 사용해서는 안 될 것이다. 이러한 유전자 가위 기술은 _____㉠_____.

① 인간뿐만 아니라 동물에게도 사용하면 안 된다.
② 인간의 유전병을 치료할 목적으로만 사용해야 한다.
③ 인간을 개량하려는 우생학으로 변질될 우려가 있다.
④ 성인을 대상으로 한 실험에 한해서만 사용해야 한다.
⑤ 부모가 자녀의 유전자를 선택할 때만 허용해야 한다.

● 왜 정답일까?

신문 칼럼은 유전자 치료에 사용되는 유전자 가위 기술이 우생학을 초래할 수 있다고 우려하는 입장이다.

20 교정적 정의에 대한 입장
정답률 66% | 정답 ④

| 문제 보기 |

(가)의 갑, 을 사상가들의 입장을 (나) 그림으로 표현할 때, A ~ C에 해당하는 진술로 가장 적절한 것은? [3점]

> (가)
> 갑 : 사회 계약에는 생명의 희생이 포함될 수 없다. 자신의 생명을 빼앗을 권리를 일반 사회에 양도하는 것은 불가능하기 때문이다.
> 을 : 사회 계약에 사형이 포함될 수 없다며 사형의 불법성을 주장하는 것은 법의 왜곡이다. 살인자는 보복법에 따라 동일하게 처벌받아야 한다.

> (나)
> A B C
> <범 례>
> A : 갑만의 입장
> B : 갑, 을의 공통 입장
> C : 을만의 입장

① A : 형벌의 목적은 범죄의 피해를 원상태로 회복하는 것이다.
② A : 살인자는 법정 처벌보다 가중해서 엄격하게 처벌해야 한다.
③ B : 형벌의 경중은 범죄가 공익에 반하는 정도에 따라 결정된다.
④ C : 응보적 형벌은 범죄자의 타고난 인격성을 존중하는 것이다.
⑤ C : 살인자는 생득적 인격성을 상실했기에 사형을 당해야 한다.

● 왜 정답일까?

(가)의 갑은 베카리아, 을은 칸트이다.
베카리아는 형벌의 목적을 범죄 예방으로 보았고, 칸트는 형벌의 본질이 응당한 보복을 가하는 것이라고 보았다.

01 ③	02 ④	03 ④	04 ③	05 ①
06 ①	07 ③	08 ④	09 ③	10 ⑤
11 ②	12 ④	13 ①	14 ④	15 ④
16 ⑤	17 ③	18 ④	19 ⑤	20 ①

채점결과	· 실제 걸린 시간 :	분	초
	· 맞은 문항수 :		개
	· 틀린 문항수 :		개
	· 헷갈린 문항 :		

01 응용 윤리학과 기술 윤리학　정답률 90% | 정답 ③

| 문제 보기 |

㉠에 들어갈 진술로 가장 적절한 것은?

> 윤리학은 현대인의 삶의 여러 영역에서 제기되는 다양한 윤리 문제를 해결하는 것을 핵심 과제로 삼아야 한다. 그런데 어떤 사람들은 도덕 현상의 과거나 현재를 있는 그대로 서술하는 것을 윤리학의 핵심 과제로 삼아야 한다고 주장한다. 그러나 도덕 현상을 서술하는 것에 그치는 연구는 심리학이나 사회학의 일부라고 보아야 할 것이다. 나는 이 사람들의 입장이 ㉠ 고 생각한다.

① 도덕 현상에 대한 객관적 탐구의 필요성을 간과한다
② 도덕 현상의 인과 관계에 대한 설명의 필요성을 간과한다
③ 도덕 문제 해결을 위한 구체적 지침의 필요성을 간과한다
④ 도덕 추론 과정의 논리적 타당성 검증의 중요성을 강조한다
⑤ 옳은 행위의 기준이 되는 보편적 원리의 중요성을 강조한다

● 왜 정답일까?

제시문의 '나'는 응용 윤리학, '어떤 사람들'은 기술 윤리학의 입장이다. 응용 윤리학은 기술 윤리학과 달리 삶의 도덕 문제 해결을 위해 구체적인 해결책을 제시해야 한다고 본다.

02 음악에 대한 묵자와 순자의 입장　정답률 90% | 정답 ④

| 문제 보기 |

갑 사상가가 을 사상가에게 제기할 수 있는 비판으로 가장 적절한 것은? [3점]

> 갑 : 음악을 하는 것은 그르다. 세금으로 만든 큰 종을 치고 큰 북을 두드리며 금슬을 타고 피리를 불면서 춤을 춘다고 해서 백성이 입거나 먹을 것을 얻을 수는 없다.
> 을 : 음악이 종묘 가운데 있어 군주와 신하가 함께 들으면 화합하여 공경하게 되고, 한 가정 안에 있어 부모와 형제가 함께 들으면 화목하여 친하게 된다.

① 음악은 백성의 마음을 어질게 할 수 있는 것임을 간과한다.
② 음악을 장려하는 것은 사회적 화합에 이바지함을 간과한다.
③ 음악은 예와 더불어 백성의 도덕적 삶에 기여함을 간과한다.
④ 음악을 즐기는 것은 백성에게 이롭지 않은 허례임을 간과한다.
⑤ 음악은 의로움이 아니라 이로움을 추구하므로 그른 것임을 간과한다.

● 왜 정답일까?

갑은 묵자, 을은 순자이다.
묵자는 음악이 백성을 이롭게 하지 못한다고 보고, 순자는 음악이 인격 수양과 화합을 위한 중요한 도구가 된다고 본다.

03 공직자 윤리에 대한 입장　정답률 83% | 정답 ④

| 문제 보기 |

갑, 을 사상가들의 입장에 대한 설명으로 옳지 않은 것은?

> 갑 : 수령은 백성을 편안히 할 방책을 헤아려 지성으로 잘 되기를 강구해야 한다. 또한 청렴(淸廉)하지 않으면 백성이 도둑이라고 욕할 것이니 탐욕을 경계해야 한다. 청렴은 선정(善政)의 원천이자 덕행의 근본이다.

> 을 : 군주는 백성의 생업을 마련하되 반드시 위로는 부모를 섬기기에 충분하고 아래로는 처자식을 먹이기에 풍족하게 하여야 한다. 백성은 일정한 생업[恒産]이 없으면 일정한 도덕심[恒心]을 가질 수 없다.

① 갑은 수령에게 도덕성과 직무 수행 능력이 필요하다고 본다.
② 갑은 수령이 뇌물과 사적인 정에 얽매여서는 안 된다고 본다.
③ 을은 백성에게 생활의 기반이 되는 직업이 필요하다고 본다.
④ 을은 군주가 백성과 달리 모든 일에 능통해야만 한다고 본다.
⑤ 갑, 을은 백성과 함께 즐거워하는 정치가 바람직하다고 본다.

● 왜 정답일까?

갑은 정약용, 을은 맹자이다. 정약용은 수령이 청렴해야 한다고 보고, 맹자는 군주가 백성의 생업을 마련해 주어야 한다고 본다.

04 분배 정의에 대한 노직, 롤스의 입장　정답률 56% | 정답 ③

| 문제 보기 |

(가)의 갑, 을 사상가들의 입장을 (나) 그림으로 표현할 때, A ~ C에 해당하는 적절한 진술만을 〈보기〉에서 있는 대로 고른 것은? [3점]

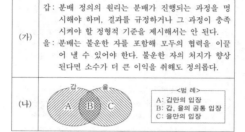

(가)	갑 : 분배 정의의 원리는 분배가 진행되는 과정을 명시해야 하며, 결과를 규정하거나 그 과정이 충족시켜야 할 정형적 기준을 제시해서는 안 된다. 을 : 분배는 불운한 자를 포함해 모두의 협력을 이끌어 낼 수 있어야 한다. 불운한 자의 처지가 향상된다면 소수가 더 큰 이익을 취해도 정의롭다.

범례
A: 갑만의 입장
B: 갑, 을의 공통 입장
C: 을만의 입장

< 보 기 >
ㄱ. A: 모든 재화는 취득과 이전의 원리에 의해서만 획득된다.
ㄴ. A: 최소 수혜자를 위한 재분배 정책은 소유권을 침해한다.
ㄷ. B: 분배 정의는 자유 경쟁 시장 체제에서 실현될 수 있다.
ㄹ. C: 천부적 자질을 이용하여 재화를 획득해서는 안 된다.

① ㄱ, ㄴ　　② ㄱ, ㄹ　　③ ㄴ, ㄷ
④ ㄱ, ㄷ, ㄹ　　⑤ ㄴ, ㄷ, ㄹ

● 왜 정답일까?

(가)의 갑은 노직, 을은 롤스이다.
노직은 최소 수혜자의 입장을 고려하는 차등의 원칙이 정형적 원칙으로 개인의 소유 권리를 침해한다고 본다. 롤스는 부와 소득을 분배할 때 차등의 원칙을 따라야 한다고 본다.

● 왜 오답일까?

ㄹ. 롤스는 천부적 자질을 이용하여 재화를 획득하는 것이 부정의하다고 보지 않는다.

05 음식에 대한 입장　정답률 76% | 정답 ①

| 문제 보기 |

(가), (나)의 입장으로 적절하지 않은 것은?

> (가) 결핍으로 인한 고통이 제거된다면, 소박한 음식도 사치스런 음식과 같은 쾌락을 준다. 그러므로 우리가 소박한 음식에 길들여지면 완전한 건강을 얻게 되며, 사치스러운 것들과 마주쳤을 때 동요하지 않게 된다.

> (나) 사람들의 공(功)이 두루 쌓인 음식을 부족한 덕행으로는 감히 받기 어렵다. 음식을 먹는다는 것은 중생과 함께 탐욕을 버리고 몸의 여위을 방지하는 것으로 족함을 깨달아, 도업(道業)을 이루고자 하는 것이다.

① (가): 먹는 행위를 통해 모든 쾌락이 충족됨을 알아야 한다.
② (가): 먹는 행위를 통해 허기를 면하는 것으로 만족해야 한다.
③ (나): 먹는 행위를 통해 자기 자신의 덕행을 성찰해야 한다.
④ (나): 먹는 행위를 통해 만물의 상호 연관성을 깨달아야 한다.
⑤ (가), (나): 먹는 행위를 통해 절제하는 태도를 배워야 한다.

● 왜 정답일까?

(가)는 에피쿠로스의 입장이고, (나)는 불교의 입장이다.
에피쿠로스는 소박한 음식을 먹는 것으로 만족해야 한다고 보고, 불교에서는 음식을 통해 만물이 상호 연관되어 있음을 깨달아야 한다고 본다.

06 노동과 기업에 대한 입장　정답률 53% | 정답 ①

| 문제 보기 |

갑, 을 사상가들의 입장으로 가장 적절한 것은?

> 갑 : 자본주의 사회는 적대적인 두 계급으로 분열되어 있고, 프롤레타리아는 그들의 노동이 자본을 증식시키는 한에서만 일거리를 얻을 수 있다. 부르주아의 존립은 더 이상 사회와 양립할 수 없다.
> 을 : 자본주의 사회는 대부분의 경제 행위가 민간 기업을 통해 이루어진다. 기업의 사회적 책임은 오직 기업의 이윤 극대화를 위해 노력하는 것이고, 노동조합 지도자들의 사회적 책임은 조합원의 이익을 위해 봉사하는 것이다.

① 갑 : 인간은 노동을 통해 자신의 본질을 실현할 수 있어야 한다.
② 갑 : 노동자의 소득 증가를 위해 공장 내 분업을 촉진해야 한다.
③ 을 : 기업은 이윤 극대화를 위해서 공익 활동을 확대해야 한다.
④ 을 : 기업에 경제적 책임 이외에 법적 책임을 부과하면 안 된다.
⑤ 갑, 을 : 노동자와 자본가는 연대와 협력을 통해 상생해야 한다.

● 왜 정답일까?

갑은 마르크스, 을은 프리드먼이다. 마르크스는 인간이 노동으로부터 소외되어서는 안 된다고 보고, 프리드먼은 기업의 유일한 사회적 책임은 이윤 극대화에 있다고 본다.

07 해외 원조에 대한 싱어, 롤스의 입장　정답률 53% | 정답 ③

| 문제 보기 |

갑, 을 사상가들의 입장만을 〈보기〉에서 있는 대로 고른 것은? [3점]

> 갑 : 전 지구적 빈곤을 구제하기 위해 충분한 소득을 가진 사람들이 기부금을 내지 않는다면, 이는 심각한 도덕적 실패로 간주되어야 한다. 이들에게는 인류 전체의 공리를 증진하기 위해 가난한 사람들을 도울 의무가 있다.
> 을 : 전 지구적 차원에서 가장 가난한 사람의 복지를 향상시키는 것이 원조의 목적은 아니다. 원조의 목적은 고통받는 사회가 질서 정연한 국제 사회의 구성원이 되도록 돕는 것이다.

< 보 기 >
ㄱ. 갑 : 원조 주체는 가까운 지역의 빈민부터 도와주어야 한다.
ㄴ. 갑 : 부유한 국가의 절대 빈민도 원조의 대상이 될 수 있다.
ㄷ. 을 : 비인권적이고 공격적인 사회는 원조의 대상이 아니다.
ㄹ. 갑, 을 : 절대 빈곤층의 처지 개선은 원조의 목적이 아니다.

① ㄱ, ㄴ　　② ㄱ, ㄹ　　③ ㄴ, ㄷ
④ ㄱ, ㄷ, ㄹ　　⑤ ㄴ, ㄷ, ㄹ

● 왜 정답일까?

갑은 싱어, 을은 롤스이다. 싱어는 선진국의 절대 빈민도 원조의 대상이 될 수 있다고 보고, 롤스는 공격적이지 않은 비인권적인 사회가 원조의 대상이 될 수 있다고 본다.

● 왜 오답일까?

ㄱ. 싱어는 지리적 근접성과 무관하게 원조가 이루어져야 한다고 본다.

08 기술에 대한 하이데거, 요나스의 입장　정답률 88% | 정답 ④

| 문제 보기 |

갑, 을 사상가들의 입장으로 가장 적절한 것은? [3점]

> 갑 : 현대 기술의 지배적인 탈은폐 방식은 일종의 닦달로, 자연에게 에너지를 내놓으라고 강요한다. 기술에 의해 인간과 사물은 기술을 위한 재료가 될 위험에 내몰려진다.
> 을 : 현대 기술은 자연과 인간을 전락시키고 있다. 이러한 상황에서 공포의 발견술이 요청된다. 즉 두려워함 자체가 윤리학의 예비적인 의무가 되어야 한다.

① 갑: 기술은 자연이 지닌 내재적 가치를 중시한다.
② 갑: 기술은 인간의 삶의 방식에 영향을 줄 수 없다.
③ 을: 기술의 발달은 인간의 윤리적 책임을 축소시킨다.
④ 을: 기술의 폐해에 대한 책임은 인간만이 질 수 있다.
⑤ 갑, 을: 기술은 단순한 가치 중립적인 도구에 불과하다.

● 왜 정답일까?

갑은 하이데거, 을은 요나스이다.
하이데거는 기술을 가치 중립적 도구로만 볼 때 인간이 기술에 종속당할 것이라고 보고, 요나스는 기술로 인한 문제는 인간만이 책임질 수 있다고 본다.

09 환경 윤리에 대한 다양한 입장   정답률 61% | 정답 ③

| 문제 보기 |

(가)의 사상가 갑, 을, 병의 입장을 (나) 그림으로 탐구할 때,
A ~ D에 해당하는 질문으로 옳지 않은 것은? [3점]

(가)	갑: 유엔의 '인권 선언'이 세계인의 인권 증진에 기여했듯이, 자연의 본래적 가치를 강조한 '지구 헌장'에 근거하여 환경 보전에 힘써야 한다.
	을: 동물의 선을 위해 식물을 이용하거나 인간의 선을 위해 동물을 이용하는 것은 모두 적법하고 옳다. 이는 신의 명령과도 부합한다.
	병: 살아 있는 모든 존재는 자기 보존과 행복을 향해 움직인다. 우리에게 도덕적 관심을 갖게 만드는 것은 유기체가 지닌 자연적인 목적 추구 능력이다.

① A: 생태계는 그 자체로 도덕적 지위를 지니는가?
② B: 동물은 이성적 존재의 목적을 위해서 존재하는가?
③ B: 인간을 위한 자원이 될 수 있는 비이성적 존재가 있는가?
④ C: 모든 생명을 인간과 동일하게 대우할 필요는 없는가?
⑤ D: 인간은 내재적 존엄성을 지닌 존재들을 존중해야 하는가?

● 왜 정답일까?

(가)의 갑은 생태 중심주의 사상가, 을은 인간 중심주의 사상가인 아퀴나스, 병은 생명 중심주의 사상가인 테일러이다.
아퀴나스와 테일러는 비이성적 존재를 인간을 위한 자원으로 활용할 수 있다고 본다.

10 인공 지능에 대한 입장   정답률 92% | 정답 ⑤

| 문제 보기 |

다음 신문 칼럼의 입장에서 지지할 주장으로 적절하지 않은 것은?

| ○○신문 | 0000년 00월 00일 |
| **칼 럼** |
| 고도의 자율성과 우월한 지능을 가진 인공 지능이 다양한 분야에서 활용되고 있다. 하지만 자율적 학습을 통해 채팅을 할 수 있는 인공 지능이 인종차별 발언을 하거나, 백화점 보안 담당 인공 지능 로봇이 어린 아이를 공격하는 등의 문제도 발생하고 있다. 이를 해결하기 위해서는 경제협력개발기구(OECD)가 중심이 되어 채택한 인공 지능 개발에 대한 권고안에 주목할 필요가 있다. 이에 따르면 인공 지능은 포용 성장, 지속 가능한 개발, 웰빙을 촉진해 사람과 지구를 이롭게 해야 한다. 그리고 인공 지능 시스템은 인권, 다양성 등을 존중하도록 설계되어야 하며, 필요한 안전장치들을 포함해야 한다. …(후략). |

① 인공 지능이 공공의 이익에 부합되도록 개발되어야 한다.
② 인공 지능과 인간이 공존하기 위한 방안을 마련해야 한다.
③ 인공 지능이 인간에게 해가 되지 않도록 대책을 수립해야 한다.
④ 인공 지능의 부작용을 제어할 수 있는 장치를 고안해야 한다.
⑤ 인공 지능을 인간과는 별개의 자율적인 존재로 만들어야 한다.

● 왜 정답일까?

신문 칼럼의 입장은 인공 지능이 바람직한 방향으로 개발될 수 있도록 기술적·윤리적 대책을 마련해야 한다는 것이다.

11 형벌에 대한 다양한 입장   정답률 74% | 정답 ②

| 문제 보기 |

(가)의 갑, 을, 병 사상가들의 입장에서 서로에게 제기할 수 있는 비판을 (나) 그림으로 표현할 때, A ~ F에 해당하는 적절한 내용만을 <보기>에서 있는 대로 고른 것은? [3점]

(가)	갑: 모든 형벌은 악이다. 공리의 원리에 의하면 형벌은 그것을 통해 더 큰 악을 없애는 것을 보장하는 경우에만 인정되어야 한다.
	을: 사형이 주는 인상이 대단하더라도, 망각의 힘을 이겨낼 수 없다. 형벌은 강력하지만 일시적 인상보다는 약하더라도 지속적 인상을 제공해야 한다.
	병: 살인을 한 사람은 자신이 죽임을 당해도 좋다고 동의한 것이다. 사회 계약은 일반 의지에 따라 시민의 생명 보전을 목적으로 한다.

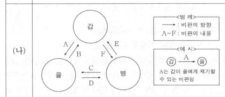

< 보 기 >

ㄱ. D: 시민은 자신의 생명을 빼앗을 권리를 국가에 양도할 수 없음을 간과한다.
ㄴ. A, C: 형벌은 사회 계약의 목적을 달성하기 위해 부과되어야 함을 간과한다.
ㄷ. B, E: 형벌이 범죄자의 교화에 기여하는 정도는 형벌의 양과 비례함을 간과한다.
ㄹ. D, F: 형벌은 최대 다수의 최대 행복을 위해 집행되어야 함을 간과한다.

① ㄱ, ㄴ   ② ㄱ, ㄹ   ③ ㄴ, ㄷ
④ ㄱ, ㄷ, ㄹ   ⑤ ㄴ, ㄷ, ㄹ

● 왜 정답일까?

(가)의 갑은 벤담, 을은 베카리아, 병은 루소이다.
벤담과 베카리아는 최대 다수의 최대 행복을 위해 형벌이 필요하다고 보고, 루소는 사회 계약의 목적을 달성하기 위해 형벌이 필요하다고 본다.

12 윤리 문제에 대한 칸트, 나딩스의 입장   정답률 44% | 정답 ④

| 문제 보기 |

갑, 을 사상가들의 입장에서 <문제 상황> 속 A에게 제시할 수 있는 조언으로 가장 적절한 것은?

| 갑: 인간은 그저 마음이 끌리는 대로 행위 해서는 안 된다. 반드시 도덕 법칙을 따르려는 의무 의식에서 비롯된 행위를 해야 한다. |
| 을: 인간의 의무는 배려하는 자와 배려받는 자와의 직접적인 만남 속에서 일어난다. '나는 해야 한다.'는 것은 욕구나 성향을 나타낸다. |
| <문제 상황> |
| A는 홍수로 피해를 겪고 있는 ○○ 지역 주민을 돕기 위해 봉사 활동을 하러 갈지, 여행을 갈지 고민하고 있다. |

① 갑: 자신이 지닌 경향성을 따르는 것이 바람직함을 명심하세요.
② 갑: 의무와 일치하는 행위만이 도덕적인 행위임을 명심하세요.
③ 을: 자신의 감정보다 보편적인 도덕 원리에 따라 행동하세요.
④ 을: 주민의 고통에 공감하는 자연적 정서에 따라 행동하세요.
⑤ 갑, 을: 주민에게 결과적으로 이익을 줄 수 있도록 행동하세요.

● 왜 정답일까?

갑은 칸트, 을은 나딩스이다.
<문제 상황> 속 A에게 칸트는 의무 의식에서 비롯된 행동을 하라고 조언할 것이고, 나딩스는 주민의 고통에 공감하며 배려를 실천하라고 조언할 것이다.

13 사회 윤리에 대한 니부어의 입장   정답률 67% | 정답 ①

| 문제 보기 |

다음을 주장한 사상가의 입장으로 가장 적절한 것은?

| 도덕의 문제가 개인적 차원에서 집단들의 관계로 옮겨 갈수록 이기적 충동이 득세하게 된다. 아무리 강한 내면적 억제도 이기적 충동을 완전히 제어할 수는 없으므로 사회적 억제가 이루어져야 한다. 이러한 사회적 억제는 사회적 투쟁을 통해서만 가능하다. |

① 개인의 선의지가 없다면 정의를 실현하는 것은 불가능하다.
② 개인의 사회적 동정심이 확장되면 사회 갈등이 해소될 수 있다.
③ 올바른 정치적 도덕성은 비합리적인 수단의 사용을 배제한다.
④ 개인의 내면적 억제력은 개인이 속한 집단의 크기에 비례한다.
⑤ 정의 실현을 위해 강제력을 최대한 사용하는 것이 바람직하다.

● 왜 정답일까?

제시문은 니부어의 주장이다. 니부어는 정의를 실현하기 위해서는 선의지의 통제를 받는 강제력이 필요하다고 본다.

14 장기 기증에 대한 입장   정답률 92% | 정답 ②

| 문제 보기 |

다음 토론의 핵심 쟁점으로 가장 적절한 것은? [3점]

| 갑: 장기 이식을 기다리는 환자들은 증가하는 데 반해 장기 기증자는 줄어드는 불균형이 심각합니다. 뇌사자의 장기 기증 활성화를 위한 노력이 필요합니다. |
| 을: 동의합니다. 다만 뇌사자가 사전에 장기 기증 동의 의사를 밝힌 경우에만 장기 이식이 이루어져야 합니다. |
| 갑: 아닙니다. 장기 기증 활성화를 위해서는 뇌사자가 사전에 거부 의사를 밝히지 않았다면 이를 잠정적 동의로 간주하여 장기 이식이 가능하게 해야 합니다. |
| 을: 그렇지 않습니다. 그럴 경우에는 개인의 자율성이 침해될 가능성이 커집니다. |

① 장기 기증을 활성화하기 위한 방안을 마련해야 하는가?
② 장기 기증은 명시적 동의를 한 경우에만 할 수 있는가?
③ 장기 기증 거부 의사가 있어도 장기 이식을 할 수 있는가?
④ 장기 기증은 불치병에 걸린 환자를 치료하는 데 기여하는가?
⑤ 장기 기증을 위해 뇌사를 죽음의 판정 기준으로 삼아야 하는가?

● 왜 정답일까?

갑은 장기 기증 거부 의사를 밝히지 않았다면 장기 이식이 가능해야 한다고 보고, 을은 명시적 동의를 한 경우에만 장기 이식이 가능해야 한다고 본다.

15 동물 실험에 대한 싱어의 입장   정답률 77% | 정답 ④

| 문제 보기 |

다음을 주장한 사상가가 긍정의 대답을 할 질문만을 <보기>에서 있는 대로 고른 것은?

| 동물에게 고통을 야기하는 것을 정당화할 만큼 동물 실험이 중요하다고 주장한다면, 동일한 지적 수준에 있는 인간에게 고통을 야기하는 실험에도 동일한 주장을 할 수 있어야 한다. 한쪽은 우리 종의 구성원이고, 다른 한쪽은 아니라는 차이에 호소하는 것은 옹호될 수 없는 편견에 불과하다. |

< 보 기 >

ㄱ. 동물의 이익 관심을 고려하지 않는 동물 실험은 부당한가?
ㄴ. 실험실 동물을 착취하는 것은 종 차별주의적인 행위인가?
ㄷ. 동물에게 불필요한 고통을 주는 실험을 금지해야 하는가?
ㄹ. 인간과 동일한 권리를 지닌 동물을 실험하면 안 되는가?

① ㄱ, ㄴ   ② ㄱ, ㄹ   ③ ㄷ, ㄹ
④ ㄱ, ㄴ, ㄷ   ⑤ ㄴ, ㄷ, ㄹ

● 왜 정답일까?

제시문은 싱어의 주장이다. 싱어는 인간과 동물의 이익 관심을 동등하게 고려해야 하고, 동물에게 불필요한 고통을 주는 동물 실험을 해서는 안 된다고 본다.

● 고3 생활과 윤리 ●

42회 2018학년도 10월

01 ⑤	02 ③	03 ③	04 ⑤	05 ④
06 ①	07 ②	08 ①	09 ④	10 ⑤
11 ⑤	12 ③	13 ②	14 ②	15 ⑤
16 ④	17 ⑤	18 ①	19 ⑤	20 ①

채점결과	· 실제 걸린 시간 :	분	초
	· 맞은 문항수 :		개
	· 틀린 문항수 :		개
	· 헷갈린 문항 :		

16 시민 불복종에 대한 롤스, 소로의 입장 정답률 79% | 정답 ⑤

| 문제 보기 |

갑, 을 사상가들의 입장으로 가장 적절한 것은? [3점]

> 갑 : 우리는 시민 불복종을 통해 다수자가 갖는 정의감을 나타내게 되고, 자유롭고 평등한 사람들 사이에서 사회 협동체의 원칙이 존중되지 않고 있음을 선언하게 된다.
> 을 : 우리는 사사건건 다수자가 지배하는 정부를 정의롭다고 말할 수 없다. 다수가 아니라 양심이 지배하는 정부를 만들어야 한다. 법보다 정의에 대한 존중심이 필요하다.

① 갑: 법률과 양심을 시민 불복종의 최종 근거로 삼아야 한다.
② 갑: 시민 불복종은 헌법을 규제하는 정의의 원칙에 위배된다.
③ 을: 다수가 아닌 개인은 시민 불복종의 주체가 될 수 없다.
④ 을: 정부가 불의한 법을 개정할 때까지는 법을 준수해야 한다.
⑤ 갑, 을: 시민 불복종은 정의를 실현하기 위한 양심적 행위이다.

• 왜 정답일까?

갑은 롤스, 을은 소로이다.
롤스와 소로는 모두 시민 불복종이 위법 행위이기는 하지만 정의를 실현하기 위한 양심적 행위라고 본다.

17 형제자매 간의 윤리에 대한 입장 정답률 85% | 정답 ⑤

| 문제 보기 |

다음 가상 편지의 입장에서 강조할 내용으로 가장 적절한 것은?

> ○○에게
> 자네가 형과 우애 있게 지내려고 노력하는 모습이 보기가 좋네. 자네가 형을 대할 때 이황 선생을 본받았으면 하네. 선생은 선생의 형이 집을 방문하면 문밖에 나가 맞이하였고, 반드시 차례대로 자리에 앉았네. 형에게 온화하고 공손하게 삼가며 대하는 기품이 밖으로 넘쳐나 바라보는 사람으로 하여금 효제(孝悌)의 마음이 일게 하셨네. 선생의 형이 문안에 들어오시면 항상 선생에게 경양하셨다고 하니 두 분의 모습이 참 보기 좋았을 것이네. …(후략).

① 형제는 동기이므로 사양하며 지내는 일이 있어서는 안 된다.
② 형제 간에는 공경을 실천해야 하므로 권면하지 말아야 한다.
③ 형제는 사랑하며 같이 노는 친구로 순서가 있어서는 안 된다.
④ 형은 아우를 꾸짖어도 아우는 형의 허물을 덮어 주어야 한다.
⑤ 형제는 서로 의리를 바탕으로 성의를 다해 예로써 대해야 한다.

• 왜 정답일까?

가상 편지는 이황의 사례를 통해 형제가 인간의 도리를 바탕으로 서로 예로써 공경할 것을 강조한다.

18 죽음에 대한 장자, 야스퍼스의 입장 정답률 69% | 정답 ②

| 문제 보기 |

갑, 을 사상가들의 입장만을 〈보기〉에서 고른 것은? [3점]

> 갑 : 생명을 얻는 것은 때를 만난 것이요, 그것을 잃는 것은 자연의 변화를 따르는 것이다. 자연의 변화에 순응하면 슬픔이나 즐거움이 끼어들 수가 없다. 이것이 이른바 속박으로부터의 해방인 것이다.
> 을 : 죽음이 단지 누구도 어쩔 수 없는 불행으로서 자기 절멸이라면 죽음은 더 이상 한계 상황이 아니다. 왜냐하면 죽음이 실존의 가능한 심연을 일깨워 주는 것이 아니라 모든 것을 무의미하게 만들어 버리기 때문이다.

> < 보 기 >
> ㄱ. 갑 : 삶과 죽음은 분별할 수 없는 순환의 과정이다.
> ㄴ. 갑 : 죽음은 또 다른 존재로 윤회하기 위한 과정이다.
> ㄷ. 을 : 죽음은 참된 실존을 깨달을 수 있는 한계 상황이다.
> ㄹ. 갑, 을 : 인간은 죽음에 대한 불안을 극복할 수 없다.

① ㄱ, ㄴ ② ㄱ, ㄷ ③ ㄴ, ㄷ ④ ㄴ, ㄹ ⑤ ㄷ, ㄹ

• 왜 정답일까?

갑은 장자, 을은 야스퍼스이다.
장자는 삶과 죽음을 사계절의 변화처럼 순환하는 과정이라고 보고, 야스퍼스는 죽음을 참된 실존을 깨닫게 하는 한계 상황이라고 본다.

19 환경 윤리 정답률 37% | 정답 ⑤

| 문제 보기 |

갑, 을은 긍정, 병은 부정의 대답을 할 질문으로 가장 적절한 것은? [3점]

> 갑 : 생존을 위해 다른 생명을 해치는 것이 불가피할 때도 있다. 그렇지만 모든 생명을 신성하게 여기고 헌신적으로 도와줄 때 인간은 비로소 윤리적이라 할 수 있다.
> 을 : 우리는 이익 평등 고려의 원칙에 따라 인간과 동물의 이익 관심을 차별해서는 안 된다. 종(種)이 다르다는 이유로 동물을 차별하는 것은 정당화될 수 없다.
> 병 : 동물을 잔인하게 다루는 것은 인간 자신에 대한 의무를 심각하게 거스르는 것이다. 이는 사람 간의 관계에서 도덕성에 이바지할 수 있는 소질을 약화시킨다.

① 모든 생명체는 내재적 가치를 지니는가?
② 어떠한 경우에도 동물을 목적으로 대우해야 하는가?
③ 동물을 도덕적 행위의 주체로 인정하고 존중해야 하는가?
④ 이성적 존재만을 도덕적 고려의 대상으로 여겨야 하는가?
⑤ 고통을 느낄 수 있는 존재의 도덕적 지위를 인정해야 하는가?

• 왜 정답일까?

갑은 생명 중심주의인 슈바이처, 을은 감정 중심주의인 싱어, 병은 인간 중심주의인 칸트이다.
싱어는 고통을 느낄 수 있는 존재의 도덕적 지위를, 슈바이처는 모든 생명체의 도덕적 지위를 인정해야 한다고 보았다.
칸트는 이성적 존재에 대해서만 도덕적 지위를 인정해야 한다고 보았다.

20 사랑에 대한 프롬의 입장 정답률 73% | 정답 ①

| 문제 보기 |

그림의 강연자가 지지할 입장만을 〈보기〉에서 있는 대로 고른 것은?

> 사랑은 인간으로 하여금 고립감과 분리감을 극복하게 하면서도 각자의 특성을 허용하고 각자의 통합성을 유지하게 합니다. 또한 사랑은 수동적 감정이 아니라 능동적 활동입니다. 사랑의 능동적 성격을 말한다면, 사랑은 주는 것이지 받는 것이 아니라고 설명할 수 있습니다. 준다고 하는 행위는 활동성을 표현하고 있기 때문에 주는 것이 받는 것보다 더 즐겁습니다.

> < 보 기 >
> ㄱ. 사랑은 서로의 개성을 긍정하는 합일을 지향한다.
> ㄴ. 사랑은 상대방을 자신의 입장에서 이해하는 것이다.
> ㄷ. 사랑은 자신뿐만 아니라 상대의 생동감도 고양시킨다.
> ㄹ. 사랑은 참여하는 것이 아니라 상대에게 빠지는 것이다.

① ㄱ, ㄷ ② ㄴ, ㄷ ③ ㄴ, ㄹ
④ ㄱ, ㄴ, ㄹ ⑤ ㄱ, ㄷ, ㄹ

• 왜 정답일까?

그림의 강연자는 프롬이다.
프롬에 따르면 사랑은 서로의 개성을 인정하면서도 하나가 되는 것이며, 서로의 생동감을 고양시키는 것이다.

• 왜 오답일까?

ㄹ. 프롬에 따르면 사랑은 수동적으로 빠지는 것이 아니라 능동적으로 참여하는 것이다.

01 윤리학 정답률 88% | 정답 ⑤

| 문제 보기 |

갑, 을, 병의 입장에 대한 설명으로 가장 적절한 것은?

> 갑 : 윤리학의 본질은 모든 행위자들에게 타당한 도덕 규칙과 표준들의 체계를 탐구하고 제시하는 데 있다.
> 을 : 윤리학의 본질은 도덕적 용어들의 의미를 분석하고 도덕적 추론 규칙과 인식론적 방법을 탐구하는 데 있다.
> 병 : 윤리학의 본질은 개인 생활과 사회 구조 및 기능과 관련된 도덕 현상에 대해 과학적으로 기술하는 데 있다.

① 갑은 도덕적 진술의 옳고 그름에 대해 판단할 수 없다고 본다.
② 을은 윤리학이 보편적 도덕원리와 규범을 제시해야 한다고 본다.
③ 병은 문화 현상과 관행을 도덕적으로 평가해야 한다고 본다.
④ 갑은 병과 달리 도덕 현상을 객관적으로 서술해야 한다고 본다.
⑤ 을은 갑과 달리 도덕 언어의 논리적 분석을 윤리학의 핵심 과제로 본다.

• 왜 정답일까?

갑은 규범 윤리학, 을은 메타 윤리학, 병은 기술 윤리학의 입장이다. 규범 윤리학은 인간이 어떻게 행동해야 하는가에 대한 보편적 원리를 탐구하고, 메타 윤리학은 도덕적 용어들의 개념을 분석하여 도덕 판단의 타당성을 입증하거나 정당화하는 것을 윤리학의 주요 과제로 삼는다. 기술 윤리학은 도덕적인 현상과 문제에 대해 명확하게 기술하고 기술된 현상들 간의 인과 관계를 정확하게 설명하고자 한다.

02 기술에 대한 하이데거의 입장 정답률 83% | 정답 ③

| 문제 보기 |

다음을 주장한 사상가가 강조할 내용으로 가장 적절한 것은?

> 기술이 도구라는 말은 사실이지만 기술의 본질을 드러내 주는 표현은 아니다. 기술은 기술을 사용하는 인간과 독립하여 존재하는 것도 아니다. 기술의 본질은 인간이 세계와 맺는 관계를 규정하는 데 있다. 발달된 현대 기술은 인간을 포함한 모든 것을 부품으로 보게 한다. 기술을 중립적인 것으로만 보면 우리는 무방비 상태로 기술에 내맡겨지게 된다.

① 기술을 중립적으로 볼 때 인간은 기술로부터 자유로워진다.
② 기술은 인간과 독립하여 존재하며 인간을 지배하는 힘이다.
③ 기술은 인간이 자신과 세계를 바라보는 관점에 영향을 준다.
④ 기술의 본질은 인간이 이용할 수 있는 수단이라는 데 있다.
⑤ 기술의 발달은 필연적으로 참된 인간의 모습을 회복시켜 준다.

• 왜 정답일까?

제시문은 하이데거의 주장이다.
하이데거는 기술이 단순한 가치중립적인 도구가 아니며 인간이 세계와 맺는 관계를 규정한다고 본다. 그는 기술을 가치 중립적 도구로만 보게 될 경우 인간이 기술에 종속당할 것이라고 본다.

03 준법과 시민 불복종에 대한 입장 정답률 87% | 정답 ③

| 문제 보기 |

갑, 을의 입장만을 〈보기〉에서 있는 대로 고른 것은? [3점]

갑 : 인간은 본래 자유로우며 정부는 인민의 동의에 의해 세워졌다. 통치권은 오직 공공선을 목적으로 위탁된 것이며 자유인은 자신의 동의를 통해서만 복종의 의무를 진다.
을 : 인간은 모두 기본적 자유를 평등하게 누릴 권리가 있으며 사회 구조와 제도가 정의롭다면 그것에 따라야 한다. 불복종은 오직 시민들 간의 자발적인 사회 협동체의 원칙이 침해될 때 행사될 수 있다.

< 보 기 >
ㄱ. 갑 : 모든 인간은 나면서부터 정부에 복종할 의무를 갖는다.
ㄴ. 을 : 정치 체제의 변혁은 시민 불복종의 목표가 아니다.
ㄷ. 을 : 시민 불복종은 정의로운 제도 유지나 강화에 기여한다.
ㄹ. 갑, 을 : 복종의 의무는 개인의 선택과 무관하게 발생한다.

① ㄱ, ㄴ   ② ㄱ, ㄹ   ③ ㄴ, ㄷ
④ ㄱ, ㄷ, ㄹ   ⑤ ㄴ, ㄷ, ㄹ

• 왜 정답일까?
갑은 로크, 을은 롤스이다.
ㄴ. 롤스는 다수가 공유하는 정의관에 근거해 시민 불복종을 할 수 있다고 본다.
ㄷ. 시민 불복종은 공정하지 못한 법이나 정책을 재검토하고 그것들의 부정의를 교정하도록 하는 역할을 함으로써 사회 정의의 실현에 기여하고 사회 안정을 가져올 수 있다.

• 왜 오답일까?
ㄱ, ㄹ. 로크는 동의를 통해 복종의 의무가 생긴다고 보았으며 명시적 동의뿐만 아니라 묵시적 동의를 통해서도 정부에 대한 복종의 의무가 발생한다고 주장한다.

04 환경 윤리
정답률 22% | 정답 ⑤

| 문제 보기 |
(가)의 사상가 갑, 을, 병의 입장을 (나) 그림으로 탐구할 때, A~E에 들어갈 질문으로 옳은 것은? [3점]

(가)	갑 : 오직 쾌고 감수 능력을 지닌 존재만이 이익 관심을 지니며 이들은 도덕적으로 동등하게 고려되어야 한다. 을 : 모든 생명은 자기 보존과 자체적 좋음을 향하여 움직이는 목적 지향적인 활동의 단일한 체계라는 점에서 동등한 목적론적 삶의 중심이다. 병 : 인류는 동료 구성원들과 전체 공동체에 대한 존경심을 가져야 한다. 대지 윤리는 공동체의 범위를 넓혀 동식물뿐만 아니라 대지를 포함한다.
(나)	

① A:인간이 인간 이외의 종(種)을 차별하는 것은 잘못인가?
② B: 유정(有情)적 존재를 인간과 동일하게 대우해야 하는가?
③ C: 고유의 선을 지닌 존재는 인간과 독립된 가치를 갖는가?
④ D: 생태계 안정에 기여하는 생명만이 내재적 가치를 갖는가?
⑤ E: 인간은 동식물을 인간을 위한 자원으로 간주할 수 있는가?

• 왜 정답일까?
갑은 싱어, 을은 테일러, 병은 레오폴드이다.
레오폴드는 인간이 생명 공동체의 한 구성원이지만 동식물을 자원으로 간주할 수 있다고 본다.

• 왜 오답일까?
② 싱어는 인간과 유정적 존재인 동물을 동일하게 대우해서는 안 된다고 본다.

05 예술에 대한 입장
정답률 52% | 정답 ④

| 문제 보기 |
갑, 을의 입장만을 <보기>에서 있는 대로 고른 것은?

갑 : 미적 판단과 도덕적 판단은 각기 고유성과 독자성을 지니지만 형식에 있어서 동일하므로 상징의 관계로 연결될 수 있다. 요컨대 둘 다 이해 타산적 관심에서 벗어나고 자유의 체험을 내포하며 보편적인 타당성을 요청한다.

을 : 예술은 영혼의 눈에만 보이는 '아름다움의 실재'를 모방해야 한다. 그리고 예술은 영혼을 위한 것이어야 한다. 젊은이들은 예술을 통해 아름다움을 관조함으로써 영혼이 아름다움에 동화되어 훌륭한 인격을 형성하게 된다.

< 보 기 >
ㄱ. 갑 : 미는 도덕성을 고려하는 데 기여할 수 있다.
ㄴ. 갑 : 미와 도덕적 선은 서로 조화를 이룰 수 있다.
ㄷ. 을 : 미의 이데아는 이성에 의해 파악되는 객관적 실재이다.
ㄹ. 갑, 을 : 예술은 도덕적 평가로부터 자유로운 영역이다.

① ㄱ, ㄴ   ② ㄱ, ㄹ   ③ ㄷ, ㄹ
④ ㄱ, ㄴ, ㄷ   ⑤ ㄴ, ㄷ, ㄹ

• 왜 정답일까?
갑은 칸트, 을은 플라톤이다.
ㄴ. 칸트는 미와 도덕적 선이 조화를 이룰 수 있다고 본다. 그는 미(美)의 형식과 도덕의 형식이 유사하다고 보고, 미는 자율적 영역이지만 미적 체험이 보편성을 지닌다는 점에서 도덕성의 실현에 기여할 수 있다고 보았다.

• 왜 오답일까?
ㄹ. 플라톤은 예술 작품이 도덕적 교훈을 제공해야 한다고 본다.

06 죽음에 대한 장자와 석가모니의 입장
정답률 74% | 정답 ①

| 문제 보기 |
갑, 을 사상가들의 입장만을 <보기>에서 있는 대로 고른 것은? [3점]

갑 : 삶과 죽음은 운명이며, 낮과 밤이 변함없이 순환하는 것은 자연의 이치이다. 자연이 나에게 몸[形]을 이루어주고 나를 삶으로써 수고롭게 하고 늙음으로써 편안하게 하며 죽음으로써 쉬게 한다.
을 : 사람들은 스스로 지은 업(業)으로 인해 태어나고 죽는다. 태어난 자들은 반드시 죽어야 하므로 누구나 죽음의 두려움에 떨게 된다. 그러므로 번뇌(煩惱)의 화살을 뽑아 집착 없이 마음의 평안을 얻어야 한다.

< 보 기 >
ㄱ. 갑 : 삶과 죽음은 자연의 필연적인 변화 과정이다.
ㄴ. 을 : 인간은 삶과 죽음의 순환에서 벗어날 수 있다.
ㄷ. 을 : 인간의 삶과 죽음은 인간의 행위와 무관하게 발생한다.
ㄹ. 갑, 을 : 인간은 죽은 뒤에야 고통에서 벗어나 참된 자유를 얻게 된다.

① ㄱ, ㄴ   ② ㄱ, ㄷ   ③ ㄷ, ㄹ
④ ㄱ, ㄴ, ㄹ   ⑤ ㄴ, ㄷ, ㄹ

• 왜 정답일까?
갑은 장자, 을은 석가모니이다. 장자는 죽음을 자연의 한 순환 과정으로 보았으며, 그러한 자연의 본성에 순응하고 삶을 달관할 때 진정한 행복에 이를 수 있다고 하였다. 석가모니는 삶과 죽음을 인간의 대표적인 고통으로 본다. 죽음을 다른 생으로 이어지는 윤회의 한 과정으로 보고 생사의 고통에서 벗어나기 위해 집착을 버리고 깨달음을 얻을 것을 강조한다.

• 왜 오답일까?
ㄹ. 장자는 죽음 이후에야 참된 자유를 얻을 수 있다고 보지 않는다. 그는 삶과 죽음은 차별이 없으므로 죽음 앞에서 슬퍼할 필요가 없고, 죽음에 초연해야 한다고 보았다.

07 형벌에 대한 입장
정답률 78% | 정답 ②

| 문제 보기 |
갑, 을, 병 사상가들의 입장에 대한 설명으로 옳지 않은 것은? [3점]

갑 : 살인자는 누구든 사형에 처해지지 않으면 안 된다. 이것이 사법권의 이념으로서 정의가 선험적으로 정초된 보편적인 법칙들에 따라 의욕하는 바이다.
을 : 형벌의 정도는 위법 행위에서 얻는 이득의 가치를 능가하기에 충분한 것이어야 한다. 형벌과 위법 행위 간의 비례의 규칙은 공리의 원리에 근거해야 한다.
병 : 종신 노역형이 인간 정신에 미치는 효과가 사형에 비해 크다. 처벌이 지속적 효과를 가질 때 범죄를 더 잘 예방할 수 있다.

① 갑은 형벌의 정도가 범죄의 정도에 비례해야 한다고 본다.
② 을은 형벌이 초래할 해악이 예방할 해악보다 커야 한다고 본다.

---

③ 병은 사형이 범죄 억제를 위한 최선의 형벌은 아니라고 본다.
④ 을은 갑과 달리 살인자라도 사형시키지 않을 수 있다고 본다.
⑤ 갑은 을, 병과 달리 사형은 동해 보복의 차원에서 이루어져야 한다고 본다.

• 왜 정답일까?
갑은 칸트, 을은 벤담, 병은 베카리아이다. 벤담은 형벌이 초래할 해악이 예방할 해악보다 커서는 안 된다고 본다.

08 의복에 대한 입장
정답률 79% | 정답 ①

| 문제 보기 |
갑, 을의 입장에 대한 설명으로 가장 적절한 것은?

갑 : 옷을 만드는 이유는 바람과 추위를 막아 몸을 따뜻하게 하고 몸을 가리고자 하는 것이다. 몸을 가린다는 것은 꾸미기보다는 문채(文彩)를 만들어 귀천을 표시하는 것이다. 이 두 가지를 제외하면 옷은 무익하다.
을 : 옷을 만드는 이유는 겨울에는 따뜻하게 하여 추위로부터 몸을 보호하고 여름에는 시원하게 하여 더위로부터 몸을 보호하기 위한 것일 뿐이다. 화려하기만 하고 이익을 주지 못하는 옷은 없어져야 한다.

① 갑은 사회적 지위에 맞는 의복을 입어야 한다고 본다.
② 을은 의복을 고를 때 유용성을 고려할 필요가 없다고 본다.
③ 을은 의복을 선택할 때 장식적 측면을 고려해야 한다고 본다.
④ 갑, 을은 의복이 몸을 보호하는 역할만을 해야 한다고 본다.
⑤ 갑, 을은 의복을 신체의 아름다움을 드러내는 수단으로 본다.

• 왜 정답일까?
갑은 의복이 몸을 보호하는 기능과 사회적 지위를 나타내는 기능을 한다고 본다. 을은 의복이 몸을 보호하는 기능만 해야 한다고 본다.

• 왜 오답일까?
④ 갑은 의복이 몸을 보호하는 기능 외에 신분을 드러내는 역할을 한다고 본다.

09 동물 실험에 대한 입장
정답률 80% | 정답 ④

| 문제 보기 |
그림은 수업 장면이다. 소전제 ㉠에 대한 반론의 근거로 가장 적절한 것은? [3점]

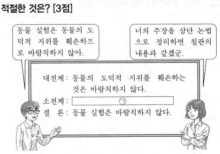

① 동물 실험을 통해서는 동물의 복지 수준을 높일 수 없다.
② 동물 실험은 엄격하게 선발된 전문가에 의해서만 시행된다.
③ 동물만이 아니라 자연의 모든 생명이 도덕적 지위를 지닌다.
④ 이성적 능력이 결여된 존재는 도덕적 지위를 지니지 않는다.
⑤ 자의식을 지닌 삶의 주체의 도덕적 지위를 훼손하면 안 된다.

• 왜 정답일까?
㉠에 들어갈 진술은 '동물 실험은 동물의 도덕적 지위를 훼손하는 것이다.'이다. 이에 대한 반론은 '동물 실험은 동물의 도덕적 지위를 훼손하지 않는 것이다.'이며, 그 근거로 동물은 이성적 능력이 결여된 존재이므로 도덕적 지위가 없다는 것을 제시할 수 있다.

10 종교에 대한 입장
정답률 79% | 정답 ⑤

| 문제 보기 |
갑, 을의 입장으로 적절하지 않은 것은?

갑 : 창조는 성스러운 것[聖]이 세계로 침투하는 신의 작업이다. 인간이 성스러움을 아는 것은 성이 속된 것[俗]과는 다른 어떤 것으로서 스스로를 드러내기 때문이다.
을 : 설계된 듯한 모습을 한 생물들은 자연 선택을 통해 단순한 것에서 시작하여 진화한 것일 뿐이다. 우주 만물의 설계자로서의 신이 존재한다는 것은 유해한 망상이다.

① 갑 : 성스러운 공간은 주위 공간과는 질적으로 다른 곳이다.
② 갑 : 종교적 인간은 속의 시간과 성의 시간을 모두 체험한다.
③ 을 : 생명들의 다양성과 복잡성은 자연 선택을 통해 나타난다.
④ 을 : 우주 만물의 시원으로서의 창조적 지성은 존재하지 않는다.
⑤ 갑, 을 : 자연적인 존재와 초자연적인 존재는 양립할 수 없다.

● 왜 정답일까?

갑은 엘리아데, 을은 도킨스이다.
엘리아데는 성과 속의 조화를 강조하며 자연적인 존재와 초자연적인 존재가 양립할 수 있다고 본다.

11 가족 윤리에 대한 유교의 입장
정답률 32% | 정답 ⑤

| 문제 보기 |

(가) 사상의 입장에서 제시할 (나)의 ㉠, ㉡에 대한 옳은 설명만을 〈보기〉에서 있는 대로 고른 것은? [3점]

(가)	사람이 어질지[仁] 않으면 예(禮)는 해서 무엇 하며, 악(樂)은 해서 무엇 하겠는가?
(나)	ㅇ ㉠은/는 두 사람이 힘을 합쳐 부모를 섬기고, 후세를 잇기 위해 노력해야 하는 관계이다. ㅇ ㉡은/는 동기간(同氣間)으로 서로 화목함으로써 효(孝)를 실천해야 하는 관계이다.

< 보 기 >
ㄱ. ㉠은 서로 사랑해야 하는 천륜(天倫)의 관계이다.
ㄴ. ㉡은 상호 공경하면서도 분별[別]이 요구되는 관계이다.
ㄷ. ㉠은 차이를 인정하고 위계를 존중해야 하는 관계이다.
ㄹ. ㉠, ㉡은 권면(勸勉)과 신의에 힘써야 하는 관계이다.

① ㄱ, ㄷ　　② ㄱ, ㄹ　　③ ㄴ, ㄷ
④ ㄱ, ㄴ, ㄹ　　⑤ ㄴ, ㄷ, ㄹ

● 왜 정답일까?

(가)는 유교 사상이고, (나)의 ㉠은 '부부', ㉡은 '형제자매'이다.

● 왜 오답일까?

ㄱ. 유교에서는 부모와 자식 관계, 형제자매 관계를 천륜의 관계로 본다.

12 개인 윤리와 사회 윤리의 입장
정답률 84% | 정답 ③

| 문제 보기 |

갑, 을의 입장으로 가장 적절한 것은?

갑 : 강제력은 불의를 지속시키는 데 사용될 수 있기 때문에 강제력을 통해서는 정의를 실현할 수 없다. 정의 실현은 합리성을 계발하고 도덕적 선의지를 확충하는 방법을 통해서만 가능하다.
을 : 도덕적 요인들은 사회 갈등을 완화할 수는 있어도 완전히 제거하지는 못한다. 정의를 실현하기 위해서는 강제력과 같이 도덕성이 높은 사람들로부터 도덕적 승인을 얻어낼 수 없는 방법이라도 사용해야 한다.

① 갑 : 개인의 도덕적 양심은 사회 정의 실현에 기여할 수 없다.
② 갑 : 합리적 이성이 강제력과 결합될 때 정의가 실현될 수 있다.
③ 을 : 사회 정의 실현을 위해 비합리적 수단을 사용할 수 있다.
④ 을 : 정치적인 강제력을 통해서만 사회 갈등을 완화할 수 있다.
⑤ 갑, 을 : 개인과 집단은 어떤 상황에서도 이기적으로 행동한다.

● 왜 정답일까?

갑은 개인 윤리를 강조하는 입장이고, 을은 니부어로 사회 윤리를 강조하는 입장이다.
니부어는 사회 정의를 실현하기 위해서는 강제력과 같은 비합리적인 수단도 사용할 수 있다고 본다. 그는 개인 윤리와 사회 윤리를 구분하면서 이 둘 사이에는 지속적인 갈등이 존재한다고 주장한다. 그는 집단 간 불균등한 힘의 분배로 말미암아 부정의가 지속되고 있다고 보고, 외적 강제력을 동원하여 정의를 실현할 필요가 있다고 주장한다.

13 성과 윤리에 대한 칸트의 입장
정답률 92% | 정답 ②

| 문제 보기 |

다음을 주장한 사상가의 입장으로 가장 적절한 것은?

남녀가 상대의 성(性)을 사용하는 것은 일종의 향유로서, 어느 한쪽이 다른 쪽에게 자신의 성을 사용하도록 허락하는 것이다. 이는 자신을 사물로 만드는 것으로 인간에게 고유한 인격체의 권리와 모순된다. 어느 한 인격체가 다른 인격체에 의해 사물처럼 사용될 수 있고, 다시 후자의 인격체에 의해 전자의 인격체가 다시 사용될 수 있는 유일한 조건은 결혼이다. 이것이 순수 이성의 법칙에 따른 필연이고 이럴 경우에만 인간은 자기 자신을 다시 찾고 인격성을 회복할 수 있다.

① 남성과 여성이 사랑한다면 두 사람의 성적 관계는 정당화된다.
② 부부는 서로 성을 향유하면서도 인격체로서 존재할 수 있다.
③ 자발적 동의는 성적 관계를 정당화하는 충분한 조건이다.
④ 부부가 아니어도 상대방의 성을 사용하는 것이 허용된다.
⑤ 성적 욕구는 인격성을 저하시키므로 제거되어야 한다.

● 왜 정답일까?

제시문은 칸트의 주장이다.
칸트는 성의 향유는 인간을 사물로 만드는 것이지만 결혼한 경우에는 성을 향유하면서도 인격체로서 존재할 수 있다고 본다.

14 분배 정의에 대한 입장
정답률 54% | 정답 ②

| 문제 보기 |

(가)의 갑, 을 사상가들의 입장을 (나) 그림으로 표현할 때, A ~ C에 해당하는 적절한 진술만을 〈보기〉에서 있는 대로 고른 것은? [3점]

(가)	갑 : 천부적으로 유리한 처지에 있는 자는 보다 열악한 처지에 있는 자의 여건을 향상시켜 줄 때 타고난 자질에 의한 이익을 얻을 수 있다. 을 : 차등의 원칙은 진행 중인 과정이 어떤 결과에 도달해야 할지를 규정한다. 분배의 결과를 규제하는 원칙은 취득·이전의 원칙에 위배된다.

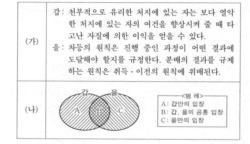
<범 례>
A : 갑만의 입장
B : 갑, 을의 공통 입장
C : 을만의 입장

< 보 기 >
ㄱ. A : 재화는 모든 구성원에게 이익이 되게 분배되어야 한다.
ㄴ. B : 개인의 자유와 권리는 어떤 경우에도 제한될 수 없다.
ㄷ. B : 정당한 소유물의 일부에 대해서만 소유권이 인정된다.
ㄹ. C : 재분배를 강요하는 차등의 원칙은 소유권을 침해한다.

① ㄱ, ㄴ　　② ㄱ, ㄹ　　③ ㄴ, ㄷ
④ ㄱ, ㄷ, ㄹ　　⑤ ㄴ, ㄷ, ㄹ

● 왜 정답일까?

(가)의 갑은 롤스, 을은 노직이다.
ㄱ. 롤스는 차등의 원칙을 정의의 원칙으로 본다.
ㄹ. 노직은 차등의 원칙이 정형적 원칙으로 소유권을 침해한다고 본다.

● 왜 오답일까?

ㄷ. 노직은 취득과 이전(양도)의 과정이 정당하면 그 과정을 통해 얻은 소유물에 대해서는 절대적 권리를 갖는다고 본다.

15 노동에 대한 입장
정답률 76% | 정답 ⑤

| 문제 보기 |

그림은 서술형 평가 문제와 학생 답안이다. 학생 답안의 ㉠～㉤ 중 옳지 않은 것은?

서술형 평가

◎ 문제 : 갑, 을의 입장을 비교하여 서술하시오.

갑 : 국가 성원들은 각자의 성향에 따라 일을 맡아야 하며 수호자는 사유 재산을 가져서는 안 된다. 그럴 때 국가 구성원 모두가 행복할 수 있다.
을 : 공산 사회가 되면 분업에 예속되는 상태가 사라지고 노동 자체가 삶의 일차적인 욕구가 된다. 그럴 때 개인들의 전면적인 발전이 이루어질 것이다.

◎ 학생 답안
갑은 ㉠사회적 역할 분담이 정의 실현에 기여할 수 있다고 보며, ㉡공익 실현을 위해 통치자의 재산 공유가 요구된다고 본다. 을은 ㉢사회적 분업이 인간의 자질을 다방면으로 발휘할 수 없게 한다고 보며, ㉣생산 수단의 공유를 통해 노동의 소외를 극복할 수 있다고 본다. 한편 갑은 ㉤사람들이 자유롭게 자신의 사회적 역할을 선택할 수 있다고 본다.

① ㉠　　② ㉡　　③ ㉢　　④ ㉣　　⑤ ㉤

● 왜 정답일까?

갑은 플라톤, 을은 마르크스이다. ㉤ 플라톤은 사회적 역할이 각자의 성향에 따라 정해져야 한다고 본다.

16 다문화에 대한 다양한 입장
정답률 70% | 정답 ④

| 문제 보기 |

갑, 을, 병 중에서 두 명 이상이 긍정의 대답을 할 질문만을 〈보기〉에서 있는 대로 고른 것은? [3점]

갑 : 다양한 문화가 지니는 각기 다른 특성을 평등하게 인정함으로써 문화의 공존을 추구해야 합니다.
을 : 다양한 이민자는 출신국의 문화적 특성을 포기하고 주류 사회의 일원으로 편입되어야 합니다.
병 : 문화의 다양성을 인정하면서도 그 사회의 지배력을 가진 주류 문화의 존재를 인정해야 합니다.

< 보 기 >
ㄱ. 이민자들의 문화적 정체성을 존중해야 하는가?
ㄴ. 공존을 위해 문화의 다양성을 인정해야 하는가?
ㄷ. 사회 통합을 위해 주류 문화를 인정해야 하는가?
ㄹ. 주류 문화와 비주류 문화의 조화를 추구해야 하는가?

① ㄱ, ㄴ　　② ㄴ, ㄷ　　③ ㄷ, ㄹ
④ ㄱ, ㄴ, ㄷ　　⑤ ㄱ, ㄷ, ㄹ

● 왜 정답일까?

갑은 다문화주의, 을은 동화주의, 병은 문화 다원주의 입장이다.

● 왜 오답일까?

ㄹ. 문화 다원주의는 다문화주의 및 동화주의와 달리 주류 문화와 비주류 문화의 조화를 추구한다.

17 해외 원조에 대한 다양한 입장
정답률 50% | 정답 ④

| 문제 보기 |

갑은 긍정, 을과 병은 부정의 대답을 할 질문으로 옳은 것은? [3점]

갑 : 해외 원조는 고통받는 사회를 대상으로 하며, 차등의 원칙 실현이 아닌 정치 문화의 개선을 지향한다.
을 : 해외 원조를 도덕적 의무로 강제하는 이론은 개인의 재산에 대한 소유 권리를 무시하는 것이다.
병 : 해외 원조는 이익 평등 고려의 원칙에 근거하여 해악을 방지하거나 제거하기 위한 의무로 행해져야 한다.

① 해외 원조는 보편적인 원칙에 따라 이루어져야 하는가?
② 해외 원조의 대상은 인권을 보장하지 않는 모든 사회인가?
③ 해외 원조는 지구적 차원의 불평등을 줄이기 위한 것인가?
④ 해외 원조의 궁극적 목적은 자유와 평등의 확립에 있는가?
⑤ 해외 원조는 절대 빈곤층의 처지 개선에 기여할 수 있는가?

● 왜 정답일까?

갑은 롤스, 을은 노직, 병은 싱어이다.
롤스는 노직, 싱어와 달리 해외 원조의 궁극적 목적이 자유와 평등을 확립하는 데 있다고 본다.

● 왜 오답일까?

② 롤스는 인권을 보장하지 않으면서 다른 나라에 대해 공격적인 나라는 원조의 대상이 아니라고 본다.
③ 싱어는 지구적 차원에서 원조를 강조하였다.

18 현대 덕 윤리와 의무론의 입장
정답률 80% | 정답 ①

| 문제 보기 |

㉠에 들어갈 진술로 가장 적절한 것은?

선을 행하려면 유덕한 성품을 길러야 한다. 유덕한 성품을 통해 자연스럽게 좋은 행위를 하게 되고, 훌륭한 사람이 되기 때문이다. 그런데 어떤 사상가는 의무에 맞을 뿐만 아니라 의무이기 때문에 한 행위만이 도덕적 가치를 갖는다고 주장한다. 나는 이 사상가가 [㉠]고 생각한다.

① 자연적 감정에서 비롯된 행위도 도덕적 가치를 가질 수 있음을 간과한다
② 구체적 상황보다 보편적인 원리를 고려하여 행위해야 함을 간과한다
③ 의무 의식에서 나온 행위는 도덕적 행위가 될 수 있음을 간과한다
④ 행위의 도덕성을 판단하는 유일한 근거가 선의지임을 간과한다
⑤ 맥락에 따라 도덕적 판단이 달라질 수 없음을 간과한다

● 왜 정답일까?

제시문의 '나'는 현대 덕 윤리의 입장이고, '어떤 사상가'는 의무론을 주장한 칸트이다. 덕 윤리는 칸트와 달리 자연적 감정에서 비롯된 행위가 도덕적 가치를 가질 수 있다고 본다.

19 탈인간 중심주의적 환경 윤리　정답률 78% | 정답 ⑤

| 문제 보기 |

갑, 을은 긍정, 병은 부정의 대답을 할 질문으로 가장 적절한 것은? [3점]

> 갑 : 생물과 무생물이 어우러져 있는 대지에도 도덕적인 지위를 부여해야 한다.
> 을 : 인간은 자신에게 부여했던 생명에의 경외(敬畏)를 살리고 하는 의지를 지닌 모든 존재에게도 부여해야 한다.
> 병 : 쾌고(快苦) 감수능력을 가진 모든 존재는 이익관심을 갖는다. 우리는 이익 평등 고려의 원칙에 따라 인간과 동물의 이익관심을 차별해서는 안 된다.

① 생명체들 간의 위계질서를 인정해야 하는가?
② 개별 생명체보다 생태계를 우선시해야 하는가?
③ 오직 인간을 위해 생태계를 보존해야 하는가?
④ 감정을 지닌 존재를 도덕 공동체에 포함시켜야 하는가?
⑤ 생태계 내의 모든 생명체들을 도덕적으로 고려해야 하는가?

● 왜 정답일까?

갑은 생태 중심주의를 강조한 레오폴드, 을은 생명 중심주의를 강조한 슈바이처, 병은 감정 중심주의를 강조한 싱어이다. 싱어는 고통을 느낄 수 있는 동물까지를 도덕적 고려의 대상으로 보았다.

● 왜 오답일까?

① 레오폴드나 슈바이처의 경우, 모든 생명체들 간의 위계질서를 인정하지 않을 것이다. 반면, 싱어의 경우 인간과 동물까지는 도덕적으로 고려하지만 식물은 고려하지 않는다.
② 레오폴드만이 긍정의 대답을 할 질문이다.
③ 온건한 인간 중심주의적 관점에서 긍정의 대답을 할 질문이다.
④ 갑, 을, 병 모두가 긍정의 대답을 할 질문이다.

20 정보 사유론과 정보 공유론의 입장　정답률 90% | 정답 ①

| 문제 보기 |

다음 칼럼의 입장에서 강조할 내용으로 가장 적절한 것은?

> ○○신문
> 칼럼
> ○○○○년 ○○월 ○○일
>
> 어떤 사람들은 정보가 창작자의 노동에 의해 만들어진 것이므로 정보를 창작자의 사유 재산으로 인정하고 그 권리도 보장해야 한다고 주장한다. 하지만 정보에 대한 배타적 소유권을 인정하게 되면 정보의 자유로운 흐름이 차단되고 질 높은 정보의 창작도 어려워질 수 있다. 그러므로 정보 사회의 발전을 위해 우리는 생산된 정보를 사유 재산이 아닌 공유 자산으로 인정해야 한다.

① 지식재산권 보장은 정보화의 진전에 장애가 될 수 있다.
② 정보를 사유재로 인정할 경우 정보의 흐름이 활성화된다.
③ 지식재산권이 강화될수록 양질의 정보가 생산될 수 있다.
④ 지식재산권 보장으로 사회 전체의 효용이 증대될 수 있다.
⑤ 정보에 대한 사적 권리의 보장으로 공익을 증진할 수 있다.

● 왜 정답일까?

칼럼에서는 정보를 사유 재산이 아닌 공유 자산으로 볼 때 정보 사회의 발전이 이루어질 수 있다고 본다.

---

01 ①	02 ④	03 ①	04 ⑤	05 ②
06 ④	07 ③	08 ④	09 ①	10 ④
11 ④	12 ③	13 ⑤	14 ②	15 ②
16 ④	17 ②	18 ③	19 ⑤	20 ①

채점결과	• 실제 걸린 시간 :	분	초
	• 맞은 문항수 :		개
	• 틀린 문항수 :		개
	• 헷갈린 문항 :		

01 이론 규범 윤리학과 메타 윤리학　정답률 89% | 정답 ①

| 문제 보기 |

(가), (나) 윤리학의 핵심 과제로 가장 적절한 것은?

> (가) 윤리학은 도덕적 행위를 정당화하는 규범적 근거를 탐구하고, 마땅히 행해야 할 행위의 객관적인 도덕 원리를 제시하는 데 주력해야 한다.
> (나) 윤리학은 규범적 속성의 존재론적·인식론적 지위를 탐구하고, 도덕적 용어의 의미를 분석하며, 도덕 추론의 규칙을 검토하는 데 주력해야 한다.

① (가) : 도덕적 삶의 지침이 되는 보편적 원리를 제시하는 것이다.
② (가) : 도덕 현상 간의 인과 관계를 가치중립적으로 설명하는 것이다.
③ (나) : 학제적 연구 방법으로 실생활의 도덕 문제를 해결하는 것이다.
④ (나) : 각 사회의 다양한 도덕적 관습을 객관적으로 기술하는 것이다.
⑤ (가)와 (나) : 도덕 언어의 의미와 도덕 추론의 구조를 분석하는 것이다.

● 왜 정답일까?

(가)는 이론 규범 윤리학, (나)는 메타 윤리학이다.
이론 규범 윤리학은 도덕 규범의 정립이나 도덕적 삶의 지침이 되는 보편적 원리를 제시한다.

02 윤리 문제에 대한 벤담의 입장　정답률 90% | 정답 ④

| 문제 보기 |

다음을 주장한 사상가의 입장에서 〈문제 상황〉 속 A에게 제시할 조언으로 가장 적절한 것은? [3점]

> 모든 쾌락은 질적으로 동일하며 양적으로 측정할 수 있다. 쾌락의 가치를 측정할 때에는 강도와 지속성 등 여섯 가지 기준 외에 쾌락과 고통에 의해 영향을 받는 사람의 수를 참작해야 한다.
>
> 〈문제 상황〉
> 부모님께 용돈을 받은 학생 A는 게임 아이템을 구매하려 하고 있다. 이때 구호 단체에서 온 기부 권고 문자를 보고, 게임 아이템을 구매하는 대신 기부를 해야 할지 고민 중이다.

① 기부 행위가 자연법의 제1원리에 부합하는지를 판단해 보세요.
② 선의지에서 비롯된 기부 행위여야 도덕적 행위임을 명심하세요.
③ 유덕한 행위자가 행할 만한 것을 그 결과에 상관없이 행하세요.
④ 기부 행위가 산출할 쾌락의 양을 쾌락 계산법에 따라 계산해 보세요.
⑤ 쾌락의 양뿐만 아니라 질적 차이까지 고려하여 기부 여부를 정하세요.

● 왜 정답일까?

제시문을 주장한 사상가는 벤담이다. 벤담은 고통을 피하고 쾌락을 추구하는 것이 인간 행위의 목적이며 쾌락에는 질적 차이가 없고 양적 차이만 있으므로 쾌락은 계산 가능하다고 보았다. 따라서 벤담은 〈문제상황〉 속 A에게 기부 행위가 산출할 쾌락의 양을 쾌락 계산법에 따라 계산해 보라고 조언할 수 있다.

---

03 하버마스의 담론 윤리　정답률 96% | 정답 ①

| 문제 보기 |

다음을 주장한 사상가의 입장으로 가장 적절한 것은?

> 의사소통 과정에서 발언의 합리성은 근거 제시 가능성에 있다. 또한 담론 참여자가 지닌 태도의 합리성은 비판에 개방적이고, 필요시 논증에 적절히 참여하려는 자세에 있다. 이러한 비판 가능성으로 인해 합리적 발언은 개선될 수 있다.

① 담론 참여자는 자신의 오류 가능성을 인정하는 자세로 대화해야 한다.
② 담론 참여자는 타인의 의견에 비판적 이의를 제기해서는 안 된다.
③ 담론 참여자는 합의한 결론에 대해 다시 문제를 제기해서는 안 된다.
④ 담론 참여자의 전문성을 기준으로 발언의 기회를 제한해야 한다.
⑤ 담론 참여자는 자신의 개인적 이익이나 준칙을 주장해서는 안 된다.

● 왜 정답일까?

제시문은 하버마스의 주장이다.
하버마스에 따르면 담론 참여자들은 자신의 오류 가능성을 인정하는 자세로 대화해야 하며, 합리적인 의사소통의 과정을 거쳐 보편적인 합의에 도달할 수 있다고 보았다.

04 인간 배아 복제 연구에 대한 입장　정답률 78% | 정답 ⑤

| 문제 보기 |

(가)의 주장을 (나) 그림으로 나타낼 때, ㉠에 대한 반론의 근거로 가장 적절한 것은?

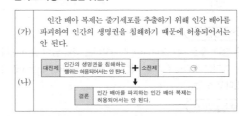

| (가) | 인간 배아 복제는 줄기세포를 추출하기 위해 인간 배아를 파괴하여 인간의 생명권을 침해하기 때문에 허용되어서는 안 된다. |

① 인간 배아 복제는 인간의 생명권을 침해한다.
② 인간은 인간 배아와 유전적 특징이 다르지 않다.
③ 인간 종의 구성원들 중에는 인간 배아도 포함된다.
④ 인간 배아가 인간이 되는 과정은 끊임없이 연속적이다.
⑤ 인간 배아는 도덕적 지위가 없는 단순한 세포 덩어리이다.

● 왜 정답일까?

(가)는 인간 배아 복제를 허용해서는 안 된다는 입장이다.
(나)의 ㉠에 들어갈 내용은 '인간 배아를 파괴하는 인간 배아 복제는 인간의 생명권을 침해하는 행위이다.'이다. ㉠에 대한 반론은 '인간 배아 복제는 인간의 생명권을 침해하는 행위가 아니다.'이다. 따라서 '인간 배아는 도덕적 지위가 없는 단순한 세포 덩어리이다.'는 ㉠에 대한 반론의 근거로 가장 적절하다.

● 왜 오답일까?

①, ②, ③, ④ 모두 (가)의 입장에 부합하는 내용이다.

05 SNS를 통한 광고에 대한 윤리적 쟁점　정답률 81% | 정답 ②

| 문제 보기 |

다음 토론의 핵심 쟁점으로 가장 적절한 것은? [3점]

> 갑 : 사회 관계망 서비스(SNS)를 통한 광고를 이용하는 기업이 늘어나면서 허위·과장 광고에 의한 피해 사례가 늘고 있습니다. 따라서 SNS를 통한 광고를 규제할 필요가 있습니다.
> 을 : 동의합니다. 하지만 SNS를 통한 광고는 사회적 기업이 제작한 제품에 대한 윤리적 소비로 이어지는 사례도 많습니다. 따라서 SNS를 통한 광고는 허용되어야 합니다.
> 갑 : 아닙니다. SNS를 통한 광고는 윤리적 소비로 이어지기도 하지만 허위·과장 광고의 수단으로 악용될 소지가 큽니다. 따라서 SNS를 통한 광고는 전면 금지되어야 합니다.
> 을 : 아닙니다. SNS를 통한 광고를 허용하되 적극적인 단속을 실시해 나간다면, SNS가 허위·과장 광고의 수단이 될 가능성을 최소화할 수 있습니다.

① SNS를 통한 광고를 규제할 필요가 있는가?
② SNS를 통한 광고는 모두 금지되어야 하는가?

③ SNS를 통한 광고는 윤리적 소비로 이어지는가?
④ SNS는 기업의 광고 수단으로만 이용되어야 하는가?
⑤ SNS는 허위·과장 광고의 수단으로 악용될 수 있는가?

● 왜 정답일까?

갑은 SNS를 통한 광고는 전면 금지되어야 한다는 입장이며, 을은 SNS를 통한 광고를 허용하되 적극적인 단속과 규제를 해야 한다는 입장이다. 따라서 토론의 핵심 쟁점은 'SNS를 통한 광고는 모두 금지되어야 하는가?'이다.

06 맹자와 석가모니의 입장
정답률 70% | 정답 ④

| 문제 보기 |

갑, 을 사상가들의 입장으로 가장 적절한 것은? [3점]

> 갑 : 사람의 본성에 어찌 인의(仁義)의 마음이 없겠는가? 그런데도 그 양심을 잃어버리는 이유는 마치 도끼로 산의 나무를 아침마다 베는 것처럼 스스로 양심의 싹을 자르기 때문이다. 양심을 보존하지 못하면 금수(禽獸)와 같아진다.
> 을 : 괴로움이 생겨나는 것은 마치 사람이 나무를 심어 물을 때맞춰 주고 온도를 유지해 주면, 이 인연(因緣)으로 나무가 자라나는 것과 같다. 이러한 얽매임에 집착하면 애욕(愛欲)과 함께 생로병사(生老病死)의 괴로움이 일어난다.

① 갑 : 나쁜 환경에 처한 사람은 반드시 자신의 본성을 잃게 된다.
② 갑 : 다른 사람을 편안하게 한 후에야 비로소 자기 수양이 가능하다.
③ 을 : 탐욕으로 생긴 번뇌는 깨달음을 얻더라도 소멸될 수 없다.
④ 을 : 나와 남이 둘이 아니라는 자각에서 만물에 대한 사랑이 생긴다.
⑤ 갑과 을 : 인륜의 규범에서 벗어나야 이상적 인간이 될 수 있다.

● 왜 정답일까?

갑은 맹자, 을은 석가모니이다. 석가모니는 나와 남이 둘이 아니라는 자타불이(自他不二)에 대한 자각에서 만물에 대한 사랑이 생긴다고 보았다.

● 왜 오답일까?

① 맹자는 인간의 본성은 선하며, 나쁜 환경에 처한 사람이라고 해서 반드시 자신의 본성을 잃게 되는 것은 아니라고 보았다.
② 맹자는 다른 사람을 편안하게 하기 위해서는 자신을 먼저 수양해야 한다고 보았다.
③ 석가모니는 탐욕으로 생긴 번뇌는 깨달음을 통해 소멸될 수 있다고 보았다.
⑤ 맹자는 인간 사이에 지켜야 할 도리인 인륜을 지키는 삶을 강조하였다.

07 홉스와 로크의 입장
정답률 63% | 정답 ③

| 문제 보기 |

(가)의 사상가 갑, 을의 입장을 (나) 그림으로 탐구하고자 할 때, A~C에 들어갈 적절한 질문만을 〈보기〉에서 있는 대로 고른 것은? [3점]

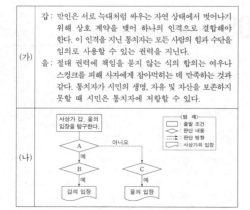

(가)
> 갑 : 만인은 서로 늑대처럼 싸우는 자연 상태에서 벗어나기 위해 상호 계약을 맺어 하나의 인격으로 결합해야 한다. 이 인격을 지닌 통치자는 모든 사람의 힘과 수단을 임의로 사용할 수 있는 권력을 지닌다.
> 을 : 절대 권력으로 책임을 묻지 않는 여우나 스컹크를 피해 사자에게 잡아먹히는 데 만족하는 것과 같다. 통치자가 시민의 생명, 자유 및 자산을 보존하지 못할 때 시민은 통치자에 저항할 수 있다.

〈 보 기 〉
ㄱ. A : 국가의 통치자가 사회 계약을 위반하는 것은 가능한가?
ㄴ. B : 국가는 신의(信義) 계약으로 탄생한 자연적 인격인가?
ㄷ. B : 국가가 부재하는 곳에서는 각자의 소유권도 부재하는가?
ㄹ. C : 국가의 통치자에게는 단지 신탁된 권력만 주어지는가?

---

① ㄱ, ㄴ ② ㄱ, ㄷ ③ ㄷ, ㄹ
④ ㄱ, ㄴ, ㄹ ⑤ ㄴ, ㄷ, ㄹ

● 왜 정답일까?

갑은 홉스, 을은 로크이다.
ㄷ. 홉스는 국가가 형성되기 이전인 자연 상태에서는 개인의 소유권이 없다고 보았다.
ㄹ. 로크는 자기 보존을 목적으로 계약을 맺은 구성원들은 신탁된 권력만을 통치자에게 준다고 보았다.

● 왜 오답일까?

ㄱ. 홉스는 통치자는 사회 계약의 당사자가 아니기 때문에 통치자가 사회 계약을 위반하는 것이 불가능하다고 보았다. 또한 로크는 통치자가 사회 계약을 위반해서는 안 된다고 보았다. 통치자가 가지는 권력은 구성원들이 신탁한 권력일 뿐이기 때문이다.
ㄴ. 홉스는 국가를 신의 계약으로 형성되는 인위적인 인격으로 보았다.

08 음식 윤리 문제에 대한 입장
정답률 97% | 정답 ④

| 문제 보기 |

다음을 주장한 사상가의 입장에서 〈문제 상황〉 속 A에게 제시할 조언으로 가장 적절한 것은?

> 운동을 지나치게 많이 하거나 적게 하는 것, 음식을 지나치게 많이 먹거나 적게 먹는 것은 건강을 해치지만, 적당한 운동이나 식사는 건강에 도움이 된다. 마땅한 때에, 마땅한 방식으로, 마땅하게 행동하는 것이 쉬운 일은 아니다. 그러므로 중용을 지키는 사람은 칭송받을 만하다.

> 〈문제 상황〉
> 학생 A는 급식에서 자신이 좋아하는 음식이 나올 때는 폭식을 하고, 좋아하지 않는 음식이 나올 때는 거의 먹지 않고 버린다. 최근 A는 자신의 건강과 올바른 생활 태도에 필요한 식습관이 무엇인지 고민하고 있다.

① 먹는 행위와 좋은 품성의 형성은 서로 무관함을 고려하세요.
② 먹는 것은 본능이므로 스스로 통제할 수 없음을 고려하세요.
③ 먹을 때 이성이 아닌 감정의 명령에 따라야 함을 고려하세요.
④ 먹는 즐거움을 느낄 때에도 절제의 덕이 필요함을 고려하세요.
⑤ 먹는 것은 육체의 욕망을 채우는 행위에 불과함을 고려하세요.

● 왜 정답일까?

제시문은 아리스토텔레스의 주장이다.
아리스토텔레스는 지나칠 정도로 음식에 대한 욕망을 채우는 무절제한 태도를 경계하고 절제 있는 태도를 지녀야 한다고 보았다. 따라서 〈문제 상황〉 속 A에게 먹는 즐거움을 느낄 때에도 절제의 덕이 필요함을 고려하라고 조언할 수 있다.

09 시민 불복종에 대한 롤스의 입장
정답률 44% | 정답 ①

| 문제 보기 |

다음을 주장한 사상가의 입장으로 적절한 것만을 〈보기〉에서 있는 대로 고른 것은?

> 시민 불복종은 법에 대한 충실성의 한계 내에서 부정의한 법에 대한 불복종을 나타낸다. 시민 불복종 행위에 가담함으로써 소수자는 다수자에게 그들의 행위가 정의의 원칙에 대한 위반으로 해석되기를 바란다거나 아니면 공통된 정의감에 비추어 소수자의 합당한 요구를 인정하고자 하는지를 숙고하도록 강요하게 된다.

〈 보 기 〉
ㄱ. 시민 불복종은 다수자의 정의감을 나타내는 양심적인 행위이다.
ㄴ. 시민 불복종은 법의 경계선 내에서 행해지는 정치적 행위이다.
ㄷ. 부정의한 법의 변혁은 시민 불복종의 목적이 아니라 결과이다.

① ㄱ ② ㄴ ③ ㄱ, ㄷ
④ ㄴ, ㄷ ⑤ ㄱ, ㄴ, ㄷ

● 왜 정답일까?

ㄱ. 롤스는 시민 불복종을 다수가 공유한 정의관으로 보았으며, 다수자의 정의감을 나타내는 양심적인 행위라고 보았다.

● 왜 오답일까?

ㄴ. 롤스는 시민 불복종이 법의 경계선 밖에서 행해지는 정치적 행위라고 보았다.

ㄷ. 롤스는 부정의한 법의 변혁은 시민 불복종의 목적이라고 보았다.

10 예술에 대한 칸트의 입장
정답률 73% | 정답 ④

| 문제 보기 |

다음을 주장한 사상가의 입장으로 가장 적절한 것은? [3점]

> 미적인 것은 윤리적으로 좋은 것의 상징이다. 미적인 것은 다른 모든 사람들의 동의를 요구하며 요구해야 마땅하다. 이때 우리의 마음은 쾌락의 단순한 감각적 수용을 넘어선 순화와 고양을 의식하며, 다른 사람들의 가치도 그들이 지닌 판단력의 비슷한 준칙에 따라서 평가하게 된다.

① 미적 판단과 도덕 판단은 모두 이해 관심에 근거해야 한다.
② 미적 판단은 개인의 주관적인 판단이기에 보편화될 수 없다.
③ 미적 판단의 대상인 예술은 그 자체로 자율성을 지닐 수 없다.
④ 미적 대상에 대한 감각적 경험은 도덕성 고양에 기여할 수 있다.
⑤ 미적 판단 능력은 옳고 그름을 판단하는 도덕적 능력에 종속된다.

● 왜 정답일까?

제시문은 칸트의 주장이다. 칸트는 미는 도덕성의 상징이라고 보았으며 미적 대상에 대한 감각적 경험이 도덕성의 고양에 기여할 수 있다고 보았다.

● 왜 오답일까?

① 칸트는 미적 판단과 도덕 판단이 모두 이해 관심과 무관하게 이루어져야 한다고 보았다.
② 칸트는 미적 판단은 다른 사람들에게도 똑같은 만족을 요구하므로 공통감을 불러 일으키고 보편화될 수 있다고 보았다.
③ 칸트는 미적 판단의 대상인 예술은 독자적인 자율성을 지닌다고 보았다.
⑤ 칸트는 미적인 것은 도덕적인 것의 상징이 되지만 미적 판단 능력이 도덕 능력에 종속되는 것은 아니라고 보았다.

11 형벌에 대한 입장
정답률 80% | 정답 ④

| 문제 보기 |

갑, 을 사상가들의 입장으로 적절한 것만을 〈보기〉에서 고른 것은? [3점]

> 갑 : 법은 공공 의사의 표현이다. 법은 살인을 미워하고 처벌한다. 그런데 그런 법이 스스로 살인을 범하다니 얼마나 어리석은가. 사형은 한 시민에 대한 국가의 전쟁이다. 이 전쟁은 필요하지도 유익하지도 않다.
> 을 : 법을 제정하는 행위는 일반 의지의 행사이다. 위법 행위와 형벌의 관계에 따라 형벌이 제정된다. 국가에 맞서 전쟁을 선포하는 죄인을 사형에 처할 때 우리는 그를 국가의 적으로서 처벌하는 것이다.

〈 보 기 〉
ㄱ. 갑 : 형벌은 모든 고통을 한순간에 집중시켜야만 효과적이다.
ㄴ. 갑 : 법은 살인을 금지하므로 법에 의해 살인하는 형벌은 부당하다.
ㄷ. 을 : 모든 형벌은 범죄자를 시민의 일원으로서 처벌하는 것이다.
ㄹ. 갑과 을 : 사회 계약의 목적에 반하는 형벌은 정당성이 없다.

① ㄱ, ㄴ ② ㄱ, ㄷ ③ ㄴ, ㄷ ④ ㄴ, ㄹ ⑤ ㄷ, ㄹ

● 왜 정답일까?

갑은 베카리아, 을은 루소이다.
ㄴ. 베카리아는 독립된 인간들이 하나의 사회를 형성하기 위한 조건이 법임에도 불구하고 오히려 이 법을 통해 살인하는 형벌은 부당하다고 보았다.
ㄹ. 베카리아와 루소는 모두 사형의 정당성을 사회 계약론의 입장에서 판단할 수 있다고 보았다. 따라서 베카리아와 루소 모두 사회 계약의 목적에 반하는 형벌은 정당성이 없다고 보았다.

● 왜 오답일까?

ㄱ. 베카리아는 형벌의 일시적 강도가 아닌 지속도가 인간의 정신에 더 큰 효과를 준다고 보았다. 따라서 베카리아는 모든 고통을 한순간에 집중시키는 사형은 종신 노역형보다 덜 효과적이라고 보았다.
ㄷ. 루소는 사회 계약을 위반한 살인자는 더 이상 시민의 일원이 아닌 공중의 적으로 처벌하는 것이라고 보았다.

12 공직자 윤리에 대한 입장
정답률 95% | 정답 ③

| 문제 보기 |
다음을 주장한 사상가가 강조하는 공직자의 자세로 옳지 않은 것은?

○ 관청에서 쓰는 모든 물건은 하늘에서 비처럼 내리고 땅에서 물처럼 솟는 것이 아니니, 쓸씀이를 절약하면서 물건 사용의 폐해를 살펴 백성들의 힘을 덜어 주어야 한다.
○ 청렴한 선비는 벼슬자리에 부임하러 갈 때 가족을 데려가지 않는데, 이때의 가족이란 아내와 자식을 일컫는다. 형제 간에는 가끔 왕래해도 되지만 오래 머물러서는 안 된다.

① 사사로운 정(情)에 따른 이익보다는 청렴을 중시해야 한다.
② 자애의 덕을 지니기 위해서는 반드시 절용(節用)해야 한다.
③ 청백리가 되려면 자신에게만 관대하고 가족에게는 엄격해야 한다.
④ 세금 사용에 주의를 기울여 국민의 경제적 부담을 줄여야 한다.
⑤ 공적 재산이 국민의 노력으로 이루어진 것임을 유념해야 한다.

● 왜 정답일까?
제시문은 정약용의 주장이다. 정약용은 공직자 윤리로 절용(節用)과 청렴(淸廉)을 강조하였다. 정약용은 청백리가 되려면 자신에게만 관대하고 가족에게는 엄격해야 한다고 주장하지 않았다.

13 성(性)에 대한 입장
정답률 91% | 정답 ⑤

| 문제 보기 |
갑, 을의 입장으로 가장 적절한 것은?

 성(性)은 사적 자유의 영역을 넘어 사회 안정과 질서 유지와 관련됩니다. 결혼과 윤리의 틀 안에서 이루어지는 성만이 정당합니다. 부부 간의 사랑 이야말로 성의 근거입니다.

성은 상대방에 대한 배려와 사랑을 필요로 합니다. 굳이 결혼과 결부시킬 필요가 없습니다. 사랑 없이 쾌락만을 추구하는 성은 도덕적으로 정당하지 않습니다.

① 갑 : 성적 관계에서 개인의 자유가 사회적 책임보다 중요하다.
② 갑 : 출산과 양육은 바람직한 성적 관계의 조건이 아니다.
③ 을 : 성적 관계는 윤리적 가치 판단의 대상이 아니다.
④ 을 : 정당한 성적 관계는 당사자 간의 동의로 충분하다.
⑤ 갑과 을 : 성적 관계는 당사자 간의 사랑을 전제해야 한다.

● 왜 정답일까?
갑은 성에 대한 보수주의 입장, 을은 성에 대한 중도주의 입장이다. 보수주의와 중도주의 모두 성적 관계는 당사자 간의 사랑을 전제해야 도덕적 정당성을 갖는다고 본다.

14 분배 정의에 대한 입장
정답률 58% | 정답 ②

| 문제 보기 |
갑, 을 사상가들의 입장으로 적절한 것만을 <보기>에서 있는 대로 고른 것은?

갑 : 정의의 일차적 주제는 사회의 기본 구조, 즉 사회의 주요 제도가 권리와 의무를 배분하고 사회 협동체로부터 생긴 이익의 분배를 정하는 방식이다. 사회의 기본 구조를 규제하는 원칙은 원초적 합의의 대상이다.
을 : 정의의 주제는 세 가지이다. 즉, 누구의 소유물도 아니던 것이 어떻게 누군가의 소유물이 될 수 있는가, 한 사람의 소유물이 어떻게 다른 사람의 소유물이 될 수 있는가, 그리고 부정의를 어떻게 바로잡을 수 있는가이다.

< 보 기 >
ㄱ. 갑 : 차등의 원칙은 천부적 능력의 차등이 있어도 성립한다.
ㄴ. 을 : 각 개인에게 소유물을 분배하는 최소 국가만이 정의롭다.
ㄷ. 을 : 소유물 취득의 정당성은 타인의 처지 개선을 요구한다.
ㄹ. 갑과 을 : 개인은 사유 재산을 소유할 불가침적 권리를 지닌다.

① ㄱ, ㄷ
② ㄱ, ㄹ
③ ㄴ, ㄷ
④ ㄱ, ㄴ, ㄹ
⑤ ㄴ, ㄷ, ㄹ

● 왜 정답일까?
갑은 롤스, 을은 노직이다.

ㄱ. 롤스는 차등의 원칙을 통해 천부적 능력의 차별로(차이로) 인한 불평등을 조정해야 한다고 보았다. 그는 천부적으로 유리한 처지에 있는 사람들은 아주 불리한 처지에 있는 사람들의 여건을 향상시켜 준다는 조건하에서만 그들의 행운에 의해 이익을 볼 수 있다고 보았다.
ㄹ. 롤스는 사유 재산을 소유할 권리는 제1원칙에 의거해 누구나 평등하게 가지며, 노직은 개인이 자신의 천부적 자산이나 정당하게 소유한 소유물에 대해 배타적이고 절대적인 권리를 지닌다고 보았다.

● 왜 오답일까?
ㄴ. 노직은 최소 국가가 소유물을 분배하는 주체가 아니라고 보았다. 따라서 노직은 소유물을 분배하는 최소 국가만이 정의롭다고 주장하지 않았다.
ㄷ. 노직은 타인 처지 개선이 아니라 타인의 처지를 악화시키지 않는 한 자신의 노동이 투입된 결과물에 대해 소유권을 갖는다고 주장하였다.

15 자연에 대한 입장
정답률 45% | 정답 ②

| 문제 보기 |
(가)의 갑, 을, 병 사상가들의 입장을 (나) 그림으로 표현할 때, A ~ D에 해당하는 적절한 진술만을 <보기>에서 고른 것은? [3점]

(가)	갑 : 동물을 폭력적으로 다루면 고통에 대한 공감이 무뎌져 결국 타인과의 관계에서 인간의 도덕성에 매우 유익한 천성적 소질이 고갈될 수 있다. 을 : 어떤 존재가 느끼는 고통을 고려하지 않는 것은 옳지 않다. 이익 평등 고려의 원리는 그 존재의 고통을 다른 존재의 고통과 평등하게 계산하도록 한다. 병 : 경제적 이익 계산의 문제로만 바람직한 대지의 이용을 생각하지 말라. 생명 공동체의 통합성과 안정성 그리고 아름다움의 보전에 이바지한다면 그것은 옳다.
(나)	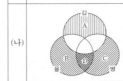 〈 범 례 〉 A : 갑만의 입장 B : 을만의 입장 C : 병만의 입장 D : 을과 병만의 공통 입장

< 보 기 >
ㄱ. A : 동물을 학대하지 않는 것은 인간의 자신에 대한 의무에 부합한다.
ㄴ. B : 쾌고 감수 능력은 도덕적 행위자임을 판별하는 결정적 기준이다.
ㄷ. C : 생태계뿐만 아니라 개별 생명체도 도덕적 고려의 대상일 수 있다.
ㄹ. D : 인간은 다른 모든 생명체보다 본질적으로 우월하지 않다.

① ㄱ, ㄴ
② ㄱ, ㄷ
③ ㄴ, ㄷ
④ ㄴ, ㄹ
⑤ ㄷ, ㄹ

● 왜 정답일까?
갑은 칸트, 을은 싱어, 병은 레오폴드이다.
ㄱ. 칸트에게만 옳은 진술이다. 칸트는 동물을 잔혹하게 대하는 것은 도덕성에 이로운 소질을 약화시키는 것으로 인간의 자신에 대한 의무에 위배되므로 인간은 동물을 학대해서는 안 된다고 보았다. 반면에 싱어는 쾌락과 고통을 느끼는 존재의 이익을 동등하게 고려해야 하기 때문에 동물을 학대하지 않는 것이라고 보았으며, 레오폴드는 도덕 공동체의 범위를 흙, 물, 식물과 동물 등을 포함한 대지까지 확장해야 하므로 동물을 학대해서는 안 된다고 보았다. 따라서 동물을 학대하지 않는 것은 인간의 자신에 대한 의무에 부합한다는 것은 칸트에게만 옳은 진술이다.
ㄷ. 레오폴드에게만 옳은 진술이다. 레오폴드는 개별 생명체뿐만 아니라 무생물을 포함한 생태계 전체를 도덕적 고려의 대상으로 여겨야 한다고 보았다. 하지만 칸트는 이성적 존재, 싱어는 쾌고 감수 능력을 가진 존재를 도덕적 고려의 대상으로 보았다.

● 왜 오답일까?
ㄴ. 싱어에게 틀린 진술이다. 싱어는 쾌고 감수 능력은 도덕적 고려의 대상의 기준이지만 쾌고 감수 능력을 지닌 모든 존재를 도덕적 행위자라고 주장하지 않았다.
ㄹ. 싱어에게 틀린 진술이다. 싱어는 식물이나 무생물은 도덕적 고려의 대상이 아니며 인간이 더 우월한 존재라고 보았다.

16 국제 관계에 대한 입장
정답률 63% | 정답 ④

| 문제 보기 |
갑, 을 사상가들의 입장으로 옳지 않은 것은?

갑 : 국제 사회에서 평화 실현은 도덕적 의무이다. 국가는 세계 시민법에 따라 외국 방문객이 평화적으로 처신하는 한 적대적으로 대하면 안 된다. 세계 시민법의 이념은 공적인 인권과 영원한 평화를 위해 필요하다.
을 : 국제 정치에서 평화 유지는 세력 균형을 통해 가능하다. 모든 정치가 그러하듯 국제 정치도 권력을 얻기 위한 투쟁이다. 따라서 국제 정치의 본질상 평화 상태에서도 폭력 사용의 가능성은 항상 존재한다.

① 갑 : 국가는 모든 외국인에 대해 호의적으로 대할 필요는 없다.
② 갑 : 국가 간 신뢰를 불가능하게 하는 적대 행위를 해서는 안 된다.
③ 을 : 국제 정치에서 개별 국가들의 권력욕은 갈등의 원인이다.
④ 을 : 국제법에 근거한 세력 균형이 유일한 평화 유지 수단이다.
⑤ 갑과 을 : 국제 연맹은 독립된 국가처럼 주권을 행사할 수 없다.

● 왜 정답일까?
갑은 칸트, 을은 모겐소이다.
모겐소는 국제법에 근거한 세력 균형이 유일한 평화 유지 수단이라고 주장하지 않았다. 그는 국가 간의 평화 상태 유지가 국제법이나 국제도덕이 아니라 세력 균형에 의해 가능하다고 보았다.

● 왜 오답일까?
① 칸트는 낯선 이방인이 다른 국가에 갔을 때 평화적으로 처신하는 한 적대적으로 대우받지 않을 환대권이 있다고 보았다. 따라서 칸트는 국가가 모든 외국인에 대해 호의적으로 대할 필요는 없다고 보았다.
② 칸트는 어떠한 경우에도 암살자나 독살자의 고용과 같이 다른 국가와의 전쟁 중에 장래의 평화 시에 상호 신뢰를 불가능하게 만들 것이 틀림없는 적대 행위들을 해서는 안 된다고 보았다.
③ 모겐소는 인간이 정치적 동물이자 권력을 추구하는 본능을 가지고 태어나며, 국제 정치나 국내 정치 모두 권력을 위한 투쟁이라고 보았다. 따라서 모겐소는 개별 국가들의 권력욕이 국제 정치에서 갈등의 원인이 된다고 보았다.
⑤ 칸트와 모겐소 모두 국제 연맹이 독립된 국가처럼 주권을 지닐 수는 없다고 보았다. 칸트는 독립 국가를 하나의 인격으로 존중해야 한다고 보면서 평화 연맹이 주권적 권력을 행사해서는 안 되며, 오직 주권 국가들의 자유를 보장하는 것에만 관여해야 한다고 보았다. 모겐소는 국제 정치가 독립된 주권 국가들을 이끄는 중심적인 권위체가 존재하지 않는 무정부 상태이며, 개별 국가보다 더 상위에 있는 권위체는 없다고 보았다.

17 삶과 죽음에 대한 입장
정답률 74% | 정답 ②

| 문제 보기 |
갑, 을 사상가들의 입장으로 가장 적절한 것은? [3점]

갑 : 사람에게 인(仁)은 물과 불보다 더 필요한 것이다. 하지만 나는 물과 불로 인해 죽은 사람은 보았지만, 인을 실천하다가 죽은 사람은 아직 보지 못하였다.
을 : 삶과 죽음은 사계절의 운행과 같다. 이러한 이치에 통달한 지인(至人)을 물과 불이 다치게 할 수 없고, 추위와 더위가 해칠 수 없으며, 짐승들마저도 죽이지 못한다.

① 갑 : 죽음 이후에 관한 지식이 삶에 관한 지식보다 중요하다.
② 갑 : 죽음을 맞이하는 한이 있더라도 도(道)를 추구해야 한다.
③ 을 : 죽음은 삶에서 지은 업(業)으로 말미암아 나타난 결과이다.
④ 을 : 죽음은 삶의 자연스러운 변화이지만 마땅히 슬퍼해야 한다.
⑤ 갑과 을 : 삶과 죽음은 운명[命]에 따라 주기적으로 순환한다.

● 왜 정답일까?
갑은 공자, 을은 장자이다.
공자는 삶을 구하기보다 인(仁)의 실천을 위해 노력함으로써 도(道)를 실현해야 한다고 보았다.

● 왜 오답일까?
① 공자는 죽음보다는 현실의 도덕적 삶에 더 관심을 가졌고, 도(道)를 실현하기 위해 자신의 삶을 희생할 수 있다고 보았다.
③ 장자의 입장이 아니다.

④ 장자는 죽음이 자연스러운 과정이며 애도(哀悼)의 대상이 아니라고 보았다.
⑤ 공자는 삶과 죽음이 운명[命]에 따라 주기적으로 순환하는 것이라고 주장하지 않았다.

18 요나스의 입장 정답률 95% | 정답 ③

| 문제 보기 |

다음을 주장한 사상가의 입장으로 가장 적절한 것은?

> 현대의 기술이 산출한 행위들은 그 규모와 대상, 결과가 너무나 새로운 것이기 때문에 이러한 행위들은 전통 윤리학의 틀로서는 더 이상 파악할 수 없다. 이에 따라 나는 서로 관련된 두 가지 주장을 제시한다. 하나는 인간의 기술적 힘이 발전하면서 인간 행위의 본질이 변화했다는 것이다. 그리고 다른 하나는 인간 행위의 변형된 본질로 인해 윤리학에 있어서도 변화가 요청된다는 것이다.

① 인간은 호혜적 관계를 맺는 존재에 대해서만 책임이 있다.
② 현대 과학 기술의 힘은 인간 행위의 본질을 변화시키지 못한다.
③ 기술로 얻은 힘의 크기가 커질수록 인간의 책임 범위는 넓어진다.
④ 과학 기술로 인한 비의도적 결과는 인간이 책임질 필요가 없다.
⑤ 전통 윤리학은 미래 세대의 생존 문제를 모두 해결할 수 있다.

● 왜 정답일까?

제시문은 요나스의 주장이다.
요나스는 현대 과학 기술이 인간의 행위가 미치는 범위를 이전과는 다른 방식과 크기로 확장하고 있다고 보았으며, 기술로 얻은 힘의 크기가 커질수록 인간의 책임 범위는 더욱 넓어진다고 보았다.

19 원조에 대한 롤스, 싱어의 입장 정답률 54% | 정답 ③

| 문제 보기 |

갑, 을 사상가들의 입장으로 적절한 것만을 〈보기〉에서 있는 대로 고른 것은? [3점]

> 갑 : 질서 정연한 사회의 장기 목표는 무법 국가와 마찬가지로 고통받는 사회들을 질서 정연한 만민의 사회에 가입시키는 것이어야 한다. 고통받는 사회가 적정 수준의 사회가 되면 더 이상의 원조는 필요하지 않다.
> 을 : 우리는 인류의 고통을 감소시키고 쾌락을 증진할 의무를 지닌다. 우리에게는 얼마 되지 않는 비용으로 곤궁한 타인의 복리에 중요한 변화를 일으킬 수 있을 때 발생하는 의무보다 우선할 수 있는 것은 없다.

> ─〈보 기〉─
> ㄱ. 갑 : 독재나 착취로 빈곤한 사회는 원조 대상이 될 수 없다.
> ㄴ. 갑 : 고통받는 사회가 스스로 정치 문화를 개선하도록 원조해야 한다.
> ㄷ. 을 : 지구촌의 절대 빈곤 해결을 위한 원조의 의무는 정언 명령이다.
> ㄹ. 갑과 을 : 원조의 목적은 인류 복지 수준의 균등화가 아니다.

① ㄱ, ㄷ   ② ㄱ, ㄹ   ③ ㄴ, ㄹ
④ ㄱ, ㄴ, ㄷ   ⑤ ㄴ, ㄷ, ㄹ

● 왜 정답일까?

갑은 롤스, 을은 싱어이다.
ㄴ. 롤스는 고통받는 사회가 스스로 정치 문화를 개선하도록 원조가 이루어져야 한다고 보았다.
ㄹ. 롤스와 싱어 모두 원조의 목적이 인류 복지 수준의 균등화가 아니라고 보았다. 롤스는 원조의 목적이 불리한 여건으로 고통받는 사회를 질서 정연한 사회가 되도록 돕는 것이라고 보았고, 싱어는 원조의 목적이 인류 전체의 복리를 증진하는 것이라고 보았다.

● 왜 오답일까?

ㄱ. 롤스는 원조를 통해 무법 국가가 아니면서 독재나 착취로 빈곤한 사회가 적정 수준의 문화를 형성하여 질서 정연한 사회가 되도록 원조해야 한다고 주장하였다.
ㄷ. 싱어는 지구촌의 절대 빈곤 해결을 위한 원조는 보편적인 의무로 여겨야 한다고 보았지만 정언 명령이 아니라 조건부적 명령이라고 주장하였다.

---

20 종교 간 갈등 완화를 위한 입장 정답률 94% | 정답 ⑤

| 문제 보기 |

그림의 강연자가 지지할 입장으로 가장 적절한 것은? [3점]

> 문명의 충돌을 막기 위해 우리는 무엇보다 종교 간의 관용과 적극적인 대화에 힘써야 합니다. 종교 간의 갈등은 수많은 사람을 고통스럽게 하고 사회와 국가의 발전을 가로막습니다. 이러한 갈등은 무엇보다 자신의 종교만을 맹신하고 타 종교를 인정하지 않는 배타적인 태도에 기인합니다. 평화는 물론이고 국가 간의 평화도 불가능합니다. 지구에 존재하는 주요 종교들에는 비록 형식과 생활 존중, 관용과 진실성, 연대와 정의로운 경제 질서, 평등과 남녀 동반 관계 등의 가치가 들어 있습니다. 종교 간의 대화를 통해 이러한 가치들을 기본으로 하는 세계 윤리를 도출하여 평화로운 세계를 만들어야 합니다.

① 종교 간의 평화 실현에 타인과의 대화 역량은 불필요하다.
② 다른 종교를 관용의 눈으로 바라보는 것은 불필요한 노력이다.
③ 종교의 통일이 문명의 충돌을 막을 수 있는 유일한 해법이다.
④ 종교 간의 갈등은 사회와 국가의 발전과 어떠한 관련도 없다.
⑤ 편견 없이 타 종교를 이해하는 일이 평화로운 공존의 초석이다.

● 왜 정답일까?

제시문은 한스 큉의 주장이다.
큉은 세계 평화를 위해서는 종교 간 평화가 요구되며, 종교 간 평화를 위해서는 종교 간 대화가 필요하다고 보았다. 즉 편견 없이 타 종교를 이해하는 일은 평화로운 공존의 초석이라고 보았다.

---

01 실천 윤리학과 기술 윤리학의 특징 정답률 60% | 정답 ③

| 문제 보기 |

㉠에 들어갈 진술로 가장 적절한 것은?

> 나는 윤리학이란 도덕 이론에 근거하여 우리가 당면한 실질적인 도덕 문제를 해결하는 것을 목표로 삼아야 한다고 생각한다. 그런데 어떤 사람은 사회에서 통용되고 있는 도덕 현상을 과학적으로 설명하는 것을 윤리학의 목표로 삼아야 한다고 주장한다. 나는 이러한 주장이 ㉠ 고 생각한다.

① 도덕적 담론의 논증 구조에 대한 논리적 분석을 강조한다
② 도덕 판단의 표준에 대한 체계적인 이론의 정립을 강조한다
③ 도덕적으로 바람직한 삶의 이상에 대한 규범적 탐구를 간과한다
④ 도덕적 딜레마 해결을 위해 타 학문과의 학제적 연구를 강조한다
⑤ 도덕규범이 형성된 인과 관계에 대한 경험적 탐구를 간과한다

● 왜 정답일까?

제시문의 '나'는 실천 윤리학, '어떤 사람'은 기술 윤리학을 지지하는 입장이다.
실천 윤리학은 구체적인 삶에서 발생하는 윤리 문제에 대해 도덕 이론을 근거로 하여 해결책을 모색하는 데 주된 관심을 둔다. 반면에 기술 윤리학은 도덕 현상을 과학적, 객관적으로 설명하는 데 주된 관심을 둔다. 실천 윤리학의 입장에서 기술 윤리학 입장에 대해 도덕적으로 바람직한 삶의 이상에 대한 규범적 탐구를 간과한다고 비판할 수 있다.

02 장자와 석가모니의 입장 정답률 21% | 정답 ①

| 문제 보기 |

갑, 을 사상가들의 입장으로 가장 적절한 것은? [3점]

> 갑 : 성인(聖人)의 은혜가 만세에 베풀어져도 사람에게 특별히 치우치지 않는다. 친함이 있으면 어진 자가 아니며, 명성을 추구하여 참된 자기를 잃으면 선비가 아니다.
> 을 : 이것이 있기 때문에 저것이 있고, 이것이 일어나기 때문에 저것이 일어난다. 이 법(法)은 내가 만든 것도 아니고 다른 사람이 만든 것도 아니다.

① 갑 : 자신을 구속하는 일체의 것을 잊어버리고 자유롭게 살아야 한다.
② 갑 : 사욕(私欲)을 극복하고 예로 돌아가는 삶을 지향해야 한다.
③ 을 : 바른 수행으로 만물이 서로 독립하여 존재함을 깨달아야 한다.
④ 을 : 연기법에 대한 자각을 통해 변하지 않는 자아를 깨달아야 한다.
⑤ 갑과 을 : 하늘이 부여한 순선한 본성을 따르는 삶을 살아가야 한다.

● 왜 정답일까?

갑은 장자이고, 을은 석가모니이다.
장자는 조용히 앉아서 자신을 구속하는 일체의 것들을 잊어버리는 것, 즉 좌망을 통해 어떠한 외물에도 얽매이지 않고 자유롭게 살아가는 절대 자유의 경지를 추구하였다.

● 왜 오답일까?

② 유교의 입장이다.

③ 불교는 세상의 모든 존재와 현상이 상호 관계 속에서 존재한다고 보고, 독립적으로 존재하는 것은 없다고 보았다.
④ 불교는 모든 것이 끊임없이 변화한다고 보고, 불변하는 자아는 없다고 보았다.
⑤ 유교의 입장이다.

03 정보 사회의 잊힐 권리   정답률 95% | 정답 ②

| 문제 보기 |

다음 신문 칼럼에서 강조하는 내용으로 가장 적절한 것은?

○○ 신문   ○○○○년 ○○월 ○○일

칼럼

최근 자녀의 사진이나 동영상을 온라인에 게시하고 타인과 공유하는 뉴 미디어 세대의 육아 방식이 유행하고 있다. 이러한 육아 방식은 자녀의 성장 과정을 기록하고 육아 정보를 공유할 수 있다는 점에서 유익하다. 하지만 이로 인해 자녀의 사생활과 정보 자기 결정권이 침해되고 자녀가 사이버 범죄에 노출될 위험성이 증가하고 있다. 아동·청소년은 이러한 피해의 직접적 당사자가 될 수 있기 때문에 이들에게도 잊힐 권리가 보장되어야 한다. 즉, 아동·청소년은 본인이나 타인이 올린 자신의 개인 정보와 관련된 게시물을 자신의 의사만으로 삭제해 달라고 직접 요청할 수 있도록 해야 한다.
---

① 잊힐 권리는 게시물 작성자에게 부여되어야 할 독점적 권리이다.
② 아동·청소년은 개인 정보의 보호 대상이면서 주체가 되어야 한다.
③ 악의 없이 공유한 게시물이라면 개인의 권리를 내세워 삭제할 수 없다.
④ 자녀의 정보 자기 결정권은 부모의 동의를 통해 행사되어야 한다.
⑤ 공유 게시물의 삭제 여부는 정보의 유용성에 따라 결정되어야 한다.

● 왜 정답일까?

신문 칼럼은 아동·청소년의 잊힐 권리에 대한 내용이다.
신문 칼럼에서는 아동·청소년은 개인 정보의 보호 대상이면서 주체가 되어야 한다고 강조하고 있다.

04 아리스토텔레스의 덕 윤리   정답률 57% | 정답 ①

| 문제 보기 |

다음을 주장한 사상가의 입장에서 〈문제 상황〉 속 A에게 제시할 조언으로 적절한 것만을 〈보기〉에서 있는 대로 고른 것은? [3점]

도덕적 덕은 대상에 있어서의 중간이 아니라 우리와의 관계에서 성립하는 중용에 의존한다. 중용은 두 악덕, 즉 지나침에 따른 악덕과 모자람에 따른 악덕 사이의 중용이다.

〈문제 상황〉

인성교육 전문가인 A는 아동을 바른 품성을 지닌 사람으로 기르고자 한다. 이를 위해 A는 인성교육 프로그램을 어떤 방향과 내용으로 개발해야 할지 고민하고 있다.

〈보 기〉

ㄱ. 아동이 인간의 고유한 본성을 실현할 수 있도록 개발하세요.
ㄴ. 아동이 습관화를 통해 도덕적 품성을 함양하도록 개발하세요.
ㄷ. 아동이 행복은 곧 옳고 그름에 관한 앎임을 알도록 개발하세요.
ㄹ. 아동이 어떠한 상황에서도 두려움의 감정을 갖지 않는 용기 있는 사람이 되도록 개발하세요.
---

① ㄱ, ㄴ   ② ㄱ, ㄷ   ③ ㄷ, ㄹ
④ ㄱ, ㄴ, ㄹ   ⑤ ㄴ, ㄷ, ㄹ

● 왜 정답일까?

제시문의 사상가는 아리스토텔레스이다.
ㄱ. 아리스토텔레스는 이성적 인간이 공동체 안에서 자신의 본성, 즉 이성을 실현해야 한다고 보았다.
ㄴ. 아리스토텔레스에 따르면 도덕적 품성을 지닌 사람은 도덕적 덕이 있는 사람이고, 도덕적 덕은 지나침과 부족의 악덕 사이에서 상황에 따라 알맞게 행동하는 것을 습관화하여 형성되는 덕이다.

05 우생학에 대한 입장   정답률 81% | 정답 ④

| 문제 보기 |

다음 토론의 핵심 쟁점으로 가장 적절한 것은?

갑 : 과거 우생학은 국가의 특정한 목적을 위해 개인의 자유를 침해했기 때문에 금지되었습니다. 하지만 개인의 자유로운 선택을 존중하는 우생학은 허용되어야 합니다.
을 : 동의합니다. 개인의 자유로운 선택을 전제한다면, 개인은 자신뿐 아니라 자녀에 대한 치료 목적의 소극적 우생학은 물론 자질 강화를 위한 적극적 우생학의 권리도 지닙니다.
갑 : 물론 개인은 자신에 대해서는 그러한 권리 모두를 지닙니다. 하지만 자녀에 대한 소극적 우생학과 달리, 부모가 유전적 개입을 통해 자녀의 삶을 특정 방향으로 유도하려는 적극적 우생학은 자녀의 자율성을 침해하기에 금지되어야 합니다.
을 : 그렇지 않습니다. 인간의 삶의 방향은 유전자, 환경, 노력 등의 복합적인 상호 작용으로 결정됩니다. 자녀에 대한 적극적 우생학이 자녀의 자율성을 침해하는 것은 아닙니다.
---

① 유전적 개입으로 유전 질환을 치료하는 것을 허용해도 되는가?
② 개인은 자기 자신에 대한 적극적 우생학의 권리를 지닐 수 있는가?
③ 자녀의 자율성을 침해하지 않는 유전적 개입을 허용해도 되는가?
④ 자녀의 능력 향상을 위해 부모가 자녀의 유전자에 개입해도 되는가?
⑤ 유전자는 개인의 삶의 방향을 결정하는 데 영향을 미칠 수 있는가?

● 왜 정답일까?

갑은 자녀에 대한 적극적 우생학은 자녀의 자율성을 침해하기에 금지되어야 한다는 입장이다.
을은 개인의 자유로운 선택이 전제된다면, 자신뿐 아니라 자녀에 대한 소극적 우생학과 적극적 우생학의 권리를 보장해야 한다는 입장이다.
자녀의 자질 강화를 위해, 즉 자녀의 능력 향상을 위해 부모가 자녀의 유전자에 개입해도 되는가에 대해 갑은 부정, 을은 긍정의 대답을 할 것이다.

06 죽음관에 대한 입장   정답률 93% | 정답 ④

| 문제 보기 |

갑, 을 사상가들의 입장으로 가장 적절한 것은? [3점]

갑 : 사람이 죽으면 영혼이 육체로부터 분리되어 자유를 얻는다. 죽음이 다가올 때 죽기를 주저하는 사람은 분명 지혜를 사랑하는 자가 아니며, 육신을 사랑하는 자인 동시에 부나 명예를 사랑하는 자임에 틀림이 없다.
을 : 죽음이 존재하는 한 우리는 존재하지 않으며 죽음이 오면 우리는 존재하지 않는다. 죽음은 산 사람이나 죽은 사람 모두와 아무런 상관이 없다. 지혜로운 사람에게는 죽음이 어떠한 악으로도 생각되지 않는다.
---

① 갑 : 지혜로운 사람은 죽음을 두려워하면서도 의연히 받아들인다.
② 갑 : 사람들이 추구하는 가치가 달라도 죽음을 대하는 태도는 같다.
③ 을 : 죽음은 지혜로운 사람도 피할 수 없는 고통임을 깨달아야 한다.
④ 을 : 감각할 수 없는 자신의 죽음 때문에 불안을 느낄 필요가 없다.
⑤ 갑과 을 : 불멸에 대한 열망을 통해 죽음의 불안에서 벗어나야 한다.

● 왜 정답일까?

갑은 플라톤이고, 을은 에피쿠로스이다. 에피쿠로스는 우리는 자신의 죽음을 감각으로 경험할 수 없기 때문에 죽음은 우리에게 아무것도 아니라고 보았다. 따라서 에피쿠로스 입장에서는 죽음 때문에 두려워하거나 불안해할 필요가 없다.

07 기술에 대한 입장   정답률 70% | 정답 ④

| 문제 보기 |

갑 사상가가 을 사상가에게 제기할 수 있는 비판으로 가장 적절한 것은?

갑 : 기술은 그 기술을 실현시키는 결과와 독립해 있는 자립적인 존재로서 일종의 공허한 힘이다. 결국 기술은 그 자체로 선도 아니고 악도 아니다.
을 : 기술은 은폐되어 존재하는 것을 탈은폐의 길로 이끄는 것이다. 우리가 기술을 중립적인 것으로 고찰할 때, 우리는 무방비 상태로 기술에 내맡겨져 종속되어진다.
---

① 인간의 개입 없이도 기술이 인간에게 해악을 끼칠 수 있음을 간과한다.
② 기술의 지배에서 벗어나도록 기술의 본질을 고찰해야 함을 간과한다.
③ 기술을 어떻게 이용할지에 대한 윤리적 성찰이 불필요함을 간과한다.
④ 기술은 인간이 설정한 목적을 달성하기 위한 것일 뿐임을 간과한다.
⑤ 기술은 사물의 참모습을 밖으로 드러내 주는 것임을 간과한다.

● 왜 정답일까?

갑은 야스퍼스이고, 을은 하이데거이다.
야스퍼스는 기술 그 자체는 선도 아니고 악도 아니며, 기술은 단지 수단일 뿐이라고 보았다. 하이데거는 기술은 그저 하나의 수단만이 아니며, 탈은폐의 한 방식이라고 보았다.
야스퍼스는 하이데거에게 기술은 수단일 뿐임을, 즉 인간이 설정한 목적을 달성하기 위한 것일 뿐임을 간과하고 있다고 비판할 수 있다.

08 다문화 사회   정답률 92% | 정답 ⑤

| 문제 보기 |

다음 가상 편지에서 강조하는 내용으로 가장 적절한 것은?

○○ 국가 다문화 정책 담당자께

지난번에 의뢰해 주신 귀국의 다문화 정책의 추진 방향에 대한 답변을 드리고자 합니다. 귀국에서는 외국인과의 혼인 및 외국인 노동자의 이주가 증가하면서 이주민 문화와 기존 문화 간에 갈등이 발생하고 있습니다. 이러한 갈등을 해소하기 위해서는 다양한 문화를 주류 문화 속에 융합하여 하나의 문화를 형성하는 정책이 아니라, 다양한 문화가 조화를 이루며 평등하게 공존할 수 있는 정책을 채택해야 합니다. 비유하자면, 샐러드처럼 양상추, 당근, 오이 등이 각각 그 고유한 맛을 유지하면서도 대체로 맛을 낼 수 있도록 해야 한다는 것입니다. 이러한 정책이 각 문화의 특수성을 존중하면서도 자유, 평등, 정의와 같은 보편적 가치를 실현하는 데 기여할 수 있습니다.
---

① 이주민 문화를 주류 문화에 편입시켜 사회적 결속력을 강화해야 한다.
② 보편 윤리를 실현하기 위해 각 문화의 특수성을 배제해야 한다.
③ 문화 간 갈등이 발생하지 않도록 동화주의 정책을 추진해야 한다.
④ 주류 문화의 우위를 전제로 비주류 문화의 고유성을 존중해야 한다.
⑤ 문화의 다양성을 인정함으로써 문화적 역동성을 증진해야 한다.

● 왜 정답일까?

가상 편지는 샐러드 볼 이론을 제안하고 있다.
샐러드 볼 이론은 다양한 맛을 가진 채소와 과일들이 서로 조화를 이루어 샐러드가 되듯이, 다양한 문화가 서로 대등하게 조화를 이루어야 한다고 보는 입장이다.
가상 편지는 각 문화의 고유성을 존중하고 문화의 다양성을 인정함으로써 문화적 역동성을 증진해야 함을 강조한다.

09 분배 정의에 대한 입장   정답률 28% | 정답 ⑤

| 문제 보기 |

갑, 을 사상가들의 입장으로 적절한 것만을 〈보기〉에서 있는 대로 고른 것은?

갑 : 기본적 자유의 체제는 모든 사람에게 평등하게 보장되어야 하고, 사회적·경제적 이익의 분배는 공정한 기회균등의 원칙과 차등의 원칙에 의해 규제되어야 한다.
을 : 분배 정의에 있어서 소유 권리론은 역사적이다. 과거의 상황이나 사람의 과거 행위는 사물에 대한 차별적인 소유 권리나 응분의 자격을 낳는다.

〈보 기〉

ㄱ. 갑 : 최소 수혜자에게 이익이 되지 않는 한 소득은 평등하게 분배되어야 한다.
ㄴ. 갑 : 기본적 자유들이 상충하더라도 그 기본적 자유들은 서로 균등하게 보장되어야 한다.
ㄷ. 을 : 자신의 노동을 투여하지 않고 취득한 소유물에 대한 정당한 소유 권리는 성립할 수 있다.
ㄹ. 갑과 을 : 능력에 따른 분배는 정의 원칙에 어긋날 수 있다.
---

① ㄱ, ㄴ   ② ㄴ, ㄷ   ③ ㄷ, ㄹ

④ ㄱ, ㄴ, ㄹ   ⑤ ㄱ, ㄷ, ㄹ

● 왜 정답일까?

갑은 롤스이고, 을은 노직이다.

ㄱ. 롤스는 최소 수혜자에게 이익이 될 경우에만 사회적·경제적 불평등이 정당화될 수 있다고 보았다. 따라서 최소 수혜자에게 이익이 되지 않는 한 부, 소득과 같은 사회적 가치들은 평등하게 분배되어야 한다고 보았다.

ㄷ. 노직은 자신의 노동을 투여하지 않더라도, 타인에 의해 자유로이 양도받아 취득한 소유물, 즉 이전의 원칙에 의해 취득한 소유물에 대해서는 정당한 소유 권리가 있다고 보았다.

ㄹ. 롤스는 개인의 능력은 우연성의 영향을 받는다고 보고, 능력에 따라 부와 소득이 분배되는 것은 정의의 원칙에 어긋날 수 있다고 보았다. 노직은 능력에 따른 분배는 정형적 원리에 따른 분배라고 보고, 이는 소유 권리를 침해할 수 있다고 보았다.

● 왜 오답일까?

ㄴ. 롤스는 기본적 자유들 중 어느 것도 절대적이지 않다고 보았다. 따라서 롤스는 기본적 자유들이 상충할 경우 제한될 수 있다고 보고, 서로 상충하는 기본적 자유들 각각에 대해 균등하게 보장될 필요는 없다고 보았다.

10 환경 윤리에 대한 입장   정답률 30% | 정답 ⑤

| 문제 보기 |

(가)의 갑, 을, 병 사상가들의 입장을 (나) 그림으로 표현할 때, A ~ D에 해당하는 적절한 진술만을 〈보기〉에서 고른 것은? [3점]

> (가)
> 갑 : 인간과 마찬가지로 다른 생명체도 목적론적 삶의 중심이다. 그들 각각은 고유의 방식으로 환경 상황에 반응하고 고유의 선을 추구한다.
> 을 : 인간은 인간에 대한 의무 외에 다른 의무를 갖지 않는다. 인간이 갖고 있는 다른 존재와 관련된 의무를 다른 존재에 대한 의무로 혼동해서는 안 된다.
> 병 : 인간이 육식을 위해 동물을 죽이는 관행은 동물의 이익을 침해한다. 우리에게는 이익 평등 고려 원칙에 따라 이런 관행을 막아야 할 도덕적 의무가 있다.

> (나)
>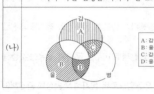
> [범례]
> A : 갑만의 입장
> B : 을만의 입장
> C : 갑과 병의 공통 입장
> D : 을과 병의 공통 입장

〈보 기〉

ㄱ. A : 인간은 생명체를 해치지 않을 절대적 의무를 실천해야 한다.

ㄴ. B : 종(種)이 다른 개체를 서로 다르게 대우하는 것이 정당화될 수 있다.

ㄷ. C : 인간에 대한 의무의 근거가 동물에 대한 의무를 정당화할 수 있다.

ㄹ. D : 인간 아닌 감각 없는 개체 중 도덕적 지위를 지닌 존재는 없다.

① ㄱ, ㄴ   ② ㄱ, ㄷ   ③ ㄷ, ㄹ   ④ ㄱ, ㄴ, ㄹ   ⑤ ㄴ, ㄷ, ㄹ

● 왜 정답일까?

갑은 테일러이고, 을은 칸트이고, 병은 싱어이다.

ㄷ. 테일러와 싱어만의 공통 입장이다. 칸트는 인간에 대한 의무의 근거를 이성이라고 보고, 이성을 지니지 않은 동물에 대한 의무는 없다고 보았다. 칸트가 말하는 동물에 관련된 의무는 인간에 대한 의무로부터 나온 간접적 의무일 뿐이다. 테일러는 인간에 대한 의무의 근거를 내재적 존엄성이라고 보고, 내재적 존엄성을 지닌 동물과 식물이 도덕적 의무의 대상이라고 보았다. 싱어는 인간에 대한 의무의 근거를 쾌고 감수 능력이라고 보고, 쾌고 감수 능력을 지닌 동물도 도덕적 의무의 대상이라고 보았다.

ㄹ. 칸트와 싱어만의 공통 입장이다. 인간 아닌 감각 없는 개체는 무생물, 식물, 쾌고 감수 능력이 없는 동물이다. 칸트와 싱어는 무생물, 식물, 쾌고 감수 능력이 없는 동물 중 도덕적 지위를 지닌 존재는 없다고 보았다. 반면 테일러는 식물, 쾌고 감수 능력이 없는 동물도 도덕적 지위를 지닌 존재라고 보았다.

● 왜 오답일까?

ㄱ. 테일러의 입장이 아니다. 테일러는 인간의 생존을 위해 필요한 경우에는 동물을 죽이는 것이 허용된다고 보았다. 테일러는 인간이 생명체를 해치지 않아야 할 의무를 절대적 의무라고 보지 않았다.

11 예악에 대한 묵자와 순자의 입장   정답률 93% | 정답 ③

| 문제 보기 |

갑, 을 사상가들의 입장으로 가장 적절한 것은?

> 갑 : 어진 사람은 천하의 이익과 해로움을 따져서 일을 처리했다. 지금의 대신들이 음악을 즐기느라 나랏일을 돌보지 않는다면, 나라가 위태로워질 것이다. 음악이 즐겁기는 하지만, 백성의 이익과 부합하지 않기에 음악을 즐기는 것은 잘못이다.
> 을 : 성왕(聖王)은 음악을 즐겼다. 더욱이 그것을 통해 백성의 마음을 감동시켜 본성을 교화하였다. 음악을 활용하여 백성이 좋아하고 싫어하는 감정을 예(禮)에 따라 절제하도록 했던 것이다.

① 갑 : 백성 모두가 차별 없이 음악을 늘 즐기도록 국가가 힘써야 한다.

② 갑 : 백성을 잘 다스리기 위해 관원은 예와 악(樂)을 함께 닦아야 한다.

③ 을 : 음악으로 백성이 서로 조화를 이루며 살 수 있게 해야 한다.

④ 을 : 백성이 예법에 구애되지 않고 음악을 향유할 수 있도록 해야 한다.

⑤ 갑과 을 : 음악의 즐거움을 활용하여 백성의 마음을 바르게 해야 한다.

● 왜 정답일까?

갑은 묵자이고, 을은 순자이다.

순자는 예를 바탕으로 음악을 향유함으로써 인간의 악한 본성을 교화하고 풍속과 사회가 조화를 이루며, 더 나아가 천하의 안정까지 이룰 수 있다고 보았다.

12 국가와 시민의 윤리에 대한 입장   정답률 31% | 정답 ①

| 문제 보기 |

갑, 을 사상가들의 입장으로 적절한 것만을 〈보기〉에서 있는 대로 고른 것은? [3점]

> 갑 : 자연 상태에서 개인은 재산권뿐만 아니라, 타인이 자연법을 위반한 것을 판단하고 처벌하는 권력을 가진다. 이 처벌권을 공동체에 양도하는 곳에서만 정치 사회가 존재한다.
> 을 : 자연 상태에서, 즉 전쟁 상태에서 벗어나고자 개인은 만물에 대한 권리를 포기한다. 정의는 유효한 계약을 지키는 것이며, 계약의 유효성은 국가 수립과 함께 시작된다.

〈보 기〉

ㄱ. 갑 : 자연 상태에서 분쟁 발생 시 모든 당사자는 재판관이 된다.

ㄴ. 갑 : 정부에 신탁된 권력은 시민에 의해 철회될 수 있다.

ㄷ. 을 : 개인은 자연 상태에서의 불의를 피하려고 계약을 맺는다.

ㄹ. 갑과 을 : 시민은 주권자로서 동등한 자유와 권리를 지닌다.

① ㄱ, ㄴ   ② ㄱ, ㄷ   ③ ㄷ, ㄹ   ④ ㄱ, ㄴ, ㄹ   ⑤ ㄴ, ㄷ, ㄹ

● 왜 정답일까?

갑은 로크이고, 을은 홉스이다.

ㄱ. 로크는 자연 상태에서는 공평무사한 재판관이 없고, 제시문의 내용과 같이 개인은 타인이 자연법을 위반한 것을 판단하는 권력을 갖는다고 보았다. 따라서 자연 상태에서 분쟁 발생 시 모든 당사자는 재판관이 된다고 보았다.

ㄴ. 로크는 시민의 저항권을 인정하였다. 로크는 정부의 권력을 단지 신탁된 권력이라고 보고, 정부가 신탁에 반해서 행동하는 것이 발견될 때에는 시민에 의해 철회될 수 있다고 보았다.

● 왜 오답일까?

ㄷ. 홉스는 자연 상태에서는 모든 개인이 만물에 대한 권리를 가지고 있기 때문에 정의와 불의, 옳고 그름이 없다고 보았다. 홉스는 제시문의 내용과 같이 정의는 유효한 계약을 지키는 것이고, 그 계약을 위반하는 것이 불의라고 보았으며, 유효한 계약은 국가 수립과 함께 시작된다고 보았다. 즉 홉스는 정의와 불의는 국가 이후에 존재한다고 보았다.

ㄹ. 로크의 입장에만 해당한다. 홉스는 시민이 아니라 리바이어던을 주권자라고 보았다.

13 국제 관계에 대한 입장   정답률 56% | 정답 ②

| 문제 보기 |

갑, 을 사상가들의 입장으로 적절한 것만을 〈보기〉에서 고른 것은? [3점]

> 갑 : 본래 이기적인 인간과 마찬가지로 국가도 권력의 극대화를 추구한다. 권력을 얻기 위한 투쟁이 국제 정치의 본질이다. 힘을 통해 힘을 견제하는 세력 균형이 전쟁을 억지한다.
> 을 : 인간의 이성은 어떠한 전쟁도 있어서는 안 된다고 명령한다. 영원한 평화를 위해서는 모든 국가가 공화제를 향해 노력해야만 하며, 국가들의 평화 연맹이 필요하다.

〈보 기〉

ㄱ. 갑 : 경쟁 국가의 행동의 경향성을 예측하는 것은 가능하다.

ㄴ. 갑 : 국가 간 동맹 없이는 국가 간 세력 균형은 불가능하다.

ㄷ. 을 : 평화 연맹의 수립 과정에서 국가 간 합병은 배제된다.

ㄹ. 갑과 을 : 전쟁은 국제 평화를 실현하기 위한 최후의 정치적 행위로서 정당화된다.

① ㄱ, ㄴ   ② ㄱ, ㄷ   ③ ㄴ, ㄷ   ④ ㄴ, ㄹ   ⑤ ㄷ, ㄹ

● 왜 정답일까?

갑은 모겐소이고, 을은 칸트이다.

ㄱ. 모겐소는 국제 정치를 모든 다른 정치와 마찬가지로 힘을 위한 투쟁이라고 규정하고, 권력의 추구 및 획득 과정으로 파악하였다. 모겐소는 자국은 물론 경쟁 국가도 권력의 추구 및 획득을 위해 행동할 것임을 예측할 수 있다고 보았다.

ㄷ. 칸트는 국가도 도덕적 인격이라고 보았기 때문에 어떠한 국가도 상속, 교환, 매매 혹은 증여에 의해 다른 국가의 소유로 전락할 수 없다고 보았다. 칸트의 입장에서 국가 간 합병은 배제되어야 한다.

14 시민 불복종에 대한 입장   정답률 41% | 정답 ③

| 문제 보기 |

(가)의 갑, 을 사상가들의 입장을 (나) 그림으로 탐구하고자 할 때, A ~ C에 들어갈 적절한 질문만을 〈보기〉에서 고른 것은? [3점]

> (가)
> 갑 : 시민 불복종은 거의 정의로운 사회 내에서 그 체제의 합법성을 인정하는 시민들에게서만 일어난다. 따라서 시민 불복종은 공유된 정의관에 의해 정당화된다.
> 을 : 시민 불복종은 공리주의 원리에 의해 정당화되어야 한다. 따라서 우리는 시민 불복종이 사회에 미칠 전체적인 이익과 손해를 저울질해 봐야 한다.

> (나)
>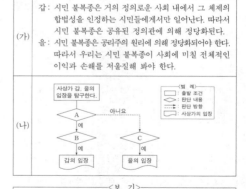
> [범례]
> □ 출발 조건
> ◇ 판단 내용
> → 판단 방향
> ⇒ 사상가의 입장

〈보 기〉

ㄱ. A : 시민 불복종은 법에 대한 존중심을 감소시킬 수 있는가?

ㄴ. B : 시민 불복종이 정당한 법에 대한 위반을 수반할 수 있는가?

ㄷ. B : 심각한 부정의가 존재하는 민주 체제에서는 시민 불복종이 가능한가?

ㄹ. C : 다수의 견해를 진정으로 반영한 법에 대한 시민 불복종은 불가능한가?

① ㄱ, ㄴ   ② ㄱ, ㄷ   ③ ㄴ, ㄷ   ④ ㄴ, ㄹ   ⑤ ㄷ, ㄹ

● 왜 정답일까?

갑은 롤스이고, 을은 싱어이다.

ㄴ. 롤스가 예라고 대답할 질문이다. 롤스는 시민 불복종 행위가 불복종의 대상이 되고 있는 바로 그 법을 위반하라고 요구하지는 않는다고 보았다. 불복종의 대상이 되고 있는 법을 위반하면 반역죄가 될 경우와 같이 특수한 경우에는, 그 법을 위반하지 않고 도로 교통법과 같은 정의로운 법을 위반하는 방식으로 시민 불복종이 가능하다고 보았다.

ㄷ. 롤스가 예라고 대답할 질문이다. 롤스는 시민 불복종은 대체로 질서정연하면서도 정의에 대한 심각한 부정의가 일어나는 사회에서 발생한다고 보았다. 다시 말해 민주 체제이면서도 심각

한 부정의가 일어날 경우 시민 불복종은 가능하다고 본 것이다.

● 왜 오답일까?

ㄱ. 롤스와 싱어가 예라고 대답할 질문이다. 롤스는 너무 많은 다수의 시민이 불복종에 참여하게 되면 민주 체제 자체가 위험해질 수 있음을 인정하고, 시민 불복종에 한계점이 있다고 보았다. 싱어는 시민 불복종은 법에 대한 복종심의 일반적인 저하를 가져올 수도 있다는 다소간의 위험을 무릅쓰는 행위라고 보았다.

ㄹ. 싱어가 아니오라고 대답할 질문이다. 싱어는 다수의 의견을 반영하지 않고 있는 법뿐만 아니라, 다수의 견해가 진정으로 반영되었더라도 공리에 반하는 법에 대해서도 시민 불복종은 가능하다고 보았다.

15 현대인의 소비 생활에 대한 입장   정답률 88% | 정답 ②

| 문제 보기 |

다음 가상 대담의 사상가가 지지할 입장으로 가장 적절한 것은?

① 현대 사회의 소비자는 경제적 합리성을 최우선으로 고려하여 소비한다.
② 현대인은 타인과의 차이를 드러내려는 욕구를 충족하기 위해 소비한다.
③ 현대 사회에서 경제적 상위 계층만이 사회적 위세를 표현하고자 한다.
④ 현대인은 사물의 기능을 중시하는 소비를 통해 만족을 얻고자 한다.
⑤ 현대인은 사회적 시선을 의식하지 않고 자신의 선호에 따라 소비한다.

● 왜 정답일까?

가상 대담의 사상가는 보드리야르이다.
보드리야르는 현대인은 타인과의 차이를 드러내기 위해 소비한다고 보았다.

16 정약용의 공직 윤리   정답률 94% | 정답 ②

| 문제 보기 |

다음을 주장한 사상가의 입장으로 적절하지 않은 것은?

목민관은 검약한 생활을 통해 청렴함을 함양해야 하고, 청렴함을 바탕으로 백성을 사랑해야 한다. 만일 목민관이 되었다고 의복과 말을 새로 장만하여 부임지로 가거나 부임지에서도 함부로 행동하고 절제하지 못한다면, 사치가 심해지고 빚이 늘어가면서 탐욕스러워질 것이다. 그렇다고 아끼기만 하고 어려운 친척에게 두루 베풀지 않으면 멀어지게 될 것이다. 그러니 자신의 녹봉을 아껴 주변의 곤궁함을 보살피는 데 소홀하지 않아야 한다.

① 공직자는 애민 정신을 바탕으로 국민에게 진심으로 봉사해야 한다.
② 공직자는 곤궁한 친척을 도우려는 어진 마음조차 가져서는 안 된다.
③ 공직자는 자신의 체면을 지키려는 과도한 소비를 자제해야 한다.
④ 공직자는 공무 수행을 위해 책정된 공금을 과다 지출해서는 안 된다.
⑤ 공직자는 청렴하기 위해 검소하고 절약하는 태도를 가져야 한다.

● 왜 정답일까?

제시문의 사상가는 정약용이다.
정약용은 공직자는 검약한 생활을 하면서도 자신의 녹봉을 아껴

곤궁한 친척에게 두루 베풀어야 한다고 보았다. 따라서 곤궁한 친척을 도우려는 어진 마음을 지니고 이를 실천해야 한다고 보았다.

17 프롬의 사랑의 자세   정답률 92% | 정답 ④

| 문제 보기 |

그림의 강연자의 입장으로 가장 적절한 것은?

사랑은 자유의 소산이지 결코 지배의 소산은 아닙니다. 사랑이 지배의 관계로 타락하지 않기 위해서는 존경이 필요합니다. 존경은 상대방에 대한 두려움이나 외경이 아닙니다. 어원 그대로도 존경은 어떤 사람을 있는 그대로 보고 그의 독특한 개성을 아는 능력이라고 합니다. 사람을 존경할 때, 상대방이 자신에게 이바지할 것을 기대하지만 그것은 사랑하는 사람을 존경하는 것입니다. 만일 여러분이 다른 사람을 사랑하여 상대방에게 일체감을 느낀다면, '있는 그대로의 그 혹은 그녀'와 일체가 되려는 것이어야 합니다. 사랑하는 사람에 대한 존경은 자유를 바탕으로 해서 성립될 수 있습니다.

① 사랑은 일체감을 느끼는 상대방으로부터 도움을 받기 위한 것이다.
② 사랑은 미성숙한 상대방을 변화시키려는 마음에 근거해야 한다.
③ 사랑은 상대방에 대한 존경을 바탕으로 서로에게 복종하는 것이다.
④ 사랑은 상대방의 고유성을 존중하는 방식으로 표현되어야 한다.
⑤ 사랑은 상대방에 대한 외경을 통해 드러내는 존경의 감정이다.

● 왜 정답일까?

그림의 강연자는 프롬이다.
프롬은 사랑은 상대방을 지배하고 소유하는 것이 아니라, 상대방의 고유성을 존중하는 방식으로 표현되어야 한다고 보았다.

18 해외 원조에 대한 입장   정답률 53% | 정답 ③

| 문제 보기 |

갑, 을 사상가들의 입장으로 적절한 것만을 〈보기〉에서 있는 대로 고른 것은? [3점]

갑 : 원조의 목적이 충족되고, 모든 만민이 자유주의적 정부나 적정 수준의 정부로 작동하는 상황에 이르게 되면 상이한 만민 간의 평균적 부의 차이를 다시 좁혀야 할 이유는 없다.
을 : 절대 빈곤에 빠져 있는 사람들을 돕지 않는 것은 그들을 죽게 내버려 두는 것과 다름이 없다. 절대 빈곤으로 인해 고통받는 사람을 돕는 것은 공리의 원리에 따른 도덕적 의무이다.

〈보 기〉

ㄱ. 갑 : 공적 정의관이 규제하지 않는 사회는 원조 대상이 될 수 없다.
ㄴ. 갑 : 원조는 원조 대상이 정치적 자율성을 가질 수 있도록 이루어져야 한다.
ㄷ. 을 : 원조의 의무는 절대 빈곤에 상당하는 도덕적으로 중요한 다른 일을 희생할 것을 원조 주체에게 요구할 수 있다.
ㄹ. 갑과 을 : 특정 빈곤국에 대한 원조를 중단해야 하는 경우가 있다.

① ㄱ, ㄴ   ② ㄱ, ㄷ   ③ ㄴ, ㄹ
④ ㄱ, ㄷ, ㄹ   ⑤ ㄴ, ㄷ, ㄹ

● 왜 정답일까?

갑은 롤스이고, 을은 싱어이다.
ㄴ. 롤스에게 원조 대상은 고통받는 사회들이고, 원조의 목적은 원조 대상이 정치적 자율성을 가지도록, 즉 그들 자신의 미래의 경로를 스스로 결정할 수 있도록 하는 것이다.
ㄹ. 롤스는 빈곤국이라고 하더라도 질서 정연한 사회라면 원조를 중단해야 한다고 보았다. 싱어는 어떤 빈곤국에 대한 원조의 결과가 절대 빈곤을 감소시킬 전망을 전혀 갖지 못하게 되거나 심지어 증가시킬 수도 있다는 전망을 갖게 된다면 원조의 의무는 성립되지 않는다고 보았다.

● 왜 오답일까?

ㄱ. 롤스는 질서 정연한 사회는 공적 정의관이 규제하지 않는 사회 중 하나인 고통받는 사회를 원조해야 한다고 보았다.
ㄷ. 싱어는 풍요로운 사람은 절대 빈곤에 상당하는 도덕적으로 중요한 다른 일을 희생하지 않는 한 원조해야 한다고 보았다. 하지만 절대 빈곤에 상당하는 도덕적으로 중요한 다른 일을 희생할 것을 원조 주체에게 요구하지는 않는다.

---

19 교정적 정의에 대한 입장   정답률 38% | 정답 ④

| 문제 보기 |

(가)의 갑, 을, 병 사상가들의 입장에서 서로에게 제기할 수 있는 비판을 (나) 그림으로 표현할 때, A~F에 해당하는 내용으로 가장 적절한 것은? [3점]

(가)
갑 : 법은 각자의 자유 중 최소한의 몫을 모은 것으로 일반 의사를 대표한다. 생명의 포기는 그 최소한의 몫에 포함되지 않는다. 사형은 한 시민에 대한 국가의 전쟁이다.
을 : 법은 일반 의지의 행위에 속하고, 의지의 보편성과 대상의 보편성을 결합하고 있다. 법을 위반한 살인범은 자기 보존을 목적으로 한 사회 계약을 파기한 자이다.
병 : 입법권은 국민의 합일된 의지에만 귀속한다. 보편적으로 합일된 의지만이 법칙 수립적일 수 있기 때문이다. 따라서 형벌의 법칙은 하나의 정언 명령이다.

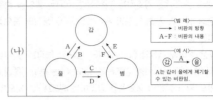

① A, F : 사형은 강렬한 인상을 줄 수 없는 비효과적 형벌임을 간과한다.
② B : 생명권 양도 여부가 사형제의 정당성을 판단하는 근거가 될 수 있음을 간과한다.
③ C : 살인범은 더 이상 도덕적 인격으로 간주될 수 없음을 간과한다.
④ D : 모든 형벌은 공공의 이익을 위해서 집행되어야 함을 간과한다.
⑤ E : 형벌의 목적은 범죄자에게 고통을 주는 데 있지 않음을 간과한다.

● 왜 정답일까?

갑은 베카리아이고, 을은 루소이고, 병은 칸트이다.
루소는 법은 일반 의지의 행위에 속하고, 일반 의지는 오직 공공의 이익만을 생각한다고 보았다. 또한 그는 법에 의해 집행되는 모든 형벌은 공공의 이익을 위해서 집행되어야 한다고 보았다. 반면에 칸트는 형벌은 어떠한 선 즉 이익을 위한 한낱 수단으로서 가해질 수 없고, 항상 오직 범죄자가 범죄를 저질렀기 때문에만 형벌이 가해져야 한다고 보았다. 따라서 루소는 칸트에게 모든 형벌은 공공의 이익을 위해서 집행되어야 함을 간과한다고 비판할 수 있다.

● 왜 오답일까?

① 베카리아가 사형을 비효과적 형벌이라고 본 이유는 사형이 강렬한 인상을 주는 것은 사실이지만 지속적인 인상을 주지 않기 때문이다. 베카리아의 입장에 해당하지 않기 때문에 베카리아가 루소와 칸트에게 제기할 수 있는 비판이 아니다.
② 루소와 베카리아는 생명권 양도 여부가 사형제의 정당성을 판단하는 근거가 될 수 있다고 보았다. 루소는 사회 계약 시 계약자가 생명권을 양도했으므로 사형제는 정당하다고 보는 반면, 베카리아는 계약자가 생명권을 양도하지 않았으므로 사형제는 부당하다고 보았다. 루소가 베카리아에게 제기할 수 있는 비판이 아니다.
③ 루소는 살인범은 더 이상 도덕적 인격이 아니라 공공의 적일 뿐이라고 보았다. 루소가 간과하고 있지 않기 때문에 칸트가 루소에게 제기할 수 있는 비판이 아니다.
⑤ 칸트와 베카리아는 형벌의 목적은 범죄자에게 고통을 주는 데 있지 않다고 보았다. 형벌의 목적은 칸트에게는 응보이고, 베카리아에게는 범죄 예방이다. 칸트가 베카리아에게 제기할 수 있는 비판이 아니다.

20 통일에 대한 입장   정답률 80% | 정답 ⑤

| 문제 보기 |

(가)의 입장에 비해 (나)의 입장이 갖는 상대적 특징을 그림의 ⊙~⑩ 중에서 고른 것은? [3점]

(가) 통일은 남한의 기술과 북한의 자원을 결합하여 경제 성장의 동력을 확보할 수 있기 때문에 필요하다. 그러나 통일을 해야 하는 보다 중요한 이유는, 통일이 군사적 위협을 해소하여 한반도 평화를 실현하고, 사회 복지 예산을 확충하여 사회적 불평등을 완화하고 사회 안전망을 강화할 수 있다는 점이다.

(나) 통일은 군사적 긴장을 해소하여 평화를 실현하고 분단 비용의 해소를 통해 사회 안전망의 토대를 마련할 수 있기 때문에 필요하다. 그러나 통일을 해야 하는 보다 중요한 이유는, 통일이 남북 경제권을 통합하여 경제 성장은 물론 동북아 경제 공동체 형성의 견인차 역할을 할 수 있다는 점이다.

- X : 통일을 통한 경제 성장의 중요성을 강조하는 정도
- Y : 통일을 통한 한반도 평화 실현의 중요성을 강조하는 정도
- Z : 통일을 통한 사회 안전망 확대의 중요성을 강조하는 정도

① ㉠   ② ㉡   ③ ㉢   ④ ㉣   ⑤ ㉤

● 왜 정답일까?

(가)는 통일을 통한 경제 성장보다 한반도 평화 실현과 사회 안전망 확대의 중요성을 강조하는 입장이다. (나)는 통일을 통한 한반도 평화 실현과 사회 안전망 확대보다 경제 성장의 중요성을 강조하는 입장이다.

(가)의 입장에 비해 (나)의 입장이 지닌 상대적 특징은 '통일을 통한 경제 성장의 중요성을 강조하는 정도(X)'는 높고, '통일을 통한 한반도 평화 실현의 중요성을 강조하는 정도(Y)'는 낮으며, '통일을 통한 사회 안전망 확대의 중요성을 강조하는 정도(Z)'는 낮다. 따라서 ㉤이 옳은 위치이다.

---

01 ③	02 ②	03 ①	04 ⑤	05 ②
06 ②	07 ①	08 ③	09 ⑤	10 ④
11 ①	12 ②	13 ①	14 ⑤	15 ③
16 ④	17 ①	18 ⑤	19 ⑤	20 ④

채점결과	• 실제 걸린 시간 :	분	초
	• 맞은 문항수 :		개
	• 틀린 문항수 :		개
	• 헷갈린 문항 :		

01 메타 윤리학과 실천 윤리학   정답률 88% | 정답 ③

| 문제 보기 |

㉠에 들어갈 진술로 가장 적절한 것은?

나는 윤리학이 "도덕 문제를 어떻게 해결할 것인가?"를 탐구하는 학문이라고 생각한다. 즉, 윤리학은 과학 기술의 발달과 사회·문화적 변화로 발생하는 실질적인 도덕 문제의 해결을 궁극적인 목적으로 삼아야 한다. 그런데 일부 윤리학자들은 윤리학에서 사용되고 있는 도덕적 언어의 의미를 명확하게 해명하는 일을 윤리학의 본질이라고 주장한다. 나는 이러한 주장이 ㉠ 고 생각한다.

① 윤리학의 학문적 성립 가능성에 대한 탐구를 간과한다
② 도덕 판단의 근거가 되는 규범 체계의 필요성을 강조한다
③ 현실의 도덕 문제에 윤리 이론을 응용해야 함을 간과한다
④ 도덕 현상에 대한 객관적 서술과 인과 관계의 설명을 강조한다
⑤ 도덕 추론의 논리적 분석이 윤리학의 핵심 과제임을 간과한다

● 왜 정답일까?

제시문의 '나'는 실천 윤리학의 입장이고, '일부 윤리학자'들은 메타 윤리학의 입장이다.

메타 윤리학은 도덕적 언어의 의미나 도덕 추론의 정당성 분석에 중점을 둔다. 실천 윤리학의 입장에서 볼 때 메타 윤리학은 현실의 도덕 문제에 윤리이론을 적용하여 구체적인 해결책을 제시하지 못한다는 문제점을 지닌다.

02 유교 사상과 도가 사상   정답률 84% | 정답 ②

| 문제 보기 |

갑, 을 사상가들의 입장으로 가장 적절한 것은? [3점]

갑 : 이름을 바로잡는 것[正名]이 정치의 시작이다. 이름이 제대로 서지 않으니 예악이 흥성하지 않고, 예악이 흥성하지 않으니 형벌이 제멋대로 된다.
을 : 도(道)는 자연스러움을 본받는다. 인위적인 것을 강제해서는 안 된다. 내버려두면 백성들이 스스로 잘 살게 되고 세상도 잘 돌아간다.

① 갑 : 인간이 제정한 규범에서 벗어나 무위(無爲)를 추구해야 한다.
② 갑 : 내가 하기 싫은 일을 남에게 시키지 않는 서(恕)를 행해야 한다.
③ 을 : 자신의 직분과 지위에 걸맞는 예법을 충실히 따라야 한다.
④ 을 : 시비선악(是非善惡)을 구분하여 질서를 바로 세워야 한다.
⑤ 갑, 을 : 인(仁)의 시작은 모든 사람에 대한 차별 없는 사랑이다.

● 왜 정답일까?

갑은 공자, 을은 노자이다. 공자는 '자신의 마음을 미루어 남에게 미친다.'는 의미의 '서(恕)'를 강조하면서 자신이 하기 싫은 일을 남에게 시켜서는 안 된다고 하였다.

03 시민 불복종에 대한 롤스의 입장   정답률 63% | 정답 ①

| 문제 보기 |

다음을 주장한 사상가의 입장으로 가장 적절한 것은? [3점]

거의 정의로운 사회에서 정의의 원칙들은 자유롭고 평등한 인간들 간의 자발적인 협동의 기본 조항으로서 공공적으로 인정된다. 그래서 시민 불복종에 참여하는 사람들은 다수의 정의감에 호소하여 자유로운 협동의 조건이 침해되었다는 것을 정당하게 알리고자 한다.

① 시민 불복종은 헌법의 근거가 되는 원칙에 의해 지도되어야 한다.
② 시민 불복종은 양심적 개인들의 종교적 신념에 근거할 수 있다.
③ 정의로운 시민에게 부정의한 법을 준수할 의무는 성립할 수 없다.
④ 시민 불복종은 합법적인 정치적 반대와 동시에 이루어져야만 한다.
⑤ 헌법에 규정된 방식으로 제정된 법은 시민 불복종의 대상이 아니다.

● 왜 정답일까?

제시문의 사상가는 롤스이다.
롤스는 시민 불복종이 헌법과 사회제도 일반을 규제하는 정의의 원칙들에 의해 지도되어야 한다고 보았다.

04 국제 관계에 대한 현실주의, 이상주의   정답률 70% | 정답 ⑤

| 문제 보기 |

갑, 을 사상가들의 입장으로 적절한 것만을 〈보기〉에서 고른 것은?

갑 : 국제 정치의 본질은 권력 투쟁이다. 권력은 국제 정치에서 최상이라고 인정되는 가치이다. 정치적인 정책은 권력을 유지하거나 확장하거나 과시하기 위한 목적에서 추진된다.
을 : 국제 사회의 평화는 국제 연맹을 통해서 달성될 수 있다. 국제 연맹은 모든 전쟁의 영원한 종식을 추구하고, 국가들의 자유를 보호하고 지속시키는 데에만 관여한다.

〈보 기〉
ㄱ. 갑 : 국가 간 힘의 균형으로 국력 경쟁이 종식될 수 있다.
ㄴ. 을 : 평화 조약은 어떠한 전쟁 상태도 종식시킬 수 없다.
ㄷ. 을 : 이방인이 갖는 환대의 권리는 조건부적으로 보장된다.
ㄹ. 갑, 을 : 국제 사회의 평화를 유지할 수 있는 방법이 존재한다.

① ㄱ, ㄴ   ② ㄱ, ㄷ   ③ ㄴ, ㄷ   ④ ㄴ, ㄹ   ⑤ ㄷ, ㄹ

● 왜 정답일까?

갑은 모겐소, 을은 칸트이다.
ㄷ. 칸트는 어떤 이방인이 다른 나라의 영토에 도착했을 때 평화적으로 행동한다는 조건을 지킨다면 적대적으로 대우받지 않을 환대권이 보장되어야 한다고 보았다.
ㄹ. 모겐소는 국가 간의 세력 균형을 통해, 칸트는 영구 평화를 위한 예비 조항과 확정 조항을 통해 국제 사회의 평화를 유지할 수 있다고 보았다.

● 왜 오답일까?

ㄱ. 모겐소는 국제 정치의 본질을 국가 간의 권력 투쟁이라고 보고 국가 간의 힘의 균형이 이루어지더라도 불안정성으로 인해 권력 투쟁이 종식되지 않는다고 보았다.
ㄴ. 칸트는 평화 조약이 모든 전쟁을 영원히 종식시킬 수는 없지만 평화 조약을 맺은 국가와 국가 사이의 전쟁은 종식시킬 수 있다고 보았다.

05 공리주의적 접근   정답률 91% | 정답 ②

| 문제 보기 |

다음을 주장한 사상가의 입장에서 〈문제 상황〉 속 A에게 제시할 조언으로 가장 적절한 것은?

행위가 옳은지 그른지를 알기 위해서는 그 행위의 결과가 어떠한지를 알아야 한다. 유용성의 원리는 선택의 상황에서 개별 행위에 직접적으로 적용된다. 옳은 행위란 다른 어떤 가능한 행위보다 더 큰 유용성을 갖는 행위이다.

〈문제 상황〉

자율 주행 자동차를 설계하고 있는 엔지니어 A는 위 그림과 같이 자율 주행 자동차가 고속 주행 중 제동을 시도해도 보행자와의 충돌이 불가피한 경우, 어떻게 주행하도록 설계해야 할지 고민하고 있다.

① 그 자체로 선한 의지를 반영하여 주행하도록 설계하세요.
② 탑승자와 보행자의 고통의 총합을 최소화하도록 설계하세요.
③ 탑승자의 안전을 최우선으로 고려하여 주행하도록 설계하세요.
④ 보행자의 인격을 수단이 아닌 목적으로 대우하도록 설계하세요.
⑤ 사회적 관습에 내재한 선에 따라 상황에 대처하도록 설계하세요.

● 왜 정답일까?

제시문은 벤담의 주장이다. 벤담은 쾌락을 산출하고 고통을 피하는 결과를 낳는 행위를 선(善)이라고 하였고, 최대 다수의 최대 행복을 도덕과 입법의 원리로 제시하였다. 따라서 벤담은 〈문제 상황〉 속 A에게 탑승자와 보행자의 고통의 총합을 최소화하도록 설계하라는 조언을 제시할 것이다.

06 삶과 죽음에 대한 장자의 입장 　정답률 90% | 정답 ②

| 문제 보기 |

다음을 주장한 사상가의 입장으로 적절한 것만을 〈보기〉에서 고른 것은? [3점]

삶은 죽음과 함께 걷고 죽음은 삶에서 비롯하나니 누가 그 실마리를 알겠는가. 사람의 삶은 기(氣)가 모인 것이라서 모이면 삶이 되고 흩어지면 죽음이 된다네. 따라서 만물은 하나니라. 좋아하면 멋진 것이라 하고 싫어하면 역겨운 것이라 하지만, 역겨운 것이 멋진 것이 되고 멋진 것이 다시 역겨운 것이 되네. 따라서 삶과 죽음은 하나의 기로 통할 뿐이라고 말하는 것일세. 성인(聖人)은 하나를 귀하게 여긴다네.

〈보 기〉
ㄱ. 삶에 얽매이지도 말고 죽음을 걱정하지도 말아야 한다.
ㄴ. 죽음을 의식하지 말고 인의예지(仁義禮智)를 행해야 한다.
ㄷ. 삶과 죽음의 변화는 계절의 변화처럼 자연스러운 것이다.
ㄹ. 죽음은 윤회의 일부이며 현생의 업보가 내생을 결정한다.

① ㄱ, ㄴ　② ㄱ, ㄷ　③ ㄴ, ㄷ　④ ㄴ, ㄹ　⑤ ㄷ, ㄹ

● 왜 정답일까?

제시문은 장자의 주장이다.
ㄱ. 장자는 삶과 죽음은 기(氣)가 모이고 흩어지는 자연스러운 과정이므로 삶에 얽매이거나 죽음을 걱정하지 말아야 한다고 보았다.
ㄷ. 장자는 삶과 죽음은 계절의 변화처럼 자연적이고 필연적인 과정이라고 보았다.

07 사랑과 성의 관계를 보는 입장 　정답률 89% | 정답 ①

| 문제 보기 |

(가)의 입장에 비해 (나)의 입장이 갖는 상대적 특징을 그림의 ㉠ ~ ㉤ 중에서 고른 것은?

(가) 성욕은 인간의 기본적인 욕구이므로 개인은 감각적인 욕구 충족만을 위해서도 성적 관계를 맺을 수 있다. 성적 자유는 타인에게 해악을 주지 않는 범위에서 허용되며, 자발적 동의와 자율성이 존중되기만 하면 정당화된다.
(나) 부부만이 성적 관계에서 상호 인격 존중의 의무를 다할 수 있으며, 사회 안정과 책임 있는 성 문화 유지에 기여할 수 있다. 따라서 성행위는 부부간의 애정과 신뢰를 바탕으로 출산과 양육에 대한 책임을 질 수 있는 경우에 정당화된다.

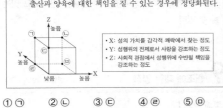

• X : 성의 가치를 감각적 쾌락에서 찾는 정도
• Y : 성행위의 전제로서 사랑을 강조하는 정도
• Z : 사회적 관점에서 성행위에 수반될 책임을 강조하는 정도

① ㉠　② ㉡　③ ㉢　④ ㉣　⑤ ㉤

● 왜 정답일까?

(가)는 자유주의 입장, (나)는 보수주의 입장이다.
(가)의 입장에 비해 (나)의 입장은 성의 가치를 감각적 쾌락에서 찾는 정도(X)는 낮고, 성행위의 전제로서 사랑을 강조하는 정도(Y)와 사회적 관점에서 성행위에 수반될 책임을 강조하는 정도

(Z)는 높다. 따라서 (가)의 입장에 비해 (나)의 입장이 갖는 상대적 특징은 ㉠이다.

08 정약용의 공직자의 자세 　정답률 91% | 정답 ③

| 문제 보기 |

다음을 주장한 사상가가 강조할 공직자의 자세로 적절하지 않은 것은?

청렴은 목민관의 근본적인 의무이며 모든 덕의 근원이다. 목민관이 욕심을 부려 백성의 정당한 수익을 빼앗다 보면 민생고가 심해진다. 재물에 청렴하면서도 치밀하지 못하거나, 재물을 나누어 주면서도 실효가 없는 것도 칭송할 만한 것이 못된다. 아울러 목민관이 집안을 바로잡아야 청탁과 뇌물이 들어오지 않는다.

① 애민 정신을 실천하기 위해 절용과 청렴의 자세를 견지해야 한다.
② 국민으로부터 신뢰를 받고 지지를 얻기 위해서는 청렴해야 한다.
③ 납품을 받을 때 생산자의 정당한 이익을 고려할 필요가 없다.
④ 작은 선물이라도 사욕이 숨겨져 있을 수 있으므로 경계해야 한다.
⑤ 국민에게 미치는 실효성을 따져 국가 재정을 엄격히 집행해야 한다.

● 왜 정답일까?

제시문은 정약용의 주장이다.
정약용은 목민관이 백성의 정당한 수익을 빼앗으면 민생고가 심해진다고 했으므로, 공직자는 납품을 받는 과정에서 생산자의 정당한 이익을 고려해야 한다.

09 형벌에 대한 다양한 입장 　정답률 62% | 정답 ⑤

| 문제 보기 |

(가)의 갑, 을, 병 사상가들의 입장을 (나) 그림으로 탐구하고자 할 때, A ~ D에 들어갈 적절한 질문만을 〈보기〉에서 있는 대로 고른 것은? [3점]

(가)
갑 : 살인을 했거나, 그것을 명했거나, 그에 협력했던 살인자는 누구든 사형에 처해지지 않으면 안 된다. 살인의 경우 공적 정의 앞에서 최상의 균형자는 사형이다.
을 : 형벌의 남용은 결코 인간을 개선시키지 못한다. 사형을 대체할 종신 노역형은 가장 완강한 자의 마음을 억제시키기에 충분한 엄격성을 지닌다.
병 : 사회 계약은 계약자의 생명 보존이 목적이므로, 타인의 희생으로 자기의 생명을 보존하려는 자는 타인을 위해 필요하다면 자신도 생명을 희생해야 한다.

(나)

〈범 례〉
▭ : 출발 조건
◇ : 판단 내용
→ : 판단 방향
▭ : 사상가의 입장

〈보 기〉
ㄱ. A : 정의의 기초가 되는 원리에 따라 형벌을 가해야 하는가?
ㄴ. B : 사회 계약의 당사자가 사형제에 동의하는 것은 불합리한가?
ㄷ. C : 형벌은 범죄가 공익에 반하는 정도에 비례해야 하는가?
ㄹ. D : 계약자의 생명은 국가로부터 조건부적으로 보장되는가?

① ㄱ, ㄴ　　② ㄱ, ㄹ　　③ ㄴ, ㄷ
④ ㄱ, ㄷ, ㄹ　⑤ ㄴ, ㄷ, ㄹ

● 왜 정답일까?

(가)의 갑은 칸트, 을은 베카리아, 병은 루소이다.
ㄴ. 베카리아는 자신의 생명을 빼앗을 권능을 기꺼이 사회에 양도할 사람은 어느 누구도 없다고 보았다. 반면, 루소는 사회 계약의 목적이 계약자의 생명 보존이며, 타인의 희생으로 자신의 생명을 보존하려는 사람은 타인을 위해 필요하다면 자신도 생명을 희생해야 한다고 보았다.
ㄷ. 베카리아는 형벌이 범죄가 공익에 반하는 정도와 범죄로 이끄는 유혹에 비례하여 가해져야 한다고 보았다.
ㄹ. 루소는 사회 계약의 위반자는 국가로부터 추방되거나 공공의 적으로 사형에 처해 제거해야 한다고 보고, 계약자의 생명이 국가로부터 조건부적으로 보장된다고 보았다.

10 노직과 롤스의 정의관 　정답률 29% | 정답 ④

| 문제 보기 |

갑, 을 사상가들의 입장으로 적절한 것만을 〈보기〉에서 고른 것은? [3점]

갑 : 노동자들에게 그들이 소유 권리를 갖는 것들을 주지 않는 분배 행위는 정의롭지 못하다. 그런데 소유 권리는 과거의 상황이나 사람들의 과거 행위에 근거하기 때문에 분배적 정의는 역사적 원리에 따라야 한다.
을 : 기본적 자유들은 서로 상충할 수 있기에 조정되어야 하지만, 가능한 한 가장 광범위하게 보장되어야 한다. 하지만 최소 수혜자에게 이익이 되고 직위와 직책의 기회가 공정하다면 재산 및 소득의 분배는 균등할 필요가 없다.

〈보 기〉
ㄱ. 갑 : 도덕적 공과(功過)에 따른 소유 권리의 불평등은 정의롭다.
ㄴ. 을 : 차등 원칙은 모든 성원을 고려한 상호 이익의 원칙이다.
ㄷ. 갑 : 기본적 자유는 절대적이기에 각 개인에게 평등해야 한다.
ㄹ. 갑, 을 : 개인은 자신의 유리한 천부적 자산을 소유할 권한을 갖는다.

① ㄱ, ㄴ　② ㄱ, ㄷ　③ ㄴ, ㄷ　④ ㄴ, ㄹ　⑤ ㄷ, ㄹ

● 왜 정답일까?

갑은 노직, 을은 롤스이다.
ㄴ. 롤스는 차등의 원칙이 호혜성의 입장을 표현한 것이며, 모든 성원을 고려한 상호 이익의 원칙이라고 보았다.
ㄹ. 노직은 개인에게 천부적 자산에 대한 소유 권리가 있다고 보았으며, 롤스는 천부적 자산 자체와 천부적 자산의 분포를 구분하면서 천부적 자산의 분포는 공유 자산으로 간주되지만 천부적 자산 자체에 대한 권한은 개인에게 있다고 보았다.

● 왜 오답일까?

ㄱ. 노직은 도덕적 공과에 따른 분배는 정형적 원리에 의한 분배이므로 소유 권리를 침해하고 정의롭지 못하다고 보았다.
ㄷ. 롤스에 따르면 기본적 자유는 다른 기본적 자유와 상충할 때 제한될 수 있기 때문에 절대적이지 않다.

11 유전적 간섭에 대한 하버마스의 입장 　정답률 94% | 정답 ②

| 문제 보기 |

다음을 주장한 사상가의 입장으로 적절한 것만을 〈보기〉에서 고른 것은?

배아에 대한 적극적인 유전적 간섭을 추구하는 자유주의적 우생학은 배아의 사물화를 초래한다. 이러한 유전적 간섭으로 프로그램 되어 태어난 사람은 스스로를 자기 삶의 일원한 저자이자 다른 사람들과 평등한 주체로 인식하지 못할 것이다. 특히 인간 몸의 자연 발생성은 개개인이 자유롭고 평등한 도덕 주체가 되기 위한 근본적인 조건이지만 우생학적 접근은 바로 그런 조건을 뒤흔들고 말 것이다. 다만, 유전적 간섭은 치료라는 규제 이념에 인도될 때에만 허용될 수 있을 것이다.

〈보 기〉
ㄱ. 유전적 간섭이 도덕적으로 정당화되는 경우가 존재한다.
ㄴ. 자유주의적 우생학은 인간의 미래를 위해 권장되어야 한다.
ㄷ. 인간의 유전적 자연성은 평등한 도덕 주체가 되기 위한 전제이다.
ㄹ. 부모는 적극적인 유전적 간섭으로 자녀의 삶에 참여해야 한다.

① ㄱ, ㄴ　② ㄱ, ㄷ　③ ㄴ, ㄷ　④ ㄴ, ㄹ　⑤ ㄷ, ㄹ

● 왜 정답일까?

제시문은 하버마스의 주장이다.
ㄱ. 하버마스는 유전적 간섭이 치료라는 목적을 위한 것이라면 허용될 수 있다고 보았다.
ㄷ. 하버마스에 따르면 인간의 유전적 자연성은 개개인이 자유롭고 평등한 도덕 주체가 되기 위한 근본적인 조건이다.

12 요나스의 책임 윤리 　정답률 88% | 정답 ②

| 문제 보기 |

다음을 주장한 사상가가 부정의 대답을 할 질문으로 가장 적절한 것은? [3점]

인간은 기술 문명의 힘으로 자신을 포함한 모든 것을 위험에 빠뜨리게 되었다. 이성과 결탁한 권력은 그 자체로 책임을 함축한다. 이것은 예전부터 인간 상호 간에는 자명한 일이었다. 인간의 책임이 종전의 범위를 넘어서서 생물계의 상태와 인간 종족의 미래의 생존까지 포괄하게 된 것은 권력의 확장과 연관되어 있다.

① 인간이 져야 할 책임은 자신이 가진 권력에 비례하는가?
② 과학 기술의 비의도적 결과는 책임의 대상에서 제외되는가?
③ 경험하지 못한 미래의 위험으로부터 책임을 도출해야 하는가?
④ 권리를 주장하는 존재 외에도 현세대가 책임져야 할 대상이 있는가?
⑤ 책임질 수 있는 능력으로부터 책임을 져야 하는 당위가 도출되는가?

● 왜 정답일까?

제시문은 요나스의 주장이다.
요나스는 인간이 과학 기술의 힘으로 자신을 포함한 모든 것을 위험에 빠뜨렸다고 보고, 과학 기술의 결과가 의도적이든 비의도적이든 인간이 그 결과에 대해 책임을 져야 한다고 주장했다.

13 사이버 공간에서의 윤리　정답률 95% | 정답 ③

| 문제 보기 |

다음 신문 칼럼에서 강조하는 내용으로 적절하지 않은 것은?

> ○○신문
> 0000년 00월 0일
> 칼럼
> 인터넷을 활용한 뉴 미디어의 발달로 우리는 정보의 소비뿐 아니라 유통과 생산에도 적극 참여하고 있다. 그 과정에서 우리는 사이버 공간에서 자신의 정체를 숨길 수 있다는 막연한 생각을 갖고 허위 정보 내지 유해 정보를 생산하거나 전달하기도 한다. 이러한 정보의 홍수로 인해 사회 곳곳에서 선의의 피해자가 발생하기도 한다. 잘못된 정보의 희생자가 되지 않으려면 우리 스스로 정보를 비판적으로 수용하는 지혜가 필요하다. 무엇보다 사이버 공간에서 실명을 숨겨도 IP 추적과 같은 방법으로 실제 신분이 밝혀질 수 있음을 기억해야 한다. 따라서 사이버 공간에서도 우리는 책임 있는 존재로 활동해야 한다.

① 현실 세계에서처럼 사이버 공간에서도 윤리가 필요하다.
② 우리는 정보의 소비뿐 아니라 정보의 유통에서도 주체이다.
③ 표현의 자유를 위해 사이버 공간의 익명성을 강화해야 한다.
④ 거짓 정보의 생산자는 그로 인한 피해에 대해 책임져야 한다.
⑤ 정보의 올바른 이용을 위해 미디어 리터러시를 함양해야 한다.

● 왜 정답일까?

제시된 신문 칼럼은 사이버 공간에서의 윤리와 책임 의식의 필요성에 대해 강조하고 있다.
신문 칼럼은 사이버 공간의 익명성으로 인해 허위 정보나 유해 정보가 유포되고 선의의 피해자가 발생한다고 본다.

14 테일러, 칸트, 레건의 환경 윤리　정답률 44% | 정답 ⑤

| 문제 보기 |

(가)의 갑, 을, 병 사상가들의 입장을 (나) 그림으로 표현할 때, A～D에 해당하는 적절한 진술만을 〈보기〉에서 있는 대로 고른 것은? [3점]

(가)	갑: 목적론적 삶의 중심으로서 유기체는 외적 활동뿐 아니라 내적 기능도 모두 목표 지향적이고, 생물의 기능을 성공적으로 수행하는 지속적인 경향을 지닌다.
	을: 인간의 도덕적 소질을 약화시키지 않도록 동물에 대한 잔인한 폭력은 삼가야 하며, 동물이 감당할 수 있는 한도 내에서 무리하지 않도록 동물을 부려야 한다.
	병: 삶의 주체는 결코 마치 다른 것들을 위한 자원인 것처럼 대우받아서는 안 된다. 특히 다른 존재의 이익을 위해서 의도적으로 해를 입어서는 안 된다.

(나)

범례
A: 갑만의 입장
B: 을만의 입장
C: 갑과 을만의 공통 입장
D: 갑과 병만의 공통 입장

〈보 기〉

ㄱ. A: 어떤 개체가 생명을 지녀야만 도덕적 지위를 지닐 수 있다.
ㄴ. B: 동물은 인간의 가치 평가에서 독립적인 가치를 지닐 수 없다.
ㄷ. C: 쾌고 감수 능력은 어떤 개체가 도덕적 지위를 갖는지 판단할 때 고려해야 할 조건이 아니다.
ㄹ. D: 인간에 대한 인간의 의무로 환원되지 않는 의무가 있다.

① ㄱ, ㄴ　　② ㄱ, ㄷ　　③ ㄷ, ㄹ
④ ㄱ, ㄴ, ㄹ　　⑤ ㄴ, ㄷ, ㄹ

● 왜 정답일까?

(가)의 갑은 테일러, 을은 칸트, 병은 레건이다.

ㄴ. 칸트는 동물이 인간의 가치 평가에 의한 수단적 가치만을 지닌다고 보았다.
ㄷ. 테일러는 쾌고 감수 능력과 무관하게 모든 생명체가 목적론적 삶의 중심으로서 도덕적 지위를 갖는다고 보았고, 칸트는 이성 능력만이 도덕적 지위를 결정하는 조건이라고 보았다.
ㄹ. 테일러는 고유한 선을 지니는 생명체를 인간이 도덕적으로 고려해야 할 의무가 있다고 보았으며, 레건은 삶의 주체인 동물들의 권리를 인간이 도덕적으로 존중해야 할 의무가 있다고 보았다.

● 왜 오답일까?

ㄱ. 테일러, 칸트, 레건의 공통 입장이다.

15 국가와 시민의 관계에 대한 입장　정답률 68% | 정답 ③

| 문제 보기 |

그림은 서술형 평가 문제와 학생 답안이다. 학생 답안의 ㉠～㉤ 중 옳지 않은 것은? [3점]

> 서술형 평가
> ◉ 문제: 국가와 시민의 관계에 대한 갑, 을 사상가들의 입장을 비교하여 서술하시오.
> 갑: 자연 상태에서는 모든 인간을 떨게 만드는 공통의 힘이 없기 때문에 인간은 만인의 만인에 대한 전쟁 상태에 놓이게 된다. 인간은 이 비참함에서 벗어나기 위해 자연 속에서 스스로를 구속한다.
> 을: 모든 인간은 자기 신체와 소유물에 대한 지배권을 갖지만 자연 상태에서는 이 권리의 향유가 불확실하다. 이에 따라 인간은 공동체를 결성하고 공동의 재판관을 지상에 설정함으로써 국가 상태에 들어가게 된다.
>
> ◉ 학생 답안
> 국가와 시민의 관계에 대한 갑, 을의 입장을 비교해 보면, 갑은 ㉠ 인간이 두려워해야 할 공통의 권력이 없는 자연 상태의 혼란에서 벗어나기 위해 국가를 수립하게 된다고 보고, ㉡ 국가는 공공의 평화와 안전을 위해서 절대적인 권력을 행사할 수 있다고 주장한다. 반면에 을은 ㉢ 인간이 자연 상태에서 공동체를 구성하고자 하는 정치적 본성으로 자연스럽게 국가 상태에 들어가게 된다고 보고, ㉣ 국가는 공동선을 실현하기 위해 위임받은 권력을 자의적으로 행사해서는 안 된다고 주장한다. 한편 갑, 을은 모두 ㉤ 국가에 대한 시민의 의무는 시민 자신의 생명권을 국가가 보호해 준다는 조건 아래에서 계속될 수 있다고 본다.

① ㉠　　② ㉡　　③ ㉢　　④ ㉣　　⑤ ㉤

● 왜 정답일까?

갑은 홉스, 을은 로크이다.
인간이 자연 상태에서 공동체를 구성하고자 하는 정치적 본성으로 인해 자연스럽게 국가 상태에 들어간다고 본 사상가는 아리스토텔레스이다.

16 거주에 대한 볼노브의 입장　정답률 76% | 정답 ④

| 문제 보기 |

다음을 주장한 사상가의 입장으로 적절하지 않은 것은?

> 집은 인간이 사는 체험 공간의 구체적인 중심이며, 이런 중심을 창조해야 하는 과제는 거주함으로써 실현된다. 거주한다는 것은 특정한 자리에 속하여 뿌리를 내리고 그곳을 집으로 삼는다는 뜻이다. 특히 거주는 분리된 안전한 영역, 즉 인간이 위협적인 외부 세계로부터 도피할 수 있는 집이라는 개인 공간을 갖고 있음을 뜻한다. 인간의 참다운 삶을 위한 거주는 인간이 자신의 존재를 쏟아부어 온전히 노력해야만 얻을 수 있고 실현할 수 있다.

① 인간은 인간다운 삶을 살기 위해 편안함의 영역을 필요로 한다.
② 거주는 주어지는 것이 아니라 각별한 노력을 통해 이루어진다.
③ 집은 인간이 거주하는 공간이며 개인이 활동하는 세계의 중심이다.
④ 거주 공간의 소유는 참다운 인간의 삶을 위한 필요충분조건이다.
⑤ 인간은 거주를 통해 외부의 위협에서 벗어나 안정을 얻을 수 있다.

● 왜 정답일까?

제시문의 사상가는 볼노브이다.
볼노브는 인간의 참다운 삶을 위한 거주는 인간이 자신의 존재를 쏟아부어 온전히 노력해야만 얻을 수 있다고 주장하였다. 따라서 단순히 거주 공간을 소유하는 것만으로는 참다운 인간의 삶을 실현할 수 없다.

---

17 종교에 대한 엘리아데의 입장　정답률 65% | 정답 ①

| 문제 보기 |

다음을 주장한 사상가의 입장으로 적절하지 않은 것은?

> 인간이 성스러움을 아는 것은 그것이 속된 것과는 전혀 다른 어떤 것으로서 스스로를 현현(顯現)하고 보여 주기 때문이다. 성스러움이 드러나는 것을 성현(聖顯)이라 한다. 종교적 인간에게 자연은 결코 단순한 자연이 아니며, 항상 종교적 의미로 충만해 있다. 왜냐하면 우주는 신의 창조물이고, 세계는 신의 손으로 완성된 것이어서 성스러움으로 가득 차 있기 때문이다. 성스러운 돌, 성스러운 나무는 돌이나 나무로서 숭배되는 것이 아니라 성현이기 때문에 숭배된다.

① 세계는 성스러움이 드러나는 대상일 뿐 아니라 성(聖) 그 자체이다.
② 성스러움과 세속은 분리되어 있거나 단절되어 있는 것이 아니다.
③ 종교적 인간은 세속적 대상에서도 성스러움을 체험할 수 있다.
④ 종교적 인간에게 돌이나 나무는 단순한 자연물이 아니다.
⑤ 신은 자연을 통해 성스러움을 다양한 양태로 드러낸다.

● 왜 정답일까?

제시문을 주장한 사상가는 엘리아데이다. 엘리아데는 성스러운 돌, 성스러운 나무는 성스러움의 드러남, 즉 성현(聖顯)이기 때문에 숭배된다고 주장하였다. 엘리아데는 세계는 성스러움이 드러나는 대상이지만 성(聖) 그 자체는 아니라고 보았다.

18 음악에 대한 순자와 묵자의 입장　정답률 57% | 정답 ⑤

| 문제 보기 |

다음은 어느 동양 사상가의 가상 편지이다. ㉠에 들어갈 진술로 가장 적절한 것은? [3점]

> ○○ 선생에게
> 당신은 간사하고 사악한 음악으로 천하가 혼란에 빠질 수 있기 때문에 선왕(先王)이 제정한 음악으로 백성을 이끌어 주어야 함을 강조했습니다. 그리하여 음악을 즐기게 하면서도 사람의 악한 본성을 변화시켜 마음과 행동을 올바르게 해야 한다고 말했습니다. 하지만 내 생각은 다릅니다. 천하의 혼란이 생긴 이유는 모두가 자신을 사랑하면서도 아울러 서로 사랑하지[兼愛] 않아 자신과 남을 차별하기 때문입니다. 비록 악기 소리가 즐겁지 않은 것은 아니지만, 임금과 대신들이 백성에게 악기를 만들도록 하고 연주를 일삼게 한다면 어떻게 되겠습니까? 분명 백성을 거두게 될 것이고, 백성은 먹고 입을 재물을 구하기가 어려워질 것입니다. 따라서 내가 볼 때 당신의 견해는 ㉠ 고 생각합니다. …(후략).

① 음악과 예의의 조화를 통해 혼란을 바로잡을 수 있음을 간과한다
② 인간의 본성을 교화하여 화합하는 데 음악이 필요함을 간과한다
③ 사회적 부작용을 일으키는 음악이 존재할 수 있음을 간과한다
④ 음악이 이상적 공동체를 구현하는 데 수단이 될 수 있음을 간과한다
⑤ 위정자가 선왕의 음악을 장려하는 것이 백성에게 무익함을 간과한다

● 왜 정답일까?

가상 편지에서 '당신'은 순자이고, '나'는 묵자이다.
순자는 선왕이 제정한 음악으로 사람의 악한 본성을 변화시켜 마음과 행동을 올바르게 해야 한다고 보았던 반면 묵자는 악기 제조와 연주로 인해 백성에게 많은 세금을 거두게 되고, 백성이 먹고 입을 재물을 구하기가 어려워지므로 음악을 금지해야 한다고 보았다. 따라서 묵자의 입장에서 순자의 견해는 음악을 장려하는 것이 백성들의 이익과 부합하지 않음을 간과하고 있는 것으로 볼 수 있다.

19 원조에 대한 입장　정답률 69% | 정답 ⑤

| 문제 보기 |

(가)의 갑, 을, 병 사상가들의 입장에서 서로에게 제기할 수 있는 비판을 (나) 그림으로 표현할 때, A～F에 해당하는 내용으로 가장 적절한 것은? [3점]

> 갑: 우리가 하는 원조의 역할은 고통받는 사회가 만민들의 사회의 완전한 성원이 되도록 돕는 것이다. 그리고 그들이 미래의 경로를 정할 수 있도록 하는 것이다.

(가)	을 : 우리의 풍요로움을 우리 사회의 시민에게만 나누어 주는 것은 잘못이다. 이익 평등 고려의 원칙에 따라 혜택을 가장 크게 낼 수 있는 곳에 사용해야 한다. 병 : 우리는 최소 국가 안에서 삶을 선택하고 목표를 실현할 수 있다. 이 과정에서 우리는 같은 존엄성을 지닌 다른 개인들의 자발적인 협동의 도움을 받는다.
(나)	

① A : 원조의 중단 지점을 두는 것은 원조 목적에 위배됨을 간과한다.
② B : 원조 대상을 선정할 때 상대적 빈곤은 고려할 필요가 없음을 간과한다.
③ C, E : 자신의 이웃을 먼저 돕는 것이 정당한 경우가 있음을 간과한다.
④ D : 자선을 행하지 않는 것이 비난의 대상이 될 수 없다는 것을 간과한다.
⑤ F : 원조 대상국이 자국의 부정의를 교정하도록 도와야 함을 간과한다.

● 왜 정답일까?

(가)의 갑은 롤스, 을은 싱어, 병은 노직이다.
롤스는 원조의 목적을 고통 받는 사회가 질서 정연한 사회가 되도록 하여 질서 정연한 국제 사회의 구성원이 되도록 하는 데 있다고 보았고 노직은 원조를 윤리적 의무가 아니라 개인의 자율적 선택의 문제라고 보았다.
따라서 롤스는 노직에게 원조를 통해 원조 대상국이 자국의 부정의를 교정하여 질서 정연한 사회가 될 수 있도록 도와야 함을 간과 하고 있다는 비판을 할 수 있다.

20 남북한 종전 선언에 대한 쟁점 · 정답률 83% · 정답 ④

| 문제 보기 |

다음 토론의 핵심 쟁점으로 가장 적절한 것은?

> 갑 : 현재의 분단 상황은 정전 상태로, 전쟁이 발생할 수 있는 불안정한 상태입니다. 따라서 이 상황이 끝나지 않는 한 한반도 평화와 지속 가능한 발전은 보장하기 어렵습니다.
> 을 : 맞습니다. 그래서 종전 선언이 필요합니다. 종전 선언은 남북한이 적대 정책을 전환하는 신호탄이 될 것이며, 남북 교류의 물꼬를 트고 한반도 평화를 이끌어낼 것입니다.
> 갑 : 종전 선언으로 남북 교류가 확대될 수 있지만 북한의 대남 적대 정책은 유지될 것입니다. 따라서 종전 선언은 북한의 핵 폐기에 대한 반대급부로서 추진되어야 합니다.
> 을 : 종전 선언이 북한만을 위한 시혜는 아니므로 상호주의의 대상은 아닙니다. 오히려 종전 선언이 정전 상태를 명분으로 핵을 개발한다는 북한의 입장을 변화시킬 수 있습니다.

① 북한은 현재 대남 적대 정책을 취하고 있는가?
② 분단은 한반도의 지속 가능한 발전을 저해하는가?
③ 종전 선언을 통해 남북 교류가 활성화될 수 있는가?
④ 종전 선언은 상호주의 관점에서 이루어져야 하는가?
⑤ 현재의 한반도 상황은 전쟁이 종식되지 않은 상태인가?

● 왜 정답일까?

제시문의 갑은 종전 선언으로 남북 교류가 확대될 수 있지만 북한의 대남 적대 정책은 유지될 것이므로 종전 선언이 북한의 핵 폐기에 대한 반대급부로서 추진되어야 한다고 주장한다.
이에 비해 을은 종전 선언이 북한만을 위한 시혜가 아니므로 상호주의의 대상이 아니며, 종전 선언이 정전 상태를 명분으로 핵을 개발한다는 북한의 입장을 변화시킬 수 있다고 주장한다.
따라서 종전 선언은 상호주의 관점에서 이루어져야 하는가가 토론의 핵심 쟁점이 될 수 있다.

46회 2021학년도 수능

01 ②	02 ①	03 ④	04 ②	05 ①
06 ⑤	07 ③	08 ⑤	09 ②	10 ③
11 ③	12 ④	13 ④	14 ③	15 ③
16 ⑤	17 ④	18 ⑤	19 ②	20 ②

채점결과	· 실제 걸린 시간 :	분	초
	· 맞은 문항수 :		개
	· 틀린 문항수 :		개
	· 헷갈린 문항 :		

01 메타 윤리학과 실천 윤리학 · 정답률 87% · 정답 ②

| 문제 보기 |

㉠에 들어갈 진술로 가장 적절한 것은?

> 나는 윤리학이 행위의 근거가 되는 도덕적 원리를 탐구하기보다는 도덕적 논의에서 사용되는 용어의 의미를 밝히고 추론의 규칙을 분석해야 한다고 생각한다. 그런데 어떤 사람은 윤리학이 사회·문화적 변화와 과학 기술의 발달로 인해 발생하는 구체적 윤리 문제에 대한 해결책 탐구에 주력해야 한다고 주장한다. 나는 이러한 주장이 ㉠ 고 생각한다.

① 도덕 문제 탐구에 사회·자연 과학적 지식이 필요함을 간과한다
② 도덕 문제 해결보다 도덕 논증의 타당성 분석이 중요함을 간과한다
③ 도덕 현상은 과학적으로 기술해야 할 사실의 집합이 아님을 간과한다
④ 도덕 문제 해결에는 행위의 선악을 판단하는 도덕 원리가 필요함을 간과한다
⑤ 도덕 이론의 연구만으로는 삶의 구체적 문제 해결에 한계가 있음을 간과한다

● 왜 정답일까?

제시문의 '나'는 메타 윤리학의 입장이고, '어떤 사람'은 실천 윤리학의 입장이다.
메타 윤리학은 도덕적 논의에 사용되는 용어들의 의미 분석 및 도덕적 추론의 규칙과 인식의 방법 검토를 핵심 과제로 삼는다.
실천 윤리학은 우리 삶의 여러 영역에서 발생하는 윤리적인 문제들에 대한 구체적이고 실천적인 해결책 모색을 주된 탐구 과제로 삼는다.

02 성에 대한 보수주의와 자유주의 · 정답률 86% · 정답 ①

| 문제 보기 |

갑, 을의 입장으로 가장 적절한 것은?

> 갑 : 도덕적 판단에서 성(性)행위를 여타 행위와 구별해야 할 이유가 존재한다. 성행위는 출산과 양육의 책임을 발생시킬 수 있기 때문에 부부의 사랑이 전제된 성행위만이 정당하다.
> 을 : 도덕적 판단에서 성행위를 여타 행위와 구별해야 할 이유는 없다. 자율성의 원칙, 해악금지의 원칙 이외에 성행위의 도덕적 정당화에 필요한 추가적 원칙은 없다.

① 갑 : 서로의 인격이 존중된 성행위도 정당하지 않을 수 있다.
② 갑 : 성의 자기결정권 존중은 성행위 정당화의 충분조건이다.
③ 을 : 성행위를 정당화하는 데 필요한 도덕적 제약은 없다.
④ 을 : 쾌락적 가치보다는 생식적 가치가 성의 목적에 부합한다.
⑤ 갑, 을 : 성행위의 본질은 사회의 안정과 종족의 보존에 있다.

● 왜 정답일까?

갑은 성에 대한 보수주의 입장이고, 을은 자유주의 입장이다.
보수주의 입장에서 성은 결혼 및 출산과 관련될 때만 도덕적이고 온전하다고 보는 반면, 자유주의 입장에서 성은 강요나 위해가 없다면 결혼이나 출산 또는 사랑이 없는 성도 도덕적으로 정당화될 수 있다고 본다. 따라서 보수주의 입장에서는 서로의 인격이 존중된 성행위라 할지라도 부부 사이에서 이루어진 것이 아니라면 도덕적으로 정당화될 수 없다.

---

03 하버마스의 담론 윤리 · 정답률 81% · 정답 ④

| 문제 보기 |

다음을 주장한 사상가의 입장으로 가장 적절한 것은? [3점]

> 의사소통의 합리성은 강제 없이 상호 간의 논증적 대화를 통해 보편적 합의에 도달하는 경험에 호소한다. 이를 통해 담론 참여자는 주관적 견해를 극복하고, 이성적 동기에 근거한 공동의 신념으로 인해 상호 주관성을 확인하게 된다.

① 담론 참여자는 논의 주제에 정통한 전문가들로만 구성되어야 한다.
② 담론 참여자는 자신의 개인적 선호나 욕구를 발언해서는 안 된다.
③ 담론 참여자는 다른 사람의 주장에 이의를 제기해서는 안 된다.
④ 담론 참여자는 정당한 담론의 결과와 그 부작용까지 수용해야 한다.
⑤ 담론 참여자는 이해관계의 조정 수단으로만 담론을 활용해야 한다.

● 왜 정답일까?

제시문은 하버마스이다.
하버마스는 합의를 이루어 나가는 과정을 중시하여 담론 윤리를 제시하였으며, 모든 사람이 평등하게 논의에 참여하고 자유롭게 의견을 제시할 수 있어야 한다고 보았다. 또한 상호 간의 논증적인 토론 과정을 거쳐 합의한 결과는 타당한 것으로 수용해야 하며 그에 따른 부작용까지 수용해야 한다고 주장하였다.

04 해외 원조에 입장 · 정답률 69% · 정답 ②

| 문제 보기 |

갑, 을 사상가들의 입장으로 적절한 것만을 〈보기〉에서 있는 대로 고른 것은? [3점]

> 갑 : 원조의 목적은 고통 받는 사회를 질서 정연한 사회가 되도록 하는 데 있다. 어떤 사회가 합당하게 합리적으로 통치된다면, 자원이 부족해도 질서 정연한 사회가 될 수 있다.
> 을 : 원조는 극단적 빈곤을 방지하기 위해 이루어져야 한다. 이 경우 원조는 이익 평등 고려의 원칙에 따라 인종과 국적의 구분 없이 시행되어야 한다.

〈보기〉
ㄱ. 갑 : 사회 제도 개선을 목표로 한 원조는 빈곤 해소에 도움이 될 수 있다.
ㄴ. 갑 : 원조하는 나라는 원조받는 나라의 인권 개선을 위해 강제력을 행사할 수 있다.
ㄷ. 을 : 원조 주체의 경제력에 대한 고려 없이 원조가 실행되어서는 안 된다.
ㄹ. 갑, 을 : 다른 나라에 빈곤한 사람들이 있다는 사실은 필연적으로 원조의 의무를 정당화한다.

① ㄱ, ㄴ ② ㄱ, ㄷ ③ ㄴ, ㄹ ④ ㄱ, ㄷ, ㄹ ⑤ ㄴ, ㄷ, ㄹ

● 왜 정답일까?

갑은 롤스이고, 을은 싱어이다.
ㄱ. 롤스는 고통 받는 사회의 정치적, 사회적 제도 개선 및 인권 확립을 원조의 목표로 보았다. 그에 따르면 이러한 목표를 가진 원조는 고통 받는 사회의 빈곤 문제 해결에 도움이 될 수 있다.
ㄷ. 싱어는 원조의 목적이 고통의 감소에 있다고 보고, 자신의 기본적 욕구를 충족하고도 남는 소득이 있으면서 도덕적으로 중요한 일들을 희생시키지 않고 원조할 수 있는 사람들은 누구나 기부해야 한다고 주장하였다.

● 왜 오답일까?

ㄴ. 롤스는 원조하는 나라는 원조 받는 나라의 인권을 개선하기 위함이라는 명목으로 강제력을 행사해서는 안 된다고 보았다.
ㄹ. 싱어에게만 해당하는 내용이다. 롤스는 질서 정연한 사회에도 빈민이 존재하지만, 질서 정연한 사회는 가난하더라도 원조의 대상이 아니라고 보았다.

05 예술에 대한 플라톤과 칸트의 입장 · 정답률 72% · 정답 ①

| 문제 보기 |

그림은 서술형 평가 문제와 학생 답안이다. 학생 답안의 ㉠~㉤ 중 옳지 않은 것은?

서술형 평가

◉ 문제: 예술에 대한 갑, 을 사상가들의 입장을 비교하여 서술하시오.

갑: 아름다운 리듬과 화음은 영혼에 들어가 우아함을 심어 주고, 미추(美醜) 감각을 키워 준다. 품위 없는 리듬과 화음은 나쁜 말씨나 고약한 성질과 연결되니, 작품 속에 선(善)의 원형을 표현하지 않는 사람은 추방해야 한다.

을: 미적인 것은 윤리적으로 선한 것의 상징이다. 이런 관점에서만 미적인 것은 다른 모든 사람들의 동의를 요구한다. 이때 우리의 마음은 감각적 쾌락을 넘어서 순화되고 고양된 고귀함을 느낀다.

◉ 학생 답안

갑, 을의 예술에 대한 입장을 비교해 보면, 갑은 ⊙예술가의 창작 행위를 떠나서는 아름다움의 원형이 존재할 수 없고, ⓒ예술가는 미적 가치를 통해 영혼의 조화를 추구해야 한다고 본다. 을은 ⓒ예술을 통해 타인과 감정을 공유할 수 있고, ②예술은 도덕성 증진에 기여할 수 있다고 본다. 한편 갑, 을은 모두 ⑩예술은 미적 가치를 다루는 활동이라고 본다.

① ⊙ ② ⓒ ③ ⓒ ④ ② ⑤ ⑩

• 왜 정답일까?

갑은 플라톤이고, 을은 칸트이다.

플라톤은 도덕주의 입장에서 예술은 올바른 품성 함양을 위한 삶의 모범을 제공해야 하며, 예술가는 이데아를 모방하여 영혼의 조화를 추구해야 한다고 하였다. 그리고 예술가의 창작 행위와 상관없이 이데아가 존재한다고 보았다.

칸트는 미(美)와 선(善)은 형식이 유사하다고 보아, 미는 도덕성의 상징이 될 수 있으며 도덕성 실현에 기여할 수 있다고 하였다.

06 유전자 교정 기술에 대한 찬반 입장 정답률 86% | 정답 ⑤

| 문제 보기 |

갑은 긍정, 을은 부정의 대답을 할 질문으로 가장 적절한 것은?

갑: 유전적 결함이 있는 환자는 유전자 교정 기술의 혜택으로 자신과 타인의 부정적 평가에서 벗어나 잃어버린 존엄을 되찾을 수 있다. 이 기술의 활용은 개인의 유전자 선호에 달려 있다. 인류는 자신의 의도에 맞게 유전 정보를 활용하여 과학적 유토피아를 실현할 수 있다.

을: 유전자 교정 기술은 인간성을 변화시킬 수 있어서 바람직하지 않다. 이 기술이 발전하면 인류는 생명체를 지적(知的)으로 설계할 수 있는 힘을 가질 수밖에 없다. 그러나 유전자의 좋고 나쁨을 인간이 판단해서는 안 된다. 왜냐하면 교정은 좋은 것이 있음을 전제하는데, 변화하는 환경에 유전자가 어떻게 적응할지 모르기 때문이다.

① 유전자 교정 기술은 인간의 정체성에 변화를 줄 수 있는가?
② 유전자 교정 기술에 의해 생명체의 능력이 강화될 수 있는가?
③ 유전자 교정 기술에서 개인의 유전자 선택을 금지해야 하는가?
④ 유전자 교정 기술을 활용하는 과정에서 윤리 문제가 생길 수 있는가?
⑤ 유전자 교정 기술에서 인간이 유전자의 가치를 판단하는 것은 정당한가?

• 왜 정답일까?

갑은 유전자 교정 기술이 인간의 삶에 가져올 혜택에 대해 긍정적이며, 그 기술을 인간이 통제할 수 있다고 보고 있으므로 긍정의 대답을, 반면 을은 유전자 교정 기술이 인간의 삶에 결과적으로 어떤 영향을 끼칠지 알 수 없으므로 자의적으로 판단해서는 안 된다고 보고 있으므로 부정의 대답을 할 질문으로 가장 적절한 것은 '유전자 교정 기술에서 인간이 유전자의 가치를 판단하는 것은 정당한가?'라는 질문이다.

07 매킨타이어와 벤담의 입장 정답률 84% | 정답 ③

| 문제 보기 |

갑 사상가가 을 사상가에게 제기할 수 있는 비판으로 가장 적절한 것은? [3점]

갑: '나는 무엇을 해야만 하는가?'라는 물음에 앞서 '나는 어떤 이야기 또는 이야기들의 부분인가?'라는 물음에 답해야 한다. 나의 삶의 역사는 공동체의 역사 속에 있고, 나의 도덕적 정체성은 공동체 구성원의 자격 속에서 발견된다.

을: '나는 무엇을 해야만 하는가?'라는 물음에 대한 적절한 대답은 공리의 원리를 따르는 것이라고 하겠다. 이 원리는 고통과 쾌락의 양을 계산하여, 구성원들의 이익 총합으로서의 공동체 이익을 증진시키도록 행위할 것을 요구한다.

---

① 행위자의 품성보다 행위의 유용성이 중요함을 간과한다.
② 보편적 도덕 원리를 행위의 기준으로 삼아야 함을 간과한다.
③ 공동체가 개인의 단순한 집합체로 간주될 수 없음을 간과한다.
④ 개인이 다른 사람의 행복을 고려하여 행위해야 함을 간과한다.
⑤ 도덕 판단에서 역사적 특수성보다 행위 결과를 고려해야 함을 간과한다.

• 왜 정답일까?

갑은 매킨타이어이고, 을은 벤담이다.

매킨타이어는 덕 윤리의 관점에서 개인의 자아 정체성은 개인의 총합 이상의 것인 공동체 속에서 형성된다고 주장하였다. 벤담은 공동체를 개인의 총합으로 보는 공리주의 입장에서 개인이 공리의 원리에 따라 행동할 것을 강조하였다.

따라서 매킨타이어는 벤담에게 공동체가 개인의 단순한 집합체로 간주될 수 없음을 간과한다는 비판을 할 수 있다.

08 부부 윤리에 대한 유교의 입장 정답률 95% | 정답 ⑤

| 문제 보기 |

다음 사상의 입장으로 적절하지 않은 것은?

부부는 백성을 낳는 시작이며 모든 행복의 근원이다. 남편은 바깥채에 거처하며 안채의 일을 말하지 않고, 아내는 안채에 거처하며 바깥채의 일을 말하지 않는다. 남편은 아내에게 정중하게 임하여 하늘의 건실한 도리를 실천하고, 아내는 부드러움으로 남편을 바로잡아 땅의 순응하는 도리를 실천한다면, 집안이 바르게 될 것이다. 부부가 서로 공경하여 집안이 화목하고 순조로워야 부모께서 편안하고 즐거우실 것이다.

① 화목한 부부 생활은 효도의 한 방법이다.
② 부부는 서로 의존하면서 보완하는 관계이다.
③ 부부는 서로의 고유한 영역을 인정하고 존중해야 한다.
④ 부부의 의의는 세대를 계승하고 행복을 추구하는 데 있다.
⑤ 부부의 관계는 옳고 그름이나 예절의 규제로부터 자유롭다.

• 왜 정답일까?

제시문은 유교의 오륜(五倫) 중 '부부유별(夫婦有別)' 조목을 중심으로 부부간에 지켜야 할 윤리에 대해 말하고 있다.

유교의 입장에 따르면 부부의 관계도 옳고 그름이나 예절의 규제로부터 자유롭지 않다.

09 직업에 대한 공자와 플라톤의 입장 정답률 48% | 정답 ②

| 문제 보기 |

갑, 을 사상가들의 공통된 입장만을 〈보기〉에서 있는 대로 고른 것은? [3점]

갑: 모든 사람에게는 주어진 본분이 있다. 군주는 군주의 본분을, 신하는 신하의 본분을, 부모는 부모의 본분을, 자식은 자식의 본분을 다하는 것을 정명(正名)이라 한다.

을: 국가에서 통치자는 지혜를, 방위자는 용기를, 생산자는 절제를 발휘하여, 여러 구성원이 조화롭게 살아가는 것을 정의(正義)라 한다.

〈보기〉

ㄱ. 사회적 직분에는 그것에 합당한 도덕적 덕목이 요구된다.
ㄴ. 누구나 자신의 직업을 선택할 수 있는 자유를 가져야 한다.
ㄷ. 각자는 역할 수행에 필요한 덕을 갖추도록 노력해야 한다.
ㄹ. 구성원의 역할이 분담되면 자연스럽게 이상적 국가가 실현된다.

① ㄱ, ㄴ ② ㄱ, ㄷ ③ ㄴ, ㄹ
④ ㄱ, ㄷ, ㄹ ⑤ ㄴ, ㄷ, ㄹ

• 왜 정답일까?

갑은 공자, 을은 플라톤이다.

ㄱ. 공자와 플라톤은 모두 사회적 직분에는 그것에 합당한 덕이 있다고 보았다.

ㄷ. 공자와 플라톤은 개인들은 사회적 직분을 수행하기 위한 덕을 갖추려고 노력해야 한다고 보았다.

• 왜 오답일까?

ㄴ. 공자와 플라톤은 직업을 자유롭게 선택할 수 있어야 한다고 하지 않았다.

ㄹ. 공자와 플라톤은 사회 구성원들이 각자에게 분담된 역할을 제대로 수행하기 위해 노력해야 한다고 하였다.

10 분배적 정의에 대한 입장 정답률 61% | 정답 ③

| 문제 보기 |

(가)의 갑, 을 사상가들의 입장을 (나) 그림으로 탐구하고자 할 때, A ~ C에 들어갈 적절한 질문만을 〈보기〉에서 고른 것은? [3점]

(가)

갑: 소유 권리의 정당성은 취득과 이전, 교정의 과정에 의해 결정되며, 개인의 소유가 정당하다면 그 사회의 분배도 정의롭다. 그런데 공리주의는 분배 결과에만 관심을 두어 소유 권리의 역사성을 간과한다.

을: 사회 기본 구조는 정의 원칙들의 순서에 따라 평등한 자유에 위배되지 않게 부와 평등등을 배정해야 한다. 그런데 공리주의를 사회 기본 구조의 최우선 원칙으로 삼으면 후속하는 다른 기준들은 불필요하게 된다.

(나)

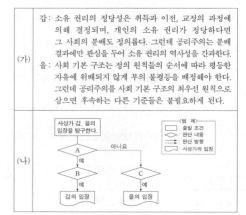

〈보기〉

ㄱ. A: 자신의 노동이 투입되지 않은 결과물에 대해서도 소유할 권리가 허용될 수 있는가?
ㄴ. B: 분배받는 사람의 도덕적 공과(功過)를 기준으로 삼는 분배는 정의의 원리에 위배되는가?
ㄷ. C: 공리의 원리는 구성원 일부에게만 이익이 되는 불평등을 정당화시킬 위험이 있는가?
ㄹ. C: 정의로운 사회 실현을 위해 최소 수혜자의 이익 극대화는 조건 없이 보장되어야 하는가?

① ㄱ, ㄴ ② ㄱ, ㄷ ③ ㄴ, ㄷ ④ ㄴ, ㄹ ⑤ ㄷ, ㄹ

• 왜 정답일까?

(가)의 갑은 노직, 을은 롤스이다.

ㄴ. 노직은 분배받는 사람의 도덕적 공과와 같은 정형적 원리에 따른 분배는 개인의 소유 권리를 침해하기 때문에 정의에 위배된다고 보았다.

ㄷ. 롤스는 최대 다수의 최대 행복을 추구하는 공리의 원리는 사회 구성원 일부에게만 이익이 되는 불평등을 정당화시킬 위험이 있다고 보았다. 그에 따르면 사회적 가치들의 불평등한 분배가 모든 사람에게 이익을 주지 않는 단순한 불평등은 부정의하다.

• 왜 오답일까?

ㄱ. 노직과 롤스 모두 '예'라고 대답할 질문이다.

ㄹ. 롤스가 '아니요'라고 대답할 질문이다. 롤스는 최소 수혜자의 이익 극대화는 정의 원칙들의 축차적 순서에 따라 평등한 자유의 원칙과 공정한 기회균등의 원칙 다음에 보장되어야 하는 것이기 때문이다.

11 요나스의 책임 윤리 정답률 74% | 정답 ③

| 문제 보기 |

다음을 주장한 사상가의 입장만을 〈보기〉에서 고른 것은? [3점]

o 우리는 원하는 것보다 원하지 않는 것을 더 잘 안다. 우리가 실제로 무엇을 보호해야 하는가를 알아내기 위해서 새로운 윤리학은 희망보다는 두려움을 논의 대상으로 삼아야 한다.
o 행해야 할 것과 관련된 책임 개념에 따르면, 현재의 행위로 인해 발생할 사태에 대해 책임져야 한다. 사태의 의존자인 미래 세대는 명령자가 되고, 권력자인 현세대는 의무자가 된다.

〈보기〉

ㄱ. 선의 탐구에서 악의 인식보다 선의 인식이 더 효과적이다.
ㄴ. '할 수 있다'는 능력에 근거해서 '해야 한다'는 책임이 발생한다.
ㄷ. 인간의 힘이 자연으로 확장될수록 자연 파괴의 가능성은 높아진다.
ㄹ. 현세대와 미래 세대는 삶의 지속을 위해 상호 간에 의무를 가진다.

① ㄱ, ㄴ ② ㄱ, ㄷ ③ ㄴ, ㄷ ④ ㄴ, ㄹ ⑤ ㄷ, ㄹ

• 왜 정답일까?

제시문은 요나스의 주장이다.

ㄴ. 요나스는 오직 인간만이 책임질 수 있는 능력이 있기 때문에 미래 세대와 환경에 대해 마땅히 책임을 져야 한다고 주장한다.

138 고3 · 7개년 생활과 윤리 [리얼 오리지널]

[문제편 p.182]

ㄷ. 요나스는 인간의 힘이 자연으로 확장될수록 자연 파괴가 심각해지고 지구가 황량해질 가능성이 높아진다고 주장한다.

• 왜 오답일까?

ㄱ. 요나스는 악을 인식하는 것이 선을 인식하는 것보다 훨씬 쉽다고 보았으며, 도덕 철학은 희망보다는 공포를 논의의 대상으로 삼아야 한다고 보았다.
ㄹ. 요나스에 따르면 현재 세대는 미래 세대에 대해 일방적인 책임을 져야 한다.

12 시민 불복종에 대한 입장   정답률 68% | 정답 ④

| 문제 보기 |

갑, 을 사상가들의 입장으로 적절하지 않은 것은? [3점]

갑: 특정한 법에 불복종하기 전에 효용성을 따져 보아야 한다. 불복종이 목표 달성에 실패하여 다른 수단으로 성공할 가능성을 감소시킬 위험도 고려해야 한다.
을: 특정한 법이 다수의 정의관을 현저하게 위반하면 이에 대한 불복종은 정당화된다. 정의관의 기본 원칙을 오래도록 의도적으로 위반하는 법은 굴종이나 반항을 초래한다.

① 갑: 시민 불복종은 성패에 따르는 비용과 편익을 고려해야 한다.
② 갑: 시민 불복종이 정당하더라도 법에 대한 복종심을 감소시킬 수 있다.
③ 을: 시민 불복종은 정의감에 의해 상당히 규제되는 사회에서만 성립한다.
④ 을: 다수가 믿는 종교적 가르침은 시민 불복종을 정당화하는 근거이다.
⑤ 갑, 을: 시민 불복종은 위법 행위이지만 사회 정의를 추구한다.

• 왜 정답일까?

갑은 싱어, 을은 롤스이다.
싱어는 시민 불복종을 하려 할 때 시민 불복종이 산출할 이익과 손해, 시민 불복종의 성공 가능성 등을 고려해야 한다고 보았다.
롤스는 시민 불복종은 거의 정의로운 사회에서 부정의한 법이나 정책의 변화를 위해 전개되어야 하며, 시민 불복종의 기준은 사회적 다수에 의해 공유된 정의관이어야 한다고 보았다.
롤스의 주장을 따르면 개인 또는 집단의 이익, 종교적 가르침 등은 시민 불복종의 정당한 근거가 될 수 없다.

• 왜 오답일까?

① 싱어에 따르면 시민 불복종은 비용과 편익을 고려해서 이루어져야 한다.
② 싱어는 정당한 시민 불복종도 법에 대한 복종심을 감소시킬 수 있다고 보았다.
③ 롤스에 따르면 시민 불복종은 거의 정의로운 사회에서만 가능하다.
⑤ 싱어와 롤스는 모두 시민 불복종을 위법이지만 정의를 추구하는 행위로 보았다.

13 대북 지원에 대한 쟁점   정답률 78% | 정답 ④

| 문제 보기 |

다음 토론의 핵심 쟁점으로 가장 적절한 것은?

갑: 북한 주민은 통일 한국에서 함께 살아갈 동포입니다. 이념을 떠나 고통 받는 사람을 돕는 것은 윤리적 의무입니다. 따라서 인도적 차원에서 조건 없는 대북 지원이 필요합니다.
을: 고통 받는 이들을 돕는 것은 마땅한 의무이지만, 북한 사회의 특성상 대북 지원이 북한 주민들의 혜택으로 돌아가는지 확인할 방법이 없습니다.
갑: 북한 사회의 투명성이 낮다 하여 그러한 의심이 들 수 있습니다. 그러나 대북 지원은 남북 교류 증진에 마중물 역할을 할 수 있으며, 궁극적으로 북한 사회의 개방을 촉진할 수 있습니다.
을: 물론 대북 지원은 남북 교류 활성화에 도움이 될 수 있습니다. 그러나 지원 물품이 군사 용도로 쓰일 수 있으므로 북한 사회의 개방이 선행된 이후에 행해져야 합니다.

① 북한 사회는 투명성이 낮은가?
② 고통 받는 북한 주민을 도와야 하는가?
③ 북한 사회의 개방이 이루어져야 하는가?
④ 대북 지원은 조건부로 행해져야 하는가?
⑤ 대북 지원은 남북 교류를 촉진시킬 수 있는가?

• 왜 정답일까?

갑은 이념을 떠나 고통 받는 사람을 돕는 것은 윤리적 의무이기 때문에 인도적 차원의 조건 없는 대북 지원이 필요하다고 보고 있다. 을은 고통 받는 사람을 돕는 것은 의무이지만, 대북 지원은 북한 사회의 개방이라는 조건이 이행된 이후에 이루어져야 한다고 주장하고 있다.

14 국제 관계에 대한 입장   정답률 74% | 정답 ③

| 문제 보기 |

(가), (나)의 입장으로 적절한 것만을 <보기>에서 고른 것은?
[3점]

(가) 인간의 본성은 이기적이므로 국가도 이기적일 수밖에 없다. 국제 관계는 만인에 대한 만인의 투쟁 상태와 유사하다. 그러므로 권력의 극대화를 추구하는 과정에서 국제 분쟁이 발생한다.
(나) 인간이 이성적으로 행동하듯 국가도 이성적으로 행동하는 경향이 있으므로 국가 간 상호 협력이 가능하다. 하지만 상대방에 대한 무지나 오해, 동맹이나 비밀 외교 등으로 인해 국제 분쟁이 발생한다.

< 보 기 >
ㄱ. (가): 국제 관계에서 평화를 유지하기 위한 정책은 없다.
ㄴ. (가): 국제 관계에서 국가의 권력을 견제할 수 있는 것은 다른 국가의 권력이다.
ㄷ. (나): 국제 정치의 불완전한 제도는 전쟁의 원인이 될 수 있다.
ㄹ. (가), (나): 국제 분쟁은 각국의 도덕성 증진으로 해결해야 한다.

① ㄱ, ㄴ   ② ㄱ, ㄷ   ③ ㄴ, ㄷ   ④ ㄴ, ㄹ   ⑤ ㄷ, ㄹ

• 왜 정답일까?

(가)는 현실주의, (나)는 이상주의이다.
ㄴ. 현실주의 입장에서는 국제 정치를 권력을 향한 투쟁으로 간주하고 국제 체제에서 국가의 권력을 견제할 수 있는 것은 오직 다른 국가의 권력이라고 주장한다.
ㄷ. 이상주의 입장에서는 전쟁과 같은 현상은 인간이나 국가의 본성에 기인한 것이 아니라 제도나 구조의 결함으로 인한 것이라고 주장한다.

15 자연에 대한 입장   정답률 30% | 정답 ③

| 문제 보기 |

(가)의 갑, 을, 병 사상가들의 입장을 (나) 그림으로 표현할 때, A ~ D에 해당하는 적절한 진술만을 <보기>에서 있는 대로 고른 것은?

(가)	갑: 쾌고를 느낄 수 있는 능력은 어떤 존재가 이익 관심을 갖기 위한 필요충분조건이다. 만약 한 존재가 쾌고를 겪을 수 없다면, 고려해야 할 것은 아무것도 없다. 을: 자연의 아름다움을 무자비하게 파괴하려는 성향은 인간 자신에 대한 의무를 거스른다. 왜냐하면 그것은 도덕성에 기여하는 감정을 약화시키기 때문이다. 병: 개인은 상호 의존적인 대지 공동체의 구성원이다. 개인의 본능은 공동체 내에서 경쟁할 것을 촉구하지만 그의 윤리는 협동도 하라고 촉구한다.

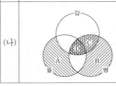

| 범 례 |
A: 을만의 입장
B: 병만의 입장
C: 갑과 병만의 공통 입장
D: 갑, 을, 병의 공통 입장

< 보 기 >
ㄱ. A: 공리의 원리는 동물을 도덕적으로 고려해야 할 근거가 아니다.
ㄴ. B: 인간에 대해서뿐만 아니라 자연과 관련해서도 인간의 의무가 발생한다.
ㄷ. C: 직접적인 도덕적 의무의 대상은 인간에만 한정되지 않는다.
ㄹ. D: 도덕적 지위를 지닌 존재의 범위를 모든 생명체로 설정하는 것은 부적절하다.

① ㄱ, ㄴ   ② ㄱ, ㄷ   ③ ㄷ, ㄹ
④ ㄱ, ㄴ, ㄹ   ⑤ ㄴ, ㄷ, ㄹ

• 왜 정답일까?

(가)의 갑은 싱어, 을은 칸트, 병은 레오폴드이다.
ㄷ. 칸트가 직접적 의무의 대상을 인간으로 한정하는 데 반해 싱어와 레오폴드는 인간 이외의 존재에 대해서도 직접적으로 도덕적인 의무가 있다고 본다.

ㄹ. 칸트는 인간에게만 도덕적 지위가 부여된다고 보고, 싱어는 쾌고 감수 능력을 지닌 동물은 도덕적 지위를 지닌다고 보며, 레오폴드는 생명체뿐 아니라 무생물까지 포함하는 생태 공동체가 도덕적 지위를 지닌다고 본다.

• 왜 오답일까?

ㄱ. 칸트와 레오폴드의 공통 입장에 해당하는 진술이다.
ㄴ. 싱어, 칸트, 레오폴드의 공통 입장에 해당하는 진술이다.

16 삶과 죽음에 대한 입장   정답률 79% | 정답 ⑤

| 문제 보기 |

(가) ~ (다) 사상의 입장으로 옳지 않은 것은? [3점]

(가) 아침에 도(道)를 깨달으면 저녁에 죽어도 좋다. 뜻있는 선비는 살아남고자 하여 인(仁)을 해치는 일이 없다.
(나) 진인(眞人)은 삶을 기뻐하지도 않고, 죽음을 싫어하지도 않는다. 착한 일을 행하여 명성을 가까이하지도 말고, 악한 짓을 행하여 형벌을 가까이하지도 말아야 한다.
(다) 전생(前生)에 뿌려진 씨앗은 이번 생에 받는 것이고, 다음 생에 거둘 열매는 이번 생에 행하는 바로 그것이다.

① (가): 죽음은 슬픈 일이지만 의로운 일을 위해 목숨을 버릴 수 있다.
② (나): 인의(仁義)를 위해 목숨을 바치는 것은 어리석은 일이다.
③ (다): 연기의 법칙을 깨달으면 윤회의 고통에서 벗어날 수 있다.
④ (가), (나): 태어남과 죽음은 본래 자연스러운 과정일 뿐이다.
⑤ (나), (다): 남을 도우며 선하게 살아야 내세의 행복을 기약할 수 있다.

• 왜 정답일까?

(가)는 유교 사상, (나)는 도가 사상, (다)는 불교 사상이다.
유교에서는 삶과 죽음을 자연의 순환 과정으로 보면서도 죽음에 대해 적절한 애도를 표해야 한다고 본다.
도가에서는 삶과 죽음은 자연의 순환 과정일 뿐이므로 삶과 죽음에 초연해야 한다고 본다.
불교에서는 삶과 죽음을 연기의 법칙으로 설명하며, 연기를 깨달아 집착을 버리면 윤회의 고통에서 벗어날 수 있다고 본다.
선한 삶을 살아야 내세에 행복할 수 있다는 것은 도가가 아닌 불교에 해당하는 내용이다.

• 왜 오답일까?

① 유교에서는 죽음을 슬픈 일로 여기면서도 의로운 일을 위해서는 목숨을 버릴 수도 있다고 본다.
② 도가에서는 인의(仁義)와 같은 도덕을 위해 목숨을 바치는 것은 어리석은 일이라고 본다.
③ 불교에서는 연기의 법칙을 깨달으면 윤회의 고통에서 벗어날 수 있다고 본다.
④ 유교와 도가는 모두 태어남과 죽음을 자연스러운 과정이라고 본다.

17 과시 소비에 대한 베블런의 입장   정답률 84% | 정답 ④

| 문제 보기 |

그림의 강연자가 긍정의 대답을 할 질문으로 가장 적절한 것은?

타인의 존경을 얻고 유지하기 위해서는 부나 권력을 획득하는 것만으로는 충분하지 않습니다. 부나 권력은 타인에게 증거로 드러나는 한에서만 존경이 부여되기 때문입니다. 극빈층을 포함한 사회의 어떤 계층도 관례적인 과시 소비를 하지 않는 경우는 없습니다. 자기 보존 본능을 제외하고는 경쟁적인 비교 성향이 가장 강력하고 지속적인 경제적 동기입니다. 그래서 겉으로 있어 보이는 체하려고 허세와 허영이 다하는 마지막 순간까지 비참할 정도의 궁색함과 불편조차도 참아낼 것입니다.

① 과시 소비로부터 자유로운 사회 계층이 존재하는가?
② 타인과의 비교 성향이 인간의 허영심을 제한하는가?
③ 자본을 축적하는 것만으로도 타인의 존경을 얻을 수 있는가?
④ 과시 소비는 자신의 지위를 드러내기 위한 방편으로 행해지는가?
⑤ 경쟁적인 비교 성향은 자기 보존 본능보다 강력한 경제적 동기인가?

• 왜 정답일까?

그림의 강연자는 베블런이다.

베블런은 현대 산업 사회의 과시 소비는 자신의 지위를 드러내기 위한 방편으로 행해지는 것이라고 보았다.

18 다문화 사회에 대한 다양한 입장 정답률 88% | 정답 ⑤

| 문제 보기 |

(가)의 입장에 비해 (나)의 입장이 갖는 상대적 특징을 그림의 ㉠ ~ ㉤ 중에서 고른 것은?

(가) 국가는 이주민이 자신의 문화를 포기하고 새로운 사회의 지배적 가치관과 문화에 동화될 수 있도록 하는 정책을 시행해야 한다. 그렇게 한다면 주류 문화를 중심으로 문화 정체성이 형성되고, 이주민은 주류 문화의 일원으로 거듭날 수 있다.

(나) 국가는 이주민의 문화를 평등하게 인정하고 각기 다른 문화가 조화를 이룰 수 있도록 하는 정책을 시행해야 한다. 그렇게 한다면 다양한 문화의 고유성이 유지되면서 이주민의 사회 통합이 이루어질 수 있다.

· X : 이주민 문화의 정체성 보존을 강조하는 정도
· Y : 문화 간 대등한 방식의 공존을 강조하는 정도
· Z : 단일한 문화 중심의 사회 통합을 강조하는 정도

① ㉠   ② ㉡   ③ ㉢   ④ ㉣   ⑤ ㉤

● 왜 정답일까?

(가)는 동화주의, (나)는 다문화주의이다.
동화주의는 이민자를 주류 사회의 언어와 문화에 동화시켜 주류 사회의 정체성을 부여해야 한다고 본다. 이에 반해 다문화주의는 이민자들이 그들의 고유한 문화를 유지하는 것을 인정하고 공존해야 한다고 본다. 따라서 동화주의 입장에 비해 다문화주의 입장은 이주민 문화의 정체성 보존을 강조하는 정도(X)와 문화 간 대등한 방식의 공존을 강조하는 정도(Y)는 높고, 단일한 문화 중심의 사회 통합을 강조하는 정도(Z)는 낮다.

19 형벌에 대한 입장 정답률 72% | 정답 ②

| 문제 보기 |

(가)의 갑, 을, 병 사상가들의 입장에서 서로에게 제기할 수 있는 비판을 (나) 그림으로 표현할 때, A ~ F에 해당하는 내용으로 적절하지 않은 것은? [3점]

(가) 갑 : 형벌은 범죄자가 처벌받을 행위를 의욕했기 때문에 가해져야 하며, 결코 어떤 다른 선을 촉진하기 위한 수단으로서 가해질 수 없다.
을 : 형벌은 범죄를 억제하기에 충분한 정도의 강도만을 지녀야 한다. 따라서 사형보다 고통이 길게 유지되어 오랫동안 본보기로 기능하는 형벌이 필요하다.
병 : 사형은 죄인을 시민이 아닌 적으로서 처벌하는 것이다. 그 판결은 그가 사회 계약을 파기하여 이미 국가의 구성원이 아니라는 증명이자 선언이다.

〈범 례〉
→ : 비판의 방향
A~F : 비판의 내용

〈예 시〉
㉮ A ㉯
을 ← 병
A는 갑이 을에게 제기할 수 있는 비판임.

① A : 형벌의 질과 양은 동해(同害) 보복법에 의해서 결정되어야 함을 간과한다.
② B, D : 형벌은 국가 존립을 위한 수단으로 집행될 수 있음을 간과한다.
③ C : 사회 계약은 살인범을 사형에 처할 수 있는 근거가 됨을 간과한다.
④ E : 사형은 일반 시민들의 안전을 지키기 위해 실행되어야 함을 간과한다.
⑤ F : 사형 선고를 받은 사람도 목적적 존재로 대우받아야 함을 간과한다.

● 왜 정답일까?

(가)의 갑은 칸트, 을은 베카리아, 병은 루소이다.
칸트는 응보주의 입장에서 형벌은 어떤 다른 선을 촉진하기 위한 수단으로 가해질 수는 없고, 범죄자가 범죄를 저질렀기 때문에 가해지는 것이라고 보았다.
베카리아는 공리주의 입장에서 형벌은 타인들의 범죄를 억제시키기에 충분한 정도의 강도로 가해져야 한다고 보았다.

루소는 사회 계약론의 입장에서 형벌은 사회 질서 유지를 위해 가해지는 것이며, 범죄자가 처형당할 때 그는 시민이 아니라 적으로 간주되는 것이라고 주장하였다.
따라서 '형벌은 국가 존립을 위한 수단으로 집행될 수 있음을 간과한다.'라는 것은 B : 베카리아 입장에서 칸트의 입장에 대해 제기할 수 있는 비판이지만, D : 베카리아 입장에서 루소의 입장에 대해 제기할 수 있는 비판은 아니다.

● 왜 오답일까?

① 칸트는 형벌이 동등성의 원리에 따라 가해져야 한다고 보았으나 베카리아는 유용성의 원리에 근거해야 한다고 보았다.
③ 루소는 사회 계약이 사형제의 근거가 된다고 보았지만 베카리아는 그렇지 않다고 보았다.
④ 루소는 사형이 일반 시민들의 안전을 지키기 위해 실행되는 것이라고 한 데 반해 칸트는 범죄 그 자체에 대한 응보 차원에서 이루어진다고 보았다.
⑤ 칸트는 범죄자도 목적으로 대해야 한다고 보았으나 루소는 범죄자를 국가의 시민이 아닌 적으로 보았다.

20 성찰에 대한 소크라테스의 입장 정답률 93% | 정답 ②

| 문제 보기 |

다음을 주장한 사상가의 입장에서 〈사례〉 속 A에게 제시할 충고로 가장 적절한 것은?

재물이나 명성과 명예는 최대한 많아지도록 마음을 쓰면서도 지혜와 진리, 자신의 영혼이 최대한 훌륭해지도록 하는 일에 대해서는 마음을 쓰지 않는 것을 부끄러워해야 한다. 숙고하지 않는 삶은 살 가치가 없다.

〈사 례〉

제2차 세계 대전 당시 유대인 학살의 실무 책임자였던 피고 A는 재판 과정에서 자신이 명령받은 일을 하지 않았다면 양심의 가책을 받았을 것이라고 말했다. 이에 많은 사람들은 그를 악마 같다고 비난했으나, 그는 맡은 일을 성실히 수행했을 뿐인데 자신이 비난받는 이유를 모르겠다고 항변했다.

① 영혼의 훌륭함보다는 명성과 명예를 추구해야 한다.
② 자신의 행동에서 지혜롭지 못한 것은 없는지 성찰해야 한다.
③ 옳음보다는 유용성을 기준으로 자신의 삶의 목적을 정해야 한다.
④ 직위와 결부된 책임을 충실히 이행하기 위해 노력해야 한다.
⑤ 자신이 속한 국가가 정한 규범을 의심 없이 받아들여야 한다.

● 왜 정답일까?

제시문은 소크라테스의 주장이다. 소크라테스는 성찰하는 삶을 강조하였다. 다시 말해 자신의 행동에서 지혜롭지 못한 것은 없는지 지속적으로 성찰할 것을 강조하였다.

47회 2020학년도 수능
● 고3 생활과 윤리 ●

01 ②	02 ⑤	03 ③	04 ④	05 ②
06 ⑤	07 ⑤	08 ④	09 ①	10 ②
11 ①	12 ①	13 ④	14 ⑤	15 ①
16 ④	17 ⑤	18 ⑤	19 ②	20 ③

채점결과
· 실제 걸린 시간 : ___ 분 ___ 초
· 맞은 문항수 : ___ 개
· 틀린 문항수 : ___ 개
· 헷갈린 문항 :

01 응용 윤리학과 기술 윤리학의 비교 정답률 91% | 정답 ②

| 문제 보기 |

갑, 을의 입장으로 가장 적절한 것은?

갑 : 윤리학은 윤리 이론의 탐구보다는 실제 삶에서 만나는 도덕 문제의 해결을 목표로 삼아야 한다. 이를 위해 도덕 이론의 도움을 받을 뿐 아니라 생명공학, 법학 등의 자연과학 및 사회과학 지식을 적극 활용해야 한다.
을 : 윤리학은 개인의 생활 그리고 사회의 구조와 기능 속에 존재하는 도덕 현상을 과학적으로 탐구하는 것을 목표로 삼아야 한다. 즉 사람들이 따르거나 따르고 있는 윤리가 무엇인지 기술하고 설명해야 한다.

① 갑 : 윤리학은 도덕 관행의 발생 과정을 인과적으로 서술해야 한다.
② 갑 : 윤리학은 구체적 삶의 도덕적 딜레마 해결을 중시해야 한다.
③ 을 : 윤리학은 당위의 관점에서 이상적 덕이 무엇인지 모색해야 한다.
④ 을 : 윤리학은 도덕 문제에 응용되는 보편적 도덕 원리를 정립해야 한다.
⑤ 갑, 을 : 윤리학은 도덕 언어의 의미 분석을 탐구 목적으로 삼아야 한다.

● 왜 정답일까?

(가)는 응용 윤리학, (나)는 기술 윤리학에 해당한다.
응용 윤리학은 기술 윤리학과 달리 구체적 삶의 도덕적 딜레마 해결을 중시한다.

02 엘리아데의 입장 정답률 76% | 정답 ⑤

| 문제 보기 |

다음 사상가의 입장으로 가장 적절한 것은? [3점]

우리가 관심을 가지는 것은 거룩한 것의 총체이다. 종교의 역사는 성현(聖顯)으로 구성되어 있다. 종교적 인간은 우리의 세상에 속하지 않은 어떤 실재가 자연의 대상 속에서 현현(顯現)되는 사건에 마주칠 때, 예컨대 한 그루 나무를 우주적 생명의 이미지로서 접할 때 최고의 정신성에 도달하게 된다. 이와 달리 비종교적 인간은 초월을 거부하는 인간 실존의 탈신성화 과정의 결과이다.

① 비종교적 인간도 세계를 성(聖)의 드러남으로 인정한다.
② 성(聖)이 현현되는 이 세계는 초월적 존재 그 자체이다.
③ 인간은 체험이 아니라 상상을 통해서 성(聖)을 만나게 된다.
④ 어떤 인간도 현실의 삶 속에서 최고의 정신성에 도달할 수 없다.
⑤ 인간이 성(聖)을 알 수 있는 것은 자연물에 성이 드러나기 때문이다.

● 왜 정답일까?

제시문은 엘리아데의 주장이다. 엘리아데에 따르면 인간이 성(聖)을 알 수 있는 것은 성이 세속적인 것과는 전적으로 다른 그 무엇으로서 자신을 드러내고 보여주기 때문이다.

● 왜 오답일까?

① 엘리아데에 따르면 비종교적 인간은 초월을 거부하고 자신과 세계를 탈신성화한다. 이는 비종교적 인간이 세계를 성현으로 인정하지 않음을 의미한다.
② 엘리아데에 따르면 초월적 존재는 세계를 초월하며 세계 안에 스스로를 현현(顯現)시키는 존재이다.

③ 엘리아데에 따르면 인간은 일상적 삶에서 성현을 체험하며 성(聖)을 만나게 된다.
④ 엘리아데에 따르면 종교적 인간은 일상에서 성현에 마주칠 때 최고의 정신성에 도달하게 된다.

03 장자의 죽음에 대한 견해
정답률 96% | 정답 ③

| 문제 보기 |
다음 사상가의 죽음에 대한 견해로 가장 적절한 것은?

> 기(氣)가 모이면 삶이요, 흩어지면 죽음입니다. 태어나기 이전에 인간은 흐릿하며 어두운 속에 섞여 있었으나 그것이 변화하여 기운이 있게 되었고, 기운이 변화하여 형체가 있게 되었고, 형체가 변화하여 삶이 있었던 것입니다. 이제 다시 변화하여 죽어간 것입니다. 본래 삶과 죽음은 봄, 여름, 가을, 겨울 사계절의 운행과 같습니다.

① 쾌락에서 벗어나 불안과 공포의 지배를 받는 것이다.
② 현실의 부와 명예를 잃게 되므로 피해야 하는 것이다.
③ 자연스러운 과정이므로 두려워할 필요가 없는 것이다.
④ 유일신을 통해 초월적이고 영원한 세계에 이르는 것이다.
⑤ 하늘이 부여한 선한 본성을 확충할 기회가 박탈되는 것이다.

● 왜 정답일까?
제시문은 장자의 죽음에 대한 견해이다.
장자는 삶과 죽음은 기(氣)가 모였다가 흩어지는 것으로 자연스러운 과정이라고 보았다. 따라서 죽음에 대해 두려워하거나 슬퍼할 필요가 없다고 보았다.

04 예술과 윤리
정답률 71% | 정답 ④

| 문제 보기 |
(가), (나) 사상의 입장으로 적절한 것만을 〈보기〉에서 있는 대로 고른 것은? [3점]

> (가) 악(樂)은 '같음'을, 예(禮)는 '다름'을 위한 것이다. 같으면 서로 친하게 되고, 다르면 서로 공경하게 된다. 악이 화합을 극진하게 하고 예가 순서를 극진하게 하여, 안으로 화합하고 밖으로 질서를 이룬다면, 백성은 그 얼굴을 보고 서로 다투지 않게 되며, 그 용모를 보고 업신여기지 않게 된다.
> (나) 악(樂)은 비록 눈으로 보기에 아름답고 귀로 듣기에 즐거우나, 백성의 이익에는 부합하지 않는다. 악기를 연주하며 춤추는 것을 일삼는다면, 백성이 입고 먹을 재물은 어찌 얻을 수 있겠는가? 일찍이 여러 악기를 만들고 연주해서도 천하의 이익을 증진하는 데 도움이 되지 않았다.

〈보기〉
ㄱ. (가): 예와 악은 서로 보완적인 역할을 한다.
ㄴ. (가): 예악은 정서의 순화와 언행의 교화 모두에 기여한다.
ㄷ. (나): 음악은 실용적 관점보다 심미적 관점에서 평가해야 한다.
ㄹ. (가), (나): 음악의 가치는 사회적 효과를 고려하여 판단해야 한다.

① ㄱ, ㄴ ② ㄴ, ㄷ ③ ㄷ, ㄹ
④ ㄱ, ㄴ, ㄹ ⑤ ㄱ, ㄷ, ㄹ

● 왜 정답일까?
(가)는 유교 사상, (나)는 묵가 사상이다.
유교 사상은 예와 악이 서로 보완 관계에 놓여 있으며(ㄱ), 인간의 정서를 순화하고 언행을 교화하는 데 기여할 수 있다고 본다(ㄴ). 한편 유교 사상은 음악이 사회에 긍정적 영향을 끼친다고 보고 음악을 긍정하는 데 비해, 묵가 사상은 음악이 사회에 부정적 영향을 끼친다고 보고 음악을 부정한다. 그러므로 두 사상은 모두 사회적 효과를 중심으로 음악의 가치를 판단한다고 할 수 있다(ㄹ).

● 왜 오답일까?
ㄷ. 묵가 사상은 심미적 관점이 아니라 실용적 관점에서 음악을 평가한다.

05 윤리 문제에 대한 공리주의의 입장
정답률 74% | 정답 ②

| 문제 보기 |
다음 사상가의 관점에서 〈사례〉 속 A에게 제시할 조언으로 가장 적절한 것은?

> 공동체의 행복은 공동체 구성원들의 행복의 총합이다. 어떤 행동이 공동체의 행복을 증가시키는 경향이 감소시키는 경향보다 더 클 경우, 그 행동은 공리의 원리에 일치한다고 말할 수 있다. 우리는 마땅히 이 원리에 일치하는 행동을 해야 한다.

> 〈사례〉
> 고등학생 A는 자전거를 사기 위해 용돈을 모으고 있다. 그러나 TV에서 '난민 돕기 운동' 광고를 보고 모은 용돈을 기부해야 할지 고민하고 있다.

① 정언명령에 따라 어려운 처지의 사람을 도우세요.
② 이해 당사자들의 쾌락을 최대화하도록 행동하세요.
③ 실천적 지혜를 발휘해 유덕한 사람이 되도록 행동하세요.
④ 기부의 결과를 따지기보다 배려심을 발휘하여 행동하세요.
⑤ 공익은 사익의 총합보다 크다는 것을 고려하여 선택하세요.

● 왜 정답일까?
제시문은 공리주의 사상가인 벤담의 주장이다. 벤담은 '최대 다수의 최대 행복'을 도덕과 입법의 기본 원리로 제시한다. 따라서 A에게 관련된 이해 당사자들의 쾌락 혹은 행복을 최대화할 수 있도록 행동하라고 조언할 수 있다.

● 왜 오답일까?
① 칸트의 입장에서 제시할 수 있는 조언이다.
③ 아리스토텔레스의 입장에서 제시할 수 있는 조언이다.
④ 벤담은 행위의 결과를 중시하므로 벤담이 제시할 수 있는 적절한 조언이 아니다.
⑤ 벤담은 공익은 사익의 총합일 뿐이라고 본다.

06 장기 이식에 대한 입장
정답률 83% | 정답 ⑤

| 문제 보기 |
다음 토론의 핵심 쟁점으로 가장 적절한 것은? [3점]

> 갑: 몸의 소유권은 자신에게 있고 장기 이식이 생명을 살릴 수 있지만, 장기 기증의 권리는 허용될 수 없습니다. 장기는 몸의 부분이고 몸은 인간 존엄성의 토대이기 때문입니다.
> 을: 몸은 인간 존엄성에 있어서 중요합니다. 그러나 몸 자체와 몸의 부분은 구분해야 합니다. 몸 자체와 달리 몸의 부분을 자발적으로 기증하면 존엄성에 아무 지장이 없습니다.
> 갑: 전체도 부분으로 이루어지므로 몸 자체와 몸의 부분은 구분될 수 없습니다. 따라서 장기의 이식은 존엄성에 영향을 줍니다. 또한 기증의 허용은 존엄성을 훼손하는 장기 매매의 위험을 초래합니다.
> 을: 물론 존엄성을 훼손하는 장기 매매는 허용될 수 없습니다. 하지만 우리가 가진 몸의 소유권은 장기를 기증할 자기 결정권을 당연히 함의합니다. 이러한 자기 결정권은 생명을 살릴 수 있으므로, 존엄성을 훼손하지 않습니다.

① 장기 이식이 생명을 살릴 수 있는가?
② 장기 매매는 윤리적으로 허용 가능한가?
③ 개인은 자기 몸에 대한 소유권을 갖는가?
④ 몸 자체는 인간 존엄성의 중요한 토대인가?
⑤ 개인은 자신의 장기를 기증할 자유를 지니는가?

● 왜 정답일까?
갑은 자기 몸에 대한 소유권을 인정하면서도 장기 기증이 인간 존엄성을 훼손할 수 있다고 보고 장기 기증의 자유를 허용해서는 안 된다고 주장한다. 이와 달리 을은 몸의 일부분을 기증해도 인간 존엄성을 훼손하지 않으므로 개인은 장기 기증과 관련하여 자기 결정권을 가진다고 주장한다.

● 왜 오답일까?
①, ③, ④ 갑과 을 모두 긍정하는 입장이다.
② 갑과 을 모두 부정하는 입장이다.

07 내부 공익 신고에 대한 입장
정답률 94% | 정답 ⑤

| 문제 보기 |
다음 신문 칼럼이 강조하는 내용으로 가장 적절한 것은?

> ○○신문   ○○○○년 ○○월 ○○일
> **칼럼**
> 기업은 고용인(雇傭人)*과 고용주의 이윤 추구를 위한 계약 관계로 유지된다. 기업의 결속력은 서로의 이윤 창출을 위한 행위에 의해 생길 뿐이다. 고용주는 고용인의 충성까지 구매할 수는 없다. 따라서 사회 정의를 해치는 기업의 행위를 알게 된 고용인이 이를 사회에 알리는 것은 정당하다. 또한 사회는 고용인에게 기업의 불법 행위나 부도덕한 행위를 외부에 적극 알려야 할 의무를 요구한다. 고용인은 특정 조직에 속한 개인이면서 정의롭게 행복하게 유지되어야 할 사회 공동체의 구성원이기 때문이다.
> * 고용인(雇傭人): 고용되어 일하는 사람

① 고용주는 기업을 사익 추구의 수단으로 간주해서는 안 된다.
② 고용인과 고용주는 상호 협력과 결속 관계를 형성할 수 없다.
③ 고용인은 고용주에 대한 신의를 어떠한 경우에도 지켜야 한다.
④ 조직에 충성하기를 포기한 고용인은 그 조직에서 떠나야 한다.
⑤ 고용인은 조직에 대한 책무와 함께 시민의 의무를 다해야 한다.

● 왜 정답일까?
신문 칼럼에 따르면 고용되어 일하는 사람인 고용인은 기업의 이윤 추구에 기여해야 할 의무와, 공익을 위반한 기업의 비행을 적극 알려야 할 시민의 의무를 함께 이행해야 한다.

08 동화주의와 다문화주의
정답률 93% | 정답 ④

| 문제 보기 |
다음 대화에서 갑, 을의 입장으로 가장 적절한 것은? [3점]

> 국가는 사회적 갈등을 줄이고 공동체의 결속력을 강화하기 위해 이민자가 출신국의 언어, 문화, 사회적 특성을 포기하고 주류 사회의 일원이 될 수 있는 정책을 추진해야 합니다.

> 국가는 사회 구성원 간의 조화를 이루기 위해 이민자의 문화적 고유성을 인정하고 기존 사회와 대등하게 공존할 수 있는 법과 제도를 적극적으로 마련해야 합니다.

 갑   을

① 갑 : 주류 문화 우위를 전제로 이민자 문화의 특수성을 보장해야 한다.
② 갑 : 주류 문화를 수용하는 이민자의 문화적 정체성을 보장해야 한다.
③ 을 : 사회 조화를 위해 주류와 비주류 간 문화 위계를 인정해야 한다.
④ 을 : 이민자의 문화적 다양성을 인정하면서 사회 통합을 모색해야 한다.
⑤ 갑, 을 : 사회적 연대를 위해 주류와 비주류 문화 간 공존과 결속을 강화해야 한다.

● 왜 정답일까?
대화의 갑은 동화주의, 을은 다문화주의의 입장이다.
다문화주의는 이민자들의 문화적 다양성을 인정하면서 사회 통합을 모색할 수 있다고 본다.

09 공직자 윤리
정답률 87% | 정답 ①

| 문제 보기 |
다음 글의 입장으로 적절하지 않은 것은? [3점]

> 옛 성인(聖人)이 세금 제도를 만든 것은 백성으로부터 거두어 자기를 봉양하자는 것이 아니다. 백성들이 모여 살면서 갈등과 투쟁이 생겨 서로 죽이기까지 하거늘, 통치자가 법으로 다스려 평화롭게 해 주어야만 민생이 편안해진다. 그러나 이 일은 농사를 지으면서 함께할 수 없으므로, 백성은 수확의 10분의 1을 세(稅)로 바쳐 통치자를 공양(供養)하는 것이다. 통치자가 백성으로부터 거두어들인 것이 큰 만큼, 백성에 대한 보답도 무거운 것이다. 후세의 통치자는 세금 제도를 만든 의의를 모르고 '백성이 나를 공양하는 것은 당연한 것'이라고 말하면서 가혹하게 수취하니, 백성들도 그 영향을 받아 서로 싸워 국가가 혼란해진다.

① 공직자는 별도의 생업에 종사하며 나랏일에 충실해야 한다.
② 공직자는 자신의 본분에 충실하여 민생을 안정시켜야 한다.
③ 공직의 설치는 필수적인 것으로 사회적 역할 분담의 일환이다.
④ 공직자는 세금을 납부한 국민들에게 봉사로써 보답해야 한다.
⑤ 공직자의 탐욕과 수탈은 국민의 반목과 국가의 분란을 야기한다.

● 왜 정답일까?
제시문에 따르면 통치자는 농사와 통치를 함께 할 수 없다. 통치자는 통치 자체에 충실해야 한다.

10 롤스와 노직의 사회 정의   정답률 32% | 정답 ②

| 문제 보기 |
갑, 을 사상가들의 입장으로 가장 적절한 것은?

> 갑 : 천부적 재능의 분포를 공동의 자산으로 생각하여, 사람들은 공동의 이익을 가져오는 경우에만 자연적·사회적 우연성을 이용하기로 약속한다. 이러한 차등 원칙은 운명의 우연성을 공정하게 다루는 정의로운 방식이다.
> 을 : 분배가 정의로운가는 그 분배가 어떻게 이루어졌는가에 달려 있다. 이러한 역사적 원리에 따르면, 사람들의 과거 행위나 상황은 사물에 대한 차별적인 소유 권리나 응분의 자격을 만들어 낸다.

① 갑 : 정의로운 사회에서 우연성으로 취한 이득은 정당화될 수 없다.
② 갑 : 사유 재산권은 정의 원칙에 따라 평등하게 분배되어야 한다.
③ 을 : 자연물에 대한 최초 취득의 자유는 제한되어서는 안 된다.
④ 을 : 분배 결과에 초점을 둔 정의론은 소유권을 침해하지 않는다.
⑤ 갑, 을 : 천부적 운과 달리 사회적 운은 도덕적 관점에서 임의적이지 않다.

● 왜 정답일까?
갑은 롤스, 을은 노직이다.
롤스에 따르면 언론과 결사의 자유, 양심과 사상의 자유, 정치적 자유, 사유 재산권 등은 기본적 자유들에 포함된다. 이러한 기본적 자유들은 정의의 제1원칙에 따라 평등하게 분배되어야 한다.

● 왜 오답일까?
③ 노직은 사람들에게는 누구도 소유하지 않은 자연물을 취득할 자유가 있지만, 그 자유는 다른 사람의 상황을 악화시키지 않을 때 정당하다고 본다.

11 윤리적 소비   정답률 95% | 정답 ①

| 문제 보기 |
㉠에 들어갈 내용으로 적절한 것만을 〈보기〉에서 고른 것은?

> 이제까지 우리는 자기 욕구를 정확하게 파악하고 상품 정보를 충분히 알아본 뒤, 소득 범위 내에서 가장 적은 비용으로 만족도가 높은 제품을 구매하는 것이 바람직한 소비라고 생각했다. 그러나 오늘날 더 절실히 요구되는 소비는 생산, 유통, 구매 그리고 사용 이후의 처리와 재생에 이르기까지 사회, 환경, 미래 세대 등을 배려하는 데서부터 시작한다. 이를 위해 소비할 때 우리는 ㉠ .

> **〈보기〉**
> ㄱ. 생산 노동자의 권리가 보장되는지 고려해야 한다.
> ㄴ. 공동선을 추구하는 기업의 제품을 선택해야 한다.
> ㄷ. 지속 가능한 소비보다는 현세대의 이익을 추구해야 한다.
> ㄹ. 비용 대비 편익의 극대화를 최우선적 기준으로 삼아야 한다.

① ㄱ, ㄴ ② ㄱ, ㄷ ③ ㄴ, ㄷ ④ ㄴ, ㄹ ⑤ ㄷ, ㄹ

● 왜 정답일까?
제시문에 따르면 윤리적 소비는 생산 노동자의 권리 보장에 관심을 갖는다(ㄱ). 그리고 공동선을 추구하는 기업의 제품을 선택한다(ㄴ).

12 니부어의 입장   정답률 91% | 정답 ①

| 문제 보기 |
다음 사상가의 입장으로 옳지 않은 것은? [3점]

> 인간은 본성상 이기적 충동과 이타적 충동을 함께 갖고 태어난다. 그런데 도덕의 문제가 개인 차원에서 집단 간의 관계로 옮겨 갈수록 이기적 충동이 득세하게 된다. 사회의 집단 이기심은 불가피하며 이런 이기심이 비정상적으로 확장될 경우, 이에 맞서는 다른 집단들의 이기심에 의해서만 견제될 수 있다. 게다가 도덕적이거나 합리적인 설득 외에 강제력도 병행되어야 견제가 실효성을 지닐 수 있다.

① 사회 갈등을 해소하는 민주적 과정에는 강제력이 불필요하다.
② 인간의 자기 보존의 욕구는 세력 강화의 욕구로 쉽게 전환된다.

③ 도덕적 계몽으로 사회에서 집단 갈등 자체를 소멸시킬 수 없다.
④ 집단 간 정의 실현에 집단 이기심의 상호 투쟁이 개입될 수 있다.
⑤ 강제력만으로 국가를 보존하고 통합을 유지하는 것은 불가능하다.

● 왜 정답일까?
제시문은 니부어의 주장이다. 니부어는 사회 갈등을 해소하는 민주적 과정에 강제력이 필요하다고 본다.

13 정보화 사회   정답률 95% | 정답 ③

| 문제 보기 |
갑, 을의 입장으로 적절한 것만을 〈보기〉에서 고른 것은?

> 갑 : 빅 브라더(Big Brother)는 소설 속 존재로, 사회를 철저히 장악한다. 정보 통신 기술의 발달로 인해 개인은 사이버 공간에서 '빅 브라더'의 감시를 벗어나지 못해, 실질적인 정치 참여 기회가 줄어들 위험성이 커지고 있다.
> 을 : 아고라(agora)는 고대 아테네의 광장으로, 자유민들은 이곳에서 민회에 참여했다. 정보 통신 기술의 발달로 사이버 공간이 아고라와 같은 기능을 하면서 현실의 정책 결정에 대해서도 시민의 정치 참여를 높이고 있다.

> **〈보기〉**
> ㄱ. 갑 : 사이버 공간에서는 사생활권과 익명성이 보장된다.
> ㄴ. 갑 : 정보 통신 기술은 보이지 않는 방식으로 개인을 통제한다.
> ㄷ. 을 : 사이버 공간은 직접 민주주의의 가능성을 높이고 있다.
> ㄹ. 갑, 을 : 정보화가 진전됨에 따라 표현의 자유도 증진된다.

① ㄱ, ㄴ ② ㄱ, ㄷ ③ ㄴ, ㄷ ④ ㄴ, ㄹ ⑤ ㄷ, ㄹ

● 왜 정답일까?
정보 통신 기술 발달의 부정적 측면을 강조하는 갑에 따르면 정보 통신 기술은 보이지 않는 방식으로 개인을 통제한다(ㄴ). 그러나 반대 입장을 지닌 을에 따르면 사이버 공간은 직접 민주주의의 가능성을 높여준다(ㄷ).

14 베카리아, 칸트의 형벌에 대한 입장   정답률 75% | 정답 ⑤

| 문제 보기 |
(가)의 사상가 갑, 을의 입장을 (나) 그림으로 탐구하고자 할 때, A ~ C에 들어갈 옳은 질문만을 〈보기〉에서 있는 대로 고른 것은?

> (가)
> 갑 : 인간 행동을 규제하는 것은 그가 알고 있는 고통의 반복적 인상에서 비롯된다. 시민들에게 범죄자가 노력하는 고통스러운 모습을 지속적으로 보여 주는 것이 사형보다 더 효과적인 형벌이다.
> 을 : 인간은 내적 자유를 가진 존재이며 자신의 인간성을 훼손하지 말아야 할 의무가 있다. 네가 타인에게 해악을 끼치는 것은 곧 그것이 무엇이든 그것을 네 자신에게 가하는 것과 같다. 이것이 형벌에서의 정언명령이다.

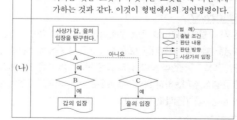

> **〈보기〉**
> ㄱ. A : 형벌에는 시민에게 공포감을 주려는 의도가 포함되어 있는가?
> ㄴ. B : 범죄 의도의 반사회성이 범죄의 경중을 판단하는가?
> ㄷ. B : 과도한 형벌은 효용 원리와 사회 계약 모두에 위배되는가?
> ㄹ. C : 인도적 동정심에서 사형의 부당성을 주장하는 것은 그른가?

① ㄱ, ㄴ ② ㄴ, ㄷ ③ ㄷ, ㄹ ④ ㄱ, ㄴ, ㄷ ⑤ ㄱ, ㄷ, ㄹ

● 왜 정답일까?
갑은 베카리아, 을은 칸트이다.
베카리아는 형벌이 시민에게 공포감을 주려는 의도를 가진 것이라고 보는 반면, 칸트는 형벌이 보복 이외의 다른 선을 촉진하기 위한 수단일 수 없다고 본다(ㄱ). 베카리아는 필요 이상의 형벌은 범죄 예방에 유해한 결과를 초래하고 사회 계약의 본질과도 상반된다고 본다(ㄷ). 칸트는 인도주의적 동정심에서 사형의 부당성을 주장하는 것은 법의 왜곡이라고 본다(ㄹ).

● 왜 오답일까?
ㄴ. 베카리아는 범죄의 중대성을 따질 수 있는 척도는 범죄에 의해 사회가 받은 손해이지 범죄자의 반사회적 의도 혹은 의사가 아니라고 본다.

15 싱어와 롤스의 해외 원조   정답률 71% | 정답 ①

| 문제 보기 |
갑, 을 사상가들의 입장으로 적절한 것만을 〈보기〉에서 있는 대로 고른 것은? [3점]

> 갑 : 우리는 이익 평등 고려의 원칙에 따라 절대 빈곤에 처한 사람들을 도와야 한다. 사치품을 구입할 여유가 있는 사람들이 기부하지 않는 것은 막을 수 있는 죽음이 무한정 지속되는 현실에 무관심함을 드러내는 것일 뿐이다.
> 을 : 질서 정연한 사회들의 장기 목표는 고통받는 사회들을 질서 정연한 만민 사회로 가입시키는 것이다. 이는 고통받는 사회가 자신의 문제를 합당하게 관리할 수 있게 도와 만민 사회의 구성원이 되도록 하려는 것이다.

> **〈보기〉**
> ㄱ. 갑 : 자국민에 대한 우선적 원조가 도덕적으로 정당한 경우도 있다.
> ㄴ. 갑 : 모든 사람은 빈곤 해소를 위한 원조에 동등한 부담을 져야 한다.
> ㄷ. 을 : 적정 수준의 제도 확립에 막대한 부가 꼭 필요한 것은 아니다.
> ㄹ. 갑, 을 : 인권이 보장된 민주주의 국가도 원조 대상에 포함된다.

① ㄱ, ㄷ ② ㄱ, ㄹ ③ ㄴ, ㄹ ④ ㄱ, ㄴ, ㄷ ⑤ ㄴ, ㄷ, ㄹ

● 왜 정답일까?
갑은 싱어, 을은 롤스이다.
싱어는 원조 대상에서 자국민과 타국민의 구분은 중요하지 않다고 본다. 다만 원조 대상이 효용의 원리에 따라 결정되어야 한다고 보기 때문에 자국민에 대한 원조가 더 효율적일 수 있다면 자국민을 우선적으로 원조하는 것도 정당하다고 본다(ㄱ). 롤스는 적정 수준의 제도를 갖춘 사회가 되기 위해 막대한 부가 반드시 필요한 것은 아니라고 본다(ㄷ).

● 왜 오답일까?
ㄴ. 싱어는 개인의 기본적 필요를 충족시키지 못하는 사람이 원조의 부담을 동등하게 져야 한다고 보지는 않는다.
ㄹ. 롤스는 인권이 보장된 민주주의 국가는 빈곤하더라도 원조 대상이 되지 않는다고 본다.

16 레건, 테일러, 칸트의 환경 윤리   정답률 44% | 정답 ④

| 문제 보기 |
(가)의 갑, 을, 병 사상가들의 입장에서 서로에게 제기할 수 있는 비판을 (나) 그림으로 표현할 때, A ~ F에 해당하는 내용으로 가장 적절한 것은? [3점]

> (가)
> 갑 : 도덕적 행위 능력과 무관하게 인간과 일부 동물은 도덕적 권리를 갖는다. 그들 각자는 고유한 삶을 살아가는 삶의 주체이다.
> 을 : 도덕적 행위 능력이 없어도 생명체라면 존중해야 한다. 모든 생명체는 목적론적 삶의 중심이며 내재적 가치를 지닌다.
> 병 : 도덕적 행위 능력이 있는 인간은 자연을 파괴하는 행위를 삼가야 한다. 그러한 파괴적 성향은 인간의 도덕성에 기여하는 감정을 약화시킨다.

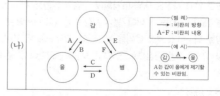

① A : 개체 각각이 지닌 고유한 선은 보호되고 증진되어야 함을 간과한다.
② B : 개체에 대한 도덕적 존중은 내재적 가치에 근거함을 간과한다.
③ D : 도덕적 행위 능력이 없는 존재도 모두 내재적 가치를 지님을 간과한다.
④ F : 어떤 존재를 목적 그 자체로 보는 근거가 이성이 아님을 간과한다.
⑤ C, E : 도덕적 행위 주체들의 도덕적 지위가 서로 평등함을 간과한다.

왜 정답일까?

갑은 레건, 을은 테일러, 병은 칸트이다.

칸트는 이성을 지닌 인간을 목적 그 자체로 대우할 것을 강조하지만, 레건은 이성이 없더라도 삶의 주체인 개체를 단지 수단이 아니라 목적 그 자체로 대우해야 된다고 강조한다.

왜 오답일까?

① 테일러는 모든 생명체 각각이 지닌 고유한 선이 도덕 행위자에 의해 보호되고 증진되어야 한다고 본다. 테일러의 입장에 해당하므로, 레건이 테일러에게 제기할 수 있는 적절한 비판이 아니다.
② 레건은 삶의 주체인 일부 동물은 내재적 가치를 가지므로 그 개체들을 도덕적으로 존중해야 한다고 본다. 레건의 입장에 해당하므로, 테일러가 레건에게 제기할 수 있는 적절한 비판이 아니다.
③ 테일러는 도덕적 행위 능력이 없는 존재 모두가 내재적 가치를 지닌다고 보지 않는다. 그는 도덕적 행위 능력이 없는 존재 중 생명체만이 내재적 가치를 지닌다고 본다. 테일러의 입장이 아니므로, 테일러가 칸트에게 제기할 수 있는 적절한 비판이 아니다.
⑤ 레건, 테일러, 칸트 모두 도덕적 행위 주체들의 도덕적 지위는 평등하다고 본다. 그러므로 칸트가 레건과 테일러 모두에게 제기할 수 있는 적절한 비판이 아니다.

---

17 통일의 정당성과 바람직한 방향 정답률 93% | 정답 ⑤

| 문제 보기 |

다음 강연자의 입장으로 가장 적절한 것은? [3점]

통일은 분단되기 이전으로 돌아가는 것이 아니라 미래를 향한 새 역사의 창조 작업입니다. 통일은 평화와 민족의 공동 번영, 이산가족의 고통 해소, 그리고 자유와 평등 신장 등에 기여할 것입니다. 그러므로 통일은 성취해야 하지만, 어떤 형태로든 통일이 되기만 하면 된다는 통일 지상주의를 추구해서는 안 됩니다. 또한 급진적 방식의 통일은 사회적 갈등과 많은 비용을 초래할 것입니다. 따라서 통일은 국민적 합의에 기초하여 평화적 방식에 따라 단계적으로 추진되어야 합니다. 이런 방식은 급진적 방식의 통일보다 통일 비용을 줄이고 더 많은 통일 편익을 가져올 것입니다. 이러한 점에서 문화, 예술 등 비교적 합의하기 쉬운 분야로부터 교류 협력을 시작하여 궁극적으로는 체제 통합으로 나아가야 합니다.

① 점진적 평화 통일이 급진적 통일보다 더 많은 비용을 초래한다.
② 통일을 위해 비정치적 협력보다 정치적 통합을 우선해야 한다.
③ 인도적 측면이 아니라 경제적 관점에서 통일을 성취해야 한다.
④ 통일은 이유와 방식을 불문하고 성취해야 할 민족적 과업이다.
⑤ 통일은 민족의 번영과 인류의 보편적 가치 구현에 기여해야 한다.

왜 정답일까?

강연자는 통일이 이산가족의 고통 해소와 민족의 번영은 물론이고 자유와 평화라는 인류의 보편적 가치 구현에 기여해야 함을 강조한다.

---

18 롤스의 시민 불복종 정답률 65% | 정답 ②

| 문제 보기 |

다음 사상가의 입장으로 가장 적절한 것은?

거의 정의로운 사회에서 구성원에게 요구되는 가장 중대한 자연적 의무는 체제의 안정에 기여하는 것이다. 이를 위해 구성원들은 체제의 불가피한 결함을 똑같이 분담해야 한다. 물론 사회의 부정의가 구성원에게 주는 부담이 과도해서는 안 된다.

① 공유된 정의감에 호소하는 시민 불복종이 공공적일 필요는 없다.
② 법이 부정의한 정도에 따라 시민 불복종의 정당화 여부가 달라진다.
③ 민주적 권위에 맞서는 모든 위법 행위는 체제의 안정을 해친다.
④ 정의 원칙에 기초한 헌법하에서는 부정의한 법이 제정되지 않는다.
⑤ 부정의한 법을 준수할 의무는 거의 정의로운 사회에서 존재할 수 없다.

왜 정답일까?

제시문은 롤스의 주장이다. 롤스는 법이 부정의한 정도에 따라 시민 불복종의 정당화 여부가 달라진다고 본다. 롤스에 따르면 거의 정의로운 사회의 구성원은 체제 안정을 위해 법의 부정의함이 어느 정도를 넘지 않으면 그 법을 준수해야 한다. 하지만 사회의 부정의가 구성원에게 주는 부담이 과도하면 안 된다. 어떤 법의 부정의함이 과도하고 심각할 경우 시민 불복종은 정당화될 수 있다.

왜 오답일까?

③ 롤스에 의하면 정당한 시민 불복종은 민주적 권위에 맞서는 위법 행위이지만, 체제의 안정에 기여한다.
④ 롤스는 정치 과정에는 정의로운 결과를 보장할 정의로운 절차가 없기 때문에 정의의 원칙에 기초한 헌법하에서도 부정의한 법이 제정될 수 있다고 본다.
⑤ 롤스는 거의 정의로운 사회의 구성원에게는 부정의한 법이라고 하더라도 그 부정의가 어느 정도를 넘지 않으면 준수해야 할 자연적 의무가 있다고 본다.

---

19 과학 기술과 윤리 정답률 93% | 정답 ③

| 문제 보기 |

갑, 을 사상가들의 입장으로 옳은 것은? [3점]

갑 : 과학의 목적은 자연을 인간의 의도에 맞도록 변형함으로써 인간의 활동 영역을 넓히는 것이다. 인간은 자연의 사용자이자 해석자로서 자연을 경험적으로 연구해야 한다. 자연에 대한 인간의 지배권은 오직 기술과 학문에 달려 있다.
을 : 현대 기술의 본질은 기술적인 것이 아니다. 우리는 어디서나 부자유스럽게 기술에 붙들려 있다. 최악의 경우는 기술을 중립적으로 고찰할 때이며, 이 경우 우리는 무방비 상태로 기술에 내맡겨져 전적으로 기술의 본질에 대해 맹목적이게 된다.

① 갑 : 관찰과 실험으로부터 유용한 지식을 이끌어 낼 수는 없다.
② 갑 : 과학의 목적은 삶의 개선이 아니라 진리 탐구 그 자체이다.
③ 을 : 현대 기술의 본질에 대한 자각과 비판적 성찰이 필요하다.
④ 을 : 현대 기술은 인간의 자율적 의지에 전적으로 종속되어 있다.
⑤ 갑, 을 : 기술은 수단일 뿐 그 자체는 가치 판단의 대상이 아니다.

왜 정답일까?

갑은 베이컨, 을은 하이데거이다. 하이데거에 따르면 현대 기술의 본질적 특성은 인간을 하나의 부품으로 전락시키는 것이다. 그러므로 현대 기술의 본질에 대한 자각과 성찰이 필요하다.

---

20 친구 관계와 윤리 정답률 87% | 정답 ③

| 문제 보기 |

다음 가상 편지의 입장으로 적절하지 <u>않은</u> 것은?

○○에게

오늘은 너에게 참된 우정에 대해 말해 주고 싶구나. 너도 잘 알겠지만, 인생길에는 뜻을 같이하고 고락을 함께하는 친구가 꼭 필요하단다. 누구나 친구를 사귀지만, 모두가 참된 우정을 나누는 것은 아니다. 옛 사람들은 이를 '군자(君子)의 우정'과 '소인(小人)의 우정'으로 구분했단다. 소인이란 이익을 좋아하고 재물을 탐내는 사람들이지. 그들은 이익이 될 때 잠시 서로 벗이 되는데, 이는 사실 속임수일 뿐이라서 이로움을 보면 앞을 다투고, 이로움이 사라지면 소원해지며, 심지어 서로 해치기도 한다. 군자란 도의(道義)를 지키며 명예와 절개를 아끼는 사람들이지. 그들은 사귀면서 도(道)가 같아져 서로 도움이 되고, 마음이 같아져 함께 돌봐 주어 오래도록 참된 우정을 나눌 수 있단다.

① 참된 우정을 위해서는 자신의 인격 수양이 필요하다.
② 소인의 우정은 물질적 이해관계에 따라 수시로 변한다.
③ 가까워질수록 서로 뜻을 존중하고 권면을 삼가야 한다.
④ 군자의 우정은 올바른 신념을 공유하여 호혜 관계를 형성한다.
⑤ 이익에 기초한 우정은 잠시되지만 도의에 기초한 우정은 지속된다.

왜 정답일까?

제시문에 따르면 친구는 가까워질수록 서로 뜻을 존중하고 권면에 힘써야 한다.

48회		2019학년도 수능		● 고3 생활과 윤리 ●
01 ④	02 ⑤	03 ⑤	04 ⑤	05 ②
06 ①	07 ②	08 ②	09 ④	10 ②
11 ①	12 ⑤	13 ①	14 ①	15 ④
16 ④	17 ⑤	18 ②	19 ③	20 ③

채점결과	• 실제 걸린 시간 :	분	초
	• 맞은 문항수 :		개
	• 틀린 문항수 :		개
	• 헷갈린 문항 :		

---

01 이론 규범 윤리학과 응용 윤리학 정답률 94% | 정답 ④

| 문제 보기 |

(가), (나)의 입장으로 가장 적절한 것은?

(가) 윤리학은 "인간이 지향해야 할 삶의 가치는 무엇인가?"를 탐구 주제로 삼아 바람직한 삶의 이상을 제안하고 올바른 판단과 행위의 근거인 보편적 도덕 원리를 정립해야 한다.
(나) 윤리학은 "실생활의 도덕적 문제를 어떻게 해결할 것인가?"를 탐구 주제로 삼아 환경오염, 연명 치료 중단, 사형 제도 등과 같은 현안에 대한 규범적 해결책을 제시해야 한다.

① (가) : 윤리학은 도덕 언어의 의미 분석을 핵심 과제로 삼는다.
② (가) : 윤리학은 도덕적 관습의 실태 조사를 핵심 과제로 삼는다.
③ (나) : 윤리학은 윤리학의 학문적 성립 가능성 검증을 핵심 과제로 삼는다.
④ (나) : 윤리학은 현실 문제에 대한 도덕 원리의 적용을 핵심 과제로 삼는다.
⑤ (가), (나) : 윤리학은 가치 판단을 배제한 결론 도출을 핵심 과제로 삼는다.

왜 정답일까?

(가)는 이론 규범 윤리학, (나)는 응용 윤리학에 해당한다.
응용 윤리학은 이론 규범 윤리학과 달리 현실의 윤리적 문제에 도덕적 원리를 적용하는 것을 윤리학의 핵심 과제로 본다.

---

02 덕 윤리와 밀의 공리주의 정답률 89% | 정답 ⑤

| 문제 보기 |

갑 사상가가 을 사상가에게 제기할 반론으로 가장 적절한 것은?

갑 : 개인은 가족, 이웃과 같은 공동체 속에서 자신의 도덕적 정체성을 찾아야 한다. 구체적 공동체를 벗어나면 덕을 실천할 기회도, 실천하는 방법을 배울 기회도 없다.
을 : 행복은 쾌락의 향유와 고통의 부재를 의미한다. 어떤 종류의 쾌락이 다른 종류의 쾌락보다 바람직하고 가치 있다는 사실을 인정하는 것은 유용성의 원리와 양립 가능하다.

① 인간은 고통을 피하고 쾌락을 추구하는 존재임을 무시한다.
② 자유로운 선택을 위해 구체적 맥락을 배제해야 함을 무시한다.
③ 도덕 판단의 기준이 행위의 동기가 아닌 결과임을 간과한다.
④ 사회 전체의 행복 최대화가 보편적 도덕 원리임을 간과한다.
⑤ 유용성의 합리적 계산보다 공동체의 전통이 중요함을 간과한다.

왜 정답일까?

갑은 덕 윤리를 주장한 매킨타이어, 을은 질적 공리주의를 주장한 밀이다.
갑은 유용성을 중시하는 밀에 대해 유용성의 합리적 계산보다 공동체의 전통이 중요함을 간과한다고 반론을 제기할 수 있다.

왜 오답일까?

① 밀은 인간을 고통을 피하고 쾌락을 추구하는 존재로 보므로, 밀에게 제기할 적절한 반론이 아니다.
② 매킨타이어는 구체적 맥락을 중시하므로 매킨타이어가 제기할 반론으로 적절하지 않다.

③ 밀은 도덕 판단의 기준이 행위의 결과에 있음을 주장하므로 적절한 반론이 아니다.
④ 밀은 사회 전체의 행복 최대화가 보편적 도덕 원리임을 주장하므로 적절한 반론이 아니다.

03 니부어의 사회 윤리적 관점
정답률 49% | 정답 ⑤

| 문제 보기 |

다음 사상가의 입장만을 〈보기〉에서 있는 대로 고른 것은? [3점]

> 집단은 개인과 비교할 때 충동을 억제할 수 있는 이성과 자기극복 능력, 그리고 다른 사람들의 욕구를 수용하는 능력이 훨씬 결여되어 있다. 그리하여 개인 간의 관계에 나타나는 것보다 심한 비도덕성이 집단 간의 관계에 나타난다. 따라서 집단 간의 평등과 사회 정의는 투쟁에 의해 실현될 수 있다.

〈보기〉
ㄱ. 애국심은 개인의 이타심을 국가 이기주의로 전환시킨다.
ㄴ. 개인 간의 도덕적 관계 수립은 설득과 조정으로는 불가능하다.
ㄷ. 최소한의 강제력으로 정의를 실현하는 것이 합리적이다.
ㄹ. 개인은 타인의 이익을 존중할 수 있는 도덕성을 갖고 있다.

① ㄱ, ㄴ
② ㄴ, ㄷ
③ ㄷ, ㄹ
④ ㄱ, ㄴ, ㄹ
⑤ ㄱ, ㄷ, ㄹ

● 왜 정답일까?

제시문은 니부어의 주장이다.
니부어는 개인의 이타심이 애국심과 결합하여 국가 이기주의로 전환된다고 보며, 강제력은 가급적 최소로 사용하는 것이 합리적임을 주장한다. 그리고 "개개의 인간은 다른 사람들의 이익을 더욱 존중할 수도 있다는 점에서 도덕적이다."라고 주장한다.

● 왜 오답일까?

ㄴ. 니부어에 따르면 개인들 간의 도덕적 관계는 설득과 조정을 통해서도 수립될 수 있다.

04 토론의 자유
정답률 94% | 정답 ⑤

| 문제 보기 |

다음 강연자의 입장으로 가장 적절한 것은?

> 한 사람이 권력을 가지고 전 인류를 침묵시키는 것은 부당합니다. 마찬가지로 전 인류가 한 사람을 침묵시키는 것 역시 부당합니다. 침묵시키려는 의견이 오류라고 확신할 수 없고, 설령 오류라고 해도 그것을 침묵시키는 것은 해악입니다. 인간의 지적 능력은 한계가 있으므로 누구나 오류를 범할 수 있습니다. 진리도 공인된 견해도 오류 가능성으로부터 자유롭지 못합니다. 어떤 의견이든 그것을 반박하고 반증할 수 있는 완벽한 자유가 보장돼야 합니다.

① 토론에서는 다수가 받아들일 수 없는 의견은 침묵시켜야 한다.
② 토론의 전제 조건은 참이라고 검증된 진술만을 발언하는 것이다.
③ 토론에서는 진리로 공인된 견해를 비판할 자유를 제한해야 한다.
④ 토론의 자유와 인간의 완벽한 지적 능력이 진리 추구의 조건이다.
⑤ 토론에서 오류라고 합의된 소수 의견도 진리 탐구에 기여한다.

● 왜 정답일까?

강연자는 토론의 자유를 주장하는 밀이다. 그는 어떠한 의견이 토론 과정을 통해 오류라고 합의되더라도 진리 탐구에 기여할 수 있다고 본다.

05 예술과 윤리의 관계
정답률 95% | 정답 ②

| 문제 보기 |

갑, 을의 입장에서 〈사례〉 속 A에게 제시할 조언으로 가장 적절한 것은? [3점]

> 갑 : 신을 찬양하고 덕을 찬양하는 시(詩)만을 내 나라에 받아들여야 한다. 시를 통해 즐거움만 누리려 한다면 이성 대신 즐거움과 괴로움이 왕 노릇을 하게 될 것이다.

> 을 : 예술가는 도덕적 공감을 지니지 않는다. 예술가에게 도덕적 공감은 용납될 수 없는 구태의연한 양식에 불과하다. 예술가는 단지 아름다움의 창조자일 뿐이다.

〈사례〉
A는 웹툰 작가로 포털 사이트에 작품을 연재할 예정이다. 어떤 작품을 그려야 할지 A는 고민하고 있다.

① 갑 : 독자들이 오로지 즐거움만 느낄 수 있도록 하세요.
② 갑 : 독자들이 도덕적 이상을 추구할 수 있도록 하세요.
③ 을 : 독자들에게 권선징악의 교훈을 전달하도록 하세요.
④ 을 : 독자들에게 도덕적 공감을 얻을 수 있도록 하세요.
⑤ 갑, 을 : 독자들이 자신의 삶을 성찰할 수 있도록 하세요.

● 왜 정답일까?

갑은 도덕주의적 입장을 지닌 플라톤, 을은 심미주의적 입장을 지닌 오스카 와일드이다.
플라톤은 웹툰 작가인 A에게 독자들이 도덕적 이상을 추구하는 데 기여하는 작품을 그리라고 권고할 것이다.

06 뇌사와 장기 이식
정답률 95% | 정답 ①

| 문제 보기 |

다음 글의 입장에서 긍정의 대답을 할 질문을 〈보기〉에서 고른 것은?

> 심장과 폐가 활동한다 해도, 뇌의 기능이 불가역적으로 상실된 사람은 살아있는 존재로 볼 수 없다. 생명체의 활동에 있어서 뇌가 결정적 기능을 담당하기 때문이다. 뇌사를 죽음의 기준으로 인정하게 되면 당사자의 사전 동의를 통해 뇌사자로부터 장기 이식을 받아 보다 많은 인명을 구할 수 있으므로 공익의 실현에 기여하게 된다. 일부에서는 뇌사의 오판 가능성을 제기하지만, 뇌사판정위원회를 통해 이를 최소화할 수 있다.

〈보기〉
ㄱ. 뇌사를 죽음의 기준으로 인정하는 것은 정당화될 수 있는가?
ㄴ. 뇌사 판정의 오류를 줄일 수 있는 제도적 절차가 있는가?
ㄷ. 뇌사자 장기 이식은 사회적 유용성의 증진을 저해하는가?
ㄹ. 심폐 기능의 불가역적 상실만을 죽음으로 판정해야 하는가?

① ㄱ, ㄴ
② ㄱ, ㄷ
③ ㄴ, ㄷ
④ ㄴ, ㄹ
⑤ ㄷ, ㄹ

● 왜 정답일까?

제시문에서는 뇌사를 죽음으로 인정하고 뇌사자의 장기 이식을 허용해야 함을 주장한다.
ㄱ. 생명체의 활동에 뇌가 결정적 기능을 담당하고 있다는 주장은 뇌사를 죽음으로 인정하는 것을 정당화하는 근거가 될 수 있다.
ㄴ. "뇌사판정위원회"가 뇌사의 오판을 줄일 수 있다고 주장하므로, 뇌사 판정의 오류를 줄일 수 있는 제도적 절차가 있다고 볼 것이다.

07 엘리아데의 종교관
정답률 78% | 정답 ②

| 문제 보기 |

다음 사상가의 입장으로 적절하지 않은 것은? [3점]

> 종교적 인간은 탄생, 결혼, 죽음과 같은 사건을 겪으며 거룩한 존재가 있다는 사실을 믿게 된다. 그 존재는 이 세계에 스스로 현현(顯現)하여 이 세계를 성화(聖化)시킨다. 그러나 세속적 인간은 자신만을 역사의 주체로 생각하며, 초월적 존재를 향한 모든 호소를 거절한다. 그들에게 거룩한 존재는 인간의 자유에 대한 최대의 장애물일 따름이다. 그럼에도 세속적 인간은 비록 스스로 깨닫지 못하고 있을 때조차 종교적으로 행동한다. 탄생, 결혼, 죽음을 기리는 의식이 세속화되기는 했으나 여전히 그 속에서는 종교적 현상이 관찰된다.

① 종교적 인간은 스스로 성스럽게 드러내는 거룩한 존재를 믿는다.
② 종교적 인간은 성스러운 것과 세속적인 것의 분리를 지향한다.
③ 종교 의식과 무관한 세속적 일상 의례에도 신성성이 깃들어 있다.
④ 세속적 인간은 통과 의례가 갖는 종교적 의미를 자각하지 못한다.
⑤ 세속적 인간은 종교의 속박에서 벗어나야 자유로워진다고 믿는다.

● 왜 정답일까?

제시문은 엘리아데의 주장이다. 엘리아데는 세속적 인간과 달리 종교적 인간은 성스러운 것과 세속적인 것의 분리를 지향하지 않는다고 본다.

● 왜 오답일까?

① 제시문의 첫 번째 문장으로부터 추론할 수 있다.
③ 제시문의 마지막 문장으로부터 추론할 수 있다.
④ 제시문의 "세속적 인간은 비록 스스로 깨닫지 못하고 있을 때조차 종교적으로 행동한다."라는 내용에서 추론할 수 있다.
⑤ 제시문의 "그들에게 거룩한 존재는 인간의 자유에 대한 최대의 장애물일 따름이다."라는 내용으로부터 추론할 수 있다.

08 죽음에 대한 입장
정답률 89% | 정답 ②

| 문제 보기 |

갑, 을 사상가들의 입장으로 옳지 않은 것은? [3점]

> 갑 : 죽음을 가장 큰 악이라고 두려워하는 사람도 있고, 죽음이 인생의 악을 중지시켜 준다고 생각해서 죽음을 열망하는 사람도 있다. 하지만 현자(賢者)는 죽음을 두려워하지 않는다. 죽음은 우리에게 아무것도 아니기 때문이다.
> 을 : 죽음은 현존재의 종말이다. 하지만 현존재의 죽음을 단순히 다른 생물의 종말에 입각해 파악해서는 안 된다. 현존재는 죽음을 향한 존재며 자신에게 주어진 시간이 유한하다는 것과 집착해서는 안 되는 것들이 무엇인지를 깨닫는다.

① 갑 : 살아 있는 사람과 죽은 사람 모두 자신의 죽음을 경험할 수 없다.
② 갑 : 죽음이라는 실체를 수용해야 불멸에 대한 열망을 실현할 수 있다.
③ 을 : 인간은 죽음에 대한 자각을 할 수 있다는 점에서 동물과 다르다.
④ 을 : 현존재는 죽음을 의식하며 어떻게 살 것인지 고뇌하는 존재이다.
⑤ 갑, 을 : 죽음을 회피하는 태도보다 죽음에 대한 바른 인식이 필요하다.

● 왜 정답일까?

갑은 에피쿠로스, 을은 하이데거이다. 에피쿠로스는 죽음이 살아 있는 사람에게나 죽은 사람에게 아무 것도 아님을 알게 되면 불멸에 대한 갈망도 극복할 수 있다고 본다.

09 환경 윤리
정답률 67% | 정답 ④

| 문제 보기 |

(가)의 갑, 을, 병 사상가들의 입장을 (나) 그림으로 표현할 때, A ~ D에 해당하는 적절한 진술만을 〈보기〉에서 있는 대로 고른 것은? [3점]

| (가) | 갑 : 자연 안에 생명이 없는 아름다운 대상에 대한 파괴를 일삼는 것은 도덕성을 크게 촉진하는 감정을 약화시켜 자기 자신에 대한 인간의 의무와 대립한다.
을 : 일부 동물들은 삶의 주체로서 존중받을 도덕적 권리를 갖는다. 우리가 생명 공동체를 구성하는 개체들의 권리를 존중한다면 그 공동체는 보존될 것이다.
병 : 인간은 생명 공동체인 대지의 구성원이다. 어떤 것이 생명 공동체의 온전성, 안정성, 아름다움의 보존에 이바지한다면 그것은 옳고, 그렇지 않다면 그르다. |

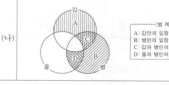

〈범례〉
A : 갑만의 입장
B : 병만의 입장
C : 갑과 병만의 공통 입장
D : 을과 병만의 공통 입장

〈보기〉
ㄱ. A : 수단으로만 취급해서는 안 될 존재는 이성적 존재뿐이다.
ㄴ. B : 유기체적 생명 공동체 자체의 도덕적 지위를 존중해야 한다.
ㄷ. C : 자연의 아름다움을 보존하는 데 이바지하는 행위만이 옳다.
ㄹ. D : 인간성을 해친다는 것이 동물 학대가 그른 주된 이유는 아니다.

① ㄱ, ㄴ
② ㄱ, ㄷ
③ ㄷ, ㄹ
④ ㄱ, ㄴ, ㄹ
⑤ ㄴ, ㄷ, ㄹ

● 왜 정답일까?

갑은 인간 중심주의적 입장을 취하는 칸트, 을은 동물 중심주의적 입장을 취하는 레건, 병은 생태 중심주의적 입장을 취하는 레오폴드이다.
ㄱ. 칸트는 이성적 존재만이 목적으로 대우받아야 함을 주장한다.
ㄴ. 생명 공동체 자체가 도덕적 지위를 가진다는 주장은 레오폴

드의 입장에만 해당한다. 칸트는 이성적 존재로서의 인간만이, 레건은 삶의 주체인 동물만이 도덕적 지위를 갖는다고 본다.
ㄹ. 동물 학대가 그른 주된 이유를 레건은 동물의 권리에서 찾고, 레오폴드는 동물이 지닌 생명권에서 찾는다.

● 왜 오답일까?

ㄷ. 칸트와 레오폴드의 입장 모두에 해당하지 않는다.

10 혐오표현과 국가 규제

정답률 95% | 정답 ②

| 문제 보기 |

다음 대화에서 갑, 을의 입장으로 가장 적절한 것은?

정보에 대한 접근은 자유로워야 하지만 생산과 유통은 국가가 규제해야 합니다. 표현의 자유는 해악 금지의 원칙에 위배되지 않는 한에서 보장되어야 합니다. 국가는 혐오표현의 유해성에 대한 법적 기준을 정해 정보의 생산과 유통을 규제할 책무가 있습니다.

정보에 대한 접근은 물론 생산과 유통도 개인의 자유에 맡겨야 합니다. 정보의 생산과 유통에 대한 국가의 규제는 그 자체로서 표현의 자유를 침해하는 것입니다. 혐오표현의 유해성에 대한 판단은 사람에 따라 다르기 때문에 국가가 일률적 기준을 마련할 수는 없습니다.

① 갑 : 국가는 정보에 자유롭게 접근할 권리를 제한해야 한다.
② 갑 : 국가는 혐오표현의 유해성을 판단할 기준을 설정해야 한다.
③ 을 : 국가는 정보의 접근이 아닌 생산·유통의 자유만 보장해야 한다.
④ 을 : 국가는 해악 금지 원칙에 따라 정보 생산을 규제해야 한다.
⑤ 갑, 을 : 혐오표현에 대한 국가 규제는 표현의 자유와 양립 가능하다.

● 왜 정답일까?

갑은 정보에 대한 접근은 자유로워야 하지만 생산과 유통에 대해서는 국가가 규제할 수 있다고 보며, 국가가 혐오표현의 유해성에 대해 법적 기준을 정해야 한다고 주장한다.

11 효의 실천 방법과 양지

정답률 96% | 정답 ①

| 문제 보기 |

다음 가상 편지에서 강조하는 입장으로 가장 적절한 것은?

○○에게
자녀가 부모님 모시는 모습을 참으로 보기 좋네. 살림살이가 좋거나 좋지 않거나 부모님을 한결같이 섬기는 것이 말처럼 쉽지 않지. 다만 자네가 어버이를 섬길 때 증자(曾子)를 본받았으면 하네. 증자는 아버지께 끼니마다 반드시 고기와 술을 차려 드렸다네. 그리고 남은 음식을 누구에게 줄 것인지 아버지께 여쭈었고, 아버지께서 남은 음식이 있냐고 되물으시면 증자는 '있습니다.'라고 답하였다네. 증자는 아버지의 마음을 살핀 것이지. 그런데 증자를 봉양한 증자의 아들은 남은 음식이 있냐는 증자의 물음에 '없습니다.'라고 답하였네. 증자의 아들은 아버지께 다시 음식을 올리려 한 것이네. 증자의 아들은 입과 몸을 봉양한 것에 지나지 않고 증자는 뜻을 봉양한 것이라 할 수 있지. …(후략)…

① 자식은 어버이가 가진 의중을 헤아려서 봉양해야 한다.
② 자식은 어버이의 옳지 못한 행동을 바꾸려 해서는 안 된다.
③ 어버이를 봉양하는 까닭은 자식에게 봉양받기 위함일 뿐이다.
④ 어버이를 섬기는 방식을 경제적 형편에 따라서 달리해야 한다.
⑤ 자식된 도리를 다하기 위해 어버이보다 이웃을 더 배려해야 한다.

● 왜 정답일까?

가상의 편지를 쓴 사람은 부모님을 섬길 때 증자를 본받기를 바란다고 말하고 있다. 증자는 아버지의 의중을 헤아려서 봉양하였다.

12 처벌에 대한 입장

정답률 78% | 정답 ⑤

| 문제 보기 |

갑, 을 사상가들의 입장으로 가장 적절한 것은? [3점]

갑 : 누구든 그가 처벌받아야 할 행동을 원했기 때문에 처벌받는 것이다. 아무리 고통이 가득해도 삶과 죽음은 같은 종류의 것이 아니다. 법정의 심판대 앞에서 살인죄에 대한 최상의 균형자는 사형이다.

을 : 누구든 자신의 생명을 빼앗을 권리를 기꺼이 양도하지 않을 것이다. 사회 계약의 목적은 공리, 즉 최대 다수의 최대 행복이며, 이것이 인간적 정의의 기초이다. 사형보다 종신 노역형이 공리에 부합한다.

① 갑 : 범죄자는 범행이 아닌 처벌을 원했기 때문에 처벌받는 것이다.
② 갑 : 사형은 살인범을 수단으로서만 대하려는 응분의 보복 행위이다.
③ 을 : 종신 노역형은 비공개로 집행하는 것이 범죄 예방에 효과적이다.
④ 을 : 사형은 범죄 억제력이 최대이므로 사회 계약의 목적에 부합한다.
⑤ 갑, 을 : 형벌은 사적인 보복이 아니라 공적인 정의를 실현해야만 한다.

● 왜 정답일까?

갑은 칸트, 을은 베카리아이다.
베카리아와 칸트에 따르면 형벌을 내릴 권리는 범죄로 인한 피해자가 아니라 입법자에게 있다. 그리고 베카리아와 칸트 모두에게 형벌은 공적인 정의 실현의 수단이다.

● 왜 오답일까?

① 칸트에 따르면 범죄자는 처벌을 원했기 때문이 아니라 처벌을 받을 행동을 원했기 때문에 처벌 받는 것이다.
② 칸트에 따르면 사형은 살인범의 인격을 수단으로서만 대하려는 것이 아니다.
③ 베카리아에 따르면 처벌을 목격하는 사람들에게 지속적인 인상을 주어야 처벌의 효과가 높아지므로, 종신 노역형이 효과를 지니려면 공개적으로 집행되어야 한다.
④ 베카리아에 따르면 누구든 자신의 생명을 박탈할 권리를 양도하지 않을 것이므로 사형은 사회 계약의 목적에 부합하지 않는다.

13 노동에 대한 입장

정답률 80% | 정답 ①

| 문제 보기 |

갑, 을 사상가들의 입장에 대한 설명으로 옳지 않은 것은? [3점]

갑 : 자본주의에서 노동은 노동 주체의 의지와 무관하게 자본을 위해 수행될 뿐이다. 분업은 생산성을 대폭 향상시켰지만, 노동자는 생산에 필요한 정신적 능력 이외의 다른 모든 정신적 능력들을 잃어버렸다. 이는 예외 없는 현상이다.
을 : 노동을 은총 상태를 확인하기 위한 수단으로 파악한 청교도는 철저한 노동 의무의 수행을 통해 신의 나라에 도달하려고 시도하였다. 동시에 노동 계급에 강제된 엄격한 금욕이 자본주의의 노동생산성을 강력히 촉진시켰다.

① 갑은 자본주의에서 정신적 능력 회복으로 소외가 극복된다고 본다.
② 갑은 분업이 노동자의 정신적 능력 쇠퇴와 소외를 심화시킨다고 본다.
③ 을은 금욕과 결합된 노동 의무가 생산성을 향상시켰다고 본다.
④ 을은 청교도가 직업 노동을 종교적 실천으로 간주했다고 본다.
⑤ 갑은 분업 노동, 을은 소명 의식이 자본주의 발전에 기여했다고 본다.

● 왜 정답일까?

갑은 마르크스, 을은 베버이다.
마르크스에 따르면 자본주의 사회에서 노동자의 노동은 소외된 노동이다. 마르크스는 노동자가 소외에서 벗어나기 위해서는 사적 소유를 폐지해야 한다고 주장한다.

● 왜 오답일까?

② 마르크스에 따르면 분업은 정신적 능력을 쇠퇴시키며 소외를 심화시킨다.
③ 베버는 노동 계급에 강제된 금욕과 직업 노동을 의무로 여기는 청교도적 윤리가 결합하여 노동 생산성을 촉진시켰다고 본다.
④ 베버는 청교도가 노동을 은총 상태를 확인하기 위한 수단으로 파악함으로써 노동을 종교적 실천으로 여겼다고 본다.
⑤ 마르크스는 분업이 생산성을 대폭 향상시켰다고 보았고, 베버는 소명 의식에 기반한 노동이 자본주의 발전에 기여했다고 본다.

14 분배적 정의

정답률 54% | 정답 ①

| 문제 보기 |

(가)의 사상가 갑, 을, 병의 입장을 (나) 그림으로 탐구할 때, A ~ D에 해당하는 적절한 질문만을 〈보기〉에서 있는 대로 고른 것은?

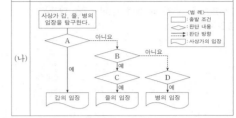

(가)
갑 : 공산 사회가 도래하면 지배 계급의 이익을 대변하던 국가와 계급 착취의 역사는 끝나고 인간의 자유로운 연합체가 성립된다.
을 : 재산 소유 민주주의는 시장 체제를 구비하고 있으면서 평등한 기본적 자유와 공정한 기회 균등을 이유로 자본 소유의 분산을 시도한다.
병 : 최소 국가는 도덕적으로 용인될 수 있는 방법에 의해 발생하며, 자연 상태에서 개인이 갖고 있던 그 어떤 권리도 침해하지 않는다.

(나)

〈보기〉

ㄱ. A : 능력에 따른 생산, 필요에 따른 분배를 지향해야 하는가?
ㄴ. B : 사유 재산의 불평등은 모두의 이익을 보장해야만 정당한가?
ㄷ. C : 무지의 베일 속의 사람은 자기 이익에 대해 무지한가 무관심한가?
ㄹ. D : 자유롭게 이전된 소유물은 모두 교정 대상에서 제외되는가?

① ㄱ, ㄴ ② ㄱ, ㄷ ③ ㄷ, ㄹ ④ ㄱ, ㄴ, ㄹ ⑤ ㄴ, ㄷ, ㄹ

● 왜 정답일까?

갑은 마르크스, 을은 롤스, 병은 노직이다.
ㄱ. '능력에 따른 생산, 필요에 따른 분배를 지향해야 하는가?'라는 질문에 대해 마르크스는 긍정의 대답을, 롤스와 노직은 부정의 대답을 할 것이다.
ㄴ. '사유 재산의 불평등은 모두의 이익을 보장해야만 정당한가?'라는 질문에 대해 사회 경제적 불평등은 모두의 이익이 될 경우에만 정당화된다고 본 롤스는 긍정의 대답을, 모두의 이익이 되는 것과 관계없이 취득, 이전, 교정의 원리에 부합하면 소유권을 인정하며 그에 따른 불평등도 용인하는 노직은 부정의 대답을 할 것이다.

● 왜 오답일까?

ㄷ. 무지의 베일 속의 사람은 타인의 이익에 대해 무관심하지만 자신의 이익에는 관심을 지닌다고 보는 롤스의 관점에서 부정의 대답을 할 질문이다.
ㄹ. 자유롭게 이전된 소유물이라고 하더라도 최초 취득이 정의롭지 못하다면 그 소유물은 교정 대상이 된다고 보는 노직의 입장에서 부정의 대답을 할 질문이다.

15 과학자의 책임

정답률 89% | 정답 ④

| 문제 보기 |

다음 토론의 핵심 쟁점으로 가장 적절한 것은? [3점]

갑 : 과학은 가치 중립적이지 않습니다. 과학자는 연구 주제를 설정할 때 주관적 가치를 개입시키게 됩니다. 또한 연구 과정에서 과학자는 연구 윤리를 준수해야 합니다.
을 : 동의합니다. 또한 과학자는 연구 과정에서의 내적 책임뿐만 아니라 자신의 연구 결과가 미칠 사회적 영향을 인식하여 연구 및 개발과 그 활용에 관한 사회적 책임까지 다해야 합니다.
갑 : 아닙니다. 과학자에게 그러한 책임까지 돌리면 과학의 발전이 지체됩니다. 연구 결과가 활용되어 사회에 부정적 결과를 초래해도 그것은 연구 결과를 활용한 사람들의 책임일 뿐입니다.
을 : 과학의 발전이 지체될 수 있지만 과학자에게 사회적 책임을 부과하는 것은 정당합니다. 과학의 발전에서 더 중요한 것은 시간적 속도가 아니라 윤리적 방향입니다.

① 과학자는 연구 과정에서 연구 윤리를 준수해야 하는가?
② 과학자는 연구 주제를 설정할 때 가치 중립적 태도를 취하는가?
③ 과학자는 과학 연구에 대한 모든 책임에서 면제되어야 하는가?
④ 과학자에게 내적 책임과 더불어 사회적 책임도 부과해야 하는가?
⑤ 과학자에게 사회적 책임을 부과하면 과학 발전이 지체될 수 있는가?

왜 정답일까?

갑과 을은 모두 과학이 가치중립적이지 않음과 과학자는 연구 과정에서 연구 윤리를 준수해야 한다고 본다. 다만 갑이 연구 과정에서의 내적 책임만을 주장하는 데 반해 을은 연구 과정에서의 내적 책임과 더불어 연구 결과의 활용에 대한 사회적 책임까지 주장한다는 점에서 입장 차이를 보이고 있다. 따라서 '과학자에게 내적 책임과 더불어 사회적 책임도 부과해야 하는가?'가 적절한 토론 쟁점이 될 것이다.

16 낙태에 대한 찬반 입장 정답률 94% | 정답 ④

| 문제 보기 |

그림은 수행 평가 문제와 학생 답안이다. 학생 답안의 ㉠~㉤ 중 옳지 않은 것은?

수행 평가

◎ 문제 : 낙태에 관한 갑, 을의 입장을 비교하시오.

갑 : 나는 낙태가 임신한 여성의 선택에 의해 결정되어야 한다는 '선택 옹호주의'를 지지한다.
을 : 나는 임신한 여성의 선택보다는 태아의 생명이 도덕적으로 존중되어야 한다는 '생명 옹호주의'를 지지한다.

◎ 학생 답안

낙태에 관한 갑, 을의 입장을 비교하면 ㉠갑은 자신의 삶에 대한 여성의 자기 결정권을 전제로 낙태를 찬성하는데, 이에 반해 ㉡을은 태아의 생명성을 전제로 낙태를 반대한다. 갑의 입장을 지지하는 논거로 ㉢여성이 남성처럼 자기 몸에 대한 소유권을 지닌다는 주장이 있고, 을의 입장을 지지하는 논거로 ㉣태아는 출생 이후에 비로소 인간과 본질적 특성을 갖게 되어 생명권을 획득한다는 주장이 있다. 갑, 을의 입장을 정리하면 ㉤갑은 여성의 권리를 존중할 것을, 을은 태아의 권리를 존중할 것을 주장한다.

① ㉠   ② ㉡   ③ ㉢   ④ ㉣   ⑤ ㉤

왜 정답일까?

갑은 선택 옹호주의 입장으로 여성의 선택권을 존중해 낙태를 조건부 하에 허용한다.
을은 생명 옹호주의 입장에서 임신한 여성의 선택권보다 태아의 생명권을 더 중시하기 때문에 낙태를 반대한다.

왜 오답일까?

① 갑은 자신의 삶에 대한 여성의 자기 결정권을 전제로 한 선택 옹호주의 입장이다.
② 생명 옹호주의, ③ 선택 옹호주의에 대한 설명이다.
⑤ 갑과 을의 입장을 정리하면 갑은 선택 옹호주의, 을은 생명 옹호주의를 지지한다.

17 해외 원조 정답률 73% | 정답 ④

| 문제 보기 |

갑, 을 사상가들의 입장으로 가장 적절한 것은? [3점]

갑 : 인권에 대한 강조는 무능한 정치체제나 국민의 복지에 무감각한 통치자들의 행동을 바꾸도록 작용할 수 있으며 기근 예방에도 도움이 될 것이다. 원조의 목적은 고통받는 사회가 질서정연한 사회로 바뀌도록 돕는 데 있다.
을 : 인권 유린이 없거나 절대 빈곤 상태가 아니라 해서 개인을 돕는 일에 관계하지 않는 국제 정의의 원칙은 옳지 않다. 우리는 지구상 모든 사람의 이익을 평등하게 고려하여, 기본적 필요조차 충족되지 못한 개인들을 도와야 한다.

① 갑 : 원조의 목적은 국가 간 경제적 평등을 위한 분배 정의 실현이다.
② 갑 : 원조 대상국에게 인권 상황을 개선하도록 권고해서는 안 된다.
③ 을 : 원조 대상은 최대 효용의 원리에 따라 결정되어서는 안 된다.
④ 을 : 원조 주체의 과도한 희생이 없는 범위 내에서 원조해야 한다.
⑤ 갑, 을 : 원조는 고통받는 사회들 간의 부의 수준 조정을 지향해야 한다.

왜 정답일까?

갑은 롤스, 을은 싱어이다.
싱어는 공리주의적 입장에서 원조 주체의 희생 없이 타국의 빈민을 도울 수 있다면 도와야 한다고 본다.

왜 오답일까?

① 롤스는 원조의 목적은 고통 받는 사회를 질서 정연한 사회로 만드는 것이라고 주장한다.

② 롤스는 질서 정연한 사회의 만민은 고통 받는 사회가 그 사회의 정치 문화를 바꾸는 데 도움이 되는 특별한 종류의 충고를 할 수 있다고 본다.
③ 싱어는 최대 행복의 원리가 해외 원조의 대상을 정하는 데 주된 근거가 될 수 있다고 본다.
⑤ 롤스에 따르면 사회들 간의 부와 복지의 수준은 다양하기 때문에 고통 받는 사회들 간의 부와 복지 수준을 조정하는 것은 원조의 목표가 아니다. 싱어에 따르면 원조가 추구해야 할 목표는 인류의 복지 증진이다. 따라서 롤스와 싱어의 공통된 입장으로 볼 수 없다.

18 시민 불복종 정답률 52% | 정답 ③

| 문제 보기 |

다음 사상가의 입장만을 〈보기〉에서 있는 대로 고른 것은?

거의 정의로운 사회는 심각한 부정의가 존재할지도 모르지만 일종의 민주적 정부의 형태를 갖춘 사회이다. 이러한 사회에서 정의의 원칙들은 자유롭고 평등한 인간들 간의 자발적인 협동의 기본 조항으로서 공공적으로 인정된다. 그래서 시민 불복종에 참여함으로써 사람들이 의도하는 것은 다수의 정의감에 호소하여 자유로운 협동의 조건이 침해되었다는 것을 정당하게 알리는 것이다.

〈보 기〉

ㄱ. 시민 불복종은 정당한 폭력으로 다수의 정의감에 호소하는 행위이다.
ㄴ. 시민 불복종은 사회적 협동의 기본 원리에 근거한 양심적 항거이다.
ㄷ. 시민 불복종은 도덕적으로는 옳지 못하지만 불가피한 위법 행위이다.
ㄹ. 민주적 정부의 법도 부정의하면 시민 불복종의 대상이 될 수 있다.

① ㄱ, ㄴ   ② ㄱ, ㄷ   ③ ㄴ, ㄹ
④ ㄱ, ㄷ, ㄹ   ⑤ ㄴ, ㄷ, ㄹ

왜 정답일까?

제시문은 시민 불복종에 대한 롤스의 입장이다.
롤스는 시민 불복종을 거의 정의로운 사회에서 부정의의 정도가 다소 심각한 법이나 정부의 정책을 바꾸기 위한 목적에서 행해지는, 공공적이고 비폭력적이며 양심적이기는 하지만 법에 반하는 행위로 본다. 그에 따르면 시민 불복종을 하는 사람들은 사회의 다수가 갖는 정의감에 호소하며, 자유롭고 평등한 사람들 사이에서 사회 협동체의 원칙이 존중되지 않고 있음을 알리고자 한다.
ㄴ. 시민 불복종은 사회적 협동의 기본 원리에 근거한 양심적 항거이다.
ㄹ. 민주적 정부에서 만들어진 법이라 하더라도 부정의하다면 시민 불복종의 대상이 될 수 있다.

왜 오답일까?

ㄱ. 롤스는 시민 불복종은 청원의 일종이라는 점에서, 그리고 우리의 법에 대한 충실성을 보여준다는 의미에서 폭력적 방식을 취해서는 안 된다고 주장한다.
ㄷ. 롤스는 시민 불복종은 위법 행위이기는 하지만 도덕적으로 정당화될 수 있는 것이라고 본다.

19 친구 사귐의 도리 정답률 89% | 정답 ①

| 문제 보기 |

다음 대화에서 스승의 입장으로 가장 적절한 것은? [3점]

① 학문을 통해 친구 관계를 인격적으로 발전시켜 나가야 한다.
② 행실이 바르지 못한 벗과의 교제에서는 아무것도 배울 바가 없다.

③ 자기보다 선한 사람만을 가려서 사귀는 것은 치우침이 아니다.
④ 선한 마음을 지키려는 이는 사람을 두루 사귀는 것을 삼가야 한다.
⑤ 옛 성현의 가르침을 현재의 인간관계에 적용하지 말아야 한다.

왜 정답일까?

대화의 스승은 이황이다. 대화의 마지막 발언에서 스승은 친구가 악하다면 학문을 통해 바로잡아 주고 자신도 악에 빠지지 않도록 해야 한다고 말한다. 따라서 학문을 통해 서로를 인격적으로 발전시켜 나가야 한다는 것이 스승의 입장이라고 할 수 있다.

20 킴리카의 다문화주의 정답률 93% | 정답 ③

| 문제 보기 |

다음 신문 칼럼의 입장으로 가장 적절한 것은?

○○신문   ○○○○년 ○○월 ○○일

칼 럼

공용어와 공통의 문화를 강조할 경우 오히려 국가 내 집단을 다수와 소수로 갈라놓아 소수 집단이 다수에 압도당하게 된다. 통합을 위해서는 첫째, 우리 사회의 다수가 오랫동안 온 관행과 규범을 고수하려는 태도가 필요하다. 둘째, 이주민에게 기본적인 시민권은 보장하되 관습과 신앙 및 삶의 양식의 통일까지 요구해서는 안 된다. 그들의 집단적 문화를 표현할 여지를 확보해 줘야 하는 것이다. 통합은 몇 세대에 걸쳐 진행된다는 것을 유념해야 한다. 국가적 유대감을 증진시키는 통합의 실행 가능한 방법은 이주민의 정체성을 국가 전체의 정체성에 종속시키는 것이 아니라 수용하는 것이다.
…(후략)…

① 통합 과정에서 우리 사회의 전통적 관행이 변하지 않도록 해야 한다.
② 공용어 사용을 의무화해야 국가적 유대감이 증진됨을 유념해야 한다.
③ 이주민의 고유한 문화적 특수성을 유지할 기회를 보장해야 한다.
④ 동화가 신속하게 추진되어야 통합 실행이 가능함을 유념해야 한다.
⑤ 이주민의 삶의 양식 변화가 그들의 시민권 보장보다 선행되어야 한다.

왜 정답일까?

제시문은 자유주의적 다문화주의의 관점을 갖고 있는 킴리카의 주장이다.
칼럼에서는 이주민이 자신들의 집단적 문화를 표현할 여지를 확보해 주어야 함을 말하고 있다.

49회

2018학년도 수능

●고3 생활과 윤리●

01 ③	02 ①	03 ④	04 ②	05 ③
06 ①	07 ②	08 ⑤	09 ②	10 ①
11 ②	12 ⑤	13 ⑤	14 ④	15 ②
16 ⑤	17 ⑤	18 ⑤	19 ④	20 ④

채점결과	
• 실제 걸린 시간 :	분 초
• 맞은 문항수 :	개
• 틀린 문항수 :	개
• 헷갈린 문항 :	

01 응용 윤리학과 기술 윤리학

정답률 87% | 정답 ③

| 문제 보기 |

⊙에 들어갈 진술로 가장 적절한 것은?

나는 윤리학의 근본 과제가 현실에서 적용 가능한 도덕적 규범이나 원칙을 탐구하여 이를 구체적인 삶의 문제에 적용하는 것이라고 본다. 그런데 어떤 사람들은 현실적 도덕이 삶에 이루어지는, 어떤 가르침은 경험적으로 연구될 수 있다는 관점에서 윤리학의 근본 과제가 어떤 문화나 사회의 도덕적 현상을 가치 판단 없이 객관적으로 기술하는 것이라고 본다. 나는 이러한 입장이 ⊙ 고 생각한다.

① 도덕 추론에 대한 논리적 구조 분석의 필요성을 주장한다
② 도덕 현상의 인과 관계에 대한 탐구의 가능성을 부정한다
③ 실천적 규범을 통한 도덕 문제 해결의 중요성을 경시한다
④ 현실적 도덕에 대한 가치 중립적 설명의 필요성을 무시한다
⑤ 보편적 도덕규범의 이론적 체계 구성의 중요성을 강조한다

● 왜 정답일까?

제시문의 '나'는 응용윤리학적 입장을 취하고 있고, '어떤 사람들'은 기술 윤리학의 입장을 보이고 있다. 응용 윤리학은 구체적인 현실 문제에 도덕 법칙을 적용하는 것을 윤리학의 근본 과제로 인식하며, 기술 윤리학은 사회의 도덕적 현상을 객관적으로 기술하는 것을 윤리학의 근본 과제로 인식한다.

02 부부 관계의 특징

정답률 90% | 정답 ①

| 문제 보기 |

다음 가상 편지의 ⊙에 대한 옳은 설명을 〈보기〉에서 고른 것은?

○○에게

얼마 전 자네가 가정을 이루었다는 말을 듣고 몹시 기뻤다네. 공자는 "경(敬)으로써 자신을 수양하고, 자신을 수양하여 다른 사람을 편안하게 해 주어라."라고 말했다네. 이러한 가르침은 ⊙ 간의 도리에 대해서도 마찬가지라고 생각하네. ⊙ 은/는 서로 다른 환경에서 오랫동안 성장하여 만난 두 사람이지만, 자네가 상대를 아끼는 마음으로 손님을 대하듯 존중한다면 어찌 백년해로(百年偕老)할 수 없겠는가? …(후략)…

〈보기〉

ㄱ. 혼인(婚姻)을 통해 맺어진 가족 관계이다.
ㄴ. 상경여빈(相敬如賓)을 실천해야 하는 관계이다.
ㄷ. 항렬(行列)에 따라 서로 역할을 분담하는 관계이다.
ㄹ. 동기간(同氣間)으로서 배려해야 하는 가족 관계이다.

① ㄱ, ㄴ   ② ㄱ, ㄷ   ③ ㄴ, ㄷ   ④ ㄴ, ㄹ   ⑤ ㄷ, ㄹ

● 왜 정답일까?

'가정을 이루었다', '백년해로'등의 표현으로부터 제시문 ⊙에 들어갈 단어가 '부부'임을 알 수 있다.
한국의 전통 윤리에서 부부는 혼인을 통해 맺어진 가족 관계로, '서로를 손님을 대하듯 공경해야 한다'는 상경여빈의 가치를 실천해야 하는 관계이다.

03 롤스의 시민 불복종

정답률 79% | 정답 ④

| 문제 보기 |

다음 서양 사상가가 부정의 대답을 할 질문으로 가장 적절한 것은? [3점]

거의 정의롭지만 정의에 대한 심각한 위반이 발생하기도 하는 사회에서 시민 불복종이 성립한다. 시민 불복종은 신중하고 양심적인 정치적 신념의 표현인 청원의 한 형태이므로 공개 석상에서 이루어지며, 어떤 개인적인 도덕 원칙이나 종교적 교설이 아닌 공유된 정의관에 의거해야 한다. 정당한 시민 불복종이 시민 화합을 해치는 것으로 보이면, 그 책임은 불복종하는 자들이 아니라 권위와 권력을 남용하는 자들에게 있는 것이다.

① 시민 불복종의 주체는 체제의 합법성을 인정하는 시민인가?
② 시민 불복종의 의도는 동료 시민들에게 공표되어야 하는가?
③ 시민 불복종은 공동체의 정의감에 호소하는 정치 행위인가?
④ 시민 불복종의 목적에서 정부 정책의 개혁은 제외되어야 하는가?
⑤ 시민 불복종은 어떠한 합법적 방법도 효과가 없을 때 행해져야 하는가?

● 왜 정답일까?

제시문은 롤스의 시민 불복종에 대한 주장이다.
롤스의 입장에서 시민 불복종은 부정의한 법이나 일부 정부 정책에 변화를 가져올 목적으로 행해지는 행위이다. 롤스는 시민 불복종은 정치적 신념의 표현이기 때문에 공개적으로 이루어져야 한다고 주장했으며, 어디까지나 사회적 다수에 의해 공유된 정의관을 바탕으로 진행되어야 한다고 주장했다.

04 도가와 불교의 사상적 입장 비교

정답률 94% | 정답 ②

| 문제 보기 |

갑, 을의 사상적 입장에 대한 옳은 설명을 〈보기〉에서 고른 것은?

갑 : 지인(至人)은 무위(無爲)하다. 도(道)에는 시작도 끝도 없지만 만물에는 죽음도 있고 삶도 있다. 근본에서 보자면 삶이란 기(氣)가 모인 것이다.
을 : 이것이 있기 때문에 저것이 있다. 이를 일컬어 인연법(因緣法)이라고 한다. 삶이 있으므로 늙음과 죽음이 있고, 삶을 떠나서는 늙음과 죽음도 없다.

〈보기〉

ㄱ. 갑 : 죽음은 기가 모이고 흩어지는 과정의 일부임을 강조한다.
ㄴ. 갑 : 죽음에 대한 성찰과 애도(哀悼)의 의무를 강조한다.
ㄷ. 을 : 연기(緣起)에 대한 깨달음을 추구하는 삶을 강조한다.
ㄹ. 갑, 을 : 삶과 죽음을 분별하여 고통에서 벗어날 것을 강조한다.

① ㄱ, ㄴ   ② ㄱ, ㄷ   ③ ㄴ, ㄷ   ④ ㄴ, ㄹ   ⑤ ㄷ, ㄹ

● 왜 정답일까?

갑의 사상가는 장자, 을의 사상가는 석가모니이다.
장자는 삶과 죽음을 기가 모이고 흩어지는 자연적인 과정으로 인식하였으며, 이에 대한 성찰과 애도의 의무를 강조하지 않았다. 불교에서는 삶과 죽음을 '이것이 있기 때문에 저것이 있다'는 인연법의 관점으로 인식하였으며, 세속의 삼독을 버리고 연기를 자각하여 윤회의 고통에서 벗어날 것을 강조하였다.

05 규칙 공리주의와 담론 윤리

정답률 87% | 정답 ③

| 문제 보기 |

(가), (나)의 입장으로 가장 적절한 것은? [3점]

(가) 어떤 행위는 타당한 행위 규칙에 일치하면 옳고, 그 규칙을 위반하면 그르다. 행위 규칙의 타당성을 결정하는 척도는 유용성이다. 윤리적 의사 결정은 더 큰 유용성을 산출하는 규칙에 근거해야 한다.
(나) 행위 규범은 관련된 모든 당사자들이 자유롭고 평등한 담론을 통해 동의할 수 있는 것이어야 정당화될 수 있다. 규범적으로 정당한 실천적 담론은 의사소통의 일반적 전제 조건들에 근거해야 한다.

① (가): 어떤 규칙이 최대 유용성을 산출하는지는 알 수 없다.
② (가): 유용성의 원리는 행위 규칙이 아니라 개별 행위에 적용된다.
③ (나): 모든 당사자들은 보편화 가능한 행위 규범에 합의할 수 있다.
④ (나): 담론의 참여자들은 서로의 주장을 비판해서는 안 된다.
⑤ (가), (나): 결과에 대한 고려 없이 규칙이나 규범의 타당성을 판단해야 한다.

● 왜 정답일까?

(가)는 규칙 공리주의, (나)는 담론 윤리이다.
규칙 공리주의에서 행위의 옳고 그름을 판단하는 기준은 그 행위가 윤리적 행위 규칙을 따랐느냐 따르지 않았느냐의 여부이다. 규칙 공리주의에서 타당한 윤리적 행위 규칙은 사회에 있어서 최대 유용성을 산출해야 한다.
담론 윤리의 입장에서 행위 규범은 규범의 영향 아래에 있는 모든 당사자들이 자유롭고 평등한 담론을 통해 동의했을 경우에만 정당화될 수 있다.

06 플라톤의 예술관과 도덕관

정답률 90% | 정답 ①

| 문제 보기 |

다음 서양 사상가의 입장을 〈보기〉에서 고른 것은?

○ 만약 즐거움을 위한 시가 훌륭한 법질서를 갖는 국가 안에 존재해야 할 이유가 있다면, 우리는 기꺼이 시를 받아들일 것이다. 시가 즐거움을 줄 뿐만 아니라 국가와 인간 생활에 이로운 것임이 밝혀진다면 우리에게도 분명 이득이 될 것이기 때문이다.
○ 시인이나 설화 작가들이 모방을 할 경우에는, 용감하고 절제 있고 경건하며 자유다운 사람들을 모방해야만 한다. 반면에 그 어떤 창피스러운 것도 모방하지 말아야 하며, 이런 것을 모방하는 데 능한 사람이 되어서도 안 된다.

〈보기〉

ㄱ. 예술은 선의 실현에 기여해야 한다.
ㄴ. 예술은 진리를 왜곡할 경우 비판받아야 한다.
ㄷ. 예술에서 미와 선의 내용은 유사할 필요가 없다.
ㄹ. 예술은 사물의 실재보다 외관을 아름답게 모방해야 한다.

① ㄱ, ㄴ   ② ㄱ, ㄷ   ③ ㄴ, ㄷ   ④ ㄴ, ㄹ   ⑤ ㄷ, ㄹ

● 왜 정답일까?

제시문은 서양 사상가 플라톤의 주장이다.
플라톤은 예술 작품이 사회에 도덕적 교훈을 제시함으로써 국가와 인간 생활에 긍정적인 영향을 끼쳐야 한다는 도덕주의의 입장을 견지한다. 플라톤의 입장에서 예술은 반드시 도덕적이고 참된 진리를 모방해야 하며, 진리를 왜곡하거나 실재가 아닌 외관을 모방해서는 안 된다.

07 과학 기술의 가치중립성

정답률 68% | 정답 ②

| 문제 보기 |

(가), (나)의 입장에 대한 옳은 설명만을 〈보기〉에서 있는 대로 고른 것은? [3점]

① 과학 기술은 도덕적 가치 판단으로부터 자유로워야 한다.
② 과학 기술의 연구 목표를 설정할 때 가치 판단이 개입한다.
③ 과학 기술의 발전을 위해 가치중립적 태도를 유지해야 한다.
④ 과학적 사실 판단은 도덕적 가치 판단에 종속되어서는 안 된다.
⑤ 과학 기술의 연구 대상과 도덕의 탐구 대상은 서로 구별된다.

● 왜 정답일까?

삼단논법은 과학 기술 연구 개발의 가치중립성을 주장하고 있다. 이에 대한 소전제는 '과학 기술의 개발은 가치중립적인 것이다.'이다. 따라서 소전제 ⊙에 대한 반론은 '과학기술의 연구 개발은 가치 지향적인 것이다.'이 적합하다.

08 성과 사랑의 관계

정답률 93% | 정답 ⑤

| 문제 보기 |

갑, 을의 입장에 대한 설명으로 가장 적절한 것은? [3점]

갑 : '결혼 없는 성'은 비도덕적이다. 부부만이 성적 관계에서 서로의 인격을 존중해야 할 의무를 다할 수 있으며, 출산을 통해 사회 안정과 책임 있는 성 문화 유지에 기여할 수 있다. 부부 사이의 성적 관계만이 도덕적으로 정당하다.

을 : '사랑 없는 성'은 비도덕적이다. 결혼이 아니라 사랑이 도덕적 성의 조건이며, 사랑하는 사람들만이 성적 관계에서 서로의 인격을 존중해야 할 의무를 다할 수 있다. 사랑하는 사람들 사이의 성적 관계만이 도덕적으로 정당하다.

① 갑은 부부만이 정당한 성적 관계의 주체는 아니라고 본다.
② 갑은 성적 관계의 정당성이 사회 존속과는 무관하다고 본다.
③ 을은 자발적인 동의에 근거한 성적 관계는 항상 정당하다고 본다.
④ 을은 성적 관계가 부부 사이에서만 정당화될 수 있다고 본다.
⑤ 갑, 을은 성적 관계에서 서로의 인격적 가치를 존중해야 한다고 본다.

• 왜 정답일까?
성과 사랑의 관계에 대해 갑은 보수주의, 을은 중도주의의 입장을 취하고 있다.
갑은 성은 결혼을 전제로 해야 하며, 부부 사이의 성적 관계만이 도덕적으로 정당하다고 주장하고 있다. 을은 도덕적 성의 조건은 결혼이 아닌 사랑이며, 사랑하는 사람들 사이의 성적 관계만이 도덕적으로 정당하다고 주장하고 있다. 갑은 '결혼'을 통해, 을은 '사랑'을 통해 두 사람이 서로의 인격을 존중해야 할 의무를 다할 수 있다고 주장하고 있다.

09 분배적 정의
정답률 50% | 정답 ②

| 문제 보기 |
(가)의 사상가 갑, 을, 병의 입장을 (나) 그림으로 탐구할 때, A ~ D에 해당하는 적절한 질문만을 〈보기〉에서 있는 대로 고른 것은?

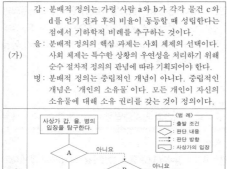

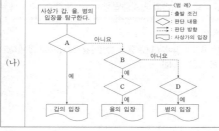

〈보 기〉
ㄱ. A : 분배적 정의만이 비례를 추구하는 특수적 정의인가?
ㄴ. B : 경제적 불평등은 모두에게 이익이 되어야 정당한가?
ㄷ. C : 원초적 입장에서 개인은 모두의 이익에 관심을 갖는가?
ㄹ. D : 개인의 자연적 재능을 공동의 소유물로 여기는 것은 부당한가?

① ㄱ, ㄷ ② ㄴ, ㄹ ③ ㄷ, ㄹ
④ ㄱ, ㄴ, ㄷ ⑤ ㄱ, ㄴ, ㄹ

• 왜 정답일까?
갑의 사상가는 아리스토텔레스, 을의 사상가는 롤스, 병은 노직이다.
'분배적 정의'에 있어서 아리스토텔레스는 기하학적 비례를, 롤스는 최소수혜자에게 이익이 되는 방식으로 이루어지는 순수 절차적 정의를 주장한다. 노직은 사회 속 개인이 자신의 소유물에 대한 정당한 권리를 갖는 것이 정의라고 주장한다.

10 벤담의 공리주의
정답률 87% | 정답 ①

| 문제 보기 |
(가) 사상의 입장에서 (나) 상황 속 A에게 제시할 조언으로 가장 적절한 것은? [3점]

(가)
강하다, 길다, 확실하다, 빠르다, 효과적이다, 순수하다─쾌락과 고통 속에서 이런 특징들을 지속시켜라. 만약 사적인 쾌락이 너의 목적이라면, 그런 쾌락을 추구하라. 만약 공적인 쾌락이 너의 목적이라면, 그런 쾌락을 확대하라.

(나)
고등학생인 A는 같은 반의 B와 말다툼을 했다. 집에 돌아와서도 화가 가라앉지 않은 A는 친구들에게 연락하여 학급 채팅방에서 B를 상대로 *사이버 불링을 같이 하자고 부탁해야 할지 망설이고 있다.
* 사이버 불링: 정보 통신 기술을 통해 의도적이고 지속적인 괴롭힘을 가하는 것

① 사이버 불링이 공리를 극대화하는 것인지 고려하세요.
② 사이버 불링이 자연법에 부합하는 것인지 고려하세요.
③ 사이버 불링이 덕성 함양에 기여하는 것인지 고려하세요.
④ 사이버 불링이 모성적 배려를 실천하는 것인지 고려하세요.
⑤ 사이버 불링이 인간을 목적으로 대우하는 것인지 고려하세요.

• 왜 정답일까?
(가)의 사상가는 벤담이다. 양적 공리주의자인 벤담은 쾌락은 계산될 수 있다고 주장하며, 행위의 옳고 그름은 행위가 야기할 쾌락과 고통의 양을 바탕으로 판단된다고 주장한다.

11 환경 윤리
정답률 53% | 정답 ②

| 문제 보기 |
(가)의 갑, 을, 병 사상가들의 입장을 (나) 그림으로 표현할 때, A ~ D에 해당하는 적절한 진술만을 〈보기〉에서 있는 대로 고른 것은? [3점]

(가)	갑 : 어떤 존재의 고통을 고려하지 않는 도덕적 논증은 있을 수 없다. 이익 평등 고려의 원리는 존재들 간의 동일한 고통을 동일하게 고려할 것을 요구한다. 을 : 생명체가 목적론적 삶의 중심이라는 것은 그 활동이 목표 지향적이라는 뜻으로, 생명 활동을 성공적으로 수행하는 항상적인 경향성이 있다는 말이다. 병 : 인류는 대지 공동체의 평범한 구성원이 되어야 한다. 이러한 인류의 역할은 동료 구성원과 대지 공동체 자체에 대한 존중을 필연적으로 수반한다.
(나)	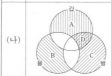

〈범례〉
A : 갑만의 입장
B : 을만의 입장
C : 병만의 입장
D : 갑과 병만의 공통 입장

〈보 기〉
ㄱ. A : 평등의 원리에 따라 인간과 모든 동물을 동일하게 대우해야 한다.
ㄴ. B : 인간은 생명체에 끼친 해악에 대한 보상적 의무를 지녀다.
ㄷ. C : 개체주의적 관점을 지양하여 인간 중심주의에서 벗어나야 한다.
ㄹ. D : 쾌고 감수 능력을 지닌 동물은 도덕적 고려 대상에 속한다.

① ㄱ, ㄹ ② ㄴ, ㄷ ③ ㄴ, ㄹ
④ ㄱ, ㄴ, ㄷ ⑤ ㄱ, ㄷ, ㄹ

• 왜 정답일까?
갑의 사상가는 싱어, 을의 사상가는 테일러, 병은 레오폴드이다.
싱어는 '이익 평등 고려' 원칙을 바탕으로 인간과 쾌고 감수 능력을 지닌 동물의 도덕적 가치를 주장한다. 테일러는 인간과 동물, 식물이 모두 목적론적 삶의 중심으로 도덕적 가치를 지닌다는 생명중심주의의 입장을 취한다. 레오폴드는 생명 공동체 전체를 중시하는 생태중심주의(대지윤리)의 입장을 취한다.

12 직업 노동에 대한 입장
정답률 68% | 정답 ⑤

| 문제 보기 |
그림은 서술형 평가 문제와 학생 답안이다. 학생 답안의 ㉠ ~ ㉤ 중 옳지 않은 것은?

서술형 평가

◉ 문제 : 사상가 갑, 을의 직업 노동에 대한 입장을 비교하여 서술하시오.

갑 : 모든 것을 손수 만들어 사용해야 한다면, 그것은 천하의 사람들을 바쁘게 만드는 것이다. 어떤 사람은 마음을 수고롭게 하고(勞心), 어떤 사람은 몸을 수고롭게 한다(勞力). 백성은 항산(恒産)이 없다면 항심(恒心)도 없게 된다.
을 : 노동이 분업에 의한 방식으로 바뀌면서 고용주는 자본가가 되어 지휘와 감독, 조절 기능을 담당하게 된다. 분업은 특수한 기능에 적합한 부분 노동자를 양산하며, 노동자는 작업의 부속물로서 자본의 소유물이 된다.

◉ 학생 답안

사상가 갑, 을의 직업 노동에 대한 입장을 비교해 보면, 갑은 ㉠직업에는 대인과 소인의 역할 분담이 있으므로 각자의 역할에 충실해야 한다고 보며, ㉡직업을 통해 백성의 생활 기반인 마련되어야 한다고 주장한다. 이에 비해 을은 ㉢노동자는 생산 수단이 없으므로 생계를 위해 자본가에게 종속된다고 보고, ㉣노동자는 자본가에 의해 소외를 당하기보다는 행복을 누릴 수 있어야 한다고 주장하며, 한편 갑, 을은 모두 ㉤인간은 분업에 참여함으로써 인간다움을 실현한다고 주장한다.

13 칸트와 니부어의 선의지 개념
정답률 86% | 정답 ⑤

| 문제 보기 |
갑, 을 사상가들의 입장에 대한 설명으로 가장 적절한 것은? [3점]

갑 : 아무런 제한 없이 선하다고 생각할 수 있는 것은 오직 선의지뿐이다. 지성, 용기, 결단성 등은 많은 의도에서 선하고 바람직하지만, 이런 천부적인 자질들을 이용하는 의지가 선하지 않다면 극도로 악하고 해가 될 수 있다.
을 : 개인의 도덕성이 동료 인간의 요구와 이익을 해하지 못하면서는 진정한 정의는 달성될 수 없다. 또한 정의 달성을 위한 비합리적 수단이 도덕적 선의지의 통제를 받지 않는다면 사회에 엄청난 위험을 초래할 수 있다.

① 갑은 오직 결과를 고려한 행위만이 도덕적 행위라고 본다.
② 을은 진정한 정의는 선의지만으로 충분히 달성될 수 있다고 본다.
③ 갑은 을과 달리 사회구조가 개인 행위의 도덕성을 좌우할 수 있다고 본다.
④ 을은 갑과 달리 선한 천부적 자질은 선의지의 통제가 필요하다고 본다.
⑤ 갑, 을은 모두 개인의 선의지가 사회 생활에서 반드시 필요하다고 본다.

• 왜 정답일까?
갑의 사상가는 칸트이고 을의 사상가는 니부어이다.
칸트는 세상에서 아무런 조건과 제한 없이 무조건적으로 선한 것은 오직 인간의 '선의지' 뿐이라고 주장했다.
니부어는 인간에 비해 사회는 도덕적으로 열등하다고 생각했으며, 사회 정의를 실현하기 위한 수단으로 비합리적 수단의 동원을 인정했다. 하지만 니부어는 어떤 경우에도 비합리적 수단은 인간의 도덕적 선의지의 통제 하에 있어야 한다고 주장했다.

14 요나스의 책임 윤리
정답률 70% | 정답 ④

| 문제 보기 |
다음 서양 사상가의 입장으로 적절하지 않은 것은?

우리에게는 악의 인식이 선의 인식보다 무한히 쉽다. 선은 눈에 띄지 않게 존재하며 반성을 하지 않으면 인식될 수 없지만, 악의 현존은 우리에게 인식을 강요한다. 우리가 실제로 무엇을 보호해야 하는가를 알아내기 위해 새로운 윤리학은 공포를 논의 대상으로 삼아야 한다. 인간 행위의 새로운 유형에 적합하고 새로운 유형의 행위 주체를 지향하는 명법은 다음과 같다. "너의 행위의 효과가 지상에서의 진정한 인간적 삶의 지속과 조화될 수 있도록 행위하라."

① 자연이 수용할 수 있는 한에서 과학 기술의 발전을 추구해야 한다.
② 과학 기술의 긍정적인 영향보다 부정적인 영향에 주목해야 한다.
③ 새로운 윤리학은 최고악에 대한 공포에서 출발할 필요가 있다.
④ 새로운 윤리학은 "A이면 B하라."라는 형식의 명법만을 지향한다.
⑤ 사후적 책임뿐만 아니라 사전적 책임도 중시해야 한다.

• 왜 정답일까?
제시문의 사상가는 요나스이다.
요나스는 칸트의 무조건적인 정언명령을 생태학적 상황에 적용하는 '생태학적 정언명령'의 개념을 주장하였다. 요나스는 "너의 행위의 결과가 지상에서의 진정한 인간적 삶의 지속과 조화될 수 있도록 행위하라"는 생태학적 정언명령을 바탕으로 그의 사상을 전개해 나간다.

[문제편 p.194]

• 왜 정답일까?
갑의 사상가는 맹자, 을의 사상가는 마르크스이다.
맹자는 육체노동을 하는 소인과 정신노동을 하는 대인을 구별하여 인식하고, 백성에게 생활 기반인 항산(恒産)을 제공하여 항심(恒心)을 만들어 주어야 함을 주장했다. 마르크스는 자본주의 사회에서 노동의 분업이 인간소외를 초래한다고 인식했다.

15 볼노브의 거주 윤리
정답률 88% | 정답 ②

| 문제 보기 |

다음 서양 사상가의 입장으로 가장 적절한 것은? [3점]

> 우리 시대의 인간은 고향을 잃고 지구상 어떤 곳에도 매여 있지 않은 영원한 망명자이다. 하지만 집은 이러한 위험과 희생의 공간인 외부 공간과 구분되는 안정과 평화의 공간이다. 인간은 자신의 중심점인 집을 스스로 만들어 그곳에 뿌리내리고 살 때 진정한 거주를 실현한다. 인간은 이러한 거주의 실현을 통해 단순히 공간을 점유하는 것이 아닌 거주자가 됨으로써 자신의 본질을 실현하고 온전한 의미에서 인간이 될 수 있다.

① 진정한 거주는 단순히 공간을 점유하는 행위로 국한된다.
② 인간은 진정한 거주를 실현하지 못하면 영원한 망명자이다.
③ 인간은 거주자가 됨으로써 자신의 본질을 실현할 수 없다.
④ 외부 공간은 위험과 희생이 아닌 안정과 평화의 공간이다.
⑤ 진정한 삶의 실현을 위해 거주 공간이 필요한 것은 아니다.

• 왜 정답일까?

제시문은 볼노브의 주장이다.
볼노브는 인간이 단순히 공간을 점유하는 것이 아닌 거주자가 됨으로써 자신의 본질을 실현하고 안정과 평화를 얻을 수 있다고 주장했다.

16 종교와 과학의 관계
정답률 91% | 정답 ⑤

| 문제 보기 |

(가), (나)의 입장으로 옳지 않은 것은?

> (가) 종교는 신앙을 통해 진리로 나아갈 수 있도록 하는 매혹적이고 신비한 감정의 체험이다. 세계는 신비로 가득하므로 인간 이성이 과학적으로 인식하는 틀 속에 가둘 수 없다. 방향을 잡기 어려운 현실에서 종교를 통해 삶의 의미와 목적을 추구해야 한다.
> (나) 과학은 사실에 토대하며 현상이 어떻게 일어나는지 그 원인을 찾고 반증 가능성에 대해 열린 자세를 취해야 한다. 물리적인 것 외에는 실재성이 이성적으로 증명될 수 없으므로, 객관적으로 입증 가능한 사실에 근거하여 진리를 추구해야 한다.

① (가): 인간은 종교적 체험을 통해 삶의 목적과 의미를 찾아야 한다.
② (가): 신앙 없이 이성만으로는 세계의 진리를 완전히 인식할 수 없다.
③ (나): 과학적 지식을 반증 가능성이 있는 것으로 인식할 필요가 있다.
④ (나): 인간은 실험과 관찰을 통해 실증적으로 대상을 탐구해야 한다.
⑤ (가), (나): 과학적 인식의 한계 내에서만 진리를 추구해야 한다.

• 왜 정답일까?

(가)는 과학의 이성적인 틀만으로는 세계의 신비를 모두 판단할 수 없고, 종교와 신앙을 통해 진리로 나아가야 한다고 주장하는 종교적 관점이다.
(나)는 객관적으로 입증 가능한 사실에 근거하여 과학적으로 진리를 추구해야 할 것을 강조하는 과학적 관점이다.

17 사형 제도에 대한 입장
정답률 84% | 정답 ⑤

| 문제 보기 |

갑, 을 사상가들 모두가 부정의 대답을 할 질문으로 가장 적절한 것은? [3점]

시민의 생명 보존이 사회 계약의 목적입니다. 우리의 신체와 모든 능력은 공동의 것이며, 이것은 일반 의지의 최고 감독하에 있는 것입니다. 시민 사회에서 타인의 생명을 희생시킨 사람은 자신의 생명도 포기해야 합니다.

시민 사회가 모든 구성원의 동의로 해체될 경우라도 감옥에 있는 마지막 살인자는 먼저 처형되어야 합니다. 이것은 사법권의 이념으로서 정의가 보편적인 도덕 법칙에 따라 의욕하는 것입니다. 공적 정의 앞에서 희생의 균형자는 사형입니다.

갑   을

① 살인범을 사형하는 것은 그를 국가의 적으로 간주하는 것인가?
② 사회 계약을 위반한 살인범을 국가 구성원에서 배제해야 하는가?

③ 사형은 살인죄에 대해 법적으로 집행되는 응당한 보복의 방법인가?
④ 살인범을 사형하지 않는 것은 공적으로 정의를 침해하는 것인가?
⑤ 사형제는 인간 존엄성의 이념에 위배되는 것이므로 부당한 제도인가?

• 왜 정답일까?

갑의 사상가는 루소이고, 을의 사상가는 칸트이다.
루소는 생명권의 보존이라는 사회 계약의 목적을 보장하기 위해 사형 제도의 필요성을 주장한다. 칸트는 응보적 정의론에 입각하여 공적 정의의 실현을 위해 사형 제도를 긍정한다.

18 해외 원조에 대한 견해
정답률 77% | 정답 ③

| 문제 보기 |

사상가 갑, 을의 입장으로 가장 적절한 것은? [3점]

> 갑: 자원은 한정되어 있기에 최대의 이익이 산출될 수 있는 곳에 사용되는 것이 적절하다. 풍요한 사회의 시민들만 풍요로움을 누리는 것은 부당하다. 인류 전체의 이익 증진을 위해 절대 빈곤으로 고통받는 사회의 사람들을 원조해야 한다.
> 을: 자원이 부족하다고 해서 질서 정연한 사회가 될 수 없는 경우는 거의 없다. 어떤 사회가 질서 정연한 사회가 되는 결정적 요인은 자원의 수준보다는 정치 문화이다. 불리한 여건으로 고통받는 사회가 정치 문화를 바꾸도록 원조해야 한다.

① 갑: 원조를 위해서 풍요한 사회의 자원을 활용해서는 안 된다.
② 갑: 풍요한 사회의 시민들은 원조 대상에서 모두 제외되어야 한다.
③ 을: 자원이 부족한 국가만을 원조 대상으로 간주해서는 안 된다.
④ 을: 정의의 제2원칙에 따라 국가 간 자원을 재분배해야 한다.
⑤ 갑, 을: 공리의 원리를 국제적 차원으로 확대 적용해서는 안 된다.

• 왜 정답일까?

갑의 사상가는 싱어, 을의 사상가는 롤스이다.
싱어는 공리주의와 세계시민주의의 원칙에 입각해 인류 전체의 이익 증진을 위해 빈곤으로 고통받는 사회의 사람들을 원조해야 한다고 주장한다. 롤스는 원조의 목적은 '질서 정연한 사회'를 만들어 주는 것이며, 특정 국가의 자원 수준보다는 정치 문화 수준이 원조의 판단 기준이 되어야 한다고 주장한다.

19 동물 실험에 대한 핵심 쟁점
정답률 65% | 정답 ④

| 문제 보기 |

다음 토론의 핵심 쟁점으로 가장 적절한 것은?

> 갑: 인간의 생명과 건강을 위해 동물 실험은 꼭 필요합니다. 인간과 동물은 생물학적으로 유사하며, 동물 실험의 확실한 대안은 없습니다. 따라서 동물 실험은 정당합니다.
> 을: 저는 당신이 제시한 논증의 모든 전제에 대해 찬성하지만 결론에는 반대합니다. 논증에 등장하는 '동물'을 모두 '인간'으로 바꿔 보세요. 당신이 제시한 논증을 이용하면 인간 실험마저 정당화할 수 있습니다.
> 갑: 인간 실험은 부당합니다. 하지만 인간과 달리 동물은 기본적 권리를 갖지 않습니다. 당신의 비판은 동물도 기본적 권리를 갖는다는 선결 문제를 해결해야 합니다.
> 을: 인간은 물론 동물도 삶의 주체이므로 기본적 권리를 갖습니다. 인간 실험과 마찬가지로 동물 실험도 부당합니다. 당신이야말로 동물의 기본적 권리를 단적으로 부정하고 있습니다.

① 동물 실험은 인간의 생명과 건강을 위해 필요한가?
② 동물 실험의 대안 중 확실한 것이 존재하는가?
③ 인간과 달리 동물은 기본적 권리를 갖는가?
④ 인간 실험과 달리 동물 실험은 정당한가?
⑤ 인간과 동물은 생물학적으로 유사한가?

• 왜 정답일까?

갑은 인간 실험은 부당하지만 동물 실험은 정당화될 수 있다고 주장하고 있다.
을은 동물이 기본적 권리를 가지고 있다는 전제로 인간 실험과 마찬가지로 동물 실험을 반대하고 있다.

20 인권에 대한 의미
정답률 81% | 정답 ④

| 문제 보기 |

갑, 을 중 적어도 한 사람이 부정의 대답을 할 질문만을 〈보기〉에서 있는 대로 고른 것은?

> 갑: 인권은 개인이 국가나 타인으로부터 간섭이나 침해를 받지 않을 권리와 정치에 참여할 평등한 기회를 가질 권리로 국한되어야 한다. 국가가 사회적·경제적 평등을 실현하기 위해 개인의 자유와 권리를 침해하는 것은 부당하다.
> 을: 인권은 인간이 최소한의 인간다운 삶을 누리며 살 권리이다. 인권을 소극적 권리로 한정해서는 사회적 약자들의 인간다운 삶을 보장할 수 없다. 국가는 구성원 모두의 인권 보장을 위해 사회적·경제적 평등을 실현해야 한다.

〈 보기 〉
ㄱ. 인권은 자유권과 참정권으로 국한되어야 하는가?
ㄴ. 인권은 인간으로서 마땅히 누려야 할 권리인가?
ㄷ. 인권은 자유권과 함께 복지권을 포함하는 권리인가?
ㄹ. 인권은 사회적·경제적 평등의 실현을 통해 보장되어야 하는가?

① ㄱ, ㄴ   ② ㄱ, ㄹ   ③ ㄴ, ㄷ
④ ㄱ, ㄷ, ㄹ   ⑤ ㄴ, ㄷ, ㄹ

• 왜 정답일까?

갑은 인권을 '국가나 타인으로부터 간섭이나 침해를 받지 않을 권리(자유권)'와 '정치에 평등하게 참여할 권리(참정권)'로 국한지어 파악하고 있고(소극적 권리), 을은 인권을 '최소한의 인간다운 삶을 누리며 살 권리(복지권)'로 인식하고 있다(적극적 권리).

50회 2017학년도 수능

01 ③	02 ②	03 ②	04 ③	05 ④
06 ⑤	07 ②	08 ①	09 ②	10 ③
11 ①	12 ④	13 ⑤	14 ④	15 ②
16 ①	17 ③	18 ③	19 ⑤	20 ④

채점결과	
• 실제 걸린 시간 :	분 초
• 맞은 문항수 :	개
• 틀린 문항수 :	개
• 헷갈린 문항 :	

01 실천 윤리학의 성격
정답률 94% | 정답 ③

| 문제 보기 |

㉠에 들어갈 진술로 가장 적절한 것은?

> 윤리학의 근본 과제는 도덕적으로 올바른 행위를 판단하기 위한 기본 원리와 토대를 제공하고 일반화하는 데 있다. 그런데 오늘날 과학 기술의 급격한 발달은 기존의 이론 중심 윤리학만으로는 해결하기 어려운 도덕적 문제 상황을 초래하였고, 그 결과 실제 생활과 관련하여 논쟁이 되는 윤리적 과제들이 대두되었다. 이에 따라 이러한 윤리적 과제들을 해결하기 위해 이 윤리학이 등장하게 되었다. 이 윤리학은 ㉠

① 도덕 명제에 대한 검증 가능성과 분석적 접근을 강조한다.
② 도덕적 탐구가 학문적으로 정립 가능한 분야임을 부정한다.
③ 도덕규범의 현실적인 적용과 구체적인 대안의 실천을 강조한다.
④ 도덕 문제 해결을 위한 규범 윤리 이론의 응용 가능성을 부정한다.
⑤ 도덕적 관행을 가치와 무관한 문화적 사실로 볼 것을 강조한다.

| 왜 정답일까? |

㉠에 들어갈 윤리학은 응용 윤리학이다. 응용 윤리학은 이론규범 윤리학의 내용을 토대로 현실적 도덕 문제를 해결하는 구체적인 방안을 모색한다. 응용 윤리학은 인접 학문과의 학제적 연관성을 강조한다.

| 왜 오답일까? |

① 메타 윤리학의 특징이다.
⑤ 사회 집단의 도덕적 관행을 도덕적 가치와 무관한 문화적 사실로 판단하는 것은 기술 윤리학의 입장이다.

02 배려 윤리의 성격
정답률 93% | 정답 ②

| 문제 보기 |

다음 사상의 입장에서 〈문제 상황〉 속 A에게 제시할 조언으로 가장 적절한 것은? [3점]

> 윤리는 도덕적 추론이 아니라 도덕적 태도나 선에 대한 열망에서 시작되어야 한다. 남성 중심적 윤리의 문제점을 파악해야 하고, 인간관계, 책임, 헌신 등의 여성적 특성을 지닌 윤리에 주목해야 한다.

〈문제 상황〉

약속 시간에 늦었는데 도와 드려야 할까?

A

① 도와주었을 때 당신이 얻을 수 있는 이익을 고려하여 행동하세요.
② 상대방의 어려움을 공감하여 무엇이 필요한지 살펴 행동하세요.
③ 동정심이 아닌 누구나 동의 가능한 합리적 판단에 따라 행동하세요.
④ 어떤 선택이 더 많은 사회적 효용을 낳을지 고려하여 행동하세요.
⑤ 타인을 배려하는 마음보다 도덕적 의무 의식에 따라 행동하세요.

| 왜 정답일까? |

제시문은 배려 윤리의 주장을 담고 있다.
배려 윤리는 남성 중심의 정의 윤리의 한계를 지적하며 여성적 특성을 지닌 배려 윤리와의 조화를 강조한다. 배려 윤리의 여성적인 특징으로는 배려와 공감, 유대감과 책임, 인간관계와 헌신 등이 있다. 배려 윤리의 입장에서 A에게 할 수 있는 조언은 상대방의 어려움에 대한 공감과 이의 실천이다.

03 동물 복제의 윤리
정답률 80% | 정답 ②

| 문제 보기 |

(가)의 주장을 (나) 그림으로 나타낼 때, ㉠에 대한 반론의 근거로 가장 적절한 것은?

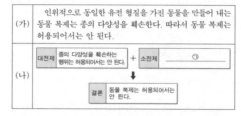

| (가) | 인위적으로 동일한 유전 형질을 가진 동물을 만들어 내는 동물 복제는 종의 다양성을 훼손한다. 따라서 동물 복제는 허용되어서는 안 된다. |
| (나) | 대전제: 종의 다양성을 훼손하는 행위는 허용되어서는 안 된다. + 소전제: ㉠ → 결론: 동물 복제는 허용되어서는 안 된다. |

① 동물 복제는 동일한 유전 형질을 가진 동물을 생산한다.
② 동물 복제는 멸종 위기의 동물을 보전하는 방법을 제공한다.
③ 동물 복제는 인위적 유전자 조작으로 종의 다양성을 훼손한다.
④ 동물 복제는 인간의 존엄성을 침해하는 인간 복제로 진행된다.
⑤ 동물 복제는 인간의 권익을 위한 특정 종만으로 생태계를 재편한다.

| 왜 정답일까? |

제시문 (가)는 종의 다양성을 훼손한다는 이유로 동물 복제에 비판적인 입장을 취하고 있다.
전제와 결론의 논리적 구조를 따져 보았을 때, ㉠에 들어갈 내용은 "동물 복제는 종의 다양성을 훼손한다"가 된다. 따라서 이에 대한 반론으로는 동물 복제가 종의 다양성에 기여하는 내용을 언급한 ②번 선지가 적합하다.

04 부모와 자녀 사이의 윤리
정답률 79% | 정답 ③

| 문제 보기 |

다음 동양 사상의 입장으로 가장 적절한 것은?

> ○ 그대 무리 중 정직한 사람은 자기 아버지가 양을 몰래 훔친 것을 증언했지만, 우리 무리 중 정직한 사람은 아버지는 자식을 위해 자식은 아버지를 위해 그 사실을 숨겼네. 정직은 그 속에 있다네.
> ○ 자식은 부모가 부르시면 빨리 대답하여 늦지 않도록 한다. 부모가 연세 드시면 늦게 귀가하지 않는다. 부모가 병환 중이시면 자식은 얼굴을 환하게 하지 않고, 웃어 잇몸을 보이는 데 이르지 않으며, 노하여 꾸짖는 데 이르지 않는다.

① 부자유친(父子有親)의 본질은 집단과 상황에 따라 달라져야 한다.
② 부자(父子) 간 정직은 친애[愛]보다 올바름[義]을 우선해야 한다.
③ 자식은 부모의 의중을 살펴서 언행을 삼가며 공대(恭待)해야 한다.
④ 부모를 위하여 자식은 결코 어떠한 감정도 드러내서는 안 된다.
⑤ 효의 정신은 부모와 자식 간의 관계에 국한하여 적용해야 한다.

| 왜 정답일까? |

첫 번째 제시문은 '정직'에 대한 유교의 입장을 담고 있고, 두 번째 제시문은 효의 실천에 관한 유교의 주장이다.
유교의 입장에 따르면, 부자간의 관계에서 자식은 부모의 의중을 살펴서 언행을 삼가며 공대(恭待)해야 한다.

| 왜 오답일까? |

① 효도가 드러나는 구체적인 형태는 상황에 따라 변할 수 있지만, 오륜의 기본이 되는 부자유친(父子有親)의 본질은 변하지 않는다.

05 니부어의 기본 관점
정답률 64% | 정답 ④

| 문제 보기 |

다음 서양 사상가가 긍정의 대답을 할 질문으로 옳은 것은? [3점]

> 집단과 집단 사이의 관계는 항상 윤리적이기보다는 지극히 정치적이다. 모든 도덕주의자들은 인간의 집단행동이 지닌 야수적 성격과 모든 집단적 관계들에 있는 집단적 이기주의의 힘에 대한 이해를 결여하고 있다. 그들은 사회적 갈등이 인류 역사에서 불가피한 것임을 제대로 인식하지 못한다.

① 개인 윤리적 이타성과 사회 윤리적 정의는 항상 상호 배타적인가?
② 개인들의 자발적 타협이 사회 정의를 실현하는 유일한 방법인가?
③ 개인의 도덕적 선의지 함양은 사회 정의 실현의 충분조건인가?
④ 개인 간 갈등은 도덕적이고 합리적인 방법으로 조정될 수 있는가?
⑤ 개인의 합리적 도덕성은 개인이 속한 집단의 도덕성보다 열등한가?

| 왜 정답일까? |

제시문은 니부어의 주장을 담고 있다.
니부어는 개인 간 갈등은 합리성과 양심을 통해 조정될 수 있지만, 집단 간 갈등의 해결을 위해서는 선의지에 기반을 둔 정치적 강제력이 필요하다고 주장한다.

06 유교와 도가 죽음관
정답률 84% | 정답 ⑤

| 문제 보기 |

동양 사상 (가), (나)의 입장으로 적절하지 않은 것은?

> (가) 삶을 모르는데 어찌 죽음을 알겠는가? 새가 죽을 때는 울음소리가 애처롭고, 사람이 죽을 때는 하는 말이 착한 법이네. 지사(志士)는 삶을 영위하되 인(仁)을 해침이 없고, 자신을 희생함으로써 인을 이룬다네.
> (나) 삶과 죽음은 인간의 운명[命]이니, 진인(眞人)은 삶을 기뻐하지도 죽음을 미워하지도 않네. 본래 생명도 형체도 기(氣)도 없고, 혼돈 속에서 기가 생겨 그것이 변하여 형체가 되고 생명이 되고 죽음이 된 것이라네.

① (가): 도덕적인 가치를 위해서는 자신의 생명을 희생할 수도 있다.
② (가): 사람이 죽음에 임해서는 자기 삶을 성찰하게 되는 법이다.
③ (나): 진인이라 해도 그의 삶과 죽음은 기의 변화에 의한 것이다.
④ (나): 죽음은 인간의 자연스러운 운명이므로 슬퍼할 이유가 없다.
⑤ (가), (나): 해탈하여 세속의 삶과 죽음의 고통에서 벗어나야 한다.

| 왜 정답일까? |

제시문 (가)는 유교 사상가 공자의 죽음관을, 제시문 (나)는 도가 사상가 장자의 죽음관을 드러내고 있다.
공자는 죽음보다 삶을 아는 것을 강조하며, 죽는 한이 있더라도 인을 이루려 하였던 살신성인의 경지를 추구한다. 장자는 삶과 죽음을 기가 뭉치고 흩어지는 자연스러운 순환으로 이해하며 삶과 죽음의 구별을 경계한다. 해탈을 통해 세속의 삶과 죽음에서 벗어날 것을 주장한 사상은 불교이다.

| 왜 오답일까? |

①, ② 공자는 인(仁)의 실현을 위해 자신의 생명을 희생하는 살신성인의 경지를 강조하며, 이를 통해 자신의 삶을 성찰할 수 있음을 주장한다.
③ 장자는 삶과 죽음을 비롯한 세상의 모든 것이 기(氣)의 자연스런 순환의 일부라고 인식한다.

④ 장자는 삶과 죽음은 인간의 자연스런 운명이니 슬퍼할 필요가 없다고 주장한다.

07 밀의 양성 평등론
정답률 87% | 정답 ②

| 문제 보기 |

그림의 강연자가 지지할 입장으로 적절하지 <u>않은</u> 것은?
[3점]

> 지금까지 남성은 순종이 여성의 본성이라고 여성에게 가르쳐 왔지만 누구도 남녀의 본성을 알 수는 없습니다. 남성과 여성 간 지성의 차이는 사회 환경 요인에 의해 설명할 수 있습니다. 남성에 의한 여성의 법적 예속은 본질적으로 옳지 않을 뿐 아니라 인류의 발전을 저해하는 것입니다. 여성으로 태어난 것이 사회적 지위를 결정하고 다양한 직업으로의 진출을 방해하는 이유가 되어서는 안 됩니다. 재능 활용 기회를 가로막는 것은 개인적으로는 불공평하고 사회적으로는 손실이기 때문입니다. 다른 사람의 권리를 침해하지 않는 한, 여성이든 남성이든 개인의 선택을 전적으로 그 자신에게 맡겨야 합니다.

① 여성을 예속시키는 수단으로 교육을 이용해서는 안 된다.
② 사회적 역할은 남녀의 본성에 따라 적합하게 부여되어야 한다.
③ 여성의 분별력이 근본적으로 열등하다고 단정해서는 안 된다.
④ 양성 평등은 전 인류에게 유용하므로 완전히 보장해야 한다.
⑤ 남성이 독점해 온 모든 직업을 여성에게 전면 개방해야 한다.

제시문의 강연자는 밀이다.
밀은 여성 해방을 주장하며, 남녀의 본성이 무엇인지는 현 상태에서 누구도 알 수 없으며 여성성이라는 것은 후천적으로 만들어진 사회적 산물일 뿐임을 강조한다.

08 소로와 롤스의 시민 불복종
정답률 43% | 정답 ①

| 문제 보기 |

갑, 을 사상가들의 입장만을 〈보기〉에서 있는 대로 고른 것은?
[3점]

> 갑: 시민은 한 순간이라도 자신의 양심을 입법자에게 맡겨야 하는가? 우리는 먼저 인간이어야 하고 그다음에 국민이어야 한다. 단 한 명의 사람이라도 부당하게 가두는 정부 밑에서 의로운 사람이 진정 있을 곳은 감옥이다.
> 을: 시민들의 부정의한 법에 대한 불복종은 공유된 정의관에 의해 정당화된다. 이러한 불복종은 거의 정의로운 국가에서 체제의 합법성을 인정하는 시민들에 의해서만 생긴다. 특히 평등한 기본적 자유 원칙의 침해는 굴종이 아니면 반항을 부른다.

〈 보기 〉
> ㄱ. 갑: 개인은 법에 우선하여 양심과 정의에 따라 행동해야 한다.
> ㄴ. 을: 시민 불복종은 법에 대한 충실성을 거부하는 정치 행위이다.
> ㄷ. 을: 시민 불복종의 대상은 일부의 부정의한 법이나 정책들에 한정된다.
> ㄹ. 갑, 을: 정의감에 호소하는 시민 불복종이 비폭력적일 필요는 없다.

① ㄱ, ㄷ ② ㄱ, ㄹ ③ ㄴ, ㄹ
④ ㄱ, ㄴ, ㄷ ⑤ ㄴ, ㄷ, ㄹ

(갑)의 사상가는 소로이고, (을)의 사상가는 롤스이다.
소로는 양심과 정의에 기초한 시민 불복종을 주장하였으며, 롤스는 정의의 기본 원칙인 "평등한 자유 원칙"에 대한 심각한 침해를 시민 불복종의 근거로 본다.

09 합리적 소비와 윤리적 소비
정답률 94% | 정답 ②

| 문제 보기 |

(가), (나)의 입장을 〈보기〉에서 고른 것은?

> (가) 소비의 목적은 소비자의 만족감 충족이다. 소비자는 자신의 욕구와 상품에 대한 정보를 바탕으로 소득 범위 내에서 상품을 적절하게 선택하여 최소 비용으로 최대 만족을 얻을 수 있어야 한다.
> (나) 소비는 자신을 넘어 사회 및 환경에 이르기까지 영향을 미친다. 따라서 자신에게 돌아오는 직접적인 혜택만 생각하지 말고, 장기적 관점에서 개인과 사회와 자연에 미치는 영향도 고려하여 소비해야 한다.

〈 보기 〉
> ㄱ. (가): 자율적 선택권과 최적의 효용은 소비의 필수적 요소이다.
> ㄴ. (가): 개인적 선호보다 공공성을 상품 선택 기준으로 삼아야 한다.
> ㄷ. (나): 생태적 영향을 고려한 지속 가능한 소비는 소비자의 의무이다.
> ㄹ. (가), (나): 인권과 노동의 가치는 소비자가 고려할 사항이 아니다.

① ㄱ, ㄴ ② ㄱ, ㄷ ③ ㄴ, ㄷ ④ ㄴ, ㄹ ⑤ ㄷ, ㄹ

제시문 (가)는 소비 행동에서 소비자의 자율적 선택과 최대의 효용을 추구하는 합리적 소비에 관한 내용이다.
(나)는 소비 행동에서 사회, 환경, 인권, 평화와 같은 윤리적/공공적 가치를 고려하는 윤리적 소비에 관한 내용이다.

10 사형에 관한 입장
정답률 69% | 정답 ③

| 문제 보기 |

(가)의 갑, 을, 병 사상가들의 입장을 (나) 그림으로 탐구할 때, A ~ D에 들어갈 옳은 질문만을 〈보기〉에서 있는 대로 고른 것은? [3점]

> (가)
> 갑: 모든 형벌은 강도, 지속성, 보편성을 근거로 과도하지 않게 집행되어야 한다. 형벌의 가장 중요한 목적은 처벌을 본보기로 삼아 전체의 효용을 증진하는 것이다.
> 을: 모든 인간은 목적으로 대우받아야 한다. 사형은 살인범의 인간성을 훼손할 수 있는 모든 가혹 행위로부터 살인범의 인격을 존중하는 것이다.
> 병: 모든 사람들에게 살인범의 끝없는 비참한 상태를 보여 주는 것이 사형보다 범죄 예방에 더 효과적이다. 형벌의 강도보다 지속성이 사람들에게 더 큰 영향을 준다.

> (나)
> 갑, 을, 병의 입장을 탐구한다.
> 〈범 례〉
> 출발 조건 / 판단 내용 / 판단 방향 / 사상가의 입장
> A → 아니요
> B → 아니요
> C / D
> 갑의 입장 / 을의 입장 / 병의 입장

〈 보기 〉
> ㄱ. A: 사회 전체의 이익보다 살인범의 생명권을 우선해야 하는가?
> ㄴ. B: 사형은 범죄 억제 목적을 달성하기 위한 응보적 처벌인가?
> ㄷ. C: 사형은 살인죄에 대한 동등성 원리에 부합하는 정당한 처벌인가?
> ㄹ. D: 사형은 종신형에 비해 처벌의 사회적 효용이 낮은 형벌인가?

① ㄱ, ㄴ ② ㄱ, ㄷ ③ ㄷ, ㄹ
④ ㄱ, ㄴ, ㄹ ⑤ ㄴ, ㄷ, ㄹ

(갑)의 사상가는 벤담이고, (을)의 사상가는 칸트이며, (병)의 사상가는 베카리아이다.
벤담은 형벌의 목적으로 사회 전체의 효용 증진을 주장하며, 베카리아는 형벌의 강도보다 지속 가능성에 의한 범죄 예방 효과를 중시한다.
칸트는 사형을 살인범의 인격을 존중하는 행위로 판단한다.

11 대중 예술에 대한 두 입장
정답률 82% | 정답 ①

| 문제 보기 |

갑, 을의 입장으로 가장 적절한 것은?

> 갑: 예술은 사회에 저항하는 힘을 가져야 한다. 그렇지 않으면 예술은 단순한 상품으로 전락한다. 고급 예술은 상품화되었다 하더라도 자율성을 주장하지만, 대중 문화는 산업을 자처하며 대중을 기만하고 그들의 의식을 속박한다.
> 을: 예술은 삶의 일부를 형성한다. 경험으로서 예술 작품은 우리의 삶 속에 존재한다. 오늘날 미적인 것은 모든 삶의 영역 속으로 빨려 들어가고 있다. 삶에서도 대중 예술에서도 미적인 것의 구현은 가능하다.

① 갑: 문화 산업은 기존 질서를 옹호하고 사회를 몰개성화한다.
② 갑: 예술 본연의 목적은 일상적 삶의 고통을 잊게 하는 것이다.
③ 을: 대중 예술은 예술과 삶을 통합시키기보다는 분리시킨다.
④ 을: 예술 작품은 삶 속에서 기능하지 않아야 미적 가치를 지닌다.
⑤ 갑, 을: 대중 예술은 감상자를 사유의 주체가 되도록 독려한다.

(갑)의 사상가는 아도르노이고, (을)의 사상가는 슈스터만이다.
아도르노는 자본주의 체제 하에서 대중 예술이 문화 향유자의 자발성과 상상력을 위축시킨다고 주장하며, 대중 예술이 기존 질서를 옹호하고 사회를 몰개성화한다는 점을 비판한다. 아도르노는 대중 예술을 규격화되고 평준화된 하나의 '문화 산업'으로 지칭한다.
슈스터만은 일상 속의 대중 예술에서도 미적인 구현이 가능하다고 주장한다.

12 디지털 익명성
정답률 71% | 정답 ④

| 문제 보기 |

갑이 을에게 제기할 반론으로 가장 적절한 것은?

> 디지털 익명성은 사람들이 자유롭게 자신의 삶을 계획하고 실현하는 데 매우 중요하기 때문에 일종의 선이라 할 수 있어. 사이버 공간에서 표현의 자유가 정당하게 행사되려면 익명성이 보장되어야 해.

> 디지털 익명성은 사회에 해악을 끼치기 때문에 일종의 악이라 할 수 있어. 사이버 공간에서 익명이 범죄에 이용되거나 사회적 신뢰와 질서를 위협하는 무책임한 행동을 일으키므로 금지되어야 해.

① 익명성은 그 자체로 가치중립적 성격을 지님을 간과하고 있다.
② 사이버 폭력의 증가가 디지털 익명성에 기인함을 간과하고 있다.
③ 사이버 공간의 실명 공개가 표현의 책임성을 강화함을 간과하고 있다.
④ 사이버 공간의 익명성 규제가 인간의 기본권을 훼손함을 간과하고 있다.
⑤ 익명성 보장이 사회 구성원들 간의 불신을 조장함을 간과하고 있다.

(갑)은 사이버 공간의 디지털 익명성이 자신을 표현할 수 있게 도와준다는 측면에서 이를 긍정적으로 인식하고, (을)은 디지털 익명성이 사회적 신뢰에 악영향을 주고 범죄를 야기한다는 점에서 이를 부정적으로 인식한다. 갑은 을에게 익명성 규제가 표현의 자유를 침해한다는 점을 근거로 들어 반론을 제시할 수 있다.

13 청렴에 관한 정약용의 입장
정답률 92% | 정답 ⑤

| 문제 보기 |

다음 한국 사상가의 입장으로 가장 적절한 것은? [3점]

> 청렴하지 않고서 수령 노릇을 제대로 한 사람은 지금까지 한 명도 없었다. 수령이 청렴하지 않으면 백성들이 그를 도적이라 욕하며 원성이 드높을 것이니, 부끄러운 일이다. 청렴은 큰 장사[賈]이다. 그래서 포부가 큰 사람은 반드시 청렴하고자 한다. 청렴하지 못한 것은 지혜가 모자라기 때문이다. 뇌물을 주고받는 일을 몰래 하지 않겠는가마는 밤에 한 일도 아침이면 드러난다. 선물이 아무리 하찮은 것이라도 신세지는 정[恩情]이 맺어지면 이미 사사로움[私]이 행해진 것이다.

① 청렴은 목민관의 어떤 과오도 면책시켜 주는 지혜로운 덕목이다.
② 청렴한 목민관에게 청백리(淸白吏) 칭호는 관직 상승의 수단이다.
③ 포부가 원대하고 지혜로운 목민관은 부패를 저지르기 마련이다.
④ 백성들의 원성을 사지 않는다면 사사로운 청탁(請託)은 가능하다.
⑤ 목민관의 청렴은 애민(愛民)과 봉공(奉公)을 위해 필요한 덕목이다.

제시문은 정약용의 입장이다.
정약용은 그의 저서 『목민심서(牧民心書)』에서 공직자(목민관)의 청렴(淸廉)을 강조한다. 정약용은 백성에 대한 목민관의 사랑인 애민(愛民)의 근본이 되는 덕목으로 청렴을 제시한다.

50회

14 다문화 정책
정답률 92% | 정답 ④

| 문제 보기 |

(가), (나)의 입장에 대한 옳은 설명만을 〈보기〉에서 있는 대로 고른 것은? [3점]

> (가) 국수의 면과 국물이 주를 이루고 여기에 갖가지 고명이 얹혀 입맛을 돋우듯이, 다른 문화는 색다른 맛을 더해 주는 고명으로 자신의 가치를 살릴 수 있다.
> (나) 그릇에 담긴 다양한 야채가 고유의 맛과 색을 유지하면서 전체적인 맛의 조화를 이루듯이, 다양한 인종과 민족들이 각각의 특성을 유지하면서 사회를 형성해야 한다.

〈보기〉
ㄱ. (가)는 주류 문화를 전제로 한 문화적 다양성을 중시한다.
ㄴ. (나)는 각 문화의 정체성과 가치에 대한 존중을 중시한다.
ㄷ. (나)는 비주류 문화의 주류 문화로의 편입을 중시한다.
ㄹ. (가)는 다양한 문화를 전제로 한 사회 통합을 중시한다.

① ㄱ, ㄷ
② ㄴ, ㄷ
③ ㄴ, ㄹ
④ ㄱ, ㄴ, ㄹ
⑤ ㄱ, ㄷ, ㄹ

● 왜 정답일까?

(가)는 국수 대접 모델, (나)는 샐러드 그릇 모델의 입장이다.
국수 대접 모델은 주류 문화에 우선순위를 두고 비주류 문화와 함께 통합된 상태를 뜻한다.
샐러드 그릇 모델은 각각의 문화의 정체성과 가치를 존중하고 그가 조화롭게 공존하는 것이다.

15 생명윤리의 다양한 관점
정답률 55% | 정답 ②

| 문제 보기 |

(가)의 갑, 을, 병 사상가들의 입장을 (나) 그림으로 표현할 때, A ~ D에 해당하는 적절한 진술만을 〈보기〉에서 있는 대로 고른 것은?

> (가)
> 갑: 우리가 어떤 존재에게 좋은 것 또는 나쁜 것이 있다고 말할 수 있다면, 그 존재는 고유의 선을 갖는다. 모든 생물은 내재적 가치를 지닌 동등한 목적론적 삶의 중심이다.
> 을: 우리는 지각, 기억, 믿음 등을 지닌 삶의 주체의 내재적 가치를 존중해야 한다. 그들의 가치는 도덕적 행위 능력과 무관하게 존중되어야 한다.
> 병: 우리는 대지를 사랑과 존중의 대상으로 보아야 한다. 대지와 인간의 윤리적 관계는 대지에 대한 사랑, 존경, 감탄 없이는 지속될 수 없다.

> (나)
>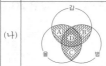
> 〈범 례〉
> A : 갑과 을만의 공통 입장
> B : 갑과 병만의 공통 입장
> C : 을과 병만의 공통 입장
> D : 갑, 을, 병의 공통 입장

〈보기〉
ㄱ. A: 개체론적 관점에서 도덕적 고려 대상의 범주를 설정해야 한다.
ㄴ. B: 인간에 안정을 기여하더라도 무생물은 도덕적 고려 대상이 아니다.
ㄷ. C: 도덕적 행위 능력 유무가 도덕적 고려 대상의 설정 근거는 아니다.
ㄹ. D: 도덕적 고려의 대상을 인간으로 한정하지 말아야 한다.

① ㄱ, ㄴ
② ㄱ, ㄹ
③ ㄴ, ㄷ
④ ㄱ, ㄷ, ㄹ
⑤ ㄴ, ㄷ, ㄹ

● 왜 정답일까?

(갑)의 사상가는 테일러이고, (을)의 사상가는 레건이며, (병)의 사상가는 레오폴드이다.
테일러는 모든 생명을 목적론적 삶의 중심으로 인식하는 생명 중심주의적 입장을, 레건은 도덕적 행위 능력과 무관하게 삶의 주체의 내재적 가치를 존중하는 동물 중심주의적 입장을 지니고 있다. 레오폴드는 생태 중심주의적 입장을 지니고 있다.

16 한스 큉의 세계 윤리
정답률 93% | 정답 ①

| 문제 보기 |

다음 글의 입장을 〈보기〉에서 고른 것은? [3점]

> 세계 평화를 위한 특별한 책임이 종교에 있다. 종교들이 일치하는 지점을 찾아가는 것으로부터 세계 평화는 시작된다. 인류는 평화보다 전쟁을, 화해보다 광신을 더 선호하는 종교를 더 이상 용인하지 않는다. 이 세계에 차별의 윤리, 모순의 윤리, 투쟁의 윤리가 사라질 때 비로소 우리는 생존의 기회를 얻을 수 있다. 종교 간 대화 없이 종교의 평화가 있을 수 없고, 종교의 평화 없이 세계의 평화는 있을 수 없다.

〈보기〉
ㄱ. 종교들이 공유하는 가르침의 실천은 화합과 공존의 토대이다.
ㄴ. 종교 간의 관용은 세계 평화 실현을 위해 필요한 조건이다.
ㄷ. 타 종교에 대한 무지와 편견은 현실 세계의 갈등과 무관하다.
ㄹ. 보편 윤리의 실현과 종교의 단일화는 인류 생존의 조건이다.

① ㄱ, ㄴ
② ㄱ, ㄷ
③ ㄴ, ㄷ
④ ㄴ, ㄹ
⑤ ㄷ, ㄹ

● 왜 정답일까?

제시문은 한스 큉의 주장이다.
한스 큉은 종교 간 평화 없이는 세계의 평화도 없다고 주장하며 세계의 보편 종교 간의 대화를 통한 평화와 공존을 지향한다.
그는 종교들이 공유하는 가르침인 황금률의 실천이 바로 화합과 공존을 위한 토대라고 주장한다.

17 책임 윤리
정답률 85% | 정답 ③

| 문제 보기 |

서양 사상가 갑, 을의 입장으로 옳은 것은?

> 갑: 심정 윤리는 소명을 받들어 희생하는 신앙인들처럼 내면의 신념을 견지하는 것을 의미한다. 그에 비해 책임 윤리는 국가의 안위를 좌우하는 지도자들처럼 행위의 결과에 대해 책임지는 것을 의미한다.
> 을: 현대 문명이 초래한 위기를 책임질 수 있는 유일한 존재는 인간이며, 인간은 책임질 수 있는 능력을 지녔다는 것 자체만으로 책임을 갖는다. 이에 우리는 책임지는 행동을 통해 '윤리적 공백'을 극복해야 한다.

① 갑: 정치 영역에서는 책임 윤리보다 심정 윤리를 우선해야 한다.
② 갑: 심정 윤리에서는 행위의 선한 의도가 아닌 결과를 중시한다.
③ 을: 인류가 존속해야 한다는 것은 무조건 따라야 할 정언 명령이다.
④ 을: 자연에 대한 인류의 책임은 예방이 아닌 보상을 위한 것이다.
⑤ 갑, 을: 행위의 의도가 선하다면 결과가 나쁘더라도 책임 질 필요가 없다

● 왜 정답일까?

(갑)의 사상가는 베버이고, (을)의 사상가는 요나스이다.
베버는 심정 윤리가 행위자 내면의 선한 동기를 중시하는 반면, 책임 윤리는 행위의 결과에 대한 책임을 중시한다고 본다.
요나스는 현대 문명이 초래한 위기를 극복하기 위해 도덕적 책임의 주체인 인간이 자연과 미래세대에 대한 책임윤리를 통해 윤리적 공백을 극복해야 한다고 주장한다.

18 정의론
정답률 42% | 정답 ③

| 문제 보기 |

갑, 을, 병 사상가들의 입장으로 적절하지 않은 것은? [3점]

> 갑: 정의는 합법적이며 공정한 것을 의미한다. 특수한 정의의 한 종류는 명예, 금전 등의 분배에 관련되는 것이고, 다른 종류는 사람들 간의 거래에 관련되는 것이다.
> 을: 정의는 모든 사람들이 각자 소유하고 있는 것에 대해 소유 권리를 갖는 것이다. 정의의 원리에 따르면 과거의 상황이나 행위는 사물에 대한 응분의 자격을 창조한다.
> 병: 정의는 권리와 의무를 할당하고 사회적 이익을 적절하게 분배하는 원칙들의 역할에 의해 규정된다. 정의의 원칙들은 평등한 최초의 입장에서 합의할 대상이다.

① 갑: 정의로운 분배는 비례적이고 부정의한 분배는 비례에 어긋난다.
② 을: 최소국가보다 기능이 확대된 국가의 도덕적 정당화는 불가능하다.
③ 병: 천부적 재능 분포의 우연성은 그 자체로 부정의한 사실이다.
④ 갑, 병: 정의로운 사회는 각자에게 각자의 당연한 몫을 할당해야 한다.
⑤ 을, 병: 다수의 이익을 명목으로 개인의 자유를 침해해서는 안 된다.

● 왜 정답일까?

(갑)의 사상가는 아리스토텔레스이고, (을)의 사상가는 노직이며, (병)의 사상가는 롤스이다.
아리스토텔레스는 정의를 일반적 정의와 특수적 정의로 나누며, 특수적 정의를 분배적 정의와 시정적 정의, 교환적 정의로 구분한다.
노직은 소유 권리론을 주장하며 정당한 절차를 통해 얻어진 개인의 소유권을 중시한다.
롤스는 자연적 재능이 사회 공동의 자산이고, 이는 최소수혜자들의 이익을 위해 분배되어야 한다는 점을 강조하였다.

19 과학 기술에 관한 두 입장
정답률 84% | 정답 ⑤

| 문제 보기 |

(가)의 입장에 비해 (나)의 입장이 갖는 상대적 특징을 그림의 ㉠ ~ ㉤ 중에서 고른 것은?

> (가) 과학 기술을 가치중립적인 것으로 간주해서는 안 된다. 과학 기술 연구 및 그 결과 활용에 대한 과학자의 공적인 책임 의식과 외부 규제가 없다면, 인류는 과학 기술에 종속당하여 제어할 수도 없고 돌이킬 수도 없는 불행한 미래에 봉착하게 된다.
> (나) 과학 기술 자체에 선악의 잣대를 적용할 수 없으며, 연구 성과의 활용과 초래되는 결과에 대해 과학자에게 어떠한 책임도 물어서는 안 된다. 외부 간섭에서 벗어나 연구에만 전념할 때 과학 기술은 발전 가능하며, 그 결과 인류는 지속적으로 번영하게 된다.

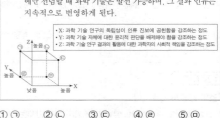
> • X: 과학 기술 연구의 독립성이 인류 진보에 공헌함을 강조하는 정도
> • Y: 과학 기술 자체에 대한 윤리적 판단을 배제해야 함을 강조하는 정도
> • Z: 과학 기술 연구 결과의 활용에 대한 과학자의 사회적 책임을 강조하는 정도

① ㉠
② ㉡
③ ㉢
④ ㉣
⑤ ㉤

● 왜 정답일까?

제시문 (가)는 과학 기술 연구 및 결과 활용에 대한 과학자의 공적인 책임과 외적 규제를 이야기하며, 과학의 가치 개입과 과학자의 사회적 책임을 강조한다.
제시문 (나)는 과학자가 기술의 활용에 대한 책임에서 벗어날 때 과학 기술이 발전할 수 있다고 주장하며 과학의 가치중립성을 강조한다.

20 원조에 관한 두 입장
정답률 87% | 정답 ④

| 문제 보기 |

그림은 서술형 평가 문제와 학생 답안이다. 학생 답안의 ㉠ ~ ㉤ 중 옳지 않은 것은? [3점]

> 서술형 평가
> ◉ 문제: 갑, 을의 해외 원조에 대한 입장을 비교하여 서술하시오.
> 갑: 정치 문화는 한 사회의 부와 복지 수준을 결정하는 주된 요인이기 때문에 자원과 부가 빈약한 사회라 할지라도 그 사회는 질서 정연한 사회가 될 수 있다. 이를 유념하여 만민은 고통을 겪는 사회를 원조해야 한다.
> 을: 타인은 굶주리고 있는데 우리가 사치품에 돈을 쓰고 있다면, 확실히 우리는 더 많이 기부할 수 있다. 모든 사람의 이익을 동등하게 고려하여, 도덕적으로 상응하는 중요한 것의 희생이 없다면 우리는 마땅히 그들을 도와야 한다.
>
> ◉ 학생 답안
> 갑, 을의 해외 원조에 대한 입장을 비교해 보면, 갑은 ㉠ 원조의 목적을 고통을 겪는 사회가 질서 정연한 만민의 사회의 구성원이 되도록 하는 것이라고 본다. 그는 ㉡ 상대적으로 빈곤하지만 질서 정연한 사회에 대해서는 더 이상 원조할 필요가 없다고 주장한다. 이에 비해 을은 ㉢ 원조의 목적을 인류 전체의 행복을 증진시키는 것이라고 본다. 그는 ㉣ 개인이 아니라 국가만이 원조의 주체가 되어야 한다고 주장한다. 요컨대 해외 원조에서 ㉤ 갑은 사회의 정의를, 을은 개인들의 복지를 중시한다.

① ㉠
② ㉡
③ ㉢
④ ㉣
⑤ ㉤

● 왜 정답일까?

(갑)의 사상가는 롤스이고, (을)의 사상가는 싱어이다.
롤스는 빈곤의 원인을 정치 체제의 결함에서 찾고, 질서정연한 사회를 만들기 위한 국가의 역할을 강조한다.
싱어는 공리주의자로서 인류 전체의 행복 증진과 세계시민주의를 강조한다. 싱어는 개인적 차원의 원조와 국가적 차원의 원조를 모두 인정하지만, 상대적으로 개인적 차원의 원조의 중요성을 강조한다.
두 사상가 모두 해외원조를 의무의 차원으로 인식한다.

[문제편 p.199]